James W. Nilsson — Susan A. Riedel

CIRCUITOS ELÉTRICOS

10ª EDIÇÃO

JAMES W. NILSSON — SUSAN A. RIEDEL

CIRCUITOS ELÉTRICOS

10ª EDIÇÃO

James W. Nilsson
Professor Emérito da Iowa State University

Susan A. Riedel
Marquette University

Tradução
Sonia Midori Yamamoto

Revisão técnica
Prof. Dr. Antônio Emílio Angueth de Araújo, Ph.D.
Prof. Dr. Ivan José da Silva Lopes, Ph.D.
*Professores do Departamento de Engenharia Elétrica da
Universidade Federal de Minas Gerais – UFMG*

Pearson

©2016 by Pearson Education do Brasil Ltda.
Copyright © 2015, 2008, 2005 by Pearson Education, Inc.

Todos os direitos reservados. Nenhuma parte desta publicação poderá ser reproduzida ou transmitida de qualquer modo ou por qualquer outro meio, eletrônico ou mecânico, incluindo fotocópia, gravação ou qualquer outro tipo de sistema de armazenamento e transmissão de informação, sem prévia autorização, por escrito, da Pearson Education do Brasil.

Gerente editorial	Thiago Anacleto
Supervisora de produção editorial	Silvana Afonso
Coordenador de produção editorial	Jean Xavier
Editor de aquisições	Vinícius Souza
Editor de texto	Luiz Salla
Editores assistentes	Marcos Guimarães e Karina Ono
Preparação	Renata Truyts
Revisão de texto	Pedro Santana
Capa	Adaptada por Solange Rennó
Projeto gráfico e diagramação	Casa de Ideias

Dados Internacionais de Catalogação na Publicação (CIP)
(Câmara Brasileira do Livro, SP, Brasil)

Nilsson, James W.
  Circuitos elétricos / James W. Nilsson, Susan A. Riedel ; tradução Sonia Midori Yamamoto ; revisão técnica Antônio Emílio Angueth de Araújo, Ivan José da Silva Lopes. -- 10. ed. -- São Paulo : Pearson Education do Brasil, 2015.

Título original: Eletric circuits.
Bibliografia.
ISBN 978-85-430-0478-5

1. Circuitos elétricos - Estudo e ensino I. Riedel, Susan A.. II. Título.

15-10683   CDD-621.319207

Índice para catálogo sistemático:
1. Circuitos elétricos : Engenharia elétrica :
   Estudo e ensino 621.319207

Printed in Brazil by Reproset RPPA 225567

Direitos exclusivos cedidos à
Pearson Education do Brasil Ltda.,
uma empresa do grupo Pearson Education
Avenida Francisco Matarazzo, 1400
Torre Milano – 7o andar
CEP: 05033-070 -São Paulo-SP-Brasil
Telefone 19 3743-2155
pearsonuniversidades@pearson.com

Distribuição
Grupo A Educação
www.grupoa.com.br
Fone: 0800 703 3444

Para Anna

Sumário

CAPÍTULO 1 Variáveis de circuitos 1
    Perspectiva prática – Equilíbrio de potência 2
1.1 Engenharia elétrica: uma visão geral 2
1.2 O Sistema Internacional de Unidades 8
1.3 Análise de circuitos: uma visão geral 10
1.4 Tensão e corrente 11
1.5 O elemento básico ideal de circuito 12
1.6 Potência e energia 15
    Perspectiva prática – Equilíbrio de potência 18
    Resumo 19
    Problemas 20

CAPÍTULO 2 Elementos de circuitos 26
    Perspectiva prática – Aquecimento com radiadores elétricos 27
2.1 Fontes de tensão e corrente 27
2.2 Resistência elétrica (lei de Ohm) 31
2.3 Construção de um modelo de circuito 35
2.4 Leis de Kirchhoff 38
2.5 Análise de um circuito que contém fontes dependentes 44
    Perspectiva prática – Aquecimento com radiadores elétricos 48
    Resumo 50
    Problemas 51

CAPÍTULO 3 Circuitos resistivos simples 59
    Perspectiva prática – Telas touch resistivas 60
3.1 Resistores em série 61
3.2 Resistores em paralelo 62
3.3 Circuitos divisores de tensão e de corrente 64
3.4 Divisão de tensão e de corrente 68
3.5 Medição de tensão e corrente 70
3.6 Medição de resistência — a ponte de Wheatstone 74
3.7 Circuitos equivalentes triângulo-estrela (Δ-Y) ou pi-tê (π-T) 76
    Perspectiva prática – Telas touch resistivas 78
    Resumo 79
    Problemas 80

CAPÍTULO 4 Técnicas de análise de circuitos 94
    Perspectiva prática – Circuitos com resistores reais 95
4.1 Terminologia 96
4.2 Introdução ao método das tensões de nó 99
4.3 O método das tensões de nó e as fontes dependentes 102
4.4 O método das tensões de nó: alguns casos especiais 103
4.5 Introdução ao método das correntes de malha 107
4.6 O método das correntes de malha e as fontes dependentes 110
4.7 O método das correntes de malha: alguns casos especiais 112
4.8 Método das tensões de nó *versus* método das correntes de malha 115
4.9 Transformações de fonte 119
4.10 Equivalentes de Thévenin e Norton 123
4.11 Outros métodos para a obtenção de um equivalente de Thévenin 128
4.12 Máxima transferência de potência 131
4.13 Superposição 133
    Perspectiva prática – Circuitos com resistores reais 136
    Resumo 140
    Problemas 141

CAPÍTULO 5 O amplificador operacional 157
    Perspectiva prática – Extensômetros 158
5.1 Terminais do amplificador operacional 159
5.2 Tensões e correntes terminais 160
5.3 Circuito amplificador inversor 164
5.4 Circuito amplificador somador 166
5.5 Circuito amplificador não inversor 167
5.6 Circuito amplificador diferencial 169
5.7 Modelo mais realista para o amplificador operacional 174
    Perspectiva prática – Extensômetros 177

	Resumo	178	8.5	Circuitos com dois amplificadores-integradores	320
	Problemas	179		*Perspectiva prática – Sincronização do relógio do computador*	325
CAPÍTULO 6	**Indutância, capacitância e indutância mútua**	**189**		*Resumo*	326
	Perspectiva prática – Telas touch capacitivas	190		*Problemas*	328
6.1	Indutor	191	**CAPÍTULO 9**	**Análise do regime permanente senoidal**	**337**
6.2	Capacitor	197		*Perspectiva prática – Um circuito de distribuição residencial*	338
6.3	Combinações de indutância e capacitância em série e em paralelo	202	9.1	Fonte senoidal	339
6.4	Indutância mútua	205	9.2	Resposta senoidal	343
6.5	Um exame mais detalhado da indutância mútua	210	9.3	O conceito de fasor	344
	Perspectiva prática – Telas touch capacitivas	217	9.4	Elementos passivos no domínio da frequência	349
	Resumo	218	9.5	As leis de Kirchhoff no domínio da frequência	352
	Problemas	219	9.6	Associações em série, em paralelo e transformações Δ-Y	354
CAPÍTULO 7	**Resposta de circuitos RL e RC de primeira ordem**	**231**	9.7	Transformações de fonte e circuitos equivalentes de Thévenin-Norton	362
	Perspectiva prática – Marca-passo cardíaco artificial	232	9.8	O método das tensões de nó	366
7.1	Resposta natural de um circuito RL	233	9.9	O método das correntes de malha	368
7.2	Resposta natural de um circuito RC	240	9.10	O transformador	369
7.3	Resposta a um degrau de circuitos RL e RC	244	9.11	O transformador ideal	374
7.4	Solução geral para respostas a um degrau e natural	251	9.12	Diagramas fasoriais	380
7.5	Chaveamento sequencial	259		*Perspectiva prática – Um circuito de distribuição residencial*	383
7.6	Resposta indefinidamente crescente	264		*Resumo*	384
7.7	Amplificador-integrador	265		*Problemas*	385
	Perspectiva prática – Marca-passo cardíaco artificial	269	**CAPÍTULO 10**	**Cálculos de potência em regime permanente senoidal**	**400**
	Resumo	270		*Perspectiva prática – Energia vampira*	401
	Problemas	271	10.1	Potência instantânea	402
CAPÍTULO 8	**Respostas natural e a um degrau de circuitos RLC**	**290**	10.2	Potência média e potência reativa	403
	Perspectiva prática – Sincronização do relógio do computador	291	10.3	Valor eficaz e cálculos de potência	409
8.1	Introdução à resposta natural de um circuito RLC em paralelo	292	10.4	Potência complexa	411
8.2	Formas de resposta natural de um circuito RLC em paralelo	297	10.5	Cálculos de potência	414
8.3	Resposta a um degrau de um circuito RLC em paralelo	308	10.6	Máxima transferência de potência	422
8.4	Respostas natural e a um degrau de um circuito RLC em série	315		*Perspectiva prática – Energia vampira*	430
				Resumo	431
				Problemas	432
			CAPÍTULO 11	**Circuitos trifásicos equilibrados**	**445**
				Perspectiva prática – Transmissão e distribuição de energia elétrica	446

11.1	Tensões trifásicas equilibradas	446	
11.2	Fontes de tensão trifásicas	448	
11.3	Análise do circuito Y-Y	449	
11.4	Análise do circuito Y-Δ	456	
11.5	Cálculos de potência em circuitos trifásicos equilibrados	460	
11.6	Medição de potência média em circuitos trifásicos	466	
	Perspectiva prática – Transmissão e distribuição de energia elétrica	470	
	Resumo	471	
	Problemas	472	

CAPÍTULO 12 Introdução à transformada de Laplace   481

Perspectiva prática – Efeitos transitórios   482

12.1	Definição da transformada de Laplace	483
12.2	A função degrau	484
12.3	A função impulso	486
12.4	Transformadas funcionais	489
12.5	Transformadas operacionais	491
12.6	Uma aplicação da transformada de Laplace	496
12.7	Transformadas inversas	497
12.8	Polos e zeros de $F(s)$	507
12.9	Teoremas do valor inicial e do valor final	508
	Perspectiva prática – Efeitos transitórios	511
	Resumo	512
	Problemas	513

CAPÍTULO 13 A transformada de Laplace na análise de circuitos   520

Perspectiva prática – Supressores de surto   521

13.1	Elementos de circuito no domínio da frequência	522
13.2	Análise de circuitos no domínio da frequência	524
13.3	Exemplos	526
13.4	Função de transferência	539
13.5	Função de transferência em expansões por frações parciais	542
13.6	Função de transferência e integral de convolução	545
13.7	Função de transferência e resposta de regime permanente senoidal	551
13.8	Função impulso em análise de circuitos	554
	Perspectiva prática – Supressores de surto	561
	Resumo	562
	Problemas	563

CAPÍTULO 14 Introdução aos circuitos de seleção de frequências   580

Perspectiva prática – Circuitos de telefone de teclas   581

14.1	Observações preliminares	582
14.2	Filtros passa-baixas	584
14.3	Filtros passa-altas	592
14.4	Filtros passa-faixa	597
14.5	Filtros rejeita-faixa	609
	Perspectiva prática – Circuitos de telefone de teclas	614
	Resumo	615
	Problemas	616

CAPÍTULO 15 Filtros ativos   625

Perspectiva prática – Controle de volume de graves   626

15.1	Filtros ativos passa-baixas e passa-altas de primeira ordem	627
15.2	Mudança de escala	632
15.3	Filtros ativos passa-faixa e rejeita-faixa	634
15.4	Filtros ativos de ordem superior	642
15.5	Filtros ativos passa-faixa e rejeita-faixa de banda estreita	657
	Perspectiva prática – Controle de volume de graves	662
	Resumo	665
	Problemas	666

CAPÍTULO 16 Séries de Fourier   678

Perspectiva prática – Filtros ativos de alto Q   680

16.1	Séries de Fourier: uma visão geral	680
16.2	Coeficientes de Fourier	681
16.3	Efeito da simetria sobre os coeficientes de Fourier	685
16.4	Forma trigonométrica alternativa da série de Fourier	691
16.5	Exemplo de aplicação	693
16.6	Cálculos de potência média de funções periódicas	699
16.7	Valor eficaz de uma função periódica	702
16.8	Forma exponencial da série de Fourier	703
16.9	Espectros de amplitude e de fase	706
	Perspectiva prática – Filtros ativos de alto Q	709
	Resumo	711
	Problemas	712

CAPÍTULO 17 A transformada de Fourier 723

Perspectiva prática – Filtragem digital de sinais 724

- 17.1 Dedução da transformada de Fourier 724
- 17.2 Convergência da integral de Fourier 726
- 17.3 Uso de transformadas de Laplace para calcular transformadas de Fourier 728
- 17.4 Uso de limites para calcular transformadas de Fourier 731
- 17.5 Algumas propriedades matemáticas 733
- 17.6 Transformadas operacionais 735
- 17.7 Aplicações em análise de circuitos 739
- 17.8 Teorema de Parseval 742

Perspectiva prática – Filtro de sinais digitais 750
Resumo 751
Problemas 751

CAPÍTULO 18 Quadripolos 757

Perspectiva prática – Caracterizando um circuito desconhecido 758

- 18.1 Equações terminais 758
- 18.2 Parâmetros do quadripolo 759
- 18.3 Análise de quadripolos com carga em seus terminais 769
- 18.4 Interconexão de quadripolos 775

Perspectiva prática – Caracterizando um circuito desconhecido 779
Resumo 779
Problemas 780

APÊNDICE A Solução de equações lineares simultâneas 787

- A.1 Etapas preliminares 787
- A.2 Método de Cramer 788
- A.3 O determinante característico 788
- A.4 O determinante do numerador 788
- A.5 O valor de um determinante 789
- A.6 Matrizes 791
- A.7 Álgebra matricial 792
- A.8 Matriz identidade, matriz adjunta e matriz inversa 795
- A.9 Partição matricial 798
- A.10 Aplicações 800

APÊNDICE B Números complexos 809

- B.1 Notação 809
- B.2 Representação gráfica dos números complexos 810
- B.3 Operações aritméticas 811
- B.4 Identidades úteis 812
- B.5 Potências inteiras de um número complexo 813
- B.6 Raízes de um número complexo 813

APÊNDICE C Tópicos adicionais sobre enrolamentos magneticamente acoplados 815

- C.1 Circuitos equivalentes para enrolamentos magneticamente acoplados 815
- C.2 A necessidade do uso de transformadores ideais em circuitos equivalentes 819

APÊNDICE D O decibel 823

APÊNDICE E Diagramas de Bode 825

- E.1 Polos e zeros reais de primeira ordem 825
- E.2 Gráficos de linha reta para amplitude 826
- E.3 Gráficos de amplitude mais precisos 830
- E.4 Gráficos de ângulo de fase de linha reta 831
- E.5 Diagramas de Bode: polos e zeros complexos 833
- E.6 Gráficos de amplitude 835
- E.7 Correção de gráficos de linha reta para amplitude 835
- E.8 Gráficos de fase 839

APÊNDICE F Tabela resumida de identidades trigonométricas 843

APÊNDICE G Tabela resumida de integrais 844

APÊNDICE H Valores padrão mais comuns de componentes 846

Respostas dos problemas selecionados 847

Índice remissivo 857

Prefácio

A primeira edição de *Circuitos elétricos*, um livro de introdução aos circuitos, foi publicada em 1983, contendo 100 exemplos práticos e cerca de 600 problemas. Não incluía um livro de exercícios do aluno, nem suplementos para PSpice ou MultiSim, nem o apoio da internet. O suporte aos professores limitava-se a um manual de solução dos problemas e cópias ampliadas de várias figuras, adequadas para fazer transparências.

Muita coisa mudou nos 31 anos que se passaram desde o lançamento de *Circuitos elétricos*; nesse período, este livro evoluiu para atender melhor às necessidades tanto de alunos quanto de seus professores. Por exemplo, agora estão incluídos cerca de 150 exemplos e 1.650 problemas, além de uma gama de suplementos e conteúdo web. A décima edição destina-se a revisar e melhorar o material apresentado no livro, em seus suplementos e na internet. Todavia, seus objetivos fundamentais permanecem inalterados:

- **Desenvolver a assimilação de conceitos e ideias explicitamente com base em aprendizagem anterior.** Os alunos são desafiados constantemente pela necessidade de acumular novos conceitos sobre os já adquiridos, mas que ainda podem estar tentando dominar. Este livro adota como foco essencial ajudar os alunos a compreender a inter-relação e o grau de dependência entre os novos conceitos e os previamente apresentados.
- **Enfatizar a relação entre compreensão conceitual e métodos de resolução de problemas.** Desenvolver habilidades para solucionar problemas continua a ser o principal desafio no primeiro ano de um curso de circuitos. Neste livro, incluímos vários Exemplos que apresentam técnicas de resolução de problemas, seguidos por Problemas para avaliação que permitem aos alunos testar seu domínio do material e das técnicas introduzidas. O processo de resolução de problemas que ilustramos é baseado em conceitos em vez de procedimentos mecânicos. Assim, estimulamos os alunos a refletir sobre um problema antes de tentar resolvê-lo.
- **Proporcionar aos alunos uma base sólida de práticas de engenharia.** No primeiro ano de um curso de análise de circuitos, são limitadas as oportunidades de apresentar aos alunos experiências realistas de engenharia. Continuamos a recorrer a situações da vida real, incluindo problemas e exemplos que usam valores realistas de componentes e representam circuitos factíveis. Incluímos muitos problemas relacionados com os da seção de Perspectiva prática que abrem cada capítulo. Também incluímos problemas destinados a estimular o interesse dos alunos na engenharia, problemas esses que requerem o tipo de visão característica de um engenheiro em atividade

POR QUE ESTA EDIÇÃO?

A revisão da décima edição de *Circuitos elétricos* começou com um exame criterioso do livro e resultou em uma imagem clara do que mais importa para professores e alunos, levando às seguintes alterações:

- **A solução de problemas é fundamental para o estudo da análise de circuitos.** Ter fartura de novos problemas a resolver é a chave do sucesso de qualquer curso sobre circuitos.

Por isso, os problemas de final de capítulo que já existiam foram revistos e acrescidos de novos. Como resultado, mais de 40% dos problemas aparecem pela primeira vez na décima edição do livro.

- **Tanto alunos quanto professores querem saber como as técnicas gerais apresentadas em um curso de análise de circuitos estão relacionadas com as questões enfrentadas por engenheiros na prática.** Os problemas da seção de Perspectiva prática fornecem essa conexão entre a análise de circuitos e o mundo real, e criamos um novo conjunto deles para os capítulos 2, 3, 6, 7, 8 e 10. Muitos desses representam o mundo do século XXI. Cada problema de Perspectiva prática é resolvido, ao menos em parte, no final do capítulo, e outros podem ser passados aos alunos para que explorem mais a fundo o tópico da Perspectiva prática.
- **Os manuais PSpice e Multisim foram revisados de modo a incluir imagens de telas das versões mais recentes desses aplicativos de software para simulação.** Cada manual apresenta o material de simulação na mesma ordem em que ele é apresentado no livro. Esses manuais continuam a incluir exemplos de circuitos a serem simulados que são extraídos diretamente do livro. Continuamos a assinalar os problemas de final de capítulo que são bons candidatos à simulação utilizando PSpice ou Multisim.

CARACTERÍSTICAS PRINCIPAIS

Problemas

Os leitores de *Circuitos elétricos* têm avaliado a seção de problemas como uma das principais características do livro. Na décima edição, há mais de 1.650 problemas de final de capítulo, dos quais 40% são novos. Os problemas foram organizados em seções ao final de cada capítulo.

Perspectiva prática

A décima edição mantém a seção Perspectiva prática introduzida com as vinhetas de abertura dos capítulos. Essas perspectivas oferecem exemplos de circuitos reais, baseados em dispositivos existentes. Em alguns capítulos, a Perspectiva prática é nova na edição. Cada capítulo começa com uma breve descrição de uma aplicação prática do material que se segue. Encerrada a apresentação do material do capítulo, há uma análise quantitativa da aplicação. Um conjunto de problemas de final de capítulo está diretamente relacionado com a aplicação da Perspectiva prática. Resolver alguns desses problemas permite aos alunos compreender como aplicar o conteúdo dos capítulos à solução de um problema do mundo real.

Problemas para avaliação

Cada capítulo começa com uma lista de objetivos. Em pontos-chave, o aluno é convidado a avaliar seu domínio de determinado objetivo mediante a resolução de um ou mais problemas para avaliação. As respostas a esses problemas são apresentadas na conclusão de cada um; assim, pode-se conferir o resultado. Quem conseguir resolver os problemas para um dado objetivo terá dominado o objetivo em questão. Para quem precisar de mais prática, vários problemas de final de capítulo que se relacionam com o objetivo são sugeridos na conclusão dos Problemas para avaliação.

Exemplos

Cada capítulo inclui muitos exemplos que ilustram os conceitos apresentados no texto sob a forma de um exemplo numérico. Há quase 150 exemplos no livro, cujo objetivo é ilustrar a aplicação de determinado conceito e também estimular as habilidades dos alunos para resolução de problemas.

Equações e conceitos fundamentais

Por todo o livro, o aluno vai encontrar equações e conceitos fundamentais destacados do texto principal. Isso ocorre para ajudá-lo a se concentrar em alguns dos princípios fundamentais em circuitos elétricos e facilitar sua consulta a tópicos importantes.

Integração de ferramentas de apoio

Ferramentas computacionais podem auxiliar os alunos no processo de aprendizagem, fornecendo uma representação visual do comportamento de um circuito, validando uma solução calculada, reduzindo a carga de cálculo em circuitos mais complexos e levando à solução desejada por meio da variação de parâmetros. Esse tipo de apoio normalmente tem valor inestimável no processo. A décima edição inclui os suportes de PSpice® e Multisim®, ambas ferramentas muito conhecidas para simulação e análise de circuitos. Os problemas dos capítulos adequados à exploração com PSpice e Multisim estão devidamente assinalados.

Ênfase em projeto

A décima edição continua a enfatizar o projeto de circuitos de várias maneiras. Em primeiro lugar, muitas das discussões na seção Perspectiva prática concentram-se nos aspectos de projeto de circuitos. Os problemas referentes a esse tópico dão continuidade à discussão por meio de exemplos práticos. Em segundo, os problemas de projeto foram explicitamente identificados, permitindo a alunos e professores identificar esses problemas com foco no projeto. Em terceiro lugar, a identificação de problemas adequados à exploração com PSpice ou Multisim sugere oportunidades de projeto usando-se essas ferramentas de software. Em quarto lugar, alguns problemas em quase todos os capítulos enfocam o uso de valores de componentes realistas para obter um projeto de circuito desejado. Uma vez analisado tal problema, o aluno pode seguir para um laboratório para construir e testar o circuito, comparando a análise com o desempenho medido do circuito real.

Exatidão

Todo o texto e os problemas na décima edição foram submetidos a nossa marca registrada de processo de verificação de exatidão, para garantir um livro com um mínimo possível de erros.

Apêndices

Há vários apêndices no final do livro para ajudar os alunos a fazer uso efetivo de sua base matemática. O Apêndice A analisa o método de Cramer de resolução de equações lineares e álgebra matricial simples; os números complexos são examinados no Apêndice B; o Apêndice C contém material adicional sobre enrolamentos magneticamente acoplados e transformadores ideais; o Apêndice D contém uma breve discussão sobre o decibel; o Apêndice E é dedicado aos diagramas de Bode e o Apêndice F a uma tabela resumida de identidades trigonométricas que são úteis na análise de circuitos; e uma tabela resumida de integrais úteis é dada no Apêndice G. O Apêndice H fornece uma tabela de valores padrão mais comuns de componentes para resistores, indutores e capacitores, para ser utilizada na resolução de diversos problemas de final de capítulo. A seção de respostas selecionadas fornece respostas para problemas selecionados de final de capítulo.

MATERIAL ADICIONAL

Na sala virtual deste livro (sv.pearson.com.br), professores e estudantes podem acessar os seguintes materiais adicionais a qualquer momento:

Para professores

- Apresentações em PowerPoint.
- Manual de soluções (em inglês).

Esse material é de uso exclusivo para professores e está protegido por senha. Para ter acesso a ele, os professores que adotam o livro devem entrar em contato com seu representante Pearson ou enviar e-mail para ensinosuperior@pearson.com.

Para estudantes

- Manual de introdução ao PSpice® (em inglês).
- Manual de introdução ao Multisim® (em inglês).

AGRADECIMENTOS

Há muitas pessoas esforçadas nos bastidores de nossa editora que merecem nossa gratidão pelo empenho dedicado a esta décima edição. Na Pearson, gostaríamos de agradecer a Andrew Gilfillan, Rose Kernan, Gregory Dulles, Tim Galligan e Scott Disanno por seu contínuo apoio e incentivo, sua conduta profissional, sua disposição em ouvir e seus meses de longas horas sem fim de semana. Os autores também agradecem à equipe da Integra Software Solutions por sua dedicação e trabalho árduo na composição deste livro. Os agradecimentos são extensivos a Kurt Norlin por sua ajuda na conferência do texto e dos problemas.

Somos muito gratos pelos diversos professores e alunos que fizeram revisões formais do livro ou ofereceram feedback positivo e sugestões de melhoria de modo mais informal. Temos prazer em receber e-mails de professores e alunos que usam o livro, mesmo quando apontam um erro que nos escapou no processo de revisão. Fomos contatados por pessoas que usam nosso livro em todo o mundo e agradecemos a todos por se darem a esse trabalho. Usamos o máximo possível de suas sugestões para continuar a melhorar o conteúdo, a pedagogia e a apresentação da obra. Somos privilegiados em ter a oportunidade de impactar a experiência educacional dos muitos milhares de futuros engenheiros que vão utilizar este livro.

James W. Nilsson
Susan A. Riedel

Capítulo 1

Variáveis de circuitos

SUMÁRIO DO CAPÍTULO

1.1 Engenharia elétrica: uma visão geral
1.2 O Sistema Internacional de Unidades
1.3 Análise de circuitos: uma visão geral
1.4 Tensão e corrente
1.5 O elemento básico ideal de circuito
1.6 Potência e energia

OBJETIVOS DO CAPÍTULO

1. Entender e saber utilizar as unidades do SI e os prefixos padronizados para potências de 10.
2. Conhecer e saber utilizar as definições de *tensão* e *corrente*.
3. Conhecer e saber utilizar as definições de *potência* e *energia*.
4. Saber utilizar a convenção passiva de sinal a fim de calcular a potência para um elemento básico ideal de circuito dadas sua tensão e corrente.

A profissão de **engenheiro eletricista** é empolgante e desafiadora para quem se interessa por ciências e matemática aplicadas e tem a aptidão adequada. Nos últimos 150 anos, engenheiros eletricistas desempenharam um papel dominante no desenvolvimento de sistemas que mudaram o modo como as pessoas vivem e trabalham. Sistemas de comunicação por satélite, telefones, computadores digitais, televisores, equipamentos médicos cirúrgicos e de diagnóstico, robôs de linhas de montagem e ferramentas elétricas são componentes representativos de sistemas que definem uma sociedade tecnológica moderna. Como engenheiro eletricista, você poderá participar dessa revolução tecnológica em curso, melhorando e refinando sistemas existentes e descobrindo e desenvolvendo novos sistemas para atender às necessidades de uma sociedade em constante transformação.

Ao iniciar o estudo de análise de circuitos, você deve ter noção do lugar que esse estudo ocupa na hierarquia de tópicos que compreendem uma introdução à engenharia elétrica. Por essa razão, começaremos apresentando uma visão geral da engenharia elétrica e algumas ideias sobre um ponto de vista de engenharia relacionado com a análise de circuitos, além de uma revisão do Sistema Internacional de Unidades.

Em seguida, vamos descrever em que consiste, de modo geral, a análise de circuitos e apresentaremos os conceitos de tensão e corrente. Discutiremos ainda um elemento básico ideal e a necessidade de um sistema de referência de polaridade. Por fim, concluiremos o capítulo descrevendo como corrente e tensão estão relacionadas com potência e energia.

Perspectiva prática

Equilíbrio de potência

Uma das habilidades mais importantes que você vai desenvolver é a capacidade de conferir suas respostas para os circuitos que projetar e fazer sua análise usando as ferramentas desenvolvidas neste texto. Um método comumente utilizado para verificar a validade das respostas consiste em equilibrar a potência no circuito. Os circuitos lineares que estudamos não têm nenhuma potência líquida, de modo que a soma das potências associadas a cada componente do circuito deve ser igual a zero. Se a potência total para o circuito for igual a zero, dizemos que ela está equilibrada; contudo, se for diferente de zero, precisamos encontrar os erros no cálculo.

Como exemplo, vamos analisar um modelo muito simples de distribuição de energia elétrica a uma residência, como mostramos a seguir. (Um modelo mais realista será examinado na *Perspectiva prática* do Capítulo 9.) Os componentes *a* e *b* representam a fonte de energia elétrica para a casa. Os componentes *c*, *d* e *e* representam os fios que transportam a corrente elétrica da fonte para os dispositivos na casa que necessitam de potência elétrica. Os componentes *f*, *g* e *h* representam lâmpadas, televisores, secadores de cabelo, geladeiras e outros aparelhos que funcionam à base de eletricidade.

Após introduzirmos os conceitos de tensão, corrente, potência e energia, vamos examinar detalhadamente esse modelo de circuito e utilizar o equilíbrio de potência para determinar se os resultados da análise desse circuito estão corretos.

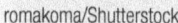

1.1 Engenharia elétrica: uma visão geral

O engenheiro eletricista é o profissional que se ocupa com sistemas que produzem, transmitem e medem sinais elétricos. A engenharia elétrica combina os modelos de fenômenos naturais desenvolvidos pelos físicos com as ferramentas dos matemáticos, no sentido de produzir sistemas que atendam a necessidades práticas. Sistemas elétricos estão presentes em todos os aspectos da vida: são encontrados em lares, escolas, locais de trabalho e meios de transporte espalhados por toda a parte. Começaremos por apresentar alguns exemplos de cada uma das cinco principais classificações de sistemas elétricos, a saber:

- sistemas de comunicação;
- sistemas de computação;
- sistemas de controle;
- sistemas de potência;
- sistemas de processamento de sinais.

Em seguida, descreveremos como os engenheiros eletricistas analisam e projetam tais sistemas.

Sistemas de comunicação são sistemas elétricos que geram, transmitem e distribuem informações. Entre os exemplos mais conhecidos estão: equipamentos de televisão, como câmeras, transmissores, receptores e aparelhos de DVD; radiotelescópios, usados para explorar o universo; sistemas de satélites, que captam e transmitem imagens de outros planetas e do nosso; sistemas de radar, utilizados para controle de tráfego aéreo; e sistemas de telefonia.

A Figura 1.1 representa os principais componentes de um sistema telefônico moderno. Começando pelo lado inferior esquerdo da figura, um microfone instalado dentro de um aparelho telefônico transforma ondas sonoras em sinais elétricos. Esses sinais são transportados até uma central de comutação onde são combinados com os sinais de dezenas, centenas ou milhares de outros telefones. Os sinais combinados saem da central de comutação, e a forma como isso se dá depende da distância a ser percorrida. Em nosso exemplo, tais sinais são enviados por fios dentro de cabos coaxiais subterrâneos até uma estação de transmissão de micro-ondas. Ali, eles são transformados em frequências de micro-ondas e transmitidos a partir de uma antena transmissora, pelo ar e pelo espaço, passando por um satélite de comunicações, até uma antena receptora. A estação receptora de micro-ondas transforma os sinais de forma a adequá-los a uma transmissão posterior, talvez em pulsos de luz, para serem enviados por cabos de fibra óptica. Ao chegarem à segunda central de comutação, os sinais combinados são separados, e cada um é dirigido para o telefone apropriado, no qual um fone de ouvido atua como um alto-falante a fim de reconverter os sinais elétricos em ondas sonoras. Em cada estágio do processo, circuitos elétricos atuam sobre os sinais. Imagine o desafio envolvido em projetar, construir e operar cada circuito de modo a garantir que todas as centenas de milhares de telefonemas simultâneos tenham conexões de alta qualidade.

Os **sistemas de computação** usam sinais elétricos para processar informações, desde palavras até cálculos matemáticos. O tamanho e a potência desses sistemas abrangem desde calculadoras de bolso e computadores pessoais até supercomputadores que executam tarefas complexas, como o processamento de dados meteorológicos e a modelagem de interações químicas de moléculas

Figura 1.1 Sistema de telefonia.

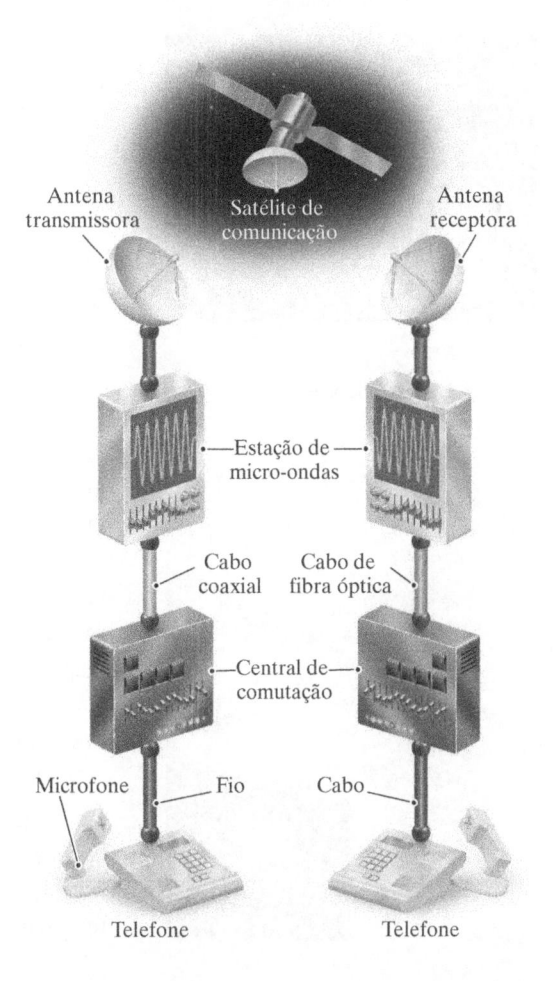

orgânicas complexas. Entre esses sistemas, citamos as redes de microcircuitos, ou circuitos integrados — conjuntos de centenas, milhares ou milhões de componentes elétricos montados sobre uma base do tamanho de um selo postal, que muitas vezes funcionam em níveis de velocidade e potência próximos dos limites da física fundamental, incluindo a velocidade da luz e as leis da termodinâmica.

Os **sistemas de controle** utilizam os sinais elétricos para regular processos. Como exemplos, citamos o controle de temperaturas, pressões e velocidades de escoamento em uma refinaria de petróleo; a mistura combustível-ar no sistema eletrônico de injeção de um motor de automóvel; mecanismos como os motores, as portas e as luzes dos elevadores; e as comportas do Canal do Panamá. Os sistemas de piloto automático e aterrissagem por instrumentos que ajudam aviões a voar e aterrissar também são sistemas de controle conhecidos.

Os **sistemas de potência** geram e distribuem energia elétrica. Esta, que é a base de nossa sociedade altamente tecnológica, é produzida normalmente em grandes quantidades por geradores nucleares, hidrelétricos e térmicos (a carvão, a óleo e a gás) e distribuída por uma rede de condutores que cruzam o país. O maior desafio de projetar e operar esse tipo de sistema é prover redundância e controle suficientes de modo que, se qualquer parte do equipamento falhar, isso não deixará uma cidade, um estado ou uma região completamente sem eletricidade.

Figura 1.2 Tomografia computadorizada do crânio de um adulto.

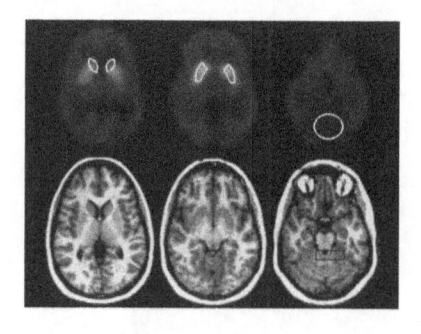

Figura 1.3 Um avião comercial.

Os **sistemas de processamento de sinais** atuam sobre sinais elétricos que representam informações. Eles convertem os sinais e a informação neles contida a uma forma mais adequada. Há diversas maneiras de processar sinais e suas informações. Por exemplo, sistemas de processamento de imagens coletam quantidade substancial de dados de satélites meteorológicos orbitais, reduzem esse volume a um nível administrável e transformam os dados restantes em uma imagem de vídeo que será apresentada no telejornal da noite. Uma tomografia computadorizada (TC) é outro exemplo de sistema de processamento de imagens. Esse equipamento usa sinais gerados por uma máquina especial de raios X e transforma-os em uma imagem, como a da Figura 1.2. Embora os sinais originais de raios X sejam de pouca utilidade para um médico, uma vez processados em uma imagem reconhecível, as informações ali contidas podem ser utilizadas para diagnosticar doenças e lesões.

Há uma grande interação entre as disciplinas da engenharia envolvidas no projeto e na operação dessas cinco classes de sistemas. Assim, engenheiros de comunicação usam computadores digitais para controlar o fluxo de informações. Computadores contêm sistemas de controle, e sistemas de controle contêm computadores. Sistemas de potência requerem extensos sistemas de comunicação para coordenar com segurança e confiabilidade a operação de componentes que podem estar dispersos por todo um continente. Um sistema de processamento de sinais pode envolver um sistema de comunicações, um computador e um sistema de controle.

Um bom exemplo da interação entre sistemas é um avião comercial, como o mostrado na Figura 1.3. Um sofisticado sistema de comunicações possibilita ao piloto e ao controlador de tráfego aéreo monitorar a localização da aeronave, permitindo que o controlador determine uma rota de voo segura para todas as aeronaves próximas, habilitando o piloto a manter o avião na rota designada. Nos aviões comerciais mais modernos, um sistema de computador de bordo é usado para gerenciar funções do motor, implementar os sistemas de controle de navegação e de voo e gerar telas de informação em vídeo na cabine. Um complexo sistema de controle utiliza comandos de cabine para ajustar a posição e a velocidade do avião, produzindo os sinais adequados para motores e superfícies de controle (como os *flaps* das asas, ailerons e leme), visando a assegurar que a aeronave permaneça no ar com segurança e na rota desejada. A aeronave deve ter seu próprio sistema de fornecimento de eletricidade para se sustentar no ar e gerar e distribuir a energia elétrica necessária para manter acesas as luzes da cabine, fazer café e exibir filmes. Sistemas de processamento de sinais reduzem o ruído nas comunicações de tráfego aéreo e convertem informações sobre a localização do avião em imagens mais significativas em uma tela de vídeo na cabine. São muitos os desafios de engenharia envolvidos no projeto de cada um desses sistemas e em sua integração coerente como um todo. Por exemplo, eles devem operar em condições ambientais muito variáveis e imprevisíveis. Talvez o desafio de engenharia mais importante seja garantir que os projetos incorporem redundância suficiente para assegurar que os passageiros cheguem com segurança e na hora certa aos destinos desejados.

Embora o interesse primordial dos engenheiros eletricistas possa se limitar a uma área específica, eles também precisam conhecer outras áreas que interagem com a de seu interesse. Essa interação é um dos fatores que torna a engenharia elétrica uma profissão desafiadora e estimulante. A ênfase da engenharia está em fazer as coisas funcionarem, de modo que um engenheiro tem a liberdade de aprender e utilizar qualquer técnica, de qualquer campo, que ajude a realizar um trabalho bem feito.

Teoria de circuitos

Em um campo tão vasto quanto o da engenharia elétrica, alguém pode cogitar se todas as ramificações dessa área têm algo em comum. A resposta é sim — os circuitos elétricos. Um **circuito elétrico** é um modelo matemático que se comporta de modo similar ao de um sistema elétrico real. Como tal, proporciona uma importante fundamentação para o aprendizado — nos cursos que você fará mais tarde e também em sua prática de engenharia — dos detalhes de como projetar e operar sistemas como os que acabamos de descrever. Os modelos, as técnicas matemáticas e a linguagem da teoria de circuitos vão formar a estrutura intelectual de suas futuras iniciativas na engenharia.

Observa-se que o termo *circuito elétrico* costuma ser utilizado em referência a um sistema elétrico propriamente dito, bem como ao modelo que o representa. Neste livro, ao falarmos de um circuito elétrico, estaremos sempre nos referindo a um modelo, a menos que seja especificado o contrário. É o aspecto de modelagem da teoria de circuitos que tem ampla aplicação em todas as disciplinas da engenharia.

A teoria de circuitos é um caso especial da teoria eletromagnética: o estudo de cargas elétricas estáticas e em movimento. Embora a teoria geral do campo seja aparentemente um ponto de partida adequado para investigar sinais elétricos, sua aplicação, além de ser complicada, requer cálculos de matemática avançada. Por conseguinte, um curso de teoria eletromagnética não é pré-requisito para se entender o material apresentado neste livro. No entanto, supomos que você já tenha realizado um curso de introdução à física, no qual os fenômenos elétricos e magnéticos foram discutidos.

Três premissas básicas permitem-nos utilizar a teoria de circuitos, em vez da teoria eletromagnética, para estudarmos um sistema físico representado por um circuito elétrico. Essas premissas são as seguintes:

1. *Efeitos elétricos acontecem instantaneamente em todo o sistema.* Podemos adotar essa premissa porque sabemos que sinais elétricos se propagam à velocidade da luz ou próximo disso. Assim, se o sistema for suficientemente pequeno em termos físicos, sinais elétricos vão percorrê-lo com tamanha rapidez que podemos considerar que afetam todos os pontos do sistema simultaneamente. Um sistema tão pequeno que nos permita adotar essa premissa é denominado **sistema de parâmetros concentrados**.

2. *A carga líquida em cada componente do sistema é sempre igual a zero.* Desse modo, nenhum componente pode acumular um excesso líquido de carga, embora alguns componentes, como você verá mais adiante, possam conter cargas separadas iguais, porém opostas.

3. *Não há nenhum acoplamento magnético entre os componentes de um sistema.* Como demonstraremos mais adiante, o acoplamento magnético pode ocorrer *dentro* de um componente.

É isso; não há outras premissas. A utilização da teoria de circuitos proporciona soluções simples (com precisão suficiente) para problemas que se tornariam irremediavelmente complicados caso utilizássemos a teoria eletromagnética. Esses benefícios são tão grandes que, às vezes, engenheiros projetam sistemas elétricos especificamente para garantir que essas premissas sejam cumpridas. A importância das premissas 2 e 3 ficará evidente após apresentarmos os elementos básicos de circuito e as regras para se analisar elementos interconectados.

Contudo, precisamos examinar melhor a premissa 1. A questão é: "Que tamanho um sistema físico deve ter para se qualificar como um sistema de parâmetros concentrados?". Podemos responder à pergunta pelo lado quantitativo, observando que sinais elétricos se propagam como ondas. Se o comprimento de onda do sinal for grande em comparação às dimensões físicas do sistema, teremos um sistema de parâmetros concentrados. O comprimento de onda λ é a velocidade dividida pela taxa de repetição, ou **frequência**, do sinal; isto é, $\lambda = c/f$. A frequência f é medida em hertz (Hz). Por exemplo, os sistemas de distribuição de energia elétrica nos Estados Unidos funcionam a 60 Hz. Se usarmos a velocidade da luz ($c = 3 \times 10^8$ m/s) como a velocidade de propagação, o comprimento de onda será 5×10^6 m. Se a dimensão física do sistema em questão for menor do que esse comprimento de onda, podemos representá-lo como um sistema de parâmetros concentrados e usar a teoria de circuitos para analisar seu comportamento. Como definimos *menor*? Uma boa norma é a *regra do 1/10*: se a dimensão do sistema for 1/10 (ou menos) da dimensão do comprimento de onda, teremos um sistema de parâmetros concentrados. Assim, contanto que a dimensão física do sistema de potência seja menor do que 5×10^5 m, podemos tratá-lo como um sistema de parâmetros concentrados.

Por outro lado, a frequência da propagação de sinais de rádio é da ordem de 10^9 Hz. Portanto, o comprimento de onda é 0,3 m. Usando a regra do 1/10, as dimensões relevantes de um sistema de comunicação que envia ou recebe sinais de rádio devem ser menores do que 3 cm para qualificá-lo como um sistema de parâmetros concentrados. Sempre que qualquer das dimensões físicas pertinentes a um sistema em estudo se aproximar do comprimento de onda de seus sinais, devemos usar a teoria eletromagnética para analisá-lo. Neste livro, estudamos circuitos derivados de sistemas de parâmetros concentrados.

Resolução de problemas

Como engenheiro, ninguém lhe pedirá para resolver problemas que já foram solucionados. Seja melhorando o desempenho de um sistema existente, seja criando um novo sistema, você vai lidar com problemas não resolvidos. Entretanto, como estudante, grande parte de sua atenção será dedicada à discussão de problemas solucionados. Ao ler e discutir como foram solucionados no passado e resolver sozinho problemas relacionados, em casa ou em exames, você começará a desenvolver as habilidades para tratar com sucesso os problemas não resolvidos que encontrará como engenheiro.

Apresentamos a seguir alguns procedimentos gerais para a resolução de problemas. Muitos deles se referem a pensar em sua estratégia de solução e organizá-la *antes* de partir para os cálculos.

1. *Identifique o que é dado e o que tem de ser achado.* Ao resolver problemas, você precisa saber qual é seu destino antes de escolher um caminho para chegar lá. O que o problema está pedindo, que você resolva ou determine? Às vezes, o objetivo do problema é óbvio; outras vezes, pode ser necessário parafraseá-lo ou organizar listas ou tabelas de informações conhecidas e desconhecidas para identificar seu objetivo.

    O enunciado do problema pode conter informações irrelevantes que devem ser filtradas e descartadas antes de prosseguir. Por outro lado, podem ser oferecidas informações incompletas ou de complexidades maiores do que se pode tratar com os métodos de solução disponíveis. Nesse caso, você precisará adotar premissas para complementar as informações ou simplificar o contexto do problema. Caso seus cálculos fiquem "travados" ou produzam uma resposta aparentemente sem sentido, esteja preparado para voltar e reconsiderar informações e/ou premissas que supôs irrelevantes.

2. *Trace um diagrama do circuito ou outro modelo visual.* Traduzir a descrição verbal de um problema em um modelo visual costuma ser uma etapa útil no processo de solução. Se já houver um diagrama do circuito, pode ser que você tenha de lhe acrescentar informações, como legendas, valores ou direções de referências. Talvez você queira redesenhar o circuito de uma forma mais simples, porém equivalente. Mais adiante, neste livro, apresentaremos métodos para desenvolver esses circuitos equivalentes simplificados.

3. *Pense em vários métodos de solução e decida como escolher o mais adequado.* Este curso vai ajudá-lo a montar um conjunto de ferramentas analíticas, muitas das quais poderão funcionar em um dado problema. No entanto, um método pode produzir um número menor de equações a serem resolvidas do que outro, ou exigir apenas cálculo algébrico em vez de cálculo diferencial ou integral para achar a solução. Se você puder prever tais procedimentos eficientes, também poderá organizar seus cálculos de um modo muito melhor. Ter um método alternativo em mente pode ser útil, caso sua primeira tentativa de solução não funcione.

4. *Encontre uma solução.* Seu planejamento até este ponto deve tê-lo ajudado a identificar um bom método analítico e as equações corretas para o problema. Agora vem a solução dessas equações. Há métodos que utilizam lápis e papel, calculadora e computadores, e todos estão disponíveis para executar os cálculos propriamente ditos da análise de circuitos. A eficiência e as preferências de seu professor indicarão quais ferramentas você deve usar.

5. *Use sua criatividade.* Se você suspeitar que sua resposta não tem base ou que seus cálculos aparentemente não o estão levando a nenhum lugar, pare e pense em alternativas. Talvez você tenha de rever suas premissas ou selecionar um método de solução diferente. Ou, então, pode ser que precise adotar uma abordagem menos convencional para a resolução do problema, como trabalhar no sentido inverso, partindo de uma solução. Este livro dá respostas para todos os *Problemas para avaliação* e para muitos dos problemas de final de capítulo, de modo que você pode trabalhar de trás para a frente quando empacar em algum ponto. No mundo real, você não terá respostas com antecedência, mas poderá ter em mente

um resultado desejado a partir do qual poderá trabalhar em sentido inverso. Entre outras abordagens criativas, podem-se fazer comparações com outros tipos de problema que você já resolveu com sucesso, seguir sua intuição ou um palpite sobre como prosseguir ou simplesmente deixar o problema de lado por um tempo e retomá-lo mais tarde.

6. *Teste sua solução.* Pergunte a si mesmo se a solução que obteve faz sentido. O valor numérico parece razoável? A solução pode ser realizada em termos físicos? Talvez você queira ir mais fundo e resolver novamente o problema usando um método alternativo. Isso não somente testará a validade de sua resposta original, mas também vai ajudá-lo a desenvolver sua intuição sobre os métodos de solução mais eficientes para vários tipos de problemas. No mundo real, projetos em que a segurança é crucial são sempre conferidos por vários meios independentes. Adquirir o hábito de checar suas respostas só lhe trará benefícios, seja como estudante, seja como engenheiro.

Essas etapas de resolução de problemas não podem ser usadas como uma receita para resolver todo problema que aparecer neste ou em outro curso qualquer. Talvez você tenha de pular ou mudar a ordem de alguma etapa, ou ainda elaborar outras etapas para resolver determinado problema. Use-as como uma diretriz para desenvolver um estilo de resolução de problemas que funcione no seu caso.

1.2 O Sistema Internacional de Unidades

Engenheiros comparam resultados teóricos com experimentais e também projetos de engenharia concorrentes usando medidas quantitativas. A engenharia moderna é uma profissão multidisciplinar na qual equipes de engenheiros trabalham juntas em projetos e só podem comunicar seus resultados de modo significativo se todos usarem as mesmas unidades de medida. O Sistema Internacional de Unidades (abreviado como SI) é utilizado por todas as principais sociedades de engenharia e pela maioria dos engenheiros em todo o mundo; por isso, nós o adotamos neste livro.

As unidades do SI são baseadas em sete quantidades *definidas*:

- comprimento;
- massa;
- tempo;
- corrente elétrica;
- temperatura termodinâmica;
- quantidade de substância;
- intensidade luminosa.

Essas quantidades, juntamente com a unidade básica e o símbolo de cada uma, são apresentadas na Tabela 1.1. Embora não sejam unidades do SI em sentido estrito, as unidades de tempo conhecidas, como o minuto (60 s), a hora (3.600 s) e assim por diante, são usadas frequentemente em cálculos de engenharia. Além disso, quantidades definidas são combinadas para formar unidades **derivadas**. Algumas, como força, energia, potência e carga elétrica, você já conhece de outros cursos de física. A Tabela 1.2 apresenta uma lista das unidades derivadas usadas neste livro.

Em muitos casos, a unidade do SI é muito pequena ou muito grande para ser usada de modo

Tabela 1.1 O Sistema Internacional de Unidades (SI).

Quantidade	Unidade básica	Símbolo
Comprimento	metro	m
Massa	quilograma	kg
Tempo	segundo	s
Corrente elétrica	ampère	A
Temperatura termodinâmica	grau kelvin	K
Quantidade de substância	mol	mol
Intensidade luminosa	candela	cd

Fonte: *National Institute of Standards and Technology Special Publication* 330, mar. 2008, 96 p.

Tabela 1.2 Unidades derivadas no SI.

Quantidade	Nome da unidade (Símbolo)	Fórmula
Frequência	hertz (Hz)	s^{-1}
Força	newton (N)	$kg \cdot m/s^2$
Energia ou trabalho	joule (J)	$N \cdot m$
Potência	watt (W)	J/s
Carga elétrica	coulomb (C)	$A \cdot s$
Potencial elétrico	volt (V)	J/C
Resistência elétrica	ohm (Ω)	V/A
Condutância elétrica	siemens (S)	A/V
Capacitância elétrica	farad (F)	C/V
Fluxo magnético	weber (Wb)	$V \cdot s$
Indutância	henry (H)	Wb/A

Fonte: *National Institute of Standards and Technology Special Publication* 330, mar. 2008, 96 p.

Tabela 1.3 Prefixos padronizados que representam potências de 10.

Prefixo	Símbolo	Potência
atto	a	10^{-18}
femto	f	10^{-15}
pico	p	10^{-12}
nano	n	10^{-9}
micro	μ	10^{-6}
mili	m	10^{-3}
centi	c	10^{-2}
deci	d	10^{-1}
deca	da	10
hecto	h	10^2
quilo	k	10^3
mega	M	10^6
giga	G	10^9
tera	T	10^{12}

Fonte: *National Institute of Standards and Technology Special Publication* 330, mar. 2008, 96 p.

conveniente. Então, prefixos padronizados, correspondentes a potências de 10, são aplicados à unidade básica, como mostra a Tabela 1.3. Todos esses prefixos são corretos, mas os engenheiros costumam usar apenas os que representam potências divisíveis por 3; assim, centi, deci, deca e hecto são raramente usados. Ademais, eles selecionam com frequência o prefixo que traz o número base para a faixa entre 1 e 1.000. Suponha que um cálculo de tempo dê como resultado 10^{-5} s, isto é, 0,00001 s. A maioria dos engenheiros descreveria essa quantidade como 10 μs, isto é, $10^{-5} = 10 \times 10^{-6}$ s, em vez de 0,01 ms ou 10.000.000 ps.

O Exemplo 1.1 ilustra um método para converter um conjunto de unidades a outro e também utilizar prefixos para potências de dez.

EXEMPLO 1.1 Como usar unidades do SI e prefixos para potências de 10.

Se um sinal viaja em um cabo a 80% da velocidade da luz, qual é o comprimento de cabo, em polegadas, que representa 1 ns?

Solução

Para começar, note que 1 ns = 10^{-9} s. Além disso, lembre-se de que a velocidade da luz equivale a $c = 3 \times 10^8$ m/s. Assim, 80% da velocidade da luz é $0,8c = (0,8)(3 \times 10^8) = 2,4 \times 10^8$ m/s. Usando um produto de razões, podemos converter 80% da velocidade da luz de metros por segundo para polegadas por nanossegundos. O resultado é a distância em polegadas percorrida em 1 ns:

$$\frac{2,4 \times 10^8 \text{ m}}{1 \text{ s}} \cdot \frac{1 \text{ s}}{10^9 \text{ ns}} \cdot \frac{100 \text{ cm}}{1 \text{ m}} \cdot \frac{1 \text{ pol}}{2,54 \text{ cm}}$$

$$= \frac{(2,4 \times 10^8)(100)}{(10^9)(2,54)} = 9,45 \text{ pol/ns}$$

Portanto, um sinal que viaja a 80% da velocidade da luz cobrirá 9,45 polegadas do cabo em 1 nanossegundo.

> **PROBLEMAS PARA AVALIAÇÃO**
>
> **Objetivo 1** Entender e saber utilizar as unidades do SI e os prefixos padronizados para potências de 10.
>
> **1.1** Suponha que um sinal telefônico viaje em um cabo a dois terços da velocidade da luz. Quanto tempo levará para esse sinal ir de Nova York a Miami, se a distância for de aproximadamente 1.100 milhas?
> Resposta: 8,85 ms.
>
> **1.2** Quantos dólares por milissegundo o Governo Federal teria de arrecadar para cobrir um déficit de US$ 100 bilhões em um ano?
> Resposta: US$ 3,17/ms.
>
> NOTA: tente resolver também os problemas 1.1, 1.3 e 1.5, apresentados no final deste capítulo.

1.3 Análise de circuitos: uma visão geral

Antes de nos envolvermos nos detalhes da análise de circuitos, precisamos de uma visão geral do que seja um projeto de engenharia e, especificamente, um projeto de circuitos elétricos. O propósito disso é fornecer uma perspectiva do lugar que a análise de circuitos ocupa no contexto geral do projeto de circuitos. Embora este livro se concentre na análise de circuitos, tentamos oferecer oportunidades para projetos de circuito, quando adequado.

Todos os projetos de engenharia partem de uma necessidade, como mostra a Figura 1.4. Essa necessidade pode surgir da intenção de melhorar um projeto existente ou criar algo totalmente novo. Uma avaliação cuidadosa de uma necessidade resulta em especificações de projeto, que são suas características mensuráveis. Uma vez proposto um projeto, suas especificações permitem-nos avaliar se ele atende ou não à necessidade.

Figura 1.4 Modelo conceitual para projeto de engenharia elétrica.

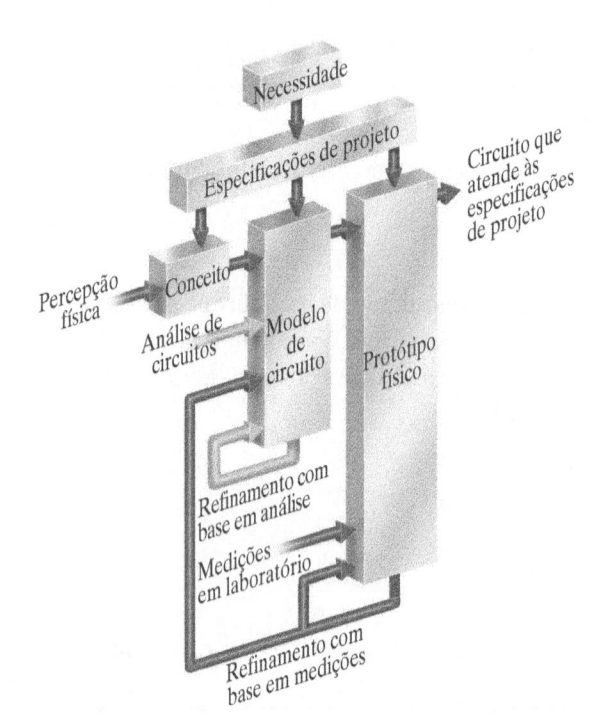

Em seguida, vem o conceito do projeto. Esse conceito deriva de um entendimento pleno das especificações de projeto, aliado a uma percepção da necessidade, que vem do conhecimento e da experiência. O conceito pode ser materializado como um esboço, uma descrição por escrito ou de alguma outra forma. Normalmente, a etapa seguinte é traduzir o conceito em um modelo matemático. O modelo matemático que costuma ser usado para sistemas elétricos é um **modelo de circuito**.

Os elementos que compreendem o modelo de circuito são denominados **componentes ideais de circuito**. Trata-se de um modelo matemático de um componente elétrico propriamente dito, como uma bateria ou uma lâmpada elétrica. É importante que o componente ideal usado em um modelo represente o comportamento do componente elétrico real com um grau de precisão aceitável. Então, as ferramentas de **análise de circuitos**, tema deste livro, são aplicadas ao circuito. Essa análise é baseada em técnicas matemáticas e usada para prever o comportamento do modelo e de seus componentes ideais. Uma comparação entre o comportamento desejado, dado pelas especificações de projeto, e o previsto, a partir da análise de circuitos, pode resultar no refinamento do modelo e seus elementos ideais. Uma vez que os comportamentos desejados e os previstos estejam em consonância, pode-se construir um protótipo físico.

O **protótipo físico** é um sistema elétrico real, construído com componentes elétricos reais. Técnicas de medição são utilizadas para determinar o comportamento quantitativo, real, do sistema físico. Esse comportamento real é comparado com o comportamento desejado dado pelas especificações de projeto e com o comportamento previsto pela análise de circuitos. As comparações podem resultar em refinamentos do protótipo físico, do modelo de circuito ou de ambos. A certa altura, esse processo iterativo, pelo qual modelos, componentes e sistemas são continuamente refinados, pode produzir um projeto que cumpre, com precisão, as especificações de projeto e, portanto, atende à necessidade.

Essa descrição deixa claro que a análise de circuitos desempenha um papel muito importante no processo de projeto. Como a análise de circuitos é aplicada a modelos de circuito, engenheiros em atividade procuram utilizar aqueles já testados, de modo que os projetos resultantes atendam às especificações na primeira iteração. Neste livro, usamos modelos que foram testados por um período de 20 a 100 anos; pode-se supor que sejam modelos maduros. A capacidade de modelar sistemas elétricos reais com elementos ideais de circuito torna a teoria de circuitos muito útil para a engenharia.

Afirmar que a interconexão de elementos ideais de circuito pode ser usada para fazer uma previsão quantitativa do comportamento de um sistema implica que podemos descrever essa interconexão por meio de equações matemáticas. Para que as equações matemáticas sejam úteis, devemos escrevê-las em termos de grandezas mensuráveis. No caso dos circuitos, essas grandezas são tensão e corrente, que discutiremos na Seção 1.4. O estudo da análise de circuitos envolve o entendimento do comportamento de cada elemento ideal de circuito no que se refere à sua tensão e corrente e das restrições impostas a essas grandezas como resultado da interconexão dos elementos ideais.

1.4 Tensão e corrente

O conceito de carga elétrica é a base para se descrever todos os fenômenos elétricos. Vamos revisar algumas características importantes da carga elétrica.

- A carga é bipolar, o que significa que efeitos elétricos são descritos em termos de cargas positivas e negativas.
- A carga elétrica existe em quantidades discretas, que são múltiplos inteiros da carga eletrônica, $1,6022 \times 10^{-19}$ C.
- Efeitos elétricos são atribuídos tanto à separação entre cargas quanto a cargas em movimento.

Na teoria de circuitos, a separação entre cargas dá origem a uma força elétrica (tensão), e seu movimento dá origem a um fluxo elétrico (corrente).

Os conceitos de tensão e corrente são úteis do ponto de vista da engenharia porque podem ser expressos quantitativamente. Sempre que cargas positivas e negativas estão separadas, há gasto de energia. **Tensão** é a energia por unidade de carga criada pela separação. Expressamos essa razão em forma diferencial como

Definição de tensão ▶

$$v = \frac{dw}{dq},\qquad(1.1)$$

em que

v = a tensão em volts,
w = a energia em joules,
q = a carga em coulombs.

Os efeitos elétricos causados por cargas em movimento dependem da variação temporal de carga. Essa variação de carga é conhecida como **corrente elétrica** e expressa como

Definição de corrente ▶

$$i = \frac{dq}{dt},\qquad(1.2)$$

em que

i = a corrente elétrica em ampères,
q = a carga em coulombs,
t = o tempo em segundos.

As equações 1.1 e 1.2 são definições para a magnitude de tensão e corrente, respectivamente. A natureza bipolar da carga elétrica requer que designemos referências de polaridade a essas variáveis, o que faremos na Seção 1.5.

Embora a corrente seja composta de elétrons discretos em movimento, não precisamos considerá-los individualmente por causa de sua enorme quantidade. Em vez disso, podemos imaginar os elétrons e suas cargas correspondentes como uma entidade única que flui suavemente. Assim, i é tratada como uma variável contínua.

Uma vantagem de usar modelos de circuito é que podemos modelar um componente estritamente em termos da tensão e da corrente em seus terminais. Por isso, dois componentes com estruturas físicas diferentes podem ter a mesma relação entre a tensão e a corrente no terminal. Se isso ocorrer, no que concerne à análise de circuitos, eles serão idênticos. Uma vez que sabemos como um componente se comporta em seus terminais, podemos analisar seu comportamento em um circuito. Contudo, quando desenvolvemos modelos de circuitos, interessa-nos o comportamento interno de um componente. Por exemplo, poderíamos querer saber se a condução de carga está ocorrendo porque há elétrons livres se movimentando pela estrutura cristalina de um metal ou se é por causa de elétrons que estão se movimentando dentro das ligações covalentes de um material semicondutor. Todavia, essas questões extrapolam o domínio da teoria de circuitos. Neste livro, adotamos modelos de circuitos que já foram desenvolvidos; não discutimos como se desenvolvem modelos de componentes.

1.5 O elemento básico ideal de circuito

Um **elemento básico ideal de circuito** possui três atributos: (1) tem apenas dois terminais, que são pontos de conexão com outros componentes de circuito; (2) é descrito matematicamente em termos de corrente e/ou tensão; e (3) não pode ser subdividido em outros elementos. Usamos a palavra *ideal* para indicar que um elemento básico de circuito não existe como um componente fisicamente realizável. Contudo, como discutimos na Seção 1.3, elementos ideais podem ser conectados para modelar dispositivos e sistemas reais. Usamos a palavra *básico* para indicar que o elemento de circuito não pode ser reduzido ainda mais ou subdividido em outros elementos. Assim, os elementos básicos de circuito são os blocos de construção dos modelos de circuitos, mas, por si mesmos, eles não podem ser modelados com qualquer outro tipo de elemento.

Figura 1.5 Elemento básico ideal de circuito.

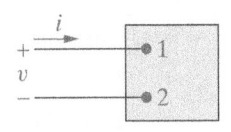

A Figura 1.5 é uma representação de um elemento básico ideal de circuito. A caixa está vazia porque neste momento não nos interessa que tipo de elemento de circuito está contido nela. Nessa figura, a tensão nos terminais da caixa é denotada por v, e a corrente no elemento de circuito é denotada por i. A referência de polaridade para a tensão é indicada pelos sinais de mais e menos, e a direção de referência para a corrente é mostrada pela seta que aponta o sentido de seu fluxo. A interpretação dessas referências, quando são dados valores numéricos positivos ou negativos para v e para i, está resumida na Tabela 1.4. Note que, em linguagem algébrica, a noção de uma carga positiva que flui em uma direção é equivalente à de uma carga negativa que flui na direção oposta.

Tabela 1.4 Interpretação das direções de referência na Figura 1.5.

	Valor positivo	Valor negativo
v	queda de tensão do terminal 1 para o terminal 2 *ou* elevação de tensão do terminal 2 para o terminal 1	elevação de tensão do terminal 1 para o terminal 2 *ou* queda de tensão do terminal 2 para o terminal 1
i	fluxo de carga positiva do terminal 1 para o terminal 2 *ou* fluxo de carga negativa do terminal 2 para o terminal 1	fluxo de carga positiva do terminal 2 para o terminal 1 *ou* fluxo de carga negativa do terminal 1 para o terminal 2

As designações da polaridade de referência para tensão e da direção de referência para corrente são inteiramente arbitrárias. Contudo, uma vez designadas, você deve escrever todas as equações subsequentes em consonância com as referências escolhidas. A convenção de sinal mais amplamente usada para essas referências, inclusive neste livro, denomina-se **convenção passiva**. Ela pode ser enunciada da seguinte maneira:

> Sempre que a direção de referência para a corrente em um elemento estiver na direção da queda da tensão de referência no elemento (como na Figura 1.5), use um sinal positivo em qualquer expressão que relacione a tensão com a corrente. Caso contrário, use um sinal negativo.

◀ **Convenção passiva**

Aplicamos essa convenção de sinal em todas as análises seguintes. Nosso objetivo de apresentá-la antes mesmo de introduzir os diversos tipos de elementos básicos de circuito é que você grave o fato de que a seleção de referências de polaridade com a adoção da convenção passiva *não* depende dos elementos básicos, nem do tipo de interconexões feitas com eles. Apresentaremos a aplicação e a interpretação da convenção passiva em cálculos de potência na Seção 1.6.

O Exemplo 1.2 ilustra um uso da equação que define corrente.

EXEMPLO 1.2 Relação entre corrente e carga.

Não existe carga no terminal superior do elemento na Figura 1.5 para $t < 0$. Em $t = 0$, uma corrente de 5 A começa a fluir no terminal superior.

a) Derive a expressão para a carga acumulada no terminal superior do elemento para $t > 0$.

b) Se a corrente for interrompida após 10 segundos, qual será a quantidade de carga acumulada na parte superior do terminal?

Solução

a) A partir da definição de corrente dada pela Equação 1.2, a expressão para acumulação de carga devido ao fluxo de corrente é

$$q(t) = \int_0^t i(x)dx.$$

Portanto,

$$q(t) = \int_0^t 5\,dx = 5x\Big|_0^t = 5t - 5(0) = 5t \text{ C para } t > 0.$$

b) A carga total que se acumula na parte superior do terminal em 10 segundos, devido a uma corrente de 5 A, é $q(10) = 5(10) = 50$ C.

PROBLEMAS PARA AVALIAÇÃO

Objetivo 2 Conhecer e saber utilizar as definições de *tensão* e *corrente*.

1.3 A corrente nos terminais do elemento da Figura 1.5 é

$$i = 0, \qquad t < 0;$$

$$i = 20e^{-5.000t} \text{ A}, \quad t \geq 0.$$

Calcule a carga total (em microcoulombs) que entra no elemento em seu terminal superior.
Resposta: 4.000 μC.

1.4 A expressão para a carga que entra no terminal superior da Figura 1.5 é

$$q = \frac{1}{\alpha^2} - \left(\frac{t}{\alpha} + \frac{1}{\alpha^2}\right)e^{-\alpha t} \text{ C}.$$

Determine o valor máximo da corrente elétrica que entra no terminal se $\alpha = 0{,}03679$ s^{-1}.
Resposta: 10 A.

NOTA: tente resolver também o Problema 1.8, apresentado no final deste capítulo.

1.6 Potência e energia

Cálculos de potência e energia também são importantes na análise de circuitos. Uma razão disso é que, embora tensão e corrente sejam variáveis úteis na análise e no projeto de sistemas que utilizam a eletricidade, muitas vezes o resultado útil do sistema não é expresso em termos elétricos, mas em termos de potência ou energia. Outra razão é que todos os dispositivos práticos têm uma limitação para a quantidade de potência que podem manipular. Por conseguinte, durante o projeto, os cálculos de tensão e corrente não são suficientes por si sós.

Agora, relacionaremos potência e energia com tensão e corrente e, ao mesmo tempo, utilizaremos o cálculo de potência para ilustrar a convenção passiva. Lembre-se do conceito da física básica segundo o qual a potência é a taxa de variação temporal do gasto ou da absorção de energia. (Uma bomba d'água de 75 kW pode bombear mais litros por segundo do que outra de 7,5 kW.) Em linguagem matemática, a energia por unidade de tempo é expressa na forma de uma derivada, ou

$$p = \frac{dw}{dt}, \qquad (1.3)$$

◀ **Definição de potência**

em que

p = a potência em watts,
w = a energia em joules,
t = o tempo em segundos.

Assim, 1 W equivale a 1 J/s.

A potência associada ao fluxo de carga decorre diretamente da definição de tensão e corrente nas equações 1.1 e 1.2, ou

$$p = \frac{dw}{dt} = \left(\frac{dw}{dq}\right)\left(\frac{dq}{dt}\right),$$

portanto

$$p = vi \qquad (1.4)$$

◀ **Equação de potência**

em que

p = a potência em watts,
v = a tensão em volts,
i = a corrente em ampères.

A Equação 1.4 mostra que a **potência** associada ao elemento básico de circuito é simplesmente o produto da corrente no elemento pela tensão em seus terminais. Por conseguinte, potência é uma quantidade associada a um par de terminais, e temos de saber determinar, por nossos cálculos, se ela está sendo fornecida ao par de terminais ou extraída deles. Essa informação advém da correta aplicação e interpretação da convenção passiva.

Se usarmos a convenção passiva, a Equação 1.4 estará correta se o sentido escolhido para a corrente for o mesmo que o da queda de tensão entre os terminais do elemento — caso contrário, a Equação 1.4 deve ser escrita com um sinal de menos. Em outras palavras, se o sentido

Figura 1.6 Referências de polaridade e a expressão para potência.

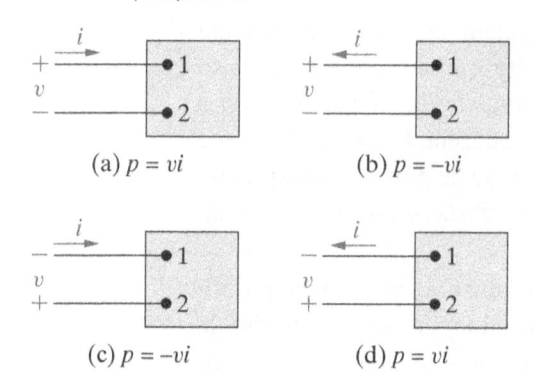

(a) $p = vi$
(b) $p = -vi$
(c) $p = -vi$
(d) $p = vi$

escolhido para a corrente corresponder ao do aumento de tensão, a expressão para a potência deverá ser

$$p = -vi \qquad (1.5)$$

O sinal algébrico da potência é baseado no movimento de cargas e em quedas e elevações de tensão. Quando cargas positivas se movimentam através de uma queda de tensão, perdem energia; quando se movimentam por meio de uma elevação de tensão, ganham energia. A Figura 1.6 resume a relação entre as referências de polaridade para tensão e corrente e a expressão para potência.

Agora, podemos enunciar a regra para interpretar o sinal algébrico de potência:

▶ **Interpretação do sinal algébrico de potência**

Se a potência for positiva (isto é, se $p > 0$), significa que o circuito dentro da caixa está absorvendo potência. Se for negativa (isto é, se $p < 0$), então o circuito dentro da caixa está fornecendo potência.

Por exemplo, suponha que selecionamos as referências de polaridade mostradas na Figura 1.6(b). Admita, ainda, que nossos cálculos da corrente e da tensão dão os seguintes resultados numéricos:

$$i = 4\,\text{A} \quad \text{e} \quad v = -10\,\text{V}.$$

Então, a potência associada ao par de terminais 1,2 é

$$p = -(-10)(4) = 40\,\text{W}.$$

Assim, o circuito dentro da caixa está absorvendo 40 W.

Para aprofundar essa análise, imagine que um colega esteja resolvendo o mesmo problema, mas escolheu as polaridades de referência mostradas na Figura 1.6(c). Os valores numéricos resultantes são

$$i = -4\,\text{A}, \quad v = 10\,\text{V} \quad \text{e} \quad p = 40\,\text{W}.$$

Observe que, interpretando esses resultados em termos desse sistema de referência, chegamos às mesmas conclusões que obtivemos antes — ou seja, que o circuito dentro da caixa está absorvendo 40 W. Na verdade, qualquer um dos sistemas de referência da Figura 1.6 leva ao mesmo resultado.

O Exemplo 1.3 ilustra a relação entre tensão, corrente, potência e energia para um elemento básico ideal de circuito e o uso da convenção passiva.

EXEMPLO 1.3 Relação entre tensão, corrente, potência e energia.

Admita que a tensão nos terminais do elemento na Figura 1.5, cuja corrente foi definida no Problema para avaliação 1.3, é

$$v = 0 \qquad t < 0;$$
$$v = 10e^{-5.000t}\text{ kV}, \qquad t \geq 0.$$

a) Calcule a energia fornecida ao elemento em 1 ms.

b) Calcule a energia total (em joules) absorvida pelo elemento de circuito.

Solução

a) Uma vez que a corrente está entrando no terminal + da queda de tensão definida pelo elemento na Figura 1.5, utilizamos um sinal de "+" na equação da potência.

$$p = vi = (10.000e^{-5.000t})(20e^{-5.000t}) = 200.000e^{-10.000t}\text{ W}.$$
$$p(0,001) = 200.000e^{-10.000(0,001)} = 200.000e^{-10}$$
$$= 200.000(45{,}4 \times 10^{-6}) = 0{,}908\text{ W}.$$

b) A partir da definição de potência dada na Equação 1.3, a expressão para energia é

$$w(t) = \int_0^t p(x)dx$$

Para encontrar a energia total fornecida, integre a expressão para energia, de zero até o infinito. Portanto,

$$w_{\text{total}} = \int_0^\infty 200.000e^{-10.000x}\,dx = \left.\frac{200.000e^{-10.000x}}{-10.000}\right|_0^\infty$$
$$= -20e^{-\infty} - (-20e^{-0}) = 0 + 20 = 20\text{ J}.$$

Assim, a energia total fornecida ao elemento de circuito é 20 J.

PROBLEMAS PARA AVALIAÇÃO

Objetivo 3 Conhecer e saber utilizar as definições de *potência* e *energia*.

Objetivo 4 Saber utilizar a convenção passiva de sinal.

1.5 Suponha que ocorra uma queda de tensão de 20 V em um elemento do terminal 2 para o terminal 1 e que uma corrente elétrica de 4 A entre no terminal 2.

a) Especifique os valores de v e i para as referências de polaridade mostradas nas figuras 1.6 (a)–(d).
b) Determine se o circuito dentro do quadrado está absorvendo ou fornecendo potência.
c) Quanta potência o circuito está absorvendo?

Resposta:
  (a) Circuito 1.6(a): $v = -20$ V, $i = -4$ A;
  circuito 1.6(b): $v = -20$ V, $i = 4$ A;
  circuito 1.6(c): $v = 20$ V, $i = -4$ A;
  circuito 1.6(d): $v = 20$ V, $i = 4$ A.
  (b) Absorvendo.
  (c) 80 W.

1.6 Suponha que a tensão e a corrente nos terminais do elemento da Figura 1.5 sejam iguais a zero para $t < 0$. Para $t \geq 0$, elas são

$$v = 80.000te^{-500t} \text{ V}, \quad t \geq 0;$$
$$i = 15te^{-500t} \text{ A}, \quad t \geq 0.$$

a) Determine o momento em que a energia fornecida para o elemento de circuito é máxima.
b) Determine o valor máximo da potência.
c) Determine a energia total fornecida ao elemento de circuito.

Resposta: (a) 2 ms; (b) 649,6 mW; (c) 2,4 mJ.

1.7 Uma linha de transmissão de alta tensão em corrente contínua (CC) de 800 kV, entre Celilo, Oregon e Sylmar, na Califórnia, conduz uma corrente de 1.800 A, como mostra a figura. Calcule a potência (em megawatts) no terminal de Oregon e indique a direção do fluxo de potência.

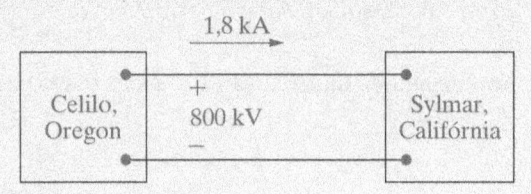

Resposta: 1.440 MW, de Celilo para Sylmar.

NOTA: tente resolver também os problemas 1.12, 1.19 e 1.24, apresentados no final deste capítulo.

Perspectiva prática

Equilíbrio de potência

Um modelo do circuito que distribui energia elétrica para uma residência é exibido, na Figura 1.7, com as polaridades de tensão e os sentidos da corrente elétrica definidos para todos os componentes do circuito. Os resultados da análise de circuitos fornecem valores para todas essas tensões e correntes, os quais se encontram resumidos na Tabela 1.5. Para determinar se os valores dados estão corretos, calcule a potência associada a cada componente. Use a convenção passiva nos cálculos de potência, como mostrado a seguir.

$$p_a = v_a i_a = (120)(-10) = -1.200 \text{ W} \qquad p_b = -v_b i_b = -(120)(9) = -1.080 \text{ W}$$
$$p_c = v_c i_c = (10)(10) = 100 \text{ W} \qquad p_d = -v_d i_d = -(10)(1) = -10 \text{ W}$$
$$p_e = v_e i_e = (-10)(-9) = 90 \text{ W} \qquad p_f = -v_f i_f = -(-100)(5) = 500 \text{ W}$$
$$p_g = v_g i_g = (120)(4) = 480 \text{ W} \qquad p_h = v_h i_h = (-220)(-5) = 1.100 \text{ W}$$

Os cálculos de potência mostram que os componentes a, b e d estão fornecendo energia, uma vez que os valores de potência são negativos; enquanto os componentes c, e, f, g e h estão absorvendo energia. Agora, verifique o equilíbrio de potência determinando a potência total fornecida e a potência total absorvida.

$$p_{\text{fornecida}} = p_a + p_b + p_d = -1.200 - 1.080 - 10 = -2.290 \text{ W}$$
$$p_{\text{absorvida}} = p_c + p_e + p_f + p_g + p_h$$
$$= 100 + 90 + 500 + 480 + 1.100 = 2.270 \text{ W}$$
$$p_{\text{fornecida}} + p_{\text{absorvida}} = -2.290 + 2.270 = -20 \text{ W}$$

Algo está errado — se os valores de tensão e corrente nesse circuito estivessem corretos, a potência total deveria ser igual a zero! Há um erro nos dados, e podemos identificá-lo a partir das potências calculadas, se ele está no sinal de um único componente. Observe que, se dividirmos o total de potência por 2, obteremos −10 W, que é a potência calculada para o componente d. Se a potência para o componente d fosse +10 W, a potência total seria igual a zero. As técnicas de análise de circuito apresentadas nos próximos capítulos podem ser usadas para mostrar que a corrente através do componente d deve ser −1 A, não +1 A, conforme a Tabela 1.5.

Tabela 1.5 Valores de tensão e corrente para o circuito da Figura 1.7.

Componente	v (V)	i (A)
a	120	−10
b	120	9
c	10	10
d	10	1
e	−10	−9
f	−100	5
g	120	4
h	−220	−5

Figura 1.7 Modelo de circuito para distribuição de energia em uma residência, com tensões e correntes definidas.

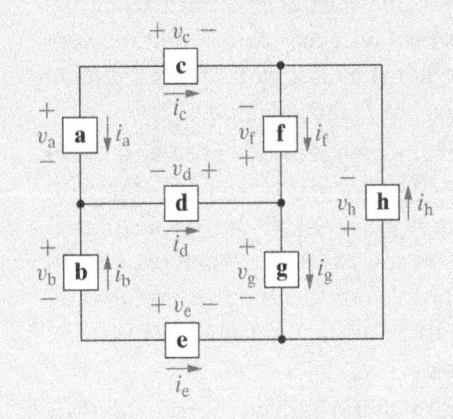

NOTA: avalie sua compreensão da Perspectiva prática, tentando solucionar os problemas 1.34 e 1.35, apresentados no final deste capítulo.

Resumo

- O Sistema Internacional de Unidades (SI) habilita engenheiros a comunicarem resultados quantitativos de modo significativo. A Tabela 1.1 resume as unidades básicas do SI; a Tabela 1.2 apresenta algumas unidades derivadas do SI. (Seção 1.2.)

- A análise de circuitos é baseada nas variáveis tensão e corrente. (Seção 1.3.)

- **Tensão** é a energia por unidade de carga criada pela separação entre cargas, e sua unidade do SI é o volt ($v = dw/dq$). (Seção 1.4.)

- **Corrente** é a taxa de fluxo de carga, e sua unidade do SI é o ampère ($i = dq/dt$). (Seção 1.4.)

- O **elemento básico ideal de circuito** é um componente com dois terminais que não pode ser subdividido; ele pode ser descrito matematicamente em termos da tensão e da corrente em seus terminais. (Seção 1.5.)

- A **convenção passiva** usa um sinal positivo na expressão que relaciona a tensão e a corrente nos terminais de um elemento quando a direção de referência para a corrente que passa pelo elemento está na direção da queda de tensão de referência no elemento. (Seção 1.5.)

- **Potência** é a energia por unidade de tempo e é igual ao produto da tensão pela corrente nos terminais; sua unidade do SI é o watt ($p = dw/dt = vi$). (Seção 1.6.)

- O sinal algébrico da potência é interpretado da seguinte forma:
  - Se $p > 0$, ocorre absorção de potência pelo circuito ou pelo componente de circuito.
  - Se $p < 0$, ocorre fornecimento de potência pelo circuito ou pelo componente de circuito.

  (Seção 1.6.)

Problemas

Seção 1.2

1.1 Há aproximadamente 250 milhões de carros registrados nos Estados Unidos. Suponha que a bateria de um veículo médio armazene 540 watts-horas (Wh) de energia. Estime (em gigawatt-hora) a energia total armazenada nos carros nos Estados Unidos.

1.2 Um aparelho portátil de vídeo apresenta tela de 480×320 pixels em cada frame do vídeo. Cada pixel requer 2 bytes de memória. Vídeos são exibidos a uma taxa de 30 frames por segundo. Quantos minutos de vídeo caberão em uma memória de 32 gigabytes?

1.3 O chip de memória flash de 16 gigabytes (GB = 2^{30} bytes) de um aparelho de MP3 mede 11 mm por 15 mm por 1 mm. Esse chip tem capacidade para armazenar 20.000 fotos.

a) Quantas fotos cabem em um cubo cujos lados medem 1 mm?

b) Quantos bytes de memória são armazenados em um cubo cujos lados medem 200 μm?

1.4 O comprimento da linha descrita no Problema para avaliação 1.7 é 845 milhas. A linha contém quatro condutores, cada um pesando 2.526 libras por 1.000 pés. Quanto pesa o conjunto de condutores da linha?

1.5 Um litro (L) de tinta cobre aproximadamente 10 m² de parede. Qual é a espessura da camada antes de secar? (*Sugestão*: $1\,L = 1 \times 10^6\,mm^3$.)

1.6 Algumas espécies de bambu podem crescer 250 mm/dia. Suponha que as células individuais da planta tenham 10 μm de comprimento.

a) Quanto tempo demora, em média, para que um caule de bambu cresça o equivalente ao comprimento de uma célula?

b) Quantas células são adicionadas em uma semana, em média?

Seção 1.4

1.7 Não há nenhuma carga no terminal superior do elemento na Figura 1.5 para $t < 0$. Em $t = 0$, uma corrente de $125e^{-2.500t}$ mA entra no terminal superior.

a) Derive a expressão para a carga que se acumula no terminal superior para $t > 0$.

b) Determine a carga total que se acumula no terminal superior.

c) Se a corrente for interrompida em $t = 0,5$ ms, qual a carga acumulada no terminal superior?

1.8 A corrente que entra no terminal superior da Figura 1.5 é

$$i = 20 \cos 5.000t\ A.$$

Suponha que a carga no terminal superior seja igual a zero no instante em que a corrente está passando por seu valor máximo. Determine a expressão para $q(t)$.

1.9 A corrente nos terminais do elemento na Figura 1.5 é

$$i = 0, \qquad t < 0;$$
$$i = 40te^{-500t}\ A, \qquad t \geq 0;$$

a) Encontre a expressão para a acumulação de carga no terminal superior.

b) Encontre a carga acumulada em $t = 1$ ms.

1.10 Não são incomuns valores de correntes na faixa de microampère em circuitos eletrônicos. Imagine uma corrente de 35 μA, devido ao fluxo de elétrons. Qual o número médio de elétrons por segundo que fluem em uma seção transversal de referência fixa, perpendicular à direção do fluxo?

1.11 Qual é a energia extraída de um elétron enquanto ele flui por uma bateria de 6 V, do terminal positivo para o negativo? Expresse sua resposta em attojoules.

Seções 1.5–1.6

1.12 As referências para a tensão e a corrente nos terminais de um elemento de circuito são mostradas na Figura 1.6 (d). Os valores numéricos para v e i são 40 V e −10 A.

a) Calcule a potência nos terminais e indique se ela está sendo absorvida ou fornecida pelo elemento a caixa.

b) Dado que a corrente é devida ao fluxo de elétrons, indique se os elétrons estão entrando no terminal 2 ou saindo dele.

c) Os elétrons ganham ou perdem energia quando passam pelo elemento na caixa?

1.13 Repita o Problema 1.12 com uma tensão de −60 V.

1.14 Dois circuitos elétricos, representados pelas caixas A e B, estão conectados como mostra a Figura P1.14. A direção de referência para a corrente i, bem como a interconexão e a polaridade de referência para a tensão v na interconexão, são mostradas na figura. Para cada um dos seguintes conjuntos de valores numéricos, calcule a potência na interconexão e indique se ela está fluindo de A para B ou vice-versa.

a) $i = 6$ A, $\quad v = 30$ V
b) $i = -8$ A, $\quad v = -20$ V
c) $i = 4$ A, $\quad v = -60$ V
d) $i = -9$ A, $\quad v = 40$ V

Figura P1.14

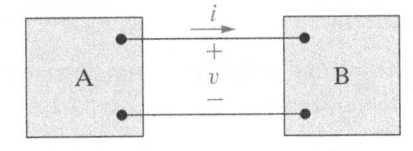

1.15 Quando a bateria de um carro está descarregada, muitas vezes é possível fazê-lo dar a partida conectando os terminais de sua bateria aos da bateria de outro carro. Os terminais positivo e negativo de uma bateria são ligados aos terminais positivo e negativo da outra, respectivamente. A conexão é ilustrada na Figura P1.15. Suponha que a corrente i na Figura P1.15 seja 30 A.

a) Qual dos carros está com a bateria descarregada?

b) Se essa conexão for mantida por 1 minuto, quanta energia será transferida para a bateria descarregada?

Figura P1.15

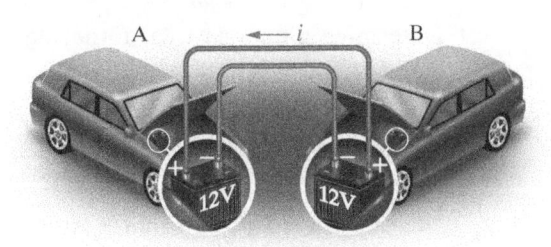

1.16 O fabricante de uma pilha alcalina de lanterna, de 1,5 V, afirma que a pilha fornecerá 9 mA por 40 horas contínuas. Durante esse tempo, a tensão cairá de 1,5 V para 1,0 V. Suponha que a queda de tensão seja linear em relação ao tempo. Quanta energia a pilha fornecerá nesse intervalo de 40 horas?

1.17 Uma bateria de 12 V fornece 100 mA a uma caixa de som. Quanta energia a bateria fornece em 4 horas?

1.18 A tensão e a corrente nos terminais do elemento de circuito da Figura 1.5 são iguais a zero para $t < 0$. Para $t \geq 0$, elas são

$$v = 15e^{-250t} \text{ V},$$
$$i = 40e^{-250t} \text{ mA}.$$

a) Calcule a potência fornecida ao elemento no instante $t = 10$ ms.

b) Calcule a energia total fornecida ao elemento de circuito.

1.19 A tensão e a corrente nos terminais do elemento de circuito da Figura 1.5 são iguais a zero para $t < 0$. Para $t \geq 0$, elas são

$$v = 75 - 75e^{-1.000t} \text{ V},$$
$$i = 50e^{-1.000t} \text{ mA}.$$

a) Determine o valor máximo da potência fornecida ao circuito.

b) Determine a energia total fornecida ao elemento.

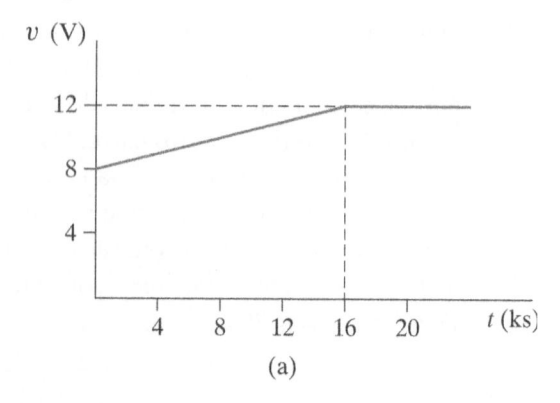

1.20 A tensão e a corrente nos terminais do elemento de circuito da Figura 1.5 são iguais a zero para $t < 0$. Para $t \geq 0$, elas são

$$v = 50e^{-1.600t} - 50e^{-400t} \text{ V},$$
$$i = 5e^{-1.600t} - 5e^{-400t} \text{ mA}$$

a) Determine a potência em $t = 625$ µs.

b) Quanta energia é fornecida ao elemento de circuito entre 0 e 625 µs?

c) Determine a energia total fornecida ao elemento.

1.21 A tensão e a corrente nos terminais do elemento de circuito da Figura 1.5 são iguais a zero para $t < 0$. Para $t \geq 0$, elas são

$$v = (1.500t + 1)e^{-750t} \text{ V}, \quad t \geq 0;$$
$$i = 40e^{-750t} \text{ mA}, \quad t \geq 0.$$

a) Em que instante a potência máxima é fornecida ao elemento de circuito?

b) Determine o valor máximo de p em milliwatts.

c) Determine a energia total fornecida ao elemento de circuito em microjoules.

1.22 A tensão e a corrente nos terminais do elemento de circuito da Figura 1.5 são iguais a zero para $t < 0$. Para $t \geq 0$, elas são

$$v = (3.200t + 4)e^{-1.000t} \text{ V},$$
$$i = (128t + 0,16)e^{-1.000t} \text{ A}.$$

a) Em que instante a potência máxima é fornecida ao elemento?

b) Determine a potência máxima em watts.

c) Determine a energia total fornecida ao elemento em microjoules.

1.23 A tensão e a corrente nos terminais do elemento de circuito da Figura 1.5 são iguais a zero para $t < 0$ e $t > 40$ s. No intervalo entre 0 e 40 s, as expressões são

$$v = t(1 - 0,025t) \text{ V}, \quad 0 < t < 40 \text{ s};$$
$$i = 4 - 0,2t \text{ A}, \quad 0 < t < 40 \text{ s}.$$

a) Em que instante a potência que está sendo fornecida ao elemento de circuito é máxima?

b) Qual é a potência no instante encontrado na parte (a)?

c) Em que instante a potência que está sendo extraída do elemento de circuito é máxima?

d) Qual é a potência no instante encontrado na parte (c)?

e) Calcule a energia líquida fornecida ao circuito em 0, 10, 20, 30 e 40 s.

1.24 A tensão e a corrente nos terminais do elemento de circuito da Figura 1.5 são iguais a zero para $t < 0$. Para $t \geq 0$, elas são

$$v = 400e^{-100t} \text{ sen } 200t \text{ V},$$
$$i = 5e^{-100t} \text{ sen } 200t \text{ A}.$$

a) Determine a potência absorvida pelo elemento em $t = 10$ ms.

b) Determine a energia total absorvida pelo elemento.

1.25 A tensão e a corrente nos terminais do elemento de circuito da Figura 1.5 são

$$v = 250 \cos 800\pi t \text{ V}, \quad i = 8 \text{ sen } 800\pi t \text{ A}.$$

a) Determine o valor máximo da potência fornecida ao elemento.

b) Determine o valor máximo da potência extraída do elemento.

c) Determine o valor médio de p no intervalo $0 \leq t \leq 2,5$ ms.

d) Determine o valor médio de p no intervalo $0 \leq t \leq 15,625$ ms.

1.26 A tensão e a corrente nos terminais de uma bateria de automóvel durante um ciclo de carga são mostradas nas figuras P1.26 (a) e (b).

a) Calcule a carga total transferida para a bateria.

b) Calcule a energia total transferida para a bateria.

c) Determine a energia total fornecida ao elemento.

Figura P1.26

Figura P1.27(b)

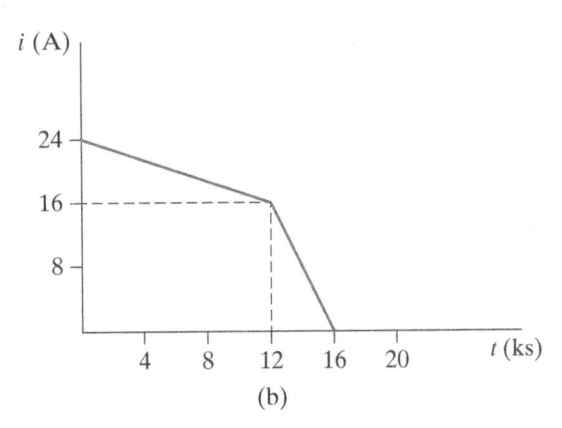

i (A) vs *t* (ks): 24 A em t=0, decresce para 16 A em t=12 ks, cai a 0 em t=16 ks.

1.27 A tensão e a corrente nos terminais do elemento de circuito da Figura 1.5 são mostradas nas figuras P1.27 (a) e (b).

a) Desenhe o gráfico da potência *versus* t para $0 \le t \le 80$ ms.

b) Calcule a energia fornecida ao elemento de circuito em $t = 10$, 30 e 80 ms.

Figura P1.27

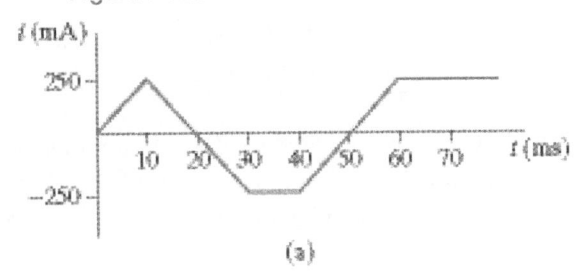

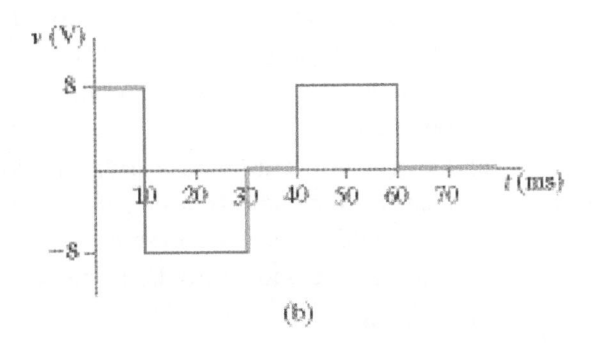

(a) *i* (mA) vs *t* (ms): forma triangular entre ±250 mA, estabiliza em 250 mA a partir de 50 ms.

(b) *v* (V) vs *t* (ms): onda quadrada entre ±8 V.

1.28 Uma bateria industrial é carregada por um período de várias horas, a uma tensão constante de 120 V. Inicialmente, a corrente é de 10 mA e aumenta linearmente a 15 mA em 10 ks. De 10 ks a 20 ks, a corrente é constante de 15 mA. De 20 ks a 30 ks a corrente diminui linearmente para 10 mA. Aos 30 ks, a bateria é desconectada.

a) Esboce o gráfico da corrente de $t = 0$ a $t = 30$ ks.

b) Esboce o gráfico da potência fornecida à bateria de $t = 0$ a $t = 30$ ks.

c) Usando o esboço da potência, determine a energia total fornecida à bateria.

1.29 Os valores numéricos para as correntes e tensões no circuito da Figura P1.29 são dados na Tabela P1.29. Determine a potência total desenvolvida no circuito.

Figura P1.29

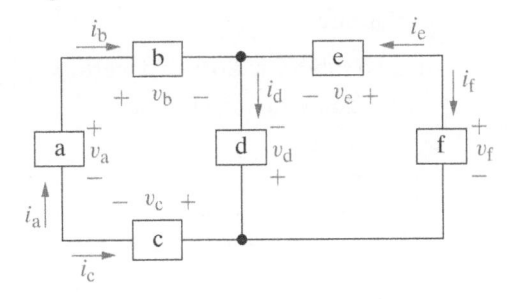

Tabela P1.29

Elemento	Tensão (V)	Corrente (mA)
a	40	−4
b	−24	−4
c	−16	4
d	−80	−1,5
e	40	2,5
f	120	−2,5

1.30 Os valores numéricos das tensões e correntes na interconexão apresentada na Figura P1.30 são dados na Tabela P1.30. A interconexão satisfaz o teste de potência?

Figura P1.30

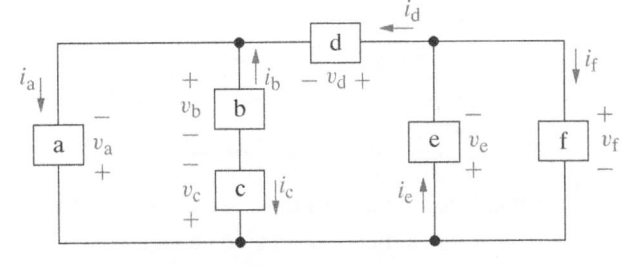

Tabela P1.30

Elemento	Tensão (kV)	Corrente (µA)
a	−3	−250
b	4	−400
c	1	400
d	1	150
e	−4	200
f	4	50

1.31
Suponha que você seja o engenheiro encarregado de um projeto e um de seus engenheiros subordinados informe que a interconexão da Figura P1.31 não passa no teste de potência. Os dados para a interconexão são fornecidos na Tabela P1.31.

a) O subordinado está certo? Explique por quê.

b) Se o subordinado estiver certo, você pode determinar o erro nos dados?

Figura P1.31

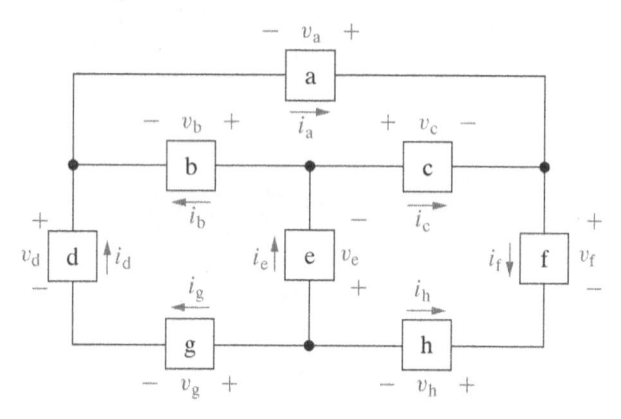

Tabela P1.31

Elemento	Tensão (V)	Corrente (A)
a	46,16	6,0
b	14,16	4,72
c	−32,0	−6,4
d	22,0	1,28
e	−33,6	−1,68
f	66,0	0,4
g	2,56	1,28
h	−0,4	0,4

1.32
Os valores numéricos das tensões e correntes para cada elemento mostrado na Figura P1.32 são dados na Tabela P1.32.

a) Demonstre que a interconexão dos elementos satisfaz o teste de potência.

b) Determine o valor da corrente que passa por cada um dos elementos usando os valores de potência e tensão e as direções de corrente mostradas na figura.

Figura P1.32

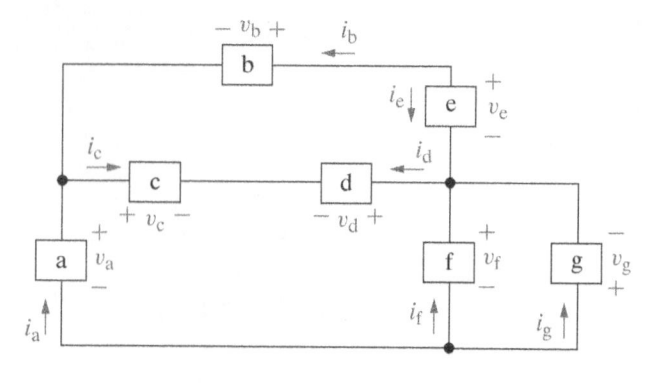

Tabela P1.32

Elemento	Potência (kW)	Tensão (V)
a	0,6 fornecida	400
b	0,05 fornecida	−100
c	0,4 absorvida	200
d	0,6 fornecida	300
e	0,1 absorvida	−200
f	2,0 absorvida	500
g	1,25 fornecida	−500

1.33
A tensão e a corrente de cada um dos elementos da interconexão mostrada na Figura P1.33 são medidas. Os valores estão listados na Tabela P1.33.

a) Demonstre que a interconexão dos elementos satisfaz o teste de potência.

b) Identifique os elementos que absorvem potência.

c) Determine a tensão para cada um dos elementos na interconexão, usando os valores de potência e corrente e as polaridades de tensão mostradas na figura.

Figura P1.33

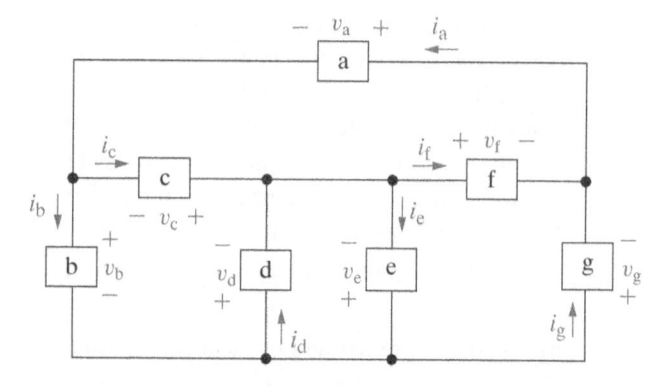

Tabela P1.33

Elemento	Potência (mW)	Corrente (mA)
a	175	25
b	375	75
c	150	−50
d	−320	40
e	160	20
f	120	−30
g	−660	55

1.34 Mostre que existe equilíbrio de potência no circuito mostrado na Figura 1.7, utilizando os valores de tensão e corrente dados na Tabela 1.4, com o valor da corrente para o componente *d* alterado para −1 A.

1.35 Suponha que não há perda de energia nos fios usados para distribuição de eletricidade em uma residência.

a) Crie um novo modelo para o circuito de distribuição de energia, modificando o circuito mostrado na Figura 1.7. Use os mesmos nomes, polaridades de tensão e direções de corrente para os componentes que forem mantidos nesse modelo modificado.

b) As seguintes tensões e correntes são calculadas para os componentes:

$v_a = 120$ V $\qquad i_a = -10$ A
$v_b = 120$ V $\qquad i_b = 10$ A
$v_f = -120$ V $\qquad i_f = 3$ A
$v_g = 120$ V
$v_h = -240$ V $\qquad i_h = -7$ A

Se houver equilíbrio de potência nesse modelo modificado, qual é o valor da corrente no componente *g*?

Capítulo 2

Elementos de circuitos

SUMÁRIO DO CAPÍTULO

2.1 Fontes de tensão e corrente
2.2 Resistência elétrica (lei de Ohm)
2.3 Construção de um modelo de circuito
2.4 Leis de Kirchhoff
2.5 Análise de um circuito que contém fontes dependentes

OBJETIVOS DO CAPÍTULO

1. Entender os símbolos e o comportamento dos seguintes elementos básicos ideais de circuitos: fontes independentes e dependentes de tensão e corrente e resistores.
2. Saber enunciar a lei de Ohm, a lei das correntes de Kirchhoff e a lei das tensões de Kirchhoff, bem como saber usá-las para analisar circuitos simples.
3. Saber como calcular a potência para cada elemento de um circuito simples e determinar o equilíbrio de potência para todo o circuito.

Há cinco elementos básicos ideais de circuitos: fontes de tensão, fontes de corrente, resistores, indutores e capacitores. Neste capítulo, discutiremos as características de fontes de tensão, fontes de corrente e resistores. Embora essa quantidade de elementos possa parecer pequena para começar a analisar circuitos, muitos sistemas práticos podem ser modelados apenas com fontes e resistores. Também constituem um ponto de partida útil por sua relativa simplicidade: as relações matemáticas entre tensão e corrente em fontes e resistores são algébricas. Assim, você poderá começar a aprender as técnicas básicas de análise de circuitos apenas com manipulações algébricas.

Adiaremos a apresentação de indutores e capacitores até o Capítulo 6, pois sua utilização requer a resolução de equações integrais e diferenciais. Contudo, as técnicas analíticas básicas para resolver circuitos com indutores e capacitores são as mesmas apresentadas neste capítulo. Portanto, quando chegar a hora de manipular equações mais difíceis, você provavelmente estará bem familiarizado com os métodos para escrevê-las.

Perspectiva prática

Aquecimento com radiadores elétricos

Você quer aquecer sua pequena garagem usando um par de radiadores elétricos. Os requisitos de potência e tensão para cada radiador são 1.200 W e 240 V, mas você não sabe como conectá-los à energia fornecida para a garagem. Deve-se usar o diagrama de instalação elétrica do lado esquerdo ou o da direita? Será que isso faz alguma diferença?

Ao estudar o conteúdo deste capítulo, você será capaz de responder a essas perguntas e determinar como aquecer a garagem. A *Perspectiva prática*, ao final deste capítulo, apresentará a análise de dois circuitos baseados nos dois diagramas de instalação elétrica mostrados a seguir.

style-photography.de/fotolia

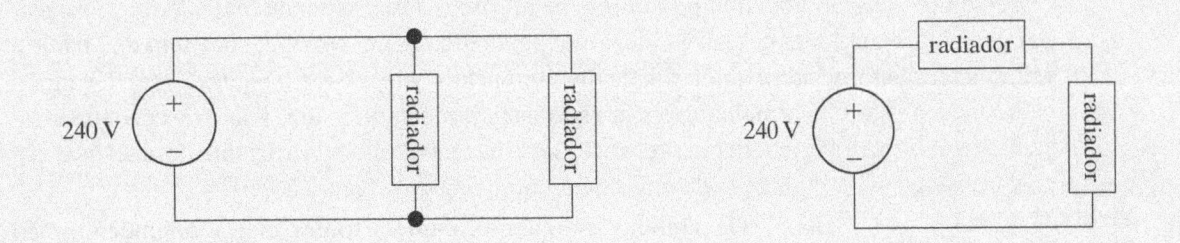

2.1 Fontes de tensão e corrente

Antes de discutirmos fontes ideais de tensão e de corrente, precisamos considerar a natureza geral das fontes elétricas. Uma **fonte elétrica** é um dispositivo capaz de converter energia não elétrica em elétrica e vice-versa. Quando uma pilha descarrega, ela converte energia química em elétrica, ao passo que, quando ela carrega, converte energia elétrica em química. Um dínamo é uma máquina que converte energia mecânica em elétrica e vice-versa. Quando o dispositivo funciona no modo mecânico para elétrico, é denominado gerador. Se estiver transformando energia elétrica em mecânica, denomina-se motor. É importante lembrar que essas fontes podem liberar ou absorver energia elétrica, de modo geral mantendo a tensão ou corrente. Esse comportamento é de particular interesse para a análise de circuitos e resultou na criação da fonte ideal de tensão e da fonte ideal de corrente como elementos básicos de circuito. O desafio é modelar fontes práticas em termos dos elementos básicos ideais de circuito.

Uma **fonte ideal de tensão** é um elemento de circuito que mantém uma tensão prescrita em seus terminais, independentemente da corrente que flui por eles. De modo análogo, uma **fonte ideal de corrente** é um elemento de circuito que mantém uma corrente prescrita em seus terminais, independentemente da tensão entre eles. Esses elementos de circuito não existem como dispositivos práticos — são modelos idealizados de fontes de tensão e corrente reais.

O uso de um modelo ideal para fontes de corrente e tensão impõe uma restrição importante ao modo de descrevê-lo em linguagem matemática. Como uma fonte ideal de tensão proporciona uma tensão estável, mesmo que a corrente no elemento varie, é impossível especificar a corrente que flui pela fonte ideal de tensão como uma função de sua tensão. Da mesma forma, se a única informação que se tem sobre uma fonte ideal de corrente for o valor da corrente fornecida, será impossível determinar a tensão entre os terminais daquela fonte de corrente. Sacrificamos nossa capacidade de relacionar tensão e corrente em uma fonte prática pela simplicidade de usar fontes ideais em análise de circuitos.

Fontes ideais de tensão e corrente podem ainda ser descritas como independentes ou dependentes. Uma **fonte independente** estabelece uma tensão ou corrente em um circuito sem depender de tensões ou correntes existentes em outros pontos do circuito. O valor da tensão ou corrente fornecida é especificado apenas pelo valor da fonte independente. Ao contrário, uma **fonte dependente** estabelece uma tensão ou corrente cujo valor depende do valor de uma tensão ou corrente em outro ponto do circuito. Não se pode especificar o valor de uma fonte dependente a menos que se conheça o valor da tensão ou corrente da qual depende.

Os símbolos de circuito para as fontes ideais independentes são mostrados na Figura 2.1. Observe que é usado um círculo para representar uma fonte independente. Para especificar por completo uma fonte de tensão ideal independente em um circuito, você tem de incluir o valor da tensão fornecida e a polaridade de referência, como mostra a Figura 2.1(a). De modo semelhante, para especificar por completo uma fonte de corrente ideal independente, você deve incluir o valor da corrente fornecida e sua direção de referência, como mostra a Figura 2.1(b).

Figura 2.1 Símbolos de circuito para (a) uma fonte de tensão ideal independente e (b) uma fonte de corrente ideal independente.

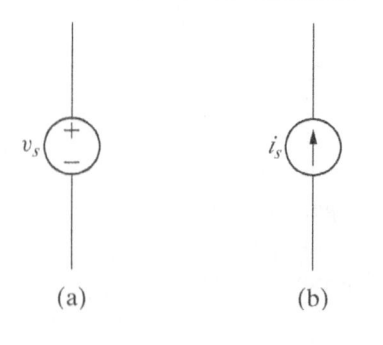

Os símbolos de circuito para as fontes ideais dependentes são mostrados na Figura 2.2. Um losango é usado para representar uma fonte dependente. Tanto a fonte de corrente dependente quanto a fonte de tensão dependente podem ser controladas por uma tensão ou por uma corrente existente em outro ponto do circuito, resultando, portanto, em um total de quatro variações, como indicam os símbolos na Figura 2.2. Em alguns casos, fontes dependentes são denominadas **fontes controladas**.

Para especificar por completo uma fonte de tensão ideal dependente com controle de tensão, você deve identificar a tensão de controle, a equação que permite calcular a tensão fornecida a partir da tensão de controle e a polaridade de referência para a tensão fornecida. Na Figura 2.2(a), a tensão de controle é denominada v_x, a equação que determina a tensão fornecida v_s é

$$v_s = \mu v_x,$$

e a polaridade de referência para v_s é a indicada. Observe que μ é uma constante multiplicativa adimensional.

Há requisitos semelhantes para especificar por completo as outras fontes ideais dependentes. Na Figura 2.2(b), a corrente de controle é i_x, a equação para a tensão fornecida v_s é

$$v_s = \rho i_x,$$

a polaridade de referência é a indicada e a constante multiplicativa ρ tem a dimensão volts por ampère. Na Figura 2.2(c), a tensão de controle é v_x, a equação para a corrente fornecida i_s é

$$i_s = \alpha v_x,$$

a direção de referência é a indicada e a constante multiplicativa α tem a dimensão ampères por volt. Na Figura 2.2(d), a corrente de controle é i_x, a equação para a corrente fornecida i_s é

$$i_s = \beta i_x,$$

a direção de referência é a indicada e a constante multiplicativa β é adimensional.

Figura 2.2 Símbolos de circuito para (a) uma fonte ideal de tensão com controle de tensão, (b) uma fonte ideal de tensão com controle de corrente, (c) uma fonte ideal de corrente com controle de tensão e (d) uma fonte ideal de corrente com controle de corrente.

Por fim, em nossa discussão sobre fontes ideais, observamos que elas são exemplos de elementos ativos de circuito. Um **elemento ativo** é aquele que modela um dispositivo capaz de gerar energia elétrica. **Elementos passivos** modelam dispositivos físicos que não podem gerar energia elétrica. Resistores, indutores e capacitores são exemplos de elementos passivos de circuito. Os exemplos 2.1 e 2.2 ilustram como as características de fontes ideais independentes e dependentes limitam os tipos de interconexão permissível das fontes.

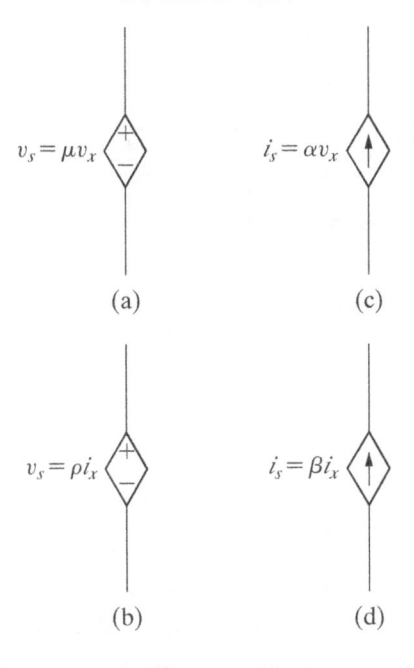

EXEMPLO 2.1 Teste de interconexões de fontes ideais.

Usando as definições de fontes de tensão e corrente ideais independentes, diga quais das interconexões da Figura 2.3 são permissíveis e quais infringem as restrições impostas pelas fontes ideais.

Solução

A conexão (a) é válida. Cada fonte fornece tensão pelo mesmo par de terminais, denominados a,b. Isso exige que cada uma delas forneça a mesma tensão com a mesma polaridade, que é o que ocorre.

A conexão (b) é válida. Cada fonte fornece corrente que flui pelo mesmo par de terminais, denominados a,b. Isso requer que cada uma delas forneça a mesma corrente na mesma direção, que é o que ocorre.

A conexão (c) não é permissível. Cada fonte fornece tensão pelo mesmo par de terminais, denominados a,b. Isso exige que cada uma delas forneça a mesma tensão com a mesma polaridade, o que não ocorre.

A conexão (d) não é permissível. Cada fonte fornece corrente que flui pelo mesmo par de terminais, denominados a,b. Isso exige que cada uma delas forneça a mesma corrente, na mesma direção, o que não ocorre.

A conexão (e) é válida. A fonte de tensão fornece tensão pelo par de terminais, denominados *a,b*. A fonte de corrente fornece corrente que flui pelo mesmo par de terminais. Visto que uma fonte ideal de tensão gera a mesma tensão independentemente da corrente e uma fonte ideal de corrente fornece a mesma corrente independentemente da tensão, trata-se, portanto, de uma conexão permissível.

Figura 2.3 Circuitos para o Exemplo 2.1.

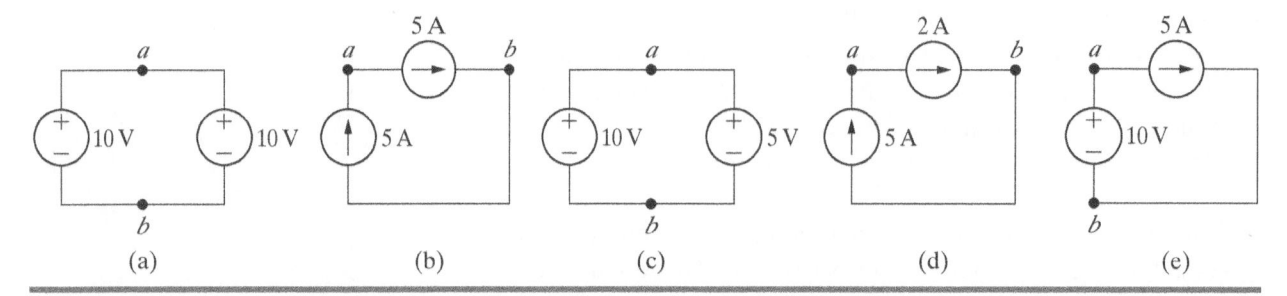

EXEMPLO 2.2 Teste de interconexões de fontes ideais independentes e dependentes.

Usando as definições de fontes ideais independentes e dependentes, diga quais das interconexões da Figura 2.4 são válidas e quais infringem as restrições impostas pelas fontes ideais.

Solução

A conexão (a) é inválida. Tanto a fonte independente quanto a dependente fornecem tensão pelo mesmo par de terminais, denominados *a,b*. Isso requer que cada uma delas forneça a mesma tensão com a mesma polaridade. A fonte independente fornece 5 V, mas a fonte dependente fornece 15 V.

A conexão (b) é válida. A fonte de tensão independente fornece tensão pelo par de terminais denominados *a,b*. A fonte de corrente dependente fornece corrente que flui pelo mesmo par de terminais. Se uma fonte ideal de tensão fornece a mesma tensão independentemente da corrente e uma fonte ideal de corrente fornece a mesma corrente independentemente de tensão, trata-se de uma conexão permissível.

A conexão (c) é válida. A fonte de corrente independente fornece corrente que flui pelo par de terminais denominados *a,b*. A fonte de tensão dependente fornece tensão pelo mesmo par de terminais. Tendo em vista que uma fonte ideal de corrente fornece a mesma corrente independentemente da tensão e uma fonte ideal de tensão fornece a mesma tensão independentemente da corrente, essa é uma conexão permissível.

A conexão (d) é inválida. Tanto a fonte independente quanto a dependente fornecem correntes que fluem pelo mesmo par de terminais, denominados *a,b*. Isso requer que cada uma delas forneça a mesma corrente na mesma direção de referência. A fonte independente fornece 2 A, mas a fonte dependente fornece 6 A na direção oposta.

Figura 2.4 Circuitos para o Exemplo 2.2.

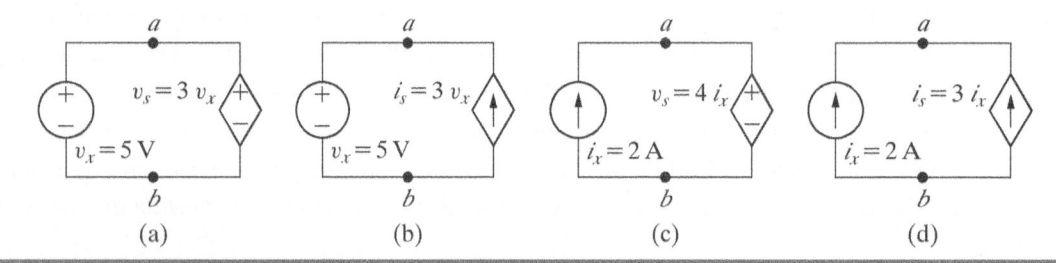

PROBLEMAS PARA AVALIAÇÃO

Objetivo 1 Entender elementos básicos ideais de circuito.

2.1 Para o circuito mostrado,

a) Qual é o valor requerido de v_g para que a interconexão seja válida?

b) Para esse valor de v_g, determine a potência associada à fonte de 8 A.

Resposta: (a) −2 V;

(b) −16 W (16 W fornecidos).

2.2 Para o circuito mostrado,

a) Qual é o valor requerido de α para que a interconexão seja válida?

b) Para o valor de α calculado na parte (a), determine a potência associada à fonte de 25 V.

Resposta: (a) 0,6 A/V;

(b) 375 W (375 W absorvidos).

NOTA: tente resolver também os problemas 2.6 e 2.7, apresentados no final deste capítulo.

2.2 Resistência elétrica (lei de Ohm)

Resistência é a capacidade dos materiais de impedir o fluxo de corrente ou, mais especificamente, o fluxo de carga elétrica. O elemento de circuito usado para modelar esse comportamento é o **resistor**. A Figura 2.5 mostra o símbolo de circuito para o resistor, onde R denota o valor da resistência do resistor.

Podemos entender o conceito de resistência ao imaginarmos os elétrons que compõem a corrente elétrica interagindo com a estrutura atômica do material em que estão se movimentando, a qual, por sua vez, resiste a eles. No decurso dessas interações, uma parte da energia elétrica é convertida em energia térmica e dissipada sob a forma de calor. Esse efeito pode ser indesejável. Contudo, muitos dispositivos elétricos úteis aproveitam o aquecimento de resistências, como fogões, torradeiras, ferros de passar e aquecedores de ambientes.

A maioria dos materiais exibe resistência mensurável à corrente. A quantidade de resistência depende do material. Metais como cobre e alumínio têm valores pequenos de resistência, o que os torna boas opções de fiação para condução de corrente elétrica. Na verdade, quando condutores de cobre ou alumínio são representados em um diagrama do circuito, eles não são, de modo geral, modelados como resistores; a resistência do fio é tão pequena em comparação com a resistência de outros elementos no circuito que podemos desprezá-la para simplificar o diagrama.

Para fins de análise de circuitos, devemos relacionar a corrente no resistor à tensão terminal. Podemos fazer isso de dois modos: na direção da queda de tensão no resistor ou na direção da elevação de tensão no resistor, como mostra a Figura 2.6. Se escolhermos a primeira, a relação entre a tensão e a corrente é

Figura 2.5 Símbolo de circuito para um resistor com uma resistência R.

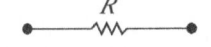

Figura 2.6 Duas possíveis opções de referência para a corrente e a tensão nos terminais de um resistor, e as equações resultantes.

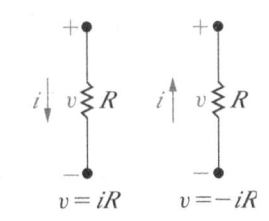

$v = iR \qquad v = -iR$

Lei de Ohm ▶

$$v = iR, \qquad (2.1)$$

onde

v = a tensão em volts,
i = a corrente em ampères,
R = a resistência em ohms.

Se escolhermos o segundo método, devemos escrever

$$v = -iR, \qquad (2.2)$$

em que v, i e R são, como antes, medidas em volts, ampères e ohms, respectivamente. Os sinais algébricos utilizados nas equações 2.1 e 2.2 são uma consequência direta da convenção passiva, que apresentamos no Capítulo 1.

As equações 2.1 e 2.2 são conhecidas como **lei de Ohm**, em homenagem a Georg Simon Ohm, um físico alemão que demonstrou a validade delas no início do século XIX. A lei de Ohm é a relação algébrica entre tensão e corrente para um resistor. Em unidades do SI, a resistência é medida em ohms. A letra grega ômega (Ω) é o símbolo padrão para o ohm. O diagrama de circuito para um resistor de 8 Ω é mostrado na Figura 2.7.

Figura 2.7 Diagrama de circuito para um resistor de 8 Ω.

A lei de Ohm expressa a tensão como uma função da corrente. Contudo, expressar a corrente como uma função da tensão também é conveniente. Assim, pela Equação 2.1,

$$i = \frac{v}{R}, \qquad (2.3)$$

ou, pela Equação 2.2,

$$i = -\frac{v}{R}. \qquad (2.4)$$

O inverso da resistência é denominado **condutância**, simbolizada pela letra G e medida em siemens (S). Assim,

$$G = \frac{1}{R} \text{ S}. \qquad (2.5)$$

Um resistor de 8 Ω tem um valor de condutância de 0,125 S. Em grande parte da literatura profissional, a unidade usada para condutância é o mho (ohm ao contrário), que é simbolizada por um ômega invertido (℧). Portanto, também podemos afirmar que um resistor de 8 Ω tem uma condutância de 0,125 mho, (℧).

Usamos resistores ideais em análise de circuitos para modelar o comportamento de dispositivos físicos. Usar o adjetivo *ideal* nos faz lembrar que o modelo do resistor adota várias premissas simplificadoras sobre o comportamento dos dispositivos resistivos reais. A mais importante dessas premissas simplificadoras é que a resistência do resistor ideal é constante, e seu valor não varia ao longo do tempo. A maioria dos dispositivos resistivos reais não tem resistência constante e, na verdade, suas resistências variam com o tempo. O modelo do resistor ideal pode ser usado para representar um dispositivo físico cuja resistência não varia muito em relação a algum valor constante, no período de interesse da análise de circuitos. Neste livro, admitimos que as premissas simplificadoras adotadas para dispositivos resistivos são válidas e, assim, usamos resistores ideais em análise de circuitos.

Podemos calcular a potência nos terminais de um resistor de várias maneiras. A primeira abordagem é usar a equação definidora e simplesmente calcular o produto entre tensão e corrente no terminal. Para os sistemas de referência mostrados na Figura 2.6, escrevemos

$$p = vi \qquad (2.6)$$

quando $v = iR$ e

$$p = -vi \qquad (2.7)$$

quando $v = -iR$.

Um segundo método para expressar a potência nos terminais de um resistor expressa potência em termos da corrente e da resistência. Substituindo a Equação 2.1 na Equação 2.6, obtemos

$$p = vi = (iR)i,$$

portanto

$$p = i^2 R. \qquad (2.8)$$

◀ **Potência em um resistor em termos de corrente**

Da mesma forma, substituindo a Equação 2.2 na Equação 2.7, temos

$$p = -vi = -(-iR)i = i^2 R. \qquad (2.9)$$

As equações 2.8 e 2.9 são idênticas e demonstram claramente que, independentemente da polaridade da tensão e da direção da corrente, a potência nos terminais de um resistor é positiva. Por conseguinte, um resistor absorve potência do circuito.

Um terceiro método para expressar a potência nos terminais de um resistor é em termos da tensão e da resistência. A expressão independe das referências de polaridade, portanto

$$p = \frac{v^2}{R}. \qquad (2.10)$$

◀ **Potência em um resistor em termos de tensão**

Em alguns casos, o valor de um resistor será expresso como uma condutância em vez de uma resistência. Usando a relação entre resistência e condutância dada na Equação 2.5, também podemos escrever as equações 2.9 e 2.10 em termos da condutância, ou

$$p = \frac{i^2}{G}, \qquad (2.11)$$

$$p = v^2 G. \qquad (2.12)$$

As equações 2.6 a 2.12 apresentam uma variedade de métodos para calcular a potência absorvida por um resistor. Todos dão a mesma resposta. Quando analisar um circuito, examine as informações dadas e escolha a equação de potência que usa essas informações diretamente.

O Exemplo 2.3 ilustra a aplicação da lei de Ohm em conjunto com uma fonte ideal e um resistor. Também são ilustrados cálculos de potência nos terminais de um resistor.

Circuitos elétricos

EXEMPLO 2.3 Cálculo de tensão, corrente e potência para um circuito resistivo simples.

Em cada circuito da Figura 2.8, o valor de v ou de i é desconhecido.

a) Calcule os valores de v e i.

b) Determine a potência consumida em cada resistor.

Figura 2.8 Circuitos para o Exemplo 2.3.

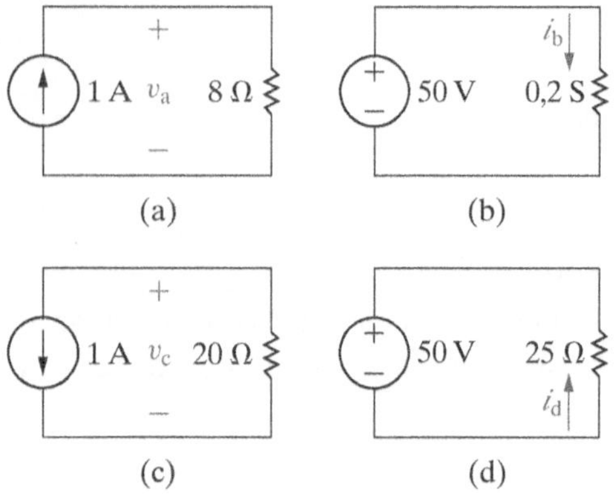

Solução

a) A tensão v_a na Figura 2.8(a) é uma queda na direção da corrente no resistor. Portanto,

$$v_a = (1)(8) = 8 \text{ V}.$$

A corrente i_b no resistor que tem uma condutância de 0,2 S na Figura 2.8(b) está na direção da queda de tensão no resistor. Assim,

$$i_b = (50)(0,2) = 10 \text{ A}.$$

A tensão v_c na Figura 2.8(c) é uma elevação na direção da corrente no resistor. Daí,

$$v_c = -(1)(20) = -20 \text{ V}.$$

A corrente i_d no resistor de 25 Ω da Figura 2.8(d) está na direção da elevação de tensão no resistor. Portanto,

$$i_d = \frac{-50}{25} = -2 \text{ A}.$$

b) A potência consumida em cada um dos quatro resistores é

$$p_{8\Omega} = \frac{(8)^2}{8} = (1)^2(8) = 8 \text{ W},$$

$$p_{0,2S} = (50)^2(0,2) = 500 \text{ W},$$

$$p_{20\Omega} = \frac{(-20)^2}{20} = (1)^2(20) = 20 \text{ W},$$

$$p_{25\Omega} = \frac{(50)^2}{25} = (-2)^2(25) = 100 \text{ W}.$$

PROBLEMAS PARA AVALIAÇÃO

Objetivo 2 Saber enunciar e utilizar a lei de Ohm.

2.3 Para o circuito mostrado,

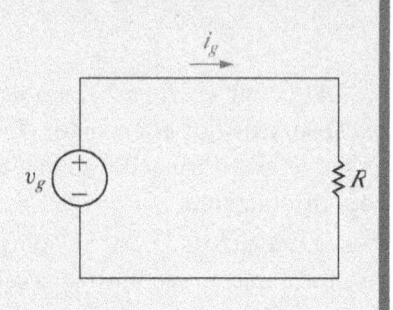

a) Se $v_g = 1$ kV e $i_g = 5$ mA, determine o valor de R e a potência absorvida pelo resistor.

b) Se $i_g = 75$ mA e a potência liberada pela fonte de tensão é 3 W, determine v_g, R e a potência absorvida pelo resistor.

c) Se $R = 300$ Ω e a potência absorvida por R é 480 mW, determine i_g e v_g.

Resposta: (a) 200 kΩ, 5 W; (b) 40 V, 533,33 Ω, 3 W; (c) 40 mA, 12 V.

2.4 Para o circuito mostrado,

a) se $i_g = 0{,}5$ A e $G = 50$ mS, determine v_g e a potência liberada pela fonte de corrente.
b) se $v_g = 15$ V e a potência entregue ao condutor é 9 W, determine a condutância G e a corrente da fonte i_g.
c) se $G = 200$ μS e a potência liberada para a condutância é 8 W, determine i_g e v_g.

Resposta: (a) 10 V, 5 W; (b) 40 mS, 0,6 A; (c) 40 mA, 200 V.

NOTA: tente resolver também os problemas 2.11 e 2.12, apresentados no final deste capítulo.

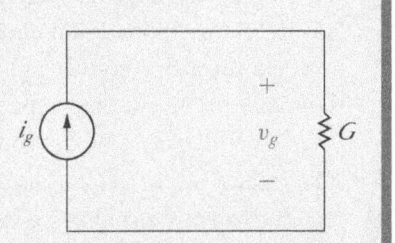

Agora que já apresentamos as características gerais de fontes e resistores ideais, mostraremos como utilizar esses elementos para construir o modelo de circuito de um sistema prático.

2.3 Construção de um modelo de circuito

Já afirmamos que uma das razões do interesse nos elementos básicos de circuito é que eles podem ser utilizados para construir modelos de sistemas práticos. O trabalho de desenvolver um modelo de dispositivo ou sistema é tão complexo quanto o exigido para resolver o circuito derivado. Embora este livro enfatize as habilidades requeridas para resolver circuitos, a prática da engenharia elétrica demanda também outras habilidades, e uma das mais importantes é a de modelagem.

Desenvolvemos modelos de circuitos nos dois exemplos apresentados a seguir. No Exemplo 2.4, construímos um modelo de circuito baseado no conhecimento do comportamento dos componentes do sistema e no modo como eles estão interconectados. No Exemplo 2.5, criamos um modelo de circuito medindo o comportamento de um dispositivo a partir de seus terminais.

EXEMPLO 2.4 Construção de um modelo de circuito para uma lanterna.

Construa um modelo de circuito para uma lanterna.

Solução

Escolhemos a lanterna para ilustrar um sistema prático porque seus componentes são bem conhecidos. A Figura 2.9 mostra a imagem de uma lanterna comum.

Quando se analisa uma lanterna como um sistema elétrico, os componentes de interesse primordial são as pilhas, a lâmpada, o conector, o invólucro e o interruptor. Vamos examinar o modelo de circuito para cada componente.

Uma pilha alcalina mantém uma tensão razoavelmente constante no terminal, se a demanda de corrente não é excessiva. Assim, se a pilha estiver funcionando dentro dos limites pretendidos, poderemos modelá-la como uma fonte ideal de tensão. Então, a tensão prescrita é constante e igual à soma dos valores de duas pilhas alcalinas.

Figura 2.9 Uma lanterna pode ser considerada um sistema elétrico.

O objetivo principal de uma lâmpada é emitir energia luminosa, obtida pelo aquecimento de seu filamento a uma temperatura alta o suficiente para provocar radiação na faixa da luz visível. Podemos modelar a lâmpada com um resistor ideal. Observe que, nesse caso, embora o resistor seja o responsável pela quantidade de energia elétrica convertida em energia térmica, ele não prevê quanto da energia térmica é convertido em energia luminosa. No entanto, o resistor usado para representar a lâmpada prevê a drenagem contínua de corrente das pilhas, uma característica do sistema que também é de interesse. Neste modelo, R_l simboliza a resistência da lâmpada.

O conector usado na lanterna desempenha dois papéis. Em primeiro lugar, fornece um caminho elétrico condutivo entre as pilhas e o invólucro. Em segundo lugar, ele é moldado por sobre uma mola, de modo que também pode aplicar pressão mecânica ao contato entre as pilhas e a lâmpada. O propósito dessa pressão mecânica é manter o contato entre as duas pilhas e entre elas e a lâmpada. Consequentemente, ao escolher o material condutivo do conector, podemos vir a perceber que suas propriedades mecânicas são mais importantes, para o projeto da lanterna, do que suas propriedades elétricas. Sob o ponto de vista elétrico, podemos modelar o conector como um resistor ideal, denominado R_1.

Figura 2.10 Símbolos de circuito. (a) Curto-circuito. (b) Circuito aberto. (c) Interruptor.

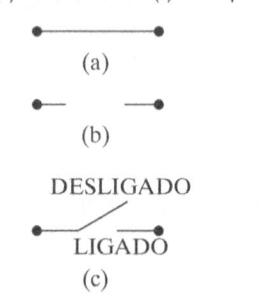

Figura 2.11 O arranjo dos componentes da lanterna.

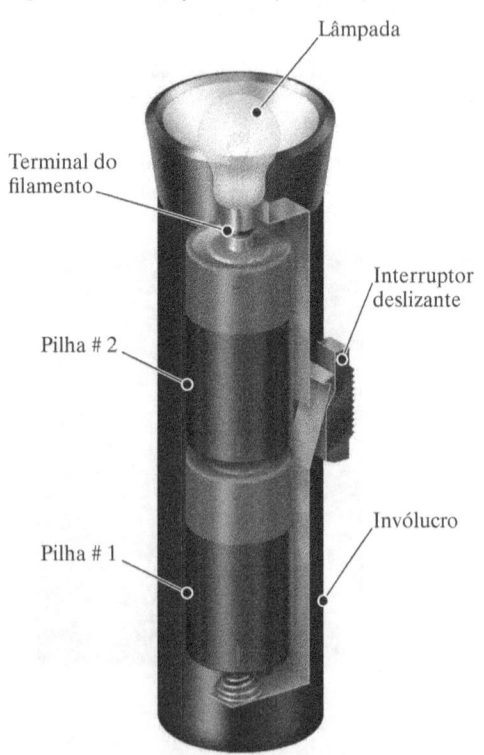

O invólucro também cumpre uma finalidade mecânica e uma finalidade elétrica. Do ponto de vista mecânico, ele contém todos os outros componentes e proporciona ao usuário um modo de segurar a lanterna. Do ponto de vista elétrico, proporciona uma conexão entre os outros elementos da lanterna. Se o invólucro for de metal, conduzirá a corrente entre as pilhas e a lâmpada. Se for de plástico, uma chapa estreita de metal dentro dele conectará o conector de mola ao interruptor. Seja como for, um resistor ideal, que denominamos R_c, modela a conexão elétrica fornecida pelo invólucro.

O componente final é o interruptor. Em termos de eletricidade, é um dispositivo de dois estados: LIGADO (ON) ou DESLIGADO (OFF). Um interruptor ideal não oferece resistência à corrente quando está LIGADO (ON), mas oferece resistência infinita à corrente quando está DESLIGADO (OFF). Esses dois estados representam os valores-limite de um resistor; isto é, o estado LIGADO (ON) corresponde a um resistor com valor numérico igual a zero, e o estado DESLIGADO (OFF), a um resistor com valor numérico infinito. Os dois valores extremos recebem os nomes descritivos **curto-circuito** ($R = 0$) e **circuito aberto** ($R = \infty$). As figuras 2.10 (a) e (b) mostram a representação gráfica de um curto-circuito e de um circuito aberto, respectivamente. O símbolo mostrado na Figura 2.10(c) representa o fato de que um interruptor pode ser um curto-circuito ou um circuito aberto, dependendo da posição de seus contatos.

Construiremos agora o modelo de circuito da lanterna. Começando com as pilhas, o terminal positivo da primeira é conectado ao terminal negativo da segunda, como mostra a Figura 2.11. O terminal positivo da segunda é conectado a um dos terminais da lâmpada. O outro terminal da lâmpada faz contato com um lado do interruptor, e o outro lado do interruptor está conectado ao invólucro metálico da lanterna. Então, o invólucro metálico é conectado ao terminal negativo da primeira pilha, por meio de uma mola de metal. Observe que os elementos formam um caminho, ou circuito, fechado. Você pode ver o caminho fechado formado pelos elementos conectados na Figura 2.11. A Figura 2.12 mostra um modelo de circuito para a lanterna.

Figura 2.12 Modelo de circuito para uma lanterna.

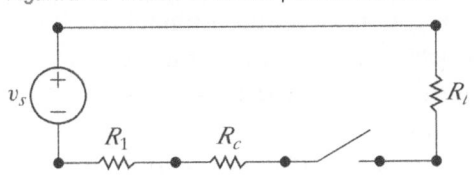

Com o nosso exemplo da lanterna, podemos fazer algumas observações gerais sobre modelagem: em primeiro lugar, ao desenvolver um modelo de circuito, o comportamento *elétrico* de cada componente físico é de primordial interesse. No modelo da lanterna, três componentes físicos muito diferentes — uma lâmpada, uma mola e um invólucro de metal — são todos representados pelo mesmo elemento de circuito (um resistor), porque o fenômeno elétrico que ocorre em cada um deles é o mesmo. Cada um apresenta uma resistência à passagem da corrente pelo circuito.

Em segundo lugar, modelos de circuitos talvez precisem levar em conta efeitos elétricos indesejáveis, tanto quanto os desejáveis. Por exemplo, o calor resultante da resistência da lâmpada produz luz, um efeito desejado. Todavia, o calor resultante da resistência do invólucro e da mola representa um efeito indesejado ou parasita. O calor drena as pilhas e não produz nenhum resultado útil. Tais efeitos parasitas devem ser levados em conta sob pena de o modelo resultante não representar adequadamente o sistema.

Por fim, modelagem requer aproximação. Mesmo no sistema básico representado pela lanterna, adotamos premissas simplificadoras no desenvolvimento do modelo de circuito. Por exemplo, admitimos um interruptor ideal, mas, na prática, a resistência de contato pode ser alta o suficiente para interferir com o funcionamento adequado do sistema. Nosso modelo não prevê esse comportamento. Além disso, admitimos que a mola conectora exerce pressão suficiente para eliminar qualquer resistência de contato entre as pilhas. Nosso modelo não prevê pressão inadequada. Utilizamos uma fonte ideal de tensão, portanto ignoramos qualquer dissipação interna de energia nas pilhas, que poderia resultar no aquecimento parasita que acabamos de mencionar. Poderíamos levar isso em conta adicionando um resistor ideal entre a fonte e o resistor da lâmpada. Em nosso modelo, admitimos que a perda interna é desprezível.

Ao modelar a lanterna como um circuito, tínhamos um entendimento básico e acesso aos componentes internos do sistema. No entanto, às vezes só conhecemos o comportamento de um dispositivo a partir de seus terminais e temos de usar essa informação para construir o modelo. O Exemplo 2.5 examina tal problema de modelagem.

EXEMPLO 2.5 Construção de um modelo de circuito baseado em medições em terminais.

A tensão e a corrente são medidas nos terminais do dispositivo ilustrado na Figura 2.13(a) e os valores de v_t e i_t estão tabulados na Figura 2.13(b). Construa um modelo de circuito do dispositivo que está dentro do quadrado.

Solução

A representação gráfica da tensão como uma função da corrente resulta no gráfico mostrado na Figura 2.14(a). A equação da reta nessa figura ilustra que a tensão no terminal é diretamente proporcional à corrente, $v_t = 4i_t$. Em termos da lei de Ohm, o dispositivo dentro do quadrado comporta-se como um resistor de 4 Ω. Portanto, o modelo para esse dispositivo é um resistor de 4 Ω, como vemos na Figura 2.14(b).

Figura 2.13 (a) Dispositivo e (b) dados para o Exemplo 2.5.

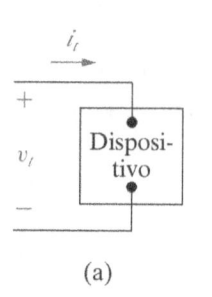

v_t(V)	i_t(A)
−40	−10
−20	−5
0	0
20	5
40	10

Voltaremos a essa técnica de utilização das características terminais para construir um modelo de circuito depois da apresentação das leis de Kirchhoff e da análise de circuitos.

Figura 2.14 (a) Valores de v_t versus i_t para o dispositivo da Figura 2.13. (b) Modelo de circuito para o dispositivo da Figura 2.13.

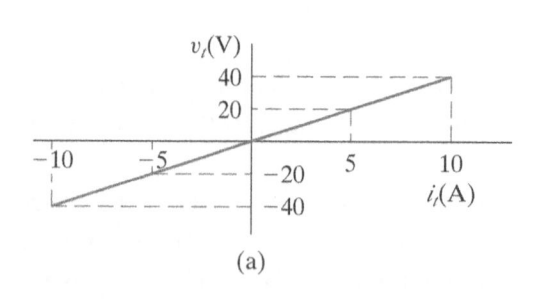

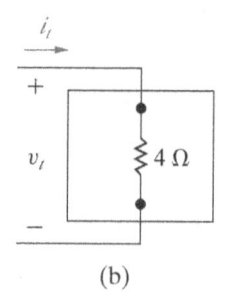

NOTA: avalie seu entendimento desse exemplo tentando resolver os problemas 2.14 e 2.15, apresentados no final deste capítulo.

2.4 Leis de Kirchhoff

Diz-se que um circuito está resolvido quando a tensão nos terminais de cada elemento e a corrente que flui por ele foram determinadas. A lei de Ohm é uma equação importante para derivar essas soluções. Contudo, essa lei pode não ser suficiente para fornecer uma solução completa. Como veremos ao tentarmos resolver o circuito da lanterna do Exemplo 2.4, precisamos usar duas relações algébricas mais importantes, conhecidas como leis de Kirchhoff, para resolver a maioria dos circuitos.

Começamos desenhando novamente o circuito como mostra a Figura 2.15, com o interruptor no estado LIGADO (ON). Observe que também rotulamos as variáveis de corrente e tensão associadas a cada resistor e a corrente associada à fonte de tensão. O rótulo inclui também as polaridades de referência, como sempre. Por conveniência, acrescentamos aos rótulos de tensão e corrente o mesmo índice dos rótulos dos resistores. Na Figura 2.15, também eliminamos alguns dos pontos que representavam terminais na Figura 2.12 e inserimos nós. Pontos terminais são os pontos iniciais e finais de um elemento individual de circuito. Um **nó** é um ponto no qual dois ou mais elementos de circuito se unem. Para usar a lei das correntes de Kirchhoff, é necessário identificar os nós, como veremos em breve. Na Figura 2.15, os nós são rotulados a, b, c e d.

O nó *d* conecta a pilha e a lâmpada, estendendo-se até a parte superior do diagrama, embora tenhamos rotulado um único ponto por conveniência. Os pontos dos dois lados do interruptor indicam seus terminais, mas precisamos apenas de um para representar um nó, portanto somente um é denominado nó *c*.

No circuito mostrado na Figura 2.15, podemos identificar sete incógnitas: $i_s, i_1, i_c, i_l, v_1, v_c$ e v_l. Lembre-se de que v_s é uma tensão conhecida porque representa a soma das tensões nos terminais das duas pilhas, uma tensão constante de 3 V. O problema é determinar as sete variáveis desconhecidas. Pela álgebra, sabemos que, para determinar *n* quantidades desconhecidas, ou incógnitas, temos de resolver *n* equações simultâneas independentes. Pela nossa discussão da lei de Ohm na Seção 2.2, sabemos que três das equações necessárias são:

Figura 2.15 Modelo de circuito da lanterna com variáveis designadas de tensão e corrente.

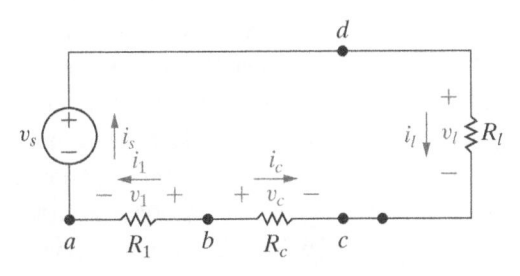

$$v_1 = i_1 R_1, \quad (2.13)$$

$$v_c = i_c R_c, \quad (2.14)$$

$$v_l = i_l R_l. \quad (2.15)$$

E as outras quatro equações?

A interconexão de elementos de circuito impõe limitações à relação entre as tensões e correntes nos terminais. Essas limitações são denominadas leis de Kirchhoff, nome que se deve a Gustav Kirchhoff, o primeiro a enunciá-las em um artigo publicado em 1848. As duas leis que determinam as limitações em linguagem matemática são conhecidas como a lei das correntes de Kirchhoff e a lei das tensões de Kirchhoff.

Agora, podemos enunciar a **lei das correntes de Kirchhoff**:

> A soma algébrica de todas as correntes em qualquer nó de um circuito é igual a zero.

◀ **Lei das correntes de Kirchhoff (LCK)**

Para usar a lei das correntes de Kirchhoff, deve-se designar um sinal algébrico, correspondente à direção de referência, para cada corrente no nó. Atribuir um sinal positivo a uma corrente que sai de um nó significa atribuir um sinal negativo a uma corrente que entra em um nó. De outra forma, atribuir um sinal negativo a uma corrente que sai de um nó significa atribuir um sinal positivo a uma corrente que entra em um nó.

A aplicação da lei das correntes de Kirchhoff aos quatro nós do circuito mostrado na Figura 2.15, usando a convenção de que correntes que saem de um nó são consideradas positivas, resulta em quatro equações:

$$\text{nó a} \quad i_s - i_1 = 0, \quad (2.16)$$

$$\text{nó b} \quad i_1 + i_c = 0, \quad (2.17)$$

$$\text{nó c} \quad -i_c - i_l = 0, \quad (2.18)$$

$$\text{nó d} \quad i_l - i_s = 0. \quad (2.19)$$

Observe que as equações 2.16 a 2.19 não são um conjunto independente, porque qualquer uma das quatro pode ser derivada das outras três. Em qualquer circuito com *n* nós, *n* − 1 equações independentes podem ser derivadas da lei das correntes de Kirchhoff.[1] Desprezamos a

---

[1] Falaremos mais sobre essa observação no Capítulo 4.

Equação 2.19 para termos seis equações independentes, ou seja, equações 2.13 a 2.18. Precisamos de mais uma, que podemos derivar da lei das tensões de Kirchhoff.

Antes de enunciar a lei das tensões de Kirchhoff, devemos definir um caminho **fechado** ou **laço**. Começando em um nó escolhido arbitrariamente, traçamos um caminho fechado percorrendo um trajeto que passa pelos elementos básicos de circuito selecionados e retorna ao nó original sem passar por qualquer nó intermediário mais de uma vez. O circuito mostrado na Figura 2.15 tem somente um caminho fechado ou laço. Por exemplo, escolhendo o nó a como ponto de partida e fazendo o trajeto no sentido horário, formamos o caminho fechado passando pelos nós d, c, b e voltando ao nó a. Agora podemos enunciar a **lei das tensões de Kirchhoff**:

▶ **Lei das tensões de Kirchhoff (LTK)**

A soma algébrica de todas as tensões ao longo de qualquer caminho fechado em um circuito é igual a zero.

Para usar a lei das tensões de Kirchhoff, devemos designar um sinal algébrico (direção de referência) a cada tensão no laço. À medida que traçamos um caminho fechado, aparecerá uma queda ou uma elevação de tensão na direção que escolhemos. Atribuir um sinal positivo a uma elevação de tensão significa atribuir um sinal negativo a uma queda de tensão. De outra forma, atribuir um sinal negativo a uma elevação de tensão significa atribuir um sinal positivo a uma queda de tensão.

Aplicamos, agora, a lei das tensões de Kirchhoff ao circuito mostrado na Figura 2.15. Escolhemos traçar o caminho fechado em sentido horário, designando um sinal algébrico positivo às quedas de tensão. Começando no nó d, temos a expressão

$$v_l - v_c + v_1 - v_s = 0, \qquad (2.20)$$

que representa a sétima equação independente necessária para encontrar as sete variáveis desconhecidas mencionadas anteriormente.

Pensar em resolver sete equações simultâneas para determinar a corrente fornecida à lâmpada de uma lanterna por um par de pilhas não é nada animador. Portanto, nos próximos capítulos, apresentaremos técnicas analíticas que mostram como resolver um circuito simples de um só laço escrevendo uma única equação. Contudo, antes de passarmos para a discussão dessas técnicas de circuito, precisamos fazer várias observações sobre a análise detalhada do circuito da lanterna. De modo geral, essas observações são válidas e, por conseguinte, importantes para as discussões nos capítulos subsequentes. Elas também dão sustentação à afirmativa de que o circuito da lanterna pode ser resolvido definindo-se uma única incógnita.

Em primeiro lugar, observe que, se conhecemos a corrente em um resistor, também conhecemos sua tensão, pois corrente e tensão estão diretamente relacionadas pela lei de Ohm. Assim, podemos associar uma única variável desconhecida a cada resistor, seja a corrente ou a tensão. Digamos que escolhemos a corrente como variável desconhecida. Então, assim que resolvermos a corrente desconhecida no resistor, podemos determinar a tensão no resistor. De modo geral, se conhecemos a corrente em um elemento passivo, podemos achar a tensão em seus terminais, o que reduz bastante o número de equações simultâneas a resolver. Por exemplo, no circuito da lanterna, eliminamos as tensões v_c, v_l e v_1 como incógnitas. Portanto, já de saída, reduzimos a tarefa analítica à resolução de quatro equações simultâneas — em vez de sete.

A segunda observação geral está relacionada às consequências de conectar somente dois elementos para formar um nó. De acordo com a lei das correntes de Kirchhoff, quando apenas dois elementos estão conectados a um nó, se conhecemos a corrente em um deles, também podemos conhecer a do outro. Em outras palavras, só precisamos definir uma única corrente desconhecida para os dois elementos. Quando apenas dois elementos se conectam em um único nó, diz-se que estão **em série**. A importância dessa segunda observação é óbvia quando verificamos que cada nó no circuito mostrado na Figura 2.15 envolve somente dois elementos. Assim, é preciso definir apenas uma corrente desconhecida. A razão disso é que as equações 2.16 a 2.18 levam diretamente à equação

$$i_s = i_1 = -i_c = i_l, \tag{2.21}$$

segundo a qual, se você conhecer a corrente de qualquer um dos elementos, conhecerá todas. Por exemplo, optar por i_s como incógnita elimina i_1, i_c e i_l. O problema restringe-se a determinar uma incógnita, ou seja, i_s.

Os exemplos 2.6 e 2.7 ilustram como escrever equações de circuito baseadas nas leis de Kirchhoff. O Exemplo 2.8 ilustra como usar as leis de Kirchhoff e a lei de Ohm para determinar uma corrente desconhecida. O Exemplo 2.9 amplia a técnica apresentada no Exemplo 2.5 para construir um modelo de circuito para um dispositivo cujas características terminais são conhecidas.

EXEMPLO 2.6 Aplicação da lei das correntes de Kirchhoff.

Some as correntes em cada nó do circuito mostrado na Figura 2.16. Observe que não há nenhum ponto de conexão (•) no centro do diagrama, onde o ramo de 4 Ω cruza o ramal que contém a fonte ideal de corrente i_a.

Figura 2.16 Circuito para o Exemplo 2.6.

Solução

Ao escrever as equações, usamos um sinal positivo para uma corrente que sai do nó. As quatro equações são

nó a $i_1 + i_4 - i_2 - i_5 = 0,$

nó b $i_2 + i_3 - i_1 - i_b - i_a = 0,$

nó c $i_b - i_3 - i_4 - i_c = 0,$

nó d $i_5 + i_a + i_c = 0.$

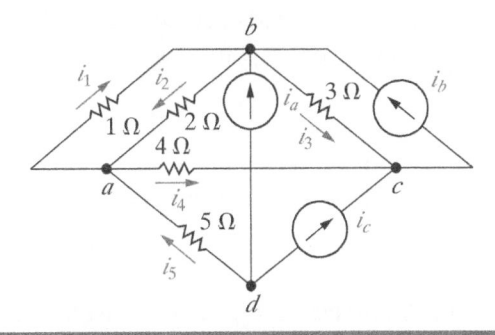

EXEMPLO 2.7 Aplicação da lei das tensões de Kirchhoff.

Figura 2.17 Circuito para o Exemplo 2.7.

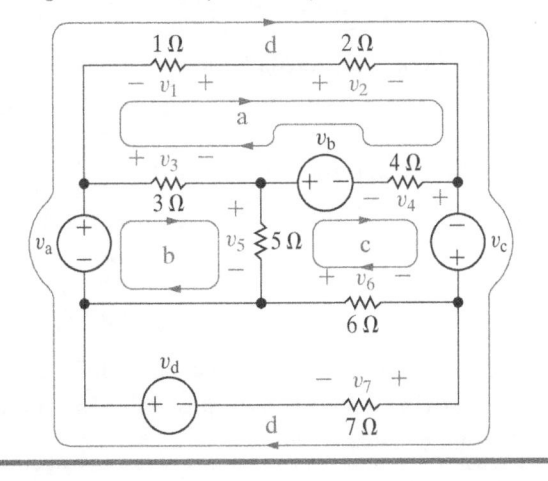

Some as tensões ao longo de cada caminho designado no circuito mostrado na Figura 2.17.

Solução

Ao escrever as equações, usamos um sinal positivo para uma queda de tensão. As quatro equações são

caminho a $-v_1 + v_2 + v_4 - v_b - v_3 = 0,$

caminho b $-v_a + v_3 + v_5 = 0,$

caminho c $v_b - v_4 - v_c - v_6 - v_5 = 0,$

caminho d $-v_a - v_1 + v_2 - v_c + v_7 - v_d = 0.$

EXEMPLO 2.8 Aplicação da lei de Ohm e das leis de Kirchhoff para determinar uma corrente desconhecida.

a) Use as leis de Kirchhoff e a lei de Ohm para determinar i_o no circuito mostrado na Figura 2.18.

b) Teste a solução para i_o verificando se a potência total gerada é igual à potência total dissipada.

Figura 2.18 Circuito para o Exemplo 2.8.

Solução

a) Começamos desenhando novamente o circuito e designando uma corrente desconhecida ao resistor de 50 Ω e tensões desconhecidas nos terminais dos resistores de 10 Ω e 50 Ω. A Figura 2.19 mostra o circuito. Os nós são rotulados a, b e c para auxiliar a discussão.

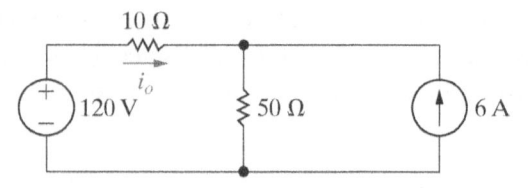

Figura 2.19 O circuito mostrado na Figura 2.18, com as incógnitas i_1, v_o e v_1 definidas.

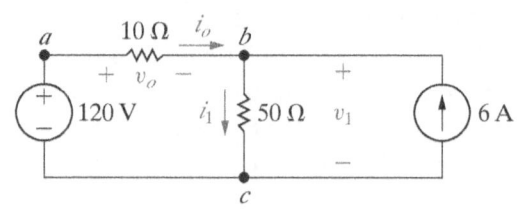

Como i_o é também a corrente na fonte de 120 V, temos duas correntes desconhecidas e, portanto, devemos derivar duas equações simultâneas envolvendo i_o e i_1. Obtemos uma das equações aplicando a lei das correntes de Kirchhoff ao nó b ou c. Somando as correntes no nó b e designando um sinal positivo às correntes que saem do nó, temos

$$i_1 - i_o - 6 = 0.$$

Obtemos a segunda equação pela lei das tensões de Kirchhoff combinada com a lei de Ohm. Sabendo que pela lei de Ohm v_o é $10i_o$ e v_1 é $50i_1$, somamos as tensões ao longo do caminho fechado $cabc$, obtendo

$$-120 + 10i_o + 50i_1 = 0.$$

Quando escrevemos essa equação, designamos um sinal positivo às quedas no sentido horário. Resolvendo essas duas equações para i_o e i_1, temos

$$i_o = -3 \text{ A e } i_1 = 3 \text{ A}.$$

b) A potência dissipada no resistor de 50 Ω é

$$p_{50\Omega} = (3)^2(50) = 450 \text{ W}.$$

A potência dissipada no resistor de 10 Ω é

$$p_{10\Omega} = (-3)^2(10) = 90 \text{ W}.$$

A potência fornecida à fonte de 120 V é

$$p_{120V} = -120i_o = -120(-3) = 360 \text{ W}.$$

A potência fornecida à fonte de 6 A é

$$p_{6A} = -v_1(6), \text{ mas } v_1 = 50i_1 = 150 \text{ V}.$$

Portanto,

$$p_{6A} = -150(6) = -900 \text{ W}.$$

A fonte de 6 A está fornecendo 900 W e a fonte de 120 V está absorvendo 360 W. A potência total absorvida é $360 + 450 + 90 = 900$ W. Portanto, a solução confirma que a potência fornecida é igual à potência absorvida.

EXEMPLO 2.9 Construção de um modelo de circuito baseado em medições terminais.

A tensão e a corrente terminais foram medidas no dispositivo mostrado na Figura 2.20(a), e os valores encontrados de v_t e i_t estão tabulados na Figura 2.20(b).

a) Construa um modelo de circuito para o dispositivo dentro da caixa.

b) Usando esse modelo, determine a potência que esse dispositivo fornecerá a um resistor de 10 Ω.

Figura 2.20 (a) Dispositivo e (b) dados para o Exemplo 2.9.

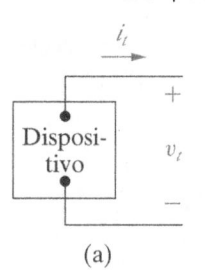

v_t (V)	i_t (A)
30	0
15	3
0	6

Solução

a) A representação gráfica da tensão como uma função da corrente é mostrada na Figura 2.21(a). A equação da reta é

$$v_t = 30 - 5i_t.$$

Precisamos identificar agora os componentes de um modelo que produzirão a mesma relação entre tensão e corrente. A lei das tensões de Kirchhoff nos diz que as quedas de tensão em dois componentes em série são somadas. Pela equação, um desses componentes produz uma queda de 30 V independentemente da corrente. Esse componente pode ser modelado como uma fonte de tensão ideal independente. O outro componente produz uma queda de tensão positiva na direção da corrente i_t. Como a queda de tensão é proporcional à corrente, a lei de Ohm nos diz que esse componente pode ser modelado como um resistor ideal com um valor de 5 Ω. O modelo de circuito resultante é representado dentro do retângulo tracejado da Figura 2.21(b).

Figura 2.21 (a) Gráfico de v_t versus i_t para o dispositivo da Figura 2.20(a). (b) Modelo de circuito resultante para o dispositivo da Figura 2.20(a), conectado a um resistor de 10 Ω.

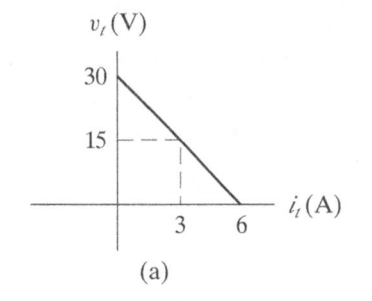

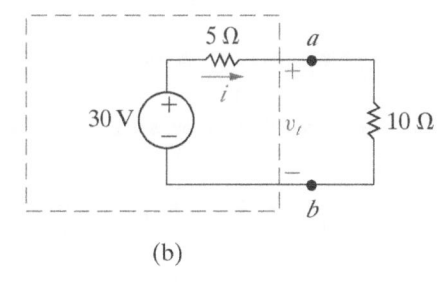

b) Conectamos agora um resistor de 10 Ω ao dispositivo da Figura 2.21(b) para completar o circuito. A lei das correntes de Kirchhoff nos diz que a corrente no resistor de 10 Ω é igual à corrente no resistor de 5 Ω. Usando a lei das tensões de Kirchhoff e a lei de Ohm, podemos escrever a equação para as quedas de tensão ao longo do circuito, começando na fonte de tensão e prosseguindo em sentido horário:

$$-30 + 5i + 10i = 0.$$

Resolvendo para i, obtemos

$$i = 2 \text{ A}.$$

Uma vez que esse é o valor da corrente que flui no resistor de 10 Ω, podemos usar a equação de potência $p = i^2R$ para calcular a potência fornecida a esse resistor:

$$p_{10\Omega} = (2)^2(10) = 40 \text{ W}.$$

PROBLEMAS PARA AVALIAÇÃO

Objetivo 2 Saber enunciar e usar a lei de Ohm e as leis de correntes e tensões de Kirchhoff.

2.5 Para o circuito mostrado, calcule (a) i_5; (b) v_1; (c) v_2; (d) v_5 e (e) a potência fornecida pela fonte de 24 V.

Resposta: (a) 2 A;
(b) –4 V;
(c) 6 V;
(d) 14 V;
(e) 48 W.

2.6 Use a lei de Ohm e as leis de Kirchhoff para determinar o valor de R no circuito mostrado.

Resposta: $R = 4\ \Omega$.

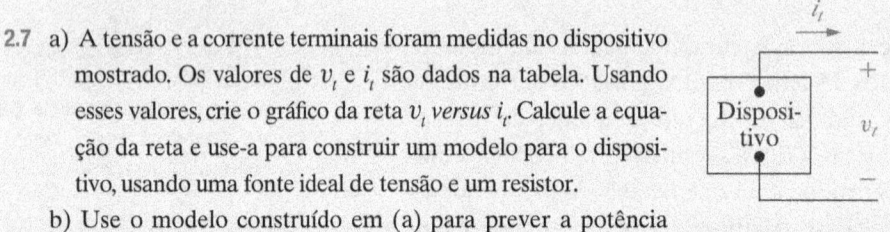

2.7 a) A tensão e a corrente terminais foram medidas no dispositivo mostrado. Os valores de v_t e i_t são dados na tabela. Usando esses valores, crie o gráfico da reta v_t versus i_t. Calcule a equação da reta e use-a para construir um modelo para o dispositivo, usando uma fonte ideal de tensão e um resistor.

b) Use o modelo construído em (a) para prever a potência que o dispositivo fornecerá a um resistor de 25 Ω.

v_t (V)	i_t (A)
25	0
15	0,1
5	0,2
0	0,25

Resposta: (a) Uma fonte de 25 V em série com um resistor de 100 Ω;
(b) 1 W.

2.8 Repita o Problema para avaliação 2.7, utilizando a equação da reta representada no gráfico para construir um modelo contendo uma fonte ideal de corrente e um resistor.

Resposta: (a) Uma fonte de corrente de 0,25 A conectada aos terminais de um resistor de 100 Ω;
(b) 1 W.

NOTA: tente resolver também os problemas 2.18, 2.19, 2.29 e 2.31, apresentados no final deste capítulo.

2.5 Análise de um circuito que contém fontes dependentes

Vamos concluir esta introdução à análise elementar de circuitos com a discussão de um circuito que contém uma fonte dependente, como mostra a Figura 2.22.

Figura 2.22 Circuito com uma fonte dependente.

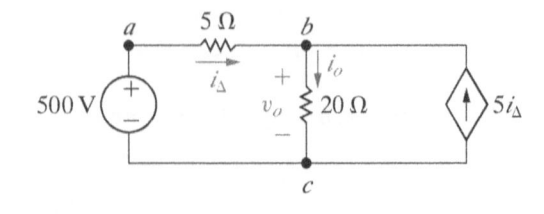

Queremos usar as leis de Kirchhoff e a lei de Ohm para determinar v_o nesse circuito. Antes de escrever as equações, uma boa prática é examinar atentamente o diagrama de circuito. Isso nos ajudará a identificar as informações conhecidas e as informações que devemos obter por meio de cálculos. Também nos ajudará a elaborar uma estratégia para resolver o circuito usando apenas alguns cálculos.

Um exame do circuito da Figura 2.22 revela que:

- Assim que conhecermos i_o, poderemos calcular v_o usando a lei de Ohm.
- Assim que conhecermos i_Δ, conheceremos também a corrente fornecida pela fonte dependente $5i_\Delta$.
- A corrente na fonte de 500 V é i_Δ.

Assim, há duas correntes desconhecidas, i_Δ e i_o. Precisamos construir e resolver duas equações independentes que envolvam essas duas correntes para determinar o valor de v_o.

Observe, no circuito, o caminho fechado que contém a fonte de tensão, o resistor de 5 Ω e o resistor de 20 Ω. Podemos aplicar a lei das tensões de Kirchhoff ao longo desse caminho fechado. A equação resultante contém as duas correntes desconhecidas:

$$500 = 5i_\Delta + 20i_o. \qquad (2.22)$$

Precisamos agora gerar uma segunda equação contendo essas duas correntes. Considere o caminho fechado formado pelo resistor de 20 Ω e a fonte de corrente dependente. Se tentarmos aplicar a lei das tensões de Kirchhoff a esse laço, não conseguiremos desenvolver uma equação útil porque não conhecemos o valor da tensão nos terminais da fonte de corrente dependente. Na verdade, essa tensão é v_o, que é a aquela que estamos tentando calcular. Escrever uma equação para esse laço não nos aproxima de uma solução. Por essa mesma razão, não usamos o caminho fechado que contém a fonte de tensão, o resistor de 5 Ω, e a fonte dependente.

Há três nós no circuito, portanto recorremos à lei das correntes de Kirchhoff para gerar a segunda equação. O nó *a* conecta a fonte de tensão e o resistor de 5 Ω; como já havíamos observado, a corrente nesses dois elementos é a mesma. O nó *b* ou o nó *c* podem ser usados para construir a segunda equação, por meio da lei das correntes de Kirchhoff. Selecionando o nó *b*, temos a seguinte equação:

$$i_o = i_\Delta + 5i_\Delta = 6i_\Delta. \qquad (2.23)$$

Resolvendo as equações 2.22 e 2.23 para as correntes, obtemos

$$i_\Delta = 4 \text{ A},$$

$$i_o = 24 \text{ A}. \qquad (2.24)$$

Usando a Equação 2.24 e a lei de Ohm para o resistor de 20 Ω, podemos resolver para a tensão v_o:

$$v_o = 20i_o = 480 \text{ V}.$$

Pense em uma estratégia de análise de circuito antes de começar a escrever equações. Como demonstramos, nem todo caminho fechado oferece uma oportunidade de escrever uma equação útil baseada na lei das tensões de Kirchhoff. Nem todo nó proporciona uma aplicação útil da lei das correntes de Kirchhoff. Uma consideração preliminar do problema pode ajudar a selecionar a abordagem mais proveitosa e as ferramentas de análise mais úteis para um determinado problema. Escolher uma boa abordagem e as ferramentas adequadas normalmente reduz a quantidade e a complexidade das equações a resolver. O Exemplo 2.10 ilustra outra aplicação da lei de Ohm e das leis de Kirchhoff a um circuito com uma fonte dependente. O Exemplo 2.11 envolve um circuito bem mais complexo, porém, com uma cuidadosa escolha das ferramentas, a análise fica relativamente descomplicada.

EXEMPLO 2.10 Aplicação da lei de Ohm e das leis de Kirchhoff para determinar uma tensão desconhecida.

a) Use as leis de Kirchhoff e a lei de Ohm para determinar a tensão v_o como mostrado na Figura 2.23.
b) Mostre que sua solução é consistente com a restrição de que a potência total fornecida ao circuito é igual à potência total consumida.

Figura 2.23 Circuito para o Exemplo 2.10.

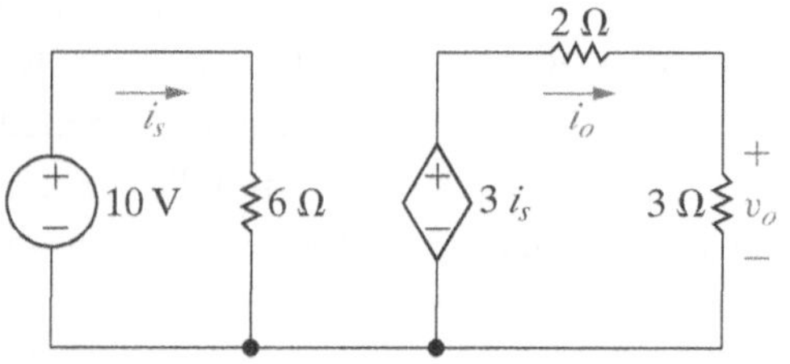

Solução

a) Um exame minucioso do circuito da Figura 2.23 revela que:
- Há dois caminhos fechados, o da esquerda, com a corrente i_s, e o da direita, com a corrente i_o.
- Uma vez conhecida i_o, podemos calcular v_o.

Precisamos de duas equações para as duas correntes. Como há dois caminhos fechados e ambos têm fontes de tensão, podemos aplicar a lei das tensões de Kirchhoff a cada um deles para obter as seguintes equações:

$$10 = 6i_s,$$

$$3i_s = 2i_o + 3i_o.$$

Resolvendo para as correntes, temos

$$i_s = 1{,}67 \text{ A},$$

$$i_o = 1 \text{ A}.$$

Aplicando a lei Ohm ao resistor de 3 Ω, obtemos a tensão desejada:

$$v_o = 3i_o = 3 \text{ V}.$$

b) Para calcular a potência fornecida às fontes de tensão, usamos a equação de potência na forma $p = vi$. A potência fornecida à fonte de tensão independente é

$$p = (10)(-1{,}67) = -16{,}7 \text{ W}.$$

A potência fornecida à fonte de tensão dependente é

$$p = (3i_s)(-i_o) = (5)(-1) = -5 \text{ W}.$$

Ambas as fontes estão fornecendo potência, e a potência total é 21,7 W.

Para calcular a potência fornecida aos resistores, usamos a equação de potência na forma $p = i^2 R$. A potência entregue ao resistor de 6 Ω é

$$p = (1{,}67)^2(6) = 16{,}7 \text{ W}.$$

A potência fornecida ao resistor de 2 Ω é

$$p = (1)^2(2) = 2 \text{ W}.$$

A potência fornecida ao resistor de 3 Ω é

$$p = (1)^2(3) = 3 \text{ W}.$$

Todos os resistores dissipam potência, e a potência total dissipada é 21,7 W, igual à potência total fornecida pelas fontes.

EXEMPLO 2.11 Aplicação da lei de Ohm e das leis de Kirchhoff em um circuito amplificador.

O circuito da Figura 2.24 representa uma configuração comum encontrada na análise e no projeto de amplificadores transistorizados. Admita que os valores de todos os elementos do circuito — $R_1, R_2, R_C, R_E, V_{CC}$ e V_0 — sejam conhecidos.

a) Escreva as equações necessárias para determinar a corrente em cada elemento desse circuito.
b) A partir das equações, obtenha uma fórmula para calcular i_B com base nos valores dos elementos de circuito.

Figura 2.24 Circuito para o Exemplo 2.11.

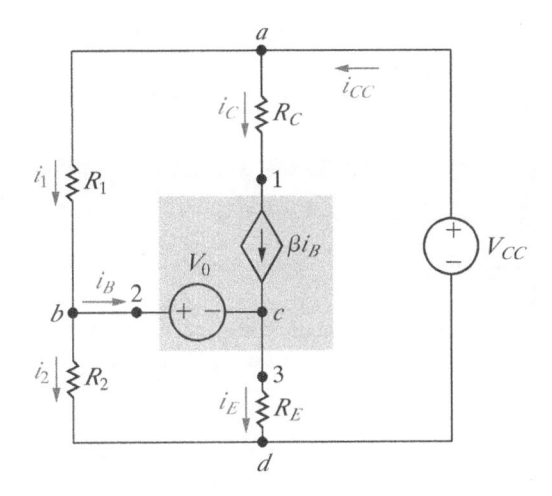

Solução

Um exame cuidadoso do circuito revela um total de seis correntes desconhecidas, designadas por i_1, i_2, i_B, i_C, i_E e i_{CC}. Para definir essas seis correntes desconhecidas, usamos a observação de que o resistor R_C está em série com a fonte de corrente dependente βi_B. Devemos agora deduzir seis equações independentes envolvendo essas seis incógnitas.

a) Podemos deduzir três equações aplicando a lei das correntes de Kirchhoff a quaisquer três dos nós a, b, c e d. Vamos usar os nós a, b e c e considerar as correntes que saem desses nós como positivas:

$$(1)\ i_1 + i_C - i_{CC} = 0,$$
$$(2)\ i_B + i_2 - i_1 = 0,$$
$$(3)\ i_E - i_B - i_C = 0.$$

Uma quarta equação surge da imposição da restrição apresentada pela conexão em série de R_C com a fonte dependente:

$$(4)\ i_C = \beta i_B.$$

Recorremos à lei das tensões de Kirchhoff para deduzir as duas equações restantes. Precisamos selecionar dois caminhos fechados para usar a lei das tensões de Kirchhoff. Observe que a tensão na fonte de corrente dependente é desconhecida e não pode ser determinada pela corrente da fonte βi_B. Portanto, temos de selecionar dois caminhos fechados que não contenham essa fonte de corrente dependente.

Escolhemos os circuitos *bcdb* e *badb* e especificamos as quedas de tensão como positivas para obter

$$(5)\ V_0 + i_E R_E - i_2 R_2 = 0$$
$$(6)\ -i_1 R_1 + V_{CC} - i_2 R_2 = 0$$

b) Para obter uma única equação para i_B em termos das variáveis de circuito conhecidas, você pode seguir estas etapas:
  • Resolver a Equação (6) para i_1 e substituir i_1 na Equação (2).
  • Resolver a Equação transformada (2) para i_2 e substituir i_2 na Equação (5).
  • Resolver a Equação transformada (5) para i_E e substituir i_E na Equação (3). Usar a Equação (4) para eliminar i_C na Equação (3).
  • Resolver a Equação transformada (3) para i_B e rearranjar os termos para obter

$$i_B = \frac{(V_{CC}R_2)/(R_1 + R_2) - V_0}{(R_1 R_2)/(R_1 + R_2) + (1 + \beta)R_E}. \tag{2.25}$$

O Problema 2.31 pede que você verifique essas etapas. Note que, uma vez conhecida i_B, é fácil obter as correntes restantes.

PROBLEMAS PARA AVALIAÇÃO

Objetivo 3 Saber como calcular a potência para cada elemento em um circuito simples.

2.9 Para o circuito mostrado, determine (a) a corrente i_1 em microampères, (b) a tensão v em volts, (c) a potência total gerada e (d) a potência total absorvida.

Resposta: (a) 25 μA;
(b) −2 V;
(c) 6.150 μW;
(d) 6.150 μW.

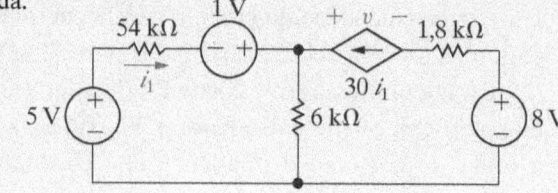

2.10 A corrente i_ϕ no circuito mostrado é 2 A. Determine

a) v_s,
b) a potência absorvida pela fonte de tensão independente,
c) a potência fornecida pela fonte de corrente independente,
d) a potência fornecida pela fonte de corrente controlada,
e) a potência total dissipada nos dois resistores.

Resposta: (a) 70 V;
(b) 210 W;
(c) 300 W;
(d) 40 W;
(e) 130 W.

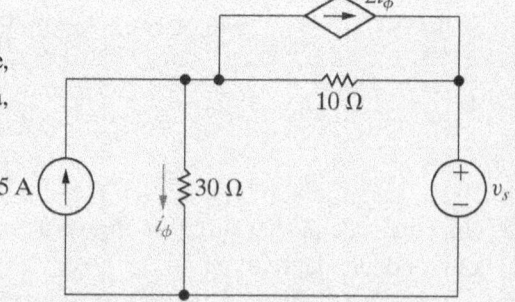

NOTA: tente resolver também os problemas 2.32 e 2.33, apresentados no final deste capítulo.

Perspectiva prática

Aquecimento com radiadores elétricos

Vamos determinar qual dos dois diagramas de instalação elétrica apresentados no início deste capítulo deve ser usado para ligar os radiadores elétricos à energia fornecida para a garagem. Começamos com o diagrama mostrado na Figura 2.25. Podemos transformá-lo em um circuito modelando os radiadores como resistores. O circuito resultante é mostrado na Figura 2.26. Note que cada radiador tem a mesma resistência, R, e é rotulada com um valor de tensão e corrente.

Para determinar as tensões e correntes desconhecidas do circuito da Figura 2.26, comece escrevendo uma equação LTK para o lado esquerdo do circuito:

$$-240 + v_1 = 0 \quad \Rightarrow \quad v_1 = 240\ V.$$

Agora escreva uma equação LTK para o lado direito do circuito:

$$-v_1 + v_2 = 0 \quad \Rightarrow \quad v_2 = v_1 = 240\ V.$$

Lembre-se de que as especificações de potência e tensão para cada radiador são 1.200 W, 240 V. Portanto, a configuração mostrada na Figura 2.25 satisfaz a especificação de tensão, uma vez que cada radiador teria uma tensão de alimentação de 240 V.

Em seguida, calcule o valor da resistência R que vai modelar corretamente cada radiador. Queremos que a potência associada a cada radiador seja de 1.200 W. Use a equação para potência de um resistor que envolva a resistência e a tensão:

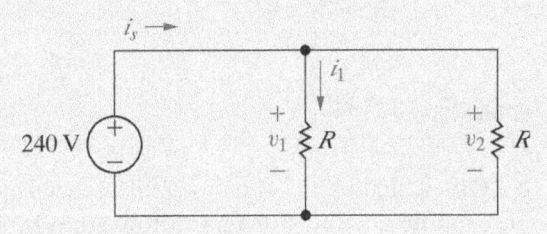

$$P_1 = \frac{v_1^2}{R} = \frac{v_2^2}{R} = P_2 \quad \Rightarrow \quad R = \frac{v_1^2}{P_1} = \frac{240^2}{1.200} = 48\ \Omega.$$

Figura 2.25 Um diagrama de instalação elétrica para dois radiadores.

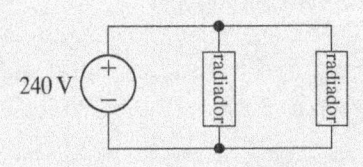

Figura 2.26 Circuito baseado na Figura 2.25.

Cada radiador pode ser modelado como uma resistência de 48 Ω, com uma queda de tensão de 240 V e potência de 1.200 W. A potência total para dois radiadores é, portanto, 2.400 W.

Por fim, calcule a potência fornecida pela fonte de 240 V. Para isso, calcule a corrente na fonte de tensão, i_s, escrevendo uma equação LCK no nó superior da Figura 2.26, e use essa corrente para calcular a potência da fonte de tensão.

$$-i_s + i_1 + i_2 = 0 \quad \Rightarrow \quad i_s = i_1 + i_2 = \frac{v_1}{R} + \frac{v_2}{R} = \frac{240}{48} + \frac{240}{48} = 10\ A.$$

$$P_s = -(240)(i_s) = -(240)(10) = -2.400\ W.$$

Assim, a potência total do circuito é $-2.400 + 2.400 = 0$, indicando equilíbrio de potência.

Agora examine o outro diagrama mostrado na Figura 2.27. Sabemos que os radiadores podem ser modelados por meio de resistores de 48 Ω, que são usados para converter o diagrama no circuito da Figura 2.28.

Inicie a análise do circuito da Figura 2.28 escrevendo uma equação LTK:

$$-240 + v_x + v_y = 0 \quad \Rightarrow \quad v_x + v_y = 240.$$

Em seguida, escreva uma equação LCK no nó a:

$$-i_x + i_y = 0 \quad \Rightarrow \quad i_x = i_y = i.$$

A corrente nas duas resistências é a mesma, e podemos usá-la nas equações da lei de Ohm para substituir as duas tensões desconhecidas na equação LTK:

$$48i = 48i = 240 = 96i \quad \Rightarrow \quad i = \frac{240}{96} = 2{,}5\ A.$$

Use a corrente nos dois resistores para calcular a potência dos dois radiadores.

$$P_x = P_y = Ri^2 = (48)(2{,}5)^2 = 300\ W.$$

Figura 2.27 Outra forma de conectar dois radiadores.

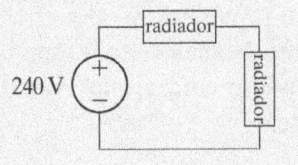

Figura 2.28 Um circuito baseado na Figura 2.27.

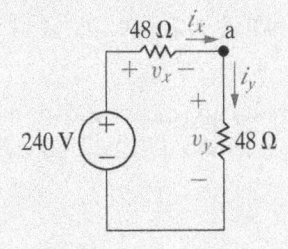

Assim, se os radiadores são conectados como mostra a Figura 2.27, sua potência total será apenas 600 W. Isso é insuficiente para aquecer a garagem.

Portanto, a forma como os radiadores são ligados exerce grande impacto sobre a quantidade de calor a ser fornecida. Quando conectados usando-se o diagrama da Figura 2.25, 2.400 W de potência estarão disponíveis, mas, quando conectados usando-se o diagrama da Figura 2.27, somente 600 W de potência estarão disponíveis.

NOTA: avalie sua compreensão da Perspectiva prática resolvendo os problemas 2.41 a 2.43 no final deste capítulo.

Resumo

- Os elementos de circuito apresentados neste capítulo são fontes de tensão, fontes de corrente e resistores:
    - Uma **fonte ideal de tensão** mantém uma tensão entre seus terminais independentemente da corrente que flui por ela. Uma **fonte ideal de corrente** mantém uma corrente fluindo por ela independentemente da tensão em seus terminais. Fontes de tensão e corrente são ditas **independentes** quando não são influenciadas por qualquer outra corrente ou tensão no circuito; ou **dependentes**, quando seus valores são determinados por alguma outra corrente ou tensão no circuito.
    (Seção 2.1.)
    - Um **resistor** impõe uma proporcionalidade entre a tensão em seus terminais e a corrente que flui por ele. O valor da constante de proporcionalidade é denominado **resistência** e é medido em ohms.
    (Seção 2.2.)
- A **lei de Ohm** estabelece a proporcionalidade entre tensão e corrente em um resistor. Especificamente,
$$v = iR$$
se o fluxo de corrente no resistor estiver na direção da queda da tensão que lhe é aplicada, ou
$$v = -iR$$
se o fluxo de corrente no resistor estiver na direção da elevação da tensão que lhe é aplicada.
(Seção 2.2.)

- Combinando a equação de potência, $p = vi$, com a lei de Ohm, podemos determinar a potência absorvida por um resistor:
$$p = i^2 R = v^2/R.$$
(Seção 2.2.)

- Circuitos são descritos por nós e caminhos fechados. Um **nó** é um ponto no qual dois ou mais elementos de circuito se unem. Quando apenas dois elementos se conectam para formar um nó, diz-se que estão **em série**. Um **caminho fechado** é um laço que passa por elementos conectados, começa e termina no mesmo nó e passa por cada nó intermediário apenas uma vez. (Seção 2.4.)

- As tensões e correntes de elementos de circuito interconectados obedecem às leis de Kirchhoff:
    - **Lei das correntes de Kirchhoff** estabelece que a soma algébrica de todas as correntes em qualquer nó de um circuito seja igual a zero.
    - **Lei das tensões de Kirchhoff** estabelece que a soma algébrica de todas as tensões ao longo de qualquer caminho fechado em um circuito seja igual a zero.
    (Seção 2.4.)

- Um circuito é resolvido quando são determinadas a tensão entre os terminais e a corrente que flui em cada elemento que o compõe. Combinando o entendimento do funcionamento de fontes independentes e dependentes, da lei de Ohm e das leis de Kirchhoff, podemos resolver muitos circuitos simples.

Problemas

Seção 2.1

2.1
a) A interconexão de fontes ideais no circuito da Figura P2.1 é válida? Explique.
b) Identifique as fontes que estão fornecendo potência e as que estão absorvendo potência.
c) Verifique se a potência total fornecida no circuito é igual à potência total absorvida.
d) Repita (a)–(c), invertendo a polaridade da fonte de 20 V.

Figura P2.1

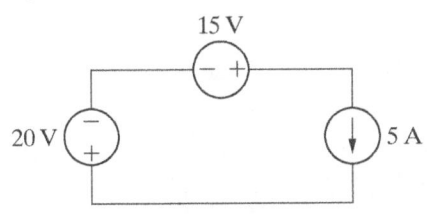

2.2 Se a interconexão na Figura P2.2 é válida, determine a potência total fornecida no circuito. Se a interconexão não é válida, explique a razão.

Figura P2.2

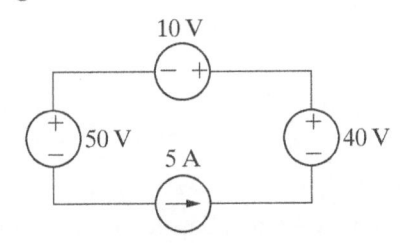

2.3 Se a interconexão na Figura P2.3 é válida, determine a potência fornecida pelas fontes de corrente. Se a interconexão não é válida, explique a razão.

Figura P2.3

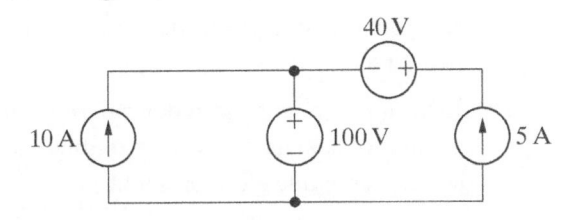

2.4 Se a interconexão na Figura P2.4 é válida, determine a potência total fornecida pelas fontes de tensão. Se a interconexão não é válida, explique a razão.

Figura P2.4

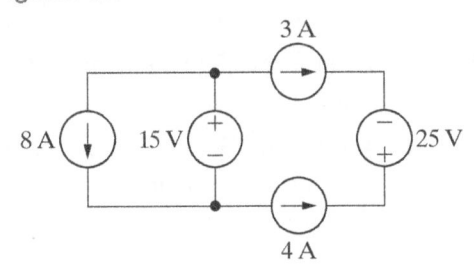

2.5 A interconexão de fontes ideais pode resultar em uma solução indeterminada. Com isso em mente, explique por que as soluções para v_1 e v_2 no circuito da Figura P2.5 não são únicas.

Figura P2.5

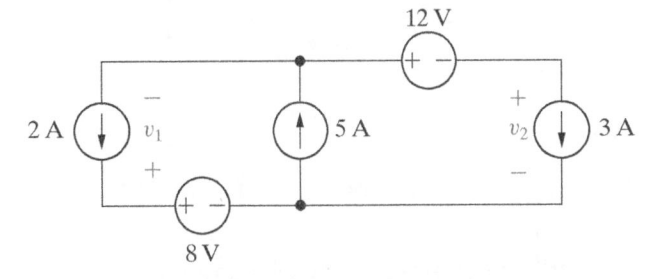

2.6 Considere a interligação mostrada na Figura P2.6.
a) Qual o valor de v_1 é necessário para tornar válida essa interligação?
b) Para esse valor de v_1, determine a potência associada à fonte de tensão.

Figura P2.6

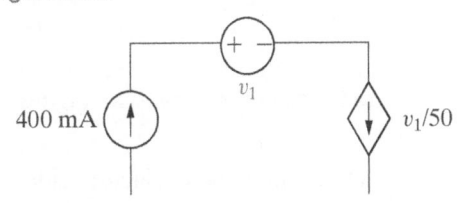

2.7 Considere a interligação mostrada na Figura P2.7.
a) Qual é o valor de α necessário para tornar válida essa interligação?

b) Para esse valor de α, determine a potência associada à fonte de corrente.

c) A fonte de corrente está fornecendo ou absorvendo potência?

Figura P2.7

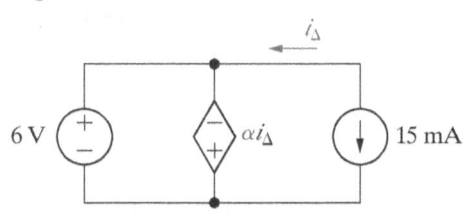

2.8 a) A interconexão na Figura P2.8 é válida? Explique.

b) Você pode determinar a energia total relacionada ao circuito? Explique.

Figura P2.8

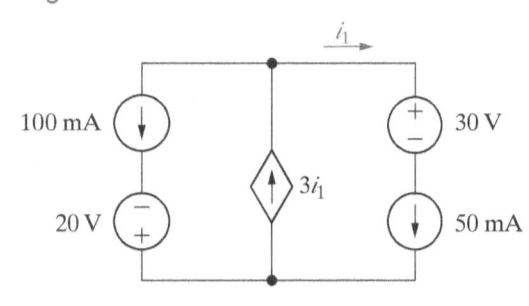

2.9 Se a interconexão na Figura P2.9 é válida, determine a potência total fornecida ao circuito. Se a interconexão não é válida, explique a razão.

Figura P2.9

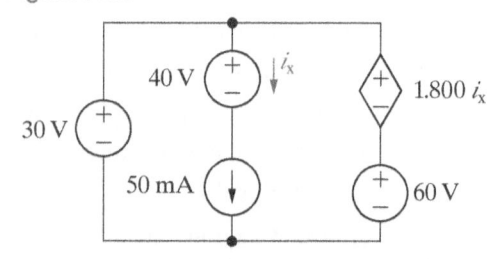

2.10 Determine a potência total fornecida ao circuito da Figura P2.10, se $v_o = 5$ V.

Figura P2.10

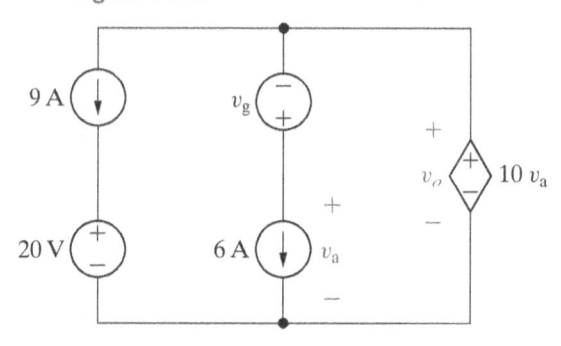

Seções 2.2–2.3

2.11 Para o circuito mostrado na Figura P2.11
   a) Determine v.
   b) Determine a potência absorvida pelo resistor.
   c) Inverta a direção da fonte de corrente e repita as partes (a) e (b).

Figura P2.11

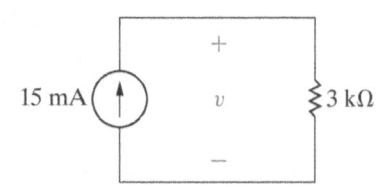

2.12 Para o circuito mostrado na Figura P2.12
   a) Determine i.
   b) Determine a potência fornecida pela fonte de tensão.
   c) Inverta a polaridade da fonte de tensão e repita as partes (a) e (b).

Figura P2.12

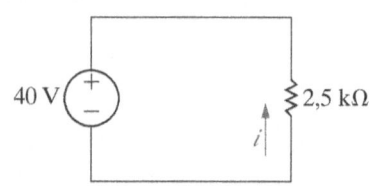

2.13 Um par de lâmpadas de farol de automóvel está conectado a uma bateria de 12 V por meio do arranjo mostrado na Figura P2.13. Na figura, o símbolo triangular ▼ é usado para indicar que o terminal está conectado diretamente à estrutura metálica do carro.

   a) Construa um modelo de circuito usando resistores e uma fonte de tensão independente.

   b) Identifique a correspondência entre o elemento ideal de circuito e o símbolo do componente que ele representa.

Figura P2.13

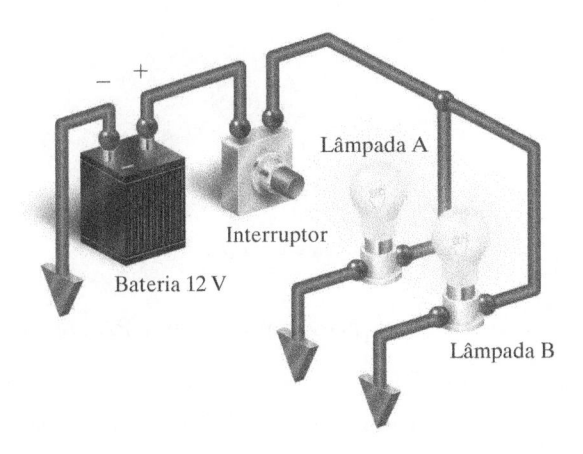

2.14 A tensão e a corrente foram medidas nos terminais do dispositivo mostrado na Figura P2.14(a). Os valores de v e i são dados na tabela da Figura P2.14(b). Use os valores da tabela para construir um modelo de circuito para esse dispositivo, consistindo-se de um único resistor do Apêndice H.

Figura P2.14

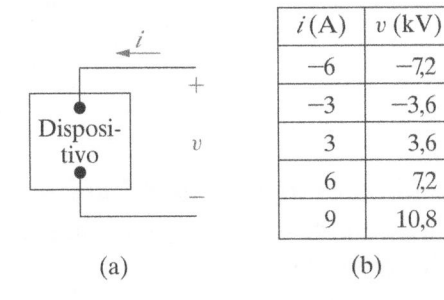

i (A)	v (kV)
−6	−7,2
−3	−3,6
3	3,6
6	7,2
9	10,8

(a)   (b)

2.15 Fontes de tensão de vários valores foram aplicadas ao dispositivo mostrado na Figura P2.15(a). A potência absorvida pelo dispositivo para cada valor de corrente está registrada na Figura P2.15(b). Use os valores da tabela para construir um modelo para o dispositivo consistindo-se de um único resistor do Apêndice H.

Figura P2.15

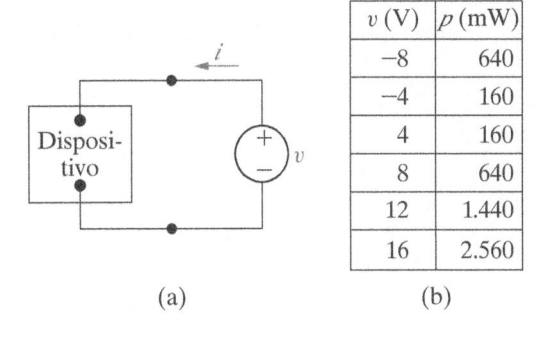

v (V)	p (mW)
−8	640
−4	160
4	160
8	640
12	1.440
16	2.560

(a)   (b)

2.16 Fontes de corrente de vários valores foram aplicadas ao dispositivo mostrado na Figura P2.16(a). A potência absorvida pelo dispositivo para cada valor de corrente está registrada na Figura P2.16(b). Use os valores da tabela para construir um modelo para o dispositivo consistindo-se de um único resistor do Apêndice H.

Figura P2.16

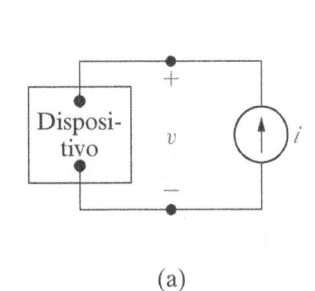

i (mA)	p (mW)
0,5	8,25
1,0	33,00
1,5	74,25
2,0	132,00
2,5	206,25
3,0	297,00

(a)   (b)

Seção 2.4

2.17 Considere o circuito mostrado na Figura P2.17.
  a) Determine v_o usando as leis de Kirchhoff e a lei de Ohm.
  b) Teste a solução para v_o, verificando que a potência total fornecida é igual à potência total absorvida.

Figura P2.17

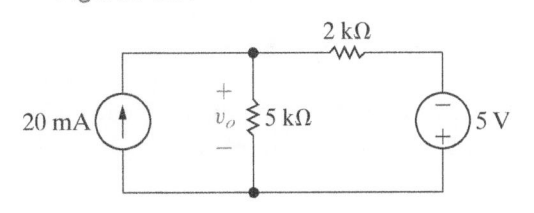

2.18 Dado o circuito mostrado na Figura P2.18, determine

a) o valor de i_a,

b) o valor de i_b,

c) o valor de v_o,

d) a potência dissipada em cada resistor,

e) a potência fornecida pela fonte de 50 V.

Figura P2.18

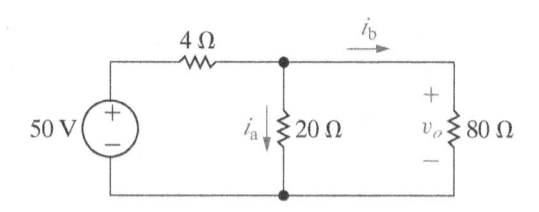

[Circuito: fonte de 50 V, resistor de 4 Ω em série; em paralelo, ramo com i_a através de 20 Ω e ramo com v_o através de 80 Ω; corrente i_b indicada.]

2.19 a) Determine as correntes i_1 e i_2 no circuito da Figura P2.19.

b) Determine a tensão v_o.

c) Verifique que a potência total fornecida é igual à potência total consumida.

Figura P2.19

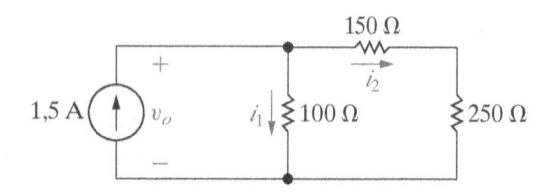

[Circuito: fonte de corrente 1,5 A com tensão v_o, em paralelo com i_1 através de 100 Ω, resistor de 150 Ω com corrente i_2 em série com 250 Ω.]

2.20 A corrente i_x no circuito mostrado na Figura P2.20 é 50 mA e a tensão v_x é 3,5 V. Determine (a) i_1; (b) v_1; (c) v_g; e (d) a potência fornecida pela fonte de corrente.

Figura P2.20

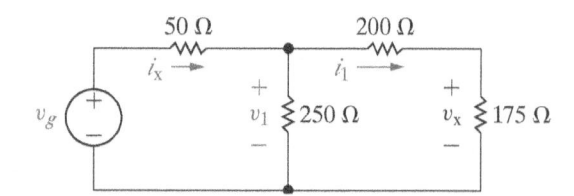

[Circuito: fonte v_g, resistor 50 Ω com i_x, em paralelo 250 Ω com v_1, resistor 200 Ω com i_1, em paralelo 175 Ω com v_x.]

2.21 A corrente i_a no circuito mostrado na Figura P2.21 é 2 mA. Determine (a) i_o; (b) i_g e (c) a potência fornecida pela fonte de corrente independente.

Figura P2.21

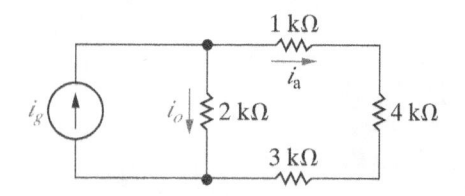

[Circuito: fonte de corrente i_g, em paralelo com i_o através de 2 kΩ, em paralelo com 3 kΩ; em série 1 kΩ com i_a, e 4 kΩ.]

2.22 A corrente i_o no circuito da Figura P2.22 é 1 A.

a) Determine i_1.

b) Determine a potência dissipada em cada resistor.

c) Verifique que a potência total dissipada no circuito é igual à potência fornecida pela fonte de 150 V.

Figura P2.22

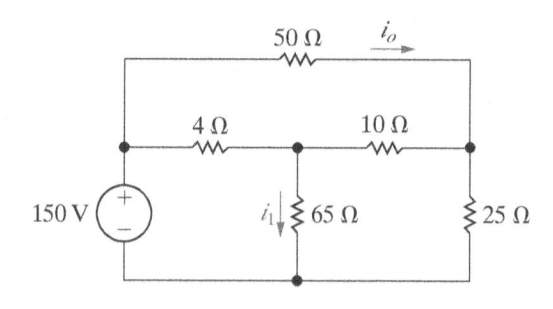

[Circuito: fonte 150 V, resistor 4 Ω, i_1 através de 65 Ω, 10 Ω, 25 Ω, 50 Ω com i_o.]

2.23 O resistor variável R no circuito da Figura P2.23 é ajustado até que i_o seja igual a 10 mA. Determine o valor de R.

Figura P2.23

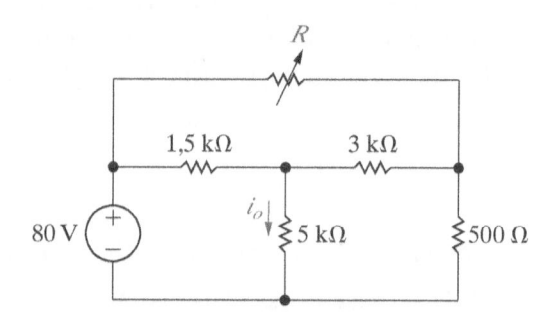

[Circuito: fonte 80 V, 1,5 kΩ, 3 kΩ, i_o através de 5 kΩ, 500 Ω, e resistor variável R.]

2.24 Para o circuito mostrado na Figura P2.24, determine (a) R e (b) a potência fornecida pela fonte de 240 V.

Figura P2.24

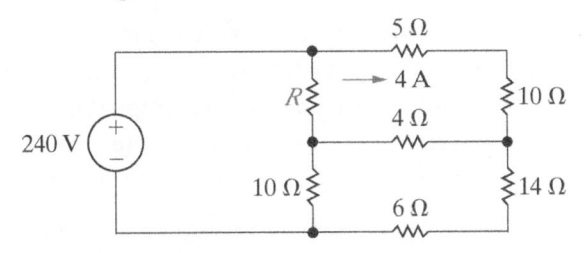

2.25 A tensão no resistor de 16 Ω no circuito da Figura P2.25 é 80 V, positiva no terminal superior.
Pspice Multisim

a) Determine a potência dissipada em cada resistor.

b) Determine a potência fornecida pela fonte ideal de tensão de 125 V.

c) Verifique que a potência fornecida é igual à potência total dissipada.

Figura P2.25

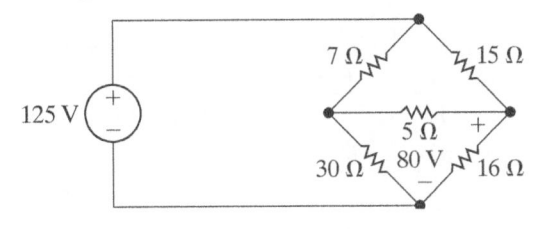

2.26 As correntes i_a e i_b no circuito da Figura P2.26 são 4 A e −2 A, respectivamente.
Pspice Multisim

a) Determine i_g.

b) Determine a potência dissipada em cada resistor.

c) Determine v_g.

d) Mostre que a potência fornecida pela fonte de corrente é igual à potência absorvida por todos os outros elementos.

Figura P2.26

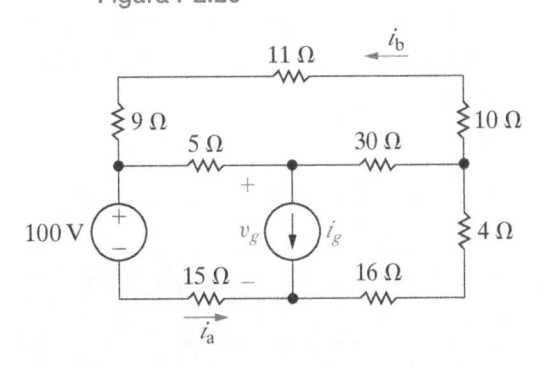

2.27 As correntes i_1 e i_2 no circuito da Figura P2.27 são 21 A e 14 A, respectivamente.

a) Determine a potência fornecida por cada fonte de tensão.

b) Mostre que a potência total fornecida é igual à potência total dissipada nos resistores.

Figura P2.27

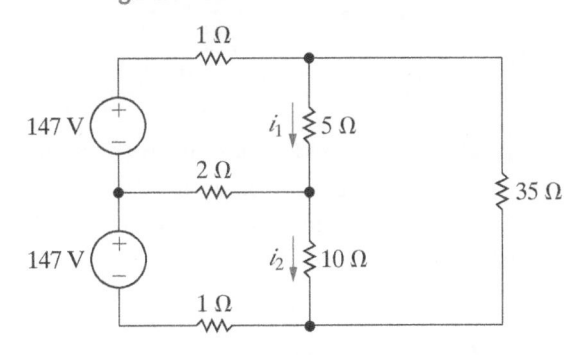

2.28 A tensão e a corrente foram medidas nos terminais do dispositivo mostrado na Figura P2.28(a). Os resultados estão tabulados na Figura P2.28(b).

a) Construa um modelo de circuito para esse dispositivo usando uma fonte ideal de tensão em série com um resistor.

b) Use o modelo para prever o valor de i_t quando v_t é igual a zero.

Figura P2.28

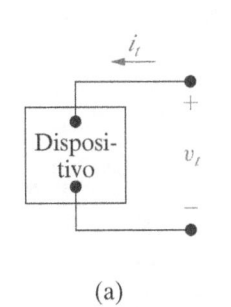

v_t (V)	i_t (A)
50	0
66	2
82	4
98	6
114	8
130	10

(a)   (b)

2.29 A tensão e a corrente foram medidas nos terminais do dispositivo mostrado na Figura P2.29(a). Os resultados estão tabulados na Figura P2.29(b).

a) Construa um modelo de circuito para esse dispositivo usando uma fonte ideal de corrente em paralelo com um resistor.

b) Use o modelo para prever a potência que o dispositivo fornecerá a um resistor de 20 Ω.

Figura P2.29

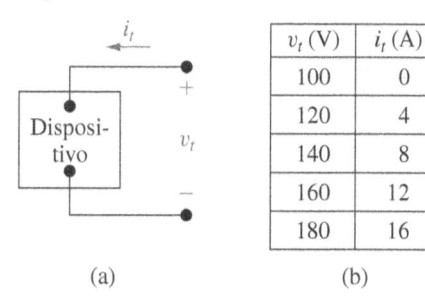

v_t (V)	i_t (A)
100	0
120	4
140	8
160	12
180	16

(a) Dispositivo com v_t, i_t

(b)

2.30 A tabela da Figura P2.30(a) mostra a relação entre a tensão e a corrente nos terminais da fonte real de corrente constante representada na Figura P2.30(b).

a) Faça um gráfico de i_s versus v_s.

b) Construa um modelo de circuito dessa fonte de corrente que seja válido para $0 \leq v_s \leq 75$ V, com base na equação da reta representada no gráfico em (a).

c) Use seu modelo de circuito para prever a corrente fornecida a um resistor de 2,5 kΩ.

d) Use seu modelo de circuito para prever a tensão de circuito aberto da fonte de corrente.

e) Qual é a tensão de circuito aberto real?

f) Explique por que as respostas para (d) e (e) não são iguais.

Figura P2.30

i_s (mA)	v_s (V)
20,0	0
17,5	25
15,0	50
12,5	75
9,0	100
4,0	125
0,0	140

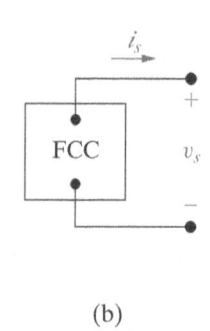

(a)

(b) FCC com i_s, v_s

2.31 A tabela da Figura P2.31(a) mostra a relação entre a tensão e a corrente nos terminais da fonte real de tensão constante representada na Figura P2.31(b).

a) Faça um gráfico de v_s versus i_s.

b) Construa um modelo de circuito da fonte real que seja válido para $0 \leq i_s \leq 24$ mA, com base na equação da reta representada no gráfico em (a). (Use uma fonte ideal de tensão em série com um resistor ideal.)

c) Use seu modelo de circuito para prever a corrente fornecida a um resistor de 1 kΩ conectado aos terminais de sua fonte real.

d) Use seu modelo de circuito para prever a corrente fornecida a um curto-circuito nos terminais da fonte real.

e) Qual é a corrente de curto-circuito real?

f) Explique por que as respostas para (d) e (e) não são iguais.

Figura P2.31

v_s (V)	i_s (mA)
24	0
22	8
20	16
18	24
15	32
10	40
0	48

(a)

(b) FTC com i_s, v_s

2.32 Para o circuito mostrado na Figura P2.32, determine v_o e a potência total fornecida no circuito.

Figura P2.32

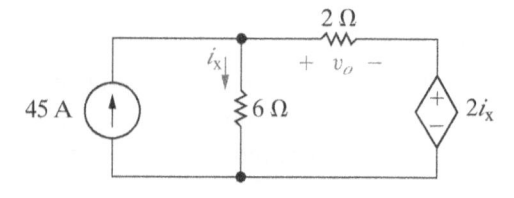

Circuito com fonte de 45 A, resistor de 6 Ω, resistor de 2 Ω com $+v_o-$, corrente i_x, e fonte dependente $2i_x$.

2.33 Para o circuito mostrado na Figura P2.33, determine v_o e a potência total absorvida no circuito.

Figura P2.33

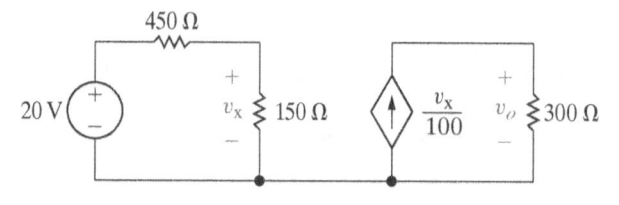

Circuito com fonte de 20 V, resistor de 450 Ω, resistor de 150 Ω com v_x, fonte de corrente dependente $\dfrac{v_x}{100}$, e resistor de 300 Ω com v_o.

2.34 Considere o circuito mostrado na Figura P2.34.

a) Determine i_o.

b) Verifique o valor de i_o, mostrando que a potência gerada no circuito é igual à potência absorvida no circuito.

Figura P2.34

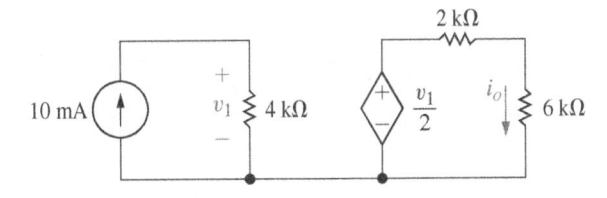

2.35 Determine (a) i_o, (b) i_1 e (c) i_2 no circuito da Figura P2.35.

Pspice Multisim

Figura P2.35

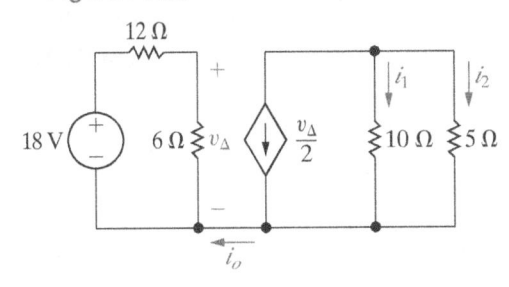

2.36 Para o circuito mostrado na Figura P2.36, calcule (a) i_Δ e v_o e (b) mostre que a potência fornecida é igual à potência absorvida.

Pspice Multisim

Figura P2.36

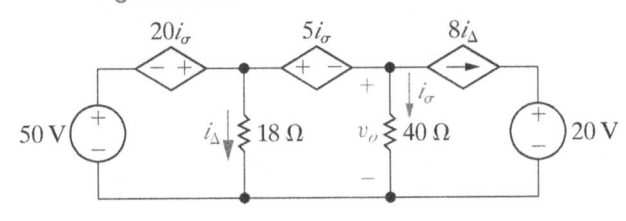

2.37 Determine v_1 e v_g no circuito mostrado na Figura P2.37 quando v_o é igual a 5 V. (*Sugestão*: comece na extremidade direita do circuito e retorne em direção a v_g.)

Figura P2.37

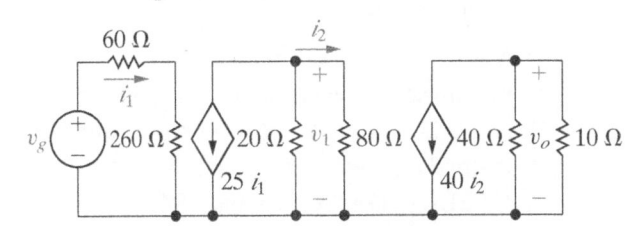

2.38 Deduza a Equação 2.25. *Sugestão:* use as equações (3) e (4) do Exemplo 2.11 para expressar i_E como uma função de i_B. Resolva a Equação (2) para i_2 e substitua o resultado nas equações (5) e (6). Resolva a 'nova' Equação (6) para i_1 e substitua esse resultado na 'nova' Equação (5). Substitua i_E na 'nova' Equação (5) e resolva para i_B. Observe que, como i_{CC} aparece apenas na Equação (1), a solução para i_B envolve a manipulação de apenas cinco equações.

2.39 Para o circuito mostrado na Figura 2.24, $R_1 = 40$ kΩ, $R_2 = 60$ kΩ, $R_C = 750$ Ω, $R_E = 120$ Ω, $V_{CC} = 10$ V, $V_0 = 600$ mV e $\beta = 49$. Calcule i_B, $i_C, i_E, v_{3d}, v_{bd}, i_2, i_1, v_{ab}, i_{CC}$ e v_{13}. (*Observação:* na notação das tensões variáveis com dois índices, o primeiro é positivo em relação ao segundo. Veja Figura P2.39.)

Pspice Multisim

Figura P2.39

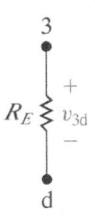

Seções 2.1–2.5

2.40 Muitas vezes é desejável projetar uma instalação elétrica que permita controlar um único equipamento de dois ou mais lugares, por exemplo, um interruptor de luz na parte de cima e na parte de baixo de uma escada. Nas instalações residenciais, esse tipo de controle é implementado com interruptores 3-*way* ou 4-*way*[1]. Um interruptor 3-*way* tem

---

[1] N. do R.T.: Embora essa seja a denominação mais comumente adotada, de acordo com a norma ABNT 5459, a denominação para os interruptores "3-way" e "4-way" deve ser "interruptor paralelo" e "interruptor intermediário", respectivamente.

três terminais e duas posições; um 4-*way* tem quatro terminais e duas posições. Os esquemas dos interruptores são mostrados nas figuras P2.40(a), que ilustra um interruptor 3-*way*, e P2.40(b), que ilustra um interruptor 4-*way*.

a) Mostre como dois interruptores 3-*way* podem ser conectados entre *a* e *b* no circuito da Figura P2.40(c) de modo que a lâmpada *l* possa ser LIGADA (ON) ou DESLIGADA (OFF) em dois lugares diferentes.

b) Se a lâmpada (equipamento) tiver de ser controlada de mais de dois lugares diferentes, são usados interruptores 4-*way* em conjunto com dois interruptores 3-*way*. É necessário um interruptor 4-*way* para cada dupla de interruptores 3-*way*. Mostre como um interruptor 4-*way* e dois 3-*way* podem ser conectados entre *a* e *b* na Figura P2.40(c) para controlar a lâmpada de três lugares diferentes. (*Sugestão*: o interruptor 4-*way* é colocado entre os dois 3-*way*.)

Figura P2.40

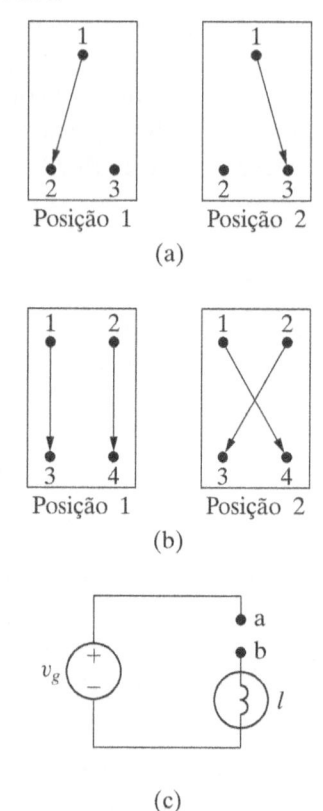

2.41 Suponha que você queira acrescentar na sua garagem um terceiro radiador que é idêntico aos dois já instalados. Todos os três radiadores podem ser modelados por resistores de 48 Ω. Usando o diagrama de instalação mostrado na Figura P2.41, calcule a potência total dos três radiadores.

Figura P2.41

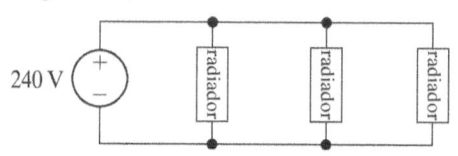

2.42 Repita o Problema 2.41 usando o diagrama de instalação mostrado na Figura P2.42. Compare a potência total do radiador nessa configuração com a potência total do radiador na configuração mostrada na Figura P2.41.

Figura P2.42

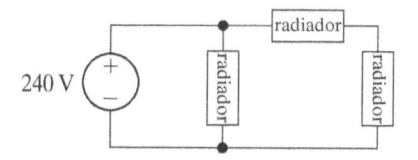

2.43 Repita o Problema 2.41 usando o diagrama de instalação mostrado na Figura P2.43. Compare a potência total do radiador nessa configuração com a potência total do radiador na configuração mostrada na Figura P2.41.

Figura P2.43

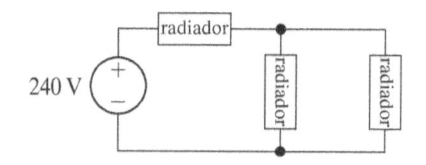

2.44 Repita o Problema 2.41 usando o diagrama de instalação mostrado na Figura P2.44. Compare a potência total do radiador nessa configuração com a potência total do radiador na configuração mostrada na Figura P2.41.

Figura P2.44

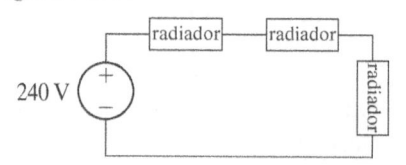

Capítulo 3

Circuitos resistivos simples

SUMÁRIO DO CAPÍTULO

3.1 Resistores em série
3.2 Resistores em paralelo
3.3 Circuitos divisores de tensão e de corrente
3.4 Divisão de tensão e de corrente
3.5 Medição de tensão e corrente
3.6 Medição de resistência — a ponte de Wheatstone
3.7 Circuitos equivalentes triângulo-estrela (Δ-Y) ou pi-tê (π-T)

OBJETIVOS DO CAPÍTULO

1. Saber reconhecer resistores ligados em série e em paralelo e utilizar as regras para combiná-los em série e em paralelo para obter a resistência equivalente.
2. Saber projetar circuitos divisores de tensão e de corrente simples.
3. Saber utilizar adequadamente a divisão de tensão ezde corrente para resolver circuitos simples.
4. Saber determinar a leitura de um amperímetro quando inserido em um circuito para medir corrente; saber determinar a leitura de um voltímetro quando inserido em um circuito para medir tensão.
5. Entender como uma ponte de Wheatstone é usada para medir resistência.
6. Saber quando e como usar circuitos equivalentes Δ-Y para resolver circuitos simples.

Nossa caixa de ferramentas analíticas agora contém a lei de Ohm e as leis de Kirchhoff. No Capítulo 2, usamos essas ferramentas para resolver circuitos simples. Neste capítulo, continuamos a aplicar essas ferramentas, porém em circuitos mais complexos. A maior complexidade reside em um número maior de elementos com interligações mais complicadas. Este capítulo enfoca a redução de tais circuitos em circuitos equivalentes mais simples. Continuaremos a considerar circuitos relativamente simples por duas razões: (1) isso nos dá a oportunidade de conhecer plenamente as leis subjacentes aos métodos mais sofisticados e (2) permite-nos tomar conhecimento de alguns circuitos que têm importantes aplicações na engenharia.

As fontes dos circuitos discutidos neste capítulo estão limitadas às fontes de tensão e corrente que geram tensões ou correntes constantes; isto é, tensões e correntes que não variam ao longo do tempo. Fontes constantes costumam ser denominadas **fontes cc**, sendo que *cc* quer dizer *corrente contínua*, uma denominação que tem uma origem histórica, mas que atualmente pode parecer equivocada. Historicamente, uma corrente contínua era definida como uma corrente produzida por uma tensão constante. Portanto, uma tensão constante ficou conhecida como uma tensão de corrente contínua, ou cc. A utilização de *cc* para *constante* consagrou-se, e os termos *corrente cc* e *tensão cc* são agora universalmente aceitos na ciência e na engenharia, com o significado de corrente constante e tensão constante.

Perspectiva prática

Telas *touch* resistivas

Alguns telefones celulares e *tablets* usam telas sensíveis ao toque resistivas, que resultam da aplicação de um material resistivo transparente em telas de vidro ou acrílico. Normalmente se usam duas telas separadas por uma camada de isolamento transparente. A tela sensível ao toque resultante pode ser modelada por uma malha de resistores na direção *x* e outra na direção *y*, como mostra a figura da direita.

Um circuito eletrônico separado aplica uma queda de tensão à malha na direção *x*, entre os pontos *a* e *b* do circuito; em seguida, remove essa tensão e aplica uma queda de tensão ao longo da malha na direção *y* (entre os pontos *c* e *d*); e continua a repetir esse processo. Quando a tela é tocada, as duas camadas resistivas são pressionadas juntas, criando uma tensão que é sentida na malha *x* e outra que é sentida na malha *y*. Essas duas tensões localizam com precisão o ponto onde a tela foi tocada.

Como a tensão criada quando se toca na tela relaciona-se com a posição onde a tela foi tocada? Como as propriedades das malhas são utilizadas para calcular a posição do toque? Responderemos a essas perguntas na *Perspectiva prática* no final deste capítulo. A análise de circuitos necessária para esclarecer essas questões usa algumas ferramentas de análise de circuitos descritas a seguir.

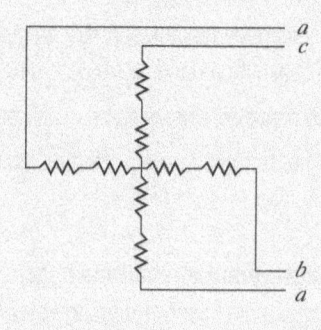

Denis Semenchenko/Shutterstock

3.1 Resistores em série

No Capítulo 2, dissemos que, quando apenas dois elementos estão ligados a um único nó, eles estão em série. **Elementos de circuito ligados em série** conduzem a mesma corrente. Os resistores do circuito mostrado na Figura 3.1 estão ligados em série. Podemos demonstrar que esses resistores conduzem a mesma corrente aplicando a lei das correntes de Kirchhoff a cada nó do circuito. A interligação em série da Figura 3.1 requer que

$$i_s = i_1 = -i_2 = i_3 = i_4 = -i_5 = -i_6 = i_7, \quad (3.1)$$

o que significa que, se conhecermos qualquer uma das sete correntes, conheceremos todas. Assim, podemos redesenhar a Figura 3.1 como mostra a Figura 3.2, conservando a identidade de corrente única i_s.

Para determinar i_s, aplicamos a lei das tensões de Kirchhoff ao único caminho fechado. Definindo a tensão em cada resistor como uma queda na direção de i_s, temos:

$$-v_s + i_s R_1 + i_s R_2 + i_s R_3 + i_s R_4 + i_s R_5 + i_s R_6 + i_s R_7 = 0, \quad (3.2)$$

ou

$$v_s = i_s(R_1 + R_2 + R_3 + R_4 + R_5 + R_6 + R_7). \quad (3.3)$$

A importância da Equação 3.3 para o cálculo de i_s é que os sete resistores podem ser substituídos por um único resistor cuja resistência é a soma das resistências dos resistores individuais, isto é,

$$R_{eq} = R_1 + R_2 + R_3 + R_4 + R_5 + R_6 + R_7 \quad (3.4)$$

e

$$v_s = i_s R_{eq}. \quad (3.5)$$

Figura 3.1 Resistores ligados em série.

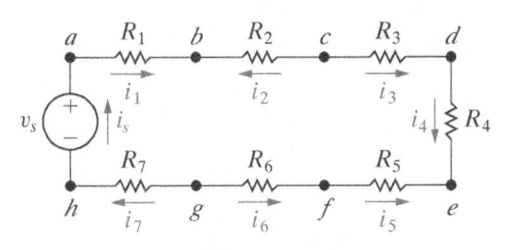

Figura 3.2 Resistores em série com uma única corrente desconhecida i_s.

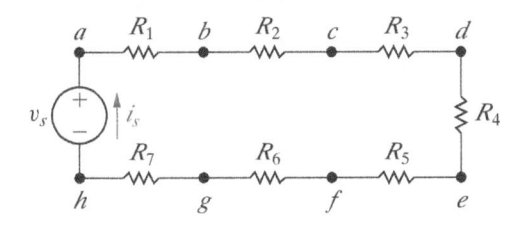

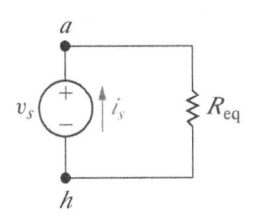

Figura 3.3 Versão simplificada do circuito mostrado na Figura 3.2.

Assim, podemos redesenhar a Figura 3.2 conforme mostrado na Figura 3.3.

De modo geral, se k resistores estão ligados em série, o resistor único equivalente tem uma resistência igual à soma das k resistências, ou

$$R_{eq} = \sum_{i=1}^{k} R_i = R_1 + R_2 + \cdots + R_k. \quad (3.6)$$ ◀ **Combinação de resistores em série**

Observe que a resistência do resistor equivalente é sempre maior do que a do maior resistor na ligação em série.

Outro modo de pensar no conceito de resistência equivalente é visualizar uma fileira de resistores dentro de uma caixa preta. (Para um engenheiro eletricista, o termo **caixa preta** significa um recipiente opaco; isto é, o conteúdo não pode ser visto. Assim, o engenheiro é desafiado a modelar o conteúdo da caixa, estudando a relação entre a tensão e a corrente em seus terminais.) Determinar se a caixa contém k resistores ou um único resistor equivalente é impossível. A Figura 3.4 ilustra esse método ao se estudar o circuito mostrado na Figura 3.2.

Figura 3.4 A caixa preta equivalente do circuito mostrado na Figura 3.2.

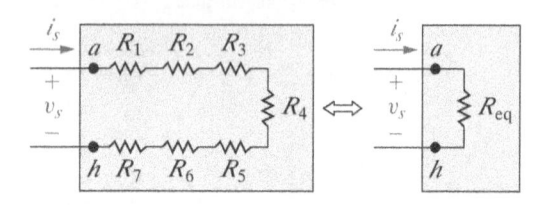

Figura 3.5 Resistores em paralelo.

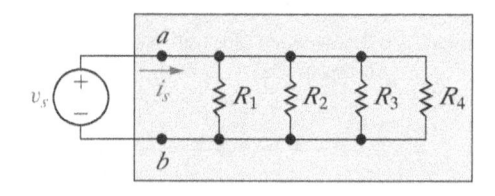

Figura 3.6 Resistores não paralelos.

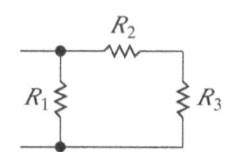

3.2 Resistores em paralelo

Quando dois elementos estão ligados a um único par de nós, diz-se que estão em paralelo. **Elementos de circuito ligados em paralelo** têm a mesma tensão em seus terminais. O circuito mostrado na Figura 3.5 ilustra resistores ligados em paralelo. Não cometa o erro de supor que dois elementos estão ligados em paralelo só porque estão alinhados em paralelo em um diagrama do circuito. A característica definidora de elementos ligados em paralelo é que eles têm a mesma tensão entre seus terminais. Na Figura 3.6, pode-se ver que R_1 e R_3 não estão ligados em paralelo porque, entre seus respectivos terminais, outro resistor dissipa parte da tensão.

Resistores em paralelo podem ser reduzidos a um único resistor equivalente usando-se a lei das correntes de Kirchhoff e a lei de Ohm, como demonstraremos agora. No circuito mostrado na Figura 3.5, i_1, i_2, i_3 e i_4 representam as correntes nos resistores R_1 a R_4, respectivamente. A direção de referência positiva para a corrente em cada resistor é de cima para baixo, isto é, do nó a ao nó b. Pela lei das correntes de Kirchhoff,

$$i_s = i_1 + i_2 + i_3 + i_4. \tag{3.7}$$

A ligação paralela dos resistores implica que a tensão em cada um deles deva ser a mesma. Por conseguinte, pela lei de Ohm,

$$i_1 R_1 = i_2 R_2 = i_3 R_3 = i_4 R_4 = v_s. \tag{3.8}$$

Portanto,

$$\begin{aligned} i_1 &= \frac{v_s}{R_1}, \\ i_2 &= \frac{v_s}{R_2}, \\ i_3 &= \frac{v_s}{R_3} \quad \text{e} \\ i_4 &= \frac{v_s}{R_4}. \end{aligned} \tag{3.9}$$

A substituição da Equação 3.9 na Equação 3.7 resulta em

$$i_s = v_s \left(\frac{1}{R_1} + \frac{1}{R_2} + \frac{1}{R_3} + \frac{1}{R_4} \right), \tag{3.10}$$

da qual

$$\frac{i_s}{v_s} = \frac{1}{R_{eq}} = \frac{1}{R_1} + \frac{1}{R_2} + \frac{1}{R_3} + \frac{1}{R_4}. \tag{3.11}$$

A Equação 3.11 sintetiza o que queríamos demonstrar: que os quatro resistores no circuito representado na Figura 3.5 podem ser substituídos por um único resistor equivalente.

O circuito mostrado na Figura 3.7 ilustra a substituição. Para k resistores ligados em paralelo, a Equação 3.11 torna-se

$$\frac{1}{R_{eq}} = \sum_{i=1}^{k} \frac{1}{R_i} = \frac{1}{R_1} + \frac{1}{R_2} + \cdots + \frac{1}{R_k}. \quad (3.12)$$

◀ **Combinação de resistores em paralelo**

Observe que, na ligação em paralelo, a resistência do resistor equivalente é sempre menor do que a resistência do menor resistor. Em alguns casos, é mais conveniente usar a condutância ao lidar com resistores ligados em paralelo. Neste caso, a Equação 3.12 torna-se

Figura 3.7 Substituição dos quatro resistores em paralelo, mostrados na Figura 3.5, por um único resistor equivalente.

$$G_{eq} = \sum_{i=1}^{k} G_i = G_1 + G_2 + \cdots + G_k. \quad (3.13)$$

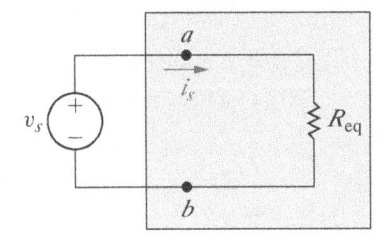

Muitas vezes, apenas dois resistores estão ligados em paralelo. A Figura 3.8 ilustra esse caso especial. Calculamos a resistência equivalente pela Equação 3.12:

$$\frac{1}{R_{eq}} = \frac{1}{R_1} + \frac{1}{R_2} = \frac{R_2 + R_1}{R_1 R_2}, \quad (3.14)$$

ou

$$R_{eq} = \frac{R_1 R_2}{R_1 + R_2}. \quad (3.15)$$

Figura 3.8 Dois resistores ligados em paralelo.

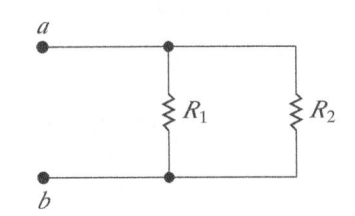

Assim, para apenas dois resistores em paralelo, a resistência equivalente é igual ao produto das resistências dividido por sua soma. Lembre-se de que você só pode usar esse resultado no caso especial de apenas dois resistores em paralelo. O Exemplo 3.1 ilustra a utilidade desses resultados.

EXEMPLO 3.1 Aplicação da simplificação série-paralelo.

Determine i_s, i_1 e i_2 no circuito mostrado na Figura 3.9.

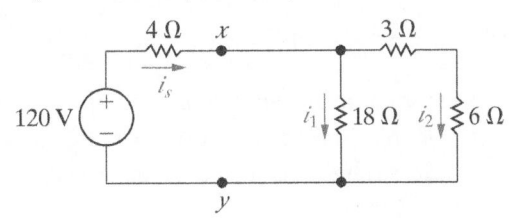

Solução

Começamos observando que o resistor de 3 Ω está em série com o resistor de 6 Ω. Portanto, substituímos essa combinação em série por um resistor de 9 Ω, reduzindo o circuito ao mostrado na Figura 3.10(a). |

Figura 3.9 Circuito para o Exemplo 3.1.

Figura 3.10 Simplificação do circuito mostrado na Figura 3.9.

(a)

(b)

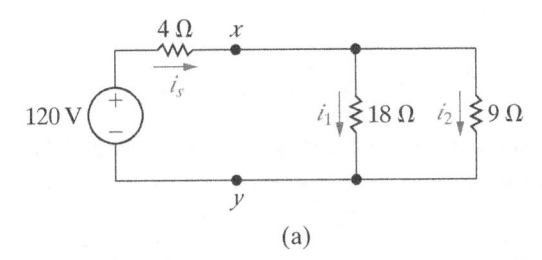

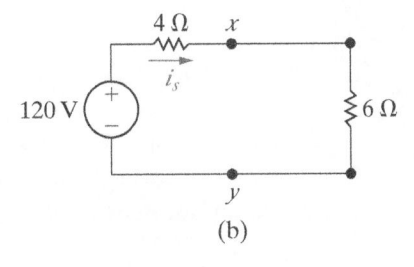

Figura 3.11 Circuito da Figura 3.10(b) mostrando o valor numérico de i_s.

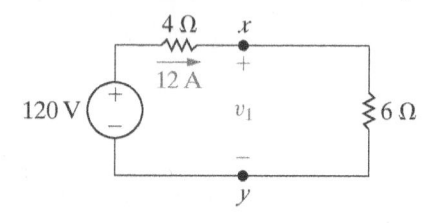

Agora, podemos substituir a combinação em paralelo dos resistores de 9 Ω e de 18 Ω por uma única resistência de (18×9)/(18+9), ou 6 Ω. A Figura 3.10(b) mostra essa redução adicional do circuito. Os nós x e y, marcados em todos os diagramas, facilitam a percepção da redução do circuito.

Pela Figura 3.10(b), pode-se verificar que i_s é igual a 120/10, ou 12 A. A Figura 3.11 mostra o resultado neste ponto da análise. Acrescentamos a tensão v_1 para ajudar a esclarecer a discussão subsequente. Usando a lei de Ohm, calculamos o valor de v_1:

$$v_1 = (12)(6) = 72 \text{ V}. \qquad (3.16)$$

Mas v_1 é a queda de tensão do nó x ao nó y, portanto podemos voltar ao circuito mostrado na Figura 3.10(a) e usar novamente a lei de Ohm para calcular i_1 e i_2. Assim,

$$i_1 = \frac{v_1}{18} = \frac{72}{18} = 4 \text{ A}, \qquad (3.17)$$

$$i_2 = \frac{v_1}{9} = \frac{72}{9} = 8 \text{ A}. \qquad (3.18)$$

Determinamos as três correntes especificadas usando reduções série-paralelo em combinação com a lei de Ohm.

Antes de prosseguirmos, sugerimos que você dedique um pouco de tempo para demonstrar que a solução satisfaz a lei das correntes de Kirchhoff, em todos os nós, e a lei das tensões de Kirchhoff, ao longo de todos os caminhos fechados. (Observe que há três caminhos fechados que podem ser testados.) É também importante mostrar que a potência fornecida pela fonte de tensão é igual à potência total dissipada nos resistores. (Veja os problemas 3.1 e 3.2.)

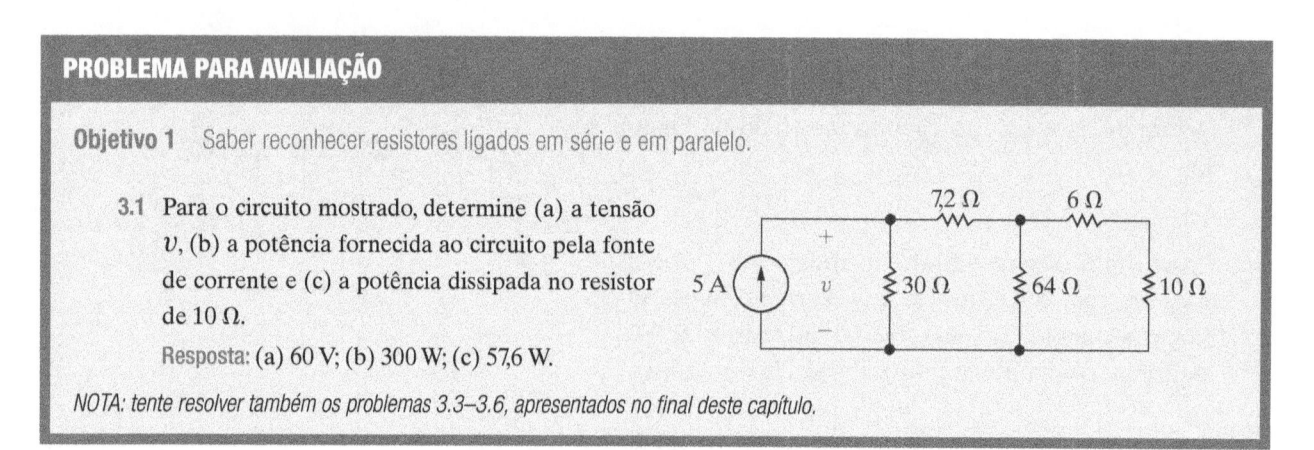

PROBLEMA PARA AVALIAÇÃO

Objetivo 1 Saber reconhecer resistores ligados em série e em paralelo.

3.1 Para o circuito mostrado, determine (a) a tensão v, (b) a potência fornecida ao circuito pela fonte de corrente e (c) a potência dissipada no resistor de 10 Ω.

Resposta: (a) 60 V; (b) 300 W; (c) 57,6 W.

NOTA: tente resolver também os problemas 3.3–3.6, apresentados no final deste capítulo.

3.3 Circuitos divisores de tensão e de corrente

Às vezes — especialmente nos circuitos eletrônicos — é necessário existir mais de um nível de tensão a partir de uma única fonte de alimentação. Um modo de fazer isso é utilizar um **circuito divisor de tensão**, como o da Figura 3.12.

Analisemos esse circuito aplicando diretamente a lei de Ohm e as leis de Kirchhoff. Para auxiliar a análise, introduzimos a corrente i como mostrado na Figura 3.12(b). Pela lei das correntes de Kirchhoff, R_1 e R_2 conduzem a mesma corrente. Aplicando a lei das tensões de Kirchhoff ao caminho fechado, temos

$$v_s = iR_1 + iR_2, \quad (3.19)$$

ou

$$i = \frac{v_s}{R_1 + R_2}. \quad (3.20)$$

Figura 3.12 (a) Circuito divisor de tensão e (b) circuito divisor de tensão com corrente i indicada.

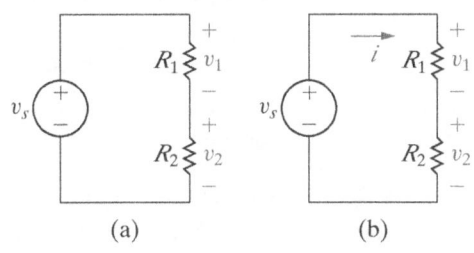

Agora, podemos usar a lei de Ohm para calcular v_1 e v_2.

$$v_1 = iR_1 = v_s \frac{R_1}{R_1 + R_2}, \quad (3.21)$$

$$v_2 = iR_2 = v_s \frac{R_2}{R_1 + R_2}. \quad (3.22)$$

As equações 3.21 e 3.22 mostram que v_1 e v_2 são frações de v_s. Cada fração é a razão entre a resistência nos terminais da qual a tensão é definida e a soma das duas resistências. Como essa razão é sempre menor do que 1,0, as tensões divididas v_1 e v_2 são sempre menores do que a tensão da fonte, v_s.

Se você quiser um valor específico de v_2, e v_s for especificada, há um número infinito de combinações de R_1 e R_2 que fornecem a razão adequada. Por exemplo, suponha que v_s seja igual a 15 V e que v_2 deva ser 5 V. Então, $v_2/v_s = \frac{1}{3}$ e, pela Equação 3.22, constatamos que essa razão é satisfeita sempre que $R_2 = \frac{1}{2} R_1$. Entre outros fatores que podem entrar na seleção de R_1 e, por conseguinte, de R_2, estão as perdas de potência que ocorrem devido à divisão da tensão da fonte e aos efeitos da ligação do circuito divisor de tensão a outros componentes de circuito.

Considere ligar um resistor R_L em paralelo com R_2, como mostrado na Figura 3.13. O resistor R_L age como uma carga para o circuito divisor de tensão. A **carga**, para qualquer circuito, consiste em um ou mais elementos que drenam potência do circuito. Com a carga R_L ligada, a expressão para a tensão de saída torna-se

Figura 3.13 Divisor de tensão ligado a uma carga R_L.

$$v_o = \frac{R_{eq}}{R_1 + R_{eq}} v_s, \quad (3.23)$$

onde

$$R_{eq} = \frac{R_2 R_L}{R_2 + R_L}. \quad (3.24)$$

Substituindo a Equação 3.24 na Equação 3.23, obtemos

$$v_o = \frac{R_2}{R_1[1 + (R_2/R_L)] + R_2} v_s. \quad (3.25)$$

Observe que a Equação 3.25 se reduz à Equação 3.22, desde que $R_L \to \infty$, como esperado. A Equação 3.25 mostra que, contanto que $R_L \gg R_2$, a razão de tensões v_o/v_s permanece, em essência, inalterada pelo acréscimo da carga no divisor.

Outra característica importante do circuito divisor de tensão é sua sensibilidade às tolerâncias dos resistores. Aqui, *tolerância* significa uma faixa de valores possíveis. As resistências de resistores disponíveis no mercado sempre apresentam certa percentagem de variação em relação a seu valor declarado. O Exemplo 3.2 ilustra o efeito das tolerâncias de resistores em um circuito de divisão de tensão.

EXEMPLO 3.2 Análise do circuito divisor de tensão.

Os resistores usados no circuito divisor de tensão mostrado na Figura 3.14 têm uma tolerância de ± 10%. Determine os valores máximo e mínimo de v_o.

Figura 3.14 Circuito para o Exemplo 3.2.

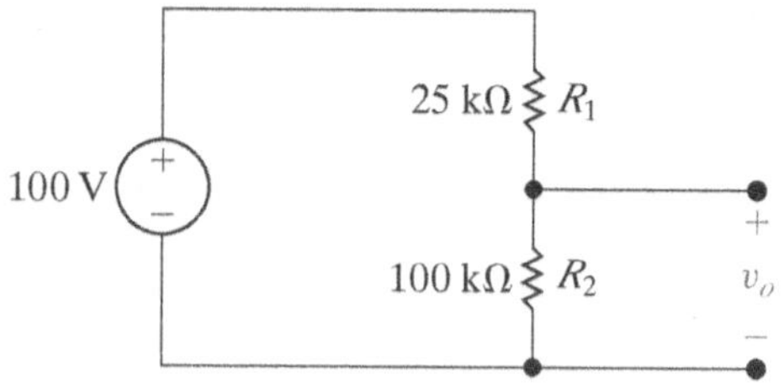

Solução

Pela Equação 3.22, o valor máximo de v_o ocorre quando R_2 é 10% mais alto e R_1 é 10% mais baixo, e o valor mínimo de v_o ocorre quando R_2 é 10% mais baixo e R_1 é 10% mais alto. Portanto,

$$v_o(\text{máx}) = \frac{(100)(110)}{110 + 22{,}5} = 83{,}02 \text{ V},$$

$$v_o(\text{mín}) = \frac{(100)(90)}{90 + 27{,}5} = 76{,}60 \text{ V}.$$

Assim, ao tomar a decisão de usar, nesse divisor de tensão, resistores cujas resistências possuem tolerâncias de 10%, aceitamos que a tensão de saída, sem nenhuma carga, varie entre 76,60 e 83,02 V.

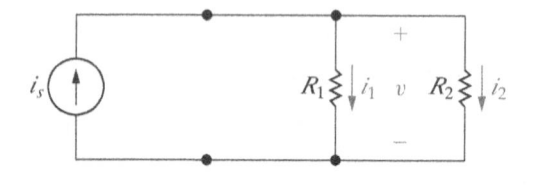

Figura 3.15 Circuito divisor de corrente.

Circuito divisor de corrente

O **circuito divisor de corrente** mostrado na Figura 3.15 consiste em dois resistores ligados em paralelo a uma fonte de corrente. O divisor de corrente é projetado para dividir a corrente i_s entre R_1 e R_2. Determinamos a relação entre a corrente i_s e a corrente em cada resistor (isto é, i_1 e i_2) aplicando diretamente a lei de Ohm e a lei das correntes de Kirchhoff. A tensão nos resistores em paralelo é

$$v = i_1 R_1 = i_2 R_2 = \frac{R_1 R_2}{R_1 + R_2} i_s. \tag{3.26}$$

Pela Equação 3.26,

$$i_1 = \frac{R_2}{R_1 + R_2} i_s, \tag{3.27}$$

$$i_2 = \frac{R_1}{R_1 + R_2} i_s. \tag{3.28}$$

As equações 3.27 e 3.28 mostram que a corrente se divide entre dois resistores em paralelo, de modo que a corrente em um resistor é igual à corrente que entra no par paralelo multiplicada pela resistência do outro resistor e dividida pela soma das resistências dos resistores. O Exemplo 3.3 ilustra a utilização do divisor de corrente.

EXEMPLO 3.3 Análise do circuito divisor de corrente.

Determine a potência dissipada no resistor de 6 Ω mostrado na Figura 3.16.

Solução

Em primeiro lugar, precisamos determinar a corrente no resistor simplificando o circuito com reduções série-paralelo. Assim, o circuito mostrado na Figura 3.16 reduz-se ao mostrado na Figura 3.17. Determinamos a corrente i_o usando a fórmula para divisão de corrente:

Figura 3.16 Circuito para o Exemplo 3.3.

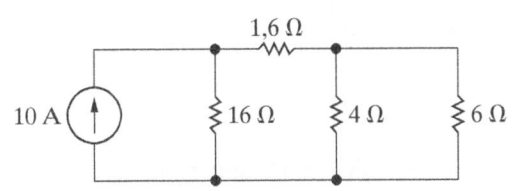

$$i_o = \frac{16}{16 + 4}(10) = 8 \text{ A}.$$

Observe que i_o é a corrente no resistor de 1,6 Ω da Figura 3.16. Agora, podemos continuar a dividir i_o entre os resistores de 6 Ω e 4 Ω. A corrente no resistor de 6 Ω é

Figura 3.17 Uma simplificação do circuito mostrado na Figura 3.16.

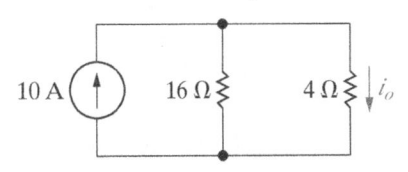

$$i_6 = \frac{4}{6 + 4}(8) = 3{,}2 \text{ A},$$

e a potência dissipada no resistor de 6 Ω é $p = (3{,}2)^2(6) = 61{,}44$ W.

PROBLEMAS PARA AVALIAÇÃO

Objetivo 2 Saber projetar divisores simples de tensão e de corrente.

3.2
a) Determine o valor de v_o sem nenhuma carga no circuito mostrado.
b) Determine v_o quando R_L for 150 kΩ.
c) Qual será a potência dissipada no resistor de 25 kΩ, se os terminais de carga entrarem acidentalmente em curto-circuito?
d) Qual é a máxima potência dissipada no resistor de 75 kΩ?

Resposta: (a) 150 V; (b) 133,33 V; (c) 1,6 W; (d) 0,3 W.

3.3
a) Determine o valor de R que fará uma corrente de 4 A percorrer o resistor de 80 Ω no circuito mostrado.
b) Qual é a potência que o resistor R da parte (a) precisará dissipar?
c) Qual é a potência que a fonte de corrente fornece para o valor de R encontrado na parte (a)?

Resposta: (a) 30 Ω; (b) 7.680 W; (c) 33.600 W.

NOTA: tente resolver também os problemas 3.12, 3.14 e 3.16, apresentados no final deste capítulo.

Figura 3.18 Circuito usado para ilustrar a divisão de tensão.

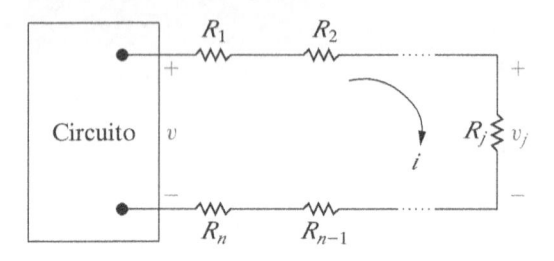

3.4 Divisão de tensão e de corrente

Podemos generalizar, agora, os resultados da análise do circuito divisor de tensão da Figura 3.12 e do circuito divisor de corrente da Figura 3.15. As generalizações resultarão em mais duas técnicas de análise de circuitos muito úteis, conhecidas como **divisão de tensão** e **divisão de corrente**. Considere o circuito mostrado na Figura 3.18.

A caixa da esquerda pode conter uma única fonte de tensão ou qualquer outra combinação dos elementos básicos de circuito que resulte na tensão v mostrada na figura. À direita da caixa há n resistores ligados em série. Estamos interessados em determinar a queda de tensão v_j em um resistor arbitrário R_j, em termos da tensão v. Começamos usando a lei de Ohm para calcular i, a corrente que passa por todos os resistores em série, em termos da tensão v e dos n resistores:

$$i = \frac{v}{R_1 + R_2 + \cdots + R_n} = \frac{v}{R_{eq}}. \tag{3.29}$$

A resistência equivalente, R_{eq}, é a soma dos valores de resistência dos n resistores porque os resistores estão em série, como mostrado na Equação 3.6. Aplicamos a lei de Ohm, uma segunda vez, para calcular a queda de tensão v_j no resistor R_j, usando a corrente i calculada na Equação 3.29:

Equação de divisão de tensão ▶

$$v_j = iR_j = \frac{R_j}{R_{eq}} v. \tag{3.30}$$

Observe que usamos a Equação 3.29 para obter o lado direito da Equação 3.30. A Equação 3.30 é a equação de divisão de tensão. Ela diz que a queda de tensão v_j nos terminais de determinado resistor R_j, de um conjunto de resistores ligados em série, é proporcional à queda total de tensão v nos terminais do conjunto de resistores ligados em série. A constante de proporcionalidade é a razão entre a resistência do resistor em questão e a resistência equivalente do conjunto de resistores ligados em série, ou R_j/R_{eq}.

Considere, agora, o circuito mostrado na Figura 3.19. A caixa da esquerda pode conter uma única fonte de corrente ou qualquer outra combinação de elementos básicos de circuito que resulte na corrente i mostrada na figura. À direita do retângulo há n resistores ligados em paralelo. Estamos interessados em determinar a corrente i_j que passa por um resistor arbitrário R_j, em termos da corrente i. Começamos usando a lei de Ohm para calcular v, a queda de tensão em cada um dos resistores em paralelo, em termos da corrente i e dos n resistores:

$$v = i(R_1 \| R_2 \| \ldots \| R_n) = iR_{eq}. \tag{3.31}$$

A resistência equivalente de n resistores em paralelo, R_{eq}, pode ser calculada pela Equação 3.12. Aplicamos a lei de Ohm, uma segunda vez, para calcular a corrente i_j que passa pelo resistor R_j, usando a tensão v calculada na Equação 3.31:

Equação de divisão de corrente ▶

$$i_j = \frac{v}{R_j} = \frac{R_{eq}}{R_j} i. \tag{3.32}$$

Observe que usamos a Equação 3.31 para obter o lado direito da Equação 3.32. A Equação 3.32 é a equação de divisão de corrente. Ela diz que a corrente i em determinado resistor R_j, de um conjunto de resistores ligados em paralelo, é proporcional à corrente total i fornecida ao conjunto de resistores ligados em paralelo. A constante de proporcionalidade é a razão entre a resistência equivalente do conjunto de resistores ligados em paralelo e a resistência do resistor em questão, ou R_{eq}/R_j. Observe que a constante de proporcionalidade na equação de divisão de corrente é o inverso da constante de proporcionalidade na equação de divisão de tensão.

O Exemplo 3.4 usa a divisão de tensão e a divisão de corrente para determinar as tensões e correntes em um circuito.

Figura 3.19 Circuito usado para ilustrar a divisão de corrente.

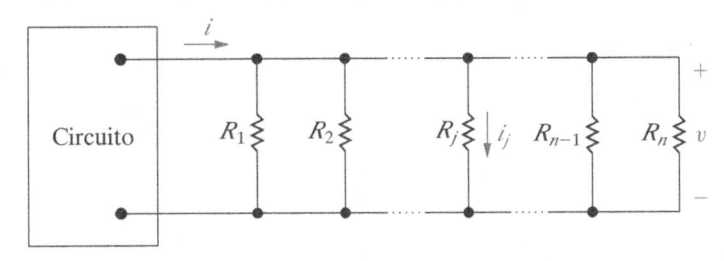

EXEMPLO 3.4 Utilização da divisão de tensão e da divisão de corrente para resolver um circuito.

Use a divisão de corrente para determinar a corrente i_o e a divisão de tensão para determinar a tensão v_o para o circuito da Figura 3.20.

Figura 3.20 Circuito para o Exemplo 3.4.

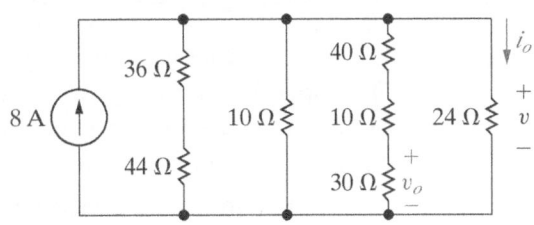

Solução

Podemos usar a Equação 3.32 se pudermos determinar a resistência equivalente dos quatro ramos em paralelo que contêm resistores. Em linguagem simbólica,

$$R_{eq} = (36 + 44) \| 10 \| (40 + 10 + 30) \| 24$$

$$= 80 \| 10 \| 80 \| 24 = \frac{1}{\frac{1}{80} + \frac{1}{10} + \frac{1}{80} + \frac{1}{24}} = 6\,\Omega.$$

Usando a Equação 3.32,

$$i_o = \frac{6}{24}(8\text{ A}) = 2\text{ A}.$$

Podemos usar a lei de Ohm para determinar a queda de tensão no resistor de 24 Ω:

$$v = (24)(2) = 48\text{ V}.$$

Essa é também a queda de tensão no ramo que contém os resistores de 40 Ω, 10 Ω e 30 Ω em série. Então, podemos usar a divisão de tensão para determinar a queda de tensão v_o no resistor de 30 Ω, dado que conhecemos a queda de tensão nos resistores ligados em série, usando a Equação 3.30. Para isso, reconhecemos que a resistência equivalente dos resistores ligados em série é 40 + 10 + 30 = 80 Ω:

$$v_o = \frac{30}{80}(48\text{ V}) = 18\text{ V}.$$

PROBLEMA PARA AVALIAÇÃO

Objetivo 3 Saber usar a divisão de tensão e a divisão de corrente para resolver circuitos simples.

3.4 a) Use a divisão de tensão para determinar a tensão v_o no resistor de 40 Ω no circuito mostrado.

b) Use v_o da parte (a) para determinar a corrente no resistor de 40 Ω. Depois, use essa corrente e a divisão de corrente para calcular a corrente no resistor de 30 Ω.

c) Qual é a potência absorvida pelo resistor de 50 Ω?

Resposta: (a) 20 V;
(b) 166,67 mA;
(c) 347,22 mW.

NOTA: tente resolver também os problemas 3.25 e 3.26, apresentados no final deste capítulo.

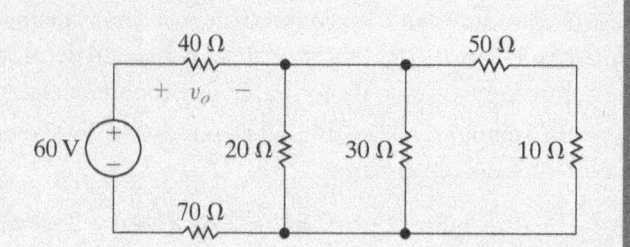

3.5 Medição de tensão e corrente

Ao lidar com circuitos reais, com frequência você precisará medir tensões e correntes. Dedicaremos algum tempo à discussão de vários instrumentos de medição nesta e na próxima seção, porque são relativamente simples de analisar e oferecem exemplos práticos das configurações de divisor de corrente e divisor de tensão que acabamos de estudar.

O **amperímetro** é um instrumento projetado para medir corrente; ele é colocado em série com o elemento de circuito cuja corrente está sendo medida. O **voltímetro** é um instrumento projetado para medir tensão; ele é colocado em paralelo com o elemento cuja tensão está sendo medida. Um amperímetro ou voltímetro ideal não provoca nenhum efeito sobre a variável de circuito sob medição. Isto é, um amperímetro ideal tem resistência equivalente de 0 Ω e funciona como um curto-circuito em série com o elemento cuja corrente está sendo medida. Um voltímetro ideal tem resistência equivalente infinita e, por isso, funciona como um circuito aberto em paralelo com o elemento cuja tensão está sendo medida. As configurações para um amperímetro, usado para medir a corrente em R_1, e para um voltímetro, usado para medir a tensão em R_2, são representadas na Figura 3.21. Os modelos ideais para esses medidores, no mesmo circuito, são mostrados na Figura 3.22.

Figura 3.21 Um amperímetro ligado para medir a corrente em R_1 e um voltímetro ligado para medir a tensão em R_2.

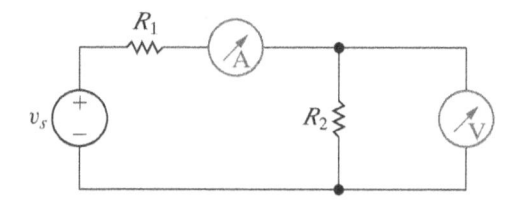

Figura 3.22 Modelo de curto-circuito para o amperímetro ideal e um modelo de circuito aberto para o voltímetro ideal.

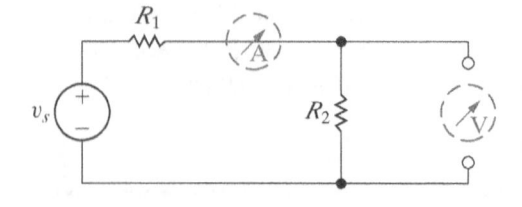

Há duas categorias gerais de medidores usados para tensões e correntes contínuas: digitais e analógicos. **Medidores digitais** medem o sinal de tensão ou corrente contínua em pontos discretos do tempo, denominados tempos de amostragem. Portanto, o sinal analógico, contínuo em relação ao tempo, é convertido para um sinal digital, que existe somente em instantes discretos no tempo. Uma explicação mais detalhada sobre o funcionamento de medidores está fora do escopo deste livro e deste curso. Contudo, é provável que você encontre e use medidores digitais em ambientes de laboratório, pois oferecem várias vantagens em relação aos analógicos. Eles introduzem menos resistência no circuito ao qual estão ligados, são mais fáceis de ligar e a precisão da medição é maior, por causa da natureza do mecanismo de leitura.

Medidores analógicos são baseados no medidor de movimento de d'Arsonval, que implementa o mecanismo de leitura. Um medidor de movimento de d'Arsonval consiste em uma bobina móvel colocada no campo de um ímã permanente. Quando uma corrente flui pela bobina, cria nela um torque e faz com que ela gire e mova um ponteiro sobre uma escala calibrada. Por projeto, a deflexão do ponteiro é diretamente proporcional à corrente na bobina móvel. A bobina é caracterizada por uma calibração de tensão e uma calibração de corrente. Por exemplo, as calibrações de um medidor de movimento disponível no marcador são 50 mV e 1 mA. Isso significa que, quando a bobina está conduzindo 1 mA, a queda de tensão nela é de 50 mV, e o ponteiro é defletido até a posição final da escala. Uma ilustração esquemática do medidor de d'Arsonval é mostrada na Figura 3.23.

Figura 3.23 Diagrama esquemático de um medidor de d'Arsonval.

Um amperímetro analógico consiste em um medidor de d'Arsonval em paralelo com um resistor, como mostra a Figura 3.24. A finalidade do resistor em paralelo é limitar a quantidade de corrente na bobina do medidor, derivando um pouco dela por R_A. Um voltímetro analógico consiste em um medidor de d'Arsonval em série com um resistor, como mostra a Figura 3.25. Neste caso, o resistor é usado para limitar a queda de tensão na bobina do medidor. Em ambos os medidores, o resistor adicionado determina a escala total de leitura do medidor.

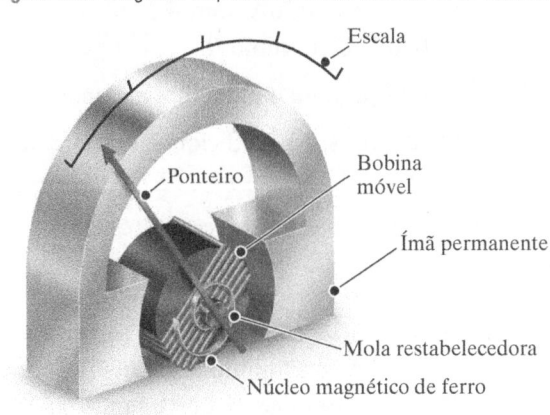

Figura 3.24 Circuito de um amperímetro cc.

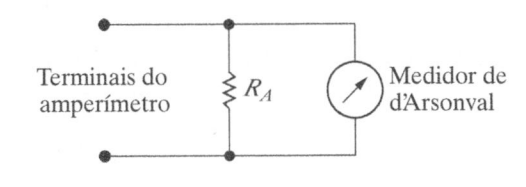

Figura 3.25 Circuito de um voltímetro cc.

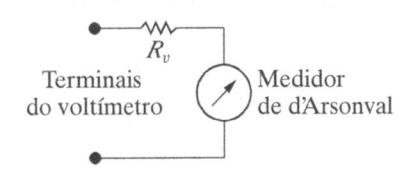

Por essas descrições, vemos que um medidor real não é um medidor ideal; tanto o resistor adicionado quanto o medidor introduzem resistências no circuito ao qual o medidor está ligado. Na verdade, qualquer instrumento usado para fazer medições físicas extrai energia do sistema enquanto as executa. Quanto maior a energia extraída pelos instrumentos, mais séria a interferência na medição. Um amperímetro real tem uma resistência equivalente diferente de zero e, por isso, adiciona resistência ao circuito em série com o elemento cuja corrente o amperímetro está medindo. Um voltímetro real tem uma resistência equivalente que não é infinita, portanto adiciona resistência ao circuito em paralelo com o elemento cuja tensão está sendo lida.

O grau de interferência desses medidores no circuito que está sendo medido depende da resistência efetiva dos medidores, em comparação com a resistência no circuito. Por exemplo, usando a regra do 1/10, a resistência efetiva de um amperímetro não deve ser maior do que 1/10 do valor da menor resistência do circuito, para ter certeza de que a corrente que está sendo medida é aproximadamente a mesma com ou sem o amperímetro. No entanto, em um medidor analógico, o valor da resistência é determinado pela leitura máxima que desejamos fazer e não pode ser escolhido arbitrariamente. Os exemplos a seguir ilustram os cálculos envolvidos na determinação da resistência necessária em um amperímetro ou voltímetro analógico. Também levam em conta a resistência efetiva resultante do medidor quando inserido em um circuito.

EXEMPLO 3.5 Utilização de um amperímetro de d'Arsonval.

a) Um medidor de d'Arsonval de 50 mV, 1 mA deve ser usado em um amperímetro, cuja leitura máxima é 10 mA. Determine R_A.

b) Repita (a) para uma leitura máxima de 1 A.

c) Qual a resistência adicionada ao circuito quando o amperímetro de 10 mA é inserido para medir a corrente?

d) Repita (c) para o amperímetro de 1 A.

Solução

a) Pelo enunciado do problema, sabemos que quando a corrente nos terminais do amperímetro é 10 mA, 1 mA está fluindo pela bobina do medidor, o que significa que 9 mA devem ser desviados por R_A. Sabemos também que, quando o medidor conduz 1 mA, a queda em seus terminais é de 50 mV. A lei de Ohm requer que

$$9 \times 10^{-3} R_A = 50 \times 10^{-3},$$

ou

$$R_A = 50/9 = 5{,}555 \ \Omega.$$

b) Quando a deflexão máxima do amperímetro for 1 A, R_A deverá conduzir 999 mA, enquanto o medidor conduzirá 1 mA. Então, neste caso,

$$999 \times 10^{-3} R_A = 50 \times 10^{-3},$$

ou

$$R_A = 50/999 \approx 50{,}05 \ \text{m}\Omega.$$

c) Usando R_m para representar a resistência equivalente do amperímetro, para o amperímetro de 10 mA,

$$R_m = \frac{50 \ \text{mV}}{10 \ \text{mA}} = 5 \ \Omega,$$

ou, alternativamente,

$$R_m = \frac{(50)(50/9)}{50 + (50/9)} = 5 \ \Omega.$$

d) Para o amperímetro de 1 A

$$R_m = \frac{50 \ \text{mV}}{1 \ \text{A}} = 0{,}050 \ \Omega,$$

ou, alternativamente,

$$R_m = \frac{(50)(50/999)}{50 + (50/999)} = 0{,}050 \ \Omega.$$

EXEMPLO 3.6 Utilização de um voltímetro de d'Arsonval.

a) Um medidor de d'Arsonval de 50 mV, 1 mA deve ser usado em um voltímetro cuja leitura máxima é 150 V. Determine R_v.

b) Repita (a) para uma leitura máxima de 5 V.

c) Qual é a resistência que o medidor de 150 V insere no circuito?

d) Repita (c) para o medidor de 5 V.

Solução

a) A deflexão máxima requer 50 mV e o medidor tem uma resistência de 50 Ω. Portanto, aplicamos a Equação 3.22 com $R_1 = R_v$, $R_2 = 50$, $v_s = 150$ e $v_2 = 50$ mV:

$$50 \times 10^{-3} = \frac{50}{R_v + 50}(150).$$

Resolvendo R_v, obtemos

$$R_v = 149.950 \text{ Ω}.$$

b) Para uma leitura máxima de 5 V,

$$50 \times 10^{-3} = \frac{50}{R_v + 50}(5),$$

ou

$$R_v = 4.950 \text{ Ω}.$$

c) Usando R_m para representar a resistência equivalente do medidor, temos

$$R_m = \frac{150 \text{ V}}{10^{-3} \text{ A}} = 150.000 \text{ Ω},$$

ou, alternativamente,

$$R_m = 149.950 + 50 = 150.000 \text{ Ω}.$$

d) Então,

$$R_m = \frac{5 \text{ V}}{10^{-3} \text{ A}} = 5.000 \text{ Ω},$$

ou, alternativamente,

$$R_m = 4.950 + 50 = 5.000 \text{ Ω}.$$

PROBLEMAS PARA AVALIAÇÃO

Objetivo 4 Saber determinar a leitura de amperímetros e voltímetros.

3.5 a) Determine a corrente no circuito mostrado.

b) Se o amperímetro do Exemplo 3.5(a) for usado para medir a corrente, qual será sua leitura?

Resposta: (a) 10 mA;
(b) 9,524 mA.

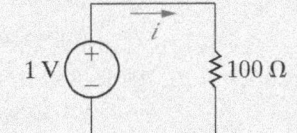

3.6 a) Determine a tensão v nos terminais do resistor de 75 kΩ do circuito mostrado.
  b) Se o voltímetro de 150 V do Exemplo 3.6(a) for usado para medir a tensão, qual será sua leitura?
  Resposta: (a) 50 V;
  (b) 46,15 V.

NOTA: tente resolver também os problemas 3.34 e 3.37, apresentados no final deste capítulo.

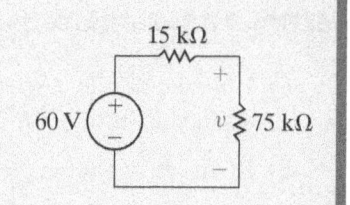

3.6 Medição de resistência — a ponte de Wheatstone

Diversas configurações de circuito são usadas para medir a resistência. Aqui, focalizaremos somente uma, a ponte de Wheatstone. Esse circuito é usado para medir, com precisão, resistências de valores médios, isto é, na faixa de 1 Ω a 1 MΩ. Em modelos comerciais da ponte de Wheatstone, são possíveis precisões da ordem de ±0,1%. O circuito da ponte consiste em quatro resistores, uma fonte de tensão cc e um detector. A resistência de um dos quatro resistores pode ser variada, o que é indicado na Figura 3.26 pela seta que atravessa R_3. De modo geral, a fonte de tensão cc é uma bateria, o que é indicado pelo símbolo de bateria para a fonte de tensão v da Figura 3.26. Normalmente, o detector é um medidor de d'Arsonval que absorve uma corrente na faixa dos microampères, denominado galvanômetro. A Figura 3.26 mostra o arranjo do circuito das resistências, bateria e detector, no qual R_1, R_2 e R_3 são resistores conhecidos e R_x é o resistor desconhecido.

Figura 3.26 Circuito da ponte de Wheatstone.

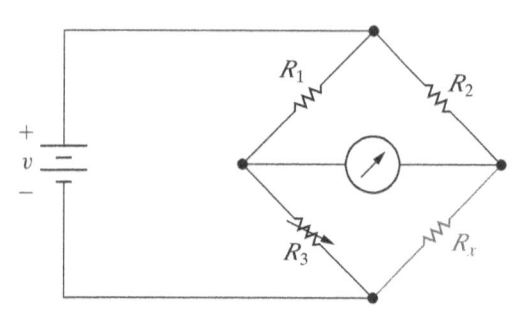

Para determinar o valor de R_x, ajustamos o resistor variável R_3 até não haver mais corrente no galvanômetro. Então, calculamos o resistor desconhecido pela simples expressão

$$R_x = \frac{R_2}{R_1} R_3. \tag{3.33}$$

Figura 3.27 Ponte de Wheatstone equilibrada ($i_g = 0$).

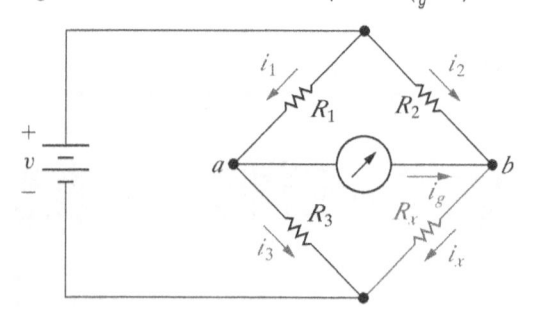

A derivação da Equação 3.33 decorre diretamente da aplicação das leis de Kirchhoff ao circuito da ponte. Redesenhamos o circuito da ponte na Figura 3.27 para mostrar as correntes adequadas à derivação da Equação 3.33. Quando i_g é igual a zero, isto é, quando a ponte está equilibrada, a lei das correntes de Kirchhoff requer que

$$i_1 = i_3, \tag{3.34}$$

$$i_2 = i_x. \tag{3.35}$$

Agora, como i_g é igual a zero, não há nenhuma queda de tensão no detector e, portanto, os pontos a e b estão no mesmo potencial. Assim, quando a ponte está equilibrada, a lei das tensões de Kirchhoff requer que

$$i_3 R_3 = i_x R_x, \tag{3.36}$$

$$i_1 R_1 = i_2 R_2. \tag{3.37}$$

Combinando as equações 3.34 e 3.35 com a Equação 3.36, temos

$$i_1 R_3 = i_2 R_x. \tag{3.38}$$

Obtemos a Equação 3.33 dividindo, primeiro, a Equação 3.38 pela Equação 3.37 e, então, resolvendo a expressão resultante para R_x:

$$\frac{R_3}{R_1} = \frac{R_x}{R_2}, \tag{3.39}$$

pela qual

$$R_x = \frac{R_2}{R_1} R_3. \tag{3.40}$$

Agora que já verificamos a validade da Equação 3.33, podemos fazer vários comentários sobre o resultado. Em primeiro lugar, observe que, se a razão R_2/R_1 for igual à unidade, o resistor desconhecido R_x será igual a R_3. Neste caso, o resistor da ponte R_3 deve variar dentro de uma faixa que inclua o valor R_x. Por exemplo, se a resistência desconhecida fosse de 1.000 Ω, e R_3 pudesse variar de 0 a 100 Ω, a ponte nunca poderia se equilibrar. Assim, para cobrir uma ampla faixa de resistores desconhecidos, devemos poder variar a razão R_2/R_1. Em uma ponte de Wheatstone comercial, R_1 e R_2 consistem em valores decimais que podem ser conectados ao circuito da ponte. Normalmente, os valores decimais são 1, 10, 100 e 1.000 Ω, de modo que a razão R_2/R_1 pode variar de 0,001 a 1.000 em incrementos decimais. De modo geral, o resistor variável R_3 pode ser ajustado em valores inteiros de resistência de 1 a 11.000 Ω.

Embora a Equação 3.33 implique que R_x possa variar de zero a infinito, a faixa prática de R_x é de 1 Ω a 1 MΩ, aproximadamente. Resistências mais baixas são difíceis de medir em uma ponte de Wheatstone padrão por causa das tensões termoelétricas geradas nas junções de metais diferentes e por causa dos efeitos do aquecimento térmico — isto é, efeitos $i^2 R$. Resistências mais altas são difíceis de medir com precisão por causa das correntes de fuga. Em outras palavras, se R_x for grande, a corrente de fuga no isolamento elétrico pode ser comparável à corrente nos ramos do circuito da ponte.

PROBLEMA PARA AVALIAÇÃO

Objetivo 5 Entender como uma ponte de Wheatstone é usada para medir resistência.

3.7 O circuito da ponte mostrado está equilibrado quando $R_1 = 100$ Ω, $R_2 = 1.000$ Ω e $R_3 = 150$ Ω. A ponte é alimentada por uma fonte de 5 V cc.

a) Qual é o valor de R_x?
b) Suponha que cada resistor da ponte seja capaz de dissipar 250 mW. A ponte pode ser mantida em equilíbrio sem que seja ultrapassada a capacidade de dissipação de potência dos resistores, ou seja, sem que ela seja danificada?

Resposta: (a) 1.500 Ω;
 (b) sim.

NOTA: tente resolver também o Problema 3.51, apresentado no final deste capítulo.

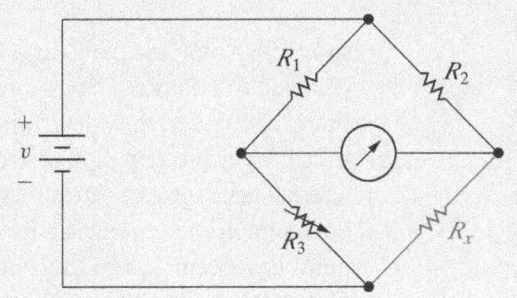

Figura 3.28 Rede resistiva gerada por uma ponte de Wheatstone.

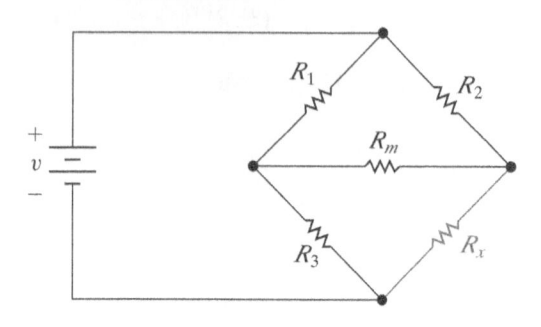

Figura 3.29 Configuração em Δ vista como uma configuração em π.

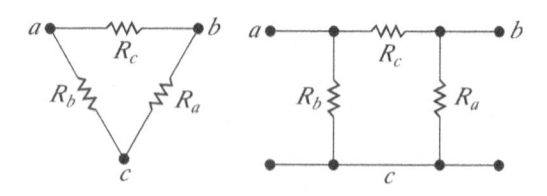

Figura 3.30 Uma estrutura em Y vista como uma estrutura em T.

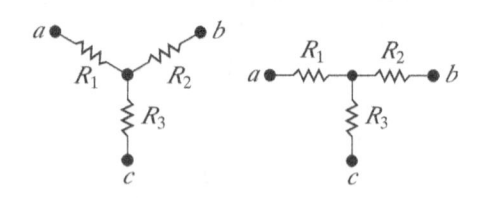

Figura 3.31 Transformação Δ-Y.

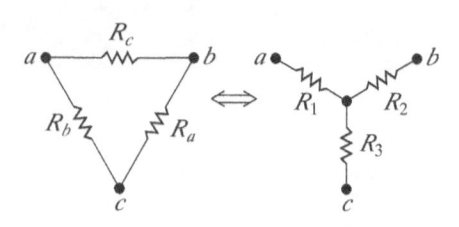

3.7 Circuitos equivalentes triângulo-estrela (Δ-Y) ou pi-tê (π-T)

A configuração de ponte da Figura 3.26 introduz uma interligação de resistores que justifica uma discussão adicional. Se substituirmos o galvanômetro por sua resistência equivalente R_m, poderemos desenhar o circuito mostrado na Figura 3.28. Não poderemos reduzir os resistores interligados desse circuito a um único resistor equivalente nos terminais da bateria, se nos restringirmos aos simples circuitos equivalentes em série ou em paralelo, apresentados no início deste capítulo. Os resistores interligados podem ser reduzidos a um único resistor equivalente por meio de um circuito equivalente triângulo-estrela (Δ-Y) ou pi-tê (π-T).[1]

A conexão dos resistores R_1, R_2 e R_m (ou R_3, R_m e R_x) no circuito mostrado na Figura 3.28 é denominada **interligação em triângulo (Δ)** porque se parece com a letra grega Δ. Também é denominada **interligação em pi** porque o Δ pode ser transformado em um π sem interferir na equivalência elétrica das duas configurações. A equivalência elétrica entre as interligações Δ e π fica clara com o auxílio da Figura 3.29.

A conexão dos resistores R_1, R_m e R_3 (ou R_2, R_m e R_x) no circuito mostrado na Figura 3.28 é denominada **interligação em estrela (Y)**, porque a ela pode ser dada a forma da letra Y. É mais fácil ver a forma em Y quando a interligação é desenhada como na Figura 3.30. A configuração em Y também é denominada **interligação em tê (T)**, porque a estrutura em Y pode ser transformada em uma estrutura em T sem interferir na equivalência elétrica das duas estruturas. A equivalência elétrica das configurações em Y e em T fica clara com o auxílio da Figura 3.30.

A Figura 3.31 ilustra a transformação de circuito Δ-Y. Observe que não podemos transformar a interligação em Δ em uma interligação em Y simplesmente mudando seu formato. Dizer que o circuito ligado em Δ é equivalente ao circuito ligado em Y significa que a configuração em Δ pode ser substituída por uma configuração em Y e, mesmo assim, manter idêntico o comportamento no terminal das duas configurações. Portanto, se cada circuito for colocado dentro de uma caixa preta, não poderemos determinar, por medições externas, se a caixa contém um conjunto de resistores ligados em Δ ou um conjunto de resistores ligados em Y. Essa condição só é válida se a resistência entre os pares de terminais correspondentes for a mesma para cada caixa preta. Por exemplo, a resistência entre os terminais a e b deve ser a mesma, seja utilizando-se o conjunto ligado em Δ, seja utilizando-se o conjunto ligado em Y. Para cada par de terminais no circuito ligado em Δ, a resistência equivalente pode ser calculada usando-se simplificações em série e em paralelo para obter

---

[1] Estruturas em Δ e Y estão presentes em uma variedade de circuitos úteis, não apenas em redes resistivas. Consequentemente, a transformação Δ-Y é uma ferramenta útil em análise de circuitos.

$$R_{ab} = \frac{R_c(R_a + R_b)}{R_a + R_b + R_c} = R_1 + R_2, \qquad (3.41)$$

$$R_{bc} = \frac{R_a(R_b + R_c)}{R_a + R_b + R_c} = R_2 + R_3, \qquad (3.42)$$

$$R_{ca} = \frac{R_b(R_c + R_a)}{R_a + R_b + R_c} = R_1 + R_3. \qquad (3.43)$$

A manipulação algébrica direta das equações 3.41–3.43 possibilita o cálculo dos valores dos resistores ligados em Y em termos dos resistores ligados em Δ equivalente:

$$R_1 = \frac{R_b R_c}{R_a + R_b + R_c}, \qquad (3.44)$$

$$R_2 = \frac{R_c R_a}{R_a + R_b + R_c}, \qquad (3.45)$$

$$R_3 = \frac{R_a R_b}{R_a + R_b + R_c}. \qquad (3.46)$$

Inverter a transformação Δ-Y também é possível. Isto é, podemos começar com a estrutura em Y e substituí-la por uma estrutura equivalente em Δ. As expressões para as resistências dos três resistores ligados em Δ, como funções das resistências dos três resistores ligados em Y, são

$$R_a = \frac{R_1 R_2 + R_2 R_3 + R_3 R_1}{R_1}, \qquad (3.47)$$

$$R_b = \frac{R_1 R_2 + R_2 R_3 + R_3 R_1}{R_2}, \qquad (3.48)$$

$$R_c = \frac{R_1 R_2 + R_2 R_3 + R_3 R_1}{R_3}. \qquad (3.49)$$

O Exemplo 3.7 ilustra a utilização de uma transformação Δ-Y para simplificar a análise de um circuito.

EXEMPLO 3.7 Aplicação de uma transformação Δ-Y.

Determine a corrente e a potência fornecidas pela fonte de 40 V no circuito mostrado na Figura 3.32.

Solução

Estamos interessados apenas na corrente e na potência da fonte de 40 V. Portanto, o problema estará resolvido quando obtivermos a resistência equivalente nos terminais da fonte. Podemos determinar essa resistência equivalente, com facilidade, depois de substituirmos o Δ superior (100, 125, 25 Ω) ou o Δ inferior (40, 25, 37,5 Ω) por seu Y equivalente. Optamos por substituir o Δ superior. Então, calculamos as três resistências em Y, definidas na Figura 3.33, pelas equações 3.44 a 3.46. Assim,

Figura 3.32 Circuito para o Exemplo 3.7.

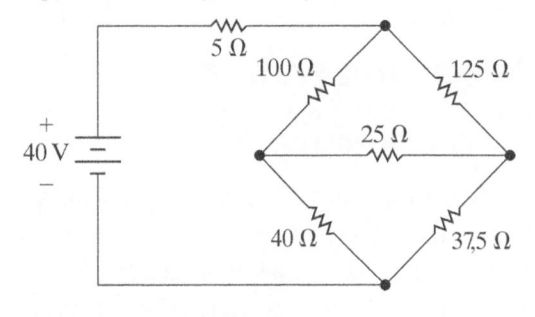

Figura 3.33 Resistores equivalentes em Y.

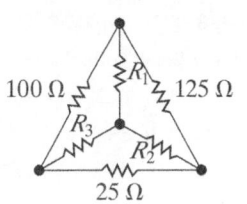

Figura 3.34 Versão transformada do circuito mostrado na Figura 3.32.

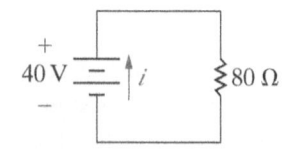

$$R_1 = \frac{100 \times 125}{250} = 50\,\Omega,$$

$$R_2 = \frac{125 \times 25}{250} = 12{,}5\,\Omega,$$

$$R_3 = \frac{100 \times 25}{250} = 10\,\Omega.$$

A substituição dos resistores em Y da Figura 3.32 produz o circuito mostrado na Figura 3.34. Pela Figura 3.34, fica fácil calcular a resistência nos terminais da fonte de 40 V, por simplificações série-paralelo:

$$R_{eq} = 55 + \frac{(50)(50)}{100} = 80\,\Omega.$$

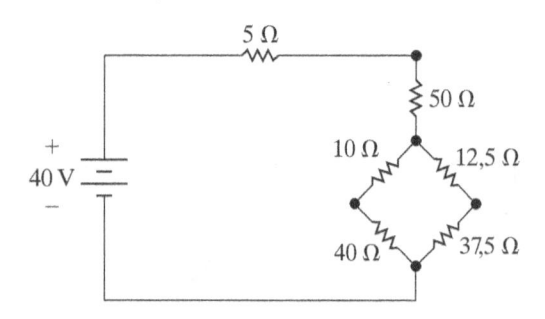

Figura 3.35 Etapa final na simplificação do circuito mostrado na Figura 3.32.

A etapa final consiste em observar que o circuito se reduz a um resistor de 80 Ω e uma fonte de 40 V, como mostra a Figura 3.35, pelo que fica evidente que a fonte de 40 V fornece 0,5 A e 20 W ao circuito.

PROBLEMA PARA AVALIAÇÃO

Objetivo 6 Saber quando e como usar circuitos equivalentes Δ-Y.

3.8 Use uma transformação Δ-Y para determinar a tensão v no circuito mostrado.

Resposta: 35 V.

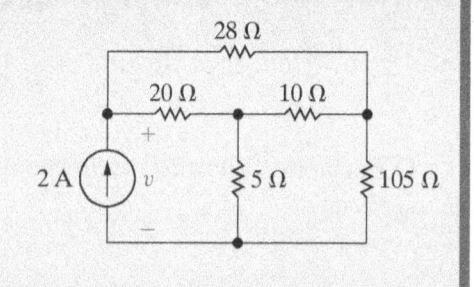

NOTA: tente resolver também os problemas 3.60, 3.62 e 3.63, apresentados no final deste capítulo.

Perspectiva prática

Telas *touch* resistivas

Comece analisando a malha resistiva na direção x. Modelamos a resistência da malha na direção x com a resistência R_x, como mostrado na Figura 3.36. A posição x em que a tela é tocada é indicada pela seta. A queda de tensão resultante na resistência αR_x é V_x. Tocar a tela divide efetivamente a resistência total, R_x, em duas resistências separadas, αR_x e $(1-\alpha)R_x$.

A figura demonstra que, quando o toque ocorre na extremidade direita da tela, $\alpha = 0$ e $V_x = 0$. Do mesmo modo, quando o toque ocorre na extremidade esquerda da tela, $\alpha = 1$ e $V_x = V_s$. Se o toque ocorre no meio, entre as duas bordas da tela, o valor de α fica entre 0 e 1, e as duas partes da resistência R_x formam um divisor de tensão. Podemos calcular a tensão V_x usando a equação para divisão de tensão:

Figura 3.36 A malha de tela sensível ao toque na direção x.

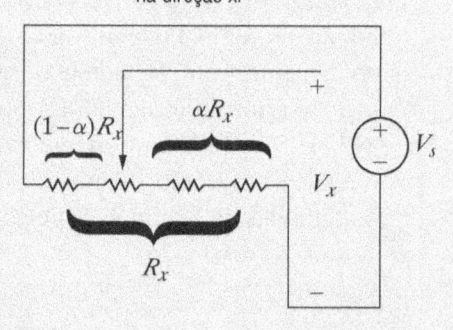

$$V_x = \frac{\alpha R_x}{\alpha R_x + (1-\alpha)R_x} V_s = \frac{\alpha R_x}{R_x} V_s = \alpha V_s.$$

Podemos determinar o valor de α, que representa a localização do toque em relação ao lado direito da tela, dividindo a tensão na malha de resistência no ponto de toque, V_x, pela tensão aplicada em toda a rede resistiva na direção x, V_s:

$$\alpha = \frac{V_x}{V_s}.$$

Agora, queremos usar o valor de α para determinar a coordenada x do ponto de toque na tela. Normalmente, as coordenadas da tela são especificadas em pixels (abreviação de *picture elements*, ou elementos de imagem). Por exemplo, a tela de um telefone móvel seria dividida em uma malha de pixels com p_x pixels na direção x e p_y pixels na direção y. Cada pixel é identificado por sua localização x (um número entre 0 e $p_x - 1$) e sua localização y (um número entre 0 e $p_y - 1$). O pixel com a posição (0, 0) fica no canto superior esquerdo da tela, como mostrado na Figura 3.37.

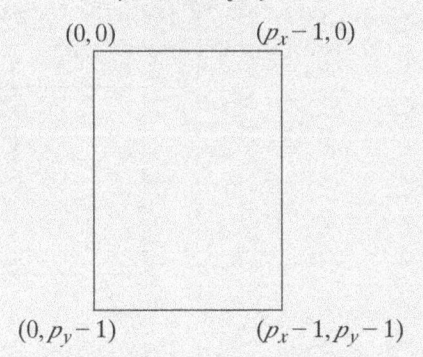

Visto que α representa o ponto de toque em relação ao lado direito da tela, $(1-\alpha)$ representa o ponto de toque em relação ao lado esquerdo da tela. Portanto, a coordenada x do pixel que corresponde ao ponto de toque é

$$x = (1-\alpha)p_x.$$

Note que o valor de x está limitado a $(p_x - 1)$.

Usando-se o modelo da malha de tela resistiva na direção y mostrado na Figura 3.38, é fácil demonstrar que a tensão criada por um toque na seta é dada por

$$V_y = \beta V_s.$$

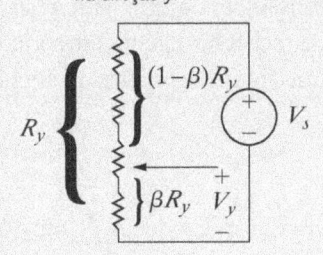

Portanto, a coordenada y do pixel que corresponde ao ponto de toque é

$$y = (1-\beta)p_y,$$

onde o valor de y é limitado a $(p_y - 1)$. (Veja o Problema 3.72.)

Figura 3.37 As coordenadas de pixel de uma tela com p_x pixels na direção x e p_y pixels na direção y.

Figura 3.38 A malha de tela sensível ao toque na direção y.

NOTA: avalie sua compreensão da Perspectiva prática resolvendo os problemas 3.72-3.75, apresentados no final deste capítulo.

Resumo

- **Resistores em série** podem ser combinados para a obtenção de um único resistor equivalente, de acordo com a equação

$$R_{eq} = \sum_{i=1}^{k} R_i = R_1 + R_2 + \cdots + R_k.$$

(Seção 3.1.)

- **Resistores em paralelo** podem ser combinados para a obtenção de um único resistor equivalente, de acordo com a equação

$$\frac{1}{R_{eq}} = \sum_{i=1}^{k} \frac{1}{R_i} = \frac{1}{R_1} + \frac{1}{R_2} + \cdots + \frac{1}{R_k}.$$

Quando apenas dois resistores estão em paralelo, a equação para a resistência equivalente pode ser simplificada para dar

$$R_{eq} = \frac{R_1 R_2}{R_1 + R_2}.$$

(Seção 3.2.)

- Quando a tensão é dividida entre resistores em série, como mostra a figura, a tensão em cada resistor pode ser encontrada de acordo com as equações

$$v_1 = \frac{R_1}{R_1 + R_2}v_s,$$

$$v_2 = \frac{R_2}{R_1 + R_2}v_s.$$

(Seção 3.3.)

- Quando a corrente é dividida entre resistores em paralelo, como mostra a figura, a corrente que passa em cada resistor pode ser encontrada de acordo com as equações

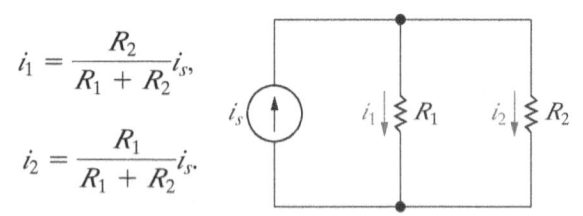

$$i_1 = \frac{R_2}{R_1 + R_2}i_s,$$

$$i_2 = \frac{R_1}{R_1 + R_2}i_s.$$

(Seção 3.3.)

- **Divisão de tensão** é uma ferramenta de análise de circuitos usada para especificar a queda de tensão em determinado resistor de um conjunto de resistores ligados em série, quando a queda de tensão nos terminais do conjunto é conhecida:

$$v_j = \frac{R_j}{R_{eq}}v,$$

em que v_j é a queda de tensão na resistência R_j e v é a queda de tensão nas resistências ligadas em série, cuja resistência equivalente é R_{eq}. (Seção 3.4.)

- **Divisão de corrente** é uma ferramenta de análise de circuitos usada para determinar a corrente em um dado resistor de um conjunto de resistores ligados em paralelo, quando a corrente de entrada no conjunto é conhecida:

$$I_j = \frac{R_{eq}}{R_j}i,$$

em que i_j é a corrente que passa pela resistência R_j e i é a corrente que flui pelos resistores ligados em paralelo cuja resistência equivalente é R_{eq}. (Seção 3.4.)

- Um **voltímetro** mede a tensão e deve ser colocado em paralelo com a tensão a ser medida. Um voltímetro ideal tem resistência interna infinita e, por isso, não altera a tensão que está sendo medida. (Seção 3.5.)

- Um **amperímetro** mede a corrente e deve ser colocado em série com a corrente a ser medida. Um amperímetro ideal tem resistência interna igual a zero e, por isso, não altera a corrente que está sendo medida. (Seção 3.5.)

- **Medidores digitais** e **analógicos** têm resistência interna, o que influencia o valor da variável de circuito que está sendo medida. Medidores baseados no medidor de d'Arsonval incluem deliberadamente uma resistência interna como um meio de limitar a corrente na bobina do medidor. (Seção 3.5.)

- O circuito da **ponte de Wheatstone** é utilizado para fazer medições precisas do valor da resistência de um resistor usando-se quatro resistores, uma fonte de tensão cc e um galvanômetro. Uma ponte de Wheatstone está equilibrada quando os valores dos resistores obedecem à Equação 3.33, resultando em uma leitura de 0 A no galvanômetro (Seção 3.6.).

- Um circuito com três resistores ligados em uma configuração em Δ (ou em uma configuração em π) pode ser transformado em um circuito equivalente no qual os três resistores estão ligados em Y (ou ligados em T). A transformação Δ-Y é dada pelas equações 3.44–3.46; a transformação Y-Δ é dada pelas equações 3.47–3.49. (Seção 3.7.)

Problemas

Seções 3.1–3.2

3.1 a) Mostre que a solução do circuito na Figura 3.9 (veja Exemplo 3.1) satisfaz a lei de correntes de Kirchhoff nas junções x e y.

Pspice
Multisim

b) Mostre que a solução do circuito na Figura 3.9 satisfaz a lei das tensões de Kirchhoff ao longo de cada caminho fechado.

3.2 a) Determine a potência dissipada em cada resistor do circuito da Figura 3.9.

b) Determine a potência fornecida pela fonte de 120 V.

c) Mostre que a potência fornecida é igual à potência dissipada.

3.3 Para cada um dos circuitos mostrados na Figura P3.3,

a) identifique os resistores ligados em série,

b) simplifique o circuito substituindo os resistores ligados em série por resistores equivalentes.

Figura P3.3

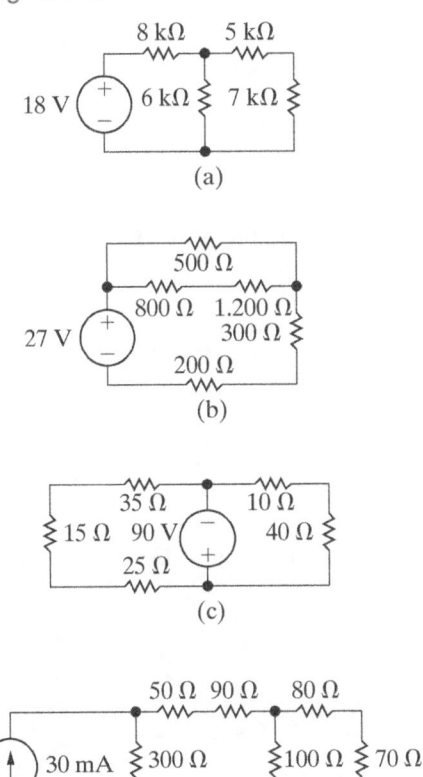

Figura P3.4

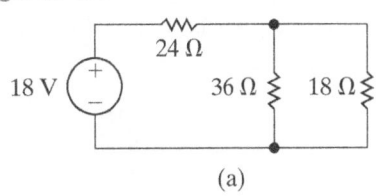

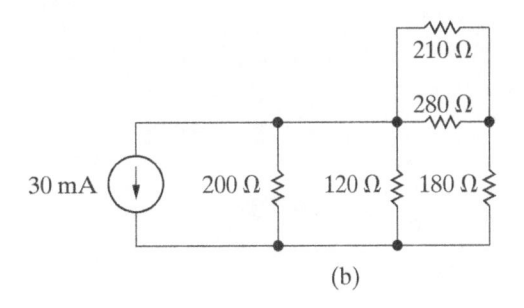

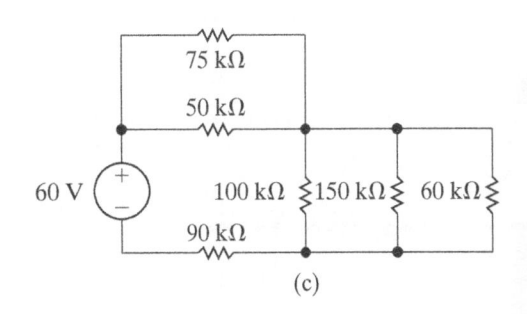

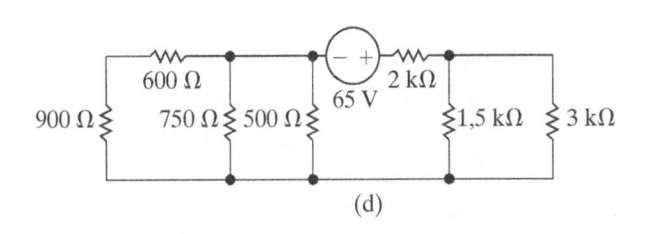

3.4 Para cada um dos circuitos mostrados na Figura P3.4,

a) identifique os resistores ligados em paralelo,

b) simplifique o circuito substituindo os resistores ligados em paralelo por resistores equivalentes.

3.5 Para cada um dos circuitos mostrados na Figura P3.3,

a) determine a resistência equivalente vista pela fonte,

b) determine a potência fornecida pela fonte.

3.6 Para cada um dos circuitos mostrados na Figura P3.4,

a) determine a resistência equivalente vista pela fonte,

b) determine a potência fornecida pela fonte.

3.7 a) Nos circuitos da Figura P3.7 (a) – (d), determine a resistência equivalente vista pela fonte.

b) Para cada circuito, determine a potência fornecida pela fonte.

Figura P3.7

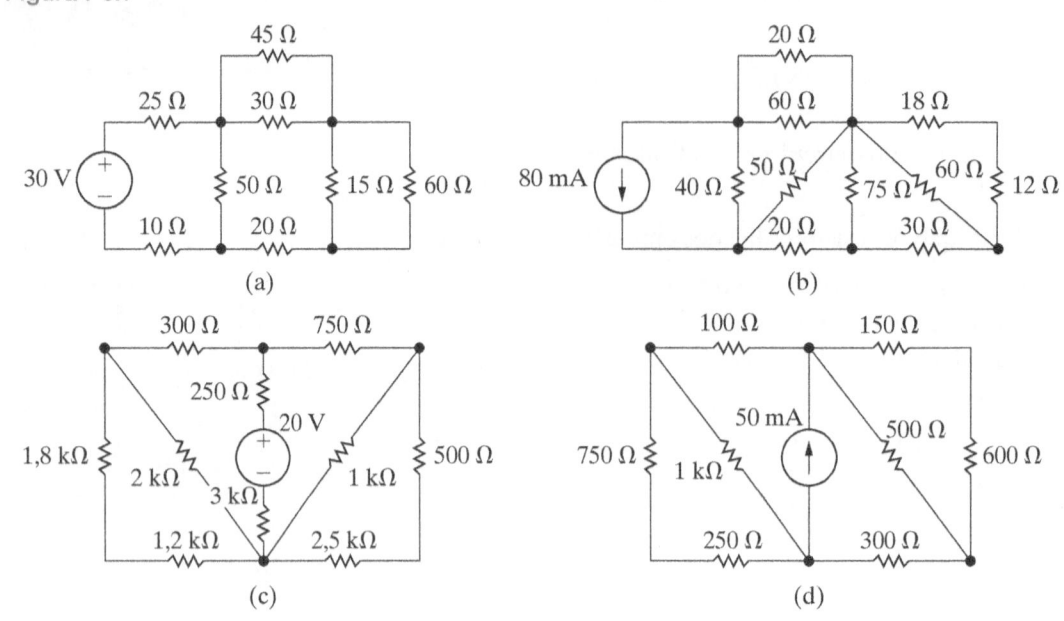

(a)

(b)

(c)

(d)

3.8 Determine a resistência equivalente R_{ab} para cada um dos circuitos da Figura P3.8.

Figura P3.8

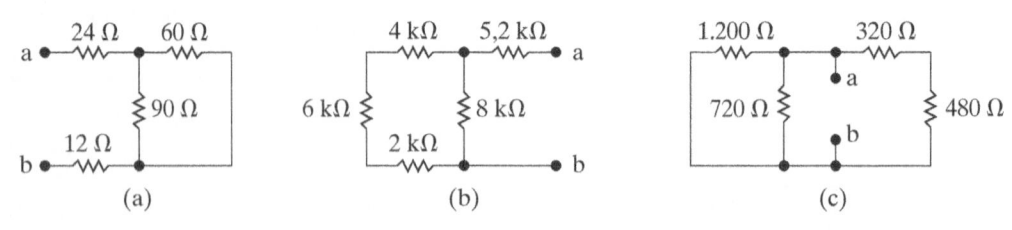

(a)

(b)

(c)

3.9 Determine a resistência equivalente R_{ab} para cada um dos circuitos da Figura P3.9.

Figura P3.9

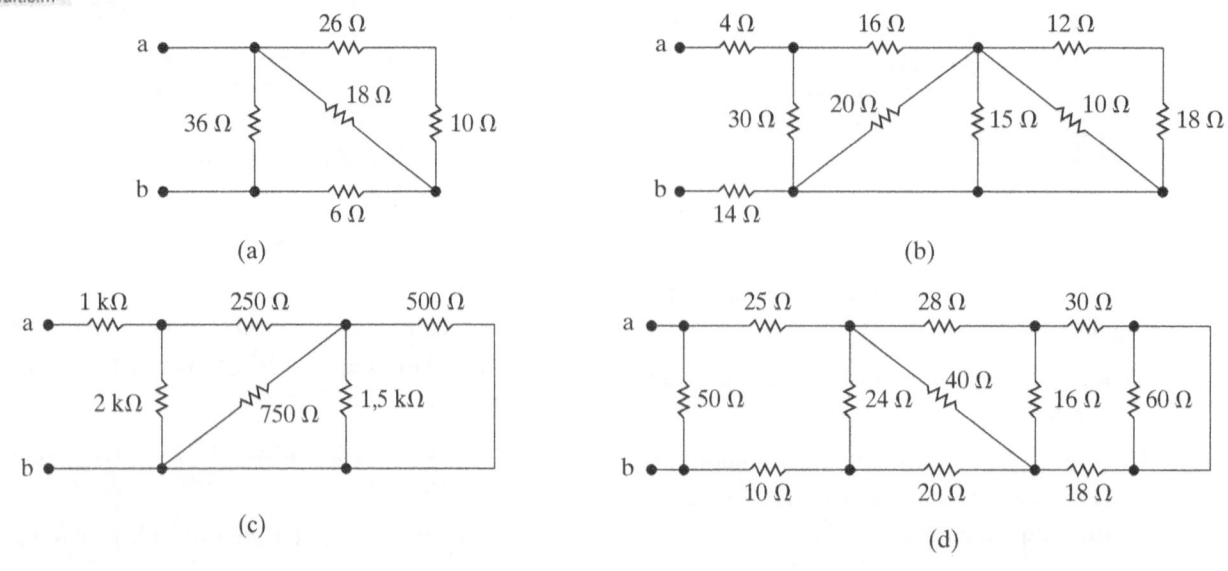

(a)

(b)

(c)

(d)

3.10 a) Determine uma expressão para a resistência equivalente de dois resistores de valor R em série.

b) Determine uma expressão para a resistência equivalente de n resistores de valor R em série.

c) Usando os resultados de (a), projete uma rede resistiva com uma resistência equivalente de 3 kΩ usando dois resistores com o mesmo valor do Apêndice H.

d) Usando os resultados de (b), projete uma rede resistiva com uma resistência equivalente de 4 kΩ usando um número mínimo de resistores idênticos do Apêndice H.

3.11 a) Determine uma expressão para a resistência equivalente de dois resistores de valor R em paralelo.

b) Determine uma expressão para a resistência equivalente de n resistores de valor R em paralelo.

c) Usando os resultados de (b), projete uma rede resistiva com uma resistência equivalente de 5 kΩ usando dois resistores com o mesmo valor do Apêndice H.

d) Usando os resultados de (b), projete uma rede resistiva com uma resistência equivalente de 4 kΩ usando um número mínimo de resistores idênticos do Apêndice H.

Seção 3.3

3.12 a) Calcule a tensão a vazio v_o do circuito divisor de tensão mostrado na Figura P3.12.

b) Calcule a potência dissipada em R_1 e R_2.

c) Suponha que haja apenas resistores de 0,5 W disponíveis. A tensão a vazio deve ser a mesma que em (a). Especifique os menores valores ôhmicos de R_1 e R_2.

Figura P3.12

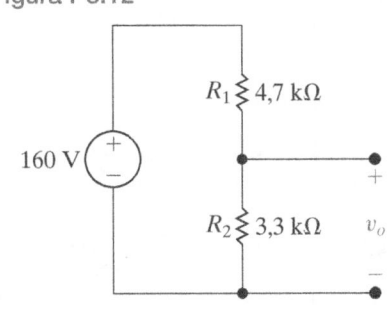

3.13 No circuito do divisor de tensão mostrado na Figura P3.13, o valor a vazio de v_o é 4 V. Quando a resistência de carga R_L é ligada aos terminais a e b, v_o cai para 3 V. Determine R_L.

Figura P3.13

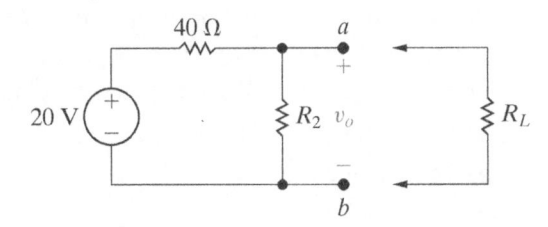

3.14 A tensão a vazio no circuito divisor de tensão mostrado na Figura P3.14 é 8 V. O menor resistor de carga que está sempre ligado ao divisor é 3,6 kΩ. Quando o divisor estiver carregado, v_o não deverá cair abaixo de 7,5 V.

a) Projete o circuito do divisor que cumprirá as especificações que acabamos de mencionar. Especifique os valores numéricos de R_1 e R_2.

b) Suponha que as potências nominais de resistores disponíveis no mercado sejam 1/16, 1/8, 1/4, 1 e 2 W. Qual potência nominal você especificaria?

Figura P3.14

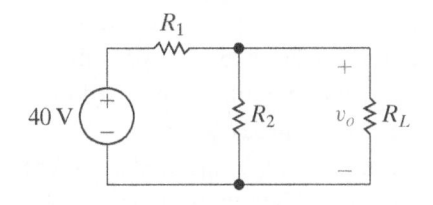

3.15 Suponha que o divisor de tensão da Figura P3.14 tenha sido construído com resistores de 1 W. Qual é o menor valor do Apêndice H que pode ser usado como R_L antes que um dos resistores do divisor esteja funcionando em seu limite de dissipação?

3.16 Determine a potência dissipada no resistor de 5 Ω no circuito divisor de corrente na Figura P3.16.

Figura P3.16

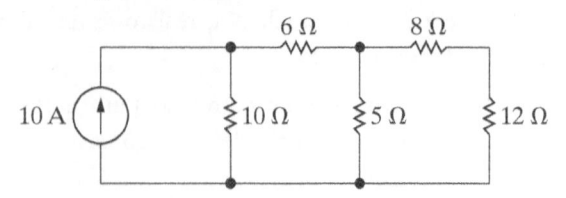

3.17 Para o circuito divisor de corrente da Figura P3.17, calcule
(Pspice Multisim)

a) i_o e v_o.

b) a potência dissipada no resistor de 6 Ω.

c) a potência fornecida pela fonte de corrente.

Figura P3.17

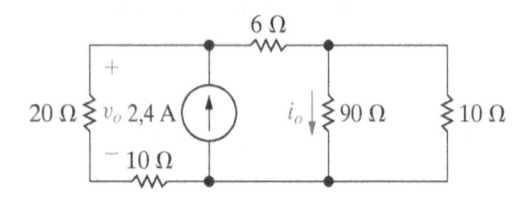

3.18 Especifique os resistores no circuito da Figura P3.18 para atender aos seguintes critérios de projeto:
(Problema de Projeto)

$i_g = 50$ mA; $v_g = 25$ V; $i_1 = 0{,}6 i_2$;
$i_3 = 2 i_2$; e $i_4 = 4 i_1$.

Figura P3.18

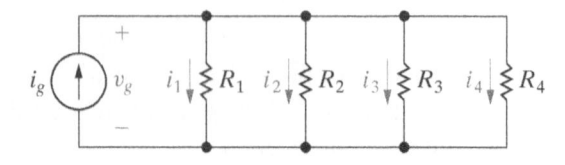

3.19 Com frequência, é preciso fornecer mais do que um valor de tensão usando-se um divisor de tensão. Por exemplo, os componentes de memória de muitos computadores pessoais requerem tensões de −12 V, 5 V e +12 V, todas em relação a um terminal de referência em comum. Selecione os valores de R_1, R_2 e R_3 no circuito da Figura P3.19 para atender aos seguintes requisitos de projeto:
(Problema de Projeto)

a) A potência total fornecida ao divisor pela fonte de 24 V é 80 W, quando o divisor não está carregado.

b) As três tensões, todas medidas em relação ao terminal de referência, são $v_1 = 12$ V, $v_2 = 5$ V e $v_3 = -12$ V.

Figura P3.19

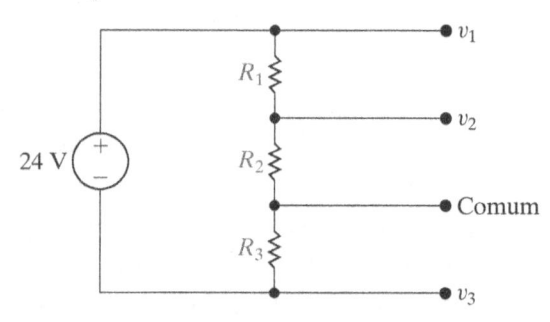

3.20 a) O divisor de tensão da Figura P3.20(a) tem como carga o divisor de tensão mostrado na Figura P3.20(b); isto é, a está ligado a a', e b está ligado a b'. Determine v_o.
(Pspice Multisim)

b) Suponha agora que o divisor de tensão da Figura P3.20(b) esteja ligado ao divisor de tensão da Figura P3.20(a) por meio de uma fonte de tensão controlada por corrente, como mostra a Figura P3.20(c). Determine v_o.

c) Qual é o efeito causado pela adição da fonte dependente de tensão sobre o funcionamento do divisor de tensão que está ligado à fonte de 180 V?

Figura P3.20

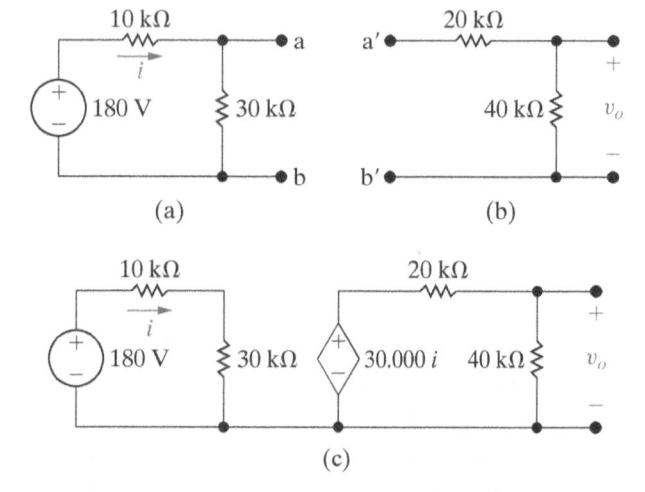

3.21 Um divisor de tensão, como o da Figura 3.13, deve ser projetado de modo que $v_o = k v_s$ quando a vazio ($R_L = \infty$), e $v_o = \alpha v_s$ sob carga nominal ($R_L = R_o$). Observe que, por definição, $\alpha < k < 1$.
(Problema de Projeto)

a) Mostre que

$$R_1 = \frac{k - \alpha}{\alpha k} R_o$$

e

$$R_2 = \frac{k - \alpha}{\alpha(1 - k)} R_o.$$

b) Especifique os valores numéricos de R_1 e R_2 se $k = 0{,}85$, $\alpha = 0{,}80$ e $R_o = 34$ kΩ.

c) Se $v_s = 60$ V, especifique a potência máxima que será dissipada em R_1 e R_2.

d) Suponha que o resistor de carga entre em curto-circuito por acidente. Qual é a potência dissipada em R_1 e R_2?

3.22 a) Mostre que a corrente no k-ésimo ramo do circuito da Figura P3.22(a) é igual à corrente da fonte i_g vezes a condutância do k-ésimo ramo, dividida pela soma das condutâncias, isto é,

$$i_k = \frac{i_g G_k}{G_1 + G_2 + G_3 + \cdots + G_k + \cdots + G_N}.$$

b) Use o resultado derivado em (a) para calcular a corrente no resistor de 5 Ω no circuito da Figura P3.22(b).

Figura P3.22

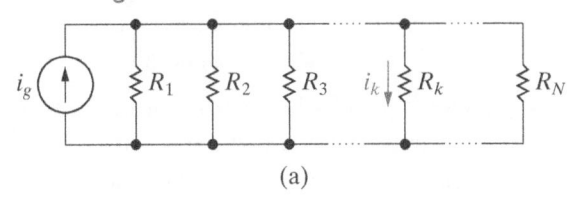

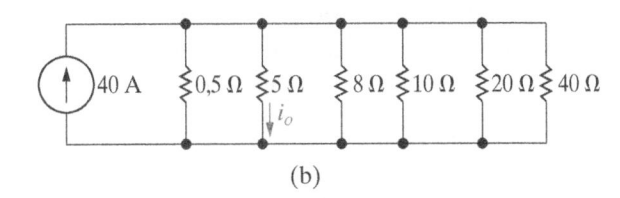

Seção 3.4

3.23 Examine o circuito da Figura P3.3(a).

a) Use a divisão de tensão para determinar a tensão que percorre o resistor de 6 kΩ, positiva na parte superior.

b) Usando o resultado de (a) e a divisão de tensão, determine a tensão nos terminais do resistor de 5 kΩ, positiva à esquerda.

3.24 Examine o circuito da Figura P3.3(d).

a) Use a divisão de corrente para determinar a corrente que percorre o resistor de 50 Ω, da esquerda para a direita.

b) Usando o resultado de (a) e a divisão de corrente, determine a corrente no resistor de 70 Ω, de cima para baixo.

3.25 Examine o circuito da Figura P3.7(a).

a) Use a divisão de tensão para determinar a queda de tensão nos terminais do resistor de 25 Ω, positiva à esquerda.

b) Usando o resultado de (a), determine a corrente que percorre o resistor de 25 Ω, da esquerda para a direita.

c) Usando o resultado de (b), utilize a divisão de corrente para determinar a corrente no resistor de 50 Ω, de cima para baixo.

d) Usando o resultado de (c), determine a queda de tensão nos terminais do resistor de 50 Ω, positiva na parte superior.

e) Usando o resultado de (d), utilize a divisão de tensão para determinar a queda de tensão nos terminais do resistor de 60 Ω, positiva na parte superior.

3.26 Conecte uma fonte de corrente de 450 mA entre os terminais a-b na Figura P3.9 (a), com a seta da corrente apontando para cima.

a) Use a divisão de corrente para determinar a corrente no resistor de 36 Ω, de cima para baixo.

b) Use o resultado de (a) para determinar a tensão no resistor de 36 Ω, positiva na parte superior.

c) Use o resultado de (b) e a divisão de tensão para determinar a tensão nos terminais do resistor de 18 Ω, positiva na parte superior.

d) Use o resultado de (c) e a divisão de tensão para determinar a tensão nos terminais do resistor de 10 Ω, positiva na parte superior.

3.27 Conecte uma fonte de tensão de 6 V entre os terminais a-b na Figura P3.9 (b), com o terminal positivo na parte superior.

a) Use a divisão de tensão para determinar a tensão nos terminais do resistor de 4 Ω, positiva na parte superior.

b) Use o resultado de (a) para determinar a corrente no resistor de 4 Ω, da esquerda para a direita.

c) Use o resultado de (b) e a divisão de corrente para determinar a corrente no resistor de 16 Ω, da esquerda para a direita.

d) Use o resultado de (c) e a divisão de corrente para determinar a corrente no resistor de 10 Ω, de cima para baixo.

e) Use o resultado de (d) para determinar a tensão nos terminais do resistor de 10 Ω, positiva na parte superior.

f) Use o resultado de (e) e a divisão de tensão para determinar a tensão nos terminais do resistor de 18 Ω, positiva na parte superior.

3.28 a) Determine a tensão v_x no circuito da Figura P3.28 usando a divisão de tensão e/ou corrente.

b) Substitua a fonte de 18 V por uma fonte de tensão genérica igual a V_s. Suponha que V_s seja positiva no terminal superior. Determine v_x como uma função de V_s.

Figura P3.28

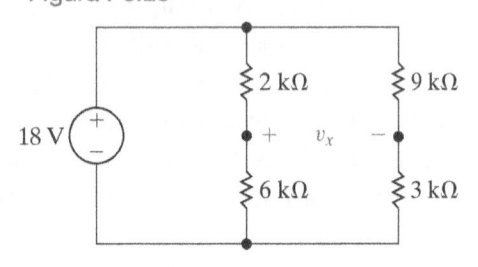

3.29 Determine v_o no circuito da Figura P3.29 usando a divisão de tensão e/ou corrente.

Figura P3.29

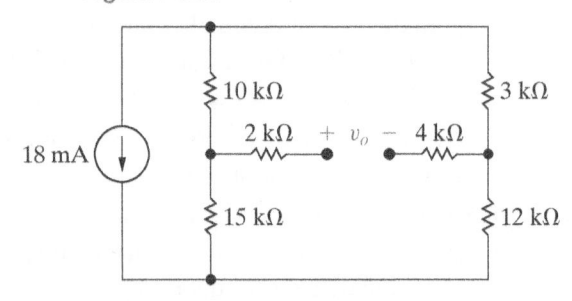

3.30 Determine v_1 e v_2 no circuito da Figura P3.30 usando a divisão de tensão e/ou corrente.

Figura P3.30

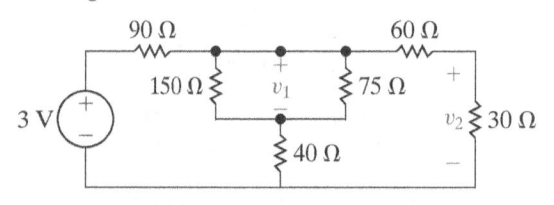

3.31 Para o circuito da Figura P3.31, determine i_g e, em seguida, use a divisão de corrente para determinar i_o.

Figura P3.31

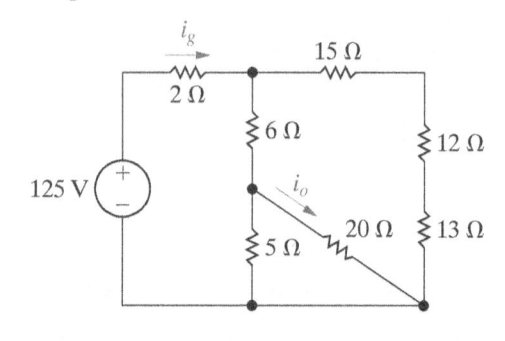

3.32 Para o circuito da Figura P3.32, determine i_1 e, em seguida, i_2 usando a divisão de corrente.

Figura P3.32

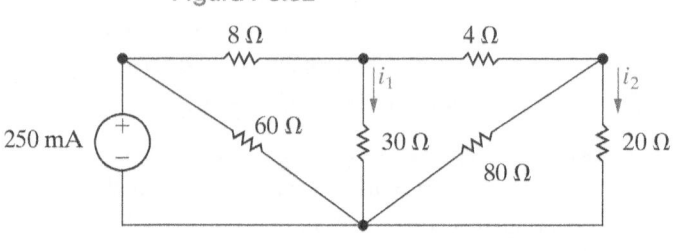

3.33 Um voltímetro de d'Arsonval é mostrado na Figura P3.33.

a) Calcule o valor do resistor de derivação, R_A, para dar uma leitura máxima de corrente de 5 A.

b) Qual é a resistência adicionada a um circuito quando o amperímetro de 5 A de (a) é inserido para medir corrente?

c) Calcule o valor do resistor de derivação, R_A, para dar uma leitura máxima de corrente de 100 mA.

d) Qual é a resistência adicionada a um circuito quando o amperímetro de 100 mA de (c) é inserido para medir corrente?

Figura P3.33

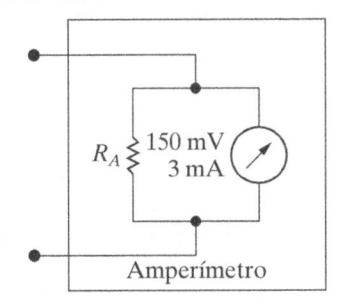

3.34 Um resistor de derivação e um medidor de d'Arsonval de 50 mV, 1 mA são usados para construir um amperímetro de 5 A. Uma resistência de 20 mΩ é colocada nos terminais do amperímetro. Qual é a nova faixa da escala do amperímetro?

3.35 Um medidor de d'Arsonval é calibrado para 2 mA e 200 mV. Suponha que haja resistores de precisão de 1 W disponíveis para serem utilizados como derivações. Qual é o maior fundo de escala possível para o amperímetro a ser projetado? Explique.

Problema de Projeto

3.36 a) Mostre que, para o amperímetro do circuito da Figura P3.36, a corrente no medidor de d'Arsonval é sempre 1/25 da corrente que está sendo medida.

b) Qual seria a fração se o medidor de 100 mV, 2 mA fosse usado em um amperímetro de 5 A?

c) Pode-se esperar uma escala uniforme em um amperímetro de d'Arsonval de corrente contínua?

Figura P3.36

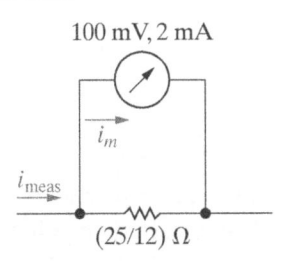

3.37 Um voltímetro de d'Arsonval é mostrado na Figura P3.37. Determine o valor de R_v para cada uma das seguintes leituras máximas: (a) 50 V, (b) 5 V, (c) 250 mV e (d) 25 mV.

Figura P3.37

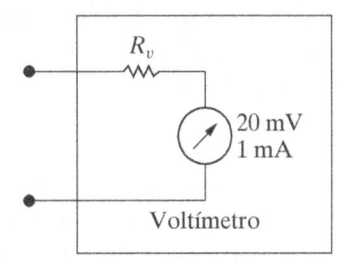

3.38 Suponha que o voltímetro de d'Arsonval descrito no Problema 3.37 seja usado para medir a tensão no resistor de 45 Ω da Figura P3.38.

a) Qual será a leitura do voltímetro?

b) Determine o erro percentual na leitura do voltímetro, se

$$\% \text{ erro} = \left(\frac{\text{valor medido}}{\text{valor real}} - 1\right) \times 100.$$

Figura P3.38

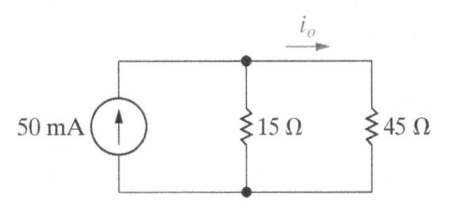

3.39 O amperímetro no circuito da Figura P3.39 tem uma resistência de 0,1 Ω. Usando a definição de percentagem de erro de leitura de um medidor, encontrada no Problema 3.38, qual é o erro percentual na leitura desse amperímetro?

Figura P3.39

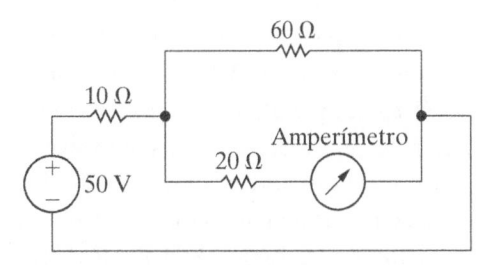

3.40 O amperímetro descrito no Problema 3.39 é usado para medir a corrente i_o no circuito da

Figura P3.38. Qual é o erro percentual no valor medido?

3.41 Os elementos no circuito da Figura 2.24 têm os seguintes valores: $R_1 = 20$ kΩ, $R_2 = 80$ kΩ, $R_C = 0{,}82$ kΩ, $R_E = 0{,}2$ kΩ, $V_{CC} = 7{,}5$ V, $V_0 = 0{,}6$ V e $\beta = 39$.

Pspice Multisim

a) Calcule o valor de i_B em microampères.

b) Suponha que um multímetro digital, quando usado como um amperímetro cc, tenha uma resistência de 1 kΩ. Se o medidor for inserido entre os terminais b e 2 para medir a corrente i_B, qual será a leitura do medidor?

c) Usando o valor de i_B calculado em (a) como o valor correto, qual é o erro percentual na medição?

3.42 Você foi informado de que a tensão cc de uma fonte de alimentação é aproximadamente 350 V. Quando você procura um voltímetro cc na sala de instrumentos para medir a tensão da fonte alimentadora, constata que há somente dois voltímetros cc disponíveis. Um deles tem fundo de escala de 300 V e sensibilidade de 900 Ω/V. O outro tem fundo de escala de 150 V e sensibilidade de 1.200 Ω/V. (*Sugestão*: você pode determinar a resistência efetiva de um voltímetro multiplicando seu fundo de escala e sua sensibilidade.)

a) Como se pode usar os dois voltímetros para verificar a tensão da fonte alimentadora?

b) Qual é a tensão máxima que pode ser medida?

c) Se a tensão da fonte alimentadora for 320 V, qual será a leitura de cada voltímetro?

3.43 Suponha que, além dos dois voltímetros descritos no Problema 3.42, esteja disponível um resistor de precisão de 50 kΩ. Esse resistor está ligado em série com a conexão em série dos dois voltímetros. Esse circuito é, então, ligado aos terminais da fonte de alimentação. A leitura no voltímetro de 300 V é 205,2 V e no de 150 V é 136,8 V. Qual é a tensão da fonte alimentadora?

3.44 O fundo de escala do voltímetro mostrado na Figura P3.44(a) é 500 V. O medidor está calibrado para 100 mV e 0,5 mA. Qual é o erro percentual na leitura do medidor se ele for usado para medir a tensão v no circuito da Figura P3.44(b)?

Figura P3.44

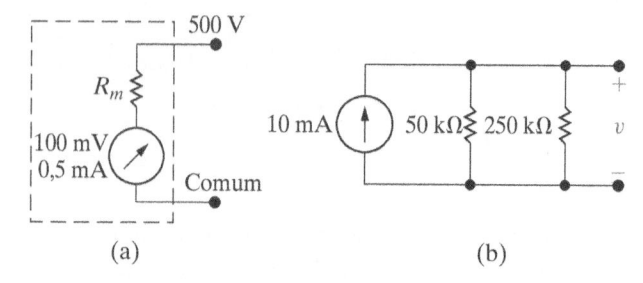

(a)   (b)

3.45 O circuito divisor de tensão mostrado na Figura P3.45 é projetado de modo que a tensão a vazio de saída seja 7/9 da tensão de entrada. Um voltímetro de d'Arsonval, de sensibilidade 100 Ω/V e fundo de escala de 200 V, é usado para verificar o funcionamento do circuito.

a) Qual será a leitura do voltímetro se ele for ligado aos terminais da fonte de 180 V?

b) Qual será a leitura se o voltímetro for ligado aos terminais do resistor de 70 kΩ?

c) Qual será a leitura se o voltímetro for ligado aos terminais do resistor de 20 kΩ?

d) As leituras obtidas pelo voltímetro em (b) e (c) serão adicionadas à leitura registrada em (a)? Explique sua resposta.

Figura P3.45

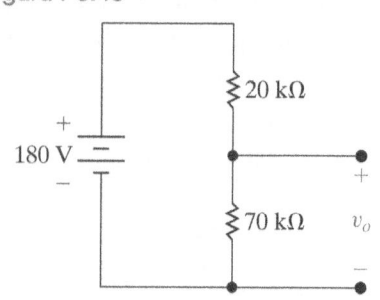

3.46 Suponha que, ao projetar o voltímetro de várias faixas, mostrado na Figura P3.46, você ignore a resistência do medidor.

Problema de Projeto

a) Especifique os valores de R_1, R_2 e R_3.

b) Para cada uma das três faixas, calcule o erro percentual que essa estratégia de projeto produz.

Figura P3.46

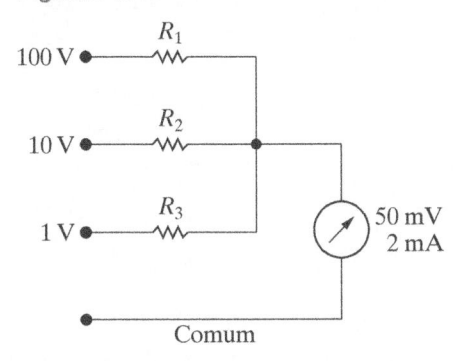

Figura P3.48

3.47 O modelo de circuito de uma fonte de tensão cc é mostrado na Figura P3.47. As seguintes medições de tensão são feitas nos terminais da fonte: (1) com os terminais da fonte abertos, a tensão medida é de 50 mV e (2) com um resistor de 15 MΩ ligado aos terminais, a tensão medida é 48,75 mV. Todas as medições são realizadas com um voltímetro digital cuja resistência é 10 MΩ.

a) Qual é a tensão interna da fonte (v_s) em milivolts?

b) Qual é a resistência interna da fonte (R_s) em quilo-ohms?

Figura P3.47

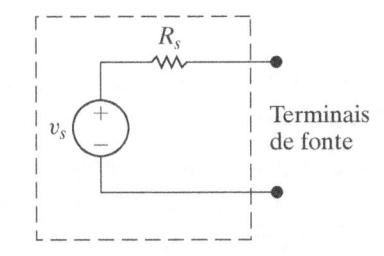

3.48 Projete um voltímetro de d'Arsonval que terá as três faixas de tensão mostradas na Figura P3.48.

Problema de Projeto

a) Especifique os valores de R_1, R_2 e R_3.

b) Suponha que um resistor de 750 kΩ esteja ligado entre o terminal de 150 V e o terminal comum. O voltímetro é, então, ligado a uma tensão desconhecida usando o terminal comum de 300 V. O voltímetro lê 288 V. Qual é a tensão desconhecida?

c) Qual é a tensão máxima que o voltímetro em (b) pode medir?

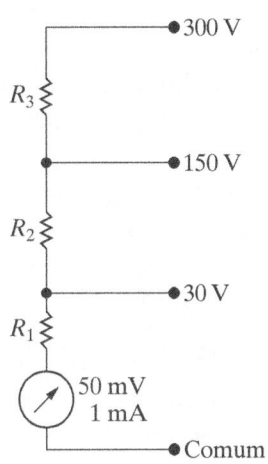

3.49 Um resistor de 600 kΩ está ligado do terminal de 200 V ao terminal comum de um voltímetro de dupla escala, como mostra a Figura P3.49(a). Esse voltímetro modificado é, então, usado para medir a tensão no resistor de 360 kΩ do circuito da Figura P3.49(b).

a) Qual é a leitura na escala de 500 V do medidor?

b) Qual é o erro percentual na tensão medida?

Figura P3.49

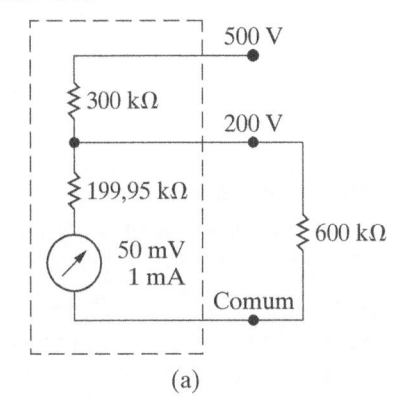

(a)

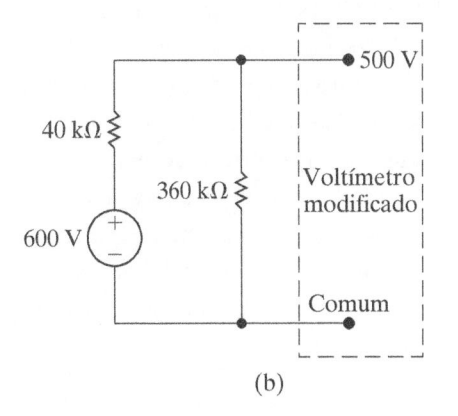

(b)

Seção 3.6

3.50 Suponha que a fonte ideal de tensão da Figura 3.26 seja substituída por uma fonte ideal de corrente. Mostre que a Equação 3.33 ainda é válida.

3.51 O circuito de ponte mostrado na Figura 3.26 é alimentado por uma fonte de 24 V cc. A ponte fica equilibrada quando $R_1 = 500\ \Omega$, $R_2 = 1.000\ \Omega$ e $R_3 = 750\ \Omega$.

a) Qual é o valor de R_x?

b) Qual é a corrente (em miliampères) fornecida pela fonte cc?

c) Qual resistor absorve a maior potência? Qual é essa potência?

d) Qual resistor absorve a menor potência? Qual é essa potência?

3.52 Determine a potência dissipada no resistor de 3 kΩ do circuito da Figura P3.52.

Figura P3.52

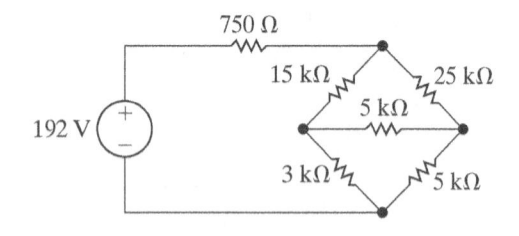

3.53 Determine a corrente i_d do detector da ponte desequilibrada da Figura P3.53, se a queda de tensão no detector for desprezível.

Figura P3.53

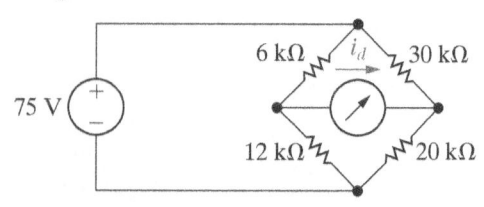

3.54 No circuito da ponte de Wheatstone mostrado na Figura 3.26, a razão R_2/R_1 pode ser ajustada para os seguintes valores: 0,001, 0,01, 0,1, 1, 10, 100 e 1.000. O resistor R_3 pode variar de 1 a 11.110 Ω em incrementos de 1 Ω. Sabe-se que a resistência de um resistor desconhecido se encontra entre 4 e 5 Ω. Qual seria o ajuste da razão R_2/R_1 para que o resistor desconhecido possa ser medido com até quatro algarismos significativos?

Seção 3.7

3.55 Determine a corrente e a potência fornecidas pela fonte de 40 V no circuito do Exemplo 3.7 (Figura 3.32) substituindo o Δ inferior (25, 37,5 e 40 Ω) por seu Y equivalente.

3.56 Determine a corrente e a potência fornecidas pela fonte de 40 V no circuito do Exemplo 3.7 (Figura 3.32) substituindo o Y à esquerda (25, 40 e 100 Ω) por seu Δ equivalente.

3.57 Determine a corrente e a potência fornecidas pela fonte de 40 V no circuito do Exemplo 3.7 (Figura 3.32) substituindo o Y à direita (25, 37,5 e 125 Ω) por seu Δ equivalente.

3.58 a) Determine a resistência equivalente R_{ab} no circuito da Figura P3.58 usando uma transformação Y-Δ envolvendo os resistores R_2, R_3 e R_5.

b) Repita (a) usando uma transformação Δ-Y envolvendo os resistores R_3, R_4 e R_5.

c) Indique duas transformações adicionais Δ-Y ou Y-Δ que poderiam ser usadas para determinar R_{ab}.

Figura P3.58

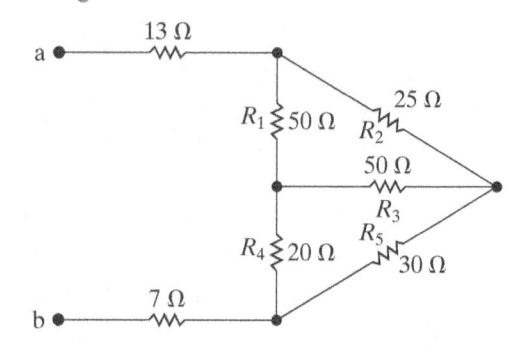

3.59 Use uma transformação Δ-Y para determinar as tensões v_1 e v_2 no circuito da Figura P3.59.

Figura P3.59

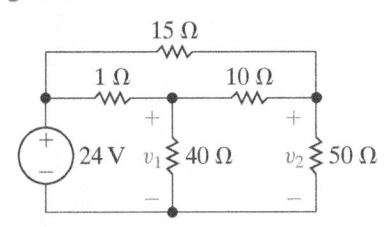

3.60 a) Determine a resistência vista pela fonte ideal de tensão no circuito da Figura P3.60.
b) Se v_{ab} for igual a 400 V, qual será a potência dissipada no resistor de 31 Ω?

Figura P3.60

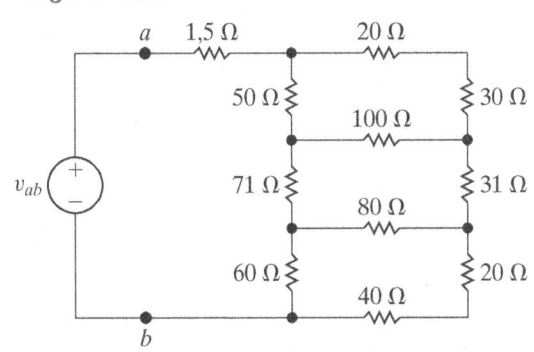

3.61 Use uma transformação Y-Δ para determinar (a) i_o; (b) i_1; (c) i_2 e (d) a potência fornecida pela fonte ideal de corrente do circuito da Figura P3.61.

Figura P3.61

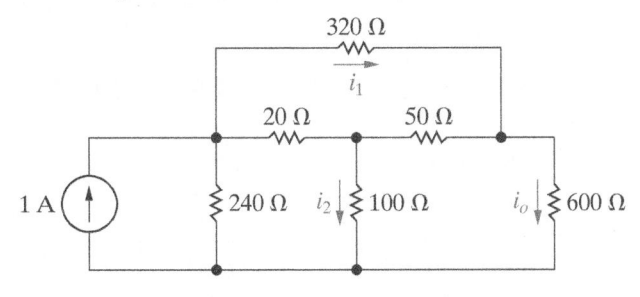

3.62 Determine i_o e a potência dissipada no resistor de 140 Ω do circuito da Figura P3.62.

Figura P3.62

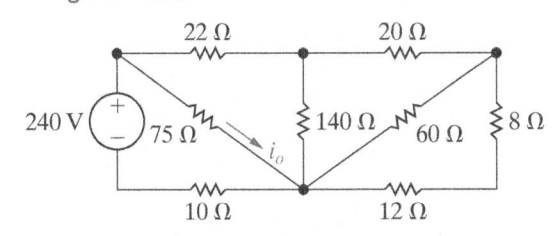

3.63 Para o circuito mostrado na Figura P3.63, determine (a) i_1, (b) v, (c) i_2 e (d) a potência fornecida pela fonte de tensão.

Figura P3.63

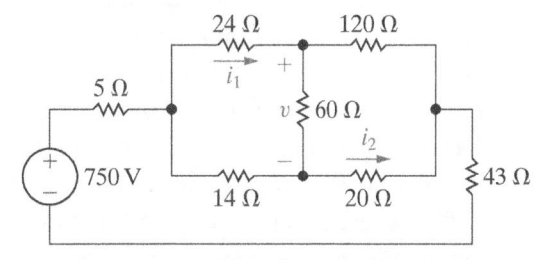

3.64 Mostre que as expressões para condutâncias em Δ em função das três condutâncias em Y são

$$G_a = \frac{G_2 G_3}{G_1 + G_2 + G_3},$$

$$G_b = \frac{G_1 G_3}{G_1 + G_2 + G_3},$$

$$G_c = \frac{G_1 G_2}{G_1 + G_2 + G_3},$$

em que

$$G_a = \frac{1}{R_a}, \quad G_1 = \frac{1}{R_1} \quad \text{etc.}$$

3.65 Deduza as equações 3.44–3.49 a partir das equações 3.41–3.43. As duas sugestões a seguir vão ajudá-lo a tomar a direção correta:

1) Para determinar R_1 em função de R_a, R_b e R_c, em primeiro lugar, subtraia a Equação 3.42 da Equação 3.43 e adicione o resultado à Equação 3.41. Use manipulações semelhantes para determinar R_2 e R_3 como funções de R_a, R_b e R_c.

2) Para determinar R_b em função de R_1, R_2 e R_3, aproveite as derivações obtidas pela sugestão (1), ou seja, equações 3.44–3.46. Observe que essas equações podem ser divididas para obter

$$\frac{R_2}{R_3} = \frac{R_c}{R_b}, \quad \text{ou} \quad R_c = \frac{R_2}{R_3} R_b,$$

e

$$\frac{R_1}{R_2} = \frac{R_b}{R_a}, \quad \text{ou} \quad R_a = \frac{R_2}{R_1} R_b.$$

Agora, use essas relações na Equação 3.43 para eliminar R_a e R_c. Utilize manipulações semelhantes para determinar R_a e R_c como funções de R_1, R_2 e R_3.

Seções 3.1-3.7

3.66 Redes de resistores são, às vezes, utilizadas como circuitos de controle de volume. Nessa aplicação, elas são denominadas *atenuadores resistivos* ou *atenuadores fixos*. Um atenuador fixo típico é mostrado na Figura P3.66. Para projetar um atenuador fixo, o projetista do circuito selecionará os valores de R_1 e R_2, de modo que a razão v_o/v_i e a resistência vista pela fonte de alimentação R_{ab} tenham ambas um valor especificado.

Problema de Projeto

a) Mostre que, se $R_{ab} = R_L$, então

$$R_L^2 = 4R_1(R_1 + R_2),$$

$$\frac{v_o}{v_i} = \frac{R_2}{2R_1 + R_2 + R_L}.$$

b) Selecione os valores de R_1 e R_2, de modo que $R_{ab} = R_L = 300\ \Omega$ e $v_o/v_i = 0{,}5$.

c) Selecione os valores do Apêndice H que estejam mais próximos de R_1 e R_2 em (b). Calcule o erro percentual nos valores resultantes para R_{ab} e v_o/v_i, se esses novos valores de resistor forem usados.

Figura P3.66

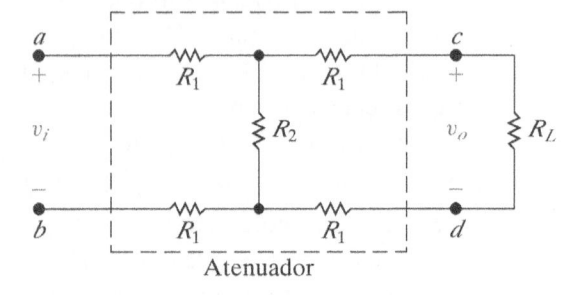

Atenuador

3.67 a) O atenuador fixo mostrado na Figura P3.67 é denominado *ponte em T*. Use uma transformação Y-Δ para mostrar que $R_{ab} = R_L$ se $R = R_L$.

Problema de Projeto

b) Mostre que, quando $R = R_L$, a razão v_o/v_i é igual a 0,50.

Figura P3.67

Atenuador fixo

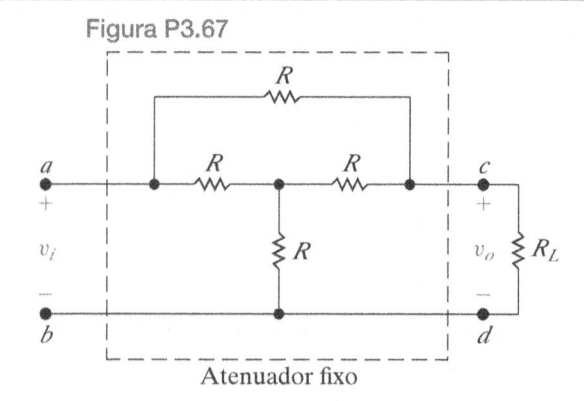

3.68 As equações de projeto para o atenuador de ponte em T no circuito da Figura P3.68 são

Pspice Multisim

$$R_2 = \frac{2RR_L^2}{3R^2 - R_L^2},$$

$$\frac{v_o}{v_i} = \frac{3R - R_L}{3R + R_L},$$

quando R_2 tem o valor dado.

a) Projete um atenuador fixo, de modo que $v_i = 3{,}5v_o$ quando $R_L = 300\ \Omega$.

b) Suponha que a tensão aplicada à entrada do atenuador projetado em (a) seja 42 V. Qual resistor do atenuador dissipa maior potência?

c) Qual é a potência dissipada no resistor em (b)?

d) Qual resistor do atenuador dissipa a menor potência?

e) Qual é a potência dissipada no resistor em (d)?

Figura P3.68

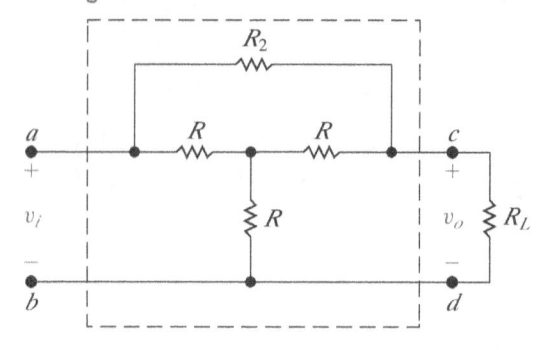

3.69
Pspice
Multisim

a) Para o circuito mostrado na Figura P3.69, a ponte está equilibrada quando $\Delta R = 0$. Mostre que, se $\Delta R \ll R_o$, a tensão de saída da ponte é aproximadamente

$$v_o \approx \frac{-\Delta R R_4}{(R_o + R_4)^2} v_{in}$$

b) Dados $R_2 = 1$ kΩ, $R_3 = 500$ Ω, $R_4 = 5$ kΩ e $v_{in} = 6$ V, qual é a tensão aproximada de saída da ponte, se ΔR é 3% de R_o?

c) Determine o valor real de v_o em (b).

Figura P3.69

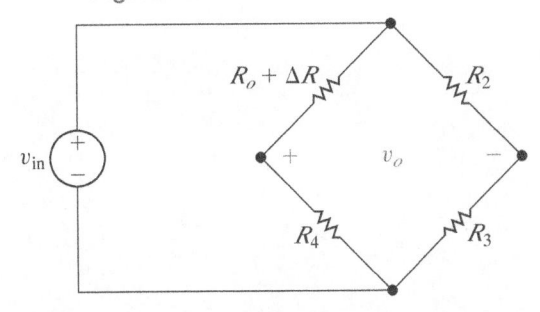

3.70 a) Se o erro percentual for definido como

$$\% \text{ erro} = \left[\frac{\text{valor aproximado}}{\text{valor real}} - 1 \right] \times 100,$$

mostre que o erro percentual na aproximação de v_o no Problema 3.69 é

$$\% \text{ erro} = \frac{-(\Delta R) R_3}{(R_2 + R_3) R_4} \times 100.$$

b) Calcule o erro percentual de v_o, usando os valores do Problema 3.69(b).

3.71
Problema de Projeto

Suponha que o erro de v_o no circuito da ponte da Figura P3.69 não exceda 0,5%. Qual é a maior alteração percentual em R_o que pode ser tolerada?

3.72 a) Usando a Figura 3.38, deduza a expressão para a tensão V_y.

b) Supondo que haja p_y pixels na direção y, deduza a expressão para a coordenada y do ponto de toque, usando o resultado de (a).

3.73
Perspectiva Prática
Pspice
Multisim

Uma tela *touch* resistiva tem 5 V aplicada à malha na direção x e na direção y. A tela tem 480 pixels na direção x e 800 pixels na direção y. Quando a tela é tocada, a tensão na malha x é 1 V e a tensão na malha y é 3,75 V.

a) Calcule os valores de α e β.

b) Calcule as coordenadas x e y do pixel no ponto em que a tela foi tocada.

3.74
Perspectiva Prática
Pspice
Multisim
Problema de Projeto

Uma tela *touch* resistiva tem 640 pixels na direção x e 1.024 pixels na direção y. A malha resistiva tem 8 V aplicados em ambos os sentidos, x e y. As coordenadas de pixel no ponto de toque são (480, 192). Calcular as tensões V_x e V_y.

3.75 Suponha que a tela sensível ao toque descrita no Problema 3.74 é tocada simultaneamente em dois pontos, um com coordenadas (480, 192) e outro com coordenadas (240, 384).

a) Calcule a tensão medida nas malhas x e y.

b) Qual ponto de toque tem seu cálculo em (a) identificado?

Capítulo 4

Técnicas de análise de circuitos

SUMÁRIO DO CAPÍTULO

4.1 Terminologia.
4.2 Introdução ao método das tensões de nó.
4.3 O método das tensões de nó e as fontes dependentes.
4.4 O método das tensões de nó: alguns casos especiais.
4.5 Introdução ao método das correntes de malha.
4.6 O método das correntes de malha e as fontes dependentes.
4.7 O método das correntes de malha: alguns casos especiais.
4.8 Método das tensões de nó *versus* método das correntes de malha.
4.9 Transformações de fonte.
4.10 Equivalentes de Thévenin e Norton.
4.11 Outros métodos para a obtenção de um equivalente de Thévenin.
4.12 Máxima transferência de potência.
4.13 Superposição.

OBJETIVOS DO CAPÍTULO

1. Entender e saber utilizar o método das tensões de nó para resolver um circuito.
2. Compreender e saber utilizar o método das correntes de malha para resolver um circuito.
3. Saber decidir qual método — o das tensões de nó ou o das correntes de malha — é a abordagem preferencial para resolver determinado circuito.
4. Entender a transformação de fonte e saber usá-la para resolver um circuito.
5. Compreender os conceitos de circuito equivalente de Thévenin e de Norton e saber construir um ou outro para um circuito.
6. Conhecer a condição de máxima transferência de potência a uma carga resistiva e saber calcular o valor do resistor de carga que satisfaça essa condição.

Até aqui, analisamos circuitos resistivos relativamente simples, aplicando as leis de Kirchhoff combinadas com a lei de Ohm. Podemos usar essa abordagem para todos os circuitos, mas, à medida que suas estruturas ganham complexidade e envolvem mais e mais elementos, esse método fica trabalhoso. Neste capítulo, apresentaremos duas técnicas de análise de circuitos que são eficazes no exame de estruturas de circuito complexas: o método das tensões de nó e o método das correntes de malha. Essas técnicas fornecem dois métodos sistemáticos para descrever circuitos com o mínimo de equações simultâneas.

Além desses dois métodos analíticos gerais, neste capítulo também discutimos outras técnicas de simplificação de circuitos. Já demonstramos como usar reduções série-paralelo e transformações Δ-Y para simplificar a estrutura de um circuito. Agora, adicionamos transformações de fontes e circuitos equivalentes de Thévenin e Norton a esse fim.

Também analisamos dois outros tópicos importantes na análise de circuitos. Um deles é a máxima transferência de potência, que leva em consideração as condições necessárias para assegurar que seja maximizada a potência fornecida por uma fonte a uma carga resistiva. Circuitos equivalentes de Thévenin são usados para estabelecer as condições de máxima transferência de potência. O tópico final deste capítulo, a superposição, examina a análise de circuitos com mais de uma fonte independente.

Perspectiva prática

Circuitos com resistores reais

No capítulo anterior, começamos a investigar o efeito da imprecisão dos valores de resistores sobre o desempenho de um circuito; especificamente, sobre o desempenho de um divisor de tensão. Resistores são fabricados somente para uma pequena quantidade de valores discretos, e qualquer resistor de um lote apresentará variação em relação a seu valor nominal, dentro de certo nível de tolerância. Aqueles com tolerâncias menores, digamos 1%, são mais caros do que os de tolerâncias maiores, digamos 10%. Portanto, em um circuito que usa muitos resistores, é importante entender qual valor de resistor causa o maior impacto sobre o desempenho esperado do circuito. Em outras palavras, interessa-nos prever o efeito da variação do valor de cada resistor sobre a saída do circuito. Se soubermos que um determinado resistor deve ter um valor muito próximo de seu valor nominal para o circuito funcionar corretamente, poderemos tomar a decisão de gastar uma quantia a mais para obter maior precisão para o valor desse resistor.

O estudo do efeito do valor de um componente de circuito sobre a saída do circuito é conhecido como **análise de sensibilidade**. Assim que forem apresentadas outras técnicas de análise de circuitos, esse tópico da análise de sensibilidade será examinado.

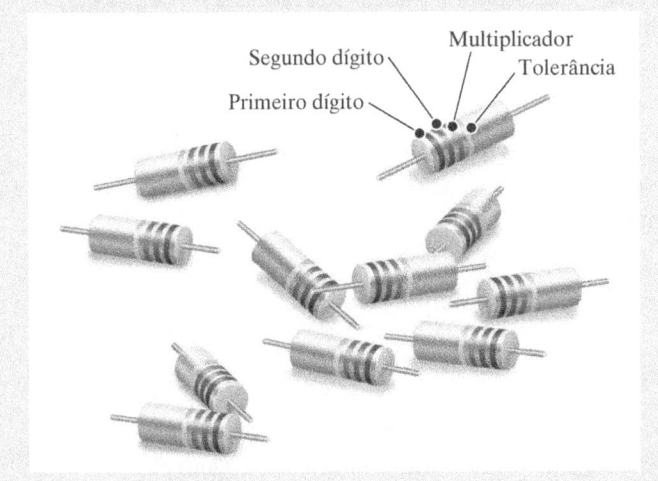

Ocean/Corbis

Figura 4.1 (a) Circuito planar. (b) O mesmo circuito redesenhado para mostrar que ele é planar.

(a)

(b)

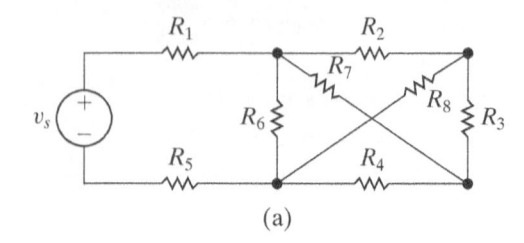

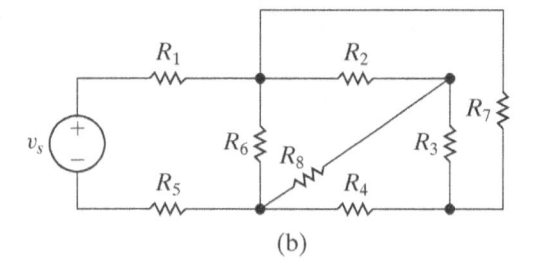

Figura 4.2 Circuito não planar.

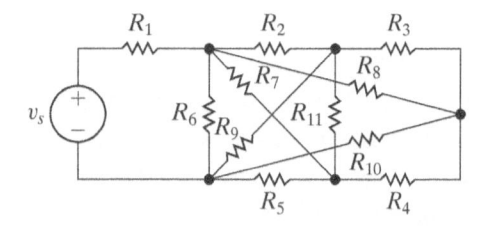

4.1 Terminologia

Para discutir métodos mais complexos de análise de circuitos, precisamos definir alguns termos básicos. Até aqui, apresentamos somente **circuitos planares** – isto é, aqueles que podem ser desenhados sobre um plano, sem cruzamento de ramos. Um circuito desenhado com ramos que se cruzam poderá ser considerado planar, se for possível redesenhá-lo sem ramos entrecruzados. Por exemplo, o circuito mostrado na Figura 4.1(a) pode ser redesenhado como o da Figura 4.1(b); os circuitos são equivalentes porque todas as ligações de nós foram mantidas. Portanto, o circuito da Figura 4.1(a) é planar porque pode ser desenhado como tal. A Figura 4.2 mostra um circuito não planar – ele não pode ser redesenhado de modo que todas as ligações de nós sejam mantidas e nenhum ramo se sobreponha a outro. O método das tensões de nó é aplicável tanto a circuitos planares quanto aos não planares, ao passo que o método das correntes de malha está limitado a circuitos planares.

Descrição de um circuito – o vocabulário

Na Seção 1.5, definimos um elemento básico ideal de circuito. Quando elementos básicos de circuito são interligados para formar um circuito, a interligação resultante é descrita em termos de nós, caminhos, ramos, laços e malhas. Na Seção 2.4, definimos nó e caminho fechado, ou laço. Aqui, reformulamos essas definições para, então, definirmos os termos *caminho*, *ramo* e *malha*. Para sua conveniência, todas essas definições são apresentadas na Tabela 4.1, que também inclui exemplos de cada definição, retirados do circuito da Figura 4.3 e desenvolvidos no Exemplo 4.1.

Tabela 4.1 Termos para descrever circuitos.

Nome	Definição	Exemplo da Figura 4.3
Nó	Um ponto onde dois ou mais elementos de circuito se juntam	a
Nó essencial	Um nó onde três ou mais elementos de circuito se juntam	b
Caminho	Uma trilha por sobre elementos básicos sem passar mais de uma vez pelos elementos incluídos	$v_1 - R_1 - R_5 - R_6$
Ramo	Um caminho que liga dois nós	R_1
Ramo essencial	Um caminho que liga dois nós essenciais sem passar por um nó essencial	$v_1 - R_1$
Laço	Um caminho cujos nós inicial e final coincidem	$v_1 - R_1 - R_5 - R_6 - R_4 - v_2$
Malha	Um laço que não engloba nenhum outro laço	$v_1 - R_1 - R_5 - R_3 - R_2$
Circuito planar	Um circuito que pode ser desenhado sobre um plano sem nenhuma interseção de ramos	A Figura 4.3 mostra um circuito planar. A Figura 4.2 mostra um circuito não planar.

EXEMPLO 4.1 Identificação de nó, ramo, malha e laço em um circuito.

No circuito da Figura 4.3, identifique

a) todos os nós.

b) todos os nós essenciais.

c) todos os ramos.

d) todos os ramos essenciais.

e) todas as malhas.

f) dois caminhos que não são laços nem ramos essenciais.

g) dois laços que não são malhas.

Figura 4.3 Circuito que ilustra nós, ramos, malhas, caminhos e laços.

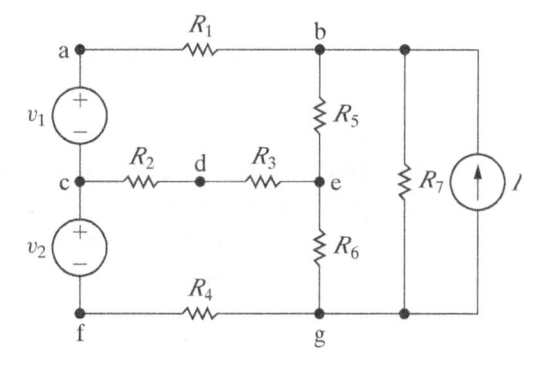

Solução

a) Os nós são a, b, c, d, e, f e g.

b) Os nós essenciais são b, c, e e g.

c) Os ramos são $v_1, v_2, R_1, R_2, R_3, R_4, R_5, R_6, R_7$ e I.

d) Os ramos essenciais são $v_1 - R_1, R_2 - R_3, v_2 - R_4, R_5, R_6, R_7$ e I.

e) As malhas são $v_1 - R_1 - R_5 - R_3 - R_2, v_2 - R_2 - R_3 - R_6 - R_4, R_5 - R_7 - R_6$ e $R_7 - I$.

f) $R_1 - R_5 - R_6$ é um caminho, mas não um laço (porque o nó inicial e o nó final não são os mesmos) nem um ramo essencial (porque não liga dois nós essenciais). $v_2 - R_2$ também é um caminho, mas não um laço nem um ramo essencial, pelas mesmas razões.

g) $v_1 - R_1 - R_5 - R_6 - R_4 - v_2$ é um laço, mas não uma malha, porque há dois laços em seu interior. $I - R_5 - R_6$ também é um laço, mas não uma malha.

NOTA: avalie o que entendeu desse material tentando resolver os problemas 4.1 e 4.5, apresentados no final deste capítulo.

Equações simultâneas – quantas?

O número de correntes desconhecidas em um circuito é igual ao número de ramos, b, em que a corrente não é conhecida. Por exemplo, o circuito mostrado na Figura 4.3 tem nove ramos em que a corrente é desconhecida. Lembre-se de que devemos ter b equações independentes para resolver um circuito com b correntes desconhecidas. Se usarmos n para representar o número de nós no circuito, podemos deduzir $n - 1$ equações independentes aplicando a lei das correntes de Kirchhoff a qualquer conjunto de $n - 1$ nós. (A aplicação da lei das correntes ao n-ésimo nó não gera uma equação independente porque essa equação pode ser derivada das $n - 1$ equações anteriores. Veja o Problema 4.5.) Como precisamos de b equações para descrever determinado circuito e como podemos obter $n - 1$ dessas equações pela lei das correntes de Kirchhoff, devemos aplicar a lei das tensões de Kirchhoff aos laços ou malhas para obter as $b - (n - 1)$ equações restantes.

Assim, contando nós, malhas e ramos em que a corrente é desconhecida, estabelecemos um método sistemático de escrever o número necessário de equações para resolver um circuito. Especificamente, aplicamos a lei das correntes de Kirchhoff a $n - 1$ nós e a lei das tensões de Kirchhoff a $b - (n - 1)$ laços (ou malhas). Essas observações também se aplicam a nós e ramos essenciais. Assim, se usarmos n_e para representar o número de nós essenciais e b_e para o número de ramos essenciais em que a corrente é desconhecida, podemos aplicar a lei das correntes de Kirchhoff a $n_e - 1$ nós e a lei das tensões de Kirchhoff ao longo de $b_e - (n_e - 1)$ laços ou malhas. Em circuitos, o número de nós essenciais é menor ou igual ao número de nós, e o número de ramos essenciais é menor ou igual ao número de ramos. Por isso, muitas vezes é conveniente usar nós essenciais e ramos essenciais ao analisar um circuito, porque eles produzem um número menor de equações independentes.

Um circuito pode consistir em partes desconectadas. Um exemplo de tal circuito é examinado no Problema 4.3. Os enunciados referentes ao número de equações que podem ser derivadas da lei das correntes de Kirchhoff, $n - 1$, e da lei das tensões de Kirchhoff, $b - (n - 1)$, aplicam-se a circuitos conectados. Se um circuito tiver n nós e b ramos e for composto de s partes, a lei das correntes poderá ser aplicada $n - s$ vezes, e a lei das tensões, $b - n + s$ vezes. Quaisquer duas partes separadas podem ser conectadas por um único condutor. Essa conexão sempre resulta na formação de um nó a partir de dois nós. Além do mais, não existe nenhuma corrente nesse condutor único. Assim, qualquer circuito composto de s partes desconectadas sempre pode ser reduzido a um circuito conectado.

Figura 4.4 Circuito mostrado na Figura 4.3 com seis correntes de ramos desconhecidas.

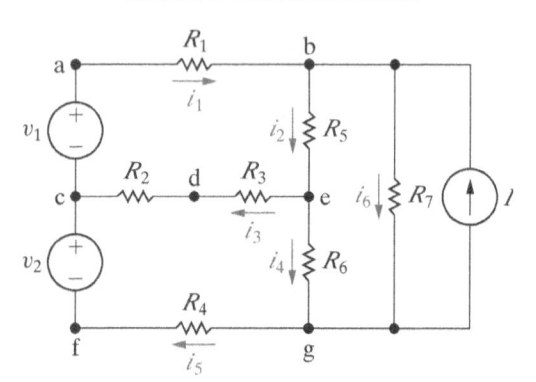

A abordagem sistemática – um exemplo

Agora, exemplificamos essa abordagem sistemática usando o circuito mostrado na Figura 4.4. Escreveremos as equações com base em nós e ramos essenciais. O circuito tem quatro nós essenciais e seis ramos essenciais, denotados $i_1 - i_6$, em que a corrente é desconhecida.

Deduzimos três das seis equações simultâneas necessárias aplicando a lei das correntes de Kirchhoff a quaisquer três dos quatro nós essenciais. Usamos os nós b, c e e para obter

$$-i_1 + i_2 + i_6 - I = 0,$$
$$i_1 - i_3 - i_5 = 0,$$
$$i_3 + i_4 - i_2 = 0. \tag{4.1}$$

Deduzimos as três equações restantes aplicando a lei das tensões de Kirchhoff ao longo de três malhas. Como o circuito possui quatro malhas, precisamos desprezar uma delas. Escolhemos $R_7 - I$, porque não conhecemos a tensão em I.[1]

Usando as outras três malhas, obtemos

$$R_1 i_1 + R_5 i_2 + i_3(R_2 + R_3) - v_1 = 0,$$
$$-i_3(R_2 + R_3) + i_4 R_6 + i_5 R_4 - v_2 = 0,$$
$$-i_2 R_5 + i_6 R_7 - i_4 R_6 = 0. \tag{4.2}$$

Rearranjando as equações 4.1 e 4.2 para facilitar sua resolução, obtemos o conjunto

$$-i_1 + i_2 + 0i_3 + 0i_4 + 0i_5 + i_6 = I,$$
$$i_1 + 0i_2 - i_3 + 0i_4 - i_5 + 0i_6 = 0,$$

---

[1] Falaremos mais sobre essa decisão na Seção 4.7.

$$0i_1 - i_2 + i_3 + i_4 + 0i_5 + 0i_6 = 0,$$

$$R_1 i_1 + R_5 i_2 + (R_2 + R_3)i_3 + 0i_4 + 0i_5 + 0i_6 = v_1,$$

$$0i_1 + 0i_2 - (R_2 + R_3)i_3 + R_6 i_4 + R_4 i_5 + 0i_6 = v_2,$$

$$0i_1 - R_5 i_2 + 0i_3 - R_6 i_4 + 0i_5 + R_7 i_6 = 0. \tag{4.3}$$

Observe que somando a corrente no n-ésimo nó (g neste exemplo) temos

$$i_5 - i_4 - i_6 + I = 0. \tag{4.4}$$

A Equação 4.4 não é independente porque podemos deduzi-la somando as equações 4.1 e, então, multiplicando a soma por -1. Assim, a Equação 4.4 é uma combinação linear das equações 4.1 e, portanto, não é independente delas. Agora, podemos avançar mais um passo no procedimento. Introduzindo novas variáveis, podemos descrever um circuito com apenas $n - 1$ equações ou apenas $b - (n - 1)$ equações. Portanto, essas novas variáveis permitem chegar a uma solução com a manipulação de um número menor de equações, uma meta desejável mesmo que um computador seja usado para obter uma solução numérica.

As novas variáveis são conhecidas como tensões de nó e correntes de malha. O método das tensões de nó habilita-nos a descrever um circuito em termos de $n_e - 1$ equações; o método das correntes de malha habilita-nos a descrever um circuito em termos de $b_e - (n_e - 1)$ equações. Começaremos na Seção 4.2 com o método das tensões de nó.

NOTA: avalie o que entendeu desse material tentando resolver os problemas 4.2 e 4.3, apresentados no final deste capítulo.

4.2 Introdução ao método das tensões de nó

Apresentaremos o método das tensões de nó usando os nós essenciais do circuito. A primeira etapa é desenhar um diagrama do circuito de modo a não haver interseção de ramos e a marcar claramente, nesse diagrama, os nós essenciais do circuito, como na Figura 4.5. Esse circuito tem três nós essenciais ($n_e = 3$); portanto, precisamos de duas ($n_e - 1$) equações de tensões de nó para descrever o circuito. A etapa seguinte é selecionar um dos três nós essenciais como o de referência. Embora possa parecer arbitrária, a escolha do nó de referência é, na prática, com frequência óbvia. Por exemplo, o nó com o maior número de ramos costuma ser uma boa escolha. A escolha ideal do nó de referência (se existir algum) ficará evidente depois que você adquirir alguma experiência na utilização desse método. No circuito mostrado na Figura 4.5, o nó inferior conecta a maioria dos ramos, por isso foi selecionado como o de referência. Sinalizamos o nó de referência escolhido com o símbolo ▼, como na Figura 4.6.

Figura 4.5 Circuito usado para ilustrar o método das tensões de nó para análise de circuitos.

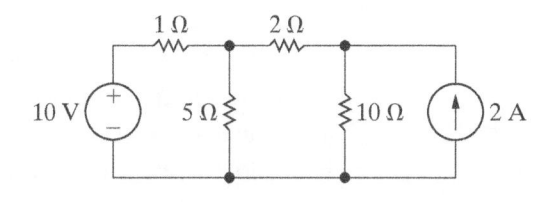

Figura 4.6 Circuito mostrado na Figura 4.5 com um nó de referência e as tensões de nó.

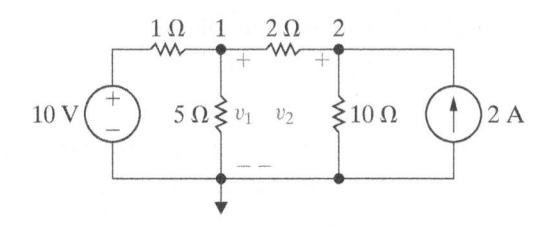

Após selecionarmos o nó de referência, definimos as tensões de nó no diagrama do circuito. A **tensão de nó** é definida como a elevação de tensão entre o nó de referência e outro nó, que não o de referência. Para esse circuito, devemos definir duas tensões de nó, que são denotadas v_1 e v_2 na Figura 4.6.

Figura 4.7 Cálculo da corrente de ramo i.

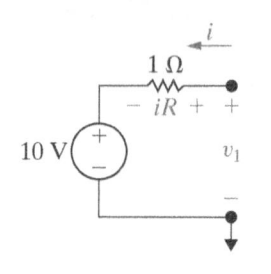

Agora estamos prontos para gerar as equações de tensão de nó. Fazemos isso expressando, em primeiro lugar, a corrente que sai de cada ramo conectado a um nó que não é o de referência como uma função das tensões de nó e, então, igualando a soma dessas correntes a zero, de acordo com a lei das correntes de Kirchhoff. Para o circuito da Figura 4.6, a corrente que sai do nó 1 e passa pelo resistor de 1 Ω é a queda de tensão no resistor dividida pela resistência (lei de Ohm). A queda de tensão no resistor, na direção da corrente que sai do nó, é $v_1 - 10$. Portanto, a corrente no resistor de 1 Ω é $(v_1 - 10)/1$. A Figura 4.7 retrata essas observações. Ela mostra o ramo 10 V–1 Ω, com as tensões e corrente adequadas.

Esse mesmo raciocínio possibilita o cálculo da corrente em todo ramo em que ela é desconhecida. Assim, a corrente que sai do nó 1 e passa pelo resistor de 5 Ω é $v_1/5$, e a corrente que sai do nó 1 e passa pelo resistor de 2 Ω é $(v_1 - v_2)/2$. A soma das três correntes que saem do nó 1 deve ser igual a zero; portanto, a equação de tensão de nó deduzida para o nó 1 é

$$\frac{v_1 - 10}{1} + \frac{v_1}{5} + \frac{v_1 - v_2}{2} = 0. \tag{4.5}$$

A equação de tensão de nó deduzida para o nó 2 é

$$\frac{v_2 - v_1}{2} + \frac{v_2}{10} - 2 = 0. \tag{4.6}$$

Observe que o primeiro termo da Equação 4.6 é a corrente que sai do nó 2 passando pelo resistor de 2 Ω, o segundo termo é a corrente que sai do nó 2 passando pelo resistor de 10 Ω e o terceiro termo é a corrente que sai do nó 2 passando pela fonte de corrente.

As equações 4.5 e 4.6 são as duas equações simultâneas que descrevem o circuito mostrado na Figura 4.6 em termos das tensões de nó v_1 e v_2. Resolvendo para v_1 e v_2, temos

$$v_1 = \frac{100}{11} = 9{,}09 \text{ V}$$

$$v_2 = \frac{120}{11} = 10{,}91 \text{ V}.$$

Uma vez conhecidas as tensões de nó, todas as correntes de ramo podem ser calculadas. Com essas correntes conhecidas, as tensões e potências de ramo podem ser calculadas. O Exemplo 4.2 ilustra a utilização do método das tensões de nó.

EXEMPLO 4.2 Utilização do método das tensões de nó.

Figura 4.8 Circuito para o Exemplo 4.2.

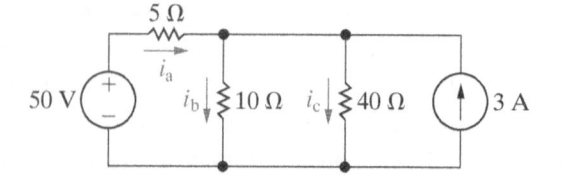

a) Use o método das tensões de nó para determinar as correntes de ramo i_a, i_b e i_c no circuito mostrado na Figura 4.8.

b) Determine a potência associada a cada fonte e verifique se a fonte está fornecendo ou absorvendo potência.

Solução

a) Começamos observando que o circuito tem dois nós essenciais e, por isso, precisamos escrever uma única expressão de tensão de nó. Selecionamos o nó inferior como o nó de referência e definimos a tensão de nó desconhecida como v_1. A Figura 4.9 ilustra essas decisões. Somando as correntes que saem do nó 1, geramos a equação de tensão de nó

$$\frac{v_1 - 50}{5} + \frac{v_1}{10} + \frac{v_1}{40} - 3 = 0.$$

Resolvendo para v_1, obtemos

$$v_1 = 40 \text{ V}.$$

Logo,

Figura 4.9 Circuito mostrado na Figura 4.8, com um nó de referência e a tensão de nó desconhecida v_1.

$$i_a = \frac{50 - 40}{5} = 2 \text{ A},$$

$$i_b = \frac{40}{10} = 4 \text{ A},$$

$$i_c = \frac{40}{40} = 1 \text{ A}.$$

b) A potência associada à fonte de 50 V é

$$p_{50V} = -50 i_a = -100 \text{ W (fornecendo)}$$

A potência associada à fonte de 3 A é

$$p_{3A} = -3v_1 = -3(40) = -120 \text{ W (fornecendo)}$$

Verificamos esses cálculos observando que a potência total fornecida é 220 W. A potência total absorvida pelos três resistores é $4(5) + 16(10) + 1(40)$, ou 220 W, como calculamos e como deve ser.

PROBLEMAS PARA AVALIAÇÃO

Objetivo 1 Entender e saber utilizar o método das tensões de nó.

4.1 a) Para o circuito mostrado, use o método das tensões de nó para determinar v_1, v_2 e i_1.
b) Qual é a potência fornecida ao circuito pela fonte de 15 A?
c) Repita (b) para a fonte de 5 A.

Resposta: (a) 60 V, 10 V, 10 A;
(b) 900 W;
(c) −50 W.

4.2 Use o método das tensões de nó para determinar v no circuito mostrado.

Resposta: 15 V.

NOTA: tente resolver também os problemas 4.6, 4.11 e 4.13, apresentados no final deste capítulo.

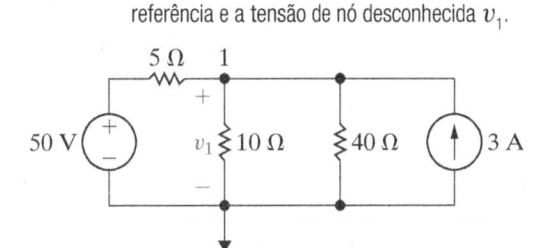

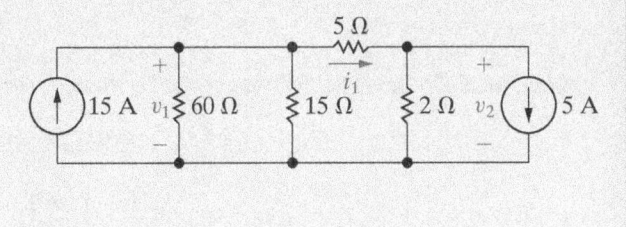

4.3 O método das tensões de nó e as fontes dependentes

Se o circuito contiver fontes dependentes, as equações das tensões de nó devem ser suplementadas com as equações de restrição impostas pela presença das fontes dependentes. O Exemplo 4.3 ilustra a aplicação do método das tensões de nó a um circuito que contém uma fonte dependente.

EXEMPLO 4.3 Utilização do método das tensões de nó com fontes dependentes.

Use o método das tensões de nó para determinar a potência dissipada no resistor de 5 Ω do circuito mostrado na Figura 4.10.

Figura 4.10 Circuito para o Exemplo 4.3.

Solução

Começamos observando que o circuito tem três nós essenciais. Por conseguinte, precisamos de duas equações das tensões de nó para descrever o circuito. Quatro ramos terminam no nó inferior, por isso ele foi selecionado como nó de referência. As duas tensões de nó desconhecidas são definidas no circuito mostrado na Figura 4.11. A soma das correntes que saem do nó 1 gera a equação

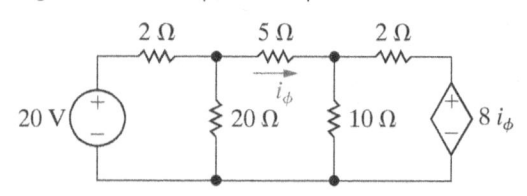

Figura 4.11 Circuito mostrado na Figura 4.10, com um nó de referência e as tensões de nó.

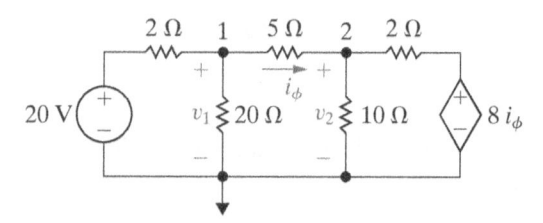

$$\frac{v_1 - 20}{2} + \frac{v_1}{20} + \frac{v_1 - v_2}{5} = 0.$$

A soma das correntes que saem do nó 2 fornece

$$\frac{v_2 - v_1}{5} + \frac{v_2}{10} + \frac{v_2 - 8i_\phi}{2} = 0.$$

Como está expresso, essas duas equações das tensões de nó contêm três incógnitas: v_1, v_2 e i_ϕ. Para eliminar i_ϕ, devemos expressar essa corrente de controle em termos das tensões de nó, ou

$$i_\phi = \frac{v_1 - v_2}{5}.$$

A substituição dessa relação na equação do nó 2 simplifica as duas equações das tensões de nó para

$$0{,}75v_1 - 0{,}2v_2 = 10,$$

$$-v_1 + 1{,}6v_2 = 0.$$

Resolvendo para v_1 e v_2, obtemos

$$v_1 = 16\ \text{V}$$

e

$$v_2 = 10\ \text{V}.$$

Então,

$$i_\phi = \frac{16 - 10}{5} = 1,2 \text{ A},$$

$$p_{5\Omega} = (1,44)(5) = 7,2 \text{ W}.$$

Um bom exercício para desenvolver sua intuição para a resolução de problemas é reanalisar esse exemplo usando o nó 2 como o de referência. Isso facilita ou dificulta a análise?

PROBLEMA PARA AVALIAÇÃO

Objetivo 1 Entender e saber utilizar o método das tensões de nó.

4.3 a) Use o método das tensões de nó para determinar a potência associada a cada fonte no circuito mostrado.
b) Verifique se a fonte está fornecendo potência ao circuito ou absorvendo potência dele.

Resposta: (a) $p_{50V} = -150$ W, $p_{3i_1} = -144$ W,
$p_{5A} = -80$ W;
(b) todas as fontes estão fornecendo potência ao circuito.

NOTA: tente resolver também os problemas 4.18 e 4.19, apresentados no final deste capítulo.

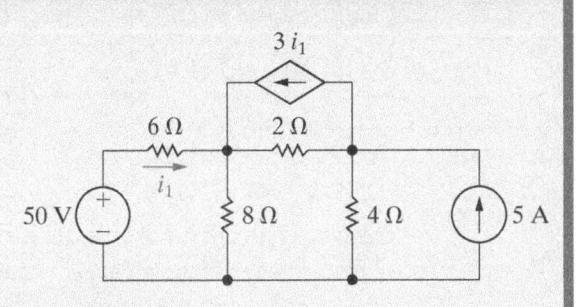

4.4 O método das tensões de nó: alguns casos especiais

Quando uma fonte de tensão é o único elemento entre dois nós essenciais, o método das tensões de nó é simplificado. Como exemplo, examine o circuito da Figura 4.12. Há três nós essenciais nesse circuito, o que significa que são necessárias duas equações simultâneas. Dentre esses três nós essenciais, foi escolhido um nó de referência e foram rotulados outros dois. Mas a fonte de 100 V restringe a tensão entre o nó 1 e o nó de referência a 100 V. Isso significa que há somente uma tensão de nó desconhecida (v_2). Portanto, a solução desse circuito envolve uma única equação de tensão para o nó 2:

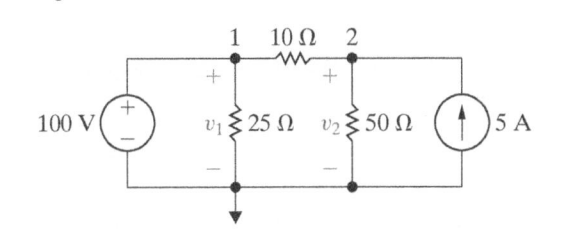

Figura 4.12 Circuito com uma tensão de nó conhecida.

$$\frac{v_2 - v_1}{10} + \frac{v_2}{50} - 5 = 0. \tag{4.7}$$

Como $v_1 = 100$ V, a Equação 4.7 pode ser resolvida para v_2:

$$v_2 = 125 \text{ V}. \tag{4.8}$$

Conhecendo v_2, podemos calcular a corrente em cada ramo. Você deve verificar que a corrente que entra no nó 1, por meio do ramo que contém a fonte de tensão independente, é 1,5 A.

De modo geral, quando você usa o método das tensões de nó para resolver circuitos com fontes de tensão ligadas diretamente entre nós essenciais, o número de tensões de nó desconhecidas

Figura 4.13 Circuito com uma fonte de tensão dependente ligada entre nós.

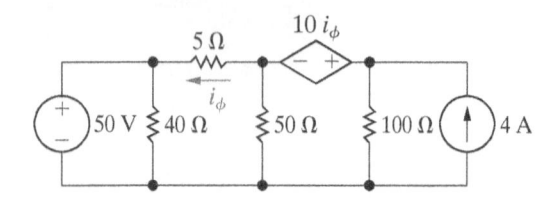

Figura 4.14 Circuito mostrado na Figura 4.13, com as tensões de nós selecionadas.

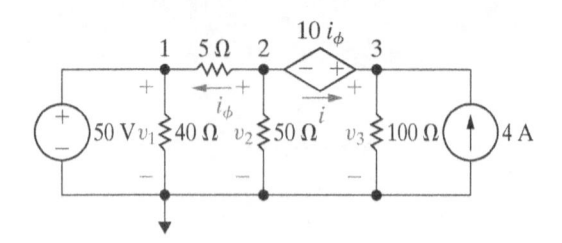

é reduzido. A razão é que, sempre que a fonte de tensão liga dois nós essenciais, ela impele a diferença entre as tensões de nó nesses nós a ser igual à da fonte. Dedique algum tempo para testar se você é capaz de reduzir o número de incógnitas e, desse modo, simplificar a análise dos circuitos.

Suponha que o circuito mostrado na Figura 4.13 deva ser analisado utilizando-se o método das tensões de nó. O circuito contém quatro nós essenciais, de forma que prevemos três equações de tensão de nó. Contudo, dois nós essenciais estão ligados por uma fonte de tensão independente, e dois outros nós essenciais estão ligados por uma fonte de tensão dependente controlada por corrente. Por conseguinte, na verdade, há apenas uma tensão de nó desconhecida.

Escolher qual nó usar como referência envolve várias possibilidades. Qualquer dos nós de cada lado da fonte de tensão dependente parece atraente porque, se escolhido, saberíamos que uma das tensões de nó seria $+10i_\phi$ (se o nó da esquerda for o nó de referência) ou $-10i_\phi$ (se o nó da direita for o nó de referência). O nó inferior parece até melhor porque uma tensão de nó é conhecida de imediato (50 V) e cinco ramos terminam ali. Portanto, optamos pelo nó inferior como o de referência.

A Figura 4.14 mostra o circuito redesenhado, com o nó de referência assinalado e as tensões de nó definidas. Além disso, introduzimos a corrente i porque não podemos expressar a corrente no ramo da fonte de tensão dependente como uma função das tensões de nó v_2 e v_3. Assim, no nó 2

$$\frac{v_2 - v_1}{5} + \frac{v_2}{50} + i = 0, \quad (4.9)$$

e no nó 3

$$\frac{v_3}{100} - i - 4 = 0. \quad (4.10)$$

Eliminamos i simplesmente somando as equações 4.9 e 4.10 para obter

$$\frac{v_2 - v_1}{5} + \frac{v_2}{50} + \frac{v_3}{100} - 4 = 0. \quad (4.11)$$

Figura 4.15 Nós 2 e 3 englobados por um supernó.

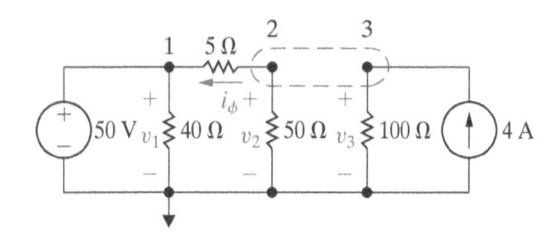

O conceito de supernó

A Equação 4.11 pode ser escrita diretamente, sem recorrer à etapa intermediária representada pelas equações 4.9 e 4.10. Para isso, considere os nós 2 e 3 como um único nó e simplesmente some as correntes que saem do nó em termos das tensões de nó v_2 e v_3. A Figura 4.15 ilustra essa abordagem.

Quando uma fonte de tensão está entre dois nós essenciais, podemos combiná-los para formar um **supernó**. É óbvio que a lei das correntes de Kirchhoff deve ser válida para o supernó. Na Figura 4.15, começando com o ramo de 5 Ω e percorrendo o supernó no sentido anti-horário, geramos a equação

$$\frac{v_2 - v_1}{5} + \frac{v_2}{50} + \frac{v_3}{100} - 4 = 0, \quad (4.12)$$

que é idêntica à Equação 4.11. A criação de um supernó nos nós 2 e 3 facilitou a análise desse circuito. Portanto, sempre vale a pena dedicar algum tempo à procura desse tipo de atalho antes de escrever quaisquer equações.

Depois de a Equação 4.12 ter sido deduzida, a etapa seguinte é reduzir a expressão a uma única tensão de nó desconhecida. Em primeiro lugar, eliminamos v_1 da equação porque sabemos que $v_1 = 50$ V. Em seguida, expressamos v_3 em função de v_2:

$$v_3 = v_2 + 10i_\phi. \qquad (4.13)$$

Agora, expressamos a corrente de controle da fonte de tensão dependente em função das tensões de nó:

$$i_\phi = \frac{v_2 - 50}{5}. \qquad (4.14)$$

Usar as equações 4.13 e 4.14 e $v_1 = 50$ V reduz a Equação 4.12 a

$$v_2\left(\frac{1}{50} + \frac{1}{5} + \frac{1}{100} + \frac{10}{500}\right) = 10 + 4 + 1,$$

$$v_2(0{,}25) = 15,$$

$$v_2 = 60 \text{ V}.$$

Pelas equações 4.13 e 4.14:

$$i_\phi = \frac{60 - 50}{5} = 2 \text{ A},$$

$$v_3 = 60 + 20 = 80 \text{ V}.$$

Análise do circuito amplificador pelo método das tensões de nó

Usaremos agora o método das tensões de nó para analisar o circuito que apresentamos pela primeira vez na Seção 2.5, mostrado novamente na Figura 4.16.

Quando usamos o método da análise de correntes de ramo na Seção 2.5, enfrentamos a tarefa de escrever e resolver seis equações simultâneas. Aqui, mostraremos como a análise nodal pode simplificar nosso trabalho.

O circuito tem quatro nós essenciais: os nós a e d são ligados por uma fonte de tensão independente, assim como os nós b e c. Portanto, o problema reduz-se a determinar uma única tensão de nó desconhecida, porque $(n_e - 1) - 2 = 1$. Usando d como nó de referência, combinamos os nós b e c em um supernó e identificamos a queda de tensão em R_2 como v_b e a queda de tensão em R_E como v_c, conforme mostra a Figura 4.17. Então,

$$\frac{v_b}{R_2} + \frac{v_b - V_{CC}}{R_1} + \frac{v_c}{R_E} - \beta i_B = 0. \qquad (4.15)$$

Figura 4.16 Circuito amplificador de transistor mostrado na Figura 2.24.

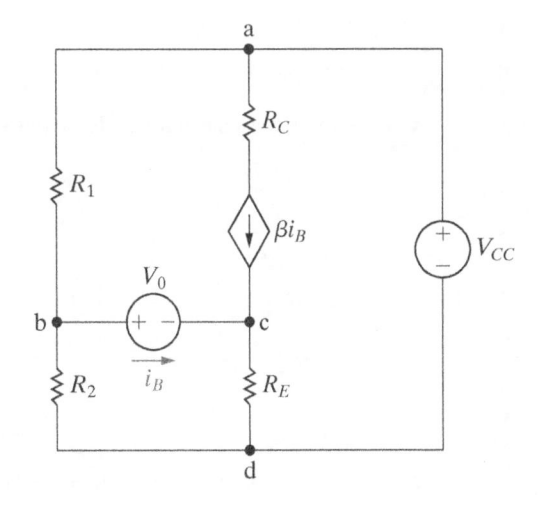

Agora, eliminamos v_c e i_B da Equação 4.15, observando que

Figura 4.17 Circuito mostrado na Figura 4.16, com as tensões e o supernó identificados.

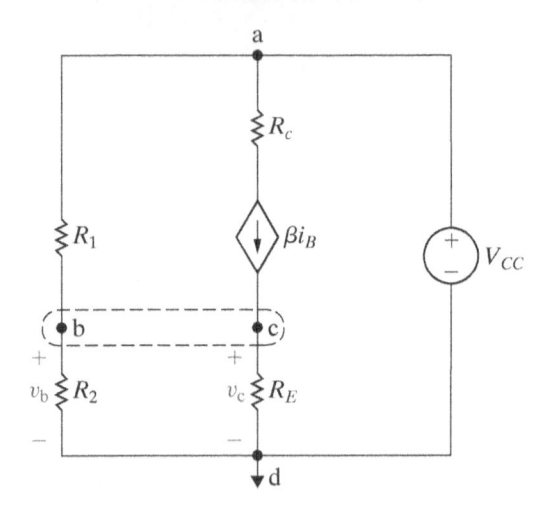

$$v_c = (i_B + \beta i_B)R_E, \quad (4.16)$$

$$v_c = v_b - V_0. \quad (4.17)$$

Substituindo as equações 4.16 e 4.17 na Equação 4.15, temos

$$v_b\left[\frac{1}{R_1} + \frac{1}{R_2} + \frac{1}{(1+\beta)R_E}\right] = \frac{V_{CC}}{R_1} + \frac{V_0}{(1+\beta)R_E}. \quad (4.18)$$

Resolvendo a Equação 4.18 para v_b, obtemos

$$v_b = \frac{V_{CC}R_2(1+\beta)R_E + V_0R_1R_2}{R_1R_2 + (1+\beta)R_E(R_1 + R_2)}. \quad (4.19)$$

Usando o método das tensões de nó para analisar esse circuito, reduzimos o problema de manipular seis equações simultâneas (veja o Problema 2.27) para o de manipular três equações simultâneas. Você deve verificar que, quando a Equação 4.19 é combinada com as equações 4.16 e 4.17, a solução para i_B é idêntica à da Equação 2.25. (Veja o Problema 4.30.)

PROBLEMAS PARA AVALIAÇÃO

Objetivo 1 Entender e saber utilizar o método das tensões de nó.

4.4 Use o método das tensões de nó para determinar v_o no circuito mostrado.

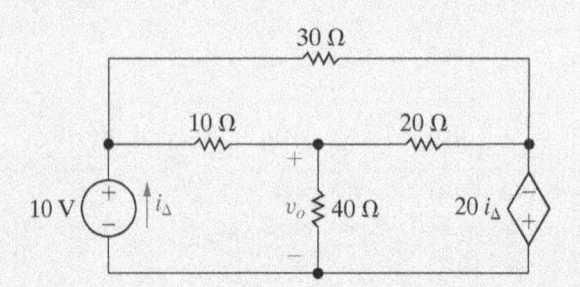

Resposta: 24 V.

4.5 Use o método das tensões de nó para determinar v no circuito mostrado.

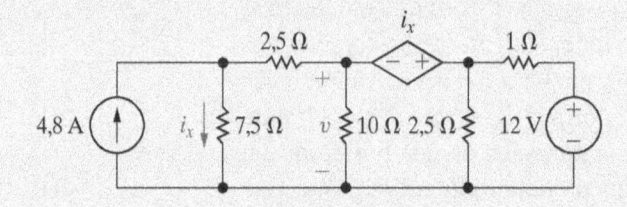

Resposta: 8 V.

4.6 Use o método das tensões de nó para determinar v_1 no circuito mostrado.

Resposta: 48 V.

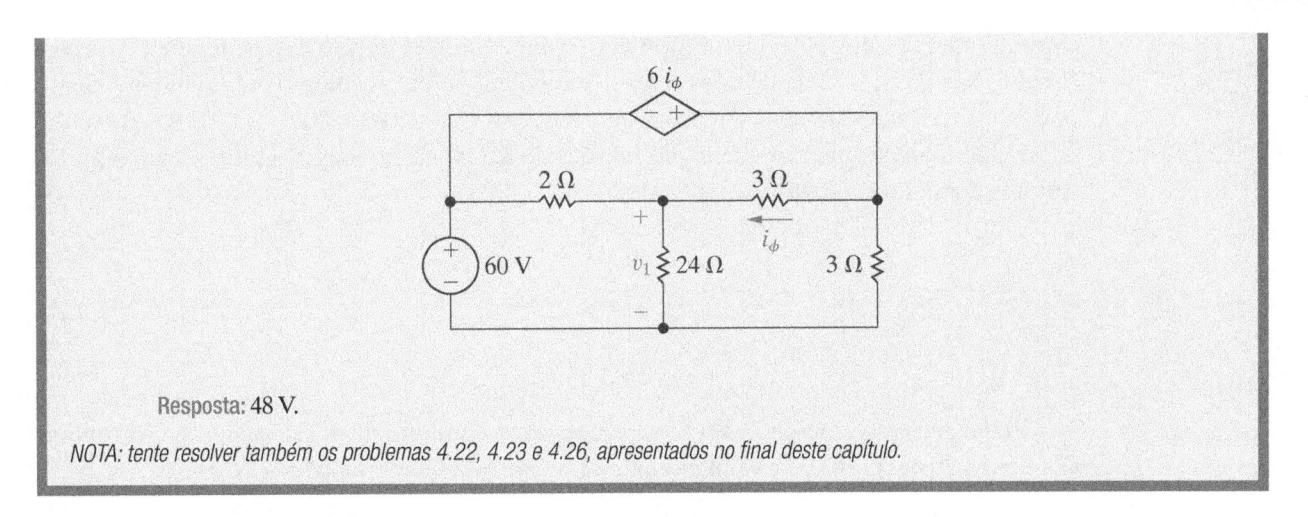

NOTA: tente resolver também os problemas 4.22, 4.23 e 4.26, apresentados no final deste capítulo.

4.5 Introdução ao método das correntes de malha

Como dissemos na Seção 4.1, o método das correntes de malha para análise de circuitos habilita-nos a descrever um circuito em termos de $b_e - (n_e - 1)$ equações. Lembre-se de que uma malha é um laço em cujo interior não há nenhum outro laço. O circuito da Figura 4.1(b) é mostrado novamente na Figura 4.18 com setas que representam e distinguem as correntes no interior de cada laço. Lembre-se também de que o método das correntes de malha só é aplicável a circuitos planares. O circuito da Figura 4.18 contém sete ramos essenciais em que a corrente é desconhecida e quatro nós essenciais. Portanto, para resolvê-lo por meio do método das correntes de malha, devemos escrever quatro $[7-(4-1)]$ equações de correntes de malha.

Figura 4.18 Circuito mostrado na Figura 4.1(b), com as correntes de malha definidas.

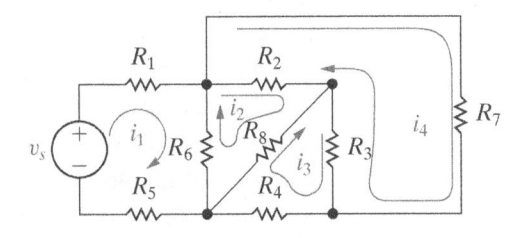

Uma **corrente de malha** é a corrente que existe somente no perímetro de uma malha. Em um diagrama do circuito, ela é representada por uma linha contínua ou quase contínua que percorre o perímetro da malha. Uma ponta de seta na linha contínua indica a direção de referência para a corrente de malha. A Figura 4.18 mostra as quatro correntes de malha que descrevem o circuito da Figura 4.1(b). Observe que, por definição, correntes de malha satisfazem automaticamente a lei das correntes de Kirchhoff. Isto é, em qualquer nó do circuito, uma dada corrente de malha tanto entra quanto sai do nó.

A Figura 4.18 também mostra que nem sempre é possível identificar uma corrente de malha em termos de uma corrente de ramo. Por exemplo, a corrente de malha i_2 não é igual a nenhuma corrente de ramo, ao passo que as correntes de malha i_1, i_3 e i_4 podem ser identificadas com correntes de ramo. Assim, medir uma corrente de malha nem sempre é possível; observe que não há onde inserir um amperímetro para medir a corrente de malha i_2. O fato de uma corrente de malha poder ser uma quantidade fictícia não significa que ela seja um conceito inútil. Ao contrário, o método das correntes de malha para análise de circuitos evolui muito naturalmente a partir das equações de corrente de ramo.

Figura 4.19 Circuito usado para ilustrar o desenvolvimento do método das correntes de malha para análise de circuitos.

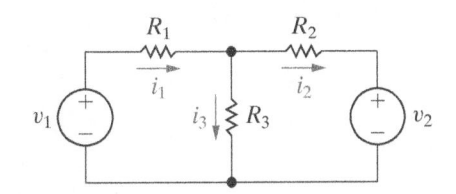

Podemos usar o circuito da Figura 4.19 para mostrar a evolução da técnica das correntes de malha. Começamos usando as correntes de ramo (i_1, i_2 e i_3) para formular o conjunto de equações independentes. Para esse circuito, $b_e = 3$ e $n_e = 2$. Podemos escrever somente uma equação de corrente independente, portanto precisamos de duas equações independentes de tensões. Aplicar a lei das correntes de Kirchhoff ao nó superior e a lei das tensões de Kirchhoff ao longo das duas malhas gera o seguinte conjunto de equações:

$$i_1 = i_2 + i_3, \tag{4.20}$$

$$v_1 = i_1 R_1 + i_3 R_3, \tag{4.21}$$

$$-v_2 = i_2 R_2 - i_3 R_3. \tag{4.22}$$

Reduzimos esse conjunto de três equações a um conjunto de duas equações resolvendo a Equação 4.20 para i_3 e, então, substituindo essa expressão nas equações 4.21 e 4.22:

$$v_1 = i_1(R_1 + R_3) - i_2 R_3, \tag{4.23}$$

$$-v_2 = -i_1 R_3 + i_2(R_2 + R_3). \tag{4.24}$$

Podemos resolver as equações 4.23 e 4.24 para i_1 e i_2 a fim de substituir a solução de três equações simultâneas pela solução de duas equações simultâneas. Deduzimos as equações 4.23 e 4.24 substituindo as $n_e - 1$ equações de corrente nas $b_e - (n_e - 1)$ equações de tensão. O valor do método das correntes de malha é que, definindo correntes de malha, eliminamos automaticamente $n_e - 1$ equações de corrente. Assim, o método das correntes de malha é equivalente a uma substituição sistemática das $n_e - 1$ equações de corrente nas $b_e - (n_e - 1)$ equações de tensão. As correntes de malha da Figura 4.19, que são equivalentes a eliminar a corrente de ramo i_3 das equações 4.21 e 4.22, são mostradas na Figura 4.20. Aplicamos, agora, a lei das tensões de Kirchhoff ao longo das duas malhas, expressando todas as tensões nos resistores em termos das correntes de malha, a fim de obter as equações

$$v_1 = i_a R_1 + (i_a - i_b) R_3, \tag{4.25}$$

$$-v_2 = (i_b - i_a) R_3 + i_b R_2. \tag{4.26}$$

Pondo em evidência os coeficientes de i_a e i_b nas equações 4.25 e 4.26, temos

$$v_1 = i_a(R_1 + R_3) - i_b R_3, \tag{4.27}$$

$$-v_2 = -i_a R_3 + i_b(R_2 + R_3). \tag{4.28}$$

Observe que as equações 4.27 e 4.28 e as equações 4.23 e 4.24 são idênticas na forma, com as correntes de malha i_a e i_b no lugar das correntes de ramo i_1 e i_2. Observe também que as correntes de ramo mostradas na Figura 4.19 podem ser expressas em termos das correntes de malha mostradas na Figura 4.20, ou

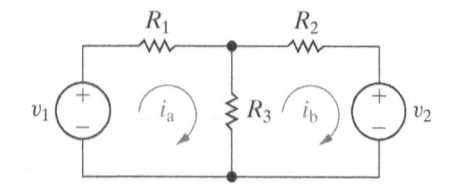

$$i_1 = i_a, \tag{4.29}$$

$$i_2 = i_b, \tag{4.30}$$

$$i_3 = i_a - i_b. \tag{4.31}$$

Figura 4.20 Correntes de malha i_a e i_b.

A capacidade de escrever as equações 4.29 a 4.31 por inspeção é crucial para o método das correntes de malha. Uma vez que conhecemos as correntes de malha, também conhecemos as correntes de ramo. E, uma vez conhecidas as correntes de ramo, podemos calcular quaisquer tensões ou potências de interesse.

O Exemplo 4.4 ilustra como o método das correntes de malha é usado para determinar as potências das fontes e a tensão de ramo.

EXEMPLO 4.4 Utilização do método das correntes de malha.

a) Use o método das correntes de malha para determinar a potência associada a cada fonte de tensão no circuito mostrado na Figura 4.21.

b) Calcule a tensão v_o no resistor de 8 Ω.

Figura 4.21 Circuito para o Exemplo 4.4.

Solução

a) Para calcular a potência associada a cada fonte, precisamos saber qual é a corrente em cada fonte. O circuito indica que essas correntes de fonte serão idênticas às correntes de malha. Além disso, observe que o circuito tem sete ramos, em que a corrente é desconhecida, e cinco nós. Portanto, precisamos de três $[b - (n - 1) = 7 - (5 - 1)]$ equações de correntes de malha para descrever o circuito. A Figura 4.22 mostra as três correntes de malha usadas para descrever o circuito da Figura 4.21. Se admitirmos que as quedas de tensão serão positivas, as três equações de malha são

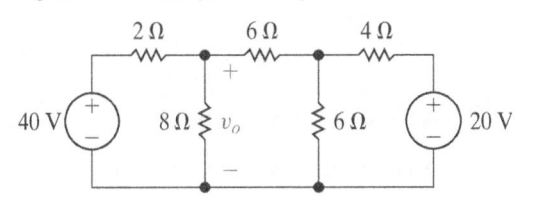

Figura 4.22 As três correntes de malha usadas para analisar o circuito mostrado na Figura 4.21.

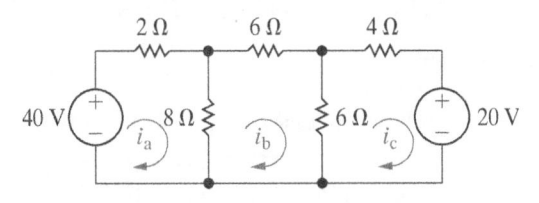

$$-40 + 2i_a + 8(i_a - i_b) = 0,$$
$$8(i_b - i_a) + 6i_b + 6(i_b - i_c) = 0,$$
$$6(i_c - i_b) + 4i_c + 20 = 0. \tag{4.32}$$

É provável que sua calculadora possa resolver essas equações, ou pode-se usar algum recurso de computador. O método de Cramer é uma ferramenta útil para resolver três ou mais equações simultâneas à mão. Você pode revisar essa importante ferramenta no Apêndice A. Reorganizando as equações 4.32 antes de utilizar uma calculadora, um programa de computador ou o método de Cramer, temos

$$10i_a - 8i_b + 0i_c = 40;$$
$$-8i_a + 20i_b - 6i_c = 0;$$
$$0i_a - 6i_b + 10i_c = -20. \tag{4.33}$$

As três correntes de malha são

$$i_a = 5{,}6 \text{ A},$$
$$i_b = 2{,}0 \text{ A},$$
$$i_c = -0{,}80 \text{ A}.$$

A corrente de malha i_a é idêntica à corrente de ramo na fonte de 40 V, de forma que a potência associada a essa fonte é

$$p_{40V} = -40i_a = -224 \text{ W}.$$

O sinal negativo indica que essa fonte está fornecendo potência à rede. A corrente na fonte de 20 V é idêntica à corrente de malha i_c; portanto,

$$p_{20V} = 20i_c = -16 \text{ W}.$$

A fonte de 20 V também está fornecendo potência à rede.

b) A corrente de ramo no resistor de 8 Ω, na direção da queda de tensão v_o, é $i_a - i_b$. Portanto,

$$v_o = 8(i_a - i_b) = 8(3,6) = 28,8 \text{ V}.$$

PROBLEMA PARA AVALIAÇÃO

Objetivo 2 Compreender e saber utilizar o método das correntes de malha.

4.7 Use o método das correntes de malha para determinar (a) a potência fornecida pela fonte de 80 V ao circuito mostrado e (b) a potência dissipada no resistor de 8 Ω.

Resposta: (a) 400 W;
(b) 50 W.

NOTA: tente resolver também os problemas 4.32 e 4.36, apresentados no final deste capítulo.

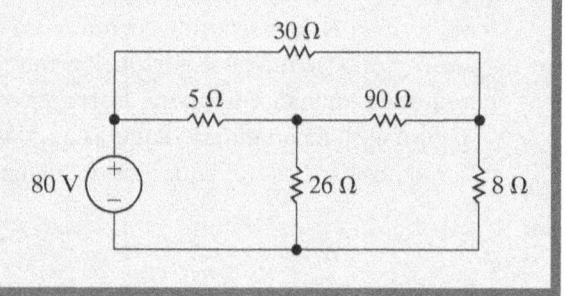

4.6 O método das correntes de malha e as fontes dependentes

Se o circuito contiver fontes dependentes, as equações de correntes de malha deverão ser suplementadas pelas equações de restrição adequadas. O Exemplo 4.5 ilustra a aplicação do método das correntes de malha quando o circuito inclui uma fonte dependente.

EXEMPLO 4.5 Utilização do método das correntes de malha com fontes dependentes.

Use o método das correntes de malha para determinar a potência dissipada no resistor de 4 Ω no circuito mostrado na Figura 4.23.

Figura 4.23 Circuito para o Exemplo 4.5.

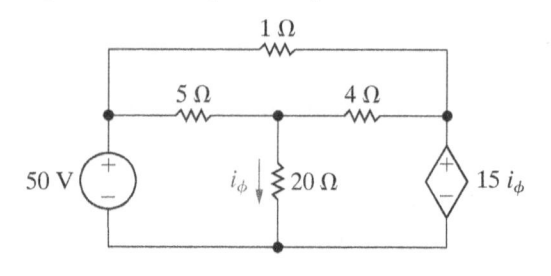

Solução

Esse circuito tem seis ramos, em que a corrente é desconhecida, e quatro nós. Portanto, precisamos de três correntes de malha para descrever o circuito. Elas são definidas no circuito mostrado na Figura 4.24. As três equações de corrente de malha são

$$50 = 5(i_1 - i_2) + 20(i_1 - i_3),$$

$$0 = 5(i_2 - i_1) + 1i_2 + 4(i_2 - i_3),$$

$$0 = 20(i_3 - i_1) + 4(i_3 - i_2) + 15i_\phi. \quad (4.34)$$

Figura 4.24 Circuito mostrado na Figura 4.23 com as três correntes de malha.

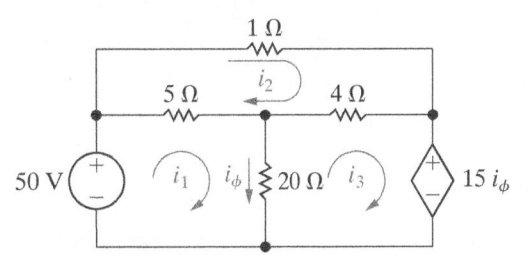

Agora, expressamos a corrente de ramo que controla a fonte de tensão dependente em termos das correntes de malha como

$$i_\phi = i_1 - i_3, \quad (4.35)$$

que é a equação suplementar imposta pela presença da fonte dependente. Substituindo a Equação 4.35 nas equações 4.34 e colocando em evidência os coeficientes de i_1, i_2 e i_3 em cada equação, geramos

$$50 = 25i_1 - 5i_2 - 20i_3,$$

$$0 = -5i_1 + 10i_2 - 4i_3,$$

$$0 = -5i_1 - 4i_2 + 9i_3.$$

Como estamos calculando a potência dissipada no resistor de 4 Ω, calculamos as correntes de malha i_2 e i_3:

$$i_2 = 26 \text{ A},$$

$$i_3 = 28 \text{ A}.$$

A corrente no resistor de 4 Ω, orientada da esquerda para a direita, é $i_3 - i_2$, ou 2 A. Portanto, a potência dissipada é

$$p_{4\Omega} = (i_3 - i_2)^2(4) = (2)^2(4) = 16 \text{ W}.$$

E se você não tivesse sido aconselhado a usar o método das correntes de malha? Teria escolhido o método das tensões de nó? Com ele, o problema restringe-se a determinar uma tensão de nó desconhecida por causa da presença de duas fontes de tensão entre nós essenciais. Mais adiante comentaremos esse tipo de escolha.

PROBLEMAS PARA AVALIAÇÃO

Objetivo 2 Compreender e saber utilizar o método das correntes de malha.

4.8 a) Determine o número de equações de correntes de malha necessárias para resolver o circuito mostrado a seguir.
b) Use o método das correntes de malha para determinar a potência que está sendo fornecida à fonte de tensão dependente.

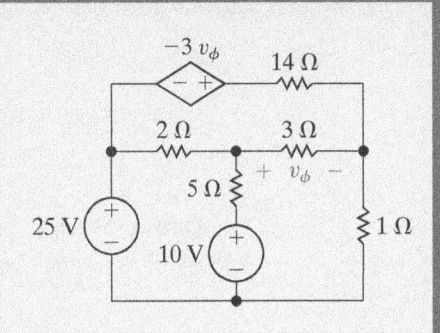

Resposta: (a) 3;
(b) −36 W.

4.9 Use o método das correntes de malha para determinar v_o no circuito mostrado a seguir.

Resposta: 16 V.

NOTA: tente resolver também os problemas 4.39 e 4.40, apresentados no final deste capítulo.

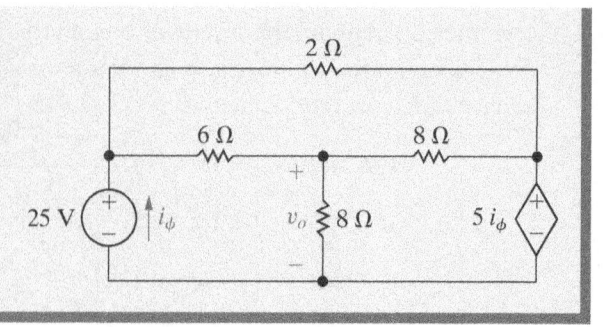

Figura 4.25 Circuito que ilustra o método das correntes de malha quando um ramo contém uma fonte de corrente independente.

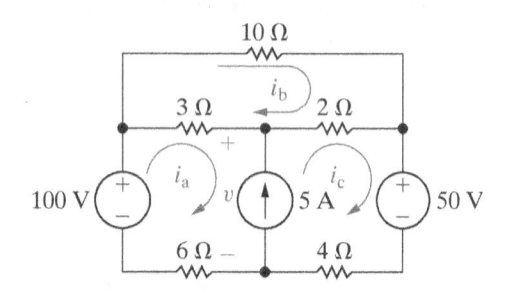

4.7 O método das correntes de malha: alguns casos especiais

Quando um ramo inclui uma fonte de corrente, o método das correntes de malha requer algumas manipulações adicionais. O circuito mostrado na Figura 4.25 demonstra a natureza do problema.

Definimos as correntes de malha i_a, i_b e i_c, bem como a tensão na fonte de corrente de 5 A, para auxiliar a discussão. Observe que o circuito contém cinco ramos essenciais, em que a corrente é desconhecida, e quatro nós essenciais. Por conseguinte, precisamos escrever duas [5 − (4 − 1)] equações de correntes de malha para resolver o circuito. A presença da fonte de corrente reduz as três correntes de malha desconhecidas a duas dessas correntes, porque ela faz com que a diferença entre i_a e i_c seja igual a 5 A. Portanto, se conhecemos i_a, conhecemos i_c, e vice-versa.

Contudo, quando tentamos somar as tensões ao longo da malha *a* ou da malha *c*, temos de introduzir nas equações a tensão desconhecida nos terminais da fonte de corrente de 5 A. Assim, para a malha *a*:

$$100 = 3(i_a - i_b) + v + 6i_a, \tag{4.36}$$

e para a malha *c*:

$$-50 = 4i_c - v + 2(i_c - i_b). \tag{4.37}$$

Agora, somamos as equações 4.36 e 4.37 para eliminar v e obter

$$50 = 9i_a - 5i_b + 6i_c. \tag{4.38}$$

Somando tensões ao longo da malha *b*, obtemos

$$0 = 3(i_b - i_a) + 10i_b + 2(i_b - i_c). \tag{4.39}$$

Reduzimos as equações 4.38 e 4.39 a duas equações e duas incógnitas usando a restrição

$$i_c - i_a = 5. \tag{4.40}$$

Deixamos para você verificar que, quando a Equação 4.40 é combinada com as equações 4.38 e 4.39, as soluções para as três correntes de malha são

$$i_a = 1{,}75 \text{ A}, i_b = 1{,}25 \text{ A e } i_c = 6{,}75 \text{ A}.$$

O conceito de supermalha

Podemos deduzir a Equação 4.38 sem introduzir a tensão desconhecida v usando o conceito de supermalha. Para criar uma supermalha, removemos mentalmente a fonte de corrente do circuito ao simplesmente evitar esse ramo quando escrevemos as equações de corrente de malha. Expressamos as tensões ao longo da supermalha em termos das correntes de malha originais. A Figura 4.26 ilustra o conceito da supermalha. Quando somamos as tensões ao longo da supermalha (denotada pela linha tracejada), obtemos a equação

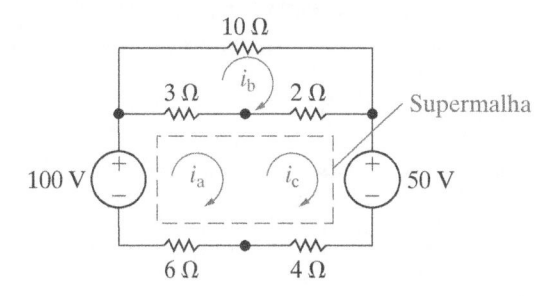

$$-100 + 3(i_a - i_b) + 2(i_c - i_b) + 50 + 4i_c + 6i_a = 0, \qquad (4.41)$$

que se reduz a

$$50 = 9i_a - 5i_b + 6i_c. \qquad (4.42)$$

Figura 4.26 Circuito mostrado na Figura 4.25, que ilustra o conceito de uma supermalha.

Observe que as equações 4.42 e 4.38 são idênticas. Assim, a supermalha eliminou a necessidade de introduzir a tensão desconhecida nos terminais da fonte de corrente. Mais uma vez, dedicar algum tempo para examinar cuidadosamente um circuito e identificar um atalho como esse será muito compensador em termos de simplificação da análise.

Análise do circuito amplificador pelo método das correntes de malha

Podemos usar o circuito apresentado pela primeira vez na Seção 2.5 (Figura 2.24) para ilustrar como o método das correntes de malha funciona quando um ramo contém uma fonte de corrente dependente. A Figura 4.27 mostra esse circuito, com as três correntes de malha identificadas por i_a, i_b e i_c. O circuito tem quatro nós essenciais e cinco ramos essenciais, nos quais a corrente é desconhecida. Portanto, sabemos que o circuito pode ser analisado em termos de duas $[5 - (4 - 1)]$ equações de correntes de malha. Embora tenhamos definido três correntes de malha na Figura 4.27, a fonte de corrente dependente impõe uma restrição entre as correntes de malha i_a e i_c, portanto temos somente duas correntes de malha desconhecidas. Usando o conceito da supermalha, desenhamos novamente o circuito como mostrado na Figura 4.28.

Figura 4.27 Circuito mostrado na Figura 2.24 com as correntes de malha i_a, i_b e i_c.

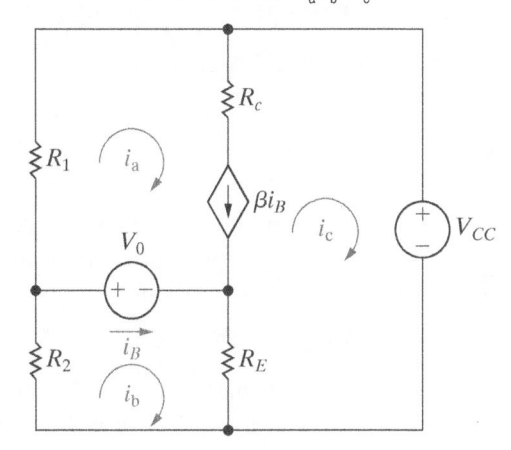

Agora, somamos as tensões ao longo da supermalha em termos das correntes de malha i_a, i_b e i_c para obter

$$R_1 i_a + v_{CC} + R_E(i_c - i_b) - V_0 = 0. \qquad (4.43)$$

A equação da malha b é

$$R_2 i_b + V_0 + R_E(i_b - i_c) = 0. \qquad (4.44)$$

A restrição imposta pela fonte de corrente dependente é

$$\beta i_B = i_a - i_c. \qquad (4.45)$$

Figura 4.28 Circuito mostrado na Figura 4.27, representando a supermalha criada pela presença da fonte de corrente dependente.

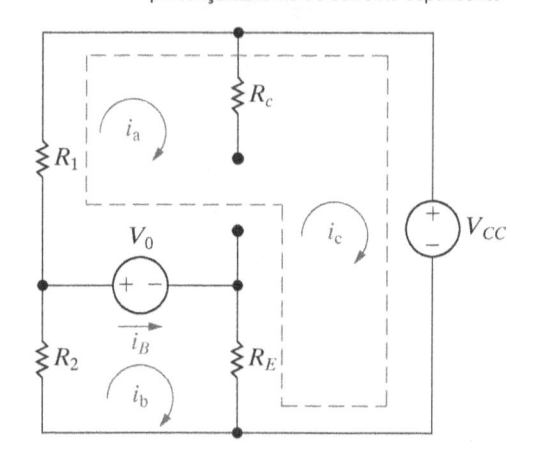

A corrente de ramo que controla a fonte de corrente dependente, expressa como uma função das correntes de malha, é

$$i_B = i_b - i_a. \quad (4.46)$$

Pelas equações 4.45 e 4.46,

$$i_c = (1 + \beta)i_a - \beta i_b. \quad (4.47)$$

Agora, usamos a Equação 4.47 para eliminar i_c das equações 4.43 e 4.44:

$$[R_1 + (1+\beta)R_E]i_a - (1+\beta)R_E i_b = V_0 - V_{CC}, \quad (4.48)$$

$$-(1+\beta)R_E i_a + [R_2 + (1+\beta)R_E]i_b = -V_0. \quad (4.49)$$

Você deve verificar que a solução das equações 4.48 e 4.49 para i_a e i_b resulta em

$$i_a = \frac{V_0 R_2 - V_{CC} R_2 - V_{CC}(1+\beta)R_E}{R_1 R_2 + (1+\beta)R_E(R_1 + R_2)}, \quad (4.50)$$

$$i_b = \frac{-V_0 R_1 - (1+\beta)R_E V_{CC}}{R_1 R_2 + (1+\beta)R_E(R_1 + R_2)}. \quad (4.51)$$

Deixamos para você verificar que, quando as equações 4.50 e 4.51 são usadas para determinar i_B, o resultado é o mesmo dado pela Equação 2.25.

PROBLEMAS PARA AVALIAÇÃO

Objetivo 2 Compreender e saber utilizar o método das correntes de malha.

4.10 Use o método das correntes de malha para determinar a potência dissipada no resistor de 2 Ω no circuito mostrado.
Resposta: 72 W.

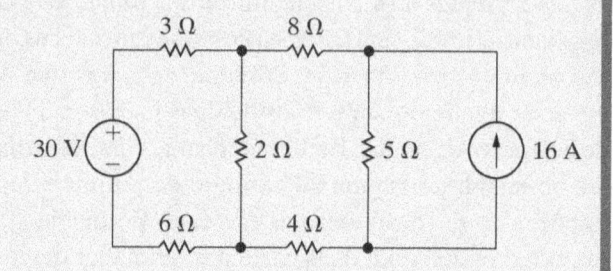

4.11 Use o método das correntes de malha para determinar a corrente de malha i_a no circuito mostrado.

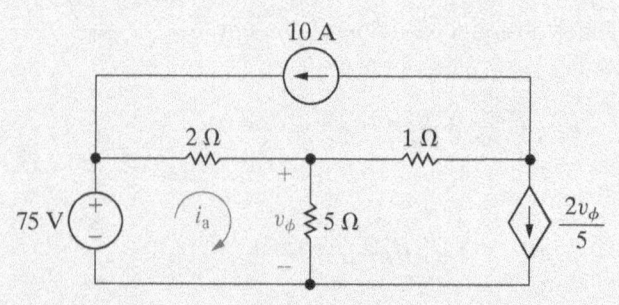

Resposta: 15 A.

4.12 Use o método das correntes de malha para determinar a potência dissipada no resistor de 1 Ω no circuito mostrado.

Resposta: 36 W.

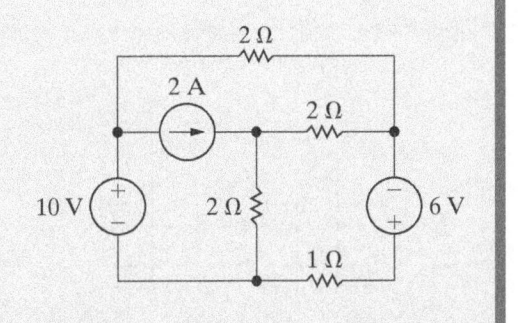

NOTA: tente resolver também os problemas 4.43, 4.47, 4.49 e 4.52, apresentados no final deste capítulo.

4.8 Método das tensões de nó *versus* método das correntes de malha

A maior vantagem de ambos os métodos, das tensões de nó e das correntes de malha, é que eles reduzem o número de equações simultâneas a serem manipuladas. Também requerem que o analista seja bastante sistemático no que diz respeito a organizar e escrever essas equações. Então, é natural perguntar: "Quando o método das tensões de nó é preferível ao método das correntes de malha e vice-versa?" Como se pode imaginar, não há uma resposta precisa. No entanto, antes de mergulhar no processo de solução, faça algumas perguntas que podem ajudar a identificar o método mais eficiente:

- Um dos métodos resulta em um número menor de equações simultâneas a resolver?
- O circuito contém supernós? Em caso afirmativo, usar o método das tensões de nó permitirá a redução do número de equações a resolver.
- O circuito contém supermalhas? Em caso afirmativo, usar o método das correntes de malha permitirá a redução do número de equações a resolver.
- Resolver uma parte do circuito fornece a solução desejada? Em caso afirmativo, qual é o método mais eficiente para resolver apenas a porção pertinente do circuito?

Talvez a informação mais importante seja a de que, em qualquer situação, o tempo dedicado para pensar no problema em relação às várias abordagens analíticas disponíveis é um tempo bem gasto. Os exemplos 4.6 e 4.7 ilustram o processo de decisão entre o método das tensões de nó e o método das correntes de malha.

EXEMPLO 4.6 Entender o método das tensões de nó *versus* o método das correntes de malha.

Determine a potência dissipada no resistor de 300 Ω no circuito mostrado na Figura 4.29.

Figura 4.29 Circuito para o Exemplo 4.6.

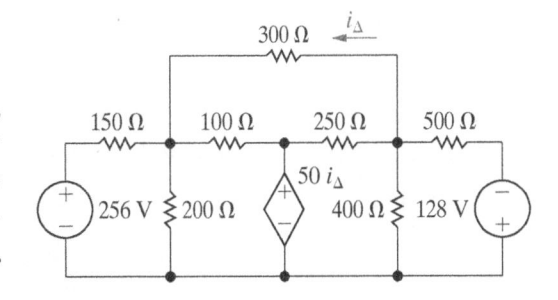

Solução

Para determinar a potência dissipada no resistor de 300 Ω, precisamos determinar ou a corrente que passa pelo resistor ou a tensão em seus terminais. O método das correntes de malha fornece a corrente que passa pelo resistor; essa abordagem requer resolver cinco equações de malha simultâneas,

Figura 4.30 Circuito mostrado na Figura 4.29, com as cinco correntes de malha.

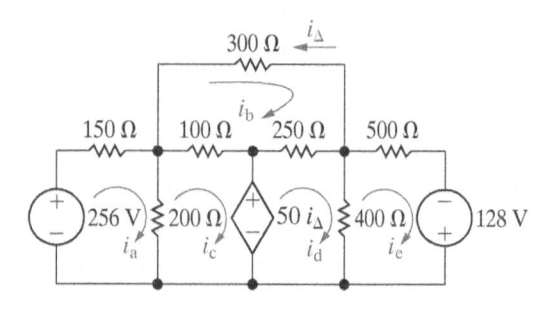

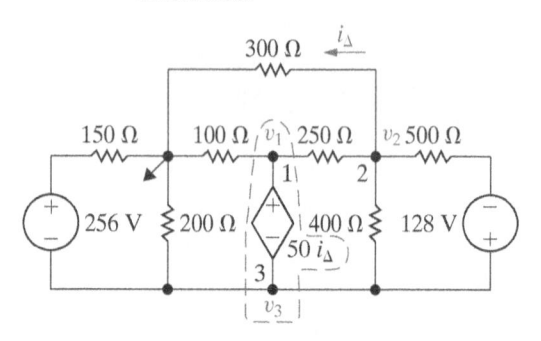

como descrito na Figura 4.30. Ao escrevermos as cinco equações, devemos incluir a restrição $i_\Delta = -i_b$.

Antes de prosseguirmos, vamos examinar o circuito no que se refere ao método das tensões de nó. Observe que, uma vez conhecidas as tensões de nó, podemos calcular a corrente que passa pelo resistor de 300 Ω ou a tensão em seus terminais. O circuito tem quatro nós essenciais e, por conseguinte, somente três equações de tensão de nó são necessárias para descrevê-lo. Por causa da fonte de tensão dependente entre dois nós essenciais, temos de somar as correntes somente em dois nós. Logo, o problema é reduzido a escrever duas equações de tensão de nó e uma equação de restrição. Visto que o método das tensões de nó requer apenas três equações simultâneas, é a abordagem mais atraente.

Figura 4.31 Circuito mostrado na Figura 4.29, com um nó de referência.

Uma vez tomada a decisão de usar o método das tensões de nó, a próxima etapa é selecionar um nó de referência. Dois nós essenciais no circuito da Figura 4.29 merecem atenção. O primeiro é o nó de referência na Figura 4.31. Se esse nó for selecionado, uma das tensões de nó desconhecidas é a tensão no resistor de 300 Ω, ou seja, v_2 na Figura 4.31. Uma vez conhecida essa tensão, calculamos a potência no resistor de 300 Ω usando a expressão

$$p_{300\Omega} = v_2^2/300.$$

Observe que, além de selecionar o nó de referência, definimos as três tensões de nó v_1, v_2 e v_3 e indicamos que os nós 1 e 3 formam um supernó porque estão conectados por uma fonte de tensão dependente. Fica entendido que uma tensão de nó é uma elevação em relação ao nó de referência; portanto, na Figura 4.31, não inserimos as referências de polaridade das tensões de nó.

Figura 4.32 Circuito mostrado na Figura 4.29 com um nó de referência alternativo.

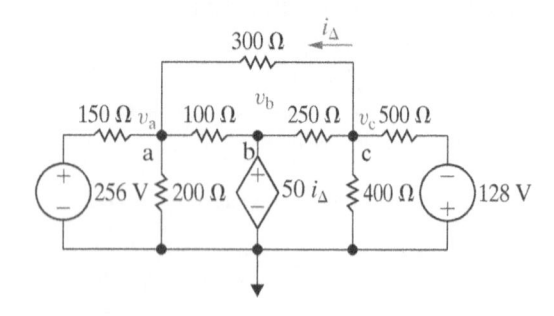

O segundo nó que merece atenção como um possível nó de referência é o nó inferior do circuito, como mostrado na Figura 4.32. É um nó atraente, porque a maioria dos ramos está conectada a ele e, assim, as equações de tensão de nó ficam mais fáceis de escrever. Entretanto, determinar a corrente no resistor de 300 Ω ou a tensão que passa por ele requer um cálculo adicional assim que conhecermos as tensões de nó v_a e v_c. Por exemplo, a corrente no resistor de 300 Ω é $(v_c - v_a)/300$, ao passo que a tensão em seus terminais é $v_c - v_a$.

Comparamos esses dois possíveis nós de referência por meio dos seguintes conjuntos de equações: o primeiro pertence ao circuito mostrado na Figura 4.31 e o segundo é baseado no circuito mostrado na Figura 4.32.

- Conjunto 1 (Figura 4.31)

    No supernó,

$$\frac{v_1}{100} + \frac{v_1 - v_2}{250} + \frac{v_3}{200} + \frac{v_3 - v_2}{400} + \frac{v_3 - (v_2 + 128)}{500}$$

$$+\frac{v_3 + 256}{150} = 0.$$

Em v_2,

$$\frac{v_2}{300} + \frac{v_2 - v_1}{250} + \frac{v_2 - v_3}{400} + \frac{v_2 + 128 - v_3}{500} = 0.$$

A equação de restrição do supernó é

$$v_3 = v_1 - 50i_\Delta = v_1 - \frac{v_2}{6}.$$

- Conjunto 2 (Figura 4.32)

  Em v_a,

  $$\frac{v_a}{200} + \frac{v_a - 256}{150} + \frac{v_a - v_b}{100} + \frac{v_a - v_c}{300} = 0.$$

  Em v_c,

  $$\frac{v_c}{400} + \frac{v_c + 128}{500} + \frac{v_c - v_b}{250} + \frac{v_c - v_a}{300} = 0.$$

  A equação de restrição do supernó é

  $$v_b = 50i_\Delta = \frac{50(v_c - v_a)}{300} = \frac{v_c - v_a}{6}.$$

Você deve verificar que a solução de qualquer um dos conjuntos leva ao cálculo de uma potência de 16,57 W dissipada no resistor de 300 Ω.

EXEMPLO 4.7 Comparação entre o método das tensões de nó e o método das correntes de malha.

Determine a tensão v_o no circuito mostrado na Figura 4.33.

Solução

À primeira vista, o método das tensões de nó parece atraente porque podemos definir a tensão desconhecida como uma tensão de nó escolhendo o terminal inferior da fonte de corrente dependente como o nó de referência. O circuito tem quatro nós essenciais e duas fontes dependentes controladas por tensão, portanto o método das tensões de nó requer a manipulação de três equações de tensão de nó e duas equações de restrição.

Figura 4.33 Circuito para o Exemplo 4.7.

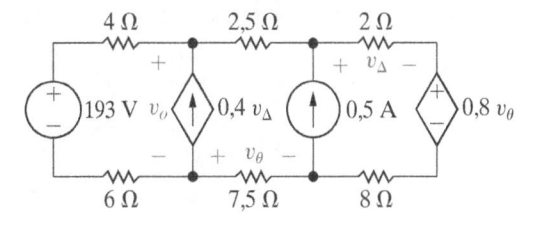

Agora, analisaremos o método das correntes de malha para determinar v_o. O circuito contém três malhas, e podemos usar a da extremidade esquerda para calcular v_o. Se usarmos i_a para denotar a corrente mais à esquerda, então $v_o = 193 - 10i_a$. A presença das duas fontes de corrente reduz o problema à manipulação de uma única equação de supermalha e duas equações de restrição. Por conseguinte, nesse caso, o método das correntes de malha é a técnica mais atraente.

Para ajudar a comparar as duas abordagens, resumimos ambos os métodos. As equações de corrente de malha são baseadas no circuito mostrado na Figura 4.34, e as equações de tensão de nó são baseadas no circuito mostrado na Figura 4.35. A equação de supermalha é

$$193 = 10i_a + 10i_b + 10i_c + 0{,}8v_\theta.$$

e as equações de restrição são

$$i_b - i_a = 0{,}4v_\Delta = 0{,}8i_c;$$

$$v_\theta = -7{,}5i_b; \text{ e}$$

$$i_c - i_b = 0{,}5.$$

Usamos as equações de restrição para escrever a equação de supermalha em termos de i_a:

$$160 = 80i_a \text{ ou } i_a = 2 \text{ A},$$

$$v_o = 193 - 20 = 173 \text{ V}.$$

As equações de tensão de nó são

$$\frac{v_o - 193}{10} - 0{,}4v_\Delta + \frac{v_o - v_a}{2{,}5} = 0,$$

$$\frac{v_a - v_o}{2{,}5} - 0{,}5 + \frac{v_a - (v_b + 0{,}8v_\theta)}{10} = 0,$$

$$\frac{v_b}{7{,}5} + 0{,}5 + \frac{v_b + 0{,}8v_\theta - v_a}{10} = 0.$$

As equações de restrição são

$$v_\theta = -v_b, \quad v_\Delta = \left[\frac{v_a - (v_b + 0{,}8v_\theta)}{10}\right]2.$$

Usamos as equações de restrição para reduzir as equações de tensão de nó a três equações simultâneas envolvendo v_o, v_a e v_b. Você deve verificar que a abordagem das tensões de nó também resulta em $v_o = 173$ V.

Figura 4.34 Circuito mostrado na Figura 4.33 com as três correntes de malha.

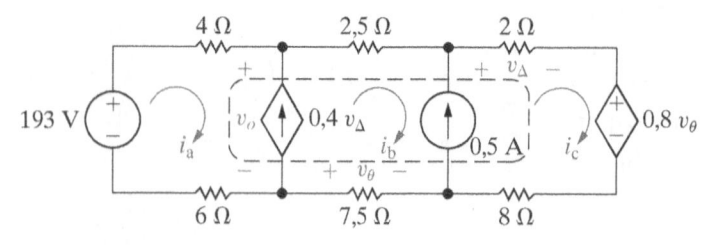

Figura 4.35 Circuito mostrado na Figura 4.33 com tensões de nó.

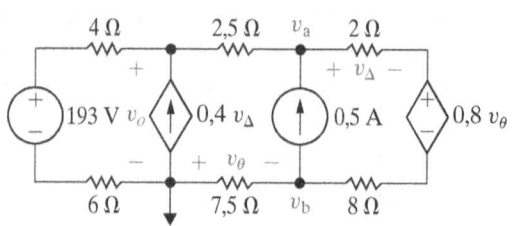

PROBLEMAS PARA AVALIAÇÃO

Objetivo 3 Decidir entre o método das tensões de nó e o método das correntes de malha.

4.13 Determine a potência fornecida pela fonte de corrente de 2 A no circuito mostrado.

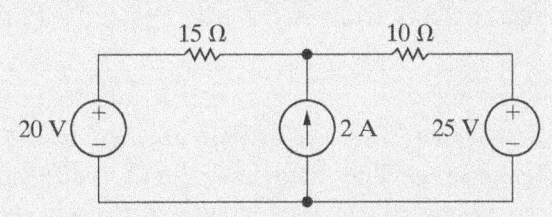

Resposta: 70 W.

4.14 Determine a potência fornecida pela fonte de corrente de 4 A no circuito mostrado.

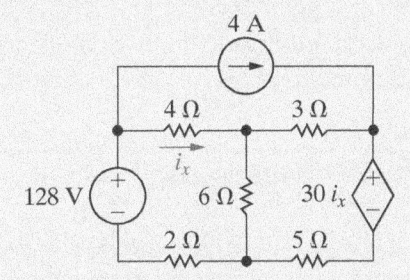

Resposta: 40 W.

NOTA: tente resolver também os problemas 4.54 e 4.56, apresentados no final deste capítulo.

4.9 Transformações de fonte

Embora os métodos das tensões de nó e das correntes de malha sejam técnicas poderosas para resolver circuitos, continuamos interessados em métodos que possam ser usados para simplificar circuitos. Reduções série--paralelo e transformações Δ-Y já estão em nossa lista de técnicas de simplificação. Começamos a expandir essa lista com transformações de fonte. Uma **transformação de fonte**, como mostra a Figura 4.36, permite que uma fonte de tensão em série com um resistor seja substituída por uma fonte de corrente em paralelo com o mesmo resistor ou vice-versa. A seta de duas pontas enfatiza que uma transformação de fonte é bilateral; isto é, podemos começar com qualquer das configurações e deduzir a outra.

Precisamos determinar a relação entre v_s e i_s que garanta que as duas configurações da Figura 4.36 sejam equivalentes no que diz respeito aos nós a,b. A equivalência é obtida se qualquer resistor R_L experimentar o mesmo fluxo de corrente e, com isso, a mesma queda de tensão, esteja conectado entre os nós a,b da Figura 4.36(a) ou da Figura 4.36(b).

Suponha que R_L esteja conectado entre os nós a,b na Figura 4.36(a). Usando a lei de Ohm, a corrente em R_L é

$$i_L = \frac{v_s}{R + R_L}. \tag{4.52}$$

Figura 4.36 Transformações de fonte.

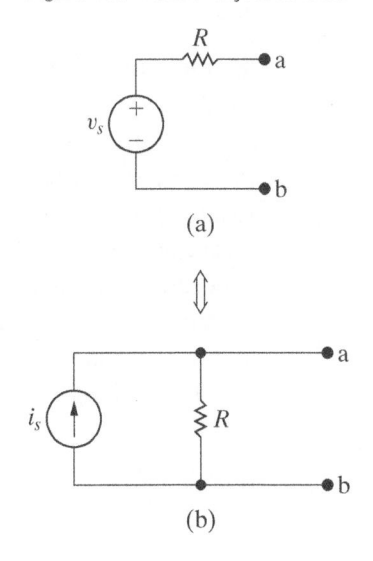

Agora, suponha que o mesmo resistor R_L esteja conectado entre os nós a,b na Figura 4.36(b). Usando a divisão de corrente, a corrente em R_L é

$$i_L = \frac{R}{R + R_L} i_s. \qquad (4.53)$$

Se os dois circuitos da Figura 4.36 forem equivalentes, a corrente nesses resistores deve ser a mesma. Igualando o lado direito das equações 4.52 e 4.53 e simplificando,

$$i_s = \frac{v_s}{R}. \qquad (4.54)$$

Quando a Equação 4.54 é satisfeita para os circuitos na Figura 4.36, a corrente em R_L é a mesma para ambos os circuitos da figura e para todos os valores de R_L. Se a corrente que passa por R_L for a mesma em ambos os circuitos, então a queda de tensão em R_L também será a mesma em ambos os circuitos, e eles serão equivalentes em relação aos nós a,b.

Se a polaridade de v_s for invertida, a orientação de i_s deverá ser invertida para manter a equivalência.

O Exemplo 4.8 ilustra a utilidade de fazer transformações de fonte para simplificar um problema de análise de circuitos.

EXEMPLO 4.8 Utilização de transformações de fonte para resolver um circuito.

a) Para o circuito mostrado na Figura 4.37, determine a potência associada à fonte de 6 V.
b) Verifique se a fonte de 6 V está absorvendo ou fornecendo a potência calculada em (a).

Figura 4.37 Circuito para o Exemplo 4.8.

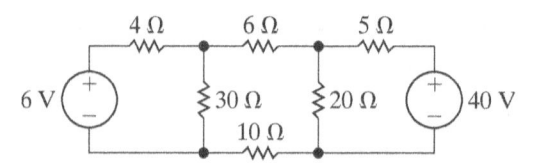

Solução

a) Se estudarmos o circuito mostrado na Figura 4.37, sabendo que a potência associada à fonte de 6 V é de interesse, várias abordagens nos vêm à mente. O circuito tem quatro nós essenciais e seis ramos essenciais, nos quais a corrente é desconhecida. Assim, podemos determinar a corrente no ramo que contém a fonte de 6 V resolvendo tanto as três $[6-(4-1)]$ equações de corrente de malha quanto as três $[4-1]$ equações de tensão de nó. Escolher a abordagem das correntes de malha significa calcular a corrente de malha que corresponde à corrente de ramo na fonte de 6 V. Escolher a abordagem das tensões de nó significa calcular a tensão nos terminais do resistor de 30 Ω, a partir da qual a corrente de ramo na fonte de 6 V pode ser calculada. Entretanto, focalizando só uma corrente de ramo, podemos primeiro simplificar o circuito usando transformações de fonte.

Devemos reduzir o circuito de modo que seja preservada a identidade do ramo que contém a fonte de 6 V. Não há nenhuma razão para preservar a identidade do ramo que contém a fonte de 40 V. Começando com esse ramo, podemos transformar a fonte de 40 V em série com o resistor de 5 Ω em uma fonte de corrente de 8 A em paralelo com um resistor de 5 Ω, como mostra a Figura 4.38(a). Em seguida, podemos substituir a combinação em paralelo dos resistores de 20 Ω e 5 Ω por um resistor de 4 Ω. Esse resistor de 4 Ω está em paralelo com a fonte de 8 A e, portanto, pode ser substituído por uma fonte de 32 V em série com um resistor de 4 Ω, como mostra a Figura 4.38(b).

A fonte de 32 V está em série com o resistor de 20 Ω e, por conseguinte, pode ser substituída por uma fonte de corrente de 1,6 A em paralelo com 20 Ω, como mostra a Figura 4.38(c). Os resistores de 20 Ω e 30 Ω em paralelo podem ser reduzidos a um único resistor de 12 Ω. A combinação em paralelo da fonte de corrente de 1,6 A com o resistor de 12 Ω transforma-se em uma fonte de tensão de 19,2 V em série com 12 Ω. A Figura 4.38(d) mostra o resultado dessa última transformação. A corrente na direção da queda de tensão nos terminais da fonte de 6 V é (19,2 − 6)/16, ou 0,825 A. Portanto, a potência associada à fonte de 6 V é

$$p_{6V} = (0{,}825)(6) = 4{,}95 \text{ W}.$$

Figura 4.38 Simplificação, etapa por etapa, do circuito mostrado na Figura 4.37.

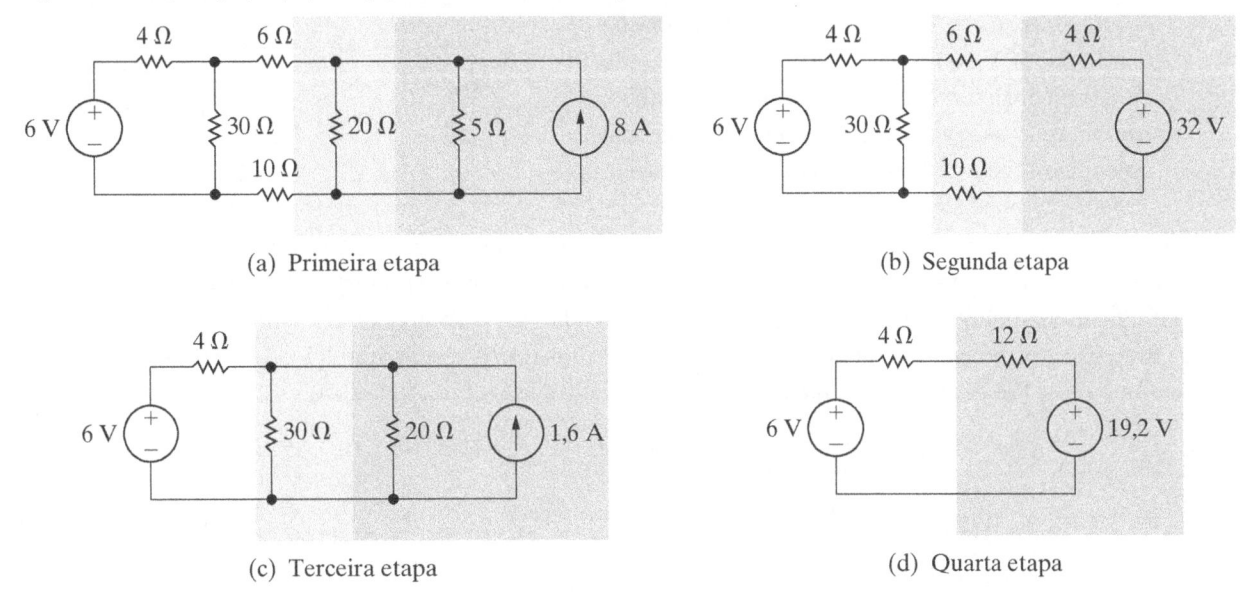

(a) Primeira etapa

(b) Segunda etapa

(c) Terceira etapa

(d) Quarta etapa

b) A fonte de tensão está absorvendo potência.

Uma pergunta que surge da utilização da transformação de fonte demonstrada na Figura 4.38 é: "O que acontece se houver uma resistência R_p em paralelo com a fonte de tensão ou uma resistência R_s em série com a fonte de corrente?". Em ambos os casos, a resistência não exerce nenhum efeito sobre o circuito equivalente que prevê o comportamento em relação aos terminais a,b. A Figura 4.39 resume essa observação.

Os dois circuitos retratados na Figura 4.39(a) são equivalentes no que diz respeito aos terminais a,b porque produzem a mesma tensão e corrente em qualquer resistor R_L inserido entre os nós a,b. O mesmo pode ser dito para os circuitos na Figura 4.39(b). O Exemplo 4.9 ilustra a aplicação dos circuitos equivalentes descritos na Figura 4.39.

Figura 4.39 Circuitos equivalentes que contêm uma resistência em paralelo com uma fonte de tensão ou em série com uma fonte de corrente.

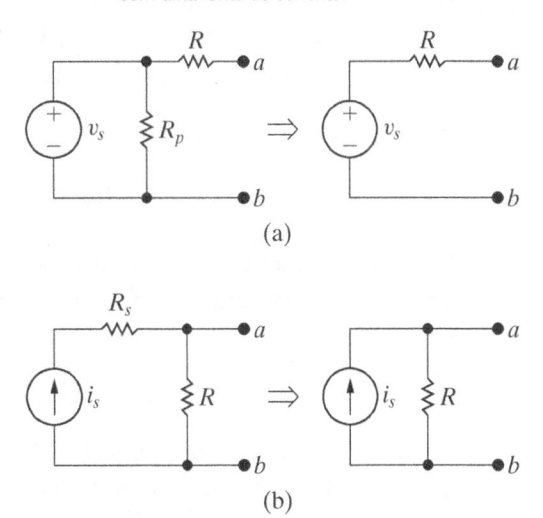

(a)

(b)

EXEMPLO 4.9 Utilização de técnicas especiais de transformação de fonte.

a) Use a transformação de fonte para determinar a tensão v_o no circuito mostrado na Figura 4.40.
b) Determine a potência desenvolvida pela fonte de tensão de 250 V.
c) Determine a potência desenvolvida pela fonte de corrente de 8 A.

Figura 4.40 Circuito para o Exemplo 4.9.

Solução

a) Começamos retirando os resistores de 125 Ω e 10 Ω porque o resistor de 125 Ω está conectado à fonte de tensão de 250 V e o resistor de 10 Ω está conectado em série com a fonte de corrente de 8 A. Também combinamos os resistores ligados em série em uma única resistência de 20 Ω. A Figura 4.41 mostra o circuito simplificado.

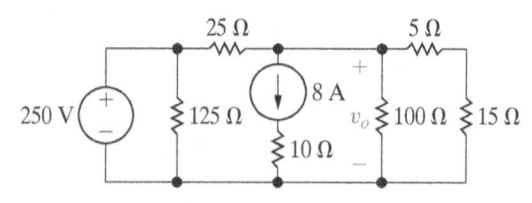

Figura 4.41 Versão simplificada do circuito mostrado na Figura 4.40.

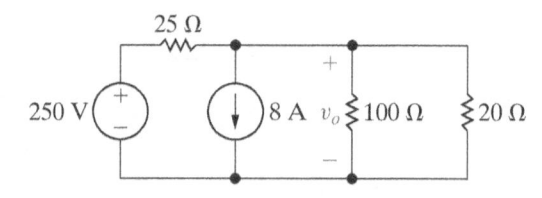

Usamos, em seguida, uma transformação de fonte para substituir a fonte de 250 V e o resistor de 25 Ω por uma fonte de 10 A em paralelo com o resistor de 25 Ω, como mostra a Figura 4.42. Podemos, agora, simplificar o circuito mostrado na Figura 4.42 usando a lei das correntes de Kirchhoff para combinar as fontes de corrente em paralelo em uma única fonte. Os resistores em paralelo são combinados em um único resistor. A Figura 4.43 mostra o resultado. Por conseguinte, $v_o = 20$ V.

Figura 4.42 Circuito mostrado na Figura 4.41, após uma transformação de fonte.

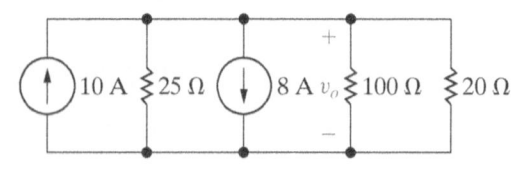

Figura 4.43 Circuito mostrado na Figura 4.42, após a combinação de fontes e resistores.

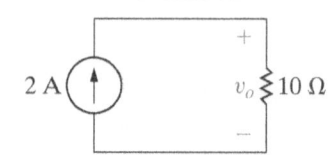

b) A corrente fornecida pela fonte de 250 V é igual à soma da corrente no resistor de 125 Ω e da corrente no resistor de 25 Ω. Assim,

$$i_s = \frac{250}{125} + \frac{250 - 20}{25} = 11{,}2 \text{ A}.$$

Portanto, a potência fornecida pela fonte de tensão é

$$p_{250V}(\text{fornecida}) = (250)(11{,}2) = 2.800 \text{ W}.$$

c) Para encontrar a potência fornecida pela fonte de corrente de 8 A determinamos, em primeiro lugar, a tensão na fonte. Se representarmos a tensão na fonte por v_s, positiva no terminal superior, obteremos

$$v_s + 8(10) = v_o = 20 \text{ ou } v_s = -60 \text{ V},$$

e a potência fornecida pela fonte de 8 A será 480 W. Observe que os resistores de 125 Ω e 10 Ω não afetam o valor de v_o, mas sim os cálculos da potência.

PROBLEMA PARA AVALIAÇÃO

Objetivo 4 Entender a transformação de fonte.

4.15 a) Use uma série de transformações de fonte para determinar a tensão v no circuito mostrado.

b) Qual é a potência fornecida pela fonte de 120 V ao circuito?

Resposta: (a) 48 V;
(b) 374,4 W.

NOTA: tente resolver também os problemas 4.61 e 4.62, apresentados no final deste capítulo.

4.10 Equivalentes de Thévenin e Norton

Na análise de circuitos, às vezes nos interessa o que acontece em um par específico de terminais. Por exemplo, quando ligamos uma torradeira a uma tomada, estamos interessados principalmente na tensão e na corrente nos terminais do aparelho. Temos pouco ou nenhum interesse no efeito que ligar a torradeira causa às tensões ou correntes em outros lugares do circuito que alimenta a tomada. Podemos expandir esse interesse acerca do comportamento do terminal a um conjunto de eletrodomésticos, cada qual com uma demanda de potência diferente. Então, estamos interessados em como a tensão e a corrente da tomada variam quando trocamos o eletrodoméstico. Em outras palavras, queremos conhecer o comportamento do circuito alimentador da tomada, mas em relação aos terminais dela.

Equivalentes de Thévenin e Norton são técnicas de simplificação de circuitos que se concentram no comportamento de terminais e, por isso, são uma ajuda extremamente valiosa na análise. Embora aqui os abordemos em relação a circuitos resistivos, os circuitos equivalentes de Thévenin e Norton podem ser usados para representar qualquer circuito composto de elementos lineares.

Podemos descrever melhor um circuito equivalente de Thévenin utilizando a Figura 4.44, que representa um circuito qualquer composto por fontes (tanto independentes como dependentes) e resistores. As letras a e b denotam o par de terminais de interesse. A Figura 4.44(b) mostra o equivalente de Thévenin. Assim, um **circuito equivalente de Thévenin** é uma fonte de tensão independente V_{Th} em série com um resistor R_{Th}, que substitui uma interligação de fontes e resistores. Essa combinação em série de V_{Th} e R_{Th} é equivalente ao circuito original no sentido de que, se ligarmos a mesma carga aos terminais a,b de cada circuito, obteremos as mesmas tensão e corrente nos terminais da carga. Essa equivalência vale para todos os valores possíveis de resistência de carga.

Figura 4.44 (a) Circuito geral. (b) Circuito equivalente de Thévenin.

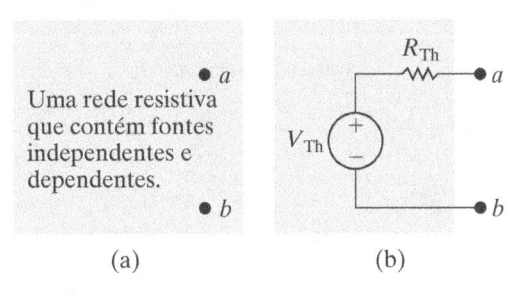

Para representar o circuito original por seu equivalente de Thévenin, temos de saber determinar a tensão de Thévenin V_{Th} e a resistência de Thévenin R_{Th}. Em primeiro lugar, observamos que, se a resistência de carga for infinitamente grande, temos uma condição de circuito aberto. A tensão de circuito aberto nos terminais a,b do circuito mostrado na Figura 4.44(b) é V_{Th}. Por hipótese, ela deve ser a mesma que a tensão de circuito aberto nos terminais a, b

do circuito original. Portanto, para calcular a tensão de Thévenin, V_{Th}, simplesmente calculamos a tensão de circuito aberto no circuito original.

Reduzir a resistência de carga a zero nos dá uma condição de curto-circuito. Se estabelecermos um curto-circuito nos terminais a,b do circuito equivalente de Thévenin, a corrente de curto-circuito dirigida de a para b será

$$i_{sc} = \frac{V_{Th}}{R_{Th}}. \quad (4.55)$$

Por hipótese, essa corrente de curto-circuito deve ser idêntica à corrente que existe em um curto-circuito estabelecido nos terminais a,b da rede original. Pela Equação 4.55,

$$R_{Th} = \frac{V_{Th}}{i_{sc}}. \quad (4.56)$$

Assim, a resistência de Thévenin é a razão entre a tensão de circuito aberto e a corrente de curto-circuito.

Como determinar o equivalente de Thévenin

Figura 4.45 Circuito usado para ilustrar um equivalente de Thévenin.

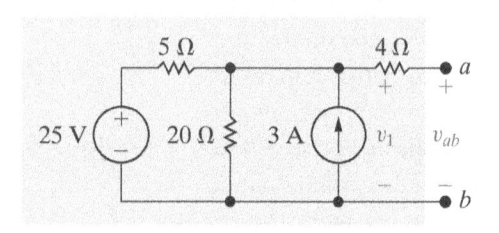

Para obter o equivalente de Thévenin do circuito mostrado na Figura 4.45, em primeiro lugar, calculamos a tensão de circuito aberto entre os terminais v_{ab}. Observe que, quando os terminais a,b estão abertos, não há nenhuma corrente no resistor de 4 Ω. Portanto, a tensão de circuito aberto v_{ab} é idêntica à tensão na fonte de corrente de 3 A, ou seja, v_1. Determinamos a tensão resolvendo uma única equação de tensão de nó. Escolhendo o nó inferior como nó de referência, obtemos

$$\frac{v_1 - 25}{5} + \frac{v_1}{20} - 3 = 0. \quad (4.57)$$

Resolvendo para v_1, temos

$$v_1 = 32 \text{ V}. \quad (4.58)$$

Assim, a tensão de Thévenin para o circuito é 32 V.

Figura 4.46 Circuito mostrado na Figura 4.45 com terminais a e b em curto-circuito.

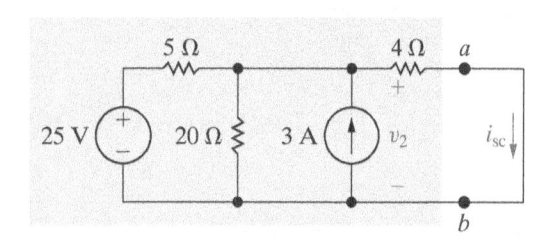

A próxima etapa é estabelecer um curto-circuito entre os terminais e calcular a corrente resultante. A Figura 4.46 mostra a situação. Observe que a corrente de curto-circuito está na direção da queda de tensão de circuito aberto nos terminais a,b. Se a corrente de curto-circuito estiver na direção da elevação de tensão de circuito aberto nos terminais, um sinal de menos deve ser inserido na Equação 4.56.

A corrente de curto-circuito (i_{sc}) é determinada com facilidade, uma vez conhecida v_2. Portanto, o problema se reduz a determinar v_2 na situação de curto-circuito. Mais uma vez, se usarmos o nó inferior como nó de referência, a equação para v_2 se tornará

$$\frac{v_2 - 25}{5} + \frac{v_2}{20} - 3 + \frac{v_2}{4} = 0. \quad (4.59)$$

Resolvendo a Equação 4.59 para v_2, temos

$$v_2 = 16 \text{ V}. \quad (4.60)$$

Então, a corrente de curto-circuito é

$$i_{sc} = \frac{16}{4} = 4 \text{ A}. \quad (4.61)$$

Agora, determinamos a resistência de Thévenin substituindo os resultados numéricos das equações 4.58 e 4.61 na Equação 4.56:

$$R_{Th} = \frac{V_{Th}}{i_{sc}} = \frac{32}{4} = 8 \text{ Ω}. \quad (4.62)$$

A Figura 4.47 mostra o equivalente de Thévenin para o circuito mostrado na Figura 4.45.

Você deve verificar que, se um resistor de 24 Ω estiver ligado aos terminais *a,b* na Figura 4.45, a tensão no resistor será de 24 V e a corrente será de 1 A, como seria o caso com o circuito de Thévenin da Figura 4.47. Essa mesma equivalência entre o circuito nas figuras 4.45 e 4.47 vale para qualquer valor de resistor conectado entre os nós *a,b*.

O equivalente de Norton

Um **circuito equivalente de Norton** consiste em uma fonte de corrente independente em paralelo com a resistência equivalente de Norton. Podemos obtê-lo de um circuito equivalente de Thévenin por uma simples transformação de fonte. Assim, a corrente de Norton é igual à corrente de curto-circuito nos terminais de interesse, e a resistência de Norton é idêntica à resistência de Thévenin.

Como usar transformações de fonte

Em alguns casos, podemos fazer uso eficaz de transformações de fonte para obter o circuito equivalente de Thévenin ou de Norton. Por exemplo, podemos obter os equivalentes de Thévenin e de Norton do circuito apresentado na Figura 4.45 fazendo a série de transformações de fonte mostrada na Figura 4.48. Essa técnica é mais útil quando a rede contém somente fontes independentes. A presença de fontes dependentes requer a preservação da identidade das tensões e/ou correntes de controle, e essa restrição normalmente impede a redução contínua do circuito por transformações de fonte. Discutimos o problema de obter o equivalente de Thévenin quando um circuito contém fontes dependentes no Exemplo 4.10.

Figura 4.47 Equivalente de Thévenin do circuito mostrado na Figura 4.45.

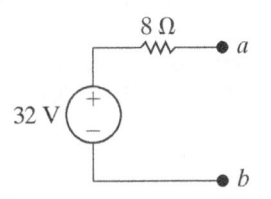

Figura 4.48 Dedução, etapa por etapa, dos equivalentes de Thévenin e Norton do circuito mostrado na Figura 4.45.

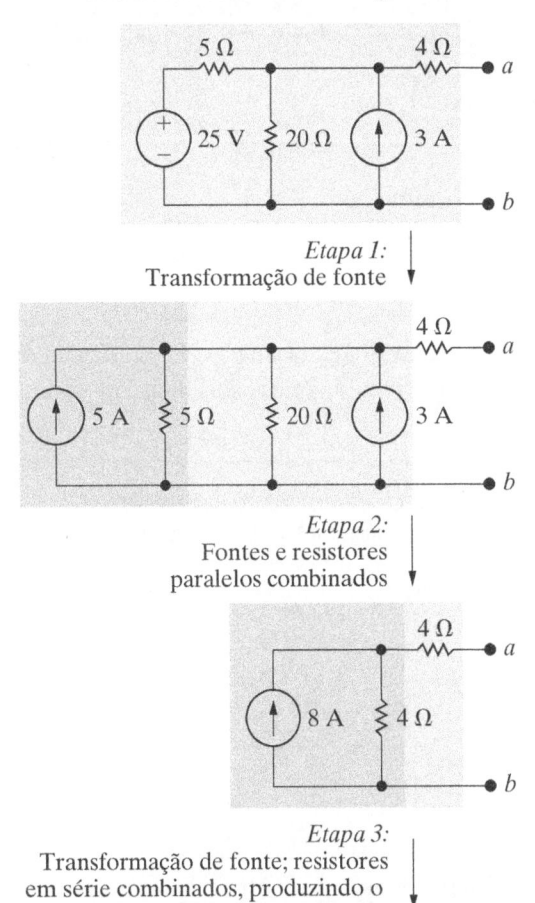

Etapa 1: Transformação de fonte

Etapa 2: Fontes e resistores paralelos combinados

Etapa 3: Transformação de fonte; resistores em série combinados, produzindo o circuito equivalente de Thévenin

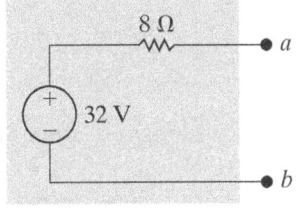

Etapa 4: Transformação de fonte, produzindo o circuito equivalente de Norton

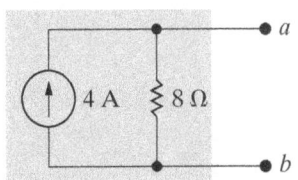

EXEMPLO 4.10 Obtenção do equivalente de Thévenin de um circuito com uma fonte dependente.

Figura 4.49 Circuito usado para ilustrar um equivalente de Thévenin quando o circuito contém fontes dependentes.

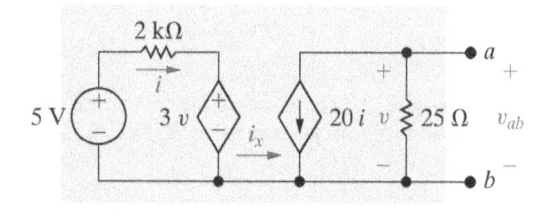

Obtenha o equivalente de Thévenin para o circuito que contém fontes dependentes mostrado na Figura 4.49.

Solução

A primeira etapa na análise do circuito da Figura 4.49 é reconhecer que a corrente i_x deve ser igual a zero. (Observe a ausência de um caminho de retorno para i_x, caso ela entre na porção esquerda do circuito.) A tensão de circuito aberto, ou de Thévenin, será a tensão nos terminais do resistor de 25 Ω. Com $i_x = 0$,

$$V_{Th} = v_{ab} = (-20i)(25) = -500i.$$

A corrente i é

$$i = \frac{5 - 3v}{2.000} = \frac{5 - 3V_{Th}}{2.000}.$$

Ao escrever a equação para i, reconhecemos que a tensão de Thévenin é idêntica à tensão de controle. Quando combinamos essas duas equações, obtemos

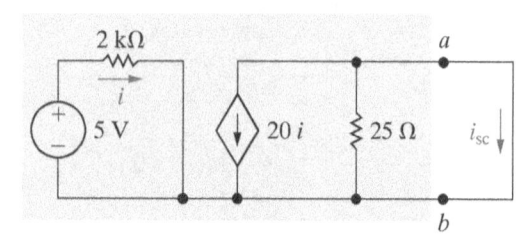

$$V_{Th} = -5 \text{ V}.$$

Figura 4.50 Circuito mostrado na Figura 4.49 com terminais a e b em curto-circuito.

Para calcular a corrente de curto-circuito, estabelecemos um curto-circuito em a,b. Se os terminais a,b estão em curto-circuito, a tensão de controle v é nula. Portanto, o circuito apresentado na Figura 4.49 torna-se o mostrado na Figura 4.50. Com o curto-circuito em paralelo com o resistor de 25 Ω, toda a corrente da fonte de corrente dependente passa pelo curto-circuito, portanto

$$i_{sc} = -20i.$$

Como a tensão de controle da fonte de tensão dependente foi reduzida a zero, a corrente de controle da fonte de corrente dependente é

$$i = \frac{5}{2.000} = 2,5 \text{ mA}.$$

Ao combinar essas duas equações, obtém-se uma corrente de curto-circuito de

$$i_{sc} = -20(2,5) = -50 \text{ mA}.$$

De i_{sc} e V_{Th}, obtemos

$$R_{Th} = \frac{V_{Th}}{i_{sc}} = \frac{-5}{-50} \times 10^3 = 100 \text{ Ω}.$$

A Figura 4.51 ilustra o equivalente de Thévenin para o circuito mostrado na Figura 4.49. Observe que as marcas de polaridade de referência na fonte de tensão de Thévenin da Figura 4.51 estão de acordo com a equação precedente para V_{Th}.

Figura 4.51 Equivalente de Thévenin para o circuito mostrado na Figura 4.49.

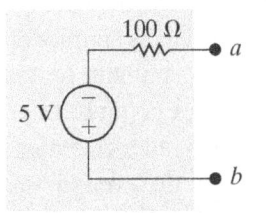

PROBLEMAS PARA AVALIAÇÃO

Objetivo 5 Compreender os equivalentes de Thévenin e de Norton.

4.16 Obtenha o circuito equivalente de Thévenin com relação aos terminais a,b para o circuito mostrado.

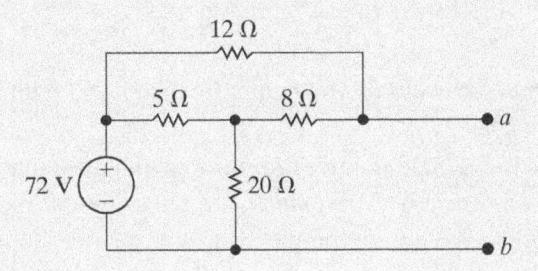

Resposta: $V_{ab} = V_{Th} = 64{,}8$ V, $R_{Th} = 6\ \Omega$.

4.17 Obtenha o circuito equivalente de Norton com relação aos terminais a,b para o circuito mostrado.

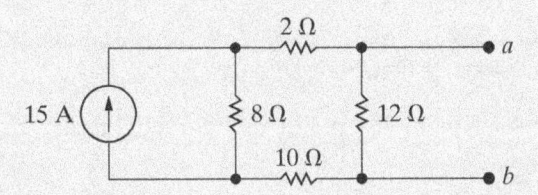

Resposta: $I_N = 6$ A (dirigido para a), $R_N = 7{,}5\ \Omega$.

4.18 Um voltímetro com uma resistência interna de 100 kΩ é usado para medir a tensão v_{AB} no circuito mostrado. Qual é a leitura do voltímetro?

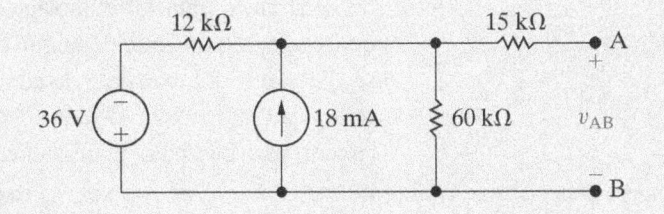

Resposta: 120 V.

NOTA: *tente resolver também os problemas 4.64, 4.68 e 4.72, apresentados no final deste capítulo.*

Figura 4.52 Circuito usado para ilustrar um equivalente de Thévenin.

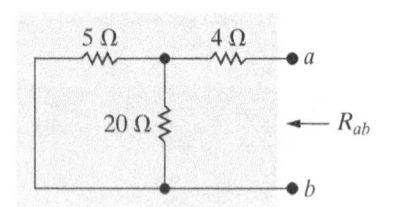

4.11 Outros métodos para a obtenção de um equivalente de Thévenin

A técnica para determinar R_{Th}, que discutimos e ilustramos na Seção 4.10, nem sempre é o método mais fácil disponível. Há dois outros métodos que, de modo geral, são mais simples de usar. O primeiro será útil se a rede contiver somente fontes independentes. Para calcular R_{Th} para esse tipo de rede, em primeiro lugar, eliminamos todas as fontes independentes e, então, calculamos a resistência vista no par de terminais de interesse. Uma fonte de tensão é eliminada substituindo-a por um curto-circuito. Uma fonte de corrente é eliminada substituindo-a por um circuito aberto. Por exemplo, examine o circuito mostrado na Figura 4.52. Eliminar as fontes independentes simplifica o circuito para o mostrado na Figura 4.53. A resistência vista nos terminais a,b é R_{ab}, que consiste no resistor de 4 Ω em série com as combinações em paralelo dos resistores de 5 e 20 Ω. Assim,

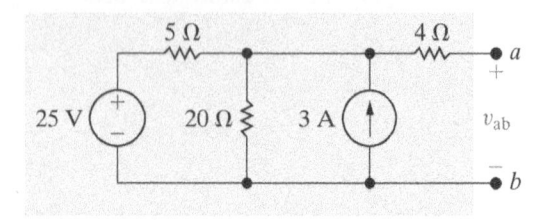

Figura 4.53 Circuito mostrado na Figura 4.52 após a eliminação das fontes independentes.

$$R_{ab} = R_{Th} = 4 + \frac{5 \times 20}{25} = 8 \text{ Ω}. \quad (4.63)$$

Observe que o cálculo de R_{Th} com a Equação 4.63 é muito mais simples do que com as equações 4.57–4.62.

Se o circuito ou rede contiver fontes dependentes, um procedimento alternativo para determinar a resistência de Thévenin R_{Th} é o seguinte. Em primeiro lugar, elimine todas as fontes independentes e, então, aplique uma fonte auxiliar de tensão ou de corrente aos terminais a,b. A resistência de Thévenin é igual à razão entre a tensão nos terminais da fonte auxiliar e a corrente fornecida por ela. O Exemplo 4.11 ilustra esse procedimento alternativo para determinar R_{Th}, usando o mesmo circuito do Exemplo 4.10.

EXEMPLO 4.11 Obtenção do equivalente de Thévenin usando uma fonte auxiliar.

Determine a resistência de Thévenin, R_{Th}, para o circuito da Figura 4.49, usando o método alternativo descrito.

Figura 4.54 Método alternativo para calcular a resistência de Thévenin.

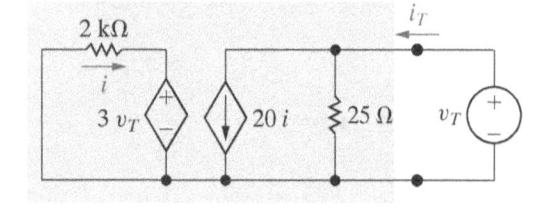

Solução

Em primeiro lugar, eliminamos a fonte de tensão independente e, então, alimentamos o circuito a partir dos terminais a,b com uma fonte auxiliar de tensão ou de corrente. Se aplicarmos uma fonte auxiliar de tensão, saberemos qual é a tensão da fonte de tensão dependente e, por conseguinte, qual é a corrente de controle i. Portanto, optamos pela fonte auxiliar de tensão. A Figura 4.54 mostra o circuito para o cálculo da resistência de Thévenin.

A fonte auxiliar de tensão aplicada externamente é v_T, e a corrente que ela fornece ao circuito, i_T. Para determinar a resistência de Thévenin, simplesmente resolvemos o circuito mostrado na Figura 4.54 e calculamos a razão entre a tensão e a corrente na fonte auxiliar; isto é, $R_{Th} = v_T/i_T$. Pela Figura 4.54,

$$i_T = \frac{v_T}{25} + 20i, \quad (4.64)$$

$$i = \frac{-3v_T}{2} \text{ mA}. \quad (4.65)$$

Então, substituímos a Equação 4.65 na Equação 4.64 e obtemos a razão v_T/i_T a partir da equação resultante:

$$i_T = \frac{v_T}{25} - \frac{60v_T}{2.000}, \quad (4.66)$$

$$\frac{i_T}{v_T} = \frac{1}{25} - \frac{6}{200} = \frac{50}{5.000} = \frac{1}{100}. \quad (4.67)$$

Pelas equações 4.66 e 4.67,

$$R_{\text{Th}} = \frac{v_T}{i_T} = 100 \ \Omega. \quad (4.68)$$

Normalmente, esses cálculos são mais fáceis do que os envolvidos na determinação da corrente de curto-circuito. Além do mais, em uma rede que contém somente resistores e fontes dependentes, deve-se usar o método alternativo, porque a razão entre a tensão de Thévenin e a corrente de curto-circuito é indeterminada. Isto é, é uma razão do tipo 0/0.

Utilização do equivalente de Thévenin no circuito amplificador

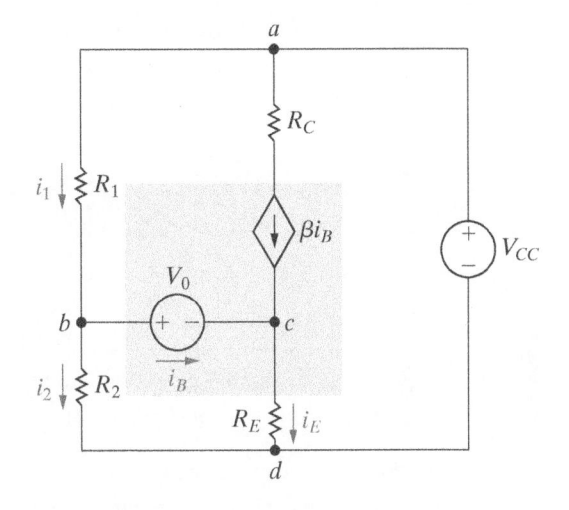

Às vezes, podemos usar um equivalente de Thévenin para reduzir uma porção de um circuito, de modo a conseguir uma grande simplificação da análise da rede maior. Vamos retornar ao circuito apresentado pela primeira vez na Seção 2.5 e subsequentemente analisado nas seções 4.4 e 4.7. Para auxiliar nossa discussão, redesenhamos o circuito e identificamos as correntes de ramo de interesse, como mostra a Figura 4.55.

Como nossa análise anterior mostrou, i_B é a chave para determinar as outras correntes de ramo. Desenhamos novamente o circuito, como mostra a Figura 4.56, para preparar a substituição do subcircuito à esquerda de V_0 por seu equivalente de Thévenin. Você já deve saber que essa modificação não causa nenhum efeito sobre as correntes de ramo i_1, i_2, i_B e i_E.

Agora, substituímos o circuito composto por V_{CC}, R_1 e R_2 por um equivalente de Thévenin, com relação aos terminais b,d. A tensão e resistência de Thévenin são

$$V_{\text{Th}} = \frac{V_{CC}R_2}{R_1 + R_2}, \quad (4.69)$$

$$R_{\text{Th}} = \frac{R_1 R_2}{R_1 + R_2}. \quad (4.70)$$

Com o equivalente de Thévenin, o circuito da Figura 4.56 transforma-se no mostrado na Figura 4.57.

Figura 4.55 Utilização de um circuito equivalente de Thévenin em análise de circuitos.

Figura 4.56 Versão modificada do circuito mostrado na Figura 4.55.

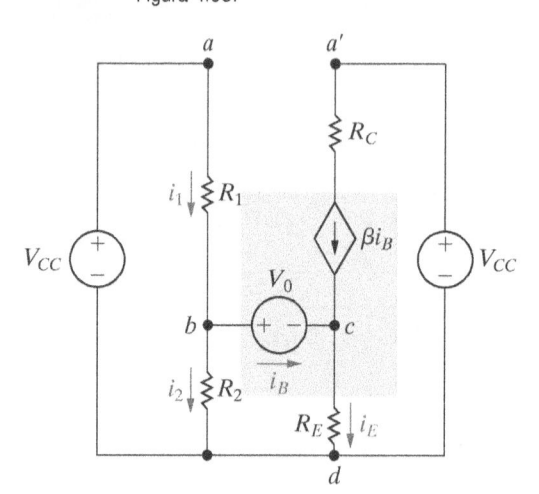

Figura 4.57 Circuito mostrado na Figura 4.56 modificado por um equivalente de Thévenin.

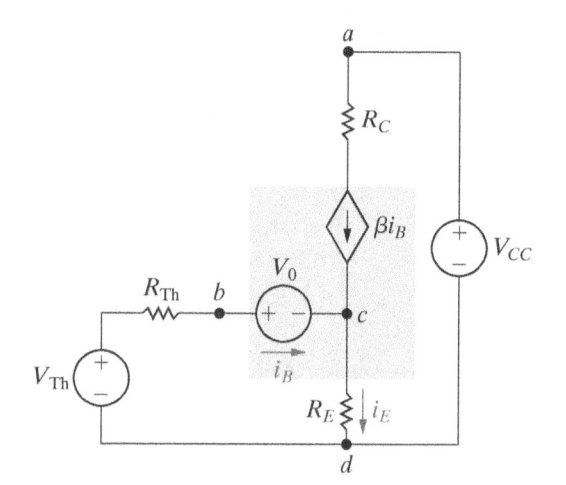

Agora, deduzimos uma equação para i_B, simplesmente somando as tensões ao longo da malha da esquerda. Ao escrever essa equação de malha, reconhecemos que $i_E = (1+\beta)i_B$. Assim,

$$V_{Th} = R_{Th}i_B + V_0 + R_E(1+\beta)i_B, \qquad (4.71)$$

do que se deduz

$$i_B = \frac{V_{Th} - V_0}{R_{Th} + (1+\beta)R_E}. \qquad (4.72)$$

Quando substituímos as equações 4.69 e 4.70 na Equação 4.72, obtemos a mesma expressão da Equação 2.25. Observe que, quando incorporamos o equivalente de Thévenin ao circuito original, podemos obter a solução escrevendo uma única equação.

PROBLEMAS PARA AVALIAÇÃO

Objetivo 5 Compreender os equivalentes de Thévenin e de Norton.

4.19 Obtenha o circuito equivalente de Thévenin com relação aos terminais a,b para o circuito mostrado.

Resposta: $V_{Th} = v_{ab} = 8\,V, R_{Th} = 1\,\Omega$.

4.20 Obtenha o circuito equivalente de Thévenin com relação aos terminais a,b para o circuito mostrado. (*Sugestão:* defina a tensão no nó da extremidade esquerda como v e escreva duas equações nodais com V_{Th} como a tensão do nó da direita.)

Resposta: $V_{Th} = v_{ab} = 30\,V, R_{Th} = 10\,\Omega$.

NOTA: tente resolver também os problemas 4.74 e 4.79, apresentados no final deste capítulo.

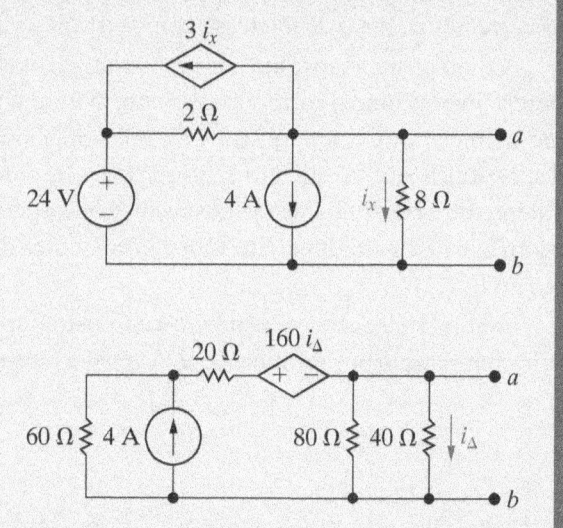

4.12 Máxima transferência de potência

A análise de circuitos desempenha um importante papel no estudo de sistemas projetados para transferir potência de uma fonte para uma carga. Discutimos transferência de potência no tocante a dois tipos básicos de sistema. O primeiro enfatiza a eficiência da transferência de potência. As concessionárias de energia elétrica são um bom exemplo porque lidam com a geração, a transmissão e a distribuição de grandes quantidades de energia elétrica. Se uma dessas concessionárias for ineficiente, uma grande percentagem da energia gerada é perdida nos processos de transmissão e distribuição e, portanto, desperdiçada.

O segundo tipo básico de sistema enfatiza a quantidade de potência transferida. Sistemas de comunicação e instrumentação são bons exemplos porque na transmissão de informação, ou dados, por meio de sinais elétricos, a potência disponível no transmissor ou detector é limitada. Portanto, é desejável transmitir a maior quantidade possível dessa potência ao receptor, ou carga. Em tais aplicações, a quantidade de potência que está sendo transferida é pequena, portanto a eficiência da transferência não é uma preocupação das mais importantes. Analisaremos, a seguir, a máxima transferência de potência em sistemas que podem ser modelados por um circuito puramente resistivo.

A máxima transferência de potência pode ser mais bem descrita com o auxílio do circuito mostrado na Figura 4.58. Admitimos uma rede resistiva que contém fontes independentes e dependentes e um par determinado de terminais, a,b, ao qual uma carga, R_L, deve ser ligada. O problema é determinar o valor de R_L que permita a máxima transferência de potência a R_L. A primeira etapa nesse processo é reconhecer que uma rede resistiva sempre pode ser substituída por seu equivalente de Thévenin. Por isso, redesenhamos na Figura 4.59 o circuito mostrado na Figura 4.58. Substituir a rede original por seu equivalente de Thévenin simplifica muito a tarefa de determinar R_L. Para calcular R_L, é necessário expressar a potência nele dissipada em função dos três parâmetros do circuito V_{Th}, R_{Th} e R_L. Assim,

Figura 4.58 Circuito que descreve a máxima transferência de potência.

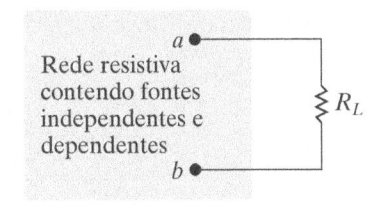

Figura 4.59 Circuito usado para determinar o valor de R_L para a máxima transferência de potência.

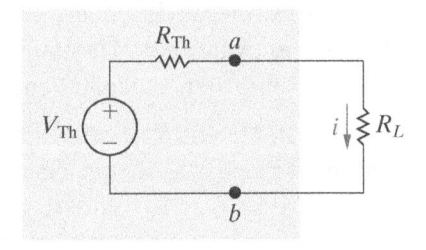

$$p = i^2 R_L = \left(\frac{V_{Th}}{R_{Th} + R_L}\right)^2 R_L. \quad (4.73)$$

Em seguida, reconhecemos que, para um dado circuito, V_{Th} e R_{Th} serão fixos. Portanto, a potência dissipada é uma função da única variável R_L. Para determinar o valor de R_L que maximiza a potência, usamos o cálculo diferencial elementar. Começamos escrevendo uma equação para a derivada de p com relação a R_L:

$$\frac{dp}{dR_L} = V_{Th}^2 \left(\frac{(R_{Th} + R_L)^2 - R_L \cdot 2(R_{Th} + R_L)}{(R_{Th} + R_L)^4}\right). \quad (4.74)$$

A derivada é igual a zero e p é maximizada quando

$$(R_{Th} + R_L)^2 = 2R_L(R_{Th} + R_L). \quad (4.75)$$

Resolvendo a Equação 4.75, temos

$$R_L = R_{Th}. \quad (4.76)$$ ◀ **Condição para a máxima transferência de potência**

Assim, a máxima transferência de potência ocorre quando a resistência de carga R_L é igual à resistência de Thévenin R_{Th}. Para determinar a potência máxima fornecida a R_L, simplesmente substituímos a Equação 4.76 na Equação 4.73:

$$p_{máx} = \frac{V_{Th}^2 R_L}{(2R_L)^2} = \frac{V_{Th}^2}{4R_L}. \tag{4.77}$$

A análise de um circuito, quando o resistor de carga está ajustado para máxima transferência de potência, é ilustrada no Exemplo 4.12.

EXEMPLO 4.12 Cálculo da condição para a máxima transferência de potência.

a) Para o circuito mostrado na Figura 4.60, determine o valor de R_L que resulta em potência máxima a ele transferida.

b) Calcule a potência máxima que pode ser fornecida a R_L.

c) Quando R_L é ajustado para máxima transferência de potência, qual é a percentagem de potência fornecida pela fonte de 360 V que chega a R_L?

Solução

a) A tensão de Thévenin para o circuito à esquerda dos terminais a,b é

$$V_{Th} = \frac{150}{180}(360) = 300 \text{ V}.$$

Figura 4.60 Circuito para o Exemplo 4.12.

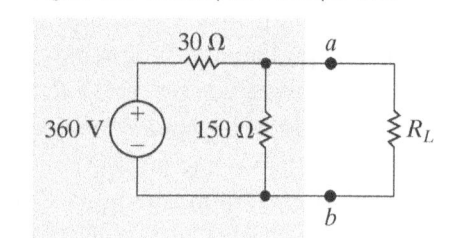

A resistência de Thévenin é

$$R_{Th} = \frac{(150)(30)}{180} = 25 \text{ }\Omega.$$

A substituição do circuito à esquerda dos terminais a,b por seu equivalente de Thévenin nos leva ao circuito mostrado na Figura 4.61, que indica que R_L deve ser igual a 25 Ω para máxima transferência de potência.

Figura 4.61 Redução do circuito mostrado na Figura 4.60 por meio de um equivalente de Thévenin.

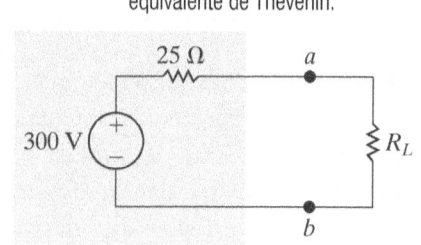

b) A potência máxima que pode ser fornecida a R_L é

$$p_{máx} = \left(\frac{300}{50}\right)^2 (25) = 900 \text{ W}.$$

c) Quando R_L é igual a 25 Ω, a tensão v_{ab} é

$$v_{ab} = \left(\frac{300}{50}\right)(25) = 150 \text{ V}.$$

Pela Figura 4.60, quando v_{ab} é igual a 150 V, a corrente na fonte de tensão, na direção da elevação da tensão na fonte, é

$$i_s = \frac{360 - 150}{30} = \frac{210}{30} = 7 \text{ A}.$$

Portanto, a fonte está fornecendo 2.520 W ao circuito, ou

$$p_s = -i_s(360) = -2.520 \text{ W}$$

A percentagem da potência da fonte fornecida à carga é

$$\frac{900}{2.520} \times 100 = 35{,}71\%.$$

PROBLEMAS PARA AVALIAÇÃO

Objetivo 6 Conhecer a condição de máxima transferência de potência a uma carga resistiva e saber calculá-la.

4.21 a) Determine o valor de R que permite ao circuito mostrado fornecer potência máxima aos terminais a,b.
b) Determine a potência máxima fornecida a R.

Resposta: (a) 3 Ω;
(b) 1,2 kW.

4.22 Suponha que o circuito no Problema para Avaliação 4.21 esteja fornecendo potência máxima ao resistor de carga R.

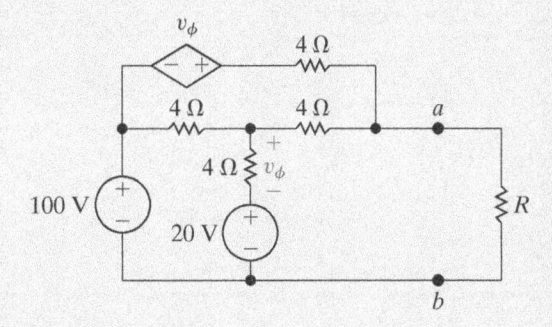

a) Qual é a potência que a fonte de 100 V está fornecendo à rede?
b) Repita (a) para a fonte de tensão dependente.
c) Qual percentagem da potência total gerada por essas duas fontes é fornecida ao resistor de carga R?

Resposta: (a) 3.000 W; (b) 800 W; (c) 31,58%.

NOTA: tente resolver também os problemas 4.88 e 4.90, apresentados no final deste capítulo.

4.13 Superposição

Um sistema linear obedece ao princípio de **superposição**, segundo o qual sempre que ele é excitado, ou alimentado, por mais de uma fonte independente de energia, a resposta total é a soma das respostas individuais. Uma resposta individual é o resultado de uma fonte independente agindo separadamente. Como estamos lidando com circuitos compostos de elementos lineares interligados, podemos aplicar o princípio da superposição diretamente à análise desses circuitos quando eles são alimentados por mais de uma fonte independente de energia. No momento, restringimos a discussão a redes resistivas simples; contudo, o princípio é aplicável a qualquer sistema linear.

A superposição é aplicada tanto na análise quanto no projeto de circuitos. Ao analisar um circuito complexo com várias fontes independentes de tensão e corrente, muitas vezes as equações a serem resolvidas são mais simples e em menor número quando os efeitos das fontes independentes são considerados separadamente. Por isso, aplicar a superposição pode simplificar a análise de circuitos. Entretanto, fique ciente de que a superposição às vezes pode complicar a análise, originando um maior número de equações do que no caso de algum método alternativo. A superposição é imprescindível apenas se as fontes independentes em um circuito forem fundamentalmente diferentes. Nestes capítulos iniciais, todas as fontes independentes são fontes cc, portanto a superposição não é imprescindível. Apresentamos o princípio da superposição aqui, mas só precisaremos dele em capítulos posteriores.

A superposição é utilizada para sintetizar certa resposta desejada que não poderia ser obtida em um circuito com uma única fonte. Se a resposta do circuito puder ser escrita como uma soma de dois ou mais termos, ela poderá ser obtida com a inclusão de uma fonte independente para cada termo. Essa abordagem do projeto de circuitos com respostas complexas permite que um projetista analise vários projetos simples em vez de um projeto complexo.

Figura 4.62 Circuito usado para ilustrar a superposição.

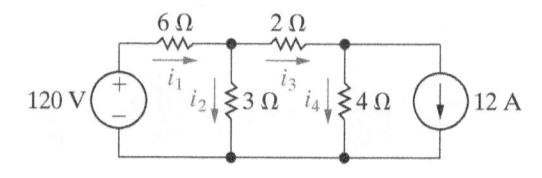

Figura 4.63 Circuito mostrado na Figura 4.62 com a fonte de corrente eliminada.

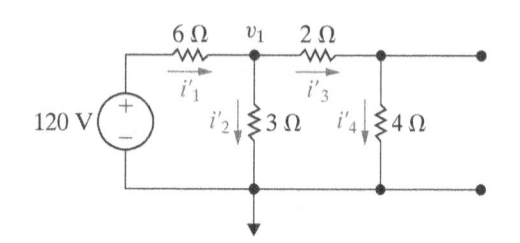

Demonstramos o princípio da superposição usando-o para determinar as correntes de ramo no circuito mostrado na Figura 4.62. Começamos determinando as correntes de ramo resultantes da fonte de tensão de 120 V. Essas correntes são i'_1, i'_2 etc. A substituição da fonte de corrente ideal por um circuito aberto elimina a fonte; a Figura 4.63 ilustra essa situação. As correntes de ramo nesse circuito são o resultado somente da fonte de tensão.

Será fácil determinar as correntes de ramo no circuito da Figura 4.63 se soubermos qual é a tensão de nó no resistor de 3 Ω. Chamando essa tensão de v_1, escrevemos a equação

$$\frac{v_1 - 120}{6} + \frac{v_1}{3} + \frac{v_1}{2 + 4} = 0, \quad (4.78)$$

da qual se deduz

$$v_1 = 30 \text{ V}. \quad (4.79)$$

Agora, podemos escrever as expressões para as correntes de ramo $i'_1 - i'_4$ diretamente:

$$i'_1 = \frac{120 - 30}{6} = 15 \text{ A}, \quad (4.80)$$

$$i'_2 = \frac{30}{3} = 10 \text{ A}, \quad (4.81)$$

$$i'_3 = i'_4 = \frac{30}{6} = 5 \text{ A}. \quad (4.82)$$

Figura 4.64 Circuito mostrado na Figura 4.62 com a fonte de tensão eliminada.

Para determinar o componente das correntes de ramo resultantes da fonte de corrente, eliminamos a fonte ideal de tensão e resolvemos o circuito mostrado na Figura 4.64. A notação i''_1, i''_2 etc. indica que essas correntes são aos componentes da corrente total resultante da fonte de corrente ideal.

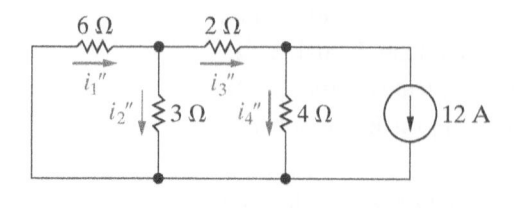

Figura 4.65 Circuito mostrado na Figura 4.64 com as tensões de nó v_3 e v_4.

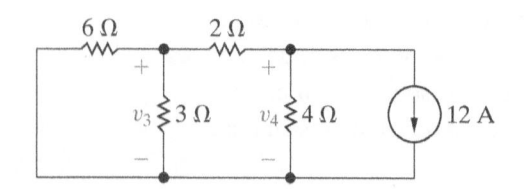

Determinamos as correntes de ramo no circuito mostrado na Figura 4.64 calculando, primeiro, as tensões de nó nos resistores de 3 e 4 Ω, respectivamente. A Figura 4.65 mostra as duas tensões de nó. As duas equações de tensão de nós que descrevem o circuito são

$$\frac{v_3}{3} + \frac{v_3}{6} + \frac{v_3 - v_4}{2} = 0, \quad (4.83)$$

$$\frac{v_4 - v_3}{2} + \frac{v_4}{4} + 12 = 0. \quad (4.84)$$

Resolvendo as equações 4.83 e 4.84 para v_3 e v_4, obtemos

$$v_3 = -12 \text{ V}, \tag{4.85}$$

$$v_4 = -24 \text{ V}. \tag{4.86}$$

Agora, podemos escrever as correntes de ramo i_1'' a i_4'' diretamente em termos das tensões e nó v_3 e v_4:

$$i_1'' = \frac{-v_3}{6} = \frac{12}{6} = 2 \text{ A}, \tag{4.87}$$

$$i_2'' = \frac{v_3}{3} = \frac{-12}{3} = -4 \text{ A}, \tag{4.88}$$

$$i_3'' = \frac{v_3 - v_4}{2} = \frac{-12 + 24}{2} = 6 \text{ A}, \tag{4.89}$$

$$i_4'' = \frac{v_4}{4} = \frac{-24}{4} = -6 \text{ A}. \tag{4.90}$$

Para determinar as correntes de ramo no circuito original, isto é, as correntes i_1, i_2, i_3 e i_4 da Figura 4.62, simplesmente somamos as correntes dadas pelas equações 4.87 a 4.90 àquelas dadas pelas equações 4.80 a 4.82:

$$i_1 = i_1' + i_1'' = 15 + 2 = 17 \text{ A}, \tag{4.91}$$

$$i_2 = i_2' + i_2'' = 10 - 4 = 6 \text{ A}, \tag{4.92}$$

$$i_3 = i_3' + i_3'' = 5 + 6 = 11 \text{ A}, \tag{4.93}$$

$$i_4 = i_4' + i_4'' = 5 - 6 = -1 \text{ A}. \tag{4.94}$$

Você deve verificar se as correntes dadas pelas equações 4.91 a 4.94 são os valores corretos para as correntes de ramo no circuito mostrado na Figura 4.62.

Ao aplicar a superposição a circuitos lineares que contêm fontes independentes, bem como dependentes, você deve perceber que as fontes dependentes nunca são eliminadas. O Exemplo 4.13 ilustra a aplicação de superposição quando um circuito contém tanto fontes dependentes como independentes.

EXEMPLO 4.13 Utilização de superposição para resolver um circuito

Use o princípio da superposição para determinar v_o no circuito mostrado na Figura 4.66.

Solução

Começaremos determinando o componente de v_o resultante da fonte de 10 V. A Figura 4.67 mostra o circuito. Com a fonte de 5 A eliminada, v_Δ' deve ser igual a $(-0{,}4v_\Delta')(10)$. Por conseguinte, v_Δ' deve ser igual a zero. Isso significa que o ramo que contém as duas fontes é aberto e

$$v_o' = \frac{20}{25}(10) = 8 \text{ V}.$$

Figura 4.66 Circuito para o Exemplo 4.13.

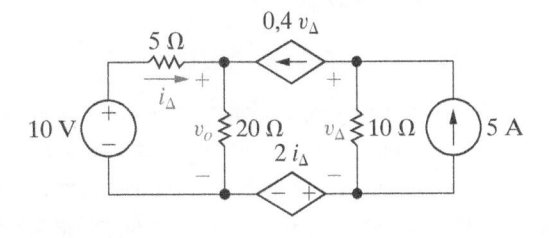

Figura 4.67 Circuito mostrado na Figura 4.66 com a fonte de 5 A eliminada.

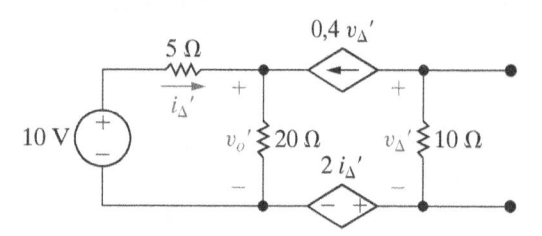

Figura 4.68 Circuito mostrado na Figura 4.66 com a fonte de 10 V eliminada.

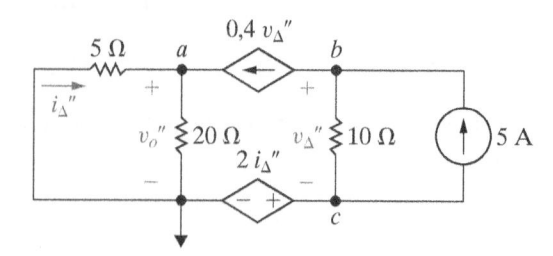

Quando a fonte de 10 V é eliminada, o circuito reduz-se ao da Figura 4.68. Acrescentamos um nó de referência e as identificações de nó a, b e c para auxiliar a discussão. Somando as correntes que saem do nó a, temos

$$\frac{v_o''}{20} + \frac{v_o''}{5} - 0{,}4v_\Delta'' = 0, \quad \text{ou} \quad 5v_o'' - 8v_\Delta'' = 0.$$

Somando as correntes que saem do nó b, obtemos

$$0{,}4v_\Delta'' + \frac{v_b - 2i_\Delta''}{10} - 5 = 0, \quad \text{ou}$$

$$4v_\Delta'' + v_b - 2i_\Delta'' = 50.$$

Agora usamos

$$v_b = 2i_\Delta'' + v_\Delta''$$

para determinar o valor de v_Δ''. Assim,

$$5v_\Delta'' = 50, \quad \text{ou} \quad v_\Delta'' = 10 \text{ V}.$$

Pela equação do nó a,

$$5v_0'' = 80, \quad \text{ou} \quad v_0'' = 16 \text{ V}.$$

O valor de v_o é a soma de v_o' e v_o'', ou 24 V.

NOTA: avalie o que entendeu desse material tentando resolver os problemas 4.93 e 4.98, apresentados no final deste capítulo.

Perspectiva prática

Circuitos com resistores reais

Não é possível fabricar componentes elétricos idênticos. Por exemplo, os valores dos resistores produzidos pelo mesmo processo de fabricação podem variar em até 20%. Portanto, ao criar um sistema elétrico, o projetista deve levar em conta o impacto que a variação do componente causará no desempenho do sistema. Um modo de avaliar esse impacto é realizar uma análise de sensibilidade, que permite que o projetista calcule o impacto de variações nos valores dos componentes sobre a saída do sistema. Veremos como essa informação o habilita a especificar uma tolerância aceitável para o valor de cada um dos componentes do sistema.

Considere o circuito mostrado na Figura 4.69. Para ilustrar a análise de sensibilidade, investigaremos a sensibilidade das tensões de nó v_1 e v_2 às variações do resistor R_1. Usando a análise nodal, podemos deduzir as expressões para v_1 e v_2 em função dos resistores e das correntes de fonte do circuito. Os resultados são dados nas equações 4.95 e 4.96:

Figura 4.69 Circuito usado para apresentar a análise de sensibilidade.

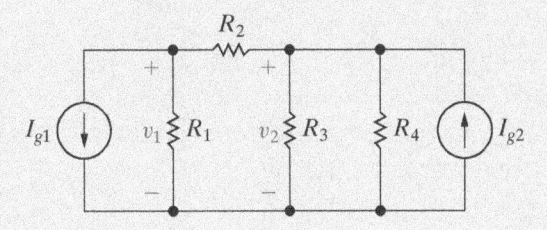

$$v_1 = \frac{R_1\{R_3R_4I_{g2} - [R_2(R_3 + R_4) + R_3R_4]I_{g1}\}}{(R_1 + R_2)(R_3 + R_4) + R_3R_4}, \qquad (4.95)$$

$$v_2 = \frac{R_3R_4[(R_1 + R_2)I_{g2} - R_1I_{g1}]}{(R_1 + R_2)(R_3 + R_4) + R_3R_4}. \qquad (4.96)$$

A sensibilidade de v_1 em relação a R_1 é determinada diferenciando-se a Equação 4.95 em relação a R_1 e, de forma semelhante, a sensibilidade de v_2 em relação a R_1 é determinada diferenciando a Equação 4.96 em relação a R_1. Obtemos

$$\frac{dv_1}{dR_1} = \frac{[R_3R_4 + R_2(R_3 + R_4)]\{R_3R_4I_{g2} - [R_3R_4 + R_2(R_3 + R_4)]I_{g1}\}}{[(R_1 + R_2)(R_3 + R_4) + R_3R_4]^2}, \qquad (4.97)$$

$$\frac{dv_2}{dR_1} = \frac{R_3R_4\{R_3R_4I_{g2} - [R_2(R_3 + R_4) + R_3R_4]I_{g1}\}}{[(R_1 + R_2)(R_3 + R_4) + R_3R_4]^2}. \qquad (4.98)$$

Agora, analisaremos um exemplo com valores reais para ilustrar a utilização das equações 4.97 e 4.98.

EXEMPLO

Suponha que os valores nominais dos componentes do circuito da Figura 4.69 sejam: $R_1 = 25\ \Omega$; $R_2 = 5\ \Omega$; $R_3 = 50\ \Omega$; $R_4 = 75\ \Omega$; $I_{g1} = 12$ A e $I_{g2} = 16$ A. Use a análise de sensibilidade para prever os valores de v_1 e v_2, se o valor de R_1 for 10% diferente de seu valor nominal.

Solução

Por meio das equações 4.95 e 4.96, determinamos os valores nominais de v_1 e v_2. Assim,

$$v_1 = \frac{25\{3.750(16) - [5(125) + 3.750]12\}}{30(125) + 3.750} = 25\text{ V}, \qquad (4.99)$$

e

$$v_2 = \frac{3.750[30(16) - 25(12)]}{30(125) + 3.750} = 90\text{ V}. \qquad (4.100)$$

Agora, pelas equações 4.97 e 4.98 podemos determinar a sensibilidade de v_1 e v_2 a variações em R_1. Por conseguinte,

$$\frac{dv_1}{dR_1} = \frac{[3.750 + 5(125)] - \{3.750(16) - [3.750 + 5(125)]12\}}{[(30)(125) + 3.750]^2}$$

$$= \frac{7}{12}\text{ V}/\Omega, \qquad (4.101)$$

e

$$\frac{dv_2}{dR_1} = \frac{3.750\{3.750(16) - [5(125) + 3.750]12\}]}{(7.500)^2}$$

$$= 0,5 \text{ V}/\Omega. \tag{4.102}$$

Como devemos utilizar os resultados fornecidos pelas equações 4.101 e 4.102? Admita que R_1 seja 10% menor do que seu valor nominal, isto é, $R_1 = 22,5\ \Omega$. Então, $\Delta R_1 = -2,5\ \Omega$ e a Equação 4.101 prevê que Δv_1 será

$$\Delta v_1 = \left(\frac{7}{12}\right)(-2,5) = -1,4583 \text{ V}.$$

Portanto, se R_1 for 10% menor do que seu valor nominal, nossa análise prevê que v_1 será

$$v_1 = 25 - 1,4583 = 23,5417 \text{ V}. \tag{4.103}$$

De modo semelhante, para a Equação 4.102 temos

$$\Delta v_2 = 0,5(-2,5) = -1,25 \text{ V},$$

$$v_2 = 90 - 1,25 = 88,75 \text{ V}. \tag{4.104}$$

Tentamos confirmar os resultados das equações 4.103 e 4.104, substituindo o valor de $R_1 = 22,5\ \Omega$ nas equações 4.95 e 4.96. Os resultados são

$$v_1 = 23,4780 \text{ V}, \tag{4.105}$$

$$v_2 = 88,6960 \text{ V}. \tag{4.106}$$

Por que há uma diferença entre os valores previstos pela análise de sensibilidade e aqueles exatos calculados pela substituição de R_1 nas equações para v_1 e v_2? Podemos ver pelas equações 4.97 e 4.98 que a sensibilidade de v_1 e v_2 em relação a R_1 é função de R_1, porque R_1 aparece no denominador de ambas as equações. Isso significa que, à medida que R_1 varia, as sensibilidades também variam, e, por conseguinte, não podemos esperar que as equações 4.97 e 4.98 forneçam resultados exatos para grandes variações em R_1. Observe que, para uma variação de 10% em R_1, o erro percentual entre os valores previstos e exatos de v_1 e v_2 é pequeno. Especificamente, o erro percentual em $v_1 = 0,2713\%$ e em $v_2 = 0,0676\%$.

Por esse exemplo, podemos ver que há uma tremenda quantidade de trabalho em determinar a sensibilidade de v_1 e v_2 às variações nos valores dos componentes restantes, ou seja, R_2, R_3, R_4, I_{g1} e I_{g2}. Felizmente, o PSpice tem uma função de sensibilidade que realizará a análise para nós. A função de sensibilidade no PSpice calcula dois tipos de sensibilidade. A primeira é conhecida como sensibilidade unitária e a segunda, como sensibilidade 1%. No exemplo, a variação de uma unidade em um resistor alteraria seu valor em 1 Ω e uma variação de uma unidade em uma fonte de corrente alteraria seu valor em 1 A. Por outro lado, a análise de sensibilidade 1% determina o efeito de 1% de variação nos valores nominais de resistores ou fontes.

O resultado da análise de sensibilidade do PSpice do circuito da Figura 4.69 é mostrado na Tabela 4.2. Como estamos analisando um circuito linear, podemos usar superposição para prever valores de v_1 e v_2, se houver variação nos valores de mais de um componente. Por exemplo, vamos admitir que R_1 diminua para 24 Ω e R_2, para 4 Ω. Pela Tabela 4.2, podemos combinar a sensibilidade unitária de v_1 com variações de R_1 e R_2 para obter

$$\frac{\Delta v_1}{\Delta R_1} + \frac{\Delta v_1}{\Delta R_2} = 0,5833 - 5,417 = -4,8337 \text{ V}/\Omega.$$

De modo análogo,

$$\frac{\Delta v_2}{\Delta R_1} + \frac{\Delta v_2}{\Delta R_2} = 0{,}5 + 6{,}5 = 7{,}0 \text{ V}/\Omega.$$

Assim, se tanto R_1 quanto R_2 diminuíssem em 1 Ω, preveríamos

$$v_1 = 25 + 4{,}8227 = 29{,}8337 \text{ V},$$

$$v_2 = 90 - 7 = 83 \text{ V}.$$

Se substituirmos $R_1 = 24\ \Omega$ e $R_2 = 4\ \Omega$ nas equações 4.95 e 4.96, obteremos

$$v_1 = 29{,}793 \text{ V},$$

$$v_2 = 82{,}759 \text{ V}.$$

Em ambos os casos, nossas previsões estão dentro de uma fração de volt dos valores reais das tensões de nó.

Projetistas de circuitos usam os resultados da análise de sensibilidade para determinar qual variação do valor do componente causa o maior impacto sobre a saída do circuito. Como podemos ver pela análise de sensibilidade do PSpice na Tabela 4.2, as tensões de nó v_1 e v_2 são muito mais sensíveis às variações de R_2 do que às variações de R_1. Especificamente, v_1 é (5,417/0,5833) ou, aproximadamente, 9 vezes mais sensível às variações de R_2 do que às variações de R_1, e v_2 é (6,5/0,5) ou 13 vezes mais sensível às variações de R_2 do que às variações de R_1. Assim, no circuito do exemplo, a tolerância para R_2 deverá ser mais rigorosa do que a tolerância para R_1, se for importante manter os valores de v_1 e v_2 próximos de seus valores nominais.

Tabela 4.2 Resultados da análise de sensibilidade PSpice.

Nome do elemento	Valor do elemento	Sensibilidade do elemento (Volts/unidade)	Sensibilidade normalizada (Volts/por cento)
(a) Sensibilidades CC das tensões de nó V1			
R1	25	0,5833	0,1458
R2	5	−5,417	−0,2708
R3	50	0,45	0,225
R4	75	0,2	0,15
IG1	12	−14,58	−1,75
IG2	16	12,5	2
(b) Sensibilidades de saída V2			
R1	25	0,5	0,125
R2	5	6,5	0,325
R3	50	0,54	0,27
R4	75	0,24	0,18
IG1	12	−12,5	−1,5
IG2	16	15	2,4

NOTA: avalie o que entendeu desta perspectiva prática tentando resolver os problemas 4.105 a 4.107, apresentados no final deste capítulo.

Resumo

- Para os tópicos deste capítulo, foi necessário o domínio de alguns termos básicos e dos conceitos que eles representam. Esses termos são: **nó**, **nó essencial**, **caminho**, **ramo**, **ramo essencial**, **malha** e **circuito planar**. A Tabela 4.1 apresentou definições e exemplos desses termos. (Seção 4.1.)

- Duas novas técnicas de análise de circuitos foram apresentadas neste capítulo:

  - O **método das tensões de nó** funciona para circuitos planares e não planares. Um nó de referência é escolhido entre os nós essenciais. Variáveis representando tensões são atribuídas aos nós essenciais restantes, e a lei das correntes de Kirchhoff é usada para escrever uma equação por variável. O número de equações é $n_e - 1$, onde n_e é o número de nós essenciais. (Seção 4.2.)

  - O **método das correntes de malha** funciona somente para circuitos planares. Correntes de malha são atribuídas a cada malha, e a lei das tensões de Kirchhoff é usada para escrever uma equação por malha. O número de equações é $b - (n - 1)$, em que b é o número de ramos em que a corrente é desconhecida e n é o número de nós. As correntes de malha são usadas para determinar as correntes de ramo. (Seção 4.5.)

- Várias técnicas novas de simplificação de circuito foram apresentadas neste capítulo:

  - **Transformações de fonte** permitem substituir uma fonte de tensão (v_s) e um resistor em série (R) por uma fonte de corrente (i_s) e um resistor em paralelo (R) e vice-versa. As combinações devem ser equivalentes em termos da tensão e da corrente em seus terminais. A equivalência terminal é válida contanto que

    $$i_s = \frac{v_s}{R}.$$

    (Seção 4.9)

- **Equivalentes de Thévenin** e **equivalentes de Norton** permitem simplificar um circuito constituído de fontes e resistores e substituí-lo por um circuito equivalente que consiste em uma fonte de tensão e um resistor em série (Thévenin), ou em uma fonte de corrente e um resistor em paralelo (Norton). O circuito simplificado e o circuito original devem ser equivalentes em termos da tensão e corrente em seus terminais. Por isso, deve-se ter em mente que (1) a tensão de Thévenin (V_{Th}) é a tensão de circuito aberto nos terminais do circuito original; (2) a resistência de Thévenin (R_{Th}) é a razão entre a tensão de Thévenin e a corrente de curto-circuito que passa pelos terminais do circuito original e (3) o equivalente de Norton é obtido por meio de uma transformação de fonte em um equivalente de Thévenin. (Seção 4.10.)

- **Máxima transferência de potência** é a técnica para calcular o máximo valor de p que pode ser fornecido a uma carga, R_L. A máxima transferência de potência ocorre quando $R_L = R_{Th}$, a resistência de Thévenin vista dos terminais do resistor R_L. A equação para a máxima transferência de potência é

  $$p = \frac{V_{Th}^2}{4R_L}.$$

  (Seção 4.12.)

- Em um circuito com várias fontes independentes, a **superposição** permite ativar uma fonte por vez e somar as tensões e correntes resultantes para determinar as tensões e correntes que existem quando todas as fontes independentes estão ativas. Fontes dependentes nunca são eliminadas quando se aplica a superposição. (Seção 1.13.)

Problemas

Seção 4.1

4.1 Para o circuito mostrado na Figura P4.1, determine o número de: (a) ramos, (b) ramos em que a corrente é desconhecida, (c) ramos essenciais, (d) ramos essenciais em que a corrente é desconhecida, (e) nós, (f) nós essenciais e (g) malhas.

Figura P4.1

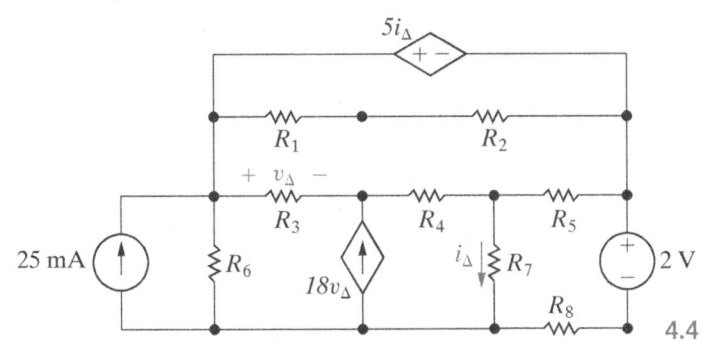

4.2
a) Se somente os nós e os ramos essenciais fossem identificados no circuito da Figura P4.1, quantas equações simultâneas seriam necessárias para descrevê-lo?

b) Quantas dessas equações podem ser deduzidas usando a lei das correntes de Kirchhoff?

c) Quantas devem ser deduzidas usando a lei das tensões de Kirchhoff?

d) Quais são as duas malhas que devem ser evitadas ao aplicar a lei das tensões?

4.3 Suponha que a tensão v_s no circuito da Figura P4.3 seja conhecida. Os resistores $R_1 - R_7$ também são conhecidos.

a) Quantas correntes desconhecidas há?

b) Quantas equações independentes podem ser escritas usando-se a lei das correntes de Kirchhoff (LCK)?

c) Escreva um conjunto de equações independentes LCK.

d) Quantas equações independentes podem ser deduzidas da lei das tensões de Kirchhoff (LTK)?

e) Escreva um conjunto de equações LTK independentes.

Figura P4.3

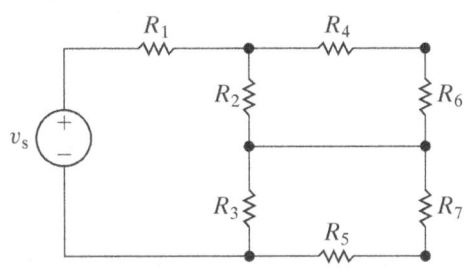

4.4 Uma corrente que sai de um nó é definida como positiva.

a) Some as correntes em cada nó no circuito mostrado na Figura P4.3.

b) Mostre que qualquer uma das equações em (a) pode ser deduzida das três equações restantes.

4.5
a) Quantas partes separadas tem o circuito da Figura P4.5?

b) Quantos nós?

c) Quantos ramos existem?

d) Suponha que o nó inferior em cada parte do circuito seja unido por um único condutor. Repita os cálculos feitos em (a)–(c).

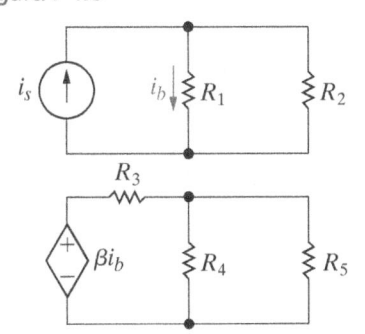

Figura P4.5

Seção 4.2

4.6 Use o método das tensões de nó para determinar v_o no circuito da Figura P4.6.

Figura P4.6

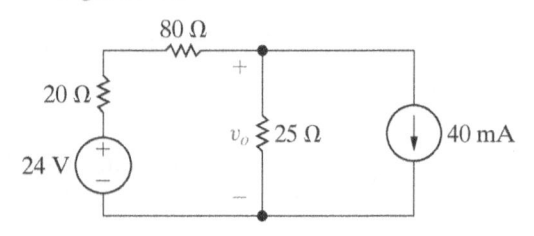

[Circuito: fonte de 24 V, resistor de 20 Ω, resistor de 80 Ω, resistor de 25 Ω (tensão v_o), fonte de corrente de 40 mA]

4.7 a) Determine a potência fornecida pela fonte de corrente de 40 mA no circuito da Figura P4.6.

b) Determine a potência fornecida pela fonte de tensão de 24 V no circuito da Figura P4.6.

c) Verifique que a potência total fornecida é igual à potência total dissipada.

4.8 Um resistor de 50 Ω é ligado em série com a fonte de corrente de 40 mA no circuito da Figura P4.6.

a) Determine v_o.

b) Determine a potência fornecida pela fonte de corrente de 40 mA.

c) Determine a potência fornecida pela fonte de tensão de 24 V.

d) Verifique que a potência total fornecida é igual à potência total dissipada.

e) Qual será o efeito de qualquer resistência finita ligada em série com a fonte de corrente de 40 mA sobre o valor de v_o?

4.9 Use o método das tensões de nó para determinar a potência que a fonte de 2 A absorve do circuito da Figura P4.9.

Figura P4.9

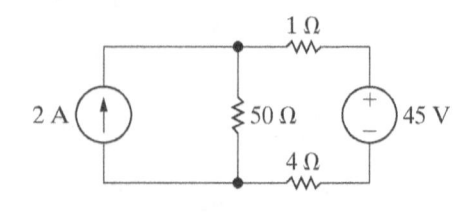

[Circuito: fonte de 2 A, resistor de 1 Ω, resistor de 50 Ω, resistor de 4 Ω, fonte de 45 V]

4.10 a) Use o método das tensões de nó para mostrar que a tensão de saída v_o no circuito da Figura P4.10 é igual ao valor médio das tensões das fontes.

b) Determine v_o se $v_1 = 100$ V, $v_2 = 80$ V e $v_3 = -60$ V.

Figura P4.10

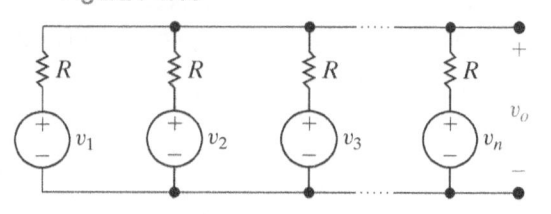

[Circuito com resistores R em paralelo e fontes $v_1, v_2, v_3, \ldots v_n$]

4.11 a) Use o método das tensões de nó para determinar as correntes de ramo $i_a - i_e$ no circuito mostrado na Figura P4.11.

b) Determine a potência total dissipada no circuito.

Figura P4.11

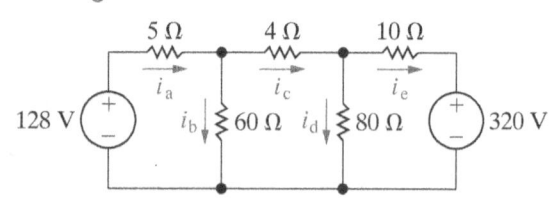

[Circuito: 128 V, 5 Ω, 4 Ω, 10 Ω, 60 Ω, 80 Ω, 320 V, com correntes i_a, i_b, i_c, i_d, i_e]

4.12 Use o método das tensões de nó para determinar v_1 e v_2 no circuito da Figura P4.12.

Figura P4.12

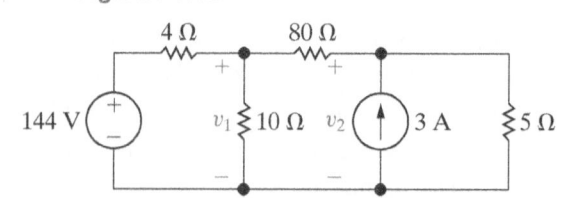

[Circuito: 144 V, 4 Ω, 10 Ω, 80 Ω, fonte de 3 A, 5 Ω]

4.13 Use o método das tensões de nó para determinar v_1 e v_2 no circuito da Figura P4.13.

Figura P4.13

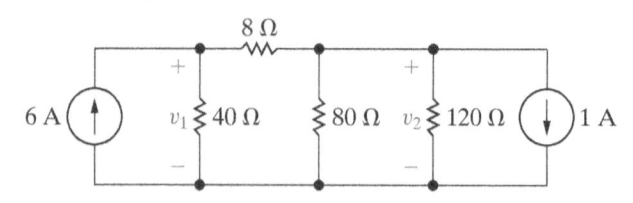

[Circuito: 6 A, 40 Ω, 8 Ω, 80 Ω, 120 Ω, 1 A]

4.14 a) Use o método das tensões de nó para determinar v_1, v_2 e v_3 no circuito da Figura P4.14.

b) Qual é a potência que a fonte de tensão de 40 V fornece ao circuito?

Figura P4.14

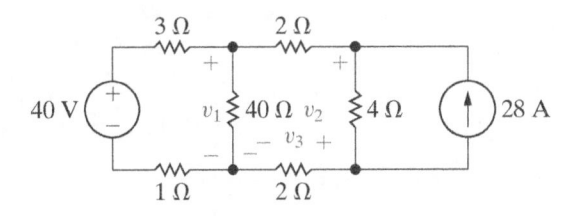

4.15 O circuito mostrado na Figura P4.15 é um modelo cc de um circuito de distribuição residencial.

a) Use o método das tensões de nó para determinar as correntes de ramo $i_1 - i_6$.

b) Teste sua solução para as correntes de ramo, mostrando que a potência total dissipada é igual à potência total gerada.

Figura P4.15

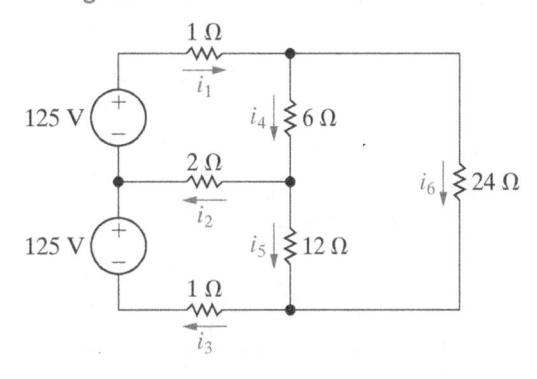

4.16 Use o método das tensões de nó para determinar a potência total dissipada no circuito da Figura P4.16.

Figura P4.16

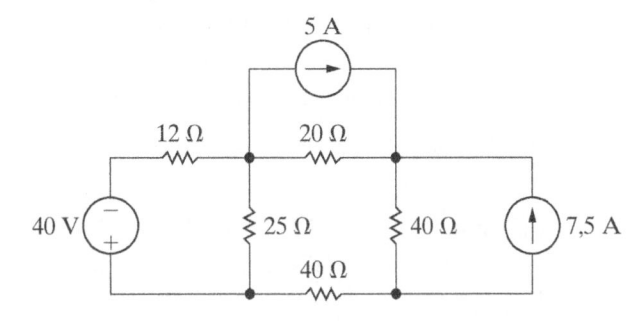

Seção 4.3

4.17 a) Use o método das tensões de nó para determinar v_o no circuito da Figura P4.17.

b) Determine a potência absorvida pela fonte dependente.

c) Determine a potência total gerada pelas fontes independentes.

Figura P4.17

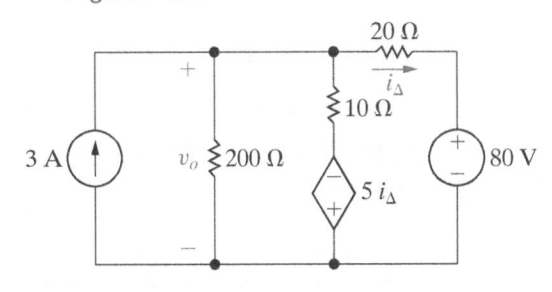

4.18 Use o método das tensões de nó para calcular a potência gerada pela fonte de tensão dependente no circuito da Figura P4.18.

Figura P4.18

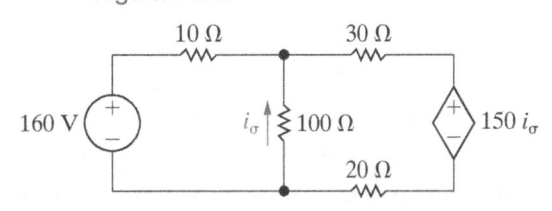

4.19 a) Use o método das tensões de nó para determinar a potência total gerada no circuito da Figura P4.19.

b) Verifique sua resposta determinando a potência total absorvida no circuito.

Figura P4.19

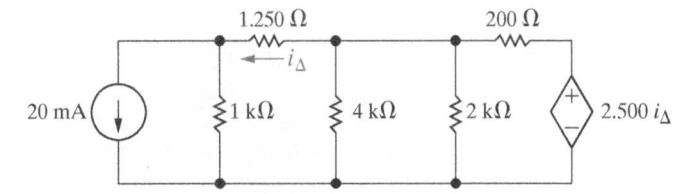

4.20 a) Use o método das tensões de nó para determinar v_o no circuito da Figura P4.20.

b) Determine a potência total dissipada no circuito.

Figura P4.20

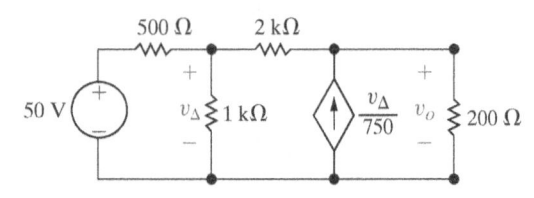

4.21 a) Determine as tensões de nó v_1, v_2 e v_3 no circuito da Figura P4.21.

b) Determine a potência total dissipada no circuito.

Figura P4.21

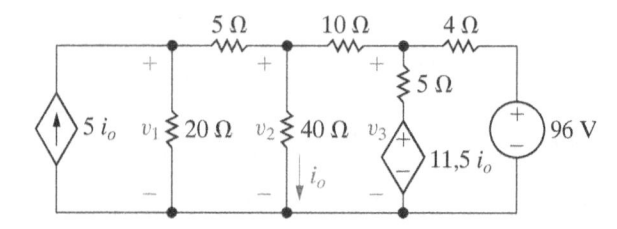

Seção 4.4

4.22 a) Use o método das tensões de nó para determinar v_o e a potência fornecida pela fonte de corrente de 2 A no circuito da Figura P4.22. Use o nó a como o de referência.

b) Repita (a) usando o nó b como o de referência.

c) Compare a escolha do nó de referência em (a) e (b). Qual é melhor e por quê?

Figura P4.22

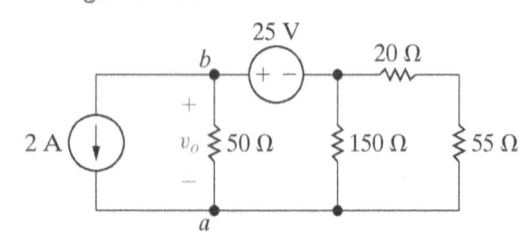

4.23 Use o método das tensões de nó para determinar o valor de v_o no circuito da Figura P4.23.

Figura P4.23

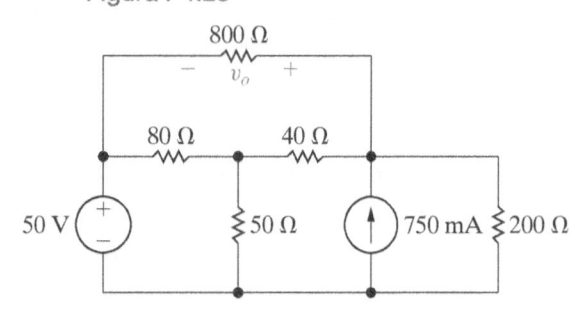

4.24 Use o método das tensões de nó para determinar i_o no circuito da Figura P4.24.

Figura P4.24

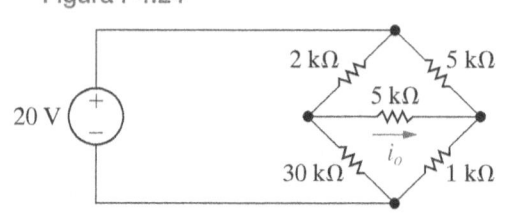

4.25 a) Use o método das tensões de nó para determinar a potência dissipada no resistor de 2 Ω no circuito da Figura P4.25.

b) Determine a potência fornecida pela fonte de 230 V.

Figura P4.25

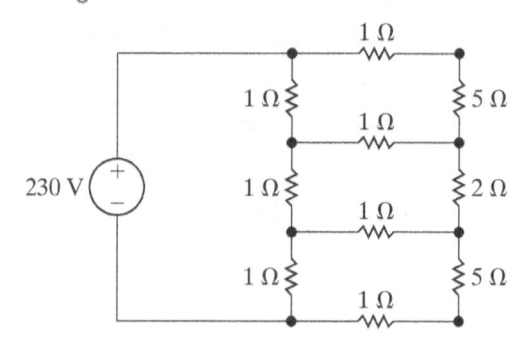

4.26 Use o método das tensões de nó para determinar v_o no circuito da Figura P4.26.

Figura P4.26

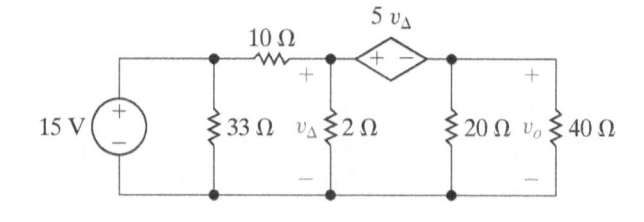

4.27
a) Use o método das tensões de nó para determinar as correntes de ramo i_1, i_2 e i_3 no circuito da Figura P4.27.
b) Verifique sua solução para i_1, i_2 e i_3, mostrando que a potência dissipada no circuito é igual à potência gerada.

Figura P4.27

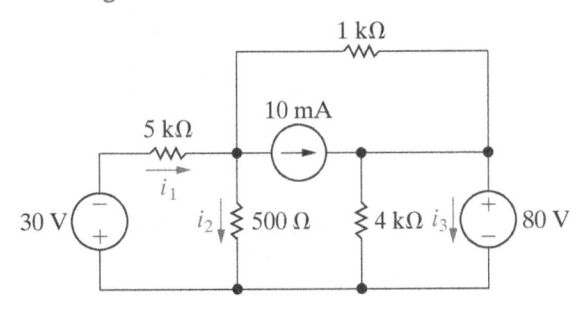

4.28 Use o método das tensões de nó para determinar o valor de v_o no circuito da Figura P4.28.

Figura P4.28

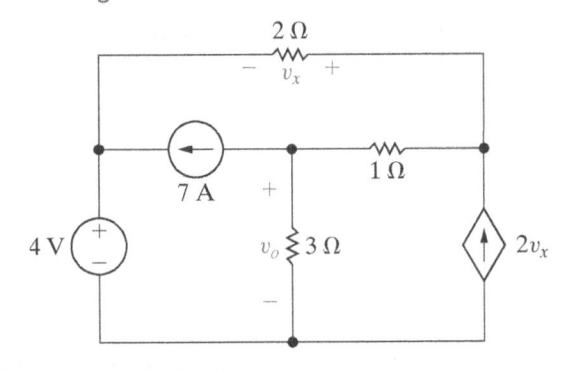

4.29 Suponha que você seja um engenheiro projetista e alguém de sua equipe seja designado para analisar o circuito mostrado na Figura P4.29. O nó de referência e a numeração dos nós mostrados na figura foram escolhidos pela analista. Sua solução associa a v_1 e v_2 os valores de 105 V e 85 V, respectivamente.

a) Que valores a analista usou para as tensões de nó mais à esquerda e mais à direita ao escrever equações LCK nos nós 1 e 2?

b) Teste os valores fornecidos pela analista para calcular a potência total gerada no circuito em relação à potência total dissipada.

c) Você concorda com a solução apresentada pela analista?

Figura P4.29

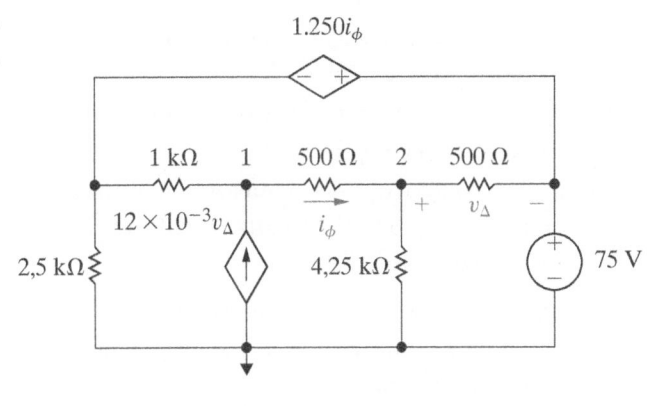

4.30 Use o método das tensões de nó para determinar a potência fornecida pela fonte de tensão de 20 V no circuito da Figura P4.30.

Figura P4.30

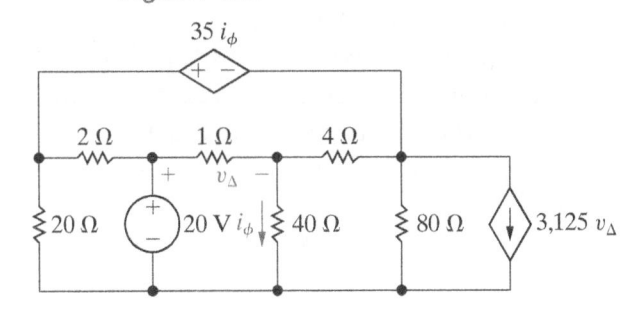

4.31 Mostre que, quando as equações 4.16, 4.17 e 4.19 são resolvidas para i_B, o resultado é idêntico à Equação 2.25.

4.32
a) Use o método das correntes de malha para determinar as correntes de ramo i_a, i_b e i_c no circuito da Figura P4.32.
b) Repita (a) com a polaridade da fonte de 140 V invertida.

Figura P4.32

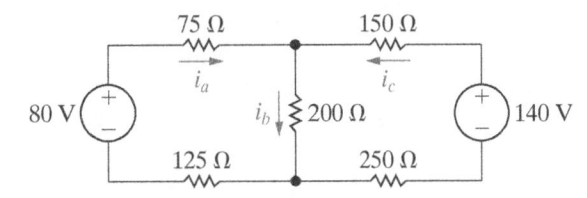

Seção 4.5

4.33 Resolva o Problema 4.11 usando o método das correntes de malha.

4.34 Resolva o Problema 4.15 usando o método das correntes de malha.

4.35 Resolva o Problema 4.24 usando o método das correntes de malha.

4.36 a) Use o método das correntes de malha para determinar a potência total gerada no circuito da Figura P4.36.
Pspice Multisim

b) Verifique sua resposta mostrando que a potência total gerada é igual à potência total dissipada.

Figura P4.36

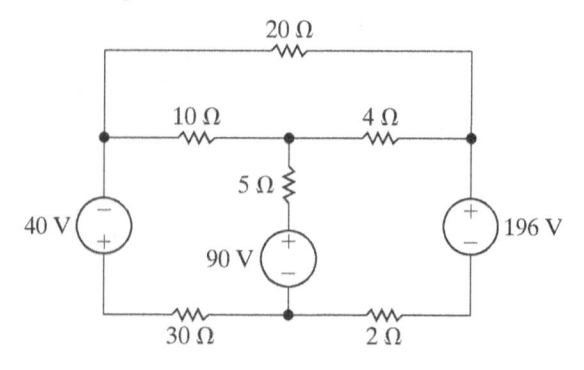

4.37 Resolva o Problema 4.25 usando o método das correntes de malha.

Seção 4.6

4.38 Resolva o Problema 4.18 usando o método das correntes de malha.

4.39 Use o método das correntes de malha para determinar a potência dissipada no resistor de 15 Ω no circuito da Figura P4.39.
Pspice Multisim

Figura P4.39

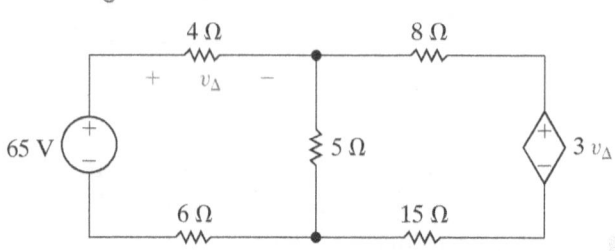

4.40 Use o método das correntes de malha para determinar a potência fornecida pela fonte de tensão dependente no circuito visto na Figura P4.40.
Pspice Multisim

Figura P4.40

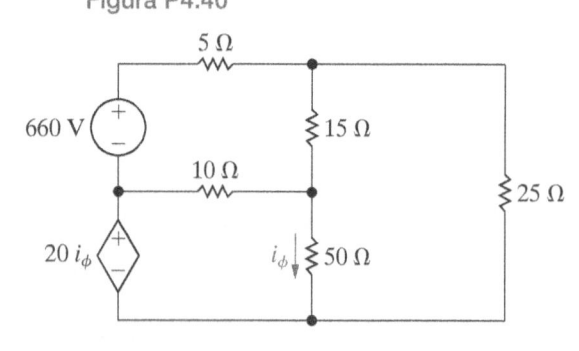

4.41 a) Use o método das correntes de malha para determinar v_o no circuito da Figura P4.41.
Pspice Multisim

b) Determine a potência gerada pela fonte dependente.

Figura P4.41

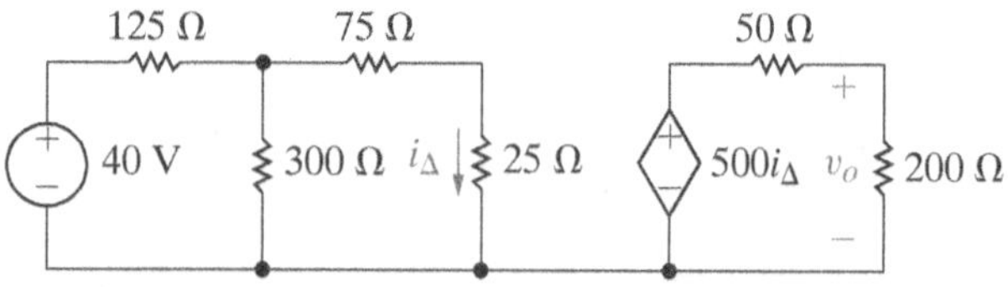

4.42 Use o método das correntes de malha para determinar a potência fornecida pela fonte de tensão dependente no circuito da Figura P4.42.
Pspice Multisim

Figura P4.42

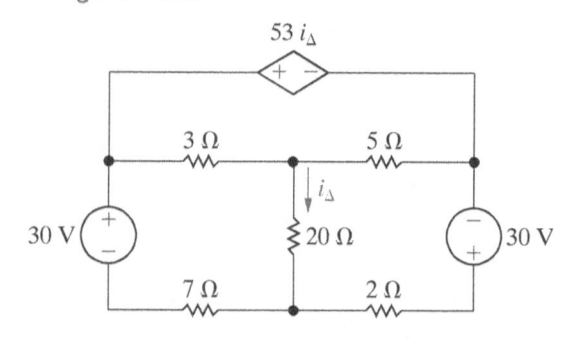

Seção 4.7

4.43 a) Use o método das correntes de malha para calcular i_Δ no circuito da Figura P4.43.
b) Determine a potência fornecida pela fonte de corrente independente.
c) Determine a potência fornecida pela fonte de tensão dependente.

Figura P4.43

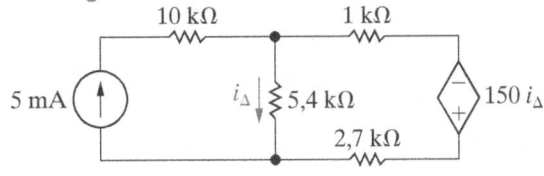

4.44 Resolva o Problema 4.13 usando o método das correntes de malha.

4.45 Resolva o Problema 4.21 usando o método das correntes de malha.

4.46 Use o método das correntes de malha para determinar a potência total gerada no circuito da Figura P4.46.

Figura P4.46

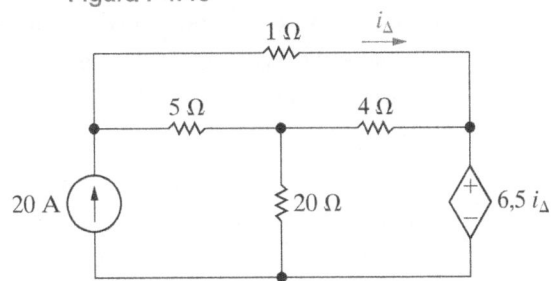

4.47 a) Use o método das correntes de malha para determinar a potência que a fonte de corrente de 5 A fornece ao circuito da Figura P4.47.
b) Determine a potência total fornecida ao circuito.
c) Verifique seus cálculos mostrando que a potência total gerada no circuito é igual à potência total dissipada.

Figura P4.47

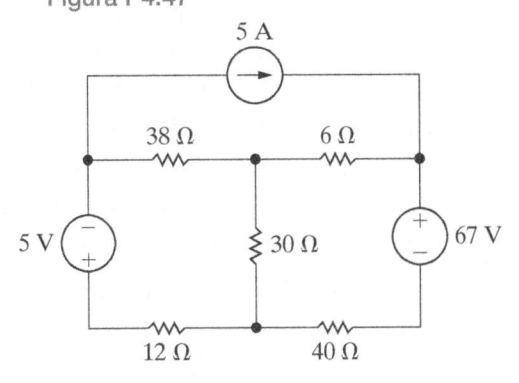

4.48 a) Use o método das correntes de malha para determinar quais fontes no circuito da Figura P4.48 estão fornecendo potência.
b) Determine a potência total dissipada no circuito.

Figura P4.48

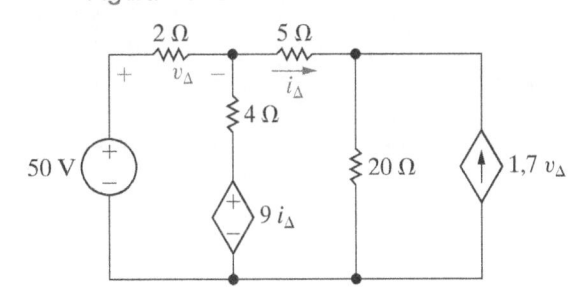

4.49 Use o método das correntes de malha para determinar a potência total dissipada no circuito da Figura P4.49.

Figura P4.49

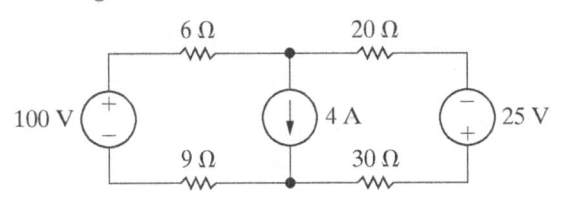

4.50 a) Suponha que a tensão da fonte de 100 V no circuito da Figura P4.49 seja alterada para 67,5 V. Determine a potência total dissipada no circuito.
b) Repita (a) com a fonte de corrente de 4 A substituída por um curto-circuito.
c) Explique por que as respostas para (a) e (b) são iguais.
d) Agora, suponhamos que você queira mudar o valor da fonte de 25 V, em vez da fonte de 100 V, no circuito na Figura P4.49, de modo a obter a mesma potência dissipada pela fonte de corrente determinada em (a) e (b). Use os resultados de (c) para calcular o novo valor dessa fonte de tensão.

4.51 Resolva o Problema 4.27 usando o método das correntes de malha.

4.52 a) Use o método das correntes de malha para determinar as correntes de ramo $i_a - i_e$ no circuito da Figura P4.52.

b) Verifique sua solução mostrando que a potência total gerada no circuito é igual à potência total dissipada.

Figura P4.52

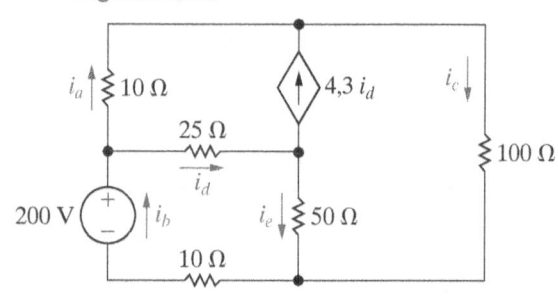

4.53 a) Determine as correntes de ramo $i_a - i_e$ para o circuito mostrado na Figura P4.53.

b) Verifique suas respostas mostrando que a potência total gerada é igual à potência total dissipada.

Figura P4.53

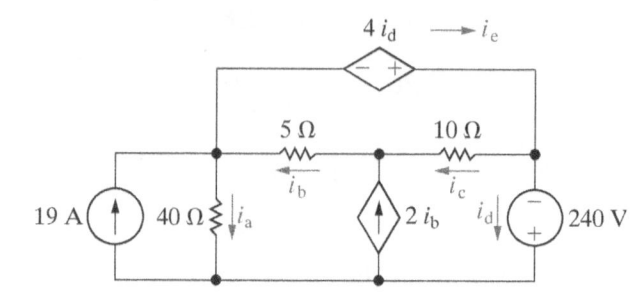

Seção 4.8

4.54 Suponha que lhe pediram para determinar a potência dissipada no resistor horizontal de 1 kΩ do circuito na Figura P4.54.

a) Qual método de análise de circuitos você recomendaria? Explique por quê.

b) Use o método de análise de sua recomendação para determinar a potência dissipada no resistor horizontal de 1 kΩ.

c) Você mudaria sua recomendação se o problema fosse determinar a potência gerada pela fonte de corrente de 10 mA? Explique.

d) Determine a potência fornecida pela fonte de corrente de 10 mA.

Figura P4.54

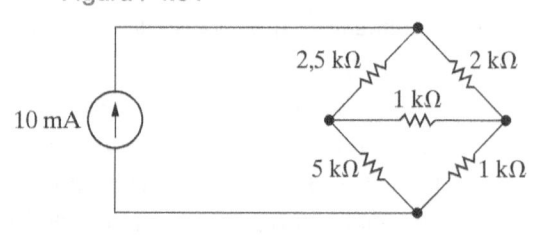

4.55 Um resistor de 4 kΩ é colocado em paralelo com a fonte de corrente de 10 mA no circuito da Figura P4.54. Suponha que lhe pediram para calcular a potência gerada pela fonte de corrente.

a) Qual método de análise de circuitos você recomendaria? Explique por quê.

b) Determine a potência gerada pela fonte de corrente.

4.56 a) Você usaria o método das tensões de nó ou das correntes de malha para determinar a potência absorvida pela fonte de 20 V no circuito da Figura P4.56? Explique sua escolha.

b) Use o método que você selecionou em (a) para determinar a potência.

Figura P4.56

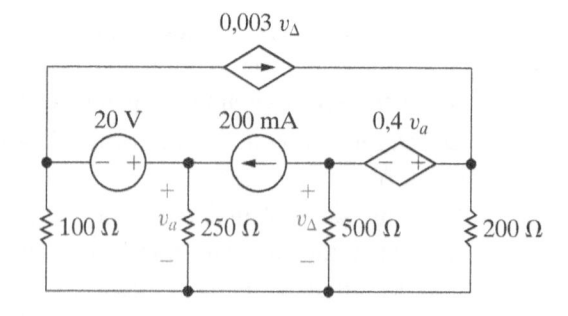

4.57 A fonte variável de corrente cc no circuito da Figura P4.57 é ajustada de modo que a potência gerada pela fonte de corrente de 40 mA seja igual a zero. Determine o valor de i_{cc}.

a) Você usaria o método das tensões de nó ou das correntes de malha para determinar i_{cc}? Explique sua escolha.

b) Use o método selecionado em (a) para determinar i_{cc}.

Figura P4.57

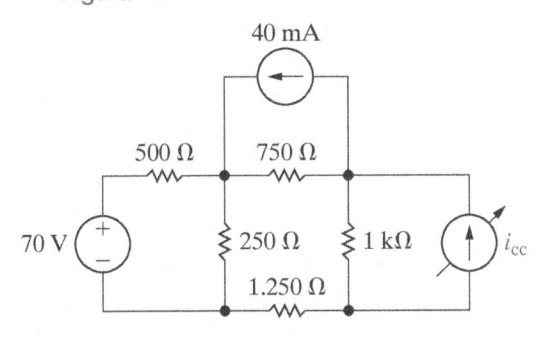

b) Use o método selecionado em (a) para determinar V_{cc}.

c) Verifique sua solução mostrando que a potência gerada é igual à potência dissipada.

Figura P4.58

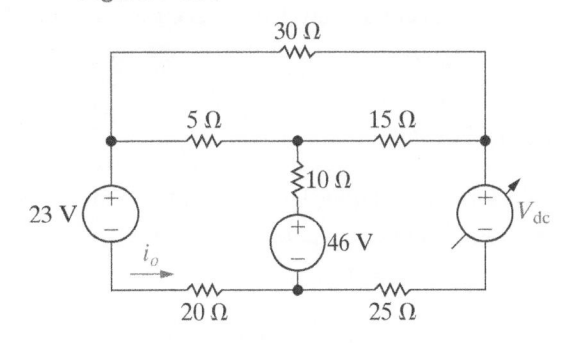

4.58 A fonte variável de corrente cc no circuito da Figura P4.58 é ajustada de modo que i_o seja igual a zero.
Pspice
Multisim

a) Você usaria o método das tensões de nó ou das correntes de malha para determinar V_{cc}? Explique sua escolha.

Seção 4.9

4.59 a) Use uma série de transformações de fonte para determinar a tensão v_o no circuito da Figura P4.59.

b) Verifique sua solução usando o método das correntes de malha.

Figura P4.59

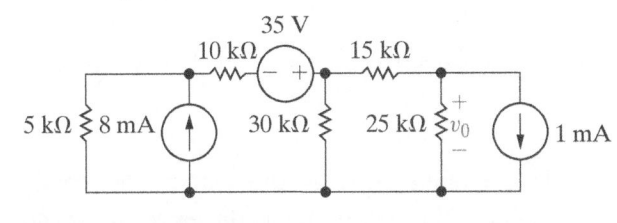

4.60 a) Determine a corrente i_o no circuito da Figura P4.60 fazendo uma série de transformações de fonte adequadas.
Pspice
Multisim

b) Usando o resultado obtido em (a), faça os cálculos no sentido inverso para determinar a potência desenvolvida pela fonte de 50 V.

Figura P4.60

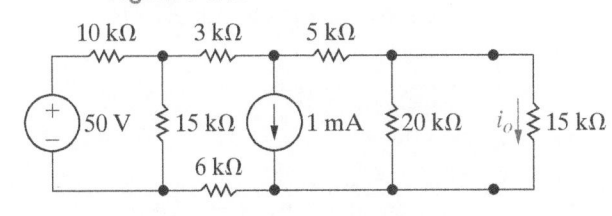

4.61 a) Use transformações de fonte para determinar a corrente i_o no circuito da Figura P4.61.
Pspice
Multisim

b) Verifique sua solução usando o método das tensões de nó para determinar i_o.

Figura P4.61

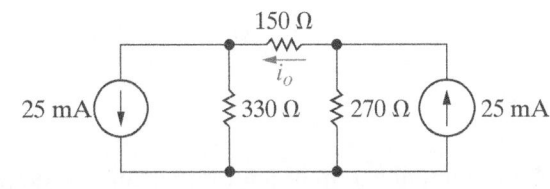

4.62 a) Use uma série de transformações de fonte para determinar i_o no circuito da Figura P4.62.
Pspice
Multisim

b) Verifique sua solução usando o método das correntes de malha para determinar i_o.

Figura P4.62

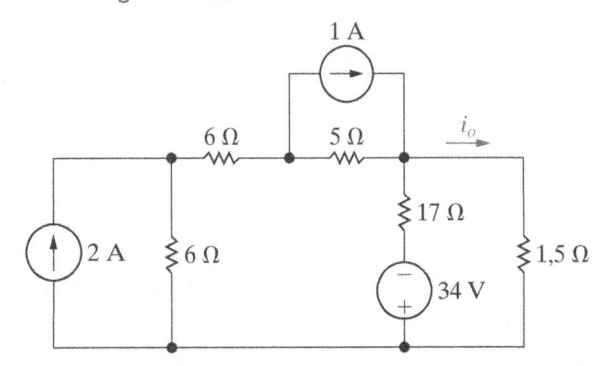

4.63
a) Use transformações de fonte para determinar v_o no circuito da Figura P4.63.
b) Determine a potência gerada pela fonte de 520 V.
c) Determine a potência gerada pela fonte de corrente de 1 A.
d) Verifique que a potência total gerada é igual à potência total dissipada.

Figura P4.63

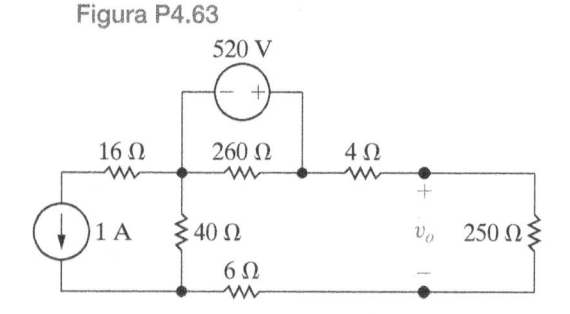

Seção 4.10

4.64 Obtenha o equivalente de Thévenin em relação aos terminais a,b para o circuito da Figura P4.64.

Figura P4.64

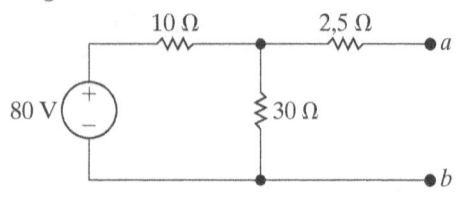

4.65 Obtenha o equivalente de Norton em relação aos terminais a,b para o circuito da Figura P4.65.

Figura P4.65

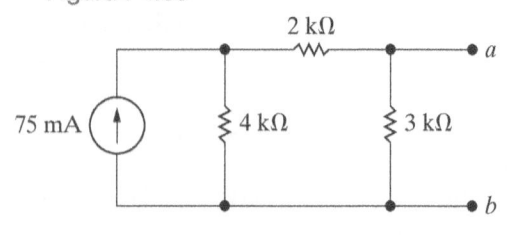

4.66 Obtenha o equivalente de Norton em relação aos terminais a,b para o circuito da Figura P4.66.

Figura P4.66

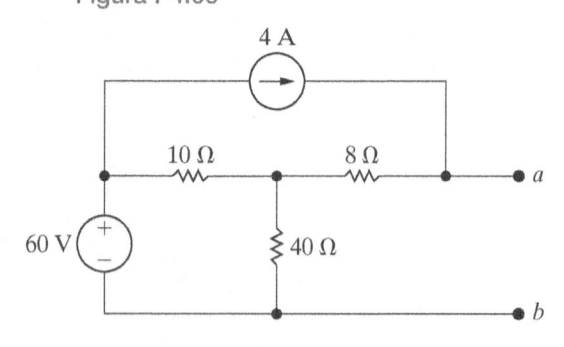

4.67 Obtenha o equivalente de Thévenin em relação aos terminais a,b para o circuito da Figura P4.67.

Figura P4.67

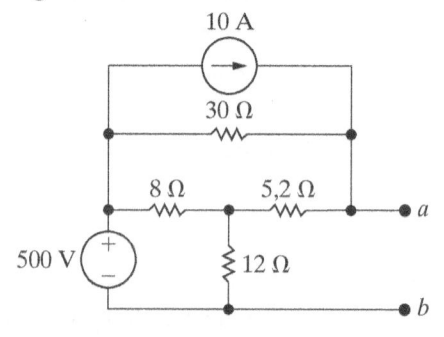

4.68 Obtenha o equivalente de Norton em relação aos terminais a,b para o circuito da Figura P4.68.

Figura P4.68

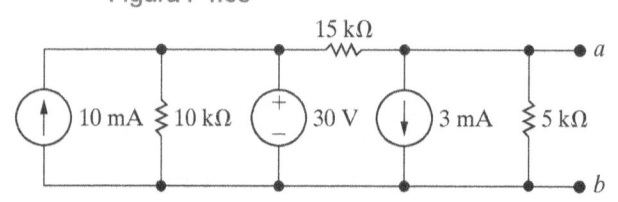

4.69 Um equivalente de Thévenin também pode ser obtido a partir de medições realizadas no par de terminais de interesse. Suponha que as seguintes medições foram feitas nos terminais a,b do circuito na Figura P4.69.

Quando um resistor de 20 Ω é ligado aos terminais a,b, a tensão v_{ab} medida é 100 V. Quando um resistor de 50 Ω é ligado aos terminais a,b, a tensão medida é 200 V. Obtenha o equivalente de Thévenin da rede em relação aos terminais a,b.

Figura P4.69

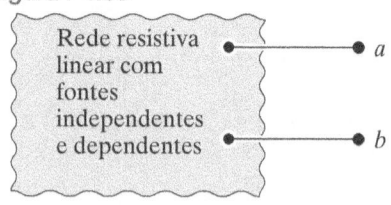

4.70 Uma bateria de automóvel, quando ligada ao rádio de um carro, fornece 12,5 V. Quando ligada a um conjunto de faróis, fornece 11,7 V. Suponha que o rádio possa ser modelado como um resistor de 6,25 Ω e os faróis possam ser modelados como um resistor de 0,65 Ω. Quais são os equivalentes de Thévenin e de Norton para a bateria?

4.71 Determine i_o e v_o no circuito mostrado na Figura P4.71 quando R_o for um resistor do Apêndice H tal que 100 Ω ≤ R_o < 200 Ω.

Figura P4.71

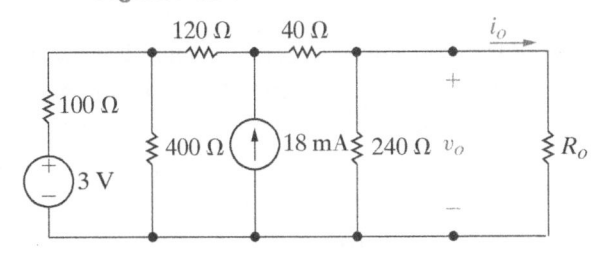

4.72 Um voltímetro com uma resistência de 85,5 kΩ é usado para medir a tensão v_{ab} no circuito da Figura P4.72.

a) Qual é a leitura do voltímetro?

b) Qual será a percentagem de erro na leitura do voltímetro, se a percentagem de erro for definida como [(medida − real)/real] × 100?

Figura P4.72

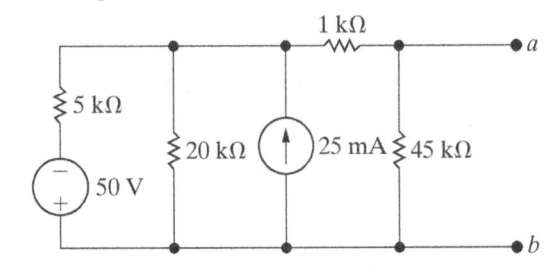

4.73 A ponte de Wheatstone, no circuito da Figura P4.73, está equilibrada quando R_3 é igual a 3.000 Ω. Se o galvanômetro tiver uma resistência de 50 Ω, qual será a corrente no galvanômetro quando a ponte estiver desequilibrada e R_3 for 3.003 Ω? (*Sugestão:* obtenha o equivalente de Thévenin em relação aos terminais do galvanômetro quando R_3=3.003 Ω. Observe que, uma vez obtido esse equivalente de Thévenin, é fácil determinar a corrente de desequilíbrio no ramo do galvanômetro para diferentes indicações do galvanômetro.)

Figura P4.73

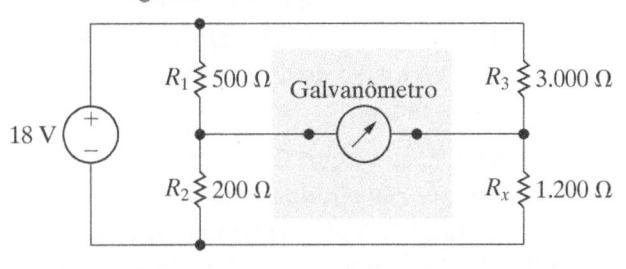

4.74 Obtenha o equivalente de Thévenin em relação aos terminais *a,b* do circuito da Figura P4.74.

Figura P4.74

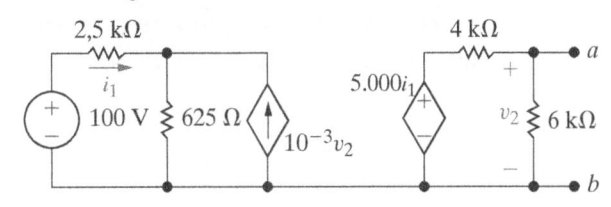

4.75 Obtenha o equivalente de Norton em relação aos terminais *a,b* do circuito da Figura P4.75.

Figura P4.75

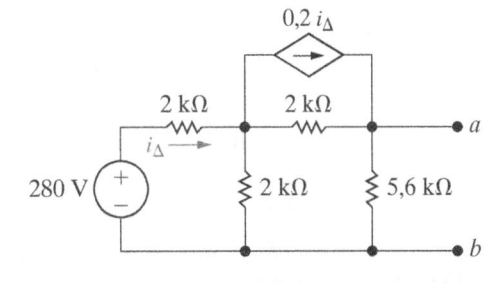

4.76 A leitura de um amperímetro usado para medir a corrente i_ϕ no circuito mostrado na Figura P4.76 é 6 A.

a) Qual é a resistência do amperímetro?

b) Qual é a percentagem de erro na medição de corrente?

Figura P4.76

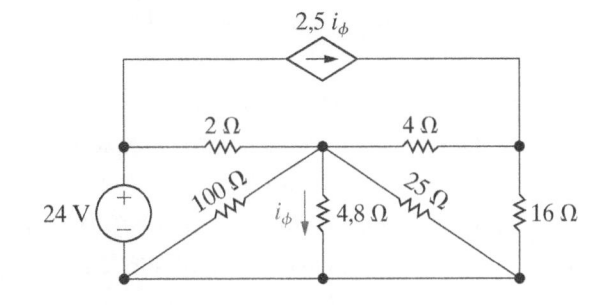

Seção 4.11

4.77 a) Obtenha o equivalente de Thévenin em relação aos terminais a,b do circuito da Figura P4.64 sem determinar nem a tensão de circuito aberto nem a corrente de curto-circuito.

b) Obtenha o equivalente de Norton em relação aos terminais a,b do circuito da Figura P4.66 sem determinar nem a tensão de circuito aberto nem a corrente de curto-circuito.

4.78 a) Obtenha o equivalente de Thévenin em relação aos terminais a,b do circuito da Figura P4.78 determinando a tensão de circuito aberto e a corrente de curto-circuito.

Pspice
Multisim

b) Determine a resistência de Thévenin removendo as fontes independentes. Compare seu resultado com a resistência de Thévenin determinada em (a).

Figura P4.78

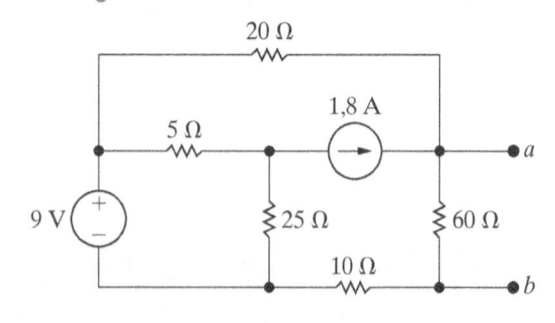

4.79 Obtenha o equivalente de Thévenin em relação aos terminais a,b do circuito da Figura P4.79.

Figura P4.79

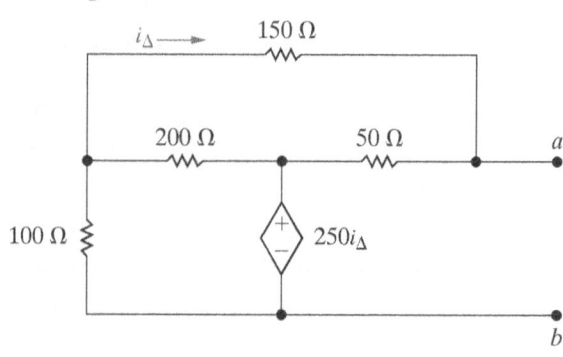

4.80 Obtenha o equivalente de Thévenin em relação aos terminais a,b do circuito da Figura P4.80.

Figura P4.80

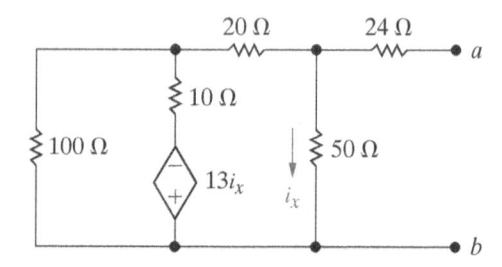

4.81 Obtenha o equivalente de Norton em relação aos terminais a,b do circuito da Figura P4.81.

Figura P4.81

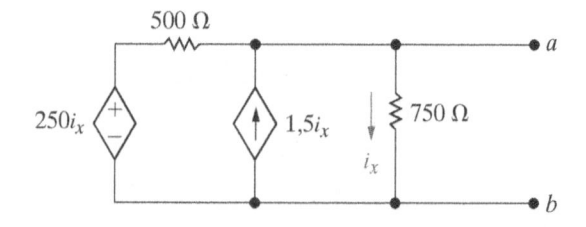

Seção 4.12

4.82 O resistor variável no circuito da Figura P4.82 é ajustado para a máxima transferência de potência a R_o.

Pspice
Multisim

a) Determine o valor de R_o.

b) Determine a potência máxima que pode ser transferida para R_o.

c) Encontre um resistor no Apêndice H com valor mais próximo do obtido em (a).

Qual a potência transferida para esse resistor?

Figura P4.82

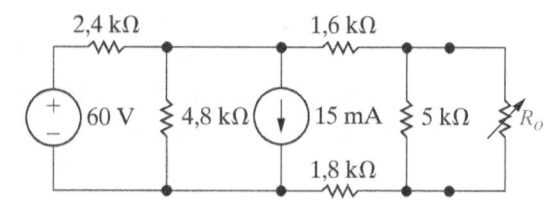

4.83 Qual percentagem da potência total gerada no circuito da Figura P4.82 é fornecida a R_o quando R_o é ajustado para a máxima transferência de potência?

4.84
a) Calcule a potência fornecida a R_o para cada valor usado no Problema 4.71.
b) Trace um gráfico da potência fornecida a R_o em função da resistência R_o.
c) Para qual valor de R_o a potência fornecida é máxima?

4.85
a) Determine o valor do resistor variável R_o no circuito da Figura P4.85 que resultará na dissipação de potência máxima no resistor de 6 Ω. (*Sugestão:* conclusões apressadas podem ser prejudiciais para sua carreira.)
b) Qual é a potência máxima que pode ser fornecida ao resistor de 6 Ω?

Figura P4.85

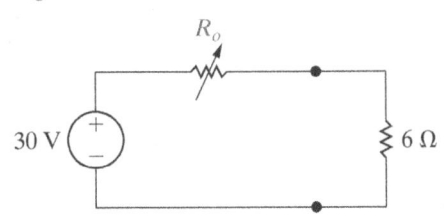

4.86 Um resistor variável R_o é ligado aos terminais a,b do circuito da Figura P4.75. O resistor variável é ajustado até que a potência máxima seja transferida a R_o.
a) Determine o valor de R_o.
b) Determine a potência máxima fornecida a R_o.
c) Determine a percentagem da potência total gerada no circuito que é fornecida a R_o.
d) Encontre um resistor no Apêndice H com valor mais próximo do obtido em (a).
e) Determine a percentagem da potência total gerada no circuito que é entregue ao resistor em (d).

4.87 O resistor variável (R_o) no circuito da Figura P4.87 é ajustado até absorver potência máxima do circuito.
a) Determine o valor de R_o.
b) Determine a potência máxima.
c) Determine a percentagem da potência total gerada no circuito que é fornecida a R_o.

Figura P4.87

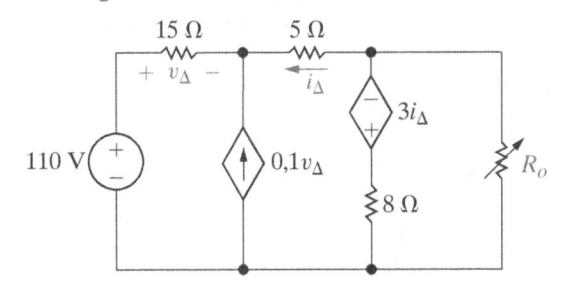

4.88 O resistor variável (R_o) no circuito da Figura P4.88 é ajustado até que a potência nele dissipada seja 250 W. Determine os valores de R_o que satisfaçam essa condição.

Figura P4.88

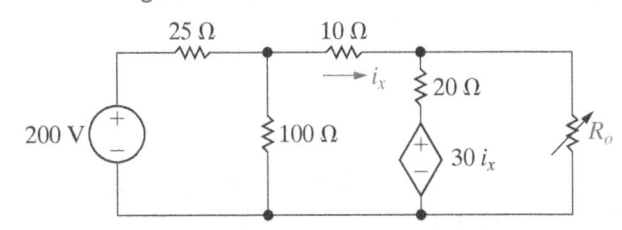

4.89 O resistor variável no circuito da Figura P4.89 é ajustado para a máxima transferência de potência para R_o.
a) Determine o valor de R_o.
b) Determine a potência máxima fornecida a R_o.
c) Qual é a potência que a fonte de 180 V fornece ao circuito, quando R_o é ajustado para o valor calculado em (a)?

Figura P4.89

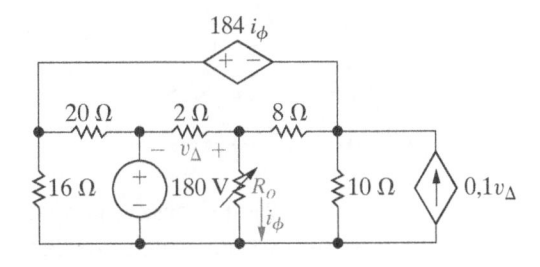

4.90 O resistor variável (R_L) no circuito da Figura P4.90 é ajustado para a máxima transferência de potência a R_L.

a) Determine o valor de R_L.

b) Determine a potência máxima transferida a R_L.

Figura P4.90

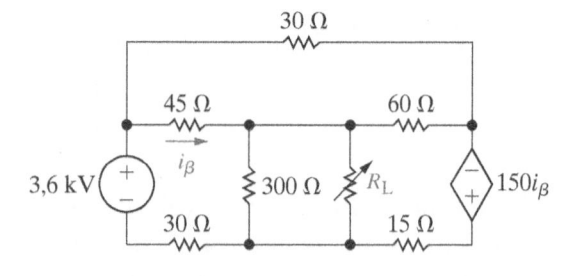

4.91 O resistor variável (R_o) no circuito da Figura P4.91 é ajustado para a máxima transferência de potência a R_o.

a) Determine o valor de R_o.

b) Determine a potência máxima que pode ser fornecida a R_o.

c) Qual percentagem da potência total gerada no circuito é fornecida ao R_o obtido em (a)?

d) Se R_o for selecionado do Apêndice H, qual valor de resistor resultará na maior quantidade de potência fornecida a R_o?

Figura P4.91

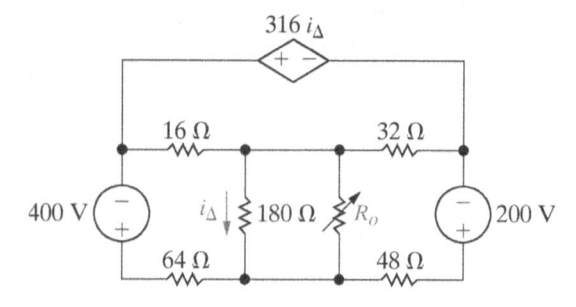

Seção 4.13

4.92 a) No circuito da Figura P4.92, antes de a fonte de corrente de 5 mA ser inserida nos terminais a,b, a corrente i_o é calculada em 3,5 mA. Use o princípio da superposição para determinar o valor de i_o após a inserção da fonte de corrente.

b) Verifique sua solução determinando i_o quando todas as três fontes estão agindo simultaneamente.

Figura P4.92

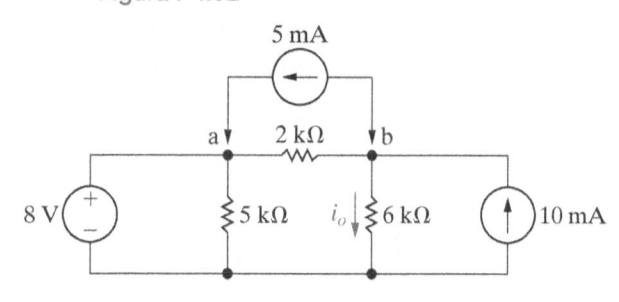

4.93 a) Use o princípio da superposição para determinar a tensão v no circuito da Figura P4.93.

b) Determine a potência dissipada no resistor de 10 Ω.

Figura P4.93

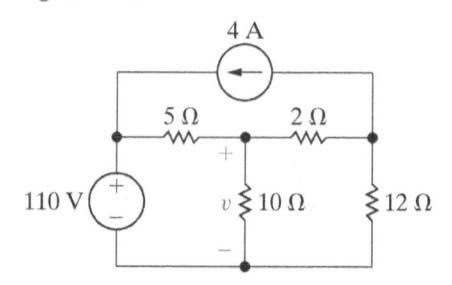

4.94 Use o princípio da superposição para calcular i_o e v_o no circuito da Figura P4.94.

Figura P4.94

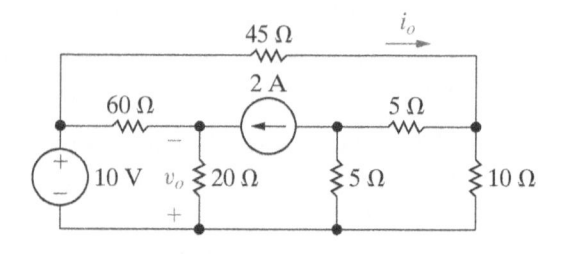

4.95 a) Use o princípio da superposição para determinar a corrente i_o no circuito da Figura P4.95.

Figura P4.95

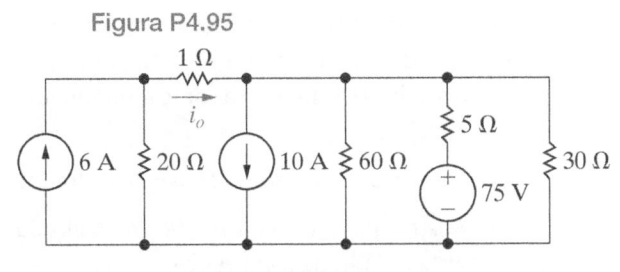

Figura P4.97

4.96 a) Use o princípio da superposição para determinar a tensão v no circuito da Figura P4.96.

Figura P4.96

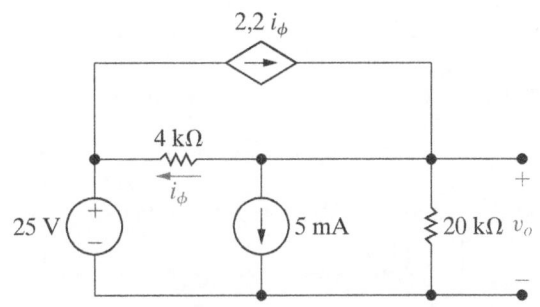

4.98 Use o princípio da superposição para determinar a corrente i no circuito da Figura P4.98.

Figura P4.98

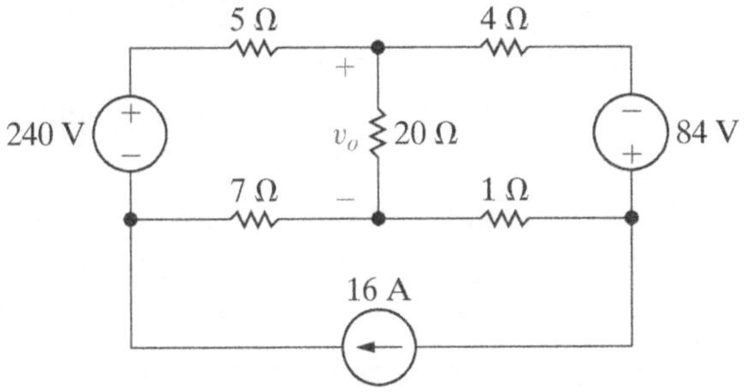

4.97 a) Use o princípio da superposição para determinar v_o no circuito da Figura P4.97.

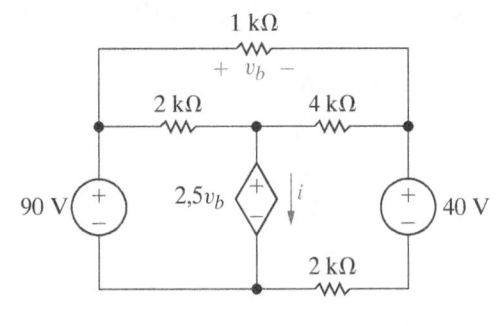

Seções 4.1–4.13

4.99 Suponha que seu supervisor tenha lhe pedido para determinar a potência gerada pela fonte de 50 V no circuito da Figura P4.99. Antes de realizar os cálculos, ele lhe pede para apresentar uma proposta descrevendo como você planeja resolver o problema. Além disso, você deve explicar por que escolheu o método de solução proposto.

a) Descreva o plano de ataque, explicando seu raciocínio.

b) Use o método descrito em (a) para determinar a potência gerada pela fonte de 50 V.

Figura P4.99

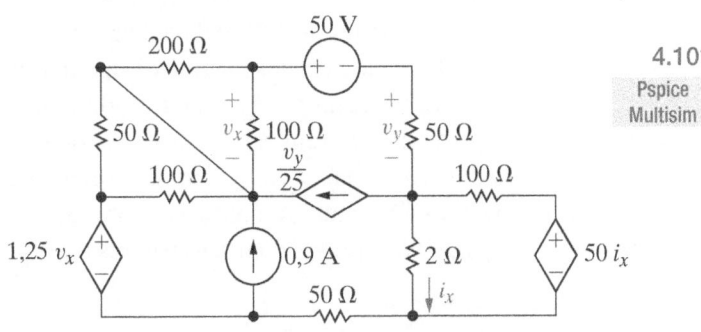

4.100 Determine i_1 e i_2 no circuito da Figura P4.100.

Figura P4.100

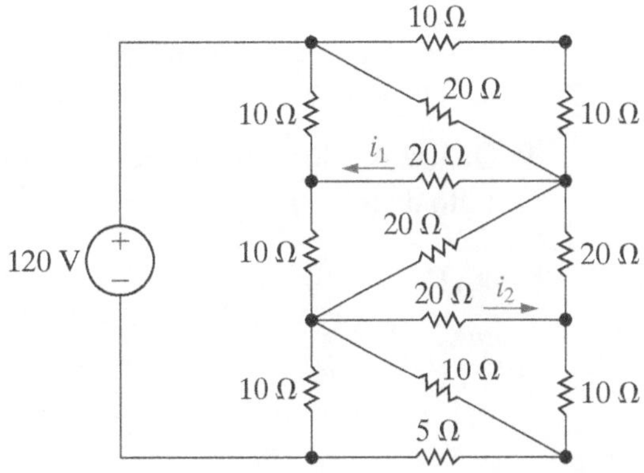

4.101 Determine v_1, v_2 e v_3 no circuito da Figura P4.101.

Figura P4.101

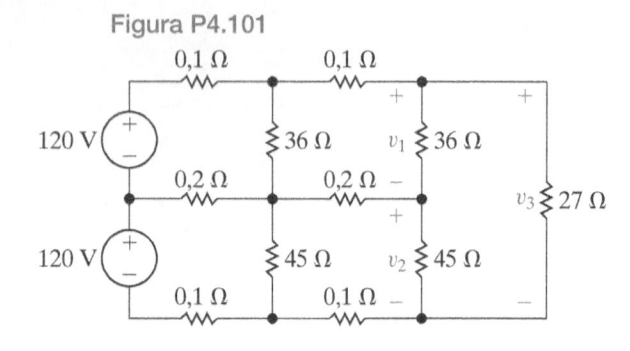

4.102 Duas fontes ideais de tensão cc são ligadas por condutores elétricos cuja resistência é r Ω/m, como mostra a Figura P4.102. Uma carga cuja resistência é R Ω move-se entre as duas fontes de tensão. Sendo x a distância entre a carga e a fonte v_1 e L, a distância entre as fontes:

a) Mostre que
$$v = \frac{v_1 RL + R(v_2 - v_1)x}{RL + 2rLx - 2rx^2}.$$

b) Mostre que a tensão v será mínima quando
$$x = \frac{L}{v_2 - v_1}\left[-v_1 \pm \sqrt{v_1 v_2 - \frac{R}{2rL}(v_1 - v_2)^2}\right].$$

c) Determine x para $L = 16$ km, $v_1 = 1.000$ V, $v_2 = 1.200$ V, $R = 3,9$ Ω e $r = 5 \times 10^{-5}$ Ω/m.

d) Qual é o valor mínimo de v para o circuito de (c)?

Figura P4.102

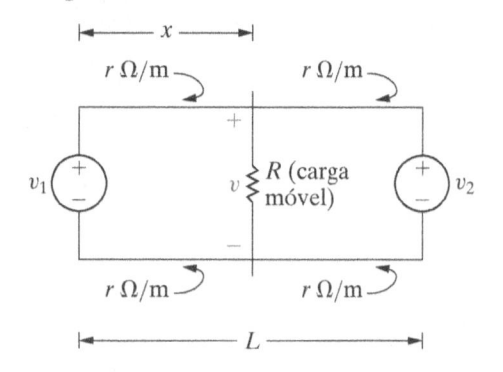

4.103 Medições de laboratório em uma fonte de tensão cc indicam uma tensão terminal de 75 V a vazio e de 60 V quando a fonte alimenta um resistor de 20 Ω.

a) Qual é o equivalente de Thévenin da fonte?

b) Mostre que a resistência de Thévenin da fonte é dada pela expressão
$$R_{Th} = \left(\frac{v_{Th}}{v_o} - 1\right)R_L,$$

em que

v_{Th} = é a tensão de Thévenin,

v_o = a tensão terminal, correspondente à resistência de carga R_L.

4.104 Para o circuito da Figura 4.69, deduza as expressões para a sensibilidade de v_1 e v_2 às variações nas correntes de fonte I_{g1} e I_{g2}.

4.105 Suponha que os valores nominais para os componentes do circuito da Figura 4.69 sejam: $R_1 = 25$ Ω; $R_2 = 5$ Ω; $R_3 = 50$ Ω; $R_4 = 75$ Ω; $I_{g1} = 12$ A; e $I_{g2} = 16$ A. Faça uma previsão para os valores de v_1 e v_2 se I_{g1} diminuir para 11 A e todos os outros componentes continuarem com seus valores nominais. Verifique suas previsões usando uma ferramenta como PSpice ou MATLAB.

4.106 Repita o Problema 4.105 considerando que o valor de I_{g2} aumente para 17 A e todos os outros componentes continuem com seus valores nominais. Verifique suas previsões usando uma ferramenta como PSpice ou MATLAB.

4.107 Repita o Problema 4.105 considerando que o valor de I_{g1} diminua para 11 A e o valor de I_{g2} aumente para 17 A. Verifique suas previsões usando uma ferramenta como PSpice ou MATLAB.

4.108 Use os resultados da Tabela 4.2 para prever os valores de v_1 e v_2 se R_1 e R_3 aumentarem para 10% acima de seus valores nominais e R_2 e R_4 diminuírem para 10% abaixo de seus valores nominais. I_{g1} e I_{g2} continuam com seus valores nominais. Compare os valores de v_1 e v_2 que você previu com seus valores reais.

Capítulo 5

O amplificador operacional

SUMÁRIO DO CAPÍTULO

5.1 Terminais do amplificador operacional
5.2 Tensões e correntes terminais
5.3 Circuito amplificador inversor
5.4 Circuito amplificador somador
5.5 Circuito amplificador não inversor
5.6 Circuito amplificador diferencial
5.7 Modelo mais realista para o amplificador operacional

OBJETIVOS DO CAPÍTULO

1. Saber identificar os cinco terminais de amp ops e descrever e utilizar as restrições de tensão e corrente e as simplificações resultantes em um amp op ideal.
2. Saber analisar circuitos simples que contêm amp ops ideais e reconhecer os seguintes circuitos amplificadores operacionais: amplificador inversor, amplificador somador, amplificador não inversor e amplificador diferencial.
3. Entender o modelo mais realista para um amp op e saber utilizá-lo para analisar circuitos simples que contêm amp ops.

O circuito eletrônico conhecido como amplificador operacional vem se tornando cada vez mais importante. Contudo, uma análise detalhada desse circuito exige o conhecimento de dispositivos eletrônicos, tais como diodos e transistores. Então, você talvez esteja se perguntando por que estamos apresentando esse circuito antes de discutir seus componentes eletrônicos. Há várias razões. A primeira é que é possível avaliar a utilização do amplificador operacional como um bloco construtivo de circuitos focalizando o comportamento em seus terminais. Em um nível introdutório, não é preciso entender completamente o funcionamento dos componentes eletrônicos que comandam o comportamento terminal. A segunda razão é que o modelo de circuito do amplificador operacional requer a utilização de uma fonte dependente. Assim, tem-se a oportunidade de utilizar esse tipo de fonte em um circuito prático, em vez de usá-la como um componente abstrato de um circuito. Em terceiro lugar, pode-se combinar o amplificador operacional com resistores para executar algumas funções muito úteis, como multiplicar por um fator constante, somar, mudar de sinal e subtrair. Por fim, após a apresentação de indutores e capacitores no Capítulo 6, poderemos mostrar como usar o amplificador operacional para projetar circuitos integradores e diferenciadores.

Nossa abordagem do comportamento terminal do amplificador operacional implica considerá-lo uma caixa-preta; isto é, não estamos interessados na estrutura interna do amplificador nem nas correntes e tensões que existem nessa estrutura. O importante é lembrar que o comportamento interno do amplificador responde pelas restrições de tensão e corrente impostas aos terminais. (Por enquanto, pedimos que você aceite essas restrições de boa-fé.)

Perspectiva prática

Extensômetros

Como medir o grau de curvatura de uma barra de metal, como a mostrada na figura, sem contato físico com a barra? Um método seria usar um extensômetro. Trata-se de um tipo de **transdutor**, ou seja, um dispositivo que mede uma quantidade, convertendo-a para uma forma mais conveniente. A quantidade que queremos medir na barra de metal é o ângulo de curvatura, mas medir esse ângulo diretamente é bastante difícil e pode até ser perigoso. Em vez disso, conectamos um extensômetro (mostrado no desenho) à barra. Um extensômetro é uma grade de fios finos cuja resistência muda quando os fios são alongados ou encurtados:

$$\Delta R = 2R\frac{\Delta L}{L}$$

em que R é a resistência do medidor em repouso, $\Delta L/L$ é o alongamento fracionário do medidor, a constante 2 é um fator típico do medidor e ΔR é a variação da resistência causada pelo encurvamento da barra. Normalmente, pares de extensômetros são conectados a lados opostos de uma barra. Quando a barra é curvada, os fios de um par de medidores ficam mais longos e finos, o que aumenta a resistência, enquanto os fios do outro par de medidores ficam mais curtos e grossos, o que reduz a resistência.

Mas como a variação da resistência pode ser medida? Um modo seria usar um ohmímetro. Entretanto, a variação na resistência do extensômetro costuma ser muito menor do que a que poderia ser medida com precisão por um ohmímetro. Normalmente, os pares de extensômetros são conectados de modo a formar uma ponte de Wheatstone, e a diferença de tensão entre as duas pernas da ponte é medida. Para fazer uma medição precisa da diferença de tensão, usamos um circuito com um amplificador operacional que amplifica, ou aumenta, a diferença de tensão. Após apresentarmos o amplificador operacional e alguns dos circuitos importantes que utilizam esses dispositivos, vamos apresentar o circuito usado nos extensômetros para medir o grau de curvatura de uma barra de metal.

O circuito amplificador operacional surgiu pela primeira vez como um bloco construtivo básico em computadores analógicos. Denominava-se *operacional* porque era usado para estabelecer as operações matemáticas de integração, diferenciação, adição, mudança de sinal e multiplicação. Nos últimos anos, a gama de aplicação foi ampliada para além do estabelecimento de operações matemáticas; contudo, o nome original do circuito se manteve. Engenheiros e técnicos têm uma tendência a criar jargões técnicos; por conseguinte, o amplificador operacional é amplamente conhecido como **amp op**.

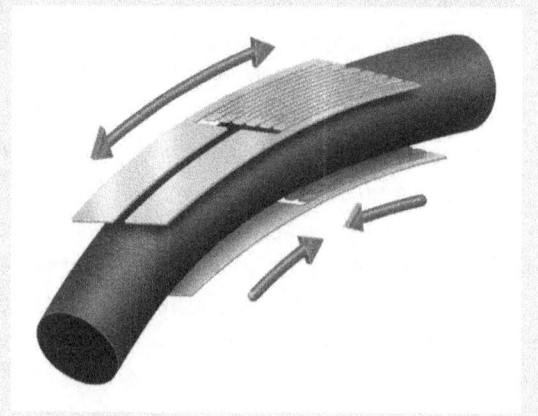

Ron Chapple/Corbis

5.1 Terminais do amplificador operacional

Considerando-se que estamos enfatizando o comportamento terminal do amplificador operacional (amp op), começamos discutindo os terminais de um dispositivo disponível no mercado. Em 1968, a Fairchild Semiconductor lançou um amp op que conquistou ampla aceitação: o μA741. (O prefixo μA foi usado pela Fairchild para indicar que se tratava de um microcircuito.) Esse amplificador está disponível em diversos encapsulamentos. Para nossa discussão, escolhemos o encapsulamento DIP de oito terminais.[1] A Figura 5.1 mostra uma vista de cima desse dispositivo com os terminais identificados. Os terminais mais importantes são:

- entrada inversora;
- entrada não inversora;
- saída;
- fonte de alimentação positiva (V^+);
- fonte de alimentação negativa (V^-).

Figura 5.1 Versão de oito terminais do DIP (visto de cima).

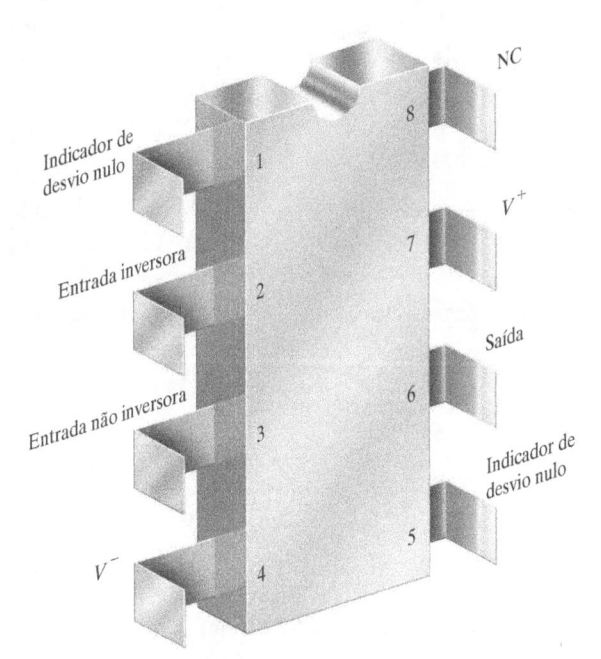

Os três terminais restantes são de pouca ou nenhuma importância. Os de compensação podem ser usados em um circuito auxiliar para compensar uma degradação de desempenho por tempo de uso e defeitos. Todavia, na maioria dos casos a degradação é desprezível; assim, muitas vezes os terminais indicadores de desvio não são utilizados e desempenham um papel secundário na análise do circuito. O terminal 8 não é de interesse simplesmente por não ser utilizado; NC quer dizer não conectado, o que significa que o terminal não está ligado ao circuito amplificador.

A Figura 5.2 mostra um símbolo de circuito amplamente utilizado para um amp op que contém os cinco terminais de maior interesse. Como não é conveniente usar palavras para identificar terminais em diagramas de circuito, simplificamos sua designação da seguinte forma: o terminal de entrada não inversora é identificado por um sinal positivo (+), e o de entrada inversora, por um sinal negativo (−). Os terminais da fonte de alimentação, que são sempre desenhados do lado de fora do triângulo, são marcados como V^+ e V^-. Entende-se que o terminal situado no vértice do triângulo é sempre o de saída. A Figura 5.3 resume essas convenções.

Figura 5.2 Símbolo de circuito para um amp op.

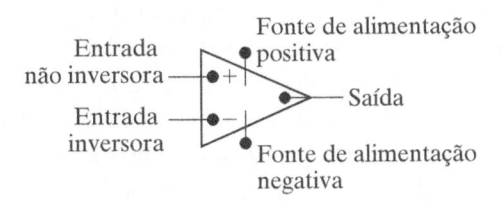

Figura 5.3 Símbolo do circuito simplificado para um amp op.

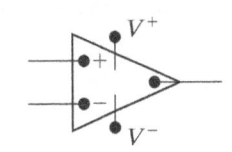

---

[1] DIP é uma abreviatura para *encapsulamento dual em linha* (*dual in-line package*). Isso significa que os terminais de cada lado do dispositivo estão alinhados, o mesmo ocorrendo com os terminais de lados opostos do dispositivo.

Figura 5.4 Tensões terminais.

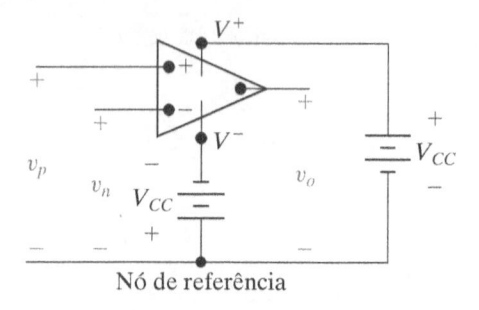

Figura 5.5 Correntes terminais.

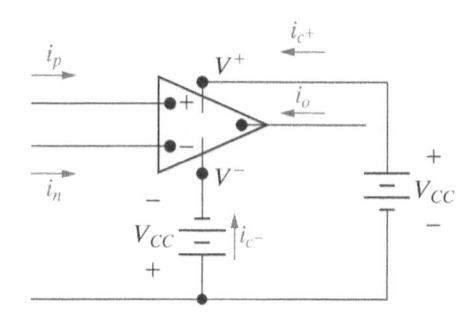

5.2 Tensões e correntes terminais

Agora estamos prontos para apresentar as tensões e correntes terminais usadas para descrever o comportamento do amp op. As tensões são medidas em relação a um nó de referência.[2] A Figura 5.4 mostra as tensões com suas polaridades de referência.

Todas as tensões são consideradas elevações de tensão em relação ao nó de referência. Essa convenção é a mesma usada no método das tensões de nó. Uma fonte de tensão positiva (V_{CC}) é conectada entre V^+ e o nó de referência. Uma fonte de tensão negativa ($-V_{CC}$) é conectada entre V^- e o nó de referência. A tensão entre o terminal de entrada inversora e o nó de referência é v_n. A tensão entre o terminal de entrada não inversora e o nó de referência é v_p. A tensão entre o terminal de saída e o nó de referência é v_o.

A Figura 5.5 mostra as correntes com seus sentidos de referência. Observe que todas as correntes apontam para dentro dos terminais do amplificador operacional: i_n é a corrente que entra no terminal da entrada inversora; i_p é a corrente que entra no terminal da entrada não inversora; i_o é a corrente que entra no terminal de saída; i_{c^+} é a corrente que entra no terminal da fonte de alimentação positiva e i_{c^-} é a corrente que entra no terminal da fonte de alimentação negativa.

O comportamento terminal do amp op como um elemento linear de circuito é caracterizado por restrições a tensões e a correntes de entrada. A restrição à tensão surge da característica de transferência de tensão do circuito integrado do amp op e é representada na Figura 5.6.

A característica de transferência de tensão mostra como a tensão de saída varia em função das tensões de entrada; isto é, como a tensão é transferida da entrada para a saída. Observe que, para o amp op, a tensão de saída é uma função da diferença das tensões de entrada, $v_p - v_n$. A equação da curva de transferência de tensão é

$$v_o = \begin{cases} -V_{CC} & A(v_p - v_n) < -V_{CC}, \\ A(v_p - v_n) & -V_{CC} \leq A(v_p - v_n) \leq +V_{CC}, \\ +V_{CC} & A(v_p - v_n) > +V_{CC}. \end{cases} \qquad (5.1)$$

Figura 5.6 Característica de transferência de tensão de um amp op.

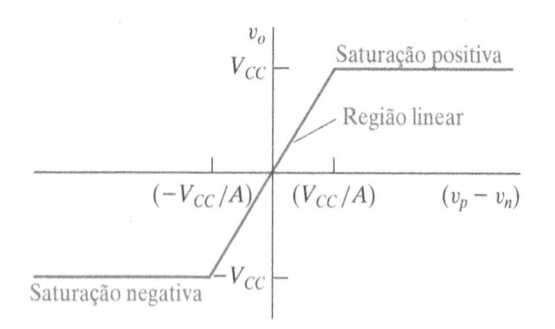

Vemos, pela Figura 5.6 e pela Equação 5.1, que o amp op tem três regiões distintas de operação. Quando o módulo da diferença entre as tensões de entrada ($|v_p - v_n|$) é pequeno, o amp op comporta-se como um dispositivo linear, porque a tensão de saída é uma função linear das tensões de entrada. Fora dessa região linear, a saída do amp op fica saturada e ele se comporta como um dispositivo não linear, pois a tensão de saída não é mais uma função linear das tensões de entrada. Quando o amp op está funcionando linearmente, sua tensão de saída é igual à diferença entre suas tensões de entrada vezes a constante de multiplicação, ou **ganho**, A.

Para confinar o amp op à sua região de funcionamento linear, uma restrição é imposta às tensões de entrada, v_p e v_n. A restrição é baseada em valores numéricos típicos para V_{CC} e A

---

[2] Esse nó de referência é externo ao amp op. Trata-se do terminal de referência do circuito no qual o amp op está inserido.

na Equação 5.1. Para a maioria dos amp ops, as tensões recomendadas para a fonte de alimentação cc raramente passam de 20 V, e o ganho, A, raramente é menor do que 10.000, ou 10^4. Vemos pela Figura 5.6 e pela Equação 5.1 que, na região linear, o módulo da diferença entre as tensões de entrada ($|v_p - v_n|$) deve ser menor do que $20/10^4$, ou 2 mV.

Normalmente, as tensões de nó nos circuitos que estudamos são muito maiores do que 2 mV, de modo que uma diferença de tensão menor do que 2 mV significa que, em essência, as duas tensões são iguais. Assim, quando um amp op opera em sua região linear de funcionamento e as tensões de nó são bem maiores do que 2 mV, a condição imposta às tensões de entrada do amp op é

$$v_p = v_n. \qquad (5.2)$$

◀ **Restrição de tensão de entrada para um amp op ideal**

Observe que a Equação 5.2 caracteriza a relação entre as tensões de entrada para um amp op ideal; isto é, um amp op cujo valor de A é infinito.

A restrição à tensão de entrada na Equação 5.2 é denominada condição de *curto-circuito virtual* na entrada do amp op. É natural perguntar como um curto-circuito virtual é mantido na entrada do amp op quando ele está inserido em um circuito. A resposta é que um sinal é realimentado do terminal de saída para o terminal da entrada inversora. Essa configuração é conhecida como **realimentação negativa**, porque o sinal realimentado da saída é subtraído do sinal de entrada. A realimentação negativa faz com que a diferença das tensões da entrada diminua. Como a tensão de saída é proporcional à diferença das tensões de entrada, a tensão de saída também diminui e o amp op opera em sua região linear.

Se um circuito que contenha um amp op não fornecer um caminho de realimentação negativa da saída do amp op até a entrada inversora, então, de modo geral, o amp op estará saturado. A diferença entre os sinais de entrada deve ser extremamente pequena para impedir a saturação, sem nenhuma realimentação negativa. Entretanto, ainda que o circuito forneça um caminho de realimentação negativa para o amp op, a operação linear não está garantida. Portanto, como podemos saber se o amp op está operando em sua região linear?

A resposta é: não podemos! Tratamos desse dilema admitindo a operação na região linear, realizando a análise do circuito e, então, conferindo nossos resultados, atentos às contradições. Por exemplo, suponha que admitimos que um amp op inserido em um circuito esteja funcionando em sua região linear e calculamos que a tensão de saída do amp op é de 10 V. Ao examinarmos o circuito, constatamos que V_{CC} é 6 V, o que configura uma contradição, porque a tensão de saída de um amp op não pode ser maior do que V_{CC}. Assim, nossa suposição de operação linear era inválida e a saída do amp op deve estar saturada em 6 V.

Identificamos uma restrição às tensões de entrada que é baseada na característica da transferência de tensão do circuito integrado do amp op: a suposição de que o amp op está restrito à sua região linear de operação e a valores típicos para V_{CC} e A. A Equação 5.2 representa a restrição imposta às tensões para um amp op ideal, isto é, com um valor de A infinito.

Agora, voltamos nossa atenção à restrição imposta às correntes de entrada. A análise do circuito integrado do amp op revela que a resistência equivalente vista dos terminais de entrada do amp op é muito grande, normalmente 1 MΩ ou mais. O ideal é a resistência equivalente de entrada ser infinita, o que resulta na restrição de corrente

$$i_p = i_n = 0. \qquad (5.3)$$

◀ **Restrição de corrente de entrada para um amp op ideal**

Observe que a restrição de corrente não se baseia na suposição de que o amp op esteja operando em sua região linear, como acontecia com a restrição de tensão. Juntas, as equações 5.2 e 5.3 constituem as condições terminais que definem nosso modelo de amp op ideal.

Pela lei das correntes de Kirchhoff, sabemos que a soma das correntes que entram no amplificador operacional é igual a zero, ou[3]

$$i_p + i_n + i_o + i_{c^+} + i_{c^-} = 0. \quad (5.4)$$

Substituindo a restrição dada pela Equação 5.3 na Equação 5.4, temos

$$i_o = -(i_{c^+} + i_{c^-}). \quad (5.5)$$

O significado importante da Equação 5.5 é que, mesmo que a corrente nos terminais de entrada seja desprezível, ainda pode haver corrente apreciável no terminal de saída.

Figura 5.7 Símbolo do amp op após a remoção dos terminais da fonte de alimentação.

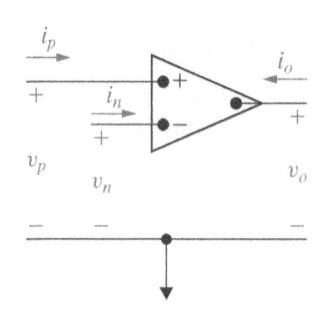

Antes de começarmos a analisar circuitos que contenham amp ops, vamos simplificar ainda mais o símbolo de circuito. Quando sabemos que o amplificador está funcionando dentro de sua região linear, as tensões cc, $\pm V_{CC}$, não entram nas equações de circuito. Nesse caso, podemos remover os terminais da fonte de alimentação do símbolo e as fontes de alimentação cc do circuito, como mostra a Figura 5.7. Uma advertência: como os terminais da fonte de alimentação foram omitidos, há o perigo de inferir, pelo símbolo, que $i_p + i_n + i_o = 0$. Já observamos que esse não é o caso; isto é, $i_p + i_n + i_o + i_{c^+} + i_{c^-} = 0$. Em outras palavras, a restrição ao modelo do amp op ideal, isto é, $i_p = i_n = 0$, não implica que $i_o = 0$.

Observe que os valores das tensões positiva e negativa da fonte de alimentação não têm de ser iguais. Na região linear, v_o deve estar entre as duas tensões de alimentação. Por exemplo, se $V^+ = 15$ V e $V^- = -10$ V, então -10 V $\leq v_o \leq 15$ V. Lembre-se também de que o valor de A não é constante sob todas as condições de operação. Todavia, por enquanto, vamos supor que seja. Devemos adiar a discussão de como e por que o valor de A pode mudar até termos estudado os dispositivos e componentes eletrônicos utilizados para fabricar um amplificador.

O Exemplo 5.1 ilustra a aplicação sensata das equações 5.2 e 5.3. Quando usamos essas equações para prever o comportamento de um circuito que contém um amp op, na verdade estamos usando um modelo ideal do dispositivo.

EXEMPLO 5.1 Análise do circuito de um amp op.

O amp op no circuito mostrado na Figura 5.8 é ideal.

a) Calcule v_o, se $v_a = 1$ V e $v_b = 0$ V.

b) Repita (a) para $v_a = 1$ V e $v_b = 2$ V.

c) Se $v_a = 1,5$ V, especifique a faixa de v_b que impede a saturação do amplificador.

Figura 5.8 Circuito para o Exemplo 5.1.

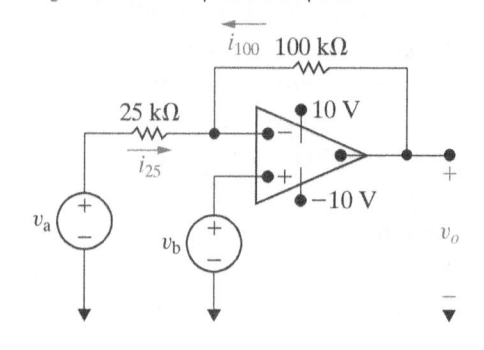

Solução

a) Como existe uma realimentação negativa da saída do amp op à sua entrada inversora, passando pelo resistor de 100 kΩ,

---

[3] N. do R.T.: aqui se está lançando mão de uma generalização da lei das correntes de Kirchhoff, uma vez que o amp op está sendo considerado como um nó, o que ele não é. A lei que garante tal procedimento é denominada Lei da Conservação da Carga, que é uma generalização da lei das correntes de Kirchhoff.

vamos admitir que o amp op esteja operando na região linear. Podemos escrever uma equação de tensão de nó para a entrada inversora. A tensão da entrada inversora é 0, já que $v_p = v_b = 0$ (pelo valor especificado da fonte de tensão conectada) e $v_n = v_p$ de acordo com a Equação 5.2. Portanto, a equação de tensão de nó para v_n é

$$i_{25} + i_{100} = i_n.$$

Pela lei de Ohm

$$i_{25} = (v_a - v_n)/25 = \frac{1}{25} \text{ mA},$$

$$i_{100} = (v_o - v_n)/100 = v_o/100 \text{ mA}.$$

A restrição em relação à corrente exige que $i_n = 0$. Substituindo os valores para as três correntes na equação de tensão de nó, obtemos

$$\frac{1}{25} + \frac{v_o}{100} = 0.$$

Assim, v_o é -4 V. Observe que, como v_o se encontra entre ± 10 V, o amp op está dentro de sua região linear de operação.

b) Usando o mesmo processo utilizado em (a), obtemos

$$v_p = v_b = v_n = 2 \text{ V},$$

$$i_{25} = \frac{v_a - v_n}{25} = \frac{1 - 2}{25} = -\frac{1}{25} \text{ mA},$$

$$i_{100} = \frac{v_o - v_n}{100} = \frac{v_o - 2}{100} \text{ mA},$$

$$i_{25} = -i_{100}.$$

Logo, $v_o = 6$ V. Novamente, v_o se encontra entre ± 10 V.

c) Como antes, $v_n = v_p = v_b$ e $i_{25} = -i_{100}$. Como $v_a = 1,5$ V,

$$\frac{1,5 - v_b}{25} = -\frac{v_o - v_b}{100}.$$

Resolvendo para v_b como uma função de v_o, temos

$$v_b = \frac{1}{5}(6 + v_o).$$

Agora, se o amplificador estiver operando na região linear, $-10 \text{ V} \leq v_o \leq 10$ V. Substituindo esses limites para v_o na expressão para v_b, vemos que v_b está limitada a

$$-0,8 \text{ V} \leq v_b \leq 3,2 \text{ V}.$$

PROBLEMA PARA AVALIAÇÃO

Objetivo 1   Usar as restrições de tensão e corrente em um amp op ideal.

5.1   Admita que, no circuito mostrado, o amp op seja ideal.

a) Calcule v_o para os seguintes valores de v_s: 0,4; 2,0; 3,5; −0,6; −1,6 e −2,4 V.

b) Especifique a faixa de v_s que evite a saturação do amplificador.

Resposta: (a) −2, −10, −15, 3, 8 e 10 V;
          (b) −2 V ≤ v_s ≤ 3 V.

NOTA: tente resolver também os problemas 5.1, 5.4 e 5.5, apresentados no final deste capítulo.

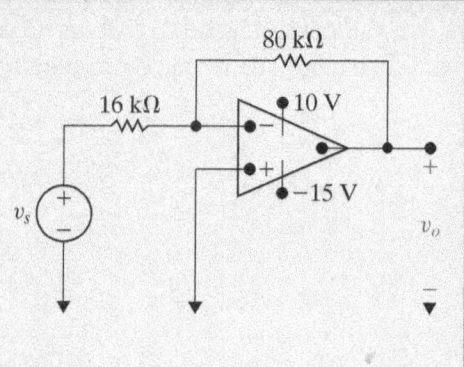

Figura 5.9   Circuito amplificador inversor.

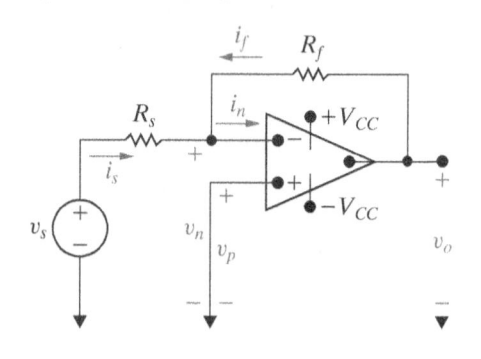

5.3 Circuito amplificador inversor

Agora estamos prontos para discutir o funcionamento de alguns circuitos importantes que utilizam o amplificador operacional, usando as equações 5.2 e 5.3 para modelar o comportamento do dispositivo. A Figura 5.9 mostra um circuito amplificador inversor. Admitimos que o amp op esteja funcionando em sua região linear. Observe que, além do amp op, o circuito consiste de dois resistores (R_f e R_s), uma fonte de tensão (v_s) e um curto-circuito entre o terminal da entrada não inversora e o nó de referência.

Analisamos esse circuito admitindo um amp op ideal. A meta é obter uma expressão para a tensão de saída, v_o, em função da tensão da fonte, v_s. Empregamos uma única equação de tensão de nó no terminal inversor do amp op, dada como

$$i_s + i_f = i_n. \tag{5.6}$$

A Equação 5.2 estabelece que $v_n = 0$, porque a tensão em v_p é nula. Logo,

$$i_s = \frac{v_s}{R_s}, \tag{5.7}$$

$$i_f = \frac{v_o}{R_f}. \tag{5.8}$$

Agora, utilizamos a Equação 5.3, ou seja,

$$i_n = 0. \tag{5.9}$$

Substituindo as equações 5.7 a 5.9 na Equação 5.6, obtemos o resultado procurado:

▶ Equação do amplificador inversor

$$v_o = \frac{-R_f}{R_s} v_s. \tag{5.10}$$

Observe que a tensão de saída é uma réplica invertida, multiplicada por um fator, da tensão de entrada. É claro que a inversão do sinal da entrada é a razão de nos referirmos ao circuito como um amplificador *inversor*. O fator de multiplicação, ou ganho, é a razão R_f/R_s.

O resultado dado pela Equação 5.10 será válido somente se o amp op mostrado no circuito da Figura 5.9 for ideal; isto é, se A for infinito e a resistência de entrada for infinita. Para um amp op real, a Equação 5.10 é uma aproximação, de modo geral, boa. (Falaremos mais sobre isso adiante.) A Equação 5.10 é importante porque nos diz que, se o ganho A do amp op for grande, poderemos especificar o ganho do amplificador inversor com os resistores externos R_f e R_s. O limite superior para o ganho, R_f/R_s, é determinado pelas tensões da fonte de alimentação e pelo valor da tensão v_s. Se admitirmos tensões iguais das fontes de alimentação, isto é, $V^+ = -V^- = V_{CC}$, obtemos

$$|v_o| \leq V_{CC}, \qquad \left|\frac{R_f}{R_s}v_s\right| \leq V_{CC}, \qquad \frac{R_f}{R_s} \leq \left|\frac{V_{CC}}{v_s}\right|. \qquad (5.11)$$

Por exemplo, se $V_{CC} = 15$ V e $v_s = 10$ mV, a razão R_f/R_s deve ser menor do que 1.500.

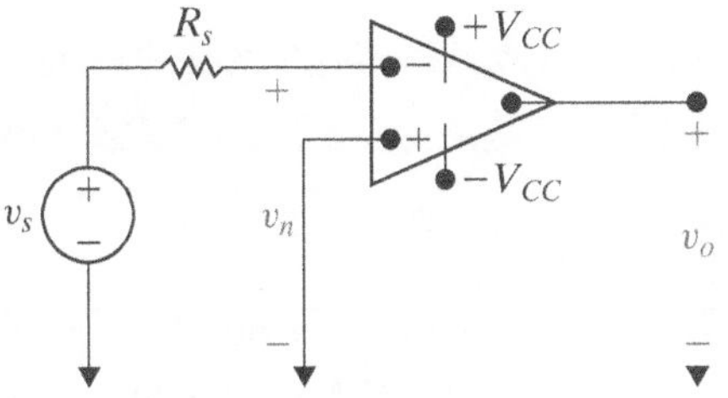

No circuito amplificador inversor mostrado na Figura 5.9, o resistor R_f fornece a conexão de realimentação negativa. Isto é, ele liga o terminal de saída ao terminal da entrada inversora. Se R_f for retirado, o caminho de realimentação é aberto e diz-se que o amplificador está funcionando em *malha aberta*. A Figura 5.10 mostra a operação em malha aberta.

Figura 5.10 Amplificador inversor funcionando em malha aberta.

Eliminar a realimentação muda drasticamente o comportamento do circuito. Em primeiro lugar, agora a tensão de saída é

$$v_o = -Av_n, \qquad (5.12)$$

admitindo-se, como antes, que $V^+ = -V^- = V_{CC}$; então, $|v_n| < V_{CC}/A$ para a operação na região linear. Como a corrente da entrada inversora é quase zero, a queda de tensão em R_s é quase nula e a tensão da entrada inversora é aproximadamente igual à tensão v_s, isto é, $v_n \approx v_s$. Então, o amp op só pode funcionar na região linear de operação em malha aberta se $|v_s| < V_{CC}/A$. Se $|v_s| > V_{CC}/A$, o amp op simplesmente satura. Em particular, se $v_s < -V_{CC}/A$, o amp op fica saturado em $+V_{CC}$, e se $v_s > V_{CC}/A$, o amp op satura em $-V_{CC}$. Como a relação mostrada na Equação 5.12 é válida quando não há realimentação, o valor de A costuma ser denominado **ganho de malha aberta** do amp op.

O Exemplo 5.2 usa a equação do amplificador inversor para projetar um amplificador inversor usando valores de resistores comerciais.

EXEMPLO 5.2 Projetando um amplificador inversor.

a) Projete um amplificador inversor (veja Figura 5.9) com um ganho de 12. Use fontes de alimentação de ± 15 V e um amp op ideal.

b) Qual faixa de tensões de entrada, v_s, permite que o amp op permaneça em sua região de operação linear?

Solução

a) Temos de encontrar, dentre os valores de resistores comerciais listados no Apêndice H, dois deles cuja razão seja igual a 12. São diversas as possibilidades, mas vamos escolher $R_s = 1$ kΩ e $R_f = 12$ kΩ. Use a equação do amplificador inversor (Equação 5.10) para ratificar o projeto:

$$v_o = -\frac{R_f}{R_s}v_s = -\frac{12.000}{1.000}v_s = -12v_s.$$

Desse modo, temos um amplificador inversor com um ganho de 12, como mostrado na Figura 5.11.

b) Resolva duas versões diferentes da equação do amplificador inversor para v_s: usando primeiro $v_o = +15$ V e, em seguida, $v_o = -15$ V:

$15 = -12v_s$ de modo que $v_s = -1{,}25$ V;

$-15 = -12v_s$ de modo que $v_s = 1{,}25$ V.

Assim, se a tensão de entrada for maior ou igual a $-1{,}25$ V e menor ou igual a $+1{,}25$ V, o amp op permanecerá em sua região de operação linear.

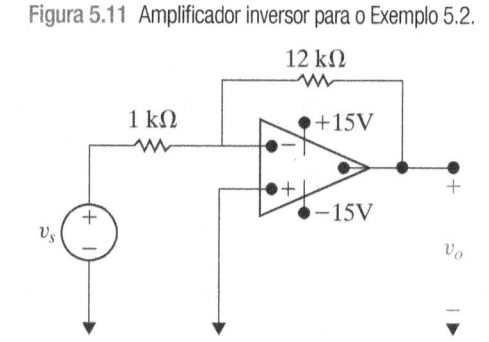

Figura 5.11 Amplificador inversor para o Exemplo 5.2.

PROBLEMA PARA AVALIAÇÃO

Objetivo 2 Saber analisar circuitos simples que contêm amp ops ideais.

5.2 A tensão da fonte, v_s, no circuito do *Problema para avaliação 5.1* é -640 mV. O resistor de realimentação de 80 kΩ é substituído por um resistor variável R_x. Qual é a faixa de R_x que permite que o amplificador inversor opere em sua região linear?

Resposta: $0 \leq R_x \leq 250$ kΩ.

NOTA: tente resolver também os problemas 5.9 e 5.11, apresentados no final deste capítulo.

Figura 5.12 Amplificador somador.

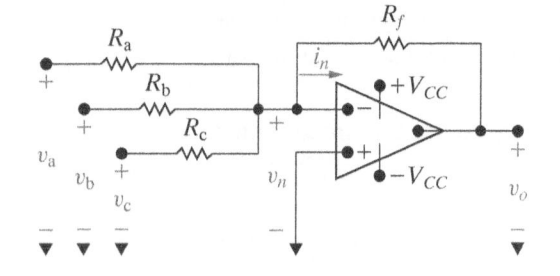

5.4 Circuito amplificador somador

A tensão de saída de um amplificador somador é uma soma, multiplicada por um fator de escala negativo, e invertida, das tensões aplicadas à entrada do amplificador. A Figura 5.12 mostra um amplificador somador com três tensões de entrada.

Obtemos a relação entre a tensão de saída v_o e as três tensões de entrada, v_a, v_b e v_c, somando as correntes que saem do terminal da entrada inversora:

$$\frac{v_n - v_a}{R_a} + \frac{v_n - v_b}{R_b} + \frac{v_n - v_c}{R_c} + \frac{v_n - v_o}{R_f} + i_n = 0. \quad (5.13)$$

Admitindo um amp op ideal, podemos usar as restrições de tensão e corrente com o valor mínimo de v_p e verificar que $v_n = v_p = 0$ e $i_n = 0$. Isso reduz a Equação 5.13 a

◄ Equação do amplificador somador inversor

$$v_o = -\left(\frac{R_f}{R_a}v_a + \frac{R_f}{R_b}v_b + \frac{R_f}{R_c}v_c\right). \quad (5.14)$$

A Equação 5.14 estabelece que a tensão de saída seja uma soma das três tensões de entrada, multiplicada por um fator de escala negativo.

Se $R_a = R_b = R_c = R_s$, então a Equação 5.14 é reduzida a

$$v_o = -\frac{R_f}{R_s}(v_a + v_b + v_c). \quad (5.15)$$

Por fim, se fizermos $R_f = R_s$, a tensão de saída será exatamente a soma invertida das tensões de entrada. Isto é,

$$v_o = -(v_a + v_b + v_c). \quad (5.16)$$

Embora tenhamos ilustrado o amplificador somador com apenas três sinais de entrada, o número de tensões de entrada pode ser aumentado conforme necessário. Por exemplo, pode ser que você queira somar 16 sinais de áudio gravados individualmente para formar um único sinal de áudio. A configuração do amplificador somador da Figura 5.12 poderia incluir 16 valores diferentes de resistores de entrada, de modo que cada uma das trilhas de entrada de áudio apareça no sinal de saída com um fator de amplificação diferente. Assim, o amplificador somador desempenha o papel de um misturador de áudio. Como acontece com circuitos amplificadores inversores, os fatores de escala em circuitos amplificadores somadores são determinados pelos resistores externos $R_f, R_a, R_b, R_c, ..., R_n$.

PROBLEMA PARA AVALIAÇÃO

Objetivo 2 Saber analisar circuitos simples que contêm amp ops ideais.

5.3 a) Determine v_o no circuito mostrado, se $v_a = 0,1$ V e $v_b = 0,25$ V.
b) Se $v_b = 0,25$ V, qual o maior valor de v_a antes que o amp op se sature?
c) Se $v_a = 0,10$ V, qual o maior valor de v_b antes que o amp op se sature?
d) Repita (a), (b) e (c) invertendo a polaridade de v_b.

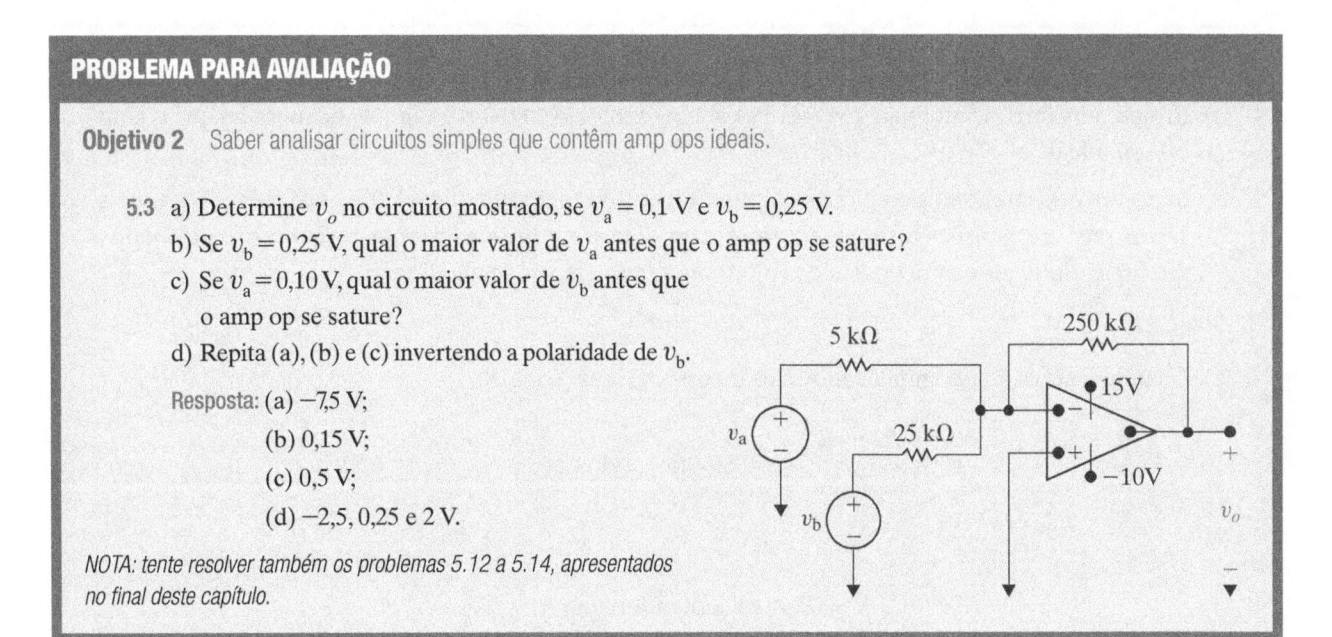

Resposta: (a) −7,5 V;
(b) 0,15 V;
(c) 0,5 V;
(d) −2,5, 0,25 e 2 V.

NOTA: tente resolver também os problemas 5.12 a 5.14, apresentados no final deste capítulo.

5.5 Circuito amplificador não inversor

Figura 5.13 Um amplificador não inversor.

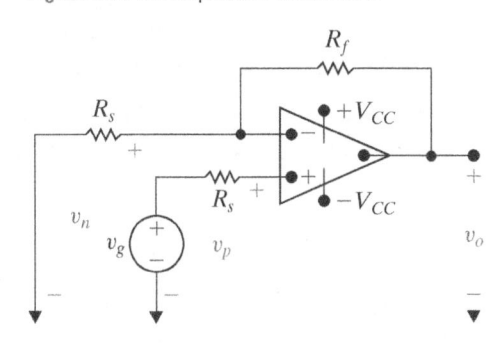

A Figura 5.13 mostra um circuito amplificador não inversor. O sinal de entrada é representado por v_g em série com o resistor R_g. Ao deduzir a expressão para a tensão de saída em função da tensão de entrada, admitimos um amp op ideal funcionando em sua região linear. Assim como antes, usamos as equações 5.2 e 5.3 como base para a dedução. Visto que a corrente de entrada do amp op é nula, podemos escrever $v_p = v_g$ e, pela Equação 5.2, também podemos escrever $v_n = v_g$. Agora, como a corrente de entrada é nula ($i_n = i_p = 0$), os resistores R_f e R_s formam um divisor de tensão a vazio alimentado por v_o. Portanto,

$$v_n = v_g = \frac{v_o R_s}{R_s + R_f}. \tag{5.17}$$

Resolvendo a Equação 5.17 para v_o, obtemos a expressão procurada:

Equação do amplificador não inversor ▶

$$v_o = \frac{R_s + R_f}{R_s} v_g. \tag{5.18}$$

A operação na região linear requer que

$$\frac{R_s + R_f}{R_s} < \left|\frac{V_{CC}}{v_g}\right|.$$

Observe mais uma vez que, devido à suposição de um amp op ideal, podemos expressar a tensão de saída como uma função da tensão de entrada e dos resistores externos — nesse caso, R_s e R_f.

O Exemplo 5.3 ilustra o projeto de um amplificador não inversor usando valores comerciais de resistência.

EXEMPLO 5.3 Projetando um amplificador não inversor.

a) Projete um amplificador não inversor (veja a Figura 5.13) com um ganho de 6. Suponha que o amp op seja ideal.

b) Suponha que queiramos amplificar uma tensão v_g, de tal modo que $-1{,}5$ V $\leq v_g \leq +1{,}5$ V. Quais são as menores tensões de alimentação que podem ser utilizadas com os resistores selecionados em (a), e ainda ter o amp op neste projeto operando em sua região linear?

Solução

a) Usando a equação do amplificador não inversor (Equação 5.18),

$$v_o = \frac{R_s + R_f}{R_s} v_g = 6 v_g \quad \text{de modo que} \quad \frac{R_s + R_f}{R_s} = 6.$$

Logo,

$$R_s + R_f = 6R_s, \text{ de modo que } R_f = 5R_s.$$

Queremos duas resistências cuja razão seja 5. Dê uma olhada nos valores de resistores comerciais listados no Apêndice H. Vamos escolher $R_f = 10$ kΩ, de modo que $R_s = 2$ kΩ. Entretanto, não há um resistor de 2 kΩ no Apêndice H. Podemos criar um resistor equivalente combinando dois resistores de 1 kΩ em série. Podemos usar um terceiro resistor de 1 kΩ como o valor do resistor R_g.

b) Resolva duas versões diferentes da equação do amplificador não inversor — usando primeiro $v_g = +1{,}5$ V e, em seguida, $v_g = -1{,}5$ V:

$$v_o = 6(1{,}5) = 9 \text{ V};$$
$$v_o = 6(-1{,}5) = -9 \text{ V}.$$

Assim, se usarmos as fontes de alimentação de ± 9 V para o amplificador não inversor projetado em (a) e −1,5 V ≤ v_g ≤ +1,5 V, o amp op permanecerá em sua região de operação linear. O circuito resultante da análise em (a) e (b) é mostrado na Figura 5.14.

Figura 5.14 O projeto do amplificador não inversor do Exemplo 5.3.

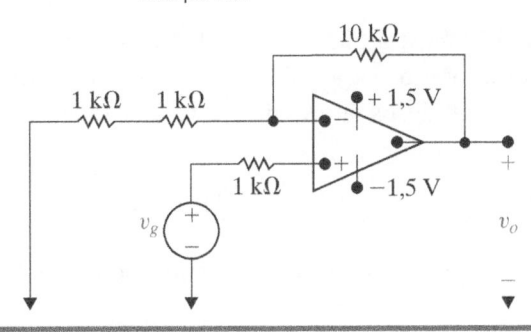

PROBLEMA PARA AVALIAÇÃO

Objetivo 2 Saber analisar circuitos simples que contêm amp ops ideais.

5.4 Suponha que o amp op do circuito mostrado seja ideal.
   a) Determine a tensão de saída quando o resistor variável é ajustado para 60 kΩ.
   b) Qual o valor máximo de R_x antes que o amplificador se sature?

   Resposta: (a) 4,8 V;
             (b) 75 kΩ.

NOTA: tente resolver também os problemas 5.19 e 5.20, apresentados no final deste capítulo.

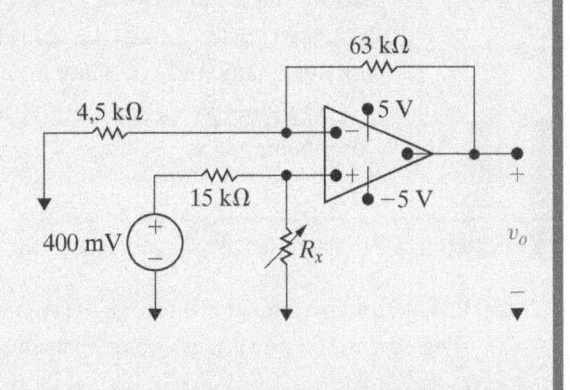

5.6 Circuito amplificador diferencial

A tensão de saída de um amplificador diferencial é proporcional à diferença entre as duas tensões de entrada. Para demonstrar isso, analisamos o circuito amplificador diferencial mostrado na Figura 5.15, admitindo um amp op ideal operando em sua região linear. Deduzimos a relação entre v_o e as duas tensões de entrada v_a e v_b somando as correntes que saem do nó da entrada inversora:

Figura 5.15 Amplificador diferencial.

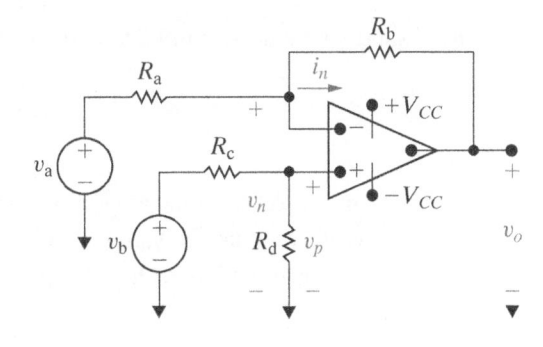

$$\frac{v_n - v_a}{R_a} + \frac{v_n - v_o}{R_b} + i_n = 0. \quad (5.19)$$

Como o amp op é ideal, usamos as restrições de tensão e corrente para verificar que

$$i_n = i_p = 0, \quad (5.20)$$

$$v_n = v_p = \frac{R_d}{R_c + R_d} v_b. \tag{5.21}$$

Combinando as equações 5.19, 5.20 e 5.21, temos a relação desejada:

$$v_o = \frac{R_d(R_a + R_b)}{R_a(R_c + R_d)} v_b - \frac{R_b}{R_a} v_a. \tag{5.22}$$

A Equação 5.22 mostra que a tensão de saída é proporcional à diferença entre v_b e v_a multiplicadas por fatores de escala. De modo geral, o fator de escala aplicado a v_b não é igual ao aplicado a v_a. Contudo, os fatores de escala aplicados a cada tensão de entrada podem ser igualados fazendo

$$\frac{R_a}{R_b} = \frac{R_c}{R_d}. \tag{5.23}$$

Quando a Equação 5.23 é satisfeita, a expressão para a tensão de saída é reduzida a

▶ **Equação simplificada do amplificador diferencial**

$$v_o = \frac{R_b}{R_a}(v_b - v_a). \tag{5.24}$$

A Equação 5.24 indica que a tensão de saída pode ser obtida como a diferença entre as tensões de entrada v_b e v_a multiplicada por um fator de escala. Como nos circuitos amplificadores ideais anteriores, o fator de escala é uma função dos resistores externos. Além disso, a relação entre a tensão de saída e as tensões de entrada não é afetada pela conexão de uma resistência não nula na saída do amplificador.

O Exemplo 5.4 descreve o projeto de um amplificador diferencial usando valores de resistores comerciais.

EXEMPLO 5.4 Projetando um amplificador diferencial.

a) Projete um amplificador diferencial (veja a Figura 5.15) que amplifique a diferença entre duas tensões de entrada por um ganho de 8, usando um amp op ideal e fontes de alimentação de ±8 V.

b) Suponhamos que $v_a = 1$ V no amplificador diferencial projetado em (a). Qual faixa de tensões de entrada para v_b permitirá que o amplificador operacional continue funcionando em sua região linear?

Solução

a) Usando a equação simplificada do amplificador diferencial (Equação 5.24),

$$v_o = \frac{R_b}{R_a}(v_b - v_a) = 8(v_b - v_a), \text{ de modo que } \frac{R_b}{R_a} = 8.$$

Queremos duas resistências cuja razão seja 8. Dê uma olhada nos valores de resistências comerciais listadas no Apêndice H. Vamos escolher $R_b = 12$ kΩ, de modo que $R_a = 1,5$ kΩ, embora existam muitas outras possibilidades. Observe que a equação simplificada do amplificador diferencial requer que

$$\frac{R_a}{R_b} = \frac{R_c}{R_d}.$$

A escolha simples para R_c e R_d é $R_c = R_a = 1,5$ kΩ e $R_d = R_b = 12$ kΩ. O circuito resultante é mostrado na Figura 5.16.

b) Resolva as duas versões diferentes da equação simplificada do amplificador diferencial para v_o em termos de v_b – usando primeiro $v_o = +8$ V e, em seguida, $v_o = -8$V.

$v_o = 8(v_b - 1) = 8$ V, de modo que $v_b = 2$ V;

$v_o = 8(v_b - 1) = -8$ V, de modo que $v_b = 0$ V.

Assim, se $v_a = 1$ V no amplificador diferencial em (a), o amp op permanecerá em sua região operacional linear, se 0 V $\leq v_b \leq +2$ V.

Figura 5.16 O amplificador diferencial projetado no Exemplo 5.4.

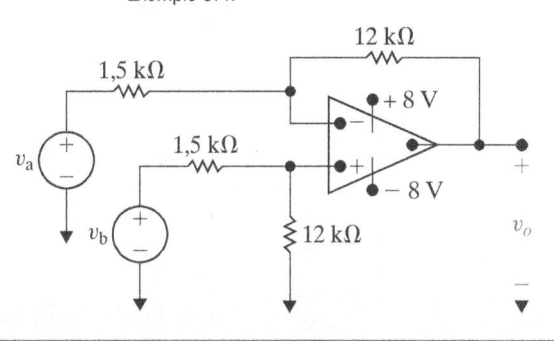

PROBLEMA PARA AVALIAÇÃO

Objetivo 2 Saber analisar circuitos simples que contêm amp ops ideais.

5.5 a) No amplificador diferencial mostrado, $v_b = 4{,}0$ V. Qual é a faixa de valores de v_a que resultará em uma operação linear do amp op?

b) Repita (a) com a redução do resistor de 20 kΩ para 8 kΩ.

Resposta: (a) 2 V $\leq v_a \leq 6$ V;

(b) $1{,}2$ V $\leq v_a \leq 5{,}2$ V.

NOTA: tente resolver também os problemas 5.26, 5.27 e 5.30, apresentados no final deste capítulo.

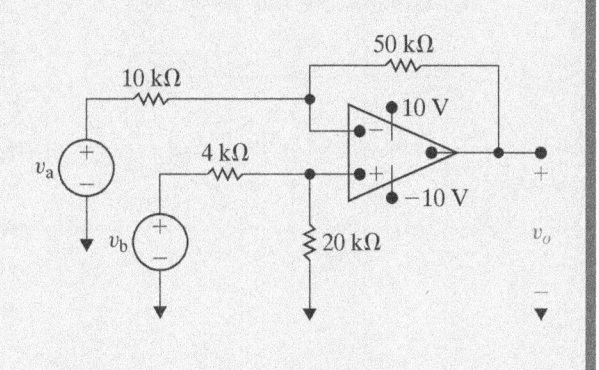

Amplificador diferencial: outra perspectiva

Podemos examinar o comportamento de um amplificador diferencial mais minuciosamente redefinindo suas entradas em função de duas outras tensões. A primeira é a tensão de **modo diferencial**, que é a diferença entre as duas tensões de entrada na Figura 5.15:

$$v_{md} = v_b - v_a. \tag{5.25}$$

A segunda é a tensão de **modo comum**, que é a média das duas tensões de entrada na Figura 5.15:

$$v_{mc} = (v_a + v_b)/2. \tag{5.26}$$

Usando as equações 5.25 e 5.26, podemos representar as tensões de entrada originais, v_a e v_b, em termos de tensões de modo diferencial e de modo comum, v_{md} e v_{mc}.

$$v_a = v_{mc} - \frac{1}{2}v_{md}, \tag{5.27}$$

$$v_b = v_{mc} + \frac{1}{2}v_{md}. \tag{5.28}$$

Substituindo as equações 5.27 e 5.28 na Equação 5.22, temos a saída do amplificador diferencial em termos de tensões de modo diferencial e de modo comum:

$$v_o = \left[\frac{R_a R_d - R_b R_c}{R_a(R_c + R_d)}\right] v_{mc}$$

$$+ \left[\frac{R_d(R_a + R_b) + R_b(R_c + R_d)}{2R_a(R_c + R_d)}\right] v_{md} \quad (5.29)$$

$$= A_{mc} v_{mc} + A_{md} v_{md}, \quad (5.30)$$

em que A_{mc} é o ganho de modo comum e A_{md} é o ganho de modo diferencial. Agora, substitua $R_c = R_a$ e $R_d = R_b$, que são valores possíveis para R_c e R_d e que satisfazem a Equação 5.23, na Equação 5.29:

$$v_o = (0)v_{mc} + \left(\frac{R_b}{R_a}\right) v_{md}. \quad (5.31)$$

Figura 5.17 Amplificador diferencial com tensões de entrada de modo comum e de modo diferencial.

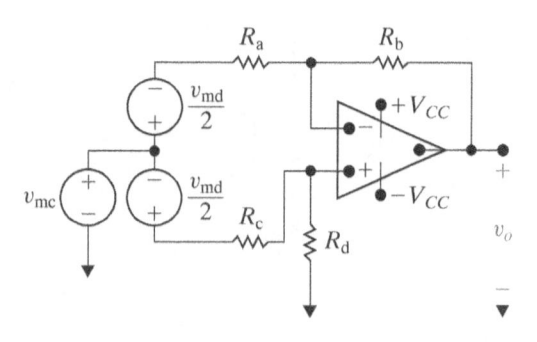

Assim, um amplificador diferencial ideal tem $A_{mc} = 0$, amplifica somente a porção de modo diferencial da tensão de entrada e elimina a porção de modo comum. A Figura 5.17 mostra um circuito amplificador diferencial com tensões de entrada de modo diferencial e de modo comum no lugar de v_a e v_b.

A Equação 5.30 fornece uma importante perspectiva sobre a função do amplificador diferencial, visto que, em muitas aplicações, é o sinal de modo diferencial que contém a informação de interesse, ao passo que o sinal de modo comum é o ruído encontrado em todos os sinais elétricos. Por exemplo, o eletrodo de um equipamento de eletrocardiograma mede as tensões produzidas pelo corpo para regular as batidas do coração. Essas tensões são muito pequenas em comparação com o ruído elétrico que o eletrodo capta de fontes como lâmpadas e equipamentos elétricos. O ruído aparece como a porção de modo comum da tensão medida, ao passo que as tensões da pulsação cardíaca constituem a porção do modo diferencial. Assim, um amplificador diferencial ideal amplificaria somente a tensão de interesse e suprimiria o ruído.

Medição de desempenho do amplificador diferencial: fator de rejeição do modo comum

Um amplificador diferencial ideal tem ganho nulo de modo comum e ganho não nulo (aliás, normalmente grande) de modo diferencial. Dois fatores influenciam o ganho ideal de modo comum — uma incompatibilidade de resistências (isto é, a Equação 5.23 não é satisfeita) ou um amp op não ideal (isto é, a Equação 5.20 não é satisfeita). Aqui, focalizamos o efeito da incompatibilidade de resistências sobre o desempenho de um amplificador diferencial.

Suponha que sejam escolhidos valores de resistores que não satisfaçam, com precisão, a Equação 5.23. Em vez disso, a relação entre os resistores R_a, R_b, R_c e R_d é

$$\frac{R_a}{R_b} = (1 - \epsilon)\frac{R_c}{R_d},$$

de modo que

$$R_a = (1 - \epsilon)R_c \text{ e } R_b = R_d, \quad (5.32)$$

ou

$$R_d = (1 - \epsilon)R_b \text{ e } R_a = R_c, \quad (5.33)$$

onde ϵ é um número muito pequeno. Podemos ver o efeito dessa incompatibilidade de resistências sobre o ganho de modo comum do amplificador diferencial substituindo a Equação 5.33 na Equação 5.29 e simplificando a expressão para A_{mc}:

$$A_{mc} = \frac{R_a(1 - \epsilon)R_b - R_a R_b}{R_a[R_a + (1 - \epsilon)R_b]} \quad (5.34)$$

$$= \frac{-\epsilon R_b}{R_a + (1 - \epsilon)R_b} \quad (5.35)$$

$$\approx \frac{-\epsilon R_b}{R_a + R_b}. \quad (5.36)$$

Podemos fazer uma aproximação que resulta na Equação 5.36 porque ϵ é muito pequeno e, portanto, $(1 - \epsilon)$ é aproximadamente 1 no denominador da Equação 5.35. Observe que, quando os resistores do amplificador diferencial satisfazem a Equação 5.23, $\epsilon = 0$ e a Equação 5.36 resulta em $A_{mc} = 0$.

Calcule, agora, o efeito da incompatibilidade de resistências sobre o ganho de modo diferencial, substituindo a Equação 5.33 na Equação 5.29 e simplificando a expressão para A_{md}:

$$A_{md} = \frac{(1 - \epsilon)R_b(R_a + R_b) + R_b[R_a + (1 - \epsilon)R_b]}{2R_a[R_a + (1 - \epsilon)R_b]} \quad (5.37)$$

$$= \frac{R_b}{R_a}\left[1 - \frac{(\epsilon/2)R_a}{R_a + (1 - \epsilon)R_b}\right] \quad (5.38)$$

$$\approx \frac{R_b}{R_a}\left[1 - \frac{(\epsilon/2)R_a}{R_a + R_b}\right]. \quad (5.39)$$

Usamos o mesmo raciocínio para a aproximação que resultou na Equação 5.39, utilizada no cálculo de A_{mc}. Quando os resistores do amplificador diferencial satisfazem a Equação 5.23, $\epsilon = 0$ e a Equação 5.39 resulta em $A_{md} = R_b/R_a$.

O **fator de rejeição de modo comum (FRMC)** pode ser usado para medir quão próximo do ideal está um amplificador diferencial. Ele é definido como a razão entre o ganho de modo diferencial e o ganho de modo comum:

$$\text{FRMC} = \left|\frac{A_{md}}{A_{mc}}\right|. \quad (5.40)$$

Quanto maior o FRMC, mais próximo do ideal será o amplificador diferencial. Podemos ver o efeito da incompatibilidade de resistências no FRMC substituindo as equações 5.36 e 5.39 na Equação 5.40:

$$\text{FRMC} \approx \left|\frac{\frac{R_b}{R_a}[1 - (R_a\epsilon/2)/(R_a + R_b)]}{-\epsilon R_b/(R_a + R_b)}\right| \quad (5.41)$$

$$\approx \left|\frac{R_a(1 - \epsilon/2) + R_b}{-\epsilon R_a}\right| \quad (5.42)$$

$$\approx \left| \frac{1 + R_b/R_a}{-\epsilon} \right|. \tag{5.43}$$

Pela Equação 5.43, se os resistores no amplificador diferencial forem compatíveis, $\epsilon = 0$ e FRMC $= \infty$. Ainda que os resistores sejam incompatíveis, podemos minimizar o impacto da incompatibilidade tornando o ganho de modo diferencial (R_b/R_a) muito grande, o que significa tornar o FRMC grande.

No início, dissemos que outra razão para o ganho não nulo de modo comum é um amp op não ideal. Observe que o amp op é, em si, um amplificador diferencial, porque na região linear de operação sua saída é proporcional à diferença entre suas entradas; isto é, $v_o = A(v_p - v_n)$. A saída de um amp op não ideal não é estritamente proporcional à diferença entre as entradas (a entrada de modo diferencial), mas também é composta de um sinal de modo comum. Incompatibilidades internas nos componentes do circuito integrado tornam o comportamento do amp op não ideal, do mesmo modo que as incompatibilidades de resistores no circuito amplificador diferencial tornam seu comportamento não ideal. Embora uma discussão sobre amp ops não ideais não esteja no escopo deste livro, você pode observar que o FRMC é usado com frequência para avaliar quão próximo do ideal é o comportamento de um amp op. Na verdade, este é um dos principais modos de classificar amp ops na prática.

NOTA: avalie sua compreensão desse material tentando resolver os problemas 5.33 e 5.34, apresentados no final deste capítulo.

Figura 5.18 Circuito equivalente para um amplificador operacional.

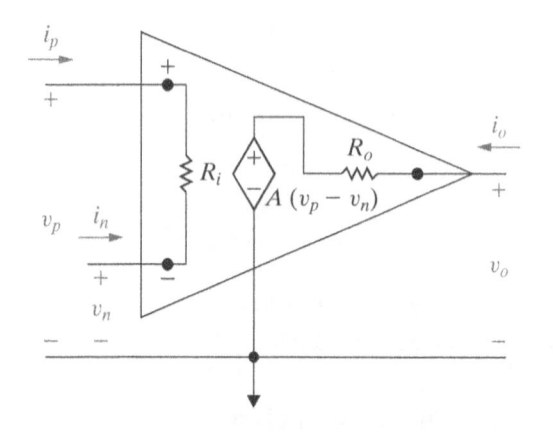

5.7 Modelo mais realista para o amplificador operacional

Consideramos, agora, um modelo mais realista para o desempenho de um amp op em sua região linear de operação. Tal modelo inclui três modificações no amp op ideal: (1) uma resistência de entrada finita, R_i; (2) um ganho de malha aberta finito, A; e (3) uma resistência de saída não nula, R_o. O circuito mostrado na Figura 5.18 ilustra o modelo mais realista.

Sempre que usamos o circuito equivalente mostrado na Figura 5.18, desconsideramos as suposições de que $v_n = v_p$ (Equação 5.2) e $i_n = i_p = 0$ (Equação 5.3). Além disso, a Equação 5.1 deixa de ser válida por causa da presença da resistência não nula de saída, R_o. Outro modo de entender o circuito mostrado na Figura 5.18 é inverter nosso raciocínio. Isto é, podemos ver que o circuito é reduzido ao modelo ideal quando $R_i \to \infty$, $A \to \infty$ e $R_o \to 0$. Para o amp op μA741, os valores típicos de R_i, A e R_o são 2 MΩ, 10^5 e 75 Ω, respectivamente.

Embora a presença de R_i e R_o torne a análise de circuitos que contêm amp ops mais trabalhosa, tal análise continua sendo simples. Para ilustrar a situação, analisaremos ambos os amplificadores, inversor e não inversor, usando o circuito equivalente mostrado na Figura 5.18. Começaremos com o amplificador inversor.

Análise de um circuito amplificador inversor usando o modelo mais realista de amp op

Se usarmos o modelo mostrado na Figura 5.18, o amplificador inversor será o que está representado na Figura 5.19. Como antes, nossa meta é expressar a tensão de saída, v_o, em função da tensão da fonte, v_s. Obtemos a expressão desejada escrevendo as duas equações de tensão de nó que descrevem o circuito e, então, resolvendo o conjunto de equações resultante para v_o. Na Figura 5.19, os dois nós são a e b. Observe também que $v_p = 0$ em virtude da conexão externa em curto-circuito da entrada não inversora. As duas equações de tensão de nó são as seguintes:

Figura 5.19 Circuito amplificador inversor.

nó a: $\dfrac{v_n - v_s}{R_s} + \dfrac{v_n}{R_i} + \dfrac{v_n - v_o}{R_f} = 0,$ (5.44)

nó b: $\dfrac{v_o - v_n}{R_f} + \dfrac{v_o - A(-v_n)}{R_o} = 0.$ (5.45)

Reorganizamos as equações 5.44 e 5.45 de modo que a solução pelo método de Cramer fique aparente:

$$\left(\frac{1}{R_s} + \frac{1}{R_i} + \frac{1}{R_f}\right)v_n - \frac{1}{R_f}v_o = \frac{1}{R_s}v_s,$$ (5.46)

$$\left(\frac{A}{R_o} - \frac{1}{R_f}\right)v_n + \left(\frac{1}{R_f} + \frac{1}{R_o}\right)v_o = 0.$$ (5.47)

Resolvendo para v_o, temos

$$v_o = \dfrac{-A + (R_o/R_f)}{\dfrac{R_s}{R_f}\left(1 + A + \dfrac{R_o}{R_i}\right) + \left(\dfrac{R_s}{R_i} + 1\right) + \dfrac{R_o}{R_f}} v_s.$$ (5.48)

Observe que a Equação 5.48 se reduz à Equação 5.10 quando $R_o \to 0$, $R_i \to \infty$ e $A \to \infty$.

Se a saída do amplificador inversor mostrado na Figura 5.19 fosse conectada a uma resistência de carga de R_L ohms, a relação entre v_o e v_s se tornaria

$$v_o = \dfrac{-A + (R_o/R_f)}{\dfrac{R_s}{R_f}\left(1 + A + \dfrac{R_o}{R_i} + \dfrac{R_o}{R_L}\right) + \left(1 + \dfrac{R_o}{R_L}\right)\left(1 + \dfrac{R_s}{R_i}\right) + \dfrac{R_o}{R_f}} v_s.$$ (5.49)

Análise de um circuito amplificador não inversor usando o modelo mais realista de amp op

Quando usamos o circuito equivalente mostrado na Figura 5.18 para analisar um amplificador não inversor, obtemos o circuito representado na Figura 5.20. Aqui, a fonte de tensão v_g, em série com a resistência R_g, representa a fonte de sinal. O resistor R_L modela a carga do amplificador. Nossa análise consiste em deduzir uma expressão para v_o em função de v_g. Fazemos isso escrevendo as equações de tensão de nó para os nós a e b. No nó a,

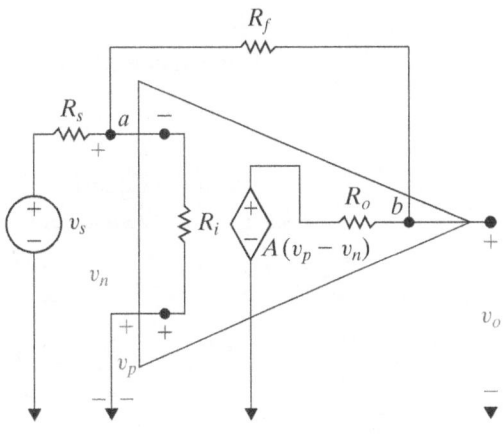

Figura 5.20 Circuito amplificador não inversor.

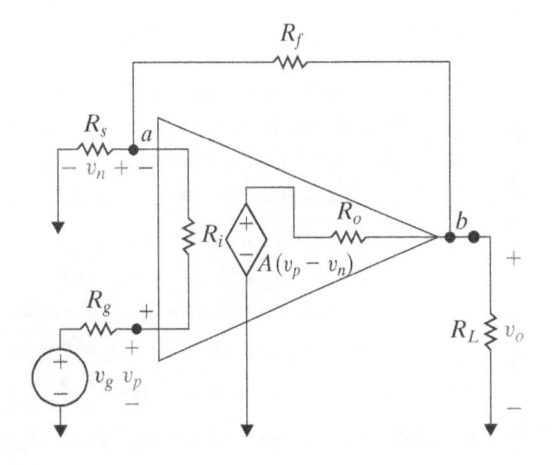

$$\frac{v_n}{R_s} + \frac{v_n - v_g}{R_g + R_i} + \frac{v_n - v_o}{R_f} = 0,$$ (5.50)

e no nó b,

$$\frac{v_o - v_n}{R_f} + \frac{v_o}{R_L} + \frac{v_o - A(v_p - v_n)}{R_o} = 0. \quad (5.51)$$

Como a corrente em R_g é a mesma que em R_i, temos

$$\frac{v_p - v_g}{R_g} = \frac{v_n - v_g}{R_i + R_g}. \quad (5.52)$$

Usamos a Equação 5.52 para eliminar v_p da Equação 5.51, o que resulta em um par de equações que envolvem as tensões desconhecidas v_n e v_o. Essa manipulação algébrica resulta em

$$v_n\left(\frac{1}{R_s} + \frac{1}{R_g + R_i} + \frac{1}{R_f}\right) - v_o\left(\frac{1}{R_f}\right) = v_g\left(\frac{1}{R_g + R_i}\right), \quad (5.53)$$

$$v_n\left[\frac{AR_i}{R_o(R_i + R_g)} - \frac{1}{R_f}\right] + v_o\left(\frac{1}{R_f} + \frac{1}{R_o} + \frac{1}{R_L}\right)$$

$$= v_g\left[\frac{AR_i}{R_o(R_i + R_g)}\right]. \quad (5.54)$$

Resolvendo para v_o, temos

$$v_o = \frac{[(R_f + R_s) + (R_s R_o / AR_i)]v_g}{R_s + \frac{R_o}{A}(1 + K_r) + \frac{R_f R_s + (R_f + R_s)(R_i + R_g)}{AR_i}}, \quad (5.55)$$

em que

$$K_r = \frac{R_s + R_g}{R_i} + \frac{R_f + R_s}{R_L} + \frac{R_f R_s + R_f R_g + R_g R_s}{R_i R_L}.$$

Observe que a Equação 5.55 se reduz à Equação 5.18 quando $R_o \to 0$, $A \to \infty$ e $R_i \to \infty$. Para o amplificador não inversor e não carregado ($R_L = \infty$), a Equação 5.55 é simplificada para

$$v_o = \frac{[(R_f + R_s) + R_s R_o / AR_i]v_g}{R_s + \frac{R_o}{A}\left(1 + \frac{R_s + R_g}{R_i}\right) + \frac{1}{AR_i}[R_f R_s + (R_f + R_s)(R_i + R_g)]}. \quad (5.56)$$

Observe que, na dedução da Equação 5.56 a partir da Equação 5.55, K_r reduz-se a $(R_s + R_g)/R_i$.

PROBLEMA PARA AVALIAÇÃO

Objetivo 3 Entender o modelo mais realista para um amp op.

5.6 O amplificador inversor no circuito mostrado tem uma resistência de entrada de 500 kΩ, uma resistência de saída de 5 kΩ e um ganho de malha aberta de 300.000. Admita que o amplificador esteja operando em sua região linear.

a) Calcule o ganho de tensão (v_o/v_g) do amplificador.
b) Calcule o valor de v_n em microvolts quando $v_g = 1$ V.
c) Calcule a resistência vista pela fonte de sinal v_g.
d) Repita (a)–(c) usando o modelo ideal para o amp op.

Resposta: (a) −19,9985; (b) 69,995 μV; (c) 5.000,35 Ω; (d) −20,0 μV, 5 kΩ.

NOTA: tente resolver também os problemas 5.44 e 5.48, apresentados no final deste capítulo.

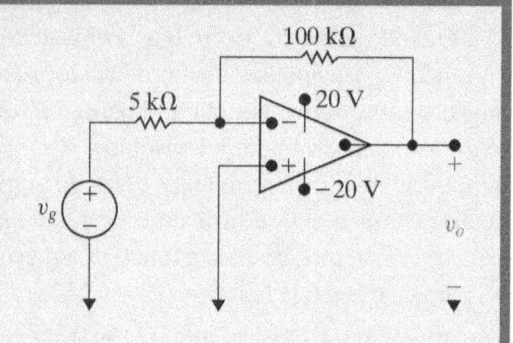

Perspectiva prática

Extensômetros

Variações no formato de sólidos elásticos são de grande importância para engenheiros que projetam estruturas submetidas a torção, estiramento ou curvatura quando sujeitas a forças externas. Uma aeronave é o exemplo perfeito de uma estrutura em que os engenheiros devem levar em consideração a deformação elástica. A aplicação inteligente de extensômetros requer informações sobre a estrutura física do medidor, métodos de acoplamento do medidor à superfície da estrutura e a orientação do medidor em relação às forças exercidas sobre a estrutura. Aqui, nosso propósito é demonstrar que as medições de um extensômetro são importantes em aplicações de engenharia e que conhecer bem os circuitos elétricos está intimamente relacionado à sua utilização adequada.

O circuito mostrado na Figura 5.21 apresenta um modo de medir a variação de resistência experimentada por extensômetros em aplicações como a descrita no início deste capítulo. Como veremos, esse circuito é o conhecido amplificador diferencial, sendo que a ponte do extensômetro provê as duas tensões cuja diferença é amplificada. O par de extensômetros, alongado quando a barra é curvada, tem valores de resistência de $R + \Delta R$ na ponte que alimenta o amplificador diferencial, ao passo que o par de extensômetros encurtado tem valores de resistência de $R - \Delta R$. Analisaremos esse circuito para determinar a relação entre a tensão de saída, v_o, e a variação na resistência, ΔR, experimentada pelos extensômetros.

Para começar, admita que o amp op seja ideal. Escrevendo as equações da lei das correntes de Kirchhoff para as entradas inversora e não inversora do amp op, vemos que

$$\frac{v_{\text{ref}} - v_n}{R + \Delta R} = \frac{v_n}{R - \Delta R} + \frac{v_n - v_o}{R_f}, \tag{5.57}$$

$$\frac{v_{\text{ref}} - v_p}{R - \Delta R} = \frac{v_p}{R + \Delta R} + \frac{v_p}{R_f}. \tag{5.58}$$

Agora, reorganize a Equação 5.58 para obter uma expressão para a tensão no terminal não inversor do amp op:

$$v_p = \frac{v_{\text{ref}}}{(R - \Delta R)\left(\dfrac{1}{R + \Delta R} + \dfrac{1}{R - \Delta R} + \dfrac{1}{R_f}\right)}. \tag{5.59}$$

Como sempre, admitiremos que o amp op esteja operando em sua região linear, portanto $v_p = v_n$, e a expressão para v_p na Equação 5.59 também deve ser a expressão para v_n. Assim, podemos substituir v_n na equação pelo lado direito da Equação 5.59 e resolver para v_o. Após algumas manipulações algébricas,

$$v_o = \frac{R_f(2\Delta R)}{R^2 - (\Delta R)^2} v_{\text{ref}}. \tag{5.60}$$

Figura 5.21 Circuito amp op usado para medir a variação na resistência de um extensômetro.

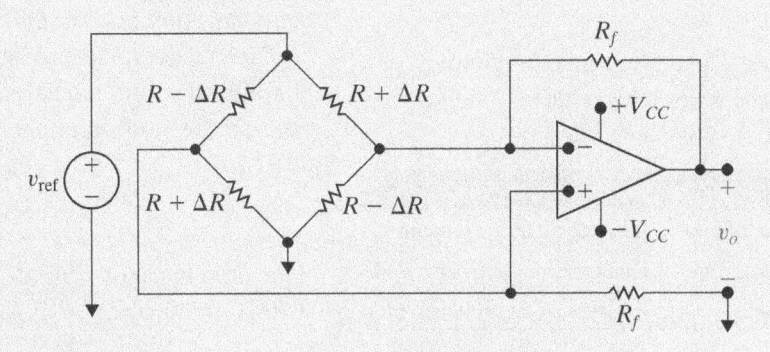

Pelo fato de que a variação da resistência dos extensômetros é muito pequena, $(\Delta R)^2 \ll R^2$, então $R^2-(\Delta R)^2 \approx R^2$ e a Equação 5.60 se torna

$$v_o \approx \frac{R_f}{R} 2\delta v_{\text{ref}}, \quad (5.61)$$

em que $\delta = \Delta R/R$.

NOTA: avalie sua compreensão desta perspectiva prática tentando resolver o Problema 5.49, apresentado no final deste capítulo.

Resumo

- A equação que define a característica de transferência de tensão de um amp op ideal é

$$v_o = \begin{cases} -V_{CC}, & A(v_p - v_n) < -V_{CC}, \\ A(v_p - v_n), & -V_{CC} \leq A(v_p - v_n) \leq +V_{CC}, \\ +V_{CC}, & A(v_p - v_n) > +V_{CC}, \end{cases}$$

  em que A é uma constante de proporcionalidade conhecida como o ganho de malha aberta e V_{CC} representa as tensões de alimentação. (Seção 5.2.)

- Uma realimentação da saída de um amp op para sua entrada inversora mantém o amp op em sua região linear de operação, onde $v_o = A(v_p - v_n)$. (Seção 5.2.)

- Existem certas restrições de tensão quando o amp op está operando em sua região linear, em função dos valores típicos de V_{CC} e A. No caso ideal — em que admitimos que A seja infinito —, a condição para a tensão é

$$v_p = v_n.$$

  (Seção 5.2.)

- A restrição de corrente caracteriza ainda mais o modelo de amp op ideal, porque a resistência de entrada ideal do circuito integrado do amp op é infinita. Essa restrição é dada por

$$i_p = i_n = 0$$

  (Seção 5.2.)

- Neste capítulo, estudamos um modelo simples de amp op e também um mais realista. As diferenças entre ambos são as seguintes:

Modelo simplificado	Modelo mais realista
Resistência de entrada infinita	Resistência de entrada finita
Ganho de malha aberta infinito	Ganho de malha aberta finito
Resistência de saída nula	Resistência de saída não nula

  (Seção 5.7.)

- Um amplificador inversor é um circuito contendo um amp op que produz uma tensão de saída que é uma réplica invertida da tensão de entrada, multiplicada por um fator de escala. (Seção 5.3.)

- Um amplificador somador é um circuito contendo um amp op que produz uma tensão de saída que é a soma das tensões de entrada, multiplicada por fatores de escala. (Seção 5.4.)

- Um amplificador não inversor é um circuito contendo um amp op que produz uma tensão de saída que é uma réplica da tensão de entrada, multiplicada por um fator de escala. (Seção 5.5.)

- Um amplificador diferencial é um circuito contendo um amp op que produz uma tensão de saída que é uma réplica da diferença da tensão de entrada, multiplicada por um fator de escala.

- As duas tensões de entrada de um amplificador diferencial podem ser usadas para calcular as tensões de entrada de modo comum e de modo diferencial, v_{mc} e v_{md}. A tensão de saída do amplificador diferencial pode ser escrita na forma

$$v_o = A_{\text{mc}} v_{\text{mc}} + A_{\text{md}} v_{\text{md}},$$

  em que A_{mc} é o ganho de modo comum, e A_{md} é o ganho de modo diferencial. (Seção 5.6.)

- Em um amplificador diferencial ideal, $A_{\text{mc}} = 0$. Para medir quão próximo do ideal está um amplificador diferencial, usamos o fator de rejeição de modo comum:

$$\text{FRMC} = \left| \frac{A_{\text{md}}}{A_{\text{mc}}} \right|.$$

  Um amplificador diferencial ideal tem um FRMC infinito. (Seção 5.7.)

Problemas

Seções 5.1–5.2

5.1 O amp op no circuito da Figura P5.1 é ideal.

a) Identifique os cinco terminais do amp op com seus respectivos nomes.

b) Qual restrição do amp op ideal determina o valor de i_n? Qual é esse valor?

c) Qual restrição do amp op ideal determina o valor de $(v_p - v_n)$? Qual é esse valor?

d) Calcule v_o.

Figura P5.1

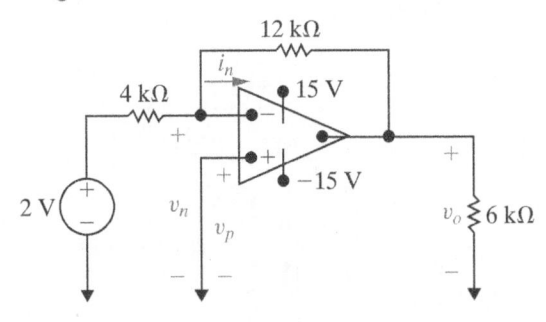

5.2
a) Substitua a fonte de 2 V no circuito da Figura P5.1 e calcule v_o para cada um dos seguintes valores de fonte: −6 V, −3,5 V, −1,25 V, 2,4 V, 4,5 V, 5,4 V.

b) Especifique a faixa de valores de fonte de tensão que não causará a saturação do amp op.

5.3 Determine i_L (em miliampères) no circuito da Figura P5.3.

Figura P5.3

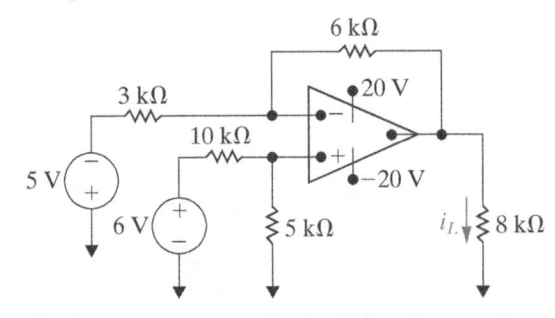

5.4 O amp op no circuito da Figura P5.4 é ideal.

a) Calcule v_o se $v_a = 1,5$ V e $v_b = 0$ V.

b) Calcule v_o se $v_a = -0,5$ V e $v_b = 0$ V.

c) Calcule v_o se $v_a = 1$ V e $v_b = 2,5$ V.

d) Calcule v_o se $v_a = 2,5$ V e $v_b = 1$ V.

e) Calcule v_o se $v_a = 2,5$ V e $v_b = 0$ V.

f) Se $v_b = 2$ V, especifique a faixa de variação de v_a tal que o amplificador não se sature.

Figura P5.4

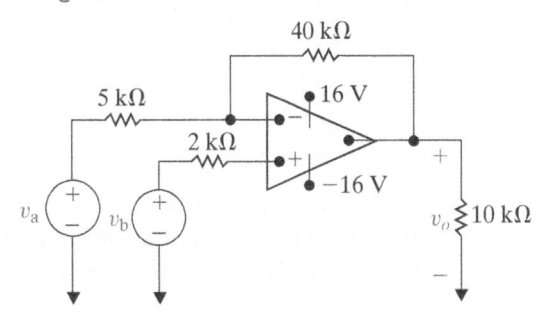

5.5 Determine i_o no circuito da Figura P5.5 se o amp op for ideal.

Figura P5.5

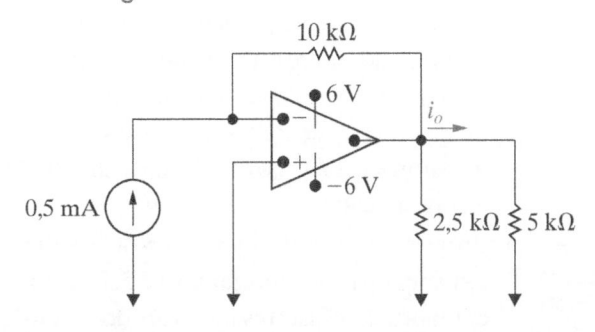

5.6 O amp op no circuito da Figura P5.6 é ideal. Calcule:

a) i_a b) v_a c) v_o d) i_o

Figura P5.6

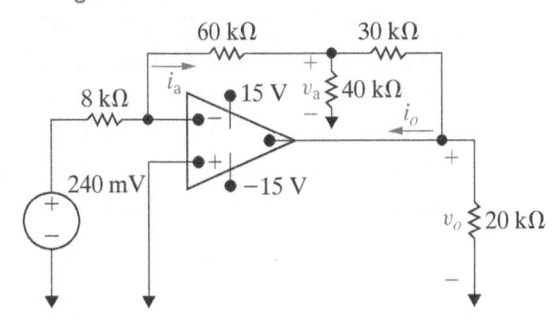

5.7 Um voltímetro com um fundo de escala de 10 V é usado para medir a tensão de saída no circuito da Figura P5.7. Qual é a leitura do voltímetro? Admita que o amp op seja ideal.

Figura P5.7

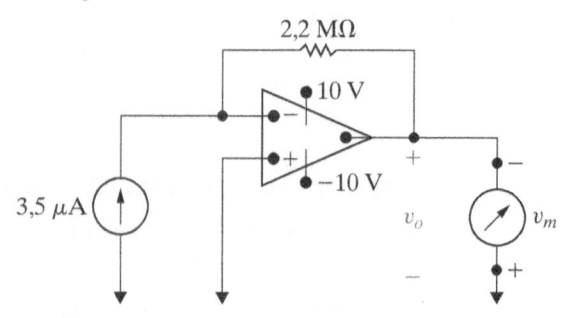

Seção 5.3

5.8 a) Projete um amplificador inversor usando um amp op ideal cujo ganho é 4. Use um amp op ideal, um resistor de 30 kΩ no caminho de realimentação e fontes de alimentação de ±12 V.

b) Utilizando o projeto de (a), determine a faixa de tensões de entrada que vai manter o amp op em sua região de operação linear.

c) Suponhamos que você queira amplificar um sinal de entrada de 2 V, usando o circuito que projetou em (a), com um resistor de realimentação variável. Qual é o maior valor de resistência de realimentação que mantém o amp op em sua região de operação linear? Usando esse valor de resistor, qual é o novo ganho do amplificador inversor?

5.9 a) Projete um amplificador inversor usando um amp op ideal cujo ganho é 2,5. Use um conjunto de resistores idênticos do Apêndice H.

b) Se quiser amplificar sinais entre −2 V e +3 V usando o circuito que projetou em (a), quais são os menores valores de fonte de alimentação que você pode usar?

5.10 a) O amp op no circuito mostrado na Figura P5.10 é ideal. O resistor ajustável R_Δ tem um valor máximo de 100 kΩ, e o valor de α está restrito à faixa de $0{,}2 \le \alpha \le 1$. Calcule a faixa de v_o se $v_g = 40$ mV.

b) Se α não sofrer restrições, para qual valor de α o amp op estará saturado?

Figura P5.10

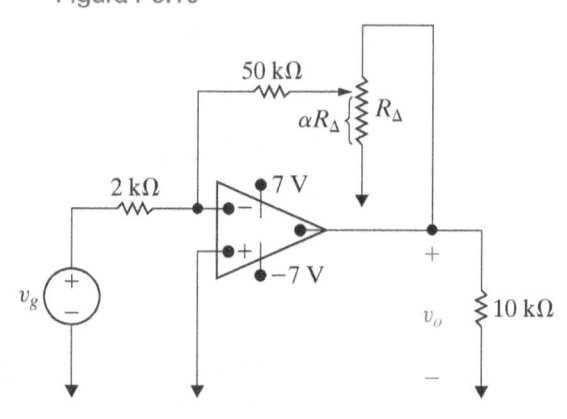

5.11 O amp op no circuito da Figura P5.11 é ideal.

a) Determine a faixa de valores de σ para que o amp op não se sature.

b) Determine i_o (em microampères) quando $\sigma = 0{,}272$.

Figura P5.11

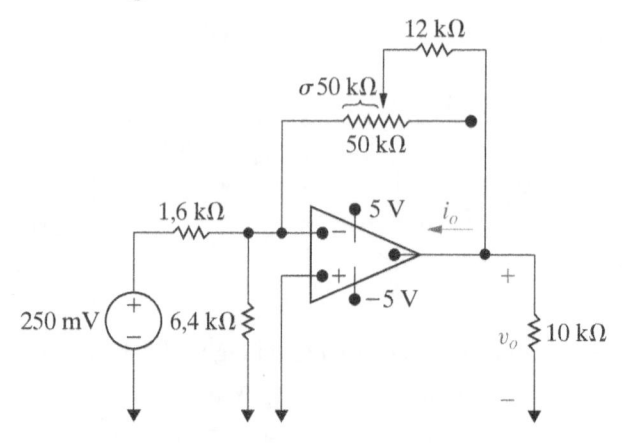

Seção 5.4

5.12 O amp op da Figura P5.12 é ideal.

a) Qual é a configuração de circuito mostrada nessa figura?

b) Determine v_o se $v_a = 1$ V, $v_b = 1,5$ V e $v_c = -4$ V.

c) As tensões v_a e v_c permanecem em 1 V e -4 V, respectivamente. Quais são os limites para v_b se o amp op operar dentro de sua região linear?

Figura P5.12

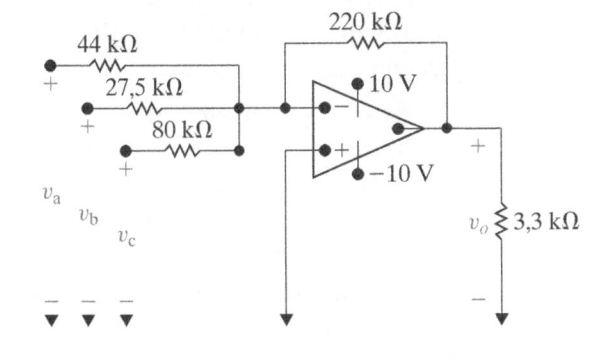

5.13 No circuito da Figura 5.12, o amp op é ideal. Dado que $R_a = 4$ kΩ, $R_b = 5$ kΩ, $R_c = 20$ kΩ, $v_a = 200$ mV, $v_b = 150$ mV, $v_c = 400$ mV e $V_{CC} = \pm 6$ V, especifique a faixa de variação de R_f para a qual o amp op opere dentro de sua região linear.

5.14 a) O amp op da Figura P5.14 é ideal. Determine v_o se $v_a = 3$ V, $v_b = 9$ V, $v_c = 5$ V e $v_d = 6$ V.

b) Admita que v_a, v_b e v_d continuem com os valores dados em (a). Especifique a faixa de variação de v_c tal que o amp op funcione dentro de sua região linear.

Figura P5.14

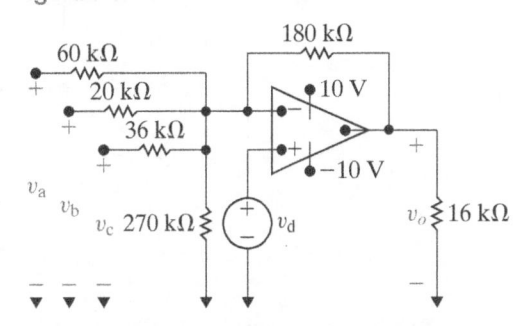

5.15 O resistor de realimentação de 180 kΩ no circuito da Figura P5.14 é substituído por um resistor variável R_f. As tensões $v_a - v_d$ têm os mesmos valores dados no Problema 5.14(a).

a) Qual valor de R_f causará a saturação do amp op? Observe que $0 \leq R_f \leq \infty$.

b) Quando R_f tem o valor determinado em (a), qual é a corrente (em microampères) que entra no terminal de saída do amp op?

5.16 a) Projete um amplificador somador inversor usando um resistor de realimentação de 120 kΩ de modo que

$$v_o = -(8v_a + 5v_b + 12v_c).$$

Use fontes de alimentação de ±15 V.

b) Suponha que $v_a = 2$ V e $v_c = -1$ V. Qual faixa de valores para v_b vai manter o amp op em sua região de operação linear?

5.17 Projete um amplificador somador inversor de modo que

$$v_o = -(8v_a + 4v_b + 10v_c + 6v_d)$$

Comece escolhendo um resistor de realimentação (R_f) do Apêndice H. A seguir, escolha resistores individuais do Apêndice H ou construa redes de resistores dentre os valores listados no Apêndice H para satisfazer aos especificados para R_a, R_b, R_c e R_d. Desenhe o diagrama de seu circuito final.

Seção 5.5

5.18 O amp op no circuito da Figura P5.18 é ideal.

a) Qual é a configuração do circuito amp op?

b) Calcule v_o.

Figura P5.18

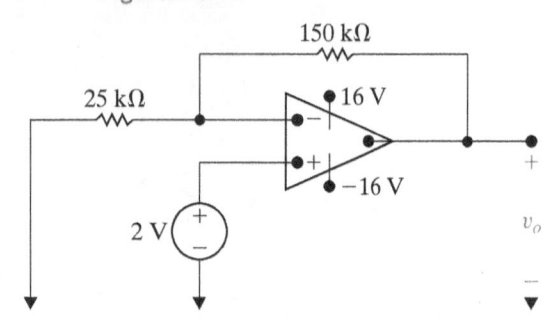

5.19 O amp op no circuito da Figura P5.19 é ideal.

a) Qual é a configuração desse circuito amp op?

b) Determine v_o em termos de v_s.

c) Determine a faixa de valores para v_s tal que v_o não sature e o amp op permaneça em sua região linear de operação.

Figura P5.19

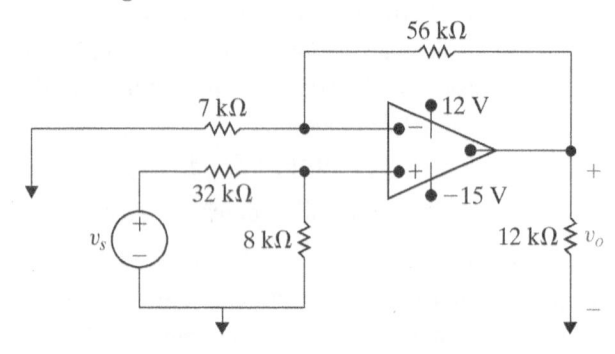

5.20 O amp op no circuito mostrado na Figura P5.20 é ideal.

Pspice
Multisim

a) Calcule v_o quando $v_g = 4$ V.

b) Especifique a faixa de valores de v_g de modo que o amp op opere de modo linear.

c) Admita que v_g seja igual a 2 V e que o resistor de 63 kΩ seja substituído por um resistor variável. Qual é o valor do resistor variável que provocará a saturação do amp op?

Figura P5.20

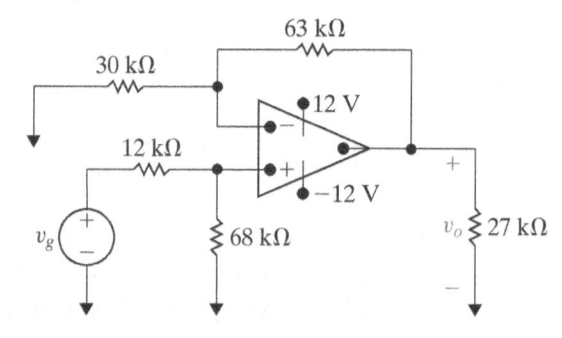

5.21 a) Projete um amplificador não inversor (veja Figura 5.13) com um ganho de 6, utilizando um resistor de realimentação de 75 kΩ. Desenhe diagrama de seu circuito final.

b) Suponha que você queira amplificar sinais de entrada na faixa $-2{,}5$ V $\leq v_g \leq 1{,}5$ V. Quais são os valores mínimos das fontes de alimentação que vão manter o amp op em sua região linear de operação?

5.22 a) Projete um amplificador não inversor (veja a Figura 5.13) com um ganho de 2,5. Utilize resistências do Apêndice H. Pode ser necessário combinar resistores em série e em paralelo para obter a resistência desejada. Desenhe seu circuito final.

b) Se você usar fontes de alimentação de ± 16 V para o amp op, qual faixa de valores de entrada permitirá que o amp op se mantenha em sua região linear de operação?

5.23 O amp op no circuito da Figura P5.23 é ideal.

Pspice
Multisim

a) Qual é a configuração desse circuito amp op?

b) Determine v_o em termos de v_s.

c) Determine a faixa de valores para v_s tal que v_o não sature e o amp op permaneça em sua região linear de operação.

Figura P5.23

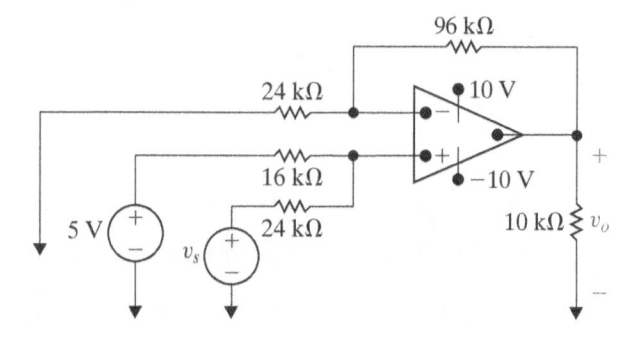

5.24 O circuito da Figura P5.24 é um amplificador somador não inversor. Admita que o amp op seja ideal. Projete o circuito de modo que

$$v_o = v_a + 2v_b + 3v_c.$$

a) Especifique os valores de R_a e R_c.

b) Calcule i_a, i_b e i_c (em microampères), quando $v_a = 0{,}7$ V, $v_b = 0{,}4$ V e $v_c = 1{,}1$ V.

Figura P5.24

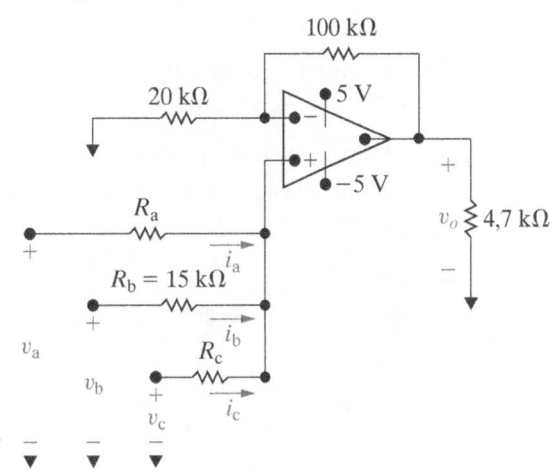

Seção 5.6

5.25 a) Use o princípio da superposição para deduzir a Equação 5.22.

b) Deduza as equações 5.23 e 5.24.

5.26 O amp op no circuito da Figura P5.26 é ideal.

a) Qual é a configuração desse circuito amp op?

b) Determine uma expressão para a tensão de saída v_o em termos da tensão de entrada v_a.

c) Suponha que $v_a = 2$ V. Determine o valor de R_f que levará o amp op a saturar.

Figura P5.26

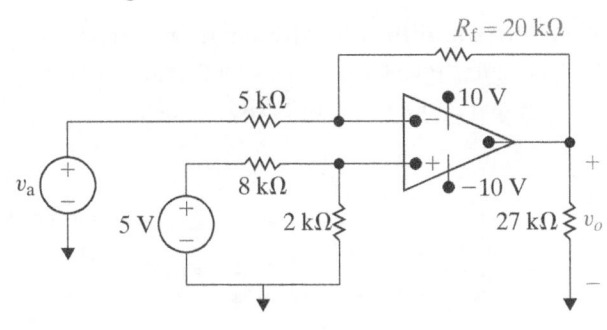

5.27 Os resistores no amplificador diferencial mostrado na Figura 5.15 são $R_a = 24$ kΩ, $R_b = 75$ kΩ, $R_c = 130$ kΩ e $R_d = 120$ kΩ. Os sinais de entrada de v_a e v_b são 8 e 5 V, respectivamente, e $V_{CC} = \pm 20$ V.

a) Determine v_o.

b) Qual é a resistência vista pela fonte de sinal v_a?

c) Qual é a resistência vista pela fonte de sinal v_b?

5.28 O resistor R_f no circuito da Figura P5.28 é ajustado até que o amp op ideal se sature. Especifique R_f em quilo-ohms.

Figura P5.28

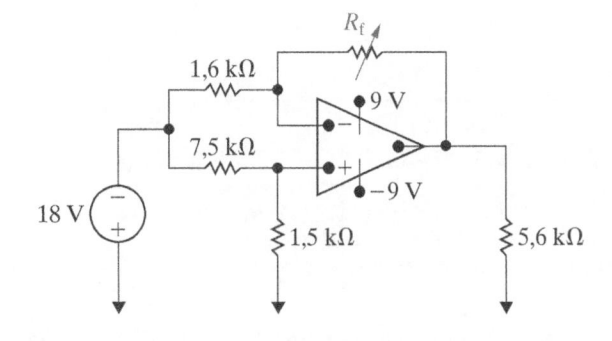

5.29 Projete um amplificador diferencial (Figura 5.15) que obedeça ao seguinte critério: $v_o = 3v_b - 4v_a$. A resistência vista pela fonte de sinal v_b é 470 kΩ, e a resistência vista pela fonte de sinal v_a é 22 kΩ, quando a tensão de saída v_o é igual a zero. Especifique os valores de R_a, R_b, R_c e R_d usando resistores individuais ou combinações deles a partir do Apêndice H.

5.30 O circuito amp op aditivo-subtrativo mostrado na Figura P5.30 é ideal.

a) Determine v_o quando $v_a = 1$ V, $v_b = 2$ V, $v_c = 3$ V e $v_d = 4$ V.

b) Se v_a, v_b e v_d forem mantidas constantes, quais valores de v_c não saturarão o amp op?

Figura P5.30

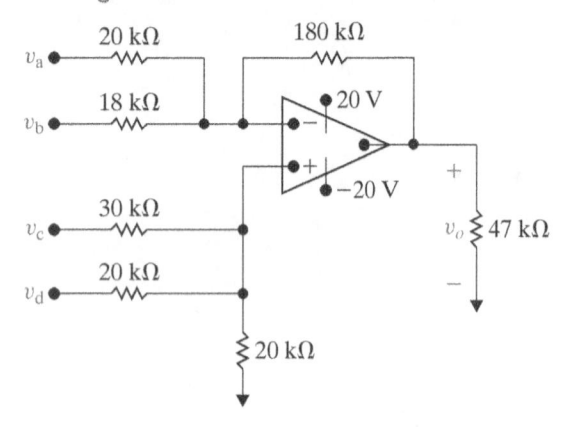

5.31 Selecione os valores de R_a e R_f no circuito da Figura P5.31 de modo que
$$v_o = 8.000(i_b - i_a)$$
Use resistores individuais ou combinações de resistores do Apêndice H. O amp op é ideal.

Figura P5.31

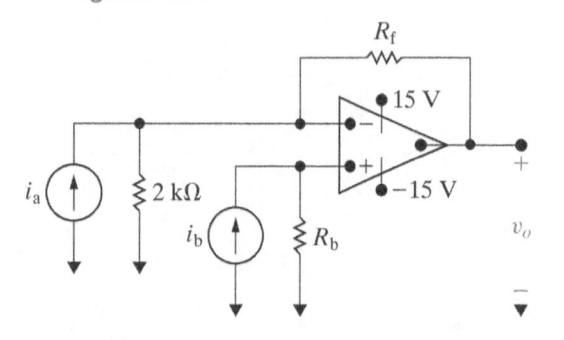

5.32 O amp op no circuito da Figura P5.32 é ideal.

a) Desenhe um gráfico de v_o versus α quando $R_f = 4R_1$ e $v_g = 2$ V. Use incrementos de 0,1 e observe, por hipótese, que $0 \leq \alpha \leq 1,0$.

b) Escreva uma equação para a reta que você obteve no gráfico de (a). Qual é a relação entre a inclinação da reta e sua interseção com o eixo v_o e os valores de v_g e a razão R_f/R_1?

c) Usando os resultados de (b), escolha valores de v_g e da razão R_f/R_1 tais que $v_o = -6\alpha + 4$.

Figura P5.32

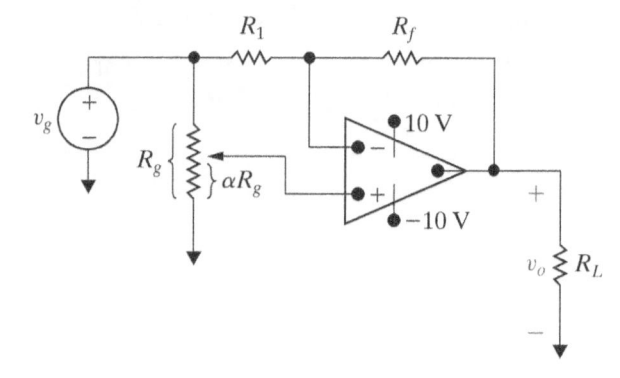

5.33 No amplificador diferencial mostrado na Figura P5.33, calcule (a) o ganho de modo diferencial, (b) o ganho de modo comum e (c) o FRMC.

Figura P5.33

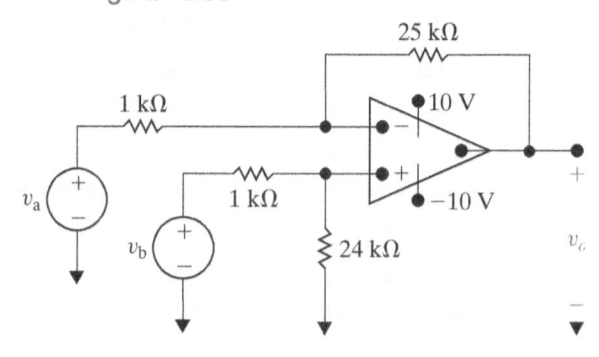

5.34 No amplificador diferencial mostrado na Figura P5.34, qual é a faixa de valores de R_x que resulta em um FRMC ≥ 1.500?

Figura P5.34

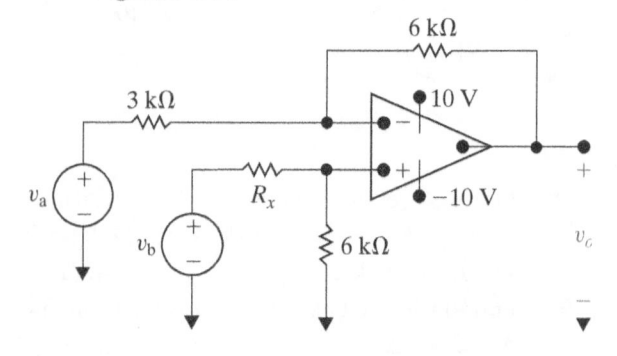

Seções 5.1–5.6

5.35 A tensão v_g mostrada na Figura P5.35(a) é aplicada ao amplificador inversor da Figura P5.35(b). Desenhe um gráfico de v_o versus t, supondo que o amp op seja ideal.

Figura P5.35

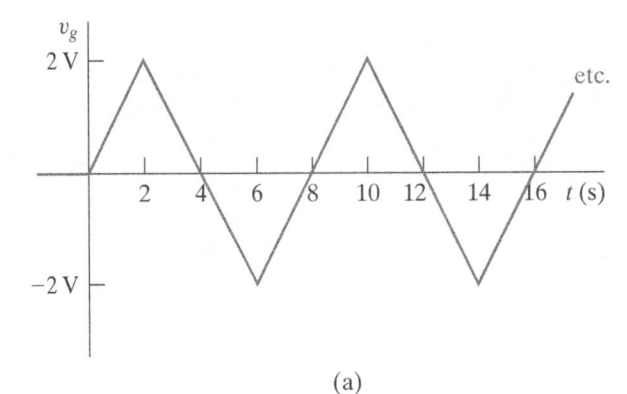

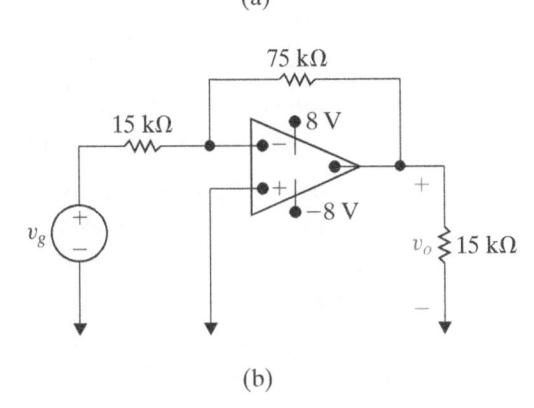

(a)

(b)

5.36 O sinal v_g no circuito mostrado na Figura P5.36 é descrito pelas seguintes equações:

$v_g = 0, t \leq 0,$

$v_g = 4\cos(\pi/4)t \text{ V}, 0 \leq t \leq \infty.$

Desenhe um gráfico de v_o versus t, supondo que o amp op seja ideal.

Figura P5.36

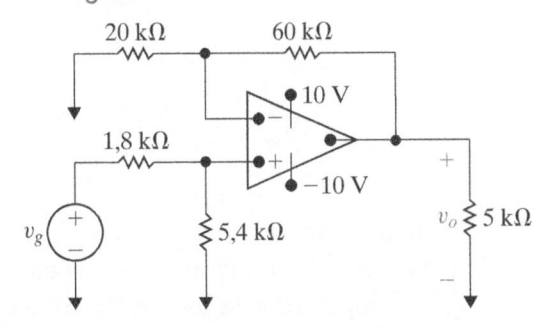

5.37 a) Mostre que, quando o amp op ideal da Figura P5.37 está operando em sua região linear,

$$i_a = \frac{3v_g}{R}.$$

b) Mostre que o amp op ideal satura quando

$$R_a = \frac{R(\pm V_{CC} - 2v_g)}{3v_g}.$$

Figura P5.37

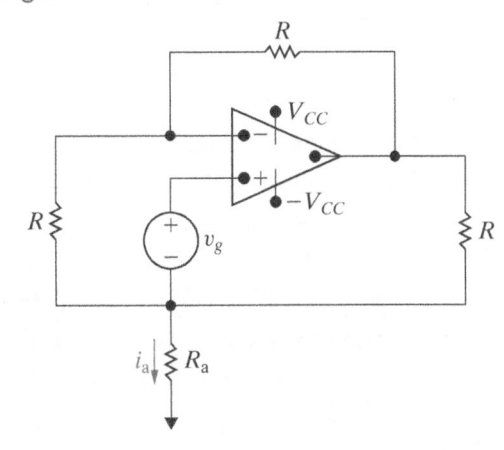

5.38 Suponha que o amp op ideal no circuito apresentado na Figura P5.38 esteja operando em sua região linear.

a) Mostre que $v_o = [(R_1 + R_2)/R_1]v_s$.

b) O que acontece se $R_1 \to \infty$ e $R_2 \to 0$?

c) Explique por que esse circuito é denominado um seguidor de tensão quando $R_1 = \infty$ e $R_2 = 0$.

Figura P5.38

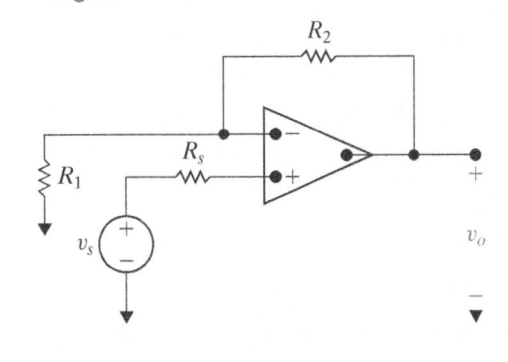

5.39 Os dois amp ops no circuito da Figura P5.39 são ideais. Calcule v_{o1} e v_{o2}.

Figura P5.39

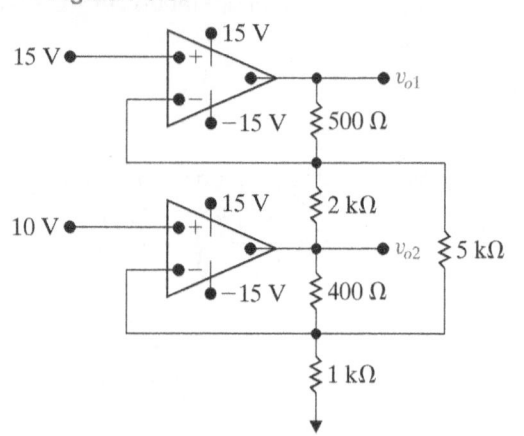

5.40 Suponha que o amp op ideal no circuito da Figura P5.40 esteja operando em sua região linear.

a) Calcule a potência fornecida ao resistor de 16 kΩ.

b) Repita (a) retirando o amp op do circuito, isto é, com o resistor de 16 kΩ ligado em série com a fonte de tensão e o resistor de 48 kΩ.

c) Determine a razão entre a potência determinada em (a) e a encontrada em (b).

d) A inserção do amp op entre a fonte e a carga cumpre alguma finalidade útil? Explique.

Figura P5.40

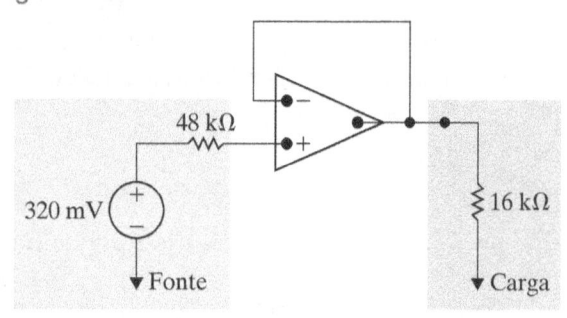

5.41 Os amp ops no circuito da Figura P5.41 são ideais.

a) Determine i_a.

b) Determine o valor da tensão da fonte à esquerda, para a qual $i_a = 0$.

Figura P5.41

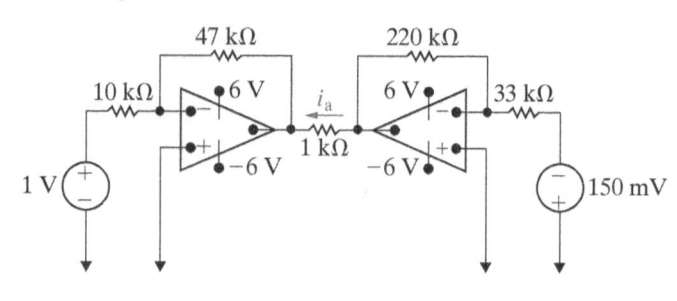

5.42 O circuito no interior da área sombreada da Figura P5.42 é uma fonte de corrente constante para uma faixa limitada de valores de R_L.

a) Determine o valor de i_L para $R_L = 4$ kΩ.

b) Determine o valor máximo de R_L para o qual i_L tenha o valor definido em (a).

c) Suponha que $R_L = 16$ kΩ. Explique o funcionamento do circuito. Você pode admitir que $i_n = i_p \approx 0$ sob todas as condições de operação.

d) Desenhe um gráfico de i_L versus R_L para $0 \leq R_L \leq 16$ kΩ.

Figura P5.42

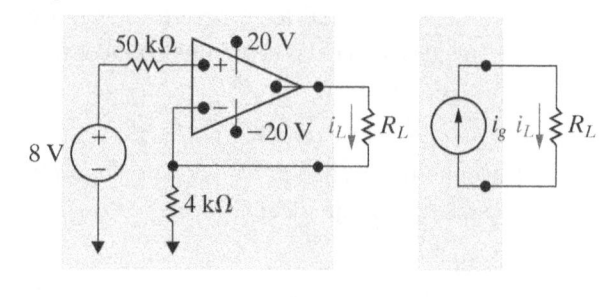

Seção 5.7

5.43 Deduza a Equação 5.60.

5.44 Repita o Problema para avaliação 5.6, considerando que o amplificador inversor esteja carregado com um resistor de 500 Ω.

5.45 a) Determine o circuito equivalente de Thévenin em relação aos terminais de saída a,b para o amplificador inversor da Figura P5.45. O valor da fonte de sinal cc é 880 mV. O amp op tem uma resistência de entrada de 500 kΩ, uma resistência de saída de 2 kΩ e um ganho de malha aberta de 100.000.

b) Qual é a resistência de saída do amplificador inversor?

c) Qual é a resistência (em ohms) vista pela fonte v_s quando a carga nos terminais a,b é 330 Ω?

Figura P5.45

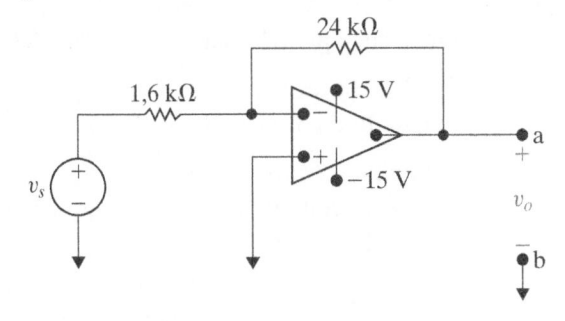

5.46 Repita o Problema 5.45 admitindo um amp op ideal.

5.47 Suponha que a resistência de entrada do amp op da Figura P5.47 seja infinita e que sua resistência de saída seja igual a zero.

a) Determine v_o como uma função de v_g e o ganho de malha aberta A.

b) Qual é o valor de v_o se $v_g = 1$ V e $A = 150$?

c) Qual é o valor de v_o se $v_g = 1$ V e $A = \infty$?

d) Qual deve ser o valor de A para que v_o tenha 99% de seu valor em (c)?

Figura P5.47

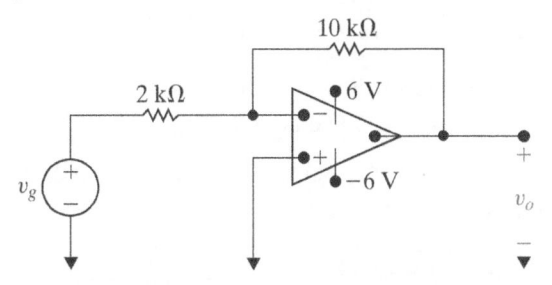

5.48 O amp op no circuito amplificador não inversor da Figura P5.48 tem uma resistência de entrada de 560 kΩ, uma resistência de saída de 8 kΩ e um ganho de malha aberta de 50.000. Suponha que o amp op esteja operando em sua região linear.

a) Calcule o ganho de tensão (v_o/v_g).

b) Determine as tensões de entrada inversora e não inversora, v_n e v_p (em milivolts), se $v_g = 1$ V.

c) Calcule a diferença $(v_p - v_n)$ em microvolts quando $v_g = 1$ V.

d) Determine a corrente, em picoampères, da fonte de tensão v_g, quando $v_g = 1$ V.

e) Repita (a)–(d) admitindo um amp op ideal.

Figura P5.48

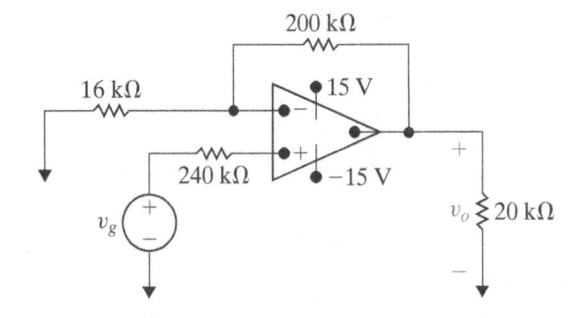

Seções 5.1–5.7

5.49 Suponha que o valor da resistência dos extensômetros na ponte da Figura 5.21 seja 120 Ω ±1%. A fonte de alimentação do amp op fornece ±15 V e a tensão de referência, v_{ref}, é o valor positivo da fonte de alimentação.

a) Calcule o valor de R_f de modo que, quando o extensômetro alcançar seu comprimento máximo, a tensão de saída será 5 V.

b) Suponha que possamos medir com precisão variações de 50 mV na tensão de saída. Qual é a variação na resistência (em miliohms) do extensômetro que pode ser detectada?

5.50 a) Para o circuito apresentado na Figura P5.50 mostre que, se $\Delta R \ll R$, a tensão de saída do amp op será, aproximadamente,

$$v_o \approx \frac{R_f}{R^2} \frac{(R + R_f)}{(R + 2R_f)} (-\Delta R) v_{in}.$$

b) Determine v_o se $R_f = 470$ kΩ, $R = 10$ kΩ, $\Delta R = 95$ Ω e $v_{in} = 15$ V.

c) Determine o valor real de v_o em (b).

Figura P5.50

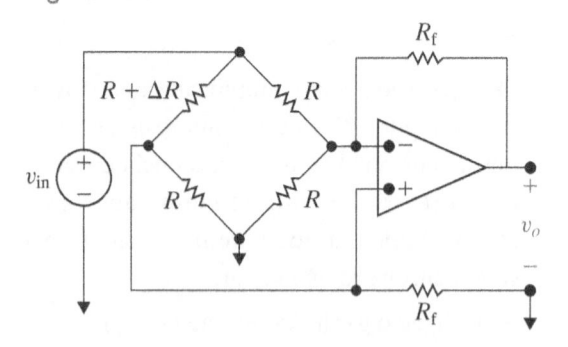

5.51 a) Se o erro percentual for definido como

$$\% \text{ erro} = \left[\frac{\text{valor aproximado}}{\text{valor real}} - 1 \right] \times 100,$$

mostre que o erro percentual na aproximação de v_o no Problema 5.50 é

$$\% \text{ erro} = \frac{\Delta R}{R} \frac{(R + R_f)}{(R + 2R_f)} \times 100.$$

b) Calcule o erro percentual de v_o para o Problema 5.50.

5.52 a) Suponha que o erro percentual na aproximação de v_o no circuito da Figura P5.50 não deva exceder 1%. Qual é a maior variação percentual em R que pode ser tolerada?

5.53 Suponha que o resistor no ramo variável do circuito da ponte da Figura P5.50 seja $R - \Delta R$ em vez de $R + \Delta R$.

a) Qual é a expressão para v_o se $\Delta R \ll R$?

b) Qual é a expressão para o erro percentual de v_o em função de R, R_f e ΔR?

c) Suponha que a resistência no braço variável do circuito da ponte da Figura P5.50 seja 9.810 Ω e que os valores de R, R_f e v_{in} sejam iguais aos do Problema 5.50(b). Qual é o valor aproximado de v_o?

d) Qual é o erro percentual na aproximação de v_o quando a resistência no braço variável é 9.810 Ω?

Capítulo 6

Indutância, capacitância e indutância mútua

SUMÁRIO DO CAPÍTULO

6.1 Indutor
6.2 Capacitor
6.3 Combinações de indutância e capacitância em série e em paralelo
6.4 Indutância mútua
6.5 Um exame mais detalhado da indutância mútua

OBJETIVOS DO CAPÍTULO

1. Conhecer e saber usar as equações para tensão, corrente, potência e energia em um indutor; entender como um indutor se comporta na presença de corrente constante e o requisito de que a corrente deve ser contínua em um indutor.
2. Conhecer e saber usar as equações para tensão, corrente, potência e energia em um capacitor; entender como um capacitor se comporta na presença de tensão constante e o requisito de que a tensão deve ser contínua em um capacitor.
3. Saber combinar indutores, com condições iniciais diferentes, em série e em paralelo para formar um único indutor equivalente com uma única condição inicial; saber combinar capacitores, com condições iniciais diferentes, em série e em paralelo para formar um único capacitor equivalente com uma única condição inicial.
4. Entender o conceito básico de indutância mútua e saber escrever equações de corrente de malha para um circuito que contenha enrolamentos acoplados magneticamente, usando de maneira correta a convenção do ponto.

Iniciaremos este capítulo apresentando os dois últimos elementos ideais de circuito mencionados no Capítulo 2, a saber, indutores e capacitores. Saiba que as técnicas de análise de circuitos apresentadas nos capítulos 3 e 4 aplicam-se a circuitos que contêm indutores e capacitores. Assim, tão logo você entenda o comportamento terminal desses elementos em termos de corrente e tensão, poderá usar as leis de Kirchhoff para descrever quaisquer interligações com os demais elementos básicos. Como outros componentes, indutores e capacitores são mais fáceis de descrever em termos de variáveis de circuito do que de variáveis eletromagnéticas. Contudo, antes de focalizarmos a descrição desses elementos do ponto de vista de circuitos, é recomendável realizarmos uma breve revisão dos conceitos de campo a eles subjacentes.

Um indutor é um componente elétrico que se opõe a qualquer alteração na corrente elétrica. É composto de um condutor em espiral, enrolado em um núcleo de suporte cujo material pode ser magnético ou não. O comportamento dos indutores é baseado nos fenômenos associados a campos magnéticos. A fonte do campo magnético são cargas em movimento, ou corrente elétrica. Se a corrente variar com o tempo, o campo magnético variará com o tempo. Um campo magnético que varia com o tempo induz uma tensão em qualquer condutor imerso no campo. O parâmetro **indutância** relaciona a tensão induzida com a corrente. Discutiremos essa relação quantitativa na Seção 6.1.

Um capacitor é um componente elétrico que consiste em dois condutores separados por um material isolante ou dielétrico. O capacitor é o único dispositivo, além da bateria, que pode armazenar carga elétrica. O comportamento dos capacitores é baseado em fenômenos associados a campos elétricos. A fonte do campo elétrico é a separação de cargas, ou tensão. Se a tensão variar com o tempo, o campo elétrico variará com o tempo. Um campo elétrico que varia com o tempo produz uma corrente de deslocamento no espaço onde existe o campo. O parâmetro **capacitância** relaciona a corrente de deslocamento à tensão, em que a corrente de deslocamento é igual à corrente de condução nos terminais do capacitor. Discutiremos essa relação quantitativa na Seção 6.2.

Perspectiva prática

Telas *touch* capacitivas

A perspectiva prática no Capítulo 3 mostrou como uma malha de resistores é usada para criar uma tela *touch* (de toque) para um telefone ou monitor de computador. Mas as telas de toque resistivo têm algumas limitações, a mais importante é que só podem processar um único toque em qualquer instante no tempo (veja o Problema 3.75). Por exemplo, uma tela sensível ao toque não pode processar o gesto de *pinch* (pinça) utilizado por muitos dispositivos para ampliar ou diminuir a imagem na tela.

Telas *multitouch* (múltiplos toques) usam um componente diferente no interior de uma malha abaixo da tela – os capacitores. Como você está prestes a descobrir neste capítulo, um capacitor é um elemento de circuito cujas características terminais são determinadas por campos elétricos. Ao tocar uma tela *touch* capacitiva, você produz uma alteração no valor de um capacitor, provocando uma mudança de tensão. Após apresentarmos o comportamento básico de capacitores e o modo como eles combinam em série e em paralelo, vamos mostrar dois modelos possíveis para uma tela de múltiplos toques utilizando uma malha de capacitores. Esses projetos são apresentados no exemplo da *Perspectiva prática* no final deste capítulo.

A Seção 6.3 descreve técnicas utilizadas para simplificar circuitos com combinações de capacitores ou indutores em série ou em paralelo.

A energia pode ser armazenada tanto no campo magnético quanto no elétrico. Consequentemente, não é nenhuma surpresa saber que indutores e capacitores são capazes de armazenar energia. Por exemplo, a energia pode ser armazenada em um indutor e, então, fornecida para uma vela de ignição. Ela pode ser armazenada em um capacitor e, então, fornecida para acender um *flash* de máquina fotográfica. Em indutores e capacitores ideais, a quantidade de energia por eles fornecida tem de ser igual à energia neles armazenada. Como indutores e capacitores não podem gerar energia, são classificados como **elementos passivos**.

Nas seções 6.4 e 6.5, examinaremos a situação em que dois circuitos estão ligados por um campo magnético e, por isso, são denominados magneticamente acoplados. Nesse caso, a tensão induzida no segundo circuito pode ser relacionada à corrente que varia com o tempo no primeiro circuito por um parâmetro conhecido como **indutância mútua**. O significado prático do acoplamento magnético revela-se ao estudarmos as relações entre corrente, tensão, potência e vários novos parâmetros específicos da indutância mútua. Aqui, apresentaremos essas relações; nos capítulos 9 e 10, descreveremos sua utilidade em um dispositivo denominado transformador.

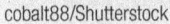

6.1 Indutor

A indutância é o parâmetro de circuito utilizado para descrever um indutor. Simbolizada pela letra L, é medida em henrys (H) e representada graficamente como uma espiral — para lembrar que a indutância é resultante de um condutor imerso em um campo magnético. A Figura 6.1(a) mostra um indutor. Apontar a direção de referência da corrente na direção da queda de tensão nos terminais do indutor, como mostra a Figura 6.1(b), resulta em

$$v = L\frac{di}{dt}, \qquad (6.1)$$

◀ A equação $v-i$ do indutor

em que v é medida em volts, L em henrys, i em ampères e t em segundos. A Equação 6.1 reflete a convenção passiva mostrada na Figura 6.1(b); isto é, a referência de corrente está na direção da queda de tensão no indutor. Se a referência de corrente estiver na direção da elevação de tensão, a Equação 6.1 é escrita com um sinal de menos.

Observe, pela Equação 6.1, que a tensão nos terminais de um indutor é proporcional à variação temporal da corrente no indutor. Aqui, cabem duas observações importantes. A primeira é que, se a corrente for constante, a tensão no indutor ideal será igual a zero. Assim, o indutor comporta-se como um curto-circuito na presença de uma corrente constante, ou cc. A segunda é que a corrente não pode variar instantaneamente em um indutor; isto é, a corrente não pode variar por uma

Figura 6.1 (a) Símbolo gráfico para um indutor com indutância de L henrys. (b) Atribuição de tensão e corrente de referência ao indutor, conforme a convenção passiva.

quantidade finita em tempo zero. Segundo a Equação 6.1, essa variação exigiria uma tensão infinita, e tensões infinitas não são possíveis. Por exemplo, quando alguém desliga o interruptor em um circuito indutivo de um sistema real, inicialmente a corrente continua a fluir no ar pelo interruptor, um fenômeno denominado *centelhamento*. A centelha que passa pelo interruptor evita que a corrente caia a zero instantaneamente. Circuitos interruptores indutivos são um problema sério de engenharia porque o centelhamento e os surtos de tensão associados têm de ser controlados para evitar danos ao equipamento. O primeiro passo para entender a natureza desse problema é dominar o material introdutório apresentado neste capítulo e nos dois a seguir. O Exemplo 6.1 ilustra a aplicação da Equação 6.1 a um circuito simples.

EXEMPLO 6.1 Determinação da tensão, dada a corrente, nos terminais de um indutor.

A fonte independente de corrente no circuito mostrado na Figura 6.2 gera corrente nula para $t < 0$ e um pulso $10te^{-5t}$ A para $t > 0$.

a) Faça um gráfico da forma de onda da corrente.

b) Em qual instante de tempo a corrente é máxima?

c) Determine a expressão da tensão nos terminais do indutor de 100 mH em função do tempo.

d) Faça um gráfico da forma de onda da tensão.

e) A tensão e a corrente são máximas ao mesmo tempo?

f) Em qual instante de tempo a tensão muda de polaridade?

g) Há, alguma vez, uma variação instantânea de tensão no indutor? Se houver, em que instante ela ocorre?

Figura 6.2 Circuito para o Exemplo 6.1.

$i = 0, \quad t < 0$
$i = 10te^{-5t}\text{A}, \quad t > 0$

Solução

a) A Figura 6.3 mostra a forma de onda da corrente.

b) $di/dt = 10(-5te^{-5t} + e^{-5t}) = 10e^{-5t}(1 - 5t)$ A/s; $di/dt = 0$ quando $t = \frac{1}{5}$ s. (Veja a Figura 6.3.)

c) $v = L\,di/dt = (0,1)10e^{-5t}(1 - 5t) = e^{-5t}(1 - 5t)$ V, $t > 0$; $v = 0, t < 0$.

d) A Figura 6.4 mostra a forma de onda da tensão.

e) Não; a tensão é proporcional a di/dt, não a i.

f) Em 0,2 s, o que corresponde ao momento em que di/dt está passando por zero e mudando de sinal.

g) Sim, em $t = 0$. Observe que a tensão pode variar instantaneamente nos terminais de um indutor.

Figura 6.3 Forma de onda da corrente para o Exemplo 6.1.

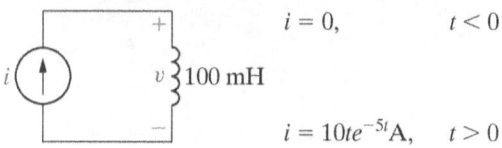

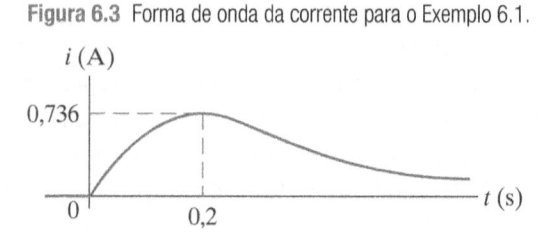

Figura 6.4 Forma de onda da tensão para o Exemplo 6.1.

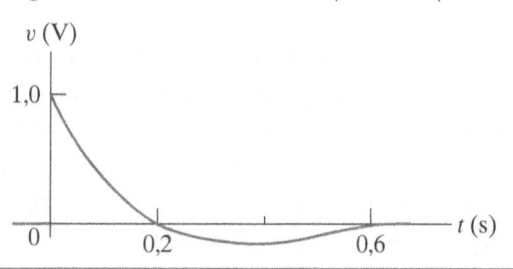

Corrente em um indutor em termos da tensão no indutor

A Equação 6.1 expressa a tensão nos terminais de um indutor em função da corrente no indutor. É também desejável ser capaz de expressar a corrente em função da tensão. Para determinar i em função de v, começamos multiplicando ambos os lados da Equação 6.1 por um tempo diferencial dt:

$$v\,dt = L\left(\frac{di}{dt}\right)dt. \qquad (6.2)$$

Multiplicar a taxa de variação de *i* em relação a *t* por uma variação diferencial no tempo gera uma variação diferencial em *i*, portanto escrevemos a Equação 6.2 como

$$v\,dt = L\,di. \qquad (6.3)$$

Em seguida, integramos ambos os lados da Equação 6.3. Por conveniência, trocamos os dois lados da equação e escrevemos

$$L\int_{i(t_0)}^{i(t)} dx = \int_{t_0}^{t} v\,d\tau. \qquad (6.4)$$

Observe que usamos *x* e *τ* como as variáveis de integração, ao passo que *i* e *t* tornam-se limites nas integrais. Então, pela Equação 6.4,

$$i(t) = \frac{1}{L}\int_{t_0}^{t} v\,d\tau + i(t_0), \qquad (6.5)$$

◀ A equação *i – v* do indutor

em que $i(t)$ é a corrente correspondente a *t* e $i(t_0)$ é o valor da corrente do indutor quando iniciamos a integração, a saber, em t_0. Em muitas aplicações práticas, t_0 é igual a zero, e a Equação 6.5 torna-se

$$i(t) = \frac{1}{L}\int_{0}^{t} v\,d\tau + i(0). \qquad (6.6)$$

As equações 6.1 e 6.5 fornecem a relação entre a tensão e a corrente nos terminais de um indutor. A Equação 6.1 expressa a tensão em função da corrente, ao passo que a Equação 6.5 expressa a corrente em função da tensão. Em ambas as equações, a direção de referência para a corrente está na direção da queda de tensão nos terminais. Observe que $i(t_0)$ tem o próprio sinal algébrico. Se a direção da corrente inicial for a mesma da direção de referência para *i*, ela será uma quantidade positiva. Se a corrente inicial estiver na direção oposta, ela será uma quantidade negativa. O Exemplo 6.2 ilustra a aplicação da Equação 6.5.

EXEMPLO 6.2 Determinação da corrente, dada a tensão, nos terminais de um indutor.

O pulso de tensão aplicado ao indutor de 100 mH mostrado na Figura 6.5 é 0 para *t* < 0 e é dado pela expressão

$$v(t) = 20te^{-10t}\,\text{V}$$

para *t* > 0. Admita também que *i* = 0 para *t* ≤ 0.

a) Faça um gráfico da tensão em função do tempo.
b) Determine a expressão da corrente no indutor em função do tempo.
c) Faça um gráfico da corrente em função do tempo.

Figura 6.5 Circuito para o Exemplo 6.2.

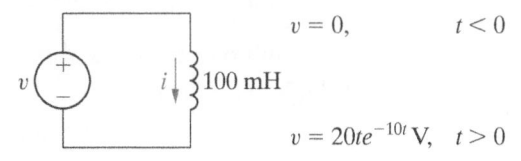

$v = 0, \quad t < 0$
$v = 20te^{-10t}\,\text{V}, \quad t > 0$
100 mH

Figura 6.6 Forma de onda da tensão para o Exemplo 6.2.

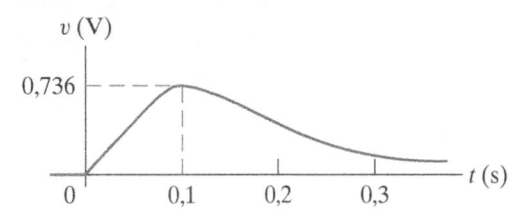

Solução

a) A tensão em função do tempo é mostrada na Figura 6.6.

b) A corrente no indutor é 0 em $t = 0$. Portanto, a corrente para $t > 0$ é

$$i = \frac{1}{0{,}1}\int_0^t 20\tau e^{-10\tau} d\tau + 0$$

$$= 200\left[\frac{-e^{-10\tau}}{100}(10\tau + 1)\right]\Bigg|_0^t,$$

$$= 2(1 - 10te^{-10t} - e^{-10t})\,\text{A}, \quad t > 0.$$

c) A Figura 6.7 mostra a corrente em função do tempo.

Figura 6.7 Forma de onda da corrente para o Exemplo 6.2.

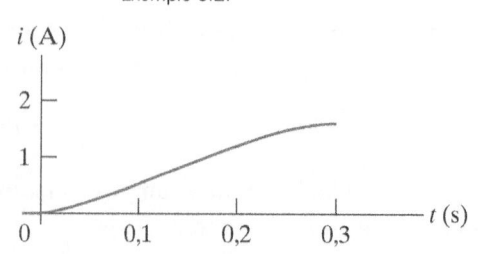

Observe, no Exemplo 6.2, que i se aproxima de um valor constante de 2 A à medida que t aumenta. Falaremos mais sobre esse resultado após discutirmos a energia armazenada em um indutor.

Potência e energia no indutor

As relações entre potência e energia para um indutor podem ser deduzidas diretamente das relações entre corrente e tensão. Se a referência de corrente estiver na direção da queda de tensão nos terminais do indutor, a potência é

$$p = vi. \tag{6.7}$$

Lembre-se de que a potência está em watts, a tensão em volts e a corrente em ampères. Se expressarmos a tensão do indutor em função da corrente do indutor, a Equação 6.7 será

◂ **Potência em um indutor**

$$p = Li\frac{di}{dt}. \tag{6.8}$$

Também podemos expressar a corrente em termos da tensão:

$$p = v\left[\frac{1}{L}\int_{t_0}^t v\,d\tau + i(t_0)\right]. \tag{6.9}$$

A Equação 6.8 é útil para expressar a energia armazenada no indutor. Potência é a taxa de variação da energia em relação ao tempo, portanto

$$p = \frac{dw}{dt} = Li\frac{di}{dt}. \tag{6.10}$$

Multiplicando-se ambos os lados da Equação 6.10 por um tempo diferencial, obtemos a relação diferencial

$$dw = Li\,di. \tag{6.11}$$

Ambos os lados da Equação 6.11 são integrados, subentendendo-se que a referência para energia nula corresponde a uma corrente nula no indutor. Assim,

$$\int_0^w dx = L\int_0^i y\,dy,$$

Capítulo 6 • Indutância, capacitância e indutância mútua

$$w = \frac{1}{2}Li^2. \qquad (6.12)$$

◀ Energia em um indutor

Como antes, usamos símbolos diferentes para as variáveis de integração a fim de evitar confusão com os limites das integrais. Na Equação 6.12, a energia está em joules, a indutância em henrys e a corrente em ampères. Para ilustrar a aplicação das equações 6.7 e 6.12, voltamos aos exemplos 6.1 e 6.2 por meio do Exemplo 6.3.

EXEMPLO 6.3 Determinação da corrente, tensão, potência e energia para um indutor.

a) Faça gráficos de i, v, p e w em função do tempo para o Exemplo 6.1. Alinhe os gráficos na vertical para permitir uma fácil avaliação do comportamento de cada variável.

b) Em qual intervalo de tempo a energia está sendo armazenada no indutor?

c) Em qual intervalo de tempo a energia está sendo extraída do indutor?

d) Qual é a máxima energia armazenada no indutor?

e) Calcule as integrais

$$\int_0^{0,2} p \, dt \quad \text{e} \quad \int_{0,2}^{\infty} p \, dt,$$

e comente seus significados.

f) Repita (a)–(c) para o Exemplo 6.2.

g) No Exemplo 6.2, por que há uma corrente finita no indutor à medida que a tensão se aproxima de zero?

Figura 6.8 Variáveis i, v, p e w versus t para o Exemplo 6.1.

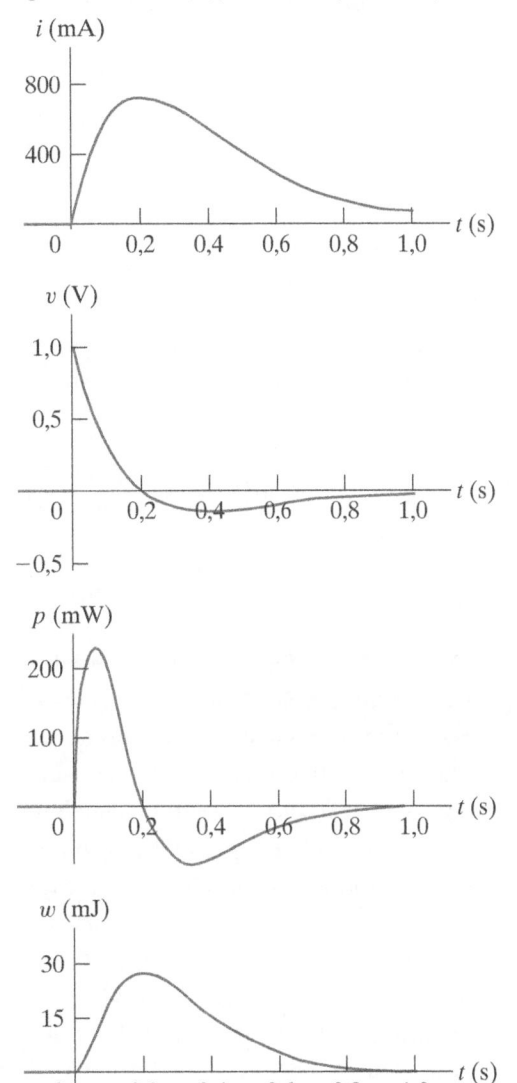

Solução

a) Os gráficos de i, v, p e w decorrem diretamente das expressões para i e v obtidas no Exemplo 6.1 e são mostrados na Figura 6.8. Em particular, $p = vi$ e $w = (\frac{1}{2})Li^2$.

b) Uma inclinação positiva na curva de energia indica que energia está sendo armazenada. Portanto, ela está sendo armazenada no intervalo de tempo 0 a 0,2 s. Observe que isso corresponde ao intervalo em que $p > 0$.

c) Uma inclinação negativa na curva de energia indica que energia está sendo extraída. Assim, ela está sendo extraída no intervalo de tempo 0,2 s a ∞. Observe que isso corresponde ao intervalo em que $p < 0$.

d) Pela Equação 6.12, vemos que a energia está em um máximo quando a corrente está em um máximo; um breve exame dos gráficos confirma isso. Pelo Exemplo 6.1, a corrente máxima é 0,736 A. Portanto, $w_{máx} = 27{,}07$ mJ.

e) Pelo Exemplo 6.1,

$$i = 10te^{-5t} \text{ A e } v = e^{-5t}(1 - 5t) \text{ V}.$$

Logo,

$$p = vi = 10te^{-10t} - 50t^2 e^{-10t} \text{ W}.$$

Assim,

$$\int_0^{0,2} p\, dt = 10\left[\frac{e^{-10t}}{100}(-10t - 1)\right]_0^{0,2}$$

$$- 50\left\{\frac{t^2 e^{-10t}}{-10} + \frac{2}{10}\left[\frac{e^{-10t}}{100}(-10t - 1)\right]\right\}_0^{0,2}$$

$$= 0{,}2e^{-2} = 27{,}07 \text{ mJ},$$

$$\int_{0,2}^{\infty} p\, dt = 10\left[\frac{e^{-10t}}{100}(-10t - 1)\right]_{0,2}^{\infty}$$

$$- 50\left\{\frac{t^2 e^{-10t}}{-10} + \frac{2}{10}\left[\frac{e^{-10t}}{100}(-10t - 1)\right]\right\}_{0,2}^{\infty}$$

$$= -0{,}2e^{-2} = -27{,}07 \text{ mJ}.$$

Figura 6.9 Variáveis v, i, p e w versus t para o Exemplo 6.2.

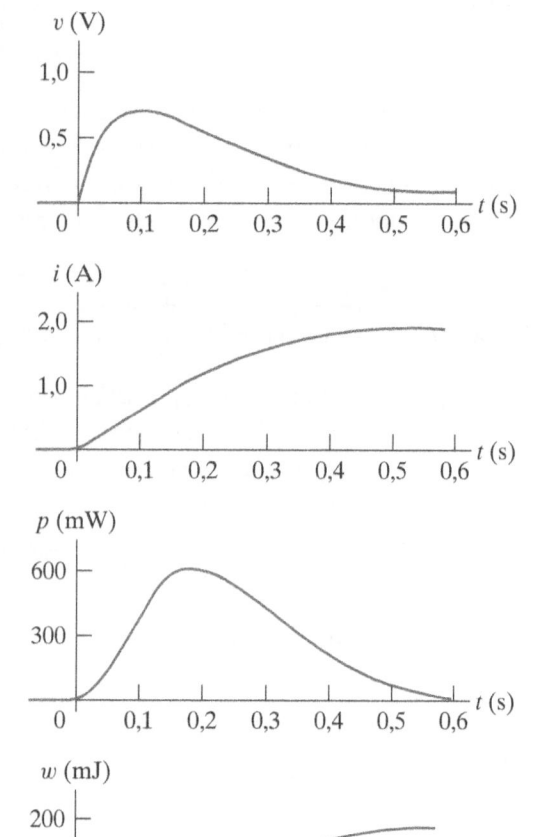

Com base na definição de p, a área sob a curva de p versus t representa a energia consumida no intervalo de integração. Assim, a integração da potência entre 0 e 0,2 s representa a energia armazenada no indutor durante esse intervalo de tempo. A integral de p no intervalo 0,2 s – ∞ é a energia extraída. Observe que, nesse intervalo de tempo, toda a energia armazenada antes é removida; isto é, após a passagem do pico de corrente, nenhuma energia está armazenada no indutor.

f) Os gráficos de v, i, p e w decorrem diretamente das expressões para v e i dadas no Exemplo 6.2 e são mostrados na Figura 6.9. Observe que, nesse caso, a potência é sempre positiva e, por conseguinte, a energia é sempre armazenada durante o pulso de tensão.

g) A aplicação do pulso de tensão faz com que a energia seja armazenada no indutor. Como o indutor é ideal, essa energia não pode ser dissipada após a tensão cair a zero. Portanto, uma corrente persiste circulando no circuito. É óbvio que um indutor sem perdas é um elemento ideal de circuito. O modelo de circuito de indutores reais requer, além do indutor, um resistor. (Voltaremos a falar sobre isso.)

PROBLEMA PARA AVALIAÇÃO

Objetivo 1 Conhecer e saber usar as equações para tensão, corrente, potência e energia em um indutor.

6.1 A fonte de corrente no circuito mostrado gera o pulso de corrente

$$i_g(t) = 0, \qquad t < 0,$$

$$i_g(t) = 8e^{-300t} - 8e^{-1.200t} \text{ A}, t \geq 0.$$

Determine (a) $v(0)$; (b) o instante de tempo, maior do que zero, em que a tensão v passa por zero; (c) a expressão para a potência fornecida ao indutor; (d) o instante em que a potência fornecida ao indutor é máxima; (e) a potência máxima; (f) o instante em que a energia armazenada é máxima e (g) a máxima energia armazenada no indutor.

Resposta: (a) 28,8 V; (b) 1,54 ms;

(c) $-76{,}8e^{-600t} + 384e^{-1.500t}$
$-307{,}2e^{-2.400t}$ W, $t \geq 0$;

(d) 411,05 μs;

(e) 32,72 W;

(f) 1,54 ms;

(g) 28,57 mJ.

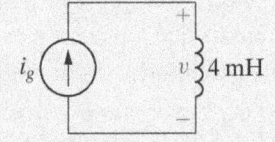

NOTA: tente resolver também os problemas 6.2 e 6.8, apresentados no final deste capítulo.

6.2 Capacitor

A capacitância é um parâmetro de circuito representado pela letra C, medido em farads (F), e seu símbolo gráfico são duas placas condutoras curtas e paralelas, como mostra a Figura 6.10(a). Como o farad é uma quantidade de capacitância extremamente grande, na prática os valores de capacitores costumam encontrar-se na faixa de picofarad (pF) a microfarad (μF).

O símbolo gráfico para um capacitor nos faz lembrar que a capacitância ocorre sempre que condutores elétricos estiverem separados por um material dielétrico ou isolante. Essa condição significa que a carga elétrica não é conduzida através do capacitor. Embora a aplicação de uma tensão aos terminais do capacitor não o faça conduzir cargas através de seu dielétrico, ela pode produzir pequenos deslocamentos de uma carga dentro dele. À medida que a tensão varia com o tempo, esse deslocamento também varia com o tempo, provocando a denominada **corrente de deslocamento**.[1]

Figura 6.10 (a) Símbolo de circuito para um capacitor. (b) Atribuição de tensão e corrente de referência ao capacitor conforme a convenção passiva.

---

[1] N. do R.T.: a corrente de deslocamento se estabelece mesmo no vácuo, onde não há cargas e, portanto, não há deslocamento de cargas. Embora ela possa estar ligada a pequenos deslocamentos de cargas, sua existência não depende deles. É um fenômeno essencialmente de campo, e não de circuitos.

Nos terminais, a corrente de deslocamento é indistinguível de uma corrente de condução. A corrente é proporcional à taxa de variação temporal da tensão no capacitor ou, em termos matemáticos,

Equação ▶
i – v do capacitor

$$i = C\frac{dv}{dt}, \tag{6.13}$$

em que *i* é medida em ampères, *C* em farads, *v* em volts e *t* em segundos.

A Equação 6.13 reflete a convenção passiva mostrada na Figura 6.10(b); isto é, a referência de corrente está na direção da queda de tensão no capacitor. Se a referência de corrente estiver na direção da elevação de tensão, a Equação 6.13 será escrita com um sinal negativo.

Duas importantes observações decorrem da Equação 6.13. A primeira é que a tensão não pode variar instantaneamente nos terminais de um capacitor. A Equação 6.13 indica que tal variação produziria uma corrente infinita, o que é uma impossibilidade física. A segunda é que, se a tensão nos terminais for constante, a corrente no capacitor é igual a zero. A razão é que uma corrente de condução não pode ser estabelecida no material dielétrico do capacitor. Somente uma tensão que varie com o tempo pode produzir uma corrente de deslocamento. Assim, o capacitor comporta-se como uma malha aberta na presença de uma tensão constante.

A Equação 6.13 expressa a corrente do capacitor em função da tensão em seus terminais. Expressar a tensão em função da corrente também é útil. Para fazer isso, multiplicamos ambos os lados da Equação 6.13 por um tempo diferencial *dt* e, então, integramos as diferenciais resultantes:

$$i\,dt = C\,dv \quad \text{ou} \quad \int_{v(t_0)}^{v(t)} dx = \frac{1}{C}\int_{t_0}^{t} i\,d\tau.$$

Executando a integração do lado esquerdo da segunda equação, temos

Equação ▶
v – i do capacitor

$$v(t) = \frac{1}{C}\int_{t_0}^{t} i\,d\tau + v(t_0). \tag{6.14}$$

Em muitas aplicações práticas da Equação 6.14, o tempo inicial é igual a zero; isto é, $t_0 = 0$. Assim, a Equação 6.14 torna-se

$$v(t) = \frac{1}{C}\int_{0}^{t} i\,d\tau + v(0). \tag{6.15}$$

Podemos deduzir com facilidade as relações entre potência e energia para o capacitor. Pela definição de potência,

Equação ▶
de potência do capacitor

$$p = vi = Cv\frac{dv}{dt}, \tag{6.16}$$

ou

$$p = i\left[\frac{1}{C}\int_{t_0}^{t} i\,d\tau + v(t_0)\right]. \tag{6.17}$$

Combinando a definição de energia com a Equação 6.16, obtemos

$$dw = Cv\,dv,$$

pela qual

$$\int_0^w dx = C\int_0^v y\, dy,$$

ou

$$w = \frac{1}{2}Cv^2. \qquad (6.18)$$ ◀ **Equação de energia do capacitor**

Na dedução da Equação 6.18, a referência para energia nula corresponde à tensão nula.

Os exemplos 6.4 e 6.5 ilustram a aplicação das relações entre corrente, tensão, potência e energia para um capacitor.

EXEMPLO 6.4 Determinação da corrente, tensão, potência e energia para um capacitor.

O pulso de tensão descrito pelas equações a seguir está aplicado nos terminais de um capacitor de 0,5 µF:

$$v(t) = \begin{cases} 0, & t \leq 0\text{ s}; \\ 4t\text{ V}, & 0\text{ s} \leq t \leq 1\text{ s}; \\ 4e^{-(t-1)}\text{ V}, & t \geq 1\text{ s}. \end{cases}$$

a) Deduza as expressões para a corrente, potência e energia do capacitor.

b) Faça os gráficos da tensão, corrente, potência e energia em função do tempo. Alinhe os gráficos na vertical.

c) Especifique o intervalo de tempo em que energia está sendo armazenada no capacitor.

d) Especifique o intervalo de tempo em que energia está sendo fornecida pelo capacitor.

e) Avalie as integrais

$$\int_0^1 p\, dt \quad \text{e} \quad \int_1^\infty p\, dt$$

e comente seus significados.

Solução

a) Pela Equação 6.13,

$$i = \begin{cases} (0{,}5 \times 10^{-6})(0) = 0, & t < 0\text{s}; \\ (0{,}5 \times 10^{-6})(4) = 2\,\mu\text{A}, & 0\text{ s} < t < 1\text{ s}; \\ (0{,}5 \times 10^{-6})(-4e^{-(t-1)}) = -2e^{-(t-1)}\,\mu\text{A}, & t > 1\text{ s}. \end{cases}$$

A expressão para a potência é deduzida da Equação 6.16:

$$p = \begin{cases} 0, & t \leq 0\text{ s}; \\ (4t)(2) = 8t\,\mu\text{W}, & 0\text{ s} \leq t < 1\text{ s}; \\ (4e^{-(t-1)})(-2e^{-(t-1)}) = -8e^{-2(t-1)}\,\mu\text{W}, & t > 1\text{ s}. \end{cases}$$

A expressão para a energia decorre diretamente da Equação 6.18:

$$w = \begin{cases} 0, & t \leq 0 \text{ s}; \\ \frac{1}{2}(0,5)16t^2 = 4t^2 \mu\text{J}, & 0 \text{ s} \leq t \leq 1 \text{ s}; \\ \frac{1}{2}(0,5)16e^{-2(t-1)} = 4e^{-2(t-1)} \mu\text{J}, & t \geq 1 \text{ s}. \end{cases}$$

Figura 6.11 Variáveis v, i, p e w versus t para o Exemplo 6.4.

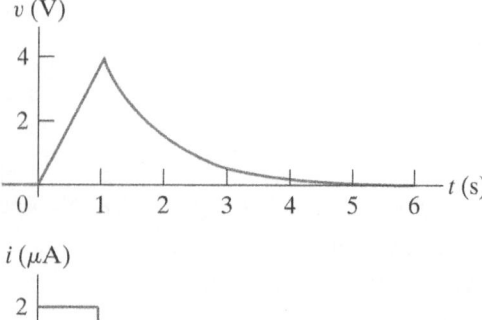

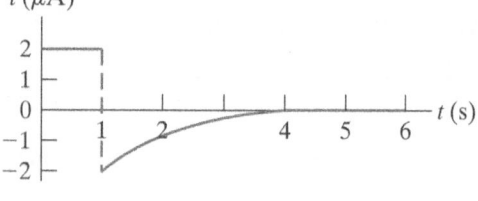

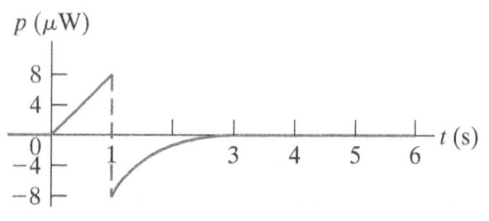

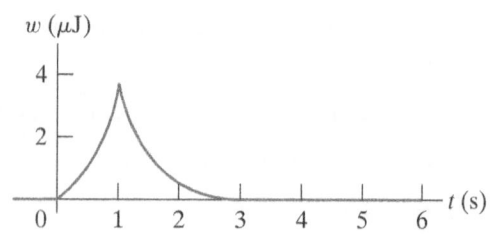

b) A Figura 6.11 mostra a tensão, corrente, potência e energia em função do tempo.

c) A energia é armazenada no capacitor sempre que a potência for positiva. Por conseguinte, a energia está sendo armazenada no intervalo 0–1 s.

d) A energia é fornecida pelo capacitor sempre que a potência for negativa. Por conseguinte, a energia está sendo fornecida para todo t maior do que 1 s.

e) A integral de $p\, dt$ é a energia associada ao intervalo de tempo correspondente aos limites da integral. Assim, a primeira integral representa a energia armazenada no capacitor entre 0 e 1 s, ao passo que a segunda integral representa a energia devolvida, ou fornecida, pelo capacitor no intervalo 1 s a ∞:

$$\int_0^1 p\, dt = \int_0^1 8t\, dt = 4t^2 \Big|_0^1 = 4\, \mu\text{J},$$

$$\int_1^\infty p\, dt = \int_1^\infty (-8e^{-2(t-1)})dt = (-8)\frac{e^{-2(t-1)}}{-2}\Big|_1^\infty = -4\, \mu\text{J}.$$

A tensão aplicada ao capacitor volta a zero à medida que o tempo tende ao infinito, de tal forma que a energia devolvida por esse capacitor ideal deve ser igual à energia nele armazenada.

EXEMPLO 6.5 Determinação de v, p e w induzidas, em um capacitor, por um pulso triangular de corrente.

A um capacitor descarregado de 0,2 μF é aplicado um pulso de corrente de formato triangular. O pulso de corrente é descrito por

$$i(t) = \begin{cases} 0, & t \leq 0; \\ 5.000\, t\, \text{A}, & 0 \leq t \leq 20\, \mu\text{s}; \\ 0,2 - 5.000t\, \text{A}, & 20 \leq t \leq 40\, \mu\text{s}; \\ 0, & t \geq 40\, \mu\text{s}. \end{cases}$$

a) Deduza as expressões para a tensão, potência e energia no capacitor para cada um dos quatro intervalos de tempo necessários para descrever a corrente.

b) Faça os gráficos de i, v, p e w versus t. Alinhe os gráficos como especificado nos exemplos anteriores.

c) Por que continua a existir tensão no capacitor após a corrente voltar a zero?

Solução

a) Para $t \leq 0$, v, p e w são iguais a zero.

Para $0 \leq t \leq 20\ \mu s$,

$$v = 5 \times 10^6 \int_0^t (5.000\tau)\, d\tau + 0 = 12,5 \times 10^9 t^2\ \text{V},$$

$$p = vi = 62,5 \times 10^{12} t^3\ \text{W},$$

$$w = \frac{1}{2}Cv^2 = 15,625 \times 10^{12} t^4\ \text{J}.$$

Para $20\ \mu s \leq t \leq 40\ \mu s$,

$$v = 5 \times 10^6 \int_{20\mu s}^t (0,2 - 5.000\tau)\, d\tau + 5.$$

(Observe que 5 V é a tensão no capacitor ao final do intervalo anterior.) Então,

$$v = (10^6 t - 12,5 \times 10^9 t^2 - 10)\ \text{V},$$

$$p = vi,$$

$$= (62,5 \times 10^{12} t^3 - 7,5 \times 10^9 t^2 + 2,5 \times 10^5 t - 2)\ \text{W},$$

$$w = \frac{1}{2}Cv^2,$$

$$= (15,625 \times 10^{12} t^4 - 2,5 \times 10^9 t^3 + 0,125 \times 10^6 t^2$$

$$-2t + 10^{-5})\ \text{J}.$$

Para $t \geq 40\ \mu s$,

$$v = 10\ \text{V},$$

$$p = vi = 0,$$

$$w = \frac{1}{2}Cv^2 = 10\ \mu\text{J}.$$

b) A variação temporal da corrente e da tensão, potência e energia resultantes estão plotadas na Figura 6.12.

c) Observe que a potência é sempre positiva para a duração do pulso de corrente, o que significa que a energia está sendo armazenada continuamente no capacitor. Quando a corrente volta a zero, a energia armazenada fica retida, porque o capacitor ideal não oferece nenhum meio para dissipá-la. Assim, uma tensão permanece nos terminais do capacitor após i voltar a zero.

Figura 6.12 Variáveis i, v, p e w versus t para o Exemplo 6.5.

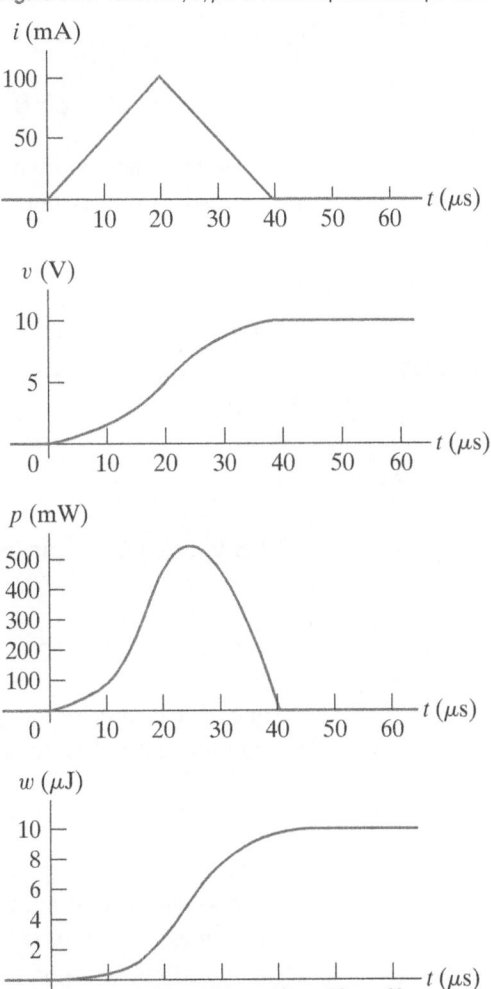

PROBLEMAS PARA AVALIAÇÃO

Objetivo 2 Conhecer e saber usar as equações para tensão, corrente, potência e energia em um capacitor.

6.2 A tensão nos terminais do capacitor de 0,6 μF mostrado na figura é 0 para $t < 0$ e $40e^{-15.000t}$ sen $30.000t$ V para $t \geq 0$. Determine (a) $i(0)$; (b) a potência fornecida ao capacitor em $t = \pi/80$ ms e (c) a energia armazenada no capacitor em $t = \pi/80$ ms.

Resposta: (a) 0,72 A;
(b) −649,2 mW;
(c) 126,13 μJ.

6.3 A corrente no capacitor do Problema para avaliação 6.2 é 0 para $t < 0$ e 3 cos $50.000t$ A para $t \geq 0$. Determine (a) $v(t)$; (b) a máxima potência fornecida ao capacitor em qualquer instante do tempo e (c) a máxima energia armazenada no capacitor em qualquer instante do tempo.

Resposta: (a) 100 sen $50.000t$ V, $t \geq 0$;
(b) 150 W; (c) 3 mJ.

NOTA: tente resolver também os problemas 6.16 e 6.21, apresentados no final deste capítulo.

6.3 Combinações de indutância e capacitância em série e em paralelo

Assim como combinações de resistores em série e em paralelo podem ser reduzidas a um único resistor equivalente, as combinações de indutores ou capacitores em série e em paralelo podem ser reduzidas a um único indutor ou capacitor. A Figura 6.13 mostra indutores em série. Nesse caso, os indutores são forçados a conduzir a mesma corrente; assim, definimos somente uma corrente para a combinação em série. As quedas de tensão nos indutores individuais são

Figura 6.13 Indutores em série.

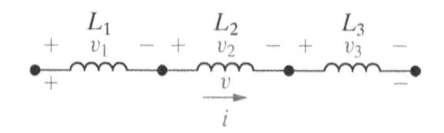

$$v_1 = L_1 \frac{di}{dt}, \quad v_2 = L_2 \frac{di}{dt} \quad \text{e} \quad v_3 = L_3 \frac{di}{dt}.$$

A tensão nos terminais da ligação em série é

$$v = v_1 + v_2 + v_3 = (L_1 + L_2 + L_3)\frac{di}{dt},$$

do que deve ficar evidente que a indutância equivalente de indutores ligados em série é a soma das indutâncias individuais. Para n indutores em série,

◀ Combinação de indutores em série

$$L_{eq} = L_1 + L_2 + L_3 + \cdots + L_n. \tag{6.19}$$

Se os indutores originais conduzirem uma corrente inicial, $i(t_0)$, o indutor equivalente conduzirá a mesma corrente inicial. A Figura 6.14 mostra o circuito equivalente para indutores em série que conduzem uma corrente inicial.

Indutores em paralelo têm a mesma tensão terminal. No circuito equivalente, a corrente em cada indutor é função da tensão terminal e da corrente inicial no indutor. Para os três indutores em paralelo mostrados na Figura 6.15, as correntes para os indutores individuais são

$$i_1 = \frac{1}{L_1}\int_{t_0}^{t} v\, d\tau + i_1(t_0),$$

$$i_2 = \frac{1}{L_2}\int_{t_0}^{t} v\, d\tau + i_2(t_0),$$

$$i_3 = \frac{1}{L_3}\int_{t_0}^{t} v\, d\tau + i_3(t_0). \qquad (6.20)$$

Figura 6.14 Circuito equivalente para indutores em série que transportam uma corrente inicial $i(t_0)$.

A corrente nos terminais dos três indutores em paralelo é a soma das correntes dos indutores:

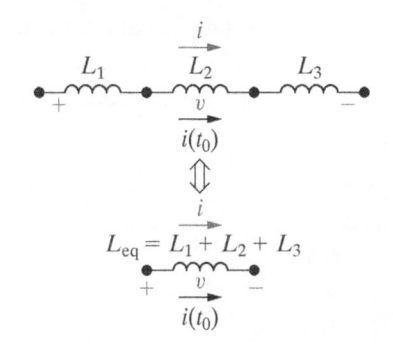

$$i = i_1 + i_2 + i_3. \qquad (6.21)$$

Figura 6.15 Três indutores em paralelo.

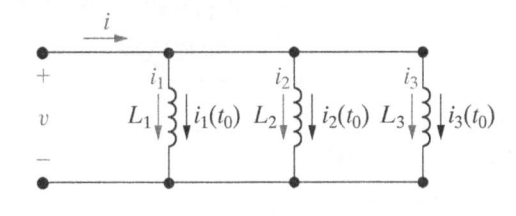

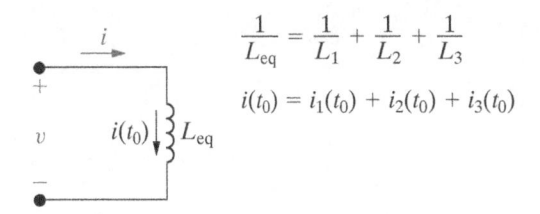

Substituindo a Equação 6.20 na Equação 6.21 obtemos

$$i = \left(\frac{1}{L_1} + \frac{1}{L_2} + \frac{1}{L_3}\right)\int_{t_0}^{t} v\, d\tau + i_1(t_0) + i_2(t_0) + i_3(t_0). \qquad (6.22)$$

Agora, podemos interpretar a Equação 6.22 em termos de um único indutor; isto é,

$$i = \frac{1}{L_{eq}}\int_{t_0}^{t} v\, d\tau + i(t_0). \qquad (6.23)$$

Comparando a Equação 6.23 com a 6.22 obtemos

$$\frac{1}{L_{eq}} = \frac{1}{L_1} + \frac{1}{L_2} + \frac{1}{L_3} \qquad (6.24)$$

Figura 6.16 Circuito equivalente para os três indutores em paralelo.

$$i(t_0) = i_1(t_0) + i_2(t_0) + i_3(t_0). \qquad (6.25)$$

A Figura 6.16 mostra o circuito equivalente para os três indutores em paralelo na Figura 6.15.

Os resultados das equações 6.24 e 6.25 podem ser ampliados para n indutores em paralelo:

$$\frac{1}{L_{eq}} = \frac{1}{L_1} + \frac{1}{L_2} + \cdots + \frac{1}{L_n} \qquad (6.26)$$ ◀ **Combinação de indutores em paralelo**

$$i(t_0) = i_1(t_0) + i_2(t_0) + \cdots + i_n(t_0). \qquad (6.27)$$ ◀ **Corrente inicial da indutância equivalente**

Capacitores ligados em série podem ser reduzidos a um único capacitor equivalente. A recíproca da capacitância equivalente é igual à soma das recíprocas das capacitâncias individuais. Se cada capacitor apresentar a própria tensão inicial, a tensão inicial no capacitor equivalente será a soma algébrica das tensões iniciais nos capacitores individuais. A Figura 6.17 e as seguintes equações resumem essas observações:

Combinação de capacitores em série ▶

$$\frac{1}{C_{eq}} = \frac{1}{C_1} + \frac{1}{C_2} + \cdots + \frac{1}{C_n}, \quad (6.28)$$

Tensão inicial da capacitância equivalente ▶

$$v(t_0) = v_1(t_0) + v_2(t_0) + \cdots + v_n(t_0). \quad (6.29)$$

Deixamos a dedução do circuito equivalente para capacitores ligados em série como exercício. (Veja o Problema 6.32.)

A capacitância equivalente de capacitores ligados em paralelo é simplesmente a soma das capacitâncias dos capacitores individuais, como mostram a Figura 6.18 e a seguinte equação:

Combinação de capacitores em paralelo ▶

$$C_{eq} = C_1 + C_2 + \cdots + C_n. \quad (6.30)$$

Capacitores ligados em paralelo devem apresentar a mesma tensão terminal. Portanto, se houver uma tensão inicial nos capacitores em paralelo originais, essa mesma tensão inicial aparecerá nos terminais do capacitor equivalente C_{eq}. A dedução do circuito equivalente para capacitores em paralelo fica como exercício. (Veja o Problema 6.33.)

Falaremos mais sobre circuitos equivalentes de indutores e capacitores em série e em paralelo no Capítulo 7, onde interpretaremos resultados baseados em sua utilização.

Figura 6.17 Circuito equivalente para capacitores ligados em série. (a) Capacitores em série. (b) Circuito equivalente.

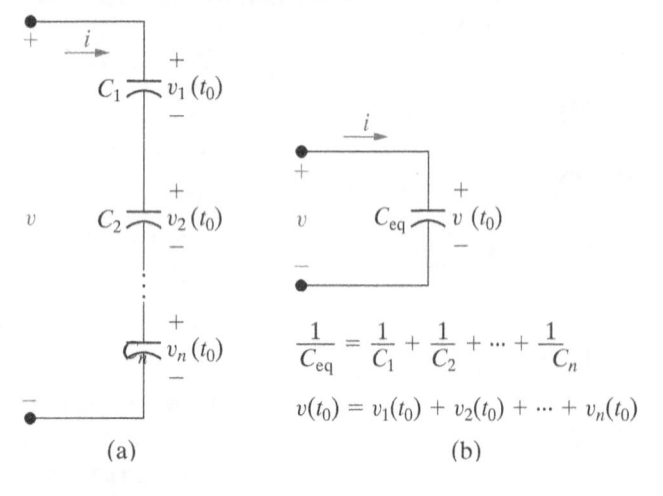

Figura 6.18 Circuito equivalente para capacitores ligados em paralelo. (a) Capacitores em paralelo. (b) Circuito equivalente.

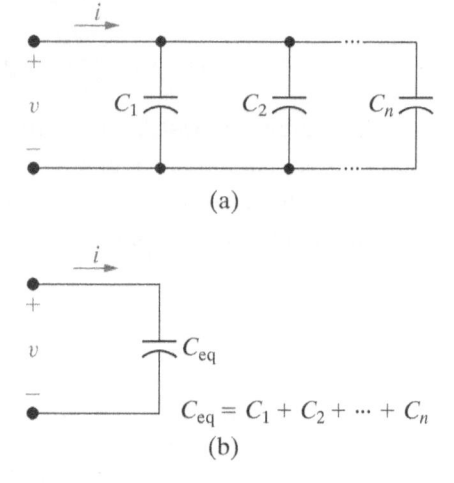

Capítulo 6 • Indutância, capacitância e indutância mútua 205

PROBLEMAS PARA AVALIAÇÃO

Objetivo 3 Saber combinar indutores ou capacitores em série e em paralelo para formar um único indutor equivalente.

6.4 Os valores iniciais de i_1 e i_2 no circuito mostrado são +3 A e −5 A, respectivamente. A tensão nos terminais dos indutores em paralelo para $t \geq 0$ é $-30e^{-5t}$ mV.

a) Se os indutores em paralelo forem substituídos por um único indutor, qual será sua indutância?

b) Qual é a corrente inicial e sua direção de referência no indutor equivalente?

c) Use o indutor equivalente para determinar $i(t)$.

d) Determine $i_1(t)$ e $i_2(t)$. Verifique se as soluções para $i_1(t)$, $i_2(t)$ e $i(t)$ satisfazem a lei das correntes de Kirchhoff.

Resposta: (a) 48 mH;

(b) 2 A, para cima;

(c) $0{,}125e^{-5t} - 2{,}125$ A, $t \geq 0$;

(d) $i_1(t) = 0{,}1e^{-5t} + 2{,}9$ A, $t \geq 0$,
$i_2(t) = 0{,}025e^{-5t} - 5{,}025$ A, $t \geq 0$.

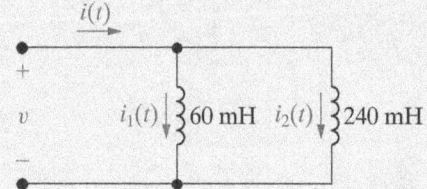

6.5 A corrente nos terminais dos dois capacitores mostrados é $240e^{-10t}\mu$A para $t \geq 0$. Os valores iniciais de v_1 e v_2 são −10 V e −5 V, respectivamente. Calcule a energia total armazenada nos capacitores à medida que $t \to \infty$. (*Sugestão:* não combine os capacitores em série – determine a energia armazenada em cada um para, então, somá-las.)

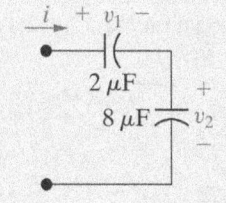

Resposta: 20 μJ.

NOTA: tente resolver também os problemas 6.22, 6.24, 6.27 e 6.31, apresentados no final deste capítulo.

6.4 Indutância mútua

O campo magnético que examinamos em nosso estudo de indutores na Seção 6.1 estava restrito a um único circuito. Afirmamos que a indutância é o parâmetro que relaciona uma tensão a uma corrente que varia com o tempo no mesmo circuito; assim, uma denominação mais exata para indutância é autoindutância.

Vamos examinar, agora, a situação em que dois circuitos estão vinculados por um campo magnético. Nesse caso, a tensão induzida no segundo circuito pode ser relacionada à corrente variável no tempo do primeiro circuito por um parâmetro conhecido como indutância mútua. O circuito mostrado na Figura 6.19 representa dois enrolamentos acoplados magneticamente. As autoindutâncias dos dois enrolamentos são denominadas L_1 e L_2 e a indutância mútua é denominada M. A seta de duas pontas adjacente a M indica o par de enrolamentos que tem esse valor de indutância mútua. Essa notação é necessária especialmente em circuitos que contêm mais de um par de enrolamentos acoplados magneticamente.

Figura 6.19 Dois enrolamentos acoplados magneticamente.

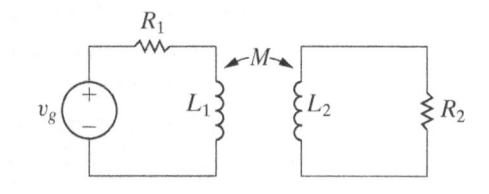

O modo mais fácil de analisar circuitos que contêm indutância mútua é usar correntes de malha. O problema é escrever as equações que descrevem o circuito em termos das correntes dos enrolamentos. Em primeiro lugar, escolha uma direção de referência para a corrente de cada enrolamento. A Figura 6.20 mostra correntes de referência escolhidas arbitrariamente. Após escolher as direções de referência para i_1 e i_2, some as tensões ao longo de cada circuito fechado. Por causa da indutância mútua M, haverá duas tensões em cada enrolamento, a saber, uma tensão autoinduzida e uma mutuamente induzida. A tensão autoinduzida é o produto entre a autoindutância do enrolamento e a derivada de primeira ordem da corrente naquele enrolamento. A tensão mutuamente induzida é o produto entre a indutância mútua dos enrolamentos e a derivada de primeira ordem da corrente no outro enrolamento. Considere o enrolamento da esquerda na Figura 6.20 cuja autoindutância tem o valor L_1. A tensão autoinduzida nesse enrolamento é $L_1(di_1/dt)$, e a mutuamente induzida, $M(di_2/dt)$. Mas e as polaridades dessas duas tensões?

Figura 6.20 Correntes dos enrolamentos i_1 e i_2 usadas para descrever o circuito mostrado na Figura 6.19.

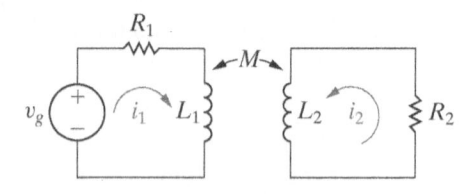

Figura 6.21 Circuito da Figura 6.20 com pontos adicionados aos enrolamentos para indicar a polaridade das tensões mutuamente induzidas.

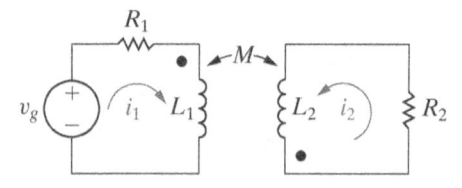

Usando a convenção passiva, a tensão autoinduzida é uma queda de tensão na direção da corrente que produz a tensão. Mas a polaridade da tensão mutuamente induzida depende do modo como os enrolamentos estão dispostos em relação à direção de referência das correntes. De modo geral, mostrar os detalhes de enrolamentos mutuamente acoplados é muito trabalhoso. Em vez disso, monitoramos as polaridades por um método conhecido como **convenção do ponto**, pelo qual um ponto é colocado em um terminal de cada enrolamento, como mostra a Figura 6.21. Esses pontos retratam a informação de sinal e permitem-nos desenhar os enrolamentos esquematicamente, em vez de mostrar como seus condutores estão enrolados em uma estrutura de núcleo.

A regra para usar a convenção do ponto para determinar a polaridade de tensão mutuamente induzida pode ser resumida da seguinte forma:

Convenção do ponto para enrolamentos mutuamente acoplados ▶ Quando a direção de referência para uma corrente entra no terminal de um enrolamento identificado por um ponto, a polaridade de referência da tensão que ela induz no outro enrolamento é positiva no terminal identificado pelo ponto.

Ou, por um enunciado alternativo,

Convenção do ponto para enrolamentos mutuamente acoplados (alternativa) ▶ Quando a direção de referência para uma corrente sair do terminal de um enrolamento identificado por um ponto, a polaridade de referência da tensão que ela induz no outro enrolamento é negativa no terminal identificado pelo ponto.

Na maioria das vezes, fornecemos as marcações dos pontos nos diagramas de circuito deste livro. Uma habilidade importante é saber escrever as equações de circuito adequadas, a partir do entendimento da indutância mútua e da convenção do ponto. Se os pontos de polaridade não forem dados, é possível descobrir onde colocá-los examinando a configuração física de um circuito real ou testando-o no laboratório. Abordaremos esses procedimentos após discutirmos a utilização dos pontos de marcação.

Na Figura 6.21, a regra da convenção do ponto indica que a polaridade de referência para a tensão induzida no enrolamento 1 pela corrente i_2 é negativa no terminal do enrolamento 1 marcado com um ponto. Essa tensão ($M\,di_2/dt$) é uma elevação de tensão em relação a i_1. A tensão induzida no enrolamento 2 pela corrente i_1 é $M\,di_1/dt$, e sua polaridade de referência é positiva no terminal do enrolamento 2 marcado por um ponto. Essa tensão é uma elevação de tensão na direção de i_2. A Figura 6.22 mostra as tensões autoinduzidas e mutuamente induzidas nos enrolamentos 1 e 2, além de suas marcas de polaridade.

Figura 6.22 Tensões autoinduzidas e mutuamente induzidas que aparecem nos enrolamentos mostrados na Figura 6.21.

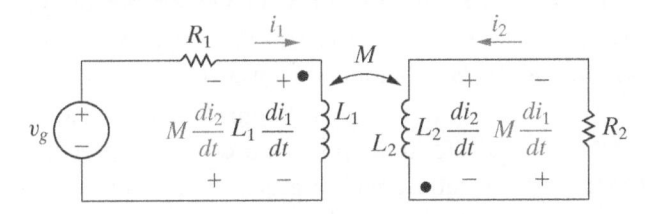

Agora, vamos examinar a soma das tensões ao longo de cada circuito fechado. Nas equações 6.31 e 6.32, as elevações de tensão na direção de referência de uma corrente são negativas:

$$-v_g + i_1 R_1 + L_1 \frac{di_1}{dt} - M \frac{di_2}{dt} = 0, \quad (6.31)$$

$$i_2 R_2 + L_2 \frac{di_2}{dt} - M \frac{di_1}{dt} = 0. \quad (6.32)$$

Procedimento para determinar a marcação de pontos

Agora, passamos para dois métodos para determinar a marcação de pontos. O primeiro supõe que conhecemos o arranjo físico dos dois enrolamentos e o modo como cada um está enrolado em um circuito acoplado magneticamente. As seis etapas seguintes, aqui aplicadas à Figura 6.23, determinam um conjunto de marcação de pontos:

a) Selecione arbitrariamente um terminal – por exemplo, o terminal D – de um enrolamento e marque-o com um ponto.

b) Designe uma corrente entrando nesse terminal marcado e denomine-a i_D.

c) Use a regra da mão direita[2] para determinar o sentido do campo magnético criado por i_D *no interior* dos enrolamentos acoplados e denomine esse campo ϕ_D.

d) Escolha arbitrariamente um terminal do segundo enrolamento – por exemplo, terminal A –, designe uma corrente entrando nesse terminal e identifique-a como i_A.

e) Use a regra da mão direita para determinar o sentido do fluxo estabelecido por i_A *no interior* dos enrolamentos acoplados e denomine esse fluxo ϕ_A.

f) Compare as direções dos dois fluxos ϕ_D e ϕ_A. Se eles tiverem a mesma direção de referência, coloque um ponto no terminal do segundo enrolamento onde a corrente de teste (i_A) entra. (Na Figura 6.23, os fluxos ϕ_D e ϕ_A têm a mesma direção de referência e, portanto, um ponto vai para o terminal A.) Se as direções de referência dos fluxos forem diferentes, coloque um ponto no terminal do segundo enrolamento onde a corrente auxiliar sai.

Figura 6.23 Conjunto de enrolamentos para demonstrar o método que determina um conjunto de marcações de pontos.

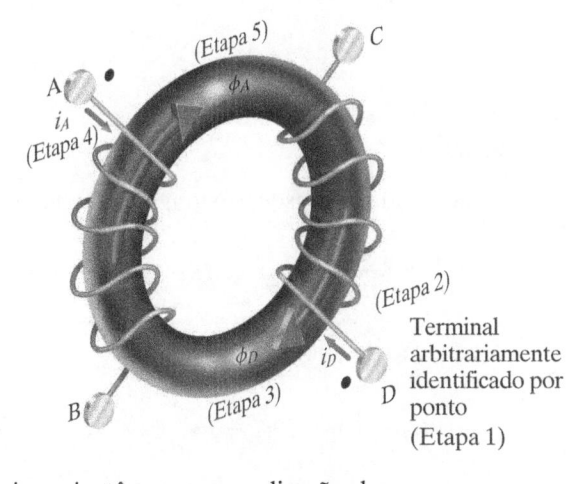

---

[2] Veja a discussão sobre a lei de Faraday na página 210.

As polaridades relativas de enrolamentos acoplados magneticamente também podem ser determinadas por meios experimentais. Isso é importante porque em algumas situações é impossível determinar como os enrolamentos estão dispostos no núcleo. Um método experimental é ligar uma fonte de tensão cc, um resistor, um interruptor e um voltímetro cc ao par de enrolamentos, como mostra a Figura 6.24. O retângulo sombreado que envolve os enrolamentos indica não ser possível fazer uma inspeção física desses enrolamentos. O resistor R limita o valor da corrente fornecida pela fonte de tensão cc.

O terminal do enrolamento ligado ao terminal positivo da fonte cc por meio do interruptor e do resistor limitador recebe uma marcação de polaridade, como mostra a Figura 6.24. Quando o interruptor é fechado, a deflexão do voltímetro é observada. Se a deflexão momentânea for positiva, o terminal do enrolamento ligado ao terminal positivo do voltímetro recebe a marcação de polaridade. Se a deflexão for negativa, o terminal do enrolamento ligado ao terminal negativo do voltímetro receberá a marca de polaridade.

O Exemplo 6.6 mostra como usar a marcação de pontos para formular um conjunto de equações em um circuito que contém enrolamentos acoplados magneticamente.

Figura 6.24 Dispositivo experimental para determinar marcações de polaridade.

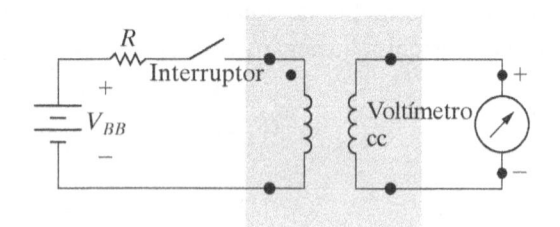

EXEMPLO 6.6 Determinação das equações de corrente de malha para um circuito com enrolamentos acoplados magneticamente.

a) Escreva um conjunto de equações de corrente de malha que descreva o circuito da Figura 6.25 em termos das correntes i_1 e i_2.

b) Verifique que, se não houver nenhuma energia armazenada no circuito em $t = 0$ e se $i_g = 16 - 16e^{-5t}$ A, as soluções para i_1 e i_2 serão:

$$i_1 = 4 + 64e^{-5t} - 68e^{-4t} \text{ A},$$

$$i_2 = 1 - 52e^{-5t} + 51e^{-4t} \text{ A}.$$

Solução

a) Somando as tensões ao longo da malha de i_1 obtemos

$$4\frac{di_1}{dt} + 8\frac{d}{dt}(i_g - i_2) + 20(i_1 - i_2) + 5(i_1 - i_g) = 0.$$

A equação de malha i_2 é

$$20(i_2 - i_1) + 60i_2 + 16\frac{d}{dt}(i_2 - i_g) - 8\frac{di_1}{dt} = 0.$$

Figura 6.25 Circuito para o Exemplo 6.6.

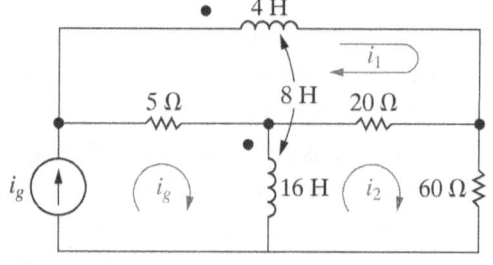

Observe que a tensão no enrolamento de 4 H devida à corrente $(i_g - i_2)$, isto é, $8d(i_g - i_2)/dt$, é uma queda de tensão na direção de i_1. A tensão induzida no enrolamento de 16 H pela corrente i_1, isto é, $8di_1/dt$, é uma elevação de tensão na direção de i_2.

b) Para verificar a validade das expressões para i_1 e i_2, começamos testando os valores inicial e final de i_1 e i_2. Sabemos, por hipótese, que $i_1(0) = i_2(0) = 0$. Pelas soluções dadas, temos

$$i_1(0) = 4 + 64 - 68 = 0,$$

$$i_2(0) = 1 - 52 + 51 = 0.$$

Agora, observamos que, à medida que t tende ao infinito, a fonte de corrente (i_g) aproxima-se de um valor constante de 16 A e, por conseguinte, os enrolamentos acoplados magneticamente comportam-se como curtos-circuitos. Então, em $t = \infty$, o circuito reduz-se ao mostrado na Figura 6.26. Pela Figura 6.26, vemos que em $t = \infty$ os três resistores estão em paralelo com a fonte de 16 A. Assim, a resistência equivalente é 3,75 Ω e, portanto, a tensão na fonte de corrente de 16 A é 60 V. Portanto,

Figura 6.26 Circuito do Exemplo 6.6 quando $t = \infty$.

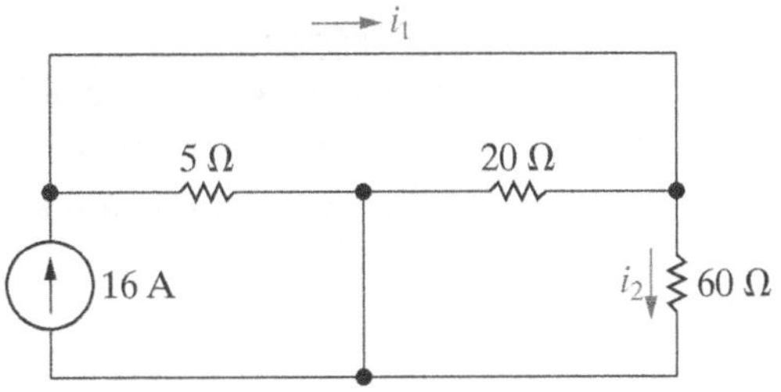

$$i_1(\infty) = \frac{60}{20} + \frac{60}{60} = 4 \text{ A},$$

$$i_2(\infty) = \frac{60}{60} = 1 \text{ A}.$$

Esses valores estão de acordo com os valores finais previstos pelas soluções para i_1 e i_2.

Por fim, conferimos as soluções verificando se elas satisfazem as equações diferenciais deduzidas em (a). Deixamos essa verificação final para o leitor, por meio do Problema 6.37.

PROBLEMA PARA AVALIAÇÃO

Objetivo 4 Usar a convenção do ponto para escrever equações de corrente de malha para enrolamentos mutuamente acoplados.

6.6 a) Escreva um conjunto de equações de corrente de malha para o circuito do Exemplo 6.6 se o ponto no indutor de 4 H estiver no terminal do lado direito, a direção de referência de i_g for invertida e o resistor de 60 Ω for aumentado para 780 Ω.

b) Verifique que, se não houver nenhuma energia armazenada no circuito em $t = 0$ e se $i_g = 1{,}96 - 1{,}96e^{-4t}$ A, as soluções para as equações diferenciais deduzidas em (a) serão

$$i_1 = -0{,}4 - 11{,}6e^{-4t} + 12e^{-5t} \text{ A},$$

$$i_2 = -0{,}01 - 0{,}99e^{-4t} + e^{-5t} \text{ A}.$$

Resposta: (a) $4(di_1/dt) + 25i_1 + 8(di_2/dt) - 20i_2$
$= -5i_g - 8(di_g/dt)$
e
$8(di_1/dt) - 20i_1 + 16(di_2/dt) + 800i_2$
$= -16(di_g/dt)$;
(b) verificação.

NOTA: tente resolver também o Problema 6.39, apresentado no final deste capítulo.

6.5 Um exame mais detalhado da indutância mútua

Para explicar completamente o parâmetro de indutância mútua e examinar as limitações e premissas adotadas na discussão qualitativa apresentada na Seção 6.4, começamos com uma descrição mais quantitativa da autoindutância.

Uma revisão da autoindutância

O conceito de indutância pode ser creditado a Michael Faraday, que foi pioneiro nessa área de trabalho no início do século XIX. Faraday postulou que um campo magnético consiste de linhas de força que circundam um condutor que conduz corrente. Visualize essas linhas de força como tiras de elástico que armazenam energia e se fecham em si mesmas. À medida que a corrente aumenta e diminui, as tiras elásticas (isto é, as linhas de força) se expandem e se contraem ao longo do condutor. A tensão induzida no condutor é proporcional ao número de linhas que se contraem para dentro do condutor ou que o atravessam. Essa imagem da tensão induzida é expressa pelo que se denomina lei de Faraday; isto é,

$$v = \frac{d\lambda}{dt}, \qquad (6.33)$$

em que λ é denominado fluxo total e é medido em weber-espiras.

Como passamos da lei de Faraday para a definição de indutância apresentada na Seção 6.1? Podemos começar a inferir essa conexão usando a Figura 6.27 como referência.

Figura 6.27 Representação de um campo magnético ligando um enrolamento de N espiras.

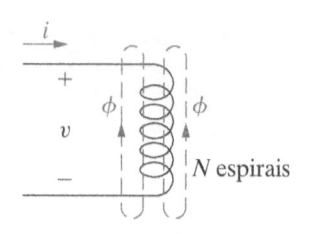

As linhas ϕ que perpassam as N espiras representam as linhas de força magnética que compõem o campo magnético. A intensidade do campo magnético depende da intensidade da corrente, e a orientação espacial do campo depende do sentido da corrente. A regra da mão direita relaciona a orientação do campo com o sentido da corrente: quando os dedos da mão direita envolvem o enrolamento no sentido da corrente, o polegar indica a direção daquela porção do campo magnético no interior do enrolamento. O fluxo total é o produto entre o fluxo magnético (ϕ), medido em webers (Wb), e o número de espiras atravessadas pelo campo (N):

$$\lambda = N\phi. \qquad (6.34)$$

A magnitude do fluxo, ϕ, está relacionada à magnitude da corrente do enrolamento pela relação

$$\phi = \mathcal{F} N i, \qquad (6.35)$$

em que N é o número de espiras do enrolamento e $\mathcal{F}$ é a permeância do espaço ocupado pelo fluxo. Permeância é a quantidade que descreve as propriedades magnéticas desse espaço e, por isso, uma descrição detalhada de permeância está fora do escopo deste livro. Aqui, basta observar que, quando o espaço atravessado pelo fluxo é composto de materiais magnéticos (como ferro, níquel e cobalto), a permeância varia com o fluxo, dando origem a uma relação não linear entre ϕ e i. No entanto, quando o espaço é composto por materiais não magnéticos, a permeância é constante, dando origem a uma relação linear entre ϕ e i.[3] Observe que, pela Equação 6.35, o fluxo também é proporcional ao número de espiras no enrolamento.

Aqui, admitimos que o material do núcleo — espaço atravessado pelo fluxo — é não magnético. Então, substituindo as equações 6.34 e 6.35 na Equação 6.33, temos

$$v = \frac{d\lambda}{dt} = \frac{d(N\phi)}{dt}$$

$$= N\frac{d\phi}{dt} = N\frac{d}{dt}(\mathcal{F}Ni)$$

$$= N^2\mathcal{F}\frac{di}{dt} = L\frac{di}{dt}, \qquad (6.36)$$

que mostra que a autoindutância é proporcional ao quadrado do número de espiras do enrolamento. Utilizaremos essa observação mais adiante.

A polaridade da tensão induzida no circuito da Figura 6.27 reflete a reação do campo à corrente que o cria. Por exemplo, quando i está crescendo, di/dt é positiva e v é positiva. Assim, é preciso fornecer energia para estabelecer o campo magnético. O produto vi é a taxa de armazenamento de energia no campo. Quando o campo diminui, di/dt é negativa e, mais uma vez, a polaridade da tensão induzida é oposta à alteração na corrente. À medida que o campo diminui em torno do enrolamento, mais energia é devolvida ao circuito.

Mantendo em mente mais essas particularidades do conceito de autoindutância, voltemos agora à indutância mútua.

O conceito de indutância mútua

A Figura 6.28 mostra dois enrolamentos acoplados magneticamente. Você deve verificar se a marcação de pontos está de acordo com a direção dos enrolamentos e correntes mostrados. O número de espiras em cada enrolamento é N_1 e N_2, respectivamente. O enrolamento 1 é energizado por uma fonte de corrente variável com o tempo que estabelece a corrente i_1 nas espiras N_1. O enrolamento 2 não é energizado e está aberto.

Os enrolamentos são dispostos em um núcleo não magnético. O fluxo produzido pela corrente i_1 pode ser dividido em dois componentes, denominados ϕ_{11} e ϕ_{21}. O componente de fluxo ϕ_{11} é o fluxo produzido por i_1 que atravessa somente as espiras N_1. O componente ϕ_{21} é o fluxo produzido por i_1 que atravessa as espiras N_2 e N_1. O primeiro dígito do índice do fluxo refere-se ao número do enrolamento atravessado pelo fluxo e o segundo dígito refere-se ao enrolamento percorrido pela corrente. Assim, ϕ_{11} é um fluxo que atravessa o

Figura 6.28 Dois enrolamentos acoplados magneticamente.

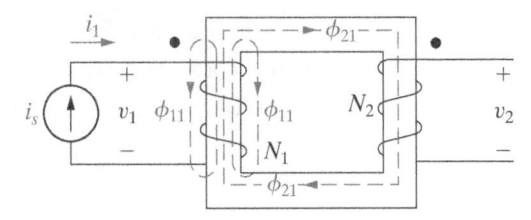

---

[3] N. do R.T.: para sermos rigorosos, quando se fala de materiais magnéticos devemos entender materiais ferromagnéticos, como ferro, níquel e cobalto. Quando se fala de materiais não magnéticos, devemos entender materiais não ferromagnéticos, ou seja, paramagnéticos e diamagnéticos. A rigor, não existe material não magnético.

enrolamento 1 que é produzido por uma corrente no enrolamento 1, ao passo que ϕ_{21} é um fluxo que atravessa o enrolamento 2 que é produzido por uma corrente no enrolamento 1.

O fluxo total que atravessa o enrolamento 1 é ϕ_1, a soma de ϕ_{11} e ϕ_{21}.

$$\phi_1 = \phi_{11} + \phi_{21}. \tag{6.37}$$

O fluxo ϕ_1 e seus componentes ϕ_{11} e ϕ_{21} estão relacionados com a corrente i_1 da seguinte forma:

$$\phi_1 = \mathcal{F}_1 N_1 i_1, \tag{6.38}$$

$$\phi_{11} = \mathcal{F}_{11} N_1 i_1, \tag{6.39}$$

$$\phi_{21} = \mathcal{F}_{21} N_1 i_1. \tag{6.40}$$

em que $\mathcal{F}_1$ é a permeância do espaço atravessado pelo fluxo ϕ_1, $\mathcal{F}_{11}$ é a permeância do espaço atravessado pelo fluxo ϕ_{11} e $\mathcal{F}_{21}$ é a permeância do espaço atravessado pelo fluxo ϕ_{21}. Substituindo as equações 6.38, 6.39 e 6.40 na Equação 6.37, obtemos a relação entre a permeância do espaço atravessado pelo fluxo total ϕ_1 e as permeâncias dos espaços atravessados por seus componentes ϕ_{11} e ϕ_{21}:

$$\mathcal{F}_1 = \mathcal{F}_{11} + \mathcal{F}_{21}. \tag{6.41}$$

Usamos a lei de Faraday para deduzir as expressões para v_1 e v_2:

$$\begin{aligned}v_1 &= \frac{d\lambda_1}{dt} = \frac{d(N_1\phi_1)}{dt} = N_1\frac{d}{dt}(\phi_{11} + \phi_{21}) \\ &= N_1^2(\mathcal{F}_{11} + \mathcal{F}_{21})\frac{di_1}{dt} = N_1^2\mathcal{F}_1\frac{di_1}{dt} = L_1\frac{di_1}{dt},\end{aligned} \tag{6.42}$$

e

$$\begin{aligned}v_2 &= \frac{d\lambda_2}{dt} = \frac{d(N_2\phi_{21})}{dt} = N_2\frac{d}{dt}(\mathcal{F}_{21}N_1 i_1) \\ &= N_2 N_1 \mathcal{F}_{21}\frac{di_1}{dt}.\end{aligned} \tag{6.43}$$

O coeficiente de di_1/dt na Equação 6.42 é a autoindutância do enrolamento 1. O coeficiente de di_1/dt na Equação 6.43 é a indutância mútua entre os enrolamentos 1 e 2. Assim,

$$M_{21} = N_2 N_1 \mathcal{F}_{21} \tag{6.44}$$

O índice de M especifica uma indutância que relaciona a tensão induzida no enrolamento 2 com a corrente no enrolamento 1.

O coeficiente de indutância mútua fornece:

$$v_2 = M_{21}\frac{di_1}{dt}. \tag{6.45}$$

Observe que a convenção do ponto é usada para estabelecer a referência de polaridade de v_2 na Figura 6.28.

No caso dos enrolamentos acoplados da Figura 6.28, excitar o enrolamento 2 com uma fonte de corrente variável com o tempo (i_2) e deixar o enrolamento 1 aberto produz o arranjo mostrado na Figura 6.29. Novamente, a referência de polaridade atribuída a v_1 é estabelecida pela convenção do ponto.

Figura 6.29 Enrolamentos acoplados magneticamente da Figura 6.28, com o enrolamento 2 excitado e o enrolamento 1 aberto.

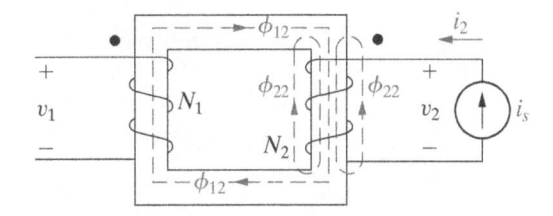

O fluxo total que atravessa o enrolamento 2 é

$$\phi_2 = \phi_{22} + \phi_{12}. \quad (6.46)$$

O fluxo ϕ_2 e seus componentes ϕ_{22} e ϕ_{12} estão relacionados com a corrente i_2 da seguinte forma:

$$\phi_2 = \mathcal{F}_2 N_2 i_2, \quad (6.47)$$

$$\phi_{22} = \mathcal{F}_{22} N_2 i_2, \quad (6.48)$$

$$\phi_{12} = \mathcal{F}_{22} N_2 i_2. \quad (6.49)$$

As tensões v_2 e v_1 são

$$v_2 = \frac{d\lambda_2}{dt} = N_2^2 \mathcal{F}_2 \frac{di_2}{dt} = L_2 \frac{di_2}{dt}, \quad (6.50)$$

$$v_1 = \frac{d\lambda_1}{dt} = \frac{d}{dt}(N_1 \phi_{12}) = N_1 N_2 \mathcal{F}_{12} \frac{di_2}{dt}. \quad (6.51)$$

O coeficiente de indutância mútua que relaciona a tensão induzida no enrolamento 1 com a corrente variável a longo do tempo no enrolamento 2 é o coeficiente de di_2/dt na Equação 6.51:

$$M_{12} = N_1 N_2 \mathcal{F}_{12}. \quad (6.52)$$

Para materiais não magnéticos, as permeâncias $\mathcal{F}_{12}$ e $\mathcal{F}_{21}$ são iguais; portanto,

$$M_{12} = M_{21} = M. \quad (6.53)$$

Por conseguinte, para circuitos lineares com apenas dois enrolamentos acoplados magneticamente, não é necessário acrescentar subíndices ao coeficiente da indutância mútua.

Indutância mútua em termos de autoindutância

O valor da indutância mútua é uma função das autoindutâncias. Derivamos essa relação como se segue. Pelas equações 6.42 e 6.50,

$$L_1 = N_1^2 \mathcal{F}_1, \quad (6.54)$$

$$L_2 = N_2^2 \mathcal{F}_2, \quad (6.55)$$

respectivamente. Pelas equações 6.54 e 6.55,

$$L_1 L_2 = N_1^2 N_2^2 \mathcal{F}_1 \mathcal{F}_2. \quad (6.56)$$

Agora, usamos a Equação 6.41 e a expressão correspondente a $\mathcal{F}_2$ para escrever

$$L_1 L_2 = N_1^2 N_2^2 (\mathcal{F}_{11} + \mathcal{F}_{21})(\mathcal{F}_{22} + \mathcal{F}_{12}). \qquad (6.57)$$

No entanto, para um sistema linear, $\mathcal{F}_{21} = \mathcal{F}_{12}$; portanto, a Equação 6.57 torna-se

$$L_1 L_2 = (N_1 N_2 \mathcal{F}_{12})^2 \left(1 + \frac{\mathcal{F}_{11}}{\mathcal{F}_{12}}\right)\left(1 + \frac{\mathcal{F}_{22}}{\mathcal{F}_{12}}\right)$$

$$= M^2 \left(1 + \frac{\mathcal{F}_{11}}{\mathcal{F}_{12}}\right)\left(1 + \frac{\mathcal{F}_{22}}{\mathcal{F}_{12}}\right). \qquad (6.58)$$

Substituindo-se os dois termos que envolvem permeâncias por uma única constante, temos uma expressão mais significativa da Equação 6.58:

$$\frac{1}{k^2} = \left(1 + \frac{\mathcal{F}_{11}}{\mathcal{F}_{12}}\right)\left(1 + \frac{\mathcal{F}_{22}}{\mathcal{F}_{12}}\right). \qquad (6.59)$$

Substituindo-se a Equação 6.59 na Equação 6.58, obtemos

$$M^2 = k^2 L_1 L_2$$

ou

> **Relação entre autoindutâncias e indutância mútua usando coeficiente de acoplamento**

$$M = k\sqrt{L_1 L_2}, \qquad (6.60)$$

em que a constante k é denominada **coeficiente de acoplamento**. De acordo com a Equação 6.59, $1/k^2$ deve ser maior do que 1, o que significa que k deve ser menor do que 1. Na realidade, o coeficiente de acoplamento deve estar entre 0 e 1, ou

$$0 \leq k \leq 1. \qquad (6.61)$$

O coeficiente de acoplamento é 0 quando os dois enrolamentos não têm nenhum fluxo em comum; isto é, quando $\phi_{12} = \phi_{21} = 0$. Essa condição implica $\mathcal{F}_{12} = 0$, e a Equação 6.59 indica que $1/k^2 = \infty$, ou $k = 0$. Se não houver nenhum fluxo que acople ambos os enrolamentos, é óbvio que M será 0.

O coeficiente de acoplamento é igual a 1 quando ϕ_{11} e ϕ_{22} são iguais a 0. Essa condição implica que todo o fluxo que atravessa o enrolamento 1 também atravessa o enrolamento 2. Em termos da Equação 6.59, $\mathcal{F}_{11} = \mathcal{F}_{22} = 0$, o que obviamente representa um estado ideal; na realidade, dispor os enrolamentos de modo que compartilhem exatamente o mesmo fluxo é fisicamente impossível. Materiais magnéticos (como ligas de ferro, cobalto e níquel) possibilitam um espaço de alta permeância e são usados para estabelecer coeficientes de acoplamento próximos à unidade. (Falaremos mais sobre essa importante qualidade de materiais magnéticos no Capítulo 9.)

NOTA: avalie sua compreensão desse material tentando resolver os problemas 6.46 e 6.50, apresentados no final deste capítulo.

Cálculos de energia

Vamos concluir nosso exame inicial de indutância mútua com uma discussão da energia total armazenada em enrolamentos acoplados magneticamente. Com isso, confirmaremos duas observações feitas antes: para acoplamento magnético linear, (1) $M_{12} = M_{21} = M$ e (2) $M = k\sqrt{L_1 L_2}$, em que $0 \leq k \leq 1$.

Usamos o circuito mostrado na Figura 6.30 para deduzir a expressão para a energia total armazenada nos campos magnéticos associados a um par de enrolamentos acoplados linearmente. Começamos supondo que as correntes i_1 e i_2 são nulas e que esse estado corresponde à energia nula armazenada nos enrolamentos. Então, fazemos i_1 crescer de zero a algum valor arbitrário I_1 e calculamos a energia armazenada quando $i_1 = I_1$. Como $i_2 = 0$, a potência total fornecida ao par de enrolamentos é $v_1 i_1$ e a energia armazenada é

Figura 6.30 Circuito usado para deduzir as relações básicas de energia.

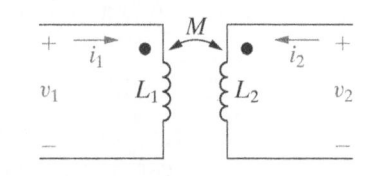

$$\int_0^{W_1} dw = L_1 \int_0^{I_1} i_1 di_1,$$

$$W_1 = \frac{1}{2}L_1 I_1^2. \quad (6.62)$$

Agora, vamos manter i_1 constante em I_1 e aumentar i_2 de zero a algum valor arbitrário de I_2. Nesse intervalo de tempo, a tensão induzida no enrolamento 2 por i_1 é igual a zero porque I_1 é constante. A tensão induzida no enrolamento 1 por i_2 é $M_{12} di_2/dt$. Portanto, a potência total fornecida ao par de enrolamentos é

$$p = I_1 M_{12} \frac{di_2}{dt} + i_2 v_2.$$

A energia total armazenada no par de enrolamentos quando $i_2 = I_2$ é

$$\int_{W_1}^W dw = \int_0^{I_2} I_1 M_{12} di_2 + \int_0^{I_2} L_2 i_2 di_2,$$

ou

$$W = W_1 + I_1 I_2 M_{12} + \frac{1}{2}L_2 I_2^2,$$

$$= \frac{1}{2}L_1 I_1^2 + \frac{1}{2}L_2 I_2^2 + I_1 I_2 M_{12}. \quad (6.63)$$

Se invertermos o procedimento – isto é, se, primeiro, aumentarmos i_2 de zero a I_2 e, depois, aumentarmos i_1 de zero a I_1 – a energia total armazenada será

$$W = \frac{1}{2}L_1 I_1^2 + \frac{1}{2}L_2 I_2^2 + I_1 I_2 M_{21}. \quad (6.64)$$

As equações 6.63 e 6.64 expressam a energia total armazenada em um par de enrolamentos acoplados linearmente em função das correntes de enrolamento, das autoindutâncias e da indutância mútua. Observe que a única diferença entre essas equações é o coeficiente do produto de correntes $I_1 I_2$. Usaremos a Equação 6.63, se i_1 for estabelecida em primeiro lugar, e a Equação 6.64, se i_2 for estabelecida em primeiro lugar.

Quando o meio acoplador é linear, a energia total armazenada é a mesma, independentemente da ordem utilizada para estabelecer I_1 e I_2. A razão é que, em um acoplamento linear, o fluxo magnético resultante depende somente dos valores finais de i_1 e i_2, e não de como as correntes chegaram a seus valores finais. Se o fluxo resultante for o mesmo, a energia armazenada será a mesma. Por consequência, para acoplamento linear, $M_{12} = M_{21}$. Além disso, como I_1 e I_2 são valores arbitrários de i_1 e i_2, respectivamente, representamos as correntes de enrolamento por seus valores instantâneos i_1 e i_2. Assim, a qualquer instante do tempo, a energia total armazenada nos enrolamentos acoplados é

$$w(t) = \frac{1}{2}L_1 i_1^2 + \frac{1}{2}L_2 i_2^2 + M i_1 i_2. \tag{6.65}$$

Deduzimos a Equação 6.65 admitindo que ambas as correntes entraram em terminais com polaridades marcadas. Deixamos para você verificar que, se uma corrente entrar em um terminal com polaridade marcada enquanto a outra sair desse mesmo terminal, o sinal algébrico do termo $M i_1 i_2$ é invertido. Assim, em geral,

▶ **Energia armazenada em enrolamentos acoplados magneticamente**

$$w(t) = \frac{1}{2}L_1 i_1^2 + \frac{1}{2}L_2 i_2^2 \pm M i_1 i_2. \tag{6.66}$$

Usamos a Equação 6.66 para mostrar que M não pode exceder $\sqrt{L_1 L_2}$. Os enrolamentos acoplados magneticamente são elementos passivos, de tal forma que a energia total armazenada neles nunca pode ser negativa. Se $w(t)$ nunca pode ser negativa, a Equação 6.66 indica que a quantidade

$$\frac{1}{2}L_1 i_1^2 + \frac{1}{2}L_2 i_2^2 - M i_1 i_2$$

deve ser maior ou igual a zero quando i_1 e i_2 forem ambas positivas, ou quando ambas forem negativas. O valor-limite de M é encontrado igualando-se a quantidade a zero:

$$\frac{1}{2}L_1 i_1^2 + \frac{1}{2}L_2 i_2^2 - M i_1 i_2 = 0. \tag{6.67}$$

Para determinar o valor-limite de M, somamos e subtraímos o termo $i_1 i_2 \sqrt{L_1 L_2}$ do lado esquerdo da Equação 6.67, o que gera um termo que é um quadrado perfeito:

$$\left(\sqrt{\frac{L_1}{2}} i_1 - \sqrt{\frac{L_2}{2}} i_2\right)^2 + i_1 i_2 \left(\sqrt{L_1 L_2} - M\right) = 0. \tag{6.68}$$

O termo elevado ao quadrado na Equação 6.68 nunca pode ser negativo, mas pode ser igual a zero. Portanto, $w(t) \geq 0$ só se

$$\sqrt{L_1 L_2} \geq M, \tag{6.69}$$

que é outra maneira de dizer que

$$M = k\sqrt{L_1 L_2} \qquad (0 \leq k \leq 1).$$

Deduzimos a Equação 6.69 admitindo que i_1 e i_2 fossem ambas positivas ou ambas negativas. Contudo, obteremos o mesmo resultado se i_1 e i_2 tiverem sinais contrários porque, nesse caso, obteremos o valor-limite de M selecionando o sinal positivo na Equação 6.66.

NOTA: avalie sua compreensão desse material tentando resolver os problemas 6.47 e 6.48, apresentados no final deste capítulo.

Perspectiva prática

Telas *touch* capacitivas

Telas *touch* capacitivas são utilizadas com frequência em aplicações nas quais dois ou mais pontos simultâneos de contato devem ser detectados. Vamos analisar dois projetos para uma tela *multitouch* (múltiplos toques). O primeiro deles emprega uma grade de eletrodos, como a mostrada na Figura 6.31. Quando energizada, há uma pequena capacitância parasita, C_p, entre cada faixa de eletrodo e a terra, como mostrado na Figura 6.32 (a). Quando a tela é tocada, por exemplo, na posição *x*, *y*, há uma segunda capacitância devido à transferência de uma pequena quantidade de carga da tela para o corpo humano, que age como um condutor. O efeito consiste em introduzir uma segunda capacitância no ponto de contato em relação à terra, como mostra a Figura 6.32 (b).

O controlador da tela *touch* monitora continuamente a capacitância entre os eletrodos na grade e a terra. Se a tela não está sendo tocada, a capacitância entre cada eletrodo na grade *x* e a terra é C_p; o mesmo é válido para a capacitância entre cada eletrodo na grade *y* e a terra.

Quando a tela é tocada em um único ponto, C_t e C_p combinam-se em paralelo. A capacitância equivalente entre o eletrodo da grade *x* mais próximo ao ponto de contato e a terra passa a ser

$$C_{tx} = C_t + C_p.$$

De modo análogo, a capacitância equivalente entre o eletrodo da grade *y* mais próximo ao ponto de toque e a terra passa a ser

$$C_{ty} = C_t + C_p.$$

Assim, um toque na tela aumenta a capacitância entre os eletrodos e a terra para os eletrodos da grade *x* e *y* mais próximos ao ponto de toque.

Figura 6.31 Tela *multitouch* com grade de eletrodos.

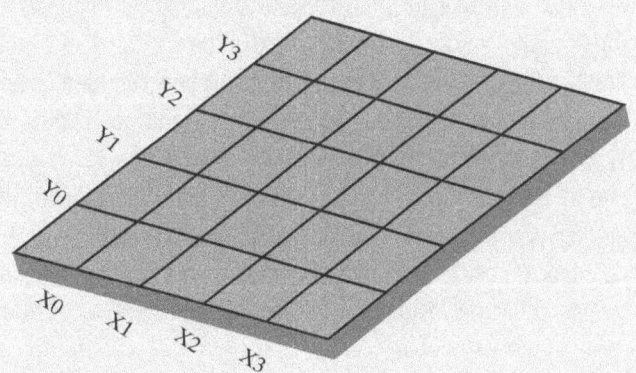

Figura 6.32 (a) Capacitância parasita entre eletrodo e terra, sem nenhum contato; (b) capacidade adicional introduzida por um toque.

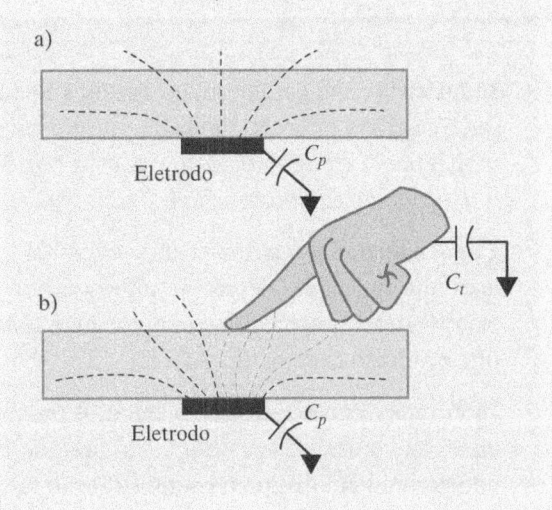

Agora, pense no que acontece quando a tela é tocada em dois pontos simultâneos. Suponha que o primeiro ponto de contato tenha coordenadas x_1, y_1 e o segundo, coordenadas x_2, y_2. Assim, existem quatro locais na tela que correspondem a um aumento na capacitância: x_1, y_1; x_1, y_2; x_2, y_1; e x_2, y_2. Dois deles equiparam-se aos dois pontos de contato, ao passo que os outros dois são chamados de "fantasmas", porque a tela não foi tocada neles. Portanto, esse método para implementar uma tela de toque capacitiva não pode identificar com precisão mais do que um único ponto de contato.

A maioria das telas de toque capacitivas modernas não usa o projeto de "autocapacitância" discutido anteriormente. Em vez de medir a capacitância entre cada eletrodo da grade *x* e a terra, e cada eletrodo da grade *y* e a terra, o que é medida é a capacitância entre cada eletrodo da grade *x* e cada eletrodo da grade *y*. Essa capacitância é conhecida como capacitância "mútua" e mostrada na Figura 6.33 (a).

Quando a tela é tocada, por exemplo, na posição x, y, uma segunda capacitância passa a existir novamente devido à transferência de uma pequena quantidade de carga da tela para o corpo humano. Há uma segunda capacitância no ponto de toque em relação à terra, como mostrado na Figura 6.33 (b). Portanto, sempre que ocorre uma mudança na capacitância mútua, C_{mxy}, o ponto de toque na tela pode ser identificado exclusivamente como x, y. Se a tela for tocada nos pontos x_1, y_1 e x_2, y_2, haverá precisamente duas capacitâncias mútuas que se alteram: $C_{mx_1y_1}$ e $C_{mx_2y_2}$. Não há "fantasmas" identificados, como no projeto de autocapacitância; portanto, o projeto de capacitância mútua produz realmente uma tela de múltiplos toques capaz de identificar, de modo único e preciso, dois ou mais pontos de contato.

NOTA: avalie sua compreensão da Perspectiva prática *tentando resolver os problemas 6.51-6.53 apresentados no final deste capítulo.*

Figura 6.33 (a) Capacitância mútua entre um eletrodo da grade *x* e um da grade *y*; (b) capacitância adicional introduzida por um toque.

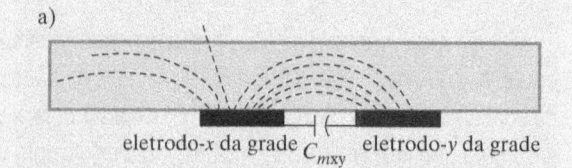

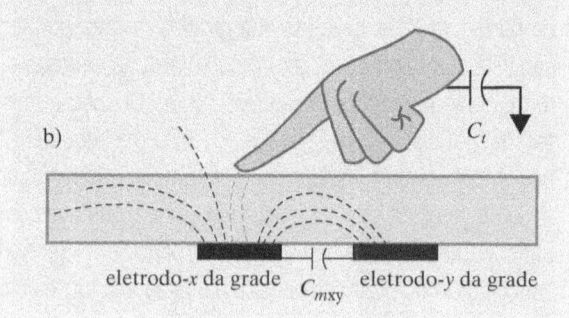

Resumo

- **Indutância** é um parâmetro de circuitos lineares que relaciona a tensão induzida por um campo magnético variável no tempo com a corrente que produz o campo. (Seção 6.1.)

- **Capacitância** é um parâmetro de circuitos lineares que relaciona a corrente induzida por um campo elétrico variável no tempo com a tensão que produz o campo. (Seção 6.2.)

- Indutores e capacitores são elementos passivos; eles podem armazenar e fornecer energia, mas não geram nem dissipam energia. (Seção 6.1.)

- A potência instantânea nos terminais de um indutor ou capacitor pode ser positiva ou negativa, dependendo de a energia estar sendo fornecida ou extraída do elemento.

- Um indutor:
  - não permite uma variação instantânea da corrente em seus terminais;
  - permite uma variação instantânea da tensão em seus terminais;
  - comporta-se como um curto-circuito na presença de uma corrente constante em seus terminais. (Seção 6.3.)

- Um capacitor:
  - não permite uma variação instantânea da tensão em seus terminais;
  - permite uma variação instantânea da corrente em seus terminais;
  - comporta-se como uma malha aberta na presença de uma tensão constante em seus terminais. (Seção 6.2.)

- As equações para tensão, corrente, potência e energia em indutores e capacitores ideais são dadas na Tabela 6.1.

- Indutores em série ou em paralelo podem ser substituídos por um indutor equivalente. Capacitores em série ou em paralelo podem ser substituídos por um capacitor equivalente. As equações estão resumidas na Tabela 6.2. A Seção 6.3 apresenta uma discussão sobre como lidar com as condições iniciais para circuitos equivalentes em série e em paralelo que envolvam indutores e capacitores.

Tabela 6.1 Equações terminais para indutores e capacitores ideais.

Indutores

$v = L\dfrac{di}{dt}$	(V)
$i = \dfrac{1}{L}\displaystyle\int_{t_0}^{t} v\,d\tau + i(t_0)$	(A)
$p = vi = Li\dfrac{di}{dt}$	(W)
$w = \dfrac{1}{2}Li^2$	(J)

Capacitores

$v = \dfrac{1}{C}\displaystyle\int_{t_0}^{t} i\,d\tau + v(t_0)$	(V)
$i = C\dfrac{dv}{dt}$	(A)
$p = vi = Cv\dfrac{dv}{dt}$	(W)
$w = \dfrac{1}{2}Cv^2$	(J)

Tabela 6.2 Equações para indutores e capacitores ligados em série e em paralelo.

Ligados em série

$L_{eq} = L_1 + L_2 + \cdots + L_n$

$\dfrac{1}{C_{eq}} = \dfrac{1}{C_1} + \dfrac{1}{C_2} + \cdots + \dfrac{1}{C_n}$

Ligados em paralelo

$\dfrac{1}{L_{eq}} = \dfrac{1}{L_1} + \dfrac{1}{L_2} + \cdots + \dfrac{1}{L_n}$

$C_{eq} = C_1 + C_2 + \cdots + C_n$

- **Indutância mútua**, M, é o parâmetro de circuito que relaciona a tensão induzida em um circuito a uma corrente variável no tempo em outro circuito. Especificamente,

$$v_1 = L_1\frac{di_1}{dt} + M_{12}\frac{di_2}{dt}$$

$$v_2 = M_{21}\frac{di_1}{dt} + L_2\frac{di_2}{dt},$$

em que v_1 e i_1 são a tensão e a corrente no circuito 1, e v_2 e i_2 são a tensão e a corrente no circuito 2. Para enrolamentos dispostos em núcleos não magnéticos, $M_{12} = M_{21} = M$. (Seção 6.4.)

- A **convenção do ponto** estabelece a polaridade de tensões mutuamente induzidas:

Quando a direção de referência para uma corrente é tal que ela entra no terminal do enrolamento identificado por um ponto, a polaridade de referência da tensão que ela induz no outro enrolamento é positiva em seu terminal identificado pelo ponto.

Ou, alternativamente,

Quando a direção de referência para uma corrente é tal que ela saia do terminal do enrolamento identificado por um ponto, a polaridade de referência da tensão que ela induz no outro enrolamento é negativa em seu terminal identificado pelo ponto. (Seção 6.4.)

- A relação entre a autoindutância de cada enrolamento e a indutância mútua entre enrolamentos é

$$M = k\sqrt{L_1 L_2}.$$

O **coeficiente de acoplamento**, k, é uma medida do grau de acoplamento magnético. Por definição, $0 \leq k \leq 1$. (Seção 6.5.)

- A energia armazenada em enrolamentos acoplados magneticamente em um meio linear está relacionada com as correntes e indutâncias dos enrolamentos pela relação

$$w = \frac{1}{2}L_1 i_1^2 + \frac{1}{2}L_2 i_2^2 \pm M i_1 i_2.$$

(Seção 6.5.)

Problemas

Seção 6.1

6.1 Sabe-se que a corrente em um indutor de 150 μH é

$$i_L = 25te^{-500t}\ \text{A para } t \geq 0.$$

a) Determine a tensão no indutor para $t > 0$. (Suponha a convenção passiva.)

b) Determine a potência (em microwatts) nos terminais do indutor quando $t = 5$ ms.

c) O indutor está absorvendo ou fornecendo potência em 5 ms?

d) Determine a energia (em microjoules) armazenada no indutor em 5 ms.

e) Determine a máxima energia (em microjoules) armazenada no indutor e o instante (em microssegundos) em que ela ocorre.

6.2 O pulso triangular de corrente mostrado na Figura P6.2 é aplicado a um indutor de 500 mH.

Pspice
Multisim

a) Escreva as expressões que descrevem $i(t)$ nos quatro intervalos $t < 0$, $0 \leq t \leq 25$ ms, 25 ms $\leq t \leq 50$ ms e $t > 50$ ms.

b) Deduza as expressões para a tensão, potência e energia do indutor. Use a convenção passiva.

Figura P6.2

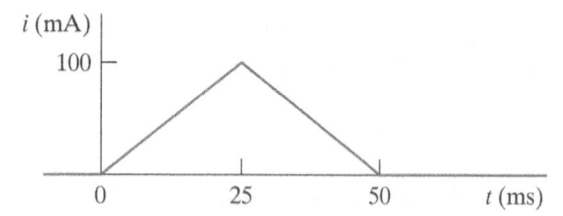

i (mA)

100

0   25   50   t (ms)

6.3 Sabe-se que a corrente em um indutor de 50 mH é
$$i = 120 \text{ mA}, t \leq 0;$$
$$i = A_1 e^{-500t} + A_2 e^{-2.000t} \text{ A}, t \geq 0.$$

A tensão no indutor (convenção passiva) é 3 V em $t = 0$.

a) Determine a expressão para a tensão no indutor para $t > 0$.

b) Determine o tempo, maior do que zero, em que a potência nos terminais do indutor é nula.

6.4 No Problema 6.3, suponha que o valor da tensão no indutor em $t = 0$ seja -18 V em vez de 3 V.

a) Determine as expressões numéricas para i e v em $t \geq 0$.

b) Especifique os intervalos de tempo em que o indutor está armazenando energia e os intervalos de tempo em que o indutor está fornecendo energia.

c) Mostre que a energia total fornecida pelo indutor é igual à energia total armazenada.

6.5 A corrente em um indutor de 200 mH é
$$i = 75 \text{ A}, t \leq 0;$$
$$i = (B_1 \cos 200t + B_2 \text{ sen } 200t) e^{-50t} \text{ A}, t \geq 0.$$

A tensão no indutor (convenção passiva) é 4,25 V em $t = 0$. Calcule a potência nos terminais do indutor em $t = 25$ ms. O indutor está absorvendo ou fornecendo potência?

6.6 Avalie a integral

$$\int_0^\infty p \, dt$$

para o Exemplo 6.2. Comente o significado do resultado.

6.7 A tensão nos terminais do indutor de 750 μH da Figura P6.7(a) é mostrada na Figura P6.7(b). Sabe-se que a corrente i do indutor é igual a zero para $t \leq 0$.

Pspice
Multisim

a) Escreva as expressões para i em $t \geq 0$.

b) Faça um gráfico de i versus t para $0 \leq t \leq \infty$.

Figura P6.7

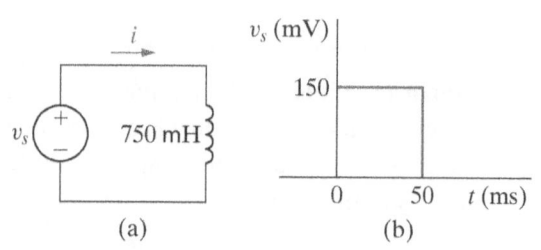

v_s (mV)

150

v_s 750 mH

0   50   t (ms)

(a)   (b)

6.8 Sabe-se que a corrente no indutor de 50 mH da Figura P6.8 é 100 mA para $t < 0$. A tensão do indutor para $t \geq 0$ é dada pela expressão
$$v_L(t) = 2e^{-100t} \text{ V}, 0^+ \leq t \leq 100 \text{ ms}$$
$$v_L(t) = -2e^{-100(t-0,1)} \text{ V}, 100 \text{ ms} \leq t < \infty$$

Faça um gráfico de $v_L(t)$ e $i_L(t)$ para $0 \leq t < \infty$.

Figura P6.8

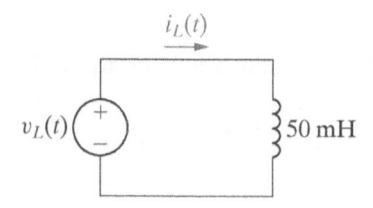

$i_L(t)$

$v_L(t)$ 50 mH

6.9 Sabe-se que a corrente e a tensão nos terminais de um indutor de 10 H são nulas para $t \leq 0$. A tensão no indutor é dada pelo gráfico da Figura P6.9 para $t \geq 0$.

a) Escreva a expressão para a corrente em função do tempo nos intervalos $0 \leq t \leq 25$ ms, 25 ms $\leq t \leq$ 75 ms, 75 ms $\leq t \leq$ 125 ms, 125 ms $\leq t \leq$ 150 ms e 150 ms $\leq t < \infty$.

b) Para $t > 0$, qual é a corrente no indutor quando a tensão é igual a zero?

c) Faça um gráfico de i versus t para $0 \leq t < \infty$.

Figura P6.9

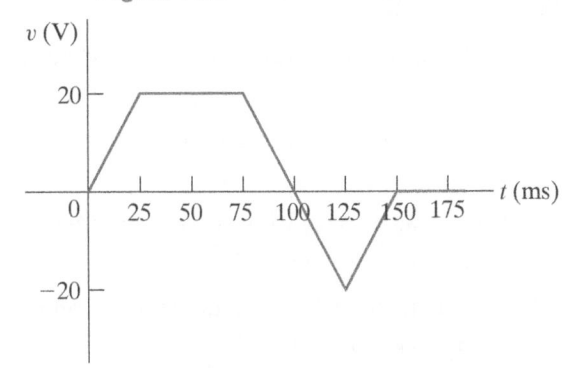

Figura P6.10

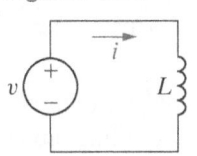

6.10 a) Determine a corrente do indutor da Figura P6.10 se $v = 20 \cos 80t$ V, L = 100 mH e $i(0) = 0$ A.

b) Faça os gráficos de v, i, p e w versus t usando o formato da Figura 6.8. Os gráficos devem abranger um ciclo completo da onda de tensão.

c) Descreva os subintervalos, entre 0 e 8π ms, em que a potência está sendo armazenada pelo indutor. Repita para os subintervalos em que a potência está sendo fornecida pelo indutor.

6.11 Sabe-se que a corrente em um indutor de 25 mH é -10 A para $t \leq 0$ e $(-10 \cos 400t - 5 \sen 400t) e^{-200t}$ A para $t \geq 0$. Admita a convenção passiva.

a) Em que instante de tempo a tensão no indutor é máxima?

b) Qual é a tensão máxima?

6.12 Inicialmente, não havia nenhuma energia armazenada no indutor de 5 H do circuito da Figura P6.12, quando ele foi ligado aos terminais do voltímetro. Em $t = 0$, a chave do indutor passou instantaneamente para a posição b, onde permaneceu durante 1,6 s antes de voltar instantaneamente para a posição a. O voltímetro de d'Arsonval tem um fundo de escala de 20 V e uma sensibilidade de 1.000 Ω/V. Qual será a leitura do voltímetro no instante em que o interruptor volta à posição a, se a inércia do medidor de d'Arsonval for desprezível?

Figura P6.12

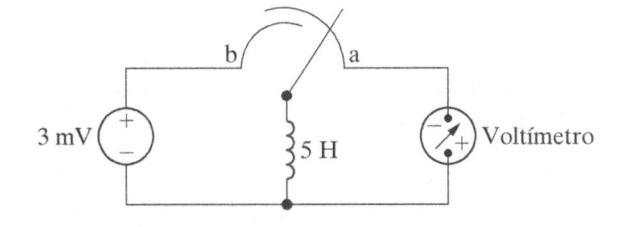

Seção 6.2

6.13 Sabe-se que tensão nos terminais de um capacitor de 5 μF é

$$v_c = 500te^{-2.500t} \text{ V para } t \geq 0.$$

a) Determine a corrente que passa pelo capacitor para $t > 0$. Assuma a convenção passiva.

b) Determine a potência nos terminais do capacitor quando $t = 100$ μs.

c) O capacitor está absorvendo ou fornecendo potência em $t = 100$ μs?

d) Determine a energia armazenada no capacitor em $t = 100$ μs.

e) Determine a energia máxima armazenada no capacitor e o instante em que ela ocorre.

6.14 O pulso triangular de corrente mostrado na Figura P6.14 é aplicado a um capacitor de 200 μF.

a) Escreva as expressões que descrevem $v(t)$ nos cinco intervalos $t < 0, 0 \leq t \leq 2$ s, $2\,\text{s} \leq t \leq 6\,\text{s}, 6\,\text{s} \leq t \leq 8\,\text{s}$ e $t > 8$ s.

b) Deduza as expressões para a tensão, potência e energia do capacitor para os intervalos de tempo em (a). Use a convenção passiva.

c) Identifique os intervalos de tempo, entre 0 e 8 s, em que a energia está sendo fornecida pelo capacitor. Repita o procedimento para os intervalos de tempo em que a energia está sendo absorvida pelo capacitor.

Figura P6.14

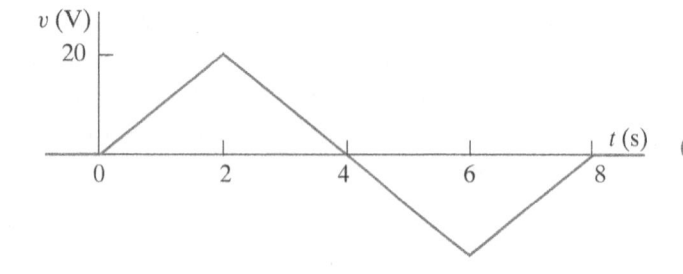

6.15 A tensão que passa entre os terminais de um capacitor de 5 μF é

$$v = \begin{cases} 60\,\text{V}, & t \leq 0; \\ (A_1 e^{-1.500t} + A_2 t e^{-1.500t})\,\text{V}, & t \geq 0. \end{cases}$$

A corrente inicial no capacitor é 100 mA. Assuma a convenção passiva.

a) Qual é a energia inicial armazenada no capacitor?

b) Calcule os coeficientes A_1 e A_2.

c) Qual é a expressão para a corrente do capacitor?

6.16 Um pulso de tensão com duração de 4 s é aplicado a um capacitor de 100 μF. O pulso é descrito pelas seguintes equações:

$$v_c(t) = \begin{cases} 5t^3\,\text{V}, & 0 \leq t \leq 2\,\text{s}; \\ -5(t-4)^3\,\text{V}, & 2\,\text{s} \leq t \leq 4\,\text{s}; \\ 0 & \text{no restante}. \end{cases}$$

Faça um gráfico do pulso de corrente conduzido pelo capacitor durante o intervalo de 4 s.

6.17 Sabe-se que a tensão nos terminais do capacitor da Figura 6.10 é

$$v = \begin{cases} 60\,\text{V}, & t \leq 0; \\ 30 + 5e^{-500t}(6\cos 2.000t \\ \quad + \operatorname{sen} 2.000t)\,\text{V}, & t \geq 0. \end{cases}$$

Suponha $C = 120$ μF.

a) Determine a corrente no capacitor para $t < 0$.

b) Determine a corrente no capacitor para $t > 0$.

c) Há uma variação instantânea da tensão no capacitor em $t = 0$?

d) Há uma variação instantânea da corrente no capacitor em $t = 0$?

e) Qual é a energia (em microjoules) armazenada no capacitor em $t = \infty$?

6.18 As expressões para tensão, potência e energia deduzidas no Exemplo 6.5 envolveram tanto a integração quanto a manipulação de expressões algébricas. Como engenheiro, você não pode aceitar tais resultados somente de boa-fé. Isto é, você deve desenvolver o hábito de perguntar-se: "Esses resultados fazem sentido em termos do comportamento conhecido do circuito que se propõem a descrever?" Pensando nisso, teste as expressões do Exemplo 6.5, realizando as seguintes verificações:

a) Verifique as expressões para ver se a tensão não varia bruscamente quando passa de um intervalo de tempo para o seguinte.

b) Examine a expressão da potência em cada intervalo, selecione um tempo dentro do intervalo e verifique se a potência calculada tem valor idêntico ao do produto de v por i, nesse mesmo instante. Por exemplo, teste em 10 μs e 30 μs.

c) Examine a expressão da energia dentro de cada intervalo, selecione um instante dentro do intervalo e verifique se a energia calculada tem valor idêntico ao da expressão ½ Cv^2. Use 10 μs e 30 μs como instantes de teste.

6.19 A tensão inicial no capacitor de 0,5 μF mostrado na Figura P6.19(a) é −20 V. A forma de onda da corrente no capacitor é mostrada na Figura P6.19(b).

a) Qual é a energia, em microjoules, armazenada no capacitor em $t = 500$ μs?

b) Repita (a) para $t = \infty$.

Figura P6.19

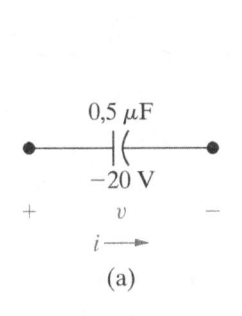

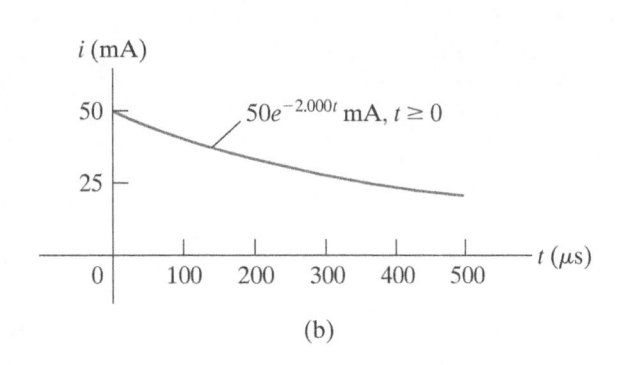

0,5 μF
−20 V
(a)

i (mA)
50
$50e^{-2.000t}$ mA, $t \geq 0$
25
0   100   200   300   400   500 t (μs)
(b)

6.20 A corrente mostrada na Figura P6.20 é aplicada a um capacitor de 2 μF. A tensão inicial no capacitor é igual a zero.

a) Determine a carga no capacitor em $t = 6$ ms.

b) Determine a tensão no capacitor em $t = 10$ ms.

c) Qual é a energia armazenada no capacitor por essa corrente?

Figura P6.20

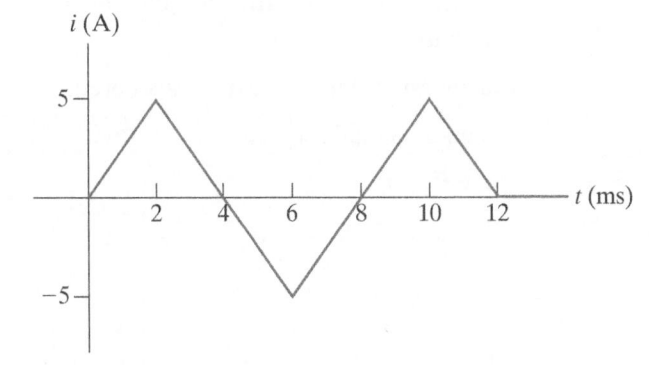

i (A)
5
2   4   6   8   10   12 t (ms)
−5

6.21 O pulso de corrente de formato retangular mostrado na Figura P6.21 é aplicado a um capacitor de 0,1 μF. A tensão inicial no capacitor é uma queda de 15 V na direção de referência da corrente. Deduza a expressão da tensão no capacitor para os intervalos descritos nos itens (a)–(d).

a) $0 \leq t \leq 10$ μs;

b) 10 μs $\leq t \leq 20$ μs;

c) 20 μs $\leq t \leq 40$ μs;

d) 40 μs $\leq t < \infty$;

e) Faça um gráfico de $v(t)$ no intervalo -10 μs $\leq t \leq 50$ μs.

Figura P6.21

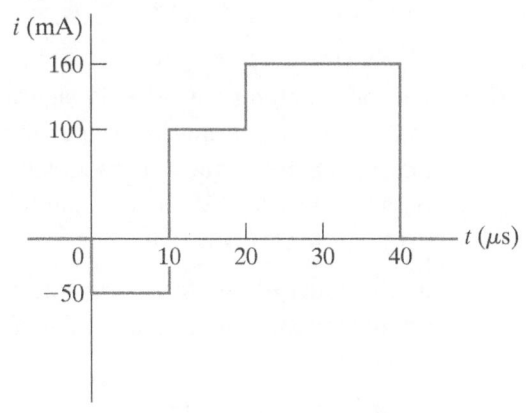

i (mA)
160
100
0   10   20   30   40 t (μs)
−50

Seção 6.3

6.22 Suponha que a energia inicial armazenada nos indutores da Figura P6.22 (a) e (b) seja igual a zero. Determine a indutância equivalente em relação aos terminais a,b.

Figura P6.22

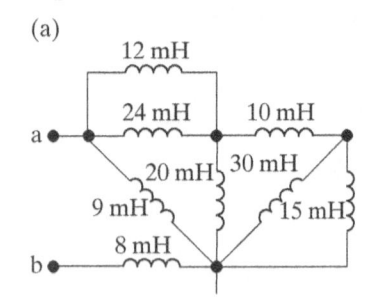

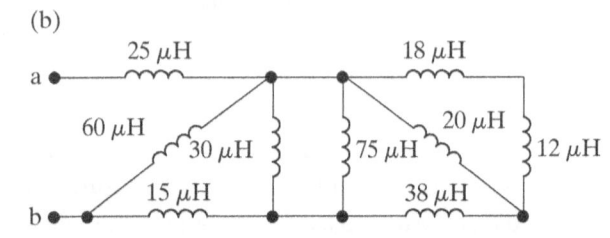

(a)

[Circuito com indutores: 12 mH, 24 mH, 10 mH, 20 mH, 30 mH, 9 mH, 15 mH, 8 mH entre terminais a e b]

(b)

[Circuito com indutores: 25 μH, 18 μH, 60 μH, 30 μH, 75 μH, 20 μH, 15 μH, 38 μH, 12 μH entre terminais a e b]

6.23 Use valores realistas de indutor do Apêndice H para construir combinações em série e em paralelo de indutores para obter as indutâncias equivalentes especificadas a seguir. Tente minimizar o número de indutores usados. Suponha que nenhuma energia inicial é armazenada em qualquer um dos indutores.

a) 8 mH

b) 45 μH

c) 180 μH

6.24 Os dois indutores paralelos da Figura P6.24 estão ligados aos terminais de uma caixa preta em $t = 0$. Sabe-se que a tensão resultante v para $t > 0$ é $64e^{-4t}$ V. Sabe-se também que $i_1(0) = -10$ A e $i_2(0) = 5$ A.

a) Substitua os indutores originais por um indutor equivalente e determine $i(t)$ para $t \geq 0$.

b) Determine $i_1(t)$ para $t \geq 0$.

c) Determine $i_2(t)$ para $t \geq 0$.

d) Qual é a energia fornecida à caixa preta no intervalo de tempo $0 \leq t < \infty$?

e) Qual era a energia armazenada inicialmente nos indutores paralelos?

f) Qual é a energia retida nos indutores ideais?

g) Mostre que suas soluções para i_1 e i_2 estão de acordo com a resposta obtida em (f).

Figura P6.24

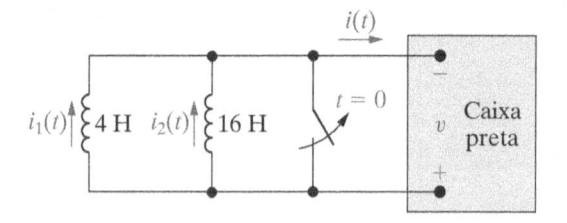

[Circuito com indutores 4 H e 16 H em paralelo, chave em $t=0$, ligados à caixa preta com tensão v e corrente $i(t)$]

6.25 Os três indutores no circuito da Figura P6.25 estão ligados aos terminais de uma caixa preta em $t = 0$. Sabe-se que a tensão resultante para $t > 0$ é

$$v_o = 2.000e^{-100t} \text{ V}.$$

Se $i_1(0) = -6$ A e $i_2(0) = 1$ A, determine:

a) $i_o(0)$;

b) $i_o(t), t \geq 0$;

c) $i_1(t), t \geq 0$;

d) $i_2(t), t \geq 0$;

e) a energia inicial armazenada nos três indutores;

f) a energia total fornecida à caixa preta;

g) a energia final retida nos indutores ideais.

Figura P6.25

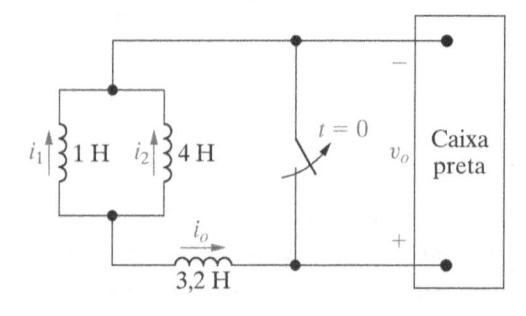

[Circuito com indutores 1 H, 4 H em paralelo, 3,2 H em série com corrente i_o, chave em $t=0$, ligados à caixa preta com tensão v_o]

6.26 Para o circuito mostrado na Figura P6.25, quantos milissegundos após o interruptor ser aberto a energia fornecida à caixa preta chega a 80% da energia total fornecida?

6.27 Determine a capacitância equivalente em relação aos terminais *a,b* para os circuitos mostrados na Figura P6.27.

Figura P6.27

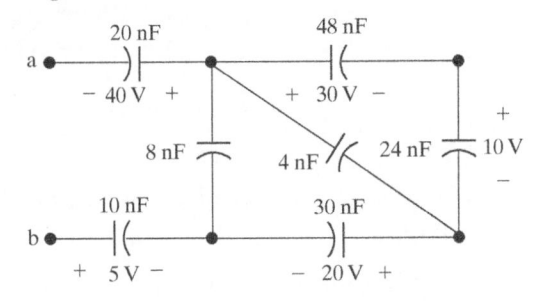

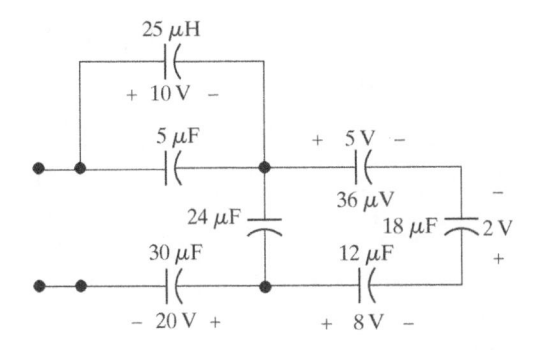

6.28 Use valores realistas de indutor do Apêndice H para construir combinações em série e em paralelo de capacitores para obter as indutâncias equivalentes especificadas a seguir. Tente minimizar o número de capacitores usados. Suponha que nenhuma energia inicial é armazenada em qualquer um dos capacitores.

a) 480 pF

b) 600 nF

c) 120 μF

6.29 Determine o circuito equivalente para uma ligação em série de capacitores ideais. Suponha que cada capacitor tenha sua própria tensão inicial. Denote essas tensões iniciais por $v_1(t_0)$, $v_2(t_0)$ e assim por diante. (*Sugestão:* some as tensões dos capacitores reconhecendo que a ligação em série obriga a corrente em cada capacitor a ser a mesma.)

6.30 Determine o circuito equivalente para uma ligação em paralelo de capacitores ideais. Suponha que a tensão inicial nos capacitores em paralelo seja $v(t_0)$. (*Sugestão:* some as correntes dos capacitores reconhecendo que a ligação em paralelo obriga a tensão em cada capacitor a ser a mesma.)

6.31 Os dois capacitores ligados em série na Figura P6.31 estão ligados aos terminais de uma caixa preta em $t = 0$. Sabe-se que a corrente resultante $i(t)$ para $t > 0$ é $800e^{-25t}$ μA.

a) Substitua os capacitores originais por um equivalente e determine $v_o(t)$ para $t \geq 0$.

b) Determine $v_1(t)$ para $t \geq 0$.

c) Determine $v_2(t)$ para $t \geq 0$.

d) Qual é a energia fornecida à caixa preta no intervalo de tempo $0 \leq t < \infty$?

e) Qual era a energia inicialmente armazenada nos capacitores em série?

f) Qual é a energia final retida nos capacitores ideais?

g) Mostre que as soluções para v_1 e v_2 estão de acordo com a resposta obtida em (f).

Figura P6.31

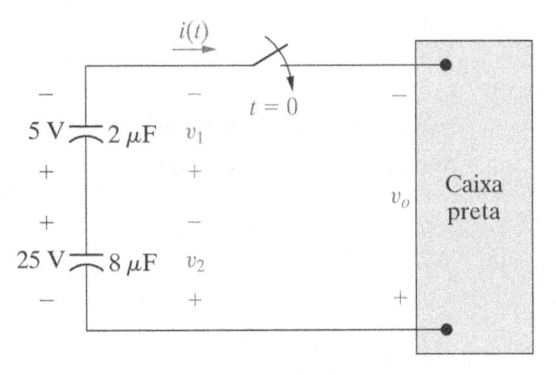

6.32 Os quatro capacitores no circuito da Figura P6.32 estão ligados aos terminais de uma caixa preta em $t = 0$. Sabe-se que a corrente resultante i_b para $t > 0$ é

$$i_b = -5e^{-50t} \text{ mA}.$$

Se $v_a(0) = -20$ V, $v_c(0) = -30$ V e $v_d(0) = 250$ V, determine o seguinte para $t \geq 0$: (a) $v_b(t)$, (b) $v_a(t)$, (c) $v_c(t)$, (d) $v_d(t)$, (e) $i_1(t)$ e (f) $i_2(t)$.

Figura P6.32

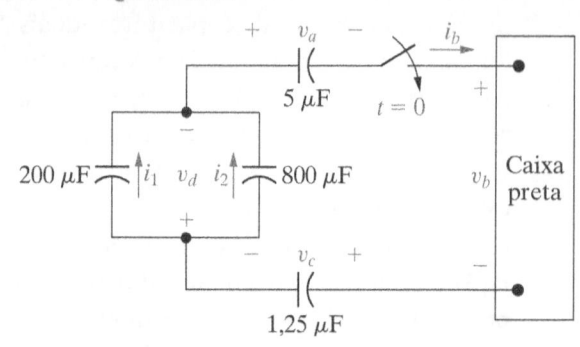

[Figura: circuito com capacitores de 200 μF, 5 μF, 800 μF, 1,25 μF e caixa preta, chave em t = 0]

6.33 Para o circuito da Figura P6.32, calcule
  a) a energia inicial armazenada nos capacitores;
  b) a energia final armazenada nos capacitores;
  c) a energia total fornecida à caixa preta;
  d) a percentagem da energia inicial armazenada que é fornecida à caixa preta; e
  e) o tempo, em milissegundos, necessário para fornecer 7,5 mJ à caixa preta.

6.34 Em $t = 0$, um capacitor e um indutor ligados em série são ligados aos terminais de uma caixa preta, como mostra a Figura P6.34. Para $t > 0$, sabe-se que

$i_o = 200e^{-800t} - 40e^{-200t}$ mA.

Se $v_c(0) = 5$ V, determine v_o para $t \geq 0$.

Figura P6.34

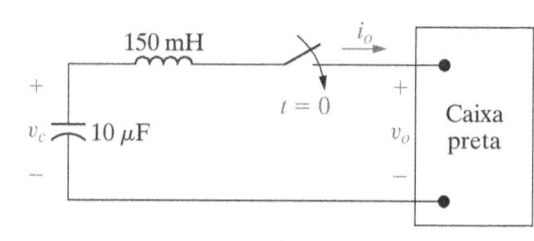

[Figura: indutor 150 mH em série com capacitor 10 μF, chave em t = 0, caixa preta]

6.35 Sabe-se que a corrente no circuito da Figura P6.35 é

$i_o = 2e^{-5.000t}(\cos 1.000t + 5 \operatorname{sen} 1.000t)$ A

para $t \geq 0^+$. Determine $v_1(0^+)$ e $v_2(0^+)$.

Figura P6.35

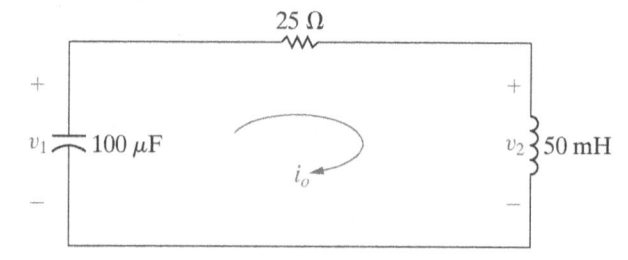

[Figura: malha com resistor 25 Ω, capacitor 100 μF (v_1), indutor 50 mH (v_2), corrente i_o]

Seção 6.4

6.36 a) Mostre que as equações diferenciais deduzidas em (a) do Exemplo 6.6 podem ser rearranjadas da seguinte forma:

$$4\frac{di_1}{dt} + 25i_1 - 8\frac{di_2}{dt} - 20i_2 = 5i_g - 8\frac{di_g}{dt};$$

$$-8\frac{di_1}{dt} - 20i_1 + 16\frac{di_2}{dt} + 80i_2 = 16\frac{di_g}{dt}.$$

  b) Mostre que as soluções para i_1 e i_2 dadas em (b) do Exemplo 6.6 satisfazem as equações diferenciais dadas na parte (a) deste problema.

6.37 Considere v_o a tensão no indutor de 16 H no circuito da Figura 6.25. Suponha que v_o seja positiva no ponto. Como no Exemplo 6.6, $i_g = 16 - 16e^{-5t}$ A.

  a) É possível determinar v_o sem ter de diferenciar as expressões para as correntes? Explique.
  b) Deduza a expressão para v_o.
  c) Verifique sua resposta em (b) usando as indutâncias e as derivadas adequadas de correntes.

6.38 Considere v_g a tensão nos terminais da fonte de corrente no circuito da Figura 6.25. A tensão v_g é positiva no terminal superior da fonte de corrente.
  a) Determine v_g em função do tempo, quando $i_g = 16 - 16e^{-5t}$ A.
  b) Qual é o valor inicial de v_g?
  c) Determine a expressão para a potência desenvolvida pela fonte de corrente.

d) Qual é a potência fornecida pela fonte de corrente quando t é infinito?

e) Calcule a potência dissipada em cada resistor quando t é infinito.

6.39 Não há nenhuma energia armazenada no circuito da Figura P6.39 no momento em que a chave é aberta.

   a) Deduza a equação diferencial que descreve o comportamento de i_2 se $L_1 = 5$ H, $L_2 = 0,2$ H, $M = 0,5$ H e $R_o = 10$ Ω.

   b) Mostre que, quando $i_g = e^{-10t} - 10$ A, $t \geq 0$, a equação diferencial encontrada em (a) é satisfeita quando $i_2 = 625e^{-10t} - 250e^{-50t}$ mA, $t \geq 0$.

   c) Determine a expressão para a tensão v_1 nos terminais da fonte de corrente.

   d) Qual é o valor inicial de v_1? Isso faz sentido em termos do comportamento conhecido do circuito?

Figura P6.39

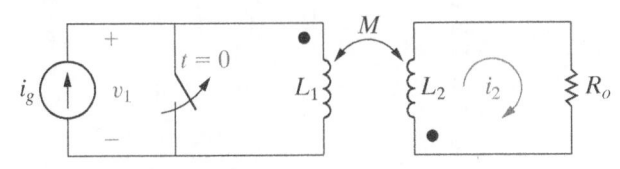

6.40 a) Mostre que os dois enrolamentos acoplados da Figura P6.40 podem ser substituídos por um único enrolamento com uma indutância de $L_{ab} = L_1 + L_2 + 2M$. (*Sugestão:* expresse v_{ab} em função de i_{ab}.)

   b) Mostre que, se os terminais do enrolamento L_2 forem invertidos, $L_{ab} = L_1 + L_2 - 2M$.

Figura P6.40

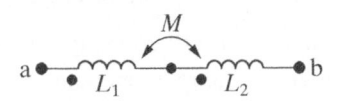

6.41 a) Mostre que os dois enrolamentos acoplados magneticamente na Figura P6.41 podem ser substituídos por um único enrolamento com uma indutância de

$$L_{ab} = \frac{L_1 L_2 - M^2}{L_1 + L_2 - 2M}.$$

(*Sugestão:* considere i_1 e i_2 correntes de malha no sentido horário nas 'janelas' da esquerda e da direita da Figura P6.41, respectivamente. Some as tensões ao longo das duas malhas. Na malha 1, considere v_{ab} a tensão aplicada não especificada. Resolva para di_1/dt em função de v_{ab}.)

   b) Mostre que, se a polaridade magnética do enrolamento 2 for invertida, então

$$L_{ab} = \frac{L_1 L_2 - M^2}{L_1 + L_2 + 2M}.$$

Figura P6.41

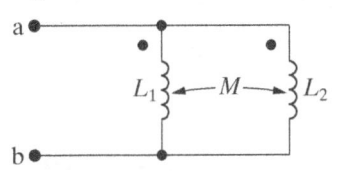

6.42 As marcações de polaridade em dois enrolamentos devem ser determinadas experimentalmente. O dispositivo para tal determinação é mostrado na Figura P6.42. Suponha que o terminal ligado ao terminal positivo da bateria receba a marcação de polaridade como mostra a figura. Quando o interruptor está *aberto*, o voltímetro cc sofre uma deflexão negativa. Em que lugar do enrolamento ligado ao voltímetro deve ser colocada a marcação de polaridade?

Figura P6.42

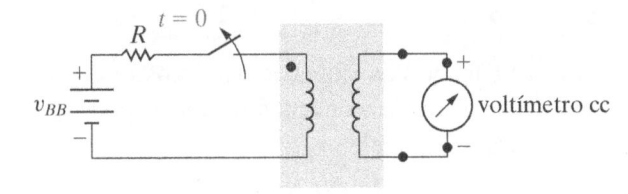

6.43 A montagem física de quatro pares de enrolamentos acoplados magneticamente é mostrada na Figura P6.43. Suponha que o fluxo magnético esteja confinado ao material do núcleo em cada estrutura. Mostre duas possíveis localizações para a marcação de pontos em cada par de enrolamentos.

Figura P6.43

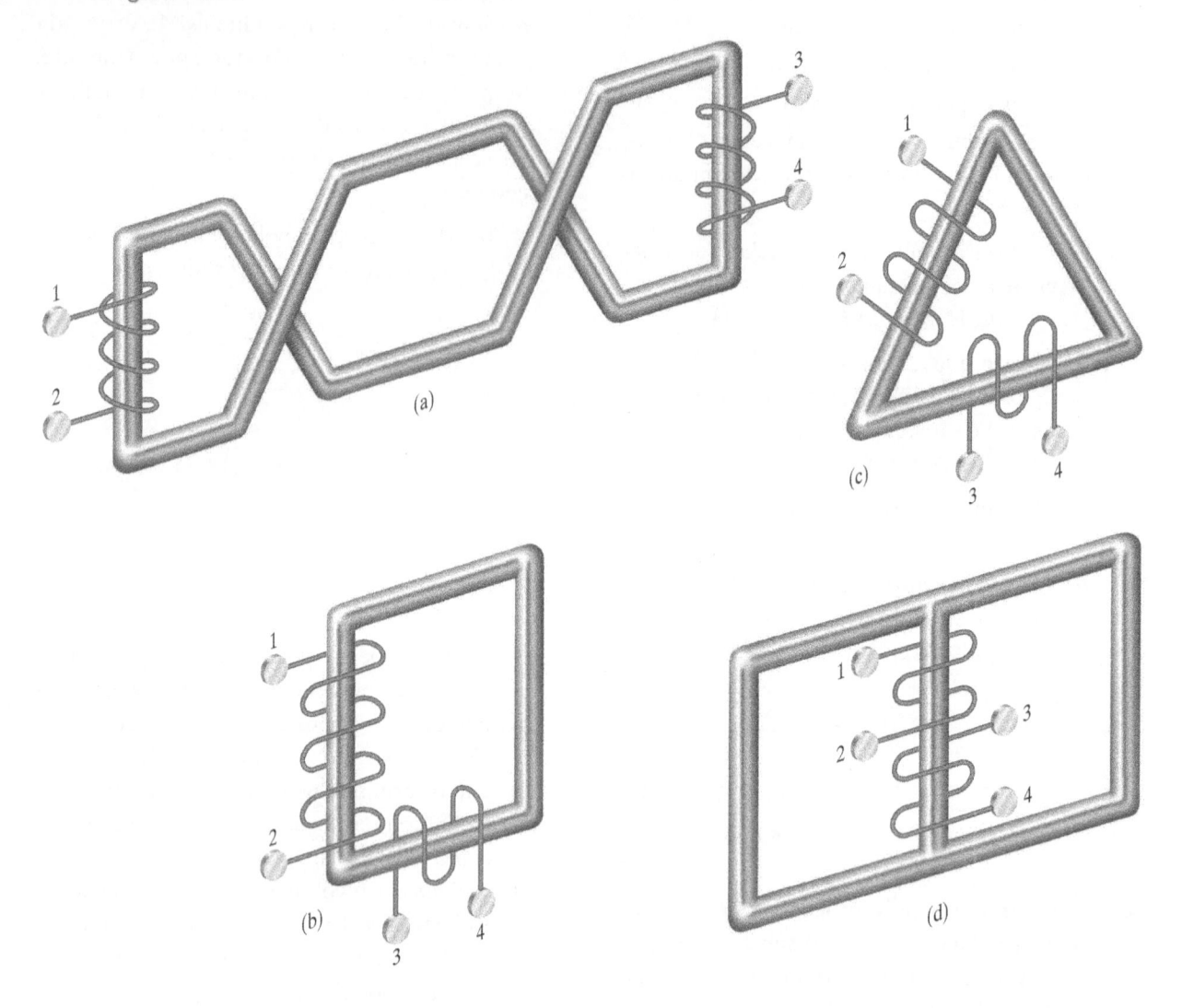

Seção 6.5

6.44 a) Partindo da Equação 6.59, mostre que o coeficiente de acoplamento também pode ser expresso como

$$k = \sqrt{\left(\frac{\phi_{21}}{\phi_1}\right)\left(\frac{\phi_{12}}{\phi_2}\right)}.$$

b) Com base nas frações ϕ_{21}/ϕ_1 e ϕ_{12}/ϕ_2, explique por que k é menor do que 1,0.

6.45 Dois enrolamentos magneticamente acoplados têm autoindutâncias de 60 mH e 9,6 mH, respectivamente. A indutância mútua entre eles é 22,8 mH.

a) Qual é o coeficiente de acoplamento?

b) Qual é o maior valor que M pode ter?

c) Suponha que a estrutura física desses enrolamentos acoplados seja tal que $\mathcal{F}_1 = \mathcal{F}_2$. Qual é a razão N_1/N_2 entre o número de espiras se N_1 for o número de espiras do enrolamento de 60 mH?

6.46 Dois enrolamentos acoplados magneticamente são enrolados em um núcleo não magnético. A autoindutância do enrolamento 1 é 288 mH, a indutância mútua é 90 mH, o coeficiente de acoplamento é 0,75 e a estrutura física dos enrolamentos é tal que $\mathcal{F}_{11} = \mathcal{F}_{22}$.

a) Determine L_2 e a razão N_1/N_2 do número de espiras.

b) Se $N_1 = 1.200$, qual é o valor de $\mathcal{F}_1$ e $\mathcal{F}_2$?

6.47 As autoindutâncias dos enrolamentos da Figura 6.30 são $L_1 = 18$ mH e $L_2 = 32$ mH. Se o coeficiente de acoplamento for 0,85, calcule a energia armazenada no sistema em milijoules quando (a) $i_1 = 6$ A, $i_2 = 9$ A; (b) $i_1 = -6$ A, $i_2 = -9$ A; (c) $i_1 = -6$ A, $i_2 = 9$ A e (d) $i_1 = 6$ A, $i_2 = -9$ A.

6.48 O coeficiente de acoplamento do Problema 6.47 é aumentado para 1,0.

a) Se i_1 for igual a 6 A, qual será o valor de i_2 que resultará em energia armazenada nula?

b) Há qualquer valor fisicamente viável de i_2 que possa fazer a energia armazenada ser negativa?

6.49 As autoindutâncias de dois enrolamentos acoplados magneticamente são 72 mH e 40,5 mH, respectivamente. O enrolamento de 72 mH tem 250 espiras e o coeficiente de acoplamento é ⅔. O meio de acoplamento é não magnético. Quando o enrolamento 1 é excitado com o enrolamento 2 em aberto, o fluxo que atravessa somente o enrolamento 1 é 0,2 maior do que o fluxo que atravessa o enrolamento 2.

a) Quantas espiras tem o enrolamento 2?

b) Qual é o valor de $\mathcal{F}_2$ em nanowebers por ampère?

c) Qual é o valor de $\mathcal{F}_{11}$ em nanowebers por ampère?

d) Qual é a razão (ϕ_{22}/ϕ_{12})?

6.50 As autoindutâncias de dois enrolamentos acoplados magneticamente são $L_1 = 180\,\mu$H e $L_2 = 500\,\mu$H. O meio de acoplamento é não magnético. Se o enrolamento 1 tiver 300 espiras e o enrolamento 2, 500 espiras, determine $\mathcal{F}_{11}$ e $\mathcal{F}_{21}$ (em nanowebers por ampère) quando o coeficiente de acoplamento for 0,6.

Seções 6.1-6.5

6.51 Suponha que uma tela de toque capacitiva que utiliza um projeto de capacitância mútua, como mostrado na Figura 6.33, é tocada no ponto x, y. Determine a capacitância mútua nesse ponto, C'_{mxy}, em termos da capacitância mútua nele sem toque, C_{mxy}, e a capacitância introduzida pelo toque, C_t.

6.52 a) Suponha que a capacitância parasita no projeto de autocapacitância, $C_p = 30$ pF, e a capacitância introduzida por um toque é de 15 pF (veja a Figura 6.32[b]). Qual é a capacitância no ponto de contato em relação à terra para os eletrodos da grade x e da grade y mais próximos ao ponto de contato?

b) Admita que a capacitância mútua no projeto de autocapacitância, $C_{mxy} = 30$ pF, e a capacitância introduzida por um toque é de 15 pF (veja a Figura 6.33[b]). Qual é a capacitância mútua entre os eletrodos da grade x e da grade y mais próximos do ponto de contato?

c) Compare seus resultados em (a) e (b). O toque na tela aumenta ou diminui a capacitância nesses dois projetos de tela de toque capacitiva?

6.53 a) Como mostra a *Perspectiva prática*, o projeto de autocapacitância não permite uma verdadeira tela de múltiplos toques – se a tela é tocada em dois pontos, quatro locais de contato são identificados: dois reais e outros dois fantasmas. Se uma tela de toque de autocapacitância é tocada nas coordenadas x, y (2,1; 4,3) e (3,2; 2,5), quais são os quatro locais de toque a serem identificados? (Suponha que as coordenadas de toque são medidas em polegadas a partir do canto superior esquerdo da tela.)

b) A tela de toque de autocapacitância ainda pode funcionar como uma tela *multitouch* para vários gestos comuns. Por exemplo, suponha que no instante t_1 os dois pontos de contato são aqueles identificados em (a), e no instante t_2 quatro pontos de contato associados às coordenadas x, y (1,8; 4,9) e (3,9; 1,8) são identificados. Comparando-se os quatro pontos em t_1 com os quatro pontos em t_2, o software é capaz de reconhecer um gesto de pinça – então, a tela deve ser reduzida ou ampliada?

c) Repita a parte (b), supondo que no instante t_2 são identificados quatro pontos de toque associados às coordenadas x, y, (2,8; 3,9) e (3,0; 2,8).

Capítulo 7

Resposta de circuitos *RL* e *RC* de primeira ordem

SUMÁRIO DO CAPÍTULO

7.1 Resposta natural de um circuito *RL*
7.2 Resposta natural de um circuito *RC*
7.3 Resposta a um degrau de circuitos *RL* e *RC*
7.4 Solução geral para respostas a um degrau e natural
7.5 Chaveamento sequencial
7.6 Resposta indefinidamente crescente
7.7 Amplificador-integrador

OBJETIVOS DO CAPÍTULO

1. Saber determinar a resposta natural de circuitos *RL* e *RC*.
2. Saber determinar a resposta a um degrau de circuitos *RL* e *RC*.
3. Saber analisar circuitos com chaveamento sequencial.
4. Saber analisar circuitos de amp op que contenham resistores e um único capacitor.

No Capítulo 6, observamos que um importante atributo de indutores e capacitores é sua capacidade de armazenar energia. Agora, estamos aptos a determinar as correntes e tensões que surgem quando a energia é fornecida ou recebida por um indutor ou capacitor em resposta a uma variação abrupta de uma fonte de corrente ou tensão cc. Neste capítulo, analisaremos circuitos compostos somente por resistores e indutores ou capacitores (mas não ambos). Para simplificar, essas configurações são denominadas *circuitos RL* (resistor-indutor) e *RC* (resistor-capacitor).

Nossa análise de circuitos *RL* e *RC* será dividida em três fases. Na primeira, examinaremos as correntes e tensões que surgem quando a energia armazenada em um indutor ou capacitor é fornecida repentinamente a uma rede resistiva. Isso acontece quando o indutor ou capacitor é desligado de modo abrupto de sua fonte cc. Assim, podemos reduzir o circuito a uma das duas formas equivalentes mostradas na Figura 7.1. As correntes e tensões que surgem nessa configuração são denominadas

Figura 7.1 Duas formas de circuitos para a resposta natural. (a) Circuito *RL*. (b) Circuito *RC*.

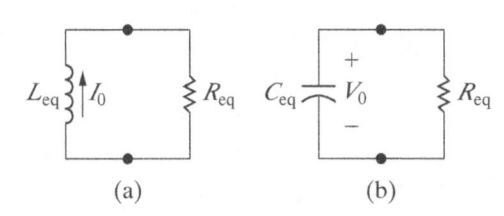

resposta natural do circuito, para deixar claro que é a natureza do circuito em si, e não fontes externas de excitação, que determina seu comportamento.

Na segunda fase de nossa análise, examinaremos as correntes e tensões que surgem quando a energia é recebida por um indutor ou capacitor por causa da aplicação repentina de uma fonte de tensão ou corrente cc. Essa resposta é denominada **resposta a um degrau**. O processo para determinar tanto a resposta natural quanto a um degrau é o mesmo; por isso, na terceira fase de nossa análise, desenvolveremos um método geral que pode ser usado para determinar a resposta de circuitos RL e RC a qualquer variação abrupta em uma fonte de tensão ou corrente cc.

A Figura 7.2 mostra as quatro possibilidades para a configuração geral de circuitos RL e RC. Observe que, quando não há nenhuma fonte independente no circuito, a tensão de Thévenin ou a corrente de Norton é nula, e o circuito reduz-se aos mostrados na Figura 7.1; isto é, temos um problema de resposta natural.

Figura 7.2 Quatro possíveis circuitos de primeira ordem. (a) Um indutor ligado a um equivalente de Thévenin. (b) Um indutor ligado a um equivalente de Norton. (c) Um capacitor ligado a um equivalente de Thévenin. (d) Um capacitor ligado a um equivalente de Norton.

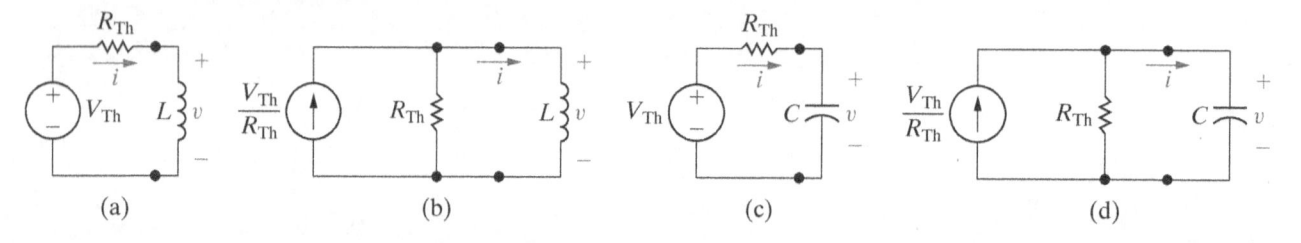

Perspectiva prática

Marca-passo cardíaco artificial

A musculatura que compõe o coração contrai-se em resposta a impulsos elétricos rítmicos. A frequência dos impulsos é controlada por células marca-passo. Em adultos, essas células estabelecem uma frequência cardíaca de repouso de aproximadamente 72 batimentos por minuto. Mas, às vezes, as células marca-passo sofrem dano e podem produzir uma frequência cardíaca de repouso muito baixa (uma condição conhecida como bradicardia) ou muito alta (uma condição conhecida como taquicardia). Pode-se restaurar o ritmo cardíaco normal com a implantação de um marca-passo artificial que fornece impulsos elétricos ao coração, imitando as células marca-passo. Um exemplo de marca-passo artificial, tanto fora quanto dentro do corpo, é mostrado ao lado.

Marca-passos artificiais são muito pequenos e leves. Possuem um microprocessador programável que monitora alguns parâmetros e ajusta o batimento cardíaco, uma bateria eficiente com uma vida útil de até 15 anos e um circuito que gera a pulsação. O circuito mais simples consiste em um resistor e um capacitor. Após introduzirmos o circuito RC de primeira ordem, vamos analisar um projeto de circuito RC para marca-passos artificiais.

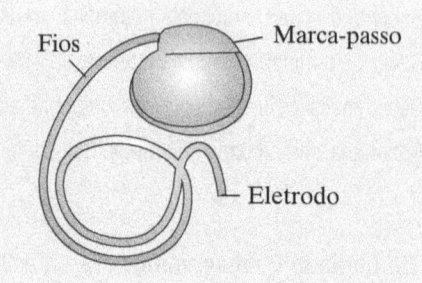

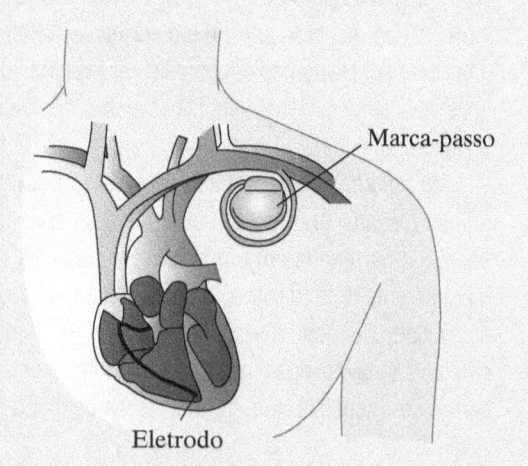

Circuitos RL e RC também são conhecidos como circuitos de primeira ordem porque suas tensões e correntes são descritas por equações diferenciais de primeira ordem. Independentemente da complexidade aparente de um circuito, se ele puder ser reduzido a um equivalente de Thévenin ou de Norton ligado aos terminais de um indutor ou capacitor equivalente, trata-se de um circuito de primeira ordem. (Observe que, se existirem vários indutores ou capacitores no circuito original, eles devem ser interligados de modo que possam ser substituídos por um único elemento equivalente.)

Após apresentarmos as técnicas para analisar respostas naturais e a um degrau de circuitos de primeira ordem, discutiremos alguns casos especiais de interesse. O primeiro é o de chaveamento sequencial, que envolve circuitos em que o chaveamento pode ocorrer em dois ou mais instantes no tempo. Em seguida, vem a resposta indefinidamente crescente. Por fim, analisaremos um circuito útil denominado amplificador-integrador.

7.1 Resposta natural de um circuito *RL*

A resposta natural de um circuito *RL* pode ser mais bem descrita em termos do circuito mostrado na Figura 7.3. Admitimos que a fonte independente de corrente gere uma corrente constante de I_s A e que a chave esteja fechada há longo tempo. Definiremos a expressão *longo tempo* com mais exatidão, adiante, nesta seção. Por enquanto, ela significa que todas as correntes e tensões atingiram um valor constante. Portanto, somente correntes constantes, ou cc, podem existir no circuito imediatamente antes da abertura da chave e, por conseguinte, o indutor comporta-se como um curto-circuito ($L di/dt = 0$) antes do fornecimento, ao circuito resistivo, da energia nele armazenada.

Figura 7.3 Circuito *RL*.

Uma vez que o indutor se comporta como um curto-circuito, a tensão no ramo indutivo é igual a zero e não pode haver nenhuma corrente nem em R_0, nem em *R*. Assim, toda a corrente da fonte I_s percorre o ramo indutivo. Para determinar a resposta natural, é necessário determinar a tensão e a corrente nos terminais do resistor após a chave ter sido aberta, isto é, após a fonte ter sido desligada e o indutor começar a fornecer energia. Se considerarmos $t = 0$ o instante em que a chave é aberta, o problema passa a ser determinar $v(t)$ e $i(t)$ para $t \geq 0$. Para $t \geq 0$, o circuito da Figura 7.3 reduz-se ao mostrado na Figura 7.4.

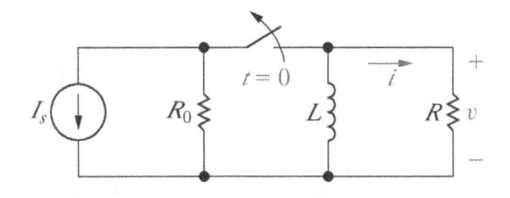

Figura 7.4 Circuito mostrado na Figura 7.3, para $t \geq 0$.

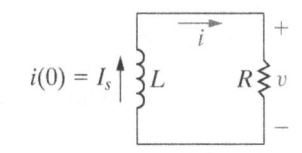

Cálculo da expressão da corrente

Para determinar $i(t)$, usamos a lei das tensões de Kirchhoff para obter uma expressão que envolva *i*, *R* e *L*. Somando as tensões ao longo do caminho fechado, temos

$$L\frac{di}{dt} + Ri = 0, \qquad (7.1)$$

em que usamos a convenção passiva. A Equação 7.1 é conhecida como equação diferencial de primeira ordem porque contém termos que envolvem a derivada ordinária da incógnita, isto é, di/dt. A ordem de derivação mais alta que aparece na equação é 1; daí o termo **primeira ordem**.

Podemos avançar mais um pouco na descrição dessa equação. Os coeficientes da equação, *R* e *L*, são constantes; isto é, não são funções nem da variável dependente *i*, nem da variável independente *t*. Assim, a equação também pode ser descrita como uma equação diferencial ordinária com coeficientes constantes.

Para resolver a Equação 7.1, dividimos ambos os lados por L, transferimos o termo que envolve i para o lado direito e, então, multiplicamos por um tempo diferencial dt. O resultado é

$$\frac{di}{dt}dt = -\frac{R}{L}i\,dt. \tag{7.2}$$

Em seguida, reconhecemos o lado esquerdo da Equação 7.2 como uma variação diferencial na corrente i, isto é, di. Agora, dividimos todos os termos por i e obtemos

$$\frac{di}{i} = -\frac{R}{L}dt. \tag{7.3}$$

Obtemos uma expressão explícita para i como uma função de t integrando ambos os lados da Equação 7.3. Usando x e y como variáveis de integração, temos

$$\int_{i(t_0)}^{i(t)} \frac{dx}{x} = -\frac{R}{L}\int_{t_0}^{t} dy, \tag{7.4}$$

em que $i(t_0)$ é a corrente correspondente ao tempo t_0 e $i(t)$ é a corrente correspondente ao tempo t. Aqui, $t_0 = 0$. Portanto, executando a integração indicada, obtemos

$$\ln\frac{i(t)}{i(0)} = -\frac{R}{L}t. \tag{7.5}$$

Com base na definição de logaritmo natural,

$$i(t) = i(0)e^{-(R/L)t}. \tag{7.6}$$

Lembre-se de que, no Capítulo 6, afirmamos que não pode ocorrer uma variação instantânea de corrente em um indutor. Portanto, no primeiro instante após a chave ter sido aberta, a corrente no indutor permanece inalterada. Se usarmos 0^- para indicar o tempo imediatamente anterior ao chaveamento e 0^+ para o tempo imediatamente após o chaveamento, então

Corrente inicial do indutor ▶
$$i(0^-) = i(0^+) = I_0,$$

em que, como na Figura 7.1, I_0 é a corrente inicial no indutor. A corrente inicial no indutor está orientada na direção de referência de i. Daí, a Equação 7.6 torna-se

Resposta natural de um circuito RL ▶
$$i(t) = I_0 e^{-(R/L)t}, \quad t \geq 0, \tag{7.7}$$

o que mostra que a corrente começa no valor inicial I_0 e diminui exponencialmente, tendendo a zero à medida que t aumenta. A Figura 7.5 mostra essa resposta.

Deduzimos a tensão no resistor da Figura 7.4 por uma aplicação direta da lei de Ohm:

$$v = iR = I_0 R e^{-(R/L)t}, \quad t \geq 0^+. \tag{7.8}$$

Figura 7.5 Corrente para o circuito mostrado na Figura 7.4.

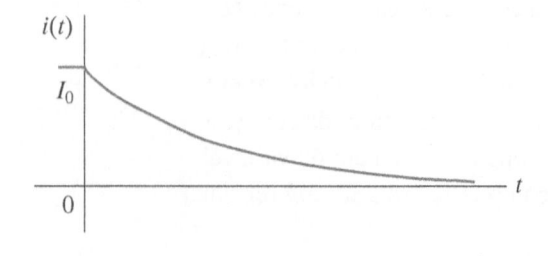

Observe que, em contraste com a expressão para a corrente mostrada na Equação 7.7, a tensão é definida somente para $t > 0$, e não em $t = 0$. A razão é que ocorre uma variação em degrau na tensão em $t = 0$. Observe que, para $t < 0$, a derivada da corrente é igual a zero, portanto a tensão também é nula. (Esse resultado decorre de $v = L\,di/dt = 0$.) Assim,

$$v(0^-) = 0, \tag{7.9}$$

$$v(0^+) = I_0 R, \tag{7.10}$$

em que $v(0^+)$ é obtida da Equação 7.8 com $t = 0^+$.[1] Com essa variação instantânea, o valor da tensão em $t = 0$ é desconhecido. Por isso, usamos $t \geq 0^+$ para definir a região de validade para essas soluções.

Calculamos a potência dissipada no resistor a partir de qualquer uma das seguintes expressões:

$$p = vi, \quad p = i^2R, \quad \text{ou} \quad p = \frac{v^2}{R}. \tag{7.11}$$

Seja qual for a forma usada, a expressão resultante pode ser reduzida a

$$p = I_0^2 R e^{-2(R/L)t}, \quad t \geq 0^+. \tag{7.12}$$

A energia fornecida ao resistor durante qualquer intervalo de tempo, após a chave ter sido aberta, é

$$\begin{aligned} w &= \int_0^t p\,dx = \int_0^t I_0^2 R e^{-2(R/L)x}\,dx \\ &= \frac{1}{2(R/L)} I_0^2 R (1 - e^{-2(R/L)t}) \\ &= \frac{1}{2} L I_0^2 (1 - e^{-2(R/L)t}), \quad t \geq 0. \end{aligned} \tag{7.13}$$

Observe que, pela Equação 7.13, à medida que t tende ao infinito, a energia dissipada no resistor aproxima-se da energia inicial armazenada no indutor.

O significado da constante de tempo

As expressões para $i(t)$ (Equação 7.7) e $v(t)$ (Equação 7.8) incluem um termo da forma $e^{-(R/L)t}$. O coeficiente de t – a saber, R/L – determina a taxa segundo a qual a corrente ou tensão se aproxima de zero. A recíproca dessa razão é a **constante de tempo** do circuito,

$$\tau = \text{constante de tempo} = \frac{L}{R}. \tag{7.14}$$

◀ **Constante de tempo para o circuito RL**

Usando o conceito de constante de tempo, escrevemos as expressões para corrente, tensão, potência e energia como

$$i(t) = I_0 e^{-t/\tau}, \quad t \geq 0, \tag{7.15}$$

$$v(t) = I_0 R e^{-t/\tau}, \quad t \geq 0^+, \tag{7.16}$$

$$p = I_0^2 R e^{-2t/\tau}, \quad t \geq 0^+, \tag{7.17}$$

$$w = \frac{1}{2} L I_0^2 (1 - e^{-2t/\tau}), \quad t \geq 0. \tag{7.18}$$

A constante de tempo é um parâmetro importante para circuitos de primeira ordem; portanto, vale a pena mencionar várias de suas características. Em primeiro lugar, é conveniente imaginar o tempo transcorrido após o chaveamento em termos de múltiplos inteiros de τ.

---

[1] Podemos definir mais formalmente as expressões 0^- e 0^+. A expressão $x(0^-)$ refere-se ao limite da variável x quando $t \to 0$ pela esquerda, ou a partir de tempos negativos. A expressão $x(0^+)$ refere-se ao limite da variável x quando $t \to 0$ pela direita, ou a partir de tempos positivos.

Tabela 7.1 Valor de $e^{-t/\tau}$ para t igual a múltiplos inteiros de τ.

t	$e^{-t/\tau}$	t	$e^{-t/\tau}$
τ	$3{,}6788 \times 10^{-1}$	6τ	$2{,}4788 \times 10^{-3}$
2τ	$1{,}3534 \times 10^{-1}$	7τ	$9{,}1188 \times 10^{-4}$
3τ	$4{,}9787 \times 10^{-2}$	8τ	$3{,}3546 \times 10^{-4}$
4τ	$1{,}8316 \times 10^{-2}$	9τ	$1{,}2341 \times 10^{-4}$
5τ	$6{,}7379 \times 10^{-3}$	10τ	$4{,}5400 \times 10^{-5}$

Assim, uma constante de tempo após o indutor ter começado a fornecer sua energia armazenada ao resistor, a corrente foi reduzida a e^{-1}, ou aproximadamente 0,37 de seu valor inicial.

A Tabela 7.1 dá o valor de $e^{-t/\tau}$ para múltiplos inteiros de τ de 1 a 10. Observe que, quando o tempo transcorrido excede cinco constantes de tempo, a corrente é menor que 1% de seu valor inicial. Assim, em alguns casos dizemos que em cinco constantes de tempo após o chaveamento ter ocorrido, para a maioria das finalidades práticas, as correntes e tensões alcançaram seus valores finais. Para circuitos com uma única constante de tempo (circuitos de primeira ordem) com 1% de precisão, a expressão *um longo tempo* indica que transcorreram cinco ou mais constantes de tempo. Desse modo, a existência de corrente no circuito RL mostrado na Figura 7.1(a) é um evento momentâneo, denominado **resposta transitória** do circuito. A resposta que passa a existir depois de um longo tempo após o chaveamento é denominada **resposta de regime permanente**. Então, a expressão *um longo tempo* também significa o tempo que o circuito leva para alcançar seu regime permanente.

Qualquer circuito de primeira ordem é caracterizado, em parte, pelo valor de sua constante de tempo. Se não tivermos nenhum método para calcular a constante de tempo de tal circuito (talvez por não conhecermos os valores de seus componentes), podemos determinar seu valor a partir do gráfico da resposta natural do circuito. Isso porque outra importante característica da constante de tempo é que ela corresponde ao tempo que seria necessário para a corrente alcançar seu valor final, se continuasse a variar de acordo com sua taxa de variação inicial. Para ilustrar, calculamos di/dt em 0^+ e admitimos que a corrente continue a variar a essa taxa:

$$\frac{di}{dt}(0^+) = -\frac{R}{L}I_0 = -\frac{I_0}{\tau}. \tag{7.19}$$

Agora, se i começar como I_0 e diminuir a uma taxa constante de I_0/τ ampères por segundo, a expressão para i torna-se

$$i = I_0 - \frac{I_0}{\tau}t. \tag{7.20}$$

Figura 7.6 Interpretação gráfica da constante de tempo do circuito RL mostrado na Figura 7.4.

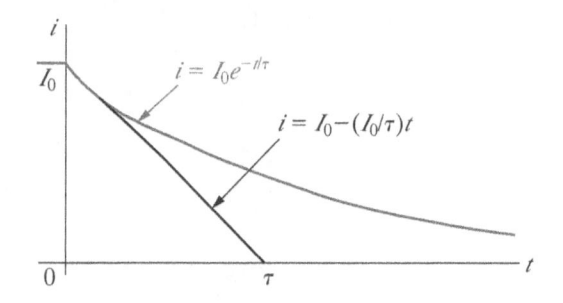

A Equação 7.20 indica que i alcançaria seu valor final (zero) em τ segundos. A Figura 7.6 mostra como essa interpretação gráfica é útil para estimar a constante de tempo de um circuito a partir de um gráfico de sua resposta natural. Esse gráfico poderia ser gerado em um osciloscópio que medisse a corrente de saída. Traçando a tangente à curva da resposta natural em $t = 0$ e lendo o valor no ponto onde a tangente intercepta o eixo do tempo, temos o valor de τ.

O cálculo da resposta natural de um circuito RL pode ser resumido da seguinte forma:

Cálculo da resposta natural de circuito RL
1. Determine a corrente inicial, I_0, que passa pelo indutor.
2. Calcule a constante de tempo do circuito, $\tau = L/R$.
3. 3. Use a Equação 7.15, $I_0 e^{-t/\tau}$, para gerar $i(t)$ a partir de I_0 e τ.

Todos os outros cálculos de interesse decorrem da expressão de $i(t)$. Os exemplos 7.1 e 7.2 ilustram os cálculos numéricos associados à resposta natural de um circuito RL.

EXEMPLO 7.1 Determinação da resposta natural de um circuito *RL*.

A chave no circuito mostrado na Figura 7.7 esteve fechada por um longo tempo, antes de ser aberta em $t = 0$. Determine

a) $i_L(t)$ para $t \geq 0$,

b) $i_o(t)$ para $t \geq 0^+$,

c) $v_o(t)$ para $t \geq 0^+$,

d) a percentagem da energia total armazenada no indutor de 2 H que é dissipada no resistor de 10 Ω.

Figura 7.7 Circuito para o Exemplo 7.1.

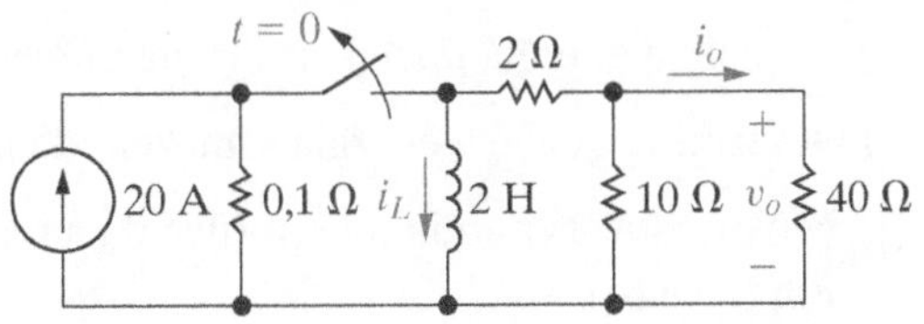

Solução

a) A chave esteve fechada por um longo tempo antes de $t = 0$ e, portanto, sabemos que a tensão no indutor deve ser igual a zero em $t = 0^-$. Logo, a corrente inicial no indutor é 20 A em $t = 0^-$. Assim, $i_L(0^+)$ também é 20 A, pois a corrente não pode sofrer uma variação instantânea em um indutor. Substituímos o circuito resistivo ligado aos terminais do indutor por um único resistor de 10 Ω:

$$R_{eq} = 2 + (40 \| 10) = 10 \, \Omega.$$

A constante de tempo do circuito é L/R_{eq}, ou 0,2 s, o que resulta na expressão para a corrente no indutor

$$i_L(t) = 20e^{-5t} \, \text{A}, t \geq 0.$$

b) Determinamos a corrente no resistor de 40 Ω mais facilmente usando divisão de corrente; isto é,

$$i_o = -i_L \frac{10}{10 + 40}.$$

Observe que essa expressão é válida para $t \geq 0^+$, porque $i_o = 0$, em $t = 0^-$. O indutor comporta-se como um curto-circuito antes de a chave ser aberta, produzindo uma variação instantânea na corrente i_o. Então,

$$i_o(t) = -4e^{-5t} \, \text{A}, t \geq 0^+.$$

c) Determinamos a tensão v_o pela aplicação direta da lei de Ohm:

$$v_o(t) = 40 i_o = -160 e^{-5t} \, \text{V}, t \geq 0^+.$$

d) A potência dissipada no resistor de 10 Ω é

$$p_{10\Omega}(t) = \frac{v_o^2}{10} = 2.560 e^{-10t} \, \text{W}, \quad t \geq 0^+.$$

A energia total dissipada no resistor de 10 Ω é

$$w_{10\Omega}(t) = \int_0^\infty 2.560 e^{-10t} dt = 256 \, \text{J}.$$

A energia inicial armazenada no indutor de 2 H é

$$w(0) = \frac{1}{2} L i^2(0) = \frac{1}{2}(2)(400) = 400 \, \text{J}.$$

Portanto, a percentagem de energia dissipada no resistor de 10 Ω é

$$\frac{256}{400}(100) = 64\%.$$

EXEMPLO 7.2 Determinação da resposta natural de um circuito RL com indutores em paralelo.

No circuito mostrado na Figura 7.8, as correntes iniciais nos indutores L_1 e L_2 foram estabelecidas por fontes não mostradas. A chave é aberta em $t = 0$.

a) Determine i_1, i_2 e i_3 para $t \geq 0$.

b) Calcule a energia inicial armazenada nos indutores em paralelo.

c) Determine qual é a energia armazenada nos indutores quando $t \to \infty$.

d) Mostre que a energia total fornecida à rede resistiva é igual à diferença entre os resultados obtidos em (b) e (c).

Figura 7.8 Circuito para o Exemplo 7.2.

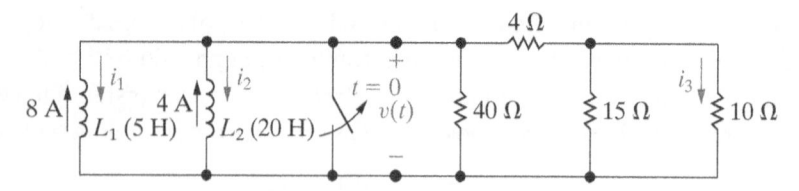

Solução

a) Para determinar as correntes i_1, i_2 e i_3, é preciso conhecer a tensão $v(t)$. Podemos determiná-la, com facilidade, se reduzirmos o circuito da Figura 7.8 à forma equivalente mostrada na Figura 7.9. Os indutores em paralelo são substituídos por uma indutância equivalente de 4 H, conduzindo uma corrente inicial de 12 A. A rede resistiva reduz-se a uma única resistência de 8 Ω. Por conseguinte, o valor inicial de $i(t)$ é 12 A e a constante de tempo é 4/8 ou 0,5 s. Portanto,

Figura 7.9 Simplificação do circuito mostrado na Figura 7.8.

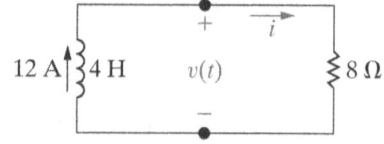

$$i(t) = 12e^{-2t} \text{ A}, t \geq 0.$$

A tensão $v(t)$ é, então, simplesmente o produto $8i$, e portanto,

$$v(t) = 96e^{-2t} \text{ V}, t \geq 0^+.$$

O circuito mostra que $v(t) = 0$ em $t = 0^-$, de modo que a expressão para $v(t)$ é válida para $t \geq 0^+$. Após obter $v(t)$, podemos calcular i_1, i_2 e i_3:

$$i_1 = \frac{1}{5}\int_0^t 96e^{-2x}\,dx - 8$$

$$= 1{,}6 - 9{,}6e^{-2t} \text{ A}, \quad t \geq 0,$$

$$i_2 = \frac{1}{20}\int_0^t 96e^{-2x}\,dx - 4$$

$$= -1{,}6 - 2{,}4e^{-2t} \text{ A}, \quad t \geq 0,$$

$$i_3 = \frac{v(t)}{10}\frac{15}{25} = 5{,}76e^{-2t} \text{ A}, \quad t \geq 0^+.$$

Observe que as expressões para as correntes nos indutores, i_1 e i_2, são válidas para $t \geq 0$, ao passo que a expressão para a corrente no resistor, i_3, é válida para $t \geq 0^+$.

b) A energia inicial armazenada nos indutores é

$$w = \frac{1}{2}(5)(64) + \frac{1}{2}(20)(16) = 320 \text{ J}.$$

c) Quando $t \to \infty$, $i_1 \to 1{,}6$ A e $i_2 \to -1{,}6$ A. Portanto, um longo tempo após a chave ter sido aberta, a energia armazenada nos dois indutores é

$$w = \frac{1}{2}(5)(1{,}6)^2 + \frac{1}{2}(20)(-1{,}6)^2 = 32 \text{ J}.$$

d) Obtemos a energia total fornecida à rede resistiva integrando a expressão para a potência instantânea de zero a infinito:

$$w = \int_0^\infty p\,dt = \int_0^\infty 1.152\, e^{-4t}\,dt$$

$$= 1.152 \left. \frac{e^{-4t}}{-4} \right|_0^\infty = 288 \text{ J}.$$

Esse resultado é a diferença entre a energia inicialmente armazenada (320 J) e a energia final armazenada nos indutores em paralelo (32 J). O indutor equivalente para os indutores em paralelo (que prevê o comportamento terminal da combinação em paralelo) tem uma energia inicial de 288 J; isto é, a energia armazenada no indutor equivalente representa a quantidade de energia que será fornecida à rede resistiva ligada aos terminais dos indutores originais.

PROBLEMAS PARA AVALIAÇÃO

Objetivo 1 Saber determinar a resposta natural de circuitos RL e RC.

7.1 A chave, no circuito mostrado, esteve fechada por um longo tempo e é aberta em $t = 0$.

  a) Calcule o valor inicial de i.
  b) Calcule a energia inicial armazenada no indutor.
  c) Qual é a constante de tempo do circuito para $t > 0$?
  d) Qual é a expressão numérica de $i(t)$ para $t \geq 0$?
  e) Qual percentagem da energia inicial armazenada é dissipada no resistor de 2 Ω, 5 ms após a chave ter sido aberta?

  Resposta: (a) −12,5 A;
  (b) 625 mJ;
  (c) 4 ms;
  (d) $-12{,}5 e^{-250t}$ A, $t \geq 0$;
  (e) 91,8%.

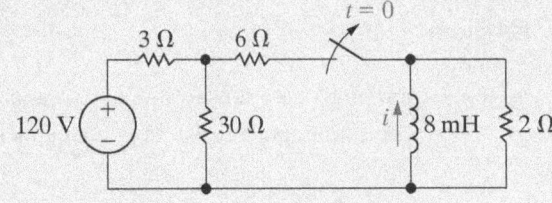

7.2 Em $t = 0$, a chave, no circuito mostrado, passa instantaneamente da posição a para a posição b.

  a) Calcule v_o para $t \geq 0^+$.
  b) Qual percentagem da energia inicial armazenada no indutor é dissipada no resistor de 4 Ω?

  Resposta: (a) $-8 e^{-10t}$ V, $t \geq 0$; (b) 80%.

NOTA: tente resolver também os problemas 7.3, 7.8 e 7.9, apresentados no final deste capítulo.

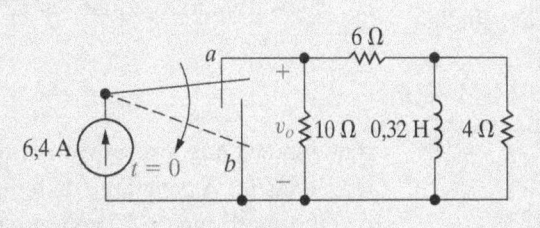

7.2 Resposta natural de um circuito RC

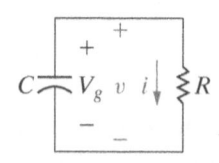

Como mencionado na Seção 7.1, a resposta natural de um circuito RC é análoga à de um circuito RL. Assim, não trataremos o circuito RC com o mesmo nível de detalhamento do circuito RL.

Figura 7.10 Circuito RC.

A resposta natural de um circuito RC é analisada a partir do circuito mostrado na Figura 7.10. Começamos supondo que a chave esteve na posição *a* por um longo tempo, o que permite que o laço formado pela fonte de tensão cc, V_g, o resistor R_1 e o capacitor C atinjam uma condição de regime permanente. Lembre-se de que dissemos, no Capítulo 6, que um capacitor comporta-se como um circuito aberto na presença de uma tensão constante. Assim, a fonte de tensão não faz circular no capacitor uma corrente e, portanto, a tensão da fonte aparece nos terminais do capacitor. Na Seção 7.3, discutiremos como a tensão no capacitor cresce até o valor de regime permanente, igual ao da fonte de tensão cc, mas, por enquanto, o ponto importante é que, quando a chave passa da posição *a* para a posição *b* (em $t = 0$), a tensão no capacitor é V_g. Como não pode haver variação instantânea de tensão nos terminais de um capacitor, o problema reduz-se a resolver o circuito mostrado na Figura 7.11.

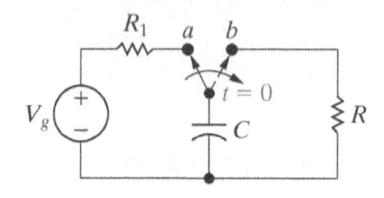

Figura 7.11 Circuito mostrado na Figura 7.10, após chaveamento.

Cálculo da expressão da tensão

Podemos determinar a tensão $v(t)$ com facilidade pensando em termos de tensões de nó. Usando a junção inferior entre R e C como o nó de referência e somando as correntes que saem da junção superior entre R e C, temos

$$C\frac{dv}{dt} + \frac{v}{R} = 0. \tag{7.21}$$

Comparando a Equação 7.21 com a Equação 7.1 vemos que as mesmas técnicas matemáticas podem ser usadas para obter a solução para $v(t)$. Deixamos para você demonstrar que

$$v(t) = v(0)e^{-t/RC}, t \geq 0. \tag{7.22}$$

Como já havíamos observado, a tensão inicial no capacitor é igual à tensão da fonte de tensão, V_g, ou

▶ Tensão inicial no capacitor

$$v(0^-) = v(0) = v(0^+) = V_g = V_0, \tag{7.23}$$

em que V_0 é a tensão inicial no capacitor. A constante de tempo para o circuito RC é igual ao produto entre a resistência e a capacitância, a saber,

▶ Constante de tempo para circuito RC

$$\tau = RC. \tag{7.24}$$

Substituindo as equações 7.23 e 7.24 na Equação 7.22, obtemos

▶ Resposta natural de um circuito RC

$$v(t) = V_0 e^{-t/\tau}, t \geq 0, \tag{7.25}$$

o que indica que a resposta natural de um circuito RC é uma queda exponencial a partir da tensão inicial. A constante de tempo RC comanda a velocidade da queda. A Figura 7.12 mostra o gráfico da Equação 7.25 e a interpretação gráfica da constante de tempo.

Após a determinação de $v(t)$, podemos calcular com facilidade as expressões para i, p e w:

$$i(t) = \frac{v(t)}{R} = \frac{V_0}{R}e^{-t/\tau}, \quad t \geq 0^+, \quad (7.26)$$

$$p = vi = \frac{V_0^2}{R}e^{-2t/\tau}, \quad t \geq 0^+, \quad (7.27)$$

$$w = \int_0^t p\,dx = \int_0^t \frac{V_0^2}{R}e^{-2x/\tau}\,dx$$

$$= \frac{1}{2}CV_0^2(1 - e^{-2t/\tau}), \quad t \geq 0. \quad (7.28)$$

Figura 7.12 Resposta natural de um circuito *RC*.

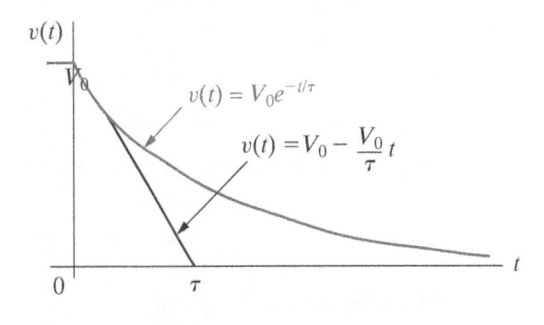

O cálculo da resposta natural de um circuito *RC* pode ser resumido da seguinte forma:

1. Determine a tensão inicial, V_0, no capacitor.
2. Determine a constante de tempo do circuito, $\tau = RC$.
3. Use a Equação 7.25, $v(t) = V_0 e^{-t/\tau}$, para gerar $v(t)$ a partir de V_0 e τ.

◀ Cálculo da resposta natural de um circuito *RC*

Todos os outros cálculos de interesse decorrem da expressão de $v(t)$. Os exemplos 7.3 e 7.4 ilustram os cálculos associados à resposta natural de um circuito *RC*.

EXEMPLO 7.3 Determinação da resposta natural de um circuito *RC*.

A chave do circuito mostrado na Figura 7.13 esteve na posição x por um longo tempo. Em $t = 0$, ela passa instantaneamente para a posição y. Determine

a) $v_C(t)$ para $t \geq 0$,

b) $v_o(t)$ para $t \geq 0^+$,

c) $i_o(t)$ para $t \geq 0^+$ e

d) a energia total dissipada no resistor de 60 kΩ.

Figura 7.13 Circuito para o Exemplo 7.3.

Solução

a) Como a chave esteve na posição x por um longo tempo, o capacitor de 0,5 μF se carrega até a tensão de 100 V, positiva no terminal superior. Podemos substituir a rede resistiva ligada ao capacitor em $t = 0^+$ por uma resistência equivalente de 80 kΩ. Assim, a constante de tempo do circuito é (0,5 $\times 10^{-6}$)(80 $\times 10^3$) ou 40 ms. Então,

$$v_C(t) = 100e^{-25t}\text{ V}, t \geq 0.$$

b) O modo mais fácil de determinar $v_o(t)$ é observar que o circuito resistivo forma um divisor de tensão nos terminais do capacitor. Assim,

$$v_o(t) = \frac{48}{80}v_C(t) = 60e^{-25t}\text{ V}, \quad t \geq 0^+.$$

Essa expressão para $v_o(t)$ é válida para $t \geq 0^+$, porque $v_o(0^-)$ é igual a zero. Assim, temos uma variação instantânea na tensão no resistor de 240 kΩ.

c) Determinamos a corrente $i_o(t)$ pela lei de Ohm:

$$i_o(t) = \frac{v_o(t)}{60 \times 10^3} = e^{-25t} \, \text{mA}, \quad t \geq 0^+.$$

d) A potência dissipada no resistor de 60 kΩ é

$$p_{60k\Omega}(t) = i_o^2(t)(60 \times 10^3) = 60e^{-50t} \, \text{mW}, \quad t \geq 0^+.$$

A energia total dissipada é

$$w_{60k\Omega} = \int_0^\infty i_o^2(t)(60 \times 10^3)\, dt = 1{,}2 \, \text{mJ}.$$

EXEMPLO 7.4 Determinação da resposta natural de um circuito *RC* com capacitores em série.

As tensões iniciais nos capacitores C_1 e C_2 no circuito da Figura 7.14 foram estabelecidas por fontes não mostradas. A chave é fechada em $t = 0$.

a) Determine $v_1(t)$, $v_2(t)$ e $v(t)$ para $t \geq 0$ e $i(t)$ para $t \geq 0^+$.
b) Calcule a energia inicial armazenada nos capacitores C_1 e C_2.
c) Determine a energia que fica armazenada nos capacitores quando $t \to \infty$.
d) Mostre que a energia total fornecida ao resistor de 250 kΩ é a diferença entre os resultados obtidos em (b) e (c).

Figura 7.14 Circuito para o Exemplo 7.4.

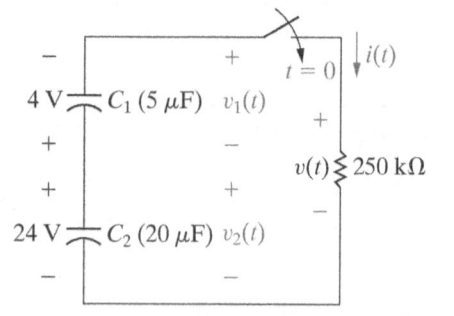

Solução

a) Assim que conhecermos $v(t)$, poderemos obter a corrente $i(t)$ pela lei de Ohm. Após determinar $i(t)$, podemos calcular $v_1(t)$ e $v_2(t)$, porque a tensão em um capacitor é função de sua corrente. Para determinar $v(t)$, substituímos os capacitores ligados em série por um capacitor equivalente. Ele tem uma capacitância de 4 μF e está carregado com uma tensão de 20 V. Portanto, o circuito mostrado na Figura 7.14 reduz-se ao mostrado na Figura 7.15, o que revela que o valor inicial de $v(t)$ é 20 V e que a constante de tempo do circuito é $(4)(250) \times 10^{-3}$, ou 1 s. Assim, a expressão para $v(t)$ é

$$v(t) = 20e^{-t} \, \text{V}, \, t \geq 0.$$

Figura 7.15 Simplificação do circuito mostrado na Figura 7.14.

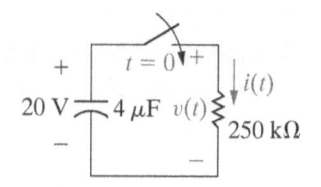

A corrente $i(t)$ é

$$i(t) = \frac{v(t)}{250.000} = 80e^{-t} \, \mu\text{A}, \quad t \geq 0^+.$$

Conhecendo $i(t)$, calculamos as expressões para $v_1(t)$ e $v_2(t)$:

$$v_1(t) = -\frac{10^6}{5}\int_0^t 80 \times 10^{-6} e^{-x} dx - 4$$

$$= (16e^{-t} - 20) \text{ V}, \quad t \geq 0,$$

$$v_2(t) = -\frac{10^6}{20}\int_0^t 80 \times 10^{-6} e^{-x} dx + 24$$

$$= (4e^{-t} + 20) \text{ V}, \quad t \geq 0.$$

b) A energia inicial armazenada em C_1 é

$$w_1 = \frac{1}{2}(5 \times 10^{-6})(16) = 40 \text{ }\mu\text{J}.$$

A energia inicial armazenada em C_2 é

$$w_2 = \frac{1}{2}(20 \times 10^{-6})(576) = 5.760 \text{ }\mu\text{J}.$$

A energia total armazenada nos dois capacitores é

$$w_o = 40 + 5.760 = 5.800 \text{ }\mu\text{J}.$$

c) Quando $t \to \infty$,

$$v_1 \to -20 \text{ V e } v_2 \to +20 \text{ V}.$$

Portanto, a energia armazenada nos dois capacitores é

$$w_\infty = \frac{1}{2}(5 + 20) \times 10^{-6}(400) = 5.000 \text{ }\mu\text{J}.$$

d) A energia total fornecida ao resistor de 250 kΩ é

$$w = \int_0^\infty p \, dt = \int_0^\infty \frac{400e^{-2t}}{250.000} dt = 800 \text{ }\mu\text{J}.$$

Comparando os resultados obtidos em (b) e (c), vemos que

$$800 \text{ }\mu\text{J} = (5.800 - 5.000) \text{ }\mu\text{J}.$$

A energia armazenada no capacitor equivalente na Figura 7.15 é $\frac{1}{2}(4 \times 10^{-6})(400)$, ou 800 μJ. Como esse capacitor exibe o comportamento terminal dos capacitores originais ligados em série, a energia armazenada no capacitor equivalente é a energia fornecida ao resistor de 250 kΩ.

PROBLEMAS PARA AVALIAÇÃO

Objetivo 1 Saber determinar a resposta natural de circuitos *RL* e *RC*.

7.3 A chave no circuito mostrado esteve fechada por um longo tempo e é aberta em $t = 0$. Determine

a) o valor inicial de $v(t)$,
b) a constante de tempo para $t > 0$,
c) a expressão numérica para $v(t)$, após a chave ter sido aberta,
d) a energia inicial armazenada no capacitor e
e) o tempo necessário para que 75% da energia inicialmente armazenada seja dissipada.

Resposta: (a) 200 V;
(b) 20 ms;
(c) $200e^{-50t}$ V, $t \geq 0$;
(d) 8 mJ;
(e) 13,86 ms.

7.4 A chave no circuito mostrado esteve fechada durante um longo tempo antes de ser aberta em $t = 0$.

a) Determine $v_o(t)$ para $t \geq 0$.
b) Qual percentagem da energia inicial armazenada no circuito é dissipada após a chave estar aberta por 60 ms?

Resposta: (a) $8e^{-25t} + 4e^{-10t}$ V, $t \geq 0$;
(b) 81,05%.

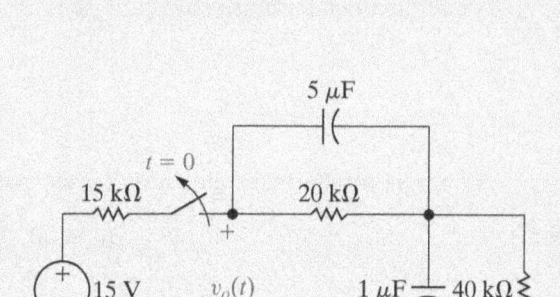

NOTA: tente resolver também os problemas 7.23 e 7.25, apresentados no final deste capítulo.

7.3 Resposta a um degrau de circuitos *RL* e *RC*

Estamos prontos para discutir o problema de determinar as correntes e tensões geradas em circuitos *RL* ou *RC* de primeira ordem quando lhes são aplicadas repentinamente fontes de tensão ou corrente cc. A resposta de um circuito à aplicação repentina de uma fonte de tensão ou corrente constante é denominada resposta a um degrau. Ao analisarmos essa resposta, mostramos como o circuito responde quando a energia está sendo armazenada no indutor ou capacitor. Começamos com a resposta a um degrau de um circuito *RL*.

Resposta a um degrau de um circuito *RL*

Figura 7.16 Circuito usado para ilustrar a resposta a um degrau de um circuito *RL* de primeira ordem.

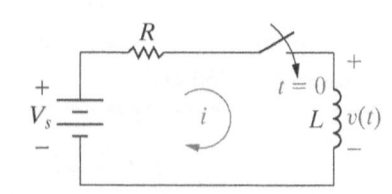

Para começar, modificamos o circuito de primeira ordem mostrado na Figura 7.2(a) acrescentando-lhe uma chave. Usamos o circuito resultante, mostrado na Figura 7.16, para desenvolver a resposta a um degrau de um circuito *RL*. A energia armazenada no indutor no instante em que a chave fecha é dada em termos de uma corrente inicial diferente de zero $i(0)$. A tarefa é determinar as expressões para a corrente no circuito e para a tensão nos terminais do indutor após o fechamento da chave. O procedimento é o mesmo usado na Seção 7.1: utilizamos a análise de circuitos para escrever a equação diferencial que descreve o circuito em termos da variável de interesse e, então, usamos o cálculo diferencial e integral elementar para resolver a equação.

Após a chave da Figura 7.16 ter sido fechada, a lei das tensões de Kirchhoff determina que

$$V_s = Ri + L\frac{di}{dt}, \tag{7.29}$$

equação que pode ser resolvida para a corrente, separando-se as variáveis i e t e, então, integrando. A primeira etapa dessa abordagem é resolver a Equação 7.29 para a derivada di/dt:

$$\frac{di}{dt} = \frac{-Ri + V_s}{L} = \frac{-R}{L}\left(i - \frac{V_s}{R}\right). \tag{7.30}$$

Em seguida, multiplicamos ambos os lados da Equação 7.30 por um tempo diferencial dt. Essa etapa reduz o lado esquerdo da equação a uma variação diferencial na corrente. Assim,

$$\frac{di}{dt}dt = \frac{-R}{L}\left(i - \frac{V_s}{R}\right)dt, \tag{7.31}$$

ou

$$di = \frac{-R}{L}\left(i - \frac{V_s}{R}\right)dt.$$

Agora, separamos as variáveis na Equação 7.31 para obter

$$\frac{di}{i - (V_s/R)} = \frac{-R}{L}dt, \tag{7.32}$$

e, então, integramos ambos o lados da Equação 7.32. Usando x e y como variáveis para a integração, obtemos

$$\int_{I_0}^{i(t)} \frac{dx}{x - (V_s/R)} = \frac{-R}{L}\int_0^t dy, \tag{7.33}$$

em que I_0 é a corrente em $t = 0$ e $i(t)$ é a corrente em qualquer $t > 0$. A integração da Equação 7.33 resulta na expressão

$$\ln\frac{i(t) - (V_s/R)}{I_0 - (V_s/R)} = \frac{-R}{L}t, \tag{7.34}$$

da qual

$$\frac{i(t) - (V_s/R)}{I_0 - (V_s/R)} = e^{-(R/L)t},$$

ou

$$i(t) = \frac{V_s}{R} + \left(I_0 - \frac{V_s}{R}\right)e^{-(R/L)t}. \tag{7.35}$$ ◀ **Resposta a um degrau de circuito RL**

Quando a energia inicial no indutor é igual a zero, I_0 é nula. Assim, a Equação 7.35 reduz-se a

$$i(t) = \frac{V_s}{R} - \frac{V_s}{R}e^{-(R/L)t}. \tag{7.36}$$

A Equação 7.36 indica que, após a chave ser fechada, a corrente aumenta exponencialmente de zero a um valor final de V_s/R. A constante de tempo do circuito, L/R, determina a taxa de crescimento. Uma constante de tempo depois de a chave ter sido fechada, a corrente terá alcançado aproximadamente 63% de seu valor final, ou

$$i(\tau) = \frac{V_s}{R} - \frac{V_s}{R}e^{-1} \approx 0{,}6321\frac{V_s}{R}. \tag{7.37}$$

Se a corrente continuasse a aumentar à sua taxa inicial, ela alcançaria seu valor final em $t = \tau$; isto é, visto que

$$\frac{di}{dt} = \frac{-V_s}{R}\left(\frac{-1}{\tau}\right)e^{-t/\tau} = \frac{V_s}{L}e^{-t/\tau}, \tag{7.38}$$

a taxa de variação inicial de $i(t)$ é

$$\frac{di}{dt}(0) = \frac{V_s}{L}. \tag{7.39}$$

Se a corrente continuasse a aumentar a essa taxa, a expressão para i seria

$$i = \frac{V_s}{L}t, \tag{7.40}$$

da qual, em $t = \tau$,

$$i = \frac{V_s}{L}\frac{L}{R} = \frac{V_s}{R}. \tag{7.41}$$

As equações 7.36 e 7.40 estão plotadas na Figura 7.17. Os valores dados pelas equações 7.37 e 7.41 também são mostrados na figura.

A tensão no indutor é Ldi/dt, portanto, pela Equação 7.35, para $t \geq 0^+$,

$$v = L\left(\frac{-R}{L}\right)\left(I_0 - \frac{V_s}{R}\right)e^{-(R/L)t} = (V_s - I_0 R)e^{-(R/L)t}. \tag{7.42}$$

Figura 7.17 Resposta a um degrau do circuito *RL* mostrado na Figura 7.16 quando $I_0 = 0$.

A tensão no indutor é igual a zero antes de a chave ser fechada. A Equação 7.42 indica que a tensão no indutor salta para $V_s - I_0 R$ no instante em que a chave é fechada e, então, cai exponencialmente a zero.

O valor de v em $t = 0^+$ faz sentido? Como a corrente inicial é I_0 e o indutor impede uma variação instantânea na corrente, a corrente é I_0 em um instante após o fechamento da chave. A queda de tensão no resistor é $I_0 R$ e a tensão nos terminais do indutor é a tensão da fonte menos a queda de tensão, isto é, $V_s - I_0 R$.

Quando a corrente inicial no indutor é igual a zero, a Equação 7.42 é simplificada para

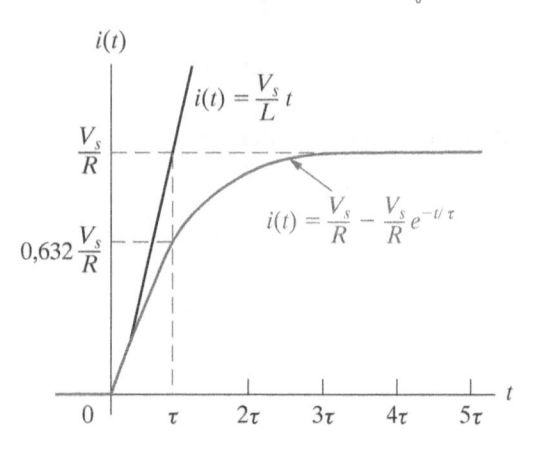

$$v = V_s e^{-(R/L)t}. \tag{7.43}$$

Figura 7.18 Tensão no indutor *versus* tempo.

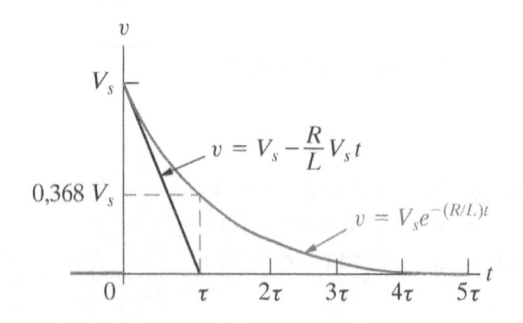

Se a corrente inicial for nula, a tensão no indutor saltará para V_s. Também esperamos que a tensão do indutor se aproxime de zero à medida que t aumenta, porque a corrente no circuito está se aproximando do valor constante de V_s/R. A Figura 7.18 mostra o gráfico da Equação 7.43 e a relação entre a constante de tempo e a taxa inicial em que a tensão do indutor está diminuindo.

Se houver uma corrente inicial no indutor, a Equação 7.35 fornece a solução adequada. O sinal algébrico de I_0 será positivo, se a corrente inicial estiver na mesma direção de i; caso contrário, I_0 leva um sinal negativo. O Exemplo 7.5 ilustra a aplicação da Equação 7.35 a um circuito específico.

EXEMPLO 7.5 Determinação da resposta a um degrau de um circuito RL.

A chave do circuito mostrado na Figura 7.19 esteve na posição *a* por um longo tempo. Em $t = 0$, ela passa da posição *a* para a posição *b*. A chave é do tipo liga-antes-interrompe-depois; isto é, a ligação na posição *b* é estabelecida antes de a ligação na posição *a* ser interrompida, o que evita a interrupção da corrente no indutor.

Figura 7.19 Circuito para o Exemplo 7.5.

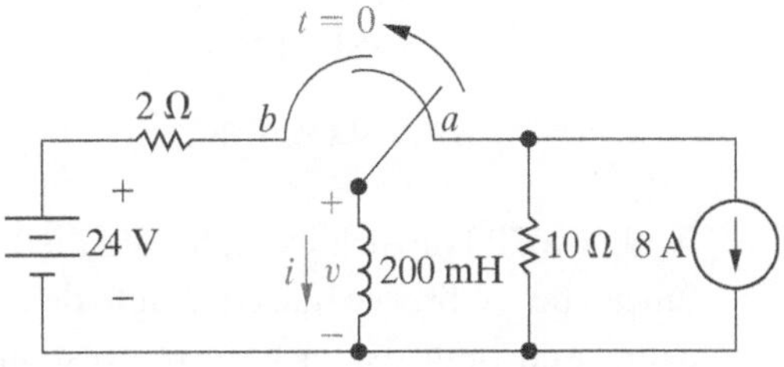

a) Determine a expressão de $i(t)$ para $t \geq 0$.

b) Qual é a tensão inicial no indutor imediatamente após a chave ter passado para a posição *b*?

c) Quantos milissegundos após a chave ter mudado de posição a tensão nos terminais do indutor atinge 24 V?

d) Essa tensão inicial faz sentido em termos do comportamento do circuito?

e) Faça um gráfico de $i(t)$ e $v(t)$ em função de *t*.

Solução

a) A chave esteve na posição *a* por um longo tempo, de forma que o indutor de 200 mH é um curto-circuito para a fonte de corrente de 8 A. Logo, o indutor conduz uma corrente inicial de 8 A. Essa corrente tem sentido oposto ao da referência escolhida para *i*; assim, $I_0 = -8$ A. Quando a chave estiver na posição *b*, o valor final de *i* será 24/2, ou 12 A. A constante de tempo do circuito é 200/2, ou 100 ms. Substituindo esses valores na Equação 7.35 temos

$$i = 12 + (-8 - 12)e^{-t/0,1}$$
$$= 12 - 20e^{-10t} \text{ A}, t \geq 0.$$

b) A tensão nos terminais do indutor é

$$v = L\frac{di}{dt}$$
$$= 0,2(200e^{-10t})$$
$$= 40e^{-10t} \text{ V}, \quad t \geq 0^+.$$

A tensão inicial no indutor é

$$v(0^+) = 40 \text{ V}.$$

c) Sim; no instante após ter passado para a posição *b*, o indutor conduz uma corrente de 8 A em sentido anti-horário ao longo do caminho fechado recém-formado. Essa corrente provoca uma queda de 16 V no resistor de 2 Ω. Essa queda de tensão soma-se à queda na fonte, o que produz uma queda de 40 V no indutor.

d) Determinamos o tempo para o qual a tensão nos terminais do indutor é igual a 24 V resolvendo a expressão

$$24 = 40e^{-10t}$$

para t:

$$t = \frac{1}{10} \ln \frac{40}{24}$$
$$= 51{,}08 \times 10^{-3}$$
$$= 51{,}08 \text{ ms.}$$

e) A Figura 7.20 mostra os gráficos de $i(t)$ e $v(t)$ em função de t. Observe que o instante de tempo para o qual a corrente é igual a zero corresponde ao instante de tempo para o qual a tensão nos terminais do indutor é igual à tensão da fonte de 24 V, como previsto pela lei das tensões de Kirchhoff.

Figura 7.20 Formas de onda de corrente e tensão para o Exemplo 7.5.

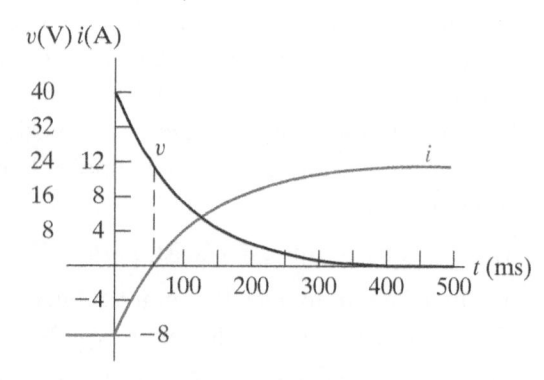

PROBLEMA PARA AVALIAÇÃO

Objetivo 2 Saber determinar a resposta a um degrau de circuitos RL e RC.

7.5 Suponha que a chave no circuito mostrado na Figura 7.19 esteja na posição b por um longo tempo e, em $t = 0$, ela passe para a posição a. Determine (a) $i(0^+)$; (b) $v(0^+)$; (c) $\tau, t > 0$; (d) $i(t), t \geq 0$ e (e) $v(t), t \geq 0^+$.

Resposta: (a) 12 A;
  (b) −200 V;
  (c) 20 ms;
  (d) $-8 + 20e^{-50t}$ A, $t \geq 0$;
  (e) $-200e^{-50t}$ V, $t \geq 0^+$.

NOTA: tente resolver também os problemas 7.35–7.37, apresentados no final deste capítulo.

Podemos ainda descrever a tensão $v(t)$ nos terminais do indutor da Figura 7.16 diretamente, e não em termos da corrente do circuito. Começamos observando que a tensão no resistor é a diferença entre a tensão da fonte e a do indutor. Escrevemos

$$i(t) = \frac{V_s}{R} - \frac{v(t)}{R}, \quad (7.44)$$

em que V_s é uma constante. Diferenciando ambos os lados em relação ao tempo, temos

$$\frac{di}{dt} = -\frac{1}{R}\frac{dv}{dt}. \quad (7.45)$$

Então, se multiplicarmos cada lado da Equação 7.45 pela indutância L, obteremos, no lado esquerdo, uma expressão para a tensão no indutor, ou

$$v = -\frac{L}{R}\frac{dv}{dt}. \quad (7.46)$$

Colocando a Equação 7.46 na forma padrão, temos

$$\frac{dv}{dt} + \frac{R}{L}v = 0. \quad (7.47)$$

Você deve averiguar (no Problema 7.38) se a solução da Equação 7.47 é idêntica à dada na Equação 7.42.

Neste ponto, é pertinente uma observação geral sobre a resposta a um degrau em um circuito *RL*. (Essa observação se revelará útil mais adiante.) Quando deduzimos a equação diferencial para a corrente do indutor, obtivemos a Equação 7.29. Agora, escrevemos novamente a Equação 7.29 como

$$\frac{di}{dt} + \frac{R}{L}i = \frac{V_s}{L}. \tag{7.48}$$

Observe que as equações 7.47 e 7.48 têm a mesma forma. Especificamente, ambas igualam a um valor constante a soma da derivada de primeira ordem da variável e uma constante vezes a variável. Na Equação 7.47, a constante do lado direito é, por acaso, igual a zero; assim, essa equação toma a mesma forma das equações que descrevem a resposta natural da Seção 7.1. Em ambas as equações, 7.47 e 7.48, a constante que multiplica a variável dependente é a recíproca da constante de tempo, isto é, $R/L = 1/\tau$. Encontramos uma situação semelhante nos cálculos da resposta a um degrau de um circuito *RC*. Na Seção 7.4, usaremos essas observações para desenvolver uma abordagem geral para a determinação das respostas natural e a um degrau de circuitos *RL* e *RC*.

Resposta a um degrau de um circuito *RC*

Podemos determinar a resposta a um degrau de um circuito *RC* de primeira ordem analisando o circuito mostrado na Figura 7.21. Por conveniência matemática, escolhemos o equivalente de Norton da rede ligada ao capacitor equivalente. Somando as correntes que saem do nó superior da Figura 7.21, obtemos a equação diferencial

Figura 7.21 Circuito usado para ilustrar a resposta a um degrau de um circuito *RC* de primeira ordem.

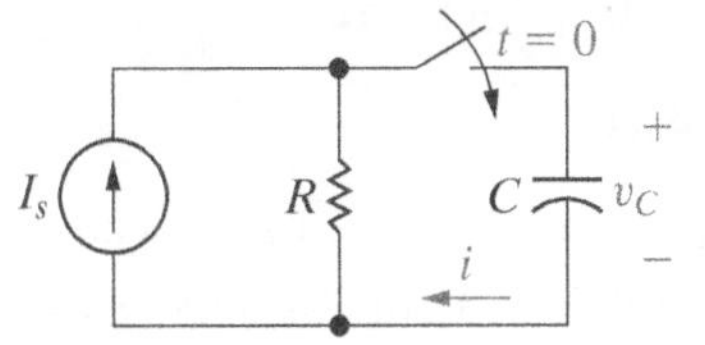

$$C\frac{dv_C}{dt} + \frac{v_C}{R} = I_s. \tag{7.49}$$

Dividindo a Equação 7.49 por *C*, temos:

$$\frac{dv_C}{dt} + \frac{v_C}{RC} = \frac{I_s}{C}. \tag{7.50}$$

A comparação da Equação 7.50 com a Equação 7.48 revela que a forma da solução para v_C é a mesma que para a corrente no circuito indutivo, ou seja, a Equação 7.35. Portanto, pela simples substituição de variáveis e coeficientes adequados podemos escrever a solução para v_C diretamente. A translação requer a substituição de V_s por I_s, *L* por *C*, *R* por $1/R$ e I_0 por V_0. Obtemos

$$v_C = I_s R + (V_0 - I_s R)e^{-t/RC}, \quad t \geq 0. \tag{7.51}$$

◀ **Resposta a um degrau de um circuito *RC***

Um cálculo semelhante para a corrente no capacitor resulta na equação diferencial

$$\frac{di}{dt} + \frac{1}{RC}i = 0. \tag{7.52}$$

A Equação 7.52 tem a mesma forma da Equação 7.47; assim, a solução para *i* é obtida usando as mesmas translações utilizadas para a solução da Equação 7.50. Então,

$$i = \left(I_s - \frac{V_0}{R}\right)e^{-t/RC}, \quad t \geq 0^+, \tag{7.53}$$

em que V_0 é o valor inicial de v_C, a tensão no capacitor.

Obtivemos as equações 7.51 e 7.53 a partir de uma analogia matemática com a solução para a resposta a um degrau do circuito indutivo. Vamos ver se essas soluções para o circuito RC fazem sentido em termos do comportamento conhecido desse circuito. Observe, na Equação 7.51, que a tensão inicial no capacitor é V_0, a final, $I_s R$ e a constante de tempo do circuito, RC. Observe também que a solução para v_C é válida para $t \geq 0$. Essas observações são compatíveis com o comportamento de um capacitor em paralelo com um resistor quando alimentados por uma fonte de corrente constante.

A Equação 7.53 prevê que a corrente no capacitor em $t = 0^+$ é $I_s - V_0/R$. Essa previsão faz sentido porque a tensão no capacitor não pode variar instantaneamente e, portanto, a corrente inicial no resistor é V_0/R. A corrente do ramo do capacitor varia instantaneamente de zero, em $t = 0^-$, a $I_s - V_0/R$, em $t = 0^+$. A corrente no capacitor é nula em $t = \infty$. Observe também que o valor final de v é $I_s R$.

O Exemplo 7.6 ilustra como usar as equações 7.51 e 7.53 para determinar a resposta a um degrau de um circuito RC de primeira ordem.

EXEMPLO 7.6 Determinação da resposta a um degrau de um circuito RC.

A chave do circuito mostrado na Figura 7.22 esteve na posição 1 por um longo tempo. Em $t = 0$, ela passa para a posição 2. Determine

a) $v_o(t)$ para $t \geq 0$ e

b) $i_o(t)$ para t $\geq 0^+$.

Figura 7.22 Circuito para o Exemplo 7.6.

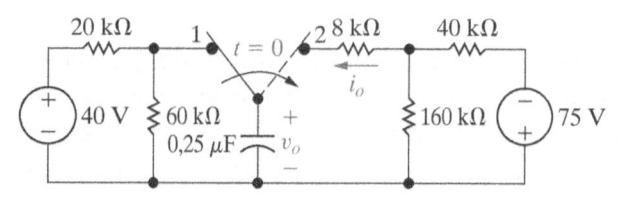

Solução

a) A chave esteve na posição 1 por um longo tempo, de forma que o valor inicial de v_o é 40(60/80), ou 30 V. Para usarmos as equações 7.51 e 7.53, devemos determinar o equivalente de Norton visto dos terminais que alimentam o capacitor, para $t \geq 0$. Para isso, começamos calculando a tensão de circuito aberto, que é dada pela parcela da tensão da fonte de −75 V que aparece nos terminais do resistor de 160 kΩ, que forma um divisor de tensão com o resistor de 40 kΩ:

$$V_{oc} = \frac{160 \times 10^3}{(40 + 160) \times 10^3}(-75) = -60 \text{ V}.$$

Em seguida, calculamos a resistência equivalente de Thévenin, vista dos terminais do capacitor, curto-circuitando os terminais da fonte de −75 V e fazendo combinações em série e paralelo dos resistores:

$$R_{Th} = 8.000 + 40.000 \parallel 160.000 = 40 \text{ k}\Omega$$

O valor da fonte de corrente de Norton é a razão entre a tensão de circuito aberto e a resistência de Thévenin, ou $-60/(40 \times 10^3) = -1,5$ mA. O circuito equivalente de Norton resultante é mostrado na Figura 7.23. Pela Figura 7.23, $I_s R = -60$ V e $RC = 10$ ms. Já observamos que $v_o(0) = 30$ V e, portanto, a solução para v_o é

Figura 7.23 Circuito equivalente para $t > 0$ para o circuito mostrado na Figura 7.22.

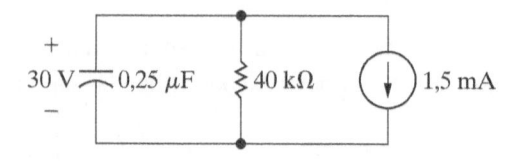

$$v_o = -60 + [30 - (-60)]e^{-100t}$$

$$= -60 + 90e^{-100t} \text{ V}, t \geq 0.$$

b) Escrevemos a solução para i_o diretamente da Equação 7.53, observando que $I_s = -1{,}5$ mA e $V_o/R = (30/40) \times 10^{-3}$ ou 0,75 mA:

$$i_o = -2{,}25e^{-100t} \text{ mA}, t \geq 0^+.$$

Verificamos a consistência das soluções para v_o e i_o observando que

$$i_o = C\frac{dv_o}{dt} = (0{,}25 \times 10^{-6})(-9.000e^{-100t})$$

$$= -2{,}25e^{-100t} \text{ mA}.$$

Como $dv_o(0^-)/dt = 0$, fica claro que a expressão para i_o só é válida para $t \geq 0^+$.

PROBLEMA PARA AVALIAÇÃO

Objetivo 2 Saber determinar a resposta a um degrau de circuitos *RL* e *RC*.

7.6 a) Determine a expressão para a tensão no resistor de 160 kΩ do circuito mostrado na Figura 7.22. Denote essa tensão por v_A e admita que a polaridade de referência seja positiva no terminal superior do resistor de 160 kΩ.

b) Especifique o intervalo de tempo para o qual a expressão obtida em (a) é válida.

Resposta: (a) $-60 + 72e^{-100t}$ V;

(b) $t \geq 0^+$.

NOTA: tente resolver também os problemas 7.53 e 7.54, apresentados no final deste capítulo.

7.4 Solução geral para respostas a um degrau e natural

A abordagem geral para a determinação das respostas natural ou a um degrau de circuitos *RL* e *RC* de primeira ordem, mostrada na Figura 7.24, é baseada no fato de suas equações diferenciais terem a mesma forma (compare a Equação 7.48 e a Equação 7.50). Para generalizar a solução desses quatro circuitos possíveis, vamos chamar a quantidade desconhecida de $x(t)$ e designar-lhe quatro representações possíveis. Ela pode representar a corrente ou tensão nos terminais de um indutor ou a corrente ou tensão nos terminais de um capacitor. Pelas equações 7.47, 7.48, 7.50 e 7.52, sabemos que a equação diferencial que descreve qualquer um desses quatro circuitos na Figura 7.24 assume a forma

$$\frac{dx}{dt} + \frac{x}{\tau} = K, \tag{7.54}$$

em que o valor da constante K pode ser igual a zero. Como as fontes no circuito são de tensão e/ou corrente constantes, o valor final de x será constante; isto é, ele deve satisfazer a Equação 7.54 e, quando x atingir seu valor final, a derivada dx/dt deve ser igual a zero. Consequentemente

Figura 7.24 Quatro possíveis circuitos de primeira ordem. (a) Um indutor ligado a um equivalente de Thévenin. (b) Um indutor ligado a um equivalente de Norton. (c) Um capacitor ligado a um equivalente de Thévenin. (d) Um capacitor ligado a um equivalente de Norton.

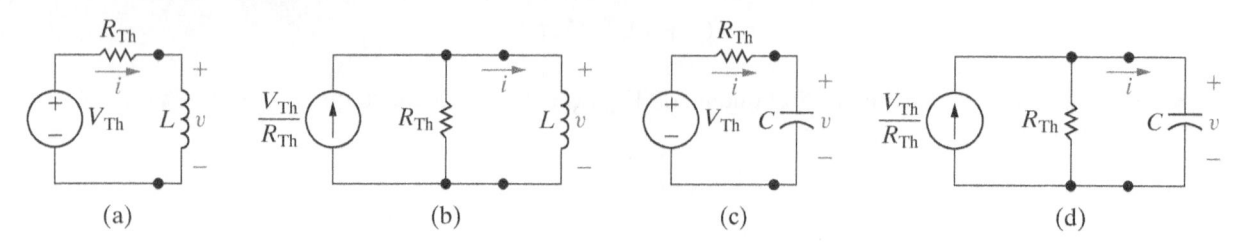

$$x_f = K\tau, \tag{7.55}$$

onde x_f representa o valor final da variável.

Resolvemos a Equação 7.54 por separação de variáveis, começando por resolver a derivada de primeira ordem:

$$\frac{dx}{dt} = \frac{-x}{\tau} + K = \frac{-(x - K\tau)}{\tau} = \frac{-(x - x_f)}{\tau}. \tag{7.56}$$

Para escrever a Equação 7.56, usamos a Equação 7.55 para substituir $K\tau$ por x_f. Agora, multiplicamos ambos os lados da Equação 7.56 por dt e dividimos por $x - x_f$ para obter

$$\frac{dx}{x - x_f} = \frac{-1}{\tau} dt. \tag{7.57}$$

Em seguida, integramos a Equação 7.57. Para obter a solução mais geral possível, usamos o tempo t_0 como limite inferior e t como limite superior. O tempo t_0 corresponde ao instante do chaveamento ou de outra variação. Antes, admitimos que $t_0 = 0$, mas essa alteração permite que o chaveamento ocorra a qualquer tempo. Usando u e v como variáveis de integração, obtemos

$$\int_{x(t_0)}^{x(t)} \frac{du}{u - x_f} = -\frac{1}{\tau} \int_{t_0}^{t} dv. \tag{7.58}$$

Executando a integração da Equação 7.58 obtemos

▶ Solução geral para resposta natural e a um degrau de circuitos *RL* e *RC*

$$x(t) = x_f + [x(t_0) - x_f] e^{-(t - t_0)/\tau}. \tag{7.59}$$

A importância da Equação 7.59 torna-se evidente se a escrevermos por extenso:

$$\begin{array}{c} \text{a variável} \\ \text{desconhecida em} \\ \text{função do tempo} \end{array} = \begin{array}{c} \text{o valor} \\ \text{final da} \\ \text{variável} \end{array}$$

$$+ \begin{bmatrix} \text{o valor} & & \text{o valor} \\ \text{inicial da} & - & \text{final da} \\ \text{variável} & & \text{variável} \end{bmatrix} \times e^{\frac{-[t - (\text{tempo de chaveamento})]}{(\text{constante de tempo})}} \tag{7.60}$$

Em muitos casos, o instante de tempo do chaveamento – isto é, t_0 – é igual a zero.

Quando calculamos as respostas a um degrau e natural de circuitos, as seguintes etapas poderão ajudar:

Capítulo 7 • Resposta de circuitos RL e RC de primeira ordem

1. Identifique a variável de interesse para o circuito. Para circuitos RC, é mais conveniente escolher a tensão nos terminais do capacitor; para circuitos RL, é melhor escolher a corrente que percorre o indutor.
2. Determine o valor inicial da variável, que é seu valor em t_0. Observe que, se você escolher a tensão no capacitor ou a corrente no indutor como sua variável de interesse, não será necessário distinguir entre $t = t_0^-$ e $t = t_0^+$.[2] Isso porque ambas são variáveis contínuas. Se você escolher outra variável, precisará lembrar-se de que seu valor inicial é definido em $t = t_0^+$.
3. Calcule o valor final da variável, que é seu valor quando $t \to \infty$.
4. Calcule a constante de tempo para o circuito.

◀ **Cálculo da resposta natural ou a um degrau de circuitos RL ou RC**

Com esses valores, pode-se usar a Equação 7.60 para gerar uma equação que descreva o comportamento da variável de interesse em função do tempo. Então, é possível determinar equações para as outras variáveis do circuito, usando-se as técnicas de análise de circuitos apresentadas nos capítulos 3 e 4 ou repetindo-se as etapas precedentes para as outras variáveis.

Os exemplos 7.7–7.9 ilustram como usar a Equação 7.60 para determinar a resposta a um degrau de um circuito RC ou RL.

EXEMPLO 7.7 Utilização do método de solução geral para determinar a resposta a um degrau de um circuito RC.

A chave do circuito mostrado na Figura 7.25 esteve na posição a por um longo tempo. Em $t = 0$, ela passa para a posição b.

a) Qual é o valor inicial de v_C?

b) Qual é o valor final de v_C?

c) Qual é a constante de tempo do circuito quando a chave está na posição b?

d) Qual é a expressão para $v_C(t)$ para $t \geq 0$?

e) Qual é a expressão para $i(t)$ para $t \geq 0^+$?

f) Em quanto tempo, após a chave passar para a posição b, a tensão no capacitor atinge o valor de zero?

g) Faça um gráfico de $v_C(t)$ e $i(t)$ em função de t.

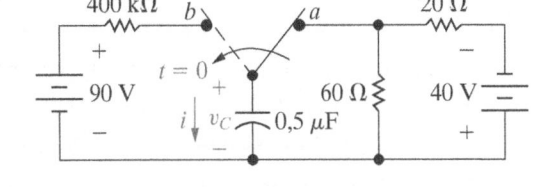

Figura 7.25 Circuito para o Exemplo 7.7.

Solução

a) A chave esteve na posição a por um longo tempo, de modo que o capacitor se comporta como um circuito aberto. Assim, a tensão no capacitor é a tensão no resistor de 60 Ω. Pela regra da divisão de tensão, a tensão no resistor de 60 Ω é $40 \times [60/(60 + 20)]$, ou 30 V. Como a referência para v_C é positiva no terminal superior do capacitor, temos $v_C(0) = -30$ V.

---

[2] As expressões t_0^- e t_0^+ são análogas a 0^- e 0^+. Assim, $x(t_0^-)$ é o limite de $x(t)$ quando $t \to t_0$ pela esquerda e $x(t_0^+)$ é o limite de $x(t)$ quando $t \to t_0$ pela direita.

b) Após a chave ter estado na posição b por um longo tempo, o capacitor se comportará como um circuito aberto em relação à fonte de 90 V. Assim, o valor final da tensão no capacitor é + 90 V.

c) A constante de tempo é

$$\tau = RC$$
$$= (400 \times 10^3)(0,5 \times 10^{-6})$$
$$= 0,2 \text{ s}.$$

d) Substituindo os valores adequados para v_f, $v(0)$ e t na Equação 7.60, temos

$$v_C(t) = 90 + (-30 - 90)e^{-5t}$$
$$= 90 - 120e^{-5t} \text{ V}, t \geq 0.$$

e) Aqui, o valor para τ não muda. Por isso, precisamos determinar apenas os valores inicial e final para a corrente no capacitor. Para obtermos o valor inicial, devemos usar o valor de $i(0^+)$, porque a corrente no capacitor pode variar instantaneamente. Essa corrente é igual à corrente no resistor que, pela lei de Ohm, é $[90 - (-30)]/(400 \times 10^3) = 300$ μA. Observe que, ao aplicarmos a lei de Ohm, reconhecemos que a tensão no capacitor não pode variar instantaneamente. O valor final de $i(t)$ é igual a zero, portanto,

$$i(t) = 0 + (300 - 0)e^{-5t}$$
$$= 300e^{-5t} \ \mu\text{A}, t \geq 0^+.$$

Poderíamos ter obtido essa solução diferenciando a solução em (d) e multiplicando pela capacitância. Que tal você tentar fazer isso? Observe que essa abordagem alternativa para a determinação de $i(t)$ também prevê a descontinuidade em $t = 0$.

f) Para determinar quanto tempo a chave deve ficar na posição b antes que a tensão no capacitor torne-se nula, usamos a equação calculada em (d) e calculamos o instante em que $v_C(t) = 0$:

$$120e^{-5t} = 90 \quad \text{ou} \quad e^{5t} = \frac{120}{90},$$

portanto,

$$t = \frac{1}{5} \ln\left(\frac{4}{3}\right)$$
$$= 57,54 \text{ ms}.$$

Observe que, quando $v_C = 0$, $i = 225$ μA e a queda de tensão no resistor de 400 kΩ é 90 V.

g) A Figura 7.26 mostra os gráficos de $v_C(t)$ e $i(t)$ em função de t.

Figura 7.26 Formas de onda de corrente e tensão para o Exemplo 7.7.

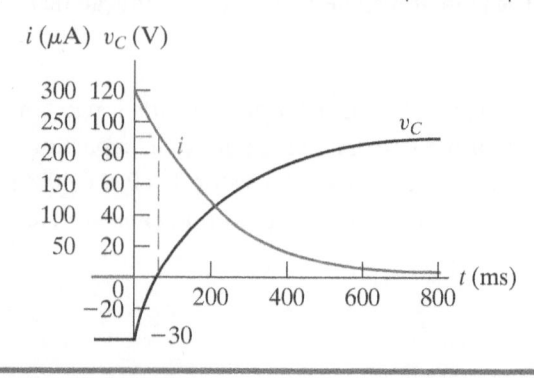

EXEMPLO 7.8 Utilização do método de solução geral com condições iniciais nulas.

A chave no circuito mostrado na Figura 7.27 esteve aberta por um longo tempo. A carga inicial no capacitor é nula. Em $t = 0$, a chave é fechada. Determine a expressão para

a) $i(t)$ para $t \geq 0^+$ e

b) $v(t)$ quando $t \geq 0^+$.

Figura 7.27 Circuito para o Exemplo 7.8.

Solução

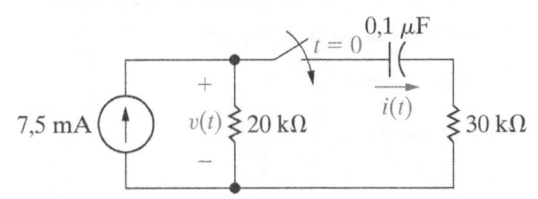

a) Visto que a tensão inicial no capacitor é igual a zero, no instante em que a chave é fechada a corrente no ramo de 30 kΩ será

$$i(0^+) = \frac{(7,5)(20)}{50}$$
$$= 3 \text{ mA}.$$

O valor final da corrente no capacitor será igual a zero porque o capacitor acabará se comportando como um circuito aberto em termos da corrente cc. Assim, $i_f = 0$. A constante de tempo do circuito será igual ao produto entre a resistência de Thévenin (conforme vista dos terminais do capacitor) e a capacitância. Portanto, $\tau = (20 + 30)10^3(0,1) \times 10^{-6} = 5$ ms. Substituindo esses valores na Equação 7.60, teremos a expressão

$$i(t) = 0 + (3 - 0)e^{-t/5 \times 10^{-3}}$$
$$= 3e^{-200t} \text{ mA}, \quad t \geq 0^+.$$

b) Para determinar a tensão $v(t)$, observamos, no circuito, que ela é igual à soma da tensão no capacitor e da tensão no resistor de 30 kΩ. Para determinar a tensão no capacitor (que é uma queda no sentido da corrente), observamos que seu valor inicial é nulo e seu valor final é (7,5)(20), ou 150 V. A constante de tempo é a mesma de antes, ou seja, 5 ms. Portanto, usamos a Equação 7.60 para escrever

$$v_C(t) = 150 + (0 - 150)e^{-200t}$$
$$= (150 - 150e^{-200t}) \text{ V}, t \geq 0.$$

Então, a expressão para a tensão $v(t)$ é

$$v(t) = 150 - 150e^{-200t} + (30)(3)e^{-200t}$$
$$= (150 - 60e^{-200t}) \text{ V}, t \geq 0^+.$$

Como verificação para essa expressão, observe que ela prevê que o valor inicial da tensão no resistor de 20 kΩ será $150 - 60$, ou 90 V. No instante em que a chave é fechada, a corrente no resistor de 20 kΩ é (7,5)(30/50), ou 4,5 mA. Essa corrente produz uma queda de 90 V no resistor de 20 kΩ, confirmando o valor previsto pela solução.

EXEMPLO 7.9 Utilização do método de solução geral para determinar a resposta a um degrau em um circuito RL.

A chave do circuito mostrado na Figura 7.28 esteve aberta por um longo tempo. Em $t = 0$, ela é fechada. Determine a expressão para

a) $v(t)$ quando $t \geq 0^+$ e

b) $i(t)$ quando $t \geq 0$.

Figura 7.28 Circuito para o Exemplo 7.9.

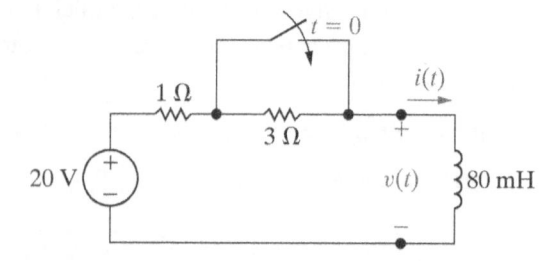

Solução

a) A chave esteve aberta por um longo tempo, de forma que a corrente inicial no indutor é 5 A, orientada de cima para baixo. Imediatamente após a chave fechar, a corrente ainda é 5 A, resultando em uma tensão inicial no indutor de $20 - 5(1)$, ou 15 V. O valor final da tensão no indutor é 0 V. Com a chave fechada, a constante de tempo é 80/1, ou 80 ms. Usamos a Equação 7.60 para escrever a expressão para $v(t)$:

$$v(t) = 0 + (15 - 0)e^{-t/80 \times 10^{-3}}$$
$$= 15e^{-12,5t} \text{ V}, \quad t \geq 0^+.$$

b) Já observamos que o valor inicial da corrente no indutor é 5 A. Depois de a chave estar fechada por um longo tempo, a corrente no indutor alcança 20/1, ou 20 A. A constante de tempo do circuito é 80 ms, de modo que a expressão para $i(t)$ é

$$i(t) = 20 + (5 - 20)e^{-12,5t}$$
$$= (20 - 15e^{-12,5t}) \text{ A}, t \geq 0.$$

Determinamos que as soluções para $v(t)$ e $i(t)$ estão de acordo, observando que

$$v(t) = L\frac{di}{dt}$$
$$= 80 \times 10^{-3}[15(12,5)e^{-12,5t}]$$
$$= 15e^{-12,5t} \text{ V}, \quad t \geq 0^+.$$

NOTA: avalie sua compreensão do método de solução geral tentando resolver os problemas 7.51 e 7.53, apresentados no final deste capítulo.

O Exemplo 7.10 mostra que a Equação 7.60 pode ser usada até para determinar a resposta a um degrau de alguns circuitos que contêm enrolamentos magneticamente acoplados.

EXEMPLO 7.10 Determinação da resposta a um degrau de um circuito com enrolamentos magneticamente acoplados.

Não há nenhuma energia armazenada no circuito da Figura 7.29 no instante em que a chave é fechada.

a) Determine as soluções para i_o, v_o, i_1 e i_2.

b) Mostre que as soluções obtidas em (a) fazem sentido em termos do comportamento conhecido do circuito.

Figura 7.29 Circuito para o Exemplo 7.10.

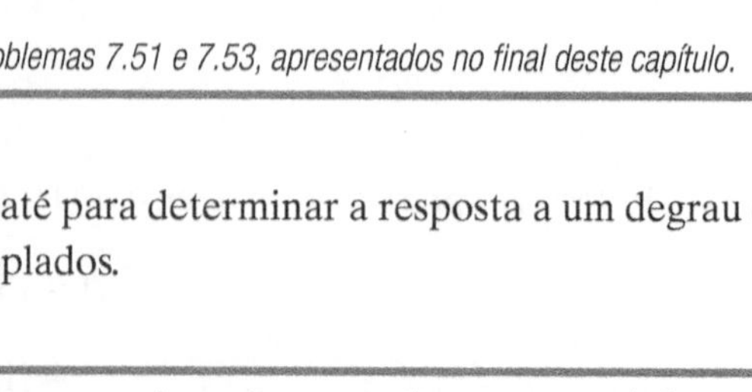

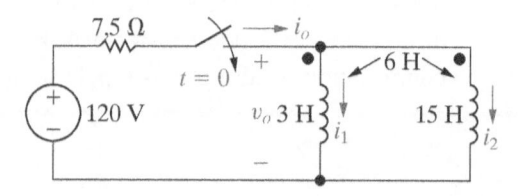

Solução

a) No circuito da Figura 7.29, os enrolamentos magneticamente acoplados podem ser substituídos por um único enrolamento com uma indutância de

$$L_{eq} = \frac{L_1 L_2 - M^2}{L_1 + L_2 - 2M} = \frac{45 - 36}{18 - 12} = 1,5 \text{ H}.$$

(Veja o Problema 6.41.) Dessa forma, o circuito na Figura 7.29 pode ser simplificado como mostrado na Figura 7.30.

Figura 7.30 Circuito da Figura 7.29 com os enrolamentos magneticamente acoplados substituídos por um enrolamento equivalente.

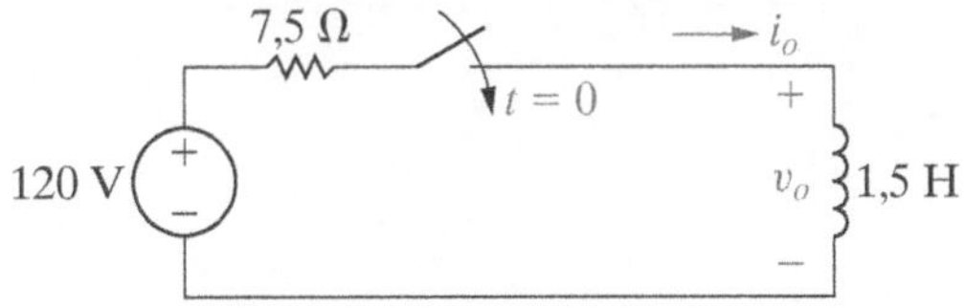

Por hipótese, o valor inicial de i_o é igual a zero. Pela Figura 7.30, vemos que o valor final de i_o será 120/7,5 ou 16 A. A constante de tempo do circuito é 1,5/7,5 ou 0,2 s. Decorre diretamente da Equação 7.60 que

$$i_o = 16 - 16e^{-5t} \text{ A}, t \geq 0.$$

Calcula-se a tensão v_o a partir da lei das tensões de Kirchhoff. Assim,

$$v_o = 120 - 7,5 i_o$$
$$= 120 e^{-5t} \text{ V}, t \geq 0^+.$$

Para determinar i_1 e i_2, primeiro observamos, pela Figura 7.29, que

$$3 \frac{di_1}{dt} + 6 \frac{di_2}{dt} = 6 \frac{di_1}{dt} + 15 \frac{di_2}{dt}$$

ou

$$\frac{di_1}{dt} = -3 \frac{di_2}{dt}.$$

Também decorre da Figura 7.29 que, considerando-se $i_o = i_1 + i_2$,

$$\frac{di_o}{dt} = \frac{di_1}{dt} + \frac{di_2}{dt}.$$

Portanto,

$$80 e^{-5t} = -2 \frac{di_2}{dt}.$$

Visto que $i_2(0)$ é igual a zero, temos

$$i_2 = \int_0^t -40 e^{-5x} dx$$
$$= -8 + 8 e^{-5t} \text{ A}, \quad t \geq 0.$$

Usando a lei das correntes de Kirchhoff, obtemos

$$i_1 = 24 - 24e^{-5t} \text{ A}, t \geq 0.$$

b) Em primeiro lugar, observamos que $i_o(0), i_1(0)$ e $i_2(0)$ são todas nulas, o que é compatível com a afirmação de que nenhuma energia está armazenada no circuito, no instante em que a chave é fechada. Em seguida, observamos que $v_o(0^+) = 120$ V, o que é compatível com o fato de que $i_o(0) = 0$.

Agora, observamos que as soluções para i_1 e i_2 são compatíveis com a solução para v_o, observando que

$$\begin{aligned} v_o &= 3\frac{di_1}{dt} + 6\frac{di_2}{dt} \\ &= 360e^{-5t} - 240e^{-5t} \\ &= 120e^{-5t} \text{ V}, \quad t \geq 0^+, \end{aligned}$$

ou

$$\begin{aligned} v_o &= 6\frac{di_1}{dt} + 15\frac{di_2}{dt} \\ &= 720e^{-5t} - 600e^{-5t} \\ &= 120e^{-5t} \text{ V}, \quad t \geq 0^+. \end{aligned}$$

Os valores finais de i_1 e i_2 podem ser verificados observando-se os fluxos que atravessam os enrolamentos. O fluxo no enrolamento de 3 H (λ_1) deve ser igual ao fluxo do enrolamento de 15 H (λ_2), porque

$$\begin{aligned} v_o &= \frac{d\lambda_1}{dt} \\ &= \frac{d\lambda_2}{dt}. \end{aligned}$$

Além disso,

$$\lambda_1 = 3i_1 + 6i_2 \text{ Wb-espiras}$$

e

$$\lambda_2 = 6i_1 + 15i_2 \text{ Wb-espiras}.$$

Independentemente de qual expressão usamos, obtemos

$$\lambda_1 = \lambda_2 = 24 - 24e^{-5t} \text{ Wb-espiras}.$$

Observe que a solução para λ_1 ou λ_2 é compatível com a solução para v_o.
O valor final do fluxo, tanto do enrolamento 1 quanto do enrolamento 2, é 24 Wb-espiras, isto é,

$$\lambda_1(\infty) = \lambda_2(\infty) = 24 \text{ Wb-espiras}.$$

O valor final de i_1 é

$$i_1(\infty) = 24\text{ A}$$

e o valor final de i_2 é

$$i_2(\infty) = -8\text{ A}.$$

A consistência entre esses valores finais para i_1 e i_2 e o valor final do fluxo podem ser verificados pelas expressões:

$$\lambda_1(\infty) = 3i_1(\infty) + 6i_2(\infty)$$
$$= 3(24) + 6(-8) = 24\text{ Wb-espiras,}$$
$$\lambda_2(\infty) = 6i_1(\infty) + 15i_2(\infty)$$
$$= 6(24) + 15(-8) = 24\text{ Wb-espiras.}$$

Vale a pena observar que os valores finais de i_1 e i_2 só podem ser verificados por meio dos fluxos porque em $t = \infty$ os dois enrolamentos são curtos-circuitos ideais. A divisão de corrente entre curtos-circuitos ideais não pode ser determinada pela lei de Ohm.

NOTA: avalie sua compreensão desse material tentando resolver os problemas 7.68 e 7.71, apresentados no final deste capítulo.

7.5 Chaveamento sequencial

Sempre que ocorre mais de um chaveamento em um circuito, temos o **chaveamento sequencial**. Por exemplo, uma chave única, de duas posições, pode ser ligada e desligada em sequência, ou várias chaves podem ser abertas ou fechadas em sequência. A referência de tempo para todos os chaveamentos não pode ser $t = 0$. Determinamos as tensões e correntes geradas por uma sequência de chaveamentos usando as técnicas já descritas neste capítulo. Calculamos as expressões para $v(t)$ e $i(t)$ para uma dada posição de chave ou chaves e, então, usamos essas soluções para determinar as condições iniciais para a próxima posição de uma ou mais chaves.

No caso de problemas de chaveamento sequencial, é fundamental o cálculo do valor inicial $x(t_0)$. Lembre-se de que qualquer grandeza elétrica, exceto correntes indutivas e tensões capacitivas, pode variar instantaneamente no momento do chaveamento. Assim, calcular primeiro as correntes indutivas e tensões capacitivas é ainda mais importante em problemas de chaveamento sequencial. Desenhar o circuito válido para cada intervalo de tempo costuma ser útil no processo de solução.

Os exemplos 7.11 e 7.12 ilustram as técnicas de análise para circuitos com chaveamento sequencial. O primeiro é um problema de resposta natural com dois chaveamentos e o segundo, um problema de resposta a um degrau.

EXEMPLO 7.11 Análise de um circuito RL em que ocorre um chaveamento sequencial.

As duas chaves do circuito mostrado na Figura 7.31 estiveram fechadas por um longo tempo. Em $t = 0$, a chave 1 é aberta. Então, 35 ms mais tarde, a chave 2 é aberta.

a) Determine $i_L(t)$ para $0 \leq t \leq 35$ ms.

b) Determine i_L para $t \geq 35$ ms.

c) Qual percentagem da energia inicial armazenada no indutor de 150 mH é dissipada no resistor de 18 Ω?

d) Repita (c) para o resistor de 3 Ω.

e) Repita (c) para o resistor de 6 Ω.

Figura 7.31 Circuito para o Exemplo 7.11.

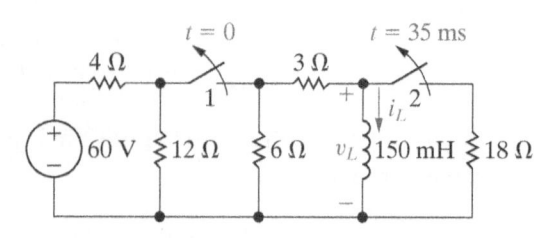

Solução

a) Em $t < 0$, ambas as chaves estão fechadas, o que significa que o indutor de 150 mH curto-circuita o resistor de 18 Ω. O circuito equivalente é mostrado na Figura 7.32. Determinamos a corrente inicial no indutor calculando $i_L(0^-)$ no circuito mostrado na Figura 7.32. Após várias transformações de fonte, determinamos que $i_L(0^-)$ é 6 A. Para $0 \le t \le 35$ ms, a chave 1 está aberta (a chave 2 está fechada), o que desliga do circuito a fonte de tensão de 60 V e os resistores de 4 Ω e 12 Ω. O indutor não está mais se comportando como um curto-circuito (porque a fonte cc não está mais no circuito), de modo que o resistor de 18 Ω não está mais em curto-circuito. O circuito equivalente é mostrado na Figura 7.33. Observe que a resistência equivalente ligada aos terminais do indutor é a combinação em paralelo de 9 Ω e 18 Ω, ou seja, 6 Ω. A constante de tempo do circuito é $(150/6) \times 10^{-3}$, ou 25 ms. Portanto, a expressão para i_L é

Figura 7.32 Circuito mostrado na Figura 7.31, para $t < 0$.

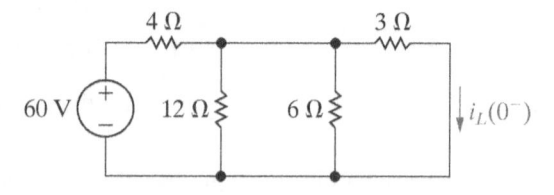

Figura 7.33 Circuito mostrado na Figura 7.31, para $0 \le t \le 35$ ms.

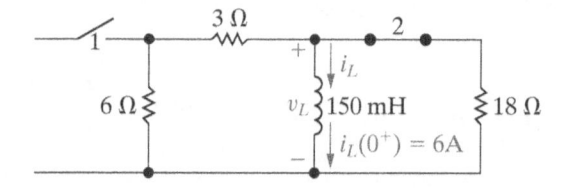

$$i_L = 6e^{-40t} \text{ A}, \qquad 0 \le t \le 35 \text{ ms}.$$

b) Quando $t = 35$ ms, o valor da corrente no indutor é

$$i_L = 6e^{-1,4} = 1,48 \text{ A}.$$

Assim, quando a chave 2 é aberta, o circuito reduz-se ao mostrado na Figura 7.34, e a constante de tempo muda para $(150/9) \times 10^{-3}$, ou seja, 16,67 ms. A expressão para i_L torna-se

$$i_L = 1,48e^{-60(t-0,035)} \text{ A}, t \ge 35 \text{ ms}.$$

Observe que a função exponencial é deslocada de 35 ms no tempo.

Figura 7.34 Circuito mostrado na Figura 7.31, para $t \ge 35$ ms.

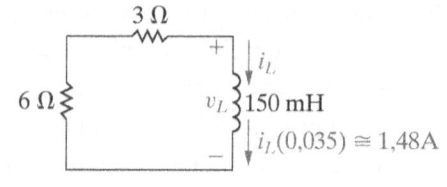

c) O resistor de 18 Ω está no circuito somente durante os primeiros 35 ms da sequência de chaveamentos. Durante esse intervalo, a tensão no resistor é

$$v_L = 0,15 \frac{d}{dt}(6e^{-40t})$$

$$= -36e^{-40t} \text{ V}, \quad 0 < t < 35 \text{ ms}.$$

A potência dissipada no resistor de 18 Ω é

$$p = \frac{v_L^2}{18} = 72e^{-80t}\text{ W}, \quad 0 < t < 35\text{ ms}.$$

Por conseguinte, a energia dissipada é

$$w = \int_0^{0,035} 72e^{-80t}\,dt$$

$$= \frac{72}{-80}e^{-80t}\bigg|_0^{0,035}$$

$$= 0,9(1 - e^{-2,8})$$

$$= 845,27\text{ mJ}.$$

A energia inicial armazenada no indutor de 150 mH é

$$w_i = \frac{1}{2}(0,15)(36) = 2,7\text{ J} = 2.700\text{ mJ}.$$

Portanto, $(845,27/2.700) \times 100$, ou 31,31% da energia inicial armazenada no indutor de 150 mH é dissipada no resistor de 18 Ω.

d) Para $0 < t < 35$ ms, a tensão no resistor de 3 Ω é

$$v_{3\Omega} = \left(\frac{v_L}{9}\right)(3)$$

$$= \frac{1}{3}v_L$$

$$= -12e^{-40t}\text{ V}.$$

Portanto, a energia dissipada no resistor de 3 Ω nos primeiros 35 ms é

$$w_{3\Omega} = \int_0^{0,035} \frac{144e^{-80t}}{3}\,dt$$

$$= 0,6(1 - e^{-2,8})$$

$$= 563,51\text{ mJ}.$$

Para $t > 35$ ms, a corrente no resistor de 3 Ω é

$$i_{3\Omega} = i_L = (6e^{-1,4})e^{-60(t-0,035)}\text{ A}$$

A energia dissipada no resistor de 3 Ω para $t > 35$ ms é

$$w_{3\Omega} = \int_{0,035}^{\infty} i_{3\Omega}^2 \times 3\,dt$$

$$= \int_{0,035}^{\infty} 3(36)e^{-2,8}e^{-120(t-0,035)}\, dt$$

$$= 108e^{-2,8} \times \left. \frac{e^{-120(t-0,035)}}{-120} \right|_{0,035}^{\infty}$$

$$= \frac{108}{120}e^{-2,8} = 54{,}73 \text{ mJ}.$$

A energia total dissipada no resistor de 3 Ω é

$$w_{3\Omega}(\text{total}) = 563{,}51 + 54{,}73$$

$$= 618{,}24 \text{ mJ}.$$

A percentagem da energia inicial armazenada é

$$\frac{618{,}24}{2.700} \times 100 = 22{,}90\%.$$

e) Como o resistor de 6 Ω está em série com o resistor de 3 Ω, a energia dissipada e a percentagem da energia inicial armazenada serão duas vezes a do resistor de 3 Ω:

$$w_{6\Omega}(\text{total}) = 1.236{,}48 \text{ mJ},$$

e a percentagem da energia inicial armazenada é 45,80%. Verificamos esses cálculos observando que

$$1.236{,}48 + 618{,}24 + 845{,}27 = 2.699{,}99 \text{ mJ}$$

e

$$31{,}31 + 22{,}90 + 45{,}80 = 100{,}01\%.$$

As pequenas discrepâncias nas somas são resultado de erros de arredondamento.

EXEMPLO 7.12 Análise de um circuito *RC* em que ocorre um chaveamento sequencial.

O capacitor descarregado do circuito mostrado na Figura 7.35 está inicialmente ligado ao terminal *a* da chave de três posições. Em $t = 0$, a chave é colocada na posição *b*, onde permanece por 15 ms. Após esse período de tempo, a chave é colocada na posição *c*, onde permanece indefinidamente.

a) Calcule a expressão numérica para a tensão no capacitor.

b) Faça um gráfico da tensão no capacitor em relação ao tempo.

c) Quando a tensão no capacitor será igual a 200 V?

Figura 7.35 Circuito para o Exemplo 7.12.

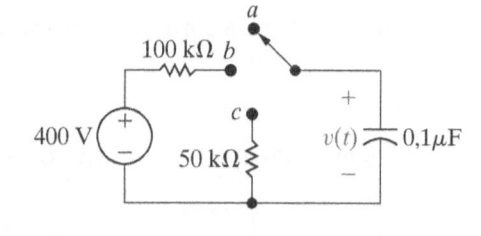

Solução

a) No instante em que a chave é colocada na posição b, a tensão inicial no capacitor é igual a zero. Se a chave permanecesse nessa posição, o capacitor seria carregado até 400 V. A constante de tempo do circuito, quando a chave está na posição b, é 10 ms. Portanto, podemos usar a Equação 7.59, com $t_0 = 0$, para escrever a expressão para a tensão no capacitor:

$$v = 400 + (0 - 400)e^{-100t}$$
$$= (400 - 400e^{-100t}) \text{ V}, 0 \leq t \leq 15 \text{ ms}.$$

Observe que, uma vez que a chave permanece na posição b por apenas 15 ms, essa expressão só é válida para o intervalo de tempo de 0 a 15 ms. Depois de a chave ter permanecido nessa posição durante 15 ms, a tensão no capacitor será

$$v(15 \text{ ms}) = 400 - 400e^{-1,5} = 310,75 \text{ V}.$$

Portanto, quando a chave é colocada na posição c, a tensão inicial no capacitor é 310,75 V. Com a chave na posição c, o valor final da tensão no capacitor é igual a zero e a constante de tempo é 5 ms. Mais uma vez, usamos a Equação 7.59 para escrever a expressão para a tensão no capacitor:

$$v = 0 + (310,75 - 0)e^{-200(t-0,015)}$$
$$= 310,75e^{-200(t-0,015)} \text{ V}, 15 \text{ ms} \leq t.$$

Quando escrevemos a expressão para v, reconhecemos que $t_0 = 15$ ms e que essa expressão é válida somente para $t \geq 15$ ms.

b) A Figura 7.36 mostra o gráfico de v em função de t.

c) O gráfico da Figura 7.36 revela que a tensão no capacitor é igual a 200 V em dois tempos diferentes: uma vez, no intervalo entre 0 e 15 ms e uma vez, após 15 ms. Determinamos o primeiro instante resolvendo a equação

$$200 = 400 - 400e^{-100t_1},$$

que resulta em $t_1 = 6,93$ ms. Determinamos o segundo instante resolvendo a equação

$$200 = 310,75e^{-200(t_2-0,015)}.$$

Nesse caso, $t_2 = 17,20$ ms.

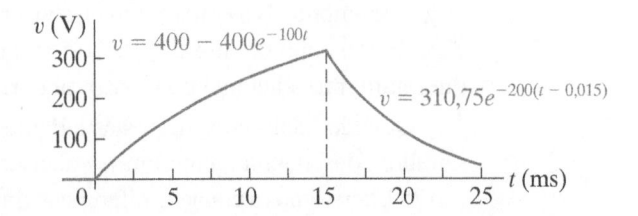

Figura 7.36 Tensão no capacitor para o Exemplo 7.12.

PROBLEMAS PARA AVALIAÇÃO

Objetivo 3 Saber analisar circuitos com chaveamento sequencial.

7.7 No circuito mostrado, a chave 1 esteve fechada e a chave 2 esteve aberta por um longo tempo. Em $t = 0$, a chave 1 é aberta. Então, 10 ms mais tarde, a chave 2 é fechada. Determine

a) $v_c(t)$ para $0 \leq t \leq 0,01$ s,
b) $v_c(t)$ para $t \geq 0,01$ s,

c) a energia total dissipada no resistor de 25 kΩ e

d) a energia total dissipada no resistor de 100 kΩ.

Resposta: (a) $80e^{-40t}$ V;

(b) $53{,}63e^{-50(t-0{,}01)}$ V;

(c) 2,91 mJ;

(d) 0,29 mJ.

7.8 A chave a do circuito mostrado esteve aberta por um longo tempo e a chave b esteve fechada por um longo tempo. A chave a é fechada em $t = 0$ e, após permanecer fechada durante 1 s, é aberta novamente. A chave b é aberta simultaneamente à chave a, e ambas permanecem, então, abertas indefinidamente. Determine a expressão para a corrente i no indutor que seja válida para (a) $0 \leq t \leq 1$ s e (b) $t \geq 1$ s.

Resposta: (a) $(3 - 3e^{-0{,}5t})$ A, $0 \leq t \leq 1$ s;

(b) $(-4{,}8 + 5{,}98e^{-1{,}25(t-1)})$ A, $t \geq 1$ s.

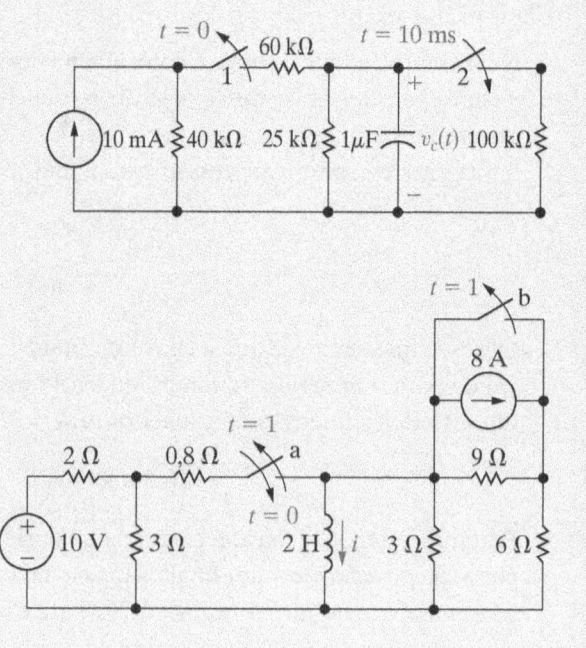

NOTA: tente resolver também os problemas 7.72 e 7.80, apresentados no final deste capítulo.

7.6 Resposta indefinidamente crescente

A resposta de um circuito pode crescer indefinida e exponencialmente com o tempo, em vez de decrescer. Esse tipo de resposta, denominada **resposta indefinidamente crescente**, é possível se o circuito contiver fontes dependentes. Nesse caso, a resistência equivalente de Thévenin vista dos terminais do indutor ou do capacitor pode ser negativa. Essa resistência negativa gera uma constante de tempo negativa e as correntes e tensões resultantes aumentam indefinidamente. No caso de um circuito real, a certa altura a resposta alcança um valor limite quando um componente é destruído ou entra em um estado de saturação, o que impede qualquer aumento adicional de tensão ou corrente.

Quando analisamos respostas indefinidamente crescentes, o conceito de valor final perde o sentido. Consequentemente, em vez de usar a solução para a resposta a um degrau dada na Equação 7.59, derivamos a equação diferencial que descreve o circuito que contém a resistência negativa e, então, a resolvemos usando a técnica da separação de variáveis. O Exemplo 7.13 ilustra o caso de uma resposta que cresce exponencialmente em termos da tensão nos terminais de um capacitor.

EXEMPLO 7.13 Determinação da resposta indefinidamente crescente em um circuito RC.

a) Quando a chave é fechada no circuito mostrado na Figura 7.37, a tensão no capacitor é 10 V. Determine a expressão de v_o para $t \geq 0$.

b) Admita que o capacitor entre em curto-circuito quando sua tensão terminal alcança 150 V. Quantos milissegundos transcorrem antes de o capacitor entrar em curto-circuito?

Figura 7.37 Circuito para o Exemplo 7.13.

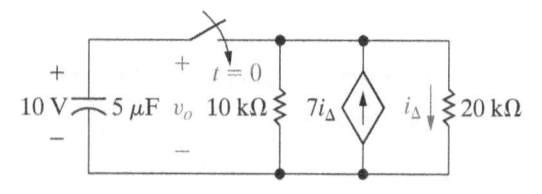

Solução

a) Para determinar a resistência equivalente de Thévenin vista dos terminais do capacitor, usamos o método da fonte auxiliar descrito no Capítulo 4. A Figura 7.38 mostra o circuito resultante, onde v_T é a tensão auxiliar e i_T é a corrente auxiliar. Para v_T, expressa em volts, obtemos

Figura 7.38 Método da fonte auxiliar usada para determinar R_{Th}.

$$i_T = \frac{v_T}{10} - 7\left(\frac{v_T}{20}\right) + \frac{v_T}{20} \text{ mA}.$$

Resolvendo para a razão v_T/i_T, obtemos a resistência de Thévenin:

$$R_{Th} = \frac{v_T}{i_T} = -5 \text{ k}\Omega.$$

Com essa resistência de Thévenin, podemos simplificar o circuito da Figura 7.37 para o mostrado na Figura 7.39.

Figura 7.39 Simplificação do circuito mostrado na Figura 7.37.

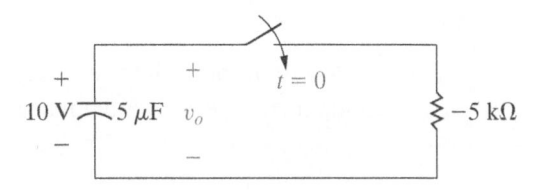

Para $t \geq 0$, a equação diferencial que descreve o circuito mostrado na Figura 7.39 é

$$(5 \times 10^{-6})\frac{dv_o}{dt} - \frac{v_o}{5} \times 10^{-3} = 0.$$

Dividindo ambos os membros pelo coeficiente da derivada, obtemos

$$\frac{dv_o}{dt} - 40v_o = 0.$$

Agora, usamos a técnica da separação de variáveis para determinar $v_o(t)$:

$$v_o(t) = 10e^{40t} \text{ V}, t \geq 0.$$

b) $v_o = 150$ V quando $e^{40t} = 15$. Portanto, $40t = \ln 15$ e $t = 67{,}70$ ms.

NOTA: avalie sua compreensão desse material tentando resolver os problemas 7.86 e 7.88, apresentados no final deste capítulo.

O fato de que em circuitos com elementos interligados possam ocorrer correntes e tensões sempre crescentes é importante para os engenheiros. Se tais interligações não forem intencionais, o circuito resultante pode apresentar falhas de componentes inesperadas e potencialmente perigosas.

7.7 Amplificador-integrador

Você deve lembrar-se de que na introdução do Capítulo 5 dissemos que uma razão para nosso interesse no amplificador operacional é sua utilização como um amplificador-integrador. Agora estamos prontos para analisar o circuito amplificador-integrador mostrado na Figura 7.40. A finalidade de tal circuito é gerar uma tensão de saída proporcional à integral da

Figura 7.40 Amplificador-integrador.

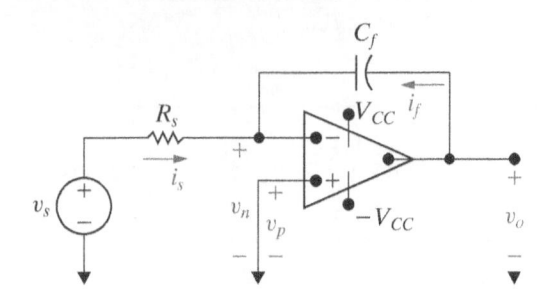

tensão de entrada. Na Figura 7.40, acrescentamos as correntes de ramo i_f e i_s, com as tensões de nó v_n e v_p, para auxiliar nossa análise.

Admitamos que o amplificador operacional seja ideal. Assim, aproveitamos a vantagem das restrições

$$i_f + i_s = 0, \qquad (7.61)$$

$$v_n = v_p. \qquad (7.62)$$

Como $v_p = 0$,

$$i_s = \frac{v_s}{R_s}, \qquad (7.63)$$

$$i_f = C_f \frac{dv_o}{dt}. \qquad (7.64)$$

Assim, pelas equações 7.61, 7.63 e 7.64,

$$\frac{dv_o}{dt} = -\frac{1}{R_s C_f} v_s. \qquad (7.65)$$

Multiplicando ambos os lados da Equação 7.65 por um tempo diferencial dt e, então, integrando de t_0 a t, obtemos a equação

$$v_o(t) = -\frac{1}{R_s C_f} \int_{t_0}^{t} v_s \, dy + v_o(t_0). \qquad (7.66)$$

Na Equação 7.66, t_0 representa o instante de tempo em que começamos a integração. Assim, $v_o(t_0)$ é o valor da tensão de saída naquele instante. Além disso, como $v_n = v_p = 0$, $v_o(t_0)$ é idêntica à tensão inicial nos terminais do capacitor de realimentação C_f.

De acordo com a Equação 7.66, a tensão de saída de um amplificador-integrador é igual ao valor inicial da tensão nos terminais do capacitor mais uma réplica invertida (sinal negativo), multiplicada por um fator de escala ($1/R_s C_f$), da integral da tensão de entrada. Se nenhuma energia estiver armazenada no capacitor quando a integração começar, a Equação 7.66 será reduzida a

$$v_o(t) = -\frac{1}{R_s C_f} \int_{t_0}^{t} v_s \, dy. \qquad (7.67)$$

Se v_s for uma variação em degrau em um nível de tensão cc, a tensão de saída variará linearmente com o tempo. Por exemplo, suponha que a tensão de entrada seja o pulso retangular mostrado na Figura 7.41. Suponha também que o valor inicial de $v_o(t)$ seja igual a zero no instante em que v_s passa de 0 a V_m. Uma aplicação direta da Equação 7.66 resulta em

Figura 7.41 Sinal de tensão de entrada.

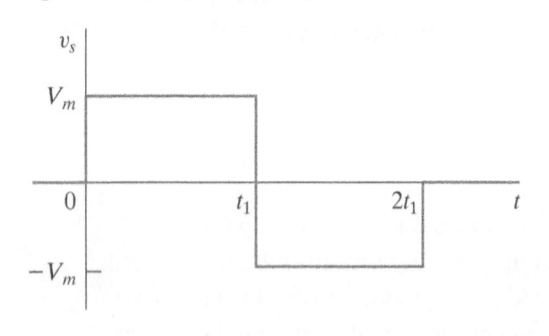

$$v_o = -\frac{1}{R_s C_f} V_m t + 0, \quad 0 \le t \le t_1. \qquad (7.68)$$

Quando t encontra-se entre t_1 e $2t_1$,

$$v_o = -\frac{1}{R_s C_f} \int_{t_1}^{t} (-V_m) \, dy - \frac{1}{R_s C_f} V_m t_1$$

$$= \frac{V_m}{R_s C_f} t - \frac{2V_m}{R_s C_f} t_1, \quad t_1 \le t \le 2t_1. \qquad (7.69)$$

Capítulo 7 • Resposta de circuitos *RL* e *RC* de primeira ordem

A Figura 7.42 mostra um gráfico de $v_o(t)$ em função de *t*. Fica claro que a tensão de saída é uma réplica invertida, multiplicada por um fator de escala, da integral da tensão de entrada.

A tensão de saída é proporcional à integral da tensão de entrada apenas se o amp op funcionar dentro de sua faixa linear, isto é, se não se saturar. Os exemplos 7.14 e 7.15 ilustram aspectos adicionais da análise do amplificador-integrador.

Figura 7.42 Tensão de saída de um amplificador-integrador.

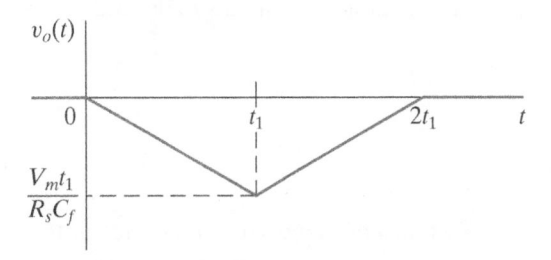

EXEMPLO 7.14 Análise de um amplificador-integrador.

Admita que os valores numéricos para o sinal de tensão mostrado na Figura 7.41 sejam $V_m = 50$ mV e $t_1 = 1$ s. Esse sinal de tensão é aplicado ao circuito amplificador-integrador mostrado na Figura 7.40. Os parâmetros de circuito do amplificador são $R_s = 100$ kΩ, $C_f = 0{,}1$ μF e $V_{CC} = 6$ V. A tensão inicial no capacitor é igual a zero.

a) Calcule $v_o(t)$.

b) Faça um gráfico de $v_o(t)$ em função de *t*.

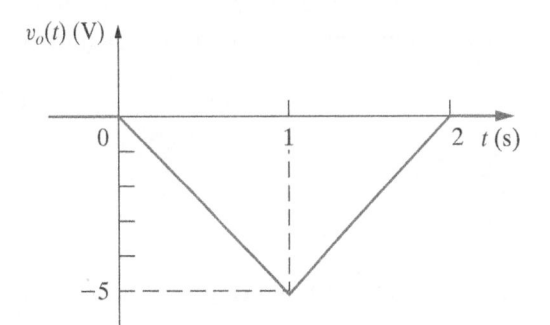

Figura 7.43 Tensão de saída para o Exemplo 7.14.

Solução

a) Para $0 \leq t \leq 1$ s,

$$v_o = \frac{-1}{(100 \times 10^3)(0{,}1 \times 10^{-6})} 50 \times 10^{-3} t + 0$$

$$= -5t \text{ V}, \quad 0 \leq t \leq 1 \text{ s}.$$

Para $1 \leq t \leq 2$ s,

$$v_o = (5t - 10) \text{ V}.$$

b) A Figura 7.43 mostra o gráfico de $v_o(t)$ em função de *t*.

EXEMPLO 7.15 Análise de um amplificador-integrador submetido a um chaveamento sequencial.

No instante em que a chave faz contato com o terminal *a* no circuito mostrado na Figura 7.44, a tensão nos terminais do capacitor de 0,1 μF é 5 V. A chave permanece no terminal *a* durante 9 ms e, então, passa instantaneamente para o terminal *b*. Quantos milissegundos depois do contato com o terminal *b* o amplificador operacional fica saturado?

Figura 7.44 Circuito para o Exemplo 7.15.

Solução

A expressão para a tensão de saída durante o tempo em que a chave está na posição *a* é

$$v_o = -5 - \frac{1}{10^{-2}} \int_0^t (-10)\, dy$$

$$= (-5 + 1.000t)\ \text{V}.$$

Assim, 9 ms depois de a chave ter feito contato com o terminal *a*, a tensão de saída é (−5 + 9), ou 4 V. A expressão para a tensão de saída depois que a chave foi colocada na posição *b* é

$$v_o = 4 - \frac{1}{10^{-2}} \int_{9 \times 10^{-3}}^t 8\, dy$$

$$= 4 - 800(t - 9 \times 10^{-3})$$

$$= (11{,}2 - 800t)\ \text{V}.$$

Durante esse intervalo de tempo, a tensão é decrescente e, a certa altura, o amplificador operacional fica saturado em −6 V. Portanto, igualamos a expressão de v_o a −6 V para obter o tempo de saturação t_s:

$$11{,}2 - 800 t_s = -6,$$

ou

$$t_s = 21{,}5\ \text{ms}.$$

Assim, o amplificador-integrador fica saturado 21,5 ms depois de a chave ter sido colocada na posição *b*.

Pelos exemplos, vemos que o amplificador-integrador pode executar muito bem a função de integração, mas apenas dentro de limites especificados que impeçam sua saturação. O amp op fica saturado por causa do acúmulo de carga no capacitor de realimentação. Podemos evitar que ele fique saturado, colocando um resistor em paralelo com o capacitor de realimentação. Examinaremos tal circuito no Capítulo 8.

Observe que podemos converter o amplificador-integrador em um amplificador-diferenciador fazendo uma permuta entre a resistência de entrada R_s e o capacitor de realimentação C_f. Então,

$$v_o = -R_s C_f \frac{dv_s}{dt}. \tag{7.70}$$

Deixamos a dedução da Equação 7.70 como um exercício para você. O amplificador-diferenciador raramente é usado porque, na prática, ele é uma fonte de sinais indesejáveis ou ruídos.

Por fim, podemos projetar circuitos amplificadores-integradores, bem como diferenciadores, usando um indutor em vez de um capacitor. Contudo, fabricar capacitores para dispositivos de circuito integrado é muito mais fácil e, assim, indutores são raramente usados em amplificadores-integradores.

PROBLEMAS PARA AVALIAÇÃO

Objetivo 4 Saber analisar circuitos com amplificadores operacionais que contenham resistores e um único capacitor.

7.9 Não há nenhuma energia armazenada no capacitor no instante em que a chave do circuito faz contato com o terminal a. A chave permanece na posição a durante 32 ms e, então, passa instantaneamente para a posição b. Quantos milissegundos depois que a chave faz contato com o terminal a o amp op se satura?

Resposta: 262 ms.

7.10 a) Quando a chave fecha no circuito mostrado, não há nenhuma energia armazenada no capacitor. Quanto tempo leva para o amp op se saturar?

b) Repita o item (a) com uma tensão inicial no capacitor de 1 V, positiva no terminal superior.

Resposta: (a) 1,11 ms;
(b) 1,76 ms.

NOTA: tente resolver também os problemas 7.94 e 7.95, apresentados no final deste capítulo.

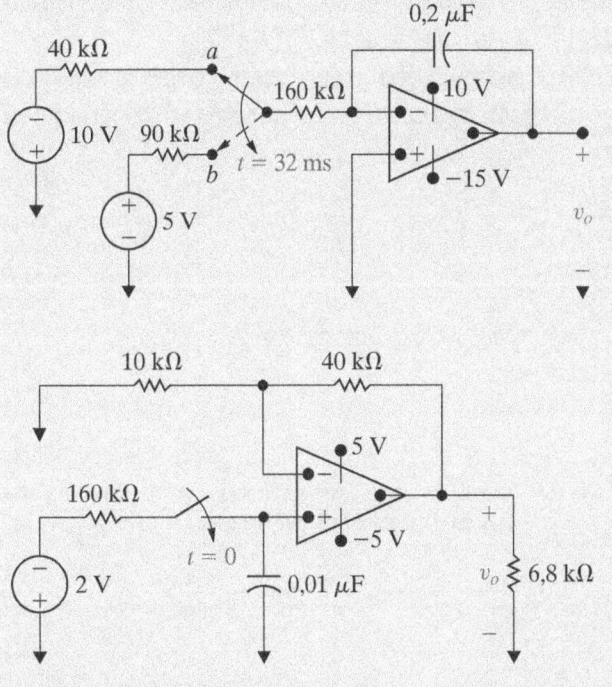

Perspectiva prática

Marca-passo cardíaco artificial

Agora estamos prontos para analisar um circuito RC simples, mostrado na Figura 7.45, que pode gerar impulsos elétricos periódicos. Esse circuito RC pode ser utilizado em um marca-passo artificial para estabelecer um ritmo cardíaco normal. A caixa indicada como "controlador" comporta-se como um circuito aberto até que a queda de tensão no capacitor atinja um limite predefinido. Quando esse limite é atingido, o capacitor descarrega a energia armazenada sob a forma de impulso elétrico para o coração e começa a recarregar. Então, o processo é repetido.

Antes de desenvolvermos as expressões analíticas que descrevem o comportamento do circuito, vamos ter uma ideia de como ele funciona. Primeiro, quando o controlador se comporta como um circuito aberto, a fonte de tensão cc carregará o capacitor por meio do resistor R, em direção a um valor de volts V_s. Mas, quando a tensão do capacitor atinge $V_{máx}$, o controlador comporta-se como um curto-circuito, permitindo que o capacitor se descarregue. Assim que a descarga do capacitor está completa, o contro-

Figura 7.45 Um circuito de marca-passo artificial.

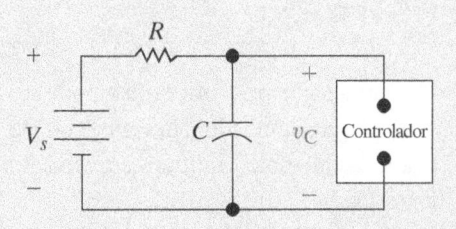

Figura 7.46 Tensão do capacitor em função do tempo para o circuito na Figura 7.45.

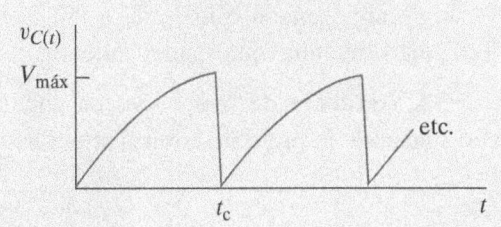

lador volta a atuar como um circuito aberto, e o capacitor começa a recarregar. Esse ciclo de carga e descarga do capacitor estabelece o ritmo cardíaco desejado, como mostrado na Figura 7.46.

Ao desenhar a Figura 7.46, escolhemos $t = 0$ no instante em que o capacitor começa a carregar. Essa figura também supõe que o circuito tenha atingido o estágio repetitivo de seu funcionamento e que o tempo para descarregar o capacitor é insignificante se comparado com o tempo de recarga. O projeto desse circuito de marca-passo artificial requer uma equação para $v_C(t)$ como uma função de $V_{máx}$, R e C.

Para iniciar a análise, assumimos que o circuito está funcionando por um longo tempo. Assumimos $t = 0$ no instante em que o capacitor se descarregou por completo e o controlador está operando como um circuito aberto. Do circuito, determinamos

$$v_C(\infty) = V_s,$$
$$v_C(0) = 0,$$
$$\tau = RC.$$

Assim, enquanto o capacitor está carregando,

$$v_C(t) = V_s(1 - e^{-t/RC}).$$

Figura 7.47 Circuito de marca-passo artificial em $t = 0$, quando o capacitor está carregando.

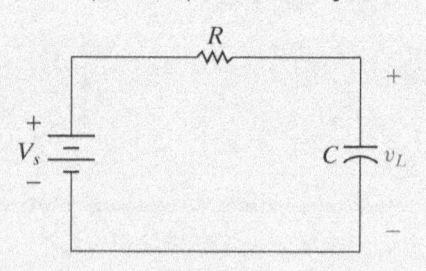

Suponha que o controlador tenha sido programado para disparar um pulso elétrico e estimular o coração quando $v_C = 0{,}75 V_s$. Dados os valores de R e C, podemos determinar a frequência cardíaca resultante, em batimentos por minuto, como segue:

$$H = \frac{60}{-RC \ln 0{,}25} \quad \text{[batimentos por minuto]}$$

Em um projeto mais realista você deve calcular o valor da resistência, R, em função de $V_{máx}$, como uma percentagem de V_s, C e a frequência cardíaca desejada, em batimentos por minuto. Deixamos essa tarefa para você no Problema 7.106.

NOTA: avalie sua compreensão desta Perspectiva prática *tentando resolver os problemas 7.104–7.107, apresentados no final deste capítulo.*

Resumo

- Um circuito de primeira ordem pode ser reduzido a um equivalente de Thévenin (ou de Norton) ligado a um único indutor ou capacitor equivalente. (Seção 7.1.)

- A **resposta natural** de um circuito são as correntes e tensões que se estabelecem quando a energia armazenada é liberada a um circuito que não contenha fontes independentes.

- A **constante de tempo** de um circuito RL é igual à indutância equivalente dividida pela resistência de Thévenin vista dos terminais do indutor equivalente. (Seção 7.1.)

- A **constante de tempo** de um circuito RC é igual à capacitância equivalente vezes a resistência de Thévenin vista dos terminais do capacitor equivalente. (Seção 7.2.)

- A **resposta a um degrau** são as correntes e tensões que se estabelecem a partir de variações abruptas em fontes cc ligadas a um circuito. Pode existir ou não energia armazenada no circuito no instante em que a variação abrupta ocorre. (Seção 7.3.)

- A solução para a resposta natural ou para a resposta a um degrau de circuitos RL e RC é determinada a partir do valor inicial e do valor final da corrente ou tensão de interesse e da constante de tempo do circuito. As equações 7.59 e 7.60 resumem essa abordagem. (Seção 7.4.)

- O **chaveamento sequencial** em circuitos de primeira ordem é analisado dividindo-se a análise em intervalos de tempos correspondentes a posições específicas da chave. Valores iniciais para um intervalo particular são determinados pela solução correspondente ao intervalo imediatamente anterior. (Seção 7.5.)

- Uma **resposta indefinidamente crescente** ocorre quando a resistência de Thévenin é negativa, o que é possível quando o circuito de primeira ordem contém fontes dependentes. (Seção 7.6.)

- Um amplificador-integrador consiste em um amp op ideal, um capacitor no ramo de realimentação negativa e um resistor em série com a fonte de sinal. A saída do amplificador-integrador é a integral da fonte de sinal, dentro de limites especificados que evitam a saturação do amp op. (Seção 7.7.)

Problemas

Seção 7.1

7.1 A chave no circuito da Figura P7.1 esteve aberta por um longo tempo. Em $t = 0$, ela é fechada.

a) Determine $i_o(0)$ e $i_o(\infty)$.

b) Determine $i_o(t)$ para $t \geq 0$.

c) Em quantos milissegundos, após a chave ter sido fechada, i_o atingirá 100 mA?

Figura P7.1

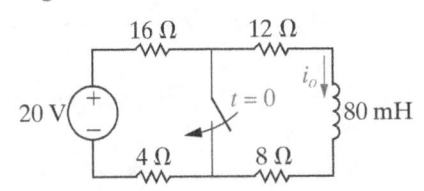

7.2 A chave no circuito da Figura P7.2 esteve fechada por um longo tempo. Em $t = 0$, ela é aberta.

a) Escreva a expressão para $i_o(t)$ para $t \geq 0$.

b) Escreva a expressão para $v_o(t)$ para $t \geq 0^+$.

Figura P7.2

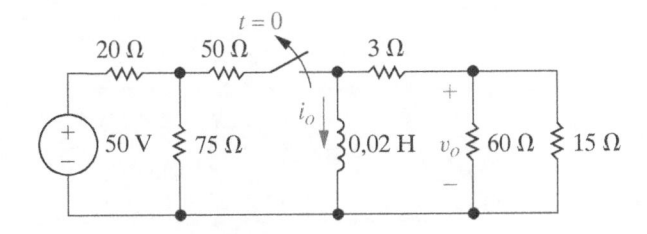

7.3 No circuito mostrado na Figura P7.3, a chave conecta-se com a posição b imediatamente antes de desconectar-se da posição a. Como já mencionamos, esse tipo de chave é conhecido como liga-antes-interrompe-depois e é projetada de modo a não interromper a corrente em um circuito indutivo. Admite-se que o intervalo de tempo entre 'ligar' e 'desligar' é desprezível. A chave esteve na posição a por um longo tempo. Em $t = 0$, ela muda da posição a para a posição b.

a) Determine a corrente inicial no indutor.

b) Determine a constante de tempo do circuito para $t > 0$.

c) Determine i, v_1 e v_2 para $t \geq 0$.

d) Qual percentagem da energia inicial armazenada no indutor é dissipada no resistor de 90 Ω 1 ms depois de a chave ser mudada da posição a para a posição b?

Figura P7.3

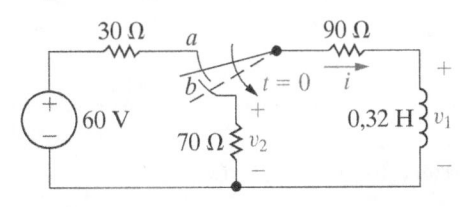

7.4 A chave no circuito da Figura P7.4 esteve na posição 1 por um longo tempo. Em $t = 0$, ela passa instantaneamente para a posição 2. Determine $v_o(t)$ para $t \geq 0^+$.

Figura P7.4

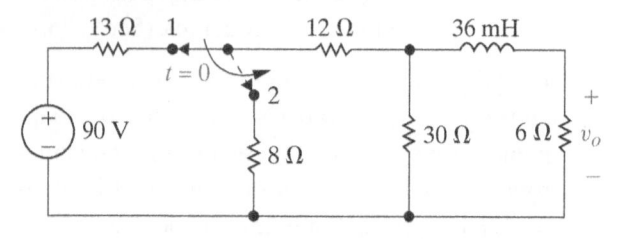

7.5 Para o circuito da Figura P7.4, qual percentagem da energia inicial armazenada no indutor será dissipada no resistor de 6 Ω?

7.6 As duas chaves no circuito visto na Figura P7.6 são sincronizadas. Elas estiveram fechadas por um longo tempo antes de se abrirem em $t = 0$.

a) Em quantos microssegundos, depois da abertura das chaves, a energia dissipada no resistor de 4 kΩ é 10% da energia inicial armazenada no indutor de 6 H?

b) No tempo calculado em (a), qual percentagem da energia total armazenada no indutor foi dissipada?

Figura P7.6

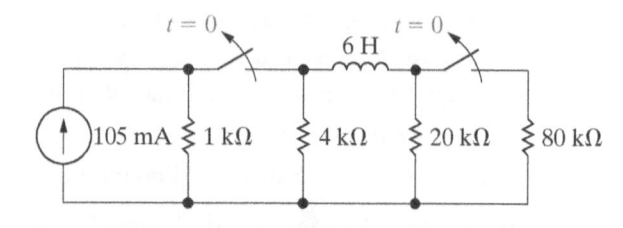

7.7 No circuito da Figura P7.7, a chave esteve fechada por um longo tempo antes de ser aberta em $t = 0$.

a) Determine o valor de L de modo que $v_o(t)$ seja igual a 0,5 $v_o(0^+)$ quando $t = 1$ ms.

b) Determine a porcentagem de energia armazenada que foi dissipada no resistor de 10 Ω quando $t = 1$ ms.

Figura P7.7

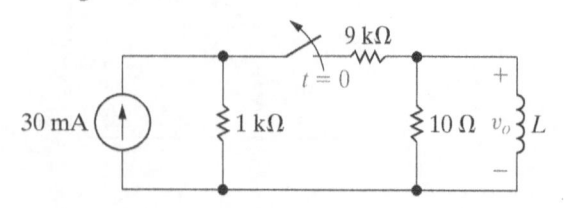

7.8 A chave no circuito da Figura P7.8 esteve fechada por um longo tempo, antes de ser aberta em $t = 0$.

a) Determine $i_1(0^-)$ e $i_2(0^-)$.

b) Determine $i_1(0^+)$ e $i_2(0^+)$.

c) Determine $i_1(t)$ para $t \geq 0$.

d) Determine $i_2(t)$ para $t \geq 0^+$.

e) Explique por que $i_2(0^-) \neq i_2(0^+)$.

Figura P7.8

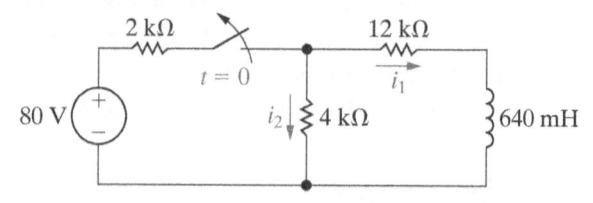

7.9 A chave mostrada na Figura P7.9 esteve aberta durante um longo tempo, antes de seu fechamento em $t = 0$.

a) Determine $i_o(0^-)$, $i_L(0^-)$ e $v_L(0^-)$.

b) Determine $i_o(0^+)$, $i_L(0^+)$ e $v_L(0^+)$.

c) Determine $i_o(\infty)$, $i_L(\infty)$ e $v_L(\infty)$.

d) Escreva a expressão de $i_L(t)$ para $t \geq 0$.

e) Escreva a expressão de $i_o(t)$ para $t \geq 0^+$.

f) Escreva a expressão de $v_L(t)$ para $t \geq 0^+$.

Figura P7.9

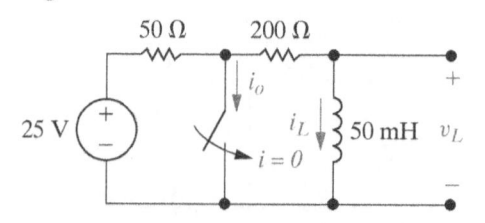

7.10 A chave no circuito da Figura P7.10 esteve na posição 1 por um longo tempo. Em $t = 0$, ela passa instantaneamente para a posição 2. Determine o valor de R de modo que 10% da energia inicial armazenada no indutor de 10 mH seja dissipada em R em 10 μs.

Figura P7.10

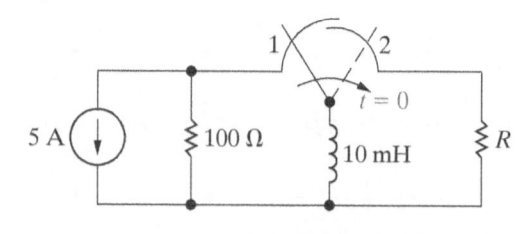

7.11 No circuito da Figura P7.10, I_g representa a fonte de corrente cc, σ representa a fração da energia inicial armazenada no indutor que é dissipada em t_o segundos e L representa a indutância.

a) Mostre que
$$R = \frac{L \ln[1/(1-\sigma)]}{2t_o}.$$

b) Teste a expressão deduzida em (a) usando-a para determinar o valor de R no Problema 7.10.

7.12 No circuito da Figura P7.12, as expressões para tensão e corrente são
$$v = 160e^{-10t} \text{ V}, t \geq 0^+;$$
$$i = 6{,}4e^{-10t} \text{ A}, t \geq 0.$$

Determine

a) R.

b) τ (em milissegundos).

c) L.

d) A energia inicial armazenada no indutor.

e) O tempo (em milissegundos) necessário para dissipar 60% da energia inicial armazenada.

Figura P7.12

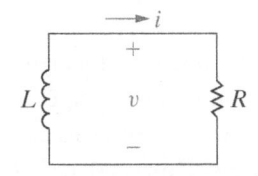

7.13 a) Use os valores dos componentes do Apêndice H para criar um circuito RL de primeira ordem (veja a Figura 7.4) com uma constante de tempo de 1 ms. Use um único indutor e uma rede de resistores, se necessário. Desenhe seu circuito.

b) Suponha que o indutor que você escolheu em (a) tenha uma corrente inicial de 10 mA. Escreva uma expressão para a corrente no indutor para $t \geq 0$.

c) Usando o resultado obtido em (b), calcule o tempo em que metade da energia inicial armazenada no indutor tenha sido dissipada pelo resistor.

7.14 A chave no circuito da Figura P7.14 esteve fechada por um longo tempo antes de abrir em $t = 0$. Determine $v_o(t)$ para $t \geq 0^+$.

Figura P7.14

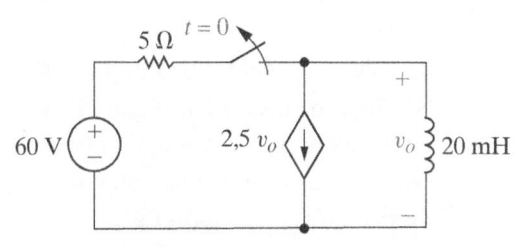

7.15 A chave no circuito da Figura P7.15 esteve fechada por um longo tempo antes de abrir em $t = 0$. Determine

a) $i_L(t), t \geq 0$.

b) $v_L(t), t \geq 0^+$.

c) $i_\Delta(t), t \geq 0^+$.

Figura P7.15

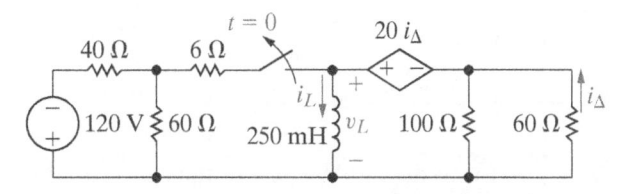

7.16 Qual percentagem da energia inicial armazenada no indutor do circuito da Figura P7.15 é dissipada pelo resistor de 60 Ω?

7.17 As duas chaves mostradas no circuito da Figura P7.17 funcionam simultaneamente. Antes de $t = 0$, cada chave estava na posição indicada por um longo tempo. Em $t = 0$, elas passam instantaneamente para suas novas posições. Determine

a) $v_o(t), t \geq 0^+$.

b) $i_o(t), t \geq 0$.

Figura P7.17

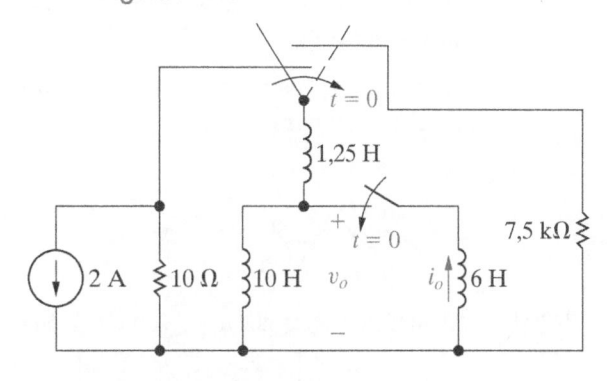

7.18 Para o circuito visto na Figura P7.17, determine

a) a energia total dissipada no resistor de 7,5 kΩ;

b) a energia final retida nos indutores ideais.

7.19 No circuito mostrado na Figura P7.19, a chave esteve na posição *a* por um longo tempo. Em $t = 0$, ela passa instantaneamente de *a* para *b*.

Pspice
Multisim

a) Determine $i_o(t)$ para $t \geq 0$.

b) Qual é a energia total fornecida ao resistor de 8 Ω?

c) Quantas constantes de tempo são necessárias para se atingir 95% da energia determinada em (b)?

Figura P7.19

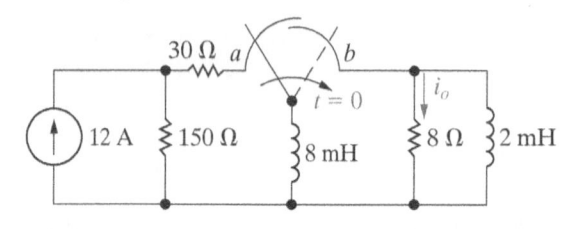

7.20 A fonte de 240 V, e resistência interna de 2 Ω, no circuito da Figura P7.20, sofre

Pspice
Multisim

inadvertidamente um curto-circuito em seus terminais *a,b*. No instante em que a falha ocorre, o circuito estava em funcionamento havia um longo tempo.

a) Qual é o valor inicial da corrente i_{ab} de curto-circuito entre os terminais *a,b*?

b) Qual é o valor final da corrente i_{ab}?

c) Em quantos microssegundos, depois de o curto-circuito ter ocorrido, a corrente de curto atinge 114 A?

Figura P7.20

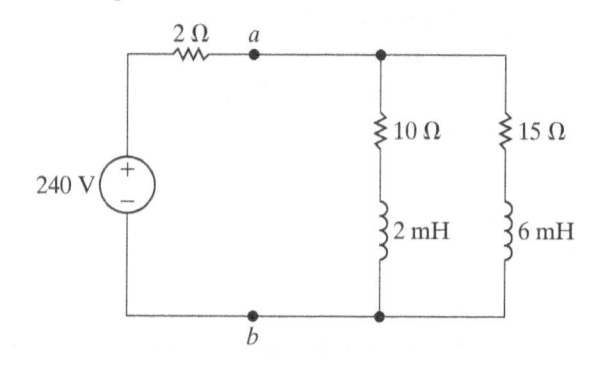

Seção 7.2

7.21 A chave no circuito da Figura P7.21 esteve na posição esquerda por um longo tempo. Em $t = 0$, ela passa para a posição direita, onde permanece.

a) Determine a queda de tensão inicial no capacitor.

b) Determine a energia inicial armazenada pelo capacitor.

c) Determine a constante de tempo do circuito para $t > 0$.

d) Escreva a expressão para a tensão do capacitor $v(t)$ para $t \geq 0$.

Figura P7.21

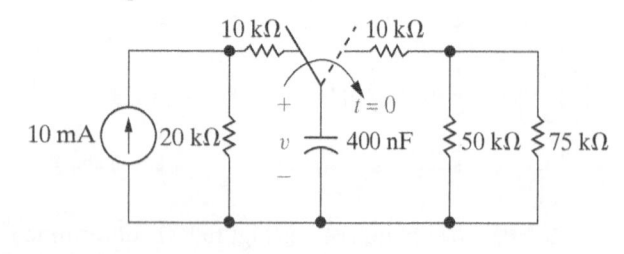

7.22 A chave do circuito mostrado na Figura P7.22 esteve aberta por um longo tempo antes de seu fechamento em $t = 0$. Escreva a expressão para a tensão do capacitor, $v(t)$, para $t \geq 0$.

Figura P7.22

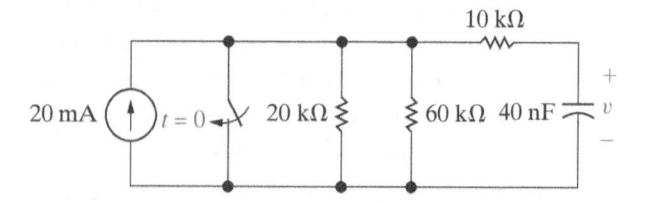

7.23 A chave no circuito da Figura P7.23 esteve na posição esquerda por um longo tempo. Em $t = 0$, ela passa para a posição direita, onde permanece.

a) Escreva a expressão para a tensão do capacitor, $v(t)$, para $t \geq 0$.

b) Escreva a expressão para a corrente que passa pelo resistor de 40 kΩ, $i(t)$, para $t \geq 0^+$.

Figura P7.23

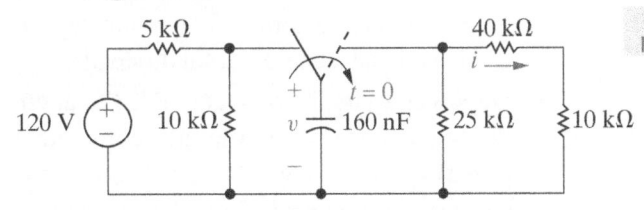

7.24 Qual porcentagem da energia inicial armazenada no capacitor da Figura 7.23 é dissipada pelo resistor de 40 kΩ?

7.25 A chave no circuito da Figura P7.25 esteve na posição a por um longo tempo e $v_2 = 0$ V. Em $t = 0$, a chave é colocada na posição b. Calcule

a) i, v_1 e v_2 para $t \geq 0^+$,

b) a energia armazenada no capacitor de 30 μF em $t = 0$ e

c) a energia final retida no circuito e a energia total dissipada no resistor de 2,5 kΩ, se a chave permanecer na posição b indefinidamente.

Figura P7.25

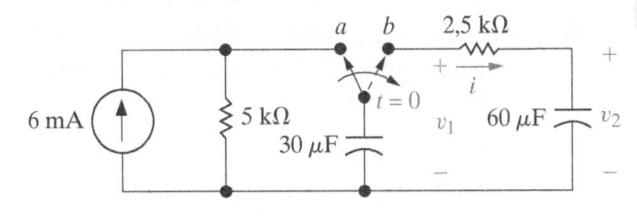

7.26 No circuito mostrado na Figura P7.26, ambas as chaves funcionam em conjunto; isto é, abrem-se ou fecham-se ao mesmo tempo. Elas estiveram fechadas por um longo tempo antes de se abrirem em $t = 0$.

a) Quantos microjoules de energia foram dissipados no resistor de 12 kΩ, 12 ms depois da abertura das chaves?

b) Quanto tempo leva para dissipar 75% da energia inicialmente armazenada?

Figura P7.26

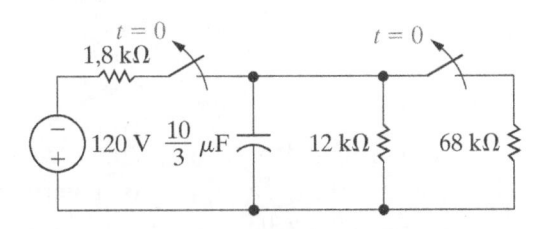

7.27 A chave no circuito da Figura P7.27 é fechada em $t = 0$, após permanecer aberta por um longo tempo.

a) Determine $i_1(0^-)$ e $i_2(0^-)$.

b) Determine $i_1(0^+)$ e $i_2(0^+)$.

c) Explique por que $i_1(0^-) = i_1(0^+)$.

d) Explique por que $i_2(0^-) \neq i_2(0^+)$.

e) Determine $i_1(t)$ para $t \geq 0$.

f) Determine $i_2(t)$ para $t \geq 0^+$.

Figura P7.27

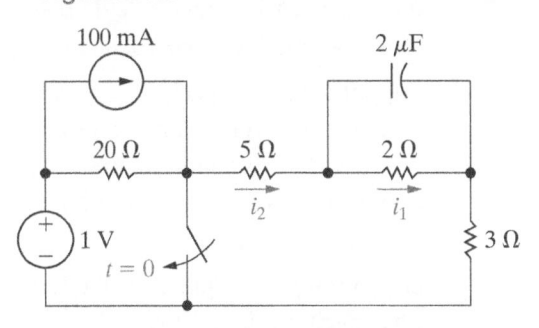

7.28 A chave no circuito da Figura P7.28 esteve na posição 1 por um longo tempo antes de passar para a posição 2, em $t = 0$. Determine $i_o(t)$ para $t \geq 0^+$.

Figura P7.28

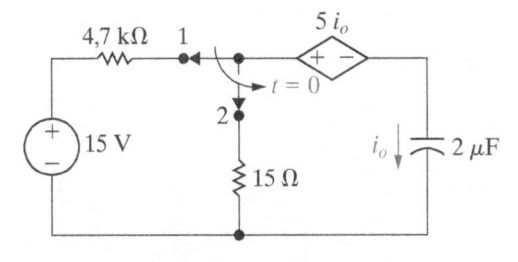

7.29 No circuito da Figura P7.29 as expressões para a tensão e a corrente são

$$v = 72e^{-500t} \text{ V}, t \geq 0;$$
$$i = 9e^{-500t} \text{ mA}, t \geq 0^+.$$

Determine

a) R.

b) C.

c) τ (em milissegundos).

d) A energia inicial armazenada no capacitor.

e) Em quantos microssegundos 68% da energia inicial armazenada no capacitor são dissipados.

Figura P7.29

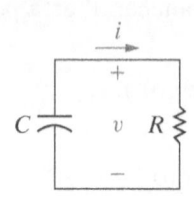

7.30 a) Use os valores dos componentes do Apêndice H para criar um circuito RC de primeira ordem (veja a Figura 7.11) com uma constante de tempo de 50 ms. Use um único capacitor e uma rede de resistores, se necessário. Desenhe seu circuito.

b) Suponha que o capacitor que você escolheu em (a) tenha uma tensão inicial de 50 V. Escreva uma expressão para a queda de tensão no capacitor para $t \geq 0$.

c) Usando o resultado obtido em (b), calcule o tempo em que a queda de tensão no capacitor atinge 10 V.

7.31 A chave no circuito visto na Figura P7.31 esteve na posição x por um longo tempo. Em $t = 0$, ela passa instantaneamente para a posição y.

a) Determine α de modo que a constante de tempo para $t > 0$ seja 40 ms.

b) Para α encontrada em (a), determine v_Δ.

Figura P7.31

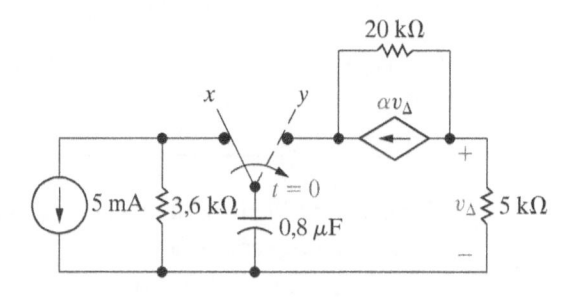

7.32 a) No Problema 7.31, quantos microjoules de energia são gerados pela fonte de corrente dependente durante o tempo em que o capacitor se descarrega a 0 V?

b) Mostre que, para $t \geq 0$, a energia total armazenada e gerada no circuito capacitivo é igual à energia total dissipada.

7.33 Depois de o circuito da Figura P7.33 estar em funcionamento por um longo tempo, uma chave de fenda é inadvertidamente colocada entre os terminais a,b. Suponha que a resistência da chave de fenda seja desprezível.

a) Determine a corrente na chave de fenda em $t = 0^+$ e $t = \infty$.

b) Determine a expressão da corrente na chave de fenda para $t \geq 0^+$.

Figura P7.33

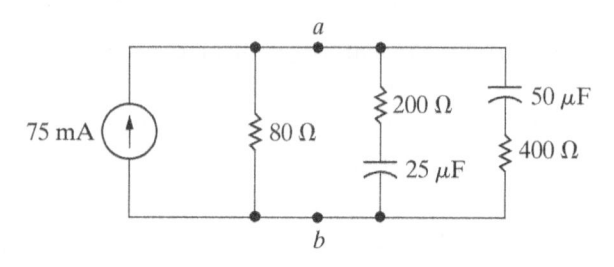

7.34 No momento em que a chave no circuito da Figura P7.34 é fechada, a tensão nos capacitores em paralelo é 50 V e a tensão no capacitor de 250 nF é 40 V.

a) Qual percentagem da energia inicial armazenada nos três capacitores é dissipada no resistor de 24 kΩ?

b) Repita (a) para os resistores de 400 Ω e 16 kΩ.

c) Qual percentagem da energia inicial é retida nos capacitores?

Figura P7.34

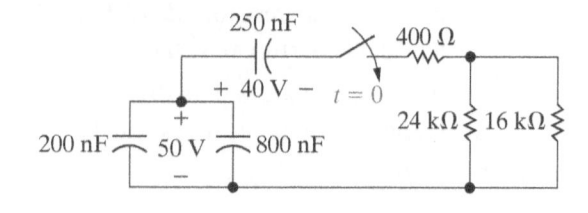

Seção 7.3

7.35 Depois de a chave no circuito da Figura P7.35 estar aberta por um longo tempo, ela é fechada em $t = 0$. Calcule (a) o valor inicial de i; (b) o valor final de i; (c) a constante de tempo para $t \geq 0$ e (d) a expressão numérica para $i(t)$ quando $t \geq 0$.

Figura P7.35

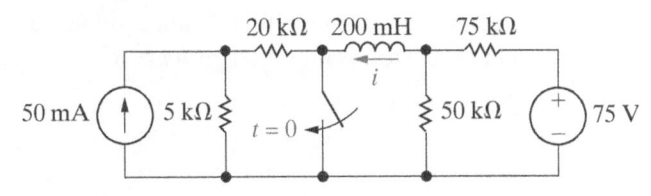

7.36
A chave do circuito mostrado na Figura P7.36 esteve na posição *a* por um longo tempo antes de passar para a posição *b* em $t = 0$.

Pspice Multisim

a) Determine as expressões numéricas para $i_L(t)$ e $v_o(t)$ quando $t \geq 0$.

b) Determine os valores numéricos para $v_L(0^+)$ e $v_o(0^+)$.

Figura P7.36

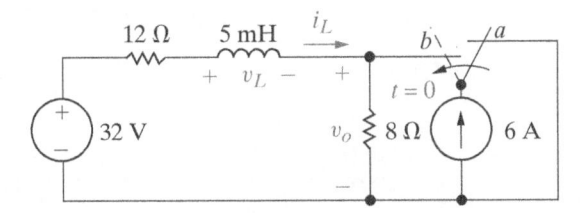

7.37
A chave do circuito mostrado na Figura P7.37 esteve na posição *a* por um longo tempo. Em $t = 0$, ela passa instantaneamente para a posição *b*.

Pspice Multisim

a) Determine a expressão numérica para $i_o(t)$ quando $t \geq 0$.

b) Determine a expressão numérica para $v_o(t)$ para $t \geq 0^+$.

Figura P7.37

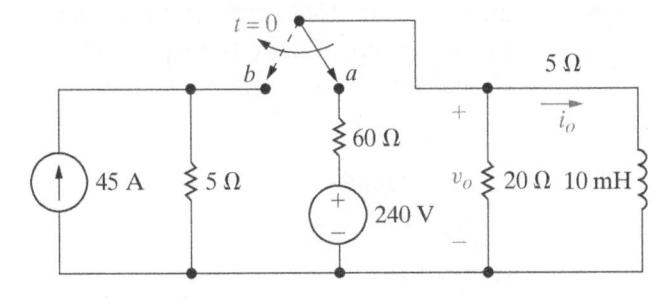

7.38
Repita o Problema 7.37, assumindo que a chave no circuito da Figura P7.37 esteve na posição *b* por um longo tempo e passa para a posição *a* em $t = 0$, onde permanece.

7.39
A corrente e a tensão nos terminais do indutor no circuito da Figura 7.16 são

$$i(t) = (4 + 4e^{-40t})\,\text{A},\ t \geq 0;$$
$$v(t) = -80e^{-40t}\,\text{V},\ t \geq 0^+.$$

a) Especifique os valores numéricos de V_s, R, I_o e L.

b) Em quantos milissegundos, depois do fechamento da chave, a energia armazenada no indutor atinge 9 J?

7.40
a) Use os valores dos componentes do Apêndice H para criar um circuito *RL* de primeira ordem (veja a Figura 7.16) com uma constante de tempo de 8 µs. Use um único indutor e uma rede de resistores, se necessário. Desenhe seu circuito.

b) Suponha que o indutor que você escolheu em (a) não tenha nenhuma energia inicial armazenada. Em $t = 0$, uma chave conecta uma fonte de tensão com um valor de 25 V em série com o indutor e o resistor equivalente. Escreva uma expressão para a corrente no indutor para $t \geq 0$.

c) Usando o resultado obtido em (b), calcule o tempo em que a corrente no indutor atinge 75% de seu valor final.

7.41
A chave do circuito mostrado na Figura P7.41 esteve fechada por um longo tempo. Ela se abre em $t = 0$. Para $t \geq 0^+$:

a) Determine $v_o(t)$ em função de I_g, R_1, R_2 e L.

b) Explique o que acontece com $v_o(t)$ quando R_2 aumenta indefinidamente.

c) Determine v_{sw} em função de I_g, R_1, R_2 e L.

d) Explique o que acontece com v_{sw} quando R_2 aumenta indefinidamente.

Figura P7.41

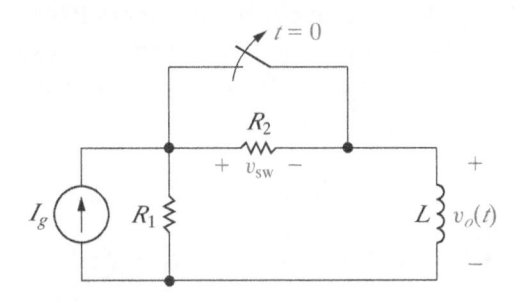

7.42 A chave no circuito da Figura P7.42 esteve fechada por um longo tempo. Uma aluna abre abruptamente a chave e relata a seu professor que, quando a chave foi aberta, estabeleceu-se um arco elétrico de notável persistência na chave e, ao mesmo tempo, o voltímetro ligado nos terminais do enrolamento foi danificado. Tendo como base sua análise do circuito do Problema 7.41, você pode explicar à aluna por que isso aconteceu?

Figura P7.42

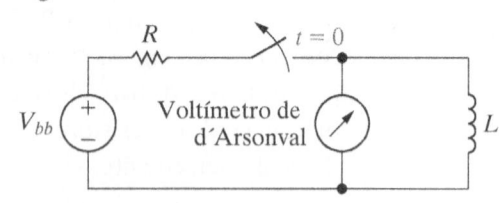

7.43 a) Deduza a Equação 7.47, convertendo, em primeiro lugar, o equivalente de Thévenin da Figura 7.16 em um equivalente de Norton e, depois, somando as correntes que saem do nó superior, usando a tensão v no indutor como a variável de interesse.

b) Use a técnica da separação de variáveis para determinar a solução para a Equação 7.47. Verifique se sua solução está de acordo com a dada na Equação 7.42.

7.44 A chave no circuito da Figura P7.44 esteve aberta por um longo tempo, antes de ser fechada em $t = 0$. Determine $i_o(t)$ para $t \geq 0$.

Figura P7.44

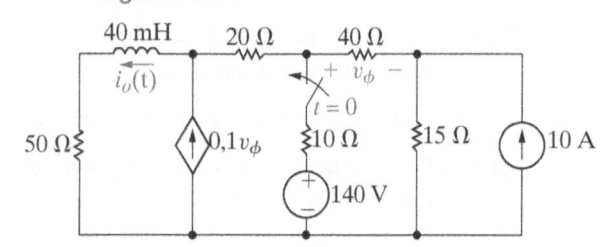

7.45 A chave no circuito da Figura P7.45 esteve aberta por um longo tempo, antes de ser fechada em $t = 0$. Determine $v_o(t)$ para $t \geq 0^+$.

Figura P7.45

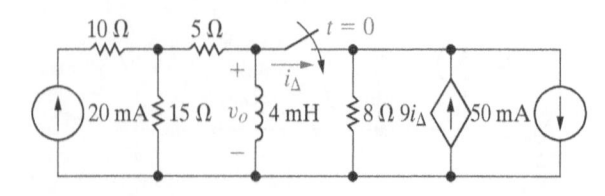

7.46 A chave no circuito da Figura P7.46 esteve aberta por um longo tempo, antes de fechar em $t = 0$. Determine $v_o(t)$ para $t \geq 0^+$.

Figura P7.46

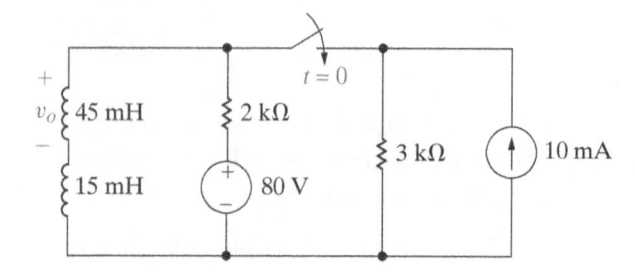

7.47 A chave no circuito da Figura P7.47 esteve na posição 1 por um longo tempo. Em $t = 0$, ela passa instantaneamente para a posição 2. Em quantos milissegundos, depois do acionamento da chave, v_o atinge 100 V?

Figura P7.47

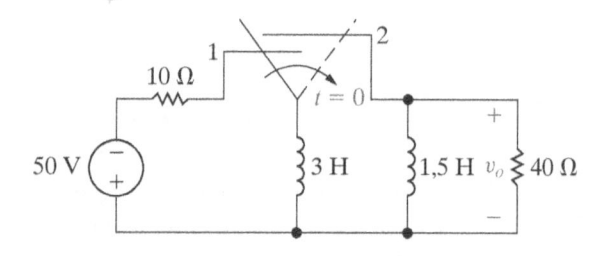

7.48 Para o circuito da Figura P7.47, determine (em joules):

a) a energia total dissipada no resistor de 40 Ω;

b) a energia retida nos indutores;

c) a energia inicial armazenada nos indutores.

7.49 A chave liga-antes-interrompe-depois do circuito da Figura P7.49 esteve na posição a por um longo tempo. Em $t = 0$, ela passa instantaneamente para a posição b. Determine

a) $v_o(t), t \geq 0^+$.

b) $i_1(t), t \geq 0$.

c) $i_2(t), t \geq 0$.

Figura P7.49

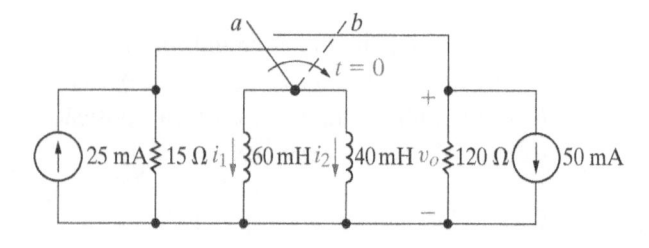

7.50 Não há nenhuma energia armazenada nos indutores L_1 e L_2 no instante em que a chave é aberta, no circuito mostrado na Figura P7.50.

a) Deduza as expressões para as correntes $i_1(t)$ e $i_2(t)$ para $t \geq 0$.

b) Use as expressões deduzidas em (a) para determinar $i_1(\infty)$ e $i_2(\infty)$.

Figura P7.50

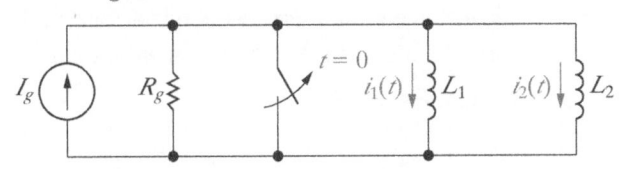

7.51 Suponha que a chave no circuito da Figura P7.51 esteve na posição *a* por um longo tempo e que em $t = 0$ ela é colocada na posição *b*. Determine (a) $v_C(0^+)$; (b) $v_C(\infty)$; (c) τ para $t > 0$; (d) $i(0^+)$; (e) $v_C, t \geq 0$ e (f) $i, t \geq 0^+$.

Figura P7.51

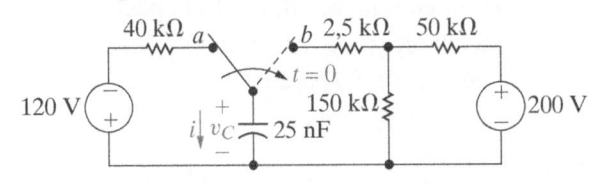

7.52 a) A chave no circuito da Figura P7.52 esteve na posição *a* por um longo tempo. Em $t = 0$, ela passa instantaneamente para a posição *b* e permanece lá. Determine os valores inicial e final da tensão do capacitor, a constante de tempo para $t \geq 0$ e a expressão para a tensão do capacitor para $t \geq 0$.

b) Agora, suponha que a chave no circuito da Figura P7.52 esteve na posição *b* por um longo tempo. Em $t = 0$, ela passa instantaneamente para a posição *a* e permanece lá. Determine os valores inicial e final da tensão do capacitor, a constante de tempo para $t \geq 0$ e a expressão para a tensão do capacitor para $t \geq 0$.

Figura P7.52

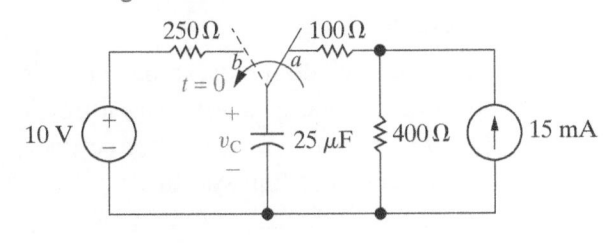

7.53 A chave no circuito da Figura P7.53 esteve na posição *a* por um longo tempo. Em $t = 0$, ela é colocada na posição *b*. Calcule (a) a tensão inicial no capacitor; (b) a tensão final no capacitor; (c) a constante de tempo (em microssegundos) para $t > 0$ e (d) o tempo (em microssegundos) necessário para a tensão no capacitor anular-se, depois de a chave ser colocada na posição *b*.

Figura P7.53

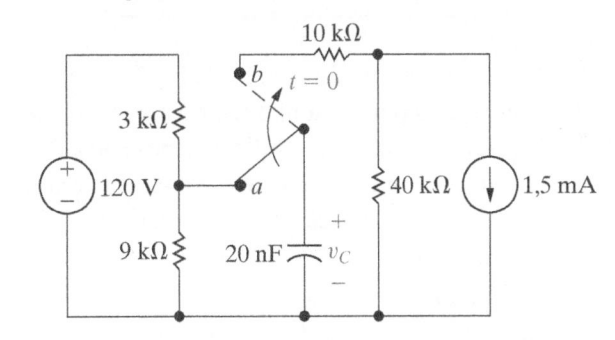

7.54 A chave no circuito visto na Figura P7.54 esteve na posição *a* por um longo tempo. Em $t = 0$, ela passa instantaneamente para a posição *b*. Para $t \geq 0^+$, determine

a) $v_o(t)$.

b) $i_o(t)$.

Figura P7.54

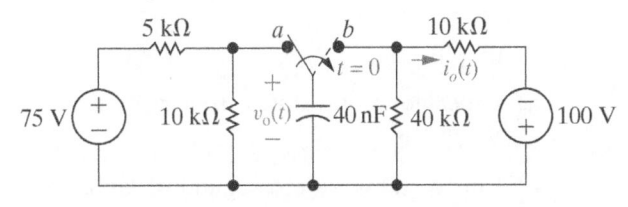

7.55 A chave do circuito visto na Figura P7.55 esteve na posição *a* por um longo tempo. Em $t = 0$, a chave passa instantaneamente para a posição *b*. Determine $v_o(t)$ e $i_o(t)$ para $t \geq 0^+$.

Figura P7.55

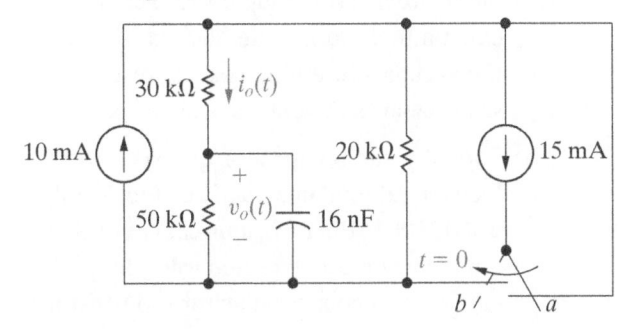

7.56 O circuito da Figura P7.56 está em operação por um longo tempo. Em $t = 0$, a fonte de tensão inverte a polaridade e a fonte de corrente cai de 3 mA para 2 mA. Determine $v_o(t)$ para $t \geq 0$.

Figura P7.56

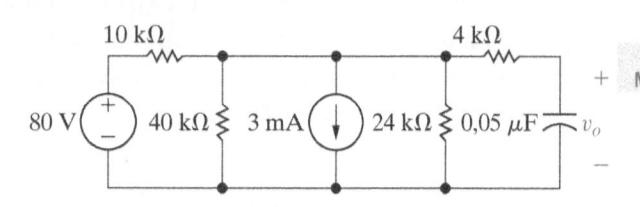

7.57 A chave do circuito na Figura P7.57 esteve na posição a por um longo tempo. Em $t = 0$, ela passa instantaneamente para a posição b. No instante em que a chave faz contato com o terminal b, a chave 2 abre-se. Determine $v_o(t)$ para $t \geq 0$.

Figura P7.57

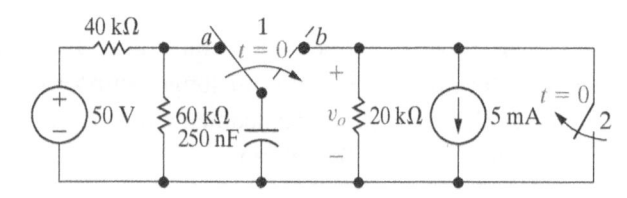

7.58 A corrente e a tensão nos terminais do capacitor no circuito da Figura 7.21 são

$i(t) = 3e^{-2.500t}$ mA, $t \geq 0^+$;

$v(t) = (40 - 24e^{-2.500t})$ V, $t \geq 0$.

a) Especifique os valores numéricos de I_s, V_o, R, C e τ.

b) Em quantos microssegundos, após a chave ter sido fechada, a energia armazenada no capacitor atinge 81% do seu valor final?

7.59 a) Use os valores dos componentes do Apêndice H para criar um circuito RC de primeira ordem (veja a Figura 7.21) com uma constante de tempo de 250 ms. Use um único capacitor e uma rede de resistores, se necessário. Desenhe seu circuito.

b) Suponha que o capacitor que você escolheu em (a) tem uma queda de tensão inicial de 100 V. Em $t = 0$, uma chave conecta uma fonte de corrente com valor de 1 mA em paralelo com o capacitor e o resistor equivalente. Escreva uma expressão para a queda de tensão no capacitor para $t \geq 0$.

c) Usando o resultado obtido em (b), calcule o tempo em que a queda de tensão no capacitor atinge 50 V.

7.60 A chave do circuito mostrado na Figura P7.60 abre em $t = 0$ depois de estar fechada por um longo tempo. Em quantos milissegundos, depois de a chave estar aberta, a energia armazenada no capacitor atinge 36% de seu valor final?

Figura P7.60

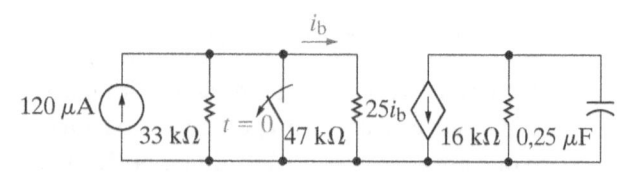

7.61 A chave do circuito mostrado na Figura P7.61 esteve na posição OFF (DESLIGADO) por um longo tempo. Em $t = 0$, ela passa instantaneamente para a posição ON (LIGADO). Determine $v_o(t)$ para $t \geq 0$.

Figura P7.61

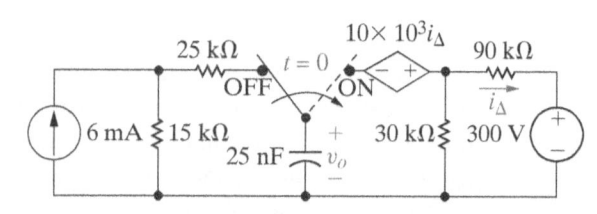

7.62 Suponha que a chave no circuito da Figura P7.61 esteve na posição ON por um longo tempo, antes de ser colocada instantaneamente na posição OFF em $t = 0$. Determine $v_o(t)$ para $t \geq 0$.

7.63 a) Deduza a Equação 7.52 convertendo, em primeiro lugar, o circuito equivalente de Norton, mostrado na Figura 7.21, para um equivalente de Thévenin e, então, somando as tensões ao longo do laço fechado, usando a corrente i do capacitor como a variável relevante.

b) Use a técnica de separação de variáveis para determinar a solução para a Equação 7.52. Verifique se sua solução está de acordo com a da Equação 7.53.

7.64 A chave no circuito da Figura P7.64 esteve na posição x por um longo tempo. A carga inicial no capacitor de 60 nF é igual a zero. Em $t = 0$, a chave passa instantaneamente para a posição y.

a) Determine $v_o(t)$ para $t \geq 0^+$.

b) Determine $v_1(t)$ para $t \geq 0$.

Figura P7.64

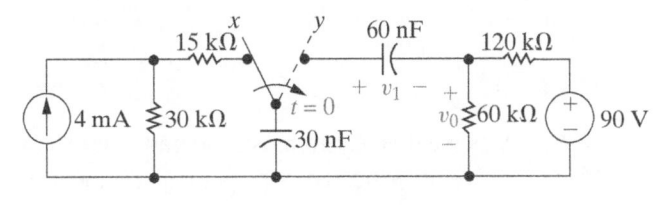

7.65 A chave no circuito da Figura P7.65 esteve na posição a por um longo tempo. Em $t = 0$, ela passa instantaneamente para a posição b. Para $t \geq 0^+$, determine

a) $v_o(t)$.

b) $i_o(t)$.

c) $v_1(t)$.

d) $v_2(t)$.

e) a energia final armazenada nos capacitores quando $t \to \infty$.

Figura P7.65

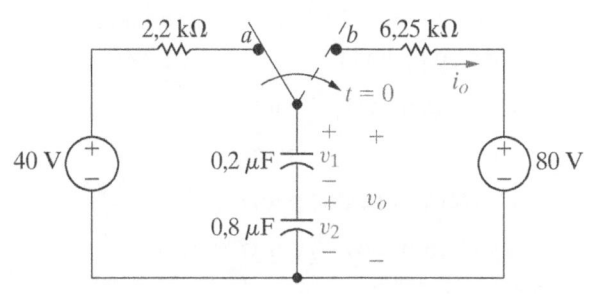

7.66 Não há nenhuma energia armazenada nos capacitores C_1 e C_2 no instante em que a chave é fechada, no circuito visto na Figura P7.66.

a) Deduza as expressões para $v_1(t)$ e $v_2(t)$ para $t \geq 0$.

b) Use as expressões deduzidas em (a) para determinar $v_1(\infty)$ e $v_2(\infty)$.

Figura P7.66

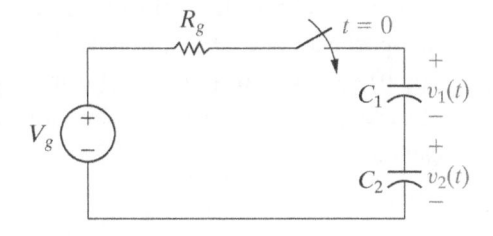

Seção 7.4

7.67 Repita (a) e (b) do Exemplo 7.10 com a indutância mútua reduzida a zero.

7.68 Não há nenhuma energia armazenada no circuito da Figura P7.68 no instante em que a chave é fechada.

a) Determine $i_o(t)$ para $t \geq 0$.

b) Determine $v_o(t)$ para $t \geq 0^+$.

c) Determine $i_1(t)$ para $t \geq 0$.

d) Determine $i_2(t)$ para $t \geq 0$.

e) Suas respostas fazem sentido em termos do comportamento conhecido do circuito?

Figura P7.68

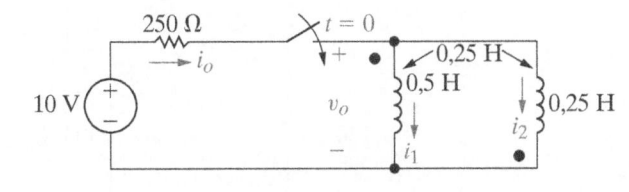

7.69 Não há nenhuma energia armazenada no circuito da Figura P7.69 no instante em que a chave é fechada.

a) Determine $i(t)$ para $t \geq 0$.

b) Determine $v_1(t)$ para $t \geq 0^+$.

c) Determine $v_2(t)$ para $t \geq 0$.

d) Suas respostas fazem sentido em termos do comportamento conhecido do circuito?

Figura P7.69

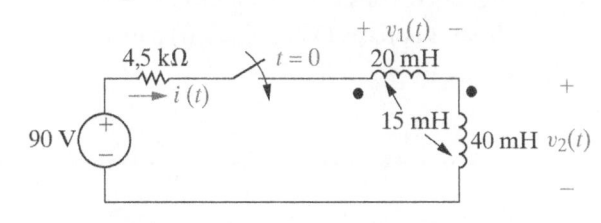

7.70 Repita o Problema 7.69 colocando o ponto na parte superior do enrolamento de 40 mH.

7.71 Não há nenhuma energia armazenada no circuito da Figura P7.71 no instante em que a chave é fechada.

a) Determine $i_o(t)$ para $t \geq 0$.
b) Determine $v_o(t)$ para $t \geq 0^+$.
c) Determine $i_1(t)$ para $t \geq 0$.
d) Determine $i_2(t)$ para $t \geq 0$.
e) Suas respostas fazem sentido em termos do comportamento conhecido do circuito?

Figura P7.71

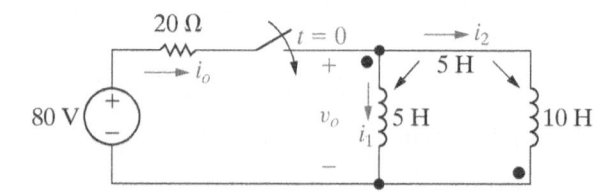

Seção 7.5

7.72 A ação das duas chaves no circuito da Figura P7.72 é a seguinte: para $t < 0$, a chave 1 está na posição a e a chave 2 está aberta. Esse estado perdurou por um longo tempo. Em $t = 0$, a chave 1 passa instantaneamente da posição a para a posição b, enquanto a chave 2 permanece aberta. Dez milissegundos depois da operação da chave 1, a chave 2 fecha-se por 10 ms e, então, abre-se. Determine $v_o(t)$, 25 ms depois de a chave 1 passar para a posição b.

Figura P7.72

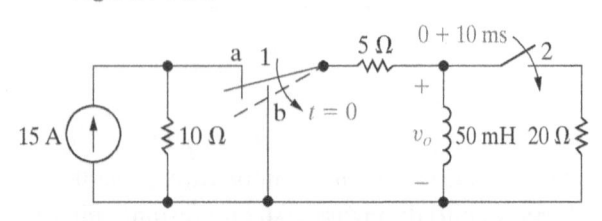

7.73 Para o circuito da Figura P7.72, em quantos milissegundos, após a chave 1 passar para a posição b, a energia armazenada no indutor é 4% de seu valor inicial?

7.74 No circuito da Figura P7.74, a chave A esteve aberta, e a chave B fechada, por um longo tempo. Em $t=0$, a chave A fecha-se. Vinte e cinco milissegundos após o fechamento da chave A, a chave B abre-se. Determine $i_L(t)$ para $t \geq 0$.

Figura P7.74

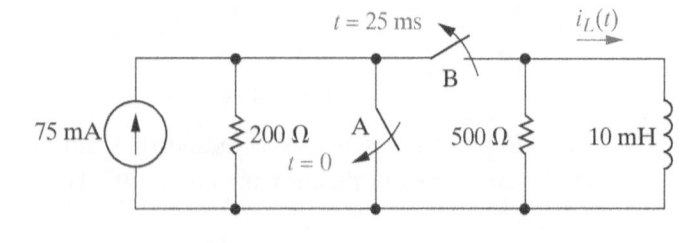

7.75 A chave do circuito mostrado na Figura P7.75 esteve na posição a por um longo tempo. Em $t = 0$, ela passa para a posição b, onde permanece por 1 ms. Então, ela passa para a posição c, onde permanece indefinidamente. Determine

a) $i(0^+)$.
b) $i(200\ \mu s)$.
c) $i(6\ ms)$.
d) $v(1^-\ ms)$.
e) $v(1^+\ ms)$.

Figura P7.75

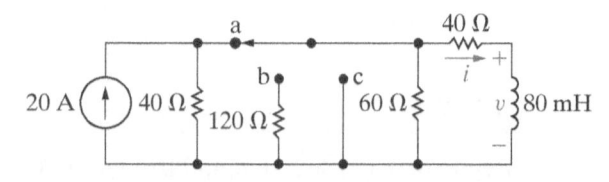

7.76 O capacitor do circuito visto na Figura P7.76 foi carregado até 300 V. Em $t = 0$, a chave 1 fecha-se, fazendo com que o capacitor se descarregue na rede resistiva. A chave 2 fecha-se 200 μs depois do fechamento da chave 1. Determine a magnitude e o sentido da corrente na segunda chave 300 μs depois do fechamento da chave 1.

Figura P7.76

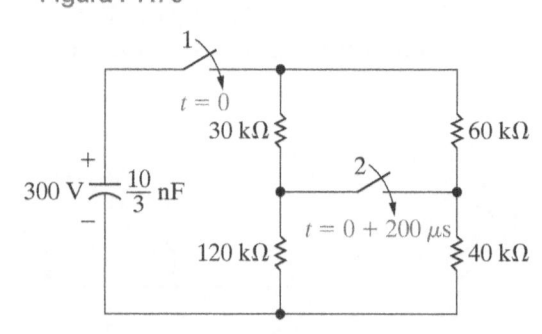

Capítulo 7 • Resposta de circuitos *RL* e *RC* de primeira ordem

7.77 Não há nenhuma energia armazenada no capacitor do circuito da Figura P7.77 quando a chave 1 se fecha em $t = 0$. A chave 2 fecha-se 2,5 milissegundos mais tarde. Determine $v_o(t)$ para $t \geq 0$.

Figura P7.77

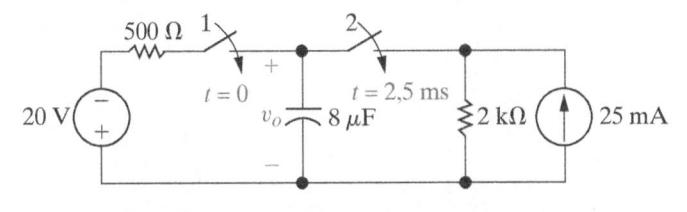

7.78 No circuito da Figura P7.78, a chave 1 esteve na posição *a*, e a chave 2 esteve fechada, por um longo tempo. Em $t = 0$, a chave 1 passa instantaneamente para a posição *b*. Duzentos microssegundos mais tarde, a chave 2 é aberta, permanece assim por 600 μs e, então, fecha-se novamente. Determine v_o, 1 ms depois de a chave 1 fazer contato com o terminal *b*.

Figura P7.78

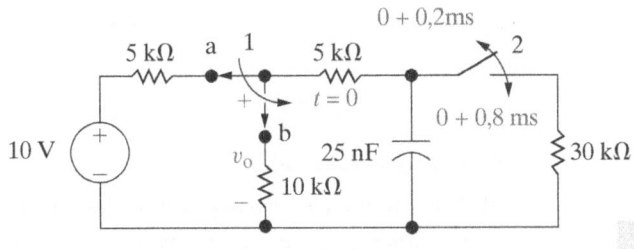

7.79 Para o circuito da Figura P7.78, qual porcentagem da energia inicial armazenada no capacitor de 25 nF é dissipada no resistor de 30 kΩ?

7.80 A chave no circuito da Figura P7.80 esteve na posição *a* por um longo tempo. Em $t = 0$, ela passa instantaneamente para a posição *b*, onde permanece por 5 segundos antes de passar instantaneamente para a posição *c*. Determine v_o para $t \geq 0$.

Figura P7.80

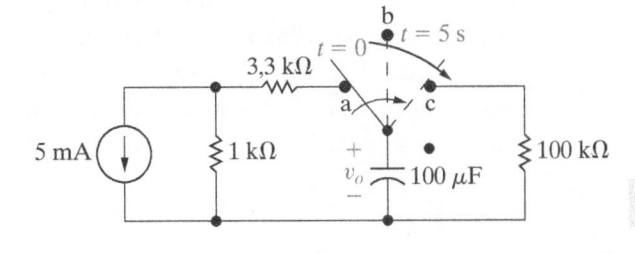

7.81 A fonte de corrente no circuito da Figura P7.81(a) gera o pulso de corrente mostrado na Figura P7.81(b). Não há nenhuma energia armazenada em $t = 0$.

a) Deduza as expressões numéricas de $v_o(t)$ para os intervalos de tempo $t < 0, 0 \leq t \leq 25$ μs e 25 μs $\leq t < \infty$.

b) Calcule $v_o(25^- \mu s)$ e $v_o(25^+ \mu s)$.

c) Calcule $i_o(25^- \mu s)$ e $i_o(25^+ \mu s)$.

Figura P7.81

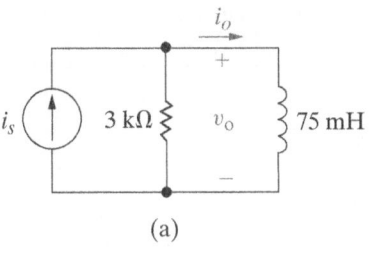

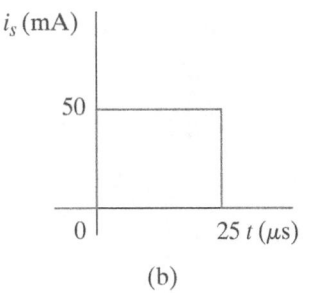

7.82 A forma de onda de tensão mostrada na Figura P7.82(a) é aplicada ao circuito da Figura P7.82(b). A corrente inicial no indutor é igual a zero.

a) Calcule $v_o(t)$.

b) Faça um gráfico de $v_o(t)$ em função de *t*.

c) Determine i_o em $t = 5$ ms.

Figura P7.82

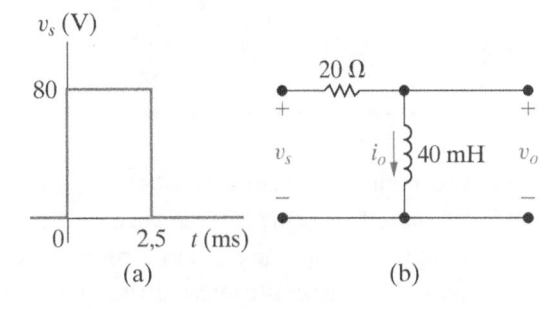

7.83 A fonte de tensão no circuito da Figura P7.83(a) está gerando o sinal mostrado na Figura P7.83(b). Não há nenhuma energia armazenada em $t = 0$.

a) Determine as expressões para $v_o(t)$ que sejam válidas para os intervalos $t < 0$; $0 \leq t \leq 25\ \mu s$; $25\ \mu s \leq t \leq 50\ \mu s$; e $50\ \mu s \leq t < \infty$.

b) Faça um gráfico de v_o e v_s nos mesmos eixos coordenados.

c) Repita (a) e (b) com R reduzido a 800 Ω.

Figura P7.83

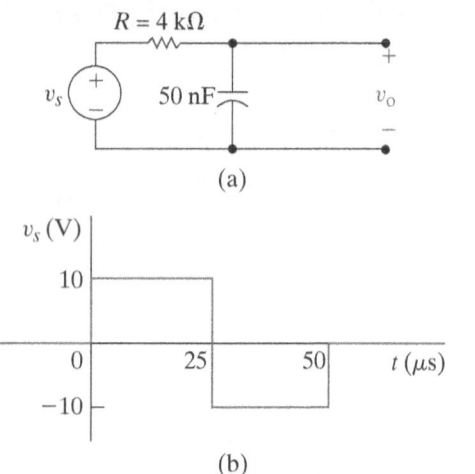

(a) Circuito com v_s, $R = 4\ k\Omega$, capacitor de 50 nF e v_o.

(b) Forma de onda v_s (V): 10 V de 0 a 25 μs, −10 V de 25 a 50 μs.

7.84 A forma de onda de tensão mostrada na Figura P7.84(a) é aplicada ao circuito da Figura P7.84(b). A tensão inicial no capacitor é igual a zero.

a) Calcule $v_o(t)$.

b) Faça um gráfico de $v_o(t)$ em função de t.

Figura P7.84

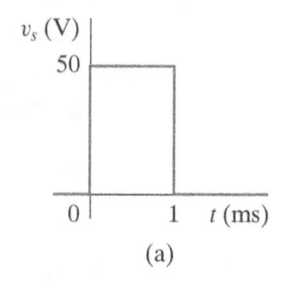

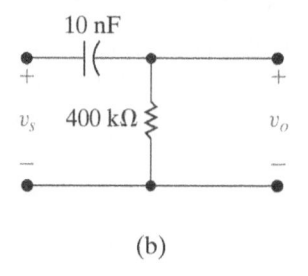

(a) v_s (V): pulso de 50 V de 0 a 1 ms.

(b) Circuito com v_s, 400 kΩ, 10 nF e v_o.

Seção 7.6

7.85 A corrente no indutor do circuito da Figura P7.85 é 25 mA, no instante em que a chave é aberta. O indutor será danificado sempre que a magnitude de sua corrente for igual ou superior a 5 A. Quanto tempo depois da abertura da chave o indutor será danificado?

Figura P7.85

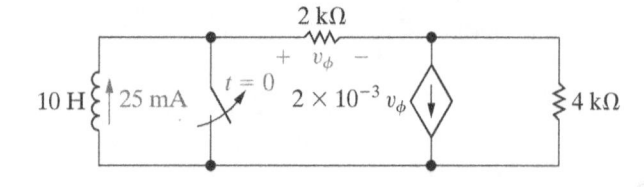

Circuito com indutor 10 H, fonte 25 mA, chave $t = 0$, resistor 2 kΩ com v_ϕ, fonte controlada $2 \times 10^{-3} v_\phi$ e 4 kΩ.

7.86 O centelhador do circuito visto na Figura P7.86 irá centelhar (ocorrerá nele um arco elétrico) sempre que a tensão em seus terminais alcançar 30 kV. A corrente inicial no indutor é igual a zero. O valor de β é ajustado de modo que a resistência de Thévenin vista dos terminais do indutor seja −4 kΩ.

a) Qual é o valor de β?

b) Em quantos microssegundos, depois do fechamento da chave, ocorrerá o arco no centelhador?

Figura P7.86

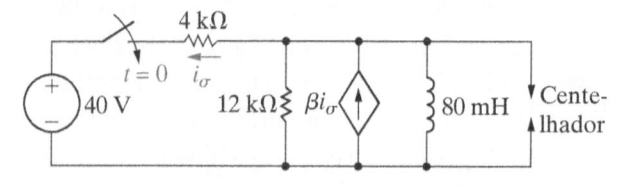

Circuito com fonte 40 V, chave $t = 0$, resistor 4 kΩ, corrente i_σ, resistor 12 kΩ, fonte controlada βi_σ, indutor 80 mH e centelhador.

7.87 O capacitor no circuito mostrado na Figura P7.87 está carregado com 20 V, no instante em que a chave é fechada. Se o dielétrico do capacitor se rompe (perde suas características isolantes) quando a tensão em seus terminais é igual ou superior a 20 kV, quanto tempo leva para isso acontecer?

Figura P7.87

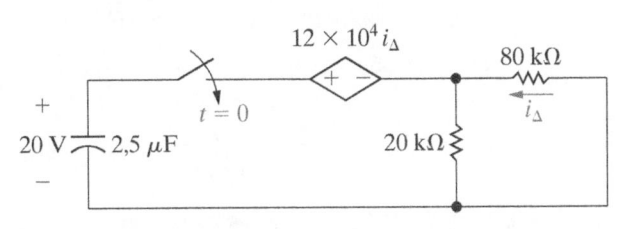

$12 \times 10^4 i_\Delta$

$80\ k\Omega$

$t = 0$

$20\ V$ — $2{,}5\ \mu F$ — $20\ k\Omega$ — i_Δ

7.88 A chave no circuito da Figura P7.88 esteve fechada por um longo tempo. A tensão máxima nominal do capacitor de $1{,}6\ \mu F$ é $14{,}4\ kV$. Em quanto tempo, depois da abertura da chave, a tensão no capacitor alcança a tensão máxima?

Pspice Multisim

Figura P7.88

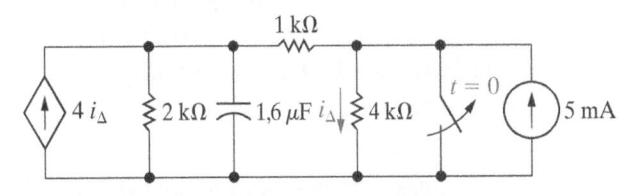

$4 i_\Delta$ — $2\ k\Omega$ — $1{,}6\ \mu F$ — i_Δ — $4\ k\Omega$ — $1\ k\Omega$ — $t = 0$ — $5\ mA$

7.89 O circuito mostrado na Figura P7.89 é usado para fechar a chave entre a e b por um intervalo de tempo predeterminado. O relé mantém seus contatos na posição inferior enquanto a tensão no enrolamento estiver acima de 5 V. Quando a tensão no enrolamento for igual a 5 V, os contatos do relé voltam à posição inicial, pela ação de uma mola mecânica. A chave entre a e b está inicialmente fechada, porque o botão de acionamento foi momentaneamente pressionado. Suponha que o capacitor esteja totalmente carregado, quando o botão é acionado pela primeira vez. A resistência do enrolamento do relé é $25\ k\Omega$ e sua indutância, desprezível.

a) Por quanto tempo a chave entre a e b permanece fechada?

b) Escreva a expressão numérica para i desde o instante em que os contatos do relé são abertos pela primeira vez até o instante em que o capacitor está totalmente carregado.

c) Quantos milissegundos (depois que o circuito entre a e b é interrompido) são necessários para a tensão do capacitor alcançar 85% de seu valor final?

Figura P7.89

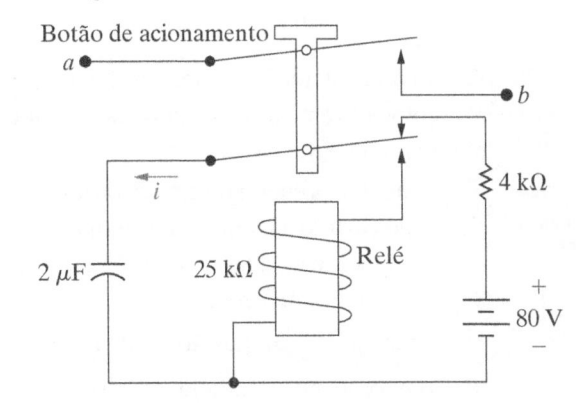

Botão de acionamento

a — b — $4\ k\Omega$

$2\ \mu F$ — $25\ k\Omega$ — Relé — $80\ V$

Seção 7.7

7.90 A energia armazenada no capacitor do circuito mostrado na Figura P7.90 é igual a zero, no instante em que a chave é fechada. O amplificador operacional ideal chega à saturação em 15 ms. Qual é o valor numérico de R em quilo-ohms?

Pspice Multisim

Figura P7.90

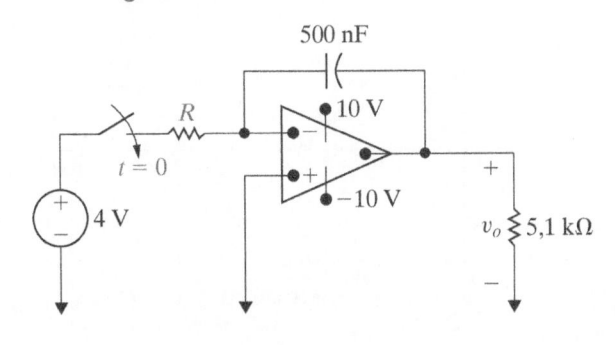

$500\ nF$

R — $10\ V$

$t = 0$ — $-10\ V$

$4\ V$ — v_o — $5{,}1\ k\Omega$

7.91 No instante em que a chave é fechada no circuito da Figura P7.90, o capacitor é carregado até 6 V, positivo no terminal da direita. Se o amplificador operacional ideal atingir a saturação em 40 ms, qual será o valor de R?

Pspice Multisim

7.92 O pulso de tensão mostrado na Figura P7.92(a) é aplicado ao amplificador-integrador ideal da Figura P7.92(b). Deduza as expressões numéricas para $v_o(t)$, supondo $v_o(0) = 0$, para os intervalos de tempo

Pspice Multisim

a) $t < 0$.

b) $0 \leq t \leq 2\ s$.

c) $2\ s \leq t \leq 4\ s$.

d) $4\ s \leq t$.

Figura P7.92

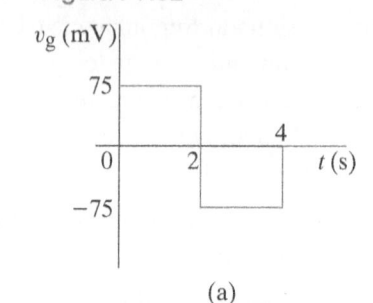

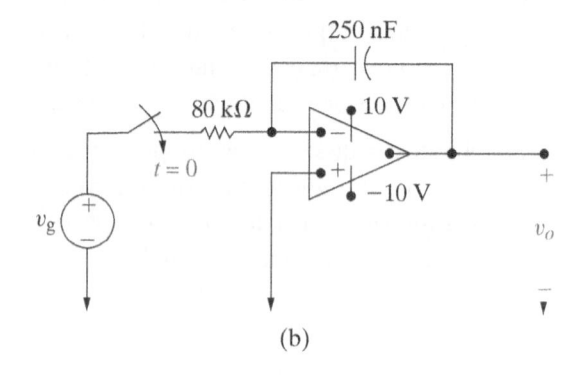

(a)

(b)

7.93 Repita o Problema 7.92, com um resistor de 4 MΩ colocado em paralelo com o capacitor de realimentação de 250 nF.

7.94 Não há nenhuma energia armazenada nos capacitores do circuito mostrado na Figura P7.94, no instante em que as duas chaves são fechadas. Suponha que o amp op é ideal.

a) Determine v_o em função de v_a, v_b, R e C.

b) Com base no resultado obtido em (a), descreva o funcionamento do circuito.

c) Quanto tempo levará para a saturação do amplificador se $v_a = 40$ mV; $v_b = 15$ mV; $R = 50$ kΩ; $C = 10$ nF e $V_{CC} = 6$ V?

Figura P7.94

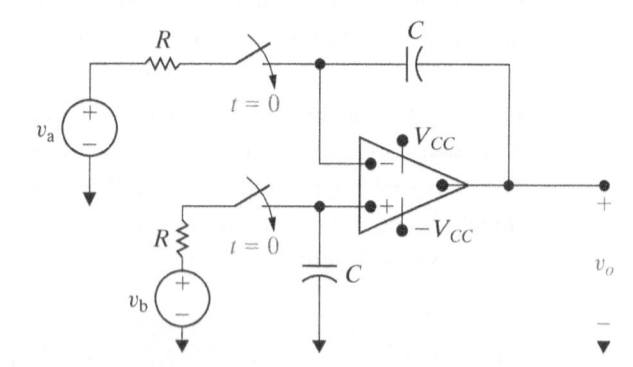

7.95 No instante em que a chave da Figura P7.95 é fechada, a tensão no capacitor é 56 V. Admita um amplificador operacional ideal. Em quantos milissegundos, depois do fechamento da chave, a tensão de saída v_o será igual a zero?

Figura P7.95

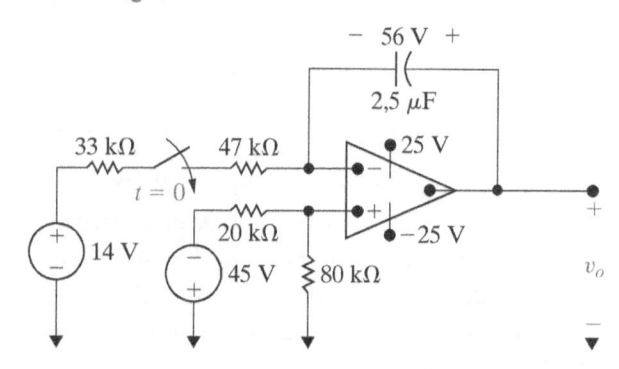

7.96 A fonte de tensão no circuito da Figura P7.96(a) gera a forma de onda triangular mostrada na Figura P7.96(b). Suponha que a energia armazenada no capacitor seja nula em $t = 0$ e o amp op seja ideal.

a) Deduza as expressões numéricas para $v_o(t)$, para os seguintes intervalos de tempo: $0 \leq t \leq 1$ μs; 1 μs $\leq t \leq 3$ μs e 3 μs $\leq t \leq 4$ μs.

b) Esboce a forma de onda de saída entre 0 e 4 μs.

c) Se a tensão de entrada triangular continuar a se repetir para $t > 4$ μs, qual valor de tensão de saída poderemos esperar? Explique.

Figura P7.96

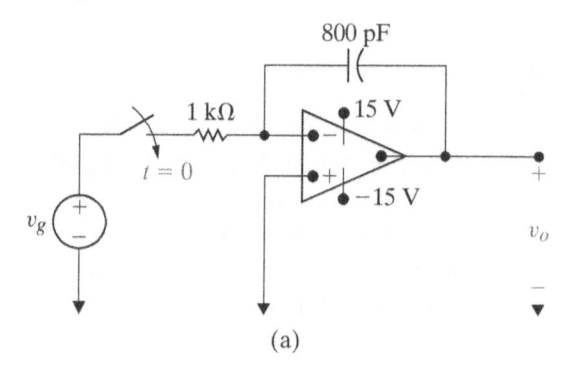

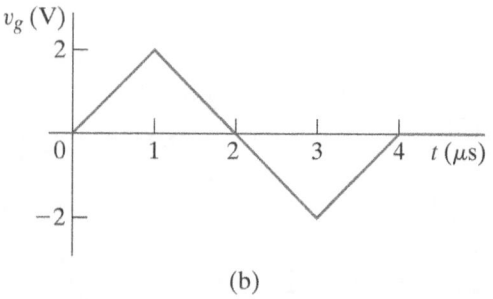

(a)

(b)

Seções 7.1-7.7

7.97 O circuito mostrado na Figura P7.97 é conhecido como um *multivibrador monoestável*. O adjetivo *monoestável* é usado para descrever o fato de o circuito ter somente um regime permanente. Isto é, se nada interferir, a chave eletrônica T_2 estará no estado ON e T_1, no estado OFF. (O funcionamento da chave transistorizada ideal é descrito no Problema 7.99.) T_2 pode ser desligada, fechando-se momentaneamente a chave S. Após S retornar à posição aberta, T_2 retornará ao estado ON.

a) Mostre que, se T_2 estiver no estado ON, T_1 estará no estado OFF e assim continuará.

b) Explique por que T_2 é desligada quando S é momentaneamente fechada.

c) Mostre que T_2 permanecerá desligada durante o intervalo $RC = 2$ s.

Figura P7.97

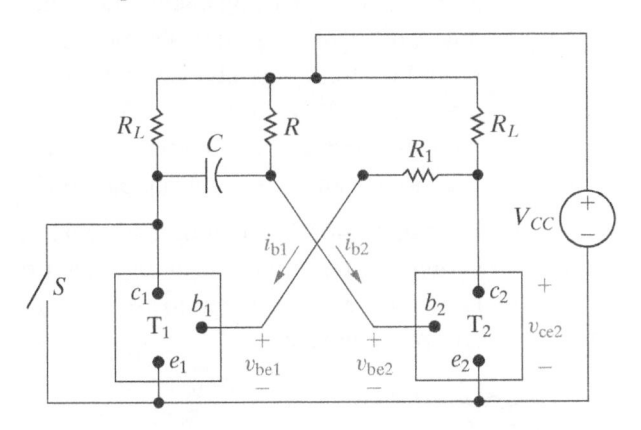

7.98 Os valores dos parâmetros no circuito da Figura P7.97 são $V_{CC} = 6$ V; $R_1 = 5,0$ kΩ; $R_L = 20$ kΩ; $C = 250$ pF e $R = 23.083$ Ω.

a) Faça um gráfico de v_{ce2} em função de t, admitindo que, depois de momentaneamente fechada, S permanece aberta até que o circuito atinja seu estado permanente. Admita que S seja fechada em $t = 0$. Faça o gráfico para o intervalo $-5 \leq t \leq 10$ μs.

b) Repita (a) para i_{b2} em função de t.

7.99 O circuito mostrado na Figura P7.99 é conhecido como um *multivibrador astável* e encontra ampla aplicação em circuitos de pulso. A finalidade deste problema é relacionar a carga e descarga dos capacitores com o funcionamento do circuito. O segredo para analisar o circuito é entender o comportamento das chaves transistorizadas ideais T_1 e T_2. O circuito é projetado de modo que as chaves se alternem automaticamente entre o estado LIGADO (ON) e o estado DESLIGADO (OFF). Quando T_1 está no estado OFF, T_2 está no estado ON e vice-versa. Assim, na análise desse circuito, supomos que uma chave esteja ou no estado ON ou no estado OFF. Também admitimos que uma chave transistorizada ideal possa mudar de estado instantaneamente. Em outras palavras, ela pode passar repentinamente do estado OFF para o estado ON e vice-versa. Quando uma chave transistorizada está no estado ON, (1) a corrente de base i_b é maior do que zero, (2) a tensão terminal v_{be} é igual a zero e (3) a tensão terminal v_{ce} é igual a zero. Portanto, quando uma chave transistorizada está no estado ON, existe um curto-circuito entre os terminais b,e e c,e. Quando uma chave transistorizada está no estado OFF, (1) a tensão terminal v_{be} é negativa, (2) a corrente de base é igual a zero, e (3) há um circuito aberto entre os terminais c,e. Sendo assim, quando uma chave transistorizada está no estado OFF, existe um circuito aberto entre os terminais b,e e c,e. Suponha que T_2 estivesse ligada e tenha acabado de passar abruptamente para o estado OFF, enquanto T_1 estava no estado OFF e acabou de passar repentinamente para o estado ON. Você pode supor que, nessa circunstância, C_2 esteja carregado com tensão de alimentação V_{CC} e a carga em C_1 seja nula. Admita também que $C_1 = C_2$ e $R_1 = R_2 = 10R_L$.

a) Determine a expressão para v_{be2}, durante o intervalo em que T_2 esteja no estado OFF.

b) Determine a expressão para v_{ce2}, durante o intervalo em que T_2 esteja no estado OFF.

c) Determine o tempo em que T_2 permanece no estado OFF.

d) Determine o valor de v_{ce2} ao final do intervalo em que T_2 está no estado OFF.

e) Determine a expressão para i_{b1}, durante o intervalo em que T_2 está no estado OFF.

f) Determine o valor de i_{b1} ao final do intervalo em que T_2 está no estado OFF.

g) Faça um gráfico de v_{ce2} em função de t durante o intervalo em que T_2 está no estado OFF.

h) Faça um gráfico de i_{b1} em função de t durante o intervalo em que T_2 está no estado OFF.

Figura P7.99

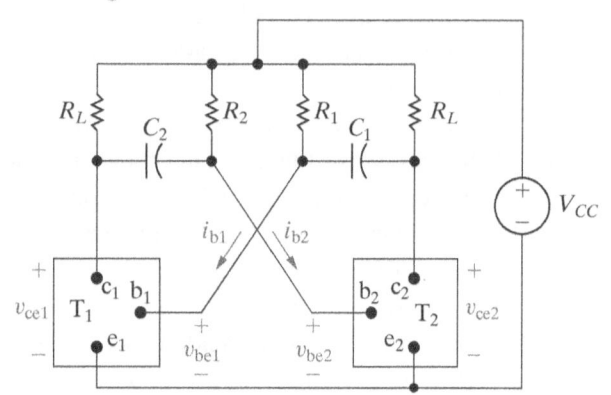

7.100 Os valores dos componentes do circuito da Figura P7.99 são $V_{CC} = 9$ V; $R_L = 3$ kΩ; $C_1 = C_2 = 2$ nF; e $R_1 = R_2 = 18$ kΩ.

a) Por quanto tempo T_2 permanece no estado OFF, durante um ciclo de funcionamento?

b) Por quanto tempo T_2 permanece no estado ON, durante um ciclo de funcionamento?

c) Repita (a) para T_1.

d) Repita (b) para T_1.

e) No primeiro instante após T_1 passar para o estado ON, qual é o valor de i_{b1}?

f) No instante imediatamente anterior a T_1 passar para o estado OFF, qual é o valor de i_{b1}?

g) Qual é o valor de v_{ce2}, no instante imediatamente antes de T_2 passar para o estado ON?

7.101 Repita o Problema 7.100 com $C_1 = 3$ nF e $C_2 = 2{,}8$ nF. Os valores de todos os outros componentes permanecem inalterados.

7.102 O multivibrador astável da Figura P7.99 deve satisfazer os seguintes critérios: (1) uma chave transistorizada deve estar no estado ON durante 48 μs e no estado OFF durante 36 μs para cada ciclo; (2) $R_L = 2$ kΩ; (3) $V_{CC} = 5$ V; (4) $R_1 = R_2$ e (5) $6R_L \leq R_1 \leq 50R_L$. Quais são os valores limite para os capacitores C_1 e C_2?

Perspectiva Prática

7.103 O relé representado na Figura P7.103 conectará o gerador cc de 30 V ao barramento cc enquanto a corrente do relé for maior do que 0,4 A. Se a corrente do relé cai para 0,4 A ou menos, o relé, acionado por mola, conecta imediatamente o barramento cc à bateria em standby de 30 V. A resistência do enrolamento do relé é de 60 Ω. A indutância do enrolamento do relé deve ser determinada.

a) Suponha que o acionamento do gerador cc de 30 V desacelera abruptamente, fazendo a tensão gerada cair repentinamente para 21 V. Qual valor de L assegura que a bateria em standby será conectada ao barramento cc em 0,5 segundo?

b) Usando o valor de L determinado em (a), verifique quanto tempo vai levar para o relé funcionar, se a tensão gerada cair abruptamente a zero.

Figura P7.103

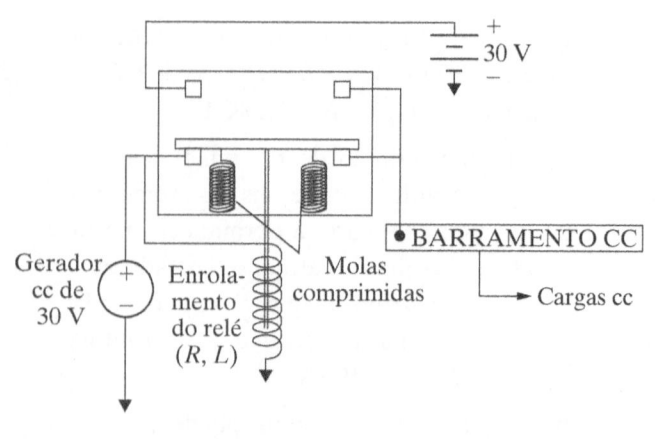

7.104 Deduza a expressão para a frequência cardíaca em batimentos por minuto, dados os valores de R e C e assumindo-se que o capacitor se descarrega quando sua tensão atinge 75% da fonte de tensão V_s. Para sua conveniência, repetimos, a seguir, a expressão dada na *Perspectiva prática*:

$$H = \frac{60}{-RC \ln 0{,}25} \quad \text{[batimentos por minuto]}.$$

7.105 Use uma expressão semelhante àquela que foi deduzida no Problema 7.104 para calcular a frequência cardíaca em batimentos por minuto para $R = 150$ kΩ, $C = 6$ μF, se o capacitor sofrer descarga quando a tensão atingir 60% da tensão da fonte V_s.

7.106 Mostre que a resistência necessária para obter uma frequência cardíaca H, em batimentos por minuto, é dada pela equação

$$R = \frac{-60}{HC \ln\left(1 - \frac{V_{máx}}{V_s}\right)},$$

onde C é a capacitância, V_s é a tensão da fonte e $V_{máx}$ representa a tensão do capacitor em que a descarga ocorre.

7.107 Use a expressão deduzida no Problema 7.106 para calcular a resistência necessária à obtenção de uma frequência cardíaca de 70 batimentos por minuto utilizando uma capacitância de 2,5 μF e assumindo que o capacitor se descarrega quando a tensão atinge 68% da tensão da fonte.

Capítulo 8

Respostas natural e a um degrau de circuitos RLC

SUMÁRIO DO CAPÍTULO

8.1 Introdução à resposta natural de um circuito *RLC* em paralelo

8.2 Formas de resposta natural de um circuito *RLC* em paralelo

8.3 Resposta a um degrau de um circuito *RLC* em paralelo

8.4 Respostas natural e a um degrau de um circuito *RLC* em série

8.5 Circuitos com dois amplificadores-integradores

OBJETIVOS DO CAPÍTULO

1. Saber determinar a resposta natural e a resposta a um degrau de circuitos *RLC* em paralelo.
2. Saber determinar a resposta natural e a resposta a um degrau de circuitos *RLC* em série.

Neste capítulo, a discussão da resposta natural e da resposta a um degrau de circuitos que contêm indutores, bem como capacitores, está limitada a duas estruturas simples: o circuito *RLC* em paralelo e o circuito *RLC* em série. Determinar a resposta natural de um circuito *RLC* em paralelo consiste em determinar a tensão criada nos ramos em paralelo pelo fornecimento de energia armazenada no indutor ou no capacitor ou em ambos. A tarefa é definida em termos do circuito mostrado na Figura 8.1. A tensão inicial no capacitor, V_0, representa a energia inicial armazenada no capacitor. A corrente inicial que passa pelo indutor, I_0, representa a energia inicial armazenada no indutor. Se as correntes de ramo individuais forem de interesse, você poderá determiná-las após definir a tensão terminal.

Figura 8.1 Circuito usado para ilustrar a resposta natural de um circuito *RLC* em paralelo.

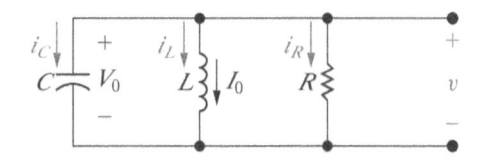

Deduzimos a resposta a um degrau de um circuito *RLC* em paralelo usando a Figura 8.2. Estamos interessados na tensão que aparece nos ramos paralelos como resultado da aplicação repentina de uma fonte de corrente cc. Pode haver ou não energia armazenada no circuito quando a fonte de corrente é aplicada.

Determinar a resposta natural de um circuito *RLC* em série consiste em determinar a corrente gerada nos elementos ligados em série pelo fornecimento da energia inicialmente armazenada no indutor, no capacitor ou em ambos. A tarefa é definida pelo circuito mostrado na Figura 8.3. Como antes, a corrente inicial no indutor, I_0, e a tensão inicial no capacitor, V_0, representam a energia armazenada inicialmente. Se qualquer das tensões nos elementos individuais for de interesse, você poderá determiná-la após definir a corrente.

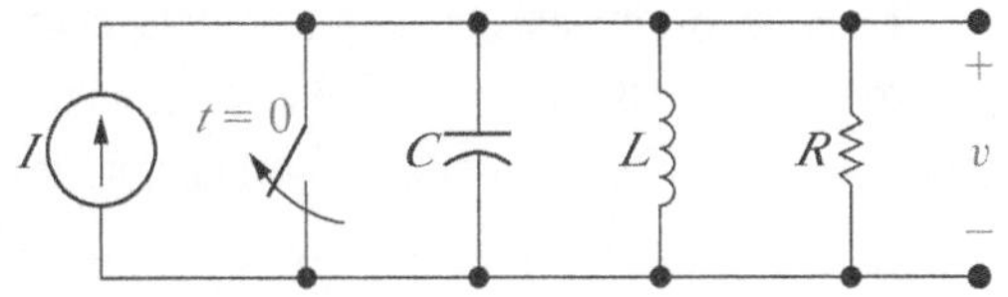

Descrevemos a resposta a um degrau de um circuito RLC em série em termos do circuito mostrado na Figura 8.4. Estamos interessados na corrente resultante da aplicação repentina da fonte de tensão cc. Pode haver ou não energia armazenada no circuito quando a chave é fechada.

Se você não estudou equações diferenciais ordinárias, a determinação das respostas natural e a um degrau de circuitos RLC em paralelo e em série pode ser um pouco difícil de entender. Contudo, os resultados são importantes o bastante para justificar sua apresentação neste momento. Começamos com a resposta natural de um circuito RLC em paralelo e abordamos esse material em duas seções: uma para discutir a solução da equação diferencial que descreve o circuito e outra para apresentar as três formas distintas que a solução pode tomar. Após apresentarmos essas três formas, mostramos que elas se aplicam à resposta a um degrau de um circuito RLC em paralelo, bem como às respostas natural e a um degrau de circuitos RLC em série.

Figura 8.2 Circuito usado para ilustrar a resposta a um degrau de um circuito RLC em paralelo.

Figura 8.3 Circuito usado para ilustrar a resposta natural de um circuito RLC em série.

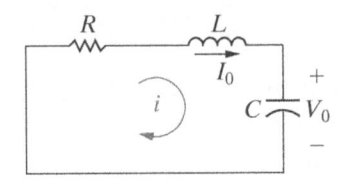

Figura 8.4 Circuito usado para ilustrar a resposta a um degrau de um circuito RLC em série.

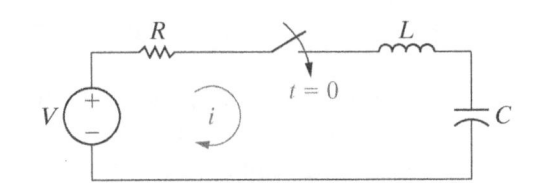

Perspectiva prática

Sincronização do relógio do computador

Os circuitos digitais encontrados na maioria dos computadores requerem uma base de tempo que sincronize o funcionamento dos circuitos. Pense em um laptop que tenha um processador com velocidade de 2 GHz. Isso significa que a unidade de processamento central desse computador pode executar cerca de 2×10^9 operações simples por segundo.

Normalmente, a base de tempo, produzida por um chip, é uma onda quadrada com a frequência necessária. A onda quadrada é obtida de uma onda senoidal com a frequência necessária. De modo geral, a onda senoidal é

Scanrail/fotolia

gerada por meio de uma tensão aplicada por um cristal de quartzo, cortado com precisão. O cristal produz uma frequência muito estável, adequada à sincronização de circuitos digitais.

No entanto, também podemos gerar uma onda senoidal usando um circuito com um indutor e um capacitor. Ao escolhermos os valores de indutância e capacitância, podemos criar uma senoide com determinada frequência. Vamos analisar tal projeto após apresentarmos os conceitos fundamentais dos circuitos de segunda ordem.

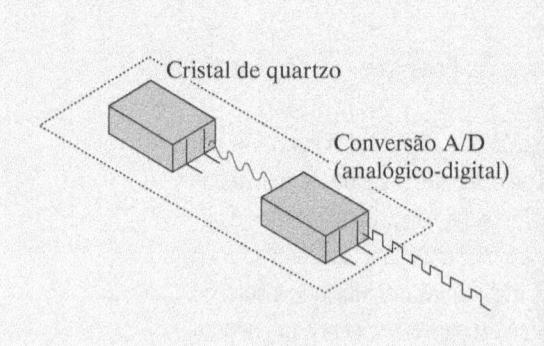

David J. Green/Alamy

8.1 Introdução à resposta natural de um circuito *RLC* em paralelo

A primeira etapa para obter a resposta natural do circuito mostrado na Figura 8.1 é obter a equação diferencial que a tensão v deve satisfazer. Preferimos determinar a tensão em primeiro lugar, porque ela é a mesma para cada componente. Depois disso, pode-se determinar uma corrente de ramo usando a relação corrente-tensão para o componente do ramo. Podemos obter facilmente a equação diferencial para a tensão somando as correntes que saem do nó superior, no qual cada corrente é expressa como uma função da tensão desconhecida v:

$$\frac{v}{R} + \frac{1}{L}\int_0^t v\,d\tau + I_0 + C\frac{dv}{dt} = 0. \tag{8.1}$$

Eliminamos a integral da Equação 8.1 diferenciando uma vez em relação a t e, como I_0 é uma constante, obtemos

$$\frac{1}{R}\frac{dv}{dt} + \frac{v}{L} + C\frac{d^2v}{dt^2} = 0. \tag{8.2}$$

Agora, dividimos todos os termos da Equação 8.2 pela capacitância C e arranjamos as derivadas em ordem decrescente:

$$\frac{d^2v}{dt^2} + \frac{1}{RC}\frac{dv}{dt} + \frac{v}{LC} = 0. \tag{8.3}$$

A comparação da Equação 8.3 com as equações diferenciais determinadas no Capítulo 7 revela que a diferença entre elas é a presença do termo que envolve a derivada de segunda ordem. A Equação 8.3 é uma equação diferencial ordinária de segunda ordem, com coeficientes constantes. Como os circuitos neste capítulo contêm indutores, bem como capacitores, a equação diferencial que descreve seus comportamentos é de segunda ordem. Assim, costumamos denominá-los **circuitos de segunda ordem**.

Solução geral da equação diferencial de segunda ordem

Não podemos resolver a Equação 8.3 fazendo a separação de variáveis e a integração, como fizemos com as equações de primeira ordem no Capítulo 7. A abordagem clássica para resolver a Equação 8.3 é admitir que a solução seja da forma exponencial, isto é, admitir que a tensão seja da forma

$$v = Ae^{st}, \qquad (8.4)$$

em que A e s são constantes desconhecidas.

Antes de mostrar como essa premissa leva à solução da Equação 8.3, precisamos mostrar que ela é razoável. O argumento mais forte que podemos propor em favor da Equação 8.4 é observar, pela Equação 8.3, que a derivada de segunda ordem da solução, mais uma constante, vezes a derivada de primeira ordem, mais uma constante, vezes a própria solução, deve ser igual a zero para todos os valores de t. Isso só pode ocorrer se derivadas de ordem mais alta da solução tiverem a mesma forma da solução. A função exponencial satisfaz esse critério. Um segundo argumento em favor da Equação 8.4 é que as soluções de todas as equações de primeira ordem que derivamos no Capítulo 7 eram exponenciais. Parece razoável admitir que a solução da equação de segunda ordem também envolva a função exponencial.

Se a Equação 8.4 for uma solução da Equação 8.3, ela deve satisfazer a Equação 8.3 para todos os valores de t. Substituir a Equação 8.4 na Equação 8.3 gera a expressão

$$As^2 e^{st} + \frac{As}{RC} e^{st} + \frac{Ae^{st}}{LC} = 0,$$

ou

$$Ae^{st}\left(s^2 + \frac{s}{RC} + \frac{1}{LC}\right) = 0, \qquad (8.5)$$

que só pode ser satisfeita para todos os valores de t se A for igual a zero ou o termo entre parênteses for igual a zero, porque $e^{st} \neq 0$ para valores finitos de st. Não podemos usar $A = 0$ como uma solução geral porque isso implica que a tensão seja nula o tempo todo — uma impossibilidade física se alguma energia estiver armazenada no indutor ou no capacitor. Assim, para que a Equação 8.4 seja uma solução da Equação 8.3, o termo entre parênteses da Equação 8.5 deve ser igual a zero, ou

$$s^2 + \frac{s}{RC} + \frac{1}{LC} = 0. \qquad (8.6)$$

◀ **Equação característica, circuito RLC em paralelo**

A Equação 8.6 é denominada **equação característica** da equação diferencial porque as raízes dessa equação quadrática determinam o caráter matemático de $v(t)$.

As duas raízes da Equação 8.6 são

$$s_1 = -\frac{1}{2RC} + \sqrt{\left(\frac{1}{2RC}\right)^2 - \frac{1}{LC}}, \qquad (8.7)$$

$$s_2 = -\frac{1}{2RC} - \sqrt{\left(\frac{1}{2RC}\right)^2 - \frac{1}{LC}}. \qquad (8.8)$$

Se qualquer das raízes for substituída na Equação 8.4, a solução admitida satisfaz a equação diferencial dada, isto é, a Equação 8.3. Observe, pela Equação 8.5, que esse resultado se mantém independentemente do valor de A. Assim, ambas,

$$v = A_1 e^{s_1 t} \text{ e}$$

$$v = A_2 e^{s_2 t}$$

satisfazem a Equação 8.3. Chamando essas duas soluções v_1 e v_2, respectivamente, podemos mostrar que a soma delas também é uma solução. Especificamente, se fizermos

$$v = v_1 + v_2 = A_1 e^{s_1 t} + A_2 e^{s_2 t}, \tag{8.9}$$

então

$$\frac{dv}{dt} = A_1 s_1 e^{s_1 t} + A_2 s_2 e^{s_2 t}, \tag{8.10}$$

$$\frac{d^2 v}{dt^2} = A_1 s_1^2 e^{s_1 t} + A_2 s_2^2 e^{s_2 t}. \tag{8.11}$$

Substituindo as equações 8.9–8.11 na Equação 8.3, temos

$$A_1 e^{s_1 t}\left(s_1^2 + \frac{1}{RC}s_1 + \frac{1}{LC}\right) + A_2 e^{s_2 t}\left(s_2^2 + \frac{1}{RC}s_2 + \frac{1}{LC}\right) = 0. \tag{8.12}$$

No entanto, cada termo entre parênteses é nulo porque, por definição, s_1 e s_2 são raízes da equação característica. Daí, a resposta natural do circuito RLC em paralelo mostrado na Figura 8.1 é da forma

$$v = A_1 e^{s_1 t} + A_2 e^{s_2 t}. \tag{8.13}$$

A Equação 8.13 é uma repetição da premissa adotada para a Equação 8.9. Mostramos que v_1 é uma solução, v_2 é uma solução e $v_1 + v_2$ é uma solução. Assim, a solução geral da Equação 8.3 tem a forma dada na Equação 8.13. As raízes da equação característica (s_1 e s_2) são determinadas pelos parâmetros de circuito R, L e C. As condições iniciais determinam os valores das constantes A_1 e A_2. Observe que a forma da Equação 8.13 deverá ser modificada se as duas raízes s_1 e s_2 forem iguais. Discutiremos essa modificação quando abordarmos a resposta criticamente amortecida, na Seção 8.2.

O comportamento de $v(t)$ depende dos valores de s_1 e s_2. Assim, a primeira etapa para definir a resposta natural é determinar as raízes da equação característica. Voltemos às equações 8.7 e 8.8 e as escrevamos novamente usando uma notação de ampla utilização na literatura:

$$s_1 = -\alpha + \sqrt{\alpha^2 - \omega_0^2}, \tag{8.14}$$

$$s_2 = -\alpha - \sqrt{\alpha^2 - \omega_0^2}, \tag{8.15}$$

em que

$$\alpha = \frac{1}{2RC}, \tag{8.16}$$

▶ Frequência de Neper, circuito *RLC* paralelo

$$\omega_0 = \frac{1}{\sqrt{LC}}. \qquad (8.17)$$

◀ **Frequência angular de ressonância, circuito *RLC* em paralelo**

Esses resultados estão resumidos na Tabela 8.1.

Tabela 8.1 Parâmetros da resposta natural do circuito *RLC* em paralelo.

Parâmetro	Terminologia	Valor em resposta natural
s_1, s_2	Raízes características	$s_1 = -\alpha + \sqrt{\alpha^2 - \omega_0^2}$ $s_2 = -\alpha - \sqrt{\alpha^2 - \omega_0^2}$
α	Frequência de Neper	$\alpha = \dfrac{1}{2RC}$
ω_0	Frequência angular de ressonância	$\omega_0 = \dfrac{1}{\sqrt{LC}}$

O expoente de *e* deve ser adimensional e, portanto, ambas, s_1 e s_2 (e, por consequência, α e ω_0), devem ter a dimensão do recíproco do tempo, ou frequência. Para distinguir entre as frequências s_1, s_2, α e ω_0, usamos a seguinte terminologia: s_1 e s_2 são denominadas *frequências complexas*, α é denominada *frequência de Neper* e ω_0 é a *frequência angular de ressonância*. O significado dessa terminologia se tornará mais claro à medida que formos progredindo pelos capítulos restantes deste livro. Todas essas frequências têm a dimensão de frequência angular. A frequência complexa, a frequência de Neper e a frequência angular de ressonância têm como unidade o *radiano por segundo* (rad/s). A natureza das raízes s_1 e s_2 depende dos valores de α e ω_0. Há três resultados possíveis. Primeiro, se $\omega_0^2 < \alpha^2$, ambas as raízes serão reais e distintas. Por razões que discutiremos mais adiante, diz-se que, nesse caso, a resposta de tensão é **superamortecida**. Em segundo lugar, se $\omega_0^2 > \alpha^2$, ambas, s_1 e s_2, serão complexas e, além disso, serão conjugadas uma da outra. Nessa situação, diz-se que a resposta de tensão é **subamortecida**. O terceiro resultado possível é se $\omega_0^2 = \alpha^2$. Nesse caso, s_1 e s_2 serão reais e iguais e diz-se que a resposta de tensão é **criticamente amortecida**. Como veremos, o amortecimento afeta o modo como a resposta de tensão atinge seu valor final (ou de regime permanente). Discutiremos cada caso separadamente na Seção 8.2.

O Exemplo 8.1 ilustra como os valores numéricos de s_1 e s_2 são determinados a partir dos valores de *R*, *L* e *C*.

EXEMPLO 8.1 Determinação das raízes da equação característica de um circuito *RLC* em paralelo.

a) Determine as raízes da equação característica que descreve o comportamento transitório da tensão mostrado na Figura 8.5, se $R = 200\ \Omega$, $L = 50$ mH e $C = 0{,}2\ \mu$F.

b) A resposta será superamortecida, subamortecida ou criticamente amortecida?

c) Repita (a) e (b) para $R = 312{,}5\ \Omega$.

d) Que valor de *R* faz com que a resposta seja criticamente amortecida?

Figura 8.5 Circuito usado para ilustrar a resposta natural de um circuito *RLC* em paralelo.

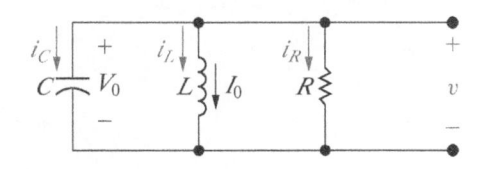

Solução

a) Para os valores dados de R, L e C,

$$\alpha = \frac{1}{2RC} = \frac{10^6}{(400)(0,2)} = 1,25 \times 10^4 \text{ rad/s},$$

$$\omega_0^2 = \frac{1}{LC} = \frac{(10^3)(10^6)}{(50)(0,2)} = 10^8 \text{ rad}^2/\text{s}^2.$$

Pelas equações 8.14 e 8.15,

$$s_1 = -1,25 \times 10^4 + \sqrt{1,5625 \times 10^8 - 10^8}$$

$$= -12.500 + 7.500 = -5.000 \text{ rad/s},$$

$$s_2 = -1,25 \times 10^4 - \sqrt{1,5625 \times 10^8 - 10^8}$$

b) A resposta é superamortecida porque $\omega_0^2 < \alpha^2$.

c) Para $R = 312,5\ \Omega$,

$$\alpha = \frac{10^6}{(625)(0,2)} = 8.000 \text{ rad/s},$$

$$\alpha^2 = 64 \times 10^6 = 0,64 \times 10^8 \text{ rad}^2/\text{s}^2.$$

Como ω_0^2 permanece em 10^8 rad^2/s^2,

$$s_1 = -8.000 + j6.000 \text{ rad/s},$$

$$s_2 = -8.000 - j6.000 \text{ rad/s}.$$

(Em engenharia elétrica, o número imaginário $\sqrt{-1}$ é representado pela letra j, porque a letra i representa corrente.)

Nesse caso, a resposta é subamortecida, visto que $\omega_0^2 > \alpha^2$.

d) Para amortecimento crítico, $\alpha^2 = \omega_0^2$, e então

$$\left(\frac{1}{2RC}\right)^2 = \frac{1}{LC} = 10^8,$$

ou

$$\frac{1}{2RC} = 10^4,$$

e

$$R = \frac{10^6}{(2 \times 10^4)(0,2)} = 250\ \Omega.$$

> **PROBLEMA PARA AVALIAÇÃO**
>
> **Objetivo 1** Saber determinar a resposta natural e a resposta a um degrau de circuitos *RLC* em paralelo.
>
> **8.1** A resistência e a indutância do circuito na Figura 8.5 são 100 Ω e 20 mH, respectivamente.
>
> a) Determine o valor de C que torna a resposta de tensão criticamente amortecida.
>
> b) Se C for ajustada para produzir uma frequência de Neper de 5 krad/s, determine o valor de C e as raízes da equação característica.
>
> c) Se C for ajustada para produzir uma frequência de ressonância de 20 krad/s, determine o valor de C e as raízes da equação característica.
>
> Resposta: (a) 500 nF;
> (b) $C = 1\ \mu F$,
> $s_1 = -5.000 + j5.000$ rad/s,
> $s_2 = -5.000 - j5.000$ rad/s;
> (c) $C = 125$ nF,
> $s_1 = -5.359$ rad/s,
> $s_2 = -74.641$ rad/s.
>
> NOTA: tente resolver também o Problema 8.4, apresentado no final deste capítulo.

8.2 Formas de resposta natural de um circuito *RLC* em paralelo

Até aqui vimos que o comportamento de um circuito *RLC* de segunda ordem depende dos valores de s_1 e s_2 que, por sua vez, dependem dos parâmetros de circuito *R*, *L* e *C*. Por conseguinte, a primeira etapa para determinar a resposta natural é calcular esses valores e determinar se a resposta é superamortecida, subamortecida ou criticamente amortecida.

Para completar a descrição da resposta natural, é necessário determinar dois coeficientes desconhecidos, como A_1 e A_2 na Equação 8.13. Para isso, o método usado é compatibilizar a solução para a resposta natural e as condições iniciais impostas pelo circuito, que são o valor inicial da corrente (ou tensão) e o valor inicial da derivada de primeira ordem da corrente (ou tensão). Observe que essas mesmas condições iniciais, mais o valor final da variável, também serão necessários para determinar a resposta a um degrau de um circuito de segunda ordem.

Nesta seção, analisaremos a forma da resposta natural para cada um dos três tipos de amortecimento, começando com a resposta superamortecida. Como veremos, as equações das respostas, bem como as equações para o cálculo dos coeficientes desconhecidos, são ligeiramente diferentes para cada uma das três configurações de amortecimento. É por isso que devemos determinar, logo no início do problema, se a resposta é superamortecida, subamortecida ou criticamente amortecida.

A resposta superamortecida

Quando as raízes da equação característica são reais e distintas, diz-se que a resposta de tensão de um circuito *RLC* em paralelo é superamortecida. A solução para a tensão tem a forma

$$v = A_1 e^{s_1 t} + A_2 e^{s_2 t}, \qquad (8.18)$$

◀ **Resposta natural de tensão — circuito *RLC* em paralelo superamortecido**

em que s_1 e s_2 são as raízes da equação característica. As constantes A_1 e A_2 são determinadas pelas condições iniciais, especificamente pelos valores de $v(0^+)$ e $dv(0^+)/dt$ que, por sua vez, são determinados pela tensão inicial no capacitor, V_0, e pela corrente inicial no indutor, I_0.

A seguir, mostramos como usar a tensão inicial no capacitor e a corrente inicial no indutor para determinar A_1 e A_2. Em primeiro lugar, observamos pela Equação 8.18 que

$$v(0^+) = A_1 + A_2, \tag{8.19}$$

$$\frac{dv(0^+)}{dt} = s_1 A_1 + s_2 A_2. \tag{8.20}$$

Se conhecermos s_1 e s_2, a tarefa de determinar A_1 e A_2 reduz-se a determinar $v(0^+)$ e $dv(0^+)/dt$. O valor de $v(0^+)$ é a tensão inicial no capacitor, V_0. Obtemos o valor inicial de dv/dt determinando, em primeiro lugar, a corrente no ramo do capacitor em $t = 0^+$. Então,

$$\frac{dv(0^+)}{dt} = \frac{i_C(0^+)}{C}. \tag{8.21}$$

Usamos a lei das correntes de Kirchhoff para determinar a corrente inicial no ramo do capacitor. Sabemos que a soma das três correntes de ramo em $t = 0^+$ deve ser igual a zero. A corrente no ramo resistivo em $t = 0^+$ é a tensão inicial V_0 dividida pela resistência, e a corrente no ramo indutivo é I_0. Usando o sistema de referência apresentado na Figura 8.5, obtemos

$$i_C(0^+) = \frac{-V_0}{R} - I_0. \tag{8.22}$$

Depois de determinar o valor numérico de $i_C(0^+)$, usamos a Equação 8.21 para determinar o valor inicial de dv/dt.

Podemos resumir o processo para determinar a resposta superamortecida, $v(t)$, da seguinte forma:

1. Determine as raízes da equação característica, s_1 e s_2, usando os valores de R, L e C.
2. Determine $v(0^+)$ e $dv(0^+)/dt$ usando a análise de circuitos.
3. Determine os valores de A_1 e A_2 resolvendo as equações 8.23 e 8.24 simultaneamente:

$$v(0^+) = A_1 + A_2, \tag{8.23}$$

$$\frac{dv(0^+)}{dt} = \frac{i_C(0^+)}{C} = s_1 A_1 + s_2 A_2. \tag{8.24}$$

4. Substitua os valores de s_1, s_2, A_1 e A_2 na Equação 8.18 para determinar a expressão para $v(t)$ para $t \geq 0$.

Os exemplos 8.2 e 8.3 ilustram como determinar a resposta superamortecida de um circuito RLC em paralelo.

EXEMPLO 8.2 Determinação da resposta natural superamortecida de um circuito RLC em paralelo.

Para o circuito na Figura 8.6, $v(0^+) = 12$ V e $i_L(0^+) = 30$ mA.

a) Determine a corrente inicial em cada ramo do circuito.
b) Determine o valor inicial de dv/dt.
c) Determine a expressão para $v(t)$.
d) Faça um gráfico de $v(t)$ no intervalo $0 \leq t \leq 250$ ms.

Figura 8.6 Circuito para o Exemplo 8.2.

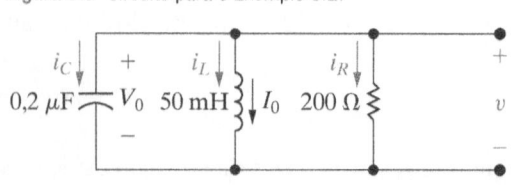

Solução

a) Como o indutor impede uma variação instantânea em sua corrente, o valor inicial da corrente no indutor é 30 mA:

$$i_L(0^-) = i_L(0) = i_L(0^+) = 30 \text{ mA}.$$

O capacitor mantém a tensão inicial, nos elementos em paralelo, em 12 V. Assim, a corrente inicial no ramo resistivo, $i_R(0^+)$, é 12/200, ou 60 mA. Pela lei das correntes de Kirchhoff, a soma das correntes que saem do nó superior é igual a zero em todo instante. Daí,

$$i_C(0^+) = -i_L(0^+) - i_R(0^+) = -90 \text{ mA}.$$

Observe que, se admitimos que a corrente no indutor e a tensão no capacitor atingem seus valores cc no instante em que a energia começa a ser fornecida, $i_C(0^-) = 0$. Em outras palavras, há uma variação instantânea na corrente do capacitor em $t = 0$.

b) Como $i_C = C(dv/dt)$,

$$\frac{dv(0^+)}{dt} = \frac{-90 \times 10^{-3}}{0{,}2 \times 10^{-6}} = -450 \text{ kV/s}.$$

c) As raízes da equação característica são determinadas pelos valores de R, L e C. Para os valores especificados e pelas equações 8.14 e 8.15, juntamente com 8.16 e 8.17,

$$s_1 = -1{,}25 \times 10^4 + \sqrt{1{,}5625 \times 10^8 - 10^8}$$

$$= -12.500 + 7.500 = -5.000 \text{ rad/s},$$

$$s_2 = -1{,}25 \times 10^4 - \sqrt{1{,}5625 \times 10^8 - 10^8}$$

$$= -12.500 - 7.500 = -20.000 \text{ rad/s}.$$

Como as raízes são reais e distintas, sabemos que a resposta é superamortecida e, portanto, tem a forma da Equação 8.18. Determinamos os coeficientes A_1 e A_2 pelas equações 8.23 e 8.24. Já determinamos s_1, s_2, $v(0^+)$ e $dv(0^+)/dt$, assim,

$$12 = A_1 + A_2,$$

$$-450 \times 10^3 = -5.000 A_1 - 20.000 A_2.$$

Resolvemos as duas equações para A_1 e A_2 de modo a obter $A_1 = -14$ V e $A_2 = 26$ V. Substituindo esses valores na Equação 8.18 temos a resposta de tensão superamortecida:

$$v(t) = (-14 e^{-5.000t} + 26 e^{-20.000t}) \text{ V}, t \geq 0.$$

Para verificar esses cálculos, observamos que, de acordo com a solução, $v(0) = 12$ V e $dv(0^+)/dt = -450.000$ V/s.

d) A Figura 8.7 mostra o gráfico de $v(t)$ no intervalo $0 \leq t \leq 250$ ms.

Figura 8.7 Resposta de tensão para o Exemplo 8.2.

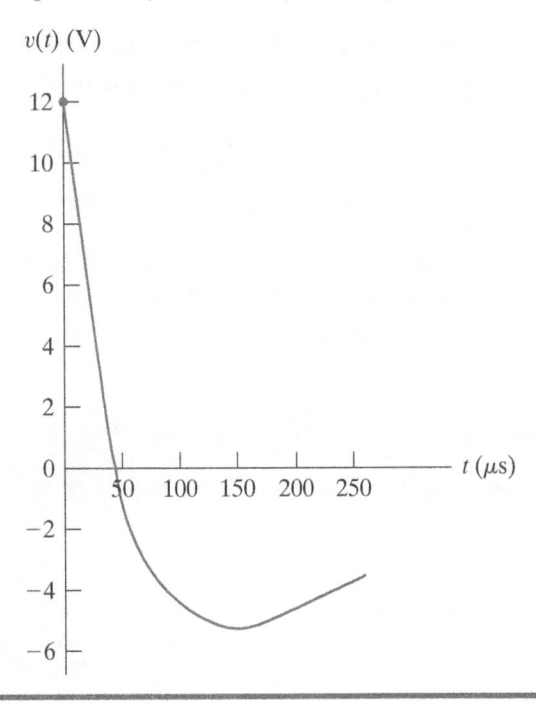

EXEMPLO 8.3 Cálculo das correntes de ramo na resposta natural de um circuito *RLC* em paralelo.

Determine as expressões que descrevem as três correntes de ramo i_R, i_L e i_C no Exemplo 8.2 (Figura 8.6) durante o tempo em que a energia armazenada está sendo liberada.

Solução

Sabemos qual é a tensão nos três ramos pela solução do Exemplo 8.2, ou seja,

$$v(t) = (-14e^{-5.000t} + 26e^{-20.000t})\,\text{V}, \quad t \geq 0.$$

Então, a corrente no ramo resistivo é

$$i_R(t) = \frac{v(t)}{200} = (-70e^{-5.000t} + 130e^{-20.000t})\,\text{mA}, \quad t \geq 0.$$

Há dois modos para determinar a corrente no ramo indutivo. Um deles é usando a relação integral que existe entre a corrente e a tensão nos terminais de um indutor:

$$i_L(t) = \frac{1}{L}\int_0^t v_L(x)\,dx + I_0.$$

Uma segunda abordagem consiste em determinar a corrente no ramo capacitivo em primeiro lugar e, então, usar o fato de que $i_R + i_L + i_C = 0$. Vamos usar essa abordagem. A corrente no ramo capacitivo é

$$i_C(t) = C\frac{dv}{dt}$$

$$= 0{,}2 \times 10^{-6}(70.000e^{-5.000t} - 520.000e^{-20.000t})$$

$$= (14e^{-5.000t} - 104e^{-20.000t})\,\text{mA}, \quad t \geq 0^+.$$

Observe que $i_C(0^+) = -90$ mA, o que está de acordo com o resultado no Exemplo 8.2.

Agora, obtemos a corrente no ramo indutivo pela relação

$$i_L(t) = -i_R(t) - i_C(t)$$

$$= (56e^{-5.000t} - 26e^{-20.000t})\,\text{mA}, t \geq 0.$$

Deixamos para você mostrar, no Problema para avaliação 8.2, que a relação integral a que aludimos leva ao mesmo resultado. Observe que a expressão para i_L está, como deveria, de acordo com a corrente inicial no indutor.

PROBLEMAS PARA AVALIAÇÃO

Objetivo 1 Saber determinar a resposta natural e a resposta a um degrau de circuitos *RLC* em paralelo.

8.2 Use a relação integral entre i_L e v para determinar a expressão para i_L na Figura 8.6.

Resposta: $i_L(t) = (56e^{-5.000t} - 26e^{-20.000t})\,\text{mA}, t \geq 0.$

8.3 Os valores dos elementos no circuito mostrado são $R = 2\ \text{k}\Omega$, $L = 250\ \text{mH}$ e $C = 10\ \text{nF}$. A corrente inicial I_0 no indutor é $-4\ \text{A}$ e a tensão inicial no capacitor é $0\ \text{V}$. O sinal de saída é a tensão v. Determine (a) $i_R(0^+)$; (b) $i_C(0^+)$; (c) $dv(0^+)/dt$; (d) A_1; (e) A_2 e (f) $v(t)$ quando $t \geq 0$.

Resposta: (a) 0;
  (b) 4 A;
  (c) 4×10^8 V/s;
  (d) 13.333 V;
  (e) -13.333 V;
  (f) $13.333(e^{-10.000t} - e^{-40.000t})$ V.

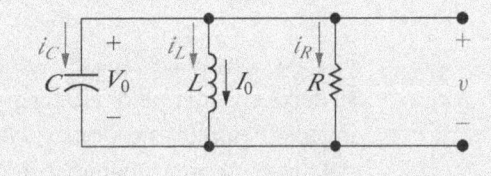

NOTA: *tente resolver também os problemas 8.5 e 8.13, apresentados no final deste capítulo.*

A resposta subamortecida

Quando $\omega_0^2 > \alpha^2$, as raízes da equação característica são complexas e a resposta é subamortecida. Por conveniência, expressamos as raízes s_1 e s_2 como

$$s_1 = -\alpha + \sqrt{-(\omega_0^2 - \alpha^2)}$$

$$= -\alpha + j\sqrt{\omega_0^2 - \alpha^2}$$

$$= -\alpha + j\omega_d \quad (8.25)$$

$$s_2 = -\alpha - j\omega_d, \quad (8.26)$$

em que

$$\boxed{\omega_d = \sqrt{\omega_0^2 - \alpha^2}.} \quad (8.27) \quad \blacktriangleleft \text{ Frequência angular amortecida}$$

O termo ω_d é denominado **frequência angular amortecida**. Explicaremos mais adiante a razão dessa terminologia.

A resposta de tensão subamortecida de um circuito RLC em paralelo é

$$\boxed{v(t) = B_1 e^{-\alpha t} \cos \omega_d t + B_2 e^{-\alpha t} \operatorname{sen} \omega_d t,} \quad (8.28) \quad \blacktriangleleft \text{ Resposta natural de tensão — circuitos } RLC \text{ em paralelo subamortecidos}$$

que decorre da Equação 8.18. Na transição da Equação 8.18 para a Equação 8.28, usamos a identidade de Euler:

$$e^{\pm j\theta} = \cos \theta \pm j \operatorname{sen} \theta. \quad (8.29)$$

Assim,

$$v(t) = A_1 e^{(-\alpha + j\omega_d)t} + A_2 e^{-(\alpha + j\omega_d)t}$$

$$= A_1 e^{-\alpha t} e^{j\omega_d t} + A_2 e^{-\alpha t} e^{-j\omega_d t}$$

$$= e^{-\alpha t}(A_1 \cos \omega_d t + jA_1 \operatorname{sen} \omega_d t + A_2 \cos \omega_d t - jA_2 \operatorname{sen} \omega_d t)$$

$$= e^{-\alpha t}[(A_1 + A_2) \cos \omega_d t + j(A_1 - A_2) \operatorname{sen} \omega_d t].$$

Nesse ponto da transição da Equação 8.18 para a Equação 8.28, substitua as constantes arbitrárias $A_1 + A_2$ e $j(A_1 - A_2)$ por novas constantes arbitrárias denotadas B_1 e B_2 para obter

$$v = e^{-\alpha t}(B_1 \cos \omega_d t + B_2 \,\text{sen}\, \omega_d t)$$

$$= B_1 e^{-\alpha t} \cos \omega_d t + B_2 e^{-\alpha t} \,\text{sen}\, \omega_d t.$$

As constantes B_1 e B_2 são reais, não complexas, porque a tensão é uma função real. Não se deixe enganar pelo fato de que $B_2 = j(A_1 - A_2)$. Neste caso subamortecido, A_1 e A_2 são conjugadas complexas e, por isso, B_1 e B_2 são reais. (Veja os problemas 8.12 e 8.13.) A razão para definir a resposta subamortecida em termos dos coeficientes B_1 e B_2 é que isso resulta em uma expressão mais simples para a tensão v. Determinamos B_1 e B_2 pela energia inicial armazenada no circuito, do mesmo modo que determinamos A_1 e A_2 para a resposta superamortecida: avaliando v e sua derivada em $t = 0^+$. Assim como s_1 e s_2, α e ω_d são fixadas pelos parâmetros de circuito R, L e C.

Para a resposta subamortecida, as duas equações simultâneas que determinam B_1 e B_2 são

$$v(0^+) = V_0 = B_1, \tag{8.30}$$

$$\frac{dv(0^+)}{dt} = \frac{i_c(0^+)}{C} = -\alpha B_1 + \omega_d B_2. \tag{8.31}$$

Vamos examinar a natureza geral da resposta subamortecida. Em primeiro lugar, as funções trigonométricas indicam que essa resposta é oscilatória; isto é, a tensão alterna-se entre valores positivos e negativos. A frequência de oscilação da tensão é fixada por ω_d. Em segundo lugar, a amplitude da oscilação diminui exponencialmente. A rapidez com que as oscilações diminuem é determinada por α. Por isso, α é também denominado **fator de amortecimento** ou **coeficiente de amortecimento**. Isso explica por que ω_d é denominada frequência angular amortecida. Se não houver nenhum amortecimento, $\alpha = 0$ e a frequência de oscilação será ω_0. Sempre que houver um elemento dissipativo, R, no circuito, α é diferente de zero e a frequência de oscilação, ω_d, é menor do que ω_0. Assim, quando α é diferente de zero, diz-se que a frequência de oscilação é amortecida.

O comportamento oscilatório é possível por causa dos dois tipos de elemento armazenador de energia no circuito: o indutor e o capacitor. (Uma analogia mecânica desse circuito elétrico é uma massa suspensa por uma mola, em que a oscilação é possível porque a energia pode ser armazenada tanto na mola quanto na massa em movimento.) Falaremos mais sobre as características da resposta subamortecida depois da análise do Exemplo 8.4, que examina um circuito cuja resposta é subamortecida. Em suma, observe que o processo global para determinar a resposta subamortecida é o mesmo que para a resposta superamortecida, embora as equações da resposta e as equações simultâneas usadas para determinar as constantes sejam ligeiramente diferentes.

EXEMPLO 8.4 Determinação da resposta natural subamortecida de um circuito *RLC* em paralelo.

No circuito mostrado na Figura 8.8, $V_0 = 0$ e $I_0 = -12,25$ mA.

a) Calcule as raízes da equação característica.
b) Calcule v e dv/dt em $t = 0^+$.
c) Calcule a resposta de tensão para $t \geq 0$.
d) Faça um gráfico de $v(t)$ para o intervalo de tempo $0 \leq t \leq 11$ ms.

Figura 8.8 Circuito para o Exemplo 8.4.

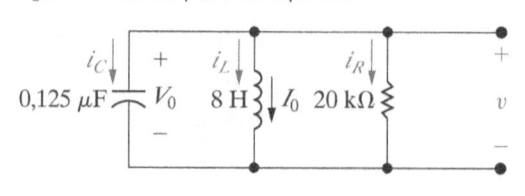

Solução

a) Visto que

$$\alpha = \frac{1}{2RC} = \frac{10^6}{2(20)10^3(0,125)} = 200 \text{ rad/s},$$

$$\omega_0 = \frac{1}{\sqrt{LC}} = \sqrt{\frac{10^6}{(8)(0,125)}} = 10^3 \text{ rad/s},$$

temos

$$\omega_0^2 > \alpha^2.$$

Por conseguinte, a resposta é subamortecida. Agora,

$$\omega_d = \sqrt{\omega_0^2 - \alpha^2} = \sqrt{10^6 - 4 \times 10^4} = 100\sqrt{96}$$

$$= 979,80 \text{ rad/s},$$

$$s_1 = -\alpha + j\omega_d = -200 + j979,80 \text{ rad/s},$$

$$s_2 = -\alpha - j\omega_d = -200 - j979,80 \text{ rad s}.$$

Para o caso subamortecido, de modo geral não calculamos s_1 e s_2 porque não as usamos explicitamente. Contudo, esse exemplo enfatiza por que s_1 e s_2 são conhecidas como frequências complexas.

b) Como v é a tensão nos terminais de um capacitor, temos

$$v(0) = v(0^+) = V_0 = 0.$$

Como $v(0^+) = 0$, a corrente no ramo resistivo é nula em $t = 0^+$. Daí, a corrente no capacitor em $t = 0^+$ é o negativo da corrente no indutor:

$$i_C(0^+) = -(-12,25) = 12,25 \text{ mA}.$$

Assim, o valor inicial da derivada é

$$\frac{dv(0^+)}{dt} = \frac{(12,25)(10^{-3})}{(0,125)(10^{-6})} = 98.000 \text{ V/s}.$$

c) Pelas equações 8.30 e 8.31, $B_1 = 0$ e

$$B_2 = \frac{98.000}{\omega_d} \approx 100 \text{ V}.$$

Substituindo os valores numéricos de α, ω_d, B_1 e B_2 na expressão para $v(t)$, temos

$$v(t) = 100e^{-200t} \text{ sen } 979,80t \text{ V}, t \geq 0.$$

d) A Figura 8.9 mostra o gráfico de $v(t)$ para os primeiros 11 ms depois que a energia armazenada é liberada. O gráfico indica claramente a natureza oscilatória amortecida da resposta subamortecida. A tensão $v(t)$ aproxima-se de seu valor final, alternando-se entre valores que são maiores e menores do que o valor final. Além disso, essas flutuações em torno do valor final diminuem exponencialmente com o tempo.

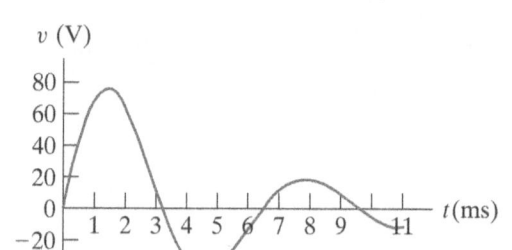

Figura 8.9 Resposta de tensão para o Exemplo 8.4.

Características da resposta subamortecida

A resposta subamortecida tem várias características importantes. A primeira é que, à medida que as perdas dissipativas no circuito diminuem, a persistência das oscilações aumenta e a frequência delas aproxima-se de ω_0. Em outras palavras, à medida que $R \to \infty$, a dissipação no circuito da Figura 8.8 aproxima-se de zero porque $p = v^2/R$. Quando $R \to \infty$, $\alpha \to 0$, o que nos informa que $\omega_d \to \omega_0$. Quando $\alpha = 0$, a amplitude máxima da tensão permanece constante; assim, a oscilação com frequência ω_0 é sustentada. No Exemplo 8.4, se R aumentasse até o infinito, a solução para $v(t)$ seria

$$v(t) = 98 \operatorname{sen} 1.000t \text{ V}, t \geq 0.$$

Assim, nesse caso a oscilação é sustentada, a amplitude máxima da tensão é 98 V e a frequência de oscilação é 1.000 rad/s.

Podemos agora descrever qualitativamente a diferença entre uma resposta subamortecida e uma superamortecida. Em um sistema subamortecido, a resposta oscila, ou 'ricocheteia', em torno de seu valor final; essa oscilação também é denominada *ringing*.[1] Em um sistema superamortecido, a resposta aproxima-se de seu valor final sem *ringing*, ou de um modo que às vezes é descrito como 'lerdo'. Ao especificar a resposta desejada de um sistema de segunda ordem, pode ser que você queira que o sistema alcance seu valor final no tempo mais curto possível e talvez nem esteja preocupado com pequenas oscilações em torno daquele valor final. Se for esse o caso, então você deve projetar os componentes do sistema para obter uma resposta subamortecida. Por outro lado, pode ser que você esteja preocupado em assegurar que a resposta não passe de seu valor final, talvez para garantir que os componentes não sejam danificados. Nesse caso, você projetaria os componentes do sistema para obter uma resposta superamortecida e teria de aceitar um crescimento relativamente lento até o valor final.

---

[1] N. do R.T: *Ringing* aqui se refere ao toque de campainha, que é produzido pela oscilação de uma haste metálica entre duas peças também metálicas. Ao tocar ora em uma, ora em outra peça, a haste produz o som da campainha.

Capítulo 8 • Respostas natural e a um degrau de circuitos RLC   305

PROBLEMA PARA AVALIAÇÃO

Objetivo 1 Saber determinar a resposta natural e a resposta a um degrau de circuitos RLC em paralelo.

8.4 Um indutor de 10 mH, um capacitor de 1 μF e um resistor variável estão ligados em paralelo no circuito mostrado. O resistor é ajustado de modo que as raízes da equação característica sejam $-8.000 \pm j6.000$ rad/s. A tensão inicial no capacitor é 10 V e a corrente inicial no indutor é 80 mA. Determine

a) R;
b) $dv(0^+)/dt$;
c) B_1 e B_2 na solução para v; e
d) $i_L(t)$.

Resposta: (a) 62,5 Ω;

(b) -240.000 V/s;

(c) $B_1 = 10$ V, $B_2 = -80/3$ V;

(d) $i_L(t) = 10e^{-8.000t}[8 \cos 6.000t + (82/3) \text{sen } 6.000t]$ mA quando $t \geq 0$.

NOTA: tente resolver também os problemas 8.6 e 8.11, apresentados no final deste capítulo.

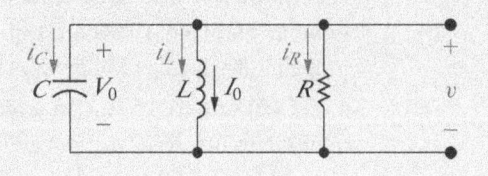

A resposta criticamente amortecida

O circuito de segunda ordem da Figura 8.8 é criticamente amortecido quando $\omega_0^2 = \alpha^2$ ou $\omega_0 = \alpha$. Quando um circuito é criticamente amortecido, a resposta está prestes a oscilar. Ademais, as duas raízes da equação característica são reais e iguais; isto é,

$$s_1 = s_2 = -\alpha = -\frac{1}{2RC}. \qquad (8.32)$$

Quando isso ocorre, a solução para a tensão não assume mais a forma da Equação 8.18. Essa equação não mais se aplica se $s_1 = s_2 = -\alpha$, pois ela prevê que

$$v = (A_1 + A_2)e^{-\alpha t} = A_0 e^{-\alpha t}, \qquad (8.33)$$

em que A_0 é uma constante arbitrária. A Equação 8.33 não pode satisfazer duas condições iniciais independentes (V_0, I_0) com apenas uma constante arbitrária, A_0. Lembre-se de que os parâmetros de circuito R e C determinam α.

A origem desse dilema é a premissa de que a solução toma a forma da Equação 8.18. Quando as raízes da equação característica são iguais, a solução para a equação diferencial toma uma forma diferente, a saber,

$$v(t) = D_1 t e^{-\alpha t} + D_2 e^{-\alpha t}. \qquad (8.34)$$

◂ **Resposta natural de tensão — circuito RLC em paralelo criticamente amortecido**

Assim, no caso de uma raiz repetida, a solução envolve um termo exponencial simples, mais o produto entre um termo linear e um termo exponencial. Deixamos a justificativa da Equação 8.34 para um curso introdutório de equações diferenciais. Determinar a solução significa obter D_1 e D_2, seguindo o mesmo processo dos casos superamortecido e subamortecido: usamos os valores iniciais da tensão e da derivada da tensão em relação ao tempo para escrever duas equações envolvendo D_1 e/ou D_2.

Pela Equação 8.34, as duas equações simultâneas necessárias para determinar D_1 e D_2 são

$$v(0^+) = V_0 = D_2, \qquad (8.35)$$

$$\frac{dv(0^+)}{dt} = \frac{i_C(0^+)}{C} = D_1 - \alpha D_2. \qquad (8.36)$$

Como podemos ver, no caso de uma resposta criticamente amortecida, a equação para $v(t)$, bem como as equações simultâneas para as constantes D_1 e D_2, são diferentes das equações para respostas superamortecidas e subamortecidas, mas a abordagem geral é a mesma. Raramente você encontrará sistemas criticamente amortecidos na prática, em grande parte porque ω_0 deve ser exatamente igual a α. Essas duas quantidades dependem de parâmetros de circuito e, em um circuito real, é muito difícil escolher valores de componentes que satisfaçam uma relação de igualdade exata.

O Exemplo 8.5 ilustra a abordagem para determinar a resposta criticamente amortecida de um circuito RLC em paralelo.

EXEMPLO 8.5 Determinação da resposta natural criticamente amortecida de um circuito RLC em paralelo.

a) Para o circuito do Exemplo 8.4 (Figura 8.8), determine o valor de R que resulta em uma resposta de tensão criticamente amortecida.

b) Calcule $v(t)$ para $t \geq 0$.

c) Faça um gráfico de $v(t)$ para $0 \leq t \leq 7$ ms.

Solução

a) Pelo Exemplo 8.4, sabemos que $\omega_0^2 = 10^6$. Assim, para o amortecimento crítico,

$$\alpha = 10^3 = \frac{1}{2RC},$$

ou

$$R = \frac{10^6}{(2.000)(0,125)} = 4.000 \, \Omega.$$

Figura 8.10 Resposta de tensão para o Exemplo 8.5.

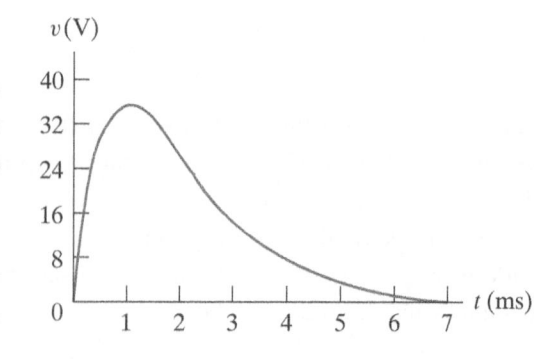

b) Pela solução do Exemplo 8.4, sabemos que $v(0^+) = 0$ e $dv(0^+)/dt = 98.000$ V/s. Pelas equações 8.35 e 8.36, $D_2 = 0$ e $D_1 = 98.000$ V/s. Substituindo esses valores para α, D_1 e D_2 na Equação 8.34, temos

$$v(t) = 98.000 t e^{-1.000 t} \text{ V}, t \geq 0.$$

c) A Figura 8.10 mostra um gráfico de $v(t)$ no intervalo $0 \leq t \leq 7$ ms.

PROBLEMA PARA AVALIAÇÃO

Objetivo 1 Saber determinar a resposta natural e a resposta a um degrau de circuitos RLC em paralelo.

8.5 O resistor no circuito do Problema para Avaliação 8.4 é ajustado para amortecimento crítico. Os valores da indutância e da capacitância são 0,4 H e 10 μF, respectivamente. A energia inicial armazenada no circuito é 25 mJ, e se distribui igualmente entre o indutor e o capacitor. Determine (a) R; (b) V_0; (c) I_0; (d) D_1 e D_2 na solução para v; e (e) i_R, $t \geq 0^+$.

Resposta: (a) 100 Ω;

(b) 50 V;

(c) 250 mA;

(d) −50.000 V/s, 50 V;

(e) $i_R(t) = (-500te^{-500t} + 0{,}50e^{-500t})$ A, $t \geq 0^+$.

NOTA: tente resolver também os problemas 8.7 e 8.12, apresentados no final deste capítulo.

Um resumo dos resultados

Concluímos nossa discussão da resposta natural do circuito RLC em paralelo com um resumo dos resultados. A primeira etapa para determinar a resposta natural é calcular as raízes da equação característica. Assim, você saberá imediatamente se a resposta é superamortecida, subamortecida ou criticamente amortecida.

Se as raízes forem reais e distintas, $\omega_0^2 < \alpha^2$, a resposta será superamortecida, e a tensão será

$$v(t) = A_1 e^{s_1 t} + A_2 e^{s_2 t},$$

em que

$$s_1 = -\alpha + \sqrt{\alpha^2 - \omega_0^2},$$

$$s_2 = -\alpha - \sqrt{\alpha^2 - \omega_0^2},$$

$$\alpha = \frac{1}{2RC},$$

$$\omega_0^2 = \frac{1}{LC}.$$

Os valores de A_1 e A_2 são determinados resolvendo-se as seguintes equações simultâneas:

$$v(0^+) = A_1 + A_2,$$

$$\frac{dv(0^+)}{dt} = \frac{i_C(0^+)}{C} = s_1 A_1 + s_2 A_2.$$

Se as raízes forem complexas e $\omega_0^2 > \alpha^2$, a resposta será subamortecida, e a tensão será

$$v(t) = B_1 e^{-\alpha t} \cos \omega_d t + B_2 e^{-\alpha t} \text{sen} \omega_d t,$$

em que

$$\omega_d = \sqrt{\omega_0^2 - \alpha^2}.$$

Os valores de B_1 e B_2 são determinados resolvendo-se as seguintes equações simultâneas:

$$v(0^+) = V_0 = B_1,$$

$$\frac{dv(0^+)}{dt} = \frac{i_C(0^+)}{C} = -\alpha B_1 + \omega_d B_2.$$

Se as raízes da equação característica forem reais e iguais ($\omega_0^2 = \alpha^2$), a resposta de tensão será

$$v(t) = D_1 t e^{-\alpha t} + D_2 e^{-\alpha t},$$

em que α é como nas outras formas de solução. Para determinar valores para as constantes D_1 e D_2, resolva as seguintes equações simultâneas:

$$v(0^+) = V_0 = D_2,$$

$$\frac{dv(0^+)}{dt} = \frac{i_C(0^+)}{C} = D_1 - \alpha D_2.$$

8.3 Resposta a um degrau de um circuito *RLC* em paralelo

Determinar a resposta a um degrau de um circuito *RLC* em paralelo significa determinar a tensão nos ramos paralelos ou a corrente nos ramos individuais, como resultado da aplicação repentina de uma fonte de corrente cc. Pode ou não haver energia armazenada no circuito quando a fonte de corrente é aplicada. A situação é representada pelo circuito mostrado na Figura 8.11. Para desenvolver uma abordagem geral para a determinação da resposta a um degrau de um circuito de segunda ordem, calculamos a corrente no ramo indutivo (i_L). Essa corrente é de particular interesse porque ela não se aproxima de zero à medida que *t* aumenta. Mais exatamente, depois de a chave ficar aberta por um longo tempo, a corrente no indutor iguala-se à corrente da fonte cc, *I*. Como queremos desenvolver a técnica para determinar a resposta a um degrau, admitimos que a energia inicial armazenada no circuito seja igual a zero. Essa premissa simplifica os cálculos e não altera o processo básico envolvido. No Exemplo 8.10 veremos como a presença de energia inicialmente armazenada insere-se no procedimento geral.

Figura 8.11 Circuito usado para descrever a resposta a um degrau de um circuito *RLC* em paralelo.

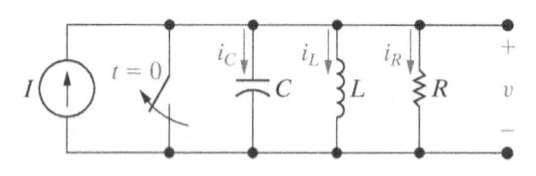

Para determinar a corrente no indutor, i_L, devemos resolver uma equação diferencial de segunda ordem com uma função forçante *I*, que é deduzida como explicamos a seguir. Pela lei das correntes de Kirchhoff temos

$$i_L + i_R + i_C = I,$$

ou

$$i_L + \frac{v}{R} + C\frac{dv}{dt} = I. \tag{8.37}$$

Visto que

$$v = L\frac{di_L}{dt}, \tag{8.38}$$

obtemos

$$\frac{dv}{dt} = L\frac{d^2 i_L}{dt^2}. \tag{8.39}$$

Substituindo as equações 8.38 e 8.39 na Equação 8.37, temos

$$i_L + \frac{L}{R}\frac{di_L}{dt} + LC\frac{d^2 i_L}{dt^2} = I. \quad (8.40)$$

Por conveniência, dividimos tudo por LC e rearranjamos os termos:

$$\frac{d^2 i_L}{dt^2} + \frac{1}{RC}\frac{di_L}{dt} + \frac{i_L}{LC} = \frac{I}{LC}. \quad (8.41)$$

Comparando a Equação 8.41 com a Equação 8.3, notamos que a presença de um termo diferente de zero do lado direito da equação altera o processo. Antes de mostrar como resolver a Equação 8.41 diretamente, obteremos indiretamente a solução. Quando conhecermos a solução da Equação 8.41, será mais fácil explicar a abordagem direta.

A abordagem indireta

Podemos calcular i_L indiretamente, determinando em primeiro lugar a tensão v. Fazemos isso com as técnicas apresentadas na Seção 8.2, pois a equação diferencial que v deve satisfazer é idêntica à Equação 8.3. Para mostrar isso, simplesmente voltamos à Equação 8.37 e expressamos i_L em função de v; assim,

$$\frac{1}{L}\int_0^t v\, d\tau + \frac{v}{R} + C\frac{dv}{dt} = I. \quad (8.42)$$

Ao diferenciar a Equação 8.42 uma vez em relação a t, seu lado direito anula-se, pois I é uma constante. Assim,

$$\frac{v}{L} + \frac{1}{R}\frac{dv}{dt} + C\frac{d^2 v}{dt^2} = 0,$$

ou

$$\frac{d^2 v}{dt^2} + \frac{1}{RC}\frac{dv}{dt} + \frac{v}{LC} = 0. \quad (8.43)$$

Como discutimos na Seção 8.2, a solução para v depende das raízes da equação característica. Assim, as três soluções possíveis são

$$v = A_1 e^{s_1 t} + A_2 e^{s_2 t}, \quad (8.44)$$

$$v = B_1 e^{-\alpha t} \cos \omega_d t + B_2 e^{-\alpha t} \sen \omega_d t, \quad (8.45)$$

$$v = D_1 t e^{-\alpha t} + D_2 e^{-\alpha t}. \quad (8.46)$$

Uma advertência: como há uma fonte no circuito para $t > 0$, você deve levar em conta o valor da corrente da fonte em $t = 0^+$ quando avaliar os coeficientes das equações 8.44 – 8.46.

Para determinar as três soluções possíveis para i_L, substituímos as equações 8.44 – 8.46 na Equação 8.37. Depois disso, será possível verificar que as três soluções para i_L serão

$$i_L = I + A_1' e^{s_1 t} + A_2' e^{s_2 t}, \quad (8.47)$$

$$i_L = I + B_1' e^{-\alpha t} \cos \omega_d t + B_2' e^{-\alpha t} \sen \omega_d t, \quad (8.48)$$

$$i_L = I + D_1' t e^{-\alpha t} + D_2' e^{-\alpha t}, \quad (8.49)$$

em que A_1', A_2', B_1', B_2', D_1' e D_2' são constantes arbitrárias.

Em cada caso, as constantes 'com linha' podem ser determinadas indiretamente em termos das constantes arbitrárias associadas à solução da tensão. Contudo, essa abordagem é complicada.

A abordagem direta

É muito mais fácil determinar as constantes 'com linha' diretamente em termos dos valores iniciais da função resposta. Para o circuito que estamos discutindo, determinaríamos as constantes 'com linha' a partir de $i_L(0)$ e $di_L(0)/dt$.

A solução para uma equação diferencial de segunda ordem com uma função forçante constante é igual à resposta forçada mais uma função resposta cuja forma é idêntica à da resposta natural. Assim, sempre podemos escrever a solução para a resposta a um degrau na forma

$$i = I_f + \left\{ \begin{array}{l} \text{função da mesma forma} \\ \text{que a resposta natural} \end{array} \right\}, \tag{8.50}$$

ou

$$v = V_f + \left\{ \begin{array}{l} \text{função da mesma forma} \\ \text{que a resposta natural} \end{array} \right\}, \tag{8.51}$$

em que I_f e V_f representam o valor final da função resposta. O valor final pode ser igual a zero como foi, por exemplo, o caso da tensão v no circuito na Figura 8.8.

Os exemplos 8.6–8.10 ilustram a técnica de determinação da resposta a um degrau de um circuito RLC em paralelo usando-se a abordagem direta.

EXEMPLO 8.6 Determinação da resposta a um degrau superamortecida de um circuito RLC em paralelo.

A energia inicial armazenada no circuito da Figura 8.12 é nula. Em $t = 0$, uma fonte de corrente cc de 24 mA é aplicada ao circuito. O valor do resistor é 400 Ω.

a) Qual é o valor inicial de i_L?

b) Qual é o valor inicial de di_L/dt?

c) Quais são as raízes da equação característica?

d) Qual é a expressão numérica para $i_L(t)$ quando $t \geq 0$?

Solução

a) Como não há nenhuma energia armazenada no circuito antes da aplicação da fonte de corrente cc, a corrente inicial no indutor é igual a zero. O indutor impede uma variação instantânea na corrente que o percorre; assim, $i_L(0) = 0$ imediatamente após a abertura da chave.

b) A tensão inicial no capacitor é nula antes da abertura da chave; assim, será zero imediatamente depois. Agora, como $v = L di_L/dt$,

$$\frac{di_L}{dt}(0^+) = 0.$$

Figura 8.12 Circuito para o Exemplo 8.6.

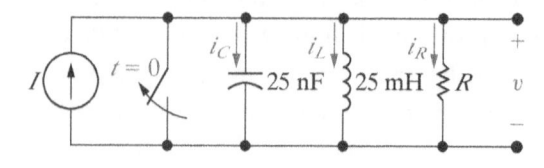

c) Pelos elementos do circuito obtemos

$$\omega_0^2 = \frac{1}{LC} = \frac{10^{12}}{(25)(25)} = 16 \times 10^8,$$

$$\alpha = \frac{1}{2RC} = \frac{10^9}{(2)(400)(25)} = 5 \times 10^4 \text{ rad/s},$$

ou

$$\alpha^2 = 25 \times 10^8.$$

Como $\omega_0^2 < \alpha^2$, as raízes da equação característica são reais e distintas. Assim,

$$s_1 = -5 \times 10^4 + 3 \times 10^4 = -20.000 \text{ rad/s},$$

$$s_2 = -5 \times 10^4 - 3 \times 10^4 = -80.000 \text{ rad/s}.$$

d) Como as raízes da equação característica são reais e distintas, a resposta será superamortecida. Assim, $i_L(t)$ toma a forma da Equação 8.47, ou seja,

$$i_L = I_f + A'_1 e^{s_1 t} + A'_2 e^{s_2 t}.$$

◀ Corrente no indutor de um circuito *RLC* em paralelo, resposta a um degrau superamortecida

Portanto, a partir dessa solução, as duas equações simultâneas que determinam A'_1 e A'_2 são

$$i_L(0) = I_f + A'_1 + A'_2 = 0,$$

$$\frac{di_L}{dt}(0) = s_1 A'_1 + s_2 A'_2 = 0.$$

Calculando A'_1 e A'_2 temos

$$A'_1 = -32 \text{ mA e } A'_2 = 8 \text{ mA}.$$

A solução numérica para $i_L(t)$ é

$$i_L(t) = (24 - 32e^{-20.000t} + 8e^{-80.000t}) \text{ mA}, t \geq 0.$$

EXEMPLO 8.7 Determinação da resposta a um degrau criticamente amortecida de um circuito *RLC* em paralelo.

O resistor no circuito do Exemplo 8.6 (Figura 8.12) é aumentado para 625 Ω. Determine $i_L(t)$ para $t \geq 0$.

Solução

Como *L* e *C* permanecem fixos, ω_0^2 tem o mesmo valor que tinha no Exemplo 8.6; isto é, $\omega_0^2 = 16 \times 10^8$. O aumento de *R* para 625 Ω diminui α para $3,2 \times 10^4$ rad/s. Com $\omega_0^2 > \alpha^2$, as raízes da equação característica são complexas. Daí,

$$s_1 = -3,2 \times 10^4 + j2,4 \times 10^4 \text{ rad/s},$$

$$s_2 = -3,2 \times 10^4 - j2,4 \times 10^4 \text{ rad/s}.$$

Agora, a resposta de corrente é subamortecida e dada pela Equação 8.48:

$$i_L(t) = I_f + B'_1 e^{-\alpha t} \cos \omega_d t + B'_2 e^{-\alpha t} \operatorname{sen} \omega_d t.$$

◀ Corrente no indutor de um circuito *RLC* em paralelo, resposta a um degrau subamortecida

Aqui, α é 32.000 rad/s, ω_d é 24.000 rad/s e I_f é 24 mA.

Como no Exemplo 8.6, B'_1 e B'_2 são determinadas pelas condições iniciais. Assim, as duas equações simultâneas são

$$i_L(0) = I_f + B'_1 = 0,$$

$$\frac{di_L}{dt}(0) = \omega_d B'_2 - \alpha B'_1 = 0.$$

Então,

$$B'_1 = -24 \text{ mA}$$

e

$$B'_2 = -32 \text{ mA}.$$

A solução numérica para $i_L(t)$ é

$$i_L(t) = (24 - 24 e^{-32.000 t} \cos 24.000 t - 32 e^{-32.000 t} \operatorname{sen} 24.000 t) \text{ mA}, t \geq 0.$$

EXEMPLO 8.8 Determinação da resposta a um degrau criticamente amortecida de um circuito *RLC* em paralelo.

O resistor no circuito do Exemplo 8.6 (Figura 8.12) está ajustado para 500 Ω. Determine i_L para $t \geq 0$.

Solução

Sabemos que ω_0^2 permanece em 16×10^8. Com R ajustado para 500 Ω, α torna-se 4×10^4 s^{-1}, que corresponde a um amortecimento crítico. Portanto, a solução para $i_L(t)$ toma a forma da Equação 8.49:

$$i_L(t) = I_f + D'_1 t e^{-\alpha t} + D'_2 e^{-\alpha t}.$$

◀ Corrente no indutor de um circuito *RLC* em paralelo, resposta a um degrau criticamente amortecida

Novamente, D'_1 e D'_2 são calculadas a partir das condições iniciais, ou

$$i_L(0) = I_f + D'_2 = 0,$$

$$\frac{di_L}{dt}(0) = D'_1 - \alpha D'_2 = 0.$$

Assim,

$$D'_1 = -960.000 \text{ mA/s e } D'_2 = -24 \text{ mA}.$$

A expressão numérica para $i_L(t)$ é

$$i_L(t) = (24 - 960.000 t e^{-40.000 t} - 24 e^{-40.000 t}) \text{ mA}, t \geq 0.$$

EXEMPLO 8.9 Comparação entre as três formas de resposta a um degrau.

a) Plote em um único gráfico, usando uma faixa de 0 a 220 μs, as respostas superamortecida, subamortecida e criticamente amortecida calculadas nos exemplos 8.6–8.8.

b) Use os gráficos de (a) para determinar o tempo que i_L leva para alcançar 90% de seu valor final.

c) Com base nos resultados obtidos em (b), qual resposta você especificaria em um projeto que oferecesse alguma vantagem em alcançar 90% do valor final no menor tempo possível?

d) Qual resposta você especificaria em um projeto que tenha de garantir que o valor final da corrente nunca seja ultrapassado?

Solução

a) Veja a Figura 8.13.

b) Como o valor final de i_L é 24 mA, podemos ler diretamente no gráfico os tempos correspondentes a i_L = 21,6 mA. Assim, t_{sup} = 130 μs, t_{cri} = 97 μs e t_{sub} = 74 μs.

c) Como a resposta subamortecida alcança 90% do valor final no tempo mais rápido, ela é o tipo da resposta desejada quando a velocidade é a especificação de projeto mais importante.

d) Pelo gráfico, você pode ver que a resposta subamortecida ultrapassa o valor final da corrente, ao passo que nem a resposta criticamente amortecida, nem a resposta superamortecida apresentam correntes acima de 24 mA. Embora qualquer das duas últimas respostas atenda às especificações de projeto, é melhor usar a resposta superamortecida. Não seria prático especificar, em um projeto, valores exatos de componentes que garantam uma resposta criticamente amortecida.

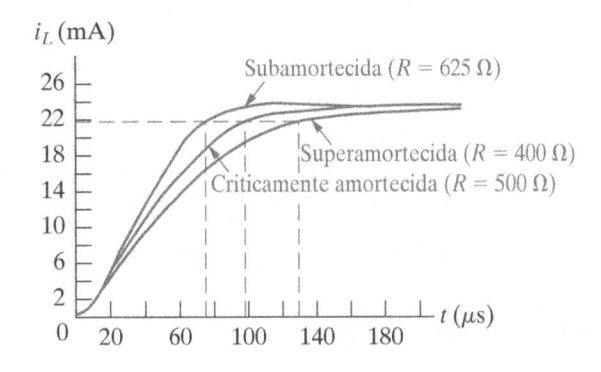

Figura 8.13 Gráficos das correntes para o Exemplo 8.9.

EXEMPLO 8.10 Determinação da resposta a um degrau de um circuito RLC em paralelo com energia inicial armazenada.

Há energia armazenada no circuito do Exemplo 8.8 (Figura 8.12, com R = 500 Ω) no instante em que a fonte de corrente cc é aplicada. A corrente inicial no indutor é 29 mA e a tensão inicial no capacitor é 50 V. Determine (a) $i_L(0)$; (b) $di_L(0)/dt$; (c) $i_L(t)$ para $t \geq 0$; (d) $v(t)$ para $t \geq 0$.

Solução

a) Como não pode haver uma variação instantânea de corrente em um indutor, o valor inicial de i_L, no primeiro instante após a aplicação da fonte de corrente cc, deve ser 29 mA.

b) O capacitor mantém a tensão inicial no indutor em 50 V. Assim,

$$L\frac{di_L}{dt}(0^+) = 50,$$

$$\frac{di_L}{dt}(0^+) = \frac{50}{25} \times 10^3 = 2.000 \text{ A/s}.$$

c) Pela solução do Exemplo 8.8, sabemos que a resposta de corrente é criticamente amortecida. Por isso,

$$i_L(t) = I_f + D'_1 t e^{-\alpha t} + D'_2 e^{-\alpha t},$$

em que

$$\alpha = \frac{1}{2RC} = 40.000 \text{ rad/s} \quad \text{e} \quad I_f = 24 \text{ mA}.$$

Observe que o efeito da energia armazenada diferente de zero está no cálculo das constantes D'_1 e D'_2, que obtemos das condições iniciais. Em primeiro lugar, usamos o valor inicial da corrente no indutor:

$$i_L(0) = I_f + D'_2 = 29 \text{ mA},$$

do qual obtemos

$$D'_2 = 29 - 24 = 5 \text{ mA}.$$

A solução para D'_1 é

$$\frac{di_L}{dt}(0^+) = D'_1 - \alpha D'_2 = 2.000,$$

ou

$$D'_1 = 2.000 + \alpha D'_2$$
$$= 2.000 + (40.000)(5 \times 10^{-3})$$
$$= 2.200 \text{ A/s} = 2,2 \times 10^6 \text{ mA/s}.$$

Assim, a expressão numérica para $i_L(t)$ é

$$i_L(t) = (24 + 2,2 \times 10^6 t e^{-40.000t} + 5e^{-40.000t}) \text{ mA}, t \geq 0.$$

d) Podemos obter a expressão para $v(t), t \geq 0$, usando a relação entre a tensão e a corrente em um indutor:

$$v(t) = L\frac{di_L}{dt}$$
$$= (25 \times 10^{-3})[(2,2 \times 10^6)(-40.000)te^{-40.000t} + 2,2 \times 10^6 e^{-40.000t} + (5)(-40.000)e^{-40.000t}] \times 10^{-3}$$
$$= -2,2 \times 10^6 t e^{-40.000t} + 50 e^{-40.000t} \text{ V}, t \geq 0.$$

Para confirmar esse resultado, verifiquemos se a tensão inicial no indutor é 50 V:

$$v(0) = -2,2 \times 10^6 (0)(1) + 50(1) = 50 \text{ V}.$$

Capítulo 8 • Respostas natural e a um degrau de circuitos RLC   315

PROBLEMA PARA AVALIAÇÃO

Objetivo 1 Saber determinar a resposta natural e a resposta a um degrau de circuitos RLC em paralelo.

8.6 No circuito mostrado, $R = 500\ \Omega$, $L = 0{,}64$ H, $C = 1\ \mu$F e $I = -1$ A. A queda da tensão inicial no capacitor é 40 V e a corrente inicial no indutor é 0,5 A. Determine (a) $i_R(0^+)$; (b) $i_C(0^+)$; (c) $di_L(0^+)/dt$; (d) s_1, s_2; (e) $i_L(t)$ para $t \geq 0$ e (f) $v(t)$ para $t \geq 0^+$.

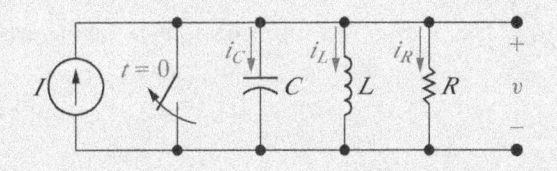

Resposta: (a) 80 mA;

(b) −1,58 A;

(c) 62,5 A/s;

(d) $(-1.000 + j750)$ rad/s, $(-1.000 - j750)$ rad/s;

(e) $[-1 + e^{-1.000t}[1{,}5 \cos 750t + 2{,}0833\ \text{sen}\ 750t]$ A, para $t \geq 0$;

(f) $e^{-1.000t}(40 \cos 750t - 2.053{,}33\ \text{sen}\ 750t)$ V, para $t \geq 0^+$.

NOTA: tente resolver também os problemas 8.27–8.29, apresentados no final deste capítulo.

8.4 Respostas natural e a um degrau de um circuito RLC em série

Figura 8.14 Circuito usado para ilustrar a resposta natural de um circuito RLC em série.

Os procedimentos para determinar a resposta natural ou a um degrau de um circuito RLC em série são os mesmos usados para determinar a resposta natural ou a um degrau de um circuito RLC em paralelo, pois ambos os circuitos são descritos por equações diferenciais que têm a mesma forma. Começamos somando as tensões ao longo do caminho fechado no circuito mostrado na Figura 8.14. Assim,

$$Ri + L\frac{di}{dt} + \frac{1}{C}\int_0^t i\,d\tau + V_0 = 0. \qquad (8.52)$$

Agora, diferenciamos a Equação 8.52 uma vez em relação a t para obter

$$R\frac{di}{dt} + L\frac{d^2i}{dt^2} + \frac{i}{C} = 0, \qquad (8.53)$$

que podemos rearranjar como

$$\frac{d^2i}{dt^2} + \frac{R}{L}\frac{di}{dt} + \frac{i}{LC} = 0. \qquad (8.54)$$

Uma comparação entre a Equação 8.54 e a Equação 8.3 revela que elas têm a mesma forma. Portanto, para determinar a solução da Equação 8.54, seguimos o mesmo processo que nos levou à solução da Equação 8.3.

Pela Equação 8.54, a equação característica para o circuito RLC em série é

Equação característica — circuito RLC em série ▶

$$s^2 + \frac{R}{L}s + \frac{1}{LC} = 0. \tag{8.55}$$

As raízes da equação característica são

$$s_{1,2} = -\frac{R}{2L} \pm \sqrt{\left(\frac{R}{2L}\right)^2 - \frac{1}{LC}}, \tag{8.56}$$

ou

$$s_{1,2} = -\alpha \pm \sqrt{\alpha^2 - \omega_0^2}. \tag{8.57}$$

A frequência de Neper (α) para o circuito RLC em série é

Frequência de Neper — circuito RLC em série ▶

$$\alpha = \frac{R}{2L} \text{ rad/s}, \tag{8.58}$$

e a expressão para a frequência angular de ressonância é

Frequência angular de ressonância — circuito RLC em série ▶

$$\omega_0 = \frac{1}{\sqrt{LC}} \text{ rad/s}. \tag{8.59}$$

Observe que a frequência de Neper do circuito RLC em série é diferente da do circuito RLC em paralelo, mas as frequências angulares de ressonância são as mesmas.

A resposta de corrente será superamortecida, subamortecida ou criticamente amortecida conforme $\omega_0^2 < \alpha^2$; $\omega_0^2 > \alpha^2$ ou $\omega_0^2 = \alpha^2$, respectivamente. Assim, as três soluções possíveis para a corrente são as seguintes:

Formas de resposta natural de corrente em circuitos RLC em série ▶

$$i(t) = A_1 e^{s_1 t} + A_2 e^{s_2 t} \text{ (superamortecida)}, \tag{8.60}$$

$$i(t) = B_1 e^{-\alpha t} \cos \omega_d t + B_2 e^{-\alpha t} \operatorname{sen} \omega_d t \text{ (subamortecida)}, \tag{8.61}$$

$$i(t) = D_1 t e^{-\alpha t} + D_2 e^{-\alpha t} \text{ (criticamente amortecida)}. \tag{8.62}$$

Uma vez obtida a resposta natural de corrente, pode-se determinar a resposta natural de tensão em qualquer elemento do circuito.

Figura 8.15 Circuito usado para ilustrar a resposta a um degrau de um circuito RLC em série.

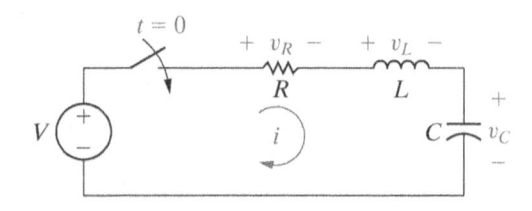

Para verificar que o procedimento para determinar a resposta a um degrau de um circuito RLC em série é o mesmo que para um circuito RLC em paralelo, mostramos que a equação diferencial que descreve a tensão no capacitor da Figura 8.15 tem a mesma forma da equação diferencial que descreve a corrente no indutor da Figura 8.11. Por conveniência, admitimos que a energia armazenada no circuito no instante em que a chave é fechada seja nula.

Aplicando a lei das tensões de Kirchhoff ao circuito mostrado na Figura 8.15, obtemos

$$V = Ri + L\frac{di}{dt} + v_C. \tag{8.63}$$

A corrente (i) está relacionada com a tensão no capacitor (v_C) pela expressão

$$i = C\frac{dv_C}{dt}, \qquad (8.64)$$

da qual

$$\frac{di}{dt} = C\frac{d^2v_C}{dt^2}. \qquad (8.65)$$

Substitua as equações 8.64 e 8.65 na Equação 8.63 e escreva a expressão resultante como

$$\frac{d^2v_C}{dt^2} + \frac{R}{L}\frac{dv_C}{dt} + \frac{v_C}{LC} = \frac{V}{LC}. \qquad (8.66)$$

A Equação 8.66 tem a mesma forma da Equação 8.41; assim, o procedimento para determinar v_C é o mesmo que para determinar i_L. As três soluções possíveis para v_C são as seguintes:

$$v_C = V_f + A_1'e^{s_1 t} + A_2'e^{s_2 t} \text{ (superamortecida)}, \qquad (8.67)$$

$$v_C = V_f + B_1'e^{-\alpha t}\cos\omega_d t + B_2'e^{-\alpha t}\operatorname{sen}\omega_d t \text{ (subamortecida)}, \qquad (8.68)$$

$$v_C = V_f + D_1'te^{-\alpha t} + D_2'e^{-\alpha t} \text{ (criticamente amortecida)}, \qquad (8.69)$$

◀ **Formas de resposta a um degrau da tensão no capacitor em circuitos *RLC* em série**

em que V_f é o valor final de v_C. Portanto, pelo circuito mostrado na Figura 8.15, o valor final de v_C é a tensão V da fonte cc.

Os exemplos 8.11 e 8.12 ilustram o mecanismo de se determinar a resposta natural e a resposta a um degrau de um circuito *RLC* em série.

EXEMPLO 8.11 Determinação da resposta natural subamortecida de um circuito *RLC* em série.

O capacitor de 0,1 μF, no circuito mostrado na Figura 8.16, é carregado até 100 V. Em $t=0$, o capacitor é descarregado por meio de uma combinação em série de um indutor de 100 mH e um resistor de 560 Ω.

a) Determine $i(t)$ para $t \geq 0$.
b) Determine $v_C(t)$ para $t \geq 0$.

Figura 8.16 Circuito para o Exemplo 8.11.

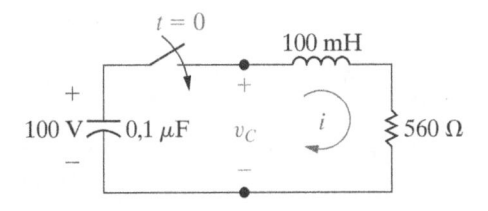

Solução

a) A primeira etapa para determinar $i(t)$ é calcular as raízes da equação característica. Pelos valores dos elementos dados,

$$\omega_0^2 = \frac{1}{LC}$$

$$= \frac{(10^3)(10^6)}{(100)(0,1)} = 10^8,$$

$$\alpha = \frac{R}{2L}$$

$$= \frac{560}{2(100)} \times 10^3$$

$$= 2.800 \text{ rad/s}.$$

Em seguida, comparamos ω_0^2 e α^2 e observamos que $\omega_0^2 > \alpha^2$, pois

$$\alpha^2 = 7{,}84 \times 10^6$$
$$= 0{,}0784 \times 10^8$$

Neste ponto, sabemos que a resposta é subamortecida e que a solução para $i(t)$ é da forma

$$i(t) = B_1 e^{-\alpha t} \cos \omega_d t + B_2 e^{-\alpha t} \operatorname{sen} \omega_d t,$$

em que $\alpha = 2.800$ rad/s e $\omega_d = 9.600$ rad/s. Os valores numéricos de B_1 e B_2 vêm das condições iniciais. A corrente no indutor é igual a zero antes que a chave feche e, portanto, assim permanece imediatamente após. Logo,

$$i(0) = 0 = B_1.$$

Para determinar B_2, avaliamos $di(0^+)/dt$. Pelo circuito, observamos que, como $i(0) = 0$ imediatamente após o fechamento da chave, não haverá nenhuma queda de tensão no resistor. Por isso, a tensão inicial no capacitor aparece nos terminais do indutor, o que resulta na expressão

$$L\frac{di(0^+)}{dt} = V_0,$$

ou

$$\frac{di(0^+)}{dt} = \frac{V_0}{L} = \frac{100}{100} \times 10^3$$
$$= 1.000 \text{ A/s}.$$

Como $B_1 = 0$,

$$\frac{di}{dt} = 400 B_2 e^{-2.800 t}(24 \cos 9.600 t - 7 \operatorname{sen} 9.600 t).$$

Assim,

$$\frac{di(0^+)}{dt} = 9.600 B_2,$$

$$B_2 = \frac{1.000}{9.600} \approx 0{,}1042 \text{ A}.$$

A solução para $i(t)$ é

$$i(t) = 0{,}1042 e^{-2.800 t} \operatorname{sen} 9.600 t \text{ A}, t \geq 0.$$

b) Para determinar $v_C(t)$, podemos usar qualquer das seguintes relações:

$$v_C = -\frac{1}{C}\int_0^t i\, d\tau + 100 \text{ ou}$$

$$v_C = iR + L\frac{di}{dt}.$$

Qualquer que seja a expressão usada (recomendamos a segunda), o resultado é

$$v_C(t) = (100 \cos 9.600 t + 29{,}17 \operatorname{sen} 9.600 t) e^{-2.800 t} \text{ V}, t \geq 0.$$

EXEMPLO 8.12 Determinação da resposta a um degrau subamortecida de um circuito RLC em série.

Não há energia armazenada no indutor de 100 mH nem no capacitor de 0,4 µF, quando a chave no circuito mostrado na Figura 8.17 está fechada. Determine $v_C(t)$ para $t \geq 0$.

Solução

As raízes da equação característica são

$$s_1 = -\frac{280}{0,2} + \sqrt{\left(\frac{280}{0,2}\right)^2 - \frac{10^6}{(0,1)(0,4)}}$$

$$= (-1.400 + j4.800) \text{ rad/s},$$

$$s_2 = (-1.400 - j4.800) \text{ rad/s}.$$

Figura 8.17 Circuito para o Exemplo 8.12.

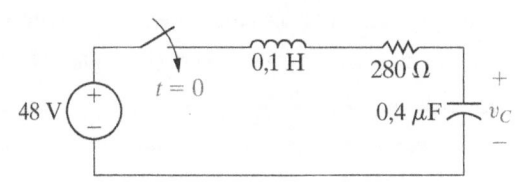

Como as raízes são complexas, a resposta de tensão é subamortecida. Assim,

$$v_C(t) = 48 + B'_1 e^{-1.400t} \cos 4.800t$$
$$+ B'_2 e^{-1.400t} \operatorname{sen} 4.800t, t \geq 0.$$

Como inicialmente não há nenhuma energia armazenada no circuito, $v_C(0)$ e $dv_C(0^+)/dt$ são iguais a zero. Então,

$$v_C(0) = 0 = 48 + B'_1,$$

$$\frac{dv_C(0^+)}{dt} = 0 = 4.800 B'_2 - 1.400 B'_1.$$

Calculando B'_1 e B'_2, temos

$$B'_1 = -48 \text{ V},$$
$$B'_2 = -14 \text{ V}.$$

Portanto, a solução para $v_C(t)$ é

$$v_C(t) = (48 - 48 e^{-1.400t} \cos 4.800t$$
$$- 14 e^{-1.400t} \operatorname{sen} 4.800t) \text{ V}, t \geq 0.$$

PROBLEMAS PARA AVALIAÇÃO

Objetivo 2 Saber determinar a resposta natural e a um degrau de circuitos RLC em série.

8.7 A chave no circuito mostrado esteve na posição *a* por um longo tempo. Em $t = 0$, ela passa para a posição *b*. Determine (a) $i(0^+)$; (b) $v_C(0^+)$; (c) $di(0^+)/dt$; (d) s_1, s_2; (e) $i(t)$ para $t \geq 0$.

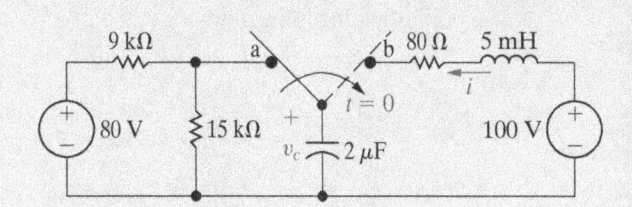

Resposta: (a) 0;

(b) 50 V;

(c) 10.000 A/s;

(d) $(-8.000 + j6.000)$ rad/s,
$(-8.000 - j6.000)$ rad/s;

(e) $(1,67e^{-8.000t}$ sen $6.000t)$ A para $t \geq 0$.

8.8 Determine $v_C(t)$ para $t \geq 0$ para o circuito do Problema para avaliação 8.7.

Resposta: $[100 - e^{-8.000t}(50 \cos 6.000t + 66,67 \text{ sen } 6.000t)]$ V para $t \geq 0$.

NOTA: tente resolver também os problemas 8.49–8.51, apresentados no final deste capítulo.

8.5 Circuitos com dois amplificadores-integradores

Um circuito que contém dois amplificadores-integradores ligados em cascata[2] também é um circuito de segunda ordem; isto é, a tensão de saída do segundo integrador está relacionada com a tensão de entrada do primeiro por uma equação diferencial de segunda ordem. Começamos nossa análise de um circuito que contém dois amplificadores em cascata com o circuito mostrado na Figura 8.18.

Figura 8.18 Dois amplificadores–integradores ligados em cascata.

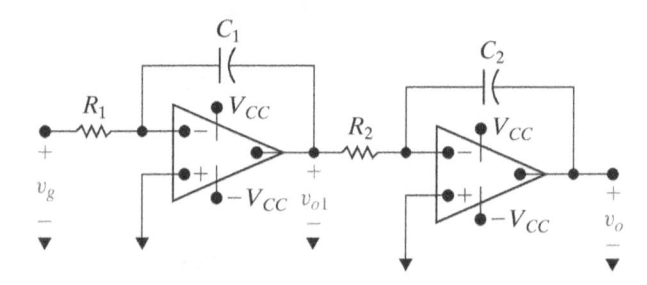

Admitimos que os amp ops são ideais. A tarefa é obter a equação diferencial que descreva a relação entre v_o e v_g. Começamos por somar as correntes no terminal inversor de entrada do primeiro integrador. Como o amp op é ideal,

$$\frac{0 - v_g}{R_1} + C_1 \frac{d}{dt}(0 - v_{o1}) = 0. \qquad (8.70)$$

Pela Equação 8.70,

$$\frac{dv_{o1}}{dt} = -\frac{1}{R_1 C_1} v_g. \qquad (8.71)$$

Agora, somamos as correntes que saem do terminal inversor do segundo amplificador-integrador:

$$\frac{0 - v_{o1}}{R_2} + C_2 \frac{d}{dt}(0 - v_o) = 0, \qquad (8.72)$$

ou

---

[2] Em uma ligação em cascata, o sinal de saída do primeiro amplificador (v_{o1} na Figura 8.18) é o sinal de entrada do segundo amplificador.

$$\frac{dv_o}{dt} = -\frac{1}{R_2C_2}v_{o1}. \tag{8.73}$$

Diferenciando a Equação 8.73, obtemos

$$\frac{d^2v_o}{dt^2} = -\frac{1}{R_2C_2}\frac{dv_{o1}}{dt}. \tag{8.74}$$

Determinamos a equação diferencial que governa a relação entre v_o e v_g substituindo a Equação 8.71 na Equação 8.74:

$$\frac{d^2v_o}{dt^2} = \frac{1}{R_1C_1}\frac{1}{R_2C_2}v_g. \tag{8.75}$$

O Exemplo 8.13 ilustra a resposta a um degrau de um circuito que contém dois amplificadores-integradores em cascata.

EXEMPLO 8.13 Análise de dois amplificadores-integradores em cascata.

Não há nenhuma energia armazenada no circuito mostrado na Figura 8.19 quando a tensão de entrada v_g salta instantaneamente de 0 para 25 mV.

a) Determine a expressão de $v_o(t)$ para $0 \le t \le t_{sat}$.

b) Quanto tempo leva o circuito para saturar?

Figura 8.19 Circuito para o Exemplo 8.13.

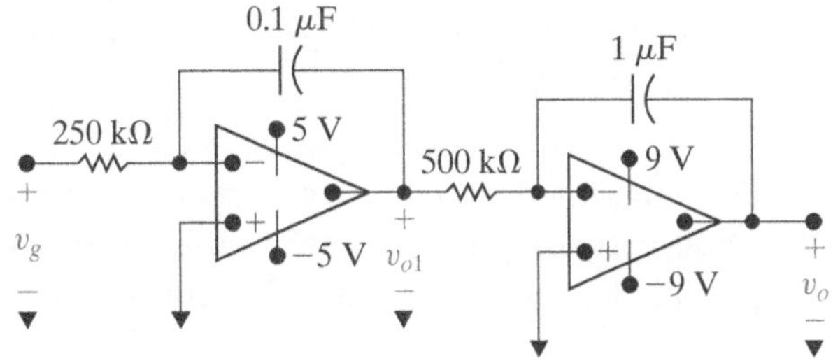

Solução

a) A Figura 8.19 indica que os fatores de escala do amplificador são

$$\frac{1}{R_1C_1} = \frac{1.000}{(250)(0,1)} = 40,$$

$$\frac{1}{R_2C_2} = \frac{1.000}{(500)(1)} = 2.$$

Agora, como $v_g = 25$ mV para $t > 0$, a Equação 8.75 torna-se

$$\frac{d^2v_o}{dt^2} = (40)(2)(25 \times 10^{-3}) = 2.$$

Para calcular v_o, fazemos

$$g(t) = \frac{dv_o}{dt},$$

então,

$$\frac{dg(t)}{dt} = 2 \quad \text{e} \quad dg(t) = 2dt.$$

Daí

$$\int_{g(0)}^{g(t)} dy = 2\int_{0}^{t} dx,$$

da qual

$$g(t) - g(0) = 2t.$$

Contudo,

$$g(0) = \frac{dv_o(0)}{dt} = 0,$$

pois a energia armazenada no circuito é inicialmente igual a zero e os amp ops são ideais. (Veja o Problema 8.57.). Então,

$$\frac{dv_o}{dt} = 2t \quad \text{e} \quad v_o = t^2 + v_o(0).$$

Porém, $v_o(0) = 0$ e, portanto, a expressão para v_o torna-se

$$v_o = t^2, 0 \le t \le t_{sat}.$$

b) O segundo amplificador-integrador fica saturado quando v_o alcança 9 V ou em $t = 3$ s. No entanto, é possível que o primeiro amplificador-integrador fique saturado antes de $t = 3$ s. Para explorar essa possibilidade, use a Equação 8.71 para determinar dv_{o1}/dt:

$$\frac{dv_{o1}}{dt} = -40(25) \times 10^{-3} = -1.$$

Calculando v_{o1}, temos

$$v_{o1} = -t.$$

Assim, em $t = 3$ s, $v_{o1} = -3$ V e, como a fonte de alimentação de tensão no primeiro amplificador-integrador é ±5 V, o circuito atinge a saturação quando o segundo amplificador fica saturado. Quando um dos amp ops fica saturado, não podemos mais usar o modelo linear para prever o comportamento do circuito.

NOTA: avalie o que entendeu desse material tentando resolver o Problema 8.63, apresentado no final deste capítulo.

Dois amplificadores-integradores com resistores de realimentação

A Figura 8.20 mostra uma variante do circuito da Figura 8.18. Lembre-se de que na Seção 7.7 dissemos que a razão pela qual o amp op em um amplificador-integrador se satura é o acúmulo de carga no capacitor de realimentação. Aqui, um resistor é colocado em paralelo com cada capacitor de realimentação (C_1 e C_2) para resolver esse problema. Deduzimos novamente a equação para a tensão de saída, v_o, e determinamos o impacto causado por esses resistores de realimentação nos amplificadores-integradores do Exemplo 8.13.

Capítulo 8 • Respostas natural e a um degrau de circuitos *RLC*

Figura 8.20 Amplificadores-integradores em cascata com resistores de realimentação.

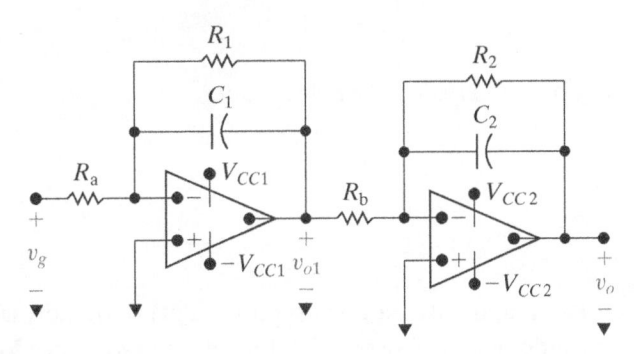

Começamos a dedução da equação diferencial de segunda ordem que relaciona v_{o1} a v_g, somando as correntes no nó da entrada inversora do primeiro integrador:

$$\frac{0 - v_g}{R_a} + \frac{0 - v_{o1}}{R_1} + C_1 \frac{d}{dt}(0 - v_{o1}) = 0. \tag{8.76}$$

Simplificando a Equação 8.76, temos

$$\frac{dv_{o1}}{dt} + \frac{1}{R_1 C_1} v_{o1} = \frac{-v_g}{R_a C_1}. \tag{8.77}$$

Por conveniência, fazemos $\tau_1 = R_1 C_1$ e escrevemos a Equação 8.77 como

$$\frac{dv_{o1}}{dt} + \frac{v_{o1}}{\tau_1} = \frac{-v_g}{R_a C_1}. \tag{8.78}$$

A próxima etapa é somar as correntes no terminal inversor do segundo integrador:

$$\frac{0 - v_{o1}}{R_b} + \frac{0 - v_o}{R_2} + C_2 \frac{d}{dt}(0 - v_o) = 0. \tag{8.79}$$

Escrevemos novamente a Equação 8.79 como

$$\frac{dv_o}{dt} + \frac{v_o}{\tau_2} = \frac{-v_{o1}}{R_b C_2}, \tag{8.80}$$

onde $\tau_2 = R_2 C_2$. Diferenciando a Equação 8.80 obtemos

$$\frac{d^2 v_o}{dt^2} + \frac{1}{\tau_2} \frac{dv_o}{dt} = -\frac{1}{R_b C_2} \frac{dv_{o1}}{dt}. \tag{8.81}$$

Pela Equação 8.78,

$$\frac{dv_{o1}}{dt} = \frac{-v_{o1}}{\tau_1} - \frac{v_g}{R_a C_1}, \tag{8.82}$$

e pela Equação 8.80,

$$v_{o1} = -R_b C_2 \frac{dv_o}{dt} - \frac{R_b C_2}{\tau_2} v_o. \tag{8.83}$$

Usamos as equações 8.82 e 8.83 para eliminar dv_{o1}/dt da Equação 8.81 e obter a relação desejada:

$$\frac{d^2 v_o}{dt^2} + \left(\frac{1}{\tau_1} + \frac{1}{\tau_2}\right)\frac{dv_o}{dt} + \left(\frac{1}{\tau_1 \tau_2}\right) v_o = \frac{v_g}{R_a C_1 R_b C_2}. \tag{8.84}$$

Pela Equação 8.84, a equação característica é

$$s^2 + \left(\frac{1}{\tau_1} + \frac{1}{\tau_2}\right)s + \frac{1}{\tau_1\tau_2} = 0. \tag{8.85}$$

As raízes da equação característica são reais, a saber,

$$s_1 = \frac{-1}{\tau_1}, \tag{8.86}$$

$$s_2 = \frac{-1}{\tau_2}. \tag{8.87}$$

O Exemplo 8.14 ilustra a análise da resposta a um degrau de dois amplificadores-integradores em cascata, quando os capacitores de realimentação são colocados em paralelo com resistores de realimentação.

EXEMPLO 8.14 Análise de dois amplificadores-integradores em cascata com resistores de realimentação.

Os parâmetros para o circuito mostrado na Figura 8.20 são $R_a = 100$ kΩ, $R_1 = 500$ kΩ, $C_1 = 0,1$ μF, $R_b = 25$ kΩ, $R_2 = 100$ kΩ e $C_2 = 1$ μF. As tensões de alimentação para cada amp op são ±6 V. A tensão de entrada (v_g) para os amplificadores-integradores em cascata salta de 0 para 250 mV em $t = 0$. Não há nenhuma energia armazenada nos capacitores de realimentação no instante em que o sinal é aplicado.

a) Determine a expressão numérica da equação diferencial para v_o.
b) Determine $v_o(t)$ para $t \geq 0$.
c) Determine a expressão numérica da equação diferencial para v_{o1}.
d) Determine $v_{o1}(t)$ para $t \geq 0$.

Solução

a) Pelos valores numéricos dos parâmetros de circuito, temos $\tau_1 = R_1C_1 = 0,05$ s; $\tau_2 = R_2C_2 = 0,10$ s e $v_g/R_aC_1R_bC_2 = 1.000$ V/s². Substituindo esses valores na Equação 8.84, temos

$$\frac{d^2v_o}{dt^2} + 30\frac{dv_o}{dt} + 200v_o = 1.000.$$

b) As raízes da equação característica são $s_1 = -20$ rad/s e $s_2 = -10$ rad/s. O valor final de v_o é a tensão de entrada vezes o ganho de cada estágio, pois os capacitores comportam-se como circuitos abertos quando $t \to \infty$. Portanto,

$$v_o(\infty) = (250 \times 10^{-3})\frac{(-500)}{100}\frac{(-100)}{25} = 5 \text{ V}.$$

Assim, a solução para v_o assume a forma:

$$v_o = 5 + A_1'e^{-10t} + A_2'e^{-20t}.$$

Com $v_o(0) = 0$ e $dv_o(0)/dt = 0$, os valores de A_1' e A_2' são $A_1' = -10$ V e $A_2' = 5$ V. Portanto, a solução para v_o é

$$v_o(t) = (5 - 10e^{-10t} + 5e^{-20t}) \text{ V}, t \geq 0.$$

A solução pressupõe que nenhum amp op fique saturado. Já observamos que o valor final de v_o é 5 V, valor menor que 6 V; dessa forma, o segundo amp op não fica saturado. O valor final de v_{o1} é $(250 \times 10^{-3})(-500/100)$, ou $-1{,}25$ V. Assim, o primeiro amp op não fica saturado e nossas premissa e solução estão corretas.

c) Substituindo os valores numéricos dos parâmetros na Equação 8.78, obtemos a equação diferencial desejada:

$$\frac{dv_{o1}}{dt} + 20v_{o1} = -25.$$

d) Já conhecemos os valores inicial e final de v_{o1}, juntamente com a constante de tempo τ_1. Assim, escrevemos a solução de acordo com a técnica desenvolvida na Seção 7.4:

$$v_{o1} = -1{,}25 + [0 - (-1{,}25)]e^{-20t}$$
$$= -1{,}25 + 1{,}25e^{-20t} \text{ V}, t \geq 0.$$

NOTA: avalie sua compreensão desse material tentando resolver o Problema 8.64, apresentado no final deste capítulo.

Perspectiva prática

Sincronização do relógio do computador

Vamos analisar o circuito da Figura 8.21, onde a saída é a queda de tensão no capacitor. Para $t \geq 0$, o comportamento desse circuito se parece com uma resposta natural de um circuito RLC em série como a mostrada na Figura 8.3, sem o resistor. Ao analisarmos esse circuito LC, descobriremos que sua saída é uma senoide não amortecida, que poderia ser utilizada pelo gerador de base de tempo de um computador, em vez do oscilador de cristal de quartzo convencional. Poderemos especificar a frequência do sinal selecionando os valores apropriados para o indutor e o capacitor.

Figura 8.21 Resposta natural de um circuito LC.

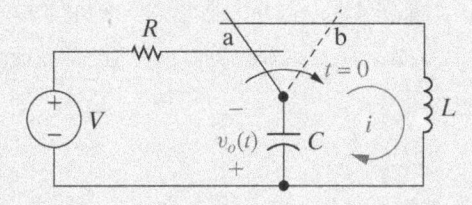

Comece escrevendo a equação LTK para o circuito da Figura 8.21, utilizando a corrente i, para $t \geq 0$:

$$L\frac{di(t)}{dt} + \frac{1}{C}\int_0^t i(x)dx = 0.$$

Para eliminar o termo integral, derive ambos os lados com relação a i para obter

$$L\frac{d^2 i(t)}{dt^2} + \frac{1}{C}i(t) = 0.$$

A equação diferencial descrita é, portanto,

$$\frac{d^2 i(t)}{dt^2} + \frac{1}{LC}i(t) = 0.$$

Qual função matemática podemos adicionar à sua segunda derivada para chegarmos a zero? Uma senoide na forma $i(t) = A\cos\omega_0 t$ vai funcionar:

$$\frac{d^2}{dt^2}A\cos\omega_0 t + \frac{1}{LC}A\cos\omega_0 t = -\omega_0^2 A\cos\omega_0 t + \frac{1}{LC}A\cos\omega_0 t = 0.$$

Essa equação é satisfeita quando

$$\omega_0^2 = \frac{1}{LC} \quad \text{ou quando} \quad \omega_0 = \sqrt{\frac{1}{LC}}.$$

A frequência ω_0 é a frequência angular de ressonância conhecida dos circuitos RLC, tanto em série quanto em paralelo, cujas unidades são radianos/segundo. Note-se que o circuito LC não tem uma frequência de Neper, α.

Escolhemos o valor de A para satisfazer a condição inicial para a corrente no indutor:

$$i(0) = A\cos\omega_0(0) = \frac{V}{R} \quad \text{logo} \quad A = \frac{V}{R}.$$

Portanto, a corrente para o circuito da Figura 8.21 é

$$i(t) = \frac{V}{R}\cos\omega_0(t), \text{ em que } \omega_0 = \sqrt{\frac{1}{LC}}.$$

Podemos agora usar a expressão para a corrente no circuito de modo a encontrar a tensão do capacitor:

$$v_C(t) = \frac{1}{C}\int_0^t i(x)dx = \frac{1}{C}\int_0^t \frac{V}{R}\cos\omega_0 x\,dx = \frac{V}{\omega_0 RC}\operatorname{sen}\omega_0 t.$$

Ao escolher valores para L e C, podemos usar o circuito na Figura 8.21 para gerar uma senoide não amortecida, quando $t \geq 0$, para o gerador do relógio de um computador.

Se é assim, por que um cristal de quartzo é utilizado para gerar a senoide do gerador de *clock* em vez do circuito LC da Figura 8.21? Lembre-se de que nossa análise do circuito LC assumiu que o indutor e o capacitor são ideais. Mas isso não existe — indutores e capacitores reais possuem pequena resistência. Deixamos para você examinar o efeito dessa pequena resistência sobre o desempenho de um oscilador LC nos problemas do capítulo.

NOTA: avalie sua compreensão da Perspectiva prática *resolvendo os problemas 8.66-8.68 apresentados no final deste capítulo*.

Resumo

- A **equação característica** para circuitos RLC em paralelo e em série tem a forma

  $$s^2 + 2\alpha s + \omega_0^2 = 0,$$

  em que $\alpha = 1/2RC$ para o circuito em paralelo, $\alpha = R/2L$ para o circuito em série e $\omega_0^2 = 1/LC$ para ambos os circuitos, em paralelo e em série.

- As raízes da equação característica são

  $$s_{1,2} = -\alpha \pm \sqrt{\alpha^2 - \omega_0^2}.$$

  (Seção 8.1.)

- A forma das respostas natural e a um degrau de circuitos RLC em série e em paralelo depende dos valores de α^2 e ω_0^2; tais respostas podem ser **superamortecidas**, **subamortecidas** ou **criticamente amortecidas**. Esses termos descrevem o impacto do elemento dissipador (R) sobre a resposta. **A frequência de Neper**, α, reflete o efeito de R. (Seção 8.1.)

- A resposta de um circuito de segunda ordem é superamortecida, subamortecida ou criticamente amortecida, como mostra a Tabela 8.2.

- Para determinar a **resposta natural** de um circuito de segunda ordem, começamos determinando se ele é superamortecido, subamortecido ou criticamente amortecido e, em seguida, resolvemos as equações adequadas, como mostra a Tabela 8.3.

- Para determinar a **resposta a um degrau** de um circuito de segunda ordem, aplicamos as equações adequadas dependendo do amortecimento, como mostra a Tabela 8.4.

- Para cada uma das três formas de resposta, os coeficientes desconhecidos (isto é, As, Bs e Ds) são obtidos avaliando-se o circuito para determinar o valor inicial da resposta, $x(0)$, e o valor inicial da derivada de primeira ordem da resposta, $dx(0)/dt$.

- Quando dois amplificadores-integradores com amp ops ideais são ligados em cascata, a tensão de saída do segundo integrador está relacionada com a tensão de entrada do primeiro por uma equação diferencial ordinária de segunda ordem. Assim, as técnicas desenvolvidas neste capítulo podem ser usadas para analisar o comportamento de um integrador em cascata. (Seção 8.5.)

- Podemos superar a limitação de um amplificador-integrador simples – a saturação do amp op devida ao acúmulo de carga no capacitor de realimentação – colocando um resistor em paralelo com o capacitor de realimentação. (Seção 8.5.)

Tabela 8.2 A resposta de um circuito de segunda ordem é superamortecida, subamortecida ou criticamente amortecida.

O circuito é	Quando	Natureza qualitativa da resposta
Superamortecido	$\alpha^2 > \omega_0^2$	A tensão ou corrente aproxima-se de seu valor final sem oscilação
Subamortecido	$\alpha^2 < \omega_0^2$	A tensão ou corrente oscila em torno de seu valor final
Criticamente amortecido	$\alpha^2 = \omega_0^2$	A tensão ou corrente está prestes a oscilar em torno de seu valor final

Tabela 8.3 Para determinar a resposta natural de um circuito de segunda ordem, começamos determinando se ele é superamortecido, subamortecido ou criticamente amortecido e, então, resolvemos as equações adequadas.

Amortecimento	Equações de resposta natural	Coeficiente das equações
Superamortecido	$x(t) = A_1 e^{s_1 t} + A_2 e^{s_2 t}$	$x(0) = A_1 + A_2$; $dx/dt(0) = A_1 s_1 + A_2 s_2$
Subamortecido	$x(t) = (B_1 \cos \omega_d t + B_2 \operatorname{sen}\omega_d t)e^{-\alpha t}$	$x(0) = B_1$; $dx/dt(0) = -\alpha B_1 + \omega_d B_2$, em que $\omega_d = \sqrt{\omega_0^2 - \alpha^2}$
Criticamente amortecido	$x(t) = (D_1 t + D_2)e^{-\alpha t}$	$x(0) = D_2$, $dx/dt(0) = D_1 - \alpha D_2$

Tabela 8.4 Para determinar a resposta a um degrau de um circuito de segunda ordem, aplicamos as equações adequadas dependendo do amortecimento.

Amortecimento	Equações de resposta a um degrau[a]	Coeficiente das equações
Superamortecido	$x(t) = X_f + A_1' e^{s_1 t} + A_2' e^{s_2 t}$	$x(0) = X_f + A_1' + A_2'$; $dx/dt(0) = A_1' s_1 + A_2' s_2$
Subamortecido	$x(t) = X_f + (B_1' \cos \omega_d t + B_2' \operatorname{sen}\omega_d t)e^{-\alpha t}$	$x(0) = X_f + B_1'$; $dx/dt(0) = -\alpha B_1' + \omega_d B_2'$
Criticamente amortecido	$x(t) = X_f + D_1' t e^{-\alpha t} + D_2' e^{-\alpha t}$	$x(0) = X_f + D_2'$; $dx/dt(0) = D_1' - \alpha D_2'$

[a] onde X_f é o valor final de $x(t)$.

Problemas

Seções 8.1–8.2

8.1 Os elementos de circuito no circuito da Figura 8.1 são $R = 125\ \Omega$, $L = 200$ mH e $C = 5\ \mu$F. A corrente inicial no indutor é $-0,3$ A e a tensão inicial no capacitor é 25 V.

a) Calcule a corrente inicial em cada ramo do circuito.

b) Determine $v(t)$ para $t \geq 0$.

c) Determine $i_L(t)$ para $t \geq 0$.

8.2 A resistência no Problema 8.1 é reduzida para 100 Ω. Determine a expressão para $v(t)$ quando $t \geq 0$.

8.3 A resistência no Problema 8.1 é reduzida para 80 Ω. Determine a expressão para $v(t)$ quando $t \geq 0$.

8.4 A resistência, indutância e capacitância de um circuito RLC em paralelo são 2.000 Ω, 250 mH e 10 nF, respectivamente.

a) Calcule as raízes da equação característica que descreve a resposta de tensão do circuito.

b) A resposta será superamortecida, subamortecida ou criticamente amortecida?

c) Qual é o valor de R que resultará em uma frequência amortecida de 12 krads/s?

d) Quais são as raízes da equação característica para o valor de R determinado em (c)?

e) Qual é o valor de R que resultará em uma resposta criticamente amortecida?

8.5 Suponha que o indutor, no circuito mostrado na Figura 8.1, tenha um valor de 10 mH. A resposta de tensão para $t \geq 0$ é

$$v(t) = 40e^{-1.000t} - 90e^{-4.000t}\ \text{V}.$$

a) Determine os valores numéricos de ω_0, α, C e R.

b) Calcule $i_R(t)$, $i_L(t)$ e $i_C(t)$ para $t \geq 0^+$.

8.6 A resposta natural do circuito na Figura 8.1 é

$$v(t) = 120e^{-400t}\cos 300t + 80e^{-400t}\sen 300t\ \text{V},$$

quando o capacitor é de 250 μF. Determine (a) L; (b) R; (c) V_0; (d) I_0 e (e) $i_L(t)$.

8.7 Sabe-se que a resposta de tensão para o circuito da Figura 8.1 é

$$v(t) = D_1 t e^{-80t} + D_2 e^{-80t},\ t \geq 0.$$

A corrente inicial no indutor (I_0) é -25 mA, e a tensão inicial no capacitor (V_0) é 5 V. O resistor tem valor de 50 Ω.

a) Determine o valor de C, L, D_1 e D_2.

b) Determine $i_C(t)$ para $t \geq 0^+$.

8.8 No circuito mostrado na Figura 8.1, um indutor de 20 mH está em paralelo com um capacitor de 500 nF, o resistor R está ajustado para amortecimento crítico e $I_0 = 120$ mA.

a) Calcule o valor numérico de R.

b) Calcule $v(t)$ para $t \geq 0$.

c) Determine $v(t)$ quando $i_C(t) = 0$.

d) Qual é a percentagem da energia inicialmente armazenada que permanece armazenada no circuito no instante em que $i_C(t)$ é igual a zero?

8.9 Sabe-se que a resposta natural para o circuito mostrado na Figura 8.1 é

$$v(t) = -11e^{-100t} + 20e^{-400t}\ \text{V},\ t \geq 0.$$

Se $C = 2\ \mu$F e $L = 12,5$ H, determine $i_L(0^+)$ em miliampères.

8.10 A resistência do resistor no circuito do Exemplo 8.4 é alterada para 3.200 Ω.

a) Determine a expressão numérica para $v(t)$ quando $t \geq 0$.

b) Desenhe um gráfico de $v(t)$ para o intervalo de tempo $0 \leq t \leq 7$ ms. Compare essa resposta com a do Exemplo 8.4 ($R = 20$ kΩ) e a do Exemplo 8.5 ($R = 4$ kΩ). Em particular, compare os valores de pico de $v(t)$ e os tempos em que esses valores ocorrem.

8.11 As duas chaves no circuito visto na Figura P8.11 funcionam de modo sincronizado. Quando a chave 1 está na posição a, a chave 2 está na posição d. Quando a chave 1 passa para a posição b, a chave 2 passa para a posição c. A chave 1 esteve na posição a por um longo tempo. Em $t = 0$, as chaves passam para suas posições alternadas. Determine $v_o(t)$ para $t \geq 0$.

Figura P8.11

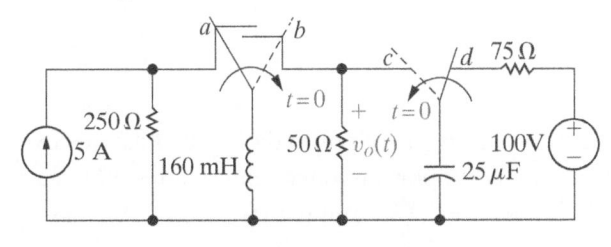

8.12 O resistor no circuito da Figura P8.11 é reduzido de 50 Ω para 40 Ω. Determine $v_o(t)$ para $t \geq 0$.

8.13 O resistor no circuito da Figura P8.11 é reduzido de 50 Ω para 32 Ω. Determine $v_o(t)$ para $t \geq 0$.

8.14 A chave no circuito da Figura P8.14 esteve na posição a por um longo tempo. Em $t = 0$, ela passa instantaneamente para a posição b. Determine $v_o(t)$ para $t \geq 0$.

Figura P8.14

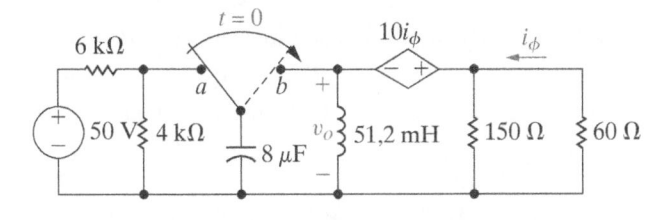

8.15 O indutor no circuito da Figura P8.14 é aumentado para 80 mH. Determine $v_o(t)$ para $t \geq 0$.

8.16 O indutor no circuito da Figura P8.14 é aumentado para 125 mH. Determine $v_o(t)$ para $t \geq 0$.

8.17 a) Projete um circuito RLC em paralelo (veja a Figura 8.1) usando valores de componentes do Apêndice H, com uma frequência angular de ressonância de 5.000 rad/s. Escolha um resistor ou crie uma rede de resistores de modo que a resposta seja criticamente amortecida. Desenhe seu circuito.

b) Calcule as raízes da equação característica para a resistência em (a).

8.18 a) Altere a resistência para o circuito que você projetou no Problema 8.5 (a) de modo que a resposta seja subamortecida. Continue a utilizar os componentes do Apêndice H. Calcule as raízes da equação característica para essa nova resistência.

b) Altere a resistência para o circuito que você projetou no Problema 8.5 (a), de modo que a resposta seja superamortecida. Continue a utilizar os componentes do Apêndice H. Calcule as raízes da equação característica para essa nova resistência.

8.19 No circuito da Figura 8.1, $R = 5$ kΩ, $L = 8$ H, $C = 125$ nF, $V_0 = 30$ V e $I_0 = 6$ mA.

a) Determine $v(t)$ para $t \geq 0$.

b) Determine os primeiros três valores de t para os quais dv/dt é igual a zero. Esses valores devem ser denotados como t_1, t_2 e t_3.

c) Mostre que $t_3 - t_1 = T_d$.

d) Mostre que $t_2 - t_1 = T_d/2$.

e) Calcule $v(t_1), v(t_2)$ e $v(t_3)$.

f) Faça um gráfico de $v(t)$ para $0 \leq t \leq t_2$.

8.20 a) Determine $v(t)$ para $t \geq 0$ no circuito do Problema 8.19, se o resistor de 5 kΩ for retirado do circuito.

b) Calcule a frequência de $v(t)$ em hertz.

c) Calcule a amplitude máxima de $v(t)$ em volts.

8.21 Suponha que a resposta de tensão subamortecida no circuito da Figura 8.1 seja expressa por

$$v(t) = (A_1 + A_2)e^{-\alpha t} \cos \omega_d t + j(A_1 - A_2)e^{-\alpha t} \text{sen } \omega_d t$$

O valor inicial da corrente no indutor é I_0, e o valor inicial da tensão no capacitor é V_0. Mostre que A_2 é o complexo conjugado de A_1. (*Sugestão:* use o mesmo processo descrito no texto para determinar A_1 e A_2.)

8.22 Mostre que os resultados obtidos no Problema 8.21 – isto é, as expressões para A_1 e A_2 – são compatíveis com as equações 8.30 e 8.31 do texto.

8.23 O valor inicial da tensão v no circuito da Figura 8.1 é igual a zero, e o valor inicial da corrente no capacitor, $i_C(0^+)$, é 45 mA. Sabe-se que a expressão para a corrente no capacitor é

$$i_C(t) = A_1 e^{-200t} + A_2 e^{-800t}, \quad t \geq 0^+,$$

quando R é 250 Ω. Determine

a) os valores de $\alpha, \omega_0, L, C, A_1$ e A_2

$\left(\text{Sugestão: } \dfrac{di_C(0^+)}{dt} = -\dfrac{di_L(0^+)}{dt} - \dfrac{di_R(0^+)}{dt}\right.$

$\left. = \dfrac{-v(0)}{L} - \dfrac{1}{R}\dfrac{i_C(0^+)}{C}\right)$

b) a expressão para $v(t), t \geq 0$,

c) a expressão para $i_R(t), t \geq 0$,

d) a expressão para $i_L(t), t \geq 0$.

Seção 8.3

8.24 a) Para o circuito do Exemplo 8.6, determine, para $t \geq 0$, (a) $v(t)$; (b) $i_R(t)$ e (c) $i_C(t)$.

8.25 Para o circuito do Exemplo 8.7, determine, para $t \geq 0$, (a) $v(t)$ e (b) $i_C(t)$.

8.26 Para o circuito do Exemplo 8.8, determine $v(t)$ para $t \geq 0$.

8.27 Admita que, no instante em que a fonte de corrente cc de 2 A é aplicada ao circuito da Figura P8.27, a corrente inicial no indutor de 25 mH seja 1 A e a tensão inicial no capacitor seja 50 V (positiva no terminal superior). Determine a expressão para $i_L(t)$ para $t \geq 0$, se R for igual a 12,5 Ω.

Figura P8.27

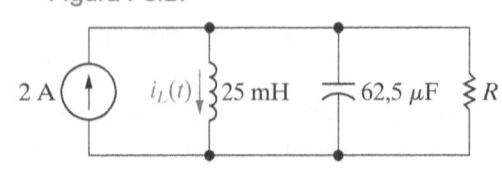

2 A ↑ $i_L(t)$ ↓ 25 mH 62,5 μF R

8.28 A resistência no circuito da Figura P8.27 é alterada para 8 Ω. Determine $i_L(t)$ para $t \geq 0$.

8.29 A resistência no circuito da Figura P8.27 é alterada para 10 Ω. Determine $i_L(t)$ para $t \geq 0$.

8.30 A chave no circuito da Figura P8.30 esteve aberta por um longo tempo antes de fechar em $t = 0$. No instante em que a chave é fechada, o capacitor não tem nenhuma energia armazenada. Determine v_o para $t \geq 0$.

Figura P8.30

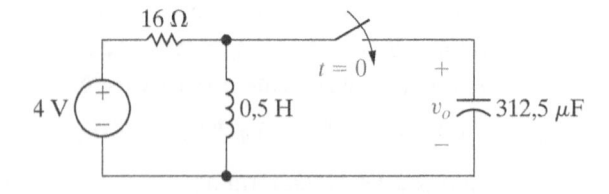

4 V, 16 Ω, 0,5 H, $t = 0$, v_o, 312,5 μF

8.31 A chave no circuito da Figura P8.31 esteve aberta por um longo tempo antes de fechar em $t = 0$. Determine $i_o(t)$ para $t \geq 0$.

Figura P8.31

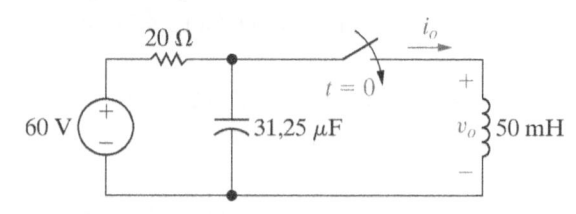

60 V, 20 Ω, $t = 0$, 31,25 μF, v_o, 50 mH, i_o

8.32 a) Para o circuito da Figura P8.31, determine v_o para $t \geq 0$.

b) Mostre que sua solução para v_o é compatível com a solução para i_o no Problema 8.31.

8.33 Não há nenhuma energia armazenada no circuito da Figura P8.33 quando a chave é fechada em $t = 0$. Determine $i_o(t)$ para $t \geq 0$.

Figura P8.33

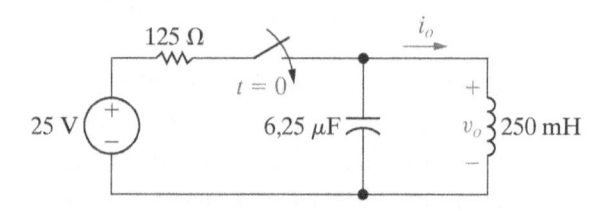

25 V, 125 Ω, $t = 0$, 6,25 μF, v_o, 250 mH, i_o

8.34 a) Para o circuito da Figura P8.33, determine v_o para $t \geq 0$.

b) Mostre que sua solução para v_o é compatível com a solução para i_o no Problema 8.33.

8.35 A chave no circuito da Figura P8.35 esteve na posição esquerda por um longo tempo antes de passar para a posição direita em $t = 0$. Determine

a) $i_L(t)$ para $t \geq 0$,

b) $v_C(t)$ para $t \geq 0$.

Figura P8.35

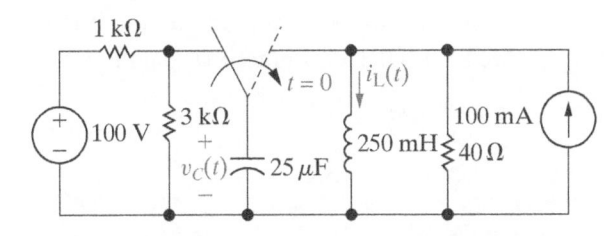

8.36 Considere o circuito da Figura P8.35 e

a) Determine a energia total fornecida ao indutor.

b) Determine a energia total fornecida ao resistor de 40 Ω.

c) Determine a energia total fornecida ao capacitor.

d) Determine a energia total fornecida pela fonte de corrente.

e) Verifique os resultados das partes (a) a (d) em relação ao princípio da conservação de energia.

8.37 A chave no circuito da Figura P8.37 esteve aberta por um longo tempo antes de fechar em $t = 0$. Determine $i_L(t)$ para $t \geq 0$.

Figura P8.37

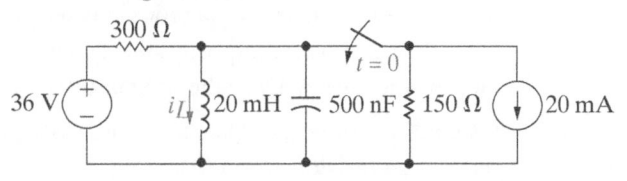

8.38 As chaves 1 e 2 no circuito da Figura P8.38 são sincronizadas. Quando a chave 1 abre, a chave 2 fecha e vice-versa. A chave 1 esteve aberta por um longo tempo antes de fechar em $t = 0$. Determine $i_L(t)$ para $t \geq 0$.

Figura P8.38

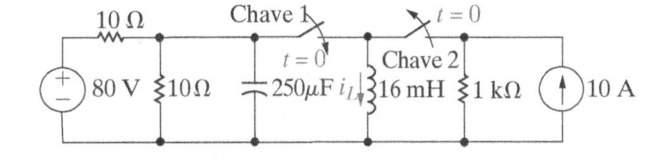

Seção 8.4

8.39 Sabe-se que a corrente no circuito da Figura 8.3 é

$$i = B_1 e^{-2.000t} \cos 1.500t + B_2 e^{-2.000t} \sin 1.500t,$$
$$t \geq 0.$$

O capacitor tem um valor de 80 nF; o valor inicial da corrente é 7,5 mA, e a tensão inicial no capacitor é −30 V. Determine os valores de R, L, B_1 e B_2.

8.40 Determine a tensão no capacitor de 80 nF para o circuito descrito no Problema 8.39. Admita que a polaridade de referência para a tensão no capacitor seja positiva no terminal superior.

8.41 A energia inicial armazenada no capacitor de 31,25 nF no circuito da Figura P8.41 é 9 μJ. A energia inicial armazenada no indutor é igual a zero. As raízes da equação característica que descreve a resposta natural da corrente i são −4.000 s⁻¹ e −16.000 s⁻¹.

a) Determine os valores de R e L.

b) Determine os valores de $i(0)$ e $di(0)/dt$ imediatamente após o fechamento da chave.

c) Determine $i(t)$ para $t \geq 0$.

d) Quantos microssegundos depois que a chave é fechada a corrente alcança seu valor máximo?

e) Qual é o valor máximo de i, em miliampères?

f) Determine $v_L(t)$ para $t \geq 0$.

Figura P8.41

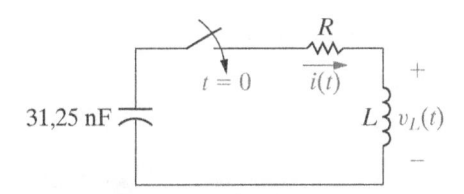

8.42 No circuito da Figura P8.42, o resistor é ajustado para amortecimento crítico. A tensão inicial no capacitor é 15 V e a corrente inicial no indutor é 6 mA.

a) Determine o valor de R.

b) Determine os valores de i e de di/dt imediatamente após o fechamento da chave.

c) Determine $v_C(t)$ para $t \geq 0$.

Figura P8.42

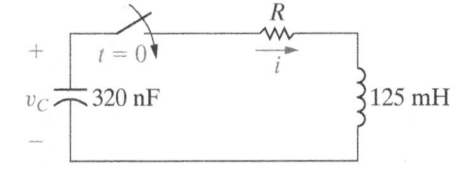

8.43 a) Projete um circuito RLC em série (veja a Figura 8.3) usando valores de componentes do Apêndice H, com uma frequência angular de ressonância de 20 krad/s. Escolha um resistor ou crie uma rede de resistores de modo que a resposta seja criticamente amortecida. Desenhe seu circuito.

b) Calcule as raízes da equação característica para a resistência em (a).

8.44 a) Altere a resistência do circuito que você projetou no Problema 8.43 (a) de modo que a resposta seja subamortecida. Continue a utilizar os componentes do Apêndice H. Calcule as raízes da equação característica para essa nova resistência.

b) Altere a resistência para o circuito que você projetou no Problema 8.43 (a), de modo que a resposta seja superamortecida. Continue a utilizar os componentes do Apêndice H. Calcule as raízes da equação característica para essa nova resistência.

8.45 O circuito mostrado na Figura P8.45 esteve em funcionamento por um longo tempo. Em $t = 0$, as duas chaves passam para as novas posições mostradas na figura. Determine

a) $i_o(t)$ para $t \geq 0$.

b) $v_o(t)$ para $t \geq 0$.

Figura P8.45

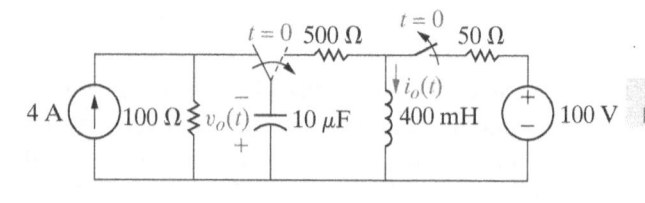

8.46 A chave no circuito da Figura P8.46 esteve na posição a por um longo tempo. Em $t = 0$, ela passa instantaneamente para a posição b. Determine $i(t)$ para $t \geq 0$.

Figura P8.46

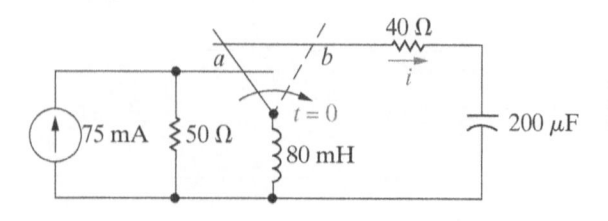

8.47 A chave do circuito mostrado na Figura P8.47 esteve fechada por um longo tempo. Ela se abre em $t = 0$. Determine $v_o(t)$ para $t \geq 0^+$.

Figura P8.47

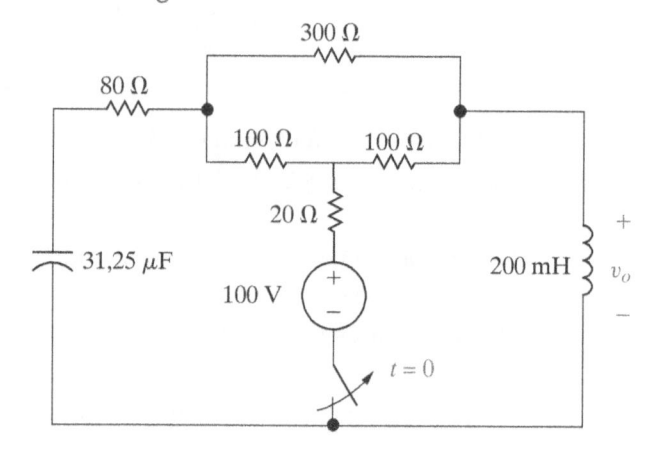

8.48 A chave no circuito da Figura P8.48 esteve na posição a por um longo tempo. Em $t = 0$, ela passa instantaneamente para a posição b.

a) Qual é o valor inicial de v_a?

b) Qual é o valor inicial de dv_a/dt?

c) Qual é a expressão de $v_a(t)$ para $t \geq 0$?

Figura P8.48

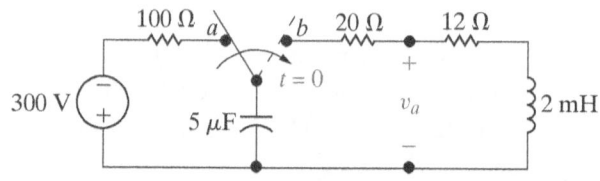

8.49 A energia inicial armazenada no circuito da Figura P8.49 é igual a zero. Determine $v_o(t)$ para $t \geq 0$.

Figura P8.49

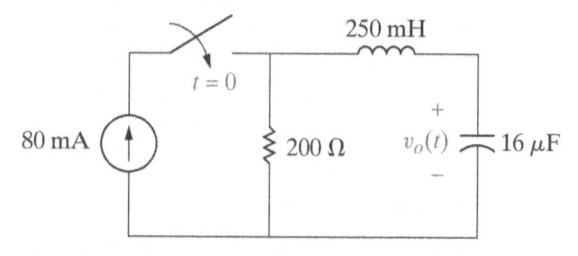

8.50 O resistor do circuito mostrado na Figura P8.49 é trocado por um de 250 Ω. A energia inicial armazenada ainda é igual a zero. Determine $v_o(t)$ para $t \geq 0$.

8.51 O resistor do circuito mostrado na Figura P8.49 é trocado por um de 312,5 Ω. A energia inicial armazenada ainda é igual a zero. Determine $v_o(t)$ para $t \geq 0$.

8.52 A chave no circuito da Figura P8.52 esteve na posição *a* por um longo tempo. Em $t = 0$, ela passa instantaneamente para a posição *b*. Determine $v_o(t)$ para $t \geq 0$.

Figura P8.52

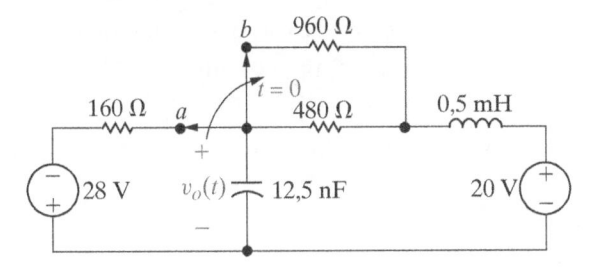

8.53 O circuito mostrado na Figura P8.53 esteve em funcionamento por um longo tempo. Em $t = 0$, a tensão da fonte cai repentinamente para 150 V. Determine $v_o(t)$ para $t \geq 0$.

Figura P8.53

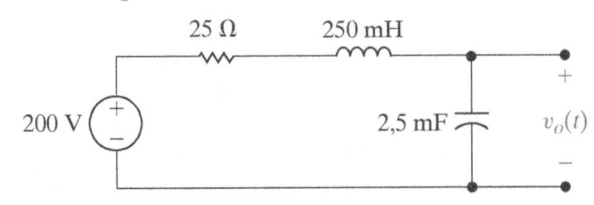

8.54 As duas chaves no circuito visto na Figura P8.54 funcionam de modo sincronizado. Quando a chave 1 está na posição *a*, a chave 2 está fechada. Quando a chave 1 está na posição *b*, a chave 2 está aberta. A chave 1 esteve na posição *a* por um longo tempo. Em $t = 0$, ela passa instantaneamente para a posição *b*. Determine $v_C(t)$ para $t \geq 0$.

Figura P8.54

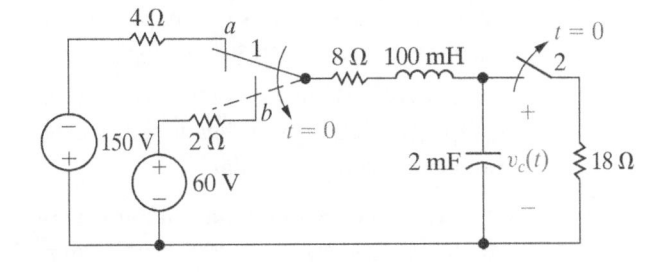

8.55 A chave do circuito mostrado na Figura P8.55 esteve fechada por um longo tempo antes de ser aberta em $t = 0$. Admita que os parâmetros de circuito sejam tais que a resposta seja subamortecida.

a) Deduza a expressão para $v_o(t)$ em função de v_g, α, ω_d, C e R para $t \geq 0$.

b) Deduza a expressão para o valor de t quando a amplitude de v_o for máxima.

Figura P8.55

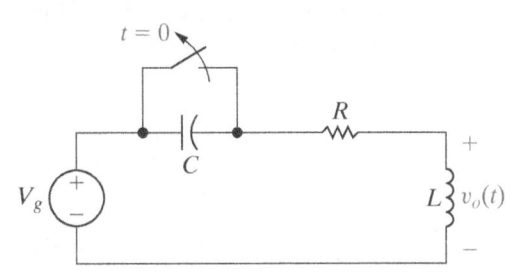

8.56 Os parâmetros de circuito no circuito da Figura P8.55 são $R = 480$ Ω, $L = 8$ mH, $C = 50$ nF e $v_g = -24$ V.

a) Expresse $v_o(t)$ numericamente para $t \geq 0$.

b) Quantos microssegundos depois da abertura da chave a tensão no indutor é máxima?

c) Qual é o valor máximo da tensão no indutor?

d) Repita (a)–(c) com *R* reduzido para 96 Ω.

8.57 Suponha que a tensão no capacitor no circuito da Figura 8.15 seja do tipo subamortecido. Suponha também que não haja nenhuma energia armazenada nos elementos de circuito quando a chave é fechada.

a) Mostre que
$$dv_C/dt = (\omega_0^2/\omega_d)Ve^{-\alpha t}\operatorname{sen}\omega_d t.$$

b) Mostre que $dv_C/dt = 0$ quando $t = n\pi/\omega_d$, em que $n = 0, 1, 2,...$

c) Se $t_n = n\pi/\omega_d$, mostre que
$$v_C(t_n) = V - V(-1)^n e^{-\alpha n\pi/\omega_d}.$$

d) Mostre que
$$\alpha = \frac{1}{T_d}\ln\frac{v_C(t_1) - V}{v_C(t_3) - V},$$
em que $T_d = t_3 - t_1$.

8.58 A tensão em um capacitor de 100 nF, no circuito da Figura 8.15, é descrita da seguinte forma: depois que a chave esteve fechada durante vários segundos, a tensão é constante em 100 V. Na primeira vez que a tensão passa de 100 V, ela alcança um pico de 163,84 V. Isso ocorre $\pi/7$ ms depois do fechamento da chave. Na segunda vez que a tensão passa de 100 V, ela alcança um pico de 126,02 V. Esse segundo pico ocorre $3\pi/7$ depois do fechamento da chave. No instante em que a chave é fechada, não há nenhuma energia armazenada no capacitor, nem no indutor. Determine os valores de R e L. (*Sugestão:* resolva primeiro o Problema 8.57.)

Seção 8.5

8.59 Mostre que, se não há nenhuma energia armazenada no circuito mostrado na Figura 8.19 no instante em que v_g salta de valor, dv_o/dt é igual a zero em $t = 0$.

8.60 a) Determine a equação de $v_o(t)$ para $0 \leq t \leq t_{sat}$ no circuito mostrado na Figura 8.19, se $v_{o1}(0) = 5$ V e $v_o(0) = 8$ V.

b) Quanto tempo leva para o circuito atingir a saturação?

8.61 a) Resolva novamente o Exemplo 8.14 sem os resistores de realimentação R_1 e R_2.

b) Resolva novamente o Exemplo 8.14 com $v_{o1}(0) = -2$ V e $v_o(0) = 4$ V.

8.62 a) Deduza a equação diferencial que relaciona a tensão de saída com a tensão de entrada para o circuito mostrado na Figura P8.62.

b) Compare o resultado com a Equação 8.75 quando $R_1C_1 = R_2C_2 = RC$ na Figura 8.18.

c) Qual é a vantagem do circuito mostrado na Figura P8.62?

Figura P8.62

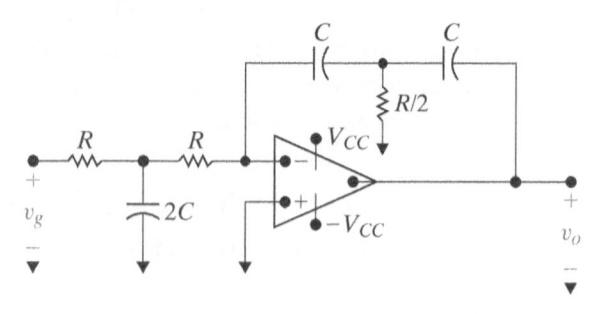

8.63 a) O sinal de tensão da Figura P8.63(a) é aplicado aos amplificadores-integradores em cascata mostrados na Figura P8.63(b). Não há nenhuma energia armazenada nos capacitores no instante em que o sinal é aplicado.

a) Determine as expressões numéricas para $v_o(t)$ e $v_{o1}(t)$ para os intervalos de tempo $0 \leq t \leq 0{,}5$ s e $0{,}5$ s $\leq t \leq t_{sat}$.

b) Calcule o valor de t_{sat}.

Figura P8.63

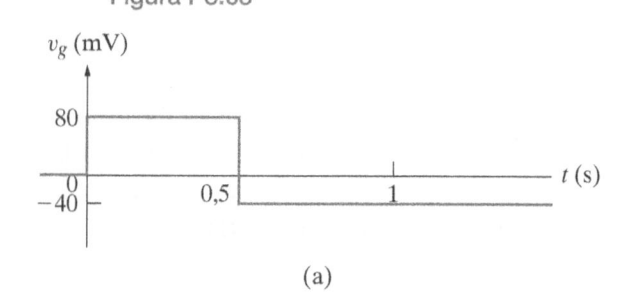

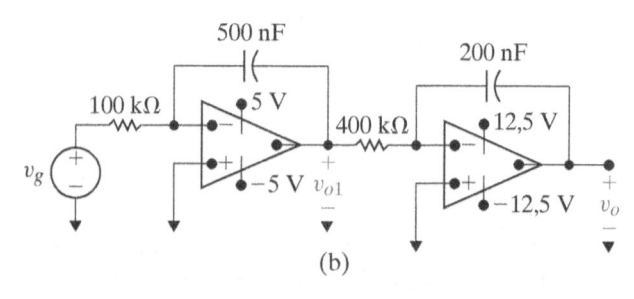

8.64 O circuito na Figura P8.63(b) é modificado com a adição de um resistor de 1 MΩ em paralelo com o capacitor de 500 nF e um resistor de 5 MΩ em paralelo com o capacitor de 200 nF. Como no Problema 8.63, não há nenhuma energia armazenada nos capacitores no instante em que o sinal é aplicado. Calcule as expressões de $v_o(t)$ e de $v_{o1}(t)$ para os intervalos de tempo $0 \leq t \leq 0{,}5$ s e $t \geq 0{,}5$ s.

8.65 Agora, queremos ilustrar como vários circuitos amp op podem ser interligados para resolver uma equação diferencial.

a) Deduza a equação diferencial para o sistema mola-massa mostrado na Figura P8.65(a). Admita que a força exercida pela mola seja diretamente proporcional ao deslocamento da mola, que a massa é constante e que a força de atrito é diretamente proporcional à velocidade da massa.

b) Reescreva a equação diferencial deduzida em (a) de modo que a derivada de ordem mais alta seja expressa como uma função de todos os outros termos da equação. Agora, admita que uma tensão igual a d^2x/dt^2 esteja disponível e, por integrações sucessivas, gere dx/dt e x. Podemos obter os coeficientes nas equações a partir dos fatores de escala dos amplificadores e combinar os termos necessários para gerar d^2x/dt^2 usando um amplificador somador. Com essas ideias em mente, analise a interligação mostrada na Figura P8.65(b). Em particular, descreva a função de cada área sombreada no circuito e o sinal nos pontos rotulados B, C, D, E e F, admitindo que o sinal em A represente d^2x/dt^2. Discuta também os parâmetros R; R_1, C_1; R_2, C_2; R_3, R_4; R_5, R_6 e R_7, R_8 em termos dos coeficientes da equação diferencial.

Figura P8.65

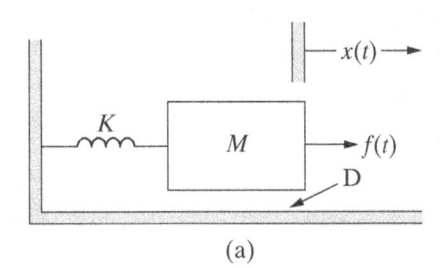

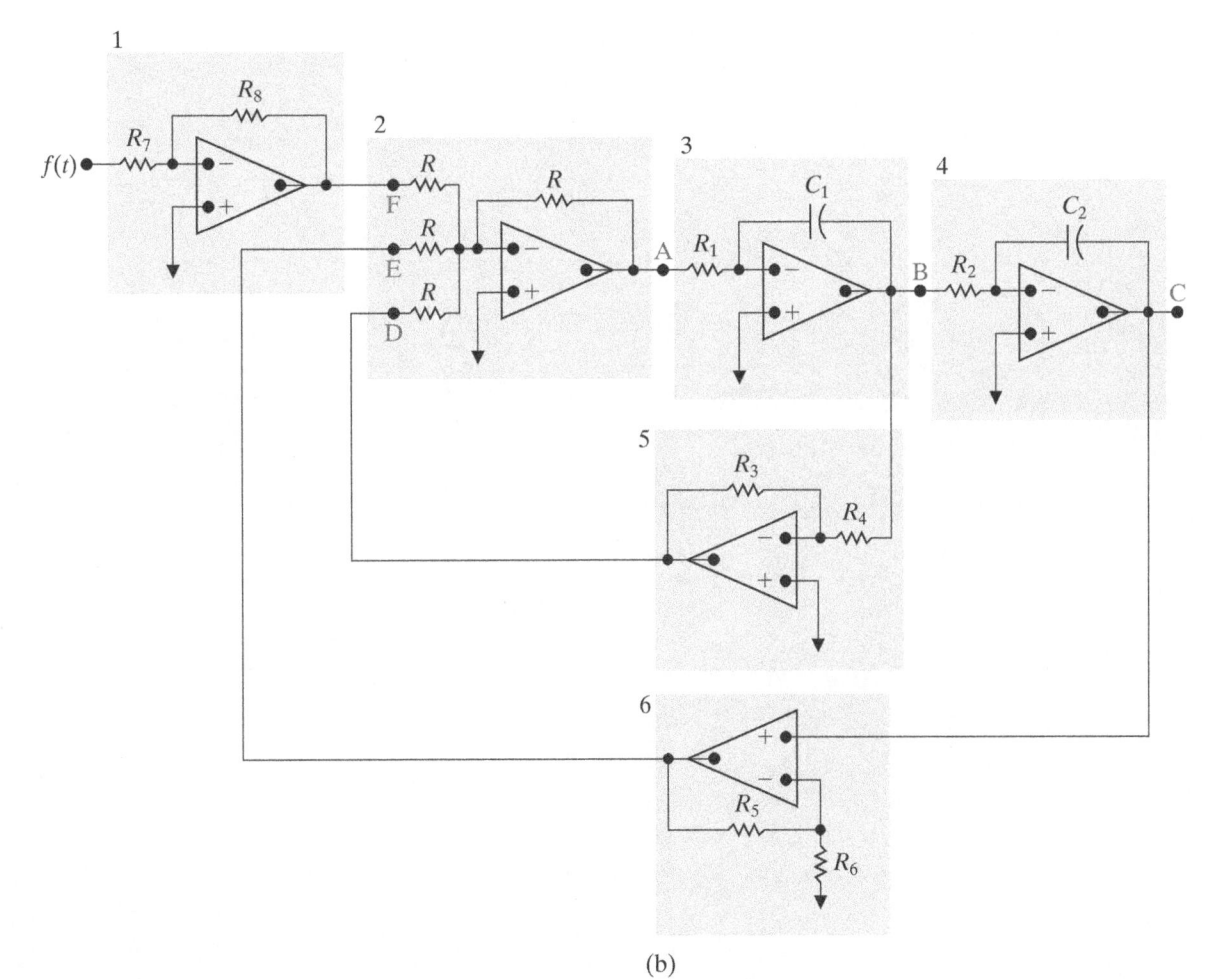

Seções 8.1–8.5

8.66 a) Suponhamos que o circuito da Figura 8.21 tenha um indutor de 5 nH e um capacitor de 2 pF. Calcule a frequência, em GHz, da saída senoidal para $t \geq 0$.

b) A fonte de tensão cc e um resistor conectado em série na Figura 8.21 são usados para estabelecer a energia inicial no indutor. Se $V = 10$ V e $R = 25\,\Omega$, calcule a energia inicial armazenada no indutor.

c) Qual é a energia total armazenada no circuito LC para qualquer instante $t \geq 0$?

8.67 Analise o circuito oscilador LC na Figura 8.21. Admita que $V = 4$ V, $R = 10\,\Omega$ e $L = 1$ nH.

a) Calcule o valor de capacitância, C, que produz uma saída senoidal, com uma frequência de 2 GHz, para $t \geq 0$.

b) Escreva a expressão para a tensão de saída, $v_o(t)$, para $t \geq 0$.

8.68 Suponha que o indutor e o capacitor no oscilador LC da Figura 8.21 não são ideais e apresentem uma pequena resistência que pode ser concentrada. Admita que $V = 10$ V, $R = 25\,\Omega$, $L = 5$ nH e $C = 2$ pF, assim como no Problema 8.66. Admita também que a resistência associada ao indutor e ao capacitor seja 10 mΩ.

a) Calcule os valores da frequência de Neper, α, e da frequência angular de ressonância, ω_0.

b) A resposta desse circuito é superamortecida, subamortecida ou criticamente amortecida?

c) Qual é a frequência real de oscilação, em GHz?

d) Por quanto tempo, aproximadamente, o circuito vai oscilar?

Capítulo 9

Análise do regime permanente senoidal

SUMÁRIO DO CAPÍTULO

- 9.1 Fonte senoidal
- 9.2 Resposta senoidal
- 9.3 O conceito de fasor
- 9.4 Elementos passivos no domínio da frequência
- 9.5 As leis de Kirchhoff no domínio da frequência
- 9.6 Associações em série, em paralelo e transformações Δ-Y
- 9.7 Transformações de fonte e circuitos equivalentes de Thévenin-Norton
- 9.8 O método das tensões de nó
- 9.9 O método das correntes de malha
- 9.10 O transformador
- 9.11 O transformador ideal
- 9.12 Diagramas fasoriais

OBJETIVOS DO CAPÍTULO

1. Entender o conceito de fasor e saber executar uma transformada fasorial e a transformada inversa.
2. Saber transformar um circuito alimentado por uma fonte senoidal para o domínio da frequência usando o conceito de fasor.
3. Saber como usar as seguintes técnicas de análise de circuitos no domínio da frequência:
   - Leis de Kirchhoff;
   - Associação de elementos em série, em paralelo e transformação Δ-Y;
   - Divisão de tensão e corrente;
   - Equivalentes de Thévenin e Norton;
   - Método das tensões de nó e
   - Método das correntes de malha.
4. Saber analisar circuitos que contenham transformadores lineares usando métodos fasoriais.
5. Entender as relações terminais do transformador ideal e saber analisar circuitos que contenham transformadores ideais usando métodos fasoriais.

Até aqui, analisamos circuitos com fontes constantes; neste capítulo, temos condições de analisar circuitos energizados por fontes de tensão ou de corrente que variem com o tempo. Temos interesse específico em fontes nas quais o valor de tensão ou corrente varie senoidalmente. Fontes senoidais e seus efeitos sobre o comportamento do circuito são uma importante área de estudo por várias razões. Em primeiro lugar, geração, transmissão, distribuição e consumo de energia elétrica ocorrem sob condições de regime permanente essencialmente senoidais. A segunda razão é que o entendimento do regime senoidal torna possível a previsão do comportamento de circuitos com fontes não senoidais. A terceira é que o comportamento de regime permanente senoidal costuma simplificar o projeto de sistemas elétricos. Assim, um projetista pode formular claramente suas especificações em termos de uma resposta de regime permanente senoidal desejável e projetar o circuito ou o sistema para satisfazer essas características. Se o dispositivo atende às especificações, o projetista sabe que o circuito responderá satisfatoriamente a entradas não senoidais.

Os próximos capítulos deste livro baseiam-se, em grande parte, no entendimento detalhado das técnicas necessárias para analisar circuitos excitados por fontes senoidais. Visto que, felizmente, as técnicas de análise de circuitos e associação de elementos, que foram apresentadas pela primeira vez nos capítulos 1 a 4, funcionam tanto para circuitos com fontes senoidais quanto para circuitos com fontes cc, parte do material deste capítulo você já conhece bem. Dentre os desafios iniciais da análise senoidal estão a formulação adequada das equações de modelagem e os cálculos no âmbito dos números complexos.

Perspectiva prática

Um circuito de distribuição residencial

Sistemas que geram, transmitem e distribuem energia elétrica são projetados para funcionar no regime permanente senoidal. O circuito de distribuição padrão para residências nos Estados Unidos é o trifásico de 240/120 V mostrado na figura apresentada a seguir.[1]

O transformador é usado para reduzir a tensão de distribuição de 13,2 kV para 240 V. O tap central do enrolamento secundário propicia a tensão de 120 V. Nos Estados Unidos, a frequência de operação de sistemas de potência é 60 Hz, porém em outros países são encontrados sistemas de 50 e 60 Hz. Os valores de tensão citados são eficazes (*rms*), e a razão para definir o valor eficaz de um sinal que varia com o tempo será explicada no Capítulo 10.

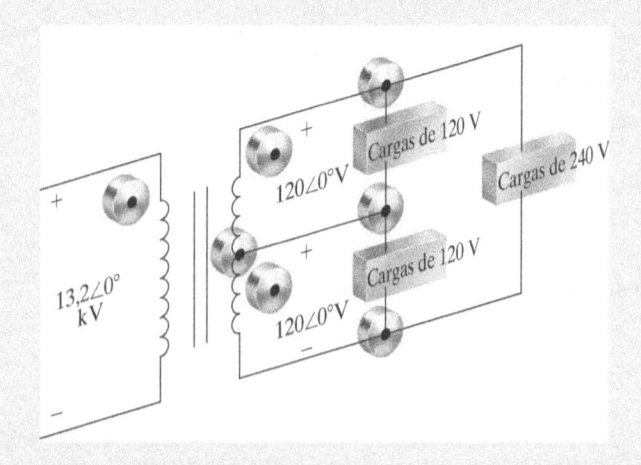

Steve Cole/Photodisc/Getty Images, Inc.

---

[1] N. do R.T.: No Brasil existem dois sistemas de tensão para as residências: 220/127 V e 380/220 V. Este último sistema existe nos seguintes estados: Alagoas, Brasília, Ceará, Mato Grosso, Goiás, Paraíba, Rio Grande do Norte, Santa Catarina, Piauí e Tocantins.

9.1 Fonte senoidal

Uma **fonte de tensão senoidal** (independente ou dependente) produz uma tensão que varia senoidalmente ao longo do tempo. Uma **fonte de corrente senoidal** (independente ou dependente) produz uma corrente que varia senoidalmente ao longo do tempo. Ao analisarmos a função senoidal, usaremos uma fonte de tensão, mas nossas observações também se aplicam a fontes de corrente.

Podemos expressar uma função que varia senoidalmente por meio da função seno ou da função cosseno. Embora ambas funcionem igualmente bem, não podemos usá-las ao mesmo tempo. Usaremos a função cosseno em nossa discussão e, por conseguinte, escrevemos uma tensão que varia senoidalmente como

$$v = V_m \cos(\omega t + \phi). \tag{9.1}$$

Para auxiliar a discussão sobre os parâmetros na Equação 9.1, mostramos o gráfico da tensão em função de tempo na Figura 9.1.

Observe que a função senoidal repete-se a intervalos regulares. Tal função é denominada periódica. Um parâmetro de interesse é o intervalo de tempo necessário para que a função senoidal passe por todos os seus valores possíveis. Esse tempo é chamado de **período** da função, representado por T e medido em segundos. O recíproco de T é o número de ciclos por segundo, ou a frequência, da função seno (ou cosseno), sendo representado por f, ou

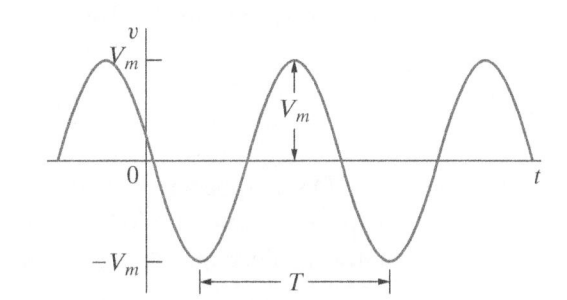

Figura 9.1 Tensão senoidal.

$$f = \frac{1}{T}. \tag{9.2}$$

Um ciclo por segundo é denominado hertz, símbolo Hz. (O termo *ciclos por segundo* raramente é usado na literatura técnica contemporânea.) O coeficiente de t na Equação 9.1 contém o valor numérico de T ou f. Ômega (ω) representa a frequência angular da função senoidal, ou

$$\omega = 2\pi f = 2\pi/T \text{ (radianos/segundo)}. \tag{9.3}$$

A Equação 9.3 se baseia no fato de que a função cosseno (ou seno) passa por um conjunto completo de valores cada vez que seu argumento, ωt, percorre 2π rad (360°). Observe que, pela Equação 9.3, sempre que t for um inteiro múltiplo de T, o argumento ωt será um múltiplo inteiro de 2π rad.

O coeficiente V_m é a amplitude máxima da tensão senoidal. Como ± 1 limita a função cosseno, $\pm V_m$ limita a amplitude. A Figura 9.1 mostra essas características.

O ângulo ϕ na Equação 9.1 é conhecido como o **ângulo de fase** da tensão senoidal. Ele determina o valor da função senoidal em $t = 0$; portanto, fixa o ponto da onda periódica em que começamos a medir o tempo. A alteração do ângulo de fase ϕ desloca a função senoidal ao longo do eixo dos tempos, mas não exerce nenhum efeito sobre a amplitude (V_m) ou sobre a frequência angular (ω). Observe, por exemplo, que reduzir ϕ a zero, na função senoidal apresentada na Figura 9.1, desloca a onda ϕ/ω unidades de tempo para a direita, como mostra a Figura 9.2. Observe também que, se ϕ for positivo, a função senoidal desloca-se para a

Figura 9.2 Tensão senoidal da Figura 9.1 deslocada para a direita quando $\phi = 0$.

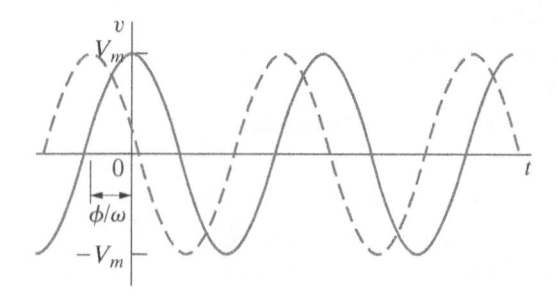

esquerda, ao passo que, se ϕ for negativo, a função desloca-se para a direita. (Veja o Problema 9.5.)

Um comentário sobre o ângulo de fase se faz oportuno: ωt e ϕ devem ter as mesmas unidades porque são somados no argumento da função senoidal. Se ωt for expressa em radianos, deve-se esperar que ϕ também o seja. Contudo, normalmente ϕ é dado em graus e ωt convertida de radianos a graus antes que as duas quantidades sejam somadas. Continuamos a adotar o ângulo de fase em graus. Lembre-se, de seu curso de trigonometria, de que a conversão de radianos para graus é dada por

$$(\text{número de graus}) = \frac{180°}{\pi}(\text{número de radianos}). \tag{9.4}$$

Outra característica importante da tensão (ou corrente) senoidal é seu **valor eficaz** ou **rms**. O valor eficaz de uma função periódica é definido como a raiz quadrada do valor médio da função ao quadrado. Daí, se $v = V_m \cos(\omega t + \phi)$, o valor eficaz de v é

$$V_{\text{ef}} = \sqrt{\frac{1}{T}\int_{t_0}^{t_0+T} V_m^2 \cos^2(\omega t + \phi)\, dt}. \tag{9.5}$$

Observe, pela Equação 9.5, que obtemos o valor médio da tensão ao quadrado integrando v^2 em um único período (isto é, de t_0 a $t_0 + T$) e, então, dividindo pelo intervalo de integração, T. Observe ainda que o ponto de partida para a integração, t_0, é arbitrário.

A expressão sob o sinal de raiz na Equação 9.5 reduz-se para $V_m^2/2$. (Veja o Problema 9.6.) Assim, o valor eficaz de v é

▶ Valor eficaz (*rms*) de uma fonte de tensão senoidal

$$V_{\text{ef}} = \frac{V_m}{\sqrt{2}}. \tag{9.6}$$

O valor eficaz da tensão senoidal depende somente da amplitude máxima de v, ou seja, V_m. O valor eficaz não é uma função da frequência nem do ângulo de fase. Ressaltamos a importância do valor eficaz em relação aos cálculos de potência no Capítulo 10 (veja a Seção 10.3).

Assim, podemos descrever completamente um sinal senoidal específico, se conhecermos sua frequência, ângulo de fase e amplitude (ou o valor máximo, ou o valor eficaz). Os exemplos 9.1, 9.2 e 9.3 ilustram essas propriedades básicas da função senoidal. No Exemplo 9.4, calculamos o valor eficaz de uma função periódica e, com isso, esclarecemos o significado de *raiz da média quadrática* (da sigla *rms...root mean square*).

EXEMPLO 9.1 Determinação das características de uma corrente senoidal.

Uma corrente senoidal tem amplitude máxima de 20 A. A corrente passa por um ciclo completo em 1 ms. O valor da corrente em $t = 0$ é 10 A.

a) Qual é a frequência da corrente em hertz?
b) Qual é a frequência em radianos por segundo?
c) Escreva a expressão para $i(t)$ usando a função cosseno. Expresse ϕ em graus.
d) Qual é o valor eficaz (*rms*) da corrente?

Solução

a) Pelo enunciado do problema, $T = 1$ ms; daí, $f = 1/T = 1.000$ Hz.

b) $\omega = 2\pi f = 2.000\pi$ rad/s.

c) Temos $i(t) = I_m \cos(\omega t + \phi) = 20 \cos(2.000\pi t + \phi)$, mas $i(0) = 10$ A. Assim, $10 = 20 \cos \phi$ e $\phi = 60°$. Portanto, a expressão para $i(t)$ torna-se

$$i(t) = 20 \cos(2.000\pi t + 60°).$$

d) Da dedução da Equação 9.6, o valor eficaz de uma corrente senoidal é $I_m/\sqrt{2}$; ou seja, $20/\sqrt{2}$, ou 14,14 A.

EXEMPLO 9.2 Determinação das características de uma tensão senoidal.

Uma tensão senoidal é dada pela expressão $v = 300 \cos(120\pi t + 30°)$.

a) Qual é o período da tensão em milissegundos?

b) Qual é a frequência em hertz?

c) Qual é a magnitude de v em $t = 2,778$ ms?

d) Qual é o valor eficaz de v?

Solução

a) Da expressão para v, $\omega = 120\pi$ rad/s. Como $\omega = 2\pi/T$, $T = 2\pi/\omega = \frac{1}{60}$ s, ou 16,667 ms.

b) A frequência é $1/T$, ou 60 Hz.

c) De (a), $\omega = 2\pi/16,667$; assim, em $t = 2,778$ ms, ωt é aproximadamente 1,047 rad ou 60°. Portanto, $v(2,778\text{ ms}) = 300 \cos(60° + 30°) = 0$ V.

d) $V_{ef} = 300/\sqrt{2} = 212,13$ V.

EXEMPLO 9.3 Transformação de uma função seno em uma função cosseno.

Podemos transformar uma função seno em uma função cosseno subtraindo 90° ($\pi/2$ rad) do argumento da função seno.

a) Confirme essa transformação mostrando que

$$\text{sen}(\omega t + \theta) = \cos(\omega t + \theta - 90°).$$

b) Use o resultado de (a) para expressar sen $(\omega t + 30°)$ como uma função cosseno.

Solução

a) A verificação envolve aplicação direta da identidade trigonométrica

$$\cos(\alpha - \beta) = \cos \alpha \cos \beta + \text{sen } \alpha \text{ sen } \beta.$$

Seja $\alpha = \omega t + \theta$ e $\beta = 90°$. Como $\cos 90° = 0$ e sen $90° = 1$, temos

$$\cos(\alpha - \beta) = \text{sen } \alpha = \text{sen}(\omega t + \theta) = \cos(\omega t + \theta - 90°).$$

b) De (a) temos

$$\text{sen}(\omega t + 30°) = \cos(\omega t + 30° - 90°) = \cos(\omega t - 60°).$$

EXEMPLO 9.4 Cálculo do valor eficaz de uma onda triangular.

Calcule o valor eficaz da corrente triangular periódica mostrada na Figura 9.3. Expresse sua resposta em termos da corrente de pico I_p.

Figura 9.3 Corrente triangular periódica.

Solução

Pela Equação 9.5, o valor eficaz de i é

$$I_{ef} = \sqrt{\frac{1}{T}\int_{t_0}^{t_0+T} i^2 dt}.$$

Para determinar o valor eficaz, é útil interpretar a integral do radicando como a área sob a curva do quadrado da função dada, em um intervalo de um período. A função ao quadrado, com a área demarcada entre 0 e T, é mostrada na Figura 9.4. A figura também indica que, para essa função particular, a área sob o quadrado da corrente, para um intervalo de um período, é igual a quatro vezes a área sob o quadrado da corrente, para o intervalo 0 a $T/4$ segundos; isto é,

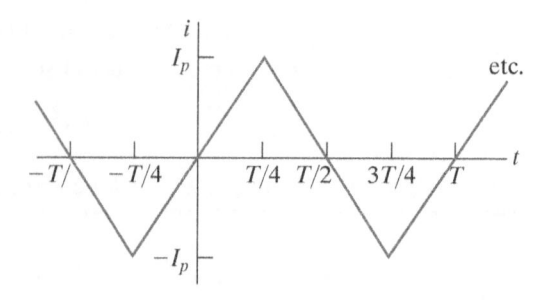

Figura 9.4 i^2 em função de t.

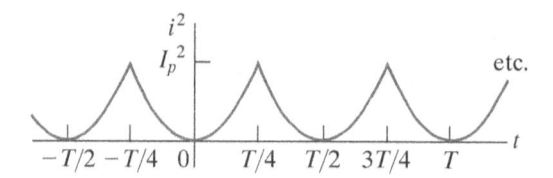

$$\int_{t_0}^{t_0+T} i^2 dt = 4\int_{0}^{T/4} i^2 dt.$$

A expressão analítica para i no intervalo 0 a $T/4$ é

$$i = \frac{4I_p}{T}t, \quad 0 < t < T/4.$$

A área sob o quadrado da função para um único período é

$$\int_{t_0}^{t_0+T} i^2 dt = 4\int_{0}^{T/4} \frac{16I_p^2}{T^2}t^2 dt = \frac{I_p^2 T}{3}.$$

O valor médio da função é simplesmente a área sob um único período dividida pelo período. Assim,

$$i_{méd} = \frac{1}{T}\frac{I_p^2 T}{3} = \frac{1}{3}I_p^2.$$

O valor eficaz da corrente é a raiz quadrada desse valor médio. Daí

$$I_{ef} = \frac{I_p}{\sqrt{3}}.$$

NOTA: avalie o que entendeu desse material tentando resolver os problemas 9.1, 9.3 e 9.7, apresentados no final deste capítulo.

9.2 Resposta senoidal

Antes de analisarmos a resposta de regime permanente a fontes senoidais, vamos analisar o problema em termos mais amplos, isto é, em termos da resposta total. Essa visão geral ajuda a manter a solução de regime permanente em perspectiva. O circuito mostrado na Figura 9.5 descreve a natureza geral do problema. Nesse circuito, v_s é uma tensão senoidal, ou

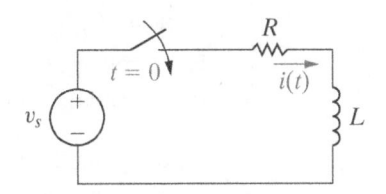

Figura 9.5 Circuito RL excitado por uma fonte de tensão senoidal.

$$v_s = V_m \cos(\omega t + \phi). \tag{9.7}$$

Por conveniência, admitimos que a corrente inicial no circuito seja igual a zero e medimos o tempo desde o momento em que a chave é fechada. Pretende-se determinar a expressão para $i(t)$, quando $t \geq 0$, o que é semelhante a determinar a resposta a um degrau de um circuito RL, como no Capítulo 7. A única diferença é que, agora, a fonte de tensão apresenta uma forma senoidal que varia com o tempo, em vez de ser constante, ou uma fonte cc. A aplicação direta da lei das tensões de Kirchhoff ao circuito, mostrado na Figura 9.5, resulta na equação diferencial ordinária

$$L\frac{di}{dt} + Ri = V_m \cos(\omega t + \phi), \tag{9.8}$$

cuja solução formal é discutida em qualquer curso introdutório de equações diferenciais. Pedimos aos que ainda não estudaram equações diferenciais que aceitem que a solução para i seja

$$i = \frac{-V_m}{\sqrt{R^2 + \omega^2 L^2}} \cos(\phi - \theta) e^{-(R/L)t} + \frac{V_m}{\sqrt{R^2 + \omega^2 L^2}} \cos(\omega t + \phi - \theta), \tag{9.9}$$

em que θ é definido como o ângulo cuja tangente é $\omega L/R$. Assim, determina-se facilmente θ para um circuito excitado por uma fonte senoidal de frequência conhecida.

Podemos verificar a validade da Equação 9.9, certificando-nos de que ela satisfaz a Equação 9.8, para todos os valores de $t \geq 0$; deixamos que você faça essa verificação no Problema 9.10.

A primeira expressão do lado direito da Equação 9.9 é denominada **componente transitória** da corrente, porque se torna infinitesimal à medida que o tempo passa. A segunda expressão do lado direito é conhecida como **componente de regime permanente** da solução e existirá enquanto a chave permanecer fechada e a fonte continuar a fornecer a tensão senoidal. Neste capítulo, desenvolvemos uma técnica para calcular diretamente a resposta de regime permanente, evitando assim o problema de resolver a equação diferencial. Contudo, ao usarmos essa técnica, deixamos de obter tanto a componente transitória quanto a resposta total, que é a soma das componentes de regime transitório e de regime permanente.

Agora, vamos analisar a componente permanente da Equação 9.9. É importante lembrar as seguintes características da solução desse tipo de regime permanente:

1. A solução de regime permanente é uma função senoidal.
2. A frequência do sinal de resposta é idêntica à frequência do sinal da fonte. Essa condição é sempre verdadeira em um circuito linear no qual os parâmetros de circuito R, L e C são constantes. (Se as frequências nos sinais de resposta não estiverem presentes nos sinais das fontes, há um elemento não linear no circuito.)

3. De modo geral, a amplitude máxima da resposta de regime permanente é diferente da amplitude máxima da fonte. Para o circuito em discussão, a amplitude máxima do sinal de resposta é $V_m/\sqrt{R^2 + \omega^2 L^2}$, e a amplitude máxima do sinal da fonte é V_m.

4. Em geral, o ângulo de fase do sinal de resposta é diferente do ângulo de fase da fonte. Para o circuito em análise, o ângulo de fase da corrente é $\phi - \theta$ e o da fonte de tensão é ϕ.

Vale a pena lembrar essas características porque elas ajudam a entender a motivação do método dos fasores, que apresentaremos na Seção 9.3. Em particular, observe que, uma vez tomada a decisão de determinar somente a resposta de regime permanente, a tarefa reduz-se a determinar a amplitude máxima e o ângulo de fase do sinal de resposta. A forma de onda e a frequência da resposta já são conhecidas.

NOTA: avalie o que entendeu desse material tentando resolver o Problema 9.9, apresentado no final deste capítulo.

9.3 O conceito de fasor

Fasor é um número complexo que contém as informações de amplitude e ângulo de fase de uma função senoidal.[2] O conceito de fasor está fundamentado na identidade de Euler, que relaciona a função exponencial com a função trigonométrica:

$$e^{\pm j\theta} = \cos\theta \pm j\,\text{sen}\,\theta. \tag{9.10}$$

A Equação 9.10 é importante aqui porque nos dá outro modo de expressar as funções cosseno e seno. Podemos considerar a função cosseno como a parte real da função exponencial e a função seno como a parte imaginária da função exponencial; isto é,

$$\cos\theta = \Re\{e^{j\theta}\}, \tag{9.11}$$

e

$$\text{sen}\,\theta = \Im\{e^{j\theta}\}, \tag{9.12}$$

em que $\Re$ significa 'a parte real de' e $\Im$ significa 'a parte imaginária de'.

Como já optamos por usar a função cosseno na análise do regime permanente senoidal (veja a Seção 9.1), podemos aplicar a Equação 9.11 diretamente. Em particular, escrevemos a função tensão senoidal, dada pela Equação 9.1, na forma sugerida pela Equação 9.11:

$$v = V_m \cos(\omega t + \phi)$$
$$= V_m \Re\{e^{j(\omega t + \phi)}\}$$
$$= V_m \Re\{e^{j\omega t} e^{j\phi}\}. \tag{9.13}$$

Podemos movimentar o coeficiente V_m dentro do argumento da parte real da função sem alterar o resultado. Também podemos inverter a ordem das duas funções exponenciais dentro do argumento e escrever a Equação 9.13 como

$$v = \Re\{V_m e^{j\phi} e^{j\omega t}\}. \tag{9.14}$$

---

[2] Se você estiver um pouco inseguro em relação aos números complexos, consulte o Apêndice B.

Observe que, na Equação 9.14, a quantidade $V_m e^{j\phi}$ é um número complexo que contém informações sobre a amplitude e o ângulo de fase da função senoidal dada. Esse número complexo é, por definição, a **representação do fasor**, ou a **transformada fasorial** da função senoidal dada. Assim,

$$\mathbf{V} = V_m e^{j\phi} = \mathcal{F}\{V_m \cos(\omega t + \phi)\}, \qquad (9.15)$$

◀ Transformada fasorial

em que a notação $\mathcal{F}\{V_m \cos(\omega t + \phi)\}$ é lida como "a transformada fasorial de $V_m \cos(\omega t + \phi)$". Assim, a transformada fasorial transfere a função senoidal do domínio do tempo para o domínio dos números complexos, que também é denominado **domínio da frequência**, visto que, de modo geral, a resposta depende de ω. Como no caso da Equação 9.15, em todo este livro representaremos o fasor usando uma letra em negrito.

A Equação 9.15 é a forma polar de um fasor, mas também podemos expressá-lo em forma retangular. Assim, reescrevemos a Equação 9.15 como

$$\mathbf{V} = V_m \cos\phi + jV_m \operatorname{sen}\phi. \qquad (9.16)$$

Ambas as formas, polar e retangular, são úteis em aplicações do conceito de fasor na análise de circuitos.

Ainda temos um comentário adicional sobre a Equação 9.15. A ocorrência frequente da função exponencial, $e^{j\phi}$, resultou, com o tempo, em uma abreviação que simplifica sua expressão textual. Essa abreviação é a notação angular

$$1\underline{/\phi°} \equiv 1e^{j\phi}.$$

Usamos essa notação extensivamente a seguir.

Transformada fasorial inversa

Até aqui enfatizamos a passagem da função senoidal para sua transformada fasorial. Contudo, também podemos inverter o processo. Isto é, podemos escrever, para um fasor, a expressão para a função senoidal. Assim, para $\mathbf{V} = 100\underline{/-26°}$, a expressão para v é $100\cos(\omega t - 26°)$, porque decidimos usar a função cosseno para todas as senoides. Observe que não podemos deduzir o valor de ω a partir de um fasor porque ele contém apenas as informações de amplitude e fase. O ato de passar da transformada fasorial para a expressão no domínio do tempo é denominado *obter a transformada inversa fasorial* e é formalizado pela equação

$$\mathcal{F}^{-1}\{V_m e^{j\phi}\} = \Re\{V_m e^{j\phi} e^{j\omega t}\}, \qquad (9.17)$$

em que a notação $\mathcal{F}^{-1}\{V_m e^{j\phi}\}$ é lida como "a transformada fasorial inversa de $V_m e^{j\phi}$". A Equação 9.17 indica que, para determinarmos a transformada fasorial inversa, multiplicamos o fasor por $e^{j\omega t}$ e, então, extraímos a parte real do produto.

A transformada fasorial é útil em análise de circuitos porque reduz a tarefa de determinar a amplitude máxima e o ângulo de fase da resposta de regime permanente senoidal à álgebra de números complexos. As seguintes observações confirmam essa conclusão:

1. A componente transitória desaparece à medida que o tempo passa e, portanto, a componente de regime permanente da solução também deve satisfazer à equação diferencial. (Veja o Problema 9.10[b].)

2. Em um circuito linear excitado por fontes senoidais, a resposta de regime permanente é também senoidal, e sua frequência é a mesma da fonte senoidal.
3. Usando a notação apresentada na Equação 9.11, podemos postular que a solução de regime permanente é da forma $\Re\{Ae^{j\beta}e^{j\omega t}\}$, em que A é a amplitude máxima da resposta e β é o ângulo de fase da resposta.
4. Quando substituímos a solução de regime permanente postulada na equação diferencial, o termo exponencial $e^{j\omega t}$ é cancelado, deixando a solução para A e β no domínio dos números complexos.

Ilustramos essas observações com o circuito mostrado na Figura 9.5. Sabemos que a solução de regime permanente para a corrente i é da forma

$$i_{rp}(t) = \Re\{I_m e^{j\beta} e^{j\omega t}\}, \tag{9.18}$$

em que o índice rp enfatiza o fato de que estamos lidando com a solução de regime permanente. Quando substituímos a Equação 9.18 na Equação 9.8, geramos a expressão

$$\Re\{j\omega L I_m e^{j\beta} e^{j\omega t}\} + \Re\{R I_m e^{j\beta} e^{j\omega t}\} = \Re\{V_m e^{j\phi} e^{j\omega t}\}. \tag{9.19}$$

Para deduzirmos a Equação 9.19, assumimos que tanto a diferenciação quanto a multiplicação por uma constante pode ser executada na parte real de uma expressão. Também reescrevemos o lado direito da Equação 9.8 usando a notação da Equação 9.11. Pela álgebra de números complexos, sabemos que a soma das partes reais é igual à parte real da soma. Assim, podemos reduzir o lado esquerdo da Equação 9.19 a um único termo:

$$\Re\{(j\omega L + R)I_m e^{j\beta} e^{j\omega t}\} = \Re\{V_m e^{j\phi} e^{j\omega t}\}. \tag{9.20}$$

Lembre-se de que a decisão que tomamos de utilizar a função cosseno na análise da resposta de um circuito no regime permanente nos leva à utilização do operador $\Re$ para a dedução da Equação 9.20. Se, ao contrário, tivéssemos preferido utilizar a função seno em nossa análise do regime permanente senoidal, teríamos aplicado a Equação 9.12 diretamente, no lugar da Equação 9.11, e o resultado seria a Equação 9.21:

$$\Im\{(j\omega L + R)I_m e^{j\beta} e^{j\omega t}\} = \Im\{V_m e^{j\phi} e^{j\omega t}\}. \tag{9.21}$$

Observe que as quantidades complexas de qualquer lado da Equação 9.21 são idênticas às de quaisquer lados da Equação 9.20. Quando a parte real e a parte imaginária de duas quantidades complexas são iguais, então as próprias quantidades complexas são iguais. Assim, pelas equações 9.20 e 9.21,

$$(j\omega L + R)I_m e^{j\beta} = V_m e^{j\phi},$$

ou

$$I_m e^{j\beta} = \frac{V_m e^{j\phi}}{R + j\omega L}. \tag{9.22}$$

Observe que $e^{j\omega t}$ foi eliminado da determinação da amplitude (I_m) e do ângulo de fase (β) da resposta. Assim, para esse circuito, a tarefa de determinar I_m e β envolve a manipulação algébrica das quantidades complexas $V_m e^{j\phi}$ e $R + j\omega L$. Observe que encontramos a forma polar e também a forma retangular.

Cabe aqui uma advertência: a transformada fasorial, juntamente com a transformada fasorial inversa, permite-nos ir e vir entre o domínio do tempo e o domínio da frequência.

Por conseguinte, quando obtemos uma solução, estamos ou no domínio do tempo ou no domínio da frequência. Não podemos estar em ambos os domínios simultaneamente. Qualquer solução que contenha uma combinação de nomenclatura dos domínios do tempo e fasorial é absurda.

A transformada fasorial também é útil em análise de circuitos porque ela se aplica diretamente à soma de funções senoidais. Como a análise de circuitos, quase sempre, envolve a soma de correntes e tensões, a importância dessa observação é óbvia. Podemos formalizar essa propriedade da seguinte maneira: se

$$v = v_1 + v_2 + \cdots + v_n, \qquad (9.23)$$

em que todas as tensões do lado direito são tensões senoidais de mesma frequência, então

$$\mathbf{V} = \mathbf{V}_1 + \mathbf{V}_2 + \cdots + \mathbf{V}_n. \qquad (9.24)$$

Assim, a representação do fasor é a soma dos fasores dos termos individuais. Discutiremos o desenvolvimento da Equação 9.24 na Seção 9.5.

Antes de aplicarmos a transformada fasorial à análise de circuitos, ilustraremos sua utilidade na resolução de um problema que você já conhece: somar funções senoidais via identidades trigonométricas. O Exemplo 9.5 mostra como a transformada fasorial simplifica muito esse tipo de problema.

EXEMPLO 9.5 Soma de cossenos usando-se fasores.

Se $y_1 = 20 \cos(\omega t - 30°)$ e $y_2 = 40 \cos(\omega t + 60°)$, expresse $y = y_1 + y_2$ como uma única função senoidal.

a) Resolva o problema usando identidades trigonométricas.

b) Resolva o problema usando o conceito de fasor.

Solução

a) Em primeiro lugar, expandimos y_1 e y_2 usando o cosseno da soma de dois ângulos, para obter

$$y_1 = 20 \cos \omega t \cos 30° + 20 \operatorname{sen} \omega t \operatorname{sen} 30°;$$

$$y_2 = 40 \cos \omega t \cos 60° - 40 \operatorname{sen} \omega t \operatorname{sen} 60°.$$

Somando y_1 e y_2, obtemos

$$y = (20 \cos 30 + 40 \cos 60) \cos \omega t$$
$$+ (20 \operatorname{sen} 30 - 40 \operatorname{sen} 60) \operatorname{sen} \omega t$$
$$= 37{,}32 \cos \omega t - 24{,}64 \operatorname{sen} \omega t$$

Para combinar esses dois termos, tratamos os coeficientes do cosseno e do seno como lados de um triângulo retângulo (Figura 9.6) e, então, multiplicamos e dividimos o lado direito pela hipotenusa. Nossa expressão para y torna-se

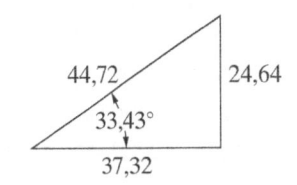

Figura 9.6 Triângulo retângulo usado na solução para y.

$$y = 44{,}72 \left(\frac{37{,}32}{44{,}72} \cos \omega t - \frac{24{,}64}{44{,}72} \operatorname{sen} \omega t \right)$$

$$= 44{,}72(\cos 33{,}43° \cos \omega t - \operatorname{sen} 33{,}43° \operatorname{sen} \omega t).$$

Mais uma vez, usamos a identidade que envolve o cosseno da soma de dois ângulos e escrevemos

$$y = 44{,}72 \cos(\omega t + 33{,}43°).$$

b) Podemos resolver o problema usando fasores da seguinte forma: como

$$y = y_1 + y_2,$$

então, pela Equação 9.24,

$$\mathbf{Y} = \mathbf{Y}_1 + \mathbf{Y}_2$$

$$= 20\underline{/-30°} + 40\underline{/60°}$$

$$= (17{,}32 - j10) + (20 + j34{,}64)$$

$$= 37{,}32 + j24{,}64$$

$$= 44{,}72\underline{/33{,}43°}.$$

Uma vez conhecido o fasor $\mathbf{Y}$, podemos escrever a função trigonométrica correspondente para y tomando a transformada fasorial inversa:

$$y = \mathcal{F}^{-1}\{44{,}72 e^{j33{,}43}\} = \Re\{44{,}72 e^{j33{,}43} e^{j\omega t}\}$$

$$= 44{,}72 \cos(\omega t + 33{,}43°).$$

A essa altura, a superioridade do método de fasor para somar funções senoidais deve ser óbvia. Observe que o método pressupõe a capacidade de ir e vir entre as formas polar e retangular de números complexos.

PROBLEMAS PARA AVALIAÇÃO

Objetivo 1 Entender o conceito de fasor e saber executar uma transformada fasorial e uma transformada fasorial inversa.

9.1 Determine a transformada fasorial de cada função trigonométrica:

    a) $v = 170 \cos(377t - 40°)$ V.
    b) $i = 10 \operatorname{sen}(1.000t + 20°)$ A.
    c) $i = [5 \cos(\omega t + 36{,}87°) + 10 \cos(\omega t - 53{,}13°)]$ A.
    d) $v = [300 \cos(20.000\pi t + 45°) - 100 \operatorname{sen}(20.000\pi t + 30°)]$ mV.

    Resposta: (a) $170\underline{/-40°}$ V;
                 (b) $10\underline{/-70°}$ A;
                 (c) $11{,}18\underline{/-26{,}57°}$ A;
                 (d) $339{,}90\underline{/61{,}51°}$ mV.

9.2 Determine a expressão no domínio do tempo correspondente a cada fasor:
a) $\mathbf{V} = 18,6 \underline{/-54°}$ V.
b) $\mathbf{I} = (20 \underline{/45°} - 50 \underline{/-30°})$ mA.
c) $\mathbf{V} = (20 + j80 - 30 \underline{/15°})$ V.

Resposta: (a) $18,6 \cos(\omega t - 54°)$ V;
(b) $48,81 \cos(\omega t + 126,68°)$ mA;
(c) $72,79 \cos(\omega t + 97,08°)$ V.

NOTA: tente resolver também o Problema 9.11, apresentado no final deste capítulo.

9.4 Elementos passivos no domínio da frequência

A aplicação sistemática da transformada fasorial à análise de circuitos pressupõe duas etapas. Primeiro, devemos estabelecer a relação entre a corrente fasorial e a tensão fasorial nos terminais dos elementos passivos do circuito. A seguir, devemos desenvolver a versão das leis de Kirchhoff no domínio fasorial, que discutimos na Seção 9.5. Nesta seção, estabelecemos a relação entre a corrente e a tensão fasoriais nos terminais do resistor, do indutor e do capacitor. Começamos com o resistor e usamos a convenção passiva em todas as deduções.

A relação V-I para um resistor

Pela lei de Ohm, se a corrente em um resistor variar senoidalmente com o tempo — isto é, se $i = I_m \cos(\omega t + \theta_i)$ — a tensão nos terminais do resistor, como mostra a Figura 9.7, será

Figura 9.7 Elemento resistivo percorrido por uma corrente senoidal.

$$v = R[I_m \cos(\omega t + \theta_i)]$$
$$= RI_m[\cos(\omega t + \theta_i)], \quad (9.25)$$

em que I_m é a amplitude máxima da corrente em ampères e θ_i é o ângulo de fase da corrente.

A transformada fasorial dessa tensão é

$$\mathbf{V} = RI_m e^{j\theta_i} = RI_m \underline{/\theta_i}. \quad (9.26)$$

Mas $I_m \underline{/\theta_i}$ é a representação fasorial da corrente senoidal, e assim podemos escrever a Equação 9.26 como a expressão

$$\mathbf{V} = R\mathbf{I}, \quad (9.27)$$

◀ Relação entre tensão e corrente fasoriais para um resistor

que mostra que a tensão fasorial nos terminais de um resistor é simplesmente a resistência vezes a corrente fasorial. A Figura 9.8 mostra o diagrama do circuito para um resistor no domínio da frequência.

As equações 9.25 e 9.27 contêm outra informação importante, ou seja, que nos terminais de um resistor não há nenhum deslocamento de fase entre a corrente e a tensão. A Figura 9.9 demonstra essa relação de fase, na qual o ângulo de fase das formas de onda da tensão é 60°. Diz-se que os sinais estão **em fase** porque ambos alcançam valores correspondentes em suas respectivas curvas ao mesmo tempo (por exemplo, ambos estão em seus máximos positivos no mesmo instante).

Figura 9.8 Circuito equivalente de um resistor no domínio da frequência.

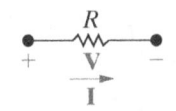

Figura 9.9 Gráfico mostrando que a tensão e a corrente nos terminais de um resistor estão em fase.

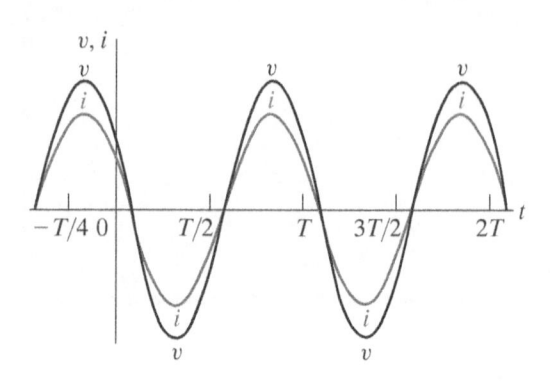

A relação V-I para um indutor

Deduzimos a relação entre o fasor corrente e o fasor tensão nos terminais de um indutor admitindo uma corrente senoidal e usando $L\,di/dt$ para calcular a tensão correspondente. Assim, para $i = I_m \cos(\omega t + \theta_i)$, a expressão para a tensão é

$$v = L\frac{di}{dt} = -\omega L I_m \operatorname{sen}(\omega t + \theta_i). \quad (9.28)$$

Agora, reescrevemos a Equação 9.28 usando a função cosseno:

$$v = -\omega L I_m \cos(\omega t + \theta_i - 90°). \quad (9.29)$$

A representação fasorial da tensão, dada pela Equação 9.29, é

▶ **Relação entre o fasor tensão e o fasor corrente para um indutor**

$$\begin{aligned}\mathbf{V} &= -\omega L I_m e^{j(\theta_i - 90°)} \\ &= -\omega L I_m e^{j\theta_i} e^{-j90°} \\ &= j\omega L I_m e^{j\theta_i} \\ &= j\omega L \mathbf{I}.\end{aligned} \quad (9.30)$$

Observe que, para deduzir a Equação 9.30, usamos a identidade

$$e^{-j90°} = \cos 90° - j\operatorname{sen} 90° = -j.$$

Segundo a Equação 9.30, o fasor tensão nos terminais de um indutor é igual a $j\omega L$ vezes o fasor corrente. A Figura 9.10 mostra o circuito equivalente no domínio da frequência para o indutor. É importante observar que a relação entre o fasor tensão e o fasor corrente para um indutor aplica-se também à indutância mútua em um enrolamento devido à corrente que flui em outro enrolamento mutuamente acoplado. Isto é, o fasor tensão nos terminais de um enrolamento de um par de enrolamentos mutuamente acoplados é igual a $j\omega M$ vezes o fasor corrente no outro enrolamento.

Figura 9.10 Circuito equivalente no domínio da frequência para um indutor.

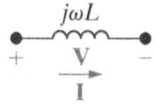

Figura 9.11 Gráfico mostrando a relação entre as fases da corrente e da tensão nos terminais de um indutor ($\theta_i = 60°$).

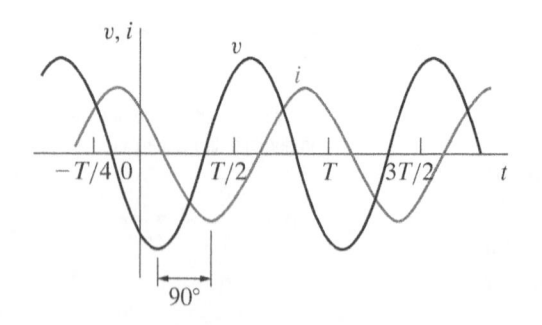

Podemos reescrever a Equação 9.30 como

$$\begin{aligned}\mathbf{V} &= (\omega L \,\underline{/90°})I_m\underline{/\theta_i} \\ &= \omega L I_m \,\underline{/(\theta_i + 90)°},\end{aligned} \quad (9.31)$$

o que indica que a tensão e a corrente estão defasadas em exatamente 90°. Em particular, a tensão está adiantada 90° em relação à corrente ou, o que é equivalente, a corrente está atrasada 90° em relação à tensão. A Figura 9.11 ilustra esse conceito de *tensão adiantada em relação à corrente* ou *corrente atrasada em relação à tensão.* Por exemplo, a tensão atinge seu pico negativo exatamente 90° antes que a corrente alcance seu pico negativo. A mesma observação pode ser feita em relação aos pontos de passagem de valores negativos para positivos ou ao pico positivo.

Também podemos expressar o deslocamento de fase em segundos. Uma defasagem de 90° corresponde a um quarto de período; daí, a tensão está adiantada $T/4$ em relação à corrente, ou $\frac{1}{4f}$ segundo.

A relação V-I para um capacitor

Obtemos a relação entre o fasor corrente e o fasor tensão nos terminais de um capacitor de forma semelhante à usada para a obtenção da Equação 9.30. Em outras palavras, se observarmos que, para um capacitor,

$$i = C\frac{dv}{dt},$$

e admitirmos que

$$v = V_m \cos(\omega t + \theta_v),$$

então,

$$\mathbf{I} = j\omega C \mathbf{V}. \quad (9.32)$$

Agora, se resolvermos a Equação 9.32 para a tensão como uma função da corrente, obtemos

$$\mathbf{V} = \frac{1}{j\omega C}\mathbf{I}. \quad (9.33)$$

◀ **Relação entre o fasor tensão e o fasor corrente para um capacitor**

A Equação 9.33 demonstra que o circuito equivalente para o capacitor no domínio fasorial é como mostra a Figura 9.12.

A tensão nos terminais de um capacitor está atrasada exatamente 90° em relação à corrente. Podemos mostrar essa relação com facilidade reescrevendo a Equação 9.33 como

Figura 9.12 Circuito equivalente de um capacitor no domínio da frequência.

$$\mathbf{V} = \frac{1}{\omega C}\angle{-90°} I_m \angle{\theta_i°}$$

$$= \frac{I_m}{\omega C}\angle{(\theta_i - 90)°}. \quad (9.34)$$

O modo alternativo de expressar a relação de fase da Equação 9.34 é dizer que a corrente está adiantada 90° em relação à tensão. A Figura 9.13 mostra a relação entre as fases da corrente e da tensão nos terminais de um capacitor.

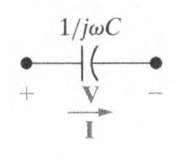

Figura 9.13 Gráfico mostrando a relação entre as fases da corrente e da tensão nos terminais de um capacitor ($\theta_i = 60°$).

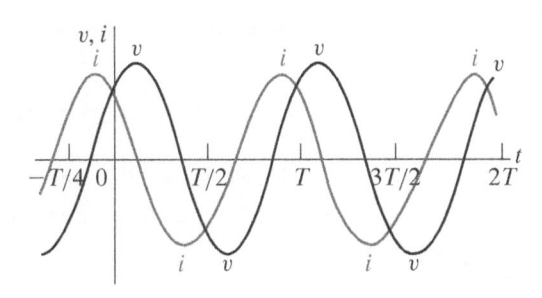

Impedância e reatância

Concluímos esta discussão com uma observação importante. Quando comparamos as equações 9.27, 9.30 e 9.33, observamos que elas são todas da forma

Definição de impedância ▶

$$\mathbf{V} = Z\mathbf{I}, \quad (9.35)$$

em que Z representa a **impedância** do elemento de circuito. Resolvendo a Equação 9.35 para Z, pode-se ver que a impedância é a razão entre o fasor tensão de um elemento de circuito e seu fasor corrente. Assim, a impedância de um resistor é R, a de um indutor é $j\omega L$, a da indutância mútua, $j\omega M$, e a de um capacitor, é $1/j\omega C$. Em todos os casos, a impedância é medida em ohms. Observe que, embora a impedância seja um número complexo, ela não é um fasor. Lembre-se de que um fasor é um número complexo que aparece como o coeficiente de $e^{j\omega t}$. Por isso, embora todos os fasores sejam números complexos, nem todos os números complexos são fasores.

Impedância no domínio da frequência é a quantidade análoga à resistência, indutância e capacitância no domínio do tempo. A parte imaginária da impedância é denominada **reatância**. Os valores de impedância e reatância para cada um dos componentes passivos estão reunidos na Tabela 9.1.

Por fim, um lembrete. Se o sentido de referência para a corrente em um elemento passivo estiver no sentido da elevação da tensão no elemento, devemos inserir um sinal negativo na equação que relaciona a tensão com a corrente.

Tabela 9.1 Valores de impedância e reatância.

Elemento de circuito	Impedância	Reatância
Resistor	R	–
Indutor	$j\omega L$	ωL
Capacitor	$j(-1/\omega C)$	$-1/\omega C$

PROBLEMAS PARA AVALIAÇÃO

Objetivo 2   Saber transformar um circuito alimentado por uma fonte senoidal para o domínio da frequência usando o conceito de fasor.

9.3 A corrente no indutor de 20 mH é $10\cos(10.000t + 30°)$ mA. Calcule (a) a reatância indutiva; (b) a impedância do indutor; (c) o fasor tensão $\mathbf{V}$ e (d) a expressão de regime permanente para $v(t)$.

Resposta: (a) 200 Ω;
(b) $j200$ Ω;
(c) $2\,\underline{/120°}$ V;
(d) $2\cos(10.000t + 120°)$ V.

9.4 A tensão nos terminais do capacitor de 5 μF é $30\cos(4.000t + 25°)$ V. Calcule (a) a reatância capacitiva; (b) a impedância do capacitor; (c) o fasor corrente $\mathbf{I}$ e (d) a expressão de regime permanente para $i(t)$.

Resposta: (a) -50 Ω;
(b) $-j50$ Ω;
(c) $0,6\,\underline{/115°}$ A;
(d) $0,6\cos(4.000t + 115°)$ A.

NOTA: tente resolver também os problemas 9.12 e 9.13, apresentados no final deste capítulo.

9.5 As leis de Kirchhoff no domínio da frequência

Na Seção 9.3, dissemos, com referência às equações 9.23 e 9.24, que a transformada fasorial é útil na análise de circuitos porque se aplica à soma de funções senoidais. Ilustramos essa utilidade no Exemplo 9.5. Agora, formalizamos essa observação desenvolvendo as leis de Kirchhoff no domínio da frequência.

Lei das tensões de Kirchhoff no domínio da frequência

Começamos admitindo que $v_1 - v_n$ representam tensões ao longo de um caminho fechado em um circuito. Admitimos também que o circuito está funcionando em um regime permanente senoidal. Assim, a lei das tensões de Kirchhoff requer que

$$v_1 + v_2 + \cdots + v_n = 0, \quad (9.36)$$

expressão que, no regime permanente senoidal, torna-se complexa

$$V_{m_1} \cos(\omega t + \theta_1) + V_{m_2} \cos(\omega t + \theta_2) + \cdots + V_{m_n} \cos(\omega t + \theta_n) = 0. \quad (9.37)$$

Agora, usamos a identidade de Euler para escrever a Equação 9.37 como

$$\Re\{V_{m_1} e^{j\theta_1} e^{j\omega t}\} + \Re\{V_{m_2} e^{j\theta_2} e^{j\omega t}\} + \cdots + \Re\{V_{m_n} e^{j\theta_n} e^{j\omega t}\} \quad (9.38)$$

que reescrevemos como

$$\Re\{V_{m_1} e^{j\theta_1} e^{j\omega t} + V_{m_2} e^{j\theta_2} e^{j\omega t} + \cdots + V_{m_n} e^{j\theta_n} e^{j\omega t}\} = 0. \quad (9.39)$$

Fatorando o termo $e^{j\omega t}$ de cada termo, obtemos

$$\Re\{(V_{m_1} e^{j\theta_1} + V_{m_2} e^{j\theta_2} + \cdots + V_{m_n} e^{j\theta_n}) e^{j\omega t}\} = 0,$$

ou

$$\Re\{(\mathbf{V}_1 + \mathbf{V}_2 + \cdots + \mathbf{V}_n) e^{j\omega t}\} = 0. \quad (9.40)$$

Mas $e^{j\omega t} \neq 0$, portanto

$$\mathbf{V}_1 + \mathbf{V}_2 + \cdots + \mathbf{V}_n = 0, \quad (9.41)$$

◀ LTK no domínio da frequência

que é o enunciado da lei das tensões de Kirchhoff como aplicada às tensões fasoriais. Em outras palavras, a Equação 9.36 aplica-se a um conjunto de tensões senoidais no domínio do tempo e a Equação 9.41 é o enunciado equivalente no domínio da frequência.

Lei das correntes de Kirchhoff no domínio da frequência

Uma dedução semelhante aplica-se a um conjunto de correntes senoidais. Assim, se

$$i_1 + i_2 + \cdots + i_n = 0 \quad (9.42)$$

então,

$$\mathbf{I}_1 + \mathbf{I}_2 + \cdots + \mathbf{I}_n = 0, \quad (9.43)$$

◀ LCK no domínio da frequência

em que $\mathbf{I}_1, \mathbf{I}_2, \cdots, \mathbf{I}_n$ são as representações fasoriais das correntes individuais $i_1, i_2, \cdots, i_n$.

As equações 9.35, 9.41 e 9.43 formam a base para a análise de circuitos no domínio da frequência. Observe que a Equação 9.35 tem a mesma forma algébrica da lei de Ohm e que as equações 9.41 e 9.43 enunciam as leis de Kirchhoff para quantidades fasoriais. Por conseguinte, podemos usar todas as técnicas desenvolvidas para análise de circuitos resistivos para determinar correntes e tensões fasoriais. Não é necessário aprender nenhuma técnica analítica nova; todas as ferramentas básicas de análise de circuitos e as combinações em série e paralelo de elementos discutidas nos capítulos 2 a 4 podem ser aplicadas para analisar circuitos no domínio da frequência. A análise de circuitos fasoriais divide-se em duas etapas fundamentais: (1) saber construir o modelo de um circuito no domínio da frequência e (2) saber manipular algebricamente quantidades e/ou números complexos. Ilustramos esses aspectos da análise fasorial na discussão apresentada a seguir, começando com associações em série, em paralelo e transformações Δ-Y.

PROBLEMA PARA AVALIAÇÃO

Objetivo 3 Saber como usar técnicas de análise de circuitos para resolver um circuito no domínio da frequência.

9.5 Quatro ramos terminam em um nó de referência. O sentido de referência de cada corrente de ramo (i_1, i_2, i_3 e i_4) é em direção ao nó. Se

$i_1 = 100 \cos(\omega t + 25°)$ A,
$i_2 = 100 \cos(\omega t + 145°)$ A e a
$i_3 = 100 \cos(\omega t - 95°)$ A, determine i_4.

Resposta: $i_4 = 0$.

NOTA: tente resolver também o Problema 9.15, apresentado no final deste capítulo.

9.6 Associações em série, em paralelo e transformações Δ-Y

As regras para associar impedâncias em série ou em paralelo e para fazer transformações Δ-Y são as mesmas que para resistores. A única diferença é que associações de impedâncias envolvem a manipulação algébrica de números complexos.

Combinação de impedâncias em série e em paralelo

Figura 9.14 Impedâncias em série.

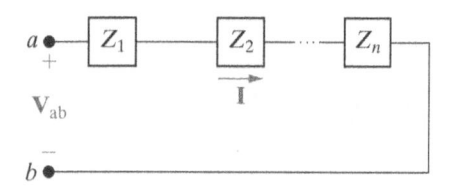

Impedâncias em série podem ser transformadas em uma única impedância pela simples soma das impedâncias individuais. O circuito mostrado na Figura 9.14 define o problema em termos gerais. As impedâncias $Z_1, Z_2, \cdots, Z_n$ estão ligadas em série entre os terminais a e b. Impedâncias em série conduzem o mesmo fasor corrente **I**. Pela Equação 9.35, a queda de tensão em cada impedância é $Z_1\mathbf{I}$, $Z_2\mathbf{I}, \cdots, Z_n\mathbf{I}$ e, pela lei das tensões de Kirchhoff,

$$\mathbf{V}_{ab} = Z_1\mathbf{I} + Z_2\mathbf{I} + \cdots + Z_n\mathbf{I}$$
$$= (Z_1 + Z_2 + \cdots + Z_n)\mathbf{I}. \quad (9.44)$$

A impedância equivalente entre os terminais a e b é

$$Z_{ab} = \frac{\mathbf{V}_{ab}}{\mathbf{I}} = Z_1 + Z_2 + \cdots + Z_n. \quad (9.45)$$

O Exemplo 9.6 ilustra uma aplicação numérica da Equação 9.45.

EXEMPLO 9.6 Combinação de impedâncias em série.

Um resistor de 90 Ω, um indutor de 32 mH e um capacitor de 5 μF estão ligados em série aos terminais de uma fonte de tensão senoidal, como mostra a Figura 9.15. A expressão de regime permanente para a tensão da fonte v_s é 750 cos $(5.000t + 30°)$ V.

a) Construa o circuito equivalente no domínio da frequência.

b) Calcule a corrente de regime permanente i pelo método fasorial.

Solução

a) Pela expressão de v_s, temos $\omega = 5.000$ rad/s. Por conseguinte, a impedância do indutor de 32 mH é

$$Z_L = j\omega L = j(5.000)(32 \times 10^{-3}) = j160 \text{ Ω},$$

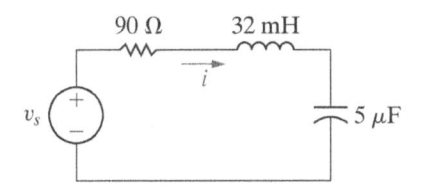

e a impedância do capacitor é

$$Z_C = j\frac{-1}{\omega C} = -j\frac{10^6}{(5.000)(5)} = -j40 \text{ Ω}.$$

A transformada fasorial de v_s é

$$\mathbf{V}_s = 750 \underline{/30°} \text{ V}.$$

Figura 9.15 Circuito para o Exemplo 9.6.

A Figura 9.16 mostra o circuito equivalente no domínio da frequência do circuito da Figura 9.15.

Figura 9.16 Circuito equivalente no domínio da frequência para o circuito da Figura 9.15.

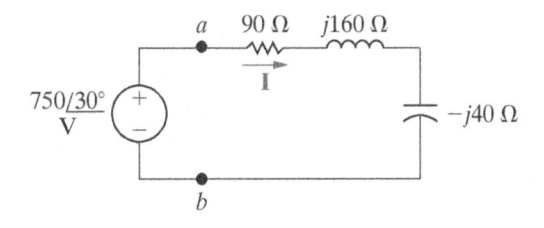

b) Calculamos o fasor corrente pela simples divisão da tensão da fonte pela impedância equivalente vista dos terminais a e b. Pela Equação 9.45,

$$Z_{ab} = 90 + j160 - j40$$
$$= 90 + j120 = 150\underline{/53,13°} \text{ Ω}.$$

Assim,

$$\mathbf{I} = \frac{750\underline{/30°}}{150\underline{/53,13°}} = 5\underline{/-23,13°} \text{ A}.$$

Agora, podemos escrever diretamente a expressão de regime permanente para i:

$$i = 5 \cos(5.000t - 23,13°) \text{ A}.$$

PROBLEMA PARA AVALIAÇÃO

Objetivo 3 Saber como usar técnicas de análise de circuitos para resolver um circuito no domínio da frequência

9.6 Usando os valores de resistência e indutância do circuito na Figura 9.15, sejam $\mathbf{V}_s = 125\underline{/-60°}$ V e $\omega = 5.000$ rad/s. Determine:

a) O valor da capacitância que resulta em uma corrente de saída de regime permanente i com um ângulo de fase de $-105°$.

b) A amplitude da corrente de saída de regime permanente i.

Resposta: (a) 2,86 μF;

(b) 0,982 A.

NOTA: tente resolver também o Problema 9.17, apresentado no final deste capítulo.

Impedâncias ligadas em paralelo podem ser reduzidas a uma única impedância equivalente pela relação recíproca

$$\frac{1}{Z_{ab}} = \frac{1}{Z_1} + \frac{1}{Z_2} + \cdots + \frac{1}{Z_n}. \quad (9.46)$$

Figura 9.17 Impedâncias em paralelo.

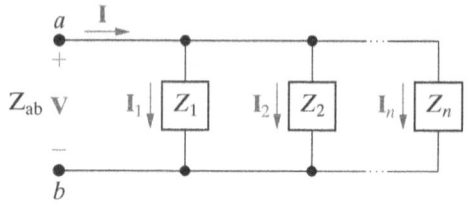

A Figura 9.17 ilustra a ligação em paralelo de impedâncias. Observe que, quando impedâncias estão em paralelo, elas têm a mesma tensão em seus terminais. Deduzimos a Equação 9.46 diretamente da Figura 9.17, pela simples utilização da lei das correntes de Kirchhoff em combinação com a versão fasorial da lei de Ohm, isto é, a Equação 9.35. Pela Figura 9.17,

$$\mathbf{I} = \mathbf{I}_1 + \mathbf{I}_2 + \cdots + \mathbf{I}_n,$$

ou

$$\frac{\mathbf{V}}{Z_{ab}} = \frac{\mathbf{V}}{Z_1} + \frac{\mathbf{V}}{Z_2} + \cdots + \frac{\mathbf{V}}{Z_n}. \quad (9.47)$$

Eliminando o termo comum da tensão da Equação 9.47, obtemos a Equação 9.46.

Da Equação 9.46, para o caso especial de apenas duas impedâncias em paralelo,

$$Z_{ab} = \frac{Z_1 Z_2}{Z_1 + Z_2}. \quad (9.48)$$

Também podemos expressar a Equação 9.46 em termos de **admitância**, definida como a recíproca da impedância e denotada por Y. Assim,

$$Y = \frac{1}{Z} = G + jB \text{ (siemens)}. \quad (9.49)$$

É claro que a admitância é um número complexo cuja parte real, G, é denominada **condutância** e a parte imaginária, B, é denominada **susceptância**. Assim como a admitância, medem-se a condutância e a susceptância em siemens (S). Usando a Equação 9.49 na Equação 9.46, obtemos

$$Y_{ab} = Y_1 + Y_2 + \cdots + Y_n. \quad (9.50)$$

Vale observar também a admitância de cada um dos elementos passivos ideais, que está resumida na Tabela 9.2.

O Exemplo 9.7 ilustra a aplicação das equações 9.49 e 9.50 a um circuito específico.

Tabela 9.2 Valores de admitância e susceptância.

Elemento de circuito	Admitância (Y)	Susceptância
Resistor	G (condutância)	–
Indutor	$j(-1/\omega L)$	$-1/\omega L$
Capacitor	$j\omega C$	ωC

EXEMPLO 9.7 Associação de impedâncias em série e em paralelo.

A fonte de corrente senoidal no circuito mostrado na Figura 9.18 fornece a corrente $i_s = 8\cos 200.000t$ A.

a) Determine o circuito equivalente no domínio da frequência.

b) Calcule as expressões de regime permanente para v, i_1, i_2 e i_3.

Figura 9.18 Circuito para o Exemplo 9.7.

Solução

a) A transformada fasorial da fonte de corrente é $8 \underline{/0°}$; os resistores são transformados diretamente para o domínio da frequência como 10 e 6 Ω; o indutor de 40 μH tem uma impedância de $j8$ Ω na frequência dada de 200.000 rad/s e, nessa frequência, o capacitor de 1 μF tem uma impedância de $-j5$ Ω. A Figura 9.19 mostra o circuito equivalente no domínio da frequência e os símbolos que representam as transformadas fasoriais das incógnitas.

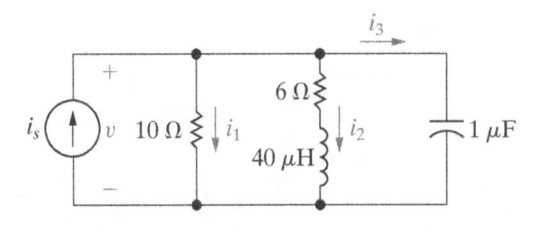

Figura 9.19 Circuito equivalente no domínio da frequência.

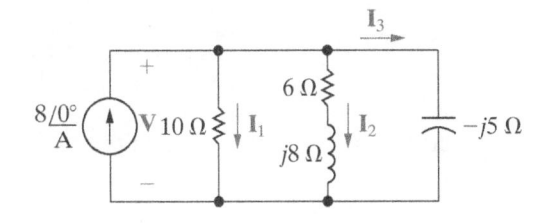

b) O circuito mostrado na Figura 9.19 indica que podemos obter, com facilidade, a tensão na fonte de corrente uma vez conhecida a impedância equivalente dos três ramos em paralelo. Além disso, uma vez conhecida **V**, podemos calcular as três correntes fasoriais $\mathbf{I}_1, \mathbf{I}_2$ e $\mathbf{I}_3$ usando a Equação 9.35. Para determinar a impedância equivalente dos três ramos, em primeiro lugar determinamos a admitância equivalente simplesmente somando as admitâncias de cada ramo. A admitância do primeiro ramo é

$$Y_1 = \frac{1}{10} = 0{,}1 \text{ S},$$

a admitância do segundo ramo é

$$Y_2 = \frac{1}{6+j8} = \frac{6-j8}{100} = 0{,}06 - j0{,}08 \text{ S},$$

e a admitância do terceiro ramo é

$$Y_3 = \frac{1}{-j5} = j0{,}2 \text{ S}.$$

A admitância equivalente dos três ramos é

$$Y = Y_1 + Y_2 + Y_3$$
$$= 0{,}16 + j0{,}12$$
$$= 0{,}2\underline{/36{,}87°} \text{ S}.$$

A impedância vista pela fonte de corrente é

$$Z = \frac{1}{Y} = 5\underline{/-36{,}87°} \text{ Ω}.$$

A Tensão **V** é

$$\mathbf{V} = Z\mathbf{I} = 40 \underline{/-36{,}87°} \text{ V}.$$

Daí

$$\mathbf{I}_1 = \frac{40 \underline{/-36{,}87°}}{10} = 4 \underline{/-36{,}87°} = 3{,}2 - j2{,}4 \text{ A},$$

$$\mathbf{I}_2 = \frac{40 \underline{/-36{,}87°}}{6 + j8} = 4 \underline{/-90°} = -j4 \text{ A},$$

e

$$\mathbf{I}_3 = \frac{40 \underline{/-36{,}87°}}{5 \underline{/-90°}} = 8 \underline{/53{,}13°} = 4{,}8 + j6{,}4 \text{ A}.$$

Verificamos os cálculos neste ponto, confirmando que

$$\mathbf{I}_1 + \mathbf{I}_2 + \mathbf{I}_3 = \mathbf{I}.$$

Especificamente,

$$3{,}2 - j2{,}4 - j4 + 4{,}8 + j6{,}4 = 8 + j0.$$

As expressões de regime permanente correspondentes no domínio do tempo são

$$v = 40 \cos(200.000t - 36{,}87°) \text{ V},$$

$$i_1 = 4 \cos(200.000t - 36{,}87°) \text{ A},$$

$$i_2 = 4 \cos(200.000t - 90°) \text{ A},$$

$$i_3 = 8 \cos(200.000t + 53{,}13°) \text{ A}.$$

PROBLEMAS PARA AVALIAÇÃO

Objetivo 3 Saber como usar técnicas de análise de circuitos para resolver um circuito no domínio da frequência.

9.7 Um resistor de 20 Ω está ligado em paralelo com um indutor de 5 mH. Essa combinação em paralelo está ligada em série com um resistor de 5 Ω e um capacitor de 25 μF.

a) Calcule a impedância dessa interligação se a frequência for 2 krad/s.
b) Repita (a) para uma frequência de 8 krad/s.
c) Em qual frequência finita a impedância da interligação torna-se puramente resistiva?
d) Qual é a impedância na frequência determinada em (c)?

Resposta: (a) $9 - j12$ Ω;
(b) $21 + j3$ Ω;
(c) 4 krad/s;
(d) 15 Ω.

9.8 A mesma combinação de elementos, descrita no Problema para avaliação 9.7, está ligada aos terminais de uma fonte de tensão de $v = 150 \cos 4.000t$ V. Qual é a amplitude máxima da corrente no indutor de 5 mH?

Resposta: 7,07 A.

NOTA: tente resolver também os problemas 9.29, 9.34 e 9.35, apresentados no final deste capítulo.

Transformações Δ-Y

A transformação Δ-Y, que discutimos na Seção 3.7 em relação a circuitos resistivos, também se aplica a impedâncias. A Figura 9.20 mostra três impedâncias ligadas em Δ com o circuito equivalente em Y. As impedâncias em Y, como funções das impedâncias em Δ, são

$$Z_1 = \frac{Z_b Z_c}{Z_a + Z_b + Z_c}, \quad (9.51)$$

$$Z_2 = \frac{Z_c Z_a}{Z_a + Z_b + Z_c}, \quad (9.52)$$

$$Z_3 = \frac{Z_a Z_b}{Z_a + Z_b + Z_c}. \quad (9.53)$$

Figura 9.20 Transformações Δ-Y.

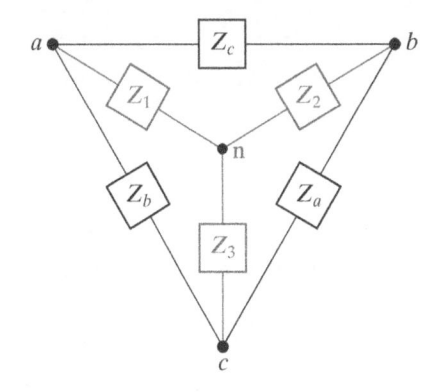

A transformação Δ-Y também pode ser aplicada em sentido inverso; isto é, podemos iniciar com a estrutura Y e substituí-la por uma estrutura equivalente Δ. As impedâncias em Δ como funções das impedâncias em Y são

$$Z_a = \frac{Z_1 Z_2 + Z_2 Z_3 + Z_3 Z_1}{Z_1}, \quad (9.54)$$

$$Z_b = \frac{Z_1 Z_2 + Z_2 Z_3 + Z_3 Z_1}{Z_2}, \quad (9.55)$$

$$Z_c = \frac{Z_1 Z_2 + Z_2 Z_3 + Z_3 Z_1}{Z_3}. \quad (9.56)$$

O processo usado para obter as equações 9.51 a 9.53 ou as equações 9.54–9.56 é o mesmo usado para obter as equações correspondentes para circuitos resistivos puros. Na verdade, uma comparação entre as equações 3.44 a 3.46 e as equações 9.51 a 9.53 e entre as equações 3.47 a 3.49 e as equações 9.54 a 9.56 revela que o símbolo Z substituiu o símbolo R. Talvez você ache interessante revisar o Problema 3.62, que trata da transformação Δ-Y.

O Exemplo 9.8 ilustra a utilidade da transformação Δ-Y na análise de circuitos fasoriais.

EXEMPLO 9.8 Uso da transformação Δ-Y no domínio da frequência.

Use a transformação Δ-Y de impedâncias para determinar $\mathbf{I}_0, \mathbf{I}_1, \mathbf{I}_2, \mathbf{I}_3, \mathbf{I}_4, \mathbf{I}_5$ e $\mathbf{V}_1$ e $\mathbf{V}_2$ no circuito da Figura 9.21.

Solução

Em primeiro lugar, observe que, do modo como está agora, o circuito não se presta à simplificação por associações em série ou em paralelo. Uma transformação Δ-Y de impedância permite determinar

Figura 9.21 Circuito para o Exemplo 9.8.

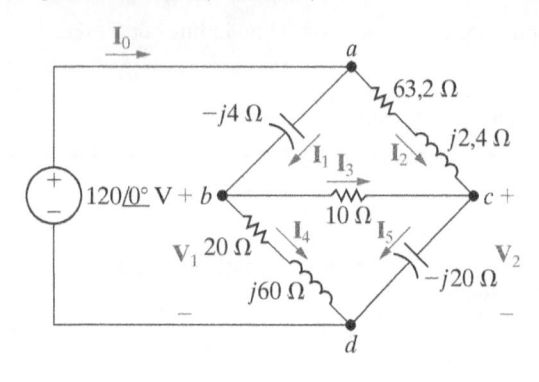

todas as correntes de ramo sem recorrer ao método das tensões de nó nem ao método das correntes de malha. Se substituirmos o delta superior (*abc*) ou o inferior (*bcd*) por seu Y equivalente, podemos simplificar ainda mais o circuito resultante por associações em série e em paralelo. Para decidir qual delta substituir, vale a pena verificar a soma das impedâncias ao longo de cada delta porque essa quantidade forma o denominador para as impedâncias do Y equivalente. Como a soma ao longo do delta inferior é $30 + j40$, optamos por eliminá-lo do circuito. A impedância Y ligada ao terminal b é

$$Z_1 = \frac{(20 + j60)(10)}{30 + j40} = 12 + j4 \, \Omega,$$

a impedância Y ligada ao terminal c é

$$Z_2 = \frac{10(-j20)}{30 + j40} = -3{,}2 - j2{,}4 \, \Omega,$$

e a impedância Y ligada ao terminal d é

$$Z_3 = \frac{(20 + j60)(-j20)}{30 + j40} = 8 - j24 \, \Omega.$$

Inserindo as impedâncias do Y equivalente no circuito, obtemos o circuito mostrado na Figura 9.22, que agora simplificamos por associações em série e em paralelo. A impedância do ramo abn é

$$Z_{abn} = 12 + j4 - j4 = 12 \, \Omega,$$

e a impedância do ramo acn é

$$Z_{acn} = 63{,}2 + j2{,}4 - j2{,}4 - 3{,}2 = 60 \, \Omega.$$

Figura 9.22 Circuito mostrado na Figura 9.21, com o delta inferior substituído por seu Y equivalente.

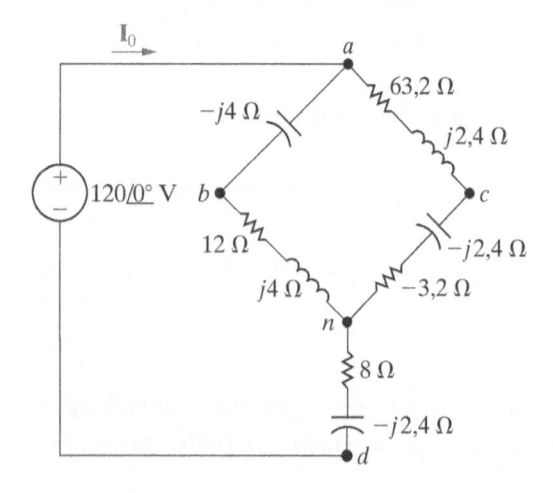

Observe que o ramo abn está em paralelo com o ramo acn. Por conseguinte, podemos substituir esses dois ramos por um único ramo com uma impedância de

$$Z_{an} = \frac{(60)(12)}{72} = 10 \, \Omega.$$

Associar esse resistor de 10 Ω com a impedância entre n e d reduz o circuito da Figura 9.22 ao mostrado na Figura 9.23. Por esse último circuito,

$$\mathbf{I}_0 = \frac{120 \angle 0°}{18 - j24} = 4 \angle 53{,}13° = 2{,}4 + j3{,}2 \, \text{A}.$$

Conhecida $\mathbf{I}_0$, podemos seguir o caminho inverso e trabalhar nos circuitos equivalentes para determinar as correntes de ramo no circuito original. Começamos observando que $\mathbf{I}_0$ é a corrente no ramo *nd* da Figura 9.22. Assim,

$$\mathbf{V}_{nd} = (8 - j24)\mathbf{I}_0 = 96 - j32 \text{ V}.$$

Agora, podemos calcular a tensão $\mathbf{V}_{an}$, pois

$$\mathbf{V} = \mathbf{V}_{an} + \mathbf{V}_{nd}$$

e ambas, $\mathbf{V}$ e $\mathbf{V}_{nd}$, são conhecidas. Assim,

$$\mathbf{V}_{an} = 120 - 96 + j32 = 24 + j32 \text{ V}.$$

Figura 9.23 Versão simplificada do circuito mostrado na Figura 9.22.

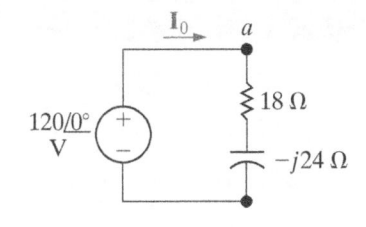

Agora, calculamos as correntes de ramo $\mathbf{I}_{abn}$ e $\mathbf{I}_{acn}$:

$$\mathbf{I}_{abn} = \frac{24 + j32}{12} = 2 + j\frac{8}{3} \text{ A,}$$

$$\mathbf{I}_{acn} = \frac{24 + j32}{60} = \frac{4}{10} + j\frac{8}{15} \text{ A.}$$

Em termos das correntes de ramo definidas na Figura 9.21,

$$\mathbf{I}_1 = \mathbf{I}_{abn} = 2 + j\frac{8}{3} \text{ A,}$$

$$\mathbf{I}_2 = \mathbf{I}_{acn} = \frac{4}{10} + j\frac{8}{15} \text{ A.}$$

Verificamos os cálculos de $\mathbf{I}_1$ e $\mathbf{I}_2$ observando que

$$\mathbf{I}_1 + \mathbf{I}_2 = 2{,}4 + j3{,}2 = \mathbf{I}_0.$$

Para determinar as correntes de ramo $\mathbf{I}_3$, $\mathbf{I}_4$ e $\mathbf{I}_5$, devemos calcular, em primeiro lugar, as tensões $\mathbf{V}_1$ e $\mathbf{V}_2$. Com referência à Figura 9.21, observamos que

$$\mathbf{V}_1 = 120 \angle 0° - (-j4)\mathbf{I}_1 = \frac{328}{3} + j8 \text{ V,}$$

$$\mathbf{V}_2 = 120 \angle 0° - (63{,}2 + j2{,}4)\mathbf{I}_2 = 96 - j\frac{104}{3} \text{ V.}$$

Agora, calculamos as correntes de ramo $\mathbf{I}_3$, $\mathbf{I}_4$ e $\mathbf{I}_5$:

$$\mathbf{I}_3 = \frac{\mathbf{V}_1 - \mathbf{V}_2}{10} = \frac{4}{3} + j\frac{12{,}8}{3} \text{ A,}$$

$$\mathbf{I}_4 = \frac{\mathbf{V}_1}{20 + j60} = \frac{2}{3} - j1{,}6 \text{ A,}$$

$$\mathbf{I}_5 = \frac{\mathbf{V}_2}{-j20} = \frac{26}{15} + j4{,}8 \text{ A.}$$

Verificamos os cálculos observando que

$$\mathbf{I}_4 + \mathbf{I}_5 = \frac{2}{3} + \frac{26}{15} - j1{,}6 + j4{,}8 = 2{,}4 + j3{,}2 = \mathbf{I}_0,$$

$$\mathbf{I}_3 + \mathbf{I}_4 = \frac{4}{3} + \frac{2}{3} + j\frac{12{,}8}{3} - j1{,}6 = 2 + j\frac{8}{3} = \mathbf{I}_1,$$

$$\mathbf{I}_3 + \mathbf{I}_2 = \frac{4}{3} + \frac{4}{10} + j\frac{12{,}8}{3} + j\frac{8}{15} = \frac{26}{15} + j4{,}8 = \mathbf{I}_5.$$

PROBLEMA PARA AVALIAÇÃO

Objetivo 3 Saber como usar técnicas de análise de circuitos para resolver um circuito no domínio da frequência.

9.9 Use uma transformação Δ-Y para determinar a corrente **I** no circuito mostrado.

Resposta: $\mathbf{I} = 4\,\underline{/28{,}07°}$ A.

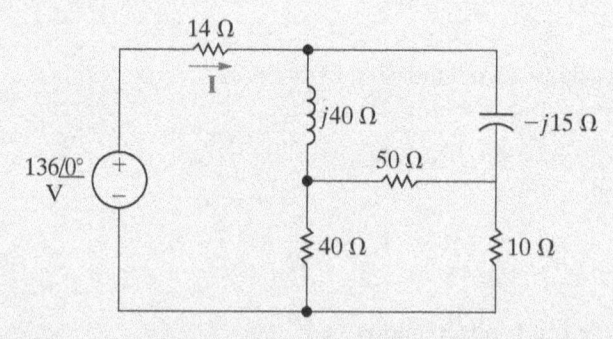

NOTA: tente resolver também o Problema 9.42, apresentado no final deste capítulo.

9.7 Transformações de fonte e circuitos equivalentes de Thévenin-Norton

As transformações de fonte apresentadas na Seção 4.9 e os circuitos equivalentes de Thévenin-Norton discutidos na Seção 4.10 são técnicas analíticas que também podem ser aplicadas a circuitos no domínio da frequência. Provamos a validade dessas técnicas seguindo o mesmo processo utilizado nas seções 4.9 e 4.10, exceto pela substituição da impedância (Z) pela resistência (R). A Figura 9.24 mostra uma transformação de fonte com a nomenclatura do domínio da frequência.

A Figura 9.25 ilustra a versão de um circuito equivalente de Thévenin no domínio da frequência. A Figura 9.26 mostra um circuito equivalente de Norton no domínio da frequência. As técnicas para determinar a tensão e a impedância equivalentes de Thévenin são idênticas às usadas para circuitos resistivos, com exceção de que o circuito equivalente no domínio da frequência envolve a manipulação de

Figura 9.24 Transformação de fonte no domínio da frequência.

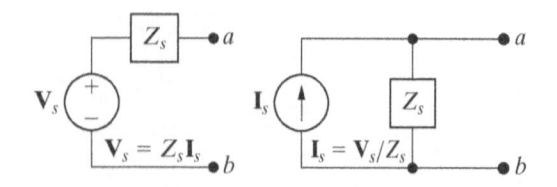

Figura 9.25 Circuito equivalente de Thévenin no domínio da frequência.

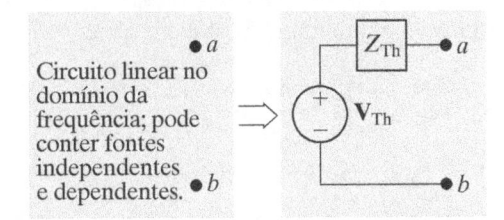

Figura 9.26 Circuito equivalente de Norton no domínio da frequência.

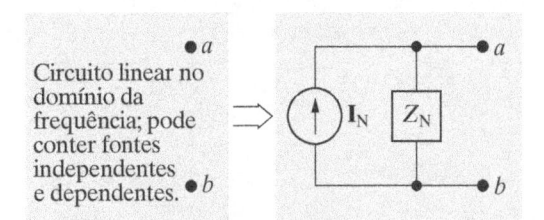

quantidades complexas. O mesmo se aplica à determinação da corrente e impedância equivalentes de Norton.

O Exemplo 9.9 demonstra a aplicação da transformação de fontes à análise no domínio da frequência. O Exemplo 9.10 ilustra detalhes da determinação de um circuito equivalente de Thévenin no domínio da frequência.

EXEMPLO 9.9 Transformações de fonte no domínio da frequência.

Use o conceito de transformação de fonte para determinar o fasor tensão $\mathbf{V}_0$ no circuito mostrado na Figura 9.27.

Figura 9.27 Circuito para o Exemplo 9.9.

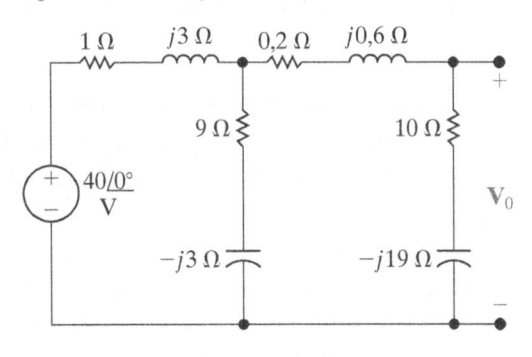

Solução

Podemos substituir a combinação em série da fonte de tensão $(40 \underline{/0°})$ com a impedância de $1 + j3\ \Omega$ pela combinação em paralelo de uma fonte de corrente com a impedância de $1 + j3\ \Omega$. A fonte de corrente é

$$\mathbf{I} = \frac{40}{1 + j3} = \frac{40}{10}(1 - j3) = 4 - j12\ \text{A}.$$

Assim, podemos substituir o circuito da Figura 9.27 pelo mostrado na Figura 9.28. Observe que a referência de polaridade da fonte de 40 V determina a direção de referência para $\mathbf{I}$.

Em seguida, combinamos os dois ramos em paralelo em uma única impedância,

Figura 9.28 Primeira etapa na redução do circuito mostrado na Figura 9.27.

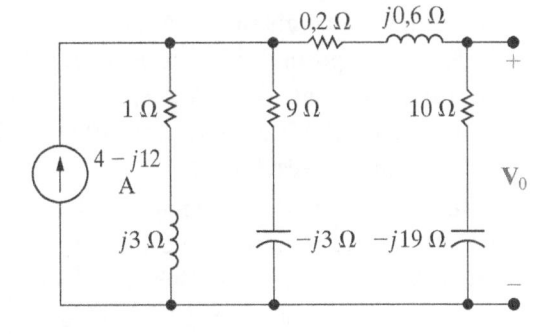

$$Z = \frac{(1 + j3)(9 - j3)}{10} = 1,8 + j2,4\ \Omega,$$

que está em paralelo com a fonte de corrente de $4 - j12$ A. Outra transformação de fonte converte essa combinação em paralelo em uma combinação em série, consistindo em uma fonte de tensão em série com a impedância de $1,8 + j2,4\ \Omega$. A tensão da fonte de tensão é

$$\mathbf{V} = (4 - j12)(1,8 + j2,4) = 36 - j12\ \text{V}.$$

Usando essa transformação, redesenhamos o circuito como na Figura 9.29. Observe a polaridade da fonte de tensão. Incluímos a corrente $\mathbf{I}_0$ no circuito para facilitar a solução para $\mathbf{V}_0$.

Figura 9.29 Segunda etapa na redução do circuito mostrado na Figura 9.27.

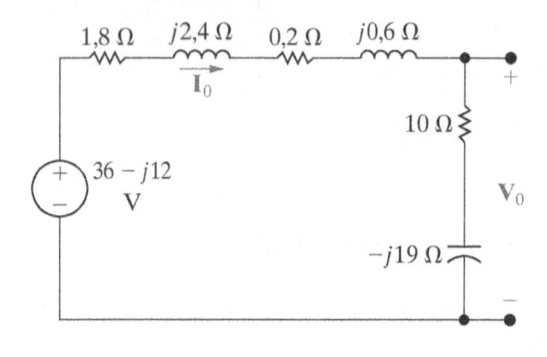

Note também que reduzimos o circuito a um simples circuito em série. Calculamos a corrente $\mathbf{I}_0$ dividindo a tensão da fonte pela impedância total em série:

$$\mathbf{I}_0 = \frac{36 - j12}{12 - j16} = \frac{12(3 - j1)}{4(3 - j4)}$$

$$= \frac{39 + j27}{25} = 1{,}56 + j1{,}08 \text{ A.}$$

Agora, obtemos o valor de $\mathbf{V}_0$ multiplicando $\mathbf{I}_0$ pela impedância $10 - j19$:

$$\mathbf{V}_0 = (1{,}56 + j1{,}08)(10 - j19) = 36{,}12 - j18{,}84 \text{ V.}$$

EXEMPLO 9.10 Determinação de um equivalente de Thévenin no domínio da frequência.

Determine o circuito equivalente de Thévenin, em relação aos terminais *a,b*, para o circuito mostrado na Figura 9.30.

Figura 9.30 Circuito para o Exemplo 9.10.

Solução

Em primeiro lugar, determinamos a tensão equivalente de Thévenin, que é a tensão de circuito aberto que aparece nos terminais *a,b*. Escolhemos a referência para a tensão de Thévenin como positiva no terminal *a*. Para simplificar o circuito, podemos fazer duas transformações de fonte na malha constituída pela fonte de 120 V e os resistores de 12 Ω e 60 Ω. Ao mesmo tempo, essas transformações devem preservar a identidade da tensão de controle $\mathbf{V}_x$, por causa da fonte de tensão dependente.

Determinamos as duas transformações de fonte substituindo, em primeiro lugar, a combinação em série da fonte de 120 V e do resistor de 12 Ω por uma fonte de corrente de 10 A em paralelo com 12 Ω. Em seguida, substituímos a combinação em paralelo dos resistores de 12 e 60 Ω por um único resistor de 10 Ω. Por fim, substituímos a fonte de 10 A em paralelo com 10 Ω por uma fonte de 100 V em série com 10 Ω. A Figura 9.31 mostra o circuito resultante.

Incluímos a corrente **I** à Figura 9.31 para auxiliar a discussão. Observe que, conhecida a corrente **I**, podemos calcular a tensão de Thévenin. Determinamos **I** somando as tensões ao longo do caminho fechado, no circuito mostrado na Figura 9.31. Daí

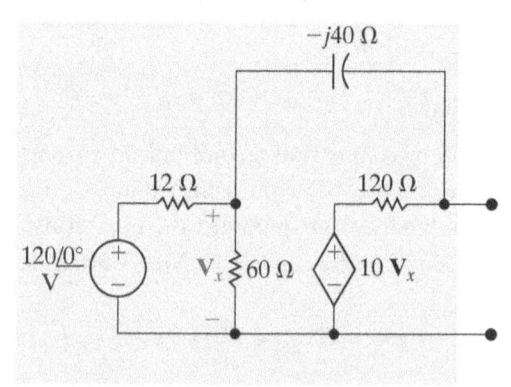

Figura 9.31 Versão simplificada do circuito mostrado na Figura 9.30.

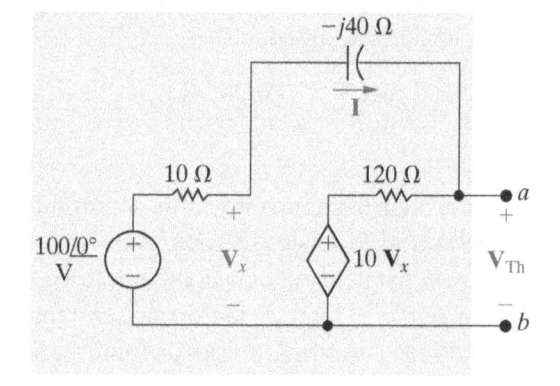

$$100 = 10\mathbf{I} - j40\mathbf{I} + 120\mathbf{I} + 10\mathbf{V}_x = (130 - j40)\mathbf{I} + 10\mathbf{V}_x.$$

Relacionamos a tensão de controle $\mathbf{V}_x$ com a corrente $\mathbf{I}$ observando, pela Figura 9.31, que

$$\mathbf{V}_x = 100 - 10\mathbf{I}.$$

Então,

$$\mathbf{I} = \frac{-900}{30 - j40} = 18 \underline{/-126{,}87°} \text{ A}.$$

Agora, calculamos $\mathbf{V}_x$:

$$\mathbf{V}_x = 100 - 180 \underline{/-126{,}87°} = 208 + j144 \text{ V}.$$

Por fim, observamos, pela Figura 9.31, que

$$\mathbf{V}_{\text{Th}} = 10\mathbf{V}_x + 120\mathbf{I}$$
$$= 2.080 + j1.440 + 120(18) \underline{/-126{,}87°}$$
$$= 784 - j288 = 835{,}22 \underline{/-20{,}17°} \text{ V}.$$

Para obter a impedância de Thévenin, podemos usar qualquer das técnicas anteriormente usadas para determinar a resistência de Thévenin. Neste exemplo, ilustramos o método da fonte auxiliar. Lembre-se de que, quando usamos esse método, desativamos todas as fontes independentes do circuito e, então, aplicamos uma fonte de tensão auxiliar ou uma fonte de corrente auxiliar aos terminais de interesse. A razão entre a tensão e a corrente na fonte é a impedância de Thévenin. A Figura 9.32 mostra o resultado da aplicação dessa técnica ao circuito da Figura 9.30. Observe que escolhemos uma fonte de tensão auxiliar $\mathbf{V}_T$. Observe também que desativamos a fonte de tensão independente com um curto-circuito adequado e preservamos a identidade de $\mathbf{V}_x$.

As correntes de ramo $\mathbf{I}_a$ e $\mathbf{I}_b$ foram adicionadas ao circuito para simplificar o cálculo de $\mathbf{I}_T$. Aplicando as leis de Kirchhoff, você poderá verificar as seguintes relações:

$$\mathbf{I}_a = \frac{\mathbf{V}_T}{10 - j40}, \quad \mathbf{V}_x = 10\mathbf{I}_a,$$

$$\mathbf{I}_b = \frac{\mathbf{V}_T - 10\mathbf{V}_x}{120}$$
$$= \frac{-\mathbf{V}_T(9 + j4)}{120(1 - j4)},$$

$$\mathbf{I}_T = \mathbf{I}_a + \mathbf{I}_b$$
$$= \frac{\mathbf{V}_T}{10 - j40}\left(1 - \frac{9 + j4}{12}\right)$$
$$= \frac{\mathbf{V}_T(3 - j4)}{12(10 - j40)},$$

$$Z_{\text{Th}} = \frac{\mathbf{V}_T}{\mathbf{I}_T} = 91{,}2 - j38{,}4 \text{ Ω}.$$

A Figura 9.33 representa o circuito equivalente de Thévenin.

Figura 9.32 Circuito para calcular a impedância equivalente de Thévenin.

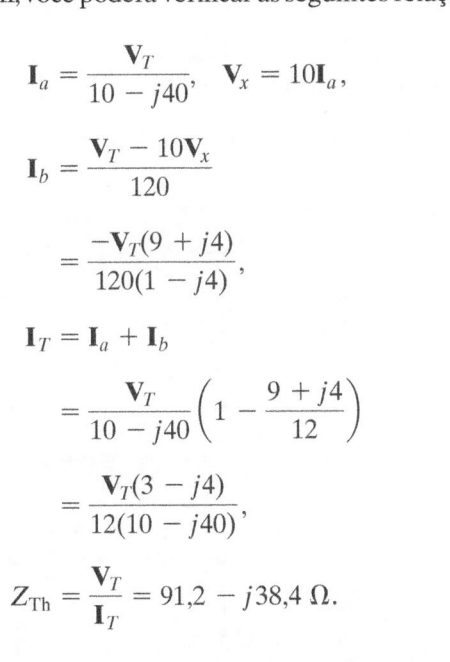

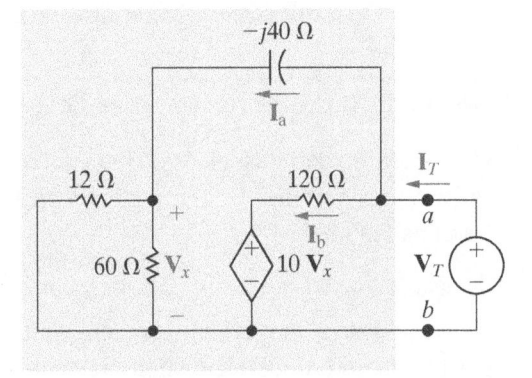

Figura 9.33 Equivalente de Thévenin para o circuito mostrado na Figura 9.30.

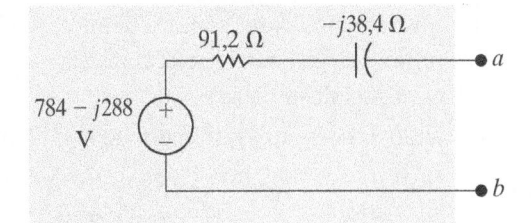

PROBLEMAS PARA AVALIAÇÃO

Objetivo 3 Saber como usar técnicas de análise de circuitos para resolver um circuito no domínio da frequência.

9.10 Determine a expressão de regime permanente para $v_o(t)$ no circuito mostrado, usando a técnica de transformações de fonte. As fontes de tensão senoidais são

$v_1 = 240 \cos(4.000t + 53{,}13°)$ V,

$v_2 = 96 \operatorname{sen} 4.000t$ V.

Resposta: $48 \cos(4.000t + 36{,}87°)$ V.

9.11 Determine o circuito equivalente de Thévenin em relação aos terminais a,b para o circuito mostrado.

Resposta: $\mathbf{V}_{Th} = \mathbf{V}_{ab} = 10\,\underline{/45°}$ V; $Z_{Th} = 5 - j5\ \Omega$.

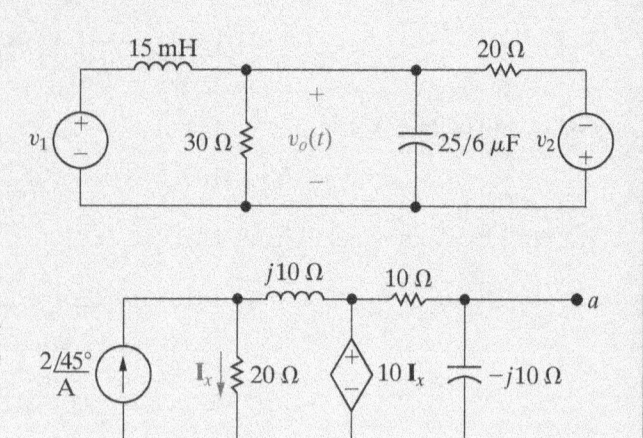

NOTA: tente resolver também os problemas 9.44, 9.45 e 9.48, apresentados no final deste capítulo.

9.8 O método das tensões de nó

Nas seções 4.2 a 4.4, apresentamos os conceitos básicos do método das tensões de nó para a análise de circuitos. Os mesmos conceitos aplicam-se quando usamos esse método para analisar circuitos no domínio da frequência. O Exemplo 9.11 ilustra a aplicação de tal método. O Problema para avaliação 9.12 e muitos dos problemas apresentados no final do capítulo lhe darão a oportunidade de usar o método das tensões de nó para determinar respostas de regime permanente senoidal.

EXEMPLO 9.11 Uso do método das tensões de nó no domínio da frequência.

Use o método das tensões de nó para determinar as correntes de ramo $\mathbf{I}_a$, $\mathbf{I}_b$ e $\mathbf{I}_c$ no circuito mostrado na Figura 9.34.

Solução

Podemos descrever o circuito em termos de duas tensões de nó porque ele contém três nós essenciais. Como quatro ramos terminam no nó essencial que se estende pela parte inferior da Figura 9.34, ele será usado como nó de referência. Os dois nós remanescentes são rotulados como 1 e 2, e as tensões de nó correspondentes são $\mathbf{V}_1$ e $\mathbf{V}_2$. A Figura 9.35 ilustra a situação.

Somando as correntes que saem do nó 1, temos

$$-10{,}6 + \frac{\mathbf{V}_1}{10} + \frac{\mathbf{V}_1 - \mathbf{V}_2}{1 + j2} = 0.$$

Figura 9.34 Circuito para o Exemplo 9.11.

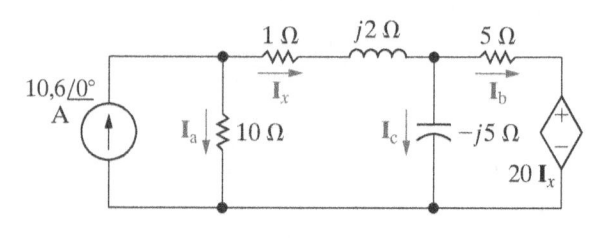

Figura 9.35 Circuito mostrado na Figura 9.34, com as tensões de nó definidas.

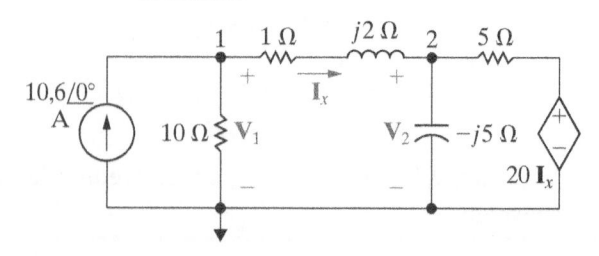

Multiplicando por $1 + j2$ e colocando em evidência os coeficientes de $\mathbf{V}_1$ e $\mathbf{V}_2$, chega-se à expressão

$$\mathbf{V}_1(1{,}1 + j0{,}2) - \mathbf{V}_2 = 10{,}6 + j21{,}2.$$

Somando as correntes que saem do nó 2, temos

$$\frac{\mathbf{V}_2 - \mathbf{V}_1}{1 + j2} + \frac{\mathbf{V}_2}{-j5} + \frac{\mathbf{V}_2 - 20\mathbf{I}_x}{5} = 0.$$

A corrente de controle $\mathbf{I}_x$ é

$$\mathbf{I}_x = \frac{\mathbf{V}_1 - \mathbf{V}_2}{1 + j2}.$$

Substituindo essa expressão por $\mathbf{I}_x$, na equação do nó 2, multiplicando por $1 + j2$ e colocando os coeficientes de $\mathbf{V}_1$ e $\mathbf{V}_2$ em evidência, obtemos a equação

$$-5\mathbf{V}_1 + (4{,}8 + j0{,}6)\mathbf{V}_2 = 0.$$

As soluções para $\mathbf{V}_1$ e $\mathbf{V}_2$ são

$$\mathbf{V}_1 = 68{,}40 - j16{,}80 \text{ V},$$

$$\mathbf{V}_2 = 68 - j26 \text{ V}.$$

Daí, as correntes dos ramos são

$$\mathbf{I}_a = \frac{\mathbf{V}_1}{10} = 6{,}84 - j1{,}68 \text{ A},$$

$$\mathbf{I}_x = \frac{\mathbf{V}_1 - \mathbf{V}_2}{1 + j2} = 3{,}76 + j1{,}68 \text{ A},$$

$$\mathbf{I}_b = \frac{\mathbf{V}_2 - 20\mathbf{I}_x}{5} = -1{,}44 - j11{,}92 \text{ A},$$

$$\mathbf{I}_c = \frac{\mathbf{V}_2}{-j5} = 5{,}2 + j13{,}6 \text{ A}.$$

Para verificar nosso trabalho, observamos que

$$\mathbf{I}_a + \mathbf{I}_x = 6{,}84 - j1{,}68 + 3{,}76 + j1{,}68 = 10{,}6 \text{ A},$$

$$\mathbf{I}_x = \mathbf{I}_b + \mathbf{I}_c = -1{,}44 - j11{,}92 + 5{,}2 + j13{,}6 = 3{,}76 + j1{,}68 \text{ A}.$$

PROBLEMA PARA AVALIAÇÃO

Objetivo 3 Saber como aplicar as técnicas de análise de circuitos em circuitos no domínio da frequência.

9.12 Use o método das tensões de nó para determinar a expressão de regime permanente para $v(t)$ no circuito mostrado. As fontes senoidais são $i_s = 10 \cos \omega t$ A e $v_s = 100 \text{ sen } \omega t$ V, em que $\omega = 50$ krad/s.

Resposta: $v(t) = 31{,}62 \cos(50.000t - 71{,}57°)$ V.

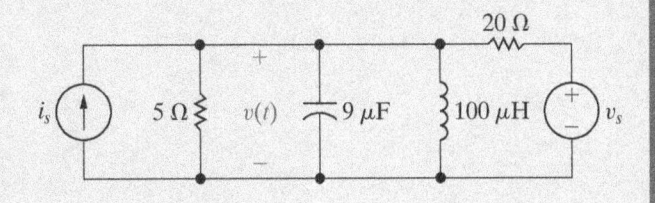

NOTA: tente resolver também os problemas 9.54 e 9.58, apresentados no final deste capítulo.

9.9 O método das correntes de malha

Também podemos usar o método das correntes de malha para analisar os circuitos no domínio da frequência. Os procedimentos utilizados, para aplicações no domínio da frequência, são os mesmos usados na análise de circuitos resistivos. Nas seções 4.5 a 4.7, apresentamos as técnicas básicas do método das correntes de malha; demonstraremos a extensão desse método para circuitos no domínio da frequência no Exemplo 9.12.

EXEMPLO 9.12 Uso do método das correntes de malha no domínio da frequência.

Use o método das correntes de malha para determinar as tensões V_1, V_2 e V_3 no circuito mostrado na Figura 9.36.

Solução

Como o circuito tem duas malhas e uma fonte de tensão dependente, devemos escrever duas equações de corrente de malha e uma equação de restrição. O sentido de referência para as correntes de malha I_1 e I_2 é o horário, como mostra a Figura 9.37. Conhecidas I_1 e I_2, podemos determinar, com facilidade, as tensões desconhecidas. Somando as tensões ao longo da malha 1, temos

$$150 = (1 + j2)I_1 + (12 - j16)(I_1 - I_2),$$

ou

$$150 = (13 - j14)I_1 - (12 - j16)I_2.$$

Somando as tensões ao longo da malha 2, obtemos a equação

$$0 = (12 - j16)(I_2 - I_1) + (1 + j3)I_2 + 39I_x.$$

A Figura 9.37 revela que a corrente de controle I_x é a diferença entre I_1 e I_2; isto é, a restrição é

$$I_x = I_1 - I_2.$$

Substituindo essa restrição na equação da malha 2 e simplificando a expressão resultante, obtemos

$$0 = (27 + j16)I_1 - (26 + j13)I_2.$$

Resolvendo para I_1 e I_2 temos

$$I_1 = -26 - j52 \text{ A},$$

$$I_2 = -24 - j58 \text{ A},$$

$$I_x = -2 + j6 \text{ A}.$$

Figura 9.36 Circuito para o Exemplo 9.12.

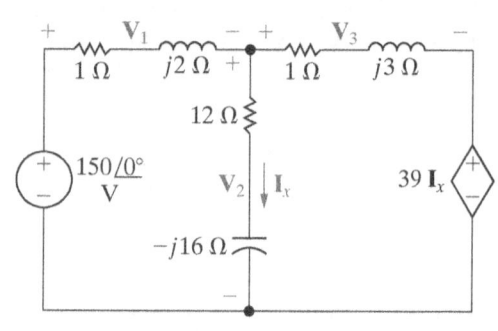

Figura 9.37 Correntes de malha usadas para resolver o circuito mostrado na Figura 9.36.

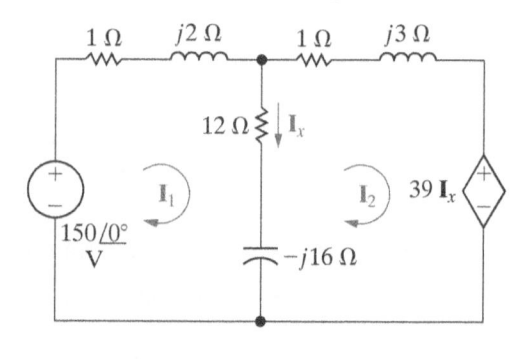

As três tensões são

$$V_1 = (1 + j2)I_1 = 78 - j104 \text{ V},$$

$$V_2 = (12 - j16)I_x = 72 + j104 \text{ V},$$

$$V_3 = (1 + j3)I_2 = 150 - j130 \text{ V}.$$

Além disso,

$$39I_x = -78 + j234 \text{ V}.$$

Verificamos esses cálculos somando as tensões ao longo dos caminhos fechados:

$$-150 + V_1 + V_2 = -150 + 78 - j104 + 72 + j104 = 0,$$

$$-V_2 + V_3 + 39I_x = -72 - j104 + 150 - j130 - 78 + j234 = 0,$$

$$-150 + V_1 + V_3 + 39I_x = -150 + 78 - j104 + 150 - j130 - 78 + j234 = 0.$$

PROBLEMA PARA AVALIAÇÃO

Objetivo 3   Saber como usar técnicas de análise de circuitos para resolver um circuito no domínio da frequência.

9.13 Use o método das correntes de malha para determinar o fasor corrente **I** no circuito mostrado.

Resposta: $I = 29 + j2 = 29{,}07 \underline{/3{,}95°}$ A.

NOTA: tente resolver também os problemas 9.60 e 9.64, apresentados no final deste capítulo.

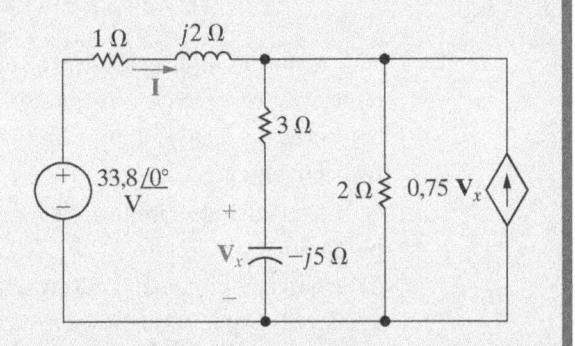

9.10   O transformador

Um transformador é um dispositivo baseado em acoplamentos magnéticos, usado tanto em circuitos de comunicação quanto de energia. Em circuitos de comunicação, o transformador é usado para ajustar impedâncias e eliminar sinais cc de partes do sistema. Em circuitos de energia, destina-se a estabelecer níveis de tensão ca que facilitem a transmissão, a distribuição e o consumo de energia elétrica. É preciso conhecer o comportamento de regime permanente senoidal do transformador para analisar ambos os sistemas. Nesta seção, discutiremos o comportamento de regime permanente senoidal do **transformador linear**, encontrado primordialmente em circuitos de comunicação. Na Seção 9.11, trataremos do **transformador ideal**, usado para modelar o transformador de núcleo ferromagnético encontrado em sistemas de energia.

Antes de iniciar, segue uma observação útil. Quando analisar circuitos que contenham indutância mútua, use o método da corrente de malha ou de laço para escrever equações de circuito. Usar o método das tensões de nó é complicado quando há indutância mútua envolvida, porque não é possível escrever as correntes nos vários enrolamentos por inspeção, como funções das tensões de nó.

Análise do circuito de um transformador linear

Figura 9.38 Modelo de circuito, no domínio da frequência, para um transformador usado para ligar uma carga a uma fonte.

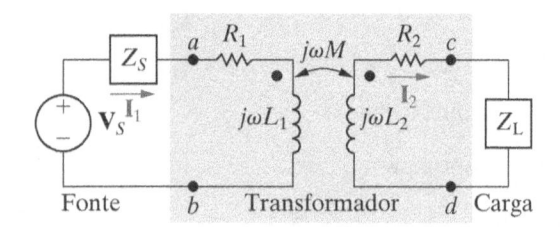

Um **transformador** simples é formado quando dois enrolamentos envolvem um único núcleo, assim garantindo um acoplamento magnético. A Figura 9.38 mostra o modelo de circuito no domínio da frequência de um sistema que usa um transformador para ligar uma carga a uma fonte. Ao analisarmos esse circuito, designaremos o enrolamento do transformador ligado à fonte como **enrolamento primário** e aquele ligado à carga como **enrolamento secundário**. Com base nessa terminologia, os parâmetros de circuito do transformador são:

R_1 = a resistência do enrolamento primário;

R_2 = a resistência do enrolamento secundário;

L_1 = a autoindutância do enrolamento primário;

L_2 = a autoindutância do enrolamento secundário;

M = a indutância mútua.

A tensão interna da fonte senoidal é $\mathbf{V}_s$ e a impedância interna da fonte é Z_s. A impedância Z_L representa a carga ligada ao enrolamento secundário do transformador. Os fasores corrente $\mathbf{I}_1$ e $\mathbf{I}_2$ representam as correntes primárias e secundárias do transformador, respectivamente.

A análise do circuito da Figura 9.38 consiste em determinar $\mathbf{I}_1$ e $\mathbf{I}_2$ como funções dos parâmetros de circuito $\mathbf{V}_s, Z_s, R_1, L_1, L_2, R_2, M, Z_L$ e ω. Além disso, estamos interessados em determinar a impedância do transformador vista a partir dos terminais a,b. Para determinar $\mathbf{I}_1$ e $\mathbf{I}_2$, em primeiro lugar escrevemos as duas equações de corrente de malha que descrevem o circuito:

$$\mathbf{V}_s = (Z_s + R_1 + j\omega L_1)\mathbf{I}_1 - j\omega M \mathbf{I}_2, \tag{9.57}$$

$$0 = -j\omega M \mathbf{I}_1 + (R_2 + j\omega L_2 + Z_L)\mathbf{I}_2. \tag{9.58}$$

Para facilitar a manipulação algébrica das equações 9.57 e 9.58, fazemos

$$Z_{11} = Z_s + R_1 + j\omega L_1, \tag{9.59}$$

$$Z_{22} = R_2 + j\omega L_2 + Z_L, \tag{9.60}$$

em que Z_{11} é a autoimpedância total da malha que contém o enrolamento primário do transformador e Z_{22}, a que contém o enrolamento secundário. Com base na notação apresentada nas equações 9.59 e 9.60, as soluções para $\mathbf{I}_1$ e $\mathbf{I}_2$, pelas equações 9.57 e 9.58, são

$$\mathbf{I}_1 = \frac{Z_{22}}{Z_{11}Z_{22} + \omega^2 M^2}\mathbf{V}_s, \tag{9.61}$$

$$\mathbf{I}_2 = \frac{j\omega M}{Z_{11}Z_{22} + \omega^2 M^2}\mathbf{V}_s = \frac{j\omega M}{Z_{22}}\mathbf{I}_1. \qquad (9.62)$$

Para a fonte de tensão interna $\mathbf{V}_s$, a impedância aparece como $\mathbf{V}_s/\mathbf{I}_1$, ou

$$\frac{\mathbf{V}_s}{\mathbf{I}_1} = Z_{\text{int}} = \frac{Z_{11}Z_{22} + \omega^2 M^2}{Z_{22}} = Z_{11} + \frac{\omega^2 M^2}{Z_{22}}. \qquad (9.63)$$

A impedância nos terminais da fonte é $Z_{\text{int}} - Z_s$, portanto,

$$Z_{ab} = Z_{11} + \frac{\omega^2 M^2}{Z_{22}} - Z_s = R_1 + j\omega L_1 + \frac{\omega^2 M^2}{(R_2 + j\omega L_2 + Z_L)}. \qquad (9.64)$$

Observe que a impedância Z_{ab} é independente da polaridade magnética do transformador. A razão disso é que a indutância mútua aparece na Equação 9.64 como uma quantidade ao quadrado. Essa impedância é de particular interesse porque mostra como o transformador afeta a impedância da carga vista pela fonte. Sem o transformador, a carga estaria ligada diretamente à fonte, e esta veria uma impedância de carga de Z_L; com o transformador, a carga é ligada à fonte por meio dele, e a fonte vê uma versão modificada de Z_L, como mostra o terceiro termo da Equação 9.64.

Impedância refletida

O terceiro termo da Equação 9.64 é denominado **impedância refletida** (Z_r), porque corresponde à impedância equivalente do enrolamento secundário e da impedância de carga transferidos ou refletidos, para o primário do transformador. Observe que a impedância refletida deve-se exclusivamente à existência da indutância mútua; isto é, se as duas bobinas forem desacopladas, M passará a ser igual a zero, assim como Z_r, e Z_{ab} será reduzida à autoimpedância do enrolamento primário.

Para analisar a impedância refletida com mais detalhes, em primeiro lugar expressamos a impedância da carga em forma retangular:

$$Z_L = R_L + jX_L, \qquad (9.65)$$

em que a reatância da carga X_L leva consigo o próprio sinal algébrico. Em outras palavras, X_L será um número positivo se a carga for indutiva, e negativo se ela for capacitiva. Agora, usamos a Equação 9.65 para escrever a impedância refletida em forma retangular:

$$\begin{aligned} Z_r &= \frac{\omega^2 M^2}{R_2 + R_L + j(\omega L_2 + X_L)} \\ &= \frac{\omega^2 M^2[(R_2 + R_L) - j(\omega L_2 + X_L)]}{(R_2 + R_L)^2 + (\omega L_2 + X_L)^2} \\ &= \frac{\omega^2 M^2}{|Z_{22}|^2}[(R_2 + R_L) - j(\omega L_2 + X_L)]. \end{aligned} \qquad (9.66)$$

A dedução da Equação 9.66 leva em conta o fato de que, quando Z_L é escrita em forma retangular, a autoimpedância da malha que contém o enrolamento secundário é

$$Z_{22} = R_2 + R_L + j(\omega L_2 + X_L). \qquad (9.67)$$

Observe agora que, pela Equação 9.66, a autoimpedância do circuito secundário é refletida no circuito primário por meio de um fator de escala de $(\omega M/|Z_{22}|)^2$ e que o sinal do componente reativo $(\omega L_2 + X_L)$ é invertido. Assim, o transformador linear reflete para o primário o conjugado da autoimpedância do circuito secundário (Z_{22}^*) multiplicado por um fator de escala. O Exemplo 9.13 ilustra a análise de correntes de malha para um circuito que contém um transformador linear.

EXEMPLO 9.13 Análise de um transformador linear no domínio da frequência.

Os parâmetros de certo transformador linear são $R_1 = 200\ \Omega$, $R_2 = 100\ \Omega$, $L_1 = 9$ H, $L_2 = 4$ H e $k = 0{,}5$. O transformador acopla uma impedância, que consiste em um resistor de 800 Ω em série com um capacitor de 1 μF, a uma fonte de tensão senoidal. A fonte de 300 V (rms) tem uma impedância interna de $500 + j100\ \Omega$ e uma frequência de 400 rad/s.

a) Construa um circuito equivalente do sistema no domínio da frequência.

b) Calcule a autoimpedância do circuito primário.

c) Calcule a autoimpedância do circuito secundário.

d) Calcule a impedância refletida no enrolamento primário.

e) Calcule o fator de escala para a impedância refletida.

f) Calcule a impedância vista a partir dos terminais primários do transformador.

g) Calcule o equivalente de Thévenin em relação aos terminais c,d.

Solução

a) A Figura 9.39 mostra o circuito equivalente no domínio da frequência. Observe que a tensão interna da fonte serve como fasor de referência e que $\mathbf{V}_1$ e $\mathbf{V}_2$ representam as tensões terminais do transformador. Para construir o circuito da Figura 9.39, fizemos os seguintes cálculos:

$$j\omega L_1 = j(400)(9) = j3.600\ \Omega,$$

$$j\omega L_2 = j(400)(4) = j1.600\ \Omega,$$

$$M = 0{,}5\sqrt{(9)(4)} = 3\ \text{H},$$

$$j\omega M = j(400)(3) = j1.200\ \Omega,$$

$$\frac{1}{j\omega C} = \frac{10^6}{j400} = -j2.500\ \Omega.$$

Figura 9.39 Circuito equivalente no domínio da frequência para o Exemplo 9.13.

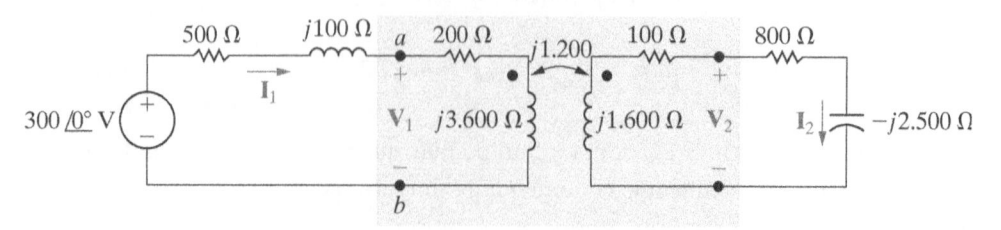

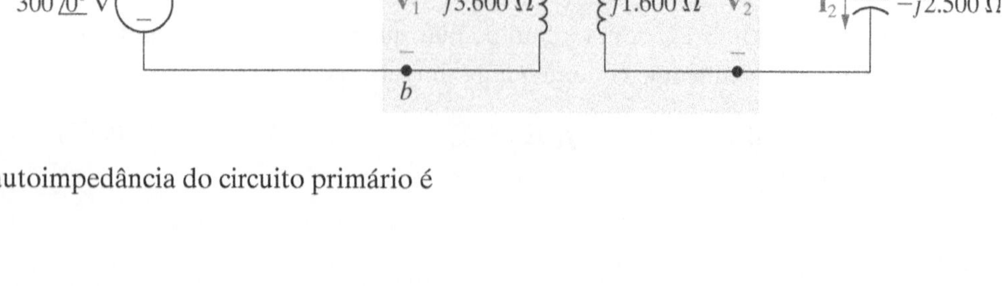

b) A autoimpedância do circuito primário é

$$Z_{11} = 500 + j100 + 200 + j3.600 = 700 + j3.700 \ \Omega.$$

c) A autoimpedância do circuito secundário é

$$Z_{22} = 100 + j1.600 + 800 - j2.500 = 900 - j900 \ \Omega.$$

d) A impedância refletida para o enrolamento primário é

$$Z_r = \left(\frac{1.200}{|900 - j900|}\right)^2 (900 + j900)$$

$$= \frac{8}{9}(900 + j900) = 800 + j800 \ \Omega.$$

e) O fator de escala pelo qual (Z_{22}^*) é refletida é 8/9.

f) A impedância vista a partir dos terminais primários do transformador é a impedância do enrolamento primário mais a impedância refletida; assim,

$$Z_{ab} = 200 + j3.600 + 800 + j800 = 1.000 + j4.400 \ \Omega.$$

g) A tensão de Thévenin será igual ao valor de circuito aberto de $\mathbf{V}_{cd}$, que será igual a $j1.200$ vezes o valor de circuito aberto de $\mathbf{I}_1$. O valor de circuito aberto de $\mathbf{I}_1$ é

$$\mathbf{I}_1 = \frac{300 \ \underline{/0°}}{700 + j3.700}$$

$$= 79{,}67 \ \underline{/-79{,}29°} \ \text{mA}.$$

Logo,

$$\mathbf{V}_{Th} = j1.200(79{,}67 \ \underline{/-79{,}29°}) \times 10^{-3}$$

$$= 95{,}60 \ \underline{/10{,}71°} \ \text{V}.$$

A impedância de Thévenin será igual à impedância do enrolamento secundário mais a impedância refletida do primário, quando a fonte de tensão for substituída por um curto-circuito. Assim,

$$Z_{Th} = 100 + j1.600 + \left(\frac{1.200}{|700 + j3.700|}\right)^2 (700 - j3.700)$$

$$= 171{,}09 + j1.224{,}26 \ \Omega.$$

O equivalente de Thévenin é mostrado na Figura 9.40.

Figura 9.40 Circuito equivalente de Thévenin para o Exemplo 9.13.

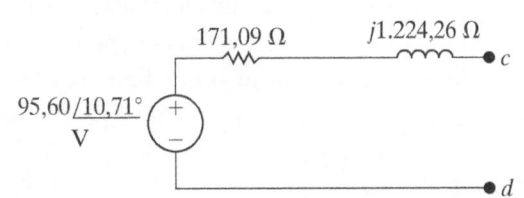

PROBLEMA PARA AVALIAÇÃO

Objetivo 4 Saber analisar circuitos que contêm transformadores lineares usando métodos fasoriais.

9.14 Um transformador linear acopla uma carga, que consiste em um resistor de 360 Ω em série com um indutor de 0,25 H a uma fonte de tensão senoidal, como mostra o circuito. A fonte de tensão tem uma impedância interna de $184 + j0$ Ω e uma tensão máxima de 245,20 V e opera com uma frequência de 800 rad/s. Os parâmetros do transformador são $R_1 = 100$ Ω, $L_1 = 0,5$ H, $R_2 = 40$ Ω, $L_2 = 0,125$ H e $k = 0,4$. Calcule (a) a impedância refletida; (b) a corrente no primário e (c) a corrente no secundário.

Resposta: (a) $10,24 - j7,68$ Ω;
(b) $0,5 \cos(800t - 53,13°)$ A;
(c) $0,08 \cos 800t$ A.

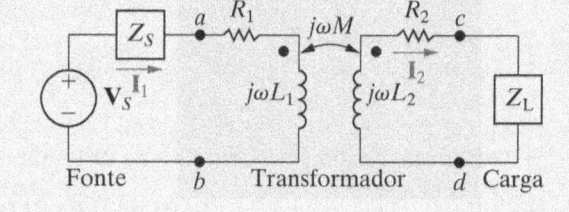

NOTA: tente resolver também os problemas 9.76 e 9.77, apresentados no final deste capítulo.

9.11 O transformador ideal

Um **transformador ideal** consiste em dois enrolamentos magneticamente acoplados, com N_1 e N_2 espiras, respectivamente, que exibem estas propriedades:

1. O coeficiente de acoplamento é igual à unidade ($k = 1$).
2. A autoindutância de cada enrolamento é infinita ($L_1 = L_2 = \infty$).
3. As perdas nos enrolamentos devidas às resistências parasitas são desprezíveis.

Para entender o comportamento de transformadores ideais, devemos começar com a Equação 9.64, que descreve a impedância nos terminais de uma fonte ligada a um transformador linear. Em seguida, repetimos essa equação e a examinamos um pouco mais.

Trabalhando com valores-limite

Uma relação útil entre a impedância de entrada e a da carga, como dada por Z_{ab} na Equação 9.68, ocorre quando L_1 e L_2 tornam-se infinitamente grandes e, ao mesmo tempo, o coeficiente de acoplamento aproxima-se da unidade:

$$Z_{ab} = Z_{11} + \frac{\omega^2 M^2}{Z_{22}} - Z_s$$

$$= R_1 + j\omega L_1 + \frac{\omega^2 M^2}{(R_2 + j\omega L_2 + Z_L)}. \quad (9.68)$$

Transformadores enrolados em núcleos ferromagnéticos podem satisfazer essa condição. Ainda que tais transformadores não sejam lineares, podemos obter algumas informações úteis construindo um modelo ideal que ignore as não linearidades.

Para mostrar como Z_{ab} muda quando $k = 1$ e L_1 e L_2 aproximam-se do infinito, apresentamos, em primeiro lugar, a notação

$$Z_{22} = R_2 + R_L + j(\omega L_2 + X_L) = R_{22} + jX_{22}$$

e, então, rearranjamos a Equação 9.68:

$$Z_{ab} = R_1 + \frac{\omega^2 M^2 R_{22}}{R_{22}^2 + X_{22}^2} + j\left(\omega L_1 - \frac{\omega^2 M^2 X_{22}}{R_{22}^2 + X_{22}^2}\right)$$
$$= R_{ab} + jX_{ab}. \tag{9.69}$$

Neste ponto, devemos ter cuidado com o coeficiente de j na Equação 9.69, pois, quando L_1 e L_2 se aproximam do infinito, esse coeficiente torna-se a diferença entre duas quantidades grandes. Assim, antes de permitir que L_1 e L_2 cresçam, escrevemos o coeficiente como

$$X_{ab} = \omega L_1 - \frac{(\omega L_1)(\omega L_2)X_{22}}{R_{22}^2 + X_{22}^2} = \omega L_1\left(1 - \frac{\omega L_2 X_{22}}{R_{22}^2 + X_{22}^2}\right), \tag{9.70}$$

em que reconhecemos que, quando $k = 1$, $M^2 = L_1 L_2$. Colocando o termo que multiplica ωL_1 sobre um denominador comum, obtemos

$$X_{ab} = \omega L_1\left(\frac{R_{22}^2 + \omega L_2 X_L + X_L^2}{R_{22}^2 + X_{22}^2}\right). \tag{9.71}$$

Dividindo o numerador e o denominador por ωL_2, obtemos

$$X_{ab} = \frac{L_1}{L_2}\frac{X_L + (R_{22}^2 + X_L^2)/\omega L_2}{(R_{22}/\omega L_2)^2 + [1 + (X_L/\omega L_2)]^2}. \tag{9.72}$$

À medida que k se aproxima de 1,0, a razão L_1/L_2 aproxima-se do valor constante $(N_1/N_2)^2$, o que decorre das equações 6.54 e 6.55. A razão para isso é que, à medida que o acoplamento torna-se extremamente forte, as permeâncias $\mathcal{P}_1$ e $\mathcal{P}_2$ tornam-se iguais. Então, a Equação 9.72 é reduzida a

$$X_{ab} = \left(\frac{N_1}{N_2}\right)^2 X_L, \tag{9.73}$$

quando $L_1 \to \infty$, $L_2 \to \infty$ e $k \to 1{,}0$.

O mesmo raciocínio leva à simplificação da resistência refletida na Equação 9.69:

$$\frac{\omega^2 M^2 R_{22}}{R_{22}^2 + X_{22}^2} = \frac{L_1}{L_2}R_{22} = \left(\frac{N_1}{N_2}\right)^2 R_{22}. \tag{9.74}$$

Aplicando os resultados das equações 9.73 e 9.74 à Equação 9.69, obtemos

$$Z_{ab} = R_1 + \left(\frac{N_1}{N_2}\right)^2 R_2 + \left(\frac{N_1}{N_2}\right)^2 (R_L + jX_L). \tag{9.75}$$

Compare esse resultado com o da Equação 9.68. Aqui, vemos que, quando o coeficiente de acoplamento aproxima-se da unidade e as autoindutâncias dos enrolamentos acoplados aproximam-se do infinito, o transformador reflete a resistência do enrolamento secundário e a impedância da carga para o primário por um fator de escala igual à razão entre o número de espiras, (N_1/N_2), ao quadrado. Daí, podemos descrever o comportamento terminal do transformador ideal em termos de duas características. A primeira é que a quantidade de volts por espira é a mesma para cada enrolamento, ou

$$\left|\frac{\mathbf{V}_1}{N_1}\right| = \left|\frac{\mathbf{V}_2}{N_2}\right|. \tag{9.76}$$

A segunda é que a quantidade de ampère-espira é a mesma para cada enrolamento, ou

$$|\mathbf{I}_1 N_1| = |\mathbf{I}_2 N_2|. \tag{9.77}$$

Somos obrigados a usar o valor absoluto dos termos nas equações 9.76 e 9.77 porque ainda não estabelecemos polaridades de referência para as correntes e tensões; em breve, discutiremos a eliminação dessa restrição.

Figura 9.41 Circuitos usados para verificar as relações volts por espira e ampère-espira para um transformador ideal.

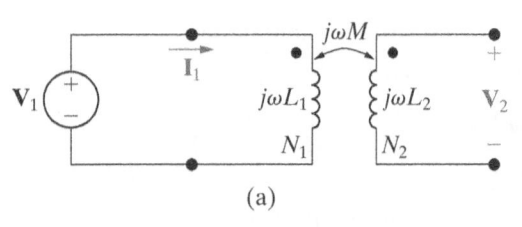

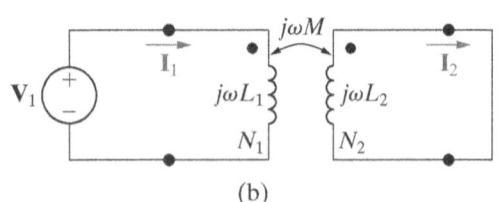

A Figura 9.41 mostra dois enrolamentos acoplados magneticamente, sem perdas ($R_1 = R_2 = 0$), e a usamos para demonstrar a validade das equações 9.76 e 9.77. Na Figura 9.41(a), o enrolamento 2 está aberto; na Figura 9.41(b), o enrolamento 2 está em curto. Embora realizemos a análise a seguir em termos do funcionamento em regime permanente senoidal, os resultados também se aplicam aos valores instantâneos de v e i.

Determinação das relações entre tensões e das relações entre correntes

Observe que na Figura 9.41(a) a tensão nos terminais do enrolamento 2 deve-se inteiramente à corrente no enrolamento 1; assim

$$\mathbf{V}_2 = j\omega M \mathbf{I}_1 \qquad (9.78)$$

A corrente no enrolamento 1 é

$$\mathbf{I}_1 = \frac{\mathbf{V}_1}{j\omega L_1}. \qquad (9.79)$$

Pelas equações 9.78 e 9.79,

$$\mathbf{V}_2 = \frac{M}{L_1}\mathbf{V}_1. \qquad (9.80)$$

Para um acoplamento unitário, a indutância mútua é igual a $\sqrt{L_1 L_2}$, e a Equação 9.80 torna-se

$$\mathbf{V}_2 = \sqrt{\frac{L_2}{L_1}}\mathbf{V}_1. \qquad (9.81)$$

Para um acoplamento unitário, o fluxo que atravessa o enrolamento 1 é igual ao que atravessa o enrolamento 2, e, portanto, só precisamos de uma permeância para descrever a autoindutância de cada enrolamento. Assim, a Equação 9.81 torna-se

$$\mathbf{V}_2 = \sqrt{\frac{N_2^2 \mathcal{F}}{N_1^2 \mathcal{F}}}\mathbf{V}_1 = \frac{N_2}{N_1}\mathbf{V}_1 \qquad (9.82)$$

ou

▶ Relação entre tensões para um transformador ideal

$$\frac{\mathbf{V}_1}{N_1} = \frac{\mathbf{V}_2}{N_2}. \qquad (9.83)$$

Somando as tensões ao longo do enrolamento em curto da Figura 9.41(b), obtemos

$$0 = -j\omega M \mathbf{I}_1 + j\omega L_2 \mathbf{I}_2, \qquad (9.84)$$

da qual, para $k = 1$,

$$\frac{\mathbf{I}_1}{\mathbf{I}_2} = \frac{L_2}{M} = \frac{L_2}{\sqrt{L_1 L_2}} = \sqrt{\frac{L_2}{L_1}} = \frac{N_2}{N_1}. \qquad (9.85)$$

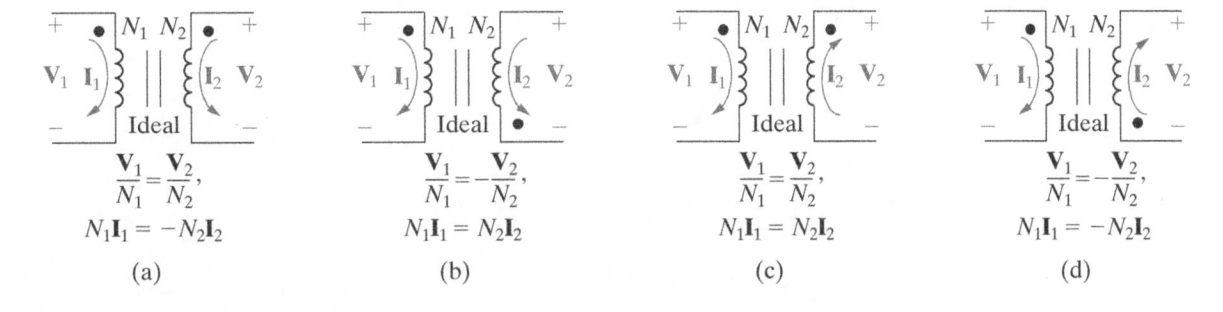

A Equação 9.85 é equivalente a

$$I_1 N_1 = I_2 N_2. \qquad (9.86)$$

◀ Relação entre as correntes em um transformador ideal

A Figura 9.42 mostra o símbolo de um transformador ideal. As linhas verticais representam as camadas de material magnético de que os núcleos ferromagnéticos costumam ser feitos. Assim, o símbolo nos lembra que os enrolamentos construídos em núcleos ferromagnéticos comportam-se de um modo muito parecido com um transformador ideal.

Há várias razões para isso. O material ferromagnético cria um espaço de alta permeância. Assim, grande parte do fluxo magnético fica confinada no interior do material do núcleo, estabelecendo forte acoplamento magnético entre os enrolamentos que compartilham o mesmo núcleo. Alta permeância também significa alta autoindutância porque $L = N_2 \mathcal{F}$. Por fim, enrolamentos acoplados ferromagneticamente transferem potência com eficiência, de um enrolamento para o outro. Eficiências acima de 95% são comuns, de tal forma que desprezar as perdas não é uma má aproximação para muitas aplicações.

Figura 9.42 Símbolo para um transformador ideal.

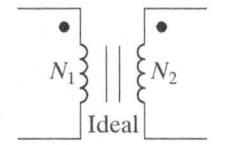

Determinação da polaridade das relações entre tensões e das relações entre correntes

Agora, voltemos à eliminação dos módulos das equações 9.76 e 9.77. Observe que não apareceram módulos de grandezas na dedução das equações 9.83 e 9.86. Naquele caso, não precisávamos deles, pois tínhamos estabelecido polaridades de referência para tensões e direções de referência para correntes. Ademais, conhecíamos os pontos de polaridade magnética dos dois enrolamentos acoplados.

As regras para estabelecer o sinal algébrico adequado às equações 9.76 e 9.77 são as seguintes:

> Se ambas as tensões V_1 e V_2 forem positivas ou negativas no terminal marcado por pontos, use um sinal positivo na Equação 9.76. Caso contrário, use um sinal negativo.
>
> Se ambas as correntes I_1 e I_2 estiverem dirigidas para dentro ou para fora do terminal marcado com pontos, use um sinal negativo na Equação 9.77. Caso contrário, use um sinal positivo.

◀ Convenção de pontos para transformadores ideais

Os quatro circuitos mostrados na Figura 9.43 ilustram essas regras.

Figura 9.43 Circuitos que mostram os sinais algébricos adequados para a relação das tensões e a relação das correntes terminais de um transformador ideal.

(a) $\dfrac{V_1}{N_1} = \dfrac{V_2}{N_2}$, $N_1 I_1 = -N_2 I_2$

(b) $\dfrac{V_1}{N_1} = -\dfrac{V_2}{N_2}$, $N_1 I_1 = N_2 I_2$

(c) $\dfrac{V_1}{N_1} = \dfrac{V_2}{N_2}$, $N_1 I_1 = N_2 I_2$

(d) $\dfrac{V_1}{N_1} = -\dfrac{V_2}{N_2}$, $N_1 I_1 = -N_2 I_2$

Figura 9.44 Três formas de indicar que a relação entre espiras de um transformador ideal é 5.

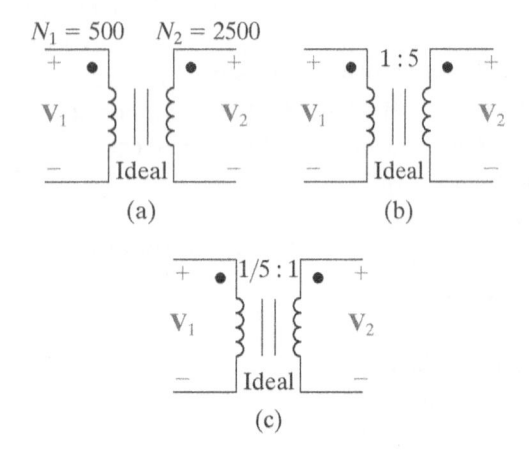

A relação de espiras dos dois enrolamentos é um parâmetro importante do transformador ideal. Ela é definida como N_1/N_2 ou N_2/N_1; ambas aparecem escritas de várias maneiras. Neste livro, usamos a para designar a relação N_2/N_1, ou

$$a = \frac{N_2}{N_1}. \tag{9.87}$$

A Figura 9.44 mostra três maneiras de representar a relação entre espiras para um transformador ideal. A Figura 9.44(a) mostra explicitamente o número de espiras em cada enrolamento. A Figura 9.44(b) mostra que a relação N_2/N_1 é 5 para 1, e a Figura 9.44(c) mostra que a relação N_2/N_1 é 1 para $\frac{1}{5}$.

O Exemplo 9.14 ilustra a análise de um circuito que contém um transformador ideal.

EXEMPLO 9.14 Análise do circuito de um transformador ideal no domínio da frequência.

A impedância da carga ligada ao enrolamento secundário do transformador ideal na Figura 9.45 consiste em um resistor de 237,5 mΩ em série com um indutor de 125 μH.

Se a fonte de tensão senoidal (v_g) estiver gerando a tensão de $2.500 \cos 400t$ V, determine as expressões de regime permanente para: (a) i_1; (b) v_1; (c) i_2 e (d) v_2.

Figura 9.45 Circuito para o Exemplo 9.14.

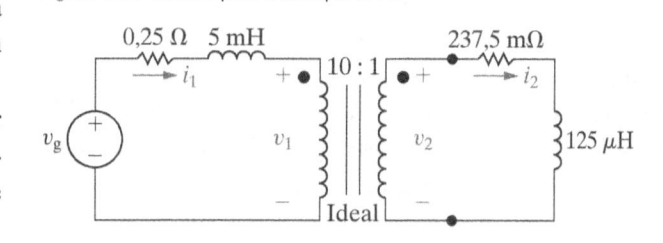

Solução

a) Começamos construindo o circuito equivalente no domínio fasorial. A fonte de tensão torna-se $2.500\underline{/0°}$ V; o indutor de 5 mH converte-se em uma impedância de $j2\,\Omega$ e o indutor de 125 μH, em uma impedância de $j0,05\,\Omega$. O circuito equivalente no domínio fasorial é mostrado na Figura 9.46.

Figura 9.46 Circuito no domínio fasorial para o Exemplo 9.14.

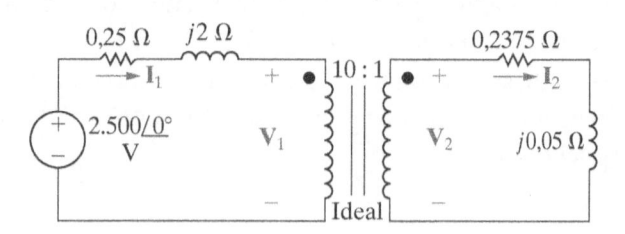

Decorre diretamente da Figura 9.46 que

$$2.500\underline{/0°} = (0{,}25 + j2)\mathbf{I}_1 + \mathbf{V}_1,$$

e

$$\mathbf{V}_1 = 10\mathbf{V}_2 = 10[(0{,}2375 + j0{,}05)\mathbf{I}_2].$$

Visto que

$$\mathbf{I}_2 = 10\mathbf{I}_1$$

temos

$$\mathbf{V}_1 = 10(0{,}2375 + j0{,}05)10\mathbf{I}_1$$
$$= (23{,}75 + j5)\mathbf{I}_1.$$

Portanto,

$$2.500\underline{/0°} = (24 + j7)\mathbf{I}_1,$$

ou

$$\mathbf{I}_1 = 100\underline{/-16{,}26°} \text{ A}.$$

Assim, a expressão de regime permanente para i_1 é

$$i_1 = 100 \cos(400t - 16{,}26°) \text{ A}.$$

b) $\mathbf{V}_1 = 2.500\underline{/0°} - (100\underline{/-16{,}26°})(0{,}25 + j2)$

$\quad = 2.500 - 80 - j185$

$\quad = 2.420 - j185 = 2.427{,}06\underline{/-4{,}37°}$ V.

Daí,

$$v_1 = 2.427{,}06 \cos(400t - 4{,}37°) \text{ V}.$$

c) $\mathbf{I}_2 = 10\mathbf{I}_1 = 1.000\underline{/-16{,}26°}$ A.

Assim,

$$i_2 = 1.000 \cos(400t - 16{,}26°) \text{ A}.$$

d) $\mathbf{V}_2 = 0{,}1\mathbf{V}_1 = 242{,}71\underline{/-4{,}37°}$ V,

resultando em

$$v_2 = 242{,}71 \cos(400t - 4{,}37°) \text{ V}.$$

A utilização de um transformador ideal para casamento de impedâncias

Transformadores ideais também podem ser usados para aumentar ou diminuir o nível de impedância de uma carga. O circuito mostrado na Figura 9.47 ilustra isso. A impedância percebida pela fonte real de tensão ($\mathbf{V}_s$ em série com Z_s) é $\mathbf{V}_1/\mathbf{I}_1$. A tensão e a corrente nos terminais da impedância de carga ($\mathbf{V}_2$ e $\mathbf{I}_2$) estão relacionadas com $\mathbf{V}_1$ e $\mathbf{I}_1$ pela relação entre espiras do transformador; assim,

$$\mathbf{V}_1 = \frac{\mathbf{V}_2}{a}, \quad (9.88)$$

e

$$\mathbf{I}_1 = a\mathbf{I}_2. \quad (9.89)$$

Figura 9.47 Utilização de um transformador ideal para acoplar uma carga a uma fonte.

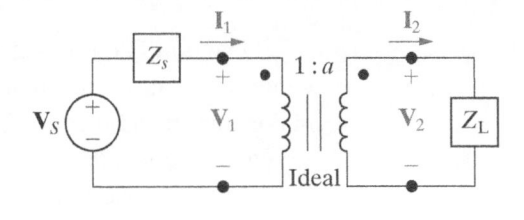

Por conseguinte, a impedância percebida pela fonte real é

$$Z_{IN} = \frac{\mathbf{V}_1}{\mathbf{I}_1} = \frac{1}{a^2}\frac{\mathbf{V}_2}{\mathbf{I}_2}, \quad (9.90)$$

mas a razão $\mathbf{V}_2/\mathbf{I}_2$ é a impedância de carga Z_L, portanto a Equação 9.90 torna-se

$$Z_{IN} = \frac{1}{a^2}Z_L. \quad (9.91)$$

Assim, o enrolamento secundário do transformador ideal reflete, para o enrolamento primário, a impedância de carga, com o fator de escala $1/a^2$.

Observe que o transformador ideal altera o módulo de Z_L, mas não seu ângulo de fase. O fato de Z_{IN} ser maior ou menor do que Z_L depende da relação de espiras, a.

O transformador ideal – ou sua contraparte real, o transformador de núcleo ferromagnético – pode ser usado para ajustar o módulo de Z_L ao módulo de Z_s. Discutiremos por que isso pode ser desejável no Capítulo 10.

PROBLEMA PARA AVALIAÇÃO

Objetivo 5 Saber analisar circuitos com transformadores ideais.

9.15 A tensão da fonte do circuito no domínio fasorial na figura que acompanha este problema é $25\,\underline{/0°}$ kV. Determine a amplitude e o ângulo de fase de $\mathbf{V}_2$ e $\mathbf{I}_2$.

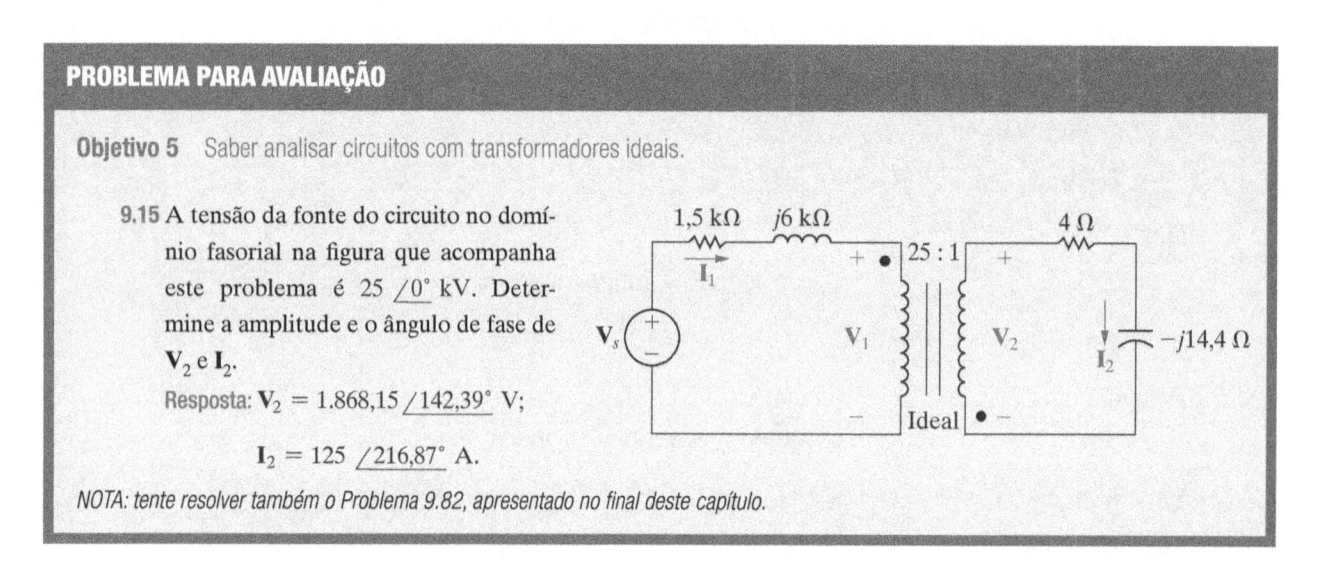

Resposta: $\mathbf{V}_2 = 1.868,15\,\underline{/142,39°}$ V;

$\mathbf{I}_2 = 125\,\underline{/216,87°}$ A.

NOTA: tente resolver também o Problema 9.82, apresentado no final deste capítulo.

Como veremos, transformadores ideais são usados para elevar ou abaixar tensões de uma fonte para a alimentação de uma carga. Por isso, eles são utilizados amplamente pelas concessionárias de energia elétrica para reduzir a tensão das linhas de transmissão a níveis seguros para uso residencial.

9.12 Diagramas fasoriais

Quando usamos o método dos fasores para analisar o funcionamento do regime permanente senoidal de um circuito, um diagrama dos fasores corrente e tensão pode nos permitir maior compreensão do comportamento do circuito. Um diagrama fasorial mostra a magnitude e o ângulo de fase de cada grandeza fasorial no plano dos números complexos. Os ângulos de fase são medidos em sentido anti-horário em relação ao eixo real positivo e os módulos são medidos a partir da origem do sistema de coordenadas. Por exemplo, a Figura 9.48 mostra os fasores $10\,\underline{/30°}$, $12\,\underline{/150°}$, $5\,\underline{/-45°}$ e $8\,\underline{/-170°}$.

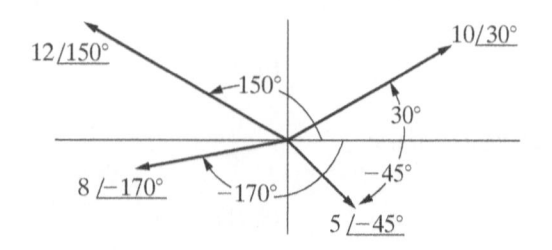

Diagramas fasoriais envolvem, de modo geral, correntes e tensões. Assim, são necessárias duas escalas, uma para correntes e outra para tensões. Localizar fasores no plano dos números complexos pode ser útil para verificar cálculos feitos em calculadoras de bolso. A calculadora de bolso típica não oferece uma cópia impressa dos dados de entrada, mas, quando o ângulo calculado é apresentado no visor, podemos compará-lo com a imagem mental que fazemos dele para verificar se estamos entrando com os valores adequados.

Figura 9.48 Representação gráfica de fasores.

Por exemplo, suponha que tenhamos de calcular a forma polar de $-7 - j3$. Sem fazer qualquer cálculo, podemos prever um módulo maior do que 7 e um ângulo no terceiro quadrante que é mais negativo do que $-135°$ ou menos positivo do que $225°$, como ilustrado na Figura 9.49.

Os exemplos 9.15 e 9.16 ilustram a construção e utilização de diagramas fasoriais. Usaremos tais diagramas em capítulos subsequentes sempre que proporcionarem uma percepção adicional do funcionamento do regime permanente senoidal do circuito que estiver sendo investigado. O Problema 9.84 mostra como um diagrama fasorial pode ajudar a explicar o funcionamento de um circuito de deslocamento de fase.

Figura 9.49 O número complexo $-7 - j3 = 7{,}62 \,\underline{/-156{,}80°}$.

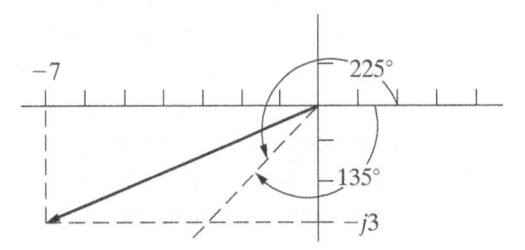

EXEMPLO 9.15 Utilização de diagramas fasoriais para analisar um circuito.

No circuito da Figura 9.50, use um diagrama fasorial para determinar o valor de R que fará com que a corrente que passa por aquele resistor, i_R, fique defasada $45°$ em relação à corrente da fonte, i_s, quando $\omega = 5$ krad/s.

Solução

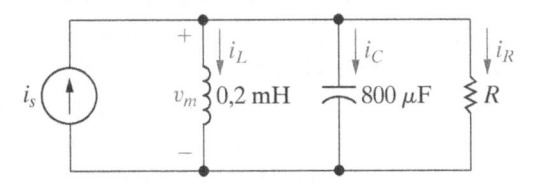

Pela lei das correntes de Kirchhoff, a soma das correntes $\mathbf{I}_R$, $\mathbf{I}_L$ e $\mathbf{I}_C$ deve ser igual à corrente da fonte, $\mathbf{I}_s$. Se admitirmos que o ângulo de fase da tensão $\mathbf{V}_m$ seja igual a zero, podemos desenhar os fasores associados às correntes de cada um dos componentes. O fasor corrente associado ao indutor é dado por

$$\mathbf{I}_L = \frac{V_m \,\underline{/0°}}{j(5.000)(0{,}2 \times 10^{-3})} = V_m \,\underline{/-90°},$$

Figura 9.50 Circuito para o Exemplo 9.15.

ao passo que o fasor corrente associado ao capacitor é dado por

$$\mathbf{I}_C = \frac{V_m \,\underline{/0°}}{-j/(5.000)(800 \times 10^{-6})} = 4V_m \,\underline{/90°},$$

e o fasor corrente associado ao resistor é dado por

$$\mathbf{I}_R = \frac{V_m \,\underline{/0°}}{R} = \frac{V_m}{R} \,\underline{/0°}.$$

Figura 9.51 Diagrama fasorial para as correntes da Figura 9.50.

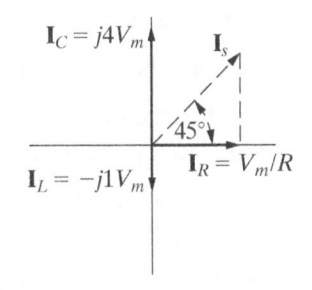

Esses fasores são mostrados na Figura 9.51. O diagrama fasorial também mostra o fasor corrente da fonte, representado por uma linha tracejada, que deve ser a soma dos fasores associados às correntes dos três componentes do circuito e fazer um ângulo com o fasor corrente do resistor de $45°$ mais positivo. Como se pode ver, a soma dos fasores dá origem a um triângulo isósceles, de tal forma que o módulo do fasor corrente do resistor deve ser igual a $3V_m$. Por conseguinte, o valor do resistor é $1/3\ \Omega$.

EXEMPLO 9.16 Uso de diagramas fasoriais para analisar efeitos de cargas capacitivas.

O circuito da Figura 9.52 tem uma carga que consiste na combinação em paralelo de um resistor e de um indutor. Use diagramas fasoriais para estudar o efeito da adição de um capacitor aos terminais da carga na amplitude de $\mathbf{V}_s$, se ajustarmos $\mathbf{V}_s$ de modo que a amplitude de $\mathbf{V}_L$ permaneça constante. As concessionárias de energia elétrica usam essa técnica para controlar a queda de tensão em suas linhas.

Figura 9.52 Circuito para o Exemplo 9.16.

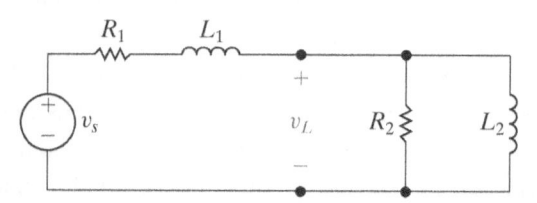

Solução

Começamos supondo capacitância zero nos terminais da carga. Depois de construirmos o diagrama fasorial para esse caso, podemos adicionar um capacitor e estudar seu efeito sobre a amplitude de $\mathbf{V}_s$, mantendo a amplitude de $\mathbf{V}_L$ constante. A Figura 9.53 mostra o circuito equivalente, no domínio da frequência, do circuito apresentado na Figura 9.52. Acrescentamos também os fasores correntes de ramo $\mathbf{I}$, $\mathbf{I}_a$ e $\mathbf{I}_b$ à Figura 9.53, para auxiliar a discussão.

Figura 9.53 Circuito equivalente, no domínio da frequência, do circuito da Figura 9.52.

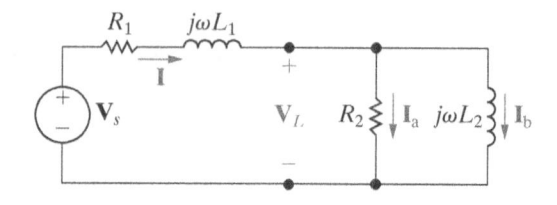

A Figura 9.54 mostra a evolução, etapa por etapa, da construção do diagrama fasorial. Não se esqueça de que, neste exemplo, não estamos interessados em posições e valores específicos dos fasores, mas no efeito geral da adição de um capacitor aos terminais da carga. Por isso, queremos verificar as posições relativas dos fasores antes e depois da adição do capacitor.

Figura 9.54 Evolução, etapa por etapa, da construção do diagrama fasorial para o circuito da Figura 9.53.

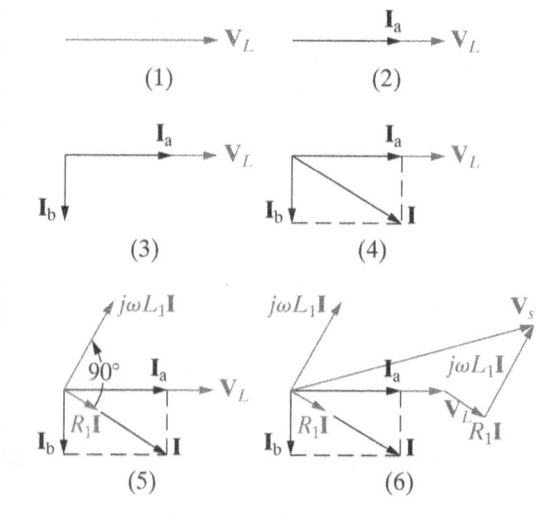

Ao se comparar o diagrama fasorial ao circuito mostrado na Figura 9.53, pode-se observar os seguintes pontos:

a) Como estamos mantendo a amplitude da tensão de carga constante, escolhemos $\mathbf{V}_L$ como nossa referência. Por conveniência, colocamos esse fasor no eixo real positivo.

b) Sabemos que $\mathbf{I}_a$ está em fase com $\mathbf{V}_L$ e que seu módulo é $|\mathbf{V}_L|/R_2$. (No diagrama fasorial, a escala dos fasores corrente é independente da escala dos fasores tensão.)

c) Sabemos que $\mathbf{I}_b$ está 90° atrasado em relação a $\mathbf{V}_L$ e que seu módulo é $|\mathbf{V}_L|/\omega L_2$.

d) A corrente de linha $\mathbf{I}$ é igual à soma de $\mathbf{I}_a$ e $\mathbf{I}_b$.

e) A queda de tensão em R_1 está em fase com a corrente de linha e a queda de tensão em $j\omega L_1$ está 90° adiantada em relação à corrente de linha.

f) A tensão na fonte é a soma da tensão na carga e da queda ao longo da linha; isto é, $\mathbf{V}_s = \mathbf{V}_L + (R_1 + j\omega L_1)\mathbf{I}$.

Observe que o diagrama fasorial completo, mostrado na etapa 6 da Figura 9.54, deixa claras as relações entre a amplitude e o ângulo de fase de todas as correntes e tensões da Figura 9.53.

Agora, adicionamos o ramo do capacitor, como mostra a Figura 9.55. Como estamos mantendo V_L constante, construímos o diagrama fasorial para o circuito da Figura 9.55 seguindo as mesmas etapas da Figura 9.54, exceto que, na etapa 4, incluímos ao diagrama a corrente I_c do capacitor. Ao fazermos isso, I_c está 90° adiantada em relação a V_L, sendo sua magnitude $|V_L \omega C|$. A Figura 9.56 mostra o efeito de I_c sobre a corrente de linha: a magnitude, bem como o ângulo de fase da corrente de linha I, varia de acordo com as variações na magnitude de I_c. À medida que I varia, também variam a magnitude e o ângulo de fase da queda de tensão ao longo da linha. À medida que essa queda varia, a magnitude e o ângulo de V_s variam. O diagrama fasorial mostrado na Figura 9.57 ilustra essas observações. Os fasores em linhas tracejadas representam as correntes e tensões pertinentes antes da adição do capacitor.

Assim, comparar os fasores de I, $R_1 I$, $j\omega L_1 I$ e V_s em linhas tracejadas com suas contrapartes em linhas cheias mostra claramente o efeito da adição de C ao circuito. Em particular, observe que isso reduz a amplitude da tensão da fonte e ainda mantém a amplitude da tensão da carga. Na prática, esse resultado quer dizer que, à medida que a carga aumenta (isto é, à medida que I_a e I_b aumentam), devemos adicionar capacitores ao sistema (isto é, aumentar I_c) de modo que, sob condições de carga pesada, possamos manter V_L sem aumentar a amplitude da tensão da fonte.

Figura 9.55 Adição de um capacitor ao circuito mostrado na Figura 9.53.

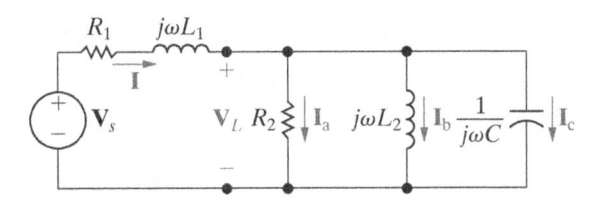

Figura 9.56 Efeito da corrente do capacitor, I_c, sobre a corrente de linha, I.

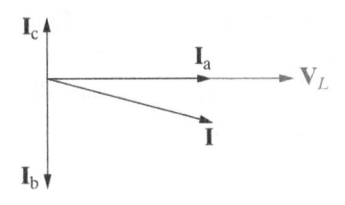

Figura 9.57 Efeito da adição de um capacitor ao circuito mostrado na Figura 9.53, se V_L for mantida constante.

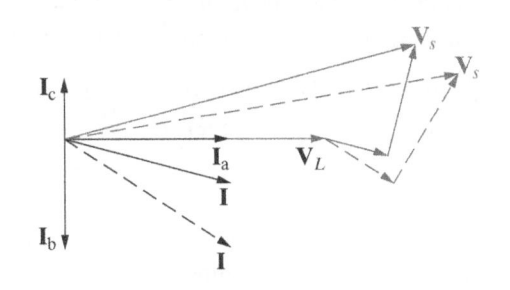

NOTA: avalie o que você entendeu desse material tentando resolver os problemas 9.83 e 9.84, apresentados no final deste capítulo.

Perspectiva prática

Um circuito de distribuição residencial

Vamos retomar o circuito de distribuição residencial apresentado no início do capítulo. Modificaremos um pouco o circuito adicionando uma resistência a cada condutor conectado ao secundário do transformador para simular com exatidão as fiações residenciais. O circuito modificado é mostrado na Figura 9.58. No Problema 9.88, você vai calcular as seis correntes de ramo no secundário do transformador de distribuição e, então, mostrar como calcular a corrente no enrolamento primário.

Figura 9.58 Circuito de distribuição.

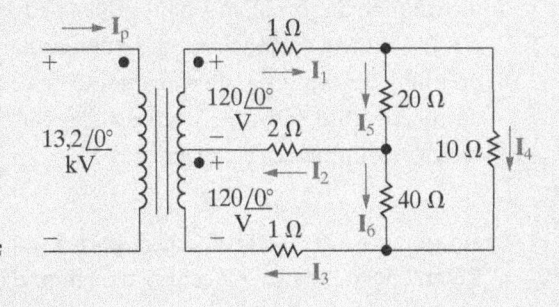

NOTA: avalie o que você entendeu desta Perspectiva prática tentando resolver os problemas 9.87 e 9.88, apresentados no final deste capítulo.

Resumo

- A equação geral para uma **fonte senoidal** é
  $v = V_m \cos(\omega t + \phi)$ (fonte de tensão),

  ou

  $i = I_m \cos(\omega t + \phi)$ (fonte de corrente),

  em que V_m (ou I_m) é a amplitude máxima, ω é a frequência e ϕ é o ângulo de fase. (Seção 9.1.)

- A frequência, ω, de uma resposta senoidal é a mesma que a frequência da fonte senoidal que excita o circuito. Em geral, a amplitude e o ângulo de fase da resposta são diferentes dos da fonte. (Seção 9.2.)

- A melhor maneira de determinar as tensões e correntes de regime permanente em um circuito excitado por fontes senoidais é executar a análise no domínio da frequência. As seguintes transformadas matemáticas permitem nossa movimentação entre o domínio do tempo e o da frequência.

- A transformada fasorial (do domínio do tempo para o domínio da frequência):
  $$\mathbf{V} = V_m e^{j\phi} = \mathcal{F}\{V_m \cos(\omega t + \phi)\}.$$

- A transformada fasorial inversa (do domínio da frequência para o domínio do tempo):
  $$\mathcal{F}^{-1}\{V_m e^{j\phi}\} = \Re\{V_m e^{j\phi} e^{j\omega t}\}.$$
  (Seção 9.3.)

- Quando trabalhar com sinais que variam senoidalmente, lembre-se de que a tensão está 90° adiantada em relação à corrente nos terminais de um indutor e de que a corrente está 90° adiantada em relação à tensão nos terminais de um capacitor. (Seção 9.4.)

- A **impedância** (Z) desempenha, no domínio da frequência, o mesmo papel que a resistência, indutância e capacitância desempenham no domínio do tempo. Especificamente, a relação entre corrente fasorial e tensão fasorial para resistores, indutores e capacitores é
  $$\mathbf{V} = Z\mathbf{I},$$
  em que o sentido de referência para **I** obedece à convenção passiva. A recíproca da impedância é a **admitância** (Y). Portanto, outra maneira de expressar a relação entre corrente e tensão para resistores, indutores e capacitores no domínio da frequência é
  $$\mathbf{V} = \mathbf{I}/Y.$$
  (Seções 9.4 e 9.5.)

- Todas as técnicas de análise de circuitos desenvolvidas nos capítulos 2 a 4 para circuitos resistivos também se aplicam aos circuitos em regime permanente senoidal no domínio da frequência. Entre essas técnicas estão a LTK, a LCK, associações em série e em paralelo de impedâncias, divisão de tensão e corrente, método das tensões de nó e correntes de malha, transformações de fonte e equivalentes de Thévenin e Norton.

- O **transformador linear** de dois enrolamentos é um dispositivo de acoplamento composto de dois enrolamentos construídos no mesmo núcleo não magnético. **Impedância refletida** é a impedância do circuito secundário como percebida dos terminais do circuito primário ou vice-versa. A impedância refletida de um transformador linear percebida no primário é o conjugado da autoimpedância do circuito secundário, aumentada pelo fator de escala $(\omega M/|Z_{22}|)^2$. (Seção 9.10.)

- O **transformador ideal** de dois enrolamentos é um transformador linear que apresenta as seguintes propriedades: acoplamento perfeito ($k = 1$), autoindutância infinita em cada bobina ($L_1 = L_2 = \infty$) e enrolamentos sem perdas ($R_1 = R_2 = 0$). O comportamento do circuito é comandado pela relação entre espiras $a = N_2/N_1$. Em particular, o número de volts por espira é o mesmo para cada enrolamento, ou
  $$\frac{\mathbf{V}_1}{N_1} = \pm \frac{\mathbf{V}_2}{N_2},$$
  e a quantidade de ampère-espira é a mesma para cada enrolamento, ou
  $$N_1 \mathbf{I}_1 = \pm N_2 \mathbf{I}_2.$$
  (Seção 9.11.)

Capítulo 9 • Análise do regime permanente senoidal 385

Tabela 9.3 Impedância e valores relacionados.

Elemento	Impedância (Z)	Reatância	Admitância (Y)	Susceptância
Resistor	R (resistência)	—	G (condutância)	—
Capacitor	$j(-1/\omega C)$	$-1/\omega C$	$j\omega C$	ωC
Indutor	$j\omega L$	ωL	$j(-1/\omega L)$	$-1/\omega L$

Problemas

Seção 9.1

9.1 Uma corrente senoidal é dada pela expressão
$$i = 125 \cos(800t + 36{,}87°) \text{ mA}.$$
Determine (a) f em hertz; (b) T em milissegundos; (c) I_m; (d) $i(0)$; (e) ϕ em graus e radianos; (f) o menor valor positivo de t em que $i = 0$; e (g) o menor valor positivo de t em que $di/dt = 0$.

9.2 Desenhe, em um único gráfico, $v = 100 \cos(\omega t + \phi)$, em função de ωt, para $\phi = 90°, 45°, 0°, -45°$ e $-90°$.

a) Determine se a função tensão desloca-se para a direita ou para a esquerda à medida que ϕ se torna mais negativo.

b) Qual é a direção do deslocamento se ϕ passa de 0 para 45°?

9.3 Considere a tensão senoidal
$$v(t) = 25 \cos(400\pi t + 60°) \text{ V}.$$

a) Qual é a amplitude máxima da tensão?

b) Qual é a frequência em hertz?

c) Qual é a frequência em radianos por segundo?

d) Qual é o ângulo de fase em radianos?

e) Qual é o ângulo de fase em graus?

f) Qual é o período em milissegundos?

g) Qual é a primeira vez, após $t = 0$, que $v = 0$ V?

h) A função senoidal é deslocada 5/6 ms para a direita ao longo do eixo do tempo. Qual é a expressão para $v(t)$?

i) Qual é o valor mínimo de milissegundos de que a função deve ser deslocada para a esquerda, se a expressão para $v(t)$ for $25 \text{ sen } 400\pi t$ V?

9.4 Uma tensão senoidal é igual zero em $t = (40/3)$ ms e aumenta a uma taxa de 750π V/s. A amplitude máxima da tensão é 50 V.

a) Qual é a frequência de v em radianos por segundo?

b) Qual é a expressão para v?

9.5 Sabe-se que, em $t = 5$ ms, uma corrente senoidal é igual zero e está diminuindo. O próximo zero da corrente acontece em $t = 25$ ms. Sabe-se também que a corrente é 50 mA em $t = 0$.

a) Qual é a frequência de i em hertz?

b) Qual é a expressão para i?

9.6 O valor eficaz da tensão senoidal na tomada de uma residência na Escócia é 240 V. Qual é o valor máximo da tensão na tomada?

9.7 Determine o valor eficaz da tensão senoidal de um retificador de meia-onda mostrado na Figura P9.7.

Figura P9.7

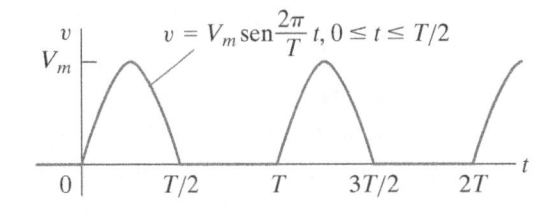

$v = V_m \text{ sen}\dfrac{2\pi}{T}t,\ 0 \le t \le T/2$

9.8 Demonstre que
$$\int_{t_0}^{t_0+T} V_m^2 \cos^2(\omega t + \phi)\,dt = \dfrac{V_m^2 T}{2}$$

Seção 9.2

9.9 A tensão aplicada ao circuito mostrado na Figura 9.5 em $t = 0$ é $75\cos(4.000t - 60°)$ V. A resistência do circuito é 400 Ω e a corrente inicial no indutor de 75 mH é igual a zero.

a) Determine $i(t)$ para $t \geq 0$.

b) Escreva as expressões para as componentes transitórias e de regime permanente de $i(t)$.

c) Determine o valor numérico de i depois de a chave estar fechada por 750 μs.

d) Quais são a amplitude máxima, a frequência (em radianos por segundo) e o ângulo de fase da corrente de regime permanente?

e) De quantos graus é a defasagem entre a tensão e a corrente de regime permanente?

9.10 a) Verifique se a Equação 9.9 é a solução da Equação 9.8. Isso pode ser feito substituindo-se a Equação 9.9 no lado esquerdo da Equação 9.8 e, então, observando se o resultado é igual ao do lado direito para todos os valores de $t > 0$. Em $t = 0$, a Equação 9.9 deve reduzir-se ao valor inicial da corrente.

b) Visto que a componente transitória desaparece com o passar do tempo e que nossa solução deve satisfazer a equação diferencial para todos os valores de t, a componente de regime permanente, por si, também deve satisfazer a equação diferencial. Verifique essa observação mostrando que a componente de regime permanente da Equação 9.9 satisfaz a Equação 9.8.

Seções 9.3–9.4

9.11 Use o conceito de fasor para combinar as seguintes funções senoidais em uma única expressão trigonométrica:

a) $y = 30\cos(200t - 160°) + 15\cos(200t + 70°)$,

b) $y = 90\,\text{sen}(50t - 20°) + 60\cos(200t - 70°)$,

c) $y = 50\cos(5.000t - 60°) + 25\,\text{sen}(5.000t + 110°) - 75\cos(5.000t - 30°)$ e

d) $y = 10\cos(\omega t + 30°) + 10\,\text{sen}\,\omega t + 10\cos(\omega t + 150°)$.

9.12 Uma tensão senoidal de 400 Hz, com amplitude máxima de 100 V em $t=0$, é aplicada aos terminais de um indutor. A amplitude máxima da corrente de regime permanente no indutor é 20 A.

a) Qual é a frequência da corrente no indutor?

b) Se o ângulo de fase da tensão for igual a zero, qual será o ângulo de fase da corrente?

c) Qual é a reatância indutiva do indutor?

d) Qual é a indutância do indutor em mili-henrys?

e) Qual é a impedância do indutor?

9.13 Uma tensão senoidal de 80 kHz tem ângulo de fase nulo e amplitude máxima de 25 mV. Quando essa tensão é aplicada aos terminais de um capacitor, a corrente resultante de regime permanente tem amplitude máxima de 628,32 μA.

a) Qual é a frequência da corrente em radianos por segundo?

b) Qual é o ângulo de fase da corrente?

c) Qual é a reatância capacitiva do capacitor?

d) Qual é a capacitância do capacitor em microfarads?

e) Qual é a impedância do capacitor?

9.14 As expressões para a tensão e a corrente de regime permanente nos terminais do circuito da Figura P9.14 são

$$v_g = 300\cos(5.000\pi t + 78°)\text{ V},$$
$$i_g = 6\,\text{sen}(5.000\pi t + 123°)\text{ A}.$$

a) Qual é a impedância vista pela fonte?

b) De quantos microssegundos é a defasagem entre a corrente e a tensão?

Figura P9.14

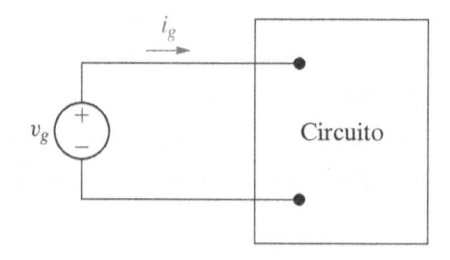

Seções 9.5–9.6

9.15 Um resistor de 25 Ω, um indutor de 50 mH e um capacitor de 32 μF estão ligados em série. Os elementos ligados em série são energizados por uma fonte de tensão senoidal cuja tensão é 25 cos (500t − 60°) V.

    a) Desenhe o circuito equivalente no domínio da frequência.

    b) Referencie a corrente na direção da elevação da tensão na fonte e determine o fasor corrente.

    c) Determine a expressão de regime permanente para $i(t)$.

9.16 Um resistor de 25 Ω e um indutor de 10 mH estão ligados em paralelo. Essa combinação também está em paralelo com a combinação em série de um resistor de 30 Ω e um capacitor de 10 μF. Os três ramos em paralelo são excitados por uma fonte de corrente senoidal cuja expressão é 125 sen(2.500t + 60°) A.

    a) Desenhe o circuito equivalente no domínio da frequência.

    b) Referencie a tensão na fonte de corrente como uma elevação no sentido da corrente da fonte e determine o fasor tensão.

    c) Determine a expressão de regime permanente para $v(t)$.

9.17 Três ramos com impedâncias de $3 + j4\,\Omega$, $16 − j12\,\Omega$ e $−j4\,\Omega$, respectivamente, estão ligados em paralelo. Quais são (a) a admitância, (b) a condutância e (c) a susceptância (em milissiemens) equivalentes da ligação? (d) Se os ramos em paralelo forem excitados por uma fonte de corrente senoidal em que $i = 8 \cos \omega t$ A, qual será a amplitude máxima da corrente no ramo puramente capacitivo?

9.18 a) Mostre que, a uma dada frequência ω, os circuitos na Figura P9.18(a) e (b) terão a mesma impedância entre os terminais a,b se

$$R_1 = \frac{\omega^2 L_2^2 R_2}{R_2^2 + \omega^2 L_2^2}, \quad L_1 = \frac{R_2^2 L_2}{R_2^2 + \omega^2 L_2^2}.$$

    b) Determine os valores de resistência e indutância que, quando ligados em série, terão a mesma impedância a uma frequência de 4 krad/s que a de uma conexão em paralelo de um resistor de 5 kΩ e de um indutor de 1,25 H.

Figura P9.18

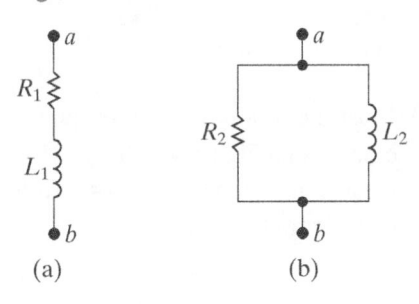

(a)   (b)

9.19 a) Mostre que, a uma dada frequência ω, os circuitos na Figura P9.18(a) e (b) terão a mesma impedância entre os terminais a,b considerando-se que

$$R_2 = \frac{R_1^2 + \omega^2 L_1^2}{R_1}, \quad L_2 = \frac{R_1^2 + \omega^2 L_1^2}{\omega^2 L_1}.$$

(*Sugestão:* os dois circuitos terão a mesma impedância se tiverem a mesma admitância.)

    b) Determine os valores de resistência e indutância que, quando ligados em paralelo, terão a mesma impedância a uma frequência de 1 krad/s que a de uma conexão em série de um resistor de 8 kΩ e de um indutor de 4 H.

9.20 a) Mostre que, a uma dada frequência ω, os circuitos na Figura P9.20(a) e (b) terão a mesma impedância entre os terminais a,b se

$$R_1 = \frac{R_2}{1 + \omega^2 R_2^2 C_2^2},$$

$$C_1 = \frac{1 + \omega^2 R_2^2 C_2^2}{\omega^2 R_2^2 C_2}.$$

    b) Determine os valores de resistência e capacitância que, quando ligados em série, terão a mesma impedância a uma frequência de 40 krad/s que aquela da conexão em paralelo de um resistor de 1.000 Ω e de um capacitor de 50 nF.

Figura P9.20

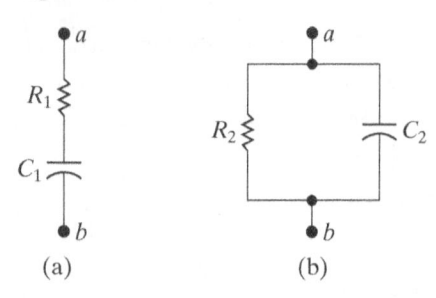

(a) R_1 and C_1 in series between terminals a and b.

(b) R_2 and C_2 in parallel between terminals a and b.

9.21 a) Mostre que, a uma dada frequência ω, os circuitos na Figura P9.20(a) e (b) terão a mesma impedância entre os terminais a,b considerando-se que

$$R_2 = \frac{1 + \omega^2 R_1^2 C_1^2}{\omega^2 R_1 C_1^2},$$

$$C_2 = \frac{C_1}{1 + \omega^2 R_1^2 C_1^2}.$$

(*Sugestão:* os dois circuitos terão a mesma impedância se tiverem a mesma admitância.)

b) Determine os valores de resistência e capacitância que, quando ligados em paralelo, darão a mesma impedância a uma frequência de 50 krad/s que a de uma conexão em série de em resistor de 1 kΩ e de um capacitor de 40 nF.

9.22 Determine a impedância Z_{ab} no circuito da Figura P9.22. Expresse Z_{ab} em forma polar e também em forma retangular.

Figura P9.22

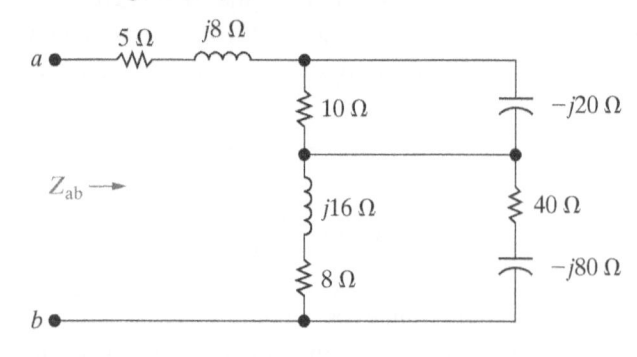

9.23 Determine a admitância Y_{ab} no circuito visto na Figura P9.23. Expresse Y_{ab} em forma polar e também em forma retangular. Determine o valor de Y_{ab} em milissiemens.

Figura P9.23

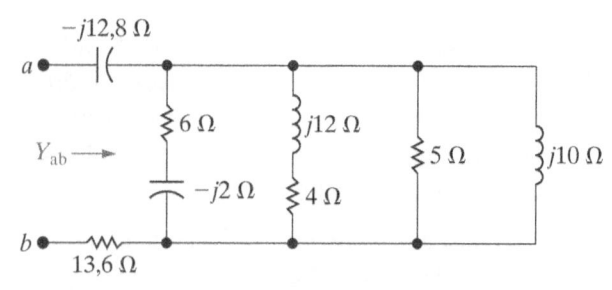

9.24 a) Para o circuito mostrado na Figura P9.24, determine a frequência (em radianos por segundo) em que a impedância Z_{ab} é puramente resistiva.

b) Determine o valor de Z_{ab} na frequência determinada no item (a).

Figura P9.24

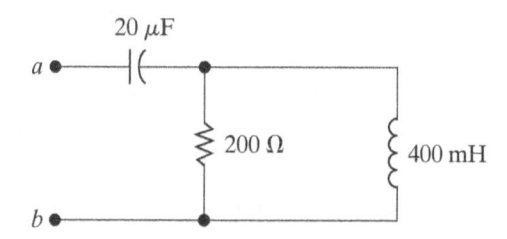

9.25 a) Usando os valores dos componentes do apêndice H, combine, pelo menos, um resistor, um indutor e um capacitor em série para criar uma impedância de $300 - j400\ \Omega$ a uma frequência de 10.000 rad/s.

b) Em que frequência o circuito da parte (a) tem uma impedância que é puramente resistiva?

9.26 a) Usando os valores dos componentes do apêndice H, combine, pelo menos, um resistor e um indutor em paralelo para criar uma impedância de $40 + j20\ \Omega$ a uma frequência de 5.000 rad/s. (*Sugestão:* use os resultados do Problema 9.19.)

b) Usando os valores dos componentes do apêndice H, combine, pelo menos, um resistor e um capacitor em paralelo para criar uma impedância de $40 - j20\ \Omega$ a uma frequência de 5.000 rad/s. (*Sugestão:* use o resultado do Problema 9.21.)

9.27 a) Usando os valores dos componentes do apêndice H, determine um único capacitor ou uma rede de capacitores que, quando combinados em paralelo com o circuito *RL* do Problema 9.26(a), resulta em uma impedância equivalente que é puramente resistiva a uma frequência de 5.000 rad/s.

b) Usando os valores dos componentes do apêndice H, determine um único indutor ou uma rede de indutores que, quando combinados em paralelo com o circuito *RC* do Problema de 9.26(b), resulta em uma impedância equivalente que é puramente resistiva a uma frequência de 5.000 rad/s.

9.28 Determine a expressão de regime permanente para $i_o(t)$ no circuito da Figura P9.28, se $v_s = 80 \cos 2.000t$ V.

Figura P9.28

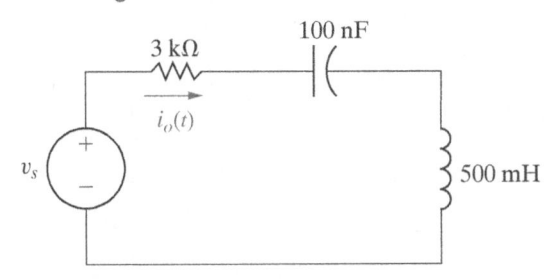

9.29 O circuito da Figura P9.29 está em regime permanente senoidal. Determine a expressão de regime permanente para $v_o(t)$, se $v_g = 60 \operatorname{sen} 8.000t$ V.

Figura P9.29

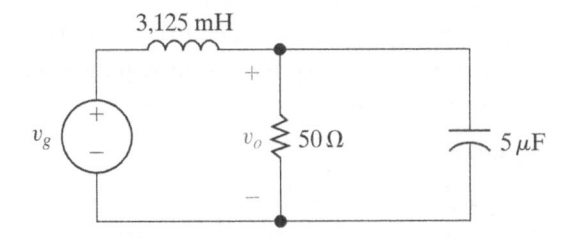

9.30 O circuito da Figura P9.30 está em regime permanente senoidal. Determine $i_o(t)$, se $v_t = 25 \operatorname{sen} 4.000t$ V.

Figura P9.30

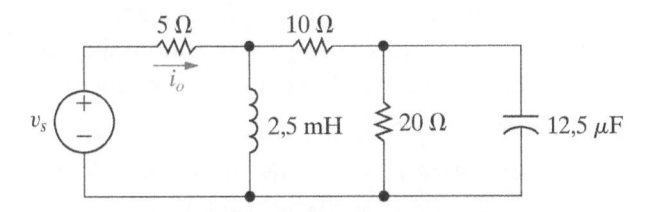

9.31 a) Para o circuito mostrado na Figura P9.31, determine a expressão de regime permanente para v_o, se $i_g = 25 \cos 50.000t$ mA.
b) De quantos microssegundos é a defasagem entre v_o e i_g?

Figura P9.31

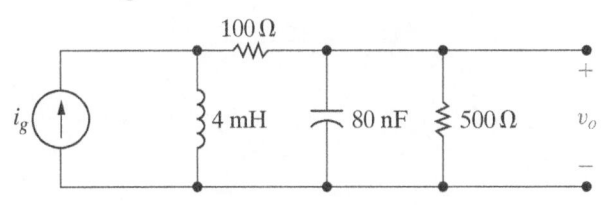

9.32 Determine $\mathbf{I}_b$ e Z no circuito da Figura P9.32, se $\mathbf{V}_g = 25\,\underline{/0°}$ V e $\mathbf{I}_a = 5\,\underline{/90°}$ A.

Figura P9.32

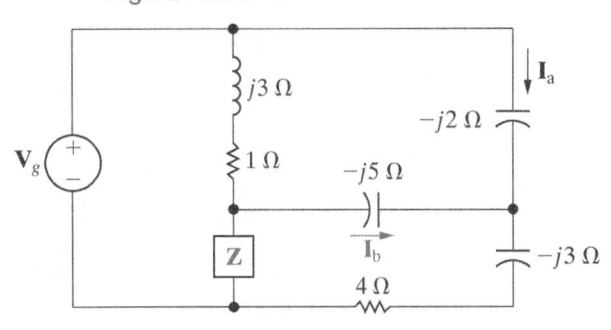

9.33 Determine o valor de Z no circuito visto na Figura P9.33, se $\mathbf{V}_g = 100 - j50$ V, $\mathbf{I}_g = 30 + j20$ A e $\mathbf{V}_1 = 140 + j30$ V.

Figura P9.33

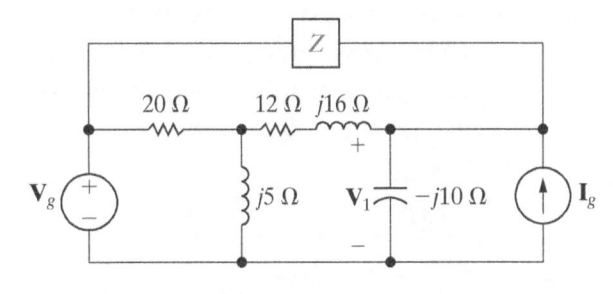

9.34 Determine a expressão de regime permanente para v_o no circuito da Figura P9.34, se $i_g = 60 \cos 10.000t$ mA.

Figura P9.34

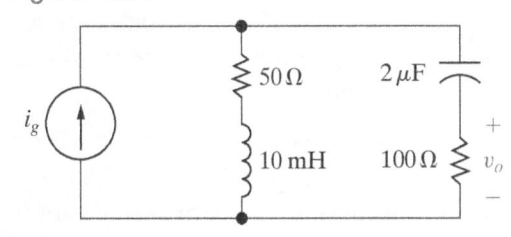

9.35 O circuito mostrado na Figura P9.35 está em regime permanente senoidal. Determine o valor de ω, se

$$i_o = 40 \operatorname{sen}(\omega t + 21{,}87°) \text{ mA},$$
$$v_g = 40 \cos(\omega t - 15°) \text{ V}.$$

Figura P9.35

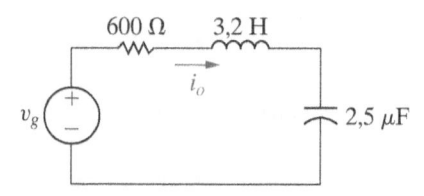

[Circuito: fonte v_g, resistor 600 Ω, indutor 3,2 H em série com corrente i_o, capacitor 2,5 μF]

9.36 O fasor corrente $\mathbf{I}_b$, no circuito da Figura P9.36, é $25 \underline{/0°}$ mA.

a) Determine $\mathbf{I}_a$, $\mathbf{I}_c$ e $\mathbf{I}_g$.

b) Se ω = 1.500 rad/s, determine as expressões para $i_a(t)$, $i_c(t)$ e $i_g(t)$.

Figura P9.36

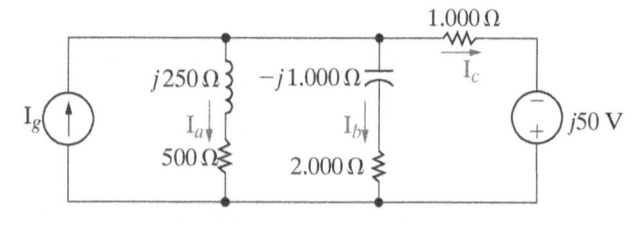

[Circuito com fonte de corrente I_g, impedâncias $j250\,\Omega$, $-j1000\,\Omega$, resistor 1.000 Ω, I_c, fonte $j50$ V, resistores 500 Ω, 2.000 Ω]

9.37 A frequência da fonte de tensão senoidal no circuito da Figura P9.37 é ajustada até que a corrente i_o fique em fase com v_g.

a) Determine a frequência em hertz.

b) Determine a expressão de regime permanente para i_o (na frequência encontrada em [a]), se $v_g = 90 \cos \omega t$ V.

Figura P9.37

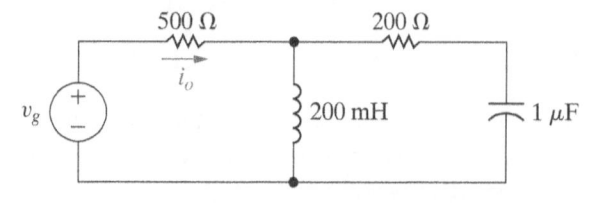

[Circuito: fonte v_g, 500 Ω em série com i_o, 200 Ω, 200 mH, 1 μF]

9.38 a) A frequência da fonte de tensão no circuito na Figura P9.38 é ajustada até que v_g fique em fase com i_g. Qual é o valor de ω em radianos por segundo?

b) Se $i_g = 60 \cos \omega t$ mA (onde ω é a frequência determinada em [a]), qual é a expressão de regime permanente para v_g?

Figura P9.38

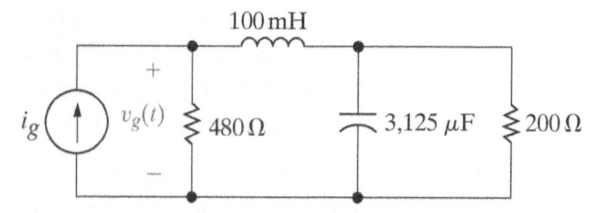

[Circuito: fonte de corrente i_g, $v_g(t)$, 100 mH, 480 Ω, 3,125 μF, 200 Ω]

9.39 A frequência da fonte de tensão senoidal no circuito na Figura P9.39 é ajustada até que i_g fique em fase com v_g.

a) Qual é o valor de ω em radianos por segundo?

b) Se $v_g = 15 \cos \omega t$ V (onde ω é a frequência determinada em [a]), qual é a expressão de regime permanente para i_g?

Figura P9.39

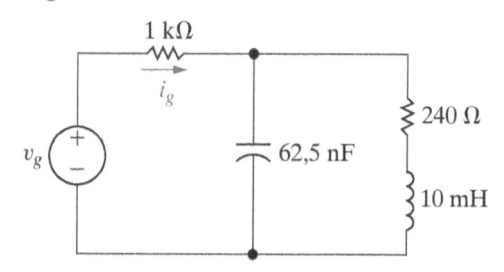

[Circuito: fonte v_g, 1 kΩ, i_g, 62,5 nF, 240 Ω, 10 mH]

9.40 a) A tensão da fonte no circuito da Figura P9.40 é $v_g = 40 \cos 1.000t$ V. Determine os valores de L em que i_g fica em fase com v_g quando o circuito estiver em regime permanente.

b) Para os valores de L encontrados em (a), determine as expressões de regime permanente para i_g.

Figura P9.40

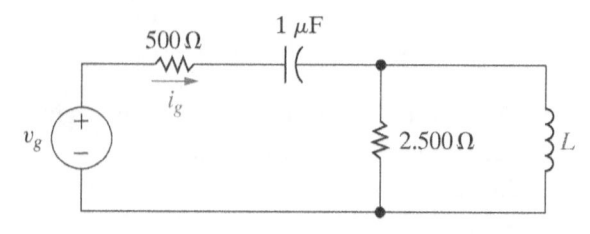

[Circuito: fonte v_g, 500 Ω, i_g, 1 μF, 2.500 Ω, L]

9.41 O circuito da Figura P9.41 está em regime permanente senoidal. O capacitor é ajustado até que a corrente i_g fique em fase com a tensão senoidal v_g.

a) Especifique a capacitância em microfarads, se $v_g = 80 \cos 5.000t$ V.

b) Calcule a expressão de regime permanente para i_g quando C tiver o valor determinado em (a).

Figura P9.41

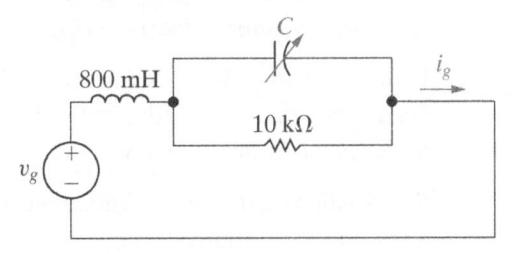

9.42 Determine Z_{ab} para o circuito mostrado na Figura P9.42.

Figura P9.42

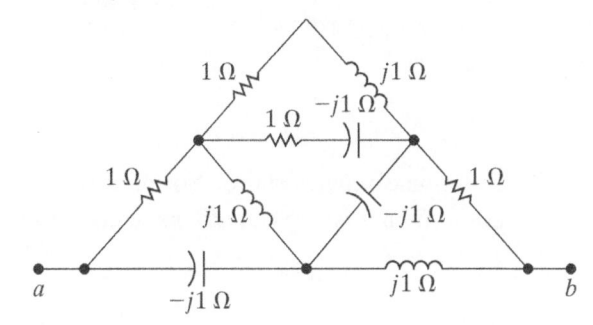

Seção 9.7

9.43 A fonte de tensão senoidal no circuito da Figura P9.43 fornece uma tensão de 50 sen 400t V.

a) Determine a tensão de Thévenin em relação aos terminais a,b.

b) Determine a impedância de Thévenin em relação aos terminais a,b.

c) Desenhe o equivalente de Thévenin.

Figura P9.43

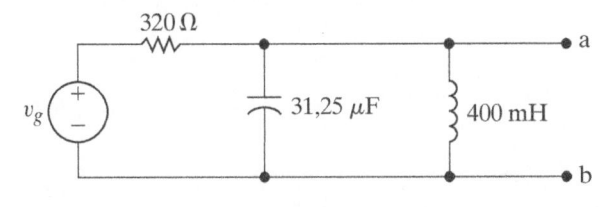

9.44 Use transformações de fonte para determinar o circuito equivalente de Norton em relação aos terminais a,b para o circuito da Figura P9.44.

Figura P9.44

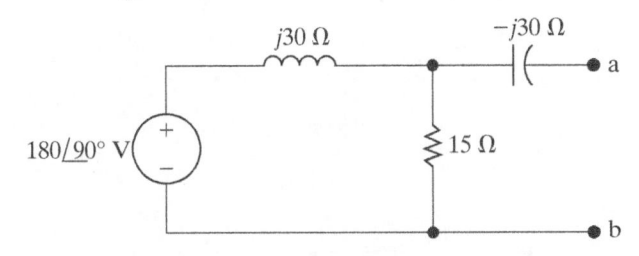

9.45 Use transformações de fonte para determinar o circuito equivalente de Thévenin em relação aos terminais a,b para o circuito da Figura P9.45.

Figura P9.45

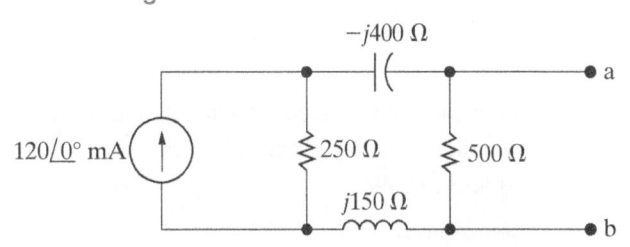

9.46 Determine o circuito equivalente de Norton em relação aos terminais a,b no circuito da Figura P9.46.

Figura P9.46

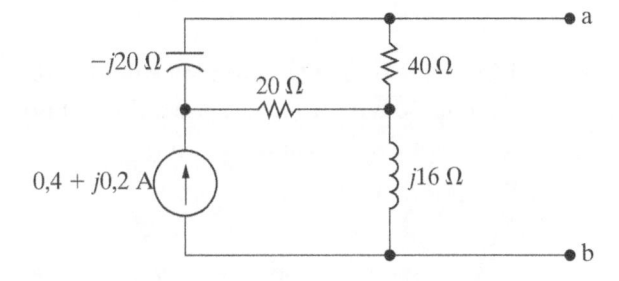

9.47 O dispositivo na Figura P9.47 é representado no domínio da frequência por um equivalente de Thévenin. Quando um resistor, com uma impedância de 200 Ω, é ligado ao dispositivo, o valor de I_0 torna-se $(-150 + j150)$ mA. Quando um indutor, com uma impedância de $j200$ Ω, é ligado ao dispositivo, o valor de V_0 torna-se $(-40 - j40)$ V. Determine a tensão de Thévenin V_{Th} e a impedância de Thévenin Z_{Th}.

Figura P9.47

9.48 Determine o equivalente de Norton em relação aos terminais *a,b* no circuito da Figura P9.48.

Figura P9.48

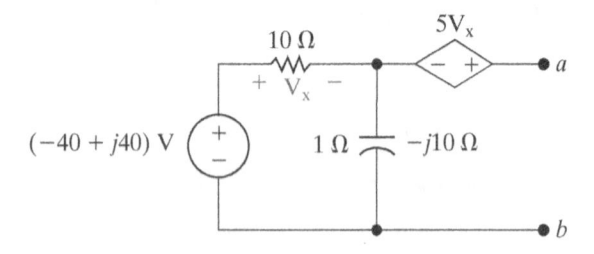

9.49 Determine o circuito equivalente de Thévenin em relação aos terminais *a,b* para o circuito da Figura P9.49.

Figura P9.49

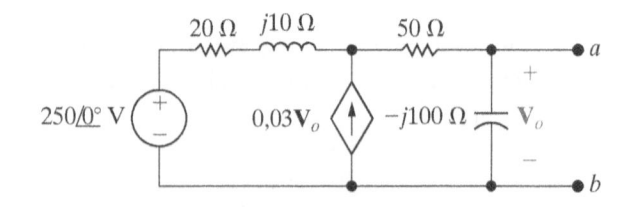

9.50 Determine o circuito equivalente de Norton em relação aos terminais *a,b* para o circuito da Figura P9.50 quando $V_s = 5\underline{/0°}$ V.

Figura P9.50

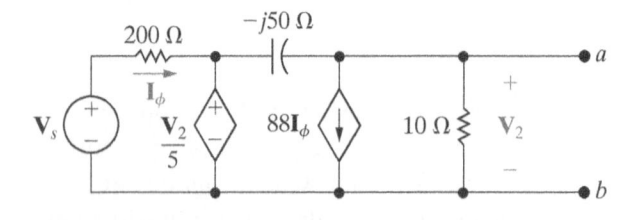

9.51 O circuito da Figura P9.51 está funcionando a uma frequência de 10 rad/s. Suponha que α seja real e esteja entre -10 e $+10$, isto é, $-10 \leq \alpha \leq 10$.

a) Determine o valor de α de modo que a impedância de Thévenin vista a partir dos terminais *a,b* seja puramente resistiva.

b) Qual é o valor da impedância de Thévenin para o α determinado em (a)?

c) Pode-se ajustar α de modo que a impedância de Thévenin seja igual a $500 - j500\ \Omega$? Se for possível, qual será o valor de α?

d) Para quais valores de α a impedância de Thévenin será indutiva?

Figura P9.51

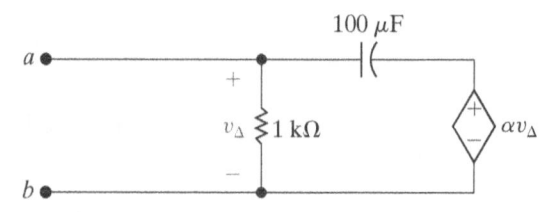

9.52 Determine Z_{ab} no circuito da Figura P9.52 quando o circuito está funcionando a uma frequência de 100 krad/s.

Figura P9.52

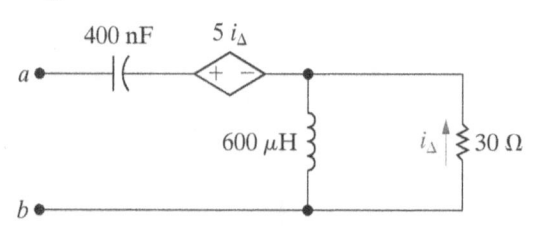

9.53 Determine a impedância de Thévenin vista a partir dos terminais *a,b* do circuito da Figura P9.53, se a frequência de operação for $(25/\pi)$ kHz.

Figura P9.53

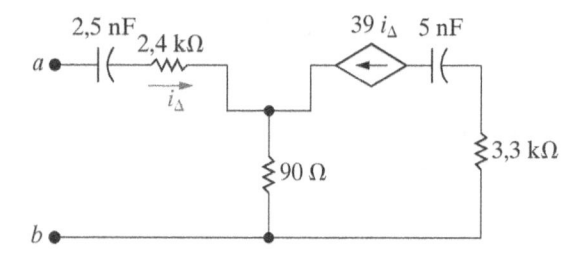

Seção 9.8

9.54 Use o método das tensões de nó para determinar $\mathbf{V}_o$ no circuito da Figura P9.54.

Figura P9.54

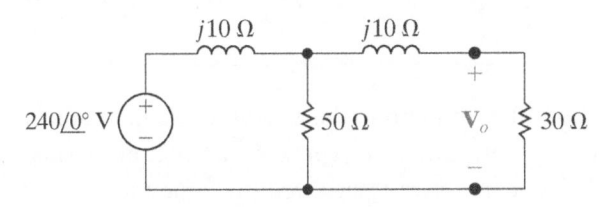

240∠0° V, $j10\,\Omega$, $j10\,\Omega$, $50\,\Omega$, $\mathbf{V}_o$, $30\,\Omega$

9.55 Use o método das tensões de nó para determinar a tensão fasorial $\mathbf{V}_g$ no circuito da Figura P9.55.

Figura P9.55

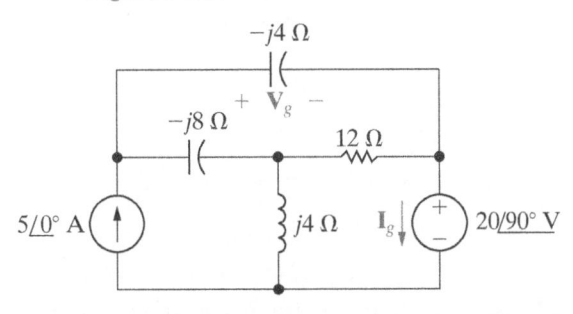

5∠0° A, $-j8\,\Omega$, $-j4\,\Omega$, $\mathbf{V}_g$, $12\,\Omega$, $j4\,\Omega$, $\mathbf{I}_g$, 20∠90° V

9.56 Use o método das tensões de nó para determinar a expressão de regime permanente para i_o no circuito visto na Figura P9.56, se $i_g = 5\cos 2.500t$ A e $v_g = 20\cos(2.500t + 90°)$ V.

Figura P9.56

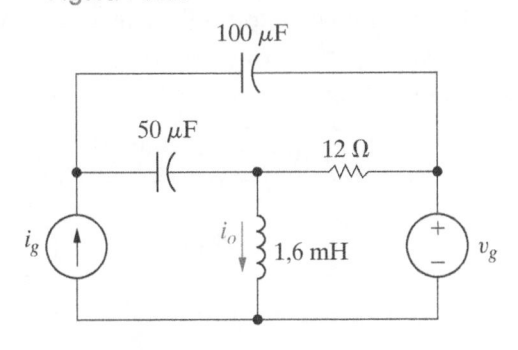

i_g, $50\,\mu F$, $100\,\mu F$, $12\,\Omega$, i_o, $1{,}6\,mH$, v_g

9.57 Use o método das tensões de nó para determinar a expressão de regime permanente para $v_o(t)$ no circuito da Figura P9.57, se
$$v_{g1} = 25\,\text{sen}\,(400t + 143{,}13°)\text{ V},$$
$$v_{g2} = 18{,}03\cos(400t + 33{,}69°)\text{ V}.$$

Figura P9.57

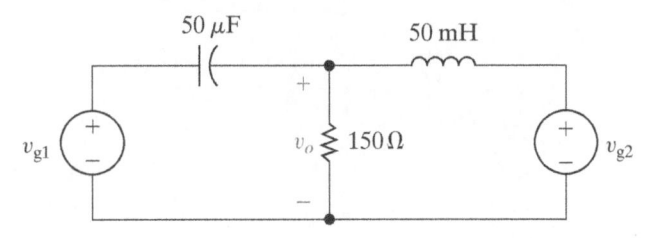

$50\,\mu F$, $50\,mH$, v_{g1}, v_o, $150\,\Omega$, v_{g2}

9.58 Use o método das tensões de nó para determinar o fasor tensão $\mathbf{V}_o$ no circuito da Figura P9.58. Expresse a tensão nas formas polar e retangular.

Figura P9.58

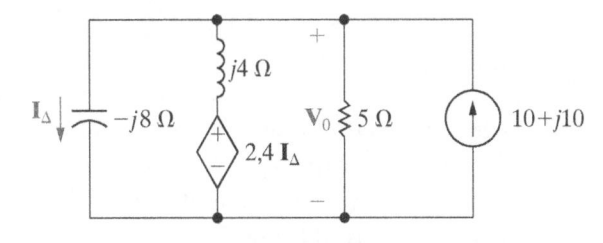

$\mathbf{I}_\Delta$, $-j8\,\Omega$, $j4\,\Omega$, $2{,}4\,\mathbf{I}_\Delta$, $\mathbf{V}_o$, $5\,\Omega$, $10+j10$

9.59 Use o método das tensões de nó para determinar $\mathbf{V}_o$ e $\mathbf{I}_o$ no circuito da Figura P9.59.

Figura P9.59

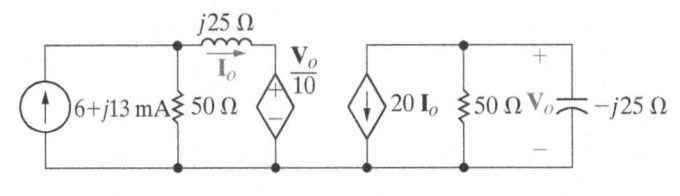

$6+j13$ mA, $j25\,\Omega$, $\mathbf{I}_o$, $50\,\Omega$, $\dfrac{\mathbf{V}_o}{10}$, $20\,\mathbf{I}_o$, $50\,\Omega$, $\mathbf{V}_o$, $-j25\,\Omega$

Seção 9.9

9.60 Use o método das correntes de malha para determinar o fasor corrente $\mathbf{I}_g$ no circuito da Figura P9.55.

9.61 Use o método das correntes de malha para determinar a expressão de regime permanente para $v_o(t)$ no circuito da Figura P9.57.

Circuitos elétricos

9.62 Use o método das correntes de malha para determinar as correntes de ramo I_a, I_b, I_c e I_d no circuito da Figura P9.62.

Figura P9.62

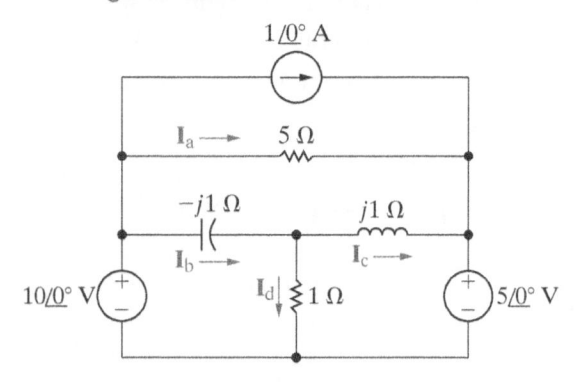

9.63 Use o método das correntes de malha para determinar a expressão de regime permanente para $v_o(t)$ no circuito da Figura P9.63, se
$v_a = 18$ sen $4.000t$ V,
$v_b = 12$ cos $4.000t$ V.

Figura P9.63

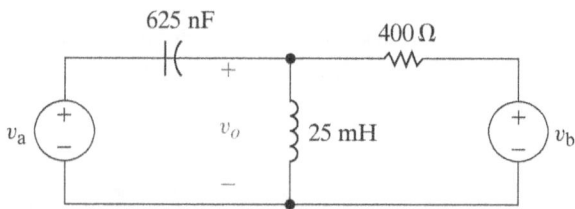

9.64 Use o método das correntes de malha para determinar a expressão de regime permanente para v_o no circuito da Figura P9.64, se v_g for igual a 75 cos 5.000t V.

Figura P9.64

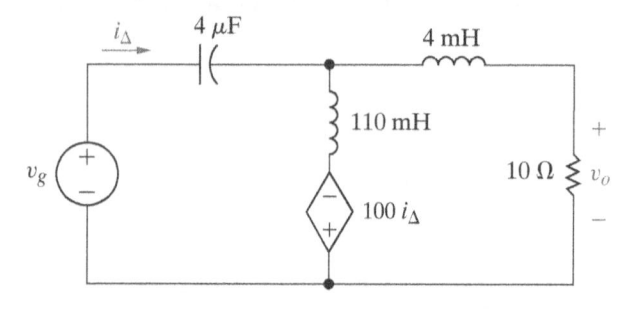

Seções 9.5 a 9.9

9.65 Use o conceito da divisão de tensão para determinar a expressão de regime permanente para $v_o(t)$ no circuito da Figura P9.65, se $v_g = 120$ cos $100.000t$ V.

Figura P9.65

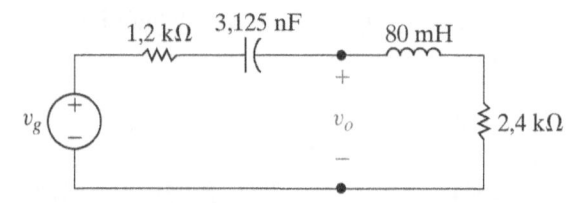

9.66 Use o conceito da divisão de corrente para determinar a expressão de regime permanente para i_o no circuito da Figura P9.66, se $i_g = 60$ cos $250t$ mA.

Figura P9.66

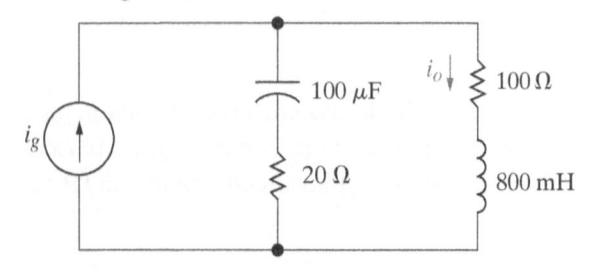

9.67 No circuito da Figura P9.67, suponha que
$v_1 = 20$ cos$(2.000t - 36,87°)$ V,
$v_2 = 10$ cos$(5.000t + 16,26°)$ V.

a) Qual é a técnica de análise de circuitos que deve ser utilizada para determinar a expressão de regime permanente para $v_o(t)$?

b) Determine a expressão de regime permanente para $v_o(t)$.

Figura P9.67

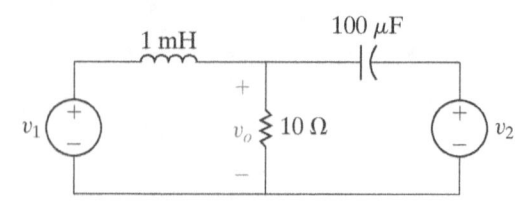

9.68 No circuito da Figura P9.63, suponha que
$v_a = 10$ cos $16.000t$ V,
$v_b = 20$ cos $4.000t$ V.

a) Qual é a técnica de análise de circuitos que deve ser utilizada para determinar a expressão de regime permanente para $i_o(t)$?

b) Determine a expressão de regime permanente para $i_o(t)$.

9.69 A fonte de tensão senoidal no circuito mostrado na Figura P9.69 está gerando a tensão $v_g = 20 \cos 5.000t$ V. Se o amp op for ideal, qual será a expressão de regime permanente para $v_o(t)$?

Figura P9.69

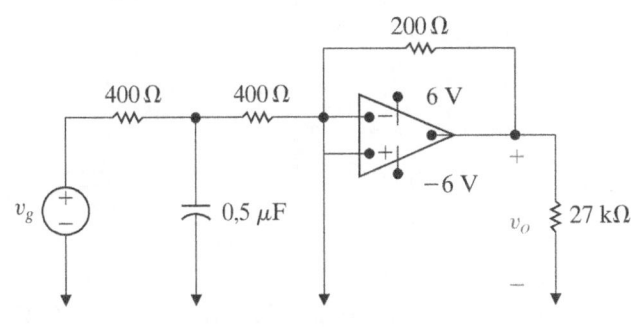

9.70 O capacitor de 0,5 μF no circuito visto na Figura P9.69 é substituído por um capacitor variável. O capacitor é ajustado até que a tensão de saída esteja 135° adiantada em relação à tensão de entrada.
  a) Determine o valor de C em microfarads.
  b) Escreva a expressão de regime permanente para $v_o(t)$, quando C tiver o valor determinado em (a).

9.71 O amp op no circuito da Figura P9.71 é ideal.
  a) Determine a expressão de regime permanente para $v_o(t)$.
  b) De quanto pode ser a amplitude de v_g antes que o amplificador sature?

Figura P9.71

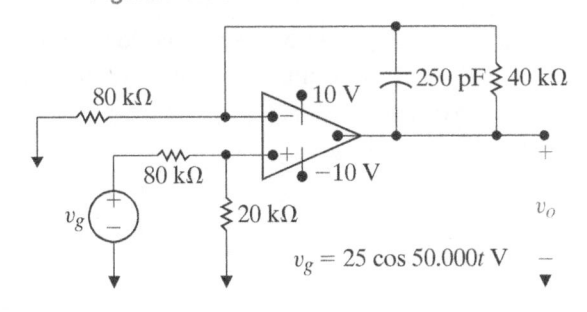

$v_g = 25 \cos 50.000t$ V

9.72 O amp op no circuito visto na Figura P9.72 é ideal. Determine a expressão de regime permanente para $v_o(t)$ quando $v_g = 2 \cos 10^6 t$ V.

Figura P9.72

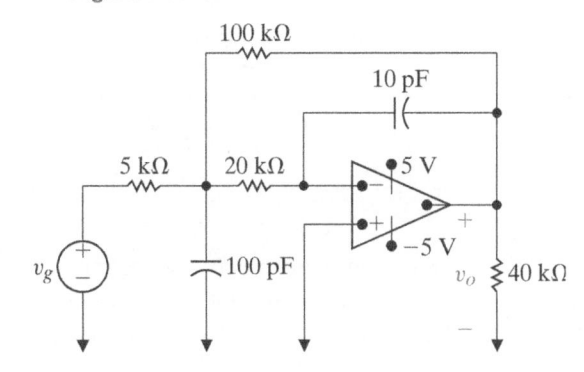

9.73 O amplificador operacional no circuito mostrado na Figura P9.73 é ideal. A tensão da fonte senoidal ideal é $v_g = 30 \cos 10^6 t$ V.
  a) Qual é o menor valor que C_o pode alcançar antes de a tensão de saída de regime permanente não ter mais uma forma de onda puramente senoidal?
  b) Escreva a expressão de regime permanente para v_o usando o valor de C_o determinado em (a).

Figura P9.73

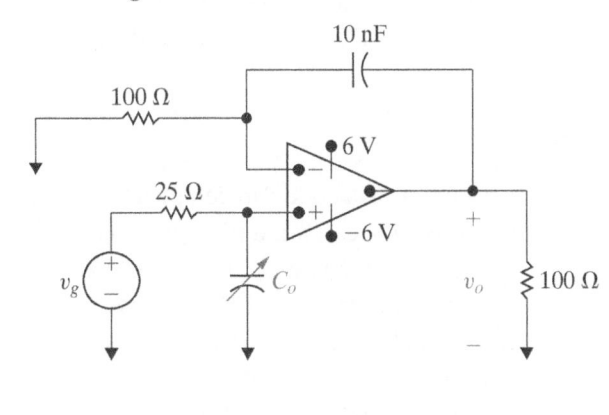

Seção 9.10

9.74 O valor de k no circuito da Figura P9.74 é ajustado de modo que Z_{ab} seja puramente resistiva quando $\omega = 4$ krad/s. Determine Z_{ab}.

Figura P9.74

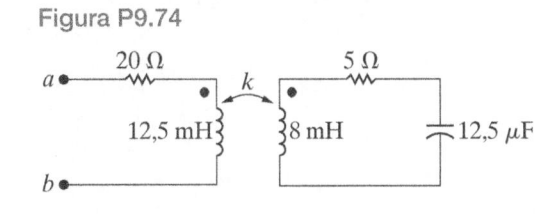

9.75 Para o circuito da Figura P9.75, determine o circuito equivalente de Thévenin em relação aos terminais c,d.

Figura P9.75

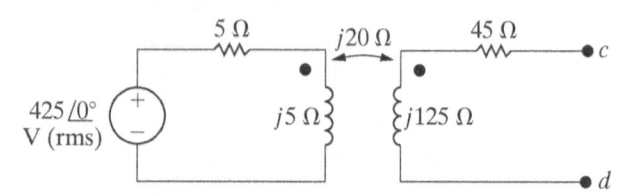

Fonte: $425\underline{/0°}$ V (rms), resistor de $5\,\Omega$, indutância mútua com $j20\,\Omega$, indutor primário $j5\,\Omega$, indutor secundário $j125\,\Omega$, resistor de $45\,\Omega$ em série com terminal c; terminal d no retorno.

9.76
a) Determine as expressões de regime permanente para as correntes i_g e i_L no circuito da Figura P9.76, quando $v_g = 168\cos 800t$ V.

b) Determine o coeficiente de acoplamento.

c) Determine a energia armazenada nos enrolamentos magneticamente acoplados em $t = 625\pi\,\mu s$ e $t = 1.250\pi\,\mu s$.

Figura P9.76

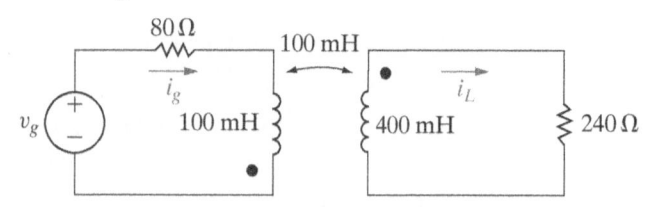

Fonte v_g, resistor $80\,\Omega$, indutor primário $100\,\mathrm{mH}$, indutância mútua $100\,\mathrm{mH}$, indutor secundário $400\,\mathrm{mH}$, resistor $240\,\Omega$.

9.77 A fonte de tensão senoidal no circuito visto na Figura P9.77 está funcionando a uma frequência de 200 krad/s. O coeficiente de acoplamento é ajustado até que o valor de pico de i_1 seja máximo.

a) Qual é o valor de k?

b) Se $v_g = 560\cos(2\times 10^5 t)$ V, qual é a amplitude máxima de i_1?

Figura P9.77

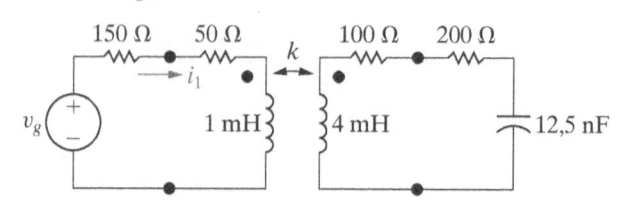

Fonte v_g, em série $150\,\Omega$ e $50\,\Omega$, indutor primário $1\,\mathrm{mH}$ (corrente i_1), acoplamento k, indutor secundário $4\,\mathrm{mH}$, em série $100\,\Omega$, $200\,\Omega$ e capacitor $12,5\,\mathrm{nF}$.

9.78 A combinação em série de um resistor de $60\,\Omega$ e um indutor de $50\,\mathrm{mH}$ está ligada a uma fonte de tensão senoidal por meio de um transformador linear. A fonte está funcionando a uma frequência de 400 rad/s. Nessa frequência, a impedância interna da fonte é $(10 + j12{,}75)\,\Omega$. O valor eficaz da tensão nos terminais da fonte é 75 V. Os parâmetros do transformador linear são $R_1 = 8{,}34\,\Omega$, $L_1 = 90\,\mathrm{mH}$, $R_2 = 100\,\Omega$, $L_2 = 250\,\mathrm{mH}$ e $M = 135\,\mathrm{mH}$.

a) Qual é o valor da impedância refletida no primário?

b) Qual é o valor da impedância vista a partir dos terminais da fonte prática?

Seção 9.11

9.79 À primeira vista pode parecer, pela Equação 9.69, que uma carga indutiva poderia fazer com que a reatância vista a partir dos terminais do primário (isto é, X_{ab}) parecesse capacitiva. No entanto, por intuição, sabemos que isso é impossível. Mostre que X_{ab} nunca poderá ser negativa, se X_L for uma reatância indutiva.

9.80 a) Mostre que a impedância vista a partir dos terminais a,b do circuito na Figura P9.80 é dada pela expressão

$$Z_{ab} = \left(1 + \frac{N_1}{N_2}\right)^2 Z_L.$$

b) Mostre que, se a polaridade do terminal de qualquer um dos enrolamentos for invertida,

$$Z_{ab} = \left(1 - \frac{N_1}{N_2}\right)^2 Z_L.$$

Figura P9.80

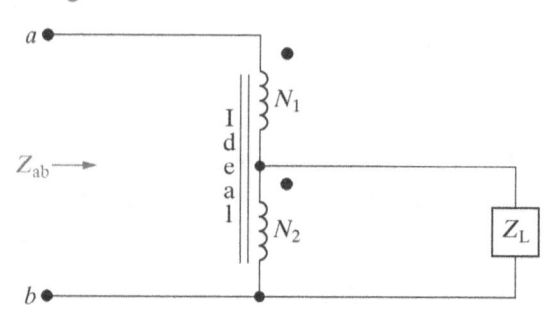

9.81 a) Mostre que a impedância vista a partir dos terminais a,b, do circuito na Figura P9.81, é dada pela expressão

$$Z_{ab} = \frac{Z_L}{\left(1 + \dfrac{N_1}{N_2}\right)^2}.$$

b) Mostre que, se a polaridade dos terminais de qualquer um dos enrolamentos for invertida,

$$Z_{ab} = \frac{Z_L}{\left(1 - \dfrac{N_1}{N_2}\right)^2}.$$

Figura P9.81

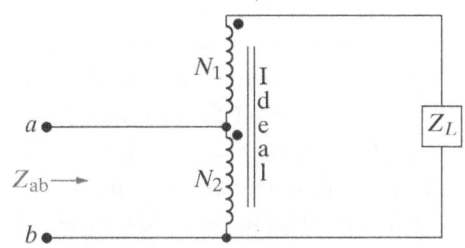

9.82 Determine a impedância Z_{ab} no circuito da Figura P9.82, se $Z_L = 200\,\underline{/{-45°}}\,\Omega$.

Figura P9.82

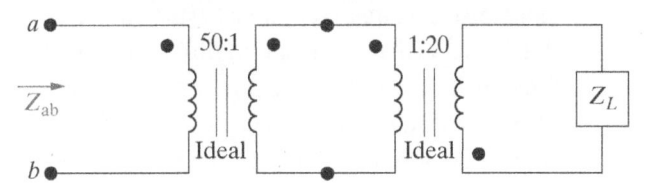

Seção 9.12

9.83 Usando um diagrama fasorial, mostre o que acontece ao módulo e ao ângulo de fase da tensão v_o no circuito da Figura P9.83, à medida que R_x varia de zero até o infinito. A amplitude e o ângulo de fase da tensão na fonte são mantidos constantes, enquanto R_x varia.

Pspice
Multisim

Figura P9.83

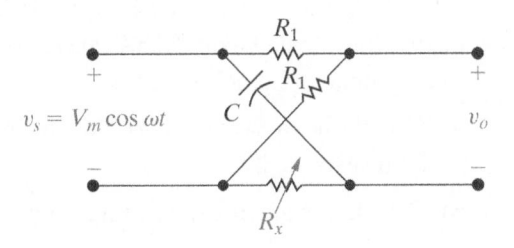

9.84 Os parâmetros do circuito mostrado na Figura 9.53 são $R_1 = 0,1\,\Omega$, $\omega L_1 = 0,8\,\Omega$, $R_2 = 24\,\Omega$, $\omega L_2 = 32\,\Omega$ e $\mathbf{V}_L = 240 + j0$ V.

a) Calcule o fasor tensão $\mathbf{V}_s$.

b) Ligue um capacitor em paralelo com o indutor, mantenha $\mathbf{V}_L$ constante e ajuste o capacitor até que a magnitude de $\mathbf{I}$ seja mínima. Qual será a reatância capacitiva? Qual será o valor de $\mathbf{V}_s$?

c) Determine o valor da reatância capacitiva que mantém a magnitude de $\mathbf{I}$ a menor possível e que, ao mesmo tempo, faça

$$|\mathbf{V}_s| = |\mathbf{V}_L| = 240\text{ V}.$$

9.85 a) Para o circuito mostrado na Figura P9.85, calcule $\mathbf{V}_s$ e $\mathbf{V}_l$.

b) Construa um diagrama fasorial para mostrar a relação entre $\mathbf{V}_s$, $\mathbf{V}_l$ e a tensão de carga de $240\,\underline{/0°}$ V.

c) Repita as partes (a) e (b), considerando que a tensão da carga permaneça constante em $240\,\underline{/0°}$ V, quando uma reatância capacitiva de $-5\,\Omega$ é ligada aos terminais da carga.

Figura P9.85

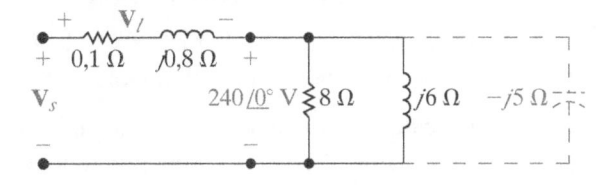

Seções 9.1 a 9.12

9.86 Como engenheiro formado, pode ser que você tenha a oportunidade de trabalhar como perito em ações judiciais que envolvam danos à propriedade ou a pessoas. Como um exemplo desse tipo de problema, para o qual sua opinião profissional pode ser solicitada, leve em conta o seguinte evento. Ao final de um dia de trabalho no campo, um fazendeiro volta à sede da fazenda, verifica o galpão de confinamento de suínos e percebe, para sua consternação, que os animais estão mortos. Verificou-se que a origem do problema foi a queima de um fusível, que provocou a parada do motor de um ventilador de 240 V. A falta de ventilação resultou na morte dos animais por asfixia. O fusível queimado está localizado no quadro geral, a partir do qual toda a fazenda é alimentada. Antes de pagar a indenização, a companhia seguradora quer saber se os circuitos elétricos da fazenda estavam funcionando adequadamente. Os advogados da seguradora estão intrigados porque a esposa do fazendeiro, que estava em casa no dia do acidente, convalescendo-se de uma pequena cirurgia, assistiu à televisão durante a tarde. Além disso, quando ela foi até a cozinha para preparar o jantar, o relógio elétrico indicava a hora certa. Os advogados contrataram você para explicar (1) por que o relógio elétrico da cozinha e o aparelho de televisão da sala de estar continuaram funcionando após a queima do fusível na chave geral e (2) por que o segundo fusível da chave geral não queimou após a parada do motor do ventilador. Após averiguar as cargas existentes no circuito trifásico de distribuição antes da interrupção do fusível A, você tem condições de desenhar o modelo de circuito mostrado na Figura P9.86. As impedâncias dos condutores são consideradas desprezíveis.

a) Calcule as correntes de ramo I_1, I_2, I_3, I_4, I_5 e I_6 antes da queima do fusível A.

b) Calcule as correntes de ramo após a queima do fusível A. Suponha que o motor que parou comporte-se como um curto-circuito.

c) Explique por que o relógio e o televisor não foram afetados pelo curto-circuito momentâneo que queimou o fusível A.

d) Suponha que o motor do ventilador esteja equipado com um disjuntor termoelétrico projetado para interromper o circuito do motor, se a corrente no motor tornar-se excessiva. Você esperaria que o disjuntor funcionasse? Explique.

e) Explique por que o fusível B não queima quando o motor do ventilador para.

Figura P9.86

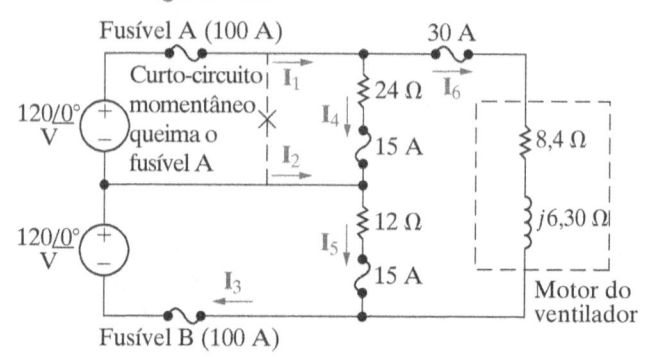

9.87 Perspectiva Prática
a) Calcule as correntes de ramo I_1–I_6 no circuito da Figura P9.58.

b) Determine a corrente no primário, I_p.

9.88 Perspectiva Prática
Suponha que a resistência de 40 Ω, no circuito de distribuição da Figura P9.58, seja substituída por uma resistência de 20 Ω.

a) Calcule novamente a corrente de ramo no resistor de 2 Ω, I_2.

b) Calcule novamente a corrente no primário, I_p.

c) Tomando suas respostas como base, é desejável que a resistência das duas cargas de 120 V seja igual?

9.89 Perspectiva Prática
Um circuito residencial é mostrado na Figura P9.89. Nesse modelo, o resistor R_3 é usado para modelar um eletrodoméstico que funciona em 250 V (por exemplo, um forno elétrico), e os resistores R_1 e R_2 são usados para modelar eletrodomésticos que funcionam em 125 V (por exemplo, uma lâmpada, uma

torradeira e um ferro elétrico). Os ramos que conduzem I_1 e I_2 estão modelando o que os eletricistas chamam de condutores 'vivos' do circuito, e o ramo que transporta I_n está modelando o condutor neutro. Nossa finalidade, ao analisar o circuito, é mostrar a importância do condutor neutro para o funcionamento satisfatório do circuito. Escolha o método para analisá-lo.

a) Mostre que I_n é igual a zero, se $R_1 = R_2$.
b) Mostre que $V_1 = V_2$, se $R_1 = R_2$.
c) Interrompa o ramo neutro e calcule V_1 e V_2, se $R_1 = 40\ \Omega$, $R_2 = 400\ \Omega$ e $R_3 = 8\ \Omega$.
d) Torne a ligar o condutor neutro e repita (c).
e) Tomando seus cálculos como base, explique por que nunca se colocam fusíveis no condutor neutro de tal maneira que ele possa ser interrompido enquanto os condutores "vivos" continuam energizados.

Figura P9.89

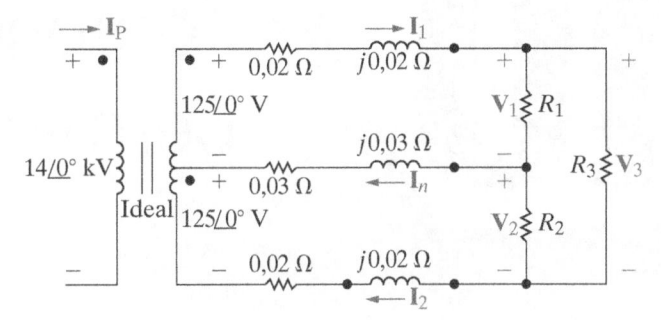

9.90 Perspectiva Prática
a) Determine a corrente no primário, I_p, para (c) e (d) no Problema 9.89.
b) Suas respostas fazem sentido em termos do comportamento conhecido de circuitos elétricos?

Capítulo 10

Cálculos de potência em regime permanente senoidal

SUMÁRIO DO CAPÍTULO

10.1 Potência instantânea
10.2 Potência média e potência reativa
10.3 Valor eficaz e cálculos de potência
10.4 Potência complexa
10.5 Cálculos de potência
10.6 Máxima transferência de potência

OBJETIVOS DO CAPÍTULO

1. Entender os seguintes conceitos de potência em circuitos ca, as relações entre eles e como calculá-los em um circuito:
   - potência instantânea;
   - potência média (ativa);
   - potência reativa;
   - potência complexa; e
   - fator de potência.
2. Entender a condição para máxima potência ativa fornecida a uma carga em um circuito ca e saber calcular a impedância de carga necessária para fornecer a máxima potência ativa à carga.
3. Saber calcular todas as formas de potência em circuitos ca com transformadores lineares e transformadores ideais.

    A eletrotécnica evoluiu para uma das mais importantes subdisciplinas da engenharia elétrica. A gama de problemas que trata do fornecimento de energia elétrica para produzir trabalho é considerável, desde determinar a potência nominal para o funcionamento seguro e eficiente de um eletrodoméstico até o projeto de vastos conjuntos de geradores, transformadores e linhas de transmissão que fornecem energia elétrica a consumidores residenciais e industriais.

    Praticamente toda energia elétrica é fornecida sob a forma de tensões e correntes senoidais. Por isso, após a discussão de circuitos em regime senoidal apresentada no Capítulo 9, agora parece apropriado analisar os cálculos de potência em regime permanente senoidal. Nosso principal interesse é a potência média fornecida ou recebida por um par de terminais como resultado de tensões e correntes senoidais. Outras grandezas, como potência reativa, potência complexa e potência aparente também serão abordadas. O conceito do valor eficaz de uma senoide, introduzido brevemente no Capítulo 9, é bastante pertinente para os cálculos de potência.

Começamos e terminamos este capítulo com dois conceitos que você deve conhecer muito bem de capítulos anteriores: a equação básica para potência (Seção 10.1) e a máxima transferência de potência (Seção 10.6). Entre um e outro, discutimos os processos gerais para analisar a potência, que você também deve conhecer muito bem pelo estudo dos capítulos 1 e 4, embora neste capítulo sejam necessárias algumas técnicas matemáticas para lidar com sinais senoidais, em vez de sinais cc.

Perspectiva prática

Energia vampira

No Capítulo 9, calculamos tensões e correntes de regime permanente em circuitos elétricos excitados por fontes senoidais. Neste capítulo, analisamos a potência em tais circuitos. As técnicas que desenvolvemos são úteis para analisar muitos dos equipamentos elétricos que encontramos diariamente, porque fontes senoidais são os meios predominantes para o fornecimento de energia elétrica.

Mesmo quando não estamos usando muitos dos aparelhos elétricos comumente encontrados em nossas casas, escolas e empresas, eles ainda podem estar consumindo energia. Essa energia em *stand-by* pode ser usada para alimentar um relógio interno, carregar baterias, exibir as horas e outras quantidades, monitorar a temperatura e outras medidas ambientais ou captar sinais. Aparelhos como forno de micro-ondas, DVR (gravadores digitais de vídeo), televisor, controle remoto e computador consomem energia quando não estão em uso.

Os adaptadores ca usados para carregar muitos dispositivos portáteis são uma fonte comum de energia em *stand-by*. Mesmo quando o aparelho está desconectado do adaptador, este poderá continuar a consumir energia, se estiver conectado à tomada na parede. Os dois pinos no plugue do adaptador lembram dentes de vampiro, por isso essa energia em *stand-by* ficou conhecida como "energia vampira". É a energia consumida mesmo enquanto dormimos.

Quanta energia vampira é utilizada pelos aparelhos elétricos em nossa casa ao longo de um ano? Existe um meio de reduzir ou eliminar a energia vampira? Essas questões serão exploradas no exemplo da *Perspectiva prática* e nos problemas no final do capítulo.

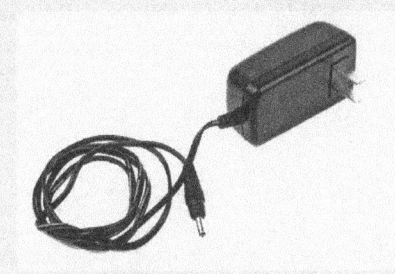

borissos / fotolia

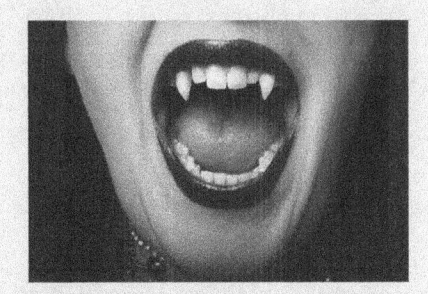

katalinks / fotolia

magraphics.eu / fotolia

10.1 Potência instantânea

Começamos nossa análise sobre a potência de circuitos em regime permanente senoidal com o conhecido circuito da Figura 10.1. Nesse circuito, v e i são sinais senoidais de regime permanente. Usando a convenção passiva, a potência em qualquer instante de tempo é

$$p = vi. \tag{10.1}$$

Figura 10.1 Representação, em forma de caixa preta, de um circuito usado para calcular potência.

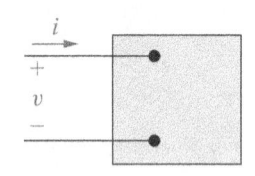

Essa é a **potência instantânea**. Lembre-se de que, se o sentido de referência da corrente estiver no sentido da elevação de tensão, a Equação 10.1 deve ser escrita com um sinal negativo. A potência instantânea será medida em watts quando a tensão estiver em volts e a corrente, em ampères. Em primeiro lugar, escrevemos expressões para v e i:

$$v = V_m \cos(\omega t + \theta_v), \tag{10.2}$$

$$i = I_m \cos(\omega t + \theta_i), \tag{10.3}$$

em que θ_v é o ângulo de fase da tensão e θ_i é o ângulo de fase da corrente.

Como estamos no regime permanente senoidal, podemos escolher qualquer referência conveniente de ângulo para $t = 0$. Engenheiros que projetam sistemas capazes de transferir grandes blocos de energia preferem usar como origem da contagem do tempo o instante em que a corrente está passando por um máximo positivo. Esse sistema de referência exige um deslocamento de θ_i para ambas, tensão e corrente. Assim, as equações 10.2 e 10.3 tornam-se

$$v = V_m \cos(\omega t + \theta_v - \theta_i), \tag{10.4}$$

$$i = I_m \cos \omega t. \tag{10.5}$$

Quando substituímos as equações 10.4 e 10.5 na Equação 10.1, a expressão para a potência instantânea torna-se

$$p = V_m I_m \cos(\omega t + \theta_v - \theta_i) \cos \omega t. \tag{10.6}$$

Poderíamos usar a Equação 10.6 diretamente para determinar a potência média; contudo, com a simples aplicação de algumas identidades trigonométricas, podemos colocar a Equação 10.6 em uma forma muito mais informativa.

Começamos com a identidade trigonométrica[1]

$$\cos \alpha \cos \beta = \frac{1}{2}\cos(\alpha - \beta) + \frac{1}{2}\cos(\alpha + \beta)$$

para expandir a Equação 10.6; considerando $\alpha = \omega t + \theta_v - \theta_i$ e $\beta = \omega t$, temos

$$p = \frac{V_m I_m}{2}\cos(\theta_v - \theta_i) + \frac{V_m I_m}{2}\cos(2\omega t + \theta_v - \theta_i). \tag{10.7}$$

Agora, usamos a identidade trigonométrica

$$\cos(\alpha + \beta) = \cos \alpha \cos \beta - \text{sen } \alpha \text{ sen } \beta$$

---

[1] Veja o item 8 do Apêndice F.

para expandir o segundo termo do lado direito da Equação 10.7, o que resulta em

$$p = \frac{V_m I_m}{2} \cos(\theta_v - \theta_i) + \frac{V_m I_m}{2} \cos(\theta_v - \theta_i)\cos 2\omega t$$

$$- \frac{V_m I_m}{2} \operatorname{sen}(\theta_v - \theta_i) \operatorname{sen} 2\omega t. \tag{10.8}$$

A Figura 10.2 retrata uma relação representativa entre v, i e p, assumindo-se $\theta_v = 60°$ e $\theta_i = 0°$. Pode-se ver que a frequência da potência instantânea é o dobro da frequência da tensão ou corrente. Essa observação também decorre diretamente do segundo e do terceiro termo do lado direito da Equação 10.8. Por conseguinte, a potência instantânea passa por dois ciclos completos para cada ciclo da tensão ou corrente. Observe também que a potência instantânea pode ser negativa em parte do ciclo, ainda que a rede ligada aos terminais seja passiva. Em uma rede completamente passiva, a potência negativa implica que a energia armazenada nos indutores ou capacitores está sendo extraída. O fato de a potência instantânea variar ao longo do tempo para um circuito em regime permanente senoidal explica por que alguns equipamentos acionados por motor (como os refrigeradores) vibram e exigem suportes amortecedores para evitar a vibração excessiva.

Agora estamos prontos para usar a Equação 10.8 para determinar a potência média nos terminais do circuito da Figura 10.1 e, ao mesmo tempo, apresentar o conceito de potência reativa.

Figura 10.2 Potência instantânea, tensão e corrente em função de ωt para um circuito em regime permanente senoidal.

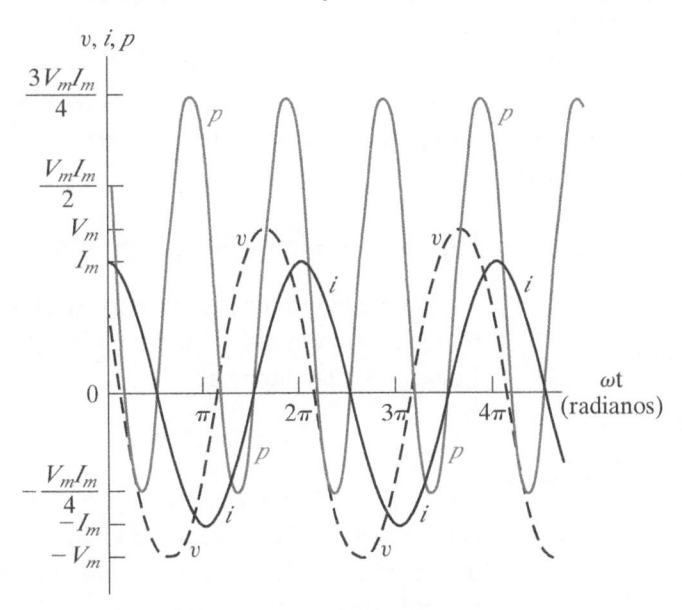

10.2 Potência média e potência reativa

Começamos observando que a Equação 10.8 tem três termos, que podemos reescrever da seguinte forma:

$$p = P + P \cos 2\omega t - Q \operatorname{sen} 2\omega t, \tag{10.9}$$

em que

Potência média (ativa) ▶

$$P = \frac{V_m I_m}{2} \cos(\theta_v - \theta_i), \qquad (10.10)$$

Potência reativa ▶

$$Q = \frac{V_m I_m}{2} \operatorname{sen}(\theta_v - \theta_i). \qquad (10.11)$$

P é denominada **potência média** e Q, **potência reativa**. A potência média também é denominada **potência ativa**, porque descreve a potência que é convertida de uma forma elétrica para uma não elétrica. Embora os dois termos sejam intercambiáveis, neste livro usaremos, de preferência, o termo *potência média*.

É fácil ver por que P é denominada potência média. A potência média associada a sinais senoidais é a média das potências instantâneas durante um período ou, em forma de equação,

$$P = \frac{1}{T} \int_{t_0}^{t_0+T} p \, dt, \qquad (10.12)$$

em que T é o período da função senoidal. Os limites da Equação 10.12 indicam que podemos iniciar o processo de integração em qualquer tempo t_0, mas temos de concluí-lo exatamente um período depois. (Poderíamos integrar em nT períodos, onde n é um inteiro, contanto que multiplicássemos a integral por $1/nT$.)

Poderíamos determinar a potência média substituindo a Equação 10.9 diretamente na Equação 10.12 e, então, executar a integração. Contudo, observe que o valor médio de p é dado pelo primeiro termo do lado direito da Equação 10.9, pois a integral tanto de $\cos 2\omega t$ quanto de $\operatorname{sen} 2\omega t$ em um período é igual a zero. Assim, a potência média é dada pela Equação 10.10.

Podemos desenvolver melhor nosso entendimento de todos os termos da Equação 10.9, e as relações entre eles, examinando a potência em circuitos puramente resistivos, puramente indutivos ou puramente capacitivos.

Potência em circuitos puramente resistivos

Se o circuito for puramente resistivo, a tensão e a corrente estarão em fase, o que significa que $\theta_v = \theta_i$. Então, a Equação 10.9 reduz-se a

$$p = P + P \cos 2\omega t. \qquad (10.13)$$

A potência instantânea expressa na Equação 10.13 é denominada **potência ativa instantânea**. A Figura 10.3 mostra o gráfico da Equação 10.13 para um circuito puramente resistivo típico, admitindo-se que $\omega = 377$ rad/s. Por definição, a potência média, P, é a média de p em um período. Assim, é fácil perceber que $P = 1$ para esse circuito. Note, pela Equação 10.13, que a potência ativa instantânea nunca pode ser negativa, o que também é mostrado na Figura 10.3. Em outras palavras, não é possível extrair potência de uma rede puramente resistiva. Mais exatamente, toda a energia elétrica é dissipada sob a forma de energia térmica.

Figura 10.3 Potência ativa instantânea e potência média para um circuito puramente resistivo.

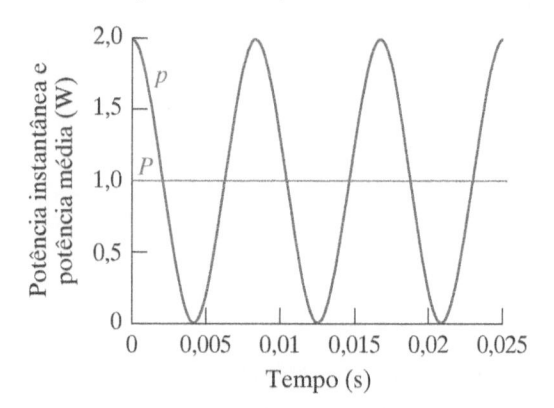

Potência em circuitos puramente indutivos

Se o circuito for puramente indutivo, a tensão e a corrente em seus terminais estarão defasadas em exatamente 90°. Em particular, a corrente fica 90° atrasada em relação à tensão (isto é, $\theta_i = \theta_v - 90°$); assim, $\theta_v - \theta_i = +90°$. Então, a expressão para a potência instantânea reduz-se a

$$p = -Q \operatorname{sen} 2\omega t. \qquad (10.14)$$

Em um circuito puramente indutivo, a potência média é igual a zero. Portanto, não ocorre nenhuma transformação de energia elétrica para não elétrica. A potência instantânea nos terminais de um circuito puramente indutivo é continuamente permutada entre o circuito e a fonte que excita o circuito, a uma frequência de 2ω. Em outras palavras, quando p é positiva, a energia está sendo armazenada nos campos magnéticos associados aos elementos indutivos; quando p é negativa, a energia está sendo extraída dos campos magnéticos.

Figura 10.4 Potência instantânea, potência média e potência reativa para um circuito puramente indutivo.

Uma medida da potência associada a circuitos puramente indutivos é a potência reativa Q. A denominação *potência reativa* deve-se à caracterização de um indutor como elemento reativo; sua impedância é puramente reativa. Observe que a potência média P e a potência reativa Q têm a mesma dimensão. Para distinguir a potência média da potência reativa, usamos a unidade *watt* (W) para potência média e a unidade **var** (*volt-amp reativo*, ou VAR) para potência reativa. A Figura 10.4 apresenta o gráfico da potência instantânea para um circuito puramente indutivo típico, admitindo-se que $\omega = 377$ rad/s e $Q = 1$ VAR.

Potência em circuitos puramente capacitivos

Se o circuito entre os terminais for puramente capacitivo, a tensão e a corrente estarão defasadas em exatamente 90°. Nesse caso, a corrente fica 90° adiantada em relação à tensão (isto é, $\theta_i = \theta_v + 90°$); assim, $\theta_v - \theta_i = -90°$. Então, a expressão para a potência instantânea torna-se

$$p = -Q \operatorname{sen} 2\omega t. \qquad (10.15)$$

Novamente, a potência média é igual a zero, portanto não há nenhuma transformação de energia elétrica para não elétrica. Em um circuito puramente capacitivo, a potência é continuamente permutada entre a fonte que excita o circuito e o campo elétrico associado aos elementos capacitivos. A Figura 10.5 apresenta o gráfico da potência instantânea para um circuito puramente capacitivo típico, admitindo-se que $\omega = 377$ rads/s e $Q = -1$ VAR.

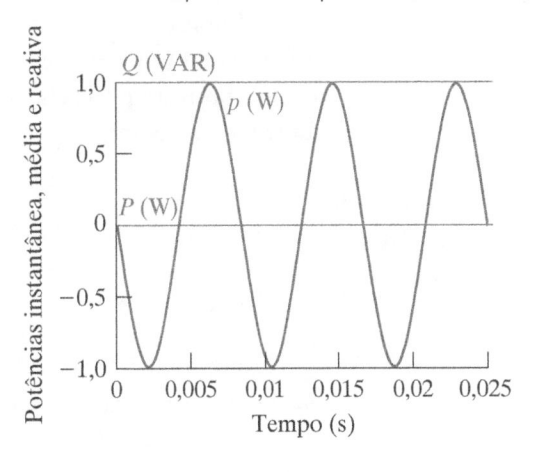

Figura 10.5 Potência ativa instantânea e potência média para um circuito puramente capacitivo.

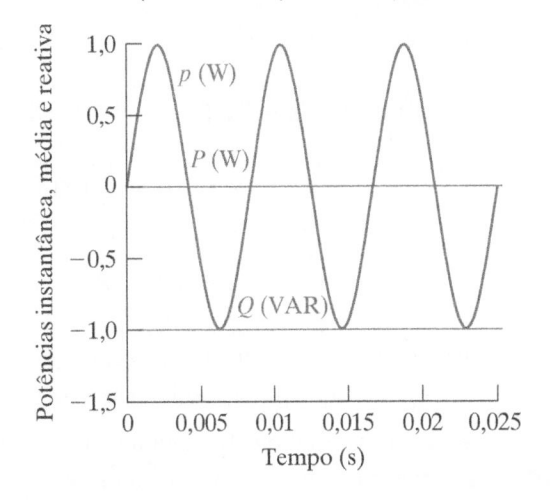

Como Q é positiva para indutores (isto é, $\theta_v - \theta_i = 90°$) e negativa para capacitores (isto é, $\theta_v - \theta_i = -90°$), os engenheiros eletricistas afirmam, usualmente, que indutores absorvem energia reativa, e capacitores fornecem energia reativa. Mais adiante, falaremos mais sobre essa convenção.

O fator de potência

O ângulo $\theta_v - \theta_i$ desempenha um papel tanto no cálculo da potência média como no da potência reativa e é denominado **ângulo do fator de potência**. O cosseno desse ângulo é denominado **fator de potência**, abreviado fp, e o seno desse ângulo é denominado **fator reativo**, abreviado fr. Assim,

Fator de potência ▶

$$\text{fp} = \cos(\theta_v - \theta_i), \quad (10.16)$$

$$\text{fr} = \text{sen}(\theta_v - \theta_i). \quad (10.17)$$

Conhecer o valor do fator de potência não nos revela o valor do ângulo do fator de potência, pois $\cos(\theta_v - \theta_i) = \cos(\theta_i - \theta_v)$. Para descrever integralmente esse ângulo, usamos as sentenças descritivas **fator de potência atrasado** e **fator de potência adiantado**. Fator de potência atrasado significa que a corrente está atrasada em relação à tensão – daí, uma carga indutiva. Fator de potência adiantado significa que a corrente está adiantada em relação à tensão — daí, uma carga capacitiva. Tanto o fator de potência quanto o fator reativo são quantidades convenientes para uso na descrição de cargas elétricas.

O Exemplo 10.1 ilustra a interpretação de P e Q com base em um cálculo numérico.

EXEMPLO 10.1 Cálculo da potência média e da potência reativa.

a) Calcule a potência média e a potência reativa nos terminais da rede da Figura 10.6, se

$$v = 100 \cos(\omega t + 15°) \text{ V},$$

$$i = 4 \,\text{sen}(\omega t - 15°) \text{ A}.$$

Figura 10.6 Par de terminais usado para calcular potência.

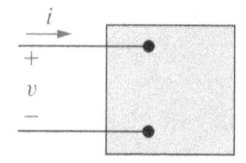

b) A rede no interior da caixa está absorvendo ou fornecendo potência média?
c) A rede no interior da caixa está absorvendo ou fornecendo energia reativa?

Solução

a) Como i é expressa em termos da função seno, a primeira etapa no cálculo de P e Q é reescrever i como uma função cosseno:

$$i = 4 \cos(\omega t - 105°) \text{ A}.$$

Agora, calculamos P e Q diretamente das equações 10.10 e 10.11. Assim,

$$P = \frac{1}{2}(100)(4)\cos[15 - (-105)] = -100 \text{ W},$$

$$Q = \frac{1}{2}100(4)\,\text{sen}[15 - (-105)] = 173{,}21 \text{ VAR}.$$

b) Observe, na Figura 10.6, a utilização da convenção passiva. Por isso, o valor negativo de -100 W significa que a rede no interior da caixa está fornecendo potência média aos terminais.

c) A convenção passiva significa que, como Q é positiva, a rede no interior da caixa está absorvendo energia reativa de seus terminais.

PROBLEMAS PARA AVALIAÇÃO

Objetivo 1 Entender conceitos de potência ca, as relações entre eles e como calcular essas potências em um circuito.

10.1 Para cada um dos seguintes conjuntos de tensão e corrente, calcule a potência ativa e a potência reativa na linha que conecta as redes A e B no circuito mostrado. Em cada caso, verifique se o fluxo de potência é de A para B ou vice-versa. Além disso, confirme se a energia reativa está sendo transferida de A para B ou vice-versa.

a) $v = 100 \cos(\omega t - 45°)$ V; $i = 20 \cos(\omega t + 15°)$ A.
b) $v = 100 \cos(\omega t - 45°)$ V; $i = 20 \cos(\omega t + 165°)$ A.
c) $v = 100 \cos(\omega t - 45°)$ V; $i = 20 \cos(\omega t - 105°)$ A.
d) $v = 100 \cos \omega t$ V; $i = 20 \cos(\omega t + 120°)$ A.

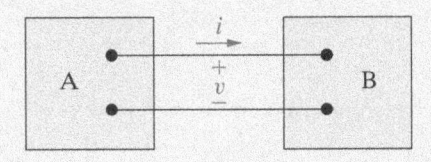

Resposta: (a) $P = 500$ W (A para B), $Q = -866,03$ VAR (B para A);
(b) $P = -866,03$ W (B para A), $Q = 500$ VAR (A para B);
(c) $P = 500$ W (A para B), $Q = 866,03$ VAR (A para B);
(d) $P = -500$ W (B para A), $Q = -866,03$ VAR (B para A).

10.2 Calcule o fator de potência e o fator reativo para a rede no interior da caixa na Figura 10.6, cujas tensão e corrente são descritas no Exemplo 10.1.

Sugestão: use $-i$ para calcular os fatores de potência e reativos.[1]

Resposta: fp = 0,5 adiantado; fr = −0,866.

NOTA: tente resolver também o Problema 10.1, apresentado no final deste capítulo.

Consumo de energia de eletrodomésticos

A energia consumida pelos eletrodomésticos é especificada em termos da potência média. A potência média nominal e o consumo médio anual estimado em quilowatts-hora de alguns eletrodomésticos comuns são apresentados na Tabela 10.1. Os valores de consumo de energia são obtidos estimando-se o número de horas anuais de utilização dos eletrodomésticos. Por exemplo, uma cafeteira elétrica tem um consumo anual estimado de 140 kWh e uma potência média durante o funcionamento de 1,2 kW. Consequentemente, admite-se que uma cafeteira seja utilizada durante 140/1,2, ou 116,67 horas por ano ou, aproximadamente, 19 minutos por dia.

O Exemplo 10.2 usa a Tabela 10.1 para determinar se quatro eletrodomésticos comuns podem estar em funcionamento ao mesmo tempo, sem ultrapassar a capacidade de um circuito doméstico.

---

[1] N. do R.T.: Circuitos passivos sempre exibem ângulos de fator de potência menores que 90° no primeiro e terceiro quadrantes. O circuito dentro da caixa é ativo (fornece potência ativa), por isso o ângulo do fator de potência é superior a 90°. Daí a sugestão para inverter o sentido da corrente e visualizar o problema da perspectiva da carga que estaria ligada à caixa, recebendo potência ativa.

EXEMPLO 10.2 Cálculo da potência de eletrodomésticos.

Um circuito que alimenta as tomadas de uma cozinha residencial comum tem um condutor de #12 e é protegido por um fusível ou um disjuntor de 20 A. Suponha que os seguintes eletrodomésticos, de 120 V, estejam em funcionamento ao mesmo tempo: uma cafeteira, um cozedor de ovos, uma frigideira elétrica e uma torradeira. O circuito será interrompido pelo dispositivo de proteção?

Solução

Pela Tabela 10.1, a potência média total demandada pelos quatro eletrodomésticos é

$$P = 1.200 + 516 + 1.196 + 1.146 = 4.058 \text{ W}.$$

A corrente total no dispositivo de proteção é

$$I_{\text{ef}} = \frac{4.058}{120} \approx 33{,}82 \text{ A}.$$

Sim, o dispositivo de proteção interromperá o circuito.

TABELA 10.1 Consumo anual de energia de alguns eletrodomésticos.

Eletrodoméstico	Potência média	Consumo estimado em kWh por ano[a]
Preparação de alimentos		
Cafeteira elétrica	1.200	140
Lavadora de louça	1.201	165
Cozedor de ovos	516	14
Frigideira elétrica	1.196	100
Batedeira	127	2
Forno de micro-ondas	1.450	190
Fogão elétrico, com forno	12.200	596
Torradeira	1.146	39
Lavanderia		
Secadora de roupas	4.856	993
Máquina de lavar roupas, automática	512	103
Aquecedor de água	2.475	4.219
de aquecimento rápido	4.474	4.811
Climatizadores de ambiente		
Ar-condicionado (quarto)	860	860[b]
Desumidificador	257	377
Ventilador (circulador)	88	43
Aquecedor (portátil)	1.322	176
Saúde e beleza		
Secador de cabelo	600	25
Barbeador elétrico	15	0,5
Lâmpada de bronzeamento	279	15

(*continua*)

(*continuação*)

Entretenimento		
Rádio	71	86
Televisão, em cores, de tubo	240	528
Do tipo estado sólido	145	320
Outros eletrodomésticos		
Relógio	2	17
Aspirador de pó	630	46

[a] Com base na utilização normal. Quando usar esses números para fazer projeções, fatores como o tamanho do eletrodoméstico específico, a área geográfica de utilização e as diferenças individuais nos padrões de consumo devem ser levados em consideração. Observe que as potências não devem ser somadas para determinada residência, visto que, normalmente, os aparelhos não estão todos em funcionamento ao mesmo tempo.

[b] Com base em 1.000 horas de funcionamento por ano. Esse número pode variar muito dependendo da área e do tamanho específico da residência. Consulte EEI-Pub # 76-2, "*Air Conditioning Usage Study*", para ter uma estimativa para sua localização.

Fonte: Edison Electric Institute.

NOTA: avalie sua compreensão do material tentando resolver o Problema 10.2, apresentado no final deste capítulo.

Reproduzido com autorização de Edison Electric Institute.

10.3 Valor eficaz e cálculos de potência

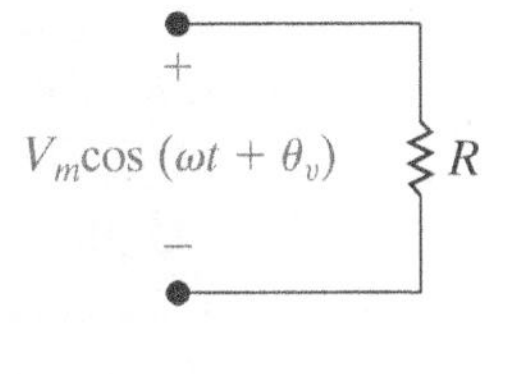

Quando apresentamos o valor eficaz (rms) de uma tensão (ou corrente) senoidal na Seção 9.1, mencionamos que ele desempenharia um papel importante no cálculo de potências. Agora podemos discutir esse papel.

Figura 10.7 Tensão senoidal aplicada nos terminais de um resistor.

Suponha que uma tensão senoidal seja aplicada aos terminais de um resistor, como mostra a Figura 10.7, e que precisamos determinar a potência média fornecida ao resistor. Pela Equação 10.12,

$$P = \frac{1}{T}\int_{t_0}^{t_0+T} \frac{V_m^2 \cos^2(\omega t + \phi_v)}{R} dt$$

$$= \frac{1}{R}\left[\frac{1}{T}\int_{t_0}^{t_0+T} V_m^2 \cos^2(\omega t + \phi_v) dt\right]. \quad (10.18)$$

Comparando a Equação 10.18 com a Equação 9.5, percebemos que a potência média fornecida a R é simplesmente o valor eficaz da tensão ao quadrado, dividido por R, ou

$$P = \frac{V_{\text{ef}}^2}{R}. \quad (10.19)$$

Se o resistor estiver conduzindo uma corrente senoidal, digamos, $I_m \cos(\omega t + \phi_i)$, a potência média fornecida ao resistor será

$$P = I_{\text{ef}}^2 R. \quad (10.20)$$

O **valor eficaz** da tensão (ou corrente) senoidal, também chamado de valor rms, tem uma propriedade interessante: dados uma carga resistiva equivalente, R, e um período de tempo equivalente, T, o valor eficaz de uma fonte senoidal fornece a R a mesma energia que uma fonte cc de mesmo valor. Por exemplo, uma fonte cc de 100 V fornece a mesma energia em T segundos que uma fonte senoidal de 100 V_{ef}, admitindo-se resistências de carga equivalentes (veja o Problema 10.12). A Figura 10.8 ilustra essa equivalência. No que concerne à energia, o efeito das duas fontes é idêntico. Esse fato levou ao uso dos termos *valor eficaz* e *valor rms* como equivalentes.

Figura 10.8 Valor eficaz de v_s (100 Vef) fornece a R a mesma potência que uma fonte de tensão cc V_s (100 Vcc).

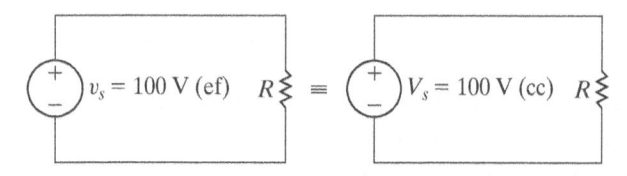

A potência média dada pela Equação 10.10 e a potência reativa dada pela Equação 10.11 podem ser escritas em termos de valores eficazes:

$$P = \frac{V_m I_m}{2} \cos(\theta_v - \theta_i)$$

$$= \frac{V_m}{\sqrt{2}} \frac{I_m}{\sqrt{2}} \cos(\theta_v - \theta_i)$$

$$= V_{ef} I_{ef} \cos(\theta_v - \theta_i); \quad (10.21)$$

e, por manipulação semelhante,

$$Q = V_{ef} I_{ef} \operatorname{sen}(\theta_v - \theta_i) \quad (10.22)$$

A utilização do valor eficaz de tensões e correntes senoidais em cálculos de potência é tão ampla que os valores nominais de tensões e correntes de circuitos e equipamentos elétricos são dados em termos de valores eficazes. Por exemplo, a tensão nominal para uso residencial costuma ser 240 V ou 120 V. Esses níveis de tensão são os valores eficazes das tensões senoidais fornecidas pela concessionária de energia elétrica, que fornece energia em dois níveis de tensão, para servir a eletrodomésticos de baixa tensão (como televisores) e a eletrodomésticos de tensão mais elevada (como fogões elétricos). Lâmpadas elétricas, ferros de passar e torradeiras são eletrodomésticos que apresentam valores nominais de tensão e corrente eficazes em suas plaquetas de identificação e informação. Por exemplo, uma lâmpada de 120 V, 100 W tem uma resistência de $120^2/100$, ou 144 Ω, e conduz uma corrente eficaz de 120/144, ou 0,833 A. O valor de pico da corrente da lâmpada é $0,833\sqrt{2}$, ou 1,18 A.

A transformada fasorial de uma função senoidal também pode ser expressa em termos do valor eficaz. A magnitude do fasor eficaz é igual ao valor eficaz da função senoidal. Quando um fasor é expresso em termos do valor eficaz, indicamos isso por uma declaração explícita, um 'ef', entre parênteses adjacente à quantidade do fasor, ou um 'ef' subscrito como na Equação 10.21.

No Exemplo 10.3, ilustramos a utilização de valores eficazes para calcular a potência.

EXEMPLO 10.3 Determinação da potência média fornecida a um resistor por uma fonte de tensão senoidal.

a) Uma tensão senoidal com uma amplitude máxima de 625 V é aplicada aos terminais de um resistor de 50 Ω. Determine a potência média fornecida ao resistor.

b) Repita (a) determinando, em primeiro lugar, a corrente no resistor.

Solução

a) O valor eficaz da tensão senoidal é $625/\sqrt{2}$, ou, aproximadamente, 441,94 V. Pela Equação 10.19, a potência média fornecida ao resistor de 50 Ω é

$$P = \frac{(441,94)^2}{50} = 3.906,25 \text{ W}.$$

b) A amplitude máxima da corrente no resistor é 625/50, ou 12,5 A. O valor eficaz da corrente é $12,5/\sqrt{2}$, ou, aproximadamente, 8,84 A. Daí, a potência média fornecida ao resistor é

$$P = (8,84)^2 50 = 3.906,25 \text{ W}.$$

PROBLEMA PARA AVALIAÇÃO

Objetivo 1 Entender conceitos de potência ca, as relações entre eles e como calcular essas potências em um circuito.

10.3 A corrente triangular periódica do Exemplo 9.4, repetida aqui, tem um valor de pico de 180 mA. Determine a potência média que essa corrente fornece a um resistor de 5 kΩ.

Resposta: 54 W.

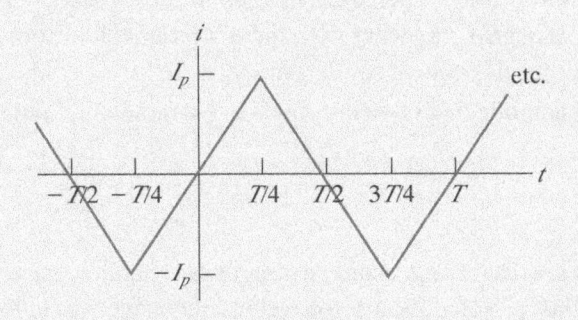

NOTA: tente resolver também o Problema 10.15, apresentado no final deste capítulo.

10.4 Potência complexa

Antes de passarmos para os vários métodos de cálculo das potências ativa e reativa em circuitos que operam em regime permanente senoidal, precisamos apresentar e definir a potência complexa. A **potência complexa** é a soma complexa das potências ativa e reativa, ou

$$S = P + jQ. \qquad (10.23)$$

◀ Potência complexa

Como veremos, é possível calcular a potência complexa diretamente dos fasores de tensão e corrente de um circuito. Em seguida, a Equação 10.23 pode ser usada para calcular a potência média e a reativa, porque $P = \Re\{S\}$ e $Q = \Im\{S\}$.

A potência complexa tem a mesma dimensão da potência média ou da potência reativa. Contudo, para distinguir a potência complexa das outras duas, usamos para ela a unidade

Tabela 10.2 Três tipos de potência e suas unidades.

Quantidade	Unidades
Potência complexa	volts-ampères
Potência média	watt
Potência reativa	var

Figura 10.9 Triângulo de potências.

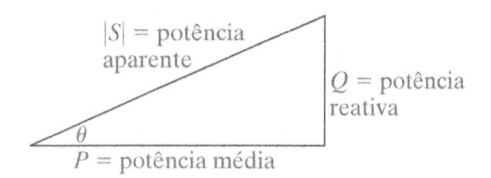

|S| = potência aparente
Q = potência reativa
θ
P = potência média

volt-ampère (VA). Portanto, usamos volts-ampères para a potência complexa, watts para a potência média e vars para a potência reativa, como resumido na Tabela 10.2.

Outra vantagem de usar a potência complexa é a interpretação geométrica que ela permite. Quando estiver trabalhando com a Equação 10.23, imagine P, Q e $|S|$ como os lados de um triângulo retângulo, como mostra a Figura 10.9. É fácil mostrar que o ângulo θ no triângulo de potências é o ângulo do fator de potência $\theta_v - \theta_i$. Para o triângulo retângulo mostrado na Figura 10.9,

$$\operatorname{tg} \theta = \frac{Q}{P} \quad (10.24)$$

Mas, pelas definições de P e Q (equações 10.10 e 10.11, respectivamente),

$$\frac{Q}{P} = \frac{(V_m I_m/2)\operatorname{sen}(\theta_v - \theta_i)}{(V_m I_m/2)\cos(\theta_v - \theta_i)}$$

$$= \operatorname{tg}(\theta_v - \theta_i). \quad (10.25)$$

Portanto, $\theta = \theta_v - \theta_i$. As relações geométricas para um triângulo retângulo significam também que as quatro grandezas associadas ao triângulo de potências (os três lados e o ângulo do fator de potência) podem ser determinadas se forem conhecidas quaisquer duas delas.

A magnitude da potência complexa é denominada **potência aparente**. Especificamente,

▶ Potência aparente

$$|S| = \sqrt{P^2 + Q^2}. \quad (10.26)$$

A potência aparente, como a complexa, é medida em volts-ampères. A potência aparente de aparelhos projetados para converter energia elétrica em não elétrica é mais importante do que a potência média. Embora a potência média represente a parcela da potência que realiza trabalho, a potência aparente representa a potência total disponível necessária para fornecer a potência média desejada. Como se pode ver pelo triângulo de potências na Figura 10.9, a menos que o ângulo do fator de potência seja 0° (isto é, o dispositivo seja puramente resistivo, fp = 1 e Q = 0), a potência aparente é maior do que a potência média absorvida pelo dispositivo. Como veremos no Exemplo 10.6, vale a pena operar um dispositivo com um fator de potência próximo de 1.

Muitos eletrodomésticos úteis (como refrigeradores, ventiladores, aparelhos de ar condicionado, lâmpadas fluorescentes e máquinas de lavar roupa) e a maioria das cargas industriais operam com um fator de potência atrasado. O fator de potência dessas cargas é às vezes corrigido pela adição de um capacitor ao próprio dispositivo, ou pela conexão de capacitores à linha que alimenta a carga; o último método é comumente usado para grandes cargas industriais. Muitos dos problemas apresentados no final do capítulo vão proporcionar a oportunidade de fazer alguns cálculos que corrigem um fator de potência atrasado e melhoram a operação de um circuito.

O Exemplo 10.4 usa o triângulo de potências para calcular diversas grandezas associadas a uma carga elétrica.

EXEMPLO 10.4 Cálculo da potência complexa.

Uma carga elétrica funciona com uma tensão eficaz de 240 V. A carga absorve uma potência média de 8 kW, com um fator de potência atrasado de 0,8.

a) Calcule a potência complexa da carga.

b) Calcule a impedância da carga.

Solução

a) O fator de potência é descrito como atrasado, portanto sabemos que a carga é indutiva e que o sinal algébrico da potência reativa é positivo. Pelo triângulo de potências da Figura 10.10,

$$P = |S| \cos \theta,$$

$$Q = |S| \operatorname{sen} \theta.$$

Figura 10.10 Triângulo de potências.

Agora, como $\cos \theta = 0{,}8$, $\operatorname{sen} \theta = 0{,}6$. Portanto

$$|S| = \frac{P}{\cos \theta} = \frac{8 \text{ kW}}{0{,}8} = 10 \text{ kVA},$$

$$Q = 10 \operatorname{sen} \theta = 6 \text{ kVAR},$$

e

$$S = 8 + j6 \text{ kVA}$$

b) Pelo cálculo da potência complexa da carga, vemos que $P = 8$ kW. Usando a Equação 10.21,

$$P = V_{\text{ef}} I_{\text{ef}} \cos(\theta_v - \theta_i)$$
$$= (240) I_{\text{ef}} (0{,}8)$$
$$= 8.000 \text{ W}.$$

Resolvendo para I_{ef},

$$I_{\text{ef}} = 41{,}67 \text{ A}$$

Já conhecemos o ângulo da impedância da carga, pois ele é o ângulo do fator de potência:

$$\theta = \cos^{-1}(0{,}8) = 36{,}87°.$$

Também sabemos que θ é positivo, porque o fator de potência é atrasado, o que indica uma carga indutiva. Calculamos o módulo da impedância de carga por sua definição como a razão entre o módulo da tensão e o módulo da corrente:

$$|Z| = \frac{|V_{\text{ef}}|}{|I_{\text{ef}}|} = \frac{240}{41{,}67} = 5{,}76.$$

Daí,

$$Z = 5{,}76 \; \underline{/36{,}87°} \; \Omega = 4{,}608 + j3{,}456 \; \Omega.$$

10.5 Cálculos de potência

Agora estamos em condições de deduzir equações adicionais que podem ser usadas para calcular as potências ativa, reativa e complexa. Começamos, combinando as equações 10.10, 10.11 e 10.23 para obter

$$S = \frac{V_m I_m}{2}\cos(\theta_v - \theta_i) + j\frac{V_m I_m}{2}\text{sen}(\theta_v - \theta_i)$$

$$= \frac{V_m I_m}{2}[\cos(\theta_v - \theta_i) + j\,\text{sen}(\theta_v - \theta_i)]$$

$$= \frac{V_m I_m}{2}e^{j(\theta_v - \theta_i)} = \frac{1}{2}V_m I_m \underline{/(\theta_v - \theta_i)}. \tag{10.27}$$

Se usarmos os valores eficazes da tensão e corrente senoidais, a Equação 10.27 torna-se

$$S = V_{\text{ef}} I_{\text{ef}} \underline{/(\theta_v - \theta_i)}. \tag{10.28}$$

Figura 10.11 Fasores tensão e corrente associados a um par de terminais.

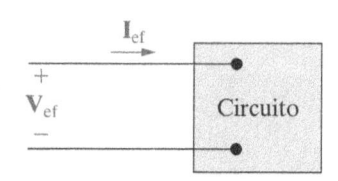

As equações 10.27 e 10.28 são relações importantes em cálculos de potência porque mostram que, se os fasores corrente e tensão terminais forem conhecidos em um par de terminais, a potência complexa associada a esse par de terminais ou é a metade do produto entre a tensão e o conjugado da corrente, ou é o produto entre o fasor tensão eficaz e o conjugado do fasor corrente eficaz. Podemos mostrar isso para a tensão e a corrente da Figura 10.11 da seguinte maneira:

$$S = V_{\text{ef}} I_{\text{ef}} \underline{/(\theta_v - \theta_i)}$$

$$= V_{\text{ef}} I_{\text{ef}}\, e^{j(\theta_v - \theta_i)}$$

$$= V_{\text{ef}}\, e^{j\theta_v} I_{\text{ef}}\, e^{-j\theta_i}$$

◀ **Potência complexa**
$$= \mathbf{V}_{\text{ef}} \mathbf{I}_{\text{ef}}^*. \tag{10.29}$$

Observe que $\mathbf{I}_{\text{ef}}^* = I_{\text{ef}}\, e^{-j\theta_i}$ decorre da identidade de Euler e das identidades trigonométricas $\cos(-\theta) = \cos(\theta)$ e $\text{sen}(-\theta) = -\text{sen}(\theta)$:

$$I_{\text{ef}}\, e^{-j\theta_i} = I_{\text{ef}}\cos(-\theta_i) + jI_{\text{ef}}\,\text{sen}(-\theta_i)$$

$$= I_{\text{ef}}\cos(\theta_i) - jI_{\text{ef}}\,\text{sen}(\theta_i)$$

$$= \mathbf{I}_{\text{ef}}^*.$$

A mesma técnica de dedução poderia ser aplicada à Equação 10.27, resultando em

$$S = \frac{1}{2}\mathbf{V}\mathbf{I}^*. \tag{10.30}$$

Ambas as equações, 10.29 e 10.30, são baseadas na convenção passiva. Se a referência de corrente estiver no sentido da elevação de tensão nos terminais, inserimos um sinal negativo no lado direito de cada equação.

Para ilustrar a utilização da Equação 10.30 em um cálculo de potência, vamos usar o mesmo circuito do Exemplo 10.1. Tomando a representação fasorial para a tensão e a corrente terminais, temos

$$\mathbf{V} = 100 \,\underline{/15°}\ \text{V},$$

$$\mathbf{I} = 4\,\underline{/-105°}\ \text{A}.$$

Então,

$$S = \frac{1}{2}(100\,\underline{/15°})(4\,\underline{/+105°}) = 200\,\underline{/120°}$$

$$= -100 + j173{,}21\ \text{VA}.$$

Calculada a potência complexa, podemos obter diretamente a potência ativa e a reativa, pois $S = P + jQ$. Assim,

$$P = -100\ \text{W},$$
$$Q = 173{,}21\ \text{VAR}.$$

As interpretações dos sinais algébricos de P e Q são idênticas às dadas na solução do Exemplo 10.1.

Formas alternativas da potência complexa

As equações 10.29 e 10.30 têm diversas formas alternativas úteis. Aqui, usaremos a forma com valores eficazes, porque esses são mais comuns na representação de tensões e correntes em cálculos de potência.

A primeira variação da Equação 10.29 é obtida substituindo-se a tensão pelo produto da corrente vezes a impedância. Em outras palavras, sempre podemos representar o circuito no interior da caixa da Figura 10.11 por uma impedância equivalente, como mostra a Figura 10.12. Então,

Figura 10.12 Circuito genérico da Figura 10.11 substituído por uma impedância equivalente.

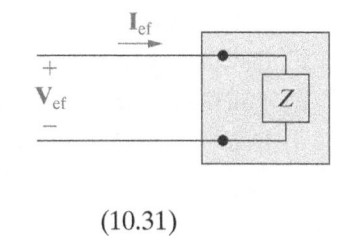

$$\mathbf{V}_{ef} = Z\mathbf{I}_{ef}. \qquad (10.31)$$

Substituindo a Equação 10.31 na Equação 10.29, obtemos

$$S = Z\mathbf{I}_{ef}\mathbf{I}_{ef}^{*}$$

$$= |\mathbf{I}_{ef}|^2 Z$$

$$= |\mathbf{I}_{ef}|^2 (R + jX)$$

$$= |\mathbf{I}_{ef}|^2 R + j|\mathbf{I}_{ef}|^2 X = P + jQ, \qquad (10.32)$$

da qual

$$P = |\mathbf{I}_{ef}|^2 R = \frac{1}{2} I_m^2 R, \qquad (10.33)$$

$$Q = |\mathbf{I}_{ef}|^2 X = \frac{1}{2} I_m^2 X. \qquad (10.34)$$

Na Equação 10.34, X é a reatância da indutância equivalente ou da capacitância equivalente do circuito. Lembre-se, de nossas discussões anteriores, de que a reatância é positiva para circuitos indutivos e negativa para circuitos capacitivos.

Uma segunda variação útil da Equação 10.29 resulta da substituição da corrente pela tensão dividida pela impedância:

$$S = \mathbf{V}_{ef}\left(\frac{\mathbf{V}_{ef}}{Z}\right)^* = \frac{|\mathbf{V}_{ef}|^2}{Z^*} = P + jQ. \qquad (10.35)$$

Observe que, se Z for um elemento resistivo puro,

$$P = \frac{|\mathbf{V}_{ef}|^2}{R}, \qquad (10.36)$$

e, se Z for um elemento reativo puro,

$$Q = \frac{|\mathbf{V}_{ef}|^2}{X}. \qquad (10.37)$$

Na Equação 10.37, X é positiva para um indutor e negativa para um capacitor.

Os exemplos a seguir ilustram vários cálculos de potência em circuitos que operam em regime permanente senoidal.

EXEMPLO 10.5 Cálculo da potência média e da potência reativa.

No circuito mostrado na Figura 10.13, uma carga cuja impedância é $39 + j26\ \Omega$ é alimentada por uma fonte de tensão por meio de uma linha de impedância $1 + j4\ \Omega$. O valor eficaz, ou rms, da fonte de tensão é 250 V.

a) Calcule a corrente $\mathbf{I}_L$ e a tensão $\mathbf{V}_L$ de carga.
b) Calcule a potência média e a potência reativa fornecidas à carga.
c) Calcule a potência média e a potência reativa fornecidas à linha.
d) Calcule a potência média e a potência reativa fornecidas pela fonte.

Solução

a) Como as impedâncias de linha e de carga estão em série, a corrente de carga é igual à tensão de fonte dividida pela impedância total, ou

$$\mathbf{I}_L = \frac{250\ \underline{/0°}}{40 + j30} = 4 - j3 = 5\ \underline{/-36{,}87°}\ \text{A (ef)}.$$

Figura 10.13 Circuito para o Exemplo 10.5.

Como a tensão é dada em termos de seu valor eficaz, o mesmo acontece com a corrente. A tensão na carga é o produto entre a corrente e a impedância da carga:

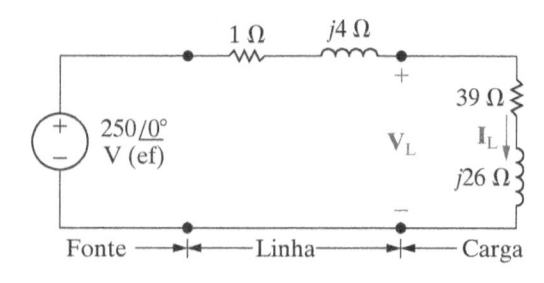

$$\mathbf{V}_L = (39 + j26)\mathbf{I}_L = 234 - j13$$

$$= 234{,}36\ \underline{/-3{,}18°}\ \text{V (ef)}.$$

b) A potência média e a potência reativa fornecidas à carga podem ser calculadas usando-se a Equação 10.29. Assim,

$$S = \mathbf{V}_L \mathbf{I}_L^* = (234 - j13)(4 + j3)$$
$$= 975 + j650 \text{ VA}.$$

Portanto, a carga está absorvendo uma potência média de 975 W e uma potência reativa de 650 VAR.

c) A potência média e a potência reativa fornecidas à linha são calculadas mais facilmente pelas equações 10.33 e 10.34, pois a corrente de linha é conhecida. Assim,

$$P = (5)^2(1) = 25 \text{ W},$$
$$Q = (5)^2(4) = 100 \text{ VAR}.$$

Observe que a potência reativa associada à linha é positiva porque a reatância de linha é indutiva.

d) Um modo de calcular a potência média e a potência reativa fornecidas pela fonte é adicionar a potência complexa fornecida à linha à potência complexa fornecida à carga, ou

$$S = 25 + j100 + 975 + j650 = 1.000 + j750 \text{ VA}.$$

A potência complexa na fonte também pode ser calculada pela Equação 10.29:

$$S_s = -250 \mathbf{I}_L^*.$$

O sinal negativo é inserido na Equação 10.29 sempre que a referência de corrente estiver no sentido de uma elevação de tensão. Assim,

$$S_s = -250(4 + j3) = -(1.000 + j750) \text{ VA}$$

O sinal negativo implica que ambas as potências, média e reativa, estejam sendo fornecidas pela fonte. Observe que esse resultado está de acordo com o cálculo anterior de S, como era de se esperar, porque a fonte deve fornecer toda a potência média e reativa absorvidas pela linha e pela carga.

EXEMPLO 10.6 Cálculo da potência em cargas paralelas.

As duas cargas do circuito mostrado na Figura 10.14 podem ser descritas da seguinte forma: a carga 1 absorve uma potência média de 8 kW, com um fator de potência adiantado de 0,8. A carga 2 absorve 20 kVA, com um fator de potência atrasado de 0,6.

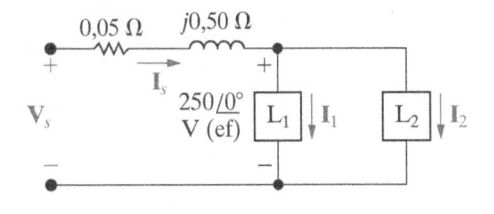

a) Determine o fator de potência das duas cargas em paralelo.

b) Determine a potência aparente necessária para alimentar as cargas, a amplitude da corrente, $\mathbf{I}_s$, e a potência média dissipada na linha de transmissão.

c) Dado que a frequência da fonte é 60 Hz, calcule o valor do capacitor que corrigiria o fator de potência para 1, se colocado em paralelo com as duas cargas. Calcule novamente os valores em (b) para a carga com o fator de potência corrigido.

Figura 10.14 Circuito para o Exemplo 10.6.

Solução

a) Admite-se que todos os fasores de tensão e corrente neste problema representem valores eficazes. Observe, pelo diagrama do circuito na Figura 10.14, que $\mathbf{I}_f = \mathbf{I}_1 + \mathbf{I}_2$. A potência complexa total absorvida pelas duas cargas é

$$S = (250)\mathbf{I}_f^*$$
$$= (250)(\mathbf{I}_1 + \mathbf{I}_2)^*$$
$$= (250)\mathbf{I}_1^* + (250)\mathbf{I}_2^*$$
$$= S_1 + S_2.$$

Figura 10.15 a) Triângulo de potências para a carga 1. (b) Triângulo de potências para a carga 2. (c) Soma dos triângulos de potências.

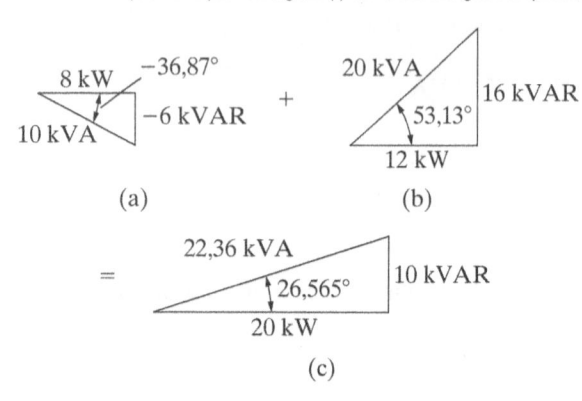

Podemos somar as potências complexas geometricamente, usando os triângulos de potências para cada carga, como mostra a Figura 10.15. Por hipótese,

$$S_1 = 8.000 - j\frac{8.000(0,6)}{(0,8)}$$
$$= 8.000 - j6.000 \text{ VA},$$

$$S_2 = 20.000(0,6) + j20.000(0,8)$$
$$= 12.000 + j16.000 \text{ VA}.$$

Assim,

$$S = 20.000 + j10.000 \text{ VA}$$

e

$$\mathbf{I}_f^* = \frac{20.000 + j10.000}{250} = 80 + j40 \text{ A}.$$

Portanto,

$$\mathbf{I}_f = 80 - j40 = 89{,}44 \; \underline{/-26{,}57°} \text{ A}.$$

Assim, o fator de potência da carga combinada é

$$\text{fp} = \cos(0 + 26{,}57°) = 0{,}8944 \text{ atrasado.}$$

O fator de potência das duas cargas em paralelo é atrasado porque a potência reativa líquida é positiva.

b) A potência aparente que deve ser fornecida para essas cargas é

$$|S| = |20 + j10| = 22{,}36 \text{ kVA}.$$

A amplitude da corrente que fornece essa potência aparente é

$$|\mathbf{I}_f| = |80 - j40| = 89{,}44 \text{ A}.$$

A potência média dissipada na linha, que resulta da passagem da corrente pela resistência da linha, é

$$P_{\text{linha}} = |\mathbf{I}_f|^2 R = (89{,}44)^2(0{,}05) = 400 \text{ W}$$

Observe que a fonte fornece $20.000 + 400 = 20.400$ W, ainda que as cargas necessitem de apenas 20.000 W.

c) Como vemos pelo triângulo de potências na Figura 10.15(c), podemos corrigir o fator de potência para 1, se colocarmos um capacitor em paralelo com as cargas existentes, de modo que o capacitor forneça 10 kVAR de potência reativa. O valor do capacitor é calculado da seguinte forma: em primeiro lugar, determine a reatância capacitiva pela Equação 10.37:

$$X = \frac{|V_{\text{ef}}|^2}{Q}$$

$$= \frac{(250)^2}{-10.000}$$

$$= -6{,}25 \ \Omega.$$

Lembre-se de que a impedância reativa de um capacitor é $-1/\omega C$ e $\omega = 2\pi(60) = 376{,}99$ rad/s, se a frequência da fonte for 60 Hz. Assim,

$$C = \frac{-1}{\omega X} = \frac{-1}{(376{,}99)(-6{,}25)} = 424{,}4 \ \mu\text{F}.$$

A adição do capacitor como terceira carga é representada em forma geométrica como a soma dos dois triângulos de potências mostrados na Figura 10.16. Quando o fator de potência for 1, a potência aparente e a potência média serão as mesmas, como se pode verificar pelo triângulo de potências na Figura 10.16(c). Portanto, uma vez corrigido o fator de potência, a potência aparente é

$$|S| = P = 20 \text{ kVA}$$

A amplitude da corrente que fornece essa potência aparente é

$$|\mathbf{I}_f| = \frac{20.000}{250} = 80 \text{ A}.$$

Figura 10.16 (a) Soma dos triângulos de potências para as cargas 1 e 2. (b) Triângulo de potências para um capacitor de 424,4 μF a 60 Hz. (c) Soma dos triângulos de potências em (a) e (b).

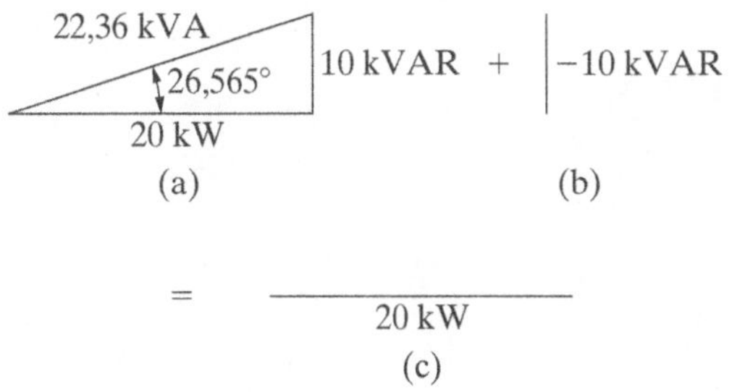

Portanto, a potência média dissipada na linha é reduzida para

$$P_{\text{linha}} = |\mathbf{I}_f|^2 R = (80)^2(0{,}05) = 320 \text{ W}.$$

Agora, a potência fornecida é $20.000 + 320 = 20.320$ W. Observe que a adição do capacitor reduziu as perdas na linha de 400 W para 320 W.

EXEMPLO 10.7 Equilíbrio entre potência fornecida e potência absorvida em um circuito ca.

a) Calcule a potência média e reativa total fornecida a cada impedância no circuito da Figura 10.17.
b) Calcule a potência média e a potência reativa associadas a cada fonte no circuito.
c) Verifique se a potência média fornecida é igual à absorvida e se a potência reativa fornecida é igual à absorvida.

Solução

a) A potência complexa fornecida à impedância de $(1+j2)\,\Omega$ é

$$S_1 = \frac{1}{2}\mathbf{V}_1\mathbf{I}_1^* = P_1 + jQ_1$$

$$= \frac{1}{2}(78 - j104)(-26 + j52)$$

$$= \frac{1}{2}(3.380 + j6.760)$$

$$= 1.690 + j3.380 \text{ VA}.$$

Figura 10.17 Circuito para o Exemplo 10.7, com a solução.

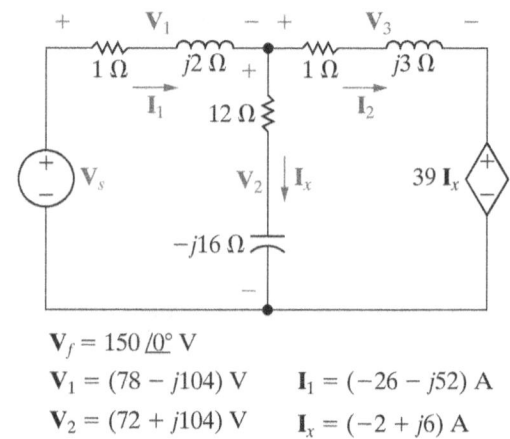

$\mathbf{V}_f = 150\,\underline{/0°}$ V
$\mathbf{V}_1 = (78 - j104)$ V $\mathbf{I}_1 = (-26 - j52)$ A
$\mathbf{V}_2 = (72 + j104)$ V $\mathbf{I}_x = (-2 + j6)$ A
$\mathbf{V}_3 = (150 - j130)$ V $\mathbf{I}_2 = (-24 - j58)$ A

Assim, essa impedância está absorvendo uma potência média de 1.690 W e uma potência reativa de 3.380 VAR. A potência complexa fornecida à impedância de $(12 - j16)\,\Omega$ é

$$S_2 = \frac{1}{2}\mathbf{V}_2\mathbf{I}_x^* = P_2 + jQ_2$$

$$= \frac{1}{2}(72 + j104)(-2 - j6)$$

$$= 240 - j320 \text{ VA}.$$

Portanto, a impedância no ramo vertical está absorvendo 240 W e fornecendo 320 VAR. A potência complexa fornecida à impedância de $(1 + j3)\,\Omega$ é

$$S_3 = \frac{1}{2}\mathbf{V}_3\mathbf{I}_2^* = P_3 + jQ_3$$

$$= \frac{1}{2}(150 - j130)(-24 + j58)$$

$$= 1.970 + j5.910 \text{ VA}.$$

Essa impedância está absorvendo 1.970 W e 5.910 VAR.

b) A potência complexa associada à fonte de tensão independente é

$$S_s = -\frac{1}{2}\mathbf{V}_f\mathbf{I}_1^* = P_f + jQ_f$$

$$= -\frac{1}{2}(150)(-26 + j52)$$

$$= 1.950 - j3.900 \text{ VA}.$$

Observe que a fonte de tensão independente está absorvendo uma potência média de 1.950 W e fornecendo 3.900 VAR. A potência complexa associada à fonte de tensão controlada por corrente é

$$S_x = \frac{1}{2}(39\mathbf{I}_x)(\mathbf{I}_2^*) = P_x + jQ_x$$

$$= \frac{1}{2}(-78 + j234)(-24 + j58)$$

$$= -5.850 - j5.070 \text{ VA}.$$

Tanto a potência média como a reativa estão sendo fornecidas pela fonte dependente.

c) A potência total absorvida pelas impedâncias passivas e pela fonte de tensão independente é

$$P_{\text{absorvida}} = P_1 + P_2 + P_3 + P_s = 5.850 \text{ W}.$$

A fonte de tensão dependente é o único elemento de circuito que está fornecendo potência média. Assim,

$$P_{\text{fornecida}} = 5.850 \text{ W}.$$

A potência reativa está sendo absorvida pelos dois ramos horizontais. Assim,

$$Q_{\text{absorvida}} = Q_1 + Q_3 = 9.290 \text{ VAR}.$$

A potência reativa está sendo fornecida pela fonte de tensão independente, pelo capacitor no ramo vertical e pela fonte de tensão dependente. Assim,

$$Q_{\text{fornecida}} = 9.290 \text{ VAR}.$$

PROBLEMAS PARA AVALIAÇÃO

Objetivo 1 Entender conceitos de potência ca, as relações entre essas potências e como calculá-las em um circuito.

10.4 Um capacitor de reatância capacitiva $-52 \, \Omega$ é ligado em paralelo com a carga do circuito da figura. Calcule:

a) os valores eficazes dos fasores $\mathbf{V}_L$ e $\mathbf{I}_L$;

b) a potência média e a potência reativa absorvidas pela impedância de carga de $(39 + j26) \, \Omega$;

c) a potência média e a potência reativa absorvidas pela impedância de linha de $(1 + j4)\,\Omega$;

d) a potência média e a potência reativa fornecidas pela fonte; e

e) a potência reativa fornecida pelo capacitor em paralelo com a carga.

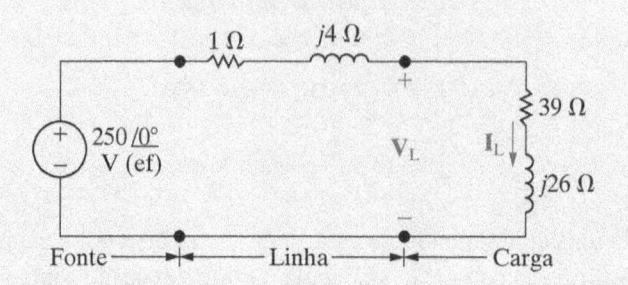

Resposta: (a) $252{,}20 \;\underline{/-4{,}54°}\;$ V (ef),
$5{,}38 \;\underline{/-38{,}23°}\;$ A (ef);

(b) 1.129,09 W; 752,73 VAR;

(c) 23,52 W; 94,09 VAR;

(d) 1.152,62 W; −376,36 VAR;

(e) 1.223,18 VAR.

10.5 A tensão eficaz nos terminais de uma carga é 250 V. A carga está absorvendo uma potência média de 40 kW e fornecendo uma potência reativa de 30 kVAR. Determine dois modelos de impedância equivalente da carga.

Resposta: 1 Ω em série com 0,75 Ω de reatância capacitiva; 1,5625 Ω em paralelo com 2,083 Ω de reatância capacitiva.

10.6 Determine o fasor tensão $\mathbf{V}_f$ (ef) no circuito mostrado, se as cargas L_1 e L_2 estiverem absorvendo 15 kVA com um fp atrasado de 0,6 e 6 kVA com um fp adiantado de 0,8, respectivamente. Expresse $\mathbf{V}_f$ em forma polar.

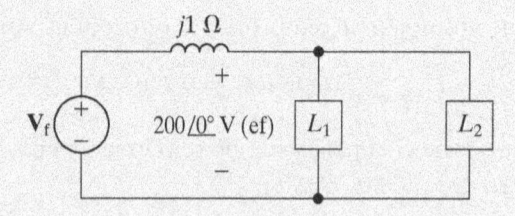

Resposta: $251{,}64 \;\underline{/15{,}91°}\;$ V.

NOTA: tente resolver também os problemas 10.20, 10.28 e 10.30, apresentados no final deste capítulo.

10.6 Máxima transferência de potência

Lembre-se de que, no Capítulo 4, afirmamos que certos sistemas – por exemplo, os que transmitem informações por meio de sinais elétricos – operam na perspectiva de que se possa transferir uma quantidade máxima de potência da fonte para a carga. Agora, estudaremos a máxima transferência de potência no contexto de uma rede em regime permanente senoidal, começando com a Figura 10.18. Devemos determinar a impedância de carga Z_L que possibilita o fornecimento de máxima potência média aos terminais *a* e *b*. Qualquer rede linear pode ser vista a partir dos terminais da carga como um circuito equivalente de Thévenin. Assim, torna-se necessário apenas determinar o valor de Z_L que resulta em máxima potência média a ser fornecida a Z_L, no circuito da Figura 10.19.

Para a máxima transferência de potência média, Z_L deve ser igual ao conjugado da impedância de Thévenin; isto é,

$$Z_L = Z_{Th}^*. \qquad (10.38)$$

Figura 10.18 Circuito usado para a análise da máxima transferência de potência.

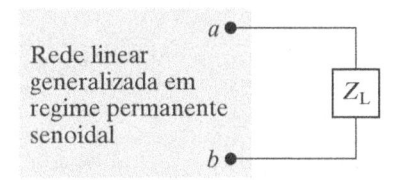

◀ Condição para máxima transferência de potência média

Deduzimos a Equação 10.38 pela simples aplicação do cálculo elementar. Começamos expressando Z_{Th} e Z_L em forma retangular:

$$Z_{Th} = R_{Th} + jX_{Th}, \qquad (10.39)$$

$$Z_L = R_L + jX_L. \qquad (10.40)$$

Em ambas as equações, 10.39 e 10.40, o termo da reatância tem o sinal positivo para indutância e negativo para capacitância. Como estamos fazendo um cálculo de potência média, admitimos que a amplitude da tensão de Thévenin seja expressa em termos de seu valor eficaz. Além disso, usamos a tensão de Thévenin como fasor de referência. Então, pela Figura 10.19, o valor eficaz da corrente de carga **I** é

$$\mathbf{I} = \frac{\mathbf{V}_{Th}}{(R_{Th} + R_L) + j(X_{Th} + X_L)}. \qquad (10.41)$$

A potência média fornecida à carga é

$$P = |\mathbf{I}|^2 R_L. \qquad (10.42)$$

Substituindo a Equação 10.41 na Equação 10.42, temos

$$P = \frac{|\mathbf{V}_{Th}|^2 R_L}{(R_{Th} + R_L)^2 + (X_{Th} + X_L)^2}. \qquad (10.43)$$

Quando trabalhar com a Equação 10.43, lembre-se sempre de que V_{Th}, R_{Th} e X_{Th} são quantidades fixas, ao passo que R_L e X_L são variáveis independentes. Portanto, para maximizar P, devemos determinar os valores de R_L e X_L para os quais $\partial P/\partial R_L$ e $\partial P/\partial X_L$ são iguais a zero. Pela Equação 10.43,

$$\frac{\partial P}{\partial X_L} = \frac{-|\mathbf{V}_{Th}|^2 2 R_L (X_L + X_{Th})}{[(R_L + R_{Th})^2 + (X_L + X_{Th})^2]^2}, \qquad (10.44)$$

$$\frac{\partial P}{\partial R_L} = \frac{|\mathbf{V}_{Th}|^2 [(R_L + R_{Th})^2 + (X_L + X_{Th})^2 - 2R_L(R_L + R_{Th})]}{[(R_L + R_{Th})^2 + (X_L + X_{Th})^2]^2}. \qquad (10.45)$$

Pela Equação 10.44, $\partial P/\partial X_L$ é igual a zero quando

$$X_L = -X_{Th}. \tag{10.46}$$

Pela Equação 10.45, $\partial P/\partial R_L$ é igual a zero quando

$$R_L = \sqrt{R_{Th}^2 + (X_L + X_{Th})^2}. \tag{10.47}$$

Observe que, quando combinamos a Equação 10.46 com a Equação 10.47, ambas as derivadas são iguais a zero quando $Z_L = Z_{Th}^*$.

Máxima potência média absorvida

Figura 10.19 Circuito da Figura 10.18, com a rede substituída por seu equivalente de Thévenin.

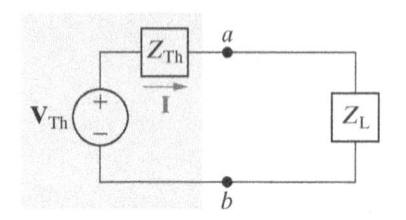

A máxima potência média que pode ser fornecida a Z_L quando ela é igualada ao conjugado de Z_{Th} é calculada facilmente pelo circuito da Figura 10.19. Quando $Z_L = Z_{Th}^*$ o valor eficaz da corrente de carga é $\mathbf{V}_{Th}/2R_L$ e a máxima potência média fornecida à carga é

$$P_{máx} = \frac{|\mathbf{V}_{Th}|^2 R_L}{4R_L^2} = \frac{1}{4}\frac{|\mathbf{V}_{Th}|^2}{R_L}. \tag{10.48}$$

Se a tensão de Thévenin for expressa em termos de sua amplitude máxima, em vez de sua amplitude eficaz, a Equação 10.48 torna-se

$$P_{máx} = \frac{1}{8}\frac{\mathbf{V}_m^2}{R_L}. \tag{10.49}$$

Máxima transferência de potência quando existem limitações para o valor de Z

A máxima potência média só pode ser fornecida a Z_L se esta puder ser igualada ao conjugado de Z_{Th}. Há situações em que isso não é possível. Em primeiro lugar, R_L e X_L podem estar restritas a uma faixa limitada de valores. Nessa situação, a condição ótima para R_L e X_L é ajustar o valor de X_L o mais próximo possível de $-X_{Th}$ e, então, ajustar o valor de R_L o mais próximo possível de $\sqrt{R_{Th}^2 + (X_L + X_{Th})^2}$ (veja o Exemplo 10.9).

Um segundo tipo de restrição ocorre quando o módulo de Z_L pode variar, mas seu ângulo de fase não pode. Sob essa restrição, a maior quantidade de potência é transferida à carga quando o módulo de Z_L é igualado ao módulo de Z_{Th}; isto é, quando

$$|Z_L| = |Z_{Th}| \tag{10.50}$$

Deixamos a você a demonstração da Equação 10.50 no Problema 10.45, apresentado no final deste capítulo.

Para redes puramente resistivas, a máxima transferência de potência ocorre quando a resistência de carga é igual à resistência de Thévenin. Observe que deduzimos esse resultado quando apresentamos a máxima transferência de potência pela primeira vez no Capítulo 4.

Os exemplos 10.8–10.11 ilustram o problema de obter máxima transferência de potência nas situações que acabamos de discutir.

EXEMPLO 10.8 Determinação da máxima transferência de potência quando não existem limitações à carga.

a) Para o circuito mostrado na Figura 10.20, determine a impedância Z_L que possibilite a máxima transferência de potência média a essa impedância.

b) Qual é a máxima transferência de potência média para a impedância de carga determinada em (a)?

Figura 10.20 Circuito para o Exemplo 10.8.

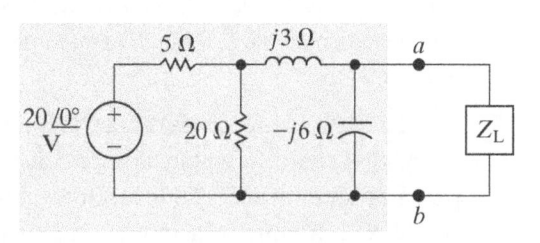

Solução

a) Começamos determinando o equivalente de Thévenin em relação aos terminais a, b. Após duas transformações de fonte envolvendo a fonte de 20 V, o resistor de 5 Ω e o resistor de 20 Ω, simplificamos o circuito da Figura 10.20 para o da Figura 10.21. Então,

Figura 10.21 Simplificação da Figura 10.20 por meio de transformações de fonte.

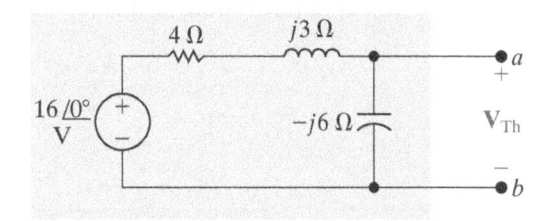

$$\mathbf{V}_{Th} = \frac{16\ \underline{/0°}}{4 + j3 - j6}(-j6)$$

$$= 19{,}2\ \underline{/-53{,}13°} = 11{,}52 - j15{,}36\ \text{V}.$$

Determinamos a impedância de Thévenin eliminando a fonte independente e calculando a impedância vista a partir dos terminais a e b. Assim,

$$Z_{Th} = \frac{(-j6)(4 + j3)}{4 + j3 - j6} = 5{,}76 - j1{,}68\ \Omega.$$

Para a máxima transferência de potência média, a impedância da carga deve ser o conjugado de Z_{Th}, de modo que

$$Z_L = 5{,}76 + j1{,}68\ \Omega.$$

b) Calculamos a máxima potência média fornecida a Z_L por meio do circuito da Figura 10.22, no qual substituímos a rede original por seu equivalente de Thévenin. Pela Figura 10.22, o valor eficaz da corrente de carga **I** é

Figura 10.22 Circuito da Figura 10.20, com a rede original substituída por seu equivalente de Thévenin.

$$I_{ef} = \frac{19{,}2/\sqrt{2}}{2(5{,}76)} = 1{,}1785\ \text{A}.$$

A potência média fornecida à carga é

$$P = I_{ef}^2(5{,}76) = 8\ \text{W}.$$

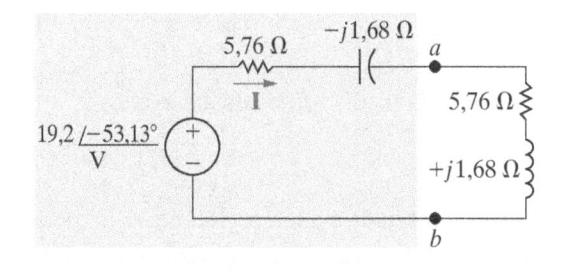

EXEMPLO 10.9 Determinação da máxima transferência de potência quando há limitações à variação da impedância da carga.

a) Para o circuito mostrado na Figura 10.23, qual é o valor de Z_L que possibilita a máxima transferência de potência média a Z_L? Qual é a máxima potência em miliwatts?

b) Admita que a resistência da carga possa variar entre 0 e 4.000 Ω e que a reatância capacitiva da carga possa variar entre 0 e −2.000 Ω. Quais são os ajustes de R_L e X_L que transferem a maior potência média à carga? Qual é a máxima potência média que pode ser transferida, dadas essas restrições?

Figura 10.23 Circuito para os exemplos 10.9 e 10.10.

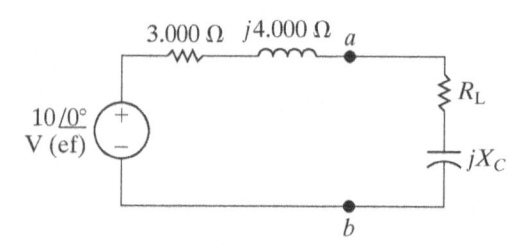

Solução

a) Se não houver restrições a R_L e X_L, a impedância de carga será igualada ao conjugado da impedância de Thévenin. Portanto, fazemos

$$R_L = 3.000 \text{ Ω e } X_L = -4.000 \text{ Ω}$$

ou

$$Z_L = 3.000 - j4.000 \text{ Ω}$$

Como a tensão da fonte é dada pelo valor eficaz, a potência média fornecida a Z_L é

$$P = \frac{1}{4}\frac{10^2}{3.000} = \frac{25}{3} \text{ mW} = 8{,}33 \text{ mW}.$$

b) Como a variação dos valores de R_L e X_L é limitada, primeiro ajustamos X_L o mais próximo possível de −4.000 Ω; assim, $X_L = -2.000$ Ω. Em seguida, ajustamos R_L o mais próximo possível de $\sqrt{R_{Th}^2 + (X_L + X_{Th})^2}$. Assim,

$$R_L = \sqrt{3.000^2 + (-2.000 + 4.000)^2} = 3.605{,}55 \text{ Ω}.$$

Agora, como R_L pode variar de 0 a 4.000 Ω, podemos ajustá-la para 3.605,55 Ω. Portanto, a impedância de carga é ajustada para o valor de

$$Z_L = 3.605{,}55 - j2.000 \text{ Ω}.$$

Com Z_L ajustada para esse valor, o valor da corrente de carga é

$$\mathbf{I}_{ef} = \frac{10 \angle 0°}{6.605{,}55 + j2.000} = 1{,}4489 \angle -16{,}85° \text{ mA}.$$

A potência média fornecida à carga é

$$P = (1{,}4489 \times 10^{-3})^2 (3.605{,}55) = 7{,}57 \text{ mW}$$

Essa quantidade é a maior potência que podemos fornecer à carga, dadas as restrições aos valores de R_L e X_L. Observe que essa potência é menor do que a potência que pode ser fornecida se não houver restrições; em (a) constatamos que podemos fornecer 8,33 mW.

EXEMPLO 10.10 Determinação da máxima transferência de potência quando há limitação à variação do ângulo da impedância.

Uma impedância de carga com um ângulo de fase constante de $-36,87°$ está ligada aos terminais de carga a e b no circuito da Figura 10.23. O módulo de Z_L é variado até que a potência média fornecida seja a maior possível, sob a restrição dada.

a) Determine Z_L em forma retangular.

b) Calcule a potência média fornecida a Z_L.

Solução

a) Pela Equação 10.50, sabemos que o módulo de Z_L deve ser igual ao módulo de Z_{Th}. Portanto,

$$|Z_L| = |Z_{Th}| = |3.000 + j4.000| = 5.000 \ \Omega$$

Agora, como sabemos que o ângulo de fase de Z_L é $-36,87°$, temos

$$Z_L = 5.000 \underline{/-36,87°} = 4.000 - j3.000 \ \Omega.$$

b) Igualando Z_L a $4.000 - j3.000 \ \Omega$, a corrente de carga é

$$\mathbf{I}_{ef} = \frac{10}{7.000 + j1.000} = 1,4142 \ \underline{/-8,13°} \ \text{mA},$$

e a potência média fornecida à carga é

$$P = (1,4142 \times 10^{-3})^2 (4.000) = 8 \ \text{mW}$$

Essa quantidade é a maior potência que pode ser fornecida por esse circuito à impedância de carga, cujo ângulo permanece constante em $-36,87°$. Mais uma vez, essa quantidade é menor do que a máxima potência que pode ser fornecida, se não há nenhuma restrição à variação de Z_L.

PROBLEMA PARA AVALIAÇÃO

Objetivo 2 Entender a condição para máxima potência ativa fornecida a uma carga em um circuito ca.

10.7 A corrente da fonte no circuito mostrado é $3 \cos 5.000t$ A.

a) Qual é a impedância que deve ser ligada aos terminais a,b para máxima transferência de potência média?

b) Qual é a potência média transferida à impedância em (a)?

c) Suponha que a carga seja exclusivamente resistiva. Qual é o valor do resistor que, ligado aos terminais a,b, promoverá a máxima transferência de potência média?

d) Qual é a potência média transferida ao resistor em (c)?

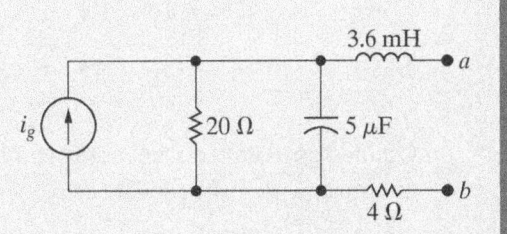

Resposta: (a) $20 - j10 \ \Omega$;

(b) 18 W;

(c) 22,36 Ω;

(d) 17,00 W.

NOTA: tente resolver também os problemas 10.41, 10.48 e 10.62, apresentados no final deste capítulo.

EXEMPLO 10.11 Determinação da máxima transferência de potência em um circuito com um transformador ideal.

O resistor variável no circuito da Figura 10.24 é ajustado até que a máxima potência média seja fornecida a R_L.

a) Qual é o valor de R_L em ohms?

b) Qual é a máxima potência média (em watts) fornecida a R_L?

Solução

a) Em primeiro lugar, determinamos o equivalente de Thévenin visto a partir dos terminais de R_L. O circuito para determinar a tensão de circuito aberto é mostrado na Figura 10.25. As variáveis $\mathbf{V}_1$, $\mathbf{V}_2$, $\mathbf{I}_1$ e $\mathbf{I}_2$ foram adicionadas para facilitar a análise.

Primeiro, observamos que o transformador ideal impõe as seguintes restrições às variáveis $\mathbf{V}_1$, $\mathbf{V}_2$, $\mathbf{I}_1$ e $\mathbf{I}_2$:

$$\mathbf{V}_2 = \frac{1}{4}\mathbf{V}_1, \qquad \mathbf{I}_1 = -\frac{1}{4}\mathbf{I}_2.$$

Como o valor de circuito aberto de $\mathbf{I}_2$ é igual a zero, então, $\mathbf{I}_1$ é igual a zero. Segue-se que

$$\mathbf{V}_1 = 840\ \underline{/0°}\ \text{V}, \qquad \mathbf{V}_2 = 210\ \underline{/0°}\ \text{V}.$$

Pela Figura 10.25, observamos que $\mathbf{V}_{Th}$ é o negativo de $\mathbf{V}_2$, portanto,

$$\mathbf{V}_{Th} = -210\ \underline{/0°}\ \text{V}.$$

O circuito mostrado na Figura 10.26 é usado para determinar a corrente de curto-circuito. Considerando-se $\mathbf{I}_1$ e $\mathbf{I}_2$ as correntes de malha, as duas equações de malha são

$$840\ \underline{/0°} = 80\mathbf{I}_1 - 20\mathbf{I}_2 + \mathbf{V}_1,$$

$$0 = 20\mathbf{I}_2 - 20\mathbf{I}_1 + \mathbf{V}_2.$$

Quando essas duas equações são combinadas com as equações de restrição, obtemos

$$840\ \underline{/0°} = -40\mathbf{I}_2 + \mathbf{V}_1,$$

$$0 = 25\mathbf{I}_2 + \frac{\mathbf{V}_1}{4}.$$

Figura 10.24 Circuito para o Exemplo 10.11.

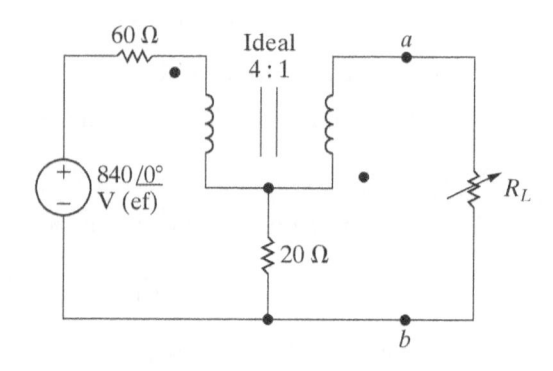

Figura 10.25 Circuito usado para determinar a tensão de Thévenin.

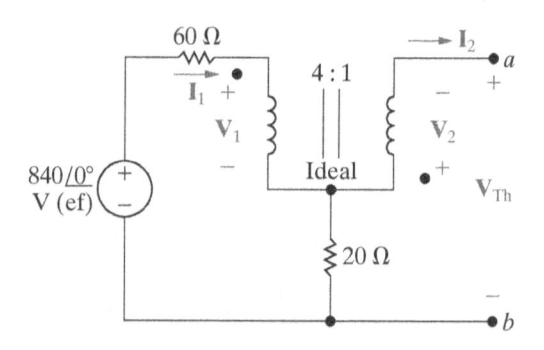

Figura 10.26 Circuito usado para calcular a corrente de curto-circuito.

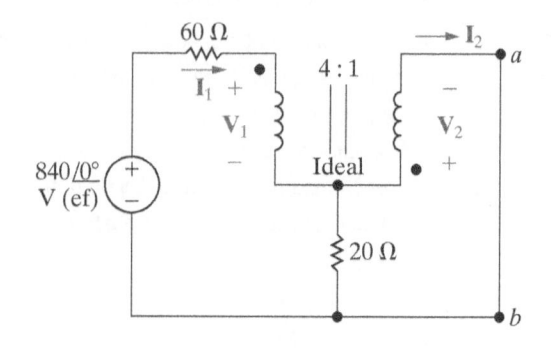

Resolvendo esse sistema de equações, temos

$$I_2 = -6 \text{ A}.$$

Portanto, a resistência de Thévenin é

$$R_{Th} = \frac{-210}{-6} = 35 \text{ }\Omega.$$

A máxima potência será fornecida a R_L quando R_L for igual a 35 Ω.

b) A máxima potência fornecida a R_L é determinada mais facilmente usando-se o equivalente de Thévenin. Pelo circuito da Figura 10.27, temos

$$P_{máx} = \left(\frac{-210}{70}\right)^2 (35) = 315 \text{ W}.$$

Figura 10.27 Equivalente de Thévenin com a carga ajustada para máxima transferência de potência.

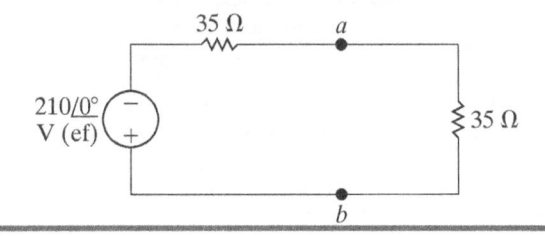

PROBLEMAS PARA AVALIAÇÃO

Objetivo 3 Saber calcular todas as formas de potência em circuitos ca com transformadores lineares e ideais.

10.8 Determine a potência média fornecida ao resistor de 100 Ω no circuito mostrado, se $v_g = 660 \cos 5.000t$ V.

Resposta: 612,5 W.

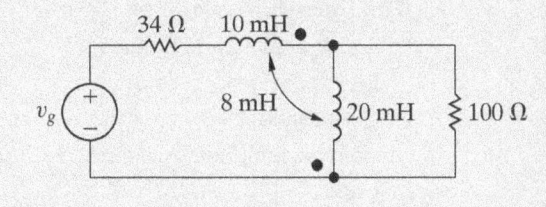

10.9 a) Determine a potência média fornecida ao resistor de 400 Ω no circuito mostrado, se $v_g = 248 \cos 10.000t$ V.

b) Determine a potência média fornecida ao resistor de 375 Ω.

c) Determine a potência fornecida pela fonte de tensão ideal. Verifique seu resultado mostrando que a potência absorvida é igual à potência fornecida.

Resposta: (a) 50 W;
(b) 49,2 W;
(c) 99,2 W, 50 + 49,2 = 99,2 W.

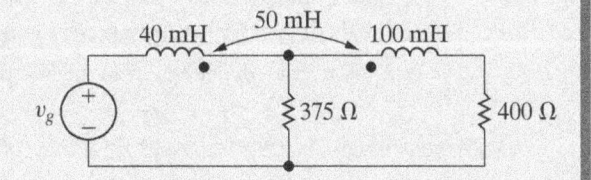

10.10 Resolva o Exemplo 10.11, se o ponto de polaridade no enrolamento ligado ao terminal a estiver na parte superior.

Resposta: (a) 15 Ω;
(b) 735 W.

10.11 Resolva o Exemplo 10.11 se a fonte de tensão for reduzida a 146 /0° V e a relação de espiras for invertida para 1:4.

Resposta: (a) 1.460 Ω;
(b) 58,4 W.

NOTA: tente resolver também os problemas 10.61 e 10.62, apresentados no final deste capítulo.

Perspectiva prática

Energia vampira

Energia vampira, ou energia em *stand-by*, pode custar mais do que se pensa. Um domicílio tem em média cerca de 40 aparelhos elétricos, que consomem energia mesmo quando desligados. Aproximadamente 5% do consumo normal de energia residencial podem ser atribuídos ao modo *stand-by*. A Tabela 10.3 fornece o consumo de energia de vários tipos de aparelho. Note-se que, quando um aparelho é considerado desligado, normalmente ainda está consumindo energia.

Tabela 10.3 Consumo médio de energia de aparelhos elétricos comuns.

Aparelho elétrico[+]	Potência [W][*]
Carregador de celular	
Conectado ao telefone em carga	3,68
Conectado à tomada, mas não ao telefone	0,26
Adaptador CA para notebook	
Conectado ao computador em carga	44,28
Conectado ao computador em modo de espera	15,77
Conectado ao computador desligado	8,9
Conectado à tomada, mas não ao computador	4,42
Tocador de DVD	
Ligado e em uso	9,91
Ligado, mas não em uso	7,54
Desligado	1,55
Forno de micro-ondas	
Ligado com a porta fechada	3,08
Ligado com a porta aberta	25,79
Cozinhando	1.433,0
Impressora multifuncional a jato de tinta	
Ligada	9,16
Desligada	5,26

[*] Os dados apresentados nesta tabela foram extraídos do relatório da Lawrence Berkeley National Laboratory (<http://standby.lbl.gov/standby.html>).

[+] Este valor é a média da potência medida para diversos tipos de cada aparelho.

Vamos examinar um carregador de celular. De acordo com os valores indicados na Tabela 10.3, quando desconectado do telefone, o carregador consome apenas uma fração da energia que é utilizada quando está conectado a um telefone em carga. Suponhamos que você carregue seu celular durante três horas por dia, mas deixe o carregador ligado à tomada 24 horas por dia. Lembre-se de que a concessionária cobra com base no número de quilowatts-hora (kWh) usados em um mês. Um aparelho que usa 1.000 W de potência continuamente por uma hora consome 1 kWh. Vamos calcular o número de quilowatts-hora utilizados pelo carregador em um mês.

$$P[\text{kWh}] = \frac{30[3(3,68) + 21(0,26)]}{1.000} = 1,8 \text{ kWh}$$

Agora, faça o cálculo novamente, desta vez assumindo que o carregador é desconectado da tomada quando não está em uso.

$$P[\text{kWh}] = \frac{30[3(3,68) + 21(0)]}{1.000} = 0,33 \text{ kWh}$$

Manter o carregador ligado quando não em uso faz seu consumo ser 5 vezes maior do que a energia necessária para carregar um telefone o dia todo. Pode-se, portanto, minimizar o custo da energia vampira desligando-se aparelhos elétricos quando não estão sendo usados.

Como o carregador pode consumir energia quando não está ligado ao telefone? O circuito eletrônico no celular usa fontes de 5 V (cc) para fornecer energia. O carregador deve transformar o sinal de 120 V (ef) fornecido pela tomada em um sinal que possa ser utilizado para carregar o telefone. Esses carregadores podem utilizar transformadores lineares, associados a outros circuitos, para produzir uma tensão adequada ao telefone.

Consideremos o circuito da Figura 10.28. O transformador linear faz parte do circuito usado para reduzir a tensão fornecida pela fonte a um nível adequado para o telefone. Os demais componentes necessários para completar essa tarefa não são mostrados no circuito. Quando o telefone é desconectado do circuito na Figura 10.28, mas o circuito continua ligado à fonte de 120 V (ef), ainda há uma passagem para a corrente, conforme mostrado na Figura 10.29. A corrente é

$$I = \frac{120}{R_s + R_1 + j\omega L_1}.$$

A energia real, entregue pela fonte de tensão e fornecida aos resistores, é

$$P = (R_s + R_1)|I|^2.$$

Essa é a energia vampira que está sendo consumida pelo carregador de celular, mesmo quando ele não está ligado ao telefone.

Figura 10.28 Transformador linear utilizado em um carregador de celular.

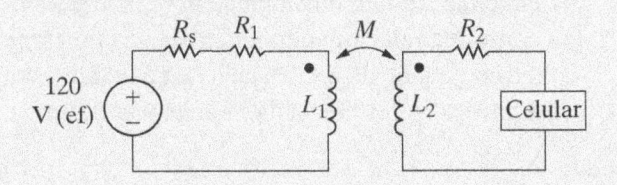

Figura 10.29 Circuito do carregador de celular quando o telefone não está ligado.

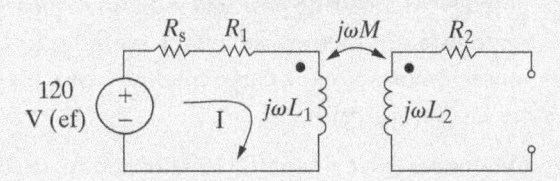

NOTA: avalie sua compreensão desse material tentando resolver os problemas 10.66 a 10.68, apresentados no final deste capítulo.

Resumo

- **Potência instantânea** é o produto entre a tensão e a corrente instantâneas, ou $p = \pm v_i$. O sinal positivo é usado quando o sentido de referência para a corrente for da tensão positiva para a negativa. A frequência da potência instantânea é o dobro da frequência da tensão (ou corrente). (Seção 10.1.)

- **Potência média** é o valor médio da potência instantânea durante um período. É a potência convertida da forma elétrica para outra não elétrica e vice-versa. Essa conversão é a razão por que a potência média também é denominada potência ativa. Pela convenção passiva, a potência média é expressa como

$$P = \frac{1}{2}V_m I_m \cos(\theta_v - \theta_i)$$
$$= V_{\text{ef}} I_{\text{ef}} \cos(\theta_v - \theta_i).$$

(Seção 10.2.)

- **Potência reativa** é a potência elétrica trocada entre o campo magnético de um indutor e a fonte que o alimenta ou entre o campo elétrico de um capacitor e a fonte que o alimenta. A potência reativa nunca é convertida em potência não elétrica. Pela convenção passiva, a potência reativa é expressa como

$$Q = \frac{1}{2} V_m I_m \operatorname{sen}(\theta_v - \theta_i)$$
$$= V_{ef} I_{ef} \operatorname{sen}(\theta_v - \theta_i).$$

Tanto a potência média quanto a reativa podem ser expressas em termos de corrente e tensão de pico (V_m, I_m) ou eficaz (V_{ef}, I_{ef}). Valores eficazes são usados amplamente em aplicações residenciais e industriais. *Valor eficaz* e *valor rms* são termos intercambiáveis para a mesma grandeza. (Seção 10.2.)

- O **fator de potência** é o cosseno do ângulo de fase entre a tensão e a corrente:

$$\text{fp} = \cos(\theta_v - \theta_i).$$

Os termos *atrasado* e *adiantado* adicionados à descrição do fator de potência indicam se a corrente está atrasada ou adiantada em relação à tensão e, portanto, se a carga é indutiva ou capacitiva. (Seção 10.2.)

- O **fator reativo** é o seno do ângulo de fase entre a tensão e a corrente:

$$\text{fr} = \operatorname{sen}(\theta_v - \theta_i).$$

(Seção 10.2.)

- **Potência complexa** é a soma complexa das potências média e reativa, ou

$$S = P + jQ$$
$$= \frac{1}{2} \mathbf{VI}^* = \mathbf{V}_{\text{eff}} \mathbf{I}^*_{\text{eff}}$$
$$= I^2_{\text{eff}} Z = \frac{V^2_{\text{eff}}}{Z^*}.$$

- **Potência aparente** é o módulo da potência complexa:

$$|S| = \sqrt{P^2 + Q^2}.$$

(Seção 10.4.)

- O **watt** é usado como a unidade para a potência instantânea e para a potência ativa. O **var** (volt-ampère reativo, ou VAR) é usado como unidade para a potência reativa. O **volt-ampère** (VA) é usado como unidade para as potências complexa e aparente. (Seção 10.4.)

- A **máxima transferência de potência** ocorre, em circuitos que funcionam em regime permanente senoidal, quando a impedância de carga é o conjugado da impedância de Thévenin vista a partir dos terminais da impedância de carga. (Seção 10.6.)

Problemas

Seções 10.1–10.2

10.1 Os seguintes conjuntos de valores para v e i referem-se ao circuito da Figura 10.1. Calcule P e Q para cada conjunto de valores e determine se o circuito no interior da caixa está absorvendo ou fornecendo (1) potência média e (2) potência reativa.

a) $v = 250 \cos(\omega t + 45°)$ V,
$i = 4 \operatorname{sen}(\omega t + 60°)$ A.

b) $v = 18 \cos(\omega t - 30°)$ V,
$i = 5 \cos(\omega t - 75°)$ A.

c) $v = 150 \operatorname{sen}(\omega t + 25°)$ V,
$i = 2 \cos(\omega t + 50°)$ A.

d) $v = 80 \cos(\omega t + 120°)$ V,
$i = 10 \cos(\omega t + 170°)$ A.

10.2 a) Um estudante universitário acorda com fome. Liga a cafeteira, coloca uma tigela de mingau de aveia no micro-ondas, põe duas fatias de pão na torradeira e começa a fazer ovos mexidos na frigideira elétrica. Se todos esses aparelhos forem alimentados por um circuito de 120 V, protegido por um disjuntor de 50 A, o disjuntor vai interromper esse café da manhã?

b) O colega de quarto do estudante acorda e liga o aparelho de ar condicionado. Ele percebe que o quarto está uma bagunça, então começa a aspirar o carpete. E agora, o disjuntor do circuito vai interromper o café da manhã?

10.3 Mostre que o máximo valor da potência instantânea dada pela Equação 10.9 é $P + \sqrt{P^2 + Q^2}$ e que o valor mínimo é $P - \sqrt{P^2 + Q^2}$.

10.4 Uma carga consistindo em um resistor de 480 Ω em paralelo com um capacitor de (5/9) μF está ligada aos terminais de uma fonte de tensão senoidal $v_g = 240 \cos 5.000t$ V.

a) Qual é o valor de pico da potência instantânea fornecida pela fonte?

b) Qual é o valor de pico da potência instantânea absorvida pela fonte?

c) Qual é a potência média fornecida à carga?

d) Qual é a potência reativa fornecida à carga?

e) A carga absorve ou fornece energia reativa?

f) Qual é o fator de potência da carga?

g) Qual é o fator reativo da carga?

10.5 Determine a potência média fornecida pela fonte de corrente ideal no circuito da Figura P10.5, se $i_g = 4 \cos 5.000t$ mA.

Figura P10.5

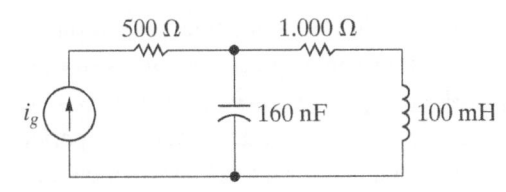

10.6 Determine a potência média dissipada no resistor de 30 Ω no circuito da Figura P10.6, se $i_g = 6 \cos 20.000t$ A.

Figura P10.6

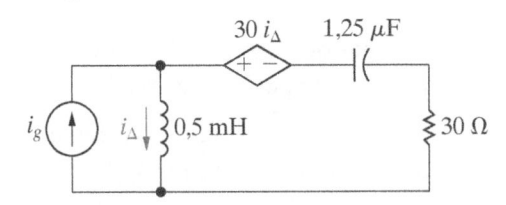

10.7 O amp op no circuito da Figura P10.7 é ideal. Calcule a potência média fornecida ao resistor de 1 kΩ, quando $v_g = \cos 1.000t$ V.

Figura P10.7

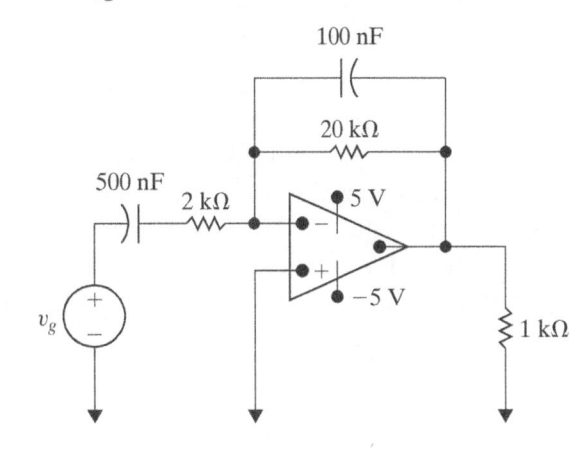

10.8 a) Calcule a potência ativa e a potência reativa associadas a cada elemento do circuito da Figura P9.63.

b) Verifique se a potência média gerada é igual à potência média absorvida.

c) Verifique se a potência reativa gerada é igual à potência reativa absorvida.

10.9 Repita o Problema 10.8 para o circuito da Figura P9.64.

10.10 A impedância da carga na Figura P10.10 absorve 6 kW e gera 80 kVAR. A fonte de tensão senoidal fornece 8 kW.

a) Determine os valores da reatância capacitiva da linha que vão satisfazer essas restrições.

b) Para cada valor da reatância da linha determinada em (a), mostre que a energia reativa fornecida é igual à absorvida.

Figura P10.10

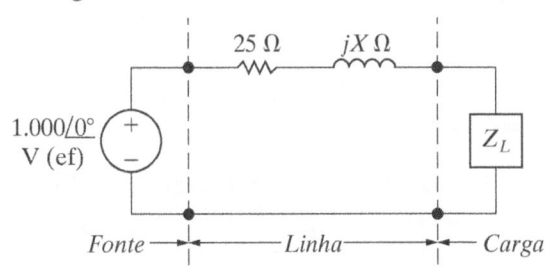

Seção 10.3

10.11 a) Um computador pessoal com monitor e teclado absorve 40 W em 115 V (ef). Calcule o valor eficaz da corrente conduzida por seu cabo de alimentação.

b) A potência nominal de uma impressora a laser é 90 W a 115 V (ef). Se essa impressora for ligada à mesma tomada do computador do item (a), qual será o valor eficaz da corrente fornecida pela tomada?

10.12 Determine o valor eficaz da corrente periódica da Figura P10.12.

Figura P10.12

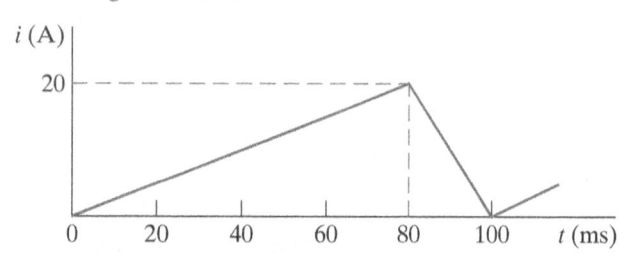

10.13 A corrente periódica da Figura P10.12 dissipa uma potência média de 1.280 W em um resistor. Qual é o valor do resistor?

10.14 a) Determine o valor eficaz da tensão periódica da Figura P10.14.

b) Se essa tensão for aplicada aos terminais de um resistor de 40 Ω, qual será a potência média dissipada pelo resistor?

c) Quando a tensão na parte (a) é aplicada a um resistor diferente, esse resistor dissipa 10 mW de potência média. Qual é o valor de sua resistência?

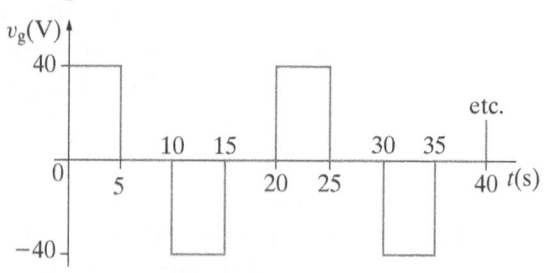

Figura P10.14

10.15 a) Determine o valor eficaz da tensão periódica da Figura P10.15.

b) Se essa tensão for aplicada aos terminais de um resistor de 4 Ω, qual será a potência média dissipada pelo resistor?

Figura P10.15

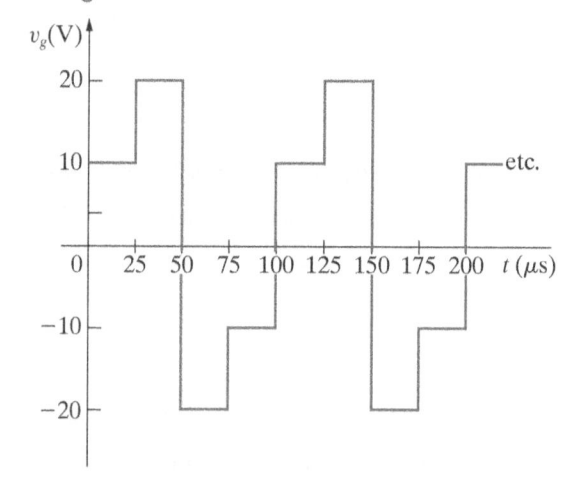

10.16 Uma tensão cc igual a V_{cc} V é aplicada a um resistor de R Ω. Uma tensão senoidal igual a v_f V também é aplicada a um resistor de R Ω. Mostre que a tensão cc fornecerá a mesma energia em T segundos (onde T é o período da tensão senoidal) que a tensão senoidal, desde que V_{cc} seja igual ao valor eficaz de v_f. (*Sugestão:* iguale as duas expressões para a energia fornecida ao resistor.)

Seções 10.4–10.5

10.17 A corrente $\mathbf{I}_g$ do circuito no domínio da frequência da Figura P10.17 é $50\underline{/0°}$ mA (ef).

a) Determine a potência média e a potência reativa para a fonte de corrente.

b) A fonte de corrente está absorvendo ou fornecendo potência média?

c) A fonte de corrente está absorvendo ou fornecendo potência reativa?

d) Determine a potência média e a potência reativa associadas à impedância de cada ramo no circuito.

e) Verifique o equilíbrio entre a potência média fornecida e a absorvida.

f) Verifique o equilíbrio entre as potências reativas fornecidas e absorvidas.

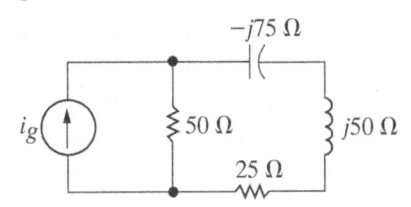

Figura P10.17

10.18 Determine a potência média, a potência reativa e a potência aparente absorvidas pela carga no circuito da Figura P10.18, se $v_g = 150 \cos 250t$ V.

Pspice Multisim

Figura P10.18

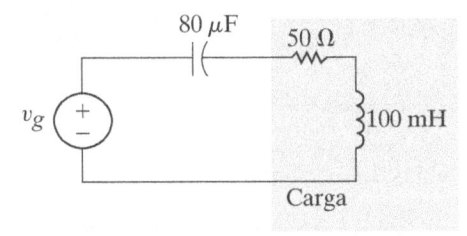

10.19 a) Determine V_L (ef) e θ para o circuito da Figura P10.19, se a carga absorver 2.500 VA, com um fator de potência atrasado de 0,8.

b) Construa um diagrama fasorial de cada solução obtida em (a).

Figura P10.19

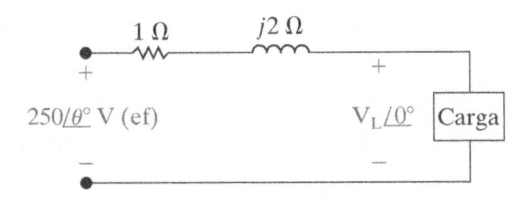

10.20 a) Determine a potência média, a potência reativa e a potência aparente fornecidas pela fonte de tensão no circuito da Figura P10.20, se $v_g = 40 \cos 10^6 t$ V.

Pspice Multisim

b) Verifique sua resposta em (a) mostrando que $P_{\text{dev}} = \sum P_{\text{abs}}$.

c) Verifique sua resposta em (a) mostrando que $Q_{\text{dev}} = \sum Q_{\text{abs}}$.

Figura P10.20

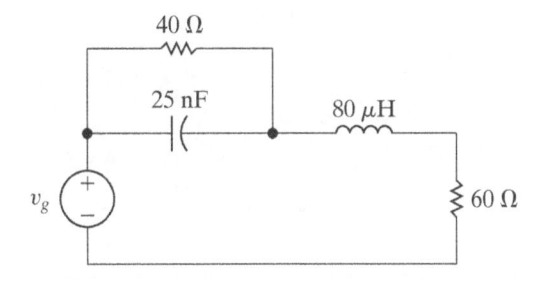

10.21 Duas cargas de 480 V (ef) estão ligadas em paralelo. Ambas absorvem uma potência média total de 40.800 W, com um fator de potência atrasado de 0,8. Uma das cargas absorve 20 kVA, com um fator de potência adiantado de 0,96. Qual é o fator de potência da outra carga?

10.22 As duas cargas mostradas na Figura P10.22 podem ser descritas da seguinte forma: a carga 1 absorve uma potência média de 10 kW e uma potência reativa de 4 kVAR; a carga 2 tem uma impedância de $(60 + j80)$ Ω. A tensão nos terminais das cargas é $1000\sqrt{2} \cos 100\pi t$ V.

a) Determine o valor eficaz da tensão da fonte.

b) De quantos microssegundos é a diferença de fase entre a tensão da carga e a tensão da fonte?

c) A tensão da carga está adiantada ou atrasada em relação à tensão da fonte?

Figura P10.22

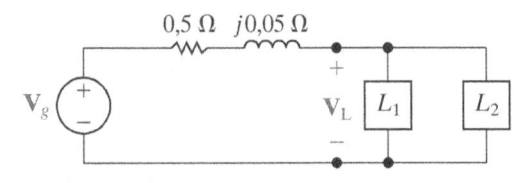

10.23 As três cargas no circuito da Figura P10.23 são $S_1 = 6 + j3$ kVA, $S_2 = 7{,}5 - j4{,}5$ kVA e $S_3 = 12 + j9$ kVA.

a) Calcule a potência complexa associada a cada fonte de tensão, $\mathbf{V}_{g1}$ e $\mathbf{V}_{g2}$.

b) Verifique se o total das potências ativa e reativa fornecido pela fonte é igual ao total das potências ativa e reativa absorvido pela rede.

Figura P10.23

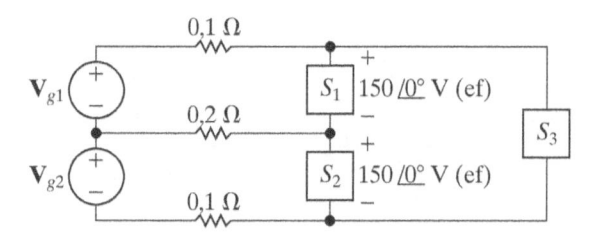

10.24 As três cargas no circuito da Figura P10.24 são descritas da seguinte forma: a carga 1 está absorvendo 4,8 kW e fornecendo 2,4 kVAR; a carga 2 está absorvendo 6 kVA, com um fp atrasado de 0,8; a carga 3 é um resistor de 24 Ω em paralelo com um indutor que tem uma reatância de 6 Ω.

a) Calcule a potência média e a potência reativa fornecida por cada fonte, se $\mathbf{V}_{g1} = \mathbf{V}_{g2} = 120\underline{/0°}$ V (ef).

b) Verifique seus cálculos demonstrando que os resultados são consistentes com os requisitos

$$\sum P_{dev} = \sum P_{abs}$$

$$\sum Q_{dev} = \sum Q_{abs}.$$

Figura P10.24

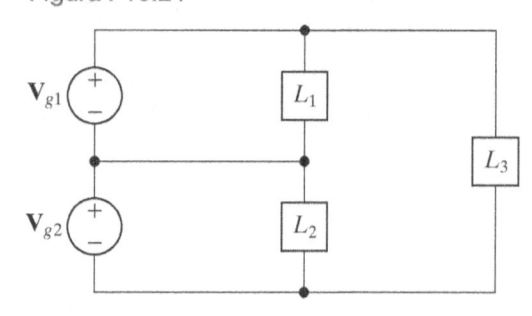

10.25 Suponha que o circuito da Figura P10.24 represente um circuito de distribuição residencial no qual as impedâncias dos condutores são desprezíveis e $\mathbf{V}_{g1} = \mathbf{V}_{g2} = 110\underline{/0°}$ V (ef). As três cargas no circuito são L_1 (uma torradeira, uma cafeteira e um micro-ondas); L_2 (um televisor, um aspirador de pó e um aquecedor portátil) e L_3 (um lava-louça automático e uma secadora de roupas). Admita que todos esses eletrodomésticos estejam em funcionamento ao mesmo tempo. Os condutores do circuito são protegidos por disjuntores de 50 A. A energia elétrica, para essa residência, será interrompida? Explique.

10.26 As três cargas em paralelo no circuito da Figura P10.26 podem ser descritas da seguinte forma: a carga 1 está absorvendo uma potência média de 6 kW e fornecendo uma potência reativa de 8 kVARs; a carga 2 está absorvendo uma potência média de 9 kW e uma potência reativa de 3 kVARs; a carga 3 consiste em um resistor de 25 Ω em paralelo com uma reatância indutiva de −5 Ω. Determine o valor eficaz do módulo de $\mathbf{V}_g$ e seu ângulo de fase, se $\mathbf{V}_o = 250\underline{/0°}$ V.

Figura P10.26

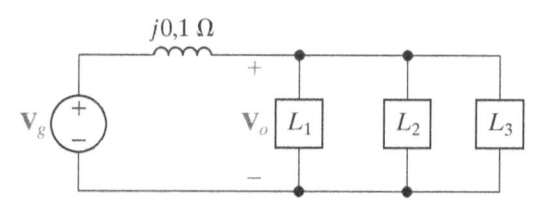

10.27 Considere o circuito descrito no Problema 9.78.

a) Qual é o valor eficaz da tensão na carga?

b) Qual percentagem da potência média produzida pela fonte real é fornecida à carga?

10.28 Três cargas estão ligadas em paralelo a uma linha de 300 V (ef), como mostra a Figura P10.28. A carga 1 absorve 3 kW com um fp unitário; a carga 2 absorve 5 kVA, com um fp adiantado de 0,8; a carga 3 absorve 5 kW e fornece 6 kVARs.

a) Determine a impedância equivalente das três cargas em paralelo.

b) Determine o fator de potência da carga equivalente, vista dos terminais de entrada da linha.

Figura P10.28

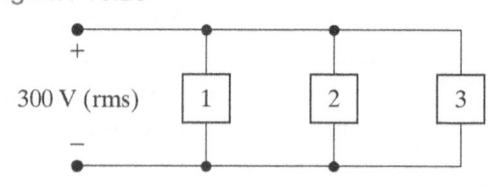

10.29 As três cargas no Problema 10.28 são alimentadas por uma linha que tem uma impedância em série de 0,02 + j0,05 Ω, como mostra a Figura P10.29.

a) Calcule o valor eficaz da tensão ($\mathbf{V}_f$) na extremidade da linha ligada à fonte.

b) Calcule a potência média e a potência reativa associadas à impedância de linha.

c) Calcule a potência média e a potência reativa na extremidade da linha ligada à carga.

d) Calcule a eficiência (η) da linha, se a eficiência for definida como

$$\eta = (P_{carga}/P_{fonte}) \times 100.$$

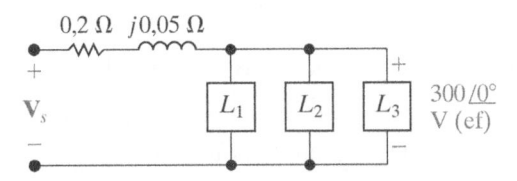

Figura P10.29

10.30 As três cargas do circuito da Figura P10.30 podem ser descritas da seguinte forma: a carga 1 é um resistor de 240 Ω em série com uma reatância indutiva de 70 Ω; a carga 2 é uma reatância capacitiva de 120 Ω em série com um resistor de 160 Ω; e a carga 3 é um resistor de 30 Ω em série com uma reatância capacitiva de 40 Ω. A frequência da fonte de tensão é 60 Hz.

a) Determine o fator de potência e o fator reativo de cada carga.

b) Determine o fator de potência e o fator reativo da carga composta vista pela fonte de tensão.

Figura P10.30

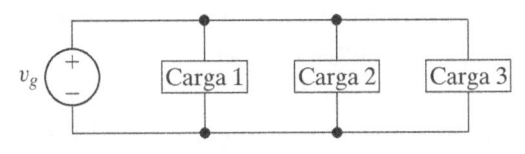

10.31 a) Determine a potência média dissipada na linha na Figura P10.31.

b) Determine a reatância capacitiva que, quando ligada em paralelo com a carga, fará com que esta se comporte como uma carga puramente resistiva.

c) Qual é a impedância equivalente da carga em (b)?

d) Determine a potência média dissipada na linha quando a reatância capacitiva está ligada à carga.

e) Expresse a perda de potência em (d) como uma percentagem da perda de potência determinada em (a).

Figura P10.31

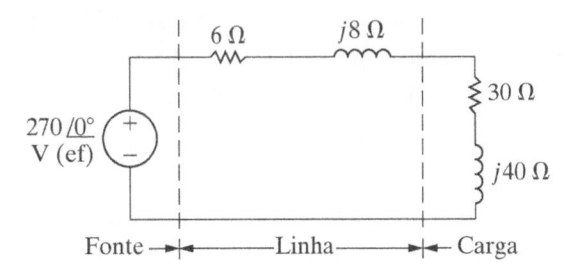

10.32 A queda de tensão de regime permanente ao longo da linha de transmissão da Figura P10.32 é excessiva. Um capacitor é colocado em paralelo com a carga de 150 kVA e ajustado até que a tensão de regime permanente no início da linha tenha a mesma magnitude que a tensão na carga, isto é, 4.800 V (ef). A carga de 150 kVA está operando com um fator de potência atrasado de 0,8. Calcule o valor do capacitor, em microfarads, se o circuito estiver operando em 60 Hz. Quando selecionar o capacitor, não se esqueça da necessidade de manter a perda de energia da linha em um nível razoável.

Figura P10.32

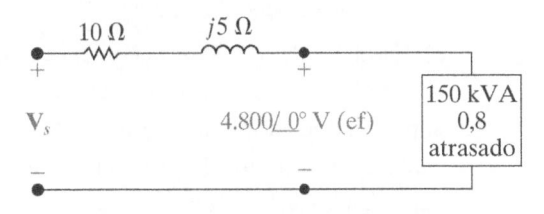

10.33 Um grupo de pequenos eletrodomésticos em um sistema de 60 Hz absorve 20 kVA, com um fp atrasado de 0,85, quando funcionam em 125 V (ef). A impedância do alimentador que energiza os eletrodomésticos é 0,01 + j0,08 Ω. A tensão nos terminais da carga é 125 V (ef).

a) Qual é a tensão eficaz na outra extremidade do cabo?

b) Qual é a perda de potência média no alimentador?

c) Qual é o valor do capacitor (em microfarads) a ser instalado nos terminais da carga para corrigir o fator de potência da carga para o valor unitário?

d) Após a instalação do capacitor, qual será a tensão eficaz na outra extremidade do alimentador, se a tensão na carga for mantida em 125 V (ef)?

e) Qual é a perda de potência média no alimentador para o item (d)?

10.34 Uma fábrica absorve 1.600 kW, com um fator de potência atrasado de 0,8. Uma carga adicional de fator de potência variável deve ser instalada na fábrica. A nova carga absorverá 320 kW de potência ativa. O fator de potência da carga adicionada deve ser ajustado de modo que o fator de potência global da fábrica seja de 0,96 atrasado.

a) Especifique a potência reativa associada à carga adicionada.

b) A carga adicionada absorve ou fornece potência reativa?

c) Qual é o fator de potência da carga adicional?

d) Admita que a tensão de entrada na fábrica seja 2.400 V (ef). Qual é o valor eficaz da corrente que alimenta a fábrica antes da adição da carga?

e) Qual é o valor eficaz da corrente que alimenta a fábrica após a adição da carga?

10.35 Suponha que a fábrica descrita no Problema 10.34 seja alimentada por uma linha cuja impedância é $0,25 + j0,1$ Ω. A tensão na fábrica é mantida a 2.400 V (ef).

a) Determine a perda de potência média na linha, antes e depois da adição da carga.

b) Determine o valor da tensão no início da linha, antes e depois da adição da carga.

10.36 a) Determine as seis correntes de ramo $\mathbf{I}_a - \mathbf{I}_f$ no circuito da Figura P10.36.

b) Determine a potência complexa em cada ramo do circuito.

c) Confirme seus cálculos verificando se a potência média fornecida é igual à potência média dissipada.

d) Confirme seus cálculos verificando se a potência reativa gerada é igual à potência reativa absorvida.

Figura P10.36

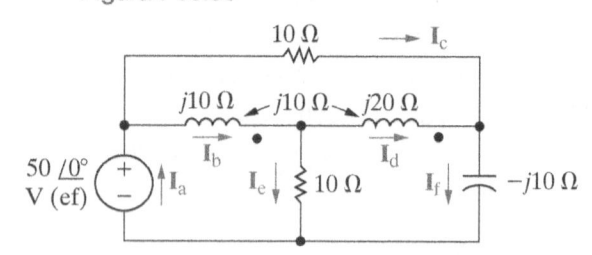

10.37 a) Determine a potência média fornecida ao resistor de 8 Ω no circuito da Figura P10.37.

b) Determine a potência média produzida pela fonte de tensão senoidal ideal.

c) Determine Z_{ab}.

d) Mostre que a potência média fornecida é igual à potência média dissipada.

Figura P10.37

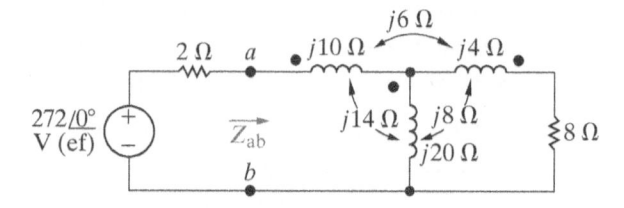

10.38 a) Determine a potência média fornecida pela fonte de corrente senoidal no circuito da Figura P10.38.

b) Determine a potência média fornecida ao resistor de 20 Ω.

Figura P10.38

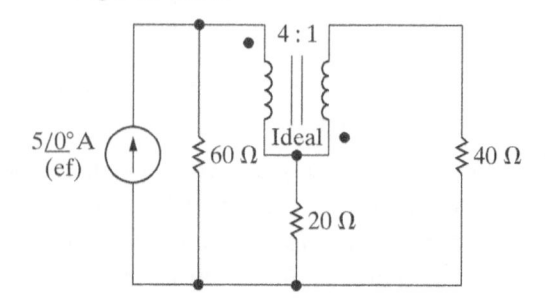

10.39 a) Determine a potência média dissipada em cada resistor no circuito da Figura P10.39.

b) Confirme sua resposta demonstrando que a potência total fornecida é igual à potência total absorvida.

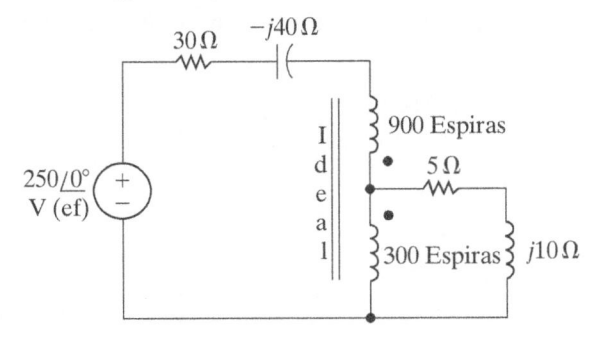

Figura P10.39

10.40 A fonte de tensão senoidal no circuito da Figura P10.40 está fornecendo uma tensão eficaz de 2.000 V. A carga de 4 Ω está absorvendo quatro vezes mais potência média do que a carga de 25 Ω. As duas cargas estão casadas com a fonte senoidal, cuja impedância interna é de $500\,\underline{/0°}$ kΩ.

a) Especifique os valores numéricos de a_1 e a_2.

b) Calcule a potência fornecida à carga de 25 Ω.

c) Calcule o valor eficaz da tensão no resistor de 4 Ω.

Figura P10.40

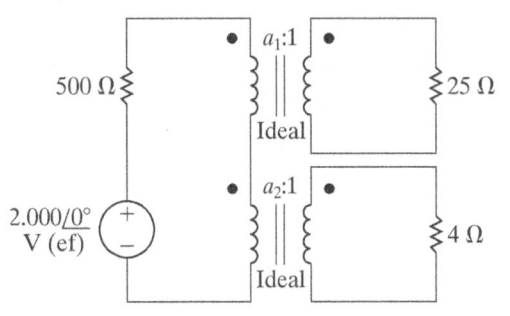

Seção 10.6

10.41 a) Determine a impedância de carga para o circuito da Figura P10.41 para a máxima transferência de potência média à carga, se $\omega = 8$ krad/s.

b) Determine a máxima potência média fornecida à carga na parte (a), se $v_g = 10 \cos 8.000t$ V.

c) Repita a parte (a), considerando que Z_L consista em dois componentes do Apêndice H, cujos valores permitam uma potência média máxima mais próxima do valor calculado na parte (b).

Figura P10.41

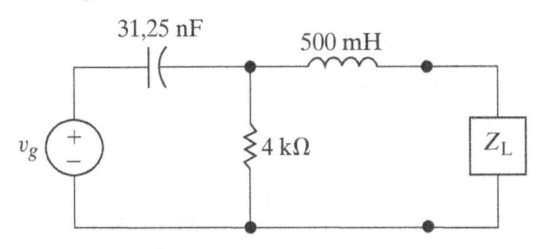

10.42 Suponhamos que uma impedância igual ao conjugado da impedância de Thévenin seja ligada aos terminais c,d do circuito mostrado na Figura P9.75.

a) Determine a potência média fornecida pela fonte de tensão senoidal.

b) Que percentagem da potência fornecida pela fonte é dissipada no transformador linear?

10.43 O fasor tensão V_{ab}, no circuito da Figura P10.43, é $300\,\underline{/0°}$ V (ef), quando nenhuma carga externa está ligada aos terminais a,b. Quando uma carga de impedância $200 - j500$ Ω é ligada aos terminais a,b, o valor de V_{ab} é $156 - j42$ V (ef).

a) Determine a impedância que deve ser ligada aos terminais a,b para a máxima transferência de potência média.

b) Determine a máxima potência média transferida à carga de (a).

c) Construa a impedância da parte (a), utilizando componentes do Apêndice H, se a frequência da fonte é de 50 Hz.

Figura P10.43

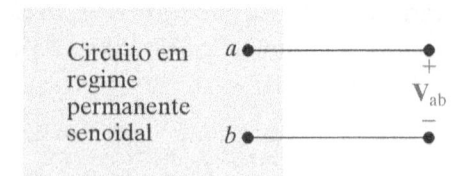

Circuito em regime permanente senoidal — terminais a, b com V_{ab}.

10.44 A impedância de carga Z_L, no circuito da Figura P10.44, é ajustada até que lhe seja fornecida a máxima potência média.

a) Determine a máxima potência média fornecida a Z_L.

b) Qual percentagem da potência total produzida no circuito é fornecida a Z_L?

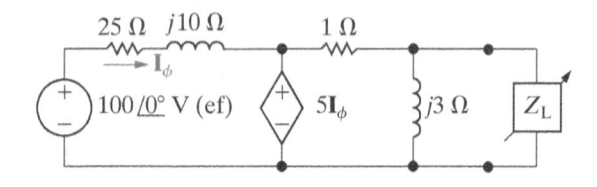

Figura P10.44

Circuito com fonte $100/\underline{0°}$ V (ef), $25\,\Omega$, $j10\,\Omega$, corrente I_ϕ, fonte controlada $5I_\phi$, $1\,\Omega$, $j3\,\Omega$, Z_L.

10.45 Prove que, se apenas o módulo da impedância de uma carga puder variar, a maior potência média lhe será transferida quando $|Z_L| = |Z_{Th}|$. [*Sugestão*: ao deduzir a expressão para a potência média da carga, escreva a impedância de carga (Z_L) na forma $Z_L = |Z_L|\cos\theta + j|Z_L|\,\text{sen}\,\theta$ e observe que somente $|Z_L|$ é variável.]

10.46 O resistor variável no circuito da Figura P10.46 é ajustado até que a potência média que ele absorve seja máxima.

a) Determine R.

b) Determine a máxima potência média.

c) Encontre um resistor no Apêndice H que teria a maior potência média fornecida a ele.

Figura P10.46

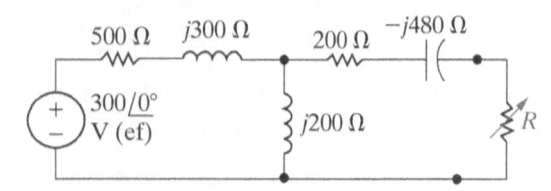

Fonte $300/\underline{0°}$ V (ef), $500\,\Omega$, $j300\,\Omega$, $j200\,\Omega$, $200\,\Omega$, $-j480\,\Omega$, R.

10.47 O resistor variável R_o no circuito da Figura P10.47 é ajustado até que absorva máxima potência média.

a) Qual é o valor de R_o em ohms?

b) Calcule a potência média fornecida a R_o.

c) Se R_o for substituído por uma impedância variável Z_o, qual será a máxima potência média a ser fornecida a Z_o?

d) Em (c), qual percentagem da potência produzida pelo circuito é fornecida à carga Z_o?

Figura P10.47

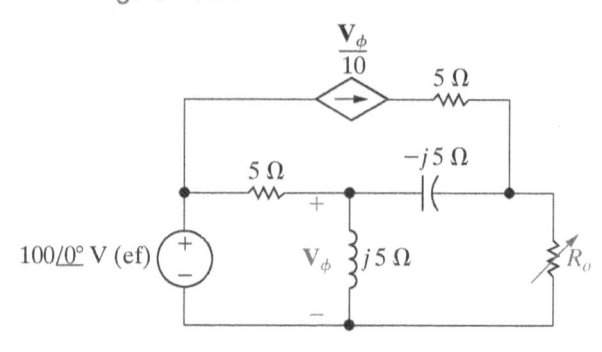

Circuito com fonte $100/\underline{0°}$ V (ef), $5\,\Omega$, fonte controlada $V_\phi/10$, $5\,\Omega$, $-j5\,\Omega$, V_ϕ, $j5\,\Omega$, R_o.

10.48 O valor de pico da tensão da fonte senoidal do circuito da Figura P10.48 é 180 V, e sua frequência é 5.000 rad/s. O resistor de carga pode variar de 0 a 4.000 Ω e o capacitor de carga pode variar de 0,1 μF a 0,5 μF.

a) Calcule a potência média fornecida à carga quando $R_o = 2.000\,\Omega$ e $C_o = 0,2\,\mu$F.

b) Determine os valores de R_o e C_o que resultarão na maior potência média transferida a R_o.

c) Qual é a maior potência média em (b)? Ela é maior do que a potência em (a)?

d) Se não houver restrições a R_o e C_o, qual será a máxima potência média que pode ser fornecida a uma carga?

e) Quais são os valores de R_o e C_o para a condição em (d)?

f) A potência média calculada em (d) é maior do que a calculada em (c)?

Figura P10.48

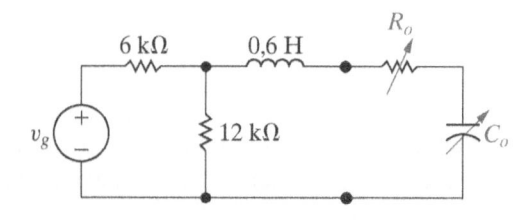

Fonte v_g, $6\,\text{k}\Omega$, $0,6\,$H, $12\,\text{k}\Omega$, R_o, C_o.

10.49 a) Admita que, na Figura P10.48, R_o possa variar entre 0 e 10 kΩ. Repita (b) e (c) do Problema 10.48.

  b) A nova potência média calculada em (a) é maior do que a determinada no Problema 10.48(a)?

  c) A nova potência média calculada em (a) é menor do que a determinada no Problema 10.48(d)?

10.50 A tensão no início da linha de transmissão da Figura P10.50 é ajustada de modo que o valor eficaz da tensão na carga seja sempre 4.000 V. O capacitor variável é ajustado até que a potência média dissipada na resistência da linha seja mínima.

  a) Se a frequência da fonte senoidal for 60 Hz, qual será o valor da capacitância em microfarads?

  b) Se o capacitor for eliminado do circuito, qual será o aumento percentual de $\mathbf{V}_f$ necessário para manter 4.000 V na carga?

  c) Se o capacitor for eliminado do circuito, qual será o aumento percentual das perdas na linha?

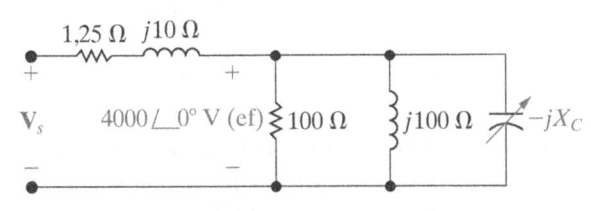

Figura P10.50

10.51 Para o circuito no domínio da frequência na Figura P10.51, calcule:

  a) o valor eficaz do módulo de $\mathbf{V}_o$;

  b) a potência média dissipada no resistor de 160 Ω;

  c) a percentagem da potência média gerada pela fonte de tensão ideal que é fornecida ao resistor de 9 Ω.

Figura P10.51

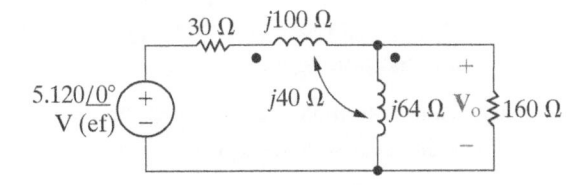

10.52 O resistor de 160 Ω no circuito da Figura P10.51 é substituído por uma impedância variável Z_o. Admita que Z_o seja ajustada para transferência de máxima potência média.

  a) Qual é a máxima potência média fornecida a Z_o?

  b) Qual é a potência média fornecida pela fonte de tensão ideal, quando Z_o absorve a máxima potência média?

  c) Escolha componentes individuais do Apêndice H para formar uma impedância que dissipe a potência média mais próxima do valor do item (a). Assuma que a frequência da fonte é 60 Hz.

10.53 Encontre a impedância vista pela fonte ideal de tensão no circuito da Figura P10.53, quando Z_o é ajustado para transferência de potência média máxima.

Figura P10.53

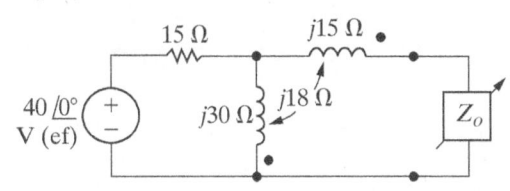

10.54 A impedância Z_L no circuito da Figura P10.54 é ajustada para máxima transferência de potência média a Z_L. A impedância interna da fonte de tensão senoidal é $4 + j7$ Ω.

  a) Qual é a máxima potência média fornecida a Z_L?

  b) Qual percentagem da potência média fornecida ao transformador linear é fornecida a Z_L?

Figura P10.54

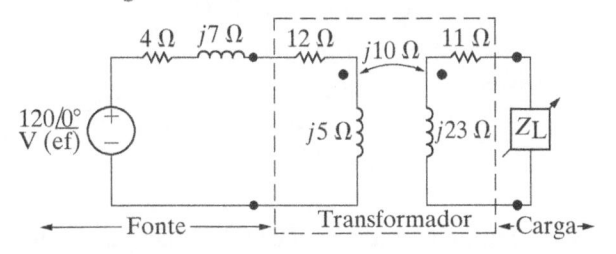

10.55 a) Determine a expressão de regime permanente para as correntes i_g e i_L no circuito da Figura P10.55, quando $v_g = 400 \cos 400t$ V.

b) Determine o coeficiente de acoplamento.

c) Determine a energia armazenada nos enrolamentos magneticamente acoplados em $t = 1{,}25\pi$ ms e $t = 2{,}5\pi$ ms.

d) Determine a potência fornecida ao resistor de 375 Ω.

e) Se o resistor de 375 Ω for substituído por um resistor variável R_L, qual será o valor de R_L para que ele absorva a máxima potência média?

f) Qual é a máxima potência média em (e)?

g) Admita que o resistor de 375 Ω seja substituído por uma impedância variável Z_L. Qual é o valor de Z_L para que ela absorva a máxima potência média?

h) Qual é a máxima potência média em (g)?

Figura P10.55

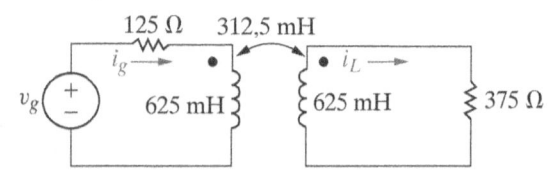

10.56 Os valores dos parâmetros do circuito da Figura P10.56 são $L_1 = 8$ mH; $L_2 = 2$ mH; $k = 0{,}75$; $R_g = 1$ Ω e $R_L = 7$ Ω. Se $v_g = 54\sqrt{2}\cos 1.000t$ V, determine

a) o valor eficaz de v_o;

b) a potência média fornecida a R_L;

c) a percentagem da potência média gerada pela fonte de tensão ideal que é fornecida a R_L.

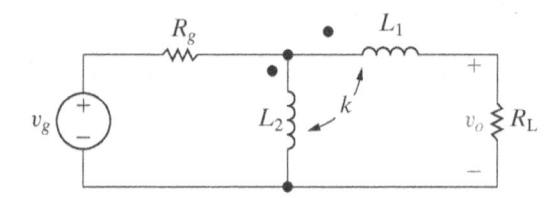

Figura P10.56

10.57 Suponha que o coeficiente de acoplamento no circuito da Figura P10.56 seja ajustável.

a) Determine o valor de k que torne v_o igual a zero.

b) Determine a potência desenvolvida pela fonte quando k tem o valor encontrado em (a).

10.58 Admita que o resistor de carga (R_L) no circuito da Figura P10.56 seja ajustável.

a) Qual é o valor de R_L para máxima transferência de potência média a R_L?

b) Qual é o valor da máxima potência transferida?

10.59 A impedância de carga Z_L no circuito da Figura P10.59 é ajustada até que a máxima potência média seja transferida para Z_L.

a) Especifique o valor de Z_L, se $N_1 = 3.600$ espiras e $N_2 = 600$ espiras.

b) Especifique os valores de $\mathbf{I}_L$ e $\mathbf{V}_L$, quando Z_L estiver absorvendo máxima potência média.

Figura P10.59

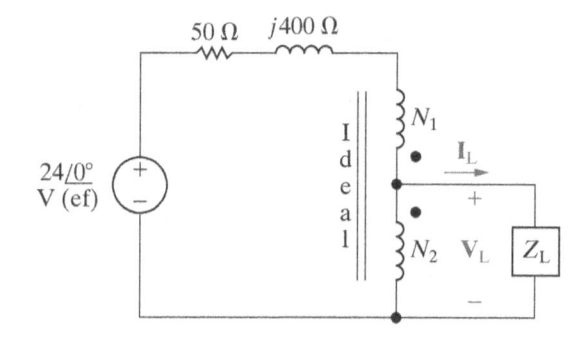

10.60 A fonte de tensão senoidal no circuito da Figura P10.60 está operando em uma frequência de 20 krad/s. A reatância capacitiva variável do circuito é ajustada até que a potência média fornecida ao resistor de 100 Ω seja a maior possível.

a) Determine o valor de C em microfarads.

b) Quando C tiver o valor determinado em (a), qual será a potência média fornecida ao resistor de 100 Ω?

c) Substitua o resistor de 100 Ω por um resistor variável R_o. Especifique o valor de R_o de modo que lhe seja fornecida máxima potência média.

d) Qual é a máxima potência média que pode ser fornecida a R_o?

Figura P10.60

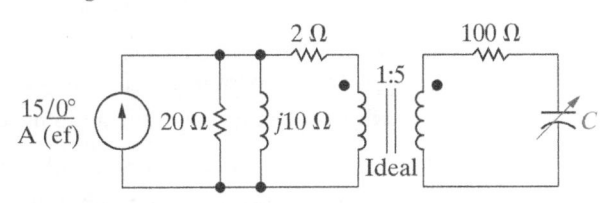

10.61 Determine a potência média fornecida ao resistor de 5 kΩ no circuito da Figura P10.61.

Figura P10.61

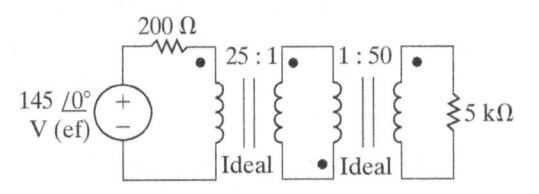

10.62 O transformador ideal ligado à carga de 5 kΩ no Problema 10.61 é substituído por um transformador ideal cuja razão entre espiras é 1:a.

a) Qual é o valor de a para o máximo fornecimento de potência média ao resistor de 5 kΩ?

b) Qual é a máxima potência média?

10.63 a) Determine a relação de espiras N_1/N_2 do transformador ideal, no circuito da Figura P10.63, de modo que uma potência média máxima seja fornecida à carga de 400 Ω.

b) Determine a potência média fornecida à carga de 400 Ω.

c) Determine a tensão $\mathbf{V}_1$.

d) Qual percentagem da potência desenvolvida pela fonte de corrente ideal é fornecida ao resistor?

Figura P10.63

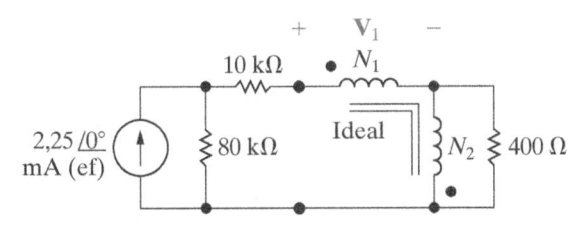

10.64 a) Se N_1 for igual a 1.000 espiras, quantas espiras deve ter o enrolamento N_2 do transformador ideal, no circuito apresentado na Figura P10.64, para que seja fornecida máxima potência média à carga de 6.800 Ω?

b) Determine a potência média fornecida ao resistor de 6.800 Ω.

c) Qual percentagem da potência média fornecida pela fonte de tensão ideal é dissipada no transformador linear?

Figura P10.64

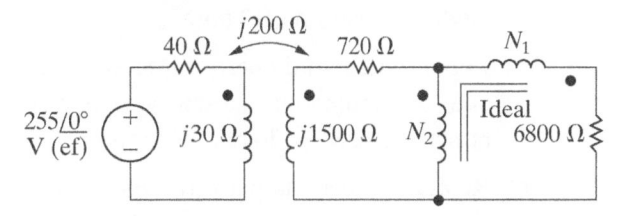

10.65 O resistor variável R_L, no circuito da Figura P10.65, é ajustado de forma a absorver máxima potência média.

a) Determine a máxima potência média.

b) Qual percentagem da potência média produzida pela fonte de tensão ideal é fornecida a R_L, quando este está absorvendo máxima potência média?

c) Teste sua solução mostrando que a potência fornecida pela fonte de tensão ideal é igual à potência dissipada no circuito.

Figura P10.65

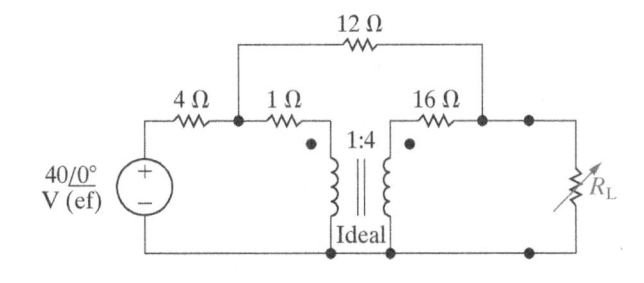

10.66 Repita o Problema 10.65 para o circuito da Figura P10.66.

Figura P10.66

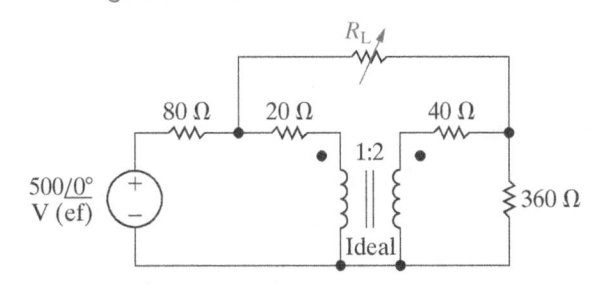

Seções 10.1–10.6

10.67 a) Use os valores da Tabela 10.3 para calcular o número de quilowatts-hora consumidos em um mês por um adaptador CC de computador portátil, se todo dia o equipamento é carregado por 5 horas e fica em modo de espera por 19 horas.

b) Repita o cálculo da parte (a) assumindo que o computador é carregado por 5 horas e fica desligado por 19 horas.

c) Repita o cálculo da parte (a) assumindo que o computador é carregado por 5 horas e desconectado do adaptador CC por 19 horas, mas o adaptador permanece conectado à tomada.

d) Repita o cálculo da parte (a) assumindo que o computador é carregado por 5 horas e o adaptador CC fica desconectado da tomada por 19 horas.

10.68 a) Suponha que você utilize seu forno micro-ondas por 12 minutos todos os dias. No tempo restante, ele fica ligado com a porta fechada. Use os valores da Tabela 10.3 para calcular o número total de quilowatts-hora utilizados pelo micro-ondas em um mês.

b) Qual percentagem da energia utilizada pelo forno micro-ondas em um mês é consumida quando ele fica ligado com a porta fechada?

10.69 Determine a potência, em watts, consumida pelo transformador da Figura 10.29. Assuma que a fonte de tensão é ideal ($R_s = 0\ \Omega$), $R_1 = 5\ \Omega$, $L_1 = 250$ mH. A frequência da fonte de 120 V (ef) é 60 Hz.

10.70 Repita o Problema 10.69, assumindo que o transformador linear foi melhorado de modo que $R_s = 50$ mΩ. Todos os outros valores permanecem inalterados.

10.71 Repita o Problema 10.69, assumindo que o transformador linear da Figura 10.29 foi substituído por um transformador ideal, com uma relação de espiras de 30:1. (*Sugestão:* você não precisa fazer quaisquer cálculos para determinar a potência consumida.)

Capítulo 11

Circuitos trifásicos equilibrados

SUMÁRIO DO CAPÍTULO

11.1 Tensões trifásicas equilibradas
11.2 Fontes de tensão trifásicas
11.3 Análise do circuito Y-Y
11.4 Análise do circuito Y-Δ
11.5 Cálculos de potência em circuitos trifásicos equilibrados
11.6 Medição de potência média em circuitos trifásicos

OBJETIVOS DO CAPÍTULO

1. Saber analisar um circuito trifásico equilibrado Y-Y.
2. Saber analisar um circuito trifásico equilibrado Y-Δ.
3. Saber calcular a potência (média, reativa e complexa) em qualquer circuito trifásico.

A geração, transmissão, distribuição e utilização de grandes blocos de energia elétrica são feitas por meio de circuitos trifásicos. A análise abrangente desses sistemas constitui, por si só, uma área de estudo; tal análise não pode ser feita em um único capítulo. Felizmente, entender apenas o comportamento de regime permanente senoidal de circuitos trifásicos é suficiente para engenheiros que não são especialistas em sistemas de potência. Definiremos o que significa um circuito equilibrado mais adiante em nossa discussão. As mesmas técnicas de análise de circuitos discutidas em capítulos anteriores podem ser aplicadas a circuitos trifásicos equilibrados ou desequilibrados. Neste capítulo, usamos essas técnicas para formular vários princípios simplificadores para a análise de circuitos trifásicos equilibrados.

Por questão de economia, os sistemas trifásicos são projetados normalmente para operar no estado equilibrado. Assim, nesta abordagem introdutória, é justificável considerar apenas os circuitos equilibrados. A análise de circuitos trifásicos desequilibrados, que você encontrará se estudar sistemas de potência em cursos mais avançados, depende muito do entendimento de circuitos equilibrados.

A estrutura básica de um sistema trifásico consiste em fontes de tensão ligadas a cargas por meio de transformadores e linhas de transmissão. Para analisar tal circuito, podemos reduzi-lo a uma fonte de tensão ligada a uma carga por uma linha. A exclusão do transformador simplifica a discussão sem prejudicar o entendimento básico

Figura 11.1 Circuito trifásico básico.

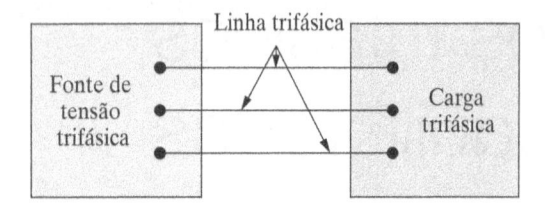

dos cálculos envolvidos. A Figura 11.1 mostra um circuito básico. A característica fundamental de um circuito trifásico equilibrado é que sua fonte é um conjunto de tensões trifásicas equilibradas. Começamos considerando essas tensões e, então, passamos para as relações entre tensão e corrente para circuitos Y-Y e Y-Δ. Após considerarmos tensão e corrente nesses circuitos, concluímos com seções sobre cálculos e medição de potência.

Perspectiva prática

Transmissão e distribuição de energia elétrica

Neste capítulo, apresentamos circuitos projetados para operar com grandes blocos de energia elétrica. São os circuitos usados para transportar energia elétrica das usinas geradoras até clientes industriais e residenciais. Apresentamos o circuito comumente utilizado por clientes residenciais nos Estados Unidos como perspectiva de projeto no Capítulo 9. Agora, voltamos ao tipo de circuito utilizado para fornecer energia elétrica a toda uma unidade residencial.

Uma das restrições impostas ao projeto e à operação de uma concessionária de energia elétrica é o requisito de que ela mantenha certo valor de tensão eficaz na residência do cliente. Seja com carga leve às três horas da madrugada, seja com carga pesada no meio da tarde de um dia quente e úmido, a concessionária é obrigada a fornecer o mesmo nível de tensão eficaz. Lembre-se de que, no Capítulo 10, dissemos que um capacitor pode ser considerado uma fonte de energia reativa. Portanto, uma técnica para manter os níveis de tensão de uma concessionária é inserir capacitores em locais estratégicos na rede de distribuição. A ideia que fundamenta essa técnica é usar os capacitores para fornecer energia reativa próximos das cargas que dela necessitam, em vez de enviá-los por meio de linhas, diretamente a partir de um gerador. Ilustraremos esse conceito depois de apresentar a análise de circuitos trifásicos equilibrados.

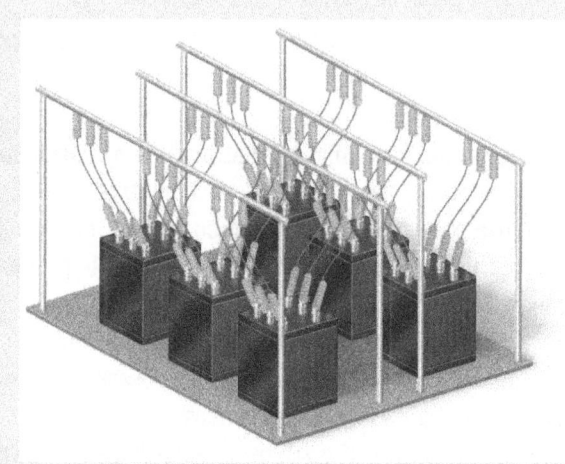

Rolf Vennenbernd/dpa/Corbis

11.1 Tensões trifásicas equilibradas

Um conjunto de tensões trifásicas equilibradas consiste em três tensões senoidais que têm amplitudes e frequências idênticas, mas estão defasadas umas das outras por exatamente 120°.

As três fases são chamadas tradicionalmente de a, b e c, e a fase a é tomada como a de referência. As três tensões são designadas **tensão de fase a**, **tensão de fase b** e **tensão de fase c**.

Há apenas duas relações de fase possíveis entre a tensão de fase a e as tensões de fase b e c. Uma das possibilidades é a tensão de fase b estar 120° atrasada em relação à tensão de fase a, caso em que a tensão de fase c deve estar 120° adiantada em relação à tensão de fase a. Essa relação entre fases é conhecida como **sequência de fase abc** (ou **positiva**). Outra possibilidade é a tensão de fase b estar 120° adiantada em relação à tensão de fase a, caso em que a tensão de fase c deve estar 120° atrasada em relação à tensão de fase a. Essa relação é conhecida como **sequência de fase acb** (ou **negativa**). Em notação fasorial, os dois conjuntos possíveis de tensões de fase equilibradas são

$$\mathbf{V}_a = V_m \underline{/0°},$$
$$\mathbf{V}_b = V_m \underline{/-120°},$$
$$\mathbf{V}_c = V_m \underline{/+120°}, \tag{11.1}$$

e

$$\mathbf{V}_a = V_m \underline{/0°},$$
$$\mathbf{V}_b = V_m \underline{/+120°},$$
$$\mathbf{V}_c = V_m \underline{/-120°}. \tag{11.2}$$

As equações 11.1 referem-se à sequência abc, ou positiva. As equações 11.2 referem-se à sequência acb, ou negativa. A Figura 11.2 mostra os diagramas fasoriais dos conjuntos de tensões das equações 11.1 e 11.2. A sequência de fases é a ordem, em sentido horário, dos índices a partir de $\mathbf{V}_a$. O fato de um circuito trifásico poder ter uma de duas sequências de fases deve ser levado em conta sempre que dois desses circuitos operarem em paralelo. Os circuitos só podem operar em paralelo se tiverem a mesma sequência de fases.

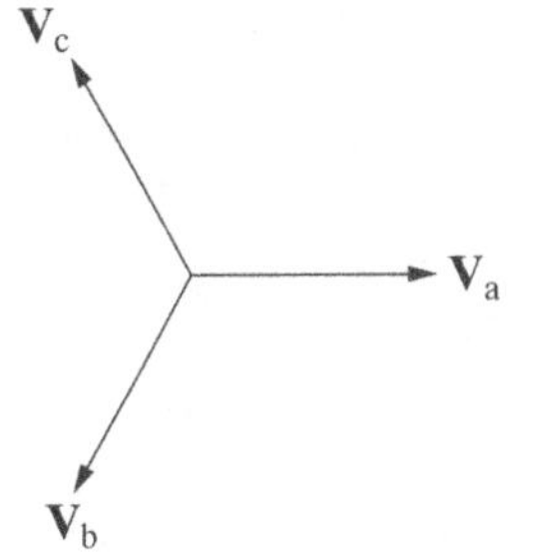

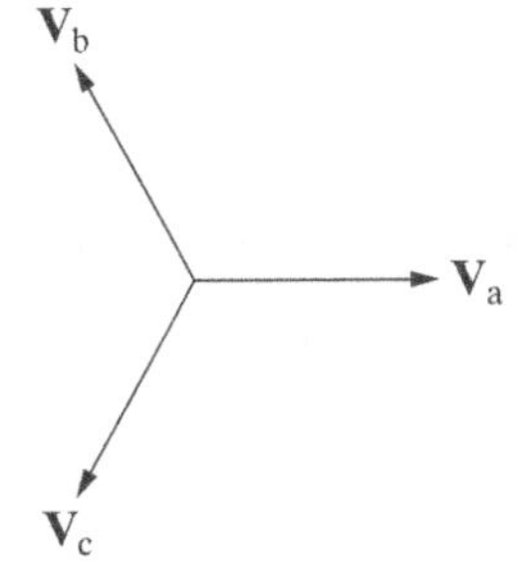

Outra característica importante de um conjunto de tensões trifásicas equilibradas é que a soma das três tensões é igual a zero. Assim, pelas equações 11.1 ou pelas equações 11.2,

$$\mathbf{V}_a + \mathbf{V}_b + \mathbf{V}_c = 0. \tag{11.3}$$

Como a soma dos fasores tensão é zero, a soma das tensões instantâneas também é nula; isto é,

$$v_a + v_b + v_c = 0. \tag{11.4}$$

Agora que conhecemos a natureza de um conjunto de tensões trifásicas equilibradas, podemos mostrar o primeiro princípio simplificador a que aludimos na introdução deste capítulo: se conhecermos a sequência de fases e uma das tensões do conjunto, conheceremos o conjunto inteiro. Assim, no caso de um sistema trifásico equilibrado, podemos nos concentrar na determinação da tensão (ou corrente) referente a uma fase, pois, conhecida a grandeza referente a uma fase, conhecemos as referentes às outras.

Figura 11.2 Diagramas fasoriais de um conjunto de tensões trifásicas equilibradas.
(a) Sequência abc (positiva).
(b) Sequência acb (negativa).

NOTA: avalie sua compreensão a respeito de tensões trifásicas resolvendo os problemas 11.1 e 11.2, apresentados no final deste capítulo.

Figura 11.3 Estrutura de uma fonte de tensão trifásica.

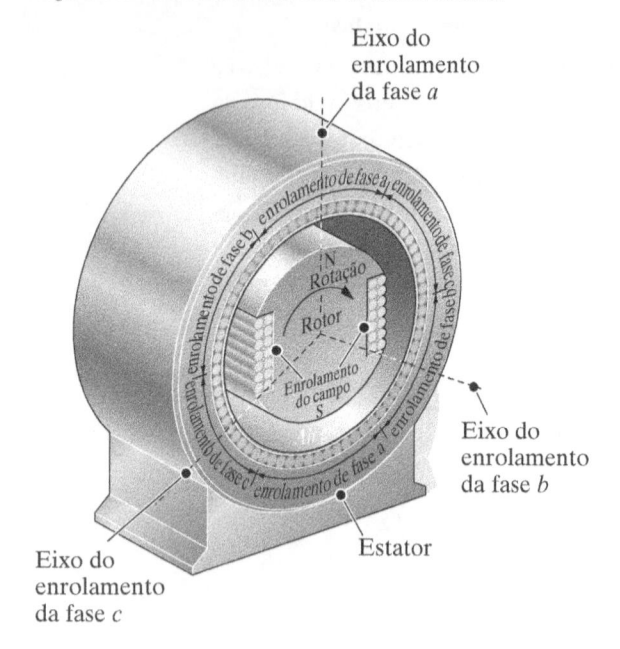

Eixo do enrolamento da fase a
Eixo do enrolamento da fase b
Eixo do enrolamento da fase c
Estator
Rotor
Enrolamento do campo
Rotação

Figura 11.4 Duas ligações básicas de uma fonte trifásica ideal. (a) Fonte ligada em Y. (b) Fonte ligada em Δ.

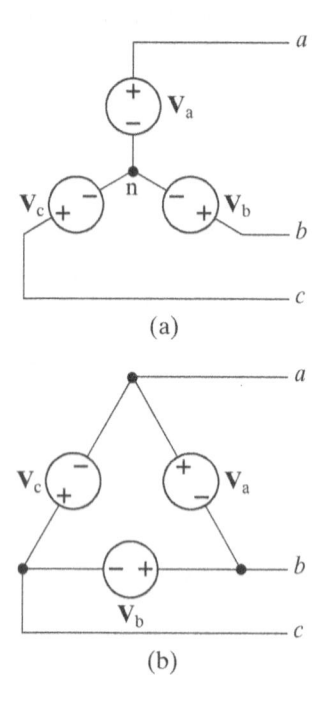

11.2 Fontes de tensão trifásicas

Uma fonte de tensão trifásica é um gerador com três enrolamentos separados e distribuídos ao longo da periferia do estator. Cada enrolamento constitui uma fase do gerador. O rotor do gerador é um eletroímã acionado a uma velocidade síncrona por uma máquina motriz, como uma turbina a vapor ou a gás. A rotação do eletroímã induz uma tensão senoidal em cada enrolamento. Os enrolamentos de fase são projetados de modo que as tensões senoidais neles induzidas tenham amplitudes iguais e estejam 120° defasadas umas das outras. Como os enrolamentos de fase são estacionários em relação ao eletroímã rotativo, a frequência da tensão induzida em cada enrolamento é a mesma. A Figura 11.3 mostra a estrutura interna de uma fonte trifásica de dois polos.

Há duas maneiras de interligar os enrolamentos de fase para formar uma fonte trifásica: em uma configuração Y ou em uma delta (Δ). A Figura 11.4 mostra ambas as configurações, utilizando fontes de tensão ideais para modelar os enrolamentos de fase do gerador trifásico. O terminal comum na fonte ligada em Y, rotulado como n na Figura 11.4(a), é denominado **terminal neutro** da fonte. O terminal neutro pode ou não estar disponível para ligações externas.

Às vezes, a impedância de cada enrolamento de fase é tão pequena (em comparação com outras impedâncias do circuito) que não precisamos levá-la em conta para modelar o gerador; neste caso, o modelo consiste exclusivamente em fontes de tensão ideais, como na Figura 11.4. Contudo, se a impedância de cada enrolamento de fase não for desprezível, colocamos a impedância do enrolamento em série com uma fonte de tensão senoidal ideal. Como todos os enrolamentos do gerador são constituídos da mesma forma, admitimos que suas impedâncias sejam idênticas. A impedância do enrolamento de um gerador trifásico é indutiva. A Figura 11.5 mostra um modelo de tal gerador, no qual R_w é a resistência do enrolamento e X_w é sua reatância indutiva.

Como as fontes e cargas trifásicas podem estar ligadas em Y ou em Δ, o circuito básico na Figura 11.1 apresenta as quatro configurações possíveis:

Fonte	Carga
Y	Y
Y	Δ
Δ	Y
Δ	Δ

Figura 11.5 Modelo de uma fonte trifásica com impedância de enrolamento: (a) fonte ligada em Y e (b) fonte ligada em Δ.

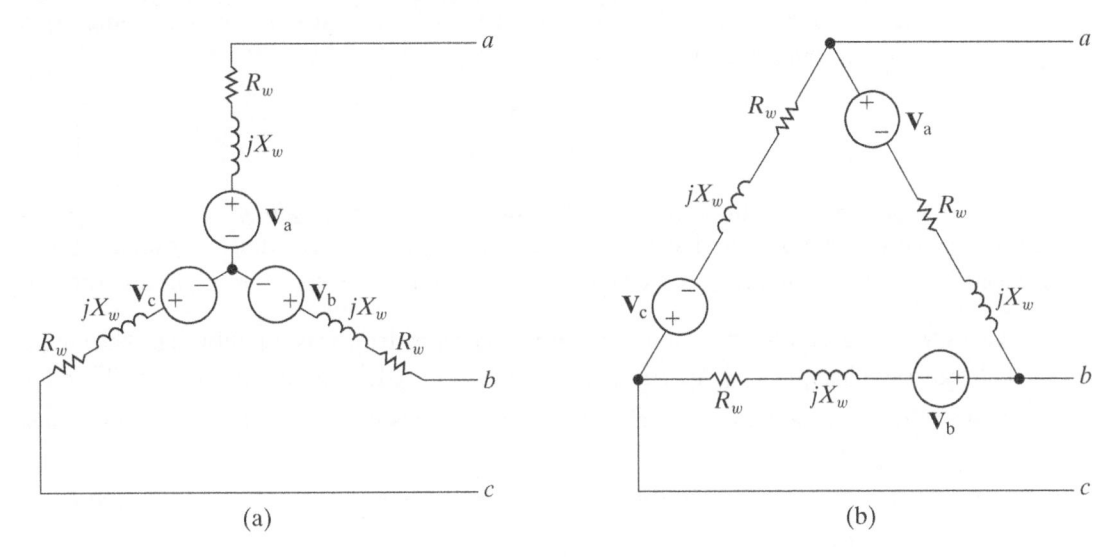

(a)

(b)

Começamos analisando o circuito Y-Y. Como os três arranjos restantes podem ser reduzidos a um circuito equivalente Y-Y, a análise do circuito Y-Y é a chave para resolver todos os arranjos trifásicos equilibrados. Depois de analisar o arranjo Y-Y, ilustraremos a redução do arranjo Y-Δ a um arranjo Y-Y equivalente, deixando para você a análise dos arranjos Δ-Y e Δ-Δ nos problemas ao final do capítulo.

11.3 Análise do circuito Y-Y

A Figura 11.6 mostra um circuito Y-Y geral, no qual incluímos um quarto condutor, que liga o neutro da fonte ao neutro da carga. Um quarto condutor só é possível no arranjo Y-Y. (Adiante falaremos mais sobre isso.) Por conveniência, transformamos as ligações em Y em 'ligações em T tombado'. Na Figura 11.6, Z_{ga}, Z_{gb} e Z_{gc} representam a impedância interna associada a cada enrolamento de fase do gerador; Z_{1a}, Z_{1b} e Z_{1c} representam a impedância das linhas que ligam uma fase da fonte a uma fase da carga; Z_0 é a impedância do condutor neutro que liga o neutro da fonte ao neutro da carga; e Z_A, Z_B e Z_C representam a impedância de cada fase da carga.

Figura 11.6 Sistema trifásico Y-Y.

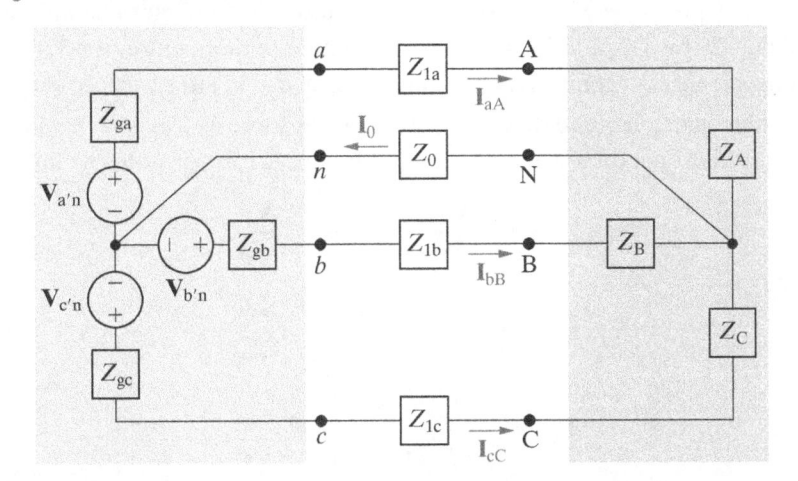

Podemos descrever esse circuito com uma única equação de tensões de nó. Usando o neutro da fonte como nó de referência e denominando $\mathbf{V}_N$ a tensão entre os nós N e n, obtemos a seguinte equação das tensões de nó:

$$\frac{\mathbf{V}_N}{Z_0} + \frac{\mathbf{V}_N - \mathbf{V}_{a'n}}{Z_A + Z_{1a} + Z_{ga}} + \frac{\mathbf{V}_N - \mathbf{V}_{b'n}}{Z_B + Z_{1b} + Z_{gb}} + \frac{\mathbf{V}_N - \mathbf{V}_{c'n}}{Z_C + Z_{1c} + Z_{gc}} = 0. \qquad (11.5)$$

Essa é a equação geral para qualquer circuito com a configuração Y-Y representada na Figura 11.6. Mas podemos simplificar a Equação 11.5 significativamente se considerarmos a definição formal de um circuito trifásico equilibrado. Tal circuito satisfaz os seguintes critérios:

▶ **Condições para um circuito trifásico equilibrado**

1. As fontes de tensão formam um conjunto de tensões trifásicas equilibradas. Na Figura 11.6, isso significa que $\mathbf{V}_{a'n}$, $\mathbf{V}_{b'n}$ e $\mathbf{V}_{c'n}$ são um conjunto de tensões trifásicas equilibradas.
2. A impedância de cada fase da fonte de tensão é a mesma. Na Figura 11.6, isso significa que $Z_{ga} = Z_{gb} = Z_{gc}$.
3. A impedância do condutor em cada linha (ou fase) é a mesma. Na Figura 11.6, isso significa que $Z_{1a} = Z_{1b} = Z_{1c}$.
4. A impedância de cada fase da carga é a mesma. Na Figura 11.6, isso significa que $Z_A = Z_B = Z_C$.

Não há nenhuma restrição quanto à impedância do condutor neutro; seu valor não tem nenhum efeito no equilíbrio do sistema.

Se o circuito na Figura 11.6 for equilibrado, podemos reescrever a Equação 11.5 como

$$\mathbf{V}_N \left(\frac{1}{Z_0} + \frac{3}{Z_\phi} \right) = \frac{\mathbf{V}_{a'n} + \mathbf{V}_{b'n} + \mathbf{V}_{c'n}}{Z_\phi}, \qquad (11.6)$$

em que

$$Z_\phi = Z_A + Z_{1a} + Z_{ga} = Z_B + Z_{1b} + Z_{gb} = Z_C + Z_{1c} + Z_{gc}.$$

O lado direito da Equação 11.6 é igual a zero porque, por hipótese, o numerador é um conjunto de tensões trifásicas equilibradas e Z_ϕ não é nulo. O único valor de $\mathbf{V}_N$ que satisfaz a Equação 11.6 é zero. Portanto, para um circuito trifásico equilibrado,

$$\mathbf{V}_N = 0. \qquad (11.7)$$

A Equação 11.7 é de extrema importância. Se $\mathbf{V}_N$ for igual a zero, não há nenhuma diferença de potencial entre o neutro da fonte, n, e o neutro da carga, N; portanto, a corrente no condutor neutro é nula. Daí, podemos eliminar o condutor neutro de um circuito equilibrado na configuração Y-Y ($\mathbf{I}_0 = 0$) ou substituí-lo por um curto-circuito perfeito entre os nós n e N ($\mathbf{V}_N = 0$). Ambos os equivalentes são convenientes na modelagem de circuitos trifásicos equilibrados.

Examinamos, agora, o efeito do equilíbrio das fases sobre as três correntes de linha. Com relação à Figura 11.6, quando o sistema está equilibrado, as três correntes de linha são:

$$\mathbf{I}_{aA} = \frac{\mathbf{V}_{a'n} - \mathbf{V}_N}{Z_A + Z_{1a} + Z_{ga}} = \frac{\mathbf{V}_{a'n}}{Z_\phi}, \qquad (11.8)$$

$$\mathbf{I}_{bB} = \frac{\mathbf{V}_{b'n} - \mathbf{V}_N}{Z_B + Z_{1b} + Z_{gb}} = \frac{\mathbf{V}_{b'n}}{Z_\phi}, \qquad (11.9)$$

$$\mathbf{I}_{cC} = \frac{\mathbf{V}_{c'n} - \mathbf{V}_N}{Z_C + Z_{1c} + Z_{gc}} = \frac{\mathbf{V}_{c'n}}{Z_\phi}. \qquad (11.10)$$

Vemos que as três correntes de linha formam um conjunto equilibrado de correntes trifásicas; isto é, a amplitude e a frequência da corrente em cada linha são iguais à amplitude e à frequência das correntes nas outras duas linhas e estão 120° defasadas em relação a elas. Assim, se calcularmos a corrente $\mathbf{I}_{aA}$ e soubermos qual é a sequência de fase, poderemos determinar facilmente $\mathbf{I}_{bB}$ e $\mathbf{I}_{cC}$. Esse procedimento é semelhante ao utilizado para determinar as tensões de fase b e c a partir da tensão de fase a da fonte.

Podemos usar a Equação 11.8 para construir um circuito equivalente para a fase a do circuito Y-Y equilibrado. De acordo com essa equação, a corrente da fase a é simplesmente a tensão da fase a do gerador dividida pela impedância total na fase a do circuito. Assim, a Equação 11.8 descreve o circuito simples mostrado na Figura 11.7, no qual o condutor neutro foi substituído por um curto-circuito perfeito. O circuito na Figura 11.7 é chamado de **circuito monofásico equivalente** de um circuito trifásico equilibrado. Por causa das relações estabelecidas entre fases, uma vez resolvido esse circuito, é fácil expressar as tensões e correntes nas outras duas fases. Por isso, desenhar um circuito monofásico equivalente é uma importante primeira etapa na análise de um circuito trifásico.

Figura 11.7 Circuito monofásico equivalente.

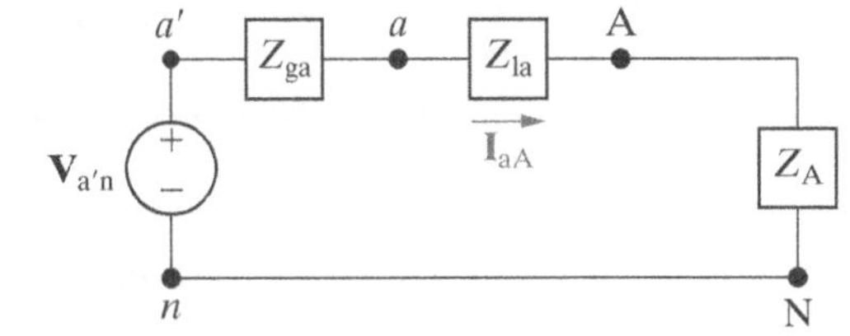

Uma advertência: a corrente no condutor neutro da Figura 11.7 é $\mathbf{I}_{aA}$, que não é a corrente no condutor neutro do circuito trifásico equilibrado, cujo valor real é

$$\mathbf{I}_o = \mathbf{I}_{aA} + \mathbf{I}_{bB} + \mathbf{I}_{cC}. \qquad (11.11)$$

Assim, o circuito mostrado na Figura 11.7 fornece o valor correto da corrente de linha, mas apenas a componente da fase a da corrente de neutro. Sempre que esse circuito monofásico equivalente for aplicável, as correntes de linha formarão um conjunto trifásico equilibrado e a soma do lado direito da Equação 11.11 será igual a zero.

Conhecida a corrente de linha da Figura 11.7, calcular quaisquer tensões de interesse é relativamente simples. De particular interesse é a relação entre as tensões fase-fase e as tensões fase-neutro. Estabelecemos essa relação nos terminais da carga, mas nossas observações também se aplicam aos terminais da fonte. As tensões fase-fase nos terminais da carga podem ser vistas na Figura 11.8. Elas são $\mathbf{V}_{AB}$, $\mathbf{V}_{BC}$ e $\mathbf{V}_{CA}$, onde a notação de índice duplo indica uma queda de tensão entre o primeiro e o segundo nós. (Como estamos supondo o circuito equilibrado, omitimos o condutor neutro da Figura 11.8.)

Figura 11.8 Tensões fase-fase e fase-neutro.

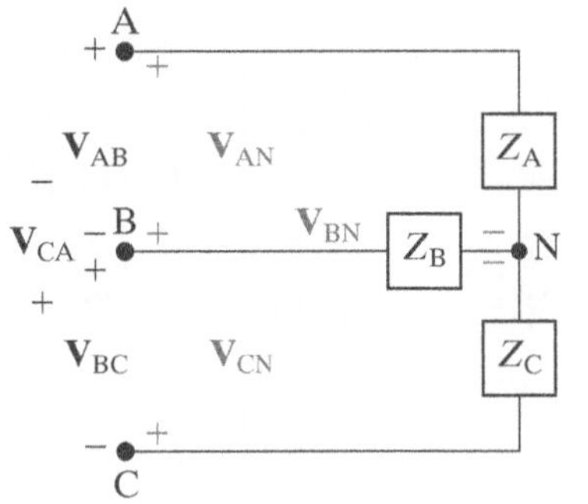

As tensões fase-neutro são $\mathbf{V}_{AN}$, $\mathbf{V}_{BN}$ e $\mathbf{V}_{CN}$. Agora, podemos descrever as tensões fase-fase em termos das tensões fase-neutro usando a lei das tensões de Kirchhoff:

$$\mathbf{V}_{AB} = \mathbf{V}_{AN} - \mathbf{V}_{BN}, \qquad (11.12)$$

$$\mathbf{V}_{BC} = \mathbf{V}_{BN} - \mathbf{V}_{CN}, \qquad (11.13)$$

$$\mathbf{V}_{CA} = \mathbf{V}_{CN} - \mathbf{V}_{AN}. \qquad (11.14)$$

Para mostrar a relação entre as tensões fase-fase e as tensões fase-neutro, admitimos uma sequência positiva, ou *abc*. Usando a tensão fase-neutro da fase *a* como referência,

$$\mathbf{V}_{AN} = V_\phi \underline{/0°}, \quad (11.15)$$

$$\mathbf{V}_{BN} = V_\phi \underline{/-120°}, \quad (11.16)$$

$$\mathbf{V}_{CN} = V_\phi \underline{/+120°}, \quad (11.17)$$

em que V_ϕ representa o módulo da tensão fase-neutro. Substituindo as equações 11.15–11.17 nas equações 11.12–11.14, respectivamente, temos

$$\mathbf{V}_{AB} = V_\phi \underline{/0°} - V_\phi \underline{/-120°} = \sqrt{3} V_\phi \underline{/30°}, \quad (11.18)$$

$$\mathbf{V}_{BC} = V_\phi \underline{/-120°} - V_\phi \underline{/120°} = \sqrt{3} V_\phi \underline{/-90°}, \quad (11.19)$$

$$\mathbf{V}_{CA} = V_\phi \underline{/120°} - V_\phi \underline{/0°} = \sqrt{3} V_\phi \underline{/150°}. \quad (11.20)$$

As equações 11.18–11.20 revelam que

1. O módulo da tensão fase-fase é $\sqrt{3}$ vezes o módulo da tensão fase-neutro.
2. As tensões fase-fase formam um conjunto equilibrado de tensões trifásicas.
3. O conjunto de tensões fase-fase está 30° adiantado em relação ao conjunto de tensões fase-neutro.

Figura 11.9 Diagramas fasoriais mostrando a relação entre tensões fase-fase e tensões fase-neutro em um sistema equilibrado. (a) Sequência *abc*. (b) Sequência *acb*.

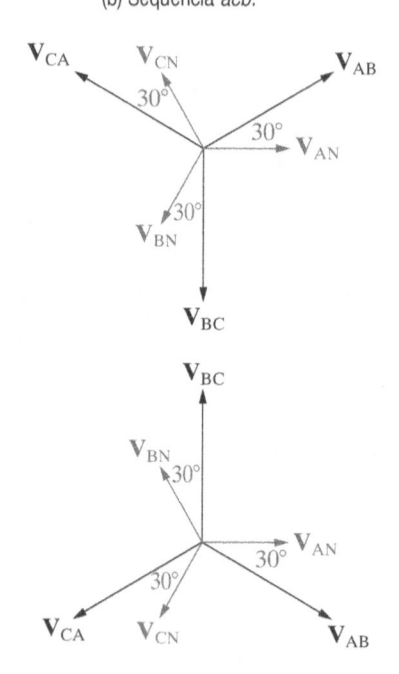

Deixamos a seu cargo demonstrar que, para uma sequência negativa, a única diferença é que o conjunto de tensões fase-fase está 30° atrasado em relação ao conjunto de tensões fase-neutro. Os diagramas fasoriais mostrados na Figura 11.9 resumem essas observações. Nesse caso, mais uma vez aparece um princípio simplificador na análise de um sistema equilibrado: se você souber qual é a tensão fase-neutro em algum ponto do circuito, poderá determinar com facilidade a tensão fase-fase no mesmo ponto e vice-versa.

Façamos, agora, uma pausa para comentar a terminologia. **Tensão de linha** refere-se à tensão entre qualquer par de fases; **tensão de fase** refere-se à tensão em uma única fase.[1] **Corrente de linha** refere-se à corrente em uma única linha; **corrente de fase** refere-se à corrente em uma única fase. Observe que, em uma ligação em Δ, a tensão de linha e a tensão de fase são idênticas e, em uma ligação em Y, a corrente de linha e a corrente de fase são idênticas.

Visto que os sistemas trifásicos são projetados para lidar com grandes blocos de energia elétrica, todas as especificações de tensão e corrente são dadas em valores eficazes. Quando são dadas tensões nominais, elas se referem especificamente à tensão de linha. Por isso, quando dizemos que a tensão nominal de uma linha de transmissão trifásica é 345 kV, o valor nominal da tensão eficaz

---

[1] N. do R.T.: Entende-se por *tensão de uma única fase* o seguinte: (a) quando se referir à carga, significa tensão nos terminais de cada uma das cargas constituintes da carga trifásica, independentemente da forma de ligação; (b) quando se referir à fonte, significa tensão nos terminais de cada uma das três fontes que constituem a fonte trifásica, independentemente da forma de ligação.

fase-fase é 345.000 V. Neste capítulo, expressamos todas as tensões e correntes em valores eficazes.

Por fim, a letra grega phi (ϕ) é utilizada amplamente na literatura para designar uma quantidade por fase. Assim, V_ϕ, I_ϕ, Z_ϕ, P_ϕ e Q_ϕ são interpretadas como tensão de fase, corrente de fase, impedância de fase, potência de fase e potência reativa de fase, respectivamente.

O Exemplo 11.1 mostra como usar as observações que fizemos até aqui para resolver um circuito Y-Y trifásico equilibrado.

EXEMPLO 11.1 Análise de um circuito Y-Y.

Um gerador trifásico equilibrado, ligado em Y e com sequência de fases positiva, tem uma impedância de $0,2 + j0,5$ Ω/ϕ e uma tensão a vazio de 120 V/ϕ. O gerador alimenta uma carga trifásica equilibrada, ligada em Y, com uma impedância de $39 + j28$ Ω/ϕ. A impedância da linha que liga o gerador à carga é $0,8 + j1,5$ Ω/ϕ. A tensão a vazio da fase a do gerador é tomada como fasor de referência.

a) Construa o circuito equivalente da fase a do sistema.

b) Calcule as três correntes de linha I_{aA}, I_{bB} e I_{cC}.

c) Calcule as três tensões de fase na carga, V_{AN}, V_{BN} e V_{CN}.

d) Calcule as tensões de linha V_{AB}, V_{BC} e V_{CA} nos terminais da carga.

e) Calcule as tensões de fase nos terminais do gerador, V_{an}, V_{bn} e V_{cn}.

f) Calcule as tensões de linha V_{ab}, V_{bc} e V_{ca} nos terminais do gerador.

g) Repita (a) – (f) para uma sequência de fases negativa.

Solução

a) A Figura 11.10 mostra o circuito monofásico equivalente.

Figura 11.10 Circuito monofásico equivalente para o Exemplo 11.1.

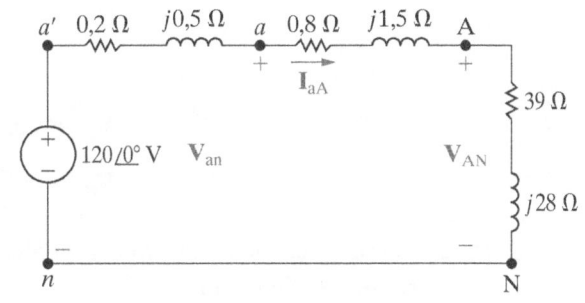

b) A corrente de linha da fase a é

$$I_{aA} = \frac{120 \underline{/0°}}{(0,2 + 0,8 + 39) + j(0,5 + 1,5 + 28)}$$

$$= \frac{120 \underline{/0°}}{40 + j30}$$

$$= 2,4 \underline{/-36,87°} \text{ A}.$$

Para uma sequência de fases positiva,

$$I_{bB} = 2,4 \underline{/-156,87°} \text{ A},$$

$$I_{cC} = 2,4 \underline{/83,13°} \text{ A}.$$

c) A tensão de fase no terminal A da carga é

$$V_{AN} = (39 + j28)(2,4 \underline{/-36,87°})$$

$$= 115,22 \underline{/-1,19°} \text{ V}.$$

Para uma sequência de fases positiva,

$$\mathbf{V}_{BN} = 115{,}22 \;\underline{/{-}121{,}19°}\; V,$$

$$\mathbf{V}_{CN} = 115{,}22 \;\underline{/118{,}81°}\; V.$$

d) Para uma sequência de fases positiva, as tensões de linha estão 30° adiantadas em relação às tensões de fase; portanto,

$$\mathbf{V}_{AB} = (\sqrt{3}\;\underline{/30°})\mathbf{V}_{AN}$$
$$= 199{,}58 \;\underline{/28{,}81°}\; V,$$
$$\mathbf{V}_{BC} = 199{,}58 \;\underline{/{-}91{,}19°}\; V,$$
$$\mathbf{V}_{CA} = 199{,}58 \;\underline{/148{,}81°}\; V.$$

e) A tensão de fase no terminal *a* da fonte é

$$\mathbf{V}_{an} = 120 - (0{,}2 + j0{,}5)(2{,}4\;\underline{/{-}36{,}87°})$$
$$= 120 - 1{,}29\;\underline{/31{,}33°}$$
$$= 118{,}90 - j0{,}67$$
$$= 118{,}90 \;\underline{/{-}0{,}32°}\; V.$$

Para uma sequência de fases positiva,

$$\mathbf{V}_{bn} = 118{,}90 \;\underline{/{-}120{,}32°}\; V,$$
$$\mathbf{V}_{cn} = 118{,}90 \;\underline{/119{,}68°}\; V.$$

f) As tensões de linha nos terminais da fonte são

$$\mathbf{V}_{ab} = (\sqrt{3}\;\underline{/30°})\mathbf{V}_{an}$$
$$= 205{,}94 \;\underline{/29{,}68°}\; V,$$
$$\mathbf{V}_{bc} = 205{,}94 \;\underline{/{-}90{,}32°}\; V,$$
$$\mathbf{V}_{ca} = 205{,}94 \;\underline{/149{,}68°}\; V.$$

g) Mudar a sequência de fases não tem nenhum efeito sobre o circuito monofásico equivalente. As três correntes de linha são

$$\mathbf{I}_{aA} = 2{,}4 \;\underline{/{-}36{,}87°}\; A,$$
$$\mathbf{I}_{bB} = 2{,}4 \;\underline{/83{,}13°}\; A,$$
$$\mathbf{I}_{cC} = 2{,}4 \;\underline{/{-}156{,}87°}\; A.$$

As tensões de fase na carga são

$$\mathbf{V}_{AN} = 115{,}22 \;\underline{/{-}1{,}19°}\; V,$$
$$\mathbf{V}_{BN} = 115{,}22 \;\underline{/118{,}81°}\; V,$$
$$\mathbf{V}_{CN} = 115{,}22 \;\underline{/{-}121{,}19°}\; V.$$

Para uma sequência de fases negativa, as tensões de linha estão 30° atrasadas em relação às tensões de fase:

$$\mathbf{V}_{AB} = (\sqrt{3}\,\underline{/-30°}\,)\mathbf{V}_{AN}$$
$$= 199{,}58\,\underline{/-31{,}19°}\text{ V,}$$
$$\mathbf{V}_{BC} = 199{,}58\,\underline{/88{,}81°}\text{ V,}$$
$$\mathbf{V}_{CA} = 199{,}58\,\underline{/-151{,}19°}\text{ V.}$$

As tensões de fase nos terminais do gerador são

$$\mathbf{V}_{an} = 118{,}90\,\underline{/-0{,}32°}\text{ V,}$$
$$\mathbf{V}_{bn} = 118{,}90\,\underline{/119{,}68°}\text{ V,}$$
$$\mathbf{V}_{cn} = 118{,}90\,\underline{/-120{,}32°}\text{ V.}$$

As tensões de linha nos terminais do gerador são

$$\mathbf{V}_{ab} = (\sqrt{3}\,\underline{/-30°}\,)\mathbf{V}_{an}$$
$$= 205{,}94\,\underline{/-30{,}32°}\text{ V,}$$
$$\mathbf{V}_{bc} = 205{,}94\,\underline{/89{,}68°}\text{ V,}$$
$$\mathbf{V}_{ca} = 205{,}94\,\underline{/-150{,}32°}\text{ V.}$$

PROBLEMAS PARA AVALIAÇÃO

Objetivo 1 Saber analisar um circuito trifásico equilibrado Y-Y.

11.1 A tensão entre A e N em um circuito trifásico equilibrado é $240\,\underline{/-30°}$ V. Se a sequência de fases for positiva, qual será o valor de $\mathbf{V}_{BC}$?
Resposta: $415{,}69\,\underline{/-120°}$ V.

11.2 A tensão da fase c de um sistema trifásico equilibrado ligado em Y é $450\,\underline{/-25°}$ V. Se a sequência de fases for negativa, qual será o valor de $\mathbf{V}_{AB}$?
Resposta: $779{,}42\,\underline{/65°}$ V.

11.3 A tensão de fase nos terminais de uma carga trifásica equilibrada ligada em Y é 2.400 V. A carga tem uma impedância de $16 + j12$ Ω/ϕ e é alimentada por uma linha que tem uma impedância de $0{,}10 + j0{,}80$ Ω/ϕ. A fonte, ligada em Y na outra extremidade da linha, tem uma sequência de fases acb e uma impedância interna de $0{,}02 + j0{,}16$ Ω/ϕ. Use a tensão da fase a na carga como referência e calcule (a) as correntes de linha $\mathbf{I}_{aA}$, $\mathbf{I}_{bB}$ e $\mathbf{I}_{cC}$; (b) as tensões de linha na fonte, $\mathbf{V}_{ab}$, $\mathbf{V}_{bc}$ e $\mathbf{V}_{ca}$; e (c) as tensões fase-neutro a vazio da fonte, $\mathbf{V}_{a'n}$, $\mathbf{V}_{b'n}$ e $\mathbf{V}_{c'n}$.

Resposta: (a) $\mathbf{I}_{aA} = 120\,\underline{/-36{,}87°}$ A,
$\mathbf{I}_{bB} = 120\,\underline{/83{,}13°}$ A e
$\mathbf{I}_{cC} = 120\,\underline{/-156{,}87°}$ A;
(b) $\mathbf{V}_{ab} = 4.275{,}02\,\underline{/-28{,}38°}$ V,
$\mathbf{V}_{bc} = 4.275{,}02\,\underline{/91{,}62°}$ V e
$\mathbf{V}_{ca} = 4.275{,}02\,\underline{/-148{,}38°}$ V;
(c) $\mathbf{V}_{a'n} = 2.482{,}05\,\underline{/1{,}93°}$ V,
$\mathbf{V}_{b'n} = 2.482{,}05\,\underline{/121{,}93°}$ V e
$\mathbf{V}_{c'n} = 2.482{,}05\,\underline{/-118{,}07°}$ V.

NOTA: tente resolver também os problemas 11.9, 11.11 e 11.12, apresentados no final deste capítulo.

11.4 Análise do circuito Y-Δ

Se a carga em um circuito trifásico estiver ligada em Δ, ela pode ser transformada em Y por meio de uma transformação Δ-Y, discutida na Seção 9.6. Quando a carga é equilibrada, a impedância de cada braço do Y é um terço da impedância de cada lado do Δ, ou

Relação entre impedância trifásica ligada em Δ e ligada em Y ▶

$$Z_Y = \frac{Z_\Delta}{3}, \tag{11.21}$$

que decorre diretamente das equações 9.51–9.53. Após a carga em Δ ser substituída pelo Y equivalente, a fase *a* pode ser modelada pelo circuito monofásico equivalente mostrado na Figura 11.11.

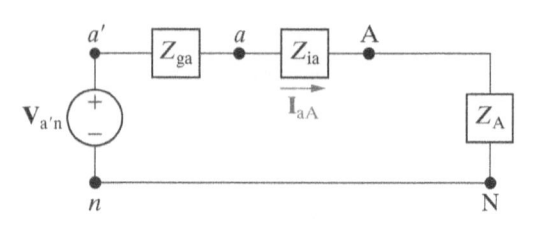

Usamos esse circuito para calcular as correntes de linha e, então, utilizamos as correntes de linha para determinar as correntes em cada perna da carga original em Δ. A relação entre as correntes de linha e as correntes em cada perna do delta podem ser calculadas usando-se o circuito mostrado na Figura 11.12.

Figura 11.11 Circuito monofásico equivalente.

Quando uma carga (ou fonte) está ligada em Δ, a corrente em cada perna do Δ é a corrente de fase e a tensão em cada perna é a tensão de fase. A Figura 11.12 mostra que, na configuração em Δ, a tensão de fase é idêntica à tensão de linha.

Figura 11.12 Circuito utilizado para estabelecer a relação entre correntes de linha e correntes de fase em uma carga equilibrada ligada em Δ.

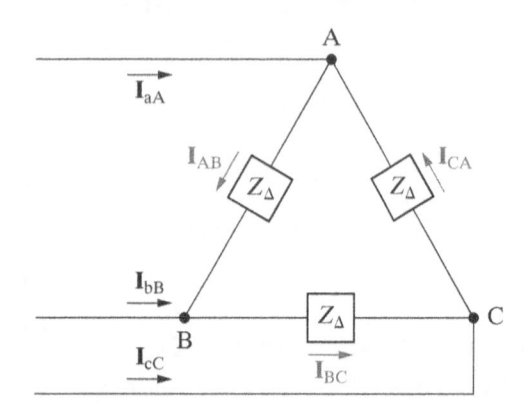

Para demonstrar a relação entre as correntes de fase e as correntes de linha, admitimos uma sequência de fases positiva e representamos o módulo da corrente de fase por I_ϕ. Então,

$$\mathbf{I}_{AB} = I_\phi \underline{/0°}, \tag{11.22}$$

$$\mathbf{I}_{BC} = I_\phi \underline{/-120°}, \tag{11.23}$$

$$\mathbf{I}_{CA} = I_\phi \underline{/120°}. \tag{11.24}$$

Ao escrevermos essas equações, selecionamos $\mathbf{I}_{AB}$ arbitrariamente como fasor de referência.

Podemos escrever as correntes de linha em termos das correntes de fase pela aplicação direta da lei das correntes de Kirchhoff:

$$\mathbf{I}_{aA} = \mathbf{I}_{AB} - \mathbf{I}_{CA}$$
$$= I_\phi \underline{/0°} - I_\phi \underline{/120°}$$
$$= \sqrt{3} I_\phi \underline{/-30°}, \tag{11.25}$$

$$\mathbf{I}_{bB} = \mathbf{I}_{BC} - \mathbf{I}_{AB}$$
$$= I_\phi \underline{/-120°} - I_\phi \underline{/0°}$$
$$= \sqrt{3} I_\phi \underline{/-150°}, \tag{11.26}$$

$$\mathbf{I}_{cC} = \mathbf{I}_{CA} - \mathbf{I}_{BC}$$

$$= I_\phi \underline{/120°} - I_\phi \underline{/-120°}$$

$$= \sqrt{3}I_\phi \underline{/90°}. \qquad (11.27)$$

Comparando as equações 11.25–11.27 com as equações 11.22–11.24, percebemos que o módulo das correntes de linha é $\sqrt{3}$ vezes o módulo das correntes de fase e que o conjunto de correntes de linha está 30° atrasado em relação ao conjunto de correntes de fase.

Deixamos a seu cargo verificar que, para uma sequência de fases negativa, as correntes de linha são $\sqrt{3}$ vezes maiores do que as correntes de fase e estão 30° adiantadas em relação às correntes de fase. Assim, temos mais um princípio simplificador para calcular correntes de linha por meio das correntes de fase (ou vice-versa), quando se trata de uma carga trifásica equilibrada ligada em Δ. A Figura 11.13 resume esse princípio. O Exemplo 11.2 ilustra os cálculos envolvidos na análise de um circuito trifásico equilibrado que tem uma fonte ligada em Y e uma carga ligada em Δ.

Figura 11.13 Diagramas fasoriais mostrando a relação entre correntes de linha e correntes de fase em uma carga ligada em Δ. (a) Sequência positiva. (b) Sequência negativa.

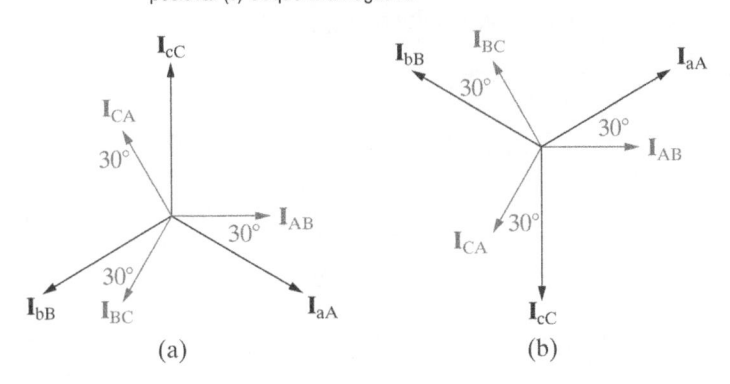

EXEMPLO 11.2 Análise de um circuito Y-Δ.

A fonte ligada em Y no Exemplo 11.1 alimenta uma carga ligada em Δ por meio de uma linha de distribuição cuja impedância é $0{,}3 + j0{,}9\ \Omega/\phi$. A impedância de carga é $118{,}5 + j85{,}8\ \Omega/\phi$. Use a tensão a vazio da fase *a* do gerador como referência.

a) Construa um circuito monofásico equivalente do sistema trifásico.

b) Calcule as correntes de linha $\mathbf{I}_{aA}$, $\mathbf{I}_{bB}$ e $\mathbf{I}_{cC}$.

c) Calcule as tensões de fase nos terminais da carga.

d) Calcule as correntes de fase da carga.

e) Calcule as tensões de linha nos terminais da fonte.

Solução

a) A Figura 11.14 mostra o circuito monofásico equivalente. A impedância da carga do Y equivalente é

$$\frac{118{,}5 + j85{,}8}{3} = 39{,}5 + j28{,}6\ \Omega/\phi.$$

Figura 11.14 Circuito monofásico equivalente para o Exemplo 11.2.

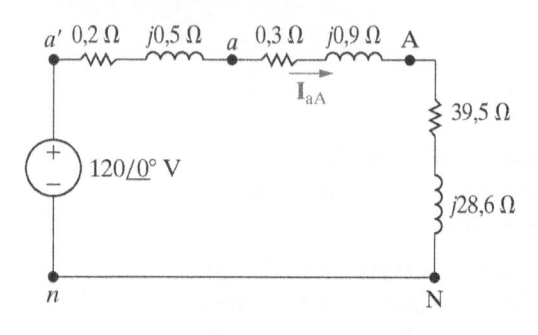

b) A corrente de linha da fase *a* é

$$\mathbf{I}_{aA} = \frac{120 \angle 0°}{(0{,}2 + 0{,}3 + 39{,}5) + j(0{,}5 + 0{,}9 + 28{,}6)}$$

$$= \frac{120 \angle 0°}{40 + j30} = 2{,}4 \angle -36{,}87° \text{ A}.$$

Daí,

$$\mathbf{I}_{bB} = 2{,}4 \angle -156{,}87° \text{ A},$$

$$\mathbf{I}_{cC} = 2{,}4 \angle 83{,}13° \text{ A}.$$

c) Como a carga está ligada em Δ, as tensões de fase são as mesmas que as tensões de linha. Para calcular as tensões de linha, primeiro calculamos $\mathbf{V}_{AN}$:

$$\mathbf{V}_{AN} = (39{,}5 + j28{,}6)(2{,}4 \angle -36{,}87°)$$

$$= 117{,}04 \angle -0{,}96° \text{ V}.$$

Como a sequência de fases é positiva, a tensão de linha $\mathbf{V}_{AB}$ é

$$\mathbf{V}_{AB} = (\sqrt{3} \angle 30°) \mathbf{V}_{AN}$$

$$= 202{,}72 \angle 29{,}04° \text{ V}.$$

Portanto,

$$\mathbf{V}_{BC} = 202{,}72 \angle -90{,}96° \text{ V},$$

$$\mathbf{V}_{CA} = 202{,}72 \angle 149{,}04° \text{ V}.$$

d) As correntes de fase da carga podem ser calculadas diretamente pelas correntes de linha:

$$\mathbf{I}_{AB} = \left(\frac{1}{\sqrt{3}} \angle 30°\right) \mathbf{I}_{aA}$$

$$= 1{,}39 \angle -6{,}87° \text{ A}.$$

Conhecida $\mathbf{I}_{AB}$, também conhecemos as outras correntes de fase da carga:

$$\mathbf{I}_{BC} = 1{,}39 \angle -126{,}87° \text{ A},$$
$$\mathbf{I}_{CA} = 1{,}39 \angle 113{,}13° \text{ A}.$$

Observe que podemos confirmar o cálculo de $\mathbf{I}_{AB}$ usando a $\mathbf{V}_{AB}$ que calculamos antes e a impedância da carga ligada em Δ; isto é,

$$\mathbf{I}_{AB} = \frac{\mathbf{V}_{AB}}{Z_\phi} = \frac{202{,}72 \angle 29{,}04°}{118{,}5 + j85{,}8}$$

$$= 1{,}39 \angle -6{,}87° \text{ A}.$$

e) Para calcular a tensão de linha nos terminais da fonte, em primeiro lugar calculamos $\mathbf{V}_{an}$. A Figura 11.14 mostra que $\mathbf{V}_{an}$ é a queda de tensão na impedância de linha somada à impedância da carga, portanto,

$$\mathbf{V}_{an} = (39,8 + j29,5)(2,4 \,\underline{/-36,87°})$$
$$= 118,90 \,\underline{/-0,32°} \text{ V}.$$

A tensão de linha $\mathbf{V}_{ab}$ é

$$\mathbf{V}_{ab} = (\sqrt{3} \,\underline{/30°})\mathbf{V}_{an},$$

ou

$$\mathbf{V}_{ab} = 205,94 \,\underline{/29,68°} \text{ V}.$$

Portanto,

$$\mathbf{V}_{bc} = 205,94 \,\underline{/-90,32°} \text{ V},$$
$$\mathbf{V}_{ca} = 205,94 \,\underline{/149,68°} \text{ V}.$$

PROBLEMAS PARA AVALIAÇÃO

Objetivo 2 Saber analisar um circuito trifásico equilibrado Y-Δ.

11.4 A corrente $\mathbf{I}_{CA}$ em uma carga trifásica equilibrada ligada em Δ é $8 \,\underline{/-15°}$ A. Se a sequência de fases for positiva, qual será o valor de I_{cC}?

Resposta: $13,86 \,\underline{/-45°}$ A.

11.5 Uma carga trifásica equilibrada ligada em Δ é alimentada por um circuito trifásico equilibrado. A referência para a corrente de linha da fase *b* é no sentido da carga. O valor da corrente na fase *b* é $12 \,\underline{/65°}$ A. Se a sequência de fases for negativa, qual será o valor de $\mathbf{I}_{AB}$?

Resposta: $6,93 \,\underline{/-85°}$ A.

11.6 A tensão de linha $\mathbf{V}_{AB}$ nos terminais de uma carga trifásica equilibrada ligada em Δ é $4.160\underline{/0°}$ V. A corrente de linha $\mathbf{I}_{aA}$ é $69,28 \,\underline{/-10°}$ A.

a) Calcule a impedância por fase da carga, se a sequência de fases for positiva.

b) Repita (a) para uma sequência de fases negativa.

Resposta: (a) $104 \,\underline{/-20°}$ Ω;
(b) $104 \,\underline{/+40°}$ Ω.

11.7 A tensão de linha nos terminais de uma carga equilibrada ligada em Δ é 110 V. Cada fase da carga consiste em um resistor de 3,667 Ω em paralelo com uma impedância indutiva de 2,75 Ω. Qual é o módulo da corrente na linha que alimenta a carga?

Resposta: 86,60 A.

NOTA: tente resolver também os problemas 11.14–11.16, apresentados no final do capítulo.

11.5 Cálculos de potência em circuitos trifásicos equilibrados

Até aqui, limitamos nossa análise de circuitos trifásicos equilibrados à determinação de correntes e tensões. Agora, discutiremos cálculos de potência trifásica. Começamos considerando a potência média fornecida a uma carga equilibrada ligada em Y.

Potência média em uma carga equilibrada ligada em Y

A Figura 11.15 mostra uma carga ligada em Y e as correntes e tensões pertinentes. Calculamos a potência média associada a qualquer uma das fases usando as técnicas apresentadas no Capítulo 10. Tomando a Equação 10.21 como ponto de partida, expressamos a potência média associada à fase *a* como

$$P_A = |\mathbf{V}_{AN}||\mathbf{I}_{aA}| \cos(\theta_{vA} - \theta_{iA}) \tag{11.28}$$

Figura 11.15 Carga equilibrada ligada em Y, utilizada nos cálculos de potência média em circuitos trifásicos.

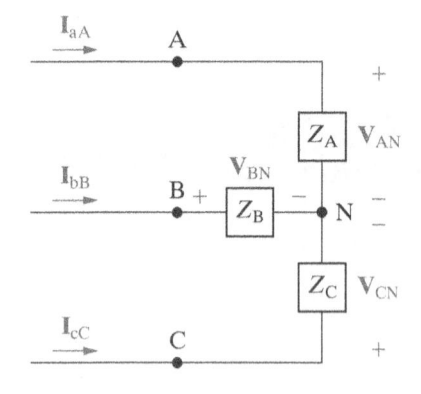

em que θ_{vA} e θ_{iA} são os ângulos de fase de $\mathbf{V}_{AN}$ e $\mathbf{I}_{aA}$, respectivamente. Usando a notação apresentada na Equação 11.28, podemos determinar a potência associada às fases *b* e *c*:

$$P_B = |\mathbf{V}_{BN}||\mathbf{I}_{bB}| \cos(\theta_{vB} - \theta_{iB}) \tag{11.29}$$

$$P_C = |\mathbf{V}_{CN}||\mathbf{I}_{cC}| \cos(\theta_{vC} - \theta_{iC}) \tag{11.30}$$

Nas equações 11.28–11.30, todos os fasores corrente e tensão são escritos em termos do valor eficaz da função senoidal que representam.

Em um sistema trifásico equilibrado, o módulo de cada tensão fase-neutro é o mesmo, assim como o módulo de cada corrente de fase. O argumento das funções cosseno também é o mesmo para todas as três fases. Enfatizamos essas observações apresentando a seguinte notação:

$$V_\phi = |\mathbf{V}_{AN}| = |\mathbf{V}_{BN}| = |\mathbf{V}_{CN}|, \tag{11.31}$$

$$I_\phi = |\mathbf{I}_{aA}| = |\mathbf{I}_{bB}| = |\mathbf{I}_{cC}|, \tag{11.32}$$

e

$$\theta_\phi = \theta_{vA} - \theta_{iA} = \theta_{vB} - \theta_{iB} = \theta_{vC} - \theta_{iC}. \tag{11.33}$$

Além do mais, para um sistema equilibrado, a potência fornecida a cada fase da carga é a mesma,

$$P_A = P_B = P_C = P_\phi = V_\phi I_\phi \cos\theta_\phi, \tag{11.34}$$

em que P_ϕ representa a potência média por fase.

A potência média total fornecida à carga equilibrada ligada em Y é simplesmente três vezes a potência por fase, ou

$$P_T = 3P_\phi = 3V_\phi I_\phi \cos\theta_\phi. \tag{11.35}$$

Também é desejável expressar a potência total em termos dos valores eficazes da tensão e corrente de linha. Se representarmos os módulos da tensão de linha e da corrente de linha por V_L e I_L, respectivamente, podemos modificar a Equação 11.35 da seguinte forma:

$$P_T = 3\left(\frac{V_L}{\sqrt{3}}\right) I_L \cos\theta_\phi$$

$$= \sqrt{3} V_L I_L \cos\theta_\phi. \tag{11.36}$$

◀ Potência ativa total em uma carga trifásica equilibrada

Para deduzirmos a Equação 11.36, levamos em conta que, em uma carga equilibrada ligada em Y, o módulo da tensão de fase é o módulo da tensão de linha dividido por $\sqrt{3}$ e que o módulo da corrente de linha é igual ao módulo da corrente de fase. Quando usar a Equação 11.36 para calcular a potência total fornecida à carga, lembre-se de que θ_ϕ é o ângulo de fase entre a tensão de fase e a corrente de fase.

Potência complexa em uma carga equilibrada ligada em Y

Também podemos calcular a potência reativa e a potência complexa associadas a qualquer uma das fases de uma carga ligada em Y, usando as técnicas apresentadas no Capítulo 10. Para uma carga equilibrada, as expressões para a potência reativa são

$$Q_\phi = V_\phi I_\phi \operatorname{sen}\theta_\phi, \tag{11.37}$$

$$Q_T = 3Q_\phi = \sqrt{3} V_L I_L \operatorname{sen}\theta_\phi. \tag{11.38}$$

◀ Potência reativa total em uma carga trifásica equilibrada

A Equação 10.29 é a base para expressar a potência complexa associada a qualquer fase. Para uma carga equilibrada,

$$S_\phi = \mathbf{V}_{AN}\mathbf{I}_{aA}^* = \mathbf{V}_{BN}\mathbf{I}_{bB}^* = \mathbf{V}_{CN}\mathbf{I}_{cC}^* = \mathbf{V}_\phi \mathbf{I}_\phi^*, \tag{11.39}$$

em que $\mathbf{V}_\phi$ e $\mathbf{I}_\phi$ representam a tensão e a corrente de uma mesma fase. Assim, de modo geral,

$$S_\phi = P_\phi + jQ_\phi = \mathbf{V}_\phi \mathbf{I}_\phi^*, \tag{11.40}$$

$$S_T = 3S_\phi = \sqrt{3} V_L I_L \,\underline{/\theta_\phi^\circ}. \tag{11.41}$$

◀ Potência complexa total em uma carga trifásica equilibrada

Cálculos de potência em uma carga equilibrada ligada em Δ

Se a carga estiver ligada em Δ, o cálculo de potência — reativa ou complexa — é basicamente o mesmo que para uma carga ligada em Y. A Figura 11.16 mostra uma carga ligada em Δ, com as correntes e tensões pertinentes. A potência associada a cada fase é

$$P_A = |\mathbf{V}_{AB}||\mathbf{I}_{AB}|\cos(\theta_{vAB} - \theta_{iAB}), \tag{11.42}$$

$$P_B = |\mathbf{V}_{BC}||\mathbf{I}_{BC}|\cos(\theta_{vBC} - \theta_{iBC}), \tag{11.43}$$

$$P_C = |\mathbf{V}_{CA}||\mathbf{I}_{CA}|\cos(\theta_{vCA} - \theta_{iCA}). \tag{11.44}$$

Figura 11.16 Carga ligada em Δ utilizada para os cálculos de potência em circuitos trifásicos.

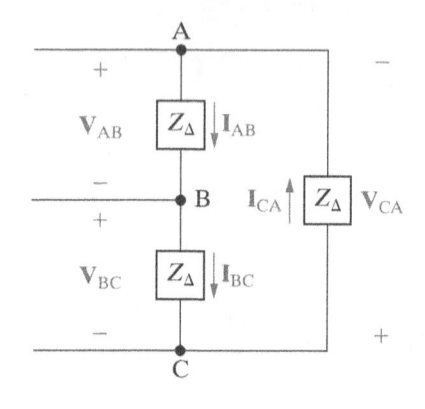

Para uma carga equilibrada,

$$|\mathbf{V}_{AB}| = |\mathbf{V}_{BC}| = |\mathbf{V}_{CA}| = V_\phi, \tag{11.45}$$

$$|\mathbf{I}_{AB}| = |\mathbf{I}_{BC}| = |\mathbf{I}_{CA}| = I_\phi, \tag{11.46}$$

$$\theta_{vAB} - \theta_{iAB} = \theta_{vBC} - \theta_{iBC} = \theta_{vCA} - \theta_{iCA} = \theta_\phi, \tag{11.47}$$

e

$$P_A = P_B = P_C = P_\phi = V_\phi I_\phi \cos \theta_\phi. \tag{11.48}$$

Observe que a Equação 11.48 é idêntica à Equação 11.34. Assim, em uma carga equilibrada, independentemente de ser ligada em Y ou em Δ, a potência média por fase é igual ao produto do valor eficaz da tensão de fase pelo valor eficaz da corrente de fase e pelo cosseno do ângulo entre a tensão e a corrente de fase.

A potência total fornecida a uma carga equilibrada ligada em Δ é

$$P_T = 3P_\phi = 3V_\phi I_\phi \cos \theta_\phi$$

$$= 3V_L \left(\frac{I_L}{\sqrt{3}}\right) \cos \theta_\phi$$

$$= \sqrt{3} V_L I_L \cos \theta_\phi. \tag{11.49}$$

Observe que a Equação 11.49 é idêntica à Equação 11.36. As expressões para potência reativa e potência complexa também têm a mesma forma que as desenvolvidas para a carga em Y:

$$Q_\phi = V_\phi I_\phi \operatorname{sen} \theta_\phi; \tag{11.50}$$

$$Q_T = 3Q_\phi = 3V_\phi I_\phi \operatorname{sen} \theta_\phi; \tag{11.51}$$

$$S_\phi = P_\phi + jQ_\phi = \mathbf{V}_\phi \mathbf{I}_\phi^*; \tag{11.52}$$

$$S_T = 3S_\phi = \sqrt{3} V_L I_L \underline{/\theta_\phi}. \tag{11.53}$$

Potência instantânea em circuitos trifásicos

Embora nossa preocupação prioritária seja o cálculo de potências média, reativa e complexa, o cálculo da potência instantânea total também é importante. Em um circuito trifásico equilibrado, essa potência tem uma propriedade interessante: ela não varia com o tempo! Assim, o torque desenvolvido no eixo de um motor trifásico é constante, o que, por sua vez, significa menos vibração nas máquinas acionadas por motores trifásicos.

Tomemos a tensão instantânea fase-neutro, v_{AN}, como referência e, como antes, θ_ϕ como ângulo de fase $\theta_{vA} - \theta_{iA}$. Então, para uma sequência de fases positiva, a potência instantânea em cada fase é

$$p_A = v_{AN} i_{aA} = V_m I_m \cos \omega t \cos (\omega t - \theta_\phi),$$

$$p_B = v_{BN} i_{bB} = V_m I_m \cos (\omega t - 120°) \cos (\omega t - \theta_\phi - 120°),$$

$$p_C = v_{CN} i_{cC} = V_m I_m \cos (\omega t + 120°) \cos (\omega t - \theta_\phi + 120°),$$

em que V_m e I_m representam o valor de pico da tensão de fase e da corrente de linha, respectivamente. A potência instantânea total é a soma das potências instantâneas de fase, o que se reduz a $1{,}5V_mI_m \cos\theta_\phi$; isto é,

$$p_T = p_A + p_B + p_C = 1{,}5V_mI_m \cos\theta_\phi.$$

Observe que esse resultado é consistente com a Equação 11.35, visto que $V_m = \sqrt{2}V_\phi$ e $I_m = \sqrt{2}I_\phi$ (veja o Problema 11.26, apresentado no final do capítulo).

Os exemplos 11.3–11.5 ilustram cálculos de potência em circuitos trifásicos equilibrados.

EXEMPLO 11.3 Cálculo da potência em um circuito trifásico Y-Y.

a) Calcule a potência média por fase fornecida à carga ligada em Y do Exemplo 11.1.
b) Calcule a potência média total fornecida à carga.
c) Calcule a potência média total dissipada na linha.
d) Calcule a potência média total dissipada no gerador.
e) Calcule a potência reativa total absorvida pela carga.
f) Calcule a potência complexa total fornecida pela fonte.

Solução

a) Pelo Exemplo 11.1, $V_\phi = 115{,}22$ V, $I_\phi = 2{,}4$ A e $\theta_\phi = -1{,}19 - (-36{,}87) = 35{,}68°$. Portanto,

$$P_\phi = (115{,}22)(2{,}4)\cos 35{,}68° = 224{,}64 \text{ W}.$$

A potência média por fase também pode ser calculada por $I_\phi^2 R_\phi$, ou

$$P_\phi = (2{,}4)^2(39) = 224{,}64 \text{ W}.$$

b) A potência média total fornecida à carga é $P_T = 3P_\phi = 673{,}92$ W. Como calculamos a tensão de linha no Exemplo 11.1, podemos usar também a Equação 11.36:

$$P_T = \sqrt{3}(199{,}58)(2{,}4)\cos 35{,}68°$$
$$= 673{,}92 \text{ W}.$$

c) A potência média total dissipada na linha é

$$P_{\text{linha}} = 3(2{,}4)^2(0{,}8) = 13{,}824 \text{ W}.$$

d) A potência média dissipada internamente no gerador é

$$P_{\text{ger}} = 3(2{,}4)^2(0{,}2) = 3{,}456 \text{ W}.$$

e) A potência reativa total absorvida pela carga é

$$Q_T = \sqrt{3}(199{,}58)(2{,}4)\,\text{sen}\, 35{,}68°$$
$$= 483{,}84 \text{ VAR}.$$

f) A potência complexa total associada à fonte é

$$S_T = 3S_\phi = -3(120)(2,4)\,\underline{/36,87°}$$
$$= -691,20 - j518,40 \text{ VA}.$$

O sinal negativo indica que a potência média e a potência reativa estão sendo fornecidas ao circuito. Verificamos esse resultado calculando a potência média e a potência reativa absorvidas pelo circuito:

$$P = 673,92 + 13,824 + 3,456 = 691,20 \text{ W (confere)},$$

$$Q = 483,84 + 3(2,4)^2(1,5) + 3(2,4)^2(0,5) = 483,84 + 25,92 + 8,64 = 518,40 \text{ VAR(confere)}.$$

EXEMPLO 11.4 Cálculo da potência em um circuito trifásico Y-Δ.

a) Calcule a potência complexa total fornecida à carga ligada em Δ do Exemplo 11.2.

b) Qual percentagem da potência média disponível no início da linha é fornecida à carga?

Solução

a) Usando os valores da fase *a* da solução do Exemplo 11.2, obtemos

$$\mathbf{V}_\phi = \mathbf{V}_{AB} = 202,72\,\underline{/29,04°}\text{ V},$$
$$\mathbf{I}_\phi = \mathbf{I}_{AB} = 1,39\,\underline{/-6,87°}\text{ A}.$$

Usando as equações 11.52 e 11.53, temos

$$S_T = 3(202,72\,\underline{/29,04°})(1,39\,\underline{/6,87°})$$
$$= 682,56 + j494,21 \text{ VA}.$$

b) A potência média total disponível no início da linha de distribuição é igual à potência média fornecida à carga mais a potência média dissipada na linha; assim

$$P_{\text{início}} = 682,56 + 3(2,4)^2(0,3) = 687{,}74 \text{ W}.$$

A percentagem da potência média que chega à carga é 682,56/687,74, ou 99,25%. Aproximadamente 100% da potência média disponível no início da linha é fornecida à carga, pois a impedância da linha é muito pequena em comparação com a impedância da carga.

EXEMPLO 11.5 Cálculo da potência trifásica com uma carga de tipo não especificado.

Uma carga trifásica equilibrada requer 480 kW a um fator de potência atrasado de 0,8. A carga é alimentada por uma linha de impedância $0{,}005 + j0{,}025$ Ω/ϕ. A tensão de linha nos terminais da carga é 600 V.

a) Construa um circuito monofásico equivalente do sistema.

b) Calcule o módulo da corrente de linha.

c) Calcule o módulo da tensão de linha no início dela.

d) Calcule o fator de potência no início da linha.

Solução

a) A Figura 11.17 mostra o circuito monofásico equivalente. Selecionamos arbitrariamente a tensão fase-neutro na carga como referência.

b) A corrente de linha $\mathbf{I}_{aA}^*$ é dada por

$$\left(\frac{600}{\sqrt{3}}\right)\mathbf{I}_{aA}^* = (160 + j120)10^3,$$

ou

$$\mathbf{I}_{aA}^* = 577{,}35\ \underline{/36{,}87°}\ \text{A}.$$

Figura 11.17 Circuito monofásico equivalente para o Exemplo 11.5.

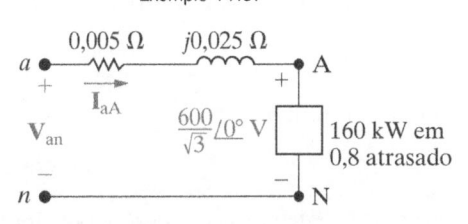

Portanto, $\mathbf{I}_{aA} = 577{,}35\ \underline{/-36{,}87°}$ A. O módulo da corrente de linha é o módulo de $\mathbf{I}_{aA}$:

$$I_L = 577{,}35\ \text{A}.$$

Obtemos uma solução alternativa para I_L pela expressão

$$P_T = \sqrt{3}\,V_L I_L \cos\theta_p$$

$$= \sqrt{3}(600)I_L(0{,}8)$$

$$= 480.000\ \text{W};$$

$$I_L = \frac{480.000}{\sqrt{3}(600)(0{,}8)}$$

$$= \frac{1.000}{\sqrt{3}}$$

$$= 577{,}35\ \text{A}.$$

c) Para calcular o módulo da tensão ela no início dela, em primeiro lugar calculamos $\mathbf{V}_{an}$. Pela Figura 11.17,

$$\mathbf{V}_{an} = \mathbf{V}_{AN} + Z_\ell \mathbf{I}_{aA}$$

$$= \frac{600}{\sqrt{3}} + (0{,}005 + j0{,}025)(577{,}35\ \underline{/-36{,}87°})$$

$$= 357{,}51\ \underline{/1{,}57°}\ \text{V}.$$

Assim,

$$V_L = \sqrt{3}|\mathbf{V}_{an}| = 619{,}23\ \text{V}.$$

d) O fator de potência no início da linha é o cosseno do ângulo entre $\mathbf{V}_{an}$ e $\mathbf{I}_{aA}$:

$$\text{fp} = \cos[1{,}57° - (-36{,}87°)] = \cos 38{,}44° = 0{,}783\ \text{atrasado}.$$

Um método alternativo para o cálculo do fator de potência é calcular, em primeiro lugar, a potência complexa no início da linha:

$$S_\phi = (160 + j120)10^3 + (577{,}35)^2(0{,}005 + j0{,}025)$$
$$= 161{,}67 + j128{,}33 \text{ kVA}$$
$$= 206{,}41\ \underline{/38{,}44°}\ \text{kVA}.$$

O fator de potência é

$$\text{fp} = \cos 38{,}44° = 0{,}783 \text{ atrasado}.$$

Por fim, se calcularmos a potência complexa total no início da linha, depois do cálculo do módulo da corrente de linha, podemos usar esse valor para calcular V_L. Isto é,

$$\sqrt{3}V_L I_L = 3(206{,}41) \times 10^3,$$
$$V_L = \frac{3(206{,}41) \times 10^3}{\sqrt{3}(577{,}35)},$$
$$= 619{,}23 \text{ V}.$$

PROBLEMAS PARA AVALIAÇÃO

Objetivo 3 Saber calcular a potência (média, reativa e complexa) em qualquer circuito trifásico.

11.8 A potência trifásica média nominal da unidade central de processamento (CPU) de um computador de grande porte é 22.659 W. A tensão nominal de linha do circuito que alimenta o computador é 208 V (ef). A corrente de linha é 73,8 A (ef). O computador absorve potência reativa.
a) Calcule a potência reativa total absorvida pela CPU.
b) Calcule o fator de potência.

Resposta: (a)13.909,50 VAR; (b) 0,852 atrasado.

11.9 A potência complexa associada a cada fase de uma carga equilibrada é 144 + j192 kVA. A tensão de linha nos terminais da carga é 2.450 V.
a) Qual é o módulo da corrente de linha que alimenta a carga?
b) A carga está ligada em Δ e a impedância de cada fase consiste em uma resistência em paralelo com uma reatância. Calcule R e X.
c) A carga está ligada em Y e a impedância de cada fase consiste em uma resistência em série com uma reatância. Calcule R e X.

Resposta: (a) 169,67 A; (b) $R = 41{,}68\ \Omega$, $X = 31{,}26\ \Omega$; (c) $R = 5\ \Omega$, $X = 6{,}67\ \Omega$.

NOTA: tente resolver também os problemas 11.25 e 11.27, apresentados no final deste capítulo.

11.6 Medição de potência média em circuitos trifásicos

O instrumento básico utilizado para medir potência em circuitos trifásicos é o wattímetro. Ele contém duas bobinas: a primeira, denominada **bobina de corrente**, é estacionária e projetada para conduzir uma corrente proporcional à corrente de carga. A segunda, denominada

bobina de potencial, é móvel e conduz uma corrente proporcional à tensão de carga. As características importantes do wattímetro são mostradas na Figura 11.18.

A deflexão do ponteiro ligado à bobina móvel é proporcional ao produto entre o valor eficaz da corrente na bobina de corrente, o valor eficaz da tensão nos terminais da bobina de potencial e o cosseno do ângulo de fase entre a tensão e a corrente. A direção de deflexão do ponteiro depende do sentido instantâneo da corrente na bobina de corrente e da polaridade da tensão aplicada à bobina de potencial. Assim, cada bobina tem um terminal com uma marca de polaridade — normalmente um sinal positivo (+) — porém, às vezes é utilizado o sinal (±), de dupla polaridade. O wattímetro deflete no sentido do crescimento da escala quando (1) o terminal marcado da bobina de corrente estiver do lado da fonte e (2) o terminal marcado da bobina de potencial estiver ligado à mesma linha em que a bobina de corrente foi inserida.

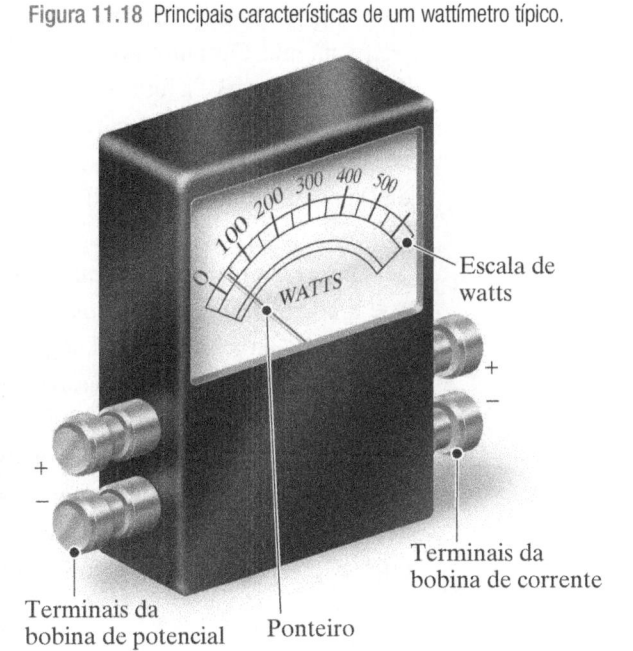

Figura 11.18 Principais características de um wattímetro típico.

O método de dois wattímetros

Pense em um circuito geral, no interior de uma caixa, alimentado por n condutores. Essa situação é mostrada na Figura 11.19.

Se desejarmos medir a potência total nos terminais do circuito, precisamos conhecer $n-1$ correntes e tensões. Isso porque, se escolhermos um dos terminais como referência, haverá somente $n-1$ tensões independentes. Da mesma maneira, somente $n-1$ correntes independentes podem existir nos n condutores que entram na caixa. Assim, a potência total é a soma de $n-1$ produtos; isto é, $p = v_1 i_1 + v_2 i_2 + \cdots + v_{n-1} i_{n-1}$.

Por essa observação geral, podemos ver que, para um circuito de três condutores, equilibrado ou não, precisamos de apenas dois wattímetros para medir a potência total. Para um circuito de quatro condutores, precisaremos de três wattímetros, se o circuito trifásico não for equilibrado, mas de apenas dois wattímetros, se ele for equilibrado, pois, nesse caso, não há nenhuma corrente no neutro. Assim, somente dois wattímetros são necessários para medir a potência média total em qualquer sistema trifásico equilibrado.

O método de dois wattímetros reduz-se a determinar o módulo e o sinal algébrico da potência média indicada por cada wattímetro. Podemos descrever o problema básico em relação ao circuito mostrado na Figura 11.20, em que os dois wattímetros são indicados pelos retângulos sombreados W_1 e W_2.

Figura 11.19 Circuito geral alimentado por n condutores.

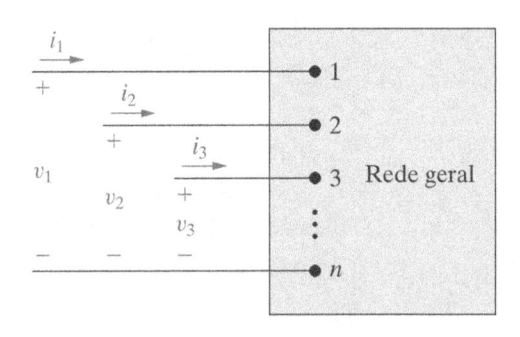

Figura 11.20 Circuito utilizado para analisar o método de dois wattímetros para medir a potência média fornecida a uma carga equilibrada.

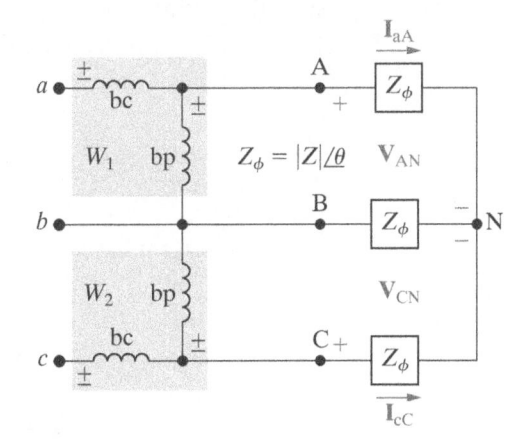

As notações *bc* e *bp* das bobinas representam bobina de corrente e bobina de potencial, respectivamente. Optamos por inserir as bobinas de corrente dos wattímetros nas linhas aA e cC. Assim, a linha bB é a linha de referência para as duas bobinas de potencial. A carga está ligada em Y e a impedância de carga por fase é designada $Z_\phi = |Z|\,\underline{/\theta}$. Essa é uma representação geral, porque qualquer carga ligada em Δ pode ser representada por seu circuito equivalente em Y; ademais, no caso equilibrado, o ângulo da impedância θ não é afetado pela transformação Δ-Y.

Escreveremos, agora, equações gerais para as leituras dos dois wattímetros. Admitamos que a corrente conduzida pela bobina de potencial seja desprezível em comparação com a corrente de linha medida pela bobina de corrente. Admitamos ainda que as cargas possam ser modeladas por elementos passivos, de modo que o ângulo de fase da impedância da carga (θ na Figura 11.20) fique entre −90° (capacitância pura) e +90° (indutância pura). Por fim, admitamos uma sequência de fases positiva.

Por nossa discussão introdutória acerca da deflexão do ponteiro do wattímetro, podemos ver que o wattímetro 1 responderá ao produto de $|\mathbf{V}_{AB}|$ por $|\mathbf{I}_{aA}|$ e pelo cosseno do ângulo entre $\mathbf{V}_{AB}$ e $\mathbf{I}_{aA}$. Chamando essa leitura de W_1, podemos escrever

$$W_1 = |\mathbf{V}_{AB}||\mathbf{I}_{aA}|\cos\theta_1$$

$$= V_L I_L \cos\theta_1. \tag{11.54}$$

Do mesmo modo, decorre que

$$W_2 = |\mathbf{V}_{CB}||\mathbf{I}_{cC}|\cos\theta_2$$

$$= V_L I_L \cos\theta_2. \tag{11.55}$$

Na Equação 11.54, θ_1 é o ângulo de fase entre $\mathbf{V}_{AB}$ e $\mathbf{I}_{aA}$; na Equação 11.55, θ_2 é o ângulo de fase entre $\mathbf{V}_{CB}$ e $\mathbf{I}_{cC}$.

Para calcular W_1 e W_2, expressamos θ_1 e θ_2 em termos do ângulo da impedância θ, que também é o ângulo de fase entre a tensão e a corrente de fase. Para uma sequência de fases positiva,

$$\theta_1 = \theta + 30° = \theta_\phi + 30°, \tag{11.56}$$

$$\theta_2 = \theta - 30° = \theta_\phi - 30°. \tag{11.57}$$

A dedução das equações 11.56 e 11.57 fica como exercício (veja o Problema 11.35, apresentado no final do capítulo). Quando substituímos as equações 11.56 e 11.57 nas equações 11.54 e 11.55, respectivamente, obtemos

$$W_1 = V_L I_L \cos(\theta_\phi + 30°), \tag{11.58}$$

$$W_2 = V_L I_L \cos(\theta_\phi - 30°). \tag{11.59}$$

Para determinar a potência total, somamos W_1 e W_2; assim,

$$P_T = W_1 + W_2 = 2V_L I_L \cos\theta_\phi \cos 30°$$

$$= \sqrt{3} V_L I_L \cos\theta_\phi, \tag{11.60}$$

que é a expressão para a potência média em um circuito trifásico. Portanto, confirmamos que a soma das leituras dos dois wattímetros resulta na potência média total.

Um exame mais detalhado das equações 11.58 e 11.59 revela o seguinte sobre os dois wattímetros:

1. Se o fator de potência for maior que 0,5, as leituras dos dois wattímetros serão positivas.
2. Se o fator de potência for igual a 0,5, a leitura de um dos wattímetros será igual a zero.
3. Se o fator de potência for menor que 0,5, a leitura de um dos wattímetros será negativa.
4. Inverter a sequência de fases causará a inversão das leituras dos dois wattímetros.

Essas observações são ilustradas no exemplo a seguir e nos problemas 11.41–11.52, apresentados no final do capítulo.

EXEMPLO 11.6 Cálculo de leituras de wattímetros em circuitos trifásicos.

Calcule a leitura de cada wattímetro no circuito da Figura 11.20, se a tensão de fase na carga for 120 V e (a) $Z_\phi = 8 + j6\ \Omega$; (b) $Z_\phi = 8 - j6\ \Omega$; (c) $Z_\phi = 5 + j5\sqrt{3}\ \Omega$ e (d) $Z_\phi = 10\ \underline{/-75°}\ \Omega$. (e) Verifique, para os itens (a)–(d), se a soma das leituras dos wattímetros é igual à potência média fornecida à carga.

Solução

a) $Z_\phi = 10\ \underline{/36,87°}\ \Omega$, $V_L = 120\sqrt{3}$ V e $I_L = 120/10 = 12$ A.

$W_1 = (120\sqrt{3})(12) \cos(36,87° + 30°) = 979,75$ W,

$W_2 = (120\sqrt{3})(12) \cos(36,87° - 30°) = 2.476,25$ W.

b) $Z_\phi = 10\ \underline{/-36,87°}\ \Omega$, $V_L = 120\sqrt{3}$ V e $I_L = 120/10 = 12$ A.

$W_1 = (120\sqrt{3})(12) \cos(-36,87° + 30°) = 2.476,25$ W,

$W_2 = (120\sqrt{3})(12) \cos(-36,87° - 30°) = 979,75$ W.

c) $Z_\phi = 5(1 + j\sqrt{3}) = 10\ \underline{/60°}\ \Omega$, $V_L = 120\sqrt{3}$ V e $I_L = 12$ A.

$W_1 = (120\sqrt{3})(12) \cos(60° + 30°) = 0$,

$W_2 = (120\sqrt{3})(12) \cos(60° - 30°) = 2.160$ W.

d) $Z_\phi = 10\ \underline{/-75°}\ \Omega$, $V_L = 120\sqrt{3}$ V e $I_L = 12$ A.

$W_1 = (120\sqrt{3})(12) \cos(-75° + 30°) = 1.763,63$ W,

$W_2 = (120\sqrt{3})(12) \cos(-75° - 30°) = -645,53$ W.

e) $P_T(a) = 3(12)^2(8) = 3.456$ W,

$W_1 + W_2 = 979,75 + 2.476,25 = 3.456$ W,

$P_T(b) = P_T(a) = 3.456$ W,

$W_1 + W_2 = 2476,25 + 979,75 = 3.456$ W,

$$P_T(c) = 3(12)^2(5) = 2.160 \text{ W},$$

$$W_1 + W_2 = 0 + 2.160 = 2.160 \text{ W},$$

$$P_T(d) = 3(12)^2(2,5882) = 1.118,10 \text{ W},$$

$$W_1 + W_2 = 1.763,63 - 645,53 = 1.118,10 \text{ W}.$$

NOTA: avalie sua compreensão do método de dois wattímetros tentando resolver os problemas 11.41 e 11.45, apresentados no final deste capítulo.

Perspectiva prática

Transmissão e distribuição de energia elétrica

No início deste capítulo, destacamos a obrigação que as concessionárias de energia elétrica têm de manter o valor eficaz da tensão fornecida a seus clientes. Embora o desvio aceitável em relação ao valor nominal possa variar de um país para outro, admitiremos, na presente discussão, uma tolerância aceitável de $\pm 5,8\%$. Portanto, uma tensão nominal de 120 V (ef) poderia variar entre 113 e 127 V. Destacamos também que capacitores colocados em posições estratégicas no sistema poderiam ser utilizados para manter os níveis de tensão.

Figura 11.21 Subestação urbana ligada a uma usina geradora por uma linha trifásica.

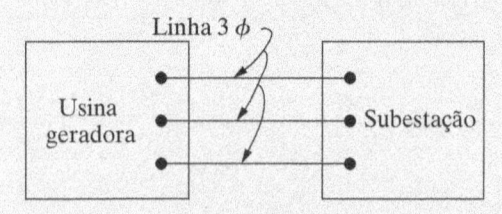

Figura 11.22 Circuito monofásico equivalente para o sistema na Figura 11.21.

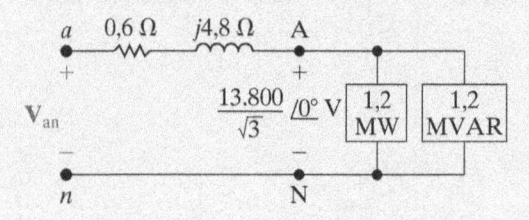

O circuito mostrado na Figura 11.21 representa uma subestação urbana de um sistema de distribuição. Admitiremos que o sistema seja equilibrado, que a tensão fase-fase na subestação seja 13,8 kV, que a impedância de fase da linha de distribuição seja $0,6 + j4,8\,\Omega$ e que a carga na subestação, às três horas da tarde de um dia quente e úmido de verão, seja 3,6 MW e 3,6 MVAR.

Usando a tensão fase-neutro na subestação como referência, o circuito monofásico equivalente para o sistema na Figura 11.21 é mostrado na Figura 11.22. A corrente de linha pode ser calculada pela expressão para a potência complexa na subestação. Assim,

$$\frac{13.800}{\sqrt{3}} \mathbf{I}_{aA}^* = (1,2 + j1,2)10^6.$$

Disso, decorre que

$$\mathbf{I}_{aA}^* = 150,61 + j150,61 \text{ A}$$

ou

$$\mathbf{I}_{aA} = 150,61 - j150,61 \text{ A}.$$

A tensão fase-neutro na usina geradora é

$$\mathbf{V}_{an} = \frac{13.800}{\sqrt{3}}\underline{/0°} + (0,6 + j4,8)(150,61 - j150,61)$$

$$= 8.780,74 + j632,58$$

$$= 8.803,50\underline{/4,12°} \text{ V}.$$

Assim, o módulo da tensão de linha na usina geradora é

$$|\mathbf{V}_{ab}| = \sqrt{3}(8.803,50) = 15.248,11 \text{ V}.$$

Estamos admitindo que a concessionária deva manter o nível de tensão entre ±5,8% do valor nominal. Isso significa que o módulo da tensão fase-fase na usina geradora não deve exceder 14,6 kV, nem ser menor do que 13 kV. Portanto, o módulo da tensão de linha calculado poderia causar problemas para os clientes.

Quando um banco de capacitores é ligado ao barramento da subestação para compensar a energia reativa fornecida à carga, a corrente de linha $\mathbf{I}_{aA}$ torna-se

$$\mathbf{I}_{aA} = 150{,}61 + j0 \text{ A}$$

Assim, a tensão na usina geradora necessária para manter uma tensão fase-fase de 13.800 V na subestação é

$$\mathbf{V}_{an} = \frac{13.800}{\sqrt{3}} \underline{/0°} + (0{,}6 + j4{,}8)(150{,}61 + j0)$$

$$= 8.057{,}80 + j722{,}94$$

$$= 8.090{,}17\underline{/5{,}13°} \text{ V}.$$

Daí,

$$|\mathbf{V}_{ab}| = \sqrt{3}(8090{,}17) = 14.012{,}58 \text{ V}.$$

Esse nível de tensão está dentro da faixa admissível de 13 kV a 14,6 kV.

NOTA: avalie sua compreensão dessa Perspectiva prática *tentando resolver os problemas 11.53(a)–(b) e 11.54, 11.57 e 11.58, apresentados no final deste capítulo.*

Resumo

- A primeira etapa ao analisar circuitos trifásicos equilibrados é transformar quaisquer ligações em Δ em ligações em Y, de modo que o circuito global tenha a configuração Y-Y. (Seção 11.3.)

- Um **circuito monofásico equivalente** é utilizado para calcular a corrente de linha e a tensão de fase em uma das fases do circuito Y-Y. Normalmente, a fase *a* é escolhida para essa finalidade. (Seção 11.3.)

- Uma vez conhecidas a corrente de linha e a tensão de fase no circuito equivalente da fase *a*, podemos determinar qualquer corrente ou tensão em um circuito trifásico equilibrado, com base nos seguintes fatos:

  - As correntes e tensões das fases *b* e *c* são idênticas à corrente e tensão da fase *a*, exceto por um deslocamento de fase de 120°. Em um circuito de sequência positiva, a grandeza da fase *b* está 120° atrasada em relação à grandeza da fase *a*, e a grandeza da fase *c* está 120° adiantada em relação à grandeza da fase *a*. No caso de um circuito de sequência negativa, as fases *b* e *c* são intercambiadas em relação à fase *a*.

- O conjunto das tensões de linha está ∓30° defasado em relação ao conjunto de tensões de fase. O sinal positivo ou negativo corresponde à sequência positiva e à sequência negativa, respectivamente.

- Em um circuito Y-Y, o módulo de uma tensão de linha é $\sqrt{3}$ vezes o módulo de uma tensão de fase.

- O conjunto de correntes de linha está ∓30° defasado em relação ao conjunto de correntes de fase em fontes e cargas ligadas em Δ. O sinal positivo ou negativo corresponde à sequência positiva e à sequência negativa, respectivamente.

- O módulo de uma corrente de linha é $\sqrt{3}$ vezes o módulo de uma corrente de fase em uma fonte ou carga ligada em Δ. (Seções 11.3 e 11.4.)
- As técnicas para calcular a potência média, a potência reativa e a potência complexa por fase são idênticas às apresentadas no Capítulo 10. (Seção 11.5.)
- As potências ativa, reativa e complexa totais podem ser determinadas multiplicando-se por 3 a quantidade correspondente por fase ou usando as expressões baseadas em correntes de linha e tensões de linha, como dadas pelas equações 11.36, 11.38 e 11.41. (Seção 11.5.)
- A potência instantânea total em um circuito trifásico equilibrado é constante e igual a 1,5 vez a potência média por fase. (Seção 11.5.)
- Um wattímetro mede a potência média fornecida a uma carga usando uma bobina de corrente ligada em série com a carga e uma bobina de potencial ligada em paralelo com a carga. (Seção 11.6.)
- A potência média total em um circuito trifásico equilibrado pode ser medida somando-se as leituras de dois wattímetros ligados em duas fases diferentes do circuito. (Seção 11.6.)

Problemas

Todos os fasores tensão nos problemas a seguir são expressos em termos do valor eficaz.

Seção 11.1

11.1 Qual é a sequência de fase de cada um dos seguintes conjuntos de tensões?

a) $v_a = 137 \cos(\omega t + 63°)$ V,
$v_b = 137 \cos(\omega t - 57°)$ V,
$v_c = 137 \cos(\omega t + 183°)$ V.

b) $v_a = 820 \cos(\omega t - 36°)$ V,
$v_b = 820 \cos(\omega t + 84°)$ V,
$v_c = 820 \sen(\omega t - 66°)$ V.

11.2 Para cada conjunto de tensões, verifique se elas formam ou não um conjunto trifásico equilibrado. Se o conjunto for equilibrado, informe se a sequência de fases é positiva ou negativa. Se ele não for equilibrado, explique por quê.

a) $v_a = 48 \cos(314t - 45°)$ V,
$v_b = 48 \cos(314t - 165°)$ V,
$v_c = 48 \cos(314t + 75°)$ V.

b) $v_a = 188 \cos(250t + 60°)$ V,
$v_b = -188 \cos 250t$ V,
$v_c = 188 \cos(250t - 60°)$ V.

c) $v_a = 426 \cos 100t$ V,
$v_b = 426 \cos(100t + 120°)$ V,
$v_c = 426 \cos(100t - 120°)$ V.

d) $v_a = 1.121 \cos(2.000t - 20°)$ V,
$v_b = 1.121 \sen(2.000t - 50°)$ V,
$v_c = 1.121 \cos(2.000t + 100°)$ V.

e) $v_a = 540 \sen 630t$ V,
$v_b = 540 \cos(630t - 120°)$ V,
$v_c = 540 \cos(630t + 120°)$ V.

f) $v_a = 144 \cos(800t + 80°)$ V,
$v_b = 144 \sen(800t - 70°)$ V,
$v_c = 144 \sen(800t + 50°)$ V.

11.3 Verifique se a Equação 11.3 é válida para a Equação 11.1 ou para a Equação 11.2.

Seção 11.2

11.4 Considere o circuito da Figura 11.5(b). Admita que não haja ligações externas aos terminais a,b,c. Admita ainda que os três enrolamentos sejam de um gerador trifásico cujas tensões são aquelas descritas no Problema 11.2(b). Determine a corrente que circula no gerador ligado em Δ.

11.5 Repita o Problema 11.4, mas assuma que as tensões trifásicas são as descritas no Problema 11.2(c).

Seção 11.3

11.6 a) O circuito na Figura P11.6 é ou não um sistema trifásico equilibrado? Explique.
  b) Determine I_o.

Figura P11.6

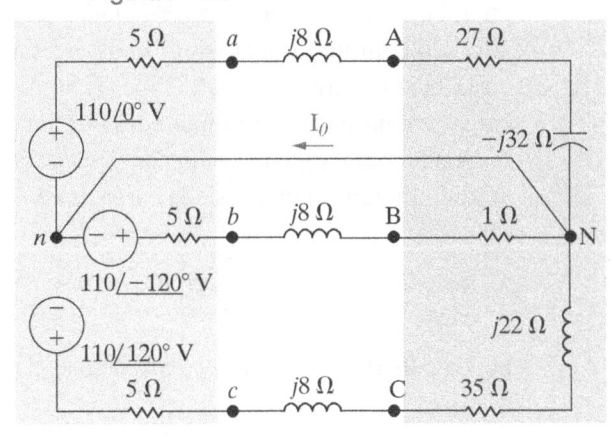

11.7 a) Determine I_o no circuito da Figura P11.7.
  b) Determine V_{AN}.
  c) Determine V_{AB}.
  d) O circuito é ou não um sistema trifásico equilibrado?

Figura P11.7

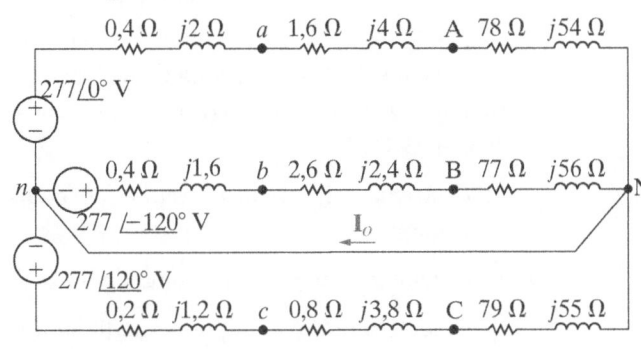

11.8 Determine o valor eficaz de I_o no circuito trifásico não equilibrado da Figura P11.8.

Figura P11.8

11.9 As expressões, no domínio do tempo, para as três tensões fase-neutro nos terminais de uma carga ligada em Y são

$$v_{AN} = 288 \cos(\omega t - 45°) \text{ V},$$
$$v_{BN} = 288 \cos(\omega t - 165°) \text{ V},$$
$$v_{CN} = 288 \cos(\omega t + 75°) \text{ V}.$$

Quais são as expressões no domínio do tempo para as três tensões fase-fase v_{AB}, v_{BC} e v_{CA}?

11.10 Um circuito trifásico equilibrado tem as seguintes características:

- Está ligado em Y-Y;
- A tensão de linha na fonte, V_{ab}, é $110\sqrt{3} \angle -60°$ V;
- A sequência de fases é positiva;
- A impedância de linha é $3 + j2$ Ω/ϕ;
- A impedância de carga é $37 + j28$ Ω/ϕ.

a) Desenhe o circuito monofásico equivalente para a fase a.
b) Calcule a corrente de linha na fase a.
c) Calcule a tensão de linha na carga na fase a.

11.11 O módulo da tensão de linha nos terminais de uma carga equilibrada, ligada em Y, é 6.600 V. A impedância de carga é $240 - j70$ Ω/ϕ. A carga é alimentada por uma linha cuja impedância é $0,5 + j4$ Ω/ϕ.

a) Qual é o módulo da corrente de linha?
b) Qual é o módulo da tensão de linha na fonte?

11.12 O módulo da tensão de fase de uma fonte trifásica ideal, equilibrada, ligada em Y, é 125 V. A fonte está ligada a uma carga equilibrada, ligada em Y, por uma linha de distribuição que tem uma impedância de $0,1 + j0,8$ Ω/ϕ. A impedância de carga é $19,9 + j14,2$ Ω/ϕ. A sequência de fases da fonte é acb. Use a tensão da fase a da fonte como referência. Calcule o módulo e o ângulo de fase das seguintes grandezas: (a) as três correntes de linha, (b) as três tensões de linha na fonte, (c) as três tensões de fase na carga e (d) as três tensões de linha na carga.

Seção 11.4

11.13 Uma carga equilibrada, ligada em Δ, tem uma impedância de $216 + j288\ \Omega/\phi$. A carga é alimentada por uma linha cuja impedância é $3 + j5\ \Omega/\phi$. A tensão de fase nos terminais da carga é 7,2 kV. A sequência de fases é negativa. Use $\mathbf{V}_{AB}$ como referência.

  a) Calcule as três correntes de fase da carga.

  b) Calcule as três correntes de linha.

  c) Calcule as três tensões de linha no início da linha.

11.14 Um circuito trifásico equilibrado é caracterizado da seguinte forma:

  - Está ligado em Y-Δ;
  - A tensão da fase b da fonte b é $150\underline{/135°}$ V;
  - A sequência de fases da fonte é acb;
  - A impedância de linha é $2 + j3\ \Omega/\phi$;
  - A impedância de carga é $129 + j171\ \Omega/\phi$.

  a) Desenhe o equivalente monofásico para a fase a.

  b) Calcule a corrente de linha na fase a.

  c) Calcule a tensão de linha da fase a da carga trifásica.

11.15 Uma fonte trifásica equilibrada, ligada em Y, com sequência acb, fornece energia a uma carga trifásica, equilibrada, ligada em Δ, cuja impedância é $12 + j9\ \Omega/\phi$. A tensão da fonte na fase b é $240\underline{/-50°}$ V. A impedância de linha é $1 + j1\ \Omega/\phi$. Desenhe o circuito monofásico equivalente, para a fase a, e use-o para determinar a corrente na fase a da carga.

11.16 Em um sistema trifásico equilibrado, a fonte é equilibrada, ligada em Y, com uma sequência de fases abc e uma tensão de linha $\mathbf{V}_{ab} = 208\underline{/50°}$ V. A carga é ligada em Y, equilibrada, em paralelo com uma carga em Δ, equilibrada. A impedância de fase da carga em Y é $4 + j3\ \Omega/\phi$ e a impedância de fase da carga em Δ é $3 - j9\ \Omega/\phi$. A impedância de linha é $1,4 + j0,8\ \Omega/\phi$. Desenhe o circuito monofásico equivalente e use-o para calcular a tensão de linha na carga.

11.17 Uma carga equilibrada, ligada em Y, tem uma impedância de $60 - j45\ \Omega/\phi$ e está ligada em paralelo com uma carga equilibrada, ligada em Δ, cuja impedância é $90\sqrt{2}\underline{/45°}\ \Omega/\phi$. As cargas em paralelo são alimentadas por uma linha com uma impedância de $2 + j2\ \Omega/\phi$. O módulo da tensão fase-fase da carga em Δ é $300\sqrt{3}$ V.

  a) Calcule o módulo da corrente de fase na carga ligada em Y.

  b) Calcule o módulo da corrente de fase na carga ligada em Δ.

  c) Calcule o módulo da corrente na linha que alimenta as cargas.

  d) Calcule o módulo da tensão de linha no início dela.

11.18 Um gerador trifásico ligado em Δ tem uma impedância interna de $9 + j90\ m\Omega/\phi$. Quando o gerador opera a vazio, o módulo de sua tensão terminal é 13.800 V. O gerador alimenta uma carga ligada em Δ por meio de uma linha de transmissão com uma impedância de $20 + j180\ m\Omega/\phi$. A impedância de carga por fase é $7,056 + j3,417\ \Omega$.

  a) Construa um circuito monofásico equivalente.

  b) Calcule o módulo da corrente de linha.

  c) Calcule o módulo da tensão de linha nos terminais da carga.

  d) Calcule o módulo da tensão de linha nos terminais da fonte.

  e) Calcule o módulo da corrente de fase na carga.

  f) Calcule o módulo da corrente de fase na fonte.

11.19 A impedância Z no circuito trifásico equilibrado da Figura P11.19 é $100 - j75\ \Omega$.

Determine

a) I_{AB}, I_{BC} e I_{CA},

b) I_{aA}, I_{bB} e I_{cC},

c) I_{ba}, I_{cb} e I_{ac}.

Figura P11.19

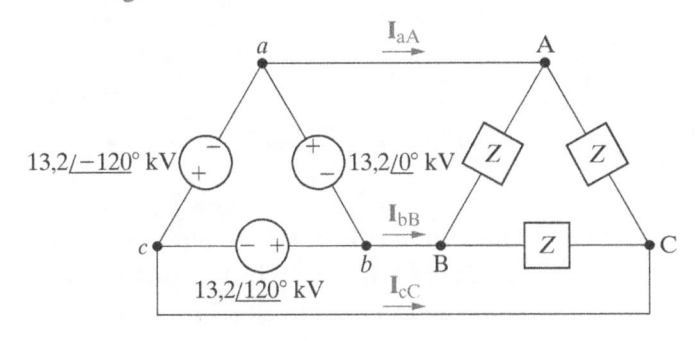

11.20 Para o circuito mostrado na Figura P11.20, determine

a) as correntes de fase I_{AB}, I_{BC} e I_{CA},

b) as correntes de linha I_{aA}, I_{bB} e I_{cC}, quando $Z_1 = 2,4 - j0,7\ \Omega; Z_2 = 8 + j6\ \Omega;$ e $Z_3 = 20 + j0\ \Omega$.

Figura P11.20

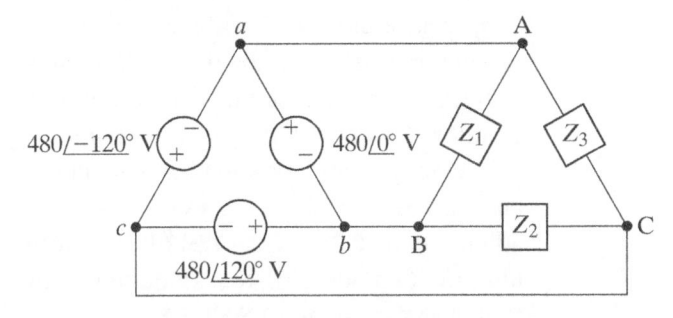

11.21 A Figura P11.21 mostra uma fonte trifásica, equilibrada, ligada em Δ.

a) Determine o circuito equivalente ligado em Y.

b) Mostre que o circuito equivalente ligado em Y fornece a mesma tensão de circuito aberto da fonte original ligada em Δ.

c) Aplique um curto-circuito externo aos terminais A, B e C. Use a fonte ligada em Δ para determinar as três correntes de linha I_{aA}, I_{bB} e I_{cC}.

d) Repita (c), mas use a fonte equivalente em Y para determinar as três correntes de linha.

Figura P11.21

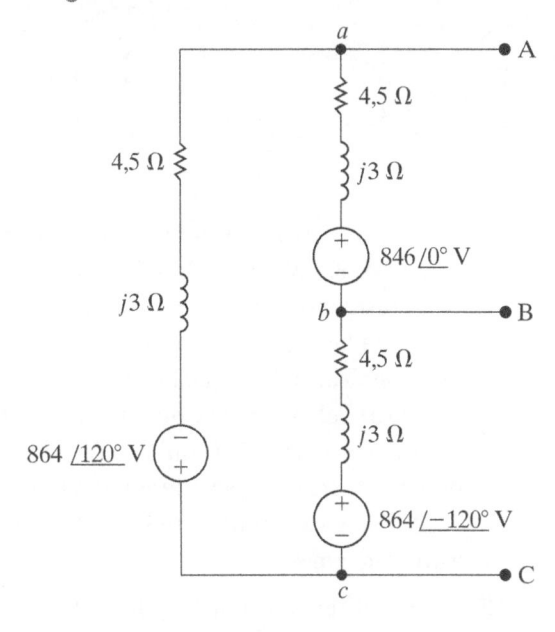

11.22 A fonte ligada em Δ do Problema 11.21 é ligada a uma carga em Y, por meio de uma linha de distribuição trifásica equilibrada. A impedância de carga é $1.192 + j1.584\ \Omega/\phi$, e a impedância de linha é $6,5 + j15\ \Omega/\phi$.

a) Construa um circuito monofásico equivalente do sistema.

b) Determine o módulo da tensão de linha nos terminais da carga.

c) Determine o módulo da corrente de fase na fonte em Δ.

d) Determine o módulo da tensão de linha nos terminais da fonte.

Seção 11.5

11.23 a) Determine o valor eficaz e o ângulo de fase de I_{CA} no circuito da Figura P11.23.

b) Qual percentagem da potência média fornecida pela fonte trifásica é dissipada na carga trifásica?

Figura P11.23

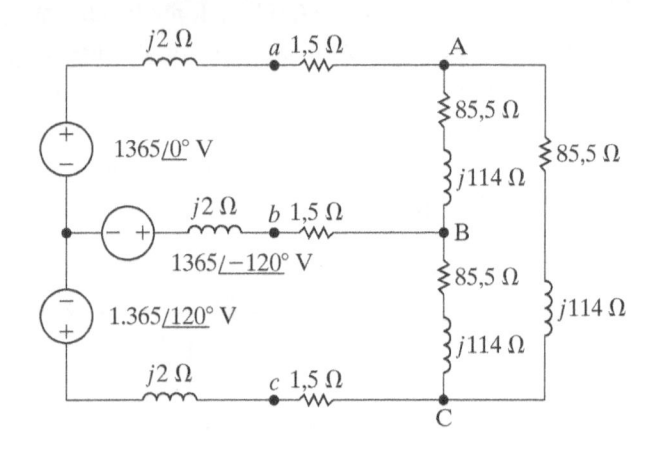

Figura P11.26

11.24 Uma fonte trifásica equilibrada está fornecendo 60 kVA, com um fator de potência atrasado de 0,6, a duas cargas paralelas equilibradas ligadas em Y. A impedância da linha de distribuição que liga a fonte à carga é desprezível. A carga 1 é puramente resistiva e absorve 30 kW. Determine a impedância por fase da carga 2, se a tensão de linha for $120\sqrt{3}$ V e os componentes da impedância estiverem em série.

11.25 Em um sistema trifásico equilibrado, a fonte tem uma sequência abc, é ligada em Y e $V_{an} = 120\angle 20°$ V. A fonte alimenta duas cargas, ambas ligadas em Y. A impedância da carga 1 é $8 + j6$ Ω/ϕ. A potência complexa para a fase a da carga 2 é $600\angle 36°$ VA. Determine a potência complexa total fornecida pela fonte.

11.26 A tensão fase-neutro nos terminais da carga trifásica equilibrada da Figura P11.26 é 1.600 V. A carga está absorvendo 480 kVA com um fp atrasado de 0,8.

a) Use V_{AN} como referência e expresse I_{na} na forma polar.

b) Calcule a potência complexa associada à fonte trifásica ideal.

c) Verifique se a potência média total fornecida é igual à potência média total absorvida.

d) Verifique se a potência reativa total fornecida é igual à potência reativa total absorvida.

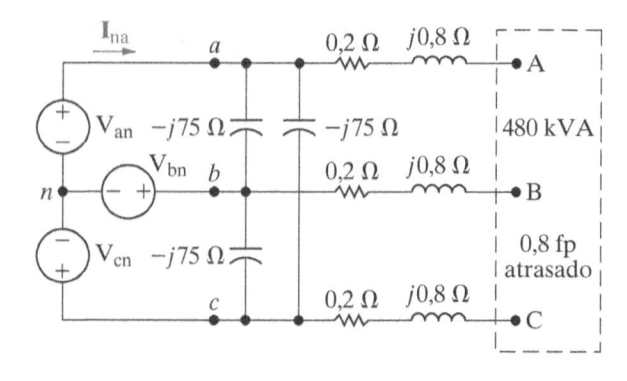

11.27 Uma fonte trifásica de sequência positiva ligada em Y fornece 14 kVA, com um fator de potência atrasado de 0,75, a uma combinação em paralelo de uma carga ligada em Y e uma carga ligada em Δ. A carga ligada em Y absorve 9 kVA, com um fator de potência atrasado de 0,6, e conduz uma corrente na fase a de $10\angle -30°$ A.

a) Determine a potência complexa por fase da carga ligada em Δ.

b) Determine o módulo da tensão de linha.

11.28 Uma linha de distribuição trifásica equilibrada tem uma impedância de $5 + j10$ Ω/ϕ. Essa linha é utilizada para alimentar três cargas trifásicas equilibradas que estão ligadas em paralelo. As três cargas são $L_1 = 180$ kVA, com um fp atrasado de 0,866; $L_2 = 150$ kVA, com um fp adiantado de 0,28; e $L_3 = 72,12$ kW, com fp unitário. O módulo da tensão de linha nos terminais das cargas é $1.800\sqrt{3}$ V.

a) Qual é o módulo da tensão de linha no início dela?

b) Qual é a eficiência percentual da linha de distribuição em relação à potência média?

11.29 As três ferramentas descritas a seguir fazem parte da oficina de uma universidade. Cada ferramenta é uma carga trifásica equilibrada com tensão nominal de 220 V (ef). Calcule (a) o módulo da corrente de linha que alimenta essas três ferramentas e (b) o fator de potência da carga combinada.

- Furadeira de mesa: 10,2 kVA, com um fp atrasado de 0,87.

- Torno mecânico: 4,2 kW, com um fp atrasado de 0,91.
- Serra de fita: corrente de linha de 36,8 A (ef), 7,25 kVAR

11.30 Calcule a potência complexa em cada fase da carga não equilibrada do Problema 11.20.

11.31 Mostre que a potência instantânea total em um circuito trifásico equilibrado é constante e igual a $1,5 V_m I_m \cos \theta_\phi$, em que V_m e I_m representam as máximas amplitudes da tensão de fase e corrente de fase, respectivamente.

11.32 A potência aparente total de um sistema trifásico equilibrado, ligado em Δ-Y, é 4.800 VA. A tensão de linha é 240 V. Se a impedância de linha for desprezível e o ângulo do fator de potência da carga for −50°, determine a impedância da carga.

11.33 Uma carga trifásica equilibrada absorve 150 kVA, com um fator de potência adiantado de 0,96, quando a tensão de linha nos terminais da carga é 600 V. Determine quatro circuitos equivalentes que podem ser utilizados para modelar essa carga.

11.34 Um motor de indução trifásico de 100 hp, disponível no comércio, funciona com uma eficiência de 97% e um fator de potência atrasado de 0,88 funcionando a plena carga. O motor é alimentado por uma rede trifásica cuja tensão de linha nominal é 208 V.

a) Qual é o módulo da corrente de linha fornecida pela rede? (1 hp = 746 W.)

b) Calcule a potência reativa fornecida ao motor.

11.35 Uma linha trifásica tem uma impedância de $0,1 + j0,8$ Ω/ϕ. A linha alimenta duas cargas trifásicas equilibradas ligadas em paralelo. A primeira carga está absorvendo um total de 630 kW e de 840 kVAR. A segunda carga está ligada em Y e tem uma impedância de $15,36 − j4,48$ Ω/ϕ. A tensão fase-neutro na carga é 4.000 V. Qual é o módulo da tensão de linha no início dela?

11.36 Três cargas trifásicas equilibradas estão ligadas em paralelo. A carga 1 está ligada em Y e tem uma impedância de $400 + j300$ Ω/ϕ; a carga 2 está ligada em Δ e tem uma impedância de $2.400 − j1.800$ Ω/ϕ; e a carga 3 absorve $172,8 + j2.203,2$ kVA. As cargas são alimentadas por uma linha de distribuição com uma impedância de $2 + j16$ Ω/ϕ. O módulo da tensão fase-neutro na carga é $24\sqrt{3}$ kV.

a) Calcule a potência complexa total no início da linha.

b) Qual percentagem da potência média, disponível no início da linha, é fornecida às cargas?

11.37 A fonte trifásica equilibrada de sequência positiva na Figura P11.37 fornece 41,6 kVA, com um fator de potência atrasado de 0,707. A tensão de linha na fonte é 240 V.

a) Determine o módulo da tensão de linha na carga.

b) Determine a potência complexa total nos terminais da carga.

Figura P11.37

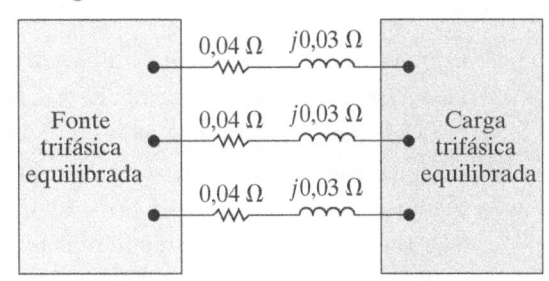

11.38 Uma fonte trifásica equilibrada está fornecendo 540 kVA, com um fp atrasado de 0,96, a duas cargas paralelas equilibradas ligadas em Δ. A impedância da linha de distribuição que liga a fonte à carga é desprezível. A potência associada à carga 1 é $38,4 − j208,8$ kVA.

a) Determine os tipos de componente e suas impedâncias por fase da carga 2, se a tensão de linha for $1.600\sqrt{3}$ V e os componentes da impedância estiverem em série.

b) Repita (a) com os componentes da impedância em paralelo.

11.39 A potência total fornecida a uma carga trifásica equilibrada, quando submetida a uma tensão de linha de $2.500\sqrt{3}$ V, é 900 kW, com um fator de potência atrasado de 0,6. A impedância da linha de distribuição que alimenta a carga é de

$1 + j3$ Ω/ϕ. Sob tais condições de funcionamento, a queda do módulo da tensão de linha entre o início e o final da linha é excessiva. Para compensar, um banco de capacitores, ligados em Y, é inserido em paralelo com a carga. O banco de capacitores é projetado para fornecer 1.125 kVAR de potência reativa, quando alimentado por uma tensão de linha de $2.500\sqrt{3}$ V.

a) Qual será a magnitude da tensão no início da linha quando a tensão de linha nos terminais da carga for $2.500\sqrt{3}$ V e o banco de capacitores estiver desligado?

b) Repita (a), com o banco de capacitores ligado.

c) Qual é a eficiência percentual da linha em relação à potência média em (a)?

d) Qual é a eficiência em (b)?

e) Se o sistema estiver operando com uma frequência de 60 Hz, qual será o valor de cada capacitor em microfarads?

11.40 Um banco de capacitores equilibrados em Δ está ligado em paralelo com a carga descrita no Problema para avaliação 11.9. Isso é equivalente a colocar um capacitor em paralelo com a carga em cada fase. Assim, a tensão de linha nos terminais da carga permanece em 2.450 V. O circuito opera com a frequência de 60 Hz. Os capacitores são ajustados de modo que o módulo da corrente de linha, que alimenta a combinação em paralelo da carga com o banco de capacitores, esteja em seu mínimo.

a) Qual é o valor de cada capacitor em microfarads?

b) Repita (a) para capacitores ligados em Y.

c) Qual é o módulo da corrente de linha?

Seção 11.6

11.41 O método de dois wattímetros é utilizado para medir a potência absorvida pela carga no Exemplo 11.1. Calcule a leitura de cada wattímetro.

11.42 As leituras dos wattímetros no circuito da Figura 11.20 são as seguintes: $W_1 = 40.823,09$ W e $W_2 = 103.176,91$ W. O módulo da tensão de linha é $2.400\sqrt{3}$ V. A sequência de fases é positiva. Determine Z_ϕ.

11.43 No circuito trifásico equilibrado da Figura P11.43, a bobina de corrente do wattímetro está ligada à linha aA e a bobina de potencial do wattímetro está ligada às linhas b e c. Mostre que a leitura do wattímetro multiplicada por $\sqrt{3}$ é igual à potência reativa total associada à carga. A sequência de fases é positiva.

Figura P11.43

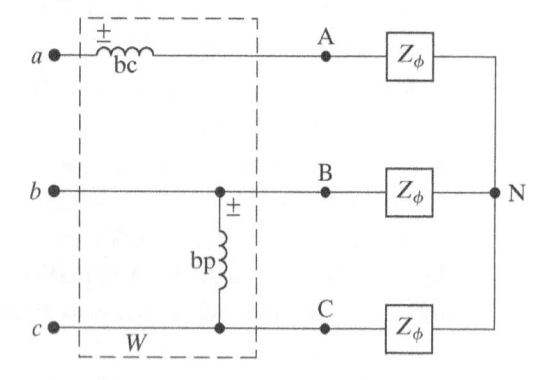

11.44 A tensão fase-neutro no circuito da Figura P11.43 é 680 V, a sequência de fases é positiva e a impedância de carga é $16 - j12$ Ω/ϕ.

a) Determine a leitura do wattímetro.

b) Determine a potência reativa total associada à carga.

11.45 Os dois wattímetros na Figura 11.20 podem ser utilizados para calcular a potência reativa total da carga.

a) Prove essa afirmação, mostrando que $\sqrt{3}(W_2 - W_1) = \sqrt{3}V_L I_L \operatorname{sen} \theta_\phi$.

b) Calcule a potência reativa total usando as leituras dos wattímetros para cada uma das cargas no Exemplo 11.6. Verifique seus cálculos, definindo a potência reativa total diretamente da tensão e impedância dadas.

11.46 Deduza as equações 11.56 e 11.57.

11.47 a) Calcule a potência complexa associada a cada fase da carga equilibrada no Problema 11.19.

b) Se o método de dois wattímetros for utilizado para medir a potência média fornecida à carga, especifique a leitura de cada medidor.

11.48 O método de dois wattímetros é utilizado para medir a potência fornecida à carga não equilibrada no Problema 11.20. A bobina de corrente do wattímetro 1 é colocada na linha aA e a do wattímetro 2 é colocada na linha bB.

a) Determine a leitura do wattímetro 1.

b) Determine a leitura do wattímetro 2.

c) Mostre que a soma das leituras dos dois wattímetros é igual à potência total fornecida à carga não equilibrada.

11.49 A carga trifásica equilibrada mostrada na Figura P11.49 é alimentada por uma fonte trifásica, equilibrada, de sequência positiva e ligada em Y. A impedância da linha que liga a fonte à carga é desprezível. A tensão fase-neutro da fonte é 7.200 V.

a) Determine a leitura do wattímetro em watts.

b) Explique como conectar um segundo wattímetro ao circuito de modo que os dois wattímetros meçam a potência total.

c) Determine a leitura do segundo wattímetro.

d) Verifique se a soma das leituras dos dois wattímetros é igual à potência média total fornecida à carga.

Figura P11.49

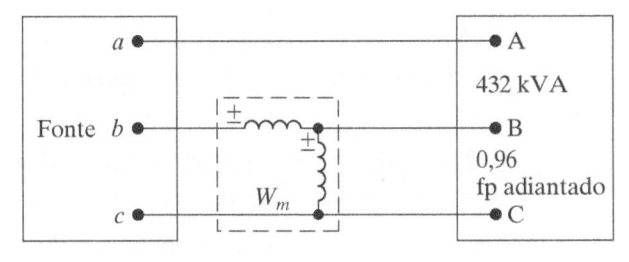

11.50 a) Determine a leitura de cada wattímetro no circuito da Figura P11.50. O valor de Z_ϕ é $40 \underline{/-30°} \, \Omega$.

b) Verifique se a soma das leituras dos wattímetros é igual à potência média total fornecida à carga ligada em Δ.

Figura P11.50

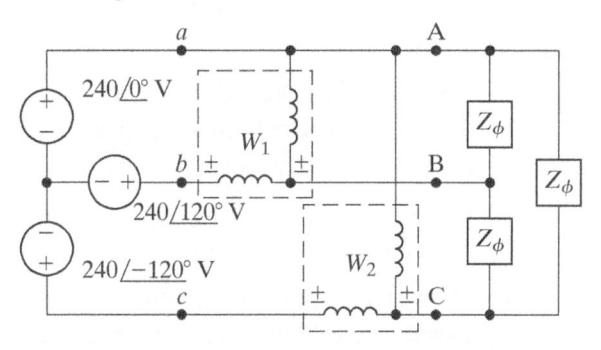

11.51 a) Determine a leitura de cada wattímetro no circuito da Figura P11.51, quando $Z = 13{,}44 + j46{,}08 \, \Omega$.

b) Verifique se a soma das leituras dos dois wattímetros é igual à potência total fornecida à carga.

c) Verifique se $\sqrt{3}(W_1 - W_2)$ é igual à potência reativa total fornecida à carga.

Figura P11.51

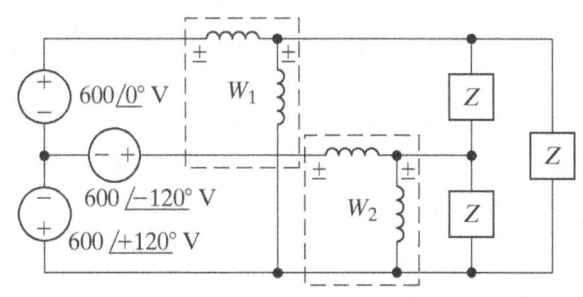

11.52 a) Determine a leitura de cada wattímetro no circuito mostrado na Figura P11.52, se $Z_A = 20 \underline{/30°} \, \Omega$, $Z_B = 60 \underline{/0°} \, \Omega$ e $Z_C = 40 \underline{/-30°} \, \Omega$.

b) Mostre que a soma das leituras dos wattímetros é igual à potência média total fornecida à carga trifásica não equilibrada.

Figura P11.52

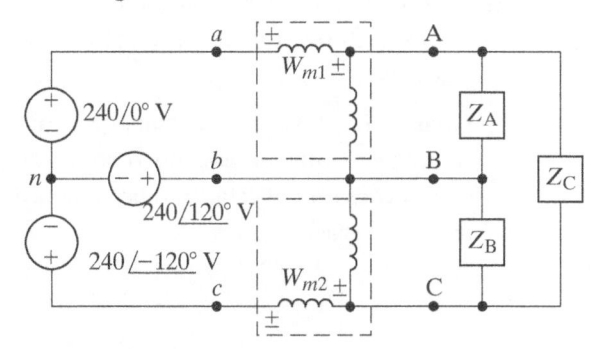

Seções 11.1–11.6

11.53 Consulte o exemplo da *Perspectiva prática* e:
Perspectiva Prática
a) Construa o triângulo de potências para a carga da subestação, antes da ligação dos capacitores ao barramento.

b) Repita (a), após a ligação dos capacitores ao barramento.

c) Usando a tensão fase-neutro na subestação como referência, construa um diagrama fasorial que retrate a relação entre V_{AN} e V_{an}, antes da adição dos capacitores.

d) Admita uma sequência de fases positiva e construa um diagrama fasorial que retratre a relação entre V_{AB} e V_{ab}.

11.54 Consulte o exemplo da *Perspectiva prática*.
Perspectiva Prática Admita que a frequência seja 60 Hz.

a) Qual o valor de cada capacitor (em μF), se eles estiverem ligados em Δ?

b) Qual o valor de cada capacitor (em μF), se eles estiverem ligados em Y?

11.55 Escolha um capacitor do Apêndice H que esteja mais próximo do valor, em μF, do capacitor ligado em Y do Problema 11.54(b).

a) Qual será potência reativa que um banco de capacitores fornecerá usando esse novo valor?

b) Qual tensão fase-fase, na usina geradora, será exigida, quando esse novo banco de capacitores for conectado ao barramento da subestação?

11.56 Escolha um capacitor do Apêndice H que esteja mais próximo do valor, em μF, do capacitor ligado em Δ do Problema 11.54(a).

a) Qual será potência reativa que um banco de capacitores fornecerá usando esse novo valor?

b) Qual tensão fase-fase na usina geradora será exigida quando esse novo banco de capacitores for conectado ao barramento da subestação?

11.57 No exemplo da *Perspectiva prática*, o que
Perspectiva Prática acontecerá na tensão do gerador, se a tensão na subestação for mantida em 13,8 kV, a carga da subestação for reduzida a zero e o banco de capacitores permanecer ligado?

11.58 No exemplo da *Perspectiva prática*, calcule a
Perspectiva Prática perda total na linha, em kW, antes e depois da ligação dos capacitores ao barramento da subestação.

11.59 Admita que a carga no barramento da subes-
Perspectiva Prática tação, no exemplo da *Perspectiva prática*, caia para 180 kW e 480 kVAR. Admita também que os capacitores permaneçam ligados à subestação.

a) Qual é o módulo da tensão fase-fase na usina geradora necessário para manter a tensão fase-fase de 13,8 kV na subestação?

b) Esse nível de tensão causará problemas para outros clientes?

11.60 No Problema 11.59, admita que, quando a
Perspectiva Prática carga é reduzida para 180 kW e 480 kVAR, o banco de capacitores seja desativado. Admita também que a tensão fase-fase na subestação seja mantida em 13,8 kV.

a) Qual é o módulo da tensão fase-fase na usina geradora?

b) O nível de tensão determinado em (a) está dentro da faixa de variação aceitável?

c) Qual é a perda total na linha, em kW, quando os capacitores permanecem ligados após a carga ser reduzida a $180 + j480$ kVA?

d) Qual é a perda total na linha em kW quando os capacitores são retirados após a carga ser reduzida a $180 + j480$ kVA?

e) Com base em seus cálculos, você recomendaria desligar os capacitores depois de a carga ser reduzida a $180 + j480$ kVA? Explique.

Capítulo 12

Introdução à transformada de Laplace

SUMÁRIO DO CAPÍTULO

12.1 Definição da transformada de Laplace
12.2 A função degrau
12.3 A função impulso
12.4 Transformadas funcionais
12.5 Transformadas operacionais
12.6 Uma aplicação da transformada de Laplace
12.7 Transformadas inversas
12.8 Polos e zeros de $F(s)$
12.9 Teoremas do valor inicial e do valor final

OBJETIVOS DO CAPÍTULO

1. Saber calcular a transformada de Laplace de uma função usando sua definição, a tabela de transformadas de Laplace e/ou uma tabela de transformadas operacionais.
2. Saber calcular a transformada inversa de Laplace usando a expansão por frações parciais e a tabela de transformadas de Laplace.
3. Entender e saber como usar o teorema do valor inicial e o teorema do valor final.

Apresentaremos agora uma técnica analítica poderosa amplamente usada para estudar o comportamento de circuitos lineares de parâmetros concentrados. O método é baseado na transformada de Laplace, cuja definição matemática é dada na Seção 12.1. Antes disso, precisamos explicar por que é necessária outra técnica analítica. Em primeiro lugar, queremos analisar o comportamento transitório de circuitos descritos por mais do que uma única equação diferencial de tensões de nó ou correntes de malha. Em outras palavras, queremos examinar circuitos com múltiplos nós e circuitos com múltiplas malhas que sejam descritos por sistemas de equações diferenciais lineares.

Em segundo lugar, queremos determinar a resposta transitória de circuitos com fontes de sinal cuja variação seja mais complexa do que os simples saltos vistos nos capítulos 7 e 8. Em terceiro lugar, podemos usar a transformada de Laplace para apresentar o conceito da função de transferência como uma ferramenta para analisar a resposta senoidal de regime permanente de um circuito, quando a frequência da fonte senoidal varia. Discutiremos a função de transferência no Capítulo 13. Por fim, queremos relacionar, de modo sistemático, o comportamento de um circuito no domínio do tempo com seu comportamento no domínio da frequência. Usar a transformada de Laplace permitirá um entendimento mais amplo das funções desempenhadas pelos circuitos.

Neste capítulo, introduzimos a transformada de Laplace, discutimos suas características pertinentes e apresentamos um método sistemático para passar do domínio da frequência para o domínio do tempo.

Perspectiva prática

Efeitos transitórios

Como vimos no Capítulo 9, a potência fornecida por tomadas elétricas nos Estados Unidos pode ser modelada como uma fonte de tensão senoidal ou uma de corrente senoidal, cuja frequência é de 60 Hz. Os conceitos de fasor introduzidos no Capítulo 9 possibilitaram nossa análise da resposta de regime permanente de um circuito a uma fonte senoidal.

Normalmente, é importante prestar atenção à resposta completa de um circuito a uma fonte senoidal. Lembre-se de que a resposta completa tem duas partes: a resposta de regime permanente, que tem a mesma forma da entrada para o circuito, e a resposta transitória, que cai a zero ao longo do tempo. Quando a fonte de um circuito é modelada como uma fonte senoidal de 60 Hz, a resposta de regime permanente também é uma senoide de 60 Hz, e sua amplitude e ângulo de fase podem ser calculados usando-se análise fasorial de circuito. A resposta transitória depende dos componentes que formam o circuito, dos valores desses componentes e da forma como eles estão interligados. A tensão e a corrente de cada componente no circuito é a soma de uma parte transitória e uma parte de regime permanente, quando a fonte é chaveada no circuito.

Embora a parte transitória da tensão e da corrente acabe caindo a zero, no início essa parte, quando agregada à parte de regime permanente, pode ultrapassar o valor de tensão ou corrente do componente do circuito. Por isso, é importante saber determinar a resposta completa de um circuito. As técnicas de transformada de Laplace apresentadas neste capítulo podem ser utilizadas para determinar a resposta completa de um circuito a uma fonte senoidal.

Considere o circuito *RLC* mostrado a seguir, composto de componentes do Apêndice H e alimentado por uma fonte senoidal de 60 Hz. Conforme detalhado no Apêndice H, o indutor de 10 mH tem um valor de corrente de 40 mA. A amplitude da fonte senoidal foi escolhida de modo que esse valor não seja ultrapassado no regime permanente (veja o Problema 12.54). Após apresentarmos o método da transformada de Laplace, poderemos determinar se esse valor de corrente é ultrapassado ou não, quando a fonte é ligada pela primeira vez e tanto os componentes transitórios quanto os de regime permanente da corrente do indutor estão ativos.

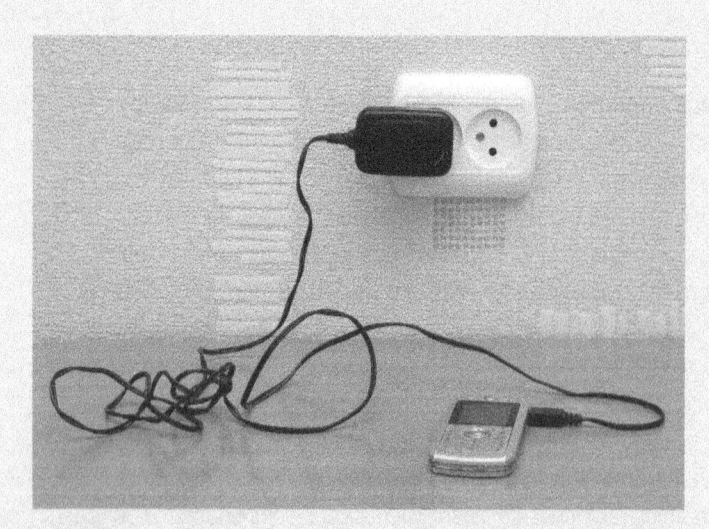

nrt/Shutterstock

12.1 Definição da transformada de Laplace

A **transformada de Laplace** de uma função é dada pela expressão

$$\mathcal{L}\{f(t)\} = \int_0^\infty f(t)e^{-st}\,dt, \qquad (12.1)$$

◀ **Transformada de Laplace**

em que o símbolo $\mathcal{L}\{f(t)\}$ é lido como "a transformada de Laplace de $f(t)$".

A transformada de Laplace de $f(t)$ também é representada por $F(s)$; isto é,

$$F(s) = \mathcal{L}\{f(t)\}. \qquad (12.2)$$

Essa notação enfatiza que, quando a integral na Equação 12.1 é avaliada, a expressão resultante é uma função de s. Em nossas aplicações, t representa o domínio do tempo e, como o expoente de e na integral da Equação 12.1 deve ser adimensional, s deve ter a dimensão do recíproco do tempo, ou frequência. A transformada de Laplace transforma o problema do domínio do tempo para o domínio da frequência. Depois de obtida a expressão para a incógnita no domínio da frequência, executamos a transformação inversa, voltando ao domínio do tempo.

Se a ideia que fundamenta a transformada de Laplace parecer-lhe estranha, pense em outra transformada matemática muito conhecida. Logaritmos são usados para transformar um problema de multiplicação ou divisão, tal como A = BC, em um problema mais simples de adição ou subtração: log A = log BC = log B + log C. Antilogaritmos são usados para executar o processo inverso. O fasor é outra transformada; como vimos no Capítulo 9, ele converte um sinal senoidal em um número complexo para facilitar o cálculo algébrico de valores de circuitos. Após determinarmos o valor fasorial de um sinal, nós o transformamos de volta à sua expressão no domínio do tempo. Esses dois exemplos destacam o aspecto essencial de transformadas matemáticas: elas são projetadas para criar um novo domínio que facilite as manipulações matemáticas. Depois de determinarmos a incógnita no novo domínio, fazemos a transformação inversa, de volta ao domínio original. Em análise de circuitos, usamos a transformada de Laplace para transformar um conjunto de equações íntegro-diferenciais no domínio do tempo para um conjunto de equações algébricas no domínio da frequência. Por conseguinte, reduzimos a solução de uma quantidade desconhecida à manipulação de um conjunto de equações algébricas.

Antes de ilustrarmos algumas das propriedades importantes da transformada de Laplace, cabem alguns comentários gerais. Em primeiro lugar, observe que a integral na Equação 12.1 é imprópria porque o limite superior é infinito. Assim, enfrentamos de imediato a questão de saber se a integral converge ou não. Em outras palavras, uma dada função $f(t)$ tem uma transformada de Laplace? Evidentemente, as funções de maior interesse usadas em engenharia possuem transformadas de Laplace; caso contrário, não estaríamos interessados na transformada. Em análise de circuitos lineares, excitamos circuitos com fontes que têm transformadas de Laplace. Funções excitação, do tipo t^t ou e^{t^2}, que não possuem transformadas de Laplace, não têm aplicação aqui.

Em segundo lugar, como o limite inferior da integral é igual a zero, a transformada de Laplace ignora $f(t)$ para valores negativos de t. Em outras palavras, $F(s)$ é determinada pelo comportamento de $f(t)$ somente para valores positivos de t. Para enfatizar que o limite inferior é igual a zero, a Equação 12.1 costuma ser denominada **transformada de Laplace unilateral**. Na transformada de Laplace bilateral, o limite inferior é $-\infty$. Aqui, não usamos a forma bilateral; portanto, fica entendido que $F(s)$ é uma transformada unilateral.

Figura 12.1 Uma função contínua e uma função descontínua na origem. (a) f(t) é contínua na origem. (b) f(t) é descontínua na origem.

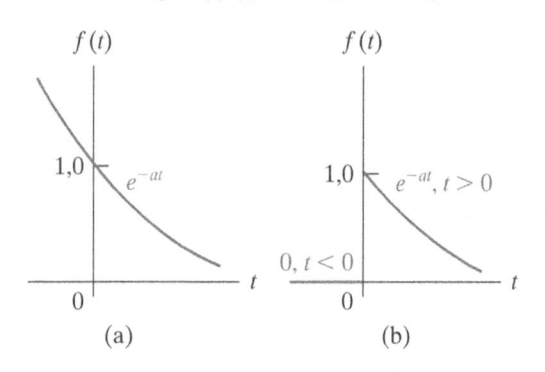

Outra observação a respeito do limite inferior refere-se à situação em que $f(t)$ tem uma descontinuidade na origem. Se $f(t)$ for contínua na origem — como na Figura 12.1(a) — $f(0)$ não é ambígua. Todavia, se $f(t)$ tiver uma descontinuidade finita na origem — como na Figura 12.1(b) —, surge a questão se a integral da transformada de Laplace deve incluir ou excluir a descontinuidade. Em outras palavras, devemos tomar 0^- como o limite inferior e incluir a descontinuidade, ou devemos excluir a descontinuidade tomando 0^+ como o limite inferior? (Usamos a notação 0^- e 0^+ para designar os valores de t imediatamente à esquerda ou à direita da origem, respectivamente.) Na verdade, podemos escolher qualquer um deles, contanto que sejamos consistentes. Por razões que explicaremos mais adiante, escolhemos 0^- como o limite inferior.

Visto que estamos usando 0^- como o limite inferior, observamos de imediato que a integração de 0^- a 0^+ é igual a zero. A única exceção a essa regra ocorre quando a descontinuidade na origem é uma função impulso, situação que discutiremos na Seção 12.3. Agora, o importante é que as duas funções mostradas na Figura 12.1 têm a mesma transformada de Laplace unilateral, porque não há nenhuma função impulso na origem.

A transformada de Laplace unilateral ignora $f(t)$ para $t < 0^-$. O que acontece antes de 0^- é definido pelas condições iniciais. Assim, usamos a transformada de Laplace para prever a resposta a uma perturbação que ocorre após o estabelecimento das condições iniciais.

Na discussão a seguir, dividimos as transformadas de Laplace em dois tipos: transformadas funcionais e transformadas operacionais. A **transformada funcional** é a transformada de Laplace de uma função específica como sen $\omega t, t, e^{-at}$ e assim por diante. A **transformada operacional** define uma propriedade matemática geral da transformada de Laplace, como determinar a transformada da derivada de $f(t)$. Contudo, antes de examinarmos transformadas funcionais e operacionais, precisamos apresentar a função degrau e a função impulso.

12.2 A função degrau

Podemos nos defrontar com funções que têm uma descontinuidade, ou salto, na origem. Por exemplo, sabemos, por discussões anteriores acerca do comportamento transitório, que operações de chaveamento provocam mudanças abruptas em correntes e tensões. Tratamos matematicamente dessas descontinuidades por meio das funções degrau e impulso.

Figura 12.2 Função degrau.

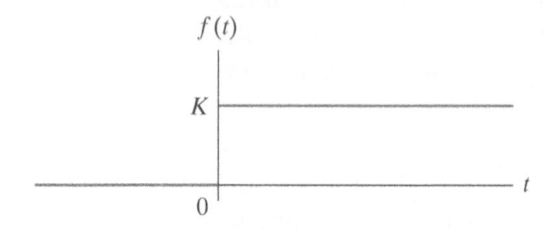

A Figura 12.2 ilustra a função degrau, que é igual a zero para $t < 0$. O símbolo para a função degrau é $Ku(t)$. Assim, a definição matemática da **função degrau** é

$$Ku(t) = 0, t < 0,$$

$$Ku(t) = K, t > 0. \quad (12.3)$$

Se K for igual a 1, a função definida pela Equação 12.3 é chamada **função degrau unitário**.

A função degrau não é definida em $t = 0$. Em situações em que precisamos definir a transição entre 0^- e 0^+, admitimos que ela seja linear e que

$$Ku(0) = 0,5K. \quad (12.4)$$

Como antes, 0^- e 0^+ representam pontos simétricos arbitrariamente próximos da esquerda e da direita da origem. A Figura 12.3 ilustra a transição linear de 0^- a 0^+.

Uma descontinuidade pode ocorrer a qualquer tempo, não só em $t = 0$; por exemplo, no chaveamento sequencial. Um degrau que ocorra em $t = a$ é expresso como $Ku(t - a)$. Assim,

$$Ku(t - a) = 0, t < a,$$

$$Ku(t - a) = K, t > a. \quad (12.5)$$

Se $a > 0$, o degrau ocorre à direita da origem; se $a < 0$, o degrau ocorre à esquerda da origem. A Figura 12.4 ilustra a Equação 12.5. Observe que a função degrau é igual a 0 quando seu argumento $(t - a)$ é negativo, e K, quando seu argumento é positivo.

Uma função degrau que seja igual a K para $t < a$ é escrita como $Ku(a - t)$. Assim,

$$Ku(a - t) = K, t < a,$$

$$Ku(a - t) = 0, t > a. \quad (12.6)$$

A descontinuidade está à esquerda da origem quando $a < 0$. A Equação 12.6 é mostrada na Figura 12.5.

Uma aplicação da função degrau dá-se na expressão matemática de uma função que só não é igual a zero durante um intervalo finito de tempo. Um exemplo útil, em análise de circuitos, é um pulso de largura finita, que podemos criar somando duas funções degrau. A função $K[u(t - 1) - u(t - 3)]$ tem o valor K para $1 < t < 3$ e o valor 0 em todos os outros instantes. Assim, ela é um pulso de largura finita de altura K, que começa em $t = 1$ e termina em $t = 3$. Ao definirmos esse pulso usando funções degrau, é útil pensar na função degrau $u(t - 1)$ como aquela que 'liga' o valor constante K em $t = 1$, e na função degrau $-u(t - 3)$ como aquela que 'desliga' o valor constante K em $t = 3$. No Exemplo 12.1, usamos funções degrau para ligar e desligar funções lineares em tempos determinados.

Figura 12.3 Aproximação linear para função degrau.

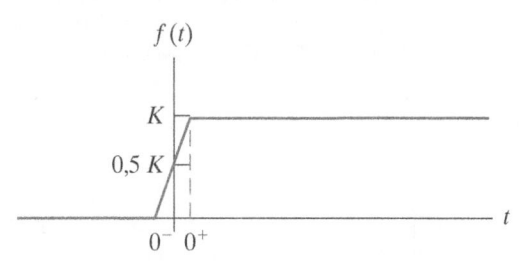

Figura 12.4 Função degrau ocorrendo em $t = a$ quando $a > 0$.

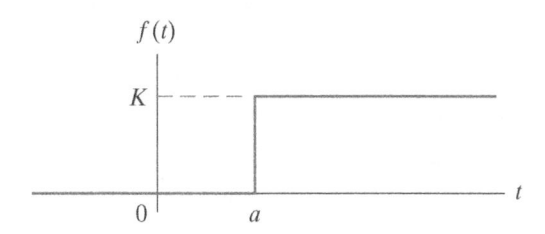

Figura 12.5 Função degrau $Ku(a - t)$ para $a > 0$.

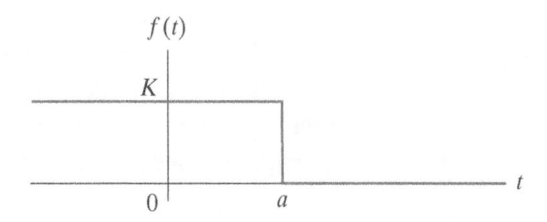

EXEMPLO 12.1 Uso das funções degrau para representar uma função de duração finita.

Use funções degrau para escrever a expressão para a função ilustrada na Figura 12.6.

Solução

A função mostrada na Figura 12.6 é composta por segmentos lineares com pontos de inflexão em 0, 1, 3 e 4 s. Para construir essa função, precisamos adicionar e subtrair funções lineares de inclinação adequada. Usamos a função degrau para iniciar e terminar esses segmentos lineares nos tempos adequados. Em outras

Figura 12.6 Função para o Exemplo 12.1.

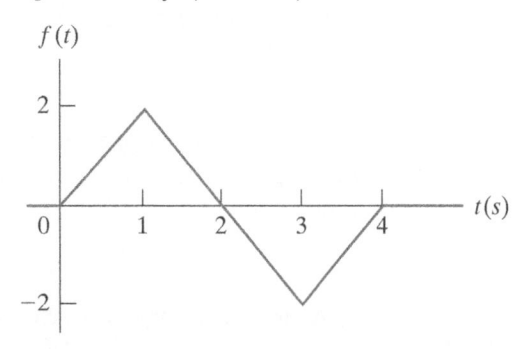

Figura 12.7 Definição dos três segmentos de reta ligados e desligados por funções degrau para formar a função mostrada na Figura 12.6.

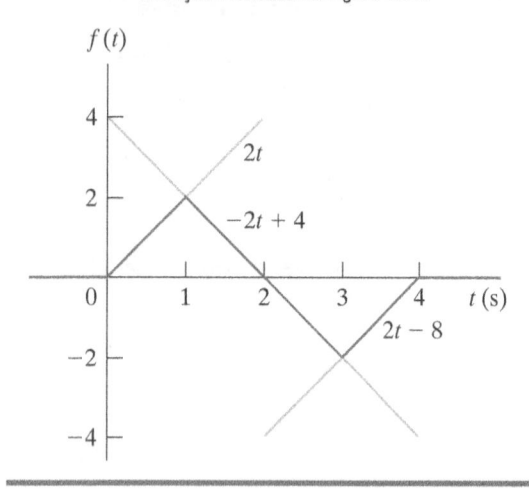

palavras, usamos a função degrau para ligar e desligar uma linha reta com as seguintes equações: $+2t$, ligada em $t = 0$ e desligada em $t = 1$; $-2t + 4$, ligada em $t = 1$, desligada em $t = 3$; e $+2t - 8$, ligada em $t = 3$ e desligada em $t = 4$. Esses segmentos de reta e suas equações são mostrados na Figura 12.7. A expressão para $f(t)$ é

$$f(t) = 2t[u(t) - u(t-1)] + (-2t + 4)[u(t-1) - u(t-3)] + (2t - 8)[u(t-3) - u(t-4)].$$

NOTA: avalie sua compreensão a respeito da função degrau tentando resolver os problemas 12.3 e 12.4, apresentados no final deste capítulo.

12.3 A função impulso

Quando temos uma descontinuidade finita em uma função, como a ilustrada na Figura 12.1(b), a derivada da função não é definida no ponto de descontinuidade. O conceito de uma função impulso[1] permite definir a derivada em uma descontinuidade e, assim, definir a transformada de Laplace dessa derivada. Um **impulso** é um sinal de amplitude infinita e duração nula. Tais sinais não existem na natureza, mas alguns sinais de tensão e corrente aproximam-se muito dessa definição e, portanto, um modelo matemático de um impulso é útil. Tensões e correntes impulsivas ocorrem em análise de circuitos seja por causa de operações de chaveamento, seja porque o circuito é excitado por uma fonte impulsiva. Analisaremos essas situações no Capítulo 13; aqui, discutiremos a definição da função impulso de modo geral.

Para definir a derivada de uma função em uma descontinuidade admitimos, em primeiro lugar, que a função varie linearmente na descontinuidade, como mostra a Figura 12.8, onde observamos que, quando $\epsilon \to 0$, ocorre uma descontinuidade abrupta na origem. Quando diferenciamos a função, a derivada entre $-\epsilon$ e $+\epsilon$ é constante e tem um valor de $1/2\epsilon$. Para $t > \epsilon$, a derivada é $-ae^{-a(t-\epsilon)}$. A Figura 12.9 mostra essas observações em forma de gráfico. À medida que ϵ se aproxima de zero, o valor de $f'(t)$ entre $\pm \epsilon$ aproxima-se de infinito. Ao mesmo tempo, a duração desse valor aproxima-se de zero. Além disso, a área sob $f'(t)$ entre $\pm\epsilon$ permanece constante quando $\epsilon \to 0$. Nesse exemplo, a área é igual à unidade. À medida que ϵ se aproxima de zero, dizemos que a função entre $\pm\epsilon$ aproxima-se de uma **função impulso unitária**, denotada por $\delta(t)$. Assim, a derivada de $f(t)$ na origem aproxima-se de uma função impulso unitária quando ϵ aproxima-se de zero, ou

$$f'(0) \to \delta(t) \text{ quando } \epsilon \to 0$$

Se a área sob a curva da função impulso for diferente da unidade, a função impulso será denotada por $K\delta(t)$, onde K é a área. K costuma ser denominada a **intensidade** da função impulso.

---

[1] A função impulso também é conhecida como função delta de Dirac.

Em resumo, uma função impulso é criada por uma função de parâmetro variável, cujo parâmetro aproxima-se de zero. A função de parâmetro variável deve exibir as seguintes três características, à medida que o parâmetro aproxima-se de zero:

1. A amplitude aproxima-se de infinito.
2. A duração da função aproxima-se de zero.
3. A área sob a função de parâmetro variável permanece constante à medida que o parâmetro varia.

Há muitas funções de parâmetro variável que possuem as características mencionadas. Na Figura 12.8, usamos uma função linear $f(t) = 0,5t/\epsilon + 0,5$. Outro exemplo de uma função de parâmetro variável é a função exponencial:

$$f(t) = \frac{K}{2\epsilon} e^{-|t|/\epsilon}. \quad (12.7)$$

À medida que ϵ se aproxima de zero, a função torna-se infinita na origem e, ao mesmo tempo, cai a zero em uma fração infinitesimal de tempo. A Figura 12.10 ilustra o caráter de $f(t)$ à medida que $\epsilon \to 0$. Para mostrar que uma função impulso é criada à medida que $\epsilon \to 0$, também precisamos mostrar que a área sob a função é independente de ϵ. Assim,

$$\begin{aligned}
\text{Área} &= \int_{-\infty}^{0} \frac{K}{2\epsilon} e^{t/\epsilon} dt + \int_{0}^{\infty} \frac{K}{2\epsilon} e^{-t/\epsilon} dt \\
&= \frac{K}{2\epsilon} \cdot \frac{e^{t/\epsilon}}{1/\epsilon} \bigg|_{-\infty}^{0} + \frac{K}{2\epsilon} \cdot \frac{e^{-t/\epsilon}}{-1/\epsilon} \bigg|_{0}^{\infty} \\
&= \frac{K}{2} + \frac{K}{2} = K, \quad (12.8)
\end{aligned}$$

que nos diz que a área sob a curva é constante e igual a K unidades. Portanto, à medida que $\epsilon \to 0, f(t) \to K\delta(t)$.

Em termos matemáticos, a **função impulso** é definida como

$$\int_{-\infty}^{\infty} K\delta(t) dt = K; \quad (12.9)$$

$$\delta(t) = 0, t \neq 0. \quad (12.10)$$

A Equação 12.9 estabelece que a área sob a função impulso é constante. Essa área representa a intensidade do impulso. A Equação 12.10 afirma que o impulso é nulo em todos os pontos, exceto em $t = 0$. Um impulso que ocorre em $t = a$ é denotado por $K\delta(t-a)$.

O símbolo gráfico para a função impulso é uma seta. A intensidade do impulso é dada entre parênteses, ao lado da ponta da seta. A Figura 12.11 mostra os impulsos $K\delta(t)$ e $K\delta(t-a)$.

Figura 12.8 Visão ampliada da descontinuidade na Figura 12.1(b), admitindo uma transição linear entre $-\epsilon$ e $+\epsilon$.

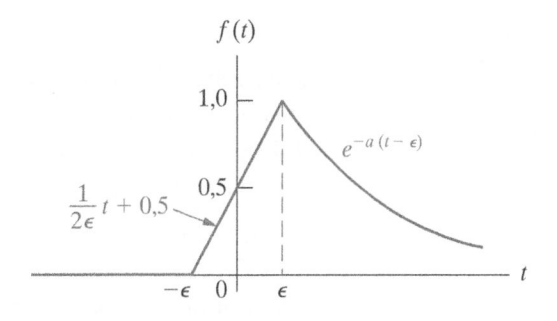

Figura 12.9 Derivada da função mostrada na Figura 12.8.

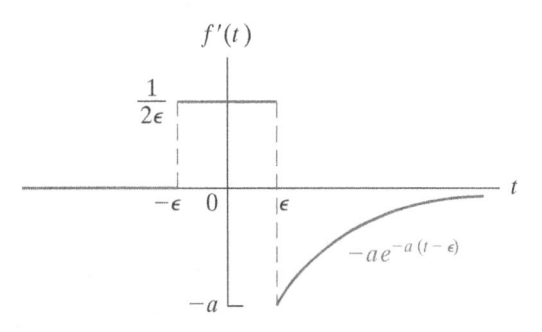

Figura 12.10 Função de parâmetro variável usada para gerar uma função impulso.

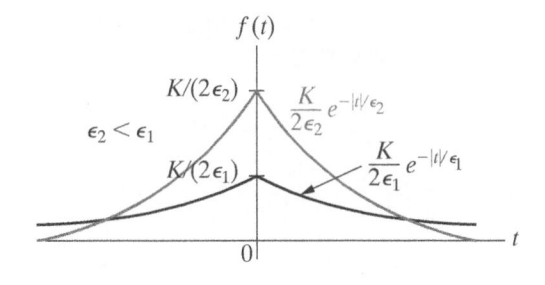

Figura 12.11 Representação gráfica do impulso $K\delta(t)$ e $K\delta(t-a)$.

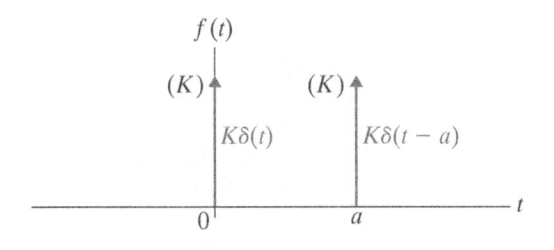

Uma propriedade importante da função impulso é a **propriedade de filtragem**, que é expressa como

$$\int_{-\infty}^{\infty} f(t)\delta(t - a)\,dt = f(a), \tag{12.11}$$

em que a função $f(t)$ é suposta contínua em $t = a$; isto é, no local do impulso. A Equação 12.11 mostra que a função impulso filtra tudo, exceto o valor de $f(t)$ em $t = a$. A validade da Equação 12.11 decorre do fato de que $\delta(t - a)$ é igual a zero em todos os pontos, exceto em $t = a$ e, por conseguinte, a integral pode ser escrita

$$I = \int_{-\infty}^{\infty} f(t)\delta(t - a)\,dt = \int_{a-\epsilon}^{a+\epsilon} f(t)\delta(t - a)\,dt. \tag{12.12}$$

Contudo, como $f(t)$ é contínua em a, ela assume o valor $f(a)$ à medida que $t \to a$, portanto

$$I = \int_{a-\epsilon}^{a+\epsilon} f(a)\delta(t - a)\,dt = f(a)\int_{a-\epsilon}^{a+\epsilon} \delta(t - a)\,dt$$
$$= f(a). \tag{12.13}$$

Usamos a propriedade de filtragem da função impulso para determinar sua transformada de Laplace:

$$\mathcal{L}\{\delta(t)\} = \int_{0^-}^{\infty} \delta(t)e^{-st}\,dt = \int_{0^-}^{\infty} \delta(t)\,dt = 1, \tag{12.14}$$

que é um importante par de transformadas de Laplace muito usado em análise de circuitos.

Podemos definir também as derivadas da função impulso e a transformada de Laplace dessas derivadas. Vamos discutir a derivada de primeira ordem, junto com sua transformada e, então, enunciar os resultados para as derivadas de ordens mais altas.

Figura 12.12 Derivada de primeira ordem da função impulso. (a) Função geradora do impulso usada para definir a derivada de primeira ordem. (b) Derivada de primeira ordem da função geradora do impulso que tende para $\delta'(t)$ quando $\epsilon \to 0$.

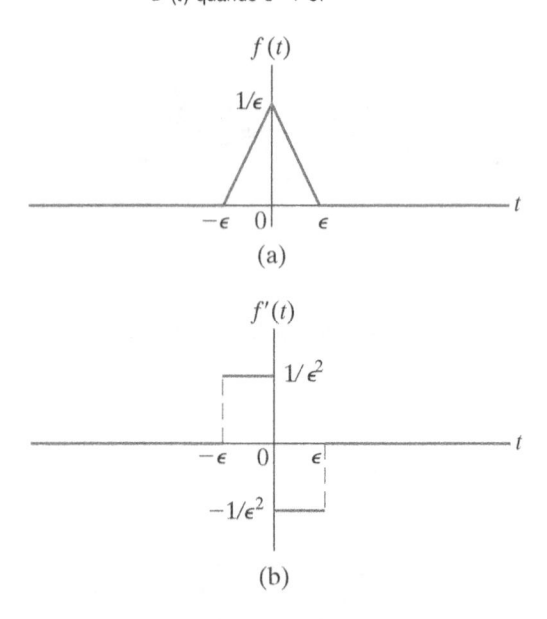

A função da Figura 12.12(a) gera uma função impulso quando $\epsilon \to 0$. A Figura 12.12(b) mostra a derivada dessa função geradora, que é definida como a derivada do impulso [$\delta'(t)$] quando $\epsilon \to 0$. Às vezes, a derivada da função impulso é denominada função momento, ou dubleto unitário.

Para determinar a transformada de Laplace de $\delta'(t)$, simplesmente aplicamos a integral definidora à função mostrada na Figura 12.12(b) e, após integrar, fazemos $\epsilon \to 0$. Então,

$$L\{\delta'(t)\} = \lim_{\epsilon \to 0}\left[\int_{-\epsilon}^{0^-} \frac{1}{\epsilon^2}e^{-st}\,dt + \int_{0^+}^{\epsilon}\left(-\frac{1}{\epsilon^2}\right)e^{-st}\,dt\right]$$

$$= \lim_{\epsilon \to 0}\frac{e^{s\epsilon} + e^{-s\epsilon} - 2}{s\epsilon^2}$$

$$= \lim_{\epsilon \to 0}\frac{se^{s\epsilon} - se^{-s\epsilon}}{2\epsilon s}$$

$$= \lim_{\epsilon \to 0}\frac{s^2 e^{s\epsilon} + s^2 e^{-s\epsilon}}{2s}$$

$$= s. \tag{12.15}$$

Na dedução da Equação 12.15, tivemos de usar a regra de l'Hôpital duas vezes para avaliar a forma indeterminada 0/0.

Derivadas de ordens mais altas podem ser geradas de maneira semelhante à usada para gerar a derivada de primeira ordem (veja o Problema 12.6) e, então, a integral definidora pode ser usada para determinar sua transformada de Laplace. Para a derivada de n-ésima ordem da função impulso, constatamos que sua transformada de Laplace é simplesmente s^n; isto é,

$$\mathcal{L}\{\delta^{(n)}(t)\} = s^n. \tag{12.16}$$

Por fim, uma função impulso pode ser considerada a derivada de uma função degrau; isto é,

$$\delta(t) = \frac{du(t)}{dt}. \tag{12.17}$$

A Figura 12.13 apresenta a interpretação gráfica da Equação 12.17. A função mostrada na Figura 12.13(a) aproxima-se de uma função degrau unitário à medida que $\epsilon \to 0$. A função mostrada na Figura 12.13(b) — a derivada da função da Figura 12.13(a) — aproxima-se de um impulso unitário à medida que $\epsilon \to 0$.

A função impulso é um conceito de extrema utilidade em análise de circuitos e falaremos mais sobre ela nos próximos capítulos. Apresentamos o conceito aqui para podermos incluir descontinuidades na origem em nossa definição da transformada de Laplace.

NOTA: avalie sua compreensão a respeito da função impulso tentando resolver os problemas 12.6, 12.8 e 12.10, apresentados no final deste capítulo.

Figura 12.13 Função impulso como a derivada da função degrau: (a) $f(t) \to u(t)$ à medida que $\epsilon \to 0$; e (b) $f'(t) \to \delta(t)$ à medida que $\epsilon \to 0$.

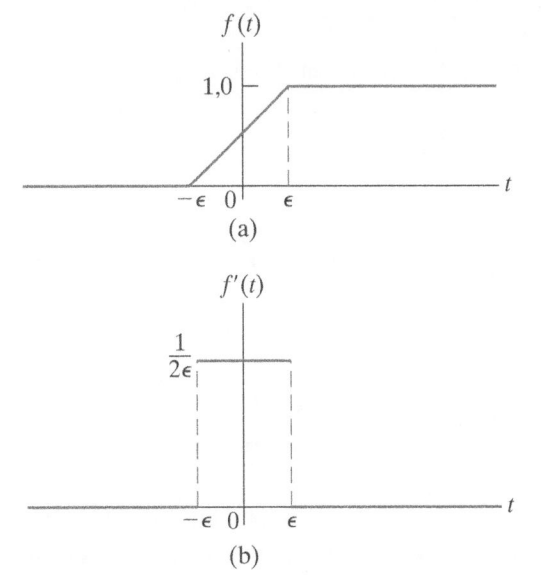

12.4 Transformadas funcionais

Uma transformada funcional é simplesmente a transformada de Laplace de uma dada função de t. Visto que estamos limitando nossa introdução à transformada de Laplace unilateral, todas as funções consideradas são nulas para $t < 0^-$.

Determinamos um par de transformadas funcionais na Seção 12.3, na qual mostramos que a transformada de Laplace da função impulso unitário é igual a 1 (veja a Equação 12.14). Um segundo exemplo é a função degrau unitário da Figura 12.13(a), em que

$$\mathcal{L}\{u(t)\} = \int_{0^-}^{\infty} f(t)e^{-st}\, dt = \int_{0^+}^{\infty} 1 e^{-st} dt$$

$$= \frac{e^{-st}}{-s}\bigg|_{0^+}^{\infty} = \frac{1}{s}. \tag{12.18}$$

A Equação 12.18 mostra que a transformada de Laplace da função degrau unitário é $1/s$. A transformada de Laplace da função exponencial decrescente da Figura 12.14 é

$$\mathcal{L}\{e^{-at}\} = \int_{0^+}^{\infty} e^{-at} e^{-st}\, dt = \int_{0^+}^{\infty} e^{-(a+s)t}\, dt = \frac{1}{s+a}. \tag{12.19}$$

Quando deduzimos as equações 12.18 e 12.19, usamos o fato de que a integração de 0^- a 0^+ é igual a zero.

Figura 12.14 Função exponencial decrescente.

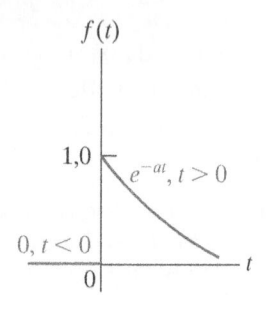

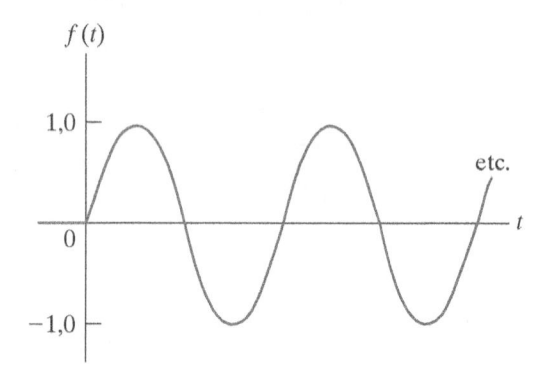

Um terceiro exemplo de determinação de uma transformada funcional é a função senoidal mostrada na Figura 12.15. A expressão de $f(t)$ para $t > 0^-$ é sen ωt; portanto, a expressão para a transformada de Laplace é

$$\mathscr{L}\{\text{sen } \omega t\} = \int_{0^-}^{\infty} (\text{sen } \omega t) e^{-st}\, dt$$

$$= \int_{0^-}^{\infty} \left(\frac{e^{j\omega t} - e^{-j\omega t}}{2j} \right) e^{-st}\, dt$$

Figura 12.15 Função senoidal para $t > 0$.

$$= \int_{0^-}^{\infty} \frac{e^{-(s-j\omega)t} - e^{-(s+j\omega)t}}{2j}\, dt$$

$$= \frac{1}{2j} \left(\frac{1}{s - j\omega} - \frac{1}{s + j\omega} \right)$$

$$= \frac{\omega}{s^2 + \omega^2}. \tag{12.20}$$

A Tabela 12.1 apresenta uma lista abreviada de pares de transformadas de Laplace. Ela inclui as funções de maior interesse para um curso introdutório de circuitos elétricos.

Tabela 12.1 Lista abreviada de pares de transformadas de Laplace.

Tipo	$f(t)\ (t > 0^-)$	$F(s)$
(impulso)	$\delta(t)$	1
(degrau)	$u(t)$	$\dfrac{1}{s}$
(rampa)	t	$\dfrac{1}{s^2}$
(exponencial)	e^{-at}	$\dfrac{1}{s+a}$
(seno)	sen ωt	$\dfrac{\omega}{s^2 + \omega^2}$
(cosseno)	cos ωt	$\dfrac{s}{s^2 + \omega^2}$
(rampa amortecida)	te^{-at}	$\dfrac{1}{(s+a)^2}$
(seno amortecido)	e^{-at} sen ωt	$\dfrac{\omega}{(s+a)^2 + \omega^2}$
(cosseno amortecido)	e^{-at} cos ωt	$\dfrac{s+a}{(s+a)^2 + \omega^2}$

> **PROBLEMA PARA AVALIAÇÃO**
>
> **Objetivo 1** Saber calcular a transformada de Laplace de uma função, usando a definição dessa transformada.
>
> **12.1** Use a equação definidora da transformada de Laplace para
> a) determinar a transformada de Laplace de cosh βt;
> b) determinar a transformada de Laplace de senh βt.
>
> Resposta: (a) $s/(s^2 - \beta^2)$; (b) $\beta/(s^2 - \beta^2)$.
>
> NOTA: tente resolver também o Problema 12.20, apresentado no final deste capítulo.

12.5 Transformadas operacionais

Transformadas operacionais indicam como operações matemáticas realizadas em $f(t)$ ou $F(s)$ são convertidas para o domínio oposto. As operações de maior interesse são (1) multiplicação por uma constante; (2) adição (subtração); (3) diferenciação; (4) integração; (5) deslocamento no domínio do tempo; (6) deslocamento no domínio da frequência e (7) mudança de escala.

Multiplicação por uma constante

Pela definição da integral, se

$$\mathscr{L}\{f(t)\} = F(s),$$

então

$$\mathscr{L}\{Kf(t)\} = KF(s). \tag{12.21}$$

Assim, multiplicar $f(t)$ por uma constante corresponde a multiplicar $F(s)$ pela mesma constante.

Adição (subtração)

A adição (subtração) no domínio do tempo corresponde à adição (subtração) no domínio da frequência. Assim, se

$$\mathscr{L}\{f_1(t)\} = F_1(s),$$
$$\mathscr{L}\{f_2(t)\} = F_2(s),$$
$$\mathscr{L}\{f_3(t)\} = F_3(s),$$

então

$$\mathscr{L}\{f_1(t) + f_2(t) - f_3(t)\} = F_1(s) + F_2(s) - F_3(s), \tag{12.22}$$

que é deduzida pela simples substituição da soma algébrica de funções no domínio do tempo na equação integral de definição.

Diferenciação

Diferenciar no domínio do tempo corresponde a multiplicar $F(s)$ por s e, então, subtrair, desse produto, o valor inicial de $f(t)$ — isto é, $f(0^-)$ — de:

$$\mathscr{L}\left\{\frac{df(t)}{dt}\right\} = sF(s) - f(0^-), \tag{12.23}$$

resultado esse obtido diretamente da definição da transformada de Laplace, ou

$$\mathscr{L}\left\{\frac{df(t)}{dt}\right\} = \int_{0^-}^{\infty}\left[\frac{df(t)}{dt}\right]e^{-st}dt. \tag{12.24}$$

Avaliamos a integral na Equação 12.24 integrando por partes. Fazendo $u = e^{-st}$ e $dv = [df(t)/dt]dt$, obtemos

$$\mathscr{L}\left\{\frac{df(t)}{dt}\right\} = e^{-st}f(t)\bigg|_{0^-}^{\infty} - \int_{0^-}^{\infty}f(t)(-se^{-st}dt). \tag{12.25}$$

Como estamos admitindo que $f(t)$ possui transformada de Laplace, a avaliação de $e^{-st}f(t)$ em $t = \infty$ é igual a zero. Portanto, o lado direito da Equação 12.25 reduz-se a

$$-f(0^-) + s\int_{0^-}^{\infty}f(t)e^{-st}dt = sF(s) - f(0^-).$$

Essa observação conclui a dedução da Equação 12.23. Trata-se de um resultado importante porque estabelece que a diferenciação no domínio do tempo reduza-se a uma operação algébrica no domínio de s.

Determinamos a transformada de Laplace de derivadas de ordens mais altas usando a Equação 12.23 como ponto de partida. Por exemplo, para determinar a transformada de Laplace da derivada de segunda ordem de $f(t)$, em primeiro lugar, fazemos

$$g(t) = \frac{df(t)}{dt}. \tag{12.26}$$

Agora, usamos a Equação 12.23 para escrever

$$G(s) = sF(s) - f(0^-). \tag{12.27}$$

Porém, como

$$\frac{dg(t)}{dt} = \frac{d^2f(t)}{dt^2},$$

escrevemos

$$\mathscr{L}\left\{\frac{dg(t)}{dt}\right\} = \mathscr{L}\left\{\frac{d^2f(t)}{dt^2}\right\} = sG(s) - g(0^-). \tag{12.28}$$

Combinando as equações 12.26, 12.27 e 12.28, obtemos

$$\mathscr{L}\left\{\frac{d^2f(t)}{dt^2}\right\} = s^2F(s) - sf(0^-) - \frac{df(0^-)}{dt}. \tag{12.29}$$

Determinamos a transformada de Laplace da derivada de ordem n aplicando sucessivamente o processo precedente, o que leva ao resultado geral

$$\mathcal{L}\left\{\frac{d^n f(t)}{dt^n}\right\} = s^n F(s) - s^{n-1} f(0^-) - s^{n-2}\frac{df(0^-)}{dt}$$
$$- s^{n-3}\frac{d^2 f(0^-)}{dt^2} - \cdots - \frac{d^{n-1} f(0^-)}{dt^{n-1}}. \qquad (12.30)$$

Integração

A integração no domínio do tempo corresponde a dividir por s no domínio de s. Como antes, estabelecemos a relação pela integral definidora:

$$\mathcal{L}\left\{\int_{0^-}^{t} f(x)\,dx\right\} = \int_{0^-}^{\infty}\left[\int_{0^-}^{t} f(x)\,dx\right] e^{-st}\,dt. \qquad (12.31)$$

Avaliamos a integral do lado direito da Equação 12.31, integrando por partes, fazendo, em primeiro lugar,

$$u = \int_{0^-}^{t} f(x)\,dx,$$
$$dv = e^{-st}\,dt.$$

Então,

$$du = f(t)\,dt,$$
$$v = -\frac{e^{-st}}{s}.$$

A integração por partes resulta em

$$\mathcal{L}\left\{\int_{0^-}^{t} f(x)\,dx\right\} = -\frac{e^{-st}}{s}\int_{0^-}^{t} f(x)\,dx \bigg|_{0^-}^{\infty} + \int_{0^-}^{\infty}\frac{e^{-st}}{s} f(t)\,dt. \qquad (12.32)$$

O primeiro termo do lado direito da Equação 12.32 é igual a zero nos limites superior e inferior. O valor no limite inferior é obviamente nulo, ao passo que o valor no limite superior é nulo porque estamos admitindo que $f(t)$ tenha uma transformada de Laplace. O segundo termo do lado direito da Equação 12.32 é $F(s)/s$; assim,

$$\mathcal{L}\left\{\int_{0^-}^{t} f(x)\,dx\right\} = \frac{F(s)}{s}, \qquad (12.33)$$

o que revela que a operação de integração no domínio do tempo é transformada na operação algébrica de multiplicar por $1/s$ no domínio de s. As equações 12.33 e 12.30 formam a base da afirmação que fizemos antes, isto é, a transformada de Laplace transforma um conjunto de equações íntegro-diferenciais em um conjunto de equações algébricas.

Deslocamento no domínio do tempo

Dada uma função qualquer $f(t)u(t)$, podemos representar essa mesma função deslocada no tempo de uma constante a, como $f(t-a)u(t-a)$.[2] O deslocamento no domínio do tempo corresponde à multiplicação por uma exponencial no domínio da frequência. Assim,

$$\mathcal{L}\{f(t-a)u(t-a)\} = e^{-as} F(s), \quad a > 0. \qquad (12.34)$$

---

[2] Observe que sempre multiplicamos qualquer função arbitrária $f(t)$ pela função degrau unitário $u(t)$ para garantir que a função resultante seja definida apenas para tempos positivos.

Por exemplo, sabendo que

$$\mathcal{L}\{tu(t)\} = \frac{1}{s^2},$$

a Equação 12.34 permite escrever diretamente a transformada de Laplace de $(t-a)u(t-a)$:

$$\mathcal{L}\{(t-a)u(t-a)\} = \frac{e^{-as}}{s^2}.$$

A prova da Equação 12.34 decorre da definição da integral definidora:

$$\mathcal{L}\{(t-a)u(t-a)\} = \int_{0^-}^{\infty} u(t-a)f(t-a)e^{-st}\,dt$$

$$= \int_{a}^{\infty} f(t-a)e^{-st}\,dt. \qquad (12.35)$$

Quando escrevemos a Equação 12.35, lançamos mão do fato de que $u(t-a)=1$ para $t>a$. Agora, mudamos a variável de integração. Especificamente, fazemos $x = t - a$. Então, $x = 0$ quando $t = a$; $x = \infty$ quando $t = \infty$ e $dx = dt$. Assim, escrevemos a integral da Equação 12.35 como

$$\mathcal{L}\{f(t-a)u(t-a)\} = \int_{0}^{\infty} f(x)e^{-s(x+a)}\,dx$$

$$= e^{-sa}\int_{0}^{\infty} f(x)e^{-sx}\,dx$$

$$= e^{-as}F(s),$$

que é o que nos propusemos a provar.

Deslocamento no domínio da frequência

O deslocamento no domínio da frequência corresponde a multiplicar por uma exponencial no domínio do tempo:

$$\mathcal{L}\{e^{-at}f(t)\} = F(s+a), \qquad (12.36)$$

o que decorre da definição da transformada de Laplace. A dedução da Equação 12.36 fica para o Problema 12.15.

Podemos usar a Equação 12.36 para deduzir novos pares de transformadas. Assim, sabendo que

$$\mathcal{L}\{\cos \omega t\} = \frac{s}{s^2 + \omega^2},$$

usamos a Equação 12.36 para deduzir que

$$\mathcal{L}\{e^{-at}\cos\omega t\} = \frac{s+a}{(s+a)^2 + \omega^2}.$$

Mudança de escala

A propriedade de mudança de escala refere-se à relação entre $f(t)$ e $F(s)$ quando a variável tempo é multiplicada por uma constante positiva:

$$\mathcal{L}\{f(at)\} = \frac{1}{a}F\left(\frac{s}{a}\right), \quad a > 0, \tag{12.37}$$

cuja dedução deixamos para o Problema 12.16. A propriedade de mudança de escala é útil particularmente em trabalhos experimentais, em especial quando tais mudanças no tempo são feitas para facilitar a construção do modelo de um sistema.

Usamos a Equação 12.37 para formular novos pares de transformadas. Assim, sabendo que

$$\mathcal{L}\{\cos t\} = \frac{s}{s^2 + 1},$$

deduzimos, pela Equação 12.37, que

$$\mathcal{L}\{\cos \omega t\} = \frac{1}{\omega} \frac{s/\omega}{(s/\omega)^2 + 1} = \frac{s}{s^2 + \omega^2}.$$

A Tabela 12.2 fornece uma lista abreviada de transformadas operacionais.

Tabela 12.2 Lista abreviada de transformadas operacionais.

Operação	$f(t)$	$F(s)$
Multiplicação por uma constante	$Kf(t)$	$Kf(s)$
Adição/subtração	$f_1(t) + f_2(t) - f_3(t) + \cdots$	$F_1(s) + F_2(s) - F_3(s) + \cdots$
Derivada de primeira ordem (tempo)	$\dfrac{df(t)}{dt}$	$sF(s) - f(0^-)$
Derivada de segunda ordem (tempo)	$\dfrac{d^2f(t)}{dt^2}$	$s^2F(s) - sf(0^-) - \dfrac{df(0^-)}{dt}$
Derivada de ordem n (tempo)	$\dfrac{d^nf(t)}{dt^n}$	$s^nF(s) - s^{n-1}f(0^-) - s^{n-2}\dfrac{df(0^-)}{dt}$ $- s^{n-3}\dfrac{df^2(0^-)}{dt^2} - \cdots - \dfrac{d^{n-1}f(0^-)}{dt^{n-1}}$
Integral em relação ao tempo	$\displaystyle\int_0^t f(x)\,dx$	$\dfrac{F(s)}{s}$
Deslocamento no tempo	$f(t-a)u(t-a), a>0$	$e^{-at}F(s)$
Deslocamento na frequência	$e^{-at}f(t)$	$F(s+a)$
Mudança de escala	$f(at), a>0$	$\dfrac{1}{a}F\left(\dfrac{s}{a}\right)$
Derivada de primeira ordem (em s)	$tf(t)$	$-\dfrac{dF(s)}{ds}$
Derivada de ordem n (em s)	$t^n f(t)$	$(-1)^n \dfrac{d^nF(s)}{ds^n}$
Integral (em s)	$\dfrac{f(t)}{t}$	$\displaystyle\int_s^\infty F(u)\,du$

PROBLEMA PARA AVALIAÇÃO

Objetivo 1 — Saber calcular a transformada de Laplace de uma função, usando a tabela de transformada de Laplace ou uma tabela de transformadas operacionais.

12.2 Use a transformada operacional adequada da Tabela 12.2 para determinar a transformada de Laplace de cada função:

a) $t^2 e^{-at}$;

b) $\dfrac{d}{dt}(e^{-at}\operatorname{senh}\beta t)$;

c) $t\cos\omega t$.

Resposta: (a) $\dfrac{2}{(s+a)^3}$; (b) $\dfrac{\beta s}{(s+a)^2-\beta^2}$; (c) $\dfrac{s^2-\omega^2}{(s^2+\omega^2)^2}$.

NOTA: tente resolver também os problemas 12.18 e 12.22, apresentados no final deste capítulo.

12.6 Uma aplicação da transformada de Laplace

Figura 12.16 Circuito *RLC* em paralelo.

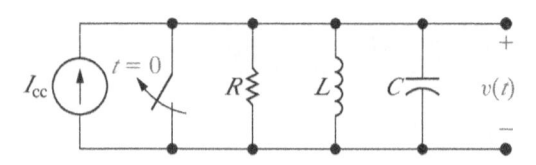

Vamos, agora, ilustrar como usar a transformada de Laplace para resolver as equações íntegro-diferenciais ordinárias que descrevem o comportamento de circuitos de parâmetros concentrados. Examine o circuito mostrado na Figura 12.16. Admitimos que não haja nenhuma energia inicial armazenada no circuito no instante em que a chave, que curto-circuita a fonte de corrente cc, é aberta. O problema consiste em determinar a expressão de $v(t)$, quando $t \geq 0$.

Começamos escrevendo a equação íntegro-diferencial que $v(t)$ deve satisfazer. Precisamos somente de uma única equação nodal para descrever o circuito. Somando as correntes que saem do nó superior do circuito obtemos a equação:

$$\frac{v(t)}{R} + \frac{1}{L}\int_0^t v(x)\,dx + C\frac{dv(t)}{dt} = I_{cc}u(t). \tag{12.38}$$

Observe que, ao escrevermos a Equação 12.38, representamos a abertura da chave por uma fonte de corrente em forma de degrau que varia de zero a I_{cc}.

Depois da obtenção das equações íntegro-diferenciais (neste exemplo, apenas uma), transformamos as equações para o domínio de *s*. Não abordaremos todas as etapas da transformação detalhadamente porque, no Capítulo 13, veremos como evitá-las e como gerar as equações diretamente no domínio de *s*. Ainda que brevemente, usamos três transformadas operacionais e uma transformada funcional na Equação 12.38 para obter

$$\frac{V(s)}{R} + \frac{1}{L}\frac{V(s)}{s} + C[sV(s) - v(0^-)] = I_{cc}\left(\frac{1}{s}\right), \tag{12.39}$$

que é uma equação algébrica, em que $V(s)$ é a variável desconhecida. Estamos admitindo que os parâmetros de circuito R, L e C, bem como a corrente da fonte, I_{cc}, sejam conhecidos; a tensão inicial no capacitor, $v(0^-)$, é nula porque não há a energia inicial armazenada no circuito. Assim, reduzimos o problema à resolução de uma equação algébrica.

Em seguida, resolvemos as equações algébricas (novamente, apenas uma neste caso) determinando o valor das incógnitas. Resolvendo a Equação 12.39, obtemos

$$V(s)\left(\frac{1}{R} + \frac{1}{sL} + sC\right) = \frac{I_{cc}}{s},$$

$$V(s) = \frac{I_{cc}/C}{s^2 + (1/RC)s + (1/LC)}. \tag{12.40}$$

Para determinarmos $v(t)$, temos de efetuar a transformada inversa de $V(s)$. Denotamos essa operação inversa como

$$v(t) = \mathcal{L}^{-1}\{V(s)\}. \tag{12.41}$$

A etapa seguinte da análise é determinar a transformada inversa da expressão no domínio de s; este será o assunto da Seção 12.7. Nessa seção, apresentaremos também uma etapa final, crucial: verificar a validade da expressão resultante no domínio do tempo. A necessidade de tal verificação não é exclusiva da transformada de Laplace; engenheiros conscienciosos e prudentes sempre testam qualquer solução calculada, para assegurar-se de que ela faz sentido em termos do comportamento conhecido do sistema.

Simplificar a notação agora é vantajoso. Portanto, fazemos isso eliminando o t entre parênteses nas expressões no domínio do tempo e o s entre parênteses nas expressões no domínio da frequência. Usamos letras minúsculas para todas as variáveis no domínio do tempo e letras maiúsculas para as variáveis correspondentes no domínio da frequência. Assim,

$$\mathcal{L}\{v\} = V \quad \text{ou} \quad v = \mathcal{L}^{-1}\{V\},$$

$$\mathcal{L}\{i\} = I \quad \text{ou} \quad i = \mathcal{L}^{-1}\{I\},$$

$$\mathcal{L}\{f\} = F \quad \text{ou} \quad f = \mathcal{L}^{-1}\{F\},$$

e assim por diante.

NOTA: avalie sua compreensão a respeito deste assunto tentando resolver o Problema 12.26, apresentado no final deste capítulo.

12.7 Transformadas inversas

A expressão para $V(s)$ na Equação 12.40 é uma função **racional** de s; isto é, uma expressão que pode ser mostrada na forma de uma razão entre dois polinômios em s, de tal modo que nenhuma potência não inteira de s apareça nos polinômios. Na realidade, para circuitos lineares, de parâmetros concentrados, cujos componentes têm valores constantes, as expressões no domínio de s para as tensões e correntes desconhecidas são sempre funções racionais de s. (Você pode verificar essa observação resolvendo os problemas 12.27–12.30.) Se pudermos executar transformadas inversas de funções racionais de s, poderemos calcular as expressões para o domínio do tempo das tensões e das correntes. A finalidade desta seção é apresentar uma técnica sistemática e direta para determinar a transformada inversa de uma função racional.

De modo geral, precisamos determinar a transformada inversa de uma função cuja forma seja

$$F(s) = \frac{N(s)}{D(s)} = \frac{a_n s^n + a_{n-1} s^{n-1} + \cdots + a_1 s + a_0}{b_m s^m + b_{m-1} s^{m-1} + \cdots + b_1 s + b_0}. \tag{12.42}$$

Os coeficientes a e b são constantes reais, e os exponentes m e n são inteiros positivos. A razão $N(s)/D(s)$ é denominada uma **função racional própria**, se $m > n$, e uma **função racional imprópria**, se $m \leq n$. Somente uma função racional própria pode ser expandida como uma soma de frações parciais. Essa restrição não causa nenhum problema, como mostraremos no final desta seção.

Expansão por frações parciais: funções racionais próprias

Uma função racional própria é expandida em uma soma de frações parciais escrevendo-se um termo ou uma série de termos para cada raiz de $D(s)$. Assim, $D(s)$ deverá ser fatorada antes de podermos realizar uma expansão por frações parciais. Cada raiz distinta de $D(s)$ gera um único termo na soma de frações parciais. Cada raiz múltipla de $D(s)$, de multiplicidade r, gera r termos na expansão. Por exemplo, na função racional

$$\frac{s+6}{s(s+3)(s+1)^2},$$

o denominador tem quatro raízes. Duas delas são distintas — ou seja, em $s = 0$ e $s = -3$. Uma raiz múltipla, de multiplicidade 2, ocorre em $s = -1$. Assim, a expansão por frações parciais dessa função toma a forma

$$\frac{s+6}{s(s+3)(s+1)^2} \equiv \frac{K_1}{s} + \frac{K_2}{s+3} + \frac{K_3}{(s+1)^2} + \frac{K_4}{s+1}. \tag{12.43}$$

A técnica das frações parciais para determinar transformadas inversas baseia-se na associação de uma função $f(t)$ a cada termo da soma de frações parciais. Pela Tabela 12.1, pode-se verificar que

$$\mathcal{L}^{-1}\left\{\frac{s+6}{s(s+3)(s+1)^2}\right\}$$
$$= (K_1 + K_2 e^{-3t} + K_3 t e^{-t} + K_4 e^{-t})u(t). \tag{12.44}$$

Agora só falta estabelecer uma técnica para determinar os coeficientes $(K_1, K_2, K_3, \ldots)$ gerados por uma expansão por frações parciais. Esse problema pode assumir quatro formas gerais. Especificamente, as raízes de $D(s)$ são (1) reais e distintas; (2) complexas e distintas; (3) reais e repetidas ou (4) complexas e repetidas. Antes de examinarmos cada situação, há alguns comentários gerais a fazer.

Usamos o sinal de identidade $\equiv$ na Equação 12.43 para enfatizar que expandir uma função racional em uma soma de frações parciais estabelece uma identidade. Por isso, ambos os lados da equação devem ser o mesmo para todos os valores da variável s. Além disso, a relação de identidade deverá ser válida quando ambos os lados estiverem sujeitos à mesma operação matemática. Essas características são úteis para determinar os coeficientes, como veremos.

Lembre-se de verificar se a função racional é própria. Isso é importante porque nada no procedimento para determinar os vários K's indicará resultados absurdos se a função racional for imprópria. Apresentamos um procedimento para verificar a validade dos K's, mas você poderá evitar um trabalho inútil habituando-se a questionar: "$F(s)$ é uma função racional própria?"

Expansão por frações parciais: raízes reais distintas de $D(s)$

Em primeiro lugar, vamos analisar a determinação dos coeficientes, em uma expansão por frações parciais, quando todas as raízes de $D(s)$ são reais e distintas. Para determinar o K

associado a um termo, que surge por causa de uma raiz simples de $D(s)$, multiplicamos ambos os lados da identidade por um fator igual ao denominador do termo desejado. Então, avaliaremos ambos os lados da identidade quando s for igual à raiz correspondente ao fator multiplicador, sendo o lado direito o K desejado e o lado esquerdo seu valor numérico. Por exemplo,

$$F(s) = \frac{96(s+5)(s+12)}{s(s+8)(s+6)} \equiv \frac{K_1}{s} + \frac{K_2}{s+8} + \frac{K_3}{s+6}. \qquad (12.45)$$

Para determinar o valor de K_1, multiplicamos ambos os lados por s e, então, avaliamos ambos os lados em $s = 0$:

$$\left.\frac{96(s+5)(s+12)}{(s+8)(s+6)}\right|_{s=0} \equiv K_1 + \left.\frac{K_2 s}{s+8}\right|_{s=0} + \left.\frac{K_3 s}{s+6}\right|_{s=0},$$

ou

$$\frac{96(5)(12)}{8(6)} \equiv K_1 = 120. \qquad (12.46)$$

Para determinar o valor de K_2, multiplicamos ambos os lados por $s + 8$ e, então, avaliamos ambos os lados em $s = -8$:

$$\left.\frac{96(s+5)(s+12)}{s(s+6)}\right|_{s=-8} \equiv \left.\frac{K_1(s+8)}{s}\right|_{s=-8} + K_2 + \left.\frac{K_3(s+8)}{(s+6)}\right|_{s=-8},$$

ou

$$\frac{96(-3)(4)}{(-8)(-2)} = K_2 = -72. \qquad (12.47)$$

Então, K_3 é

$$\left.\frac{96(s+5)(s+12)}{s(s+8)}\right|_{s=-6} = K_3 = 48. \qquad (12.48)$$

Pela Equação 12.45 e pelos valores obtidos para K,

$$\frac{96(s+5)(s+12)}{s(s+8)(s+6)} \equiv \frac{120}{s} + \frac{48}{s+6} - \frac{72}{s+8}. \qquad (12.49)$$

Neste ponto, é uma boa ideia testar o resultado para se proteger contra erros de cálculo. Como já mencionamos, uma expansão por frações parciais cria uma identidade; assim, ambos os lados da Equação 12.49 devem ter o mesmo valor para todos os valores de s. A escolha de valores de teste é completamente livre; daí, escolhemos valores fáceis de verificar. Por exemplo, na Equação 12.49, os valores -5 e -12 são interessantes porque anulam o lado esquerdo da equação. Para -5, temos

$$\frac{120}{-5} + \frac{48}{1} - \frac{72}{3} = -24 + 48 - 24 = 0,$$

e para -12, temos

$$\frac{120}{-12} + \frac{48}{-6} - \frac{72}{-4} = -10 - 8 + 18 = 0.$$

Agora, confiantes de que os valores numéricos das constantes estejam corretos, prosseguimos na determinação da transformada inversa:

$$\mathscr{L}^{-1}\left\{\frac{96(s+5)(s+12)}{s(s+8)(s+6)}\right\} = (120 + 48e^{-6t} - 72e^{-8t})u(t). \qquad (12.50)$$

PROBLEMAS PARA AVALIAÇÃO

Objetivo 2 Saber calcular a transformada inversa de Laplace usando a expansão por frações parciais e a tabela de transformadas de Laplace.

12.3 Determine $f(t)$ se $F(s) = \dfrac{6s^2 + 26s + 26}{(s+1)(s+2)(s+3)}$.

Resposta: $f(t) = (3e^{-t} + 2e^{-2t} + e^{-3t})u(t)$.

12.4 Determine $f(t)$ se $F(s) = \dfrac{7s^2 + 63s + 134}{(s+3)(s+4)(s+5)}$.

Resposta: $f(t) = (4e^{-3t} + 6e^{-4t} - 3e^{-5t})u(t)$.

NOTA: tente resolver também os problemas 12.40(a) e (b), apresentados no final deste capítulo.

Expansão por frações parciais: raízes complexas distintas de D(s)

A única diferença entre determinar os coeficientes associados a raízes complexas distintas e determinar os associados a raízes reais distintas é que, para os primeiros, a álgebra envolve números complexos. Ilustramos o método expandindo a função racional:

$$F(s) = \frac{100(s+3)}{(s+6)(s^2+6s+25)}. \tag{12.51}$$

Começamos observando que $F(s)$ é uma função racional própria. Em seguida, devemos determinar as raízes do termo quadrático $s^2 + 6s + 25$:

$$s^2 + 6s + 25 = (s+3-j4)(s+3+j4). \tag{12.52}$$

Com o denominador na forma fatorada, prosseguimos como antes:

$$\frac{100(s+3)}{(s+6)(s^2+6s+25)} \equiv \frac{K_1}{s+6} + \frac{K_2}{s+3-j4} + \frac{K_3}{s+3+j4}. \tag{12.53}$$

Para determinar K_1, K_2 e K_3, usamos o mesmo processo de antes:

$$K_1 = \frac{100(s+3)}{s^2+6s+25}\bigg|_{s=-6} = \frac{100(-3)}{25} = -12, \tag{12.54}$$

$$K_2 = \frac{100(s+3)}{(s+6)(s+3+j4)}\bigg|_{s=-3+j4} = \frac{100(j4)}{(3+j4)(j8)}$$

$$= 6 - j8 = 10e^{-j53,13°}, \tag{12.55}$$

$$K_3 = \frac{100(s+3)}{(s+6)(s+3-j4)}\bigg|_{s=-3-j4} = \frac{100(-j4)}{(3-j4)(-j8)}$$

$$= 6 + j8 = 10e^{j53,13°}. \tag{12.56}$$

Então

$$\frac{100(s+3)}{(s+6)(s^2+6s+25)} = \frac{-12}{s+6} + \frac{10\angle-53{,}13°}{s+3-j4} + \frac{10\angle 53{,}13°}{s+3+j4}. \quad (12.57)$$

Mais uma vez, precisamos fazer algumas observações. Em primeiro lugar, em circuitos fisicamente realizáveis, raízes complexas sempre aparecem em pares conjugados. Em segundo lugar, os coeficientes associados a esses pares também são conjugados. Observe, por exemplo, que K_3 (Equação 12.56) é o conjugado de K_2 (Equação 12.55). Assim, para raízes complexas conjugadas, na verdade só é preciso calcular metade dos coeficientes.

Antes de executarmos a transformação inversa da Equação 12.57, verificamos numericamente a expansão por frações parciais. Testar para -3 é interessante porque este valor reduz a zero o lado esquerdo:

$$F(s) = \frac{-12}{3} + \frac{10\angle -53{,}13°}{-j4} + \frac{10\angle 53{,}13°}{j4}$$

$$= -4 + 2{,}5\angle 36{,}87° + 2{,}5\angle -36{,}87°$$

$$= -4 + 2{,}0 + j1{,}5 + 2{,}0 - j1{,}5 = 0.$$

Agora, prosseguimos com a transformação inversa da Equação 12.57:

$$\mathscr{L}^{-1}\left\{\frac{100(s+3)}{(s+6)(s^2+6s+25)}\right\} = (-12e^{-6t} + 10e^{-j53{,}13°}e^{-(3-j4)t}$$

$$+ 10e^{j53{,}13°}e^{-(3+j4)t})u(t). \quad (12.58)$$

De modo geral, não é desejável que a função no domínio do tempo contenha componentes imaginários. Felizmente, como os termos que envolvem componentes imaginários sempre aparecem em pares conjugados, podemos eliminá-los simplesmente somando os pares:

$$10e^{-j53{,}13°}e^{-(3-j4)t} + 10e^{j53{,}13°}e^{-(3+j4)t}$$

$$= 10e^{-3t}(e^{j(4t-53{,}13°)} + e^{-j(4t-53{,}13°)})$$

$$= 20e^{-3t}\cos(4t - 53{,}13°), \quad (12.59)$$

o que nos habilita a simplificar a Equação 12.58:

$$\mathscr{L}^{-1}\left\{\frac{100(s+3)}{(s+6)(s^2+6s+25)}\right\}$$

$$= [-12e^{-6t} + 20e^{-3t}\cos(4t - 53{,}13°)]u(t). \quad (12.60)$$

Como raízes complexas distintas aparecem frequentemente na análise de circuitos lineares de parâmetros concentrados, precisamos resumir esses resultados com um novo par de transformadas. Sempre que $D(s)$ contiver raízes complexas distintas — isto é, fatores da forma $(s+\alpha-j\beta)(s+\alpha+j\beta)$ — um par de termos da forma

$$\frac{K}{s+\alpha-j\beta} + \frac{K^*}{s+\alpha+j\beta} \quad (12.61)$$

aparece na expansão por frações parciais, onde o coeficiente da fração parcial é, de modo geral, um número complexo. Na forma polar,

$$K = |K|e^{j\theta} = |K|\underline{/\theta°}, \qquad (12.62)$$

onde $|K|$ denota o módulo do coeficiente complexo. Então

$$K^* = |K|e^{-j\theta} = |K|\underline{/-\theta°}. \qquad (12.63)$$

A transformada inversa dos pares de conjugados complexos da Equação 12.61 é sempre

$$\mathcal{L}^{-1}\left\{\frac{K}{s + \alpha - j\beta} + \frac{K^*}{s + \alpha + j\beta}\right\}$$

$$= 2|K|e^{-\alpha t}\cos(\beta t + \theta). \qquad (12.64)$$

Ao aplicar a Equação 12.64, é importante observar que K é definido como o coeficiente associado ao denominador $s + \alpha - j\beta$ e que K^* é definido como o coeficiente associado ao denominador $s + \alpha + j\beta$.

PROBLEMA PARA AVALIAÇÃO

Objetivo 2 Saber calcular a transformada inversa de Laplace usando a expansão por frações parciais e a tabela de transformadas de Laplace.

12.5 Determine $f(t)$ se $F(s) = \dfrac{10(s^2 + 119)}{(s + 5)(s^2 + 10s + 169)}$.

Resposta: $f(t) = (10e^{-5t} - 8{,}33e^{-5t}\,\text{sen}\,12t)u(t)$.

NOTA: tente resolver também os problemas 12.41(c) e (d), apresentados no final deste capítulo.

Expansão por frações parciais: raízes reais repetidas de $D(s)$

Para determinar os coeficientes associados aos termos gerados por uma raiz múltipla de multiplicidade r, multiplicamos ambos os lados da identidade pela raiz múltipla elevada à sua potência de ordem r. Determinamos K, que aparece acima do fator elevado à potência r, avaliando ambos os lados da identidade na raiz múltipla. Para determinar os $(r-1)$ coeficientes restantes, diferenciamos ambos os lados da identidade $(r-1)$ vezes. Ao final de cada diferenciação, avaliamos ambos os lados da identidade na raiz múltipla. O lado direito é sempre o K desejado, e o lado esquerdo é sempre seu valor numérico. Por exemplo,

$$\frac{100(s + 25)}{s(s + 5)^3} = \frac{K_1}{s} + \frac{K_2}{(s + 5)^3} + \frac{K_3}{(s + 5)^2} + \frac{K_4}{s + 5}. \qquad (12.65)$$

Determinamos K_1 como já descrevemos antes; isto é,

$$K_1 = \left.\frac{100(s + 25)}{(s + 5)^3}\right|_{s=0} = \frac{100(25)}{125} = 20. \qquad (12.66)$$

Para determinar K_2, multiplicamos ambos os lados por $(s + 5)^3$, e então avaliamos ambos os lados em -5:

$$\left.\frac{100(s+25)}{s}\right|_{s=-5} = \left.\frac{K_1(s+5)^3}{s}\right|_{s=-5} + K_2 + K_3(s+5)|_{s=-5}$$

$$+ K_4(s+5)^2\Big|_{s=-5}, \tag{12.67}$$

$$\frac{100(20)}{(-5)} = K_1 \times 0 + K_2 + K_3 \times 0 + K_4 \times 0$$

$$= K_2 = -400. \tag{12.68}$$

Para determinar K_3 temos de multiplicar, em primeiro lugar, ambos os lados da Equação 12.65 por $(s+5)^3$. Em seguida, diferenciamos ambos os lados uma vez em relação a s e, então, avaliamos em $s = -5$.

$$\frac{d}{ds}\left[\frac{100(s+25)}{s}\right]_{s=-5} = \frac{d}{ds}\left[\frac{K_1(s+5)^3}{s}\right]_{s=-5}$$

$$+ \frac{d}{ds}[K_2]_{s=-5}$$

$$+ \frac{d}{ds}[K_3(s+5)]_{s=-5}$$

$$+ \frac{d}{ds}[K_4(s+5)^2]_{s=-5}, \tag{12.69}$$

$$100\left[\frac{s-(s+25)}{s^2}\right]_{s=-5} = K_3 = -100. \tag{12.70}$$

Para determinar K_4 multiplicamos, em primeiro lugar, ambos os lados da Equação 12.65 por $(s+5)^3$. Em seguida, diferenciamos ambos os lados duas vezes em relação a s e, então, avaliamos ambos os lados em $s = -5$. Após simplificarmos a derivada de primeira ordem, a de segunda ordem torna-se

$$100\frac{d}{ds}\left[-\frac{25}{s^2}\right]_{s=-5} = K_1\frac{d}{ds}\left[\frac{(s+5)^2(2s-5)}{s^2}\right]_{s=-5}$$

$$+ 0 + \frac{d}{ds}[K_3]_{s=-5} + \frac{d}{ds}[2K_4(s+5)]_{s=-5},$$

ou

$$-40 = 2K_4 \tag{12.71}$$

Resolvendo a Equação 12.71, obtemos

$$K_4 = -20. \tag{12.72}$$

Então

$$\frac{100(s + 25)}{s(s + 5)^3} = \frac{20}{s} - \frac{400}{(s + 5)^3} - \frac{100}{(s + 5)^2} - \frac{20}{s + 5}. \qquad (12.73)$$

Neste ponto, podemos verificar nossa expansão, testando ambos os lados da Equação 12.73 em $s = -25$. Observe que ambos os lados da Equação 12.73 são iguais a zero quando $s = -25$, e isso nos dá confiança na correção da expansão por frações parciais. A transformada inversa da Equação 12.73 resulta em

$$\mathcal{L}^{-1}\left\{\frac{100(s + 25)}{s(s + 5)^3}\right\}$$

$$= [20 - 200t^2 e^{-5t} - 100 t e^{-5t} - 20 e^{-5t}]u(t). \qquad (12.74)$$

PROBLEMA PARA AVALIAÇÃO

Objetivo 2 Saber calcular a transformada inversa de Laplace usando a expansão por frações parciais e a tabela de transformadas de Laplace.

12.6 Determine $f(t)$ se $F(s) = \dfrac{(4s^2 + 7s + 1)}{s(s + 1)^2}$.

Resposta: $f(t) = (1 + 2te^{-t} + 3e^{-t})u(t)$.

NOTA: tente resolver também os problemas 12.41(a) e (b), apresentados no final deste capítulo.

Expansão por frações parciais: raízes complexas repetidas de $D(s)$

Tratamos raízes complexas repetidas do mesmo modo que as raízes reais repetidas; a única diferença é que a álgebra envolve números complexos. Lembre-se de que raízes complexas sempre aparecem em pares conjugados e de que os coeficientes associados ao par conjugado também são conjugados. Portanto, somente metade deles precisa ser avaliada. Por exemplo,

$$F(s) = \frac{768}{(s^2 + 6s + 25)^2}. \qquad (12.75)$$

Após fatorar o polinômio do denominador, escrevemos

$$F(s) = \frac{768}{(s + 3 - j4)^2 (s + 3 + j4)^2}$$

$$= \frac{K_1}{(s + 3 - j4)^2} + \frac{K_2}{s + 3 - j4}$$

$$+ \frac{K_1^*}{(s + 3 + j4)^2} + \frac{K_2^*}{s + 3 + j4}. \qquad (12.76)$$

Precisamos agora avaliar somente K_1 e K_2, porque K_1^* e K_2^* são valores conjugados. O valor de K_1 é

$$K_1 = \left.\frac{768}{(s + 3 + j4)^2}\right|_{s=-3+j4} = \frac{768}{(j8)^2} = -12. \qquad (12.77)$$

O valor de K_2 é

$$K_2 = \frac{d}{ds}\left[\frac{768}{(s+3+j4)^2}\right]_{s=-3+j4}$$

$$= -\frac{2(768)}{(s+3+j4)^3}\bigg|_{s=-3+j4}$$

$$= -\frac{2(768)}{(j8)^3}$$

$$= -j3 = 3\,\underline{/-90°}. \tag{12.78}$$

Pelas equações 12.77 e 12.78,

$$K_1^* = -12, \tag{12.79}$$

$$K_2^* = j3 = 3\,\underline{/90°}. \tag{12.80}$$

Agrupamos agora a expansão por frações parciais por termos conjugados para obter

$$F(s) = \left[\frac{-12}{(s+3-j4)^2} + \frac{-12}{(s+3+j4)^2}\right]$$

$$+ \left(\frac{3\,\underline{/-90°}}{s+3-j4} + \frac{3\,\underline{/90°}}{s+3+j4}\right). \tag{12.81}$$

Escrevemos, então, a transformada inversa de $F(s)$:

$$f(t) = [-24te^{-3t}\cos 4t + 6e^{-3t}\cos(4t-90°)]u(t). \tag{12.82}$$

Observe que, se $F(s)$ tiver uma raiz real a de multiplicidade r em seu denominador, o termo correspondente na expansão por frações parciais é da forma

$$\frac{K}{(s+a)^r}.$$

A transformada inversa desse termo é

$$\mathscr{L}^{-1}\left\{\frac{K}{(s+a)^r}\right\} = \frac{Kt^{r-1}e^{-at}}{(r-1)!}u(t). \tag{12.83}$$

Se $F(s)$ tiver uma raiz complexa de $\alpha + j\beta$ de multiplicidade r em seu denominador, o termo correspondente na expansão por frações parciais é o par conjugado

$$\frac{K}{(s+\alpha-j\beta)^r} + \frac{K^*}{(s+\alpha+j\beta)^r}.$$

A transformada inversa desse par é

$$\mathscr{L}^{-1}\left\{\frac{K}{(s+\alpha-j\beta)^r} + \frac{K^*}{(s+\alpha+j\beta)^r}\right\} = \left[\frac{2|K|t^{r-1}}{(r-1)!}e^{-\alpha t}\cos(\beta t + \theta)\right]u(t). \tag{12.84}$$

As equações 12.83 e 12.84 são as que nos possibilitam obter, por inspeção, a transformada inversa de qualquer expansão por frações parciais. Uma observação adicional sobre essas duas equações: na maioria dos problemas de análise de circuitos, raramente r é maior do que 2. Assim, a transformada inversa de uma função racional pode ser tratada com quatro pares de transformadas. A Tabela 12.3 apresenta uma lista desses pares.

Tabela 12.3 Quatro pares de transformadas úteis.

Número do par	Natureza das raízes	$F(s)$	$f(t)$
1	Reais e distintas	$\dfrac{K}{s+a}$	$Ke^{-at}u(t)$
2	Reais e repetidas	$\dfrac{K}{(s+a)^2}$	$Kte^{-at}u(t)$
3	Complexas e distintas	$\dfrac{K}{s+\alpha-j\beta} + \dfrac{K^*}{s+\alpha+j\beta}$	$2|K|e^{-\alpha t}\cos(\beta t+\theta)u(t)$
4	Complexas e repetidas	$\dfrac{K}{(s+\alpha-j\beta)^2} + \dfrac{K^*}{(s+\alpha+j\beta)^2}$	$2t|K|e^{-\alpha t}\cos(\beta t+\theta)u(t)$

NOTA: nos pares 1 e 2, K é uma quantidade real, ao passo que, nos pares 3 e 4, K é a quantidade complexa $|K|\angle\theta$.

PROBLEMA PARA AVALIAÇÃO

Objetivo 2 Saber calcular a transformada inversa de Laplace usando a expansão por frações parciais e a tabela de transformadas de Laplace.

12.7 Determine $f(t)$ se $F(s) = \dfrac{40}{(s^2+4s+5)^2}$.

Resposta: $f(t) = (-20te^{-2t}\cos t + 20e^{-2t}\operatorname{sen} t)u(t)$.

NOTA: tente resolver também o Problema 12.43(b), apresentado no final deste capítulo.

Expansão por frações parciais: funções racionais impróprias

Concluiremos a discussão da expansão por frações parciais voltando a uma observação feita no início desta seção, ou seja, que as funções racionais impróprias não constituem um problema sério para determinar transformadas inversas. Uma função racional imprópria pode sempre ser expressa como um polinômio somado a uma função racional própria. Calculamos, então, a transformada inversa do polinômio, por meio da função impulso e suas derivadas. A transformada inversa da função racional própria é calculada pelas técnicas esboçadas nesta seção. Para ilustrar o procedimento, usamos a função

$$F(s) = \dfrac{s^4 + 13s^3 + 66s^2 + 200s + 300}{s^2 + 9s + 20}. \tag{12.85}$$

Dividindo o numerador pelo denominador até que o resto seja uma função racional própria, obtemos

$$F(s) = s^2 + 4s + 10 + \frac{30s + 100}{s^2 + 9s + 20}, \quad (12.86)$$

em que o termo $(30s + 100)/(s^2 + 9s + 20)$ é o resto.

Em seguida, expandimos a função racional própria em uma soma de frações parciais:

$$\frac{30s + 100}{s^2 + 9s + 20} = \frac{30s + 100}{(s+4)(s+5)} = \frac{-20}{s+4} + \frac{50}{s+5}. \quad (12.87)$$

Substituindo a Equação 12.87 na Equação 12.86, obtemos

$$F(s) = s^2 + 4s + 10 - \frac{20}{s+4} + \frac{50}{s+5}. \quad (12.88)$$

Agora podemos obter a transformada inversa da Equação 12.88 por inspeção. Daí

$$f(t) = \frac{d^2\delta(t)}{dt^2} + 4\frac{d\delta(t)}{dt} + 10\delta(t) - (20e^{-4t} - 50e^{-5t})u(t). \quad (12.89)$$

PROBLEMAS PARA AVALIAÇÃO

Objetivo 2   Saber calcular a transformada inversa de Laplace usando a expansão por frações parciais e a tabela de transformadas de Laplace.

12.8 Determine $f(t)$ se $F(s) = \dfrac{(5s^2 + 29s + 32)}{(s+2)(s+4)}$.

Resposta: $f(t) = 5\delta(t) - (3e^{-2t} - 2e^{-4t})u(t)$.

12.9 Determine $f(t)$ se $F(s) = \dfrac{(2s^3 + 8s^2 + 2s - 4)}{(s^2 + 5s + 4)}$.

Resposta: $f(t) = 2\dfrac{d\delta(t)}{dt} - 2\delta(t) + 4e^{-4t}u(t)$.

NOTA: tente resolver também o Problema 12.43(c), apresentado no final deste capítulo.

12.8 Polos e zeros de F(s)

A função racional da Equação 12.42 também pode ser expressa como a razão entre dois polinômios fatorados. Em outras palavras, podemos escrever $F(s)$ como

$$F(s) = \frac{K(s+z_1)(s+z_2)\cdots(s+z_n)}{(s+p_1)(s+p_2)\cdots(s+p_m)}, \quad (12.90)$$

em que K é a constante a_n/b_m. Por exemplo, também podemos escrever a função

$$F(s) = \frac{8s^2 + 120s + 400}{2s^4 + 20s^3 + 70s^2 + 100s + 48}$$

como

$$F(s) = \frac{8(s^2 + 15s + 50)}{2(s^4 + 10s^3 + 35s^2 + 50s + 24)} = \frac{4(s+5)(s+10)}{(s+1)(s+2)(s+3)(s+4)}. \quad (12.91)$$

As raízes do polinômio do denominador, isto é, $-p_1, -p_2, -p_3, \ldots, -p_m$, são denominadas os **polos de F(s)**; elas são os valores de s nos quais $F(s)$ torna-se infinitamente grande. Na função descrita pela Equação 12.91, os polos de $F(s)$ são $-1, -2, -3$ e -4.

As raízes do polinômio do numerador, isto é, $-z_1, -z_2, -z_3, \ldots, -z_n$ são denominadas os **zeros de F(s)**; elas são os valores de s nos quais $F(s)$ torna-se zero. Na função descrita pela Equação 12.91, os zeros de $F(s)$ são -5 e -10.

No que vem a seguir, você, com certeza, concordará que é útil visualizar os polos e zeros de $F(s)$ como pontos sobre um plano complexo s. Um plano complexo é necessário porque as raízes dos polinômios podem ser complexas. No plano complexo s, usamos o eixo horizontal para representar os valores reais de s e o eixo vertical para representar os valores imaginários de s.

Como exemplo de representação gráfica de polos e zeros, considere a função

$$F(s) = \frac{10(s+5)(s+3-j4)(s+3+j4)}{s(s+10)(s+6-j8)(s+6+j8)}. \quad (12.92)$$

Os polos de $F(s)$ estão em $0, -10, -6 + j8$ e $-6 - j8$. Os zeros estão em $-5, -3 + j4$ e $-3 - j4$. A Figura 12.17 mostra os polos e zeros representados no plano s, onde X representa polos e O representa zeros.

Figura 12.17 Representação gráfica de polos e zeros no plano s.

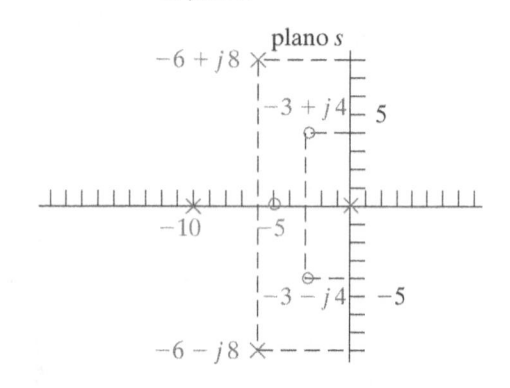

Observe que os polos e zeros para a Equação 12.90 são localizados no plano s finito. $F(s)$ também pode ter um polo de ordem r ou um zero de ordem r no infinito. Por exemplo, a função descrita pela Equação 12.91 tem um polo de segunda ordem no infinito porque, para grandes valores de s, a função reduz-se a $4/s^2$ e $F(s) = 0$ quando $s = \infty$. Neste livro, estamos interessados nos polos e zeros finitos. Por conseguinte, quando nos referirmos aos polos e zeros de uma função racional de s, estamos nos referindo aos polos e zeros finitos.

12.9 Teoremas do valor inicial e do valor final

Os teoremas do valor inicial e do valor final são úteis porque nos possibilitam determinar, a partir de $F(s)$, o comportamento de $f(t)$ em 0 e ∞. Daí, podemos calcular os valores inicial e final de $f(t)$ para verificar se estão de acordo com o comportamento conhecido do circuito, antes mesmo de determinar a transformada inversa de $F(s)$.

O teorema do valor inicial afirma que

▶ **Teorema do valor inicial**
$$\lim_{t \to 0} f(t) = \lim_{s \to \infty} sF(s), \quad (12.93)$$

e o teorema do valor final afirma que

▶ **Teorema do valor final**
$$\lim_{t \to \infty} f(t) = \lim_{s \to 0} sF(s). \quad (12.94)$$

O teorema do valor inicial baseia-se na premissa de que $f(t)$ não contém nenhuma função impulso. Na Equação 12.94, temos de acrescentar a restrição de que o teorema só será válido se os polos de $F(s)$, exceto um polo de primeira ordem na origem, estiverem localizados na metade esquerda do plano s.

Para provar a Equação 12.93, começamos com a transformada operacional da derivada de primeira ordem:

$$\mathcal{L}\left\{\frac{df}{dt}\right\} = sF(s) - f(0^-) = \int_{0^-}^{\infty} \frac{df}{dt} e^{-st}\, dt. \tag{12.95}$$

Agora, tomamos o limite quando $s \to \infty$

$$\lim_{s \to \infty}[sF(s) - f(0^-)] = \lim_{s \to \infty} \int_{0^-}^{\infty} \frac{df}{dt} e^{-st}\, dt. \tag{12.96}$$

Observe que o lado direito da Equação 12.96 pode ser escrito como

$$\lim_{s \to \infty}\left(\int_{0^-}^{0^+} \frac{df}{dt} e^0\, dt + \int_{0^+}^{\infty} \frac{df}{dt} e^{-st}\, dt\right).$$

Quando $s \to \infty$, $(df/dt)e^{-st} \to 0$; daí, a segunda integral anula-se no limite. A primeira integral reduz-se a $f(0^+) - f(0^-)$, que é independente de s. Assim, o lado direito da Equação 12.96 torna-se

$$\lim_{s \to \infty} \int_{0^-}^{\infty} \frac{df}{dt} e^{-st}\, dt = f(0^+) - f(0^-). \tag{12.97}$$

Como $f(0^-)$ é independente de s, o lado esquerdo da Equação 12.96 pode ser escrito

$$\lim_{s \to \infty}[sF(s) - f(0^-)] = \lim_{s \to \infty}[sF(s)] - f(0^-). \tag{12.98}$$

Pelas equações 12.97 e 12.98,

$$\lim_{s \to \infty} sF(s) = f(0^+) = \lim_{t \to 0^+} f(t),$$

o que conclui a prova do teorema do valor inicial.

A prova do teorema do valor final também começa com a Equação 12.95. Agora, tomamos o limite quando $s \to 0$:

$$\lim_{s \to 0}[sF(s) - f(0^-)] = \lim_{s \to 0}\left(\int_{0^-}^{\infty} \frac{df}{dt} e^{-st}\, dt\right). \tag{12.99}$$

Como a integração é em relação a t e a operação de limite é em relação a s, o lado direito da Equação 12.99 reduz-se a

$$\lim_{s \to 0}\left(\int_{0^-}^{\infty} \frac{df}{dt} e^{-st}\, dt\right) = \int_{0^-}^{\infty} \frac{df}{dt}\, dt. \tag{12.100}$$

Como o limite superior da integral é infinito, ela também pode ser escrita na forma de um limite:

$$\int_{0^-}^{\infty} \frac{df}{dt}\, dt = \lim_{t \to \infty} \int_{0^-}^{t} \frac{df}{dy}\, dy, \tag{12.101}$$

em que usamos y como o símbolo de integração para evitar confusão com o limite superior da integral. Calculando a integral, teremos

$$\lim_{t \to \infty}[f(t) - f(0^-)] = \lim_{t \to \infty}[f(t)] - f(0^-). \tag{12.102}$$

Substituindo a Equação 12.102 na Equação 12.99, obtemos

$$\lim_{s \to 0}[sF(s)] - f(0^-) = \lim_{t \to \infty}[f(t)] - f(0^-). \tag{12.103}$$

Como $f(0^-)$ se cancela, a Equação 12.103 reduz-se ao teorema do valor final, ou seja,

$$\lim_{s \to 0} sF(s) = \lim_{t \to \infty} f(t).$$

O teorema do valor final é útil somente se $f(\infty)$ existir. Essa condição só será válida, se todos os polos de $F(s)$, exceto um polo simples na origem, estiverem dentro da metade esquerda do plano s.

A aplicação dos teoremas do valor inicial e do valor final

Para ilustrar a aplicação dos teoremas do valor inicial e do valor final, nós os aplicamos a uma função que utilizamos anteriormente para mostrar a expansão por frações parciais. Examine o par de transformadas dado pela Equação 12.60. Pelo teorema do valor inicial, temos

$$\lim_{s \to \infty} sF(s) = \lim_{s \to \infty} \frac{100s^2[1 + (3/s)]}{s^3[1 + (6/s)][1 + (6/s) + (25/s^2)]} = 0,$$

$$\lim_{t \to 0^+} f(t) = [-12 + 20\cos(-53{,}13°)](1) = -12 + 12 = 0.$$

Pelo teorema do valor final, temos

$$\lim_{s \to 0} sF(s) = \lim_{s \to 0} \frac{100s(s + 3)}{(s + 6)(s^2 + 6s + 25)} = 0,$$

$$\lim_{t \to \infty} f(t) = \lim_{t \to \infty}[-12e^{-6t} + 20e^{-3t}\cos(4t - 53{,}13°)]u(t) = 0.$$

Quando aplicamos os teoremas à Equação 12.60, já tínhamos a expressão no domínio do tempo e estávamos apenas testando nosso entendimento. Mas o real valor dos teoremas do valor inicial e do valor final está na capacidade de testar as expressões no domínio da frequência antes de resolver a transformada inversa. Por exemplo, considere a expressão para $V(s)$ dada pela Equação 12.40. Embora não possamos calcular $v(t)$ até que os parâmetros do circuito sejam especificados, podemos verificar se $V(s)$ fornece os valores corretos de $v(0^+)$ e $v(\infty)$. Sabemos, pelo enunciado do problema, que $v(0^+)$ é igual a zero. Também sabemos que $v(\infty)$ deve ser nulo, pois o indutor ideal é um curto-circuito perfeito nos terminais da fonte de corrente cc. Por fim, sabemos que os polos de $V(s)$ devem estar localizados na metade esquerda do plano s porque R, L e C são constantes positivas. Daí, os polos de $sV(s)$ também encontrarem-se na metade esquerda do plano s.

Aplicando o teorema do valor inicial, obtemos

$$\lim_{s \to \infty} sV(s) = \lim_{s \to \infty} \frac{s(I_{cc}/C)}{s^2[1 + 1/(RCs) + 1/(LCs^2)]} = 0.$$

Aplicando o teorema do valor final, obtemos

$$\lim_{s \to 0} sV(s) = \lim_{s \to 0} \frac{s(I_{cc}/C)}{s^2 + (s/RC) + (1/LC)} = 0.$$

A expressão calculada para $V(s)$ fornece corretamente os valores inicial e final de $v(t)$.

Capítulo 12 • Introdução à transformada de Laplace 511

> **PROBLEMA PARA AVALIAÇÃO**
>
> **Objetivo 3** Entender e saber como usar o teorema do valor inicial e o teorema do valor final.
>
> **12.10** Use os teoremas do valor inicial e do valor final para determinar os valores inicial e final de $f(t)$ nos Problemas para avaliação 12.4, 12.6 e 12.7.
>
> Resposta: 7, 0; 4, 1 e 0, 0.
>
> NOTA: tente resolver também o Problema 12.50, apresentado no final deste capítulo.

Perspectiva prática

Efeitos transitórios

Figura 12.18 Um circuito *RLC* em série com fonte senoidal de 60 Hz.

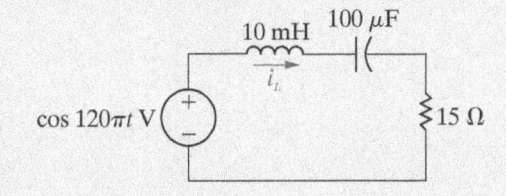

O circuito apresentado na *Perspectiva prática*, no início do capítulo, é reproduzido na Figura 12.18, com a chave fechada e a fonte senoidal escolhida.

Usamos os métodos de Laplace para determinar a resposta completa da corrente do indutor, $i_L(t)$. Para começar, use LTK para somar as quedas de tensão no circuito, no sentido horário:

$$15i_L(t) + 0{,}01\frac{di_L(t)}{dt} + \frac{1}{100 \times 10^{-6}}\int_0^t i_L(x)dx = \cos 120\pi t \quad (12.104)$$

Agora, tomamos a transformada de Laplace da Equação 12.104, usando as tabelas 12.1 e 12.2:

$$15I_L(s) + 0{,}01sI_L(s) + 10^4\frac{I_L(s)}{s} = \frac{s}{s^2 + (120\pi)^2} \quad (12.105)$$

Em seguida, reorganizamos os termos da Equação 12.105 para obter uma expressão para $I_L(s)$:

$$I_L(s) = \frac{100s^2}{\left[s^2 + 1.500s + 10^6\right]\left[s^2 + (120\pi^2)\right]} \quad (12.106)$$

Note-se que a expressão para $I_L(s)$ tem dois pares de polos conjugados complexos, por isso a expansão por frações parciais de $I_L(s)$ terá quatro termos:

$$I_L(s) = \frac{K_1}{(s + 750 - j661{,}44)} + \frac{K_1^*}{(s + 750 + j661{,}44)} + \frac{K_2}{(s - j120\pi)} + \frac{K_2^*}{(s + j120\pi)} \quad (12.107)$$

Determinemos os valores de K_1 e K_2:

$$K_1 = \frac{100s^2}{\left[s + 750s + j661{,}44\right]\left[s^2 + (120\pi)^2\right]}\bigg|_{s=-750+j661{,}44} = 0{,}07357\angle-97{,}89°$$

$$K_2 = \frac{100s^2}{\left[s^2 + 1.500s + 10^6\right]\left[s + j120\pi\right]}\bigg|_{s=j120\pi} = 0{,}018345\angle 56{,}61° \quad (12.108)$$

Por fim, podemos usar a Tabela 12.3 para calcular a transformada inversa de Laplace da Equação 12.107 e determinar $i_L(t)$:

$$i_L(t) = 147{,}14e^{-750t}\cos(661{,}44t - 97{,}89°) + 36{,}69\cos(120\pi t + 56{,}61°)\text{ mA} \quad (12.109)$$

O primeiro termo da Equação 12.109 é a resposta transitória, que cai a praticamente zero em cerca de 7 ms. O segundo termo da Equação 12.109 é a resposta de regime permanente, que tem a mesma frequência que a fonte senoidal de 60 Hz e persistirá enquanto essa fonte estiver ligada ao circuito. Note-se que a amplitude da resposta de regime permanente é de 36,69 mA, que é menor do que o valor de corrente de 40 mA do indutor. Mas a resposta transitória tem amplitude inicial de 147,14 mA, bem maior do que o valor de corrente de 40 mA. Calcule o valor da corrente do indutor em $t = 0$:

$$i_L(0) = 147{,}14(1)\cos(-97{,}89°) + 36{,}69\cos(56{,}61°) = -6{,}21\ \mu A$$

Claramente, a parte transitória da resposta não faz a corrente no indutor exceder inicialmente seu valor nominal. Mas precisamos de um gráfico da resposta completa para determinar se o valor da corrente é ou não ultrapassado, como mostrado na Figura 12.19. O gráfico sugere que verifiquemos o valor da corrente do indutor em 1 ms:

$$i_L(0{,}001) = 147{,}14 e^{-0{,}75}\cos(-59{,}82°) + 36{,}69\cos(78{,}21°) = 42{,}6\ mA$$

Assim, o valor da corrente é excedido no indutor, ao menos momentaneamente. Se determinarmos que não desejamos exceder o valor da corrente, deveremos reduzir a magnitude da fonte senoidal. Este exemplo ilustra a importância de se examinar a resposta completa de um circuito para uma entrada senoidal, ainda que estejamos satisfeitos com a resposta em regime permanente.

Figura 12.19 Gráfico da corrente do indutor no circuito na Figura 12.18.

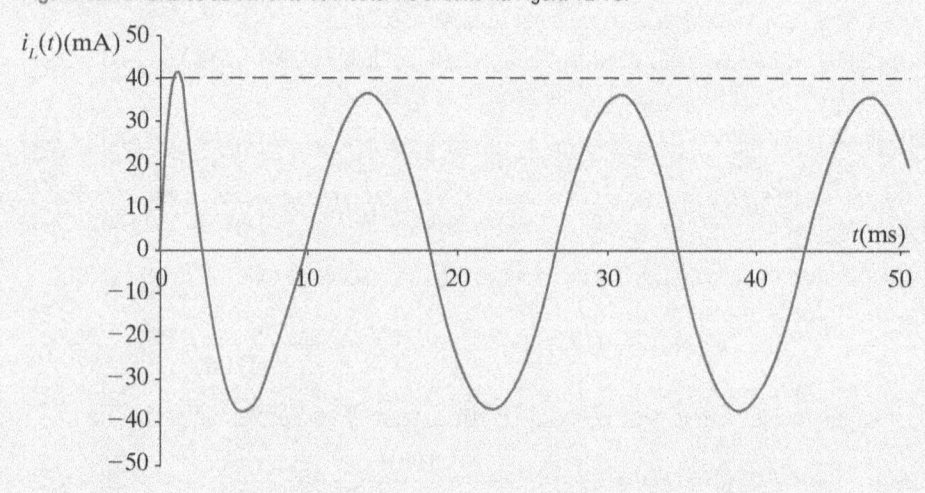

NOTA: avalie sua compreensão da Perspectiva Prática tentando resolver os problemas 12.55 e 12.56, apresentados no final do capítulo.

Resumo

- A **transformada de Laplace** é uma ferramenta para converter equações no domínio do tempo em equações no domínio da frequência, de acordo com a seguinte definição geral:

$$\mathcal{L}\{f(t)\} = \int_0^\infty f(t)e^{-st}\,dt = F(s),$$

em que $f(t)$ é a expressão no domínio do tempo e $F(s)$ é a expressão no domínio da frequência. (Seção 21.1.)

- A **função degrau,** $Ku(t)$, descreve uma função que passa por uma descontinuidade de um nível constante para outro em $t = 0$. K é a amplitude do degrau; se $K = 1$, $Ku(t)$ é a **função degrau unitário**. (Seção 12.2.)

- A **função impulso** $K\delta(t)$ é definida por

$$\int_{-\infty}^\infty K\delta(t)dt = K,$$
$$\delta(t) = 0,\quad t \neq 0.$$

K é a intensidade do impulso; se $K = 1$, $K\delta(t)$ é a **função impulso unitário**. (Seção 12.3.)

- Uma **transformada funcional** é a transformada de Laplace de uma função específica. Pares de transformadas funcionais importantes estão resumidos na Tabela 12.1. (Seção 12.4.)

- **Transformadas operacionais** definem as propriedades matemáticas gerais da transformada de Laplace. Pares de transformadas operacionais importantes estão resumidos na Tabela 12.2. (Seção 12.5.)

- Em circuitos lineares de parâmetros concentrados, $F(s)$ é uma função racional de s. (Seção 12.7.)

- Se $F(s)$ for uma função racional própria, a transformada inversa será determinada por uma expansão por frações parciais. (Seção 12.7.)

- Se $F(s)$ for uma função racional imprópria, sua transformada inversa poderá ser determinada expressando-a antes como uma soma de um polinômio e uma função racional própria. (Seção 12.7.)

- $F(s)$ pode ser expressa como a razão entre dois polinômios fatorados. As raízes do denominador são denominadas **polos** e representadas por X no gráfico do plano complexo s. As raízes do numerador são denominadas **zeros** e representadas por 0 no gráfico do plano complexo s. (Seção 12.8.)

- O teorema do valor inicial estabelece que

$$\lim_{t \to 0^+} f(t) = \lim_{s \to \infty} sF(s).$$

O teorema só será válido se $f(t)$ não contiver nenhuma função impulso. (Seção 12.9.)

- O teorema do valor final estabelece que

$$\lim_{t \to \infty} f(t) = \lim_{s \to 0^+} sF(s).$$

O teorema só será válido se os polos de $F(s)$, exceto um polo de primeira ordem na origem, estiverem na metade esquerda do plano s. (Seção 12.9.)

- Os teoremas do valor inicial e do valor final permitem prever os valores inicial e final de $f(t)$ a partir da expressão no domínio da frequência. (Seção 12.9.)

Problemas

Seção 12.2

12.1 Funções degrau podem ser usadas para definir uma função *janela*. Assim, $u(t+2) - u(t-3)$ define uma janela de 1 unidade de altura e 5 unidades de largura, localizada no eixo do tempo entre -2 e 3.

Uma função $f(t)$ é definida da seguinte forma:

$$\begin{aligned}
f(t) &= 0, & t &\leq 0 \\
&= 5t, & 0 &\leq t \leq 10\text{ s} \\
&= -5t + 100, & 10\text{ s} &\leq t \leq 30\text{ s} \\
&= -50, & 30\text{ s} &\leq t \leq 40\text{ s}; \\
&= 2{,}5t - 150, & 40\text{ s} &\leq t \leq 60\text{ s} \\
&= 0, & 60\text{ s} &\leq t < \infty.
\end{aligned}$$

a) Desenhe o gráfico de $f(t)$, no intervalo $0 \leq t \leq 60$ s.

b) Use o conceito da função janela para escrever uma expressão para $f(t)$.

12.2 Desenhe um gráfico de $f(t)$ para -3 s $\leq t \leq 18$ s, quando $f(t)$ for dada pela seguinte expressão:

$$f(t) = (-10t - 30)u(t+3) + 10tu(t)$$
$$+ (10t - 30)u(t - 3)$$
$$+ (90 - 10t)u(t - 9) + (150 - 10t)u(t - 15)$$
$$+ (10t - 180)u(t - 18)$$

12.3 Use funções degrau para escrever a expressão para cada uma das funções mostradas na Figura P12.3.

Figura P12.3

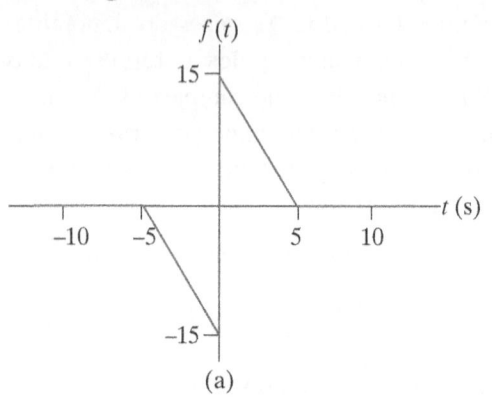

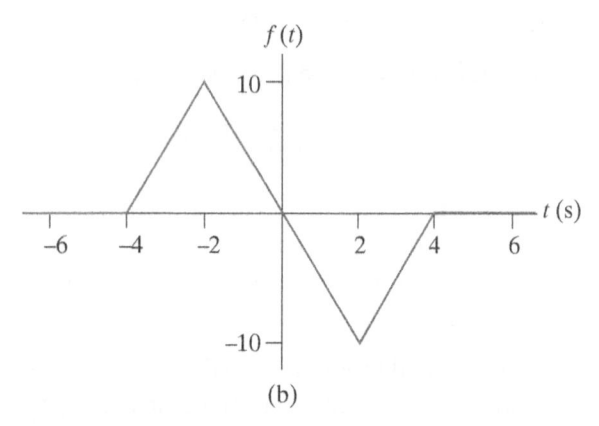

(a)

(b)

Figura P12.4

(a)

(b)

(c)

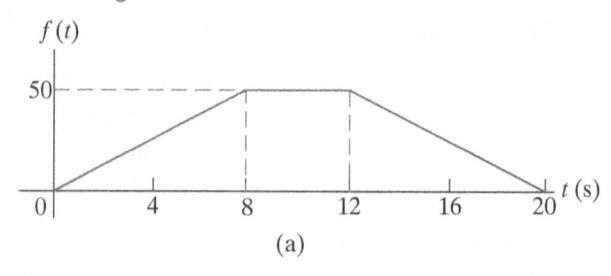

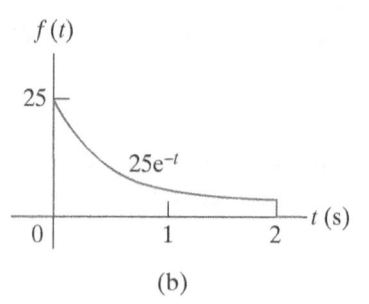

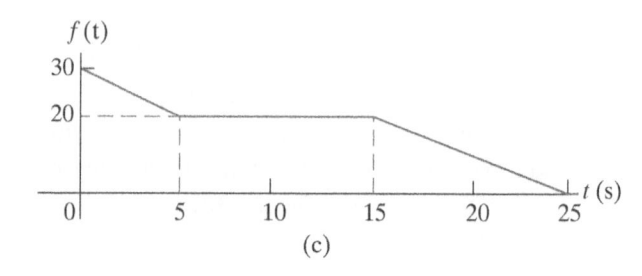

12.4 Use funções degrau para escrever a expressão para cada uma das funções mostradas na Figura P12.4.

Seção 12.3

12.5 Explique por que a seguinte função gera uma função impulso quando $\epsilon \to 0$:

$$f(t) = \frac{\epsilon/\pi}{\epsilon^2 + t^2}, \quad -\infty \leq t \leq \infty.$$

12.6 a) Calcule a área sob a função da Figura 12.12(a).

b) Qual é a duração da função quando $\epsilon = 0$?

c) Qual é o valor de $f(0)$ quando $\epsilon = 0$?

12.7 Os pulsos triangulares mostrados na Figura P12.7 são equivalentes aos pulsos retangulares da Figura 12.12(b), pois ambos abrangem a mesma área ($1/\epsilon$) e tendem ao infinito, proporcionalmente a $1/\epsilon^2$, à medida que $\epsilon \to 0$. Usando essa representação de pulso triangular para $\delta'(t)$, determine a transformada de Laplace de $\delta''(t)$.

Figura P12.7

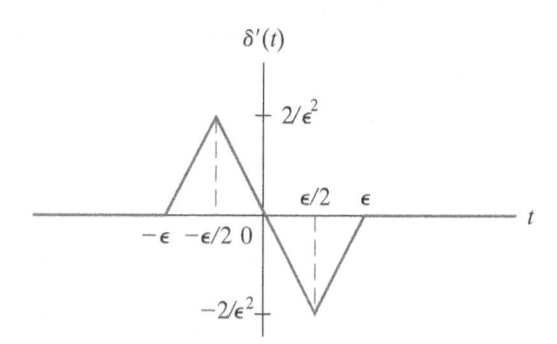

12.8 Calcule as seguintes integrais:

a) $I = \int_{-1}^{3} (t^3 + 2)[\delta(t) + 8\delta(t-1)]\,dt$.

b) $I = \int_{-2}^{2} t^2[\delta(t) + \delta(t+1{,}5) + \delta(t-3)]\,dt$.

12.9 Na Seção 12.3, usamos a propriedade de filtragem da função impulso para mostrar que $\mathcal{L}\{\delta(t)\} = 1$. Mostre que podemos obter o mesmo resultado determinando a transformada de Laplace do pulso retangular que existe entre $\pm\epsilon$ na Figura 12.9 e, então, determinando o limite dessa transformada quando $\epsilon \to 0$.

12.10 Determine $f(t)$ se

$$f(t) = \frac{1}{2\pi}\int_{-\infty}^{\infty} F(\omega)e^{jt\omega}\,d\omega,$$

e

$$F(\omega) = \frac{4 + j\omega}{9 + j\omega}\pi\delta(\omega).$$

12.11 Mostre que

$$\mathcal{L}\{\delta^{(n)}(t)\} = s^n.$$

12.12 a) Mostre que

$$\int_{-\infty}^{\infty} f(t)\delta'(t-a)\,dt = -f'(a).$$

(*Sugestão:* integre por partes.)

b) Use a fórmula em (a) para mostrar que

$$\mathcal{L}\{\delta'(t)\} = s.$$

Seções 12.4-12.5

12.13 Determine a transformada de Laplace de cada uma das seguintes funções:

a) $f(t) = 20e^{-500(t-10)}u(t-10)$.

b) $f(t) = (5t+20)[u(t+4) - u(t+2)]$
$\quad -5t[u(t+2) - u(t-2)]$
$\quad + (5t-20)[u(t-2) - u(t-4)]$.

12.14 a) Determine a transformada de Laplace da função ilustrada na Figura P12.14.

b) Determine a transformada de Laplace da derivada de primeira ordem da função ilustrada na Figura P12.14.

c) Determine a transformada de Laplace da derivada de segunda ordem da função ilustrada na Figura P12.14.

Figura P12.14

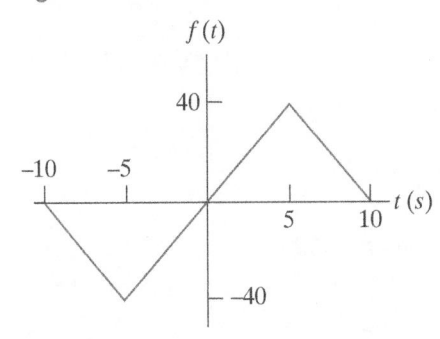

12.15 Mostre que

$$\mathcal{L}\{e^{-at}f(t)\} = F(s+a).$$

12.16 Mostre que

$$\mathcal{L}\{f(at)\} = \frac{1}{a}F\left(\frac{s}{a}\right).$$

12.17 a) Determine a transformada de Laplace de te^{-at}.

b) Use a transformada operacional, dada pela Equação 12.23, para determinar a transformada de Laplace de $\dfrac{d}{dt}(te^{-at})$.

c) Verifique o resultado obtido na parte (b), primeiro diferenciando e, então, transformando a expressão resultante.

12.18 a) Determine $\mathcal{L}\left\{\displaystyle\int_{0^-}^{t} e^{-ax}\,dx\right\}$.

b) Verifique o resultado de (a) primeiro integrando e, então, transformando.

12.19 a) Determine a transformada de Laplace de

$$\int_{0^-}^{t} x\,dx$$

primeiro integrando e, então, transformando.

b) Verifique o resultado obtido em (a) usando a transformada operacional dada pela Equação 12.33.

12.20 Determine a transformada de Laplace de cada uma das seguintes funções:

a) $f(t) = te^{-at}$;
b) $f(t) = \operatorname{sen}\omega t$;
c) $f(t) = \operatorname{sen}(\omega t + \theta)$;
d) $f(t) = t$;
e) $f(t) = \cosh(t + \theta)$.

(*Sugestão*: veja o Problema para Avaliação 12.1.)

12.21 a) Dado que $F(s) = \mathcal{L}\{f(t)\}$, mostre que

$$-\frac{dF(s)}{ds} = \mathcal{L}\{tf(t)\}.$$

b) Mostre que

$$(-1)^n \frac{d^n F(s)}{ds^n} = \mathcal{L}\{t^n f(t)\}.$$

c) Use o resultado de (b) para determinar $\mathcal{L}\{t^5\}$, $\mathcal{L}\{t \operatorname{sen}\beta t\}$ e $\mathcal{L}\{te^{-t}\cosh t\}$.

12.22 a) Determine $\mathcal{L}\left\{\dfrac{d}{dt}\operatorname{sen}\omega t\right\}$.

b) Determine $\mathcal{L}\left\{\dfrac{d}{dt}\cos\omega t\right\}$.

c) Determine $\mathcal{L}\left\{\dfrac{d^3}{dt^3}t^2 u(t)\right\}$.

d) Verifique os resultados das partes (a), (b) e (c), primeiro diferenciando e, então, transformando.

12.23 Determine a transformada de Laplace (quando $\epsilon \to 0$) da derivada da função exponencial ilustrada na Figura 12.8, usando cada um dos dois métodos a seguir:

a) Primeiro, diferencie a função e, então, determine a transformada da função resultante.

b) Use a transformada operacional dada pela Equação 12.23.

12.24 Determine a transformada de Laplace para (a) e (b).

a) $f(t) = \dfrac{d}{dt}(e^{-at}\cos\omega t)$.

b) $f(t) = \displaystyle\int_{0^-}^{t} e^{-ax}\operatorname{sen}\omega x\, dx$.

c) Verifique os resultados obtidos em (a) e (b), primeiro executando a operação matemática indicada e, então, determinando a transformada de Laplace.

12.25 a) Mostre que, se $F(s) = \mathcal{L}\{f(t)\}$ e $\{f(t)/t\}$ possuir transformada de Laplace, então

$$\int_s^\infty F(u)\,du = \mathcal{L}\left\{\frac{f(t)}{t}\right\}.$$

(*Sugestão:* use a equação que define a transformada de Laplace para escrever

$$\int_s^\infty F(u)\,du = \int_s^\infty \left(\int_{0^-}^\infty f(t)e^{-ut}dt\right) du$$

e, então, inverta a ordem de integração.)

b) Comece com o resultado obtido no Problema 12.21(c) para $\mathcal{L}\{t\operatorname{sen}\beta t\}$ e use a transformada operacional dada em (a) deste problema para determinar $\mathcal{L}\{\operatorname{sen}\beta t\}$.

Seção 12.6

12.26 No circuito mostrado na Figura 12.16, a fonte de corrente cc é substituída por uma fonte senoidal que fornece uma corrente de $5\cos 20t$ A. Os componentes do circuito são $R = 1{,}25\,\Omega$, $C = 50$ mF e $L = 200$ mH. Determine a expressão numérica para $V(s)$.

12.27 Não há nenhuma energia armazenada no circuito mostrado na Figura P12.27, no momento em que a chave é aberta.

a) Deduza a equação íntegro-diferencial que governa o comportamento da tensão v_o.

b) Mostre que

$$V_o(s) = \frac{I_{cc}/C}{s^2 + (1/RC)s + (1/LC)}.$$

c) Mostre que

$$I_o(s) = \frac{sI_{cc}}{s^2 + (1/RC)s + (1/LC)}.$$

Figura P12.27

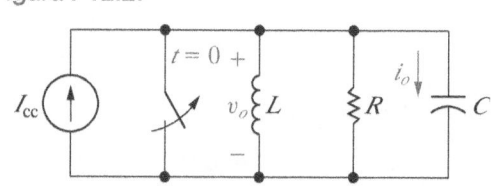

12.28 A chave no circuito da Figura P12.28 esteve na posição a por um longo tempo. Em $t = 0$, ela passa instantaneamente para a posição b.

a) Deduza a equação íntegro-diferencial que governa o comportamento da corrente i_o, para $t \geq 0^+$.

b) Mostre que
$$I_o(s) = \frac{I_{cc}[s + (1/RC)]}{[s^2 + (1/RC)s + (1/LC)]}.$$

Figura P12.28

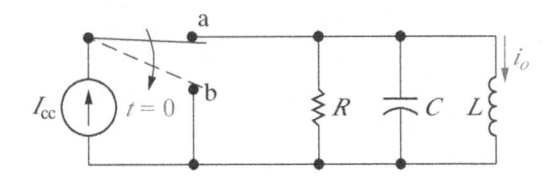

12.29 A chave no circuito da Figura P12.29 esteve na posição a por um longo tempo. Em $t = 0$, ela passa instantaneamente para a posição b.

a) Deduza a equação íntegro-diferencial que governa o comportamento da tensão v_o, para $t \geq 0^+$.

b) Mostre que
$$V_o(s) = \frac{V_{cc}[s + (R/L)]}{[s^2 + (R/L)s + (1/LC)]}.$$

Figura P12.29

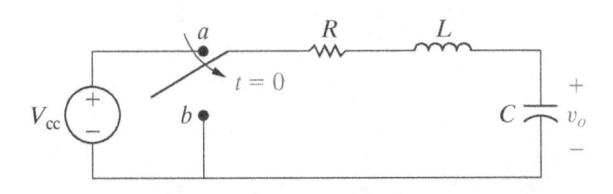

12.30 A chave no circuito da Figura P12.30 esteve aberta por um longo tempo. Em $t = 0$, ela se fecha.

a) Deduza a equação íntegro-diferencial que governa o comportamento da tensão v_o, para $t \geq 0$.

b) Mostre que
$$V_o(s) = \frac{V_{cc}/RC}{s^2 + (1/RC)s + (1/LC)}.$$

c) Mostre que
$$I_o(s) = \frac{V_{cc}/RLC}{s[s^2 + (1/RC)s + (1/LC)]}.$$

Figura P12.30

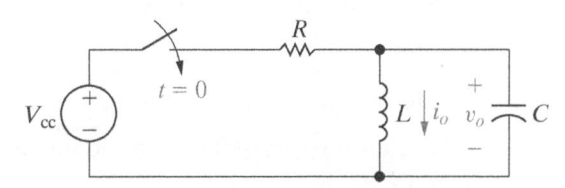

12.31 Não há nenhuma energia armazenada no circuito mostrado na Figura P12.31, no momento em que a chave é aberta.

a) Deduza a equação íntegro-diferencial que governa o comportamento das tensões de nó v_1 e v_2.

b) Mostre que
$$V_2(s) = \frac{sI_g(s)}{C[s^2 + (R/L)s + (1/LC)]}.$$

Figura P12.31

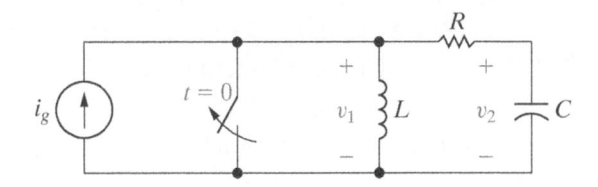

12.32 a) Escreva as duas equações diferenciais simultâneas que descrevem o comportamento do circuito mostrado na Figura P12.32, em termos das correntes de malha i_1 e i_2.

b) Determine as transformadas de Laplace das equações deduzidas em (a). Admita que a energia inicial armazenada no circuito seja nula.

c) Resolva as equações em (b) para $I_1(s)$ e $I_2(s)$.

Figura P12.32

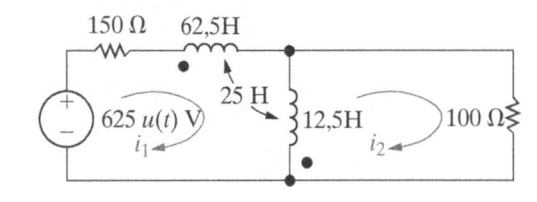

Seção 12.7

12.33 Determine $v(t)$ no Problema 12.26.

12.34 Os parâmetros do circuito da Figura P12.27 têm os seguintes valores: $R = 20\ \Omega$, $L = 50$ mH, $C = 20\ \mu F$ e $I_{cc} = 75$ mA.
Pspice Multisim

a) Determine $v_o(t)$, para $t \geq 0$.

b) Determine $i_o(t)$, para $t \geq 0$.

c) A solução para $i_o(t)$ faz sentido quando $t = 0$? Explique.

12.35 Os parâmetros do circuito da Figura P12.28 são $R = 2{,}5\ k\Omega$; $L = 50$ mH e $C = 2$ nF. Se $I_{cc} = 40$ mA, determine $i_o(t)$ para $t \geq 0$.
Pspice Multisim

12.36 Os parâmetros do circuito da Figura P12.29 são $R = 4\ k\Omega$, $L = 400$ mH e $C = 156{,}25$ nF. Se $V_{cc} = 120$ V, determine $v_o(t)$, para $t \geq 0$.

12.37 Os parâmetros do circuito da Figura P12.30 são $R = 2\ k\Omega$; $L = 1{,}6$ H e $C = 5\ \mu F$. Se V_{cc} for 56 V, determine
Pspice Multisim

a) $v_o(t)$, para $t \geq 0$.

b) $i_o(t)$, para $t \geq 0$.

12.38 Os parâmetros do circuito da Figura P12.31 são $R = 4.000\ \Omega$; $L = 40$ mH e $C = 15{,}625$ nF. Se $I_g(t)$ for 150 mA, determine $v_2(t)$.
Pspice Multisim

12.39 Use os resultados do Problema 12.32 e o circuito mostrado na Figura P12.32 para

a) Determinar $i_1(t)$ e $i_2(t)$.

b) Determinar $i_1(\infty)$ e $i_2(\infty)$.

c) As soluções para i_1 e i_2 têm sentido? Explique.

12.40 Determine $f(t)$ para cada uma das seguintes funções:

a) $F(s) = \dfrac{6(s + 10)}{(s + 5)(s + 8)}$.

b) $F(s) = \dfrac{20s^2 + 141s + 315}{s(s^2 + 10s + 21)}$.

c) $F(s) = \dfrac{15s^2 + 112s + 228}{(s + 2)(s + 4)(s + 6)}$.

d) $F(s) = \dfrac{2s^3 + 33s^2 + 93s + 54}{s(s + 1)(s^2 + 5s + 6)}$.

12.41 Determine $f(t)$ para cada uma das seguintes funções:

a) $F(s) = \dfrac{280}{s^2 + 14s + 245}$.

b) $F(s) = \dfrac{-s^2 + 52s + 445}{s(s^2 + 10s + 89)}$.

c) $F(s) = \dfrac{14s^2 + 56s + 152}{(s + 6)(s^2 + 4s + 20)}$.

d) $F(s) = \dfrac{8(s + 1)^2}{(s^2 + 10s + 34)(s^2 + 8s + 20)}$.

12.42 Determine $f(t)$ para cada uma das seguintes funções:

a) $F(s) = \dfrac{320}{s^2(s + 8)}$.

b) $F(s) = \dfrac{80(s + 3)}{s(s + 2)^2}$.

c) $F(s) = \dfrac{60(s + 5)}{(s + 1)^2(s^2 + 6s + 25)}$.

d) $F(s) = \dfrac{25(s + 4)^2}{s^2(s + 5)^2}$.

12.43 Determine $f(t)$ para cada uma das seguintes funções:

a) $F(s) = \dfrac{135}{s(s + 3)^3}$.

b) $F(s) = \dfrac{10(s + 2)^2}{(s^2 + 2s + 2)^2}$.

c) $F(s) = \dfrac{25s^2 + 395s + 1.494}{s^2 + 15s + 54}$.

d) $F(s) = \dfrac{5s^3 + 20s^2 - 49s - 108}{s^2 + 7s + 10}$.

12.44 Deduza o par de transformadas dado pela Equação 12.64.

12.45 a) Deduza o par de transformadas dado pela Equação 12.83.

b) Deduza o par de transformadas dado pela Equação 12.84.

Seções 12.8–12.9

12.46 a) Use o teorema do valor inicial para determinar o valor inicial de v no Problema 12.26.

b) O teorema do valor final pode ser usado para determinar o valor de regime permanente de v? Por quê?

12.47 Use os teoremas do valor inicial e do valor final para verificar os valores inicial e final da corrente e da tensão no Problema 12.27.

12.48 Use os teoremas do valor inicial e do valor final para verificar os valores inicial e final da corrente no Problema 12.28.

12.49 Use os teoremas do valor inicial e do valor final para verificar os valores inicial e final da corrente e da tensão no Problema 12.30.

12.50 Aplique os teoremas do valor inicial e do valor final a cada par de transformadas do Problema 12.40.

12.51 Aplique os teoremas do valor inicial e do valor final a cada par de transformadas do Problema 12.41.

12.52 Aplique os teoremas do valor inicial e do valor final a cada par de transformadas do Problema 12.42.

12.53 Aplique os teoremas do valor inicial e do valor final a cada par de transformadas do Problema 12.43.

Seções 12.1–12.9

12.54 a) Use as técnicas fasoriais de análise de circuito, do Capítulo 9, para determinar a expressão de regime permanente da corrente do indutor na Figura 12.18.

b) Como o resultado da parte (a) se compara com a resposta completa dada na Equação 12.109?

12.55 Encontre a amplitude máxima da fonte senoidal, na Figura 12.18, de tal modo que a resposta completa da corrente do indutor não ultrapasse o valor de 40 mA, em $t = 1$ ms.

12.56 Suponha que a entrada para o circuito da Figura 12.18 é uma rampa amortecida da forma Kte^{-100t} V. Determine o maior valor de K para que a corrente no indutor não exceda o valor nominal de 40 mA.

Capítulo 13

A transformada de Laplace na análise de circuitos

SUMÁRIO DO CAPÍTULO

13.1 Elementos de circuito no domínio da frequência
13.2 Análise de circuitos no domínio da frequência
13.3 Exemplos
13.4 Função de transferência
13.5 Função de transferência em expansões por frações parciais
13.6 Função de transferência e integral de convolução
13.7 Função de transferência e resposta de regime permanente senoidal
13.8 Função impulso em análise de circuitos

OBJETIVOS DO CAPÍTULO

1. Saber transformar um circuito para o domínio da frequência usando transformadas de Laplace; entender como representar, no domínio da frequência, as condições iniciais em elementos que armazenam energia.
2. Saber como analisar um circuito no domínio da frequência e como transformar uma solução no domínio da frequência de volta para o domínio do tempo.
3. Entender a definição e o significado da função de transferência e saber calculá-la para determinado circuito, usando técnicas do domínio da frequência.
4. Saber como usar a função de transferência de um circuito para calcular sua resposta ao impulso unitário, ao degrau unitário e seu regime permanente senoidal.

A transformada de Laplace tem duas características que a tornam uma ferramenta interessante na análise de circuitos. Em primeiro lugar, ela transforma um conjunto de equações diferenciais lineares de coeficientes constantes em um conjunto de equações algébricas lineares, que são mais fáceis de manipular. Em segundo lugar, ela incorpora os valores iniciais das correntes e tensões automaticamente nas equações algébricas. Desse modo, as condições iniciais são parte inerente do processo de cálculo da transformada. (Isso contrasta com a abordagem clássica da solução de equações diferenciais, em que as condições iniciais são consideradas no cálculo das constantes de integração.)

Iniciaremos este capítulo mostrando como podemos prescindir da etapa de obtenção das equações íntegro-diferenciais no domínio do tempo e sua transformação para o domínio da frequência. Na Seção 13.1, vamos desenvolver modelos de circuito no domínio da frequência para resistores, indutores e capacitores, de modo a podermos escrever as equações de qualquer circuito diretamente no domínio da frequência. A Seção 13.2 faz uma revisão das leis de Ohm e Kirchhoff no contexto do domínio da frequência. Depois disso, aplicaremos o método da transformada de Laplace a uma variedade de problemas de circuitos, na Seção 13.3.

Técnicas analíticas e de simplificação apresentadas anteriormente para circuitos resistivos — como os métodos das correntes de malha e das tensões de nó e transformações de fonte — também podem ser usadas no domínio da frequência. Após obtermos a resposta do circuito no domínio da frequência, fazemos a transformada inversa, de volta ao domínio do tempo, usando a expansão por frações parciais (como demonstramos no capítulo anterior). Como antes, uma etapa importante da solução é a verificação das equações finais no domínio do tempo em termos das condições iniciais e dos valores finais.

Na Seção 13.4, a consideração dos sinais de entrada e saída dos circuitos no domínio da frequência leva ao conceito de função de transferência. A função de transferência para determinado circuito é a razão entre a transformada de Laplace de seu sinal de saída e a transformada de Laplace de seu sinal de entrada. Nos capítulos 14 e 15, examinaremos a utilização da função de transferência como ferramenta de projeto de circuitos, mas, neste capítulo, trataremos de sua utilização como ferramenta analítica. Continuaremos o capítulo examinando o papel da expansão por frações parciais (Seção 13.5) e da integral de convolução (Seção 13.6) no emprego da função de transferência em análise de circuitos. Concluiremos com um breve exame da função impulso em análise de circuitos.

Perspectiva prática

Supressores de surto

Com o advento dos computadores pessoais, modems, aparelhos de fax e outros equipamentos eletrônicos sensíveis para uso doméstico, tornou-se necessário protegê-los contra surtos de tensão que podem ocorrer em um circuito residencial em razão do chaveamento. Um supressor de surto disponível no mercado é mostrado na foto a seguir.

Como o acionamento de uma chave para ligar uma lâmpada ou desligar um secador de cabelo pode causar um surto de tensão? No final deste capítulo, responderemos a essa pergunta usando técnicas de transformada de Laplace para analisar a situação. Mostraremos como um surto de tensão pode ser criado com o desligamento de uma carga resistiva em um circuito em regime permanente senoidal.

Stockbyte/Getty Images, Inc.

13.1 Elementos de circuito no domínio da frequência

O procedimento para obter um circuito equivalente no domínio da frequência para cada elemento de circuito é simples. Em primeiro lugar, escrevemos a equação que relaciona a tensão terminal à corrente terminal, no domínio do tempo. Em seguida, tomamos a transformada de Laplace dessa equação. Essa etapa gera uma relação algébrica, no domínio da frequência, entre a corrente e a tensão. Observe que a dimensão da tensão transformada é volts-segundos, e a dimensão da corrente transformada é ampères-segundos. A razão entre tensão e corrente no domínio da frequência tem a dimensão de volt por ampère. Uma impedância no domínio da frequência é medida em ohms e uma admitância em siemens. Por fim, construímos um modelo de circuito que satisfaz a relação entre a corrente e a tensão no domínio da frequência. Usamos a convenção passiva em todas as deduções.

O resistor no domínio da frequência

Comecemos com o resistor. Pela lei de Ohm,

$$v = Ri. \tag{13.1}$$

Como R é uma constante, a transformada de Laplace da Equação 13.1 é

$$V = RI, \tag{13.2}$$

em que

$$V = \mathscr{L}\{v\} \quad \text{e} \quad I = \mathscr{L}\{i\}.$$

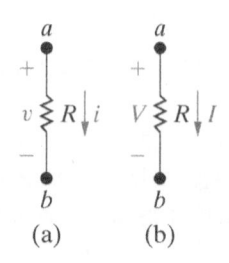

A Equação 13.2 afirma que o circuito equivalente de um resistor no domínio da frequência é simplesmente uma resistência de R ohms que conduz uma corrente de I ampères-segundos e tem uma tensão terminal de V volts-segundos.

A Figura 13.1 mostra os circuitos do resistor nos domínios do tempo e da frequência. Observe que passar do domínio do tempo para o da frequência não altera o valor da resistência.

Figura 13.1 Elemento resistor. (a) Domínio do tempo. (b) Domínio da frequência.

O indutor no domínio da frequência

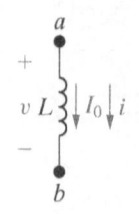

A Figura 13.2 mostra um indutor conduzindo uma corrente inicial de I_0 ampères. A equação no domínio do tempo que relaciona a tensão terminal com a corrente terminal é

$$v = L\frac{di}{dt}. \tag{13.3}$$

A transformada de Laplace da Equação 13.3 é

$$V = L[sI - i(0^-)] = sLI - LI_0. \tag{13.4}$$

Figura 13.2 Indutor de L henrys conduzindo uma corrente inicial de I_0 ampères.

Duas configurações de circuito diferentes satisfazem a Equação 13.4. A primeira consiste em uma impedância de sL ohms em série com uma fonte de tensão independente de LI_0 volts-segundos, como mostra a Figura 13.3. Observe que as marcas de polaridade na fonte de tensão LI_0 estão de acordo com o sinal negativo da Equação 13.4. Note também que LI_0 tem o próprio sinal algébrico; isto é, se o valor inicial de *i* for oposto ao sentido de referência para *i*, então I_0 terá um valor negativo.

O segundo circuito equivalente no domínio da frequência que satisfaz a Equação 13.4 consiste em uma impedância de sL ohms em paralelo com uma fonte de corrente independente de I_0/s ampères-segundos, como mostra a Figura 13.4. Podemos obter o circuito equivalente alternativo mostrado na Figura 13.4 de vários modos. Um deles é simplesmente explicitar, na Equação 13.4, a corrente *I* e, então, construir o circuito que satisfaça a equação resultante. Assim,

$$I = \frac{V + LI_0}{sL} = \frac{V}{sL} + \frac{I_0}{s}. \tag{13.5}$$

Os outros dois modos são: (1) determinar o equivalente de Norton do circuito mostrado na Figura 13.3 e (2) começar com a corrente no indutor em função da tensão no indutor e, então, determinar a transformada de Laplace da equação integral resultante. Deixamos essas duas abordagens para os problemas 13.1 e 13.2.

Se a energia inicial armazenada no indutor for nula, isto é, se $I_0 = 0$, o circuito equivalente do indutor no domínio da frequência reduz-se a um indutor com uma impedância de sL ohms. A Figura 13.5 mostra esse circuito.

O capacitor no domínio da frequência

Um capacitor inicialmente carregado também tem dois circuitos equivalentes no domínio da frequência. A Figura 13.6 mostra um capacitor inicialmente carregado até V_0 volts. A corrente terminal é

$$i = C\frac{dv}{dt}. \tag{13.6}$$

Transformando a Equação 13.6, obtemos

$$I = C[sV - v(0^-)]$$

ou

$$I = sCV - CV_0, \tag{13.7}$$

que indica que a corrente *I* no domínio da frequência é a soma de duas correntes de ramo. Um ramo consiste em uma admitância de sC siemens e o segundo ramo consiste em uma fonte de corrente independente de CV_0 ampères-segundos. A Figura 13.7 mostra esse circuito equivalente em paralelo.

Obtemos o circuito equivalente em série para o capacitor carregado, explicitando *V* na Equação 13.7:

$$V = \left(\frac{1}{sC}\right)I + \frac{V_0}{s}. \tag{13.8}$$

A Figura 13.8 mostra o circuito que satisfaz a Equação 13.8.

Figura 13.3 Circuito equivalente em série para um indutor de *L* henrys que conduz uma corrente inicial de I_0 ampères.

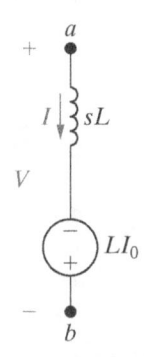

Figura 13.4 Circuito equivalente em paralelo para um indutor de *L* henrys que conduz uma corrente inicial de I_0 ampères.

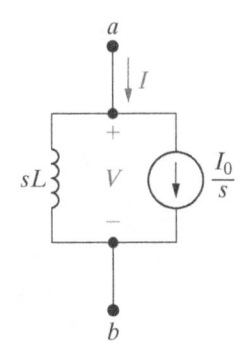

Figura 13.5 Circuito para um indutor no domínio da frequência quando a corrente inicial é nula.

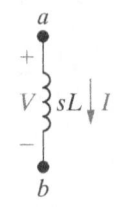

Figura 13.6 Capacitor de *C* farads carregado inicialmente com V_0 volts.

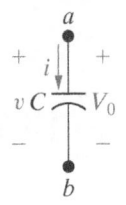

Figura 13.7 Circuito equivalente em paralelo para um capacitor inicialmente carregado com V_0 volts.

Nos circuitos equivalentes mostrados nas figuras 13.7 e 13.8, V_0 tem o próprio sinal algébrico. Em outras palavras, se a polaridade de V_0 for oposta à polaridade de referência para v, V_0 será uma quantidade negativa. Se a tensão inicial no capacitor for igual a zero, ambos os circuitos equivalentes serão reduzidos a uma impedância de $1/sC$ ohms, como mostra a Figura 13.9.

Neste capítulo, uma etapa importante na resolução de problemas será a escolha entre os equivalentes em paralelo ou em série, quando houver indutores e capacitores presentes. Com um pouco de atenção e alguma experiência, muitas vezes a opção correta será bastante evidente. Os circuitos equivalentes estão resumidos na Tabela 13.1.

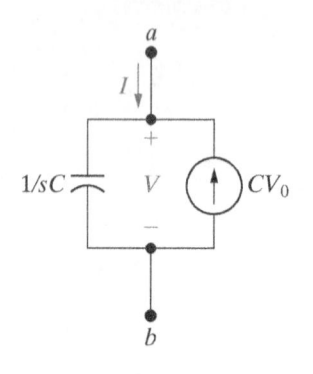

Figura 13.8 Circuito equivalente em série para um capacitor inicialmente carregado com V_0 volts.

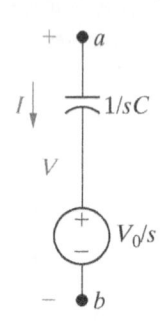

Figura 13.9 Circuito para um capacitor no domínio da frequência quando a tensão inicial é nula.

Tabela 13.1 Resumo dos circuitos equivalentes no domínio da frequência.

Domínio de tempo	Domínio de frequência	
$v = Ri$	$V = RI$	
$v = L\,di/dt$, $i = \frac{1}{L}\int_{0^-}^{t} v\,dx + I_0$	$V = sLI - LI_0$	$I = \frac{V}{sL} + \frac{I_0}{s}$
$i = C\,dv/dt$, $v = \frac{1}{C}\int_{0^-}^{t} i\,dx + V_0$	$V = \frac{I}{sC} + \frac{V_0}{s}$	$I = sCV - CV_0$

13.2 Análise de circuitos no domínio da frequência

Antes de ilustrarmos como usar os circuitos equivalentes no domínio da frequência em análise de circuitos, precisamos fundamentar a discussão.

Em primeiro lugar, sabemos que se não houver nenhuma energia armazenada no indutor ou capacitor, a relação entre a tensão terminal e a corrente terminal para cada elemento passivo tomará a forma:

$$V = ZI, \quad (13.9)$$

◀ Lei de Ohm no domínio da frequência

em que Z refere-se à impedância do elemento no domínio da frequência. Desse modo, um resistor tem uma impedância de R ohms, um indutor, uma impedância de sL ohms, e um capacitor, de $1/sC$ ohms. A relação contida na Equação 13.9 também está contida nas figuras 13.1(b), 13.5 e 13.9. A Equação 13.9 também é denominada lei de Ohm para o domínio da frequência.

A recíproca da impedância é a admitância. Assim, a admitância de um resistor no domínio da frequência é $1/R$ siemens, um indutor tem uma admitância de $1/sL$ siemens e um capacitor, de sC siemens.

As regras para associar impedâncias e admitâncias no domínio da frequência são as mesmas do domínio do tempo. Assim, simplificações em série, em paralelo e conversões Δ-Y também são aplicáveis à análise no domínio da frequência.

Além disso, as leis de Kirchhoff aplicam-se a correntes e tensões no domínio da frequência. Sua aplicabilidade origina-se do enunciado da transformada operacional, ou seja, a transformada de Laplace de uma soma de funções no domínio do tempo é a soma das transformadas das funções individuais (veja a Tabela 12.2). Como a soma algébrica das correntes em um nó é igual a zero no domínio do tempo, a soma algébrica das correntes transformadas também é nula. Uma afirmação semelhante também é válida para a soma algébrica das tensões transformadas ao longo de um caminho fechado. A versão das leis de Kirchhoff no domínio da frequência é

$$\text{alg} \sum I = 0, \quad (13.10)$$

$$\text{alg} \sum V = 0. \quad (13.11)$$

Visto que a tensão e a corrente nos terminais de um elemento passivo estão relacionadas por uma equação algébrica, e que as leis de Kirchhoff ainda são válidas, todas as técnicas de análise de circuitos desenvolvidas para redes puramente resistivas podem ser usadas em análise no domínio da frequência. Por isso, tensões de nó, correntes de malha, transformações de fonte, equivalentes de Thévenin e Norton são todas técnicas válidas, mesmo quando houver energia inicialmente armazenada nos indutores e capacitores. Nesse caso, a Equação 13.9 é modificada pela simples adição de fontes independentes em série ou em paralelo com as impedâncias dos elementos. A adição dessas fontes é regida pelas leis de Kirchhoff.

PROBLEMAS PARA AVALIAÇÃO

Objetivo 1 Saber transformar um circuito para o domínio da frequência, usando transformadas de Laplace.

13.1 Um resistor de 500 Ω, um indutor de 16 mH e um capacitor de 25 nF estão ligados em paralelo.

a) Expresse a admitância dessa combinação de elementos como uma função racional de s.

b) Calcule os valores numéricos dos zeros e dos polos.

Resposta: (a) $25 \times 10^{-9}(s^2 + 80.000s + 25 \times 10^8)/s$;

(b) $-z_1 = -40.000 - j30.000$;
$-z_2 = -40.000 + j30.000$; $p_1 = 0$.

13.2 O circuito em paralelo no Problema para avaliação 13.1 é colocado em série com um resistor de 2.000 Ω.

a) Expresse a impedância dessa combinação como uma função racional de s.
b) Calcule os valores numéricos dos zeros e dos polos.

Resposta: (a) $2.000(s + 50.000)^2/(s^2 + 80.000s + 25 \times 10^8)$;

(b) $-z_1 = -z_2 = -50.000$;
$-p_1 = -40.000 - j30.000$.
$-p_2 = -40.000 + j30.000$.

NOTA: tente resolver também os problemas 13.4 e 13.5, apresentados no final deste capítulo.

13.3 Exemplos

Ilustramos, agora, como usar a transformada de Laplace para determinar o comportamento transitório de vários circuitos de parâmetros concentrados. Começamos analisando circuitos conhecidos dos capítulos 7 e 8, pois representam um ponto de partida simples, além de mostrarem que a abordagem da transformada de Laplace fornece os mesmos resultados. Em todos os exemplos, a facilidade de manipular equações algébricas, em vez de equações diferenciais, certamente ficará evidente.

Resposta natural de um circuito RC

Inicialmente, vamos analisar novamente a resposta natural de um circuito RC (Figura 13.10), agora por meio de técnicas de transformada de Laplace. (Convém rever a análise clássica desse mesmo circuito na Seção 7.2.)

Figura 13.10 O circuito de descarga do capacitor.

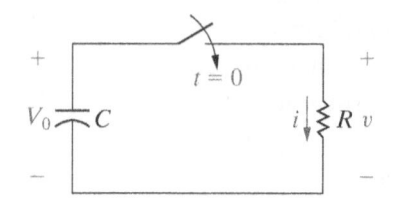

Figura 13.11 Circuito equivalente no domínio da frequência para o circuito da Figura 13.10.

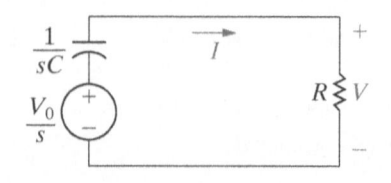

O capacitor está inicialmente carregado com V_0 volts e estamos interessados nas expressões no domínio do tempo para i e v. Começamos determinando i. Quando convertemos o circuito na Figura 13.10 para o domínio da frequência, temos a opção de dois circuitos equivalentes para o capacitor carregado. Como estamos interessados na corrente, o circuito equivalente em série é mais atraente, pois é constituído de uma única malha no domínio da frequência. Assim, construímos o circuito da Figura 13.11.

A soma das tensões ao longo da malha gera a expressão

$$\frac{V_0}{s} = \frac{1}{sC}I + RI. \tag{13.12}$$

Explicitando I, obtemos

$$I = \frac{CV_0}{RCs + 1} = \frac{V_0/R}{s + (1/RC)}. \tag{13.13}$$

Observe que a expressão para I é uma função racional própria de s e que podemos determinar sua transformada inversa por inspeção:

$$i = \frac{V_0}{R}e^{-t/RC}u(t), \tag{13.14}$$

que é equivalente à expressão para a corrente obtida pelos métodos clássicos discutidos no Capítulo 7. Naquele capítulo, a corrente foi dada pela Equação 7.26, em que τ é usado no lugar de RC.

Após determinarmos i, o modo mais fácil de determinar v é simplesmente aplicar a lei de Ohm; isto é, pelo circuito,

$$v = Ri = V_0 e^{-t/RC} u(t). \qquad (13.15)$$

Ilustramos, agora, um modo de determinar v antes de i. Nessa abordagem alternativa, voltamos ao circuito original da Figura 13.10 para convertê-lo ao domínio da frequência utilizando o circuito equivalente em paralelo para o capacitor carregado. Usar o circuito equivalente em paralelo é interessante porque podemos descrever o circuito resultante em termos de uma única tensão de nó. A Figura 13.12 mostra o novo circuito equivalente.

Figura 13.12 Circuito equivalente no domínio da frequência para o circuito da Figura 13.10.

A equação das tensões de nó que descreve o novo circuito é

$$\frac{V}{R} + sCV = CV_0. \qquad (13.16)$$

Explicitando V, obtemos

$$V = \frac{V_0}{s + (1/RC)}. \qquad (13.17)$$

A transformada inversa da Equação 13.17 leva à mesma expressão de v dada pela Equação 13.15, ou seja,

$$v = V_0 e^{-t/RC} = V_0 e^{-t/\tau} u(t). \qquad (13.18)$$

Nosso propósito aqui é mostrar que a escolha do circuito equivalente a ser utilizado no domínio da frequência é influenciada pela grandeza que desejamos obter como resposta.

PROBLEMA PARA AVALIAÇÃO

Objetivo 2 Saber como analisar um circuito no domínio da frequência e saber transformar uma solução no domínio da frequência de volta para o domínio do tempo.

13.3 A chave no circuito mostrado esteve na posição a por um longo tempo. Em $t = 0$, ela passa para a posição b.

a) Determine I, V_1 e V_2 como funções racionais de s.
b) Determine as expressões no domínio do tempo para i, v_1 e v_2.

Resposta: (a) $I = 0,02/(s + 1.250)$,
$V_1 = 80/(s + 1.250)$,
$V_2 = 20/(s + 1.250)$;
(b) $i = 20e^{-1.250t} u(t)$ mA,
$v_1 = 80e^{-1.250t} u(t)$ V,
$v_2 = 20e^{-1.250t} u(t)$ V.

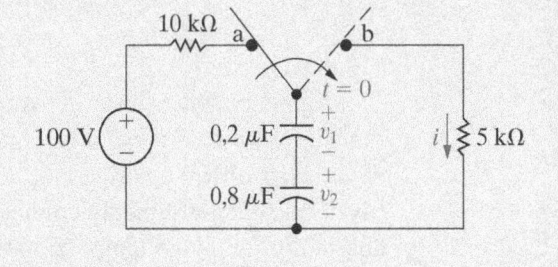

NOTA: tente resolver também os problemas 13.11 e 13.14, apresentados no final deste capítulo.

Resposta ao degrau de um circuito *RLC* em paralelo

A seguir, analisaremos o circuito *RLC* em paralelo mostrado na Figura 13.13, que já analisamos no Exemplo 8.7. O problema é determinar a expressão para i_L após a fonte de corrente constante ser aplicada aos elementos em paralelo. A energia inicial armazenada no circuito é nula.

Figura 13.13 Resposta ao degrau de um circuito *RLC* em paralelo.

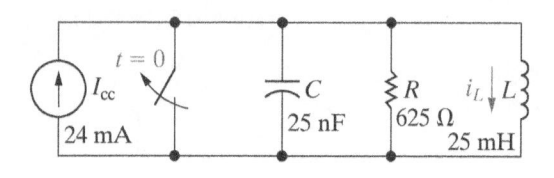

Figura 13.14 Circuito equivalente no domínio da frequência para o circuito da Figura 13.13.

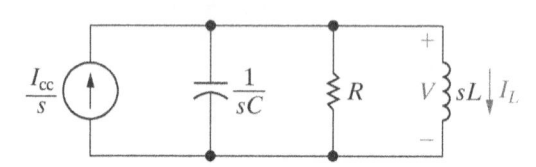

Como antes, começamos construindo o circuito equivalente no domínio da frequência mostrado na Figura 13.14. Observe com que facilidade uma fonte independente pode ser transformada do domínio do tempo para o domínio da frequência. Transformamos a fonte para o domínio da frequência pela simples determinação da transformada de Laplace de sua função no domínio do tempo. Aqui, abrir a chave significa a aplicação de uma corrente na forma de um degrau ao circuito. Dessa forma, a fonte de corrente no domínio da frequência é $\mathcal{L}\{I_{cc}u(t)\}$, ou I_{cc}/s. Para determinarmos I_L, primeiro obtemos V e, então, usamos

$$I_L = \frac{V}{sL} \quad (13.19)$$

para estabelecer a expressão para I_L no domínio da frequência. A soma das correntes que saem do nó superior leva à expressão

$$sCV + \frac{V}{R} + \frac{V}{sL} = \frac{I_{cc}}{s}. \quad (13.20)$$

Explicitando *V*, obtemos

$$V = \frac{I_{cc}/C}{s^2 + (1/RC)s + (1/LC)}. \quad (13.21)$$

Substituindo a Equação 13.21 na Equação 13.19, temos

$$I_L = \frac{I_{cc}/LC}{s[s^2 + (1/RC)s + (1/LC)]}. \quad (13.22)$$

Substituindo os valores numéricos de R, L, C e I_{cc} na Equação 13.22, o resultado é

$$I_L = \frac{384 \times 10^5}{s(s^2 + 64.000s + 16 \times 10^8)}. \quad (13.23)$$

Antes de expandirmos a Equação 13.23 em uma soma de frações parciais, fatoramos o termo quadrático no denominador:

$$I_L = \frac{384 \times 10^5}{s(s + 32.000 - j24.000)(s + 32.000 + j24.000)}. \quad (13.24)$$

Agora, podemos testar a expressão de I_L no domínio da frequência, verificando se o teorema do valor final prevê o valor correto de i_L em $t = \infty$. Como todos os polos de I_L, exceto o de primeira ordem na origem, encontram-se na metade esquerda do plano *s*, o teorema é aplicável. Pelo comportamento conhecido do circuito sabemos que, após a chave ter permanecido aberta por um longo tempo, o indutor estará curto-circuitando a fonte de corrente. Assim, o valor final de i_L deve ser 24 mA. O limite de sI_L quando $s \to 0$ é

$$\lim_{s \to 0} sI_L = \frac{384 \times 10^5}{16 \times 10^8} = 24 \text{ mA}. \quad (13.25)$$

(Como as correntes no domínio da frequência têm a dimensão de ampères-segundos, a dimensão de sI_L será ampères.) Desse modo, verificamos que nossa expressão no domínio da frequência está correta.

Agora, procedemos à expansão por frações parciais da Equação 13.24:

$$I_L = \frac{K_1}{s} + \frac{K_2}{s + 32.000 - j24.000}$$

$$+ \frac{K_2^*}{s + 32.000 + j24.000}. \quad (13.26)$$

Os coeficientes das frações parciais são

$$K_1 = \frac{384 \times 10^5}{16 \times 10^8} = 24 \times 10^{-3}, \quad (13.27)$$

$$K_2 = \frac{384 \times 10^5}{(-32.000 + j24.000)(j48.000)}$$

$$= 20 \times 10^{-3} \underline{/126,87°}. \quad (13.28)$$

Substituindo os valores numéricos de K_1 e K_2 na Equação 13.26 e tomando a transformada inversa da expressão resultante, temos

$$i_L = [24 + 40e^{-32.000t} \cos(24.000t - 126,87°)]u(t)\text{mA}. \quad (13.29)$$

A resposta dada pela Equação 13.29 é equivalente àquela dada pelo Exemplo 8.7, pois

$$40 \cos(24.000t + 126,87°) = -24 \cos 24.000t - 32 \operatorname{sen} 24.000t.$$

Se não estivéssemos usando uma solução anterior como verificação, testaríamos a Equação 13.29 para ter certeza de que $i_L(0)$ satisfez as condições iniciais dadas e de que $i_L(\infty)$ satisfez o comportamento conhecido do circuito.

PROBLEMA PARA AVALIAÇÃO

Objetivo 2 Saber como analisar um circuito no domínio da frequência e saber transformar uma solução no domínio da frequência de volta para o domínio do tempo.

13.4 A energia armazenada no circuito mostrado é nula no instante em que a chave é fechada.

a) Determine a expressão para I no domínio da frequência.
b) Determine a expressão para i no domínio do tempo, quando $t > 0$.
c) Determine a expressão para V no domínio da frequência.
d) Determine a expressão para v no domínio do tempo, quando $t > 0$.

Resposta: (a) $I = 40/(s^2 + 1,2s + 1)$;
(b) $i = (50e^{-0,6t} \operatorname{sen} 0,8t)u(t)$ A;
(c) $V = 160s/(s^2 + 1,2s + 1)$;
(d) $V = [200e^{-0,6t} \cos(0,8t + 36,87°)]u(t)$ V.

NOTA: tente resolver também os problemas 13.13 e 13.25, apresentados no final deste capítulo.

Resposta transitória de um circuito *RLC* em paralelo

Outro exemplo de utilização da transformada de Laplace para determinar o comportamento transitório de um circuito surge da substituição de uma fonte de corrente cc, no circuito da Figura 13.13, por uma fonte de corrente senoidal. A nova fonte de corrente é

$$i_g = I_m \cos\omega t \text{ A}, \qquad (13.30)$$

em que $I_m = 24$ mA e $\omega = 40.000$ rad/s. Como antes, admitimos que a energia inicial armazenada no circuito seja nula.

A expressão para a fonte de corrente no domínio da frequência é

$$I_g = \frac{sI_m}{s^2 + \omega^2}. \qquad (13.31)$$

A tensão nos elementos em paralelo é

$$V = \frac{(I_g/C)s}{s^2 + (1/RC)s + (1/LC)}. \qquad (13.32)$$

Substituindo a Equação 13.31 na Equação 13.32, obtemos

$$V = \frac{(I_m/C)s^2}{(s^2 + \omega^2)[s^2 + (1/RC)s + (1/LC)]}, \qquad (13.33)$$

da qual

$$I_L = \frac{V}{sL} = \frac{(I_m/LC)s}{(s^2 + \omega^2)[s^2 + (1/RC)s + (1/LC)]}. \qquad (13.34)$$

Substituindo os valores numéricos de I_m, ω, R, L e C na Equação 13.34, temos

$$I_L = \frac{384 \times 10^5 s}{(s^2 + 16 \times 10^8)(s^2 + 64.000s + 16 \times 10^8)}. \qquad (13.35)$$

Agora, escrevemos o denominador na forma fatorada:

$$I_L = \frac{384 \times 10^5 s}{(s - j\omega)(s + j\omega)(s + \alpha - j\beta)(s + \alpha + j\beta)}, \qquad (13.36)$$

em que $\omega = 40.000$, $\alpha = 32.000$ e $\beta = 24.000$.

Não podemos testar o valor final de i_L pelo teorema do valor final porque I_L tem um par de polos no eixo imaginário; isto é, polos em $\pm j4 \times 10^4$. Por isso, em primeiro lugar, precisamos determinar i_L e, depois, verificar a validade da expressão pelo comportamento conhecido do circuito.

Quando expandimos a Equação 13.36 em uma soma de frações parciais, obtemos a equação

$$I_L = \frac{K_1}{s - j40.000} + \frac{K_1^*}{s + j40.000} + \frac{K_2}{s + 32.000 - j24.000}$$

$$+ \frac{K_2^*}{s + 32.000 + j24.000}. \qquad (13.37)$$

Os valores numéricos dos coeficientes K_1 e K_2 são

$$K_1 = \frac{384 \times 10^5 (j40.000)}{(j80.000)(32.000 + j16.000)(32.000 + j64.000)}$$

$$= 7{,}5 \times 10^{-3} \underline{/-90°}, \qquad (13.38)$$

$$K_2 = \frac{384 \times 10^5 (-32.000 + j24.000)}{(-32.000 - j16.000)(-32.000 + j64.000)(j48.000)}$$

$$= 12{,}5 \times 10^{-3} \underline{/90°}. \qquad (13.39)$$

Substituindo os valores numéricos das equações 13.38 e 13.39 na Equação 13.37 e tomando a transformada inversa da expressão resultante, temos

$$i_L = [15 \cos(40.000t - 90°)$$
$$+ 25e^{-32.000t} \cos(24.000t + 90°)] \text{ mA},$$
$$= (15 \operatorname{sen} 40.000t - 25e^{-32.000t} \operatorname{sen} 24.000t)u(t) \text{ mA}. \qquad (13.40)$$

Agora, testamos a Equação 13.40 para verificar se ela faz sentido em termos das condições iniciais dadas e do comportamento conhecido do circuito, depois de a chave ter permanecido aberta por um longo tempo. Para $t = 0$, a Equação 13.40 prevê corrente inicial nula, o que está de acordo com a energia inicial nula no circuito. A Equação 13.40 também prevê uma corrente de regime permanente de

$$i_{L_{ss}} = 15 \operatorname{sen} 40.000t \text{ mA}, \qquad (13.41)$$

que pode ser verificada pelo método fasorial (Capítulo 9).

Resposta ao degrau de um circuito de múltiplas malhas

Até agora, evitamos circuitos que exigissem duas ou mais equações de tensões de nó ou de correntes de malha, porque as técnicas para resolver equações diferenciais simultâneas estão fora do escopo deste livro. Todavia, usando a transformada de Laplace, podemos resolver um problema como o apresentado pelo circuito de múltiplas malhas da Figura 13.15.

Aqui, queremos determinar as correntes de ramo i_1 e i_2 que surgem quando a fonte de tensão cc de 336 V é aplicada subitamente ao circuito. A energia inicial armazenada no circuito é nula. A Figura 13.16 mostra, no domínio da frequência, o circuito equivalente ao circuito da Figura 13.15. As duas equações de correntes de malha são

$$\frac{336}{s} = (42 + 8{,}4s)I_1 - 42I_2, \qquad (13.42)$$

$$0 = -42I_1 + (90 + 10s)I_2. \qquad (13.43)$$

Figura 13.15 Circuito *RL* com múltiplas malhas.

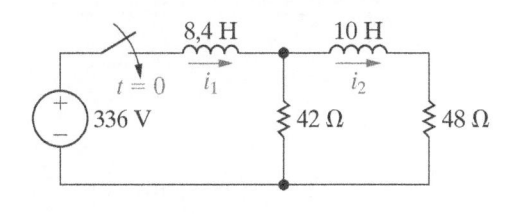

Figura 13.16 Circuito equivalente no domínio da frequência para o circuito mostrado na Figura 13.15.

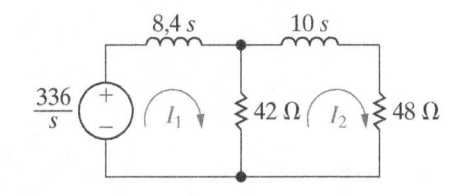

Usando o método de Cramer para calcular I_1 e I_2, obtemos

$$\Delta = \begin{vmatrix} 42 + 8{,}4s & -42 \\ -42 & 90 + 10s \end{vmatrix}$$

$$= 84(s^2 + 14s + 24)$$

$$= 84(s + 2)(s + 12), \tag{13.44}$$

$$N_1 = \begin{vmatrix} 336/s & -42 \\ 0 & 90 + 10s \end{vmatrix}$$

$$= \frac{3.360(s + 9)}{s}, \tag{13.45}$$

$$N_2 = \begin{vmatrix} 42 + 8{,}4s & 336/s \\ -42 & 0 \end{vmatrix}$$

$$= \frac{14.112}{s}. \tag{13.46}$$

Com base nas equações 13.44–13.46,

$$I_1 = \frac{N_1}{\Delta} = \frac{40(s + 9)}{s(s + 2)(s + 12)}, \tag{13.47}$$

$$I_2 = \frac{N_2}{\Delta} = \frac{168}{s(s + 2)(s + 12)}. \tag{13.48}$$

Expandindo I_1 e I_2 em somas de frações parciais, obtemos

$$I_1 = \frac{15}{s} - \frac{14}{s + 2} - \frac{1}{s + 12}, \tag{13.49}$$

$$I_2 = \frac{7}{s} - \frac{8{,}4}{s + 2} + \frac{1{,}4}{s + 12}. \tag{13.50}$$

Obtemos as expressões para i_1 e i_2, tomando a transformada inversa das equações 13.49 e 13.50, respectivamente:

$$i_1 = (15 - 14e^{-2t} - e^{-12t})u(t) \text{ A}, \tag{13.51}$$

$$i_2 = (7 - 8{,}4e^{-2t} + 1{,}4e^{-12t})u(t) \text{ A}. \tag{13.52}$$

Em seguida, testamos as soluções para verificar se fazem sentido em termos do circuito. Como não há nenhuma energia armazenada no circuito, no instante em que a chave é fechada, ambas as correntes, $i_1(0^-)$ e $i_2(0^-)$, devem ser nulas. As soluções estão de acordo com esses valores iniciais. Depois de a chave estar fechada por um longo tempo, os dois indutores comportam-se como curto-circuitos. Portanto, os valores finais de i_1 e i_2 são

$$i_1(\infty) = \frac{336(90)}{42(48)} = 15 \text{ A}, \tag{13.53}$$

$$i_2(\infty) = \frac{15(42)}{90} = 7 \text{ A}. \tag{13.54}$$

Um teste final envolve os valores numéricos dos expoentes e o cálculo da queda de tensão no resistor de 42 Ω por três métodos. Pelo circuito, a tensão no resistor de 42 Ω (positiva no topo) é

$$v = 42(i_1 - i_2) = 336 - 8{,}4\frac{di_1}{dt} = 48i_2 + 10\frac{di_2}{dt}. \qquad (13.55)$$

Deve-se verificar que, independentemente da forma como a Equação 13.55 é usada, a tensão é

$$v = (336 - 235{,}2e^{-2t} - 100{,}80e^{-12t})u(t)\ \text{V}.$$

Portanto, podemos confiar que as soluções para i_1 e i_2 estão corretas.

PROBLEMA PARA AVALIAÇÃO

Objetivo 2 Saber como analisar um circuito no domínio da frequência e saber transformar uma solução no domínio da frequência de volta para o domínio do tempo.

13.5 As fontes de corrente e tensão contínuas são aplicadas simultaneamente ao circuito mostrado. Não há nenhuma energia armazenada no circuito no instante da aplicação.

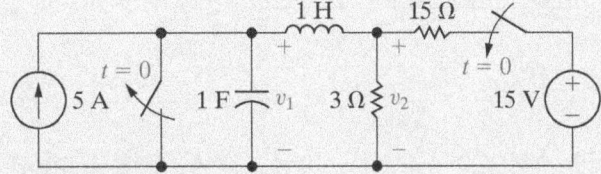

a) Calcule as expressões para V_1 e V_2 no domínio da frequência.
b) Calcule as expressões para v_1 e v_2 no domínio do tempo, para $t > 0$.
c) Calcule $v_1(0^+)$ e $v_2(0^+)$.
d) Calcule os valores de regime permanente de v_1 e v_2.

Resposta: (a) $V_1 = [5(s+3)]/[s(s+0{,}5)(s+2)]$,
$V_2 = [2{,}5(s^2+6)]/[s(s+0{,}5)(s+2)]$;
(b) $v_1 = (15 - \frac{50}{3}e^{-0{,}5t} + \frac{5}{3}e^{-2t})u(t)$ V,
$v_2 = (15 - \frac{125}{6}e^{-0{,}5t} + \frac{25}{3}e^{-2t})u(t)$ V;
(c) $v_1(0^+) = 0$, $v_2(0^+) = 2{,}5$ V;
(d) $v_1 = v_2 = 15$ V.

NOTA: tente resolver também os problemas 13.19 e 13.21, apresentados no final deste capítulo.

Utilização do equivalente de Thévenin

Nesta seção, mostramos como usar o equivalente de Thévenin no domínio da frequência. A Figura 13.17 mostra o circuito a ser analisado. O problema é determinar a corrente no capacitor, quando a chave é fechada. A energia armazenada no circuito antes do fechamento é nula.

Para determinar i_C, em primeiro lugar, construímos o circuito equivalente no domínio da frequência e, então, determinamos o equivalente de Thévenin desse circuito visto a partir dos terminais do capacitor. A Figura 13.18 mostra o circuito no domínio da frequência.

Figura 13.17 Circuito a ser analisado utilizando equivalente de Thévenin no domínio da frequência.

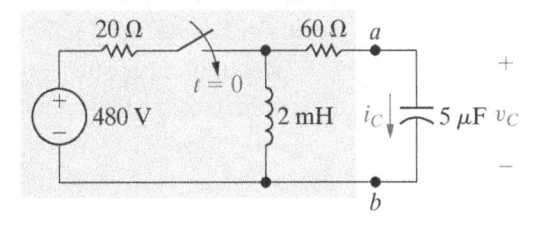

Figura 13.18 Modelo no domínio da frequência do circuito da Figura 13.17.

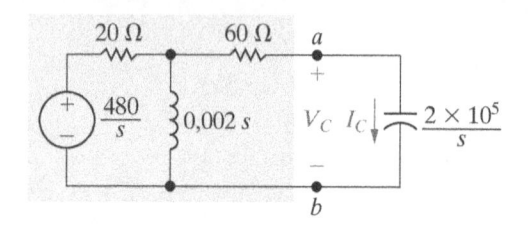

Figura 13.19 Versão simplificada do circuito da Figura 13.18, usando um equivalente de Thévenin.

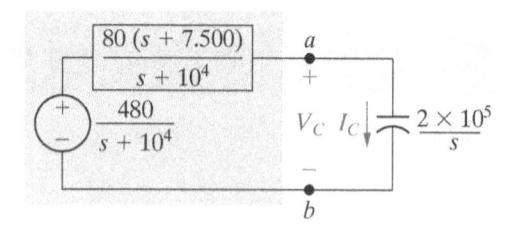

A tensão de Thévenin é a tensão de circuito aberto nos terminais a, b. Sob as condições de circuito aberto, não há nenhuma tensão no resistor de 60 Ω. Daí,

$$V_{Th} = \frac{(480/s)(0{,}002s)}{20 + 0{,}002s} = \frac{480}{s + 10^4}. \quad (13.56)$$

A impedância de Thévenin vista a partir dos terminais a e b é igual ao resistor de 60 Ω em série com a combinação em paralelo do resistor de 20 Ω e do indutor de 2 mH. Assim,

$$Z_{Th} = 60 + \frac{0{,}002s(20)}{20 + 0{,}002s} = \frac{80(s + 7.500)}{s + 10^4}. \quad (13.57)$$

Usando o equivalente de Thévenin, reduzimos o circuito da Figura 13.18 ao mostrado na Figura 13.19. Ele indica que a corrente no capacitor, I_C, é igual à tensão de Thévenin dividida pela impedância total em série. Assim,

$$I_C = \frac{480/(s + 10^4)}{[80(s + 7.500)/(s + 10^4)] + [(2 \times 10^5)/s]}. \quad (13.58)$$

Simplificamos a Equação 13.58 para

$$I_C = \frac{6s}{s^2 + 10.000s + 25 \times 10^6} = \frac{6s}{(s + 5.000)^2}. \quad (13.59)$$

Da expansão por frações parciais da Equação 13.59 decorre

$$I_C = \frac{-30.000}{(s + 5.000)^2} + \frac{6}{s + 5.000}, \quad (13.60)$$

cuja transformada inversa é

$$i_C = (-30.000te^{-5.000t} + 6e^{-5.000t})u(t) \text{ A}. \quad (13.61)$$

Agora, testamos a Equação 13.61 para verificar se ela corresponde ao comportamento conhecido do circuito. Pela Equação 13.61,

$$i_C(0) = 6 \text{ A}. \quad (13.62)$$

Esse resultado está de acordo com a corrente inicial no capacitor, como calculada pelo circuito na Figura 13.17. A corrente inicial no indutor é igual a zero, assim como a tensão inicial no capacitor, portanto a corrente inicial no capacitor é 480/80, ou 6 A. O valor final da corrente é igual a zero, o que também está de acordo com a Equação 13.61. Observe também que, por essa equação, a corrente inverte o sinal, quando t excede 6/30.000 ou 200 μs. O fato de i_C inverter o sinal faz sentido porque, logo que a chave é fechada, o capacitor começa a carregar. A certa altura, essa carga reduz-se a zero porque o indutor é um curto-circuito em $t = \infty$. A reversão de sinal de i_C reflete o carregamento e a descarga do capacitor.

Vamos admitir que a queda de tensão no capacitor v_C também seja de interesse. Tão logo determinemos i_C, determinamos v_C por integração no domínio do tempo; isto é,

$$v_C = 2 \times 10^5 \int_{0^-}^{t} (6 - 30.000x)e^{-5.000x} dx. \quad (13.63)$$

Embora a integração da Equação 13.63 não seja difícil, podemos evitá-la determinando, em primeiro lugar, a expressão para V_C no domínio da frequência e, a seguir, determinando v_C por uma transformada inversa. Assim,

$$V_C = \frac{1}{sC}I_C = \frac{2 \times 10^5}{s} \frac{6s}{(s + 5.000)^2}$$
$$= \frac{12 \times 10^5}{(s + 5.000)^2}, \tag{13.64}$$

e, então,

$$v_C = 12 \times 10^5 t e^{-5.000t} u(t). \tag{13.65}$$

Deve-se verificar se a Equação 13.65 é consistente com a Equação 13.63 e se ela também fundamenta as observações relativas ao comportamento de i_C (veja o Problema 13.33, apresentado no final deste capítulo).

PROBLEMA PARA AVALIAÇÃO

Objetivo 2 Saber como analisar um circuito no domínio da frequência e saber transformar uma solução no domínio da frequência de volta para o domínio do tempo.

13.6 A carga inicial no capacitor do circuito mostrado é nula.
a) Determine o circuito equivalente de Thévenin, no domínio da frequência, visto a partir dos terminais a e b.
b) Determine a expressão no domínio da frequência da corrente que o circuito fornece à carga, que consiste em um indutor de 1 H em série com um resistor de 2 Ω.

Resposta: (a) $V_{Th} = V_{ab} = [20(s + 2,4)]/[s(s + 2)]$,
$Z_{Th} = 5(s + 2,8)/(s + 2)$;
(b) $I_{ab} = [20(s + 2,4)]/[s(s + 3)(s + 6)]$.

NOTA: tente resolver também o Problema 13.35, apresentado no final deste capítulo.

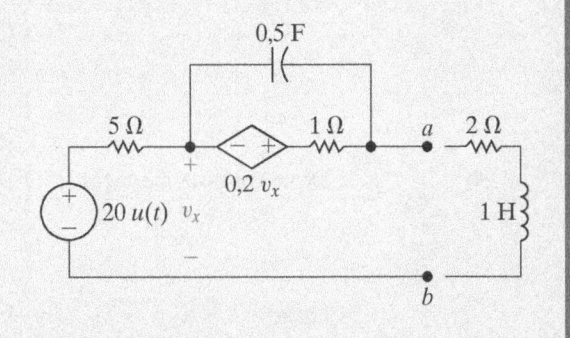

Circuito com indutância mútua

O próximo exemplo ilustra como usar a transformada de Laplace para analisar a resposta transitória de um circuito que contém indutância mútua. A Figura 13.20 mostra o circuito. A chave liga-antes-interrompe-depois permaneceu na posição a por um longo tempo. Em $t = 0$, ela passa instantaneamente para a posição b. O problema é deduzir a expressão para i_2 no domínio do tempo.

Figura 13.20 Circuito com enrolamentos magneticamente acoplados.

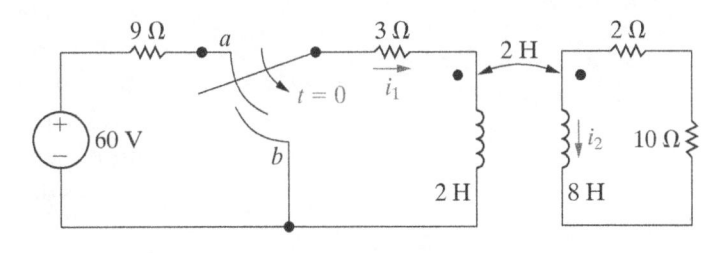

Começamos desenhando novamente o circuito da Figura 13.20, substituindo a chave na posição b e os enrolamentos magneticamente acoplados por um equivalente T do circuito.[1] A Figura 13.21 mostra o novo circuito.

Agora, transformamos esse circuito para o domínio da frequência e observamos que

Figura 13.21 Circuito da Figura 13.20, com os enrolamentos magneticamente acoplados substituídos por um equivalente T.

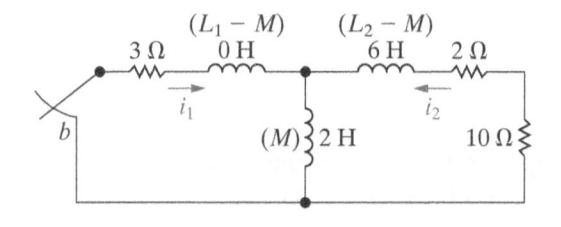

$$i_1(0^-) = \frac{60}{12} = 5 \text{ A}, \quad (13.66)$$

$$i_2(0^-) = 0. \quad (13.67)$$

Visto que planejamos usar a análise de malhas no domínio da frequência, utilizamos o circuito equivalente em série para um indutor que conduz uma corrente inicial. A Figura 13.22 mostra o circuito no domínio da frequência. Observe que há somente uma fonte de tensão independente. Essa fonte aparece na perna vertical do T, para representar o valor inicial da corrente no indutor de 2 H, isto é, $i_1(0^-) + i_2(0^-)$, ou 5 A. O ramo que conduz i_1 não possui nenhuma fonte de tensão, pois $L_1 - M = 0$.

Figura 13.22 Circuito equivalente no domínio da frequência para o circuito da Figura 13.21.

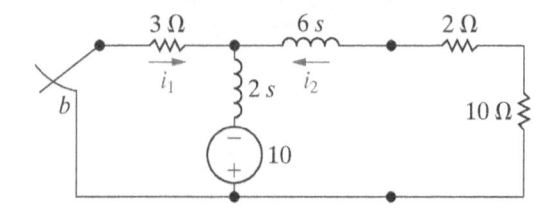

As duas equações de malha no domínio da frequência que descrevem o circuito na Figura 13.22 são

$$(3 + 2s)I_1 + 2sI_2 = 10 \quad (13.68)$$

$$2sI_1 + (12 + 8s)I_2 = 10 \quad (13.69)$$

Explicitando I_2, obtemos

$$I_2 = \frac{2{,}5}{(s+1)(s+3)}. \quad (13.70)$$

Expandindo a Equação 13.70 em uma soma de frações parciais, temos

$$I_2 = \frac{1{,}25}{s+1} - \frac{1{,}25}{s+3}. \quad (13.71)$$

Então,

$$i_2 = (1{,}25e^{-t} - 1{,}25e^{-3t})u(t) \text{ A}. \quad (13.72)$$

Figura 13.23 Gráfico de i_2 em função de t para o circuito da Figura 13.20.

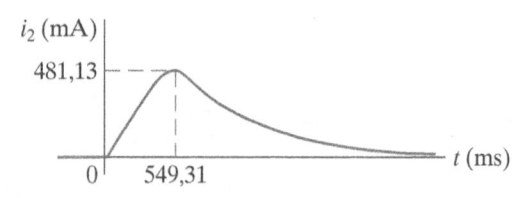

A Equação 13.72 revela que i_2 aumenta de zero até um valor de pico de 481,13 mA em 549,31 ms depois de a chave passar para a posição b. Daí em diante, decresce exponencialmente, aproximando-se de zero. A Figura 13.23 mostra um gráfico de i_2 em função de t. Essa resposta faz sentido em termos do comportamento físico conhecido dos enrolamentos magneticamente acoplados. Só pode existir uma corrente no indutor L_2, se houver uma corrente que varie com o tempo no indutor L_1. À medida que i_1 diminui a partir de seu valor inicial de 5 A, i_2 aumenta a partir de zero e depois diminui à medida que i_1 tende a zero.

---

[1] Veja o Apêndice C.

PROBLEMA PARA AVALIAÇÃO

Objetivo 2 Saber como analisar um circuito no domínio da frequência e saber transformar uma solução no domínio da frequência de volta para o domínio do tempo.

13.7 a) Verifique, pela Equação 13.72, se i_2 alcança um valor de pico de 481,13 mA, em $t = 549,31$ ms.
b) Determine i_1 para o circuito mostrado na Figura 13.20, para $t > 0$.
c) Calcule di_1/dt, quando i_2 está em seu valor de pico.
d) Expresse i_2 como uma função de di_1/dt, quando i_2 está em seu valor de pico.
e) Use os resultados obtidos em (c) e (d) para calcular o valor de pico de i_2.

Resposta: (a) $di_2/dt = 0$, quando $t = \frac{1}{2}\ln 3$ (s);
(b) $i_1 = 2,5(e^{-t} + e^{-3t})u(t)$ A;
(c) $-2,89$ A/s;
(d) $i_2 = -(M di_1/dt)/12$;
(e) 481,13 mA.

NOTA: tente resolver também os problemas 13.36 e 13.37, apresentados no final deste capítulo.

O uso da superposição

Uma vez que estamos analisando circuitos lineares de parâmetros concentrados, podemos usar o teorema da superposição para dividir a resposta em componentes que podem ser identificados com determinadas fontes e condições iniciais. Distinguir esses componentes é fundamental para usar a função de transferência, que apresentaremos na próxima seção.

A Figura 13.24 mostra nosso circuito ilustrativo. Admitimos que, no instante em que as duas fontes são aplicadas ao circuito, o indutor esteja conduzindo uma corrente inicial de ρ ampères e o capacitor esteja submetido a uma tensão inicial de γ volts. A resposta desejada do circuito é a tensão v_2 no resistor R_2.

A Figura 13.25 mostra o circuito equivalente no domínio da frequência. Optamos pelos equivalentes em paralelo para L e C porque escolhemos calcular V_2 usando o método das tensões de nó.

Para determinar V_2 por superposição, calculamos o componente de V_2 decorrente da ação individual de cada fonte e, então, somamos os componentes. Começamos com a fonte V_g agindo sozinha. Abrir o ramo de cada uma das três fontes de corrente elimina-as do circuito. A Figura 13.26 mostra o circuito resultante. Adicionamos a tensão de nó V_1' para auxiliar a análise. As aspas em V_1 e V_2 indicam que eles são os componentes de V_1 e V_2 atribuíveis a V_g agindo sozinha. As duas equações que descrevem o circuito na Figura 13.26 são

$$\left(\frac{1}{R_1} + \frac{1}{sL} + sC\right)V_1' - sCV_2' = \frac{V_g}{R_1}, \qquad (13.73)$$

Figura 13.24 Circuito mostrando o uso da superposição no domínio da frequência.

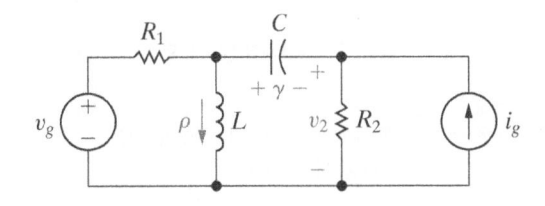

Figura 13.25 Circuito equivalente no domínio da frequência do circuito da Figura 13.24.

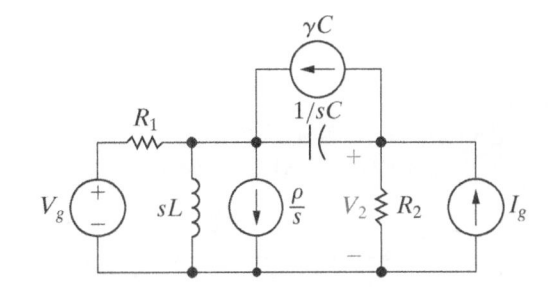

Figura 13.26 Circuito da Figura 13.25, quando a fonte V_g age sozinha.

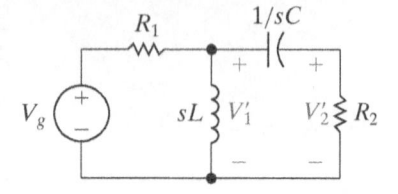

$$-sCV'_1 + \left(\frac{1}{R_2} + sC\right)V'_2 = 0. \quad (13.74)$$

Por conveniência, introduzimos a notação

$$Y_{11} = \frac{1}{R_1} + \frac{1}{sL} + sC; \quad (13.75)$$

$$Y_{12} = -sC \quad (13.76)$$

$$Y_{22} = \frac{1}{R_2} + sC. \quad (13.77)$$

Substituindo as equações 13.75–13.77 nas equações 13.73 e 13.74, obtemos

$$Y_{11}V'_1 + Y_{12}V'_2 = V_g/R_1, \quad (13.78)$$

$$Y_{12}V'_1 + Y_{22}V'_2 = 0. \quad (13.79)$$

Explicitando V'_2 nas equações 13.78 e 13.79, temos

$$V'_2 = \frac{-Y_{12}/R_1}{Y_{11}Y_{22} - Y_{12}^2} V_g. \quad (13.80)$$

Quando a fonte de corrente I_g age sozinha, o circuito da Figura 13.25 reduz-se ao mostrado na Figura 13.27. Aqui, V''_1 e V''_2 são os componentes de V_1 e V_2 resultantes da ação da fonte I_g. Se usarmos a notação apresentada nas equações 13.75-13.77, as duas equações de tensões de nó que descrevem o circuito da Figura 13.27 são

$$Y_{11}V''_1 + Y_{12}V''_2 = 0 \quad (13.81)$$

e

$$Y_{12}V''_1 + Y_{22}V''_2 = I_g. \quad (13.82)$$

Explicitando V''_2 nas equações 13.81 e 13.82, obtemos

$$V''_2 = \frac{Y_{11}}{Y_{11}Y_{22} - Y_{12}^2} I_g. \quad (13.83)$$

Figura 13.27 Circuito da Figura 13.25, quando a fonte I_g age sozinha.

Para determinar o componente de V_2 resultante da energia inicial armazenada no indutor (V'''_2), temos de resolver o circuito da Figura 13.28, no qual

$$Y_{11}V'''_1 + Y_{12}V'''_2 = -\rho/s, \quad (13.84)$$

$$Y_{12}V'''_1 + Y_{22}V'''_2 = 0. \quad (13.85)$$

Assim

$$V'''_2 = \frac{Y_{12}/s}{Y_{11}Y_{22} - Y_{12}^2} \rho. \quad (13.86)$$

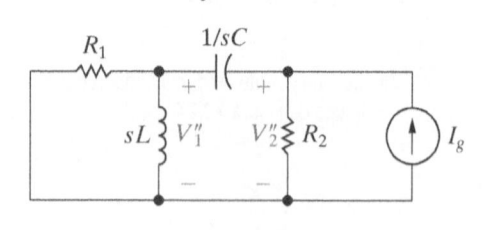

Figura 13.28 Circuito da Figura 13.25, alimentado pela corrente inicial do indutor.

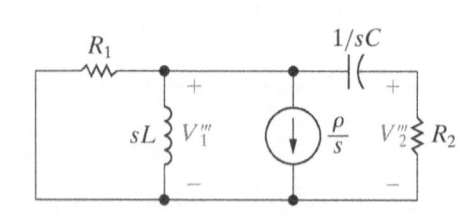

Pelo circuito da Figura 13.29, determinamos o componente de $V_2(V''''_2)$, resultante da energia inicial armazenada no capacitor. As equações de tensões de nó que descrevem esse circuito são

$$Y_{11}V''''_1 + Y_{12}V''''_2 = \gamma C, \quad (13.87)$$

$$Y_{12}V_1'''' + Y_{22}V_2'''' = -\gamma C. \qquad (13.88)$$

Explicitando V_2'''', temos

$$V_2'''' = \frac{-(Y_{11} + Y_{12})C}{Y_{11}Y_{22} - Y_{12}^2}\gamma. \qquad (13.89)$$

A expressão para V_2 é

$$V_2 = V_2' + V_2'' + V_2''' + V_2''''$$

$$= \frac{-(Y_{12}/R_1)}{Y_{11}Y_{22} - Y_{12}^2}V_g + \frac{Y_{11}}{Y_{11}Y_{22} - Y_{12}^2}I_g$$

$$+ \frac{Y_{12}/s}{Y_{11}Y_{22} - Y_{12}^2}\rho + \frac{-C(Y_{11} + Y_{12})}{Y_{11}Y_{22} - Y_{12}^2}\gamma. \qquad (13.90)$$

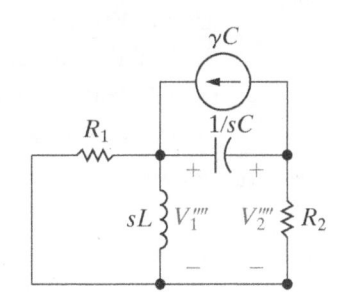

Figura 13.29 Circuito da Figura 13.25, alimentado apenas pela tensão inicial do capacitor.

Podemos determinar V_2 sem usar a propriedade de superposição, resolvendo as duas equações de tensões de nó que descrevem o circuito da Figura 13.25. Assim,

$$Y_{11}V_1 + Y_{12}V_2 = \frac{V_g}{R_1} + \gamma C - \frac{\rho}{s}, \qquad (13.91)$$

$$Y_{12}V_1 + Y_{22}V_2 = I_g - \gamma C. \qquad (13.92)$$

Deve-se verificar, no Problema 13.42, que a solução das equações 13.91 e 13.92, para V_2, é a mesma que a da Equação 13.90.

PROBLEMA PARA AVALIAÇÃO

Objetivo 2 Saber como analisar um circuito no domínio da frequência e saber transformar uma solução no domínio da frequência de volta para o domínio do tempo.

13.8 A energia armazenada no circuito mostrado é nula, no instante em que as duas fontes são ligadas.

a) Determine o componente de v, para $t > 0$, decorrente da fonte de tensão.
b) Determine o componente de v, para $t > 0$, decorrente da fonte de corrente.
c) Determine a expressão para v, quando $t > 0$.

Resposta: (a) $[(100/3)e^{-2t} - (100/3)e^{-8t}]u(t)$ V;
(b) $[(50/3)e^{-2t} - (50/3)e^{-8t}]u(t)$ V;
(c) $[50e^{-2t} - 50e^{-8t}]u(t)$ V.

NOTA: tente resolver também o Problema 13.43, apresentado no final deste capítulo.

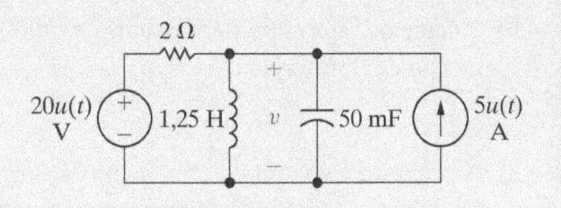

13.4 Função de transferência

A **função de transferência** é definida como a razão, no domínio da frequência, entre a transformada de Laplace da saída (resposta) e a transformada de Laplace da entrada (fonte). No cálculo da função de transferência, restringimos nossa atenção a circuitos nos quais todas

540 Circuitos elétricos

as condições iniciais são nulas. Se um circuito tiver múltiplas fontes independentes, poderemos determinar a função de transferência para cada fonte e usar a propriedade de superposição para determinar a resposta para todas as fontes.

A função de transferência é

Definição de ▶
uma função de
transferência

$$H(s) = \frac{Y(s)}{X(s)}, \qquad (13.93)$$

em que $Y(s)$ é a transformada de Laplace do sinal de saída e $X(s)$ é a transformada de Laplace do sinal de entrada. Observe que a função de transferência depende do que é definido como sinal de saída. Examine, por exemplo, o circuito em série da Figura 13.30. Se a corrente for definida como a resposta do circuito,

Figura 13.30 Circuito *RLC* em série.

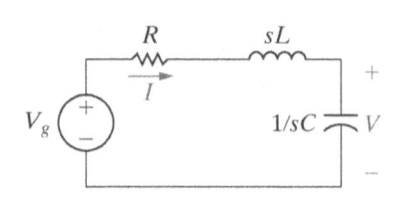

$$H(s) = \frac{I}{V_g} = \frac{1}{R + sL + 1/sC} = \frac{sC}{s^2LC + RCs + 1}. \qquad (13.94)$$

Ao deduzirmos a Equação 13.94, consideramos que I corresponde à saída, $Y(s)$, e V_g corresponde à entrada, $X(s)$.

Se a tensão no capacitor for definida como o sinal de saída do circuito da Figura 13.30, a função de transferência será

$$H(s) = \frac{V}{V_g} = \frac{1/sC}{R + sL + 1/sC} = \frac{1}{s^2LC + RCs + 1}. \qquad (13.95)$$

Desse modo, como os circuitos podem ter múltiplas fontes e como a definição do sinal de saída pode variar, um único circuito pode gerar muitas funções de transferência. Lembre-se de que, quando múltiplas fontes estão envolvidas, nenhuma função de transferência por si só pode representar a saída total — para obter a resposta total, funções de transferência associadas a cada fonte devem ser combinadas usando-se a superposição. O Exemplo 13.1 ilustra o cálculo de uma função de transferência para valores numéricos conhecidos de R, L e C.

EXEMPLO 13.1 Dedução da função de transferência de um circuito.

A fonte de tensão v_g alimenta o circuito da Figura 13.31. O sinal de resposta é a tensão no capacitor, v_o.

a) Calcule a expressão numérica para a função de transferência.

b) Calcule os valores numéricos para os polos e zeros da função de transferência.

Figura 13.31 Circuito para o Exemplo 13.1.

Solução

a) A primeira etapa na determinação da função de transferência é construir o circuito equivalente no domínio da frequência, como mostra a Figura 13.32. Por definição, a função de transferência é a razão V_o/V_g, que pode ser calculada por uma única equação de tensões de nó. Somando as correntes que saem do nó superior, obtemos

$$\frac{V_o - V_g}{1.000} + \frac{V_o}{250 + 0{,}05s} = \frac{V_o s}{10^6} = 0.$$

Explicitando V_o, temos

$$V_o = \frac{1.000(s + 5.000)V_g}{s^2 + 6.000s + 25 \times 10^6}.$$

Portanto, a função de transferência é

$$H(s) = \frac{V_o}{V_g} = \frac{1.000(s + 5000)}{s^2 + 6.000s + 25 \times 10^6}.$$

b) Os polos de $H(s)$ são as raízes do polinômio do denominador. Portanto,

$$-p_1 = -3.000 - j4.000,$$

$$-p_2 = -3.000 + j4.000.$$

Os zeros de $H(s)$ são as raízes do polinômio do numerador; assim, $H(s)$ tem um zero em

$$-z_1 = -5.000.$$

Figura 13.32 Circuito equivalente no domínio da frequência para o circuito da Figura 13.31.

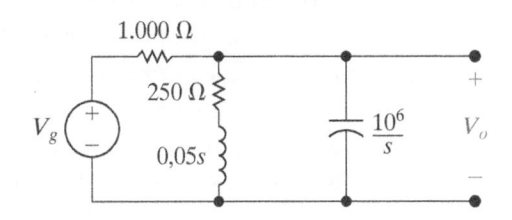

PROBLEMA PARA AVALIAÇÃO

Objetivo 3 Entender a definição e o significado da função de transferência; saber determinar uma função de transferência.

13.9 a) Determine a expressão numérica para a função de transferência V_o/I_g, para o circuito mostrado.
b) Calcule o valor numérico de cada polo e de cada zero de $H(s)$.

Resposta: (a) $H(s) = 10(s+2)/(s^2+2s+10)$;
(b) $-p_1 = -1 + j3, -p_2 = -1 - j3, -z = -2$.

NOTA: tente resolver também o Problema 13.52, apresentado no final deste capítulo.

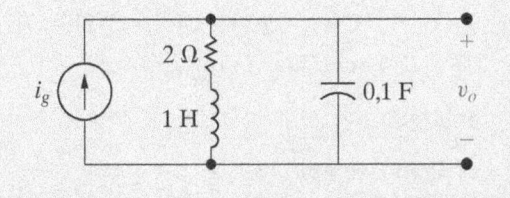

A localização de polos e zeros de $H(s)$

Para circuitos lineares de parâmetros concentrados, $H(s)$ é sempre uma função racional de s. Polos e zeros complexos sempre aparecem em pares conjugados. Os polos de $H(s)$ devem estar na metade esquerda do plano s para que a resposta a uma fonte limitada (cujos valores encontram-se dentro de limites finitos) seja finita. Os zeros de $H(s)$ podem estar na metade direita ou na metade esquerda do plano s.

Tendo em mente essas características gerais, a seguir discutimos o papel que $H(s)$ desempenha na determinação da função resposta. Começamos com a técnica da expansão por frações parciais para determinar $y(t)$.

13.5 Função de transferência em expansões por frações parciais

Pela Equação 13.93, podemos escrever a saída do circuito como o produto da função de transferência pelo sinal de entrada:

$$Y(s) = H(s)X(s). \tag{13.96}$$

Já observamos que $H(s)$ é uma função racional de s. Uma consulta à Tabela 13.1 mostra que $X(s)$ também é uma função racional de s para os sinais de entrada de maior interesse em análise de circuitos.

Expandindo o lado direito da Equação 13.96 em uma soma de frações parciais, obtemos um termo para cada polo de $H(s)$ e $X(s)$. Lembre-se de que, no Capítulo 12, vimos que polos são as raízes do polinômio do denominador; zeros são as raízes do polinômio do numerador. Os termos gerados pelos polos de $H(s)$ dão origem ao componente transitório da resposta total, ao passo que os termos gerados pelos polos de $X(s)$ dão origem ao componente de regime permanente da resposta. Aqui, resposta de regime permanente significa aquela que existe depois de os componentes transitórios terem se tornado desprezíveis. O Exemplo 13.2 ilustra essas observações gerais.

EXEMPLO 13.2 Análise da função de transferência de um circuito.

O circuito no Exemplo 13.1 (Figura 13.31) é alimentado por uma fonte de tensão cujo valor aumenta linearmente com o tempo, ou seja, $v_g = 50tu(t)$.

a) Use a função de transferência para determinar v_o.

b) Identifique a componente transitória da resposta.

c) Identifique a componente de regime permanente da resposta.

d) Faça um gráfico de v_o, para $0 \leq t \leq 1{,}5$ ms.

Solução

a) Pelo Exemplo 13.1,

$$H(s) = \frac{1.000(s + 5.000)}{s^2 + 6.000s + 25 \times 10^6}$$

A transformada da tensão de alimentação é $50/s^2$; portanto, a expressão no domínio da frequência para a tensão de saída é

$$V_o = \frac{1.000(s + 5.000)}{(s^2 + 6.000s + 25 \times 10^6)} \frac{50}{s^2}.$$

A expansão por frações parciais de V_o é

$$V_o = \frac{K_1}{s + 3.000 - j4.000} + \frac{K_1^*}{s + 3.000 + j4.000} + \frac{K_2}{s^2} + \frac{K_3}{s}.$$

Avaliamos os coeficientes K_1, K_2 e K_3 usando as técnicas descritas na Seção 12.7:

$$K_1 = 5\sqrt{5} \times 10^{-4} \underline{/79{,}70°};$$

$$K_1^* = 5\sqrt{5} \times 10^{-4} \underline{/-79{,}70°},$$

$$K_2 = 10,$$

$$K_3 = -4 \times 10^{-4}.$$

A expressão no domínio do tempo para v_o é

$$v_o = [10\sqrt{5} \times 10^{-4} e^{-3.000t} \cos(4.000t + 79{,}70°)$$

$$+ 10t - 4 \times 10^{-4}]u(t)\ \text{V}.$$

b) A componente transitória de v_o é

$$10\sqrt{5} \times 10^{-4} e^{-3.000t} \cos(4.000t + 79{,}70°).$$

Observe que esse termo é gerado pelos polos $(-3.000 + j4.000)$ e $(-3.000 - j4.000)$ da função de transferência.

c) O componente de regime permanente da resposta é

$$(10t - 4 \times 10^{-4})u(t).$$

Esses dois termos são gerados pelo polo de segunda ordem (K/s^2) da tensão de alimentação.

d) A Figura 13.33 mostra o gráfico de v_o em função de t. Observe que o desvio da solução de regime permanente $10.000t - 0{,}4$ mV é imperceptível depois de aproximadamente 1 ms.

Figura 13.33 Gráfico de v_o para o Exemplo 13.2.

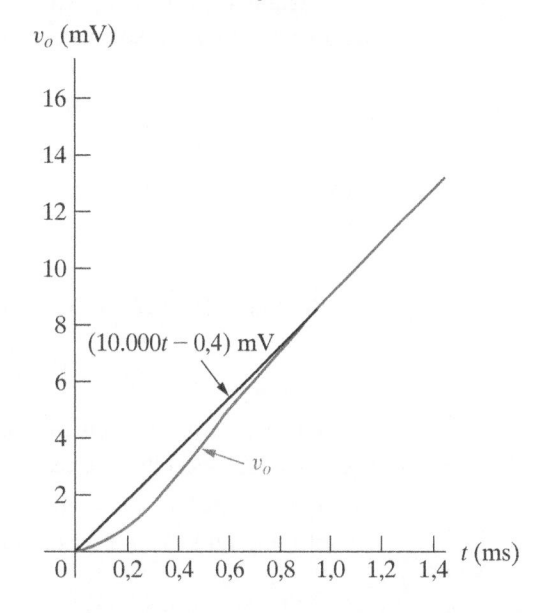

PROBLEMAS PARA AVALIAÇÃO

Objetivo 4 Saber como usar a função de transferência de um circuito para calcular sua resposta ao impulso, ao degrau unitário e seu regime permanente senoidal.

13.10 Determine (a) a resposta ao degrau unitário e (b) a resposta ao impulso unitário do circuito do Problema para avaliação 13.9.

Resposta: (a) $[2 + (10/3)e^{-t}\cos(3t + 126{,}87°)]u(t)$ V;

(b) $10{,}54 e^{-t} \cos(3t - 18{,}43°)u(t)$ V.

13.11 A resposta ao impulso unitário de um circuito é $v_o(t) = 10.000 e^{-70t} \cos(240t + \theta)$ V, em que $\text{tg}\ \theta = \frac{7}{24}$.

a) Determine a função de transferência do circuito.
b) Determine a resposta ao degrau unitário do circuito.

Resposta: (a) $9.600s/(s^2 + 140s + 62.500)$;

(b) $40 e^{-70t}$ sen $240t$ V.

NOTA: tente resolver também os problemas 13.77(a) e (b), apresentados no final deste capítulo.

Observações sobre o uso de $H(s)$ em análise de circuitos

O Exemplo 13.2 mostra claramente, por meio de uma expansão por frações parciais, como a função de transferência $H(s)$ está relacionada com a resposta de um circuito. Todavia, o exemplo levanta questões sobre a praticidade de alimentar um circuito com uma tensão tipo rampa ascendente, que gera uma resposta do tipo rampa ascendente. A certa altura, os componentes do circuito vão se danificar por causa de uma tensão excessiva em seus terminais e, quando isso acontecer, nosso modelo linear deixará de ser válido. A resposta à rampa é de interesse em aplicações práticas nas quais o sinal aplicado aumenta até um valor máximo dentro de um intervalo de tempo finito. Se o tempo para atingir esse valor máximo for longo, em comparação com as constantes de tempo do circuito, a solução para a rampa de duração infinita é válida para esse intervalo de tempo finito.

Façamos duas observações adicionais referentes à Equação 13.96. Em primeiro lugar, vamos examinar a resposta do circuito a um sinal retardado. Se a entrada for retardada em a segundos,

$$\mathcal{L}\{x(t-a)u(t-a)\} = e^{-as}X(s),$$

e, pela Equação 13.96, a resposta torna-se

$$Y(s) = H(s)X(s)e^{-as}. \tag{13.97}$$

Se $y(t) = \mathcal{L}^{-1}\{H(s)X(s)\}$, então, pela Equação 13.97,

$$y(t-a)u(t-a) = \mathcal{L}^{-1}\{H(s)X(s)e^{-as}\}. \tag{13.98}$$

Portanto, atrasar a entrada em a segundos simplesmente atrasa a função resposta em a segundos. Um circuito que exiba essa característica é denominado **invariante no tempo**.

Em segundo lugar, se uma fonte de impulso unitário alimentar o circuito, a resposta do circuito será igual à transformada inversa da função de transferência. Assim, se

$$x(t) = \delta(t), \text{ então } X(s) = 1$$

e

$$Y(s) = H(s). \tag{13.99}$$

Daí, pela Equação 13.99,

$$y(t) = h(t), \tag{13.100}$$

em que a transformada inversa da função de transferência é igual à resposta do circuito ao impulso unitário. Observe que essa é também a resposta natural do circuito, pois a aplicação de uma fonte impulsiva é equivalente a armazenar instantaneamente energia no circuito (veja a Seção 13.8). O fornecimento subsequente dessa energia armazenada dá origem à resposta natural (veja o Problema 13.82).

Na verdade, a resposta ao impulso unitário, $h(t)$, contém informação suficiente para calcularmos a resposta para qualquer fonte que alimente o circuito. A integral de convolução é usada para calcular a resposta de um circuito a uma fonte arbitrária, como demonstraremos na próxima seção.

13.6 Função de transferência e integral de convolução

A integral de convolução relaciona a saída $y(t)$ de um circuito linear invariante no tempo com sua entrada $x(t)$ e a resposta $h(t)$ do circuito ao impulso. A relação integral pode ser expressa de dois modos:

$$y(t) = \int_{-\infty}^{\infty} h(\lambda)x(t-\lambda)\,d\lambda = \int_{-\infty}^{\infty} h(t-\lambda)x(\lambda)\,d\lambda. \qquad (13.101)$$

Estamos interessados na integral de convolução por diversas razões. Primeiro, ela nos permite trabalhar inteiramente no domínio do tempo, e isso pode ser útil em situações nas quais $x(t)$ e $h(t)$ são conhecidas apenas por meio de dados experimentais. Nesses casos, o método da transformada pode ser inconveniente ou até impossível, porque exigiria que calculássemos a transformada de Laplace de dados experimentais. Segundo, a integral de convolução introduz, na análise de circuitos, os conceitos de memória e a função peso. Mostraremos que o conceito de memória nos permite examinar a resposta ao impulso (ou função peso), $h(t)$, e prever, até certo ponto, o quanto a forma de onda da saída reproduzirá a forma de onda da entrada. Por fim, a integral de convolução proporciona um procedimento formal para determinar a transformada inversa de produtos de transformadas de Laplace.

Baseamos nossa dedução da Equação 13.101 na premissa de que o circuito seja linear e invariante no tempo. Como o circuito é linear, o princípio da superposição é válido e, como ele é invariante no tempo, o atraso da saída é igual ao atraso da entrada. Agora, analise a Figura 13.34, em que o bloco que contém $h(t)$ representa qualquer circuito linear invariante no tempo, cuja resposta ao impulso é conhecida, $x(t)$ representa o sinal de entrada e $y(t)$ representa o sinal de saída desejado.

Admitimos que $x(t)$ seja um sinal de alimentação genérico, mostrado na Figura 13.35(a). Por conveniência, admitimos também que $x(t) = 0$ para $t < 0^-$. Assim que examinarmos a dedução da integral de convolução assumindo $x(t) = 0$ para $t < 0^-$, ficará clara a possibilidade da extensão da integral para incluir sinais de entrada que não obedeçam a essa restrição. Observe também que permitimos uma descontinuidade em $x(t)$ na origem, isto é, um degrau entre 0^- e 0^+.

Agora, aproximamos $x(t)$ por uma série de pulsos retangulares de largura uniforme $\Delta\lambda$, como mostra a Figura 13.35(b). Assim,

$$x(t) = x_0(t) + x_1(t) + \cdots + x_i(t) + \cdots, \qquad (13.102)$$

em que $x_i(t)$ é um pulso retangular igual a $x(\lambda_i)$, entre λ_i e λ_{i+1}, e nulo em todos os outros pontos. Observe que o pulso de ordem i pode ser expresso em termos de funções degrau; isto é,

$$x_i(t) = x(\lambda_i)\{u(t-\lambda_i) - u[t-(\lambda_i+\Delta\lambda)]\}.$$

Figura 13.34 Diagrama de bloco de um circuito genérico.

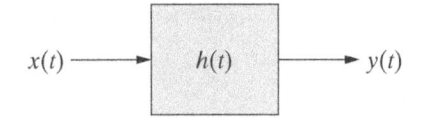

Figura 13.35 Sinal de alimentação $x(t)$. (a) Sinal de alimentação genérico. (b) Aproximação de $x(t)$ por uma série de pulsos. (c) Aproximação de $x(t)$ por uma série de impulsos.

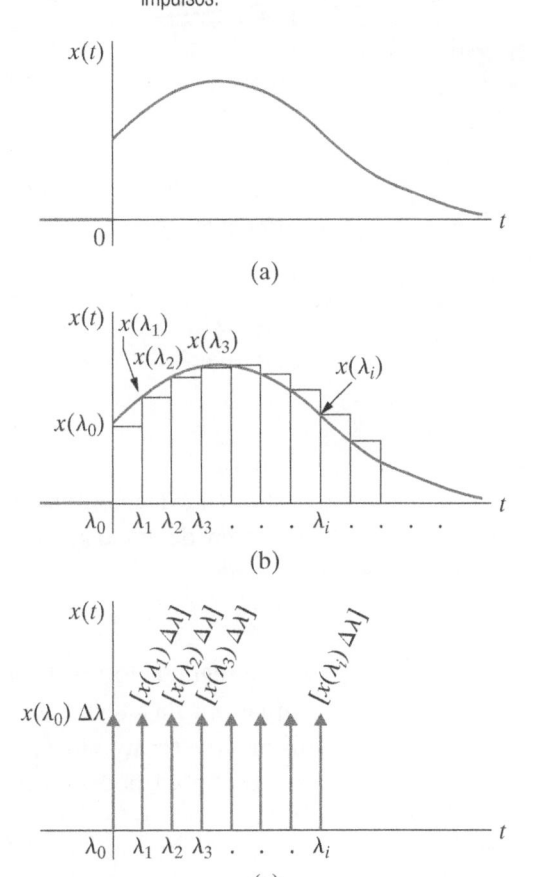

A próxima etapa na aproximação de $x(t)$ é fazer $\Delta\lambda$ pequeno o suficiente para que a componente de ordem i possa ser aproximada por uma função impulso de intensidade $x(\lambda_i)\Delta\lambda$. A Figura 13.35(c) mostra a representação do impulso, sendo que a intensidade de cada impulso é mostrada entre colchetes, ao lado de cada seta. A representação de $x(t)$ por uma série de impulsos é

$$x(t) = x(\lambda_0)\,\Delta\lambda\delta(t-\lambda_0) + x(\lambda_1)\,\Delta\lambda\delta(t-\lambda_1) + \cdots$$
$$+ x(\lambda_i)\,D\lambda\delta(t-\lambda_i) + \cdots \quad (13.103)$$

Figura 13.36 Aproximação de $y(t)$. (a) Resposta ao impulso do circuito da Figura 13.34. (b) Soma das respostas ao impulso.

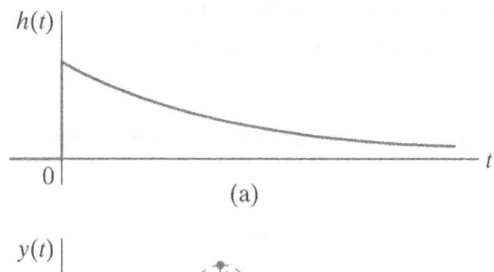

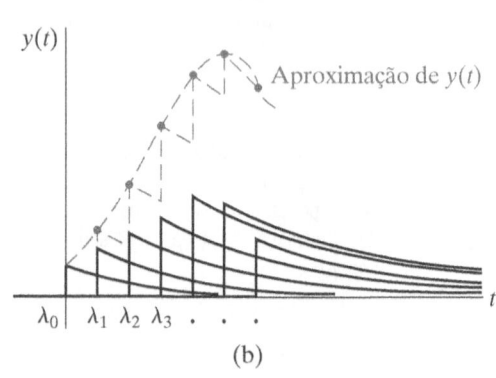

Agora, quando $x(t)$ é representada por uma série de funções impulso (que ocorrem a intervalos de tempo igualmente espaçados, isto é, a $\lambda_0, \lambda_1, \lambda_2, \ldots$), a função resposta $y(t)$ consiste na soma de uma série de respostas ao impulso uniformemente retardadas. A intensidade de cada resposta depende da intensidade do impulso que alimenta o circuito. Por exemplo, vamos admitir que a resposta ao impulso unitário do circuito contido na caixa da Figura 13.34 seja a função exponencial decrescente da Figura 13.36(a). Então, a aproximação de $y(t)$ é a soma das respostas ao impulso mostrada na Figura 13.36(b).

Analiticamente, a expressão para $y(t)$ é

$$y(t) = x(\lambda_0)\Delta\lambda h(t-\lambda_0) + x(\lambda_1)\Delta\lambda h(t-\lambda_1)$$
$$+ x(\lambda_2)\Delta\lambda h(t-\lambda_2) + \cdots$$
$$+ x(\lambda_i)\Delta\lambda h(t-\lambda_i) + \cdots \quad (13.104)$$

À medida que $\Delta\lambda \to 0$, o somatório na Equação 13.104 aproxima-se de uma integração contínua, ou

$$\sum_{i=0}^{\infty} x(\lambda_i)h(t-\lambda_i)\Delta\lambda \to \int_0^{\infty} x(\lambda)h(t-\lambda)\,d\lambda. \quad (13.105)$$

Portanto,

$$y(t) = \int_0^{\infty} x(\lambda)h(t-\lambda)\,d\lambda. \quad (13.106)$$

Se $x(t)$ existir durante todo o tempo, então o limite inferior na Equação 13.106 se tornará $-\infty$; assim, de modo geral,

$$y(t) = \int_{-\infty}^{\infty} x(\lambda)h(t-\lambda)\,d\lambda, \quad (13.107)$$

que é a segunda forma da integral de convolução dada na Equação 13.101. Deduzimos a primeira forma da integral pela Equação 13.107, fazendo uma mudança de variável de integração. Fazemos $u = t - \lambda$, e, então, observamos que $du = -d\lambda$, $u = -\infty$ quando $\lambda = \infty$, e $u = +\infty$ quando $\lambda = -\infty$. Agora, podemos escrever a Equação 13.107 como

$$y(t) = \int_{-\infty}^{\infty} x(t-u)h(u)(-du),$$

ou

$$y(t) = \int_{-\infty}^{\infty} x(t-u)h(u)(-du), \qquad (13.108)$$

Contudo, como u é apenas um símbolo de integração, a Equação 13.108 é equivalente à primeira forma da integral de convolução, Equação 13.101.

A relação integral entre $y(t)$, $h(t)$ e $x(t)$, expressa na Equação 13.101, frequentemente é escrita em notação abreviada:

$$y(t) = h(t) * x(t) = x(t) * h(t), \qquad (13.109)$$

em que o asterisco significa a convolução entre $h(t)$ e $x(t)$. Assim, $h(t) * x(t)$ é lida como "convolução de $h(t)$ com $x(t)$" e implica que

$$h(t) * x(t) = \int_{-\infty}^{\infty} h(\lambda) x(t - \lambda) \, d\lambda,$$

ao passo que $x(t) * h(t)$ é lida como "convolução de $x(t)$ com $h(t)$" e implica que

$$x(t) * h(t) = \int_{-\infty}^{\infty} x(\lambda) h(t - \lambda) \, d\lambda.$$

As integrais da Equação 13.101 expressam a relação mais geral de convolução de duas funções. Todavia, em nossas aplicações da integral de convolução, podemos mudar o limite inferior para zero e o limite superior para t. Então, podemos escrever a Equação 13.101 como

$$y(t) = \int_{0}^{t} h(\lambda) x(t - \lambda) \, d\lambda = \int_{0}^{t} x(\lambda) h(t - \lambda) \, d\lambda. \qquad (13.110)$$

Alteramos os limites por duas razões. A primeira é que, para circuitos realizáveis fisicamente, $h(t)$ é igual a zero para $t < 0$. Em outras palavras, não pode haver nenhuma resposta ao impulso antes da aplicação de um impulso. A segunda é que começamos a medir o tempo no instante em que o sinal $x(t)$ é aplicado; assim, $x(t) = 0$ para $t < 0^-$.

Uma interpretação gráfica das integrais de convolução contidas na Equação 13.110 é importante na utilização da integral como uma ferramenta de cálculo. Começamos com a primeira integral. Admitimos, por exemplo, que a resposta ao impulso de nosso circuito seja a função exponencial decrescente mostrada na Figura 13.37(a) e que o sinal aplicado tenha a forma de onda mostrada na Figura 13.37(b). Em cada uma dessas representações gráficas, substituímos t por λ, uma variável de integração. Substituir λ por $-\lambda$ simplesmente reflete o sinal aplicado no eixo vertical, e substituir $-\lambda$ por $t - \lambda$ faz a função refletida deslocar-se para a direita. Veja as figuras 13.37(c) e (d). Essa operação de refletir deu origem ao termo *convolução*. Em qualquer valor especificado de t, a função resposta $y(t)$ é a área sob a função produto $h(\lambda)x(t - \lambda)$, como mostra a Figura 13.37(e). Essa representação gráfica deve tornar evidente a razão por que o limite inferior da integral de convolução é igual a zero e o limite superior é t. Para $\lambda < 0$, o produto $h(\lambda)x(t - \lambda)$ é nulo porque $h(\lambda)$ é nulo. Para $\lambda > t$, o produto $h(\lambda)x(t - \lambda)$ é nulo porque $x(t - \lambda)$ é nulo.

A Figura 13.38 mostra a segunda forma da integral de convolução. Observe que a função produto na Figura 13.38(e) confirma a utilização de zero para o limite inferior e t para o limite superior.

O Exemplo 13.3 ilustra como usar a integral de convolução, em conjunto com uma resposta ao impulso unitário, para determinar a resposta de um circuito.

Figura 13.37 Interpretação gráfica da integral de convolução $\int_0^t h(\lambda)x(t-\lambda)\,d\lambda$. (a) Resposta ao impulso. (b) Sinal de entrada. (c) Sinal de entrada refletido. (d) Sinal de entrada refletido e deslocado de t unidades. (e) O produto $h(\lambda)x(t-\lambda)$.

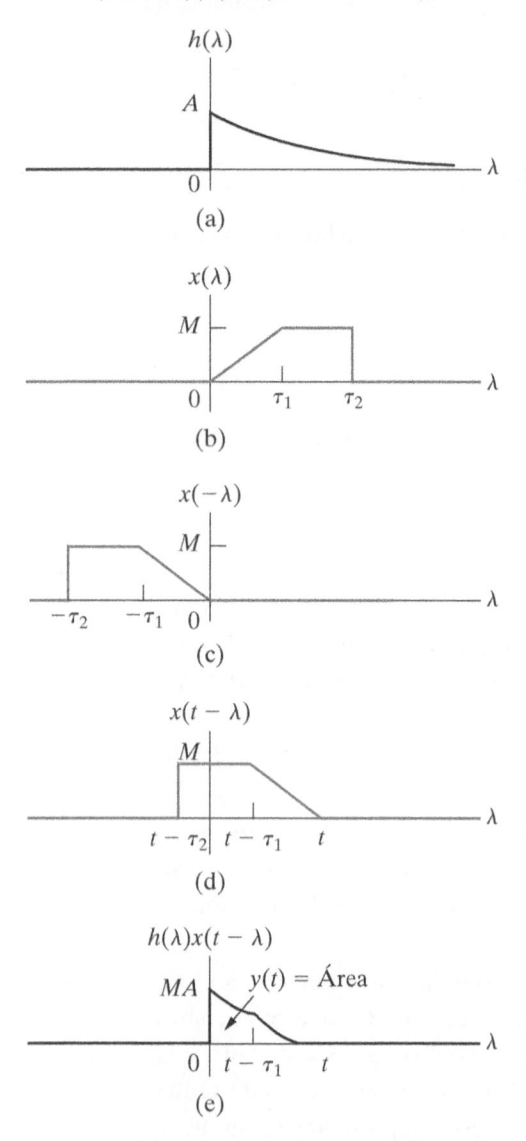

Figura 13.38 Interpretação gráfica da integral de convolução $\int_0^t h(t-\lambda)x(\lambda)\,d\lambda$. (a) Resposta ao impulso. (b) Sinal de entrada. (c) Resposta ao impulso refletida. (d) Resposta ao impulso refletida e deslocada de t unidades. (e) O produto $h(t-\lambda)x(\lambda)$.

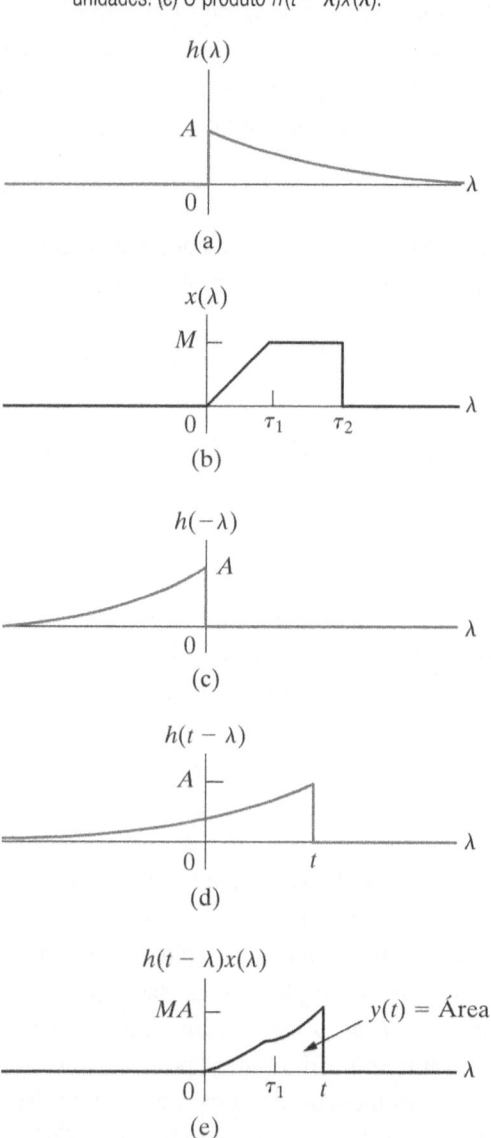

EXEMPLO 13.3 Utilização da integral de convolução para determinar um sinal de saída

A tensão de excitação v_i do circuito da Figura 13.39(a) é mostrada na Figura 13.39(b).

a) Use a integral de convolução para determinar v_o.

b) Faça um gráfico de v_o, na faixa $0 \le t \le 15$ s.

Figura 13.39 Circuito e tensão de excitação para o Exemplo 13.3. (a) Circuito. (b) Tensão de alimentação.

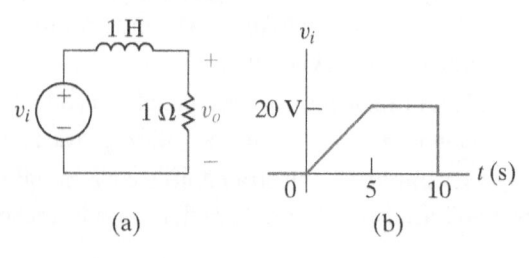

Solução

a) A primeira etapa na utilização da integral de convolução é determinar a resposta ao impulso unitário do circuito. Obtemos a expressão para V_o pelo equivalente do circuito da Figura 13.39(a) no domínio da frequência:

$$V_o = \frac{V_i}{s+1} \quad (1).$$

Quando v_i é um impulso unitário $\delta(t)$,

$$v_o = h(t) = e^{-t}u(t),$$

em que

$$h(\lambda) = e^{-\lambda}u(\lambda).$$

Usando a primeira forma da integral de convolução da Equação 13.110, construímos os gráficos da resposta ao impulso e da função excitação refletida da Figura 13.40, que são úteis para selecionar os limites da integral de convolução. Para deslocar o sinal de entrada refletido para a direita, dividimos o intervalo de integração em três partes: $0 \le t \le 5$; $5 \le t \le 10$ e $10 \le t \le \infty$. As mudanças de inclinação na função de excitação em 0, 5 e 10 s impõem a divisão do intervalo de integração. A Figura 13.41 mostra a forma da função de excitação refletida para cada um desses intervalos. A expressão analítica para v_i no intervalo $0 \le t \le 5$ é

$$v_i = 4t, \; 0 \le t \le 5 \text{ s}.$$

Assim, a expressão analítica para a entrada refletida, no intervalo $t-5 \le \lambda \le t$ é

$$v_i(t-\lambda) = 4(t-\lambda), \; t-5 \le \lambda \le t.$$

Agora, podemos estabelecer as três expressões da integral para v_o. Para $0 \le t \le 5$ s:

$$v_o = \int_0^t 4(t-\lambda)e^{-\lambda}d\lambda$$

$$= 4(e^{-t} + t - 1) \text{ V}.$$

Figura 13.40 Resposta ao impulso e a excitação refletida para o Exemplo 13.3.

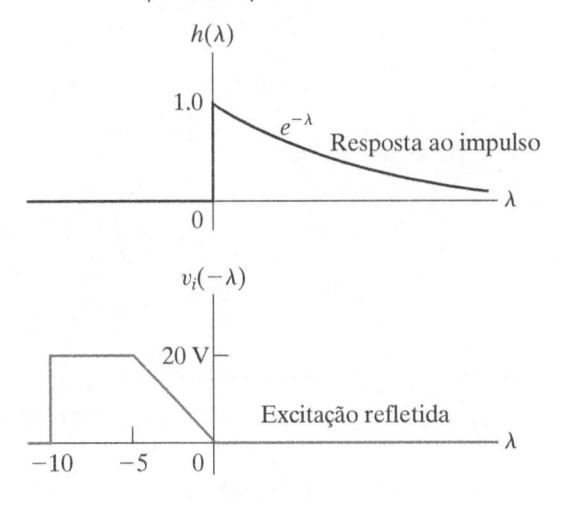

Figura 13.41 Deslocamento de $v_i(t-\lambda)$ para três intervalos de tempo diferentes.

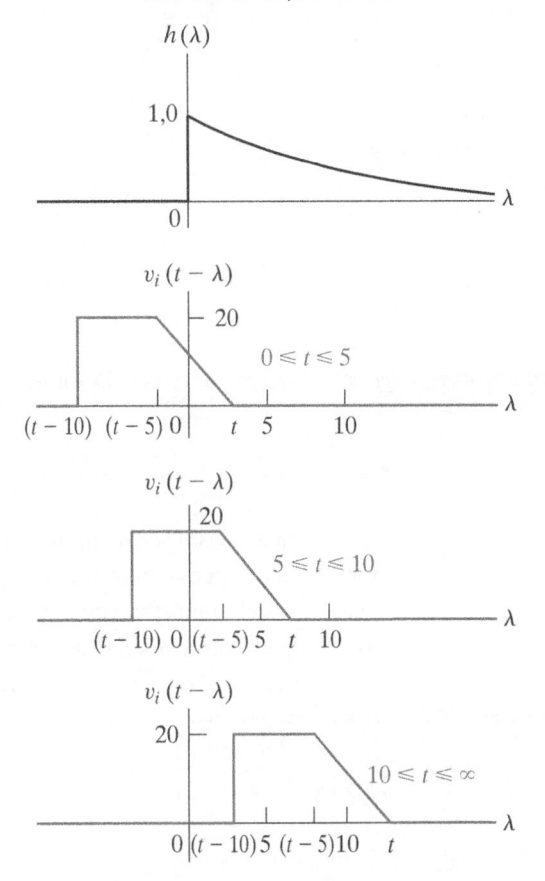

Para 5 ≤ t ≤ 10 s,

$$v_o = \int_0^{t-5} 20e^{-\lambda}d\lambda + \int_{t-5}^t 4(t-\lambda)e^{-\lambda}d\lambda$$

$$= 4(5 + e^{-t} - e^{-(t-5)}) \text{ V}.$$

E para 10 ≤ t ≤ ∞ s,

$$v_o = \int_{t-10}^{t-5} 20e^{-\lambda}d\lambda + \int_{t-5}^t 4(t-\lambda)e^{-\lambda}d\lambda$$

$$= 4(e^{-t} - e^{-(t-5)} + 5e^{-(t-10)}) \text{ V}.$$

b) Calculamos v_o para intervalos de tempo de 1 s, usando a equação adequada. Os resultados são apresentados na Tabela 13.2 e representados em gráfico na Figura 13.42.

Figura 13.42 Resposta de tensão para o Exemplo 13.3.

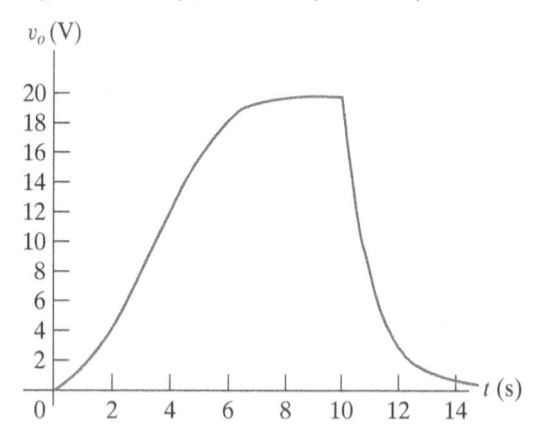

Tabela 13.2 Valores numéricos de $v_o(t)$

t	v_o	t	v_o
1	1,47	9	19,93
2	4,54	10	19,97
3	8,20	11	7,35
4	12,07	12	2,70
5	16,03	13	0,99
6	18,54	14	0,37
7	19,56	15	0,13
8	19,80		

NOTA: avalie sua compreensão a respeito da convolução tentando resolver os problemas 13.52 e 13.60, apresentados no final deste capítulo.

Os conceitos de memória e a função peso

No início desta seção, mencionamos que a integral de convolução envolve os conceitos de memória e de função peso na análise de circuitos. A interpretação gráfica da integral de convolução é o modo mais fácil de começar a entender esses conceitos. Podemos observar a reflexão e o deslocamento do sinal de entrada em uma escala temporal caracterizada como passado, presente e futuro. O eixo vertical, no qual o sinal de entrada $x(t)$ é refletido, representa o valor presente; valores passados de $x(t)$ encontram-se à direita do eixo vertical e valores futuros, à esquerda. A Figura 13.43 ilustra essa abordagem. Como exemplo, usamos o sinal de entrada do Exemplo 13.3.

Figura 13.43 Valores passado, presente e futuro do sinal de entrada.

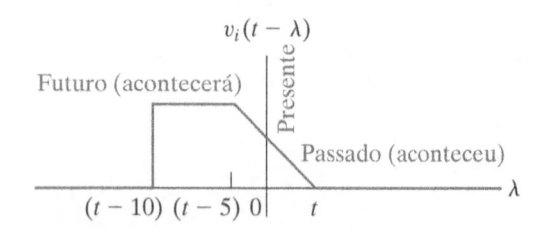

Quando combinamos as visões do passado, presente e futuro de $x(t-\tau)$ com a resposta a um impulso do circuito, vemos que esta atribui peso a $x(t)$ de acordo com valores presentes e passados. Por exemplo, a Figura 13.41 mostra que a resposta a um impulso, no Exemplo 13.3, atribui peso menor a valores passados de $x(t)$ do que ao valor presente. Em outras palavras, o circuito retém cada vez menos informação sobre os valores passados da entrada. Assim, na Figura 13.42, v_o aproxima-se rapidamente de zero quando o valor presente da entrada é igual a zero (isto é, quando $t > 10$ s). Ou seja, como o valor presente da entrada recebe mais peso do que os valores passados, a saída aproxima-se rapidamente do valor presente da entrada.

A multiplicação de $x(t - \lambda)$ por $h(\lambda)$ é a razão pela qual chamamos a resposta a um impulso de **função peso** do circuito. Por sua vez, a função peso determina a memória do circuito. **Memória** é a proporção em que a resposta do circuito retém os valores passados de sua entrada. Por exemplo, se a resposta a um impulso, ou função peso, for uniforme, como mostrado na Figura 13.44(a), ela atribui peso igual a todos os valores de $x(t)$, passados e presentes. Tal circuito tem uma memória perfeita. Todavia, se a resposta a um impulso for uma função impulso, como mostra a Figura 13.44(b), ela não atribui nenhum peso aos valores passados de $x(t)$. Tal circuito não tem memória. Assim, quanto mais memória um circuito tiver, mais distorção haverá entre a forma de onda do sinal de entrada e a forma de onda do sinal de saída. Podemos mostrar essa relação, admitindo que o circuito não tenha memória, isto é, $h(t) = A\delta(t)$, e, então, observando pela integral de convolução que

$$y(t) = \int_0^t h(\lambda)x(t - \lambda)d\lambda$$

$$= \int_0^t A\delta(\lambda)x(t - \lambda)d\lambda$$

$$= Ax(t). \quad (13.111)$$

Figura 13.44 Funções peso. (a) Memória perfeita. (b) Nenhuma memória.

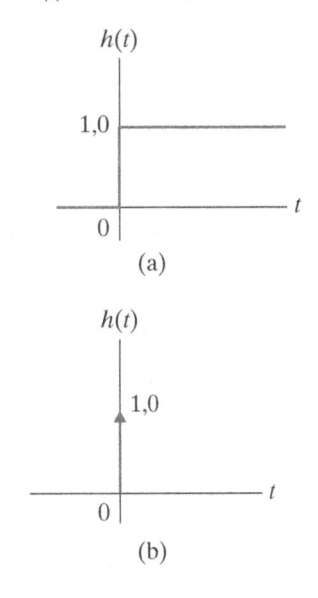

Figura 13.45 Formas de onda de entrada e saída para o Exemplo 13.3.

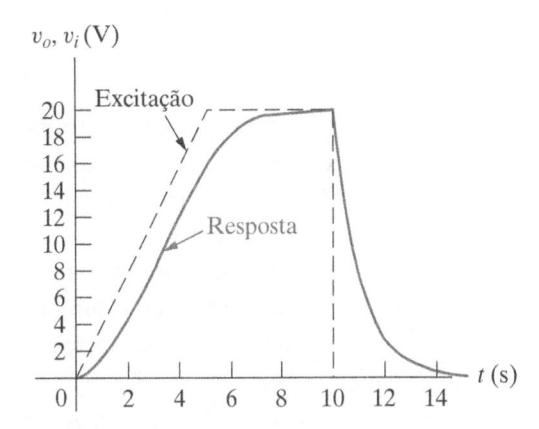

A Equação 13.111 mostra que, se o circuito não tiver nenhuma memória, a saída será a entrada multiplicada por um fator de escala.

O circuito mostrado no Exemplo 13.3 ilustra a distorção entre entrada e saída para um circuito que tem alguma memória. Essa distorção é clara quando traçamos as formas de onda de entrada e saída no mesmo gráfico, como na Figura 13.45.

13.7 Função de transferência e resposta de regime permanente senoidal

Uma vez calculada a função de transferência de um circuito, não precisamos mais realizar uma análise fasorial em separado do circuito para determinar sua resposta de regime permanente. Em vez disso, usamos a função de transferência para relacionar a resposta de regime permanente com a entrada senoidal. Em primeiro lugar, admitimos que

$$x(t) = A\cos(\omega t + \phi), \quad (13.112)$$

e, então, usamos a Equação 13.96 para determinar a solução de regime permanente de $y(t)$. Para determinar a transformada de Laplace de $x(t)$, primeiro escrevemos $x(t)$ como

$$x(t) = A \cos \omega t \cos \phi - A \operatorname{sen} \omega t \operatorname{sen} \phi \tag{13.113}$$

da qual temos

$$X(s) = \frac{(A \cos \phi)s}{s^2 + \omega^2} - \frac{(A \operatorname{sen} \phi)\omega}{s^2 + \omega^2}$$

$$= \frac{A(s \cos \phi - \omega \operatorname{sen} \phi)}{s^2 + \omega^2}. \tag{13.114}$$

Substituindo a Equação 13.114 na Equação 13.96, obtemos a expressão para a resposta no domínio da frequência:

$$Y(s) = H(s) \frac{A(s \cos \phi - \omega \operatorname{sen}\phi)}{s^2 + \omega^2}. \tag{13.115}$$

Agora, analisamos a expansão da Equação 13.115 por frações parciais. O número de termos da expansão depende do número de polos de $H(s)$. Como $H(s)$ não é especificada, além do fato de ser a função de transferência de um circuito fisicamente realizável, a expansão da Equação 13.115 é

$$Y(s) = \frac{K_1}{s - j\omega} + \frac{K_1^*}{s + j\omega}$$
$$+ \sum \text{ dos termos gerados pelos polos de } H(s). \tag{13.116}$$

Na Equação 13.116, os dois primeiros termos resultam dos polos conjugados complexos do sinal de entrada; isto é, $s^2 + \omega^2 = (s - j\omega)(s + j\omega)$. Contudo, os termos gerados pelos polos de $H(s)$ não contribuem para a resposta de regime permanente de $y(t)$, porque todos esses polos encontram-se na metade esquerda do plano s; dessa forma, os termos correspondentes no domínio do tempo aproximam-se de zero à medida que t aumenta. Assim, os dois primeiros termos do lado direito da Equação 13.116 determinam a resposta de regime permanente. O problema é reduzido à determinação do coeficiente K_1 da fração parcial:

$$K_1 = \left. \frac{H(s)A(s \cos \phi - \omega \operatorname{sen}\phi)}{s + j\omega} \right|_{s=j\omega}$$

$$= \frac{H(j\omega)A(j\omega \cos \phi - \omega \operatorname{sen}\phi)}{2j\omega}$$

$$= \frac{H(j\omega)A(\cos \phi + j \operatorname{sen}\phi)}{2} = \frac{1}{2} H(j\omega) A e^{j\phi}. \tag{13.117}$$

De modo geral, $H(j\omega)$ é uma quantidade complexa, o que reconhecemos escrevendo-a em forma polar; assim,

$$H(j\omega) = |H(j\omega)| e^{j\theta(\omega)}. \tag{13.118}$$

Observe pela Equação 13.118 que ambos, o módulo, $|H(j\omega)|$, e o ângulo de fase, $\theta(\omega)$, da função de transferência variam com a frequência ω. Quando substituímos a Equação 13.118 na Equação 13.117, a expressão para K_1 torna-se

$$K_1 = \frac{A}{2} |H(j\omega)| e^{j[\theta(\omega) + \phi]}. \tag{13.119}$$

Obtemos o regime permanente de $y(t)$ executando a transformada inversa da Equação 13.116 e, no processo, ignorando os termos gerados pelos polos de $H(s)$. Assim,

$$y_{rp}(t) = A|H(j\omega)| \cos[\omega t + \phi + \theta(\omega)], \qquad (13.120)$$

◀ **Resposta de regime permanente senoidal, calculada a partir da função de transferência**

expressão que indica como usar a função de transferência para determinar a resposta de regime permanente senoidal de um circuito. A amplitude da resposta é igual à amplitude da fonte, A, vezes o módulo da função de transferência, $|H(j\omega)|$. O ângulo de fase da resposta, $\phi + \theta(\omega)$, é igual ao ângulo de fase da fonte, ϕ, mais o ângulo de fase da função de transferência, $\theta(\omega)$. Avaliamos ambos, $|H(j\omega)|$ e $\theta(\omega)$, na frequência da fonte, ω.

O Exemplo 13.4 ilustra como usar a função de transferência para determinar a resposta de regime permanente senoidal de um circuito.

EXEMPLO 13.4 Utilização da função de transferência para determinar a resposta de regime permanente senoidal.

O circuito do Exemplo 13.1 é mostrado na Figura 13.46. A fonte de tensão senoidal é $120 \cos(5.000t + 30°)$ V. Determine a expressão do regime permanente para v_o.

Solução

Pelo Exemplo 13.1,

$$H(s) = \frac{1.000(s + 5.000)}{s^2 + 6.000s + 25 * 10^6}.$$

A frequência da fonte de tensão é 5.000 rad/s; então, avaliamos $H(s)$ em $H(j5.000)$:

$$H(j5.000) = \frac{1.000(5.000 + j5.000)}{-25 * 10^6 + j5.000(6.000) + 25 \times 10^6}$$

$$= \frac{1 + j1}{j6} = \frac{1 - j1}{6} = \frac{\sqrt{2}}{6}\angle{-45°}.$$

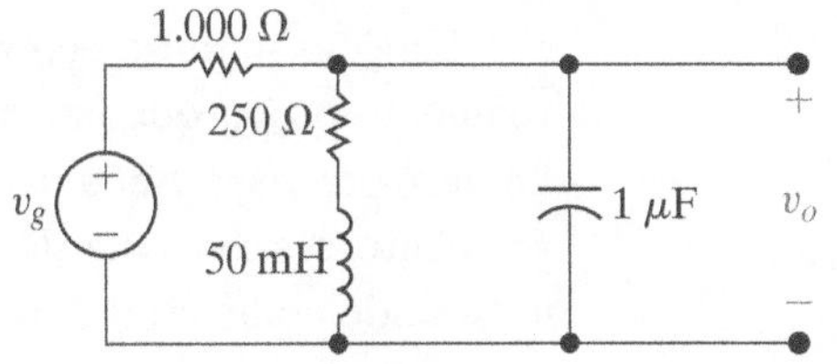

Então, pela Equação 13.120,

$$v_{o_{rp}} = \frac{(120)\sqrt{2}}{6} \cos(5.000t + 30° - 45°)$$

$$= 20\sqrt{2} \cos(5.000t - 15°) \text{ V}.$$

Figura 13.46 Circuito para o Exemplo 13.4.

Saber usar a função de transferência para calcular a resposta de regime permanente senoidal de um circuito é importante. Observe que, se conhecermos $H(j\omega)$, conheceremos também $H(s)$, pelo menos teoricamente. Em outras palavras, podemos inverter o processo; em vez de usarmos $H(s)$ para determinar $H(j\omega)$, usamos $H(j\omega)$ para determinar $H(s)$. Conhecida $H(s)$, podemos determinar a resposta para outras formas de onda das fontes de alimentação. Nessa perspectiva, determinamos experimentalmente $H(j\omega)$ e, então, pelo resultado, construímos $H(s)$. Na prática, essa abordagem experimental nem sempre é possível; contudo, em alguns casos, proporciona realmente um método útil para determinar $H(s)$. Em teoria, a relação entre $H(s)$ e $H(j\omega)$ estabelece uma ligação entre o domínio do tempo e o domínio da frequência. A função de transferência também é uma ferramenta muito útil em problemas referentes à resposta em frequência dos circuitos, um conceito que apresentaremos no próximo capítulo.

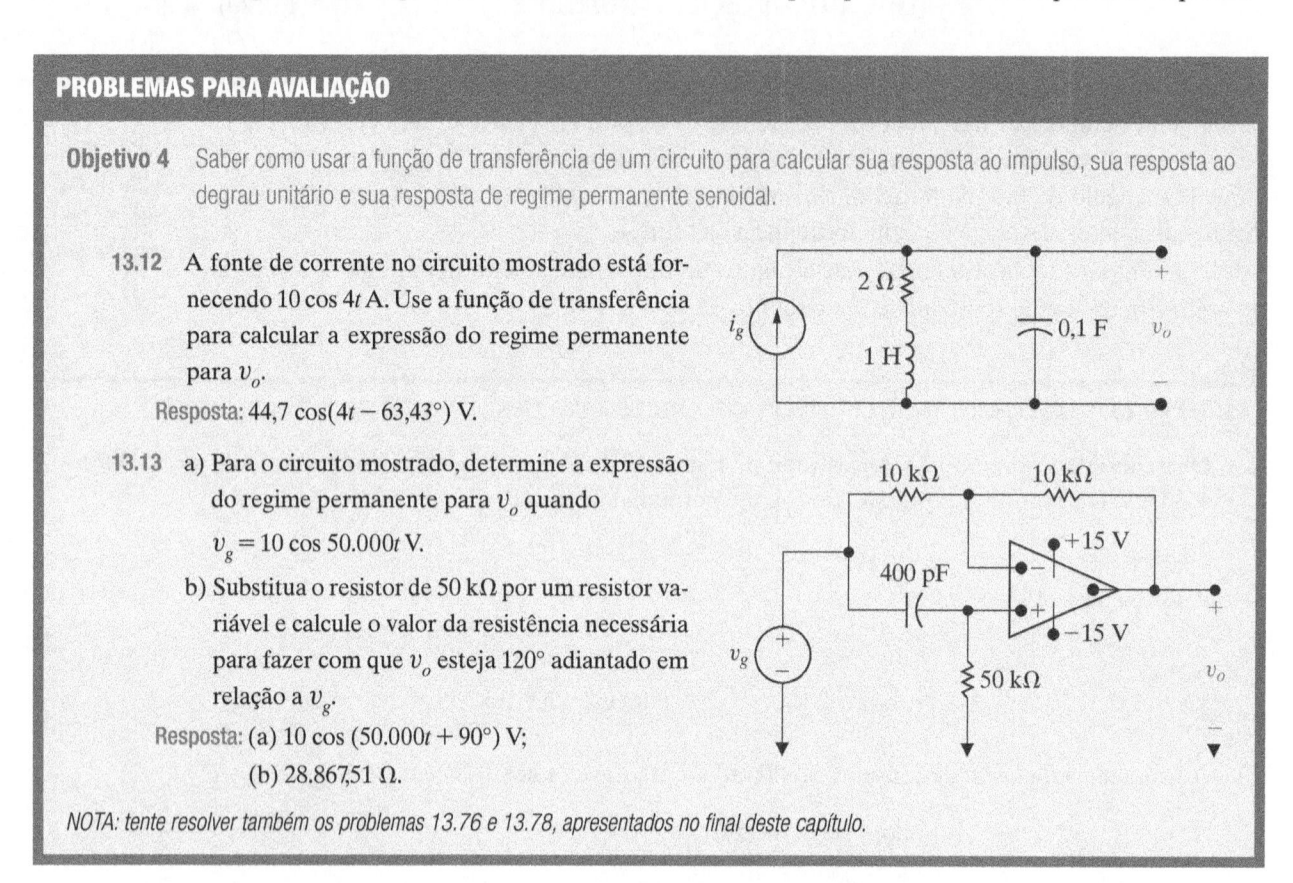

PROBLEMAS PARA AVALIAÇÃO

Objetivo 4 Saber como usar a função de transferência de um circuito para calcular sua resposta ao impulso, sua resposta ao degrau unitário e sua resposta de regime permanente senoidal.

13.12 A fonte de corrente no circuito mostrado está fornecendo $10 \cos 4t$ A. Use a função de transferência para calcular a expressão do regime permanente para v_o.

Resposta: $44{,}7 \cos(4t - 63{,}43°)$ V.

13.13 a) Para o circuito mostrado, determine a expressão do regime permanente para v_o quando
$v_g = 10 \cos 50.000t$ V.

b) Substitua o resistor de 50 kΩ por um resistor variável e calcule o valor da resistência necessária para fazer com que v_o esteja 120° adiantado em relação a v_g.

Resposta: (a) $10 \cos(50.000t + 90°)$ V;
(b) $28.867{,}51$ Ω.

NOTA: tente resolver também os problemas 13.76 e 13.78, apresentados no final deste capítulo.

13.8 Função impulso em análise de circuitos

Funções impulso ocorrem em análise de circuitos ou por causa de uma operação de chaveamento ou porque um circuito é alimentado por uma fonte impulsiva. A transformada de Laplace pode ser usada para calcular as correntes e tensões impulsivas criadas durante o chaveamento e a resposta de um circuito a uma fonte impulsiva. Começamos nossa discussão mostrando como criar uma função impulso com uma operação de chaveamento.

Operações de chaveamento

Usamos dois circuitos diferentes para ilustrar como uma função impulso pode ser criada com uma operação de chaveamento: um circuito capacitivo e um circuito indutivo.

Circuito capacitivo

No circuito mostrado na Figura 13.47, o capacitor C_1 está carregado com uma tensão inicial de V_0 no instante em que a chave é fechada. A carga inicial em C_2 é igual a zero. O problema é determinar a expressão para $i(t)$, quando $R \to 0$. A Figura 13.48 mostra o circuito equivalente no domínio da frequência.

Pela Figura 13.48,

$$I = \frac{V_0/s}{R + (1/sC_1) + (1/sC_2)}$$

$$= \frac{V_0/R}{s + (1/RC_e)}, \quad (13.121)$$

em que a capacitância equivalente $C_1C_2/(C_1 + C_2)$ é substituída por C_e.

Tomando, por inspeção, a transformada inversa da Equação 13.121, obtemos

$$i = \left(\frac{V_0}{R}e^{-t/RC_e}\right)u(t), \quad (13.122)$$

que indica que, à medida que R decresce, a corrente inicial (V_0/R) cresce e a constante de tempo (RC_e) decresce. Assim, à medida que R fica menor, a corrente começa de um valor inicial maior e, então, cai mais rapidamente. A Figura 13.49 mostra essas características de i.

Aparentemente, i está aproximando-se de uma função impulso à medida que R tende a zero, porque o valor inicial de i está aproximando-se de infinito e sua duração está aproximando-se de zero. Ainda temos de determinar se a área sob a função corrente é independente de R. Em termos físicos, a área total sob a curva de $i(t)$ representa a carga total transferida para C_2, depois que a chave fechou. Assim,

$$\text{Área} = q = \int_{0^-}^{\infty} \frac{V_0}{R} e^{-t/RC_e} dt = V_0 C_e, \quad (13.123)$$

que mostra que a carga total transferida para C_2 é independente de R e igual a $V_0 C_e$ coulombs. Desse modo, à medida que R se aproxima de zero, a corrente aproxima-se de um impulso de intensidade $V_0 C_e$, isto é,

$$i \to V_0 C_e \delta(t). \quad (13.124)$$

Figura 13.47 Circuito que mostra a criação de uma corrente impulsiva.

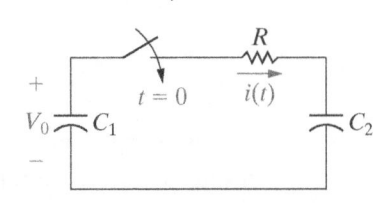

Figura 13.48 Circuito equivalente no domínio da frequência para o circuito da Figura 13.47.

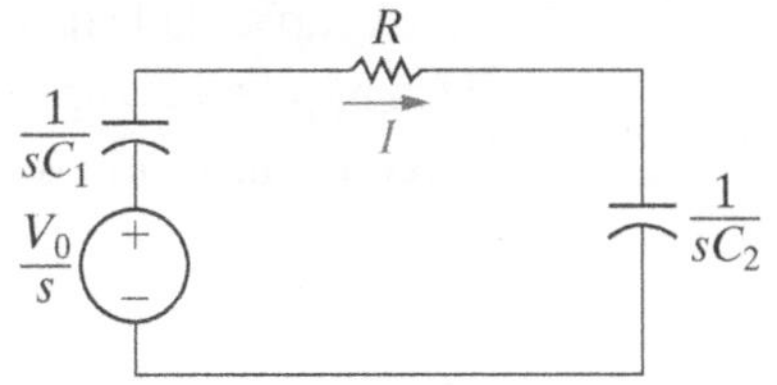

Figura 13.49 Gráfico de $i(t)$ para dois valores diferentes de R.

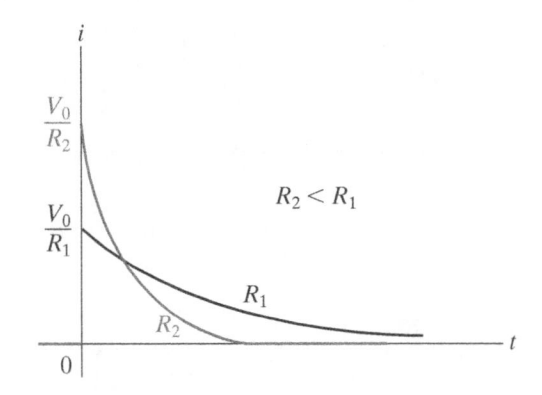

A interpretação física da Equação 13.124 é: quando $R = 0$, uma quantidade finita de carga é transferida a C_2 instantaneamente. Igualar R a zero, no circuito apresentado na Figura 13.47, mostra como obtemos uma transferência instantânea de carga. Com $R = 0$, criamos uma contradição quando fechamos a chave; isto é, aplicamos uma tensão a um capacitor cuja tensão inicial é igual a zero. O único modo de ocorrer uma mudança instantânea na tensão de um capacitor é ter uma transferência instantânea de carga. Quando a chave é fechada, a tensão em C_2 não salta para V_0, mas para seu valor final de

$$v_2 = \frac{C_1 V_0}{C_1 + C_2}. \quad (13.125)$$

Deixamos para você a dedução da Equação 13.125 (veja o Problema 13.81, apresentado no final deste capítulo).

Se fizermos $R = 0$ logo de saída, a análise por meio da transformada de Laplace fornecerá uma resposta impulsiva de corrente. Assim,

$$I = \frac{V_0/s}{(1/sC_1) + (1/sC_2)} = \frac{C_1C_2V_0}{C_1 + C_2} = C_eV_0. \quad (13.126)$$

Ao escrevermos a Equação 13.126, usamos as tensões dos capacitores em $t = 0^-$. A transformada inversa de uma constante é a constante vezes a função impulso; dessa forma, pela Equação 13.126,

$$i = C_eV_0\delta(t). \quad (13.127)$$

A capacidade de a transformada de Laplace prever corretamente a ocorrência de uma resposta impulsiva é uma das razões pelas quais ela é amplamente usada para analisar o comportamento transitório de circuitos lineares com parâmetros concentrados invariantes no tempo.

Circuito indutivo em série

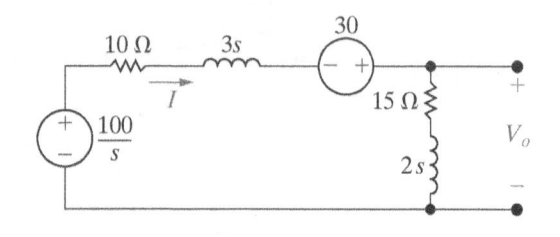

O circuito mostrado na Figura 13.50 ilustra uma segunda operação de chaveamento que produz uma resposta impulsiva. O problema é determinar a expressão no domínio do tempo para v_o, após a abertura da chave. Observe que abrir a chave significa impor uma mudança instantânea na corrente de L_2, o que faz com que v_o contenha um componente impulsivo.

A Figura 13.51 mostra o equivalente no domínio da frequência com a chave aberta. Ao chegarmos a esse circuito, consideramos que a corrente no indutor de 3 H, em $t = 0^-$, seja 10 A, e que a corrente no indutor de 2 H, em $t = 0^-$, seja igual a zero. Usar as condições iniciais em $t = 0^-$ é uma consequência direta de termos usado 0^- como o limite inferior na integral definidora da transformada de Laplace.

Deduzimos a expressão para V_o a partir de uma única equação de tensões de nó. Somando as correntes que saem do nó entre o resistor de 15 Ω e a fonte de 30 V, obtemos

$$\frac{V_o}{2s + 15} + \frac{V_o - [(100/s) + 30]}{3s + 10} = 0. \quad (13.128)$$

Figura 13.50 Circuito que mostra a criação de uma tensão impulsiva.

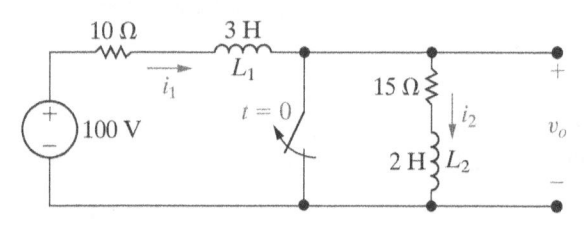

Figura 13.51 Circuito equivalente no domínio da frequência para o circuito da Figura 13.50.

Explicitando V_o, temos

$$V_o = \frac{40(s + 7{,}5)}{s(s + 5)} + \frac{12(s + 7{,}5)}{s + 5}. \quad (13.129)$$

Vemos que v_o conterá um termo impulsivo, pois o segundo termo do lado direito da Equação 13.129 é uma função racional imprópria. Podemos expressar essa importante fração como uma constante mais uma função racional, pela simples divisão do denominador pelo numerador; isto é,

$$\frac{12(s + 7{,}5)}{s + 5} = 12 + \frac{30}{s + 5}. \quad (13.130)$$

Combinando a Equação 13.130 com a expansão por frações parciais do primeiro termo do lado direito da Equação 13.129, temos

$$V_o = \frac{60}{s} - \frac{20}{s+5} + 12 + \frac{30}{s+5}$$

$$= 12 + \frac{60}{s} + \frac{10}{s+5}, \qquad (13.131)$$

da qual

$$v_o = 12\delta(t) + (60 + 10e^{-5t})u(t) \text{ V}. \qquad (13.132)$$

Essa solução faz sentido? Antes de respondermos a essa pergunta, em primeiro lugar, vamos deduzir a expressão para a corrente, quando $t > 0^-$. Após a abertura da chave, a corrente em L_1 é a mesma que em L_2. Se tomarmos como referência a corrente em sentido horário ao longo da malha, a expressão no domínio da frequência será

$$I = \frac{(100/s) + 30}{5s + 25} = \frac{20}{s(s+5)} + \frac{6}{s+5}$$

$$= \frac{4}{s} - \frac{4}{s+5} + \frac{6}{s+5}$$

$$= \frac{4}{s} + \frac{2}{s+5}. \qquad (13.133)$$

A transformada inversa da Equação 13.133 é

$$i = (4 + 2e^{-5t})u(t) \text{ A}. \qquad (13.134)$$

Antes da abertura da chave, a corrente em L_1 é 10 A e a corrente em L_2 é 0 A; pela Equação 13.134, sabemos que em $t = 0^+$, a corrente em L_1 e em L_2 é 6 A. Então, a corrente em L_1 passa instantaneamente de 10 para 6 A, enquanto a corrente em L_2 passa instantaneamente de 0 para 6 A. Partindo desse valor de 6 A, a corrente decresce exponencialmente até um valor final de 4 A. Esse valor final é verificado facilmente pelo circuito; isto é, ele deve ser igual a 100/25, ou 4 A. A Figura 13.52 mostra essas características de i_1 e i_2.

Como podemos verificar se essas variações instantâneas na corrente do indutor fazem sentido, em termos do comportamento físico do circuito? Em primeiro lugar, observamos que a operação de chaveamento coloca os dois indutores em série. Qualquer tensão impulsiva que apareça no indutor de 3 H deve ser compensada exatamente por uma tensão impulsiva no indutor de 2 H, porque a soma de tensões impulsivas ao longo de um caminho fechado deve ser igual a zero. A lei de Faraday estabelece que a tensão induzida seja proporcional à variação do fluxo concatenado ($v = d\lambda/dt$). Portanto, a variação no fluxo concatenado deve ser nula. Em outras palavras, o fluxo concatenado total, imediatamente após o chaveamento, é o mesmo que antes dele. Para o circuito que analisamos aqui, o fluxo concatenado antes do chaveamento é

Figura 13.52 Correntes do indutor em função de t para o circuito da Figura 13.50.

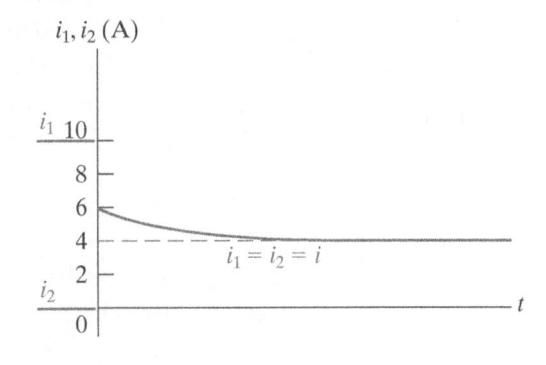

$$\lambda = L_1 i_1 + L_2 i_2 = 3(10) + 2(0) = 30 \text{ Wb-espiras}. \qquad (13.135)$$

Imediatamente após o chaveamento, é

$$\lambda = (L_1 + L_2)i(0^+) = 5i(0^+). \qquad (13.136)$$

Combinando as equações 13.135 e 13.136, obtemos

$$i(0^+) = 30/5 = 6 \text{ A}. \qquad (13.137)$$

Assim, a solução para i (Equação 13.134) está de acordo com o princípio da conservação do fluxo concatenado.

Agora, testamos a validade da Equação 13.132. Em primeiro lugar, verificamos o termo impulsivo $12\delta(t)$. A variação instantânea de i_2 de 0 para 6 A em $t = 0$ dá origem a um impulso de intensidade $6\delta(t)$ na derivada de i_2. Esse impulso dá origem ao impulso $12\delta(t)$ na tensão do indutor de 2 H. Para $t > 0^+$, di_2/dt é $-10e^{-5t}$ A/s; assim, a tensão v_o é

$$v_o = 15(4 + 2e^{-5t}) + 2(-10e^{-5t})$$

$$= (60 + 10e^{-5t})u(t) \text{ V}. \qquad (13.138)$$

A Equação 13.138 está de acordo com os dois últimos termos do lado direito da Equação 13.132; desse modo, confirmamos que a Equação 13.132 faz sentido em termos do comportamento conhecido do circuito.

Também podemos verificar a queda instantânea de 10 para 6 A na corrente i_1. Essa queda dá origem a um impulso de $-4\delta(t)$ na derivada de i_1. Dessa forma, a tensão em L_1 contém um impulso de $-12\delta(t)$ na origem. Esse impulso compensa exatamente o impulso em L_2; isto é, a soma das tensões impulsivas ao longo do caminho fechado é igual a zero.

Fontes impulsivas

Funções impulso podem ocorrer em fontes, bem como em respostas; tais fontes são denominadas **fontes impulsivas**. Uma fonte impulsiva que alimenta um circuito fornece uma quantidade finita de energia ao sistema instantaneamente. Uma analogia mecânica seria fazer soar um sino com uma batida impulsiva do badalo. Após a energia ter sido transferida ao sino, a resposta natural do sino determina o tom emitido (isto é, a frequência das ondas sonoras resultantes) e a duração dele.

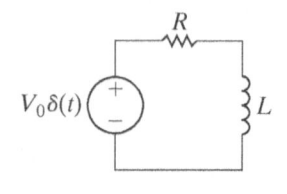

No circuito mostrado na Figura 13.53, uma fonte de tensão impulsiva de intensidade V_0 volts-segundos é aplicada a um resistor e a um indutor ligados em série. Quando a fonte de tensão é aplicada, a energia inicial no indutor é nula; portanto, a corrente inicial é igual a zero. Como não há nenhuma queda de tensão em R, a fonte de tensão impulsiva aparece diretamente nos terminais de L. Uma tensão impulsiva nos terminais de um indutor estabelece uma corrente instantânea. A corrente é

Figura 13.53 Circuito *RL* excitado por uma fonte de tensão impulsiva.

$$i = \frac{1}{L}\int_{0^-}^{t} V_0\delta(x)\,dx. \qquad (13.139)$$

Dado que a integral de $\delta(t)$ em qualquer intervalo que inclua zero é 1, constatamos que a Equação 13.139 implica

$$i(0^+) = \frac{V_0}{L} \text{ A}. \qquad (13.140)$$

Assim, em um intervalo infinitesimal, a fonte impulsiva de tensão ficou armazenada no indutor.

Capítulo 13 • A transformada de Laplace na análise de circuitos

$$w = \frac{1}{2}L\left(\frac{V_0}{L}\right)^2 = \frac{1}{2}\frac{V_0^2}{L} \text{ J} \qquad (13.141)$$

A corrente V_0/L cai a zero, de acordo com a resposta natural do circuito; isto é,

$$i = \frac{V_0}{L}e^{-t/\tau}u(t), \qquad (13.142)$$

em que $\tau = L/R$. Lembre-se de que, no Capítulo 7, vimos que a resposta natural só pode ser atribuída a elementos passivos que fornecem ou armazenam energia, e não aos efeitos de fontes. Quando um circuito é alimentado por apenas uma fonte impulsiva, a resposta total é completamente definida pela resposta natural; a duração da fonte impulsiva é tão infinitesimal que não contribui para nenhuma resposta forçada.

Também podemos obter a Equação 13.142 pela aplicação direta do método da transformada de Laplace. A Figura 13.54 mostra o equivalente no domínio da frequência do circuito da Figura 13.53. Assim,

$$I = \frac{V_0}{R + sL} = \frac{V_0/L}{s + (R/L)}, \qquad (13.143)$$

$$i = \frac{V_0}{L}e^{-(R/L)t} = \frac{V_0}{L}e^{-t/\tau}u(t). \qquad (13.144)$$

Dessa forma, o método da transformada de Laplace dá a solução correta para $i \geq 0^+$.

Por fim, consideramos o caso em que impulsos gerados internamente e impulsos aplicados externamente ocorrem de modo simultâneo. A abordagem da transformada de Laplace garante automaticamente a solução correta para $t > 0^+$ se as correntes no indutor e as tensões no capacitor, em $t = 0^-$, forem usadas para construir o circuito equivalente no domínio da frequência e se os impulsos aplicados externamente forem representados por suas transformadas. Para ilustrar, adicionamos uma fonte de tensão impulsiva de $50\delta(t)$ em série com a fonte de 100 V, ao circuito da Figura 13.50. A Figura 13.55 mostra o novo arranjo.

Em $t = 0^-$, $i_1(0^-) = 10$ A e $i_2(0^-) = 0$ A. A transformada de Laplace de $50\delta(t)$ é 50. Se usarmos esses valores, o circuito equivalente no domínio da frequência será o mostrado na Figura 13.56.

A expressão para I é

$$I = \frac{50 + (100/s) + 30}{25 + 5s}$$

$$= \frac{16}{s+5} + \frac{20}{s(s+5)}$$

$$= \frac{16}{s+5} + \frac{4}{s} - \frac{4}{s+5}$$

$$= \frac{12}{s+5} + \frac{4}{s}, \qquad (13.145)$$

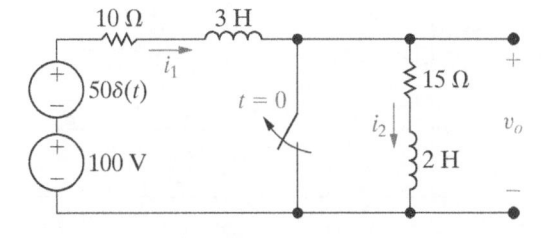

Figura 13.54 Circuito equivalente no domínio da frequência para o circuito da Figura 13.53.

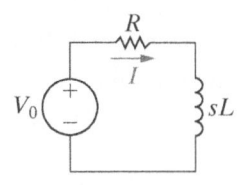

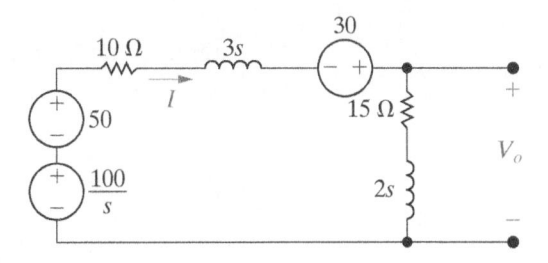

Figura 13.55 Circuito da Figura 13.50 com uma fonte de tensão impulsiva adicionada em série com a fonte de 100 V.

Figura 13.56 Circuito equivalente no domínio da frequência para o circuito da Figura 13.55.

da qual temos

$$i(t) = (12e^{-5t} + 4)u(t) \text{ A} \qquad (13.146)$$

A expressão para V_o é

$$V_o = (15 + 2s)I = \frac{32(s + 7,5)}{s + 5} + \frac{40(s + 7,5)}{s(s + 5)}$$

$$= 32\left(1 + \frac{2,5}{s + 5}\right) + \frac{60}{s} - \frac{20}{s + 5}$$

$$= 32 + \frac{60}{s + 5} + \frac{60}{s}, \qquad (13.147)$$

assim,

$$v_o = 32\delta(t) + (60e^{-5t} + 60)u(t) \text{ V}. \qquad (13.148)$$

Agora, testamos os resultados para ver se fazem sentido. Pela Equação 13.146, vemos que a corrente em L_1 e L_2 é 16 A em $t = 0^+$. Como no caso anterior, a operação de chaveamento faz com que i_1 decresça instantaneamente de 10 para 6 A e, ao mesmo tempo, faz com que i_2 aumente de 0 para 6 A. Sobreposto a isso, a fonte de tensão impulsiva faz passar 10 A por L_1 e L_2; isto é,

$$i = \frac{1}{3 + 2}\int_{0^-}^{t} 50\delta(x)\,dx = 10 \text{ A}. \qquad (13.149)$$

Figura 13.57 Correntes no indutor, em função do tempo, para o circuito da Figura 13.55.

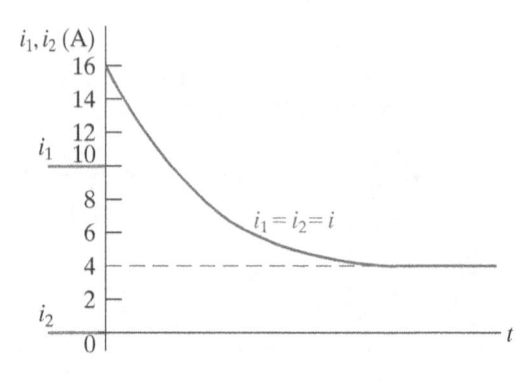

Portanto, i_1 aumenta repentinamente de 10 para 16 A, enquanto i_2 aumenta repentinamente de 0 para 16 A. O valor final de i é 4 A. A Figura 13.57 mostra i_1, i_2 e i em um gráfico.

Também podemos determinar as variações abruptas em i_1 e i_2 sem usar o princípio da superposição. A soma das tensões impulsivas em L_1 (3 H) e em L_2 (2 H) é igual a $50\delta(t)$. Assim, a mudança no fluxo concatenado deve somar 50; isto é,

$$\Delta\lambda_1 + \Delta\lambda_2 = 50. \qquad (13.150)$$

Como $\lambda = Li$, expressamos a Equação 13.150 como

$$3\Delta i_1 + 2\Delta i_2 = 50. \qquad (13.151)$$

No entanto, como i_1 e i_2 devem ser iguais após a ocorrência do chaveamento,

$$i_1(0^-) + \Delta i_1 = i_2(0^-) + \Delta i_2. \qquad (13.152)$$

Então,

$$10 + \Delta i_1 = 0 + \Delta i_2. \qquad (13.153)$$

Calculando Δi_1 e Δi_2 pelas equações 13.151 e 13.153, obtemos

$$\Delta i_1 = 6 \text{ A}, \qquad (13.154)$$

$$\Delta i_2 = 16 \text{ A}. \qquad (13.155)$$

Essas expressões estão de acordo com a verificação anterior.

A Figura 13.57 também indica que as derivadas de i_1 e i_2 conterão um impulso em $t = 0$. Especificamente, a derivada de i_1 terá um impulso de $6\delta(t)$ e a derivada de i_2 terá um impulso de $16\delta(t)$. As figuras 13.58(a) e (b) ilustram as derivadas de i_1 e i_2, respectivamente.

Agora, voltemos à Equação 13.148. O componente impulsivo $32\delta(t)$ está de acordo com o impulso de $16\delta(t)$ de di_2/dt na origem. O termo $(60e^{-5t} + 60)$ está de acordo com o fato de que, para $t > 0^+$,

$$v_o = 15i + 2\frac{di}{dt}.$$

Testamos o componente impulsivo de di_1/dt, observando que ele produz uma tensão impulsiva de $(3)6\delta(t)$, ou $18\delta(t)$, em L_1. Essa tensão, aliada à tensão de $32\delta(t)$ em L_2, soma $50\delta(t)$. Assim, a soma algébrica das tensões impulsivas ao longo da malha é igual a zero.

Figura 13.58 Derivadas de i_1 e i_2.

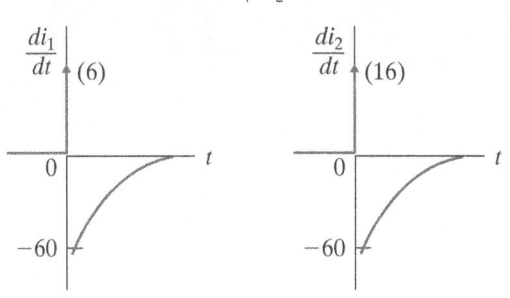

Resumindo, a transformada de Laplace permite prever corretamente a criação de correntes e tensões impulsivas que surgem do chaveamento. Todavia, os circuitos equivalentes no domínio da frequência devem levar em conta as condições iniciais em $t = 0^-$, isto é, as condições iniciais que existem antes da perturbação causada pelo chaveamento. A transformada de Laplace preverá corretamente a resposta a fontes de alimentação impulsivas pela simples representação dessas fontes, no domínio da frequência, por suas transformadas corretas.

NOTA: avalie sua compreensão a respeito da função impulso em análise de circuitos tentando resolver os problemas 13.88 e 13.90, apresentados no final deste capítulo.

Perspectiva prática

Supressores de surto

Como mencionamos no início deste capítulo, surtos de tensão podem ocorrer em um circuito que está funcionando em regime permanente senoidal. Nossa finalidade aqui é mostrar como a transformada de Laplace é usada para determinar o surgimento de um surto na tensão entre fase e neutro de um circuito residencial, em regime permanente senoidal, quando uma carga é desligada.

Tomemos o circuito mostrado na Figura 13.59, que modela um circuito residencial com três cargas, uma das quais é desligada no tempo $t = 0$. Para simplificar a análise, admitimos que a tensão fase-neutro, V_o, seja $120 \underline{/0°}$ V (ef) — uma tensão padrão para residências (nos Estados Unidos) — e que, quando a carga é desligada em $t = 0$, o valor de V_g não se altere. Após a chave abrir, podemos construir o circuito no domínio da frequência, como mostra a Figura 13.60. Observe que, como o ângulo de fase da tensão da carga indutiva é 0°, a corrente inicial que

Figura 13.59 Circuito usado para ilustrar o aparecimento de uma tensão de surto de chaveamento.

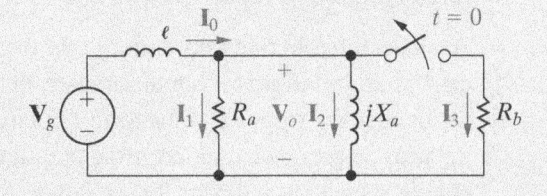

passa pela carga indutiva é 0. Assim, somente a indutância da linha tem uma condição inicial não nula, o que é modelado no circuito como uma fonte de tensão com o valor $L_\ell I_0$, como vemos na Figura 13.60.

Imediatamente antes de a chave abrir em $t = 0$, cada uma das cargas tem uma tensão de regime permanente senoidal com um valor de pico de $120\sqrt{2} = 169,7$ V. Toda a corrente que flui pela linha, fornecida pela fonte de tensão y_g, é dividida entre as três cargas. Quando a chave for aberta em $t = 0$, toda a corrente da linha fluirá pela carga resistiva remanescente. Isso porque a corrente na carga indutiva é 0 em $t = 0$ e a corrente em um indutor não pode variar instantaneamente. Dessa forma, as cargas remanescentes podem experimentar um surto, na medida em que a corrente de linha é forçada a passar pela carga resistiva. Por exemplo, se a corrente inicial na linha for 25 A (ef) e a impedância da carga resistiva for 12 Ω, a queda de tensão no resistor sofrerá uma variação (surto) de 169,7 V para $(25)(\sqrt{2})(12) = 424,3$ V quando a chave for aberta. Se a carga resistiva não puder suportar esse valor de tensão, precisará ser protegida por um supressor de surto, como aquele mostrado no início do capítulo.

Figura 13.60 Circuito no domínio da frequência.

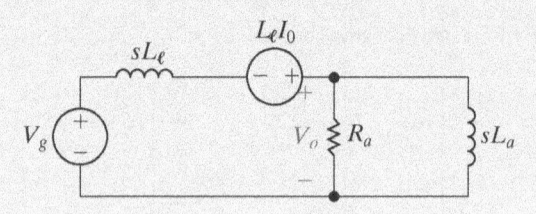

NOTA: avalie sua compreensão dessa Perspectiva prática *tentando resolver os problemas 13.92 e 13.93, apresentados no final deste capítulo.*

Resumo

- Podemos representar cada um dos elementos de um circuito no domínio da frequência aplicando, para cada um, a transformada de Laplace à sua equação terminal tensão-corrente:

  - Resistor: $V = RI$.
  - Indutor: $V = sLI - LI_0$.
  - Capacitor: $V = (1/sC)I + V_o/s$.

  Nessas equações, $V = \mathcal{L}\{v\}$, $I = \mathcal{L}\{i\}$, I_0 é a corrente inicial no indutor e V_0 é a tensão inicial no capacitor. (Seção 13.1.)

- Podemos realizar a análise de circuitos no domínio da frequência substituindo cada elemento de circuito por seu modelo equivalente no domínio da frequência. O circuito equivalente resultante é resolvido escrevendo-se as equações algébricas usando técnicas de análise de circuitos resistivos. A Tabela 13.1 resume os modelos, no domínio da frequência, para resistores, indutores e capacitores. (Seção 13.1.)

- A análise de circuitos no domínio da frequência é particularmente vantajosa para resolver problemas de resposta transitória em circuitos lineares de parâmetros concentrados, quando as condições iniciais são conhecidas. Também é útil em problemas que envolvem equações diferenciais simultâneas de correntes de malha ou tensões de nó, porque as reduz a equações algébricas em vez de diferenciais. (Seção 13.3.)

- A **função de transferência** é a razão entre o sinal de saída e o sinal de entrada de um circuito no domínio da frequência. É representada como

  $$H(s) = \frac{Y(s)}{X(s)},$$

  em que $Y(s)$ é a transformada de Laplace do sinal de saída e $X(s)$ é a transformada de Laplace do sinal de entrada. (Seção 13.4.)

- A expansão por frações parciais do produto $H(s)X(s)$ resulta em um termo para cada polo de $H(s)$ e de $X(s)$. Os termos de $H(s)$ correspondem ao componente transitório da resposta total; os termos de $X(s)$ correspondem ao componente de regime permanente. (Seção 13.5.)

- Se um circuito for alimentado por um impulso unitário $x(t) = \delta(t)$, então a resposta do circuito será igual à transformada inversa de Laplace da função de transferência, $y(t) = \mathcal{L}^{-1}\{H(s)\} = h(t)$. (Seção 13.5.)

- Um circuito **invariante no tempo** é um circuito no qual, se a entrada for retardada em a segundos, a resposta também será retardada em a segundos. (Seção 13.5.)

- A saída $y(t)$ de um circuito pode ser calculada pela convolução da entrada $x(t)$ com a resposta do circuito ao impulso unitário, $h(t)$:

$$y(t) = h(t) * x(t) = \int_0^t h(\lambda) x(t - \lambda) d\lambda$$

$$= x(t) * h(t) = \int_0^t x(\lambda) h(t - \lambda) d\lambda.$$

Muitas vezes, uma interpretação gráfica da integral de convolução proporciona um método mais fácil de calcular $y(t)$. (Seção 13.6.)

- Pode-se usar a função de transferência de um circuito para calcular sua resposta de regime permanente senoidal. Para isso, substitua s por $j\omega$ em $H(s)$ e represente o número complexo resultante como um módulo e um ângulo de fase. Se

$$x(t) = A\cos(\omega t + \phi),$$
$$H(j\omega) = |H(j\omega)|e^{j\theta(\omega)},$$

então

$$y_{rp}(t) = A|H(j\omega)|\cos[\omega t + \phi + \theta(\omega)].$$

(Seção 13.7.)

- A análise por meio da transformada de Laplace prevê precisamente correntes e tensões impulsivas de chaveamento e de fontes impulsivas. É preciso assegurar-se de que os circuitos equivalentes no domínio da frequência sejam baseados em condições iniciais em $t = 0^-$, isto é, antes do chaveamento. (Seção 13.8.)

Problemas

Seção 13.1

13.1 Determine o circuito equivalente no domínio da frequência mostrado na Figura 13.4, expressando a corrente i no indutor em função da tensão terminal v e, então, determinando a transformada de Laplace dessa equação integral.

13.2 Determine o equivalente de Thévenin do circuito da Figura 13.7.

13.3 Determine o equivalente de Norton do circuito da Figura 13.3.

Seção 13.2

13.4 Um resistor de 400 Ω, um indutor de 12,5 mH e um capacitor de 0,5 μF estão em série.

  a) Expresse a impedância dessa combinação em série no domínio da frequência, como uma função racional.

  b) Determine os valores numéricos dos polos e zeros da impedância.

13.5 Um resistor de 8 kΩ, um indutor de 25 mH e um capacitor a 62,5 pF estão em paralelo.

  a) Expresse a impedância dessa combinação em paralelo no domínio da frequência, como uma função racional.

  b) Determine os valores numéricos dos polos e zeros da impedância.

13.6 Um resistor de 200 Ω está em série com um capacitor de 62,5 μF. Essa combinação em série está em paralelo com um indutor de 400 mH.

  a) Expresse a impedância equivalente desses ramos paralelos no domínio da frequência, como uma função racional.

  b) Determine os valores numéricos dos polos e zeros.

13.7 Determine os polos e zeros da impedância vista a partir dos terminais a,b do circuito da Figura P13.7.

Figura P13.7

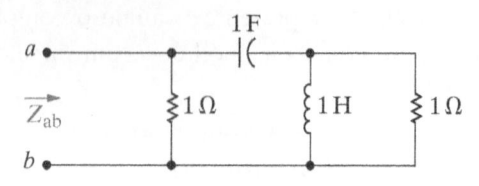

13.8 Determine os polos e zeros da impedância vista a partir dos terminais a,b do circuito da Figura P13.8.

Figura P13.8

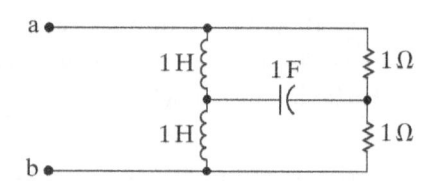

Seção 13.3

13.9 Determine V_o e v_o no circuito da Figura P13.9, se a energia inicial for nula e a chave for fechada em $t=0$.

Figura P13.9

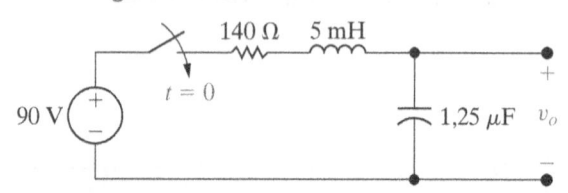

13.10 Repita o Problema 13.9, se a tensão inicial no capacitor for 150 V, positiva no terminal superior.

13.11 A chave no circuito da Figura P13.11 esteve na posição x por um longo tempo. Em $t=0$, ela passa instantaneamente para a posição y.

a) Construa um circuito no domínio da frequência, para $t>0$.

b) Determine I_o.

c) Determine i_o.

Figura P13.11

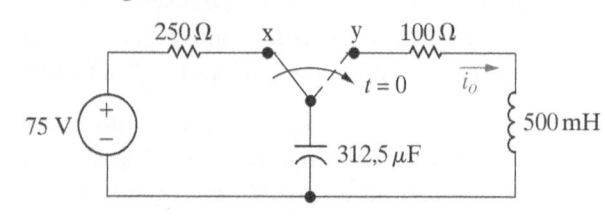

13.12 A chave no circuito da Figura P13.12 esteve fechada por um longo tempo. Em $t=0$, ela é aberta.

a) Determine i_o, para $t \geq 0$.

b) Determine v_o, para $t \geq 0$.

Figura P13.12

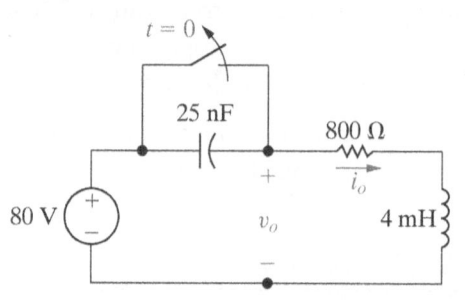

13.13 A chave no circuito da Figura P13.13 esteve na posição a por um longo tempo. Em $t=0$, ela passa instantaneamente de a para b.

a) Construa o circuito no domínio da frequência, para $t>0$.

b) Determine $V_o(s)$.

c) Determine $v_o(t)$, para $t \geq 0$.

Figura P13.13

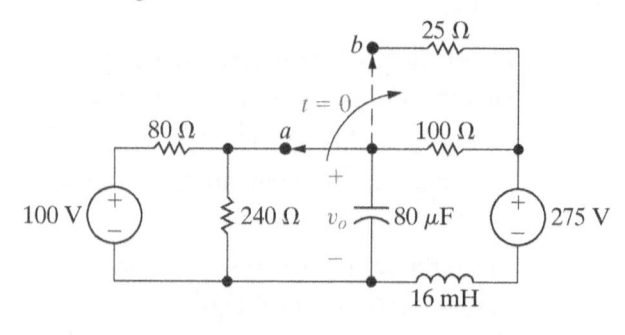

13.14 A chave no circuito da Figura P13.14 esteve na posição a por um longo tempo. Em $t=0$, ela passa instantaneamente de a para b.

a) Construa o circuito no domínio da frequência, para $t>0$.

b) Determine V_o.

c) Determine I_L.

d) Determine v_o, para $t > 0$.

e) Determine i_L, para $t \geq 0$.

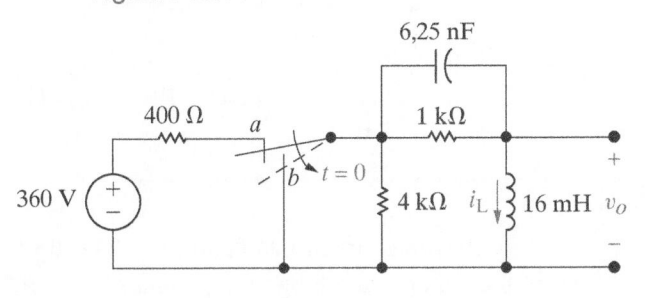

Figura P13.14

13.15 A chave no circuito da Figura P13.15 esteve fechada por um longo tempo antes de abrir em $t = 0$.

a) Construa o circuito no domínio da frequência, para $t > 0$.

b) Determine I_o.

c) Determine i_o, para $t \geq 0$.

Figura P13.15

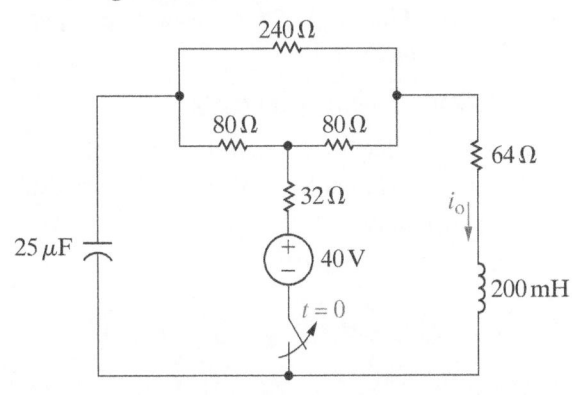

13.16 A chave do tipo liga-antes-interrompe-depois, da Figura P13.16, esteve na posição a por um longo tempo. Em $t = 0$, ela passa instantaneamente de a para b. Determine v_o, para $t \geq 0$.

Figura P13.16

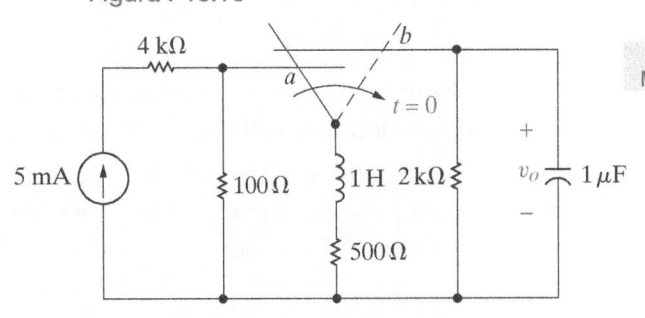

13.17 a) Determine a expressão de V_o no domínio da frequência, para o circuito da Figura P13.17.

b) Use a expressão no domínio da frequência determinada em (a) para prever os valores inicial e final de v_o.

c) Determine a expressão no domínio do tempo para v_o.

Figura P13.17

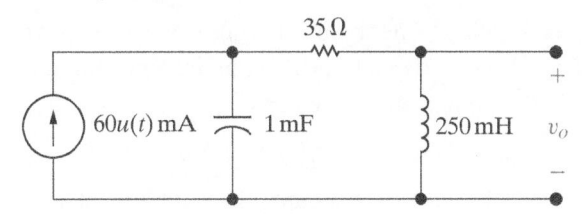

13.18 Determine a expressão no domínio do tempo para a corrente no capacitor da Figura P13.17. Admita que o sentido de referência para i_C seja de cima para baixo.

13.19 Não há nenhuma energia armazenada no circuito da Figura P13.19, em $t = 0^-$.

a) Use o método das tensões de nó para determinar i_o.

b) Determine a expressão no domínio do tempo para v_o.

c) Suas respostas em (a) e (b) fazem sentido em termos do comportamento conhecido do circuito? Explique.

Figura P13.19

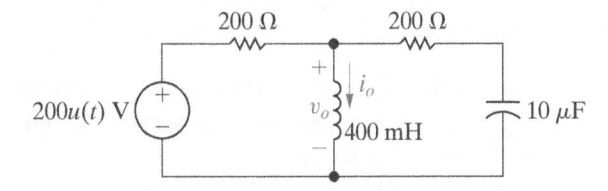

13.20 Não há nenhuma energia armazenada no circuito da Figura P13.20, no instante em que a fonte de tensão é ligada e $v_g = 325u(t)$ V.

a) Determine V_o e I_o.

b) Determine v_o e i_o.

c) As soluções para v_o e i_o fazem sentido em termos do comportamento conhecido do circuito? Explique.

Figura P13.20

13.21 Não há nenhuma energia armazenada no circuito da Figura P13.21 no instante em que as fontes são conectadas.

a) Determine $I_1(s)$ e $I_2(s)$.

b) Use os teoremas do valor inicial e final para verificar os valores inicial e final de $i_1(t)$ e $i_2(t)$.

c) Determine $i_1(t)$ e $i_2(t)$, para $t \geq 0$.

Figura P13.21

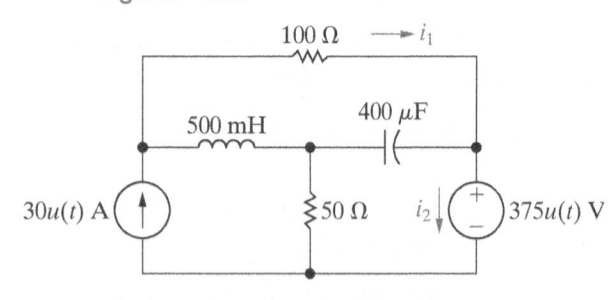

13.22 Não há nenhuma energia armazenada no circuito da Figura P13.22, em $t = 0^-$.

a) Determine V_o.

b) Determine v_o.

c) A solução para v_o faz sentido em termos do comportamento conhecido do circuito? Explique.

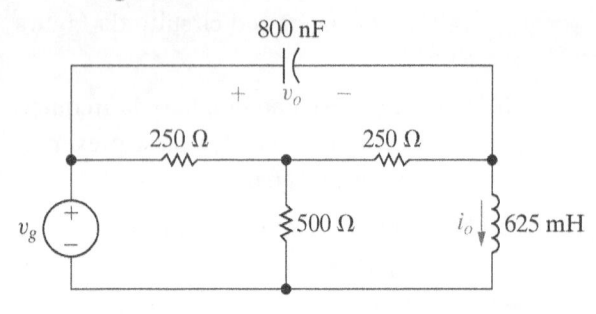

Figura P13.22

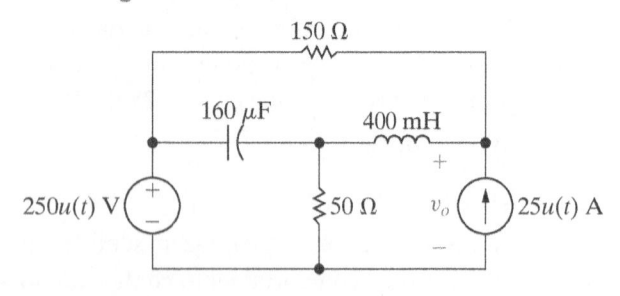

13.23 Determine v_o no circuito da Figura P13.23, se $i_g = 20u(t)$ mA. Não há nenhuma energia armazenada no circuito em $t = 0$.

Figura P13.23

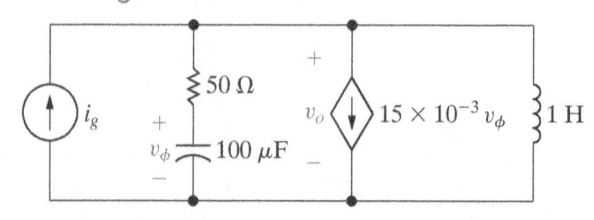

13.24 A chave no circuito da Figura P13.24 esteve fechada por um longo tempo antes de abrir, em $t = 0$. Determine v_o, para $t \geq 0$.

Figura P13.24

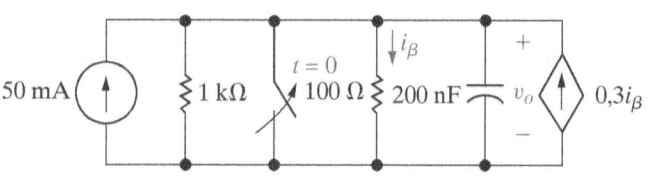

13.25 Não há nenhuma energia armazenada no circuito da Figura P13.25, no instante em que a chave é fechada.

a) Determine v_o, para $t \geq 0$.

b) Sua solução faz sentido em termos do comportamento conhecido do circuito? Explique.

Figura P13.25

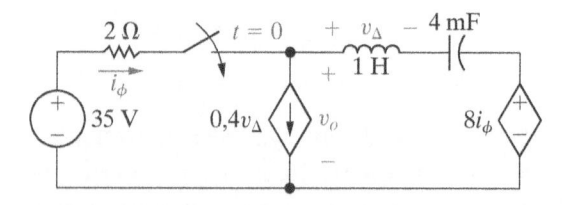

13.26 A energia inicial no circuito da Figura P13.26 é nula. A fonte de tensão ideal é $600u(t)$ V.

a) Determine $V_o(s)$.

b) Use os teoremas dos valores inicial e final para determinar $v_o(0^+)$ e $v_o(\infty)$.

c) Os valores obtidos em (b) estão de acordo com o comportamento conhecido do circuito? Explique.

d) Determine $v_o(t)$.

Figura P13.26

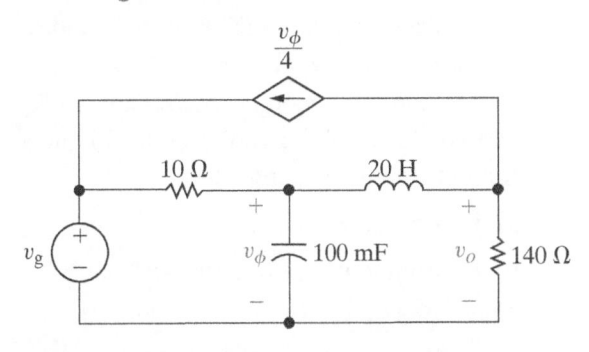

13.27 Não há nenhuma energia armazenada no circuito da Figura P13.27, no instante em que a fonte de corrente é ligada. Dado que $i_g = 100u(t)$ A:

a) Determine $I_o(s)$.

b) Use os teoremas dos valores inicial e final para determinar $i_o(0^+)$ e $i_o(\infty)$.

c) Os valores obtidos em (b) estão de acordo com o comportamento conhecido do circuito? Explique.

d) Determine $i_o(t)$.

Figura P13.27

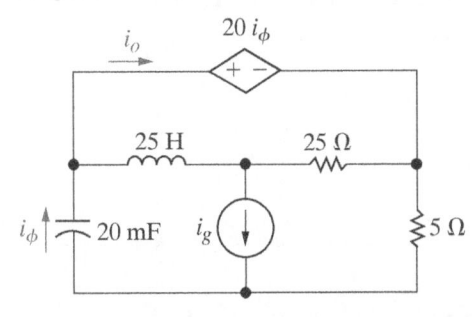

13.28 A chave no circuito da Figura P13.28 esteve na posição a por um longo tempo. Em $t = 0$, ela passa instantaneamente para a posição b.

a) Determine V_o.

b) Determine v_o.

Figura P13.28

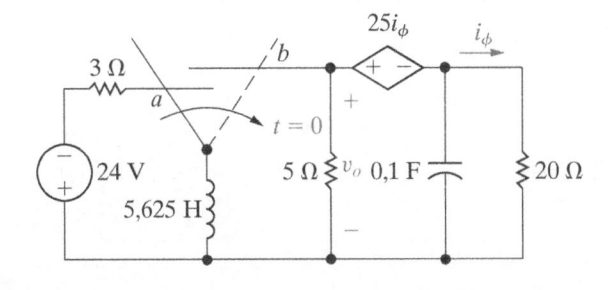

13.29 A chave no circuito da Figura P13.29 esteve na posição a por um longo tempo antes de passar instantaneamente para a posição b, em $t = 0$.

a) Construa o circuito equivalente no domínio da frequência, para $t > 0$.

b) Determine V_1 e v_1.

c) Determine V_2 e v_2.

Figura P13.29

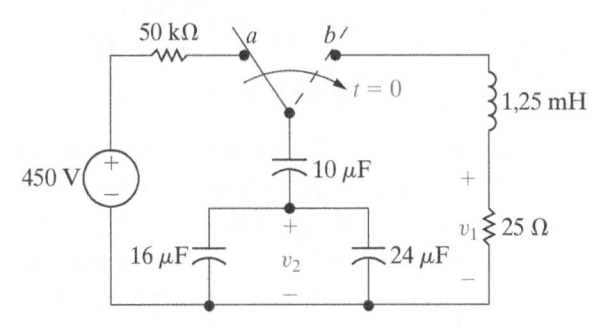

13.30 Não há nenhuma energia armazenada nos capacitores no circuito da Figura P13.30, no instante em que a chave é fechada.

a) Construa o circuito no domínio da frequência, para $t > 0$.

b) Determine I_1, V_1 e V_2.

c) Determine i_1, v_1 e v_2.

d) Suas respostas para i_1, v_1 e v_2 fazem sentido em termos do comportamento conhecido do circuito? Explique.

Figura P13.30

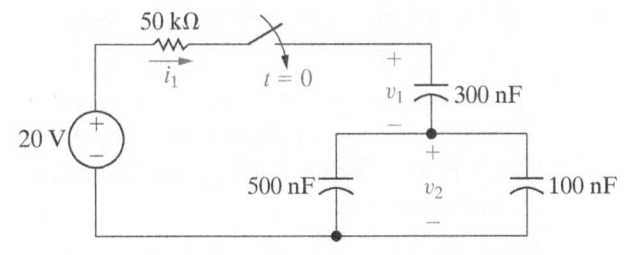

13.31 Não há nenhuma energia armazenada no circuito na Figura P13.31 no instante em que a fonte de corrente é aplicada.

a) Determine I_a e I_b.

b) Determine i_a e i_b.

c) Determine V_a, V_b e V_c.

d) Determine v_a, v_b e v_c.

e) Admita que um capacitor se danificará sempre que sua tensão terminal for 1.000 V.

Quanto tempo, após a fonte de corrente ter sido aplicada, um dos capacitores se danificará?

Figura P13.31

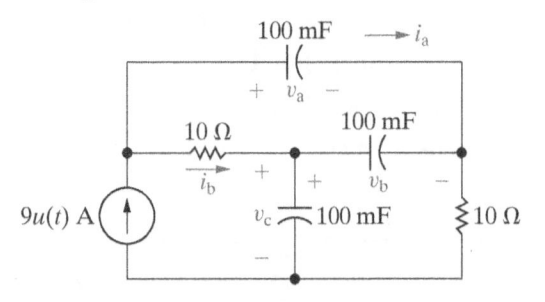

13.32 A chave no circuito da Figura P13.32 esteve aberta por um longo tempo. A tensão da fonte senoidal é $v_g = V_m$ sen $(\omega t + \phi)$. A chave é fechada em $t = 0$. Observe que o ângulo ϕ determina o valor da tensão no momento em que a chave é fechada, isto é, $v_g(0) = V_m$ sen ϕ.

a) Use o método da transformada de Laplace para determinar i, para $t > 0$.

b) Usando a expressão determinada em (a), escreva a expressão para a corrente depois de a chave estar fechada por um longo tempo.

c) Usando a expressão determinada em (a), escreva a expressão para o componente transitório de i.

d) Determine a expressão de regime permanente para i usando o método fasorial. Verifique se sua expressão é equivalente à obtida em (b).

e) Especifique o valor de ϕ, de modo que o circuito passe imediatamente a operar em regime permanente quando a chave for fechada.

Figura P13.32

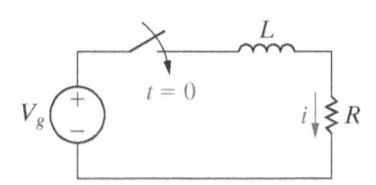

13.33 Começando com a Equação 13.65, mostre que a corrente no capacitor do circuito da Figura 13.19 é positiva para $0 < t < 200\ \mu s$ e negativa para $t > 200\ \mu s$. Mostre também que em 200 μs a corrente é nula e que isso corresponde a quando dv_C/dt é igual a zero.

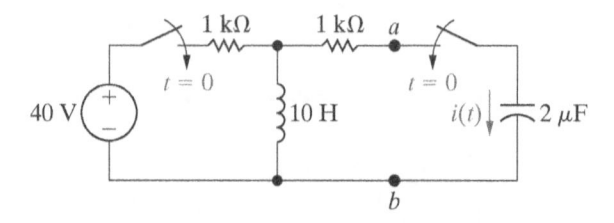

13.34 Não há nenhuma energia armazenada no circuito da Figura P13.34 no instante em que a fonte de tensão é energizada.

a) Determine V_o, I_o e I_L.

b) Determine v_o, i_o e i_L, para $t \geq 0$.

Figura P13.34

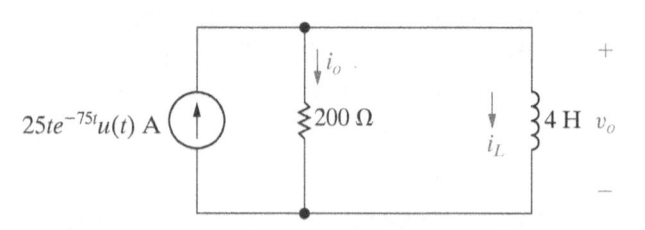

13.35 As duas chaves no circuito da Figura P13.35 funcionam simultaneamente. Não há nenhuma energia armazenada no circuito no instante em que elas se fecham. Determine $i(t)$, para $t \geq 0^+$, a partir do equivalente de Thévenin, no domínio da frequência, do circuito à esquerda dos terminais a,b.

Figura P13.35

13.36 Não há nenhuma energia armazenada no circuito da Figura P13.36 no instante em que a chave é fechada.

a) Determine I_1.

b) Use os teoremas dos valores inicial e final para determinar $i_1(0^+)$ e $i_1(\infty)$.

c) Determine i_1.

Figura P13.36

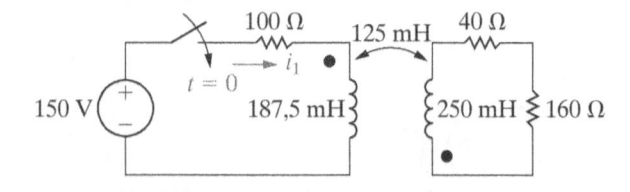

13.37
a) Determine a corrente no resistor de 160 Ω no circuito da Figura P13.36. O sentido de referência para a corrente é de cima para baixo, passando pelo resistor.

b) Repita a parte (a), se o ponto no enrolamento de 250 mH for invertido.

13.38 Os enrolamentos magneticamente acoplados, no circuito da Figura P13.38, conduzem correntes iniciais de 300 e 200 A, como mostrado.

a) Determine a energia inicial armazenada no circuito.

b) Determine I_1 e I_2.

c) Determine i_1 e i_2.

d) Determine a energia total dissipada nos resistores de 240 e 540 Ω.

e) Repita (a)–(d), com o ponto no indutor de 720 mH no terminal inferior.

Figura P13.38

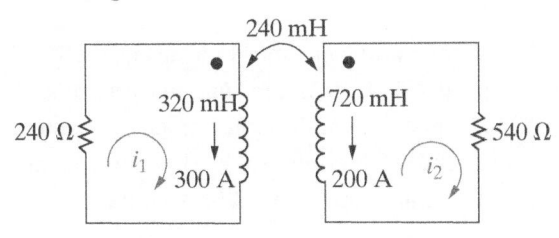

13.39 A chave do tipo liga-antes-interrompe-depois no circuito da Figura P13.39 esteve na posição *a* por um longo tempo. Em $t = 0$, ela passa instantaneamente para a posição *b*. Determine i_o, para $t \geq 0$.

Figura P13.39

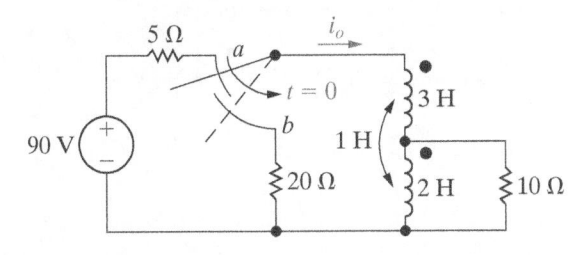

13.40 A chave no circuito da Figura P13.40 esteve fechada por um longo tempo, antes de abrir em $t = 0$. Use o método da transformada de Laplace para determinar v_o.

Figura P13.40

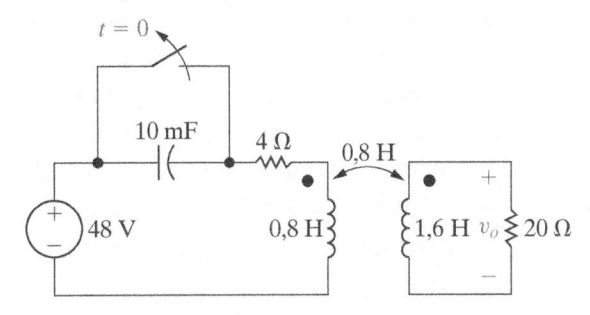

13.41 No circuito da Figura P13.41, a chave 1 é fechada em $t = 0$ e a chave do tipo liga-antes-interrompe-depois passa instantaneamente da posição *a* para a posição *b*.

a) Construa o circuito equivalente no domínio da frequência, para $t > 0$.

b) Determine I_1.

c) Use os teoremas dos valores inicial e final para verificar os valores inicial e final de i_1.

d) Determine i_1, para $t \geq 0^+$.

Figura P13.41

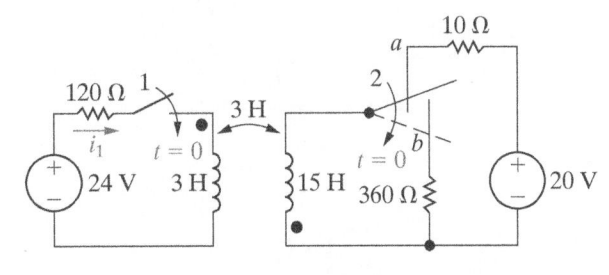

13.42 Verifique se a solução das equações 13.91 e 13.92 para V_2 resulta na mesma expressão que a da Equação 13.90.

13.43 Não há nenhuma energia armazenada no circuito apresentado na Figura P13.43 no instante em que as duas fontes são conectadas.

a) Use o princípio da superposição para determinar V_o.

b) Determine v_o, para $t > 0$.

Figura P13.43

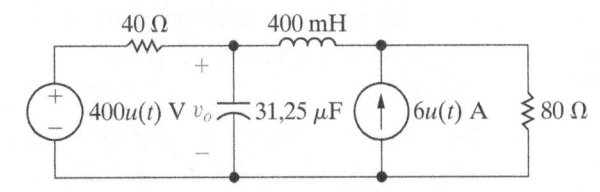

13.44 O amp op no circuito da Figura P13.44 é ideal. Não há nenhuma energia armazenada no circuito no instante em que ele é energizado. Se $v_g = 5.000tu(t)$ V, determine (a) V_o, (b) v_o, (c) quanto tempo leva para saturar o amplificador operacional e (d) qual deve ser a taxa de aumento em v_g para evitar a saturação.

Figura P13.44

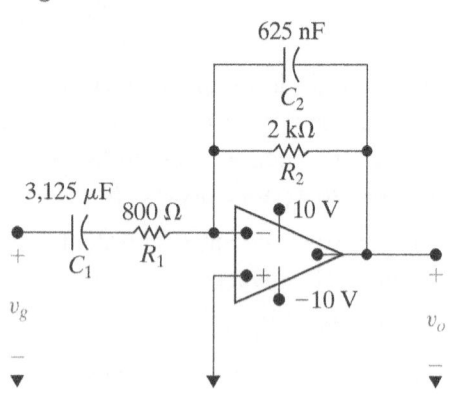

13.45 Determine $v_o(t)$ no circuito da Figura P13.45, se o amp op ideal operar na sua região linear e $v_g = 16u(t)$ mV.

Figura P13.45

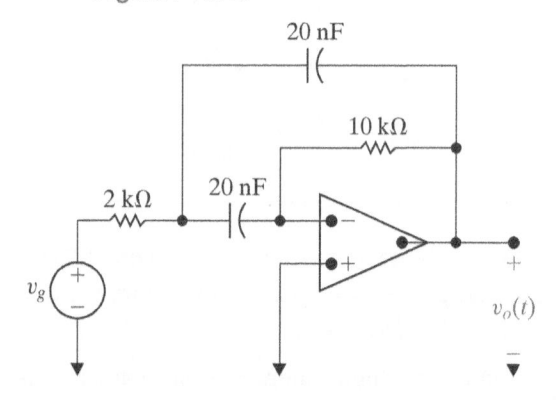

13.46 O amp op no circuito mostrado na Figura P13.46 é ideal. Não há nenhuma energia armazenada nos capacitores no instante em que o circuito é energizado.

a) Determine v_o se $v_{g1} = 40u(t)$ V e $v_{g2} = 16u(t)$ V.

b) Quantos milissegundos o amplificador operacional leva para ficar saturado, depois que as duas fontes são ligadas?

Figura P13.46

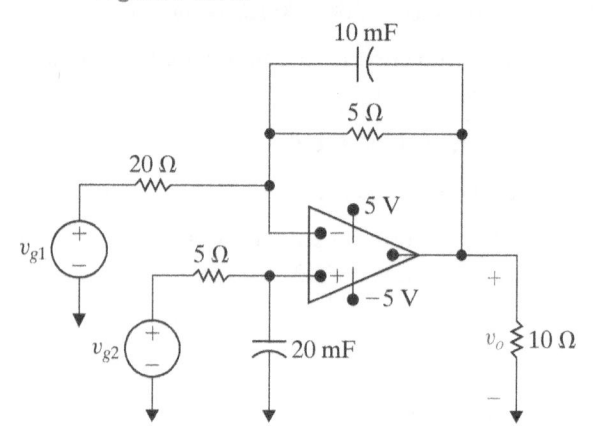

13.47 O amp op no circuito mostrado na Figura P13.47 é ideal. Não há nenhuma energia armazenada nos capacitores no instante em que o circuito é energizado. Determine (a) V_o, (b) v_o e (c) quanto tempo o amp op leva para ficar saturado.

Figura P13.47

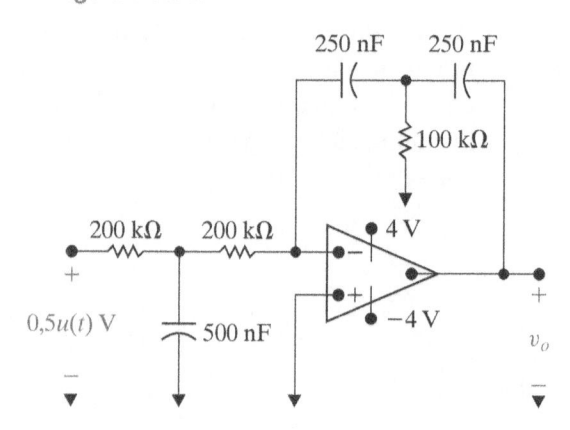

Seções 13.4–13.5

13.48 a) Determine a função de transferência $H(s) = V_o/V_i$ para o circuito mostrado na Figura P13.48(a).

b) Determine a função de transferência $H(s) = V_o/V_i$ para o circuito mostrado na Figura P13.48(b).

c) Criar dois circuitos diferentes que tenham a função de transferência $H(s) = V_o/V_i = 1.000/(s + 1.000)$. Use componentes selecionados no Apêndice H e as figuras P13.48(a) e (b).

Figura P13.48

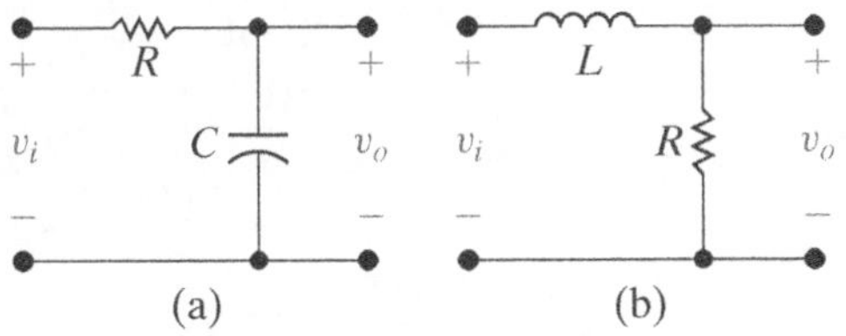

(a) Circuito com R em série e C em paralelo, entrada v_i, saída v_o.

(b) Circuito com L em série e R em paralelo, entrada v_i, saída v_o.

13.49
a) Determine a função de transferência $H(s) = V_o/V_i$ para o circuito mostrado na Figura P13.49(a).

b) Determine a função de transferência $H(s) = V_o/V_i$ para o circuito mostrado na Figura P13.49(b).

c) Criar dois circuitos diferentes que tenham a função de transferência $H(s) = V_o/V_i = s/(s + 10.000)$. Use componentes selecionados no Apêndice H e as figuras P13.49(a) e (b).

Figura P13.49

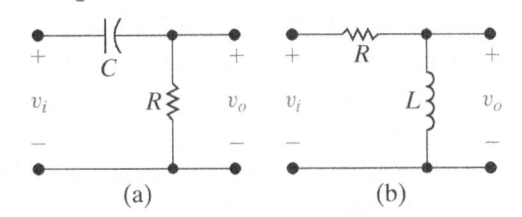

(a) Circuito com C em série e R em paralelo.

(b) Circuito com R em série e L em paralelo.

13.50
a) Determine a função de transferência $H(s) = V_o/V_i$ para o circuito mostrado na Figura P13.50. Identifique os polos e zeros dessa função de transferência.

b) Determine três componentes do Apêndice H que, quando utilizados no circuito da Figura P13.50, resultarão em uma função de transferência com dois polos reais distintos. Calcule os valores dos polos.

c) Determine três componentes do Apêndice H que, quando utilizados no circuito da Figura P13.50, resultarão em uma função de transferência com dois polos iguais. Calcule o valor dos polos.

d) Determine três componentes do Apêndice H que, quando utilizados no circuito da Figura P13.50, resultarão em uma função de transferência com dois polos complexos conjugados. Calcule os valores dos polos.

Figura P13.50

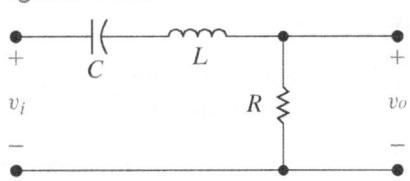

Circuito com C e L em série, R em paralelo.

13.51
a) Determine a expressão numérica para a função de transferência $H(s) = V_o/V_i$ para o circuito na Figura P13.51.

b) Determine o valor numérico de cada polo e zero de $H(s)$.

Figura P13.51

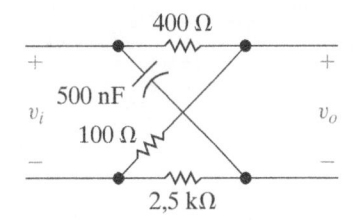

Circuito em ponte com 400 Ω, 500 nF, 100 Ω, 2,5 kΩ.

13.52 Determine a expressão numérica para a função de transferência (V_o/V_i) de cada circuito da Figura P13.52 e os valores numéricos dos polos e zeros de cada função de transferência.

Pspice
Multisim

Figura P13.52

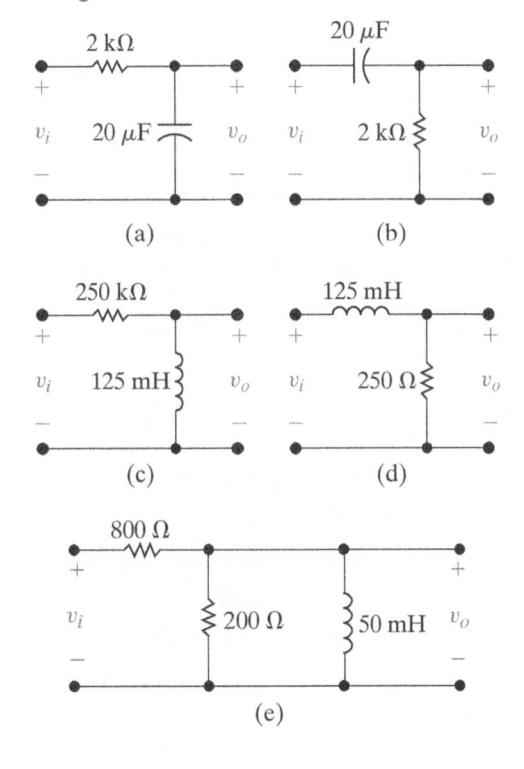

(a) 2 kΩ em série, 20 μF em paralelo.

(b) 20 μF em série, 2 kΩ em paralelo.

(c) 250 kΩ em série, 125 mH em paralelo.

(d) 125 mH em série, 250 Ω em paralelo.

(e) 800 Ω em série, 200 Ω e 50 mH em paralelo.

13.53 O amplificador operacional no circuito da Figura P13.53 é ideal.

a) Determine a expressão numérica para a função de transferência $H(s) = V_o/V_g$.

b) Determine o valor numérico de cada zero e polo de $H(s)$.

Figura P13.53

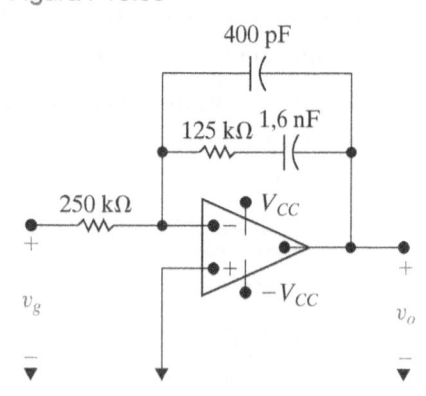

13.54 O amplificador operacional no circuito da Figura P13.54 é ideal.

a) Determine a expressão numérica para a função de transferência $H(s) = V_o/V_g$.

b) Determine o valor numérico de cada zero e polo de $H(s)$.

Figura P13.54

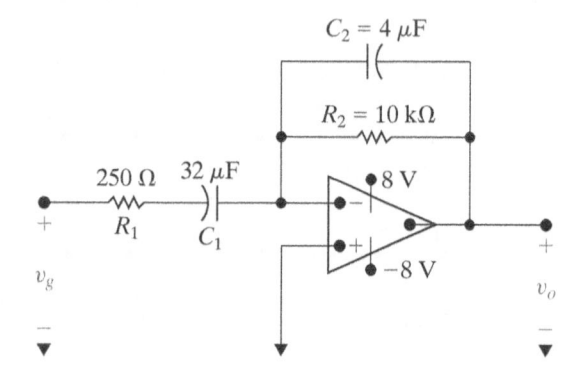

13.55 O amplificador operacional no circuito da Figura P13.55 é ideal.

a) Determine a expressão numérica para a função de transferência $H(s) = V_o/V_g$ para circuito na Figura P13.55.

b) Determine o valor numérico de cada polo e zero de $H(s)$.

Figura P13.55

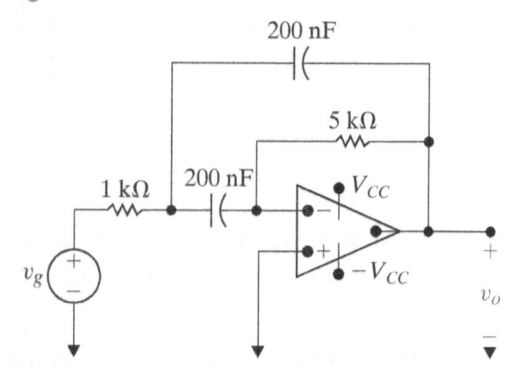

13.56 Não há nenhuma energia armazenada no circuito da Figura P13.56 no instante em que a chave é aberta. A fonte de corrente senoidal fornece o sinal $25 \cos 200t$ mA. O sinal de resposta é a corrente i_o.

a) Determine a função de transferência I_o/I_g.

b) Determine $I_o(s)$.

c) Descreva a natureza do componente transitório de $i_o(t)$, sem calcular $i_o(t)$.

d) Descreva a natureza do componente de regime permanente de $i_o(t)$, sem calcular $i_o(t)$.

e) Verifique as observações feitas em (c) e (d) determinando $i_o(t)$.

Figura P13.56

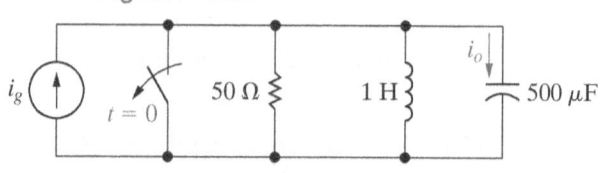

13.57 a) Determine a função de transferência I_o/I_g como uma função de μ, para o circuito da Figura P13.57.

b) Determine o maior valor de μ que produzirá um sinal de saída limitado para um sinal de entrada limitado.

c) Determine i_o para $\mu = -3, 0, 4, 5$ e 6, se $i_g = 5u(t)$ A.

Figura P13.57

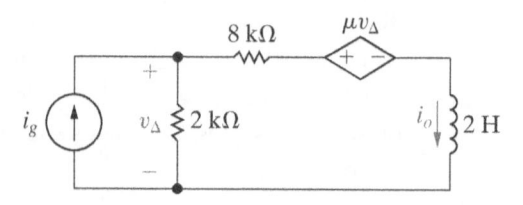

13.58 No circuito da Figura P13.58, i_o é o sinal de saída e v_g é o sinal de entrada. Determine os polos e zeros da função de transferência, assumindo que não há nenhuma energia inicial armazenada no transformador linear ou no capacitor.

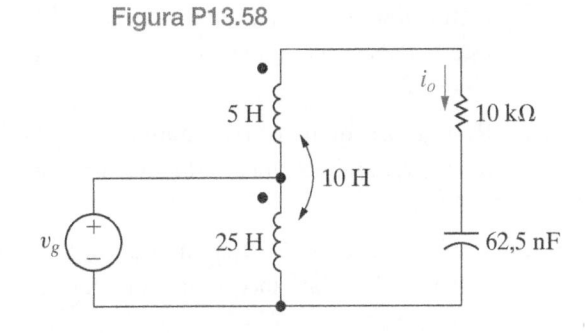

Figura P13.58

Seção 13.6

13.59 Um pulso de tensão retangular, $v_i = [u(t) - u(t-1)]$ V, é aplicado ao circuito da Figura P13.59. Use a integral de convolução para determinar v_o.

Figura P13.59

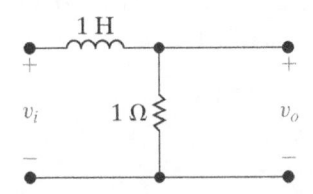

13.60 Permute o indutor e o resistor no Problema 13.59 e use novamente a integral de convolução para determinar v_o.

13.61 a) Use a integral de convolução para determinar a tensão de saída do circuito da Figura P13.52(a), se a tensão de entrada for o pulso retangular mostrado na Figura P13.61.

b) Faça o gráfico de $v_o(t)$, para o intervalo de tempo $0 \leq t \leq 100$ ms.

Figura P13.61

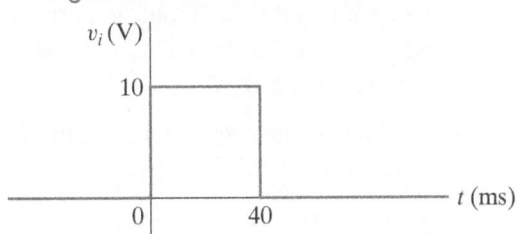

13.62 a) Repita o Problema 13.61, dado que o resistor no circuito da Figura P13.52(a) é reduzido para 200 Ω.

b) Reduzir o resistor aumenta ou diminui a memória do circuito?

c) Qual circuito reproduz mais fielmente o sinal de entrada?

13.63 a) Considerando-se $y(t) = h(t) * x(t)$, determine $y(t)$ quando $h(t)$ e $x(t)$ forem os pulsos retangulares mostrados na Figura P13.63(a).

b) Repita (a), quando $h(t)$ mudar para o pulso retangular mostrado na Figura P13.63(b).

c) Repita (a), quando $h(t)$ mudar para o pulso retangular mostrado na Figura P13.63(c).

d) Plote no mesmo gráfico a função $y(t)$ dos itens anteriores.

e) Os gráficos do item (d) fazem sentido? Explique.

Figura P13.63

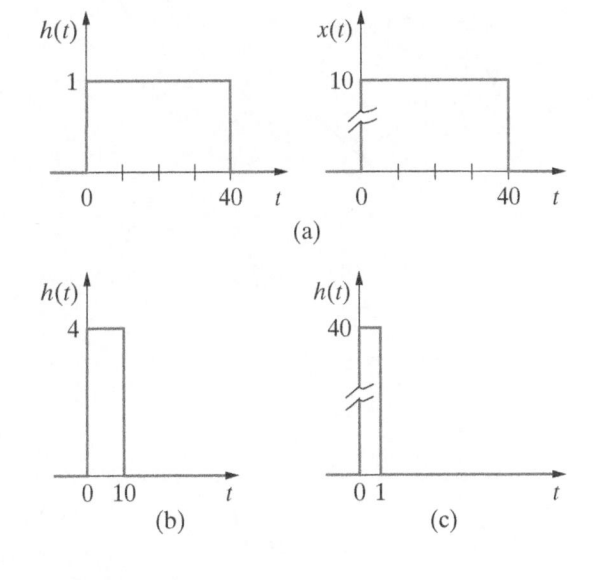

13.64 a) Determine $h(t) * x(t)$ quando $h(t)$ e $x(t)$ são os pulsos retangulares mostrados na Figura P13.64(a).

b) Repita (a), quando $x(t)$ mudar para o pulso retangular mostrado na Figura P13.64(b).

c) Repita (a), quando $h(t)$ mudar para o pulso retangular mostrado na Figura P13.64(c).

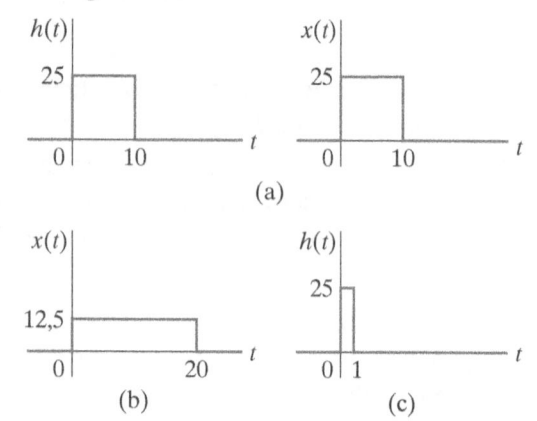

Figura P13.64

h(t): 25, de 0 a 10
x(t): 25, de 0 a 10
(a)

x(t): 12,5, de 0 a 20
(b)

h(t): 25, de 0 a 1
(c)

13.65 A resposta a um impulso de tensão de um circuito é mostrada na Figura P13.65(a). O sinal de entrada é o pulso de tensão retangular mostrado na Figura P13.65(b).

a) Determine as equações para a tensão de saída. Observe a faixa de tempo para a qual cada equação é aplicável.

b) Faça o gráfico v_o, para $-1 \leq t \leq 34$ s.

Figura P13.65

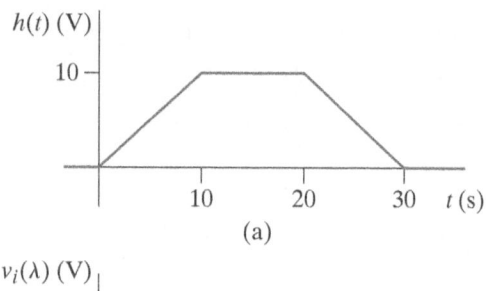

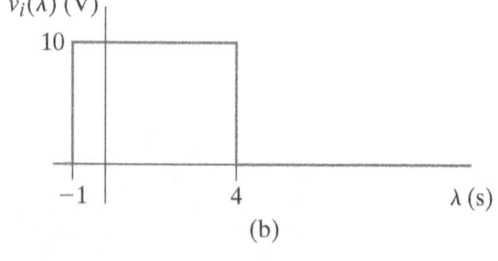

$h(t)$ (V): trapézio com valor 10, subindo de 0 a 10, plano de 10 a 20, descendo de 20 a 30
(a)

$v_i(\lambda)$ (V): 10, de -1 a 4
(b)

13.66 Suponha que a resposta de tensão a um impulso de um circuito possa ser modelada pela forma de onda triangular da Figura P13.66. O sinal de tensão de entrada é a função degrau $10u(t)$ V.

a) Use a integral de convolução para determinar as expressões para a tensão de saída.

b) Faça o gráfico para a tensão de saída no intervalo 0 a 15 s.

c) Repita as partes (a) e (b), se a área sob a resposta a um impulso de tensão permanecer a mesma, mas a largura da resposta ao impulso for reduzida para 4 s.

d) Qual forma de onda de saída está mais próxima da forma de onda de entrada: (b) ou (c)? Explique.

Figura P13.66

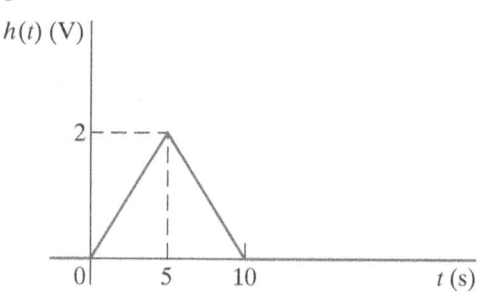

$h(t)$ (V): triângulo, pico de 2 em $t=5$, base de 0 a 10

13.67 a) Admita que a resposta a um impulso de tensão de um circuito seja

$$h(t) = \begin{cases} 0, & t < 0; \\ 10e^{-4t}, & t \geq 0. \end{cases}$$

Use a integral de convolução para determinar a tensão de saída se o sinal de entrada for $10u(t)$ V.

b) Repita (a), se a resposta a um impulso de tensão for

$$h(t) = \begin{cases} 0, & t < 0; \\ 10(1 - 2t), & 0 \leq t \leq 0,5 \text{ s}; \\ 0, & t \geq 0,5 \text{ s}. \end{cases}$$

c) Faça o gráfico para a tensão de saída, em função do tempo, para os itens (a) e (b), para $0 \leq t \leq 1$s.

13.68 Use a integral de convolução para determinar v_o no circuito da Figura P13.68, se $v_i = 75u(t)$ V.

Figura P13.68

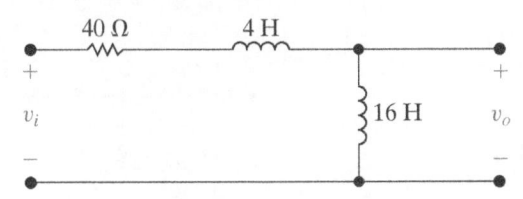

13.69 a) Use a integral de convolução para determinar v_o no circuito da Figura P13.69(a), se i_g for o pulso mostrado na Figura P13.69(b).

b) Use a integral de convolução para determinar i_o.

c) Mostre que suas soluções para v_o e i_o são consistentes, calculando v_o e i_o em 100^- ms, 100^+ ms, 200^- ms e 200^+ ms.

Figura P13.69

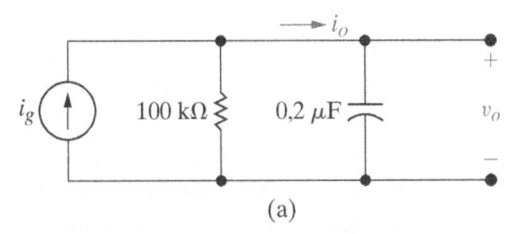

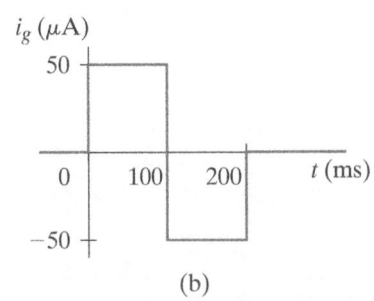

13.70 A tensão de entrada no circuito da Figura P13.70 é

$$v_i = 5[u(t) - u(t - 0,5)] \text{ V}.$$

a) Use a integral de convolução para determinar v_o.

b) Faça o gráfico de v_o, para $0 \le t \le 1$ s.

Figura P13.70

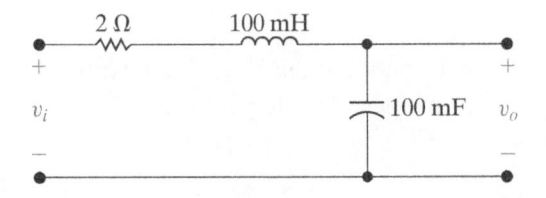

13.71 a) Determine a resposta a um impulso do circuito da Figura P13.71(a) se v_g for o sinal de entrada e i_o for o sinal de saída.

b) Dado que v_g tem a forma de onda mostrada na Figura P13.71(b), use a integral de convolução para determinar v_o.

c) v_o tem a mesma forma de onda de v_g? Por quê?

Figura P13.71

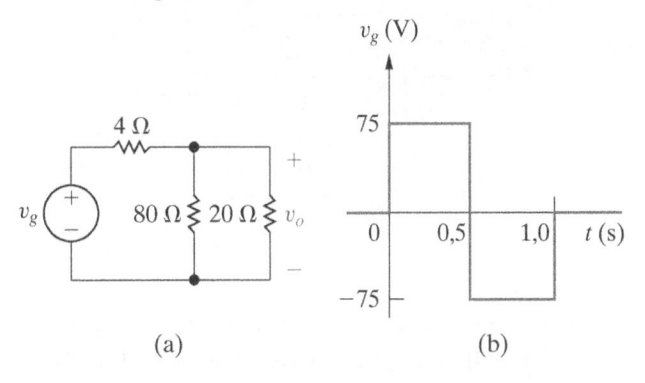

13.72 a) Determine a resposta a um impulso do circuito apresentado na Figura P72, se v_g for o sinal de entrada e v_o for o sinal de saída.

b) Admita que a fonte de tensão tenha a forma de onda mostrada na Figura P13.71(b). Use a integral de convolução para determinar v_o.

c) Faça o gráfico de v_o para $0 \le t \le 2$ s.

d) v_o tem a mesma forma de onda de v_g? Por quê?

Figura P13.72

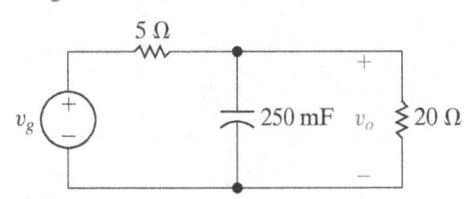

13.73 A fonte de corrente no circuito da Figura P13.73(a) tem a forma de onda da Figura P13.73(b). Use a integral de convolução para determinar v_o em $t = 5$ ms.

Figura P13.73

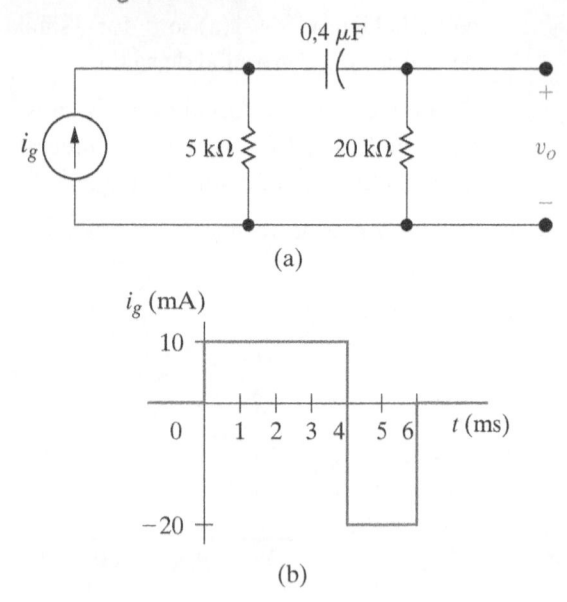

(a) Circuito com fonte de corrente i_g, resistor de 5 kΩ, resistor de 20 kΩ, capacitor de 0,4 μF, saída v_o.

(b) i_g (mA) vs t (ms): pulso de 10 mA entre 0 e 4 ms, e −20 mA entre 4 e 6 ms.

13.74 O pulso de tensão senoidal mostrado na Figura P13.74(a) é aplicado ao circuito da Figura P13.74(b). Use a integral de convolução para determinar o valor de v_o, em $t = 75$ ms.

Figura P13.74

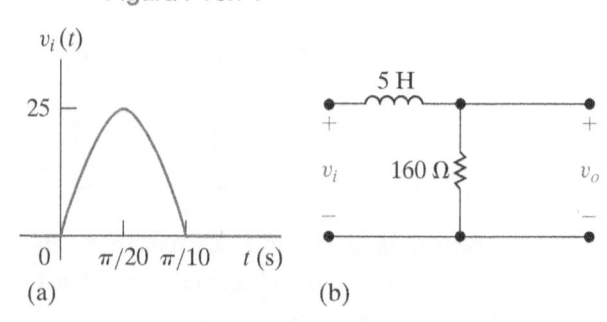

(a) $v_i(t)$: meia-onda senoidal, pico 25, entre 0 e $\pi/10$, máximo em $\pi/20$.

(b) Circuito com v_i, indutor de 5 H, resistor de 160 Ω, saída v_o.

13.75
a) Mostre que, se $y(t) = h(t) * x(t)$, então $Y(s) = H(s)X(s)$.

b) Use o resultado dado em (a) para determinar $f(t)$ se
$$F(s) = \frac{a}{s(s+a)^2}.$$

Seção 13.7

13.76 O amplificador operacional no circuito da Figura P13.76 é ideal e está operando na região linear.

Pspice Multisim

a) Calcule a função de transferência V_o/V_g.

b) Se $v_g = \cos 3.000t$ V, qual é a expressão de regime permanente de v_o?

Figura P13.76

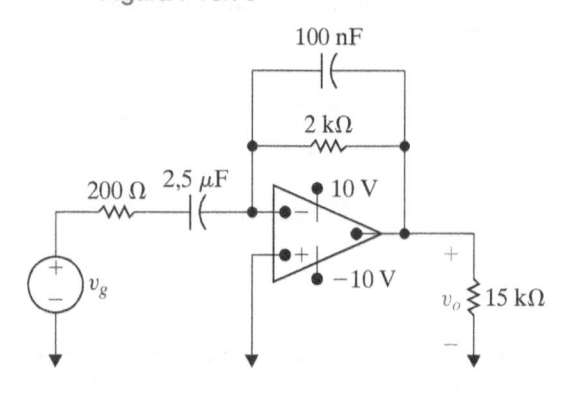

Circuito com amp op ideal, 200 Ω, 2,5 μF, 2 kΩ, 100 nF realimentação, alimentação ±10 V, saída v_o em 15 kΩ.

13.77 O amp op no circuito da Figura P13.77 é ideal.

Pspice Multisim

a) Determine a função de transferência V_o/V_g.

b) Determine v_o se $v_g = 0,6u(t)$ V.

c) Determine a expressão de regime permanente de v_o, se $v_g = 2\cos 10.000t$ V.

Figura P13.77

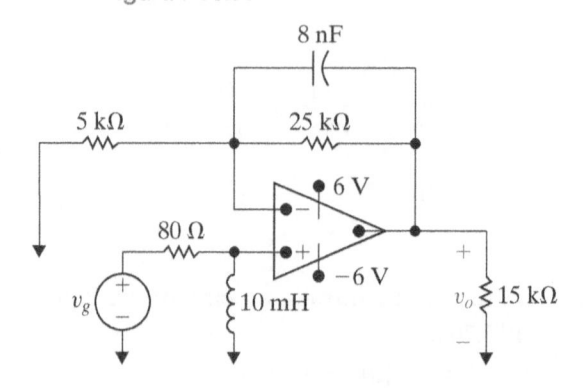

Circuito com amp op ideal, 5 kΩ, 25 kΩ, 8 nF, 80 Ω, 10 mH, alimentação ±6 V, saída v_o em 15 kΩ.

13.78 A função de transferência para um circuito linear invariante no tempo é
$$H(s) = \frac{V_o}{V_g} = \frac{25(s+8)}{s^2 + 60s + 150}.$$

Se $v_g = 10 \cos 20t$ V, qual é a expressão de regime permanente para v_o?

13.79 A função de transferência para um circuito linear invariante no tempo é

$$H(s) = \frac{I_o}{I_g} = \frac{125(s + 400)}{s(s^2 + 200s + 10^4)}.$$

Se $i_g = 80 \cos 500t$ A, qual é a expressão de regime permanente para i_o?

13.80 Quando uma tensão de entrada de $30u(t)$ V é aplicada a um circuito, sabe-se que a resposta é

$$v_o = (50e^{-8.000t} - 20e^{-5.000t})u(t) \text{ V}.$$

Qual será a resposta de regime permanente, se $v_g = 120 \cos 6.000t$ V?

Seção 13.8

13.81 Mostre que, após $V_0 C_e$ coulombs serem transferidos de C_1 para C_2 no circuito da Figura 13.47, a tensão em cada capacitor é $C_1 V_0/(C_1 + C_2)$. (*Sugestão:* use o princípio de conservação da carga.)

13.82 A fonte de tensão no circuito do Exemplo 13.1 é trocada por um impulso unitário; isto é, $v_g = \delta(t)$.

a) Qual é a energia total transferida da fonte de tensão para o capacitor?

b) Qual é a energia total transferida ao indutor?

c) Use a função de transferência para determinar $v_o(t)$.

d) Mostre que a resposta determinada em (c) é a mesma que se obteria se, primeiro, o capacitor fosse carregado com 1.000 V e, então, descarregado através do circuito, como mostra a Figura P13.82.

Figura P13.82

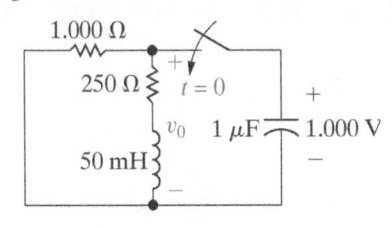

13.83 Não há nenhuma energia armazenada no circuito da Figura P13.83 no instante em que a tensão impulsiva é aplicada.

a) Determine v_o, t para $t \geq 0$.

b) Sua solução faz sentido em termos do comportamento conhecido do circuito? Explique.

Figura P13.83

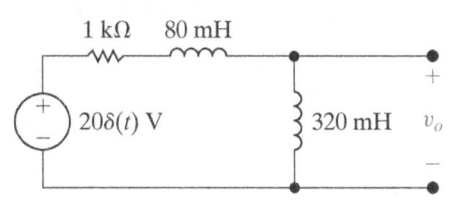

13.84 O indutor L_1 no circuito da Figura P13.84 é percorrido por uma corrente inicial de ρ A, no instante em que a chave é aberta. Determine (a) $v(t)$; (b) $i_1(t)$; (c) $i_2(t)$ e (d) $\lambda(t)$, em que $\lambda(t)$ é o fluxo total no circuito.

Figura P13.84

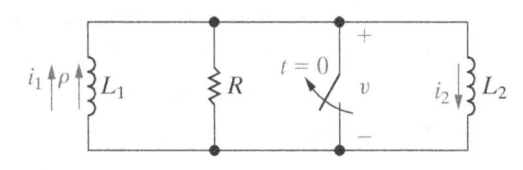

13.85 a) Suponha que $R \to \infty$ no circuito da Figura P13.84 e use as soluções encontradas no Problema 13.84 para determinar $v(t), i_1(t)$ e $i_2(t)$.

b) Admita que $R = \infty$ no circuito da Figura P13.84 e use o método da transformada de Laplace para determinar $v(t), i_1(t)$ e $i_2(t)$.

13.86 A combinação em paralelo de R_2 e C_2, no circuito da Figura P13.86, representa o circuito de entrada de um osciloscópio analógico. A combinação em paralelo de R_1 e C_1 representa o cabo de compensação, que é usado para ligar a fonte de sinal ao osciloscópio. Não há nenhuma energia armazenada em C_1 ou em C_2 no momento em que a fonte de 10 V é ligada ao osciloscópio, por meio do cabo de compensação. Os valores do circuito são $C_1 = 4$ pF, $C_2 = 16$ pF, $R_1 = 1{,}25$ MΩ e $R_2 = 5$ MΩ.

a) Determine v_o.

b) Determine i_o.

c) Repita (a) e (b), quando C_1 for alterado para 64 pF.

Figura P13.86

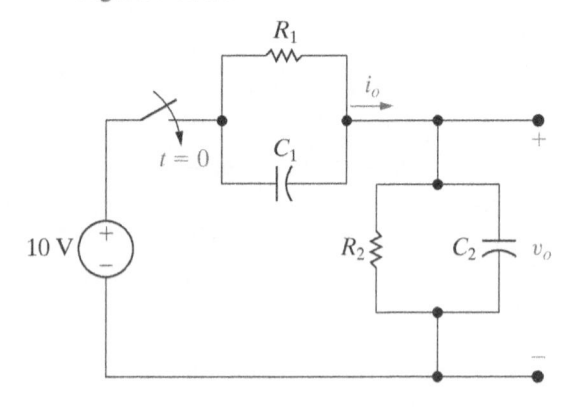

13.87 Mostre que, se $R_1 C_1 = R_2 C_2$, no circuito da Figura P13.86, v_o será uma réplica da fonte de tensão multiplicada por um fator de escala.

13.88 A chave no circuito na Figura P13.88 esteve fechada por um longo tempo. Ela se abre em $t = 0$. Calcule (a) $i_1(0^-)$; (b) $i_1(0^+)$; (c) $i_2(0^-)$; (d) $i_2(0^+)$; (e) $i_1(t)$; (f) $i_2(t)$ e (g) $v(t)$.

Figura P13.87

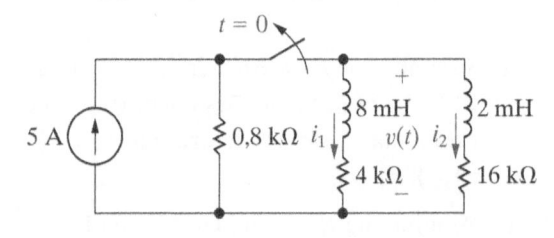

13.89 Não há nenhuma energia armazenada no circuito da Figura P13.89, no instante em que a tensão impulsiva é aplicada.

a) Determine i_1, para $t \geq 0^+$.

b) Determine i_2, para $t \geq 0^+$.

c) Determine v_o, para $t \geq 0^+$.

d) Suas soluções para i_1, i_2 e v_o fazem sentido em termos do comportamento conhecido do circuito? Explique.

Figura P13.89

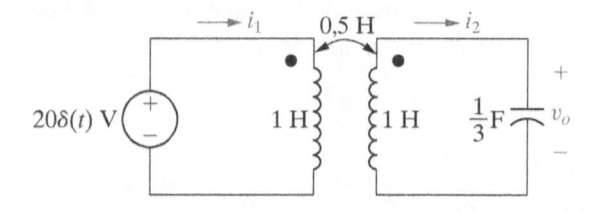

13.90 A chave no circuito da Figura P13.90 esteve na posição a por um longo tempo. Em $t = 0$, ela passa para a posição b. Calcule (a) $v_1(0^-)$; (b) $v_2(0^-)$; (c) $v_3(0^-)$; (d) $i(t)$; (e) $v_1(0^+)$; (f) $v_2(0^+)$ e (g) $v_3(0^+)$.

Figura P13.90

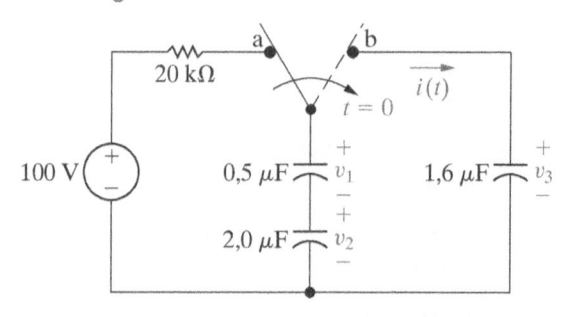

13.91 Não há nenhuma energia armazenada no circuito da Figura P13.91 no instante em que a corrente impulsiva é aplicada.

a) Determine v_o, para $t \geq 0^+$.

b) Sua solução faz sentido em termos do comportamento conhecido do circuito? Explique.

Figura P13.91

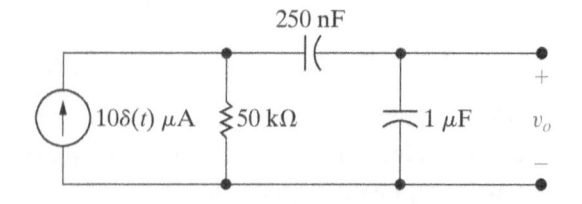

Seções 13.1-13.8

13.92 Considere que a tensão fase-neutro, $\mathbf{V}_o$, no circuito de 60 Hz da Figura 13.59 seja $120 \underline{/0°}$ V (ef). A carga R_a está absorvendo 1.200 W; a carga R_b está absorvendo 1.800 W e a carga X_a está absorvendo 350 VAR. A reatância indutiva da linha (X_1) é 1 Ω. Suponha que $\mathbf{V}_g$ não mude depois que a chave é aberta.

Perspetiva Prática

a) Calcule o valor inicial de $i_2(t)$ e de $i_o(t)$.

b) Determine $\mathbf{V}_o$, $v_o(t)$ e $v_o(0^+)$, usando o circuito no domínio da frequência da Figura 13.60.

c) Verifique o componente de regime permanente de v_o, usando a análise de domínio fasorial.

d) Usando um programa de computador de sua preferência, faça o gráfico de $v_o(t)$, para $0 \leq t \leq 20$ ms.

13.93 Suponha que a chave no circuito da Figura 13.59 abra no instante em que a tensão de regime permanente senoidal, v_o, seja nula, passando de valores negativos a positivos, isto é, $v_o = 120\sqrt{2}$ sen $120\pi t$ V.

Perspetiva Prática

a) Determine $v_o(t)$, para $t \geq 0$.

b) Usando um programa de computador de sua preferência, faça o gráfico de $v_o(t)$, para $0 \leq t \leq 20$ ms.

c) Compare a perturbação da tensão na parte (a) com a obtida na parte (c) do Problema 13.92.

13.94 A finalidade deste problema é mostrar que a tensão fase-neutro no circuito da Figura 13.59 pode passar diretamente para regime permanente, se a carga R_b for desligada no instante certo. Seja $v_o = V_m \cos(120\pi t - \theta°)$ V, em que $V_m = 120\sqrt{2}$. Admita que v_g não mude, após R_b ser desligado.

Perspetiva Prática

a) Determine o valor de θ (em graus) de modo que v_o passe diretamente para o regime permanente, quando a carga R_b for desligada.

b) Para o valor de θ determinado na parte (a), determine $v_o(t)$, para $t \geq 0$.

c) Usando um programa de computador de sua preferência plote, em um único gráfico, para -10 ms $\leq t \leq 10$ ms, $v_o(t)$ antes e depois de a carga R_b ter sido desligada.

Capítulo 14

Introdução aos circuitos de seleção de frequências

SUMÁRIO DO CAPÍTULO

14.1 Observações preliminares
14.2 Filtros passa-baixas
14.3 Filtros passa-altas
14.4 Filtros passa-faixa
14.5 Filtros rejeita-faixa

OBJETIVOS DO CAPÍTULO

1. Conhecer as configurações dos circuitos *RL* e *RC* que funcionam como filtros passa-baixas e saber calcular o valor dos componentes para atender a uma frequência de corte especificada.
2. Conhecer as configurações dos circuitos *RL* e *RC* que funcionam como filtros passa-altas e saber calcular o valor dos componentes para atender a uma frequência de corte especificada.
3. Conhecer as configurações dos circuitos *RLC* que funcionam como filtros passa-faixa, entender a definição e a relação entre frequência central, frequências de corte, largura de faixa e fator de qualidade de um filtro passa-faixa e saber calcular o valor dos componentes para cumprir as especificações de projeto.
4. Conhecer as configurações dos circuitos *RLC* que funcionam como filtros rejeita-faixa, entender a definição e a relação entre frequência central, frequências de corte, largura de faixa e fator de qualidade de um filtro rejeita-faixa e saber calcular o valor dos componentes para cumprir as especificações de projeto.

Até este ponto de nossa análise de circuitos com fontes senoidais, a frequência da fonte foi mantida constante. Neste capítulo, analisaremos o efeito da variação da frequência da fonte sobre as tensões e correntes. O resultado dessa análise é a **resposta de frequência** de um circuito.

Em capítulos anteriores, vimos que a resposta de um circuito depende dos tipos de elemento presentes, do modo como estão ligados e de suas impedâncias. Embora a variação da frequência de uma fonte senoidal não altere os tipos de elemento, nem suas ligações, ela altera a impedância de capacitores e indutores, pois essa impedância é uma função da frequência. Como veremos, a cuidadosa escolha dos elementos de circuito, seus valores e suas ligações a outros elementos permite-nos construir circuitos cuja saída contenha somente os sinais de entrada que se encontram dentro de determinada faixa de frequências. Tais circuitos são denominados

circuitos de seleção de frequências. Muitos dispositivos que se comunicam por meio de sinais elétricos, como telefones, rádios, televisores e satélites, empregam esse tipo de circuito.

Circuitos de seleção de frequências também são denominados **filtros**, em razão de sua capacidade de filtrar certos sinais de entrada com base na frequência. A Figura 14.1 representa esquematicamente essa propriedade. Para sermos mais precisos, devemos observar que, na prática, nenhum circuito de seleção de frequências consegue filtrar as frequências selecionadas com perfeição ou por completo. Mais especificamente, filtros **atenuam** — isto é, enfraquecem ou reduzem o efeito de — quaisquer sinais de entrada cujas frequências estejam fora de determinada faixa. O sistema de som estereofônico que você tem em casa pode estar equipado com um equalizador gráfico, que é um excelente exemplo de um conjunto de filtros. Cada faixa no equalizador gráfico é um filtro que amplifica sons (frequências audíveis) na faixa de frequência determinada e atenua frequências que estão fora dessa faixa. Assim, o equalizador gráfico permite alterar o volume de som em cada faixa de frequência.

Figura 14.1 Ação de um filtro sobre um sinal de entrada produz um sinal de saída.

Sinal de entrada → Filtro → Sinal de saída

Perspectiva prática

Circuitos de telefone de teclas

Neste capítulo, examinaremos circuitos em que a frequência da fonte varia. O comportamento desses circuitos difere à medida que a frequência da fonte varia, pois a impedância dos componentes reativos é uma função da frequência da fonte. Esses circuitos dependentes da frequência são denominados **filtros** e usados em muitos equipamentos elétricos comuns. Em rádios, os filtros servem para selecionar o sinal de uma estação e, ao mesmo tempo, rejeitar os sinais de outras, que transmitem em frequências diferentes. Em sistemas estereofônicos, são utilizados para ajustar as intensidades relativas dos componentes de baixa e alta frequência do sinal de áudio. Filtros são usados por todos os sistemas telefônicos.

Um telefone de teclas produz tons que ouvimos quando acionamos uma tecla. É bem possível que você já tenha tido curiosidade sobre esses tons. Como são usados para informar ao sistema telefônico qual tecla foi acionada? Afinal, por que usar tons? Por que os tons têm sons musicais? Como o sistema telefônico distingue entre os tons das teclas e os sons normais de pessoas falando ou cantando?

O sistema telefônico foi projetado para tratar sinais de áudio — cujas frequências estão entre 300 Hz e 3 kHz. Por isso, todos os sinais do sistema dirigidos ao usuário têm de ser audíveis — incluindo o tom de discar e o sinal de ocupado. De maneira semelhante, todos os sinais dirigidos do usuário ao sistema têm de ser audíveis, incluindo o sinal emitido quando ele aciona uma tecla. É importante distinguir entre os sinais das teclas e os sinais normais de áudio, por isso se utiliza um sistema multifrequência de tom dual (DTMF – *dual-tone-multiple-frequency*). Quando uma tecla correspondente a um número é acionada, um par exclusivo de tons senoidais, com frequências precisamente determinadas, é enviado pelo aparelho ao sistema telefônico. As especificações de frequência e temporização do DTMF praticamente impossibilitam que uma voz humana produza os pares de tons exatos, ainda que alguém tente. A central telefônica, onde circuitos elétricos monitoram o sinal de áudio, detecta os pares de tons que sinalizam um número. No exemplo da *Perspectiva prática* no final do capítulo, examinaremos o projeto dos filtros DTMF usados para determinar qual tecla foi acionada.

Começamos este capítulo analisando circuitos de cada uma das quatro principais categorias de filtros: passa-baixas, passa-altas, passa-faixa e rejeita-faixa. A função de transferência de um circuito é o ponto de partida para a análise da resposta de frequência. Preste muita atenção às similaridades entre as funções de transferência de circuitos que executam a mesma função de filtragem. Empregaremos essas similaridades quando projetarmos filtros no Capítulo 15.

14.1 Observações preliminares

Lembre-se de que na Seção 13.7 afirmamos que a função de transferência de um circuito proporciona um meio fácil de calcular a resposta, de regime permanente, a uma entrada senoidal. Naquela seção, consideramos somente fontes de frequência fixa. Para estudar a resposta de frequência de um circuito, substituímos uma fonte senoidal de frequência fixa por uma de frequência variável. A função de transferência ainda é uma ferramenta de imensa utilidade, pois o módulo e a fase do sinal de saída dependem somente do módulo e da fase da função de transferência $H(j\omega)$.

Observe que a abordagem que acabamos de esboçar pressupõe que podemos variar a frequência de uma fonte senoidal sem alterar seu módulo ou ângulo de fase. Dessa forma, a amplitude e a fase da saída vão variar somente se a amplitude e a fase da função de transferência variarem, à medida que a frequência da fonte senoidal for alterada.

Figura 14.2 Circuito com entrada e saída de tensão.

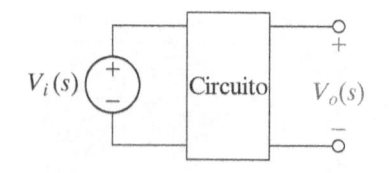

Para simplificar ainda mais este primeiro exame de circuitos de seleção de frequências, também restringiremos nossa atenção a casos em que ambos os sinais, de entrada e de saída, são tensões senoidais, como ilustrado na Figura 14.2. Assim, a função de transferência de interesse será a razão entre a transformada de Laplace da tensão de saída e a transformada de Laplace da tensão de entrada, ou $H(s) = V_o(s)/V_i(s)$. Entretanto, devemos ter em mente que, para determinada aplicação, o sinal de entrada ou o de saída pode ser uma corrente.

Os sinais que passam da entrada para a saída encontram-se dentro de uma faixa de frequências denominada **faixa de passagem**. As tensões de entrada que estão fora dessa faixa têm seus módulos atenuados pelo circuito e são, por isso, efetivamente impedidas de chegar aos terminais de saída do circuito. Frequências que não estão dentro da faixa de passagem de um circuito estão dentro de sua **faixa de rejeição**. Circuitos de seleção de frequências caracterizam-se pela localização da faixa de passagem.

Um modo de identificar o tipo do circuito de seleção de frequências é examinar seu **gráfico de resposta de frequência**. Um gráfico de resposta de frequência mostra como a função de transferência de um circuito (de amplitude e de fase) muda à medida que a frequência da fonte varia. Um gráfico de resposta de frequência tem duas partes. Uma é um gráfico de $|H(j\omega)|$ em função da frequência ω. Essa parte do gráfico é denominada **gráfico de amplitude**. A outra parte é um gráfico de $\theta(j\omega)$ em função da frequência ω. Essa parte é denominada **gráfico de fase**.

Os gráficos de resposta de frequência ideais para as quatro categorias principais de filtros são mostrados na Figura 14.3. As partes (a) e (b) ilustram os gráficos ideais para um filtro passa-baixas e um filtro passa-altas, respectivamente. Ambos os filtros têm uma única faixa de passagem e uma única faixa de rejeição, que são definidas pela **frequência de corte** que as separa. Os termos *passa-baixas* e *passa-altas* derivam dos gráficos de amplitude: um **filtro passa-baixas** deixa passar sinais de frequências mais baixas do que a frequência de corte, e um **filtro passa-altas** deixa passar sinais de frequências mais altas do que a frequência de corte. Assim, os termos *alta* e *baixa* empregados aqui não se referem a quaisquer valores absolutos de frequência — mais precisamente, referem-se a valores relativos à frequência de corte.

Figura 14.3 Gráficos de resposta de frequência ideais dos quatro tipos de filtro.
(a) Filtro passa-baixas ideal. (b) Filtro passa-altas ideal. (c) Filtro passa-faixa ideal. (d) Filtro rejeita-faixa ideal.

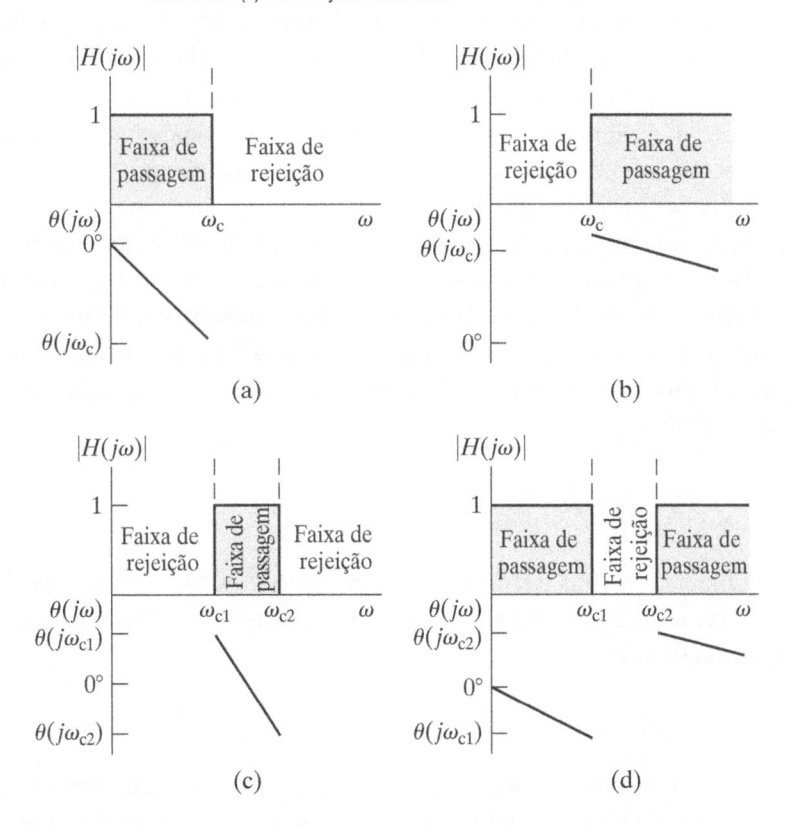

Observe pelos gráficos de ambos os filtros (bem como dos filtros passa-faixa e rejeita-faixa) que o ângulo de fase para um filtro ideal varia linearmente na faixa de passagem. Essa grandeza não é importante fora da faixa de passagem porque, nessa região, a amplitude é nula. A variação linear de fase é necessária para evitar distorção de fase.

Cada uma das duas categorias de filtros restantes tem duas frequências de corte. A Figura 14.3(c) mostra o gráfico de resposta de frequência ideal de um **filtro passa-faixa** que deixará passar um sinal somente quando sua frequência estiver dentro da faixa definida pelas duas frequências de corte. A Figura 14.3(d) mostra o gráfico ideal de um **filtro rejeita-faixa**, que deixará passar um sinal somente quando sua frequência estiver fora da faixa definida pelas duas frequências de corte. Desse modo, o filtro rejeita-faixa vai rejeitar ou impedir que o sinal de entrada alcance a saída quando sua frequência estiver dentro da faixa definida pelas frequências de corte.

Ao especificar um filtro realizável, usando qualquer um dos circuitos deste capítulo, é importante observar que as características de amplitude e ângulo de fase não são independentes. Em outras palavras, as características de um circuito que resultam em determinado gráfico de amplitude também determinarão a forma do gráfico de fase e vice-versa. Por exemplo, uma vez selecionada uma forma desejada para a resposta de amplitude de um circuito, a resposta de fase também estará determinada. Por outro lado, se selecionarmos uma forma desejada para a resposta de fase, a resposta da amplitude estará também determinada. Embora existam alguns circuitos de seleção de frequências cujo comportamento da amplitude e do ângulo de fase possa ser especificado independentemente, esses circuitos não são apresentados aqui.

As próximas seções apresentam exemplos de circuitos de cada uma das quatro categorias de filtro. Trata-se de apenas alguns dos muitos circuitos que agem como filtros. Você deve tentar identificar quais são as propriedades de um circuito que determinam seu comportamento como um filtro. Examine com atenção a forma da função de transferência para circuitos que executam as mesmas funções de filtragem. Identificar a forma da função de transferência de um filtro vai ajudá-lo a projetar filtros para aplicações específicas.

Todos os filtros que examinaremos neste capítulo são **filtros passivos**, assim denominados porque suas características de filtragem dependem apenas de elementos passivos: resistores, capacitores e indutores. A maior amplitude de saída que tais filtros podem alcançar normalmente é 1, e inserir uma impedância em série com a fonte ou em paralelo com a carga reduzirá essa amplitude. Como em muitas aplicações práticas de filtros se exige que se aumente a amplitude da saída, os filtros passivos têm algumas desvantagens significativas. O único filtro passivo descrito neste capítulo que pode amplificar sua saída é o filtro de ressonância RLC em série. Uma seleção muito maior de filtros amplificadores é encontrada nos filtros ativos, assunto do Capítulo 15.

14.2 Filtros passa-baixas

Agora, examinaremos dois circuitos que se comportam como filtros passa-baixas, o RL em série e o RC em série, e descobriremos quais as características desses circuitos que determinam a frequência de corte.

O circuito RL em série — análise qualitativa

Um circuito RL em série é mostrado na Figura 14.4(a). O sinal de entrada do circuito é gerado por uma fonte de tensão senoidal de frequência variável. O sinal de saída do circuito é definido como a tensão no resistor. Suponha que a frequência da fonte comece com valores muito baixos e aumente gradativamente. Sabemos que o comportamento do resistor ideal não mudará, pois sua impedância independe da frequência. No entanto, analise como muda o comportamento do indutor.

Lembre-se de que a impedância de um indutor é $j\omega L$. Em frequências baixas, a impedância do indutor é muito pequena em comparação com a impedância do resistor e, na verdade, o indutor funciona como um curto-circuito. Por isso, o termo *baixas frequências* refere-se a quaisquer frequências para as quais $\omega L \ll R$. O circuito equivalente para $\omega = 0$ é mostrado na Figura 14.4(b). Nesse circuito equivalente, a tensão de saída e a de entrada são iguais em módulo, bem como em ângulo de fase.

À medida que a frequência aumenta, a impedância do indutor aumenta em relação à do resistor. Esse aumento provoca uma elevação correspondente na queda de tensão no indutor e uma redução correspondente da tensão de saída. Quanto maior a impedância do indutor, maior será a diferença de fase entre a tensão de entrada e de saída. Isso resulta em uma diferença de ângulo de fase entre a tensão de entrada e de saída. A tensão de saída fica atrasada em relação à tensão de entrada e, à medida que a frequência aumenta, essa diferença de fase aproxima-se de 90°.

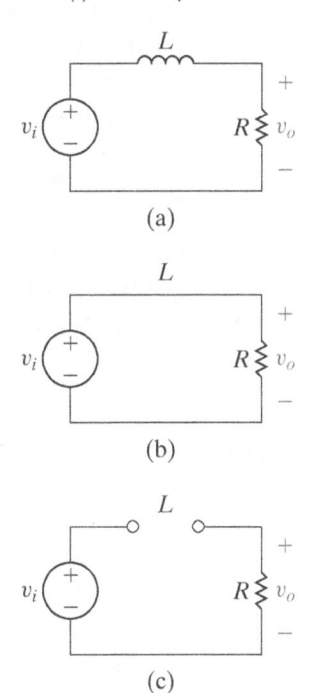

Em altas frequências, a impedância do indutor é muito grande em comparação com a impedância do resistor e, por isso, o indutor funciona como um circuito aberto, bloqueando efetivamente o fluxo de corrente no circuito. Assim, o termo *altas frequências* refere-se a quaisquer frequências para as quais $\omega L \gg R$. O circuito equivalente para $\omega = \infty$ é o mostrado na Figura 14.4(c), onde a amplitude da tensão de saída é igual a zero. O ângulo de fase da tensão de saída é $-90°$ em relação à tensão de entrada.

Com base no comportamento da amplitude da tensão de saída, esse circuito RL em série deixa passar, seletivamente, entradas de baixa frequência e rejeita entradas de alta frequência. Por conseguinte, a resposta desse circuito a um sinal de frequência variável de entrada tem a forma mostrada na Figura 14.5. Essas duas representações gráficas constituem aquelas da resposta de frequência do circuito RL em série da Figura 14.4(a). A curva superior mostra como $|H(j\omega)|$ varia com a frequência. A curva inferior mostra como $\theta(j\omega)$ varia com a frequência. No Apêndice E, apresentamos um método formal para construir esses gráficos.

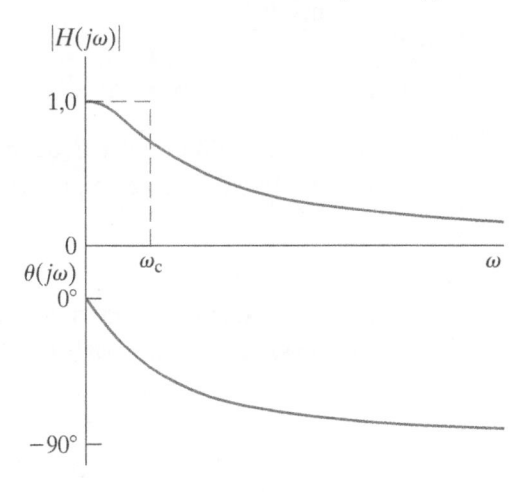

Também sobrepusemos, na Figura 14.5, o gráfico do módulo da função de transferência para um filtro passa-baixas ideal, apresentado na Figura 14.3(a). É óbvio que há uma diferença entre as representações gráficas de um filtro ideal e da resposta de frequência de um filtro RL real. O filtro ideal exibe uma descontinuidade no módulo da função de transferência na frequência de corte, ω_c, o que cria uma transição abrupta entre a faixa de rejeição e a faixa de passagem. Embora essa seja a forma ideal segundo a qual gostaríamos que nossos filtros funcionassem, não é possível,

Figura 14.4 (a) Filtro passa-baixas RL em série.
(b) Circuito equivalente em $\omega = 0$.
(c) Circuito equivalente em $\omega = \infty$.

Figura 14.5 Gráfico de resposta de frequência para o circuito RL em série da Figura 14.4(a).

usando componentes reais, construir um circuito que apresente essa transição abrupta. Circuitos que atuam como filtros passa-baixas têm uma resposta de amplitude que passa gradativamente da faixa de passagem para a faixa de rejeição. Dessa forma, temos de definir, para um circuito real, o que significa a frequência de corte, ω_c.

Definição da frequência de corte

Precisamos definir a frequência de corte, ω_c, para circuitos de filtros reais quando não for possível identificar uma única frequência que separe a faixa de passagem da faixa de rejeição. A definição, amplamente usada por engenheiros eletricistas, considera que a frequência de corte é a frequência para a qual o módulo da função de transferência diminui por um fator de $1/\sqrt{2}$ em relação a seu valor máximo:

▶ Definição de frequência de corte

$$|H(j\omega_c)| = \frac{1}{\sqrt{2}} H_{\text{máx}}, \qquad (14.1)$$

em que $H_{\text{máx}}$ é a amplitude máxima da função de transferência. Decorre da Equação 14.1 que a faixa de passagem de um filtro realizável é definida como a faixa de frequências em que a amplitude da tensão de saída é no mínimo 70,7% da máxima amplitude possível.

A constante $1/\sqrt{2}$ usada na definição da frequência de corte talvez pareça uma escolha arbitrária. O exame de outra consequência da frequência de corte fará com que essa escolha pareça mais razoável. Lembre-se de que na Seção 10.5 afirmamos que a potência média fornecida por qualquer circuito a uma carga é proporcional a V_L^2, onde V_L é a amplitude da queda de tensão na carga:

$$P = \frac{1}{2}\frac{V_L^2}{R}. \qquad (14.2)$$

Se o circuito for alimentado por uma fonte de tensão senoidal, $V_i(j\omega)$, a tensão da carga também será uma senoide, cuja amplitude é uma função da frequência ω. Defina $P_{\text{máx}}$ como o valor da potência média fornecida a uma carga, quando a amplitude da tensão de carga for máxima:

$$P_{\text{máx}} = \frac{1}{2}\frac{V_{L\text{máx}}^2}{R}. \qquad (14.3)$$

Se variarmos a frequência da fonte de tensão senoidal, $V_i(j\omega)$, a tensão da carga será máxima quando a amplitude da função de transferência do circuito também for máxima:

$$V_{L\text{máx}} = H_{\text{máx}}|V_i|. \qquad (14.4)$$

Examine, agora, o que acontece com a potência média quando a frequência da fonte de tensão é ω_c. Usando a Equação 14.1, determinamos que a amplitude da tensão de carga em ω_c é

$$|V_L(j\omega_c)| = |H(j\omega_c)||V_i|$$

$$= \frac{1}{\sqrt{2}} H_{\text{máx}}|V_i|$$

$$= \frac{1}{\sqrt{2}} V_{L\text{máx}}. \qquad (14.5)$$

Substituindo a Equação 14.5 na Equação 14.2,

$$P(j\omega_c) = \frac{1}{2} \frac{|V_L^2(j\omega_c)|}{R}$$

$$= \frac{1}{2} \frac{\left(\frac{1}{\sqrt{2}} V_{L\text{máx}}\right)^2}{R}$$

$$= \frac{1}{2} \frac{V_{L\text{máx}}^2/2}{R}$$

$$= \frac{P_{\text{máx}}}{2}. \qquad (14.6)$$

A Equação 14.6 mostra que, na frequência de corte ω_c, a potência média fornecida pelo circuito é metade da máxima potência média. Assim, ω_c também é denominada **frequência de meia potência**. Portanto, na faixa de passagem, a potência média fornecida a uma carga é no mínimo 50% da máxima potência média.

O circuito *RL* em série — análise quantitativa

Agora que já definimos a frequência de corte para circuitos de filtros reais, podemos analisar o circuito *RL* em série, para determinar, para esse filtro passa-baixas, a relação entre os valores dos componentes e a frequência de corte. Começamos construindo o equivalente no domínio da frequência do circuito da Figura 14.4(a), admitindo condições iniciais nulas. O circuito equivalente resultante é mostrado na Figura 14.6.

Figura 14.6 Equivalente, no domínio da frequência, do circuito da Figura 14.4(a).

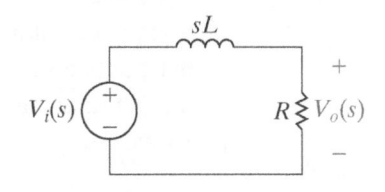

A função de transferência da tensão para esse circuito é

$$H(s) = \frac{R/L}{s + R/L}. \qquad (14.7)$$

Para estudar a resposta de frequência, fazemos $s = j\omega$ na Equação 14.7:

$$H(j\omega) = \frac{R/L}{j\omega + R/L}. \qquad (14.8)$$

Agora, podemos dividir a Equação 14.8 em duas equações. A primeira define o módulo da função de transferência em função da frequência; a segunda define o ângulo de fase da função de transferência em função da frequência:

$$|H(j\omega)| = \frac{R/L}{\sqrt{\omega^2 + (R/L)^2}}, \qquad (14.9)$$

$$\theta(j\omega) = -\text{tg}^{-1}\left(\frac{\omega L}{R}\right). \qquad (14.10)$$

Um exame detalhado mostra que Equação 14.9 justifica quantitativamente o gráfico de amplitude da Figura 14.5. Quando $\omega = 0$, o denominador e o numerador são iguais e $|H(j0)| = 1$. Isso significa que, em $\omega = 0$, a tensão de entrada é transferida sem mudança de amplitude aos terminais de saída.

À medida que a frequência aumenta, o numerador da Equação 14.9 permanece inalterado, mas o denominador cresce. Assim, $|H(j\omega)|$ diminui à medida que a frequência aumenta, como mostra o gráfico da Figura 14.5. De maneira semelhante, à medida que a frequência aumenta, o ângulo de fase passa de seu valor cc de $0°$, tornando-se mais negativo, como visto na Equação 14.10.

Quando $\omega = \infty$, o denominador da Equação 14.9 é infinito e $|H(j\infty)| = 0$, como visto na Figura 14.5. Em $\omega = \infty$, o ângulo de fase alcança um limite de $-90°$, como visto na Equação 14.10 e no gráfico da Figura 14.5.

Usando a Equação 14.9, podemos calcular a frequência de corte, ω_c. Lembre-se de que ω_c é definida como a frequência na qual $|H(j\omega_c)| = (1/\sqrt{2}) H_{máx}$. Para o filtro passa-baixas, $H_{máx} = |H(j0)|$, como visto na Figura 14.5. Desse modo, para o circuito na Figura 14.4(a),

$$|H(j\omega_c)| = \frac{1}{\sqrt{2}}|1| = \frac{R/L}{\sqrt{\omega_c^2 + (R/L)^2}}. \quad (14.11)$$

Explicitando ω_c na Equação 14.11, obtemos

▶ **Frequência de de corte para filtros RL**

$$\omega_c = \frac{R}{L}. \quad (14.12)$$

A Equação 14.12 fornece um importante resultado. A frequência de corte, ω_c, pode assumir qualquer valor desejado mediante a seleção adequada de valores para R e L. Dessa forma, podemos projetar um filtro passa-baixas com qualquer frequência de corte que precisarmos. O Exemplo 14.1 demonstra a importância da Equação 14.12 para o projeto de filtros passa-baixas.

EXEMPLO 14.1 Projeto de um filtro passa-baixas.

Eletrocardiologia é o estudo dos sinais elétricos produzidos pelo coração. Esses sinais mantêm o batimento rítmico do coração e são medidos por um instrumento denominado eletrocardiógrafo. Esse instrumento deve ser capaz de detectar sinais periódicos cuja frequência é de aproximadamente 1 Hz (a taxa normal de batimentos do coração é 72 por minuto). O instrumento tem de funcionar na presença de ruído senoidal que consiste em sinais do ambiente elétrico que o rodeiam, cuja frequência fundamental é 60 Hz — a frequência em que a energia elétrica é fornecida.

Escolha valores para R e L no circuito da Figura 14.4(a) de modo que o circuito resultante possa ser usado em um eletrocardiógrafo para filtrar qualquer ruído acima de 10 Hz e deixar passar os sinais elétricos do coração, de frequência de 1 Hz aproximadamente. Em seguida, calcule a amplitude de V_o a 1 Hz, 10 Hz e 60 Hz para verificar a qualidade de funcionamento do filtro.

Solução

O problema consiste em selecionar valores para R e L que resultem em um filtro passa-baixas, com uma frequência de corte de 10 Hz. Pela Equação 14.12, dado ω_c, vemos que R e L não podem ser especificados independentemente. Portanto, vamos escolher um valor normalmente disponível de L, 100 mH. Antes de usarmos a Equação 14.12 para calcular o valor de R necessário ao estabelecimento da frequência de corte desejada, precisamos converter essa frequência de hertz para radianos por segundo:

$$\omega_c = 2\pi(10) = 20\pi \text{ rad/s}.$$

Determinamos, agora, o valor de R que, juntamente com L = 100 mH, resultará em um filtro passa-baixas com uma frequência de corte de 10 Hz:

$$R = \omega_c L$$
$$= (20\pi)(100 \times 10^{-3})$$
$$= 6{,}28 \, \Omega.$$

Podemos calcular o módulo de V_o usando a equação $|V_o| = |H(j\omega)| \cdot |V_i|$:

$$|V_o(\omega)| = \frac{R/L}{\sqrt{\omega^2 + (R/L)^2}} |V_i|$$

$$= \frac{20\pi}{\sqrt{\omega^2 + 400\pi^2}} |V_i|.$$

Tabela 14.1 Amplitudes das tensões de entrada e saída para várias frequências.

$f(Hz)$	$|V_i|(V)$	$|V_o|(V)$
1	1,0	0,995
10	1,0	0,707
60	1,0	0,164

A Tabela 14.1 resume os valores de amplitude calculados para as frequências 1 Hz, 10 Hz e 60 Hz. Como esperado, as tensões de entrada e saída têm a mesma amplitude nas baixas frequências, pois o circuito é um filtro passa-baixas. Na frequência de corte, a amplitude da tensão de saída foi reduzida de $1/\sqrt{2}$ em relação à amplitude unitária da faixa de passagem. Em 60 Hz, a amplitude da tensão de saída foi reduzida por um fator de aproximadamente 6, obtendo-se a desejada atenuação do ruído, que poderia adulterar o sinal para cuja medição o eletrocardiógrafo foi projetado.

Circuito *RC* em série

O circuito *RC* em série, mostrado na Figura 14.7, também se comporta como um filtro passa-baixas. Podemos verificar isso por meio da mesma análise qualitativa que usamos antes. Na verdade, tal exame qualitativo é uma etapa importante na resolução de problemas, que devemos adotar como prática habitual quando analisarmos filtros. Isso nos auxilia a prever as características de filtragem (passa-baixas, passa-altas etc.) e, assim, prever a forma geral da função de transferência. Se a função de transferência calculada concordar com a previsão qualitativa inicial, teremos uma importante verificação da correção de nossos cálculos.

Observe que a saída do circuito é definida como a tensão nos terminais do capacitor. Como fizemos anteriormente, usaremos três regiões de frequência para a análise qualitativa do comportamento do circuito *RC* em série da Figura 14.7:

Figura 14.7 Filtro passa-baixas *RC* em série.

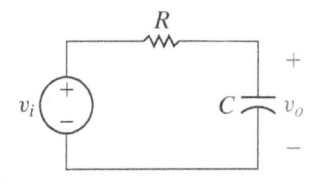

1. *Frequência zero* ($\omega = 0$): a impedância do capacitor é infinita e ele age como um circuito aberto. Assim, as tensões de entrada e saída são as mesmas.
2. *Frequências crescentes a partir de zero:* a impedância do capacitor decresce em relação à impedância do resistor, e a tensão da fonte divide-se entre a impedância resistiva e a capacitiva. Desse modo, a tensão de saída é menor do que a tensão da fonte.
3. *Frequência infinita* ($\omega = \infty$)*:* a impedância do capacitor é igual a zero e ele age como um curto-circuito. Assim, a tensão de saída é nula.

Segundo essa análise, o circuito RC em série funciona como um filtro passa-baixas. O Exemplo 14.2 explora os aspectos quantitativos desse circuito.

EXEMPLO 14.2 Projeto de um filtro passa-baixas *RC* em série.

Para o circuito *RC* em série da Figura 14.7:

a) Determine a função de transferência entre a tensão da fonte e a tensão de saída.

b) Determine uma equação para a frequência de corte.

c) Escolha valores para *R* e *C* que resultem em um filtro passa-baixas com uma frequência de corte de 3 kHz.

Solução

a) Para deduzir uma expressão para a função de transferência, em primeiro lugar, construímos o equivalente, no domínio da frequência, do circuito da Figura 14.7, como mostra a Figura 14.8.

Usando a divisão de tensão, no domínio da frequência, no circuito equivalente, determinamos

$$H(s) = \frac{\frac{1}{RC}}{s + \frac{1}{RC}}.$$

Agora, faça $s = j\omega$ e calcule o módulo da expressão complexa resultante:

$$|H(j\omega)| = \frac{\frac{1}{RC}}{\sqrt{\omega^2 + \left(\frac{1}{RC}\right)^2}}.$$

b) Na frequência de corte ω_c, $|H(j\omega)|$ é igual a $(1/\sqrt{2})H_{máx}$. Para um filtro passa-baixas, $H_{máx} = H(j0)$, e, para o circuito na Figura 14.8, $H(j0) = 1$. Então, podemos descrever a relação entre as quantidades R, C e ω_c:

Figura 14.8 Equivalente, no domínio da frequência, para o circuito da Figura 14.7.

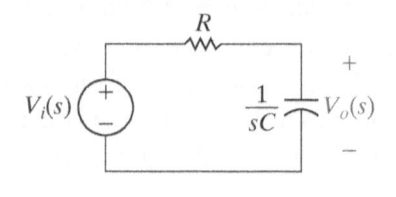

$$|H(j\omega_c)| = \frac{1}{\sqrt{2}}(1) = \frac{\frac{1}{RC}}{\sqrt{\omega_c^2 + \left(\frac{1}{RC}\right)^2}}.$$

Explicitando ω_c nessa equação, obtemos

$$\omega_c = \frac{1}{RC}.$$

◄ **Frequência de corte de filtros *RC***

c) Pelos resultados de (b), vemos que a frequência de corte é determinada pelos valores de *R* e *C*. Como *R* e *C* não podem ser calculados independentemente, vamos escolher $C = 1\ \mu F$. Quando possível, normalmente especificaremos primeiro um valor para C, em vez de para R ou L, porque os valores das capacitâncias de capacitores fabricados comercialmente são em número menor que o de valores para resistores ou indutores. Lembre-se de que temos de converter a frequência de corte especificada de 3 kHz para $(2\pi)(3)$ krad/s:

$$R = \frac{1}{\omega_c C}$$
$$= \frac{1}{(2\pi)(3 \times 10^3)(1 \times 10^{-6})}$$
$$= 53{,}05 \ \Omega.$$

A Figura 14.9 mostra os dois circuitos de filtros passa-baixas que examinamos, juntamente com suas respectivas funções de transferência. Observe cuidadosamente as funções de transferência. Note como suas formas são semelhantes — a única diferença entre elas são os termos que especificam a frequência de corte. Na verdade, podemos estabelecer uma forma geral para as funções de transferência desses dois filtros passa-baixas:

$$H(s) = \frac{\omega_c}{s + \omega_c}. \tag{14.13}$$

◀ **Função de transferência para um filtro passa-baixas**

Qualquer circuito cuja razão entre as tensões de entrada e saída fosse dada pela Equação 14.13 se comportaria como um filtro passa-baixas, com uma frequência de corte ω_c. Os problemas no final do capítulo darão outros exemplos de circuitos com essa propriedade.

Relação entre o domínio da frequência e o domínio do tempo

Por fim, talvez você tenha percebido outra relação importante. Lembre-se de nossa discussão sobre as respostas naturais dos circuitos RL e RC de primeira ordem no Capítulo 6. Um parâmetro importante para esses circuitos é a constante de tempo, τ, que caracteriza a forma da resposta do circuito. Para o circuito RL, a constante de tempo tem o valor L/R (Equação 7.14); para o circuito RC, a constante de tempo é RC (Equação 7.24). Compare as constantes de tempo com as frequências de corte para esses circuitos e observe que

$$\tau = 1/\omega_c. \tag{14.14}$$

Figura 14.9 Dois filtros passa-baixas, o RL em série e o RC em série, juntamente com as respectivas funções de transferência e frequências de corte.

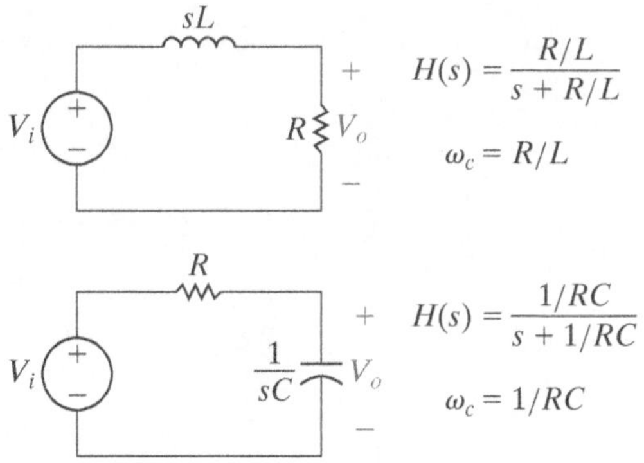

$$H(s) = \frac{R/L}{s + R/L}$$
$$\omega_c = R/L$$

$$H(s) = \frac{1/RC}{s + 1/RC}$$
$$\omega_c = 1/RC$$

Esse resultado é uma consequência direta da relação entre a resposta no domínio do tempo de um circuito e sua resposta no domínio da frequência, como obtida pela transformada de Laplace. A discussão sobre memória, função peso e integral de convolução da Seção 13.6 mostra que, se $\omega_c \to \infty$, o filtro tende a não ter nenhuma memória e a saída tende a ter a mesma forma da entrada; isto é, não ocorreu nenhuma filtragem. À medida que $\omega_c \to 0$, a memória do filtro tende a aumentar e a tensão de saída tende a ser o sinal de entrada distorcido, pois ocorreu uma filtragem.

PROBLEMAS PARA AVALIAÇÃO

Objetivo 1 Conhecer as configurações dos circuitos *RL* e *RC* que funcionam como filtros passa-baixas.

14.1 Um filtro passa-baixas *RC* em série deve ter uma frequência de corte de 8 kHz. Se $R = 10$ kΩ, determine o valor de *C*.

Resposta: 1,99 nF.

14.2 Precisa-se de um filtro passa-baixas *RL* em série com uma frequência de corte de 2 kHz. Usando $R = 5$ kΩ, calcule (a) *L*; (b) $|H(j\omega)|$ em 50 kHz e (c) $\theta(j\omega)$ em 50 kHz.

Resposta: (a) 0,40 H; (b) 0,04; (c) −87,71°.

NOTA: tente resolver também os problemas 14.1 e 14.7, apresentados no final deste capítulo.

14.3 Filtros passa-altas

Em seguida, examinaremos dois circuitos que funcionam como filtros passa-altas. Mais uma vez, são o circuito *RL* em série e o circuito *RC* em série. Veremos que o mesmo circuito em série pode atuar como um filtro passa-baixas ou um filtro passa-altas, dependendo de onde a tensão de saída é definida. Determinaremos também a relação entre os valores dos componentes e a frequência de corte desses filtros.

O circuito *RC* em série — análise qualitativa

Um circuito *RC* em série é mostrado na Figura 14.10(a). Em contraste com sua contraparte passa-baixas, da Figura 14.7, aqui a tensão de saída é definida nos terminais do resistor, e não nos terminais do capacitor. Por causa disso, o efeito da alteração da impedância capacitiva é diferente do caso da configuração passa-baixas.

Em $\omega = 0$, o capacitor comporta-se como um circuito aberto, não havendo, portanto, nenhuma corrente fluindo no resistor, o que é ilustrado no circuito equivalente da Figura 14.10(b). Nesse circuito, não há nenhuma tensão nos terminais do resistor e o circuito filtra baixas frequências da fonte.

À medida que a frequência da fonte aumenta, a impedância do capacitor decresce em relação à impedância do resistor e a tensão da fonte agora é dividida entre o capacitor e o resistor. Assim, a amplitude da tensão de saída começa a crescer.

Quando a frequência da fonte é infinita ($\omega = \infty$), o capacitor comporta-se como um curto-circuito e, por isso, não há nenhuma tensão no capacitor, o que é ilustrado no circuito equivalente na Figura 14.10(c). Nesse circuito, a tensão de entrada e a de saída são as mesmas.

A defasagem entre as tensões da fonte e de saída também varia à medida que muda a frequência da fonte. Para $\omega = \infty$, a tensão de saída é a mesma que a de entrada, portanto a defasagem é nula. Quando a frequência da fonte decresce e a impedância do capacitor

Figura 14.10 (a) Filtro passa-altas *RC* em série; (b) circuito equivalente em $\omega = 0$ e (c) circuito equivalente em $\omega = \infty$.

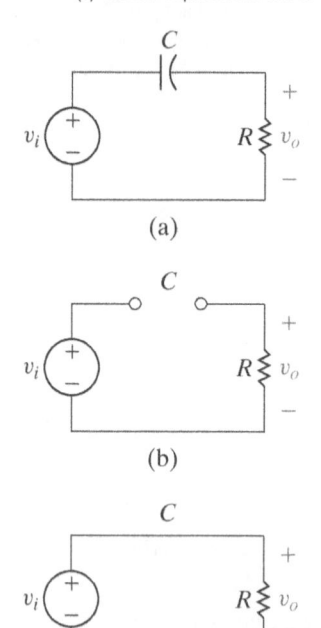

aumenta, surge uma defasagem entre as tensões da fonte e de saída. A tensão de saída fica adiantada em relação à tensão da fonte. Quando $\omega = 0$, essa defasagem alcança seu máximo de $+90°$.

Com base em nossa análise qualitativa, vemos que, quando a saída é definida como a tensão nos terminais do resistor, o circuito RC em série comporta-se como um filtro passa-altas. Os componentes e ligações são idênticos aos do circuito RC passa-baixas, mas a escolha da saída é diferente. Assim, confirmamos o que já dissemos, isto é, que as características de filtragem de um circuito dependem da definição da saída, bem como dos valores e ligações dos componentes de circuito.

A Figura 14.11 mostra o gráfico da resposta de frequência para o filtro passa-altas RC em série. Como referência, as linhas tracejadas indicam o gráfico de um filtro passa-altas ideal. Agora passaremos à análise quantitativa desse mesmo circuito.

Figura 14.11 Gráfico de resposta de frequência para o circuito RC em série da Figura 14.10(a).

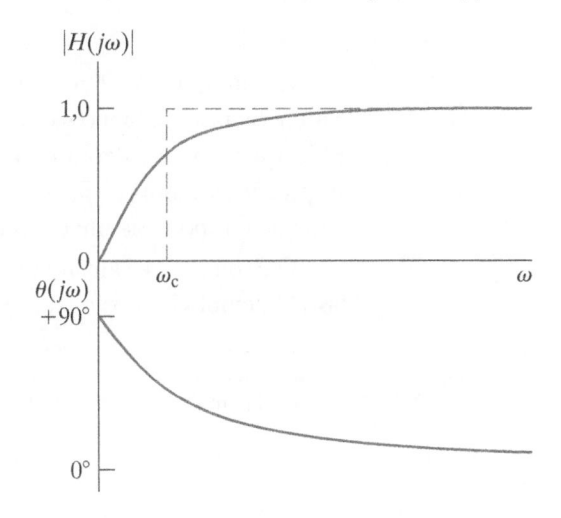

O circuito *RC* em série — análise quantitativa

Para começar, construímos o circuito equivalente, no domínio da frequência, do circuito da Figura 14.10(a). Esse circuito é mostrado na Figura 14.12. A partir da divisão de tensão no domínio da frequência, escrevemos a função de transferência:

$$H(s) = \frac{s}{s + 1/RC}.$$

Fazendo $s = j\omega$, obtemos

$$H(j\omega) = \frac{j\omega}{j\omega + 1/RC}. \tag{14.15}$$

Em seguida, dividimos a Equação 14.15 em duas equações. A primeira é a que descreve o módulo da função de transferência; a segunda é a que descreve a fase da função de transferência:

$$|H(j\omega)| = \frac{\omega}{\sqrt{\omega^2 + (1/RC)^2}}, \tag{14.16}$$

$$\theta(j\omega) = 90° - \text{tg}^{-1}\omega RC. \tag{14.17}$$

Um exame mais detalhado mostra que as equações 14.16 e 14.17 justificam o gráfico de resposta de frequência da Figura 14.11. Usando a Equação 14.16, podemos calcular a frequência de corte para o filtro passa-altas RC em série. Lembre-se de que, na frequência de corte, o módulo da função de transferência é $(1/\sqrt{2})H_{\text{máx}}$. Para um filtro passa-altas, $H_{\text{máx}} = |H(j\omega)|_{\omega=\infty} = |H(j\infty)|$, como mostra a Figura 14.11. Podemos construir uma equação para ω_c, igualando o lado esquerdo da Equação 14.16 a $(1/\sqrt{2})|H(j\infty)|$, observando que, para esse circuito RC em série, $|H(j\infty)| = 1$:

$$\frac{1}{\sqrt{2}} = \frac{\omega_c}{\sqrt{\omega_c^2 + (1/RC)^2}}. \tag{14.18}$$

Figura 14.12 Circuito equivalente no domínio da frequência do circuito da Figura 14.10(a).

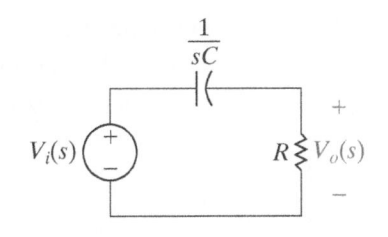

Explicitando ω_c na Equação 14.18, obtemos

$$\omega_c = \frac{1}{RC}. \qquad (14.19)$$

A Equação 14.19 apresenta um resultado conhecido. A frequência de corte para o circuito RC em série tem o valor $1/RC$, quer o circuito opere como um filtro passa-baixas (Figura 14.7), quer opere como um filtro passa-altas [Figura 14.10(a)]. Esse resultado talvez não seja surpreendente, porque já sabemos que há uma relação entre a frequência de corte, ω_c, e a constante de tempo, τ, de um circuito.

O Exemplo 14.3 analisa um circuito RL em série, desta vez operando como um filtro passa-altas. O Exemplo 14.4 examina o efeito da adição de um resistor de carga em paralelo com o indutor.

EXEMPLO 14.3 Projeto de um filtro passa-altas RL em série.

Mostre que o circuito RL em série da Figura 14.13 também atua como um filtro passa-altas:

a) Deduza uma expressão para a função de transferência do circuito.

b) Use o resultado de (a) para determinar uma equação para a frequência de corte do circuito RL em série.

c) Escolha valores para R e L que resultem em um filtro passa-altas com uma frequência de corte de 15 kHz.

Figura 14.13 Circuito para o Exemplo 14.3.

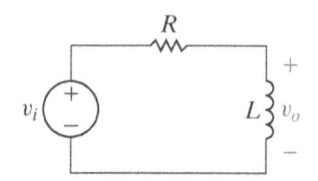

Solução

a) Comece construindo o equivalente, no domínio da frequência, do circuito RL em série, como mostra a Figura 14.14. Então, use, no circuito equivalente, a divisão de tensão no domínio da frequência para construir a função de transferência:

$$H(s) = \frac{s}{s + R/L}.$$

Figura 14.14 Circuito equivalente no domínio da frequência do circuito da Figura 14.13.

Fazendo $s = j\omega$, obtemos

$$H(j\omega) = \frac{j\omega}{j\omega + R/L}.$$

Observe que essa equação tem a mesma forma que a Equação 14.15 para o filtro passa-altas RC em série.

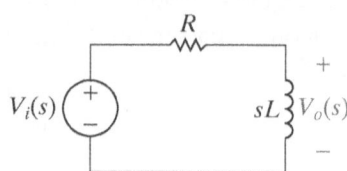

b) Para determinar uma equação para a frequência de corte, primeiro calcule o módulo de $H(j\omega)$:

$$|H(j\omega)| = \frac{\omega}{\sqrt{\omega^2 + (R/L)^2}}.$$

Então, como antes, igualamos o lado esquerdo dessa equação a $(1/\sqrt{2})H_{\text{máx}}$, com base na definição da frequência de corte ω_c. Lembre-se de que $H_{\text{máx}} = |H(j\infty)|$ para um filtro passa-altas e que, para o circuito RL em série, $|H(j\infty)| = 1$. Da equação resultante, obtém-se o valor da frequência de corte:

$$\frac{1}{\sqrt{2}} = \frac{\omega_c}{\sqrt{\omega_c^2 + (R/L)^2}}, \quad \omega_c = \frac{R}{L}.$$

Essa é a mesma frequência de corte que calculamos para o filtro passa-baixas RL em série.

c) Usando a equação para ω_c calculada em (b), é evidente que não é possível especificar valores para R e L independentemente. Assim, vamos selecionar arbitrariamente um valor de 500 Ω para R. Lembre-se de converter a frequência de corte para radianos por segundo:

$$L = \frac{R}{\omega_c} = \frac{500}{(2\pi)(15.000)} = 5{,}31 \text{ mH}.$$

EXEMPLO 14.4 Adição de uma carga ao filtro passa-altas RL em série.

Examine o efeito de acrescentar um resistor de carga em paralelo com o indutor do filtro passa-altas RL da Figura 14.15:

a) Determine a função de transferência para o circuito na Figura 14.15.

b) Faça um gráfico do módulo da tensão de saída para o filtro passa-altas RL carregado, usando os valores para R e L do circuito no Exemplo 14.3(c) e fazendo $R_L = R$. No mesmo gráfico, plote também a amplitude da tensão de saída do filtro passa-altas RL não carregado do Exemplo 14.3(c).

Figura 14.15 Circuito para o Exemplo 14.4.

Solução

a) Comece construindo o circuito equivalente, no domínio da frequência, do circuito da Figura 14.15, como mostra a Figura 14.16. Use a divisão de tensão da combinação paralela do resistor de carga e indutor, para calcular a função de transferência:

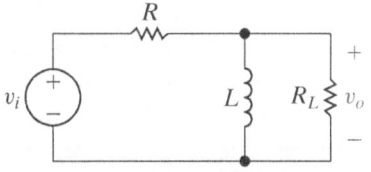

Figura 14.16 Circuito equivalente no domínio da frequência do circuito da Figura 14.15.

$$H(s) = \frac{\dfrac{R_L sL}{R_L + sL}}{R + \dfrac{R_L sL}{R_L + sL}} = \frac{\left(\dfrac{R_L}{R + R_L}\right)s}{s + \left(\dfrac{R_L}{R + R_L}\right)\dfrac{R}{L}} = \frac{Ks}{s + \omega_c},$$

em que

$$K = \frac{R_L}{R + R_L}, \quad \omega_c = KR/L.$$

Observe que ω_c é a frequência de corte do filtro carregado.

b) Para o filtro passa-altas RL não carregado do Exemplo 14.3(c), o módulo da função de transferência dentro da faixa de passagem é 1 e a frequência de corte é 15 kHz. Para o filtro passa-altas RL carregado, $R = R_L = 500$ Ω, portanto $K = 1/2$. Assim, para o filtro carregado, a amplitude da função de transferência dentro da faixa de passagem é $(1)(1/2) = 1/2$, e a frequência de corte é $(15.000)(1/2) = 7{,}5$ kHz. Um gráfico dos circuitos (carregado e não carregado) é mostrado na Figura 14.17.

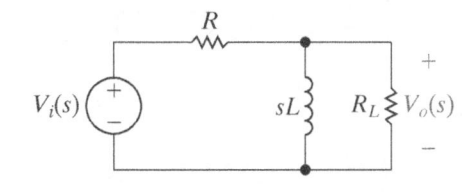

Figura 14.17 Representações gráficas da amplitude para o filtro passa-altas RL não carregado, da Figura 14.13, e para o filtro passa-altas RL carregado, da Figura 14.15.

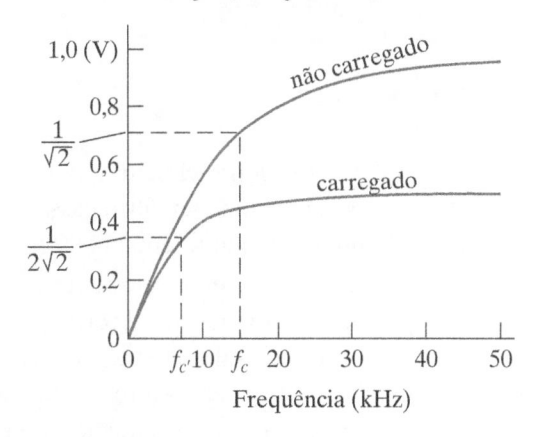

Neste ponto, é válido comparar as funções de transferência do filtro não carregado do Exemplo 14.3 e do filtro carregado do Exemplo 14.4. Ambas as funções de transferência têm a mesma forma:

$$H(s) = \frac{Ks}{s + K(R/L)},$$

com $K = 1$ para o filtro não carregado e $K = R_L/(R + R_L)$ para o filtro carregado. Observe que o valor de K para o circuito carregado reduz-se ao valor de K para o circuito não carregado quando $R_L = \infty$; isto é, quando não há nenhum resistor de carga. As frequências de corte para ambos os filtros podem ser vistas diretamente por suas funções de transferência. Em ambos os casos, $\omega_c = K(R/L)$, onde $K = 1$ para o circuito não carregado e $K = R_L/(R + R_L)$ para o circuito carregado. Novamente, a frequência de corte para o circuito carregado reduz-se à do circuito não carregado quando $R_L = \infty$. Visto que $R_L/(R + R_L) < 1$, o efeito do resistor de carga é reduzir a amplitude da função de transferência dentro da faixa de passagem pelo fator K e baixar a frequência de corte pelo mesmo fator. Previmos esses resultados no início deste capítulo. A maior amplitude de saída que um filtro passa-altas passivo pode alcançar é 1, e inserir uma carga no filtro, como fizemos no Exemplo 14.4, serviu para diminuir a amplitude. Quando necessitamos amplificar sinais na faixa de passagem, temos de recorrer a filtros ativos, como os que discutiremos no Capítulo 15.

O efeito de uma carga sobre a função de transferência de um filtro impõe outro dilema em projetos de circuitos. Normalmente, começamos com uma especificação da função de transferência e, então, projetamos um filtro que produza essa função. Podemos saber ou não qual será a carga do filtro, mas, em qualquer dos casos, normalmente queremos que a função de transferência do filtro permaneça a mesma, seja qual for a carga. Esse comportamento desejado não pode ser obtido com os filtros passivos apresentados neste capítulo.

Figura 14.18 Dois filtros passa-altas, o *RC* em série e o *RL* em série, juntamente com as respectivas funções de transferência e frequências de corte.

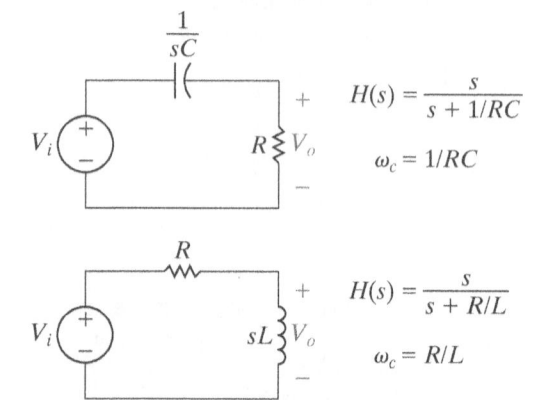

$$H(s) = \frac{s}{s + 1/RC}$$
$$\omega_c = 1/RC$$

$$H(s) = \frac{s}{s + R/L}$$
$$\omega_c = R/L$$

A Figura 14.18 mostra os circuitos de filtros passa-altas que examinamos com suas respectivas funções de transferência e frequências de corte. Examine com atenção as expressões para $H(s)$. Observe como suas formas são semelhantes — a única diferença é o denominador, que inclui a frequência de corte. Assim como fizemos com os filtros passa-baixas, por meio da Equação 14.13, estabelecemos uma forma geral para a função de transferência desses dois filtros passa-altas:

► **Função de transferência para um filtro passa-altas**

$$H(s) = \frac{s}{s + \omega_c}. \tag{14.20}$$

Qualquer circuito que tenha a função de transferência como a da Equação 14.20 comporta-se como um filtro passa-altas com uma frequência de corte de ω_c. Os problemas no final do capítulo apresentam outros exemplos de circuitos com essa propriedade.

Enfatizamos outra relação importante. Verificamos que um circuito *RC* em série tem a mesma frequência de corte quer esteja operando como um filtro passa-baixas, quer como um filtro passa-altas. O mesmo acontece com um circuito *RL* em série. Como também já percebemos a relação entre a frequência de corte de um circuito e sua constante de tempo, é de se esperar que a frequência de corte seja um parâmetro característico do circuito, cujo valor dependa somente de seus componentes, seus valores e do modo como estão ligados.

PROBLEMAS PARA AVALIAÇÃO

Objetivo 2 Conhecer as configurações de circuitos RL e RC que funcionam como filtros passa-altas.

14.3 Um filtro passa-altas RL em série tem $R = 5$ kΩ e $L = 3{,}5$ mH. Calcule ω_c para esse filtro.

Resposta: 1,43 Mrad/s.

14.4 Um filtro passa-altas RC em série tem $C = 1$ μF. Calcule a frequência de corte para os seguintes valores de R: (a) 100 Ω; (b) 5 kΩ e (c) 30 kΩ.

Resposta: (a) 10 krad/s; (b) 200 rad/s; (c) 33,33 rad/s.

14.5 Calcule a função de transferência de um filtro passa-baixas RC em série que tem um resistor de carga R_L em paralelo com seu capacitor.

Resposta: $H(s) = \dfrac{\dfrac{1}{RC}}{s + \dfrac{1}{KRC}}$, onde $K = \dfrac{R_L}{R + R_L}$.

NOTA: tente resolver também os problemas 14.13 e 14.17, apresentados no final deste capítulo.

14.4 Filtros passa-faixa

Os filtros que examinaremos a seguir são os que deixam passar sinais dentro de uma faixa de frequências e, ao mesmo tempo, filtram sinais em frequências que estão fora dessa faixa. Esses filtros são um pouco mais complicados do que os filtros passa-baixas ou passa-altas das seções anteriores. Como já vimos na Figura 14.3(c), filtros passa-faixa ideais têm duas frequências de corte, ω_{c1} e ω_{c2}, que identificam a faixa de passagem. Em filtros passa-faixa reais, essas frequências de corte são definidas, novamente, como as frequências para as quais o módulo da função de transferência é igual a $(1/\sqrt{2})\,H_{máx}$.

Frequência central, largura de faixa e fator de qualidade

Há três outros parâmetros importantes que caracterizam um filtro passa-faixa. O primeiro é a **frequência central**, ω_o, definida como a frequência para a qual a função de transferência de um circuito é um número real puro. Outro nome para a frequência central é **frequência de ressonância**. É o mesmo nome dado à frequência que caracteriza a resposta natural dos circuitos de segunda ordem do Capítulo 8, porque são as mesmas frequências! Quando um circuito é excitado na frequência de *ressonância*, dizemos que o circuito está em ressonância, pois a frequência da função de excitação é a mesma que a frequência natural do circuito. A frequência central é o centro geométrico da faixa de passagem, isto é, $\omega_o = \sqrt{\omega_{c1}\omega_{c2}}$. Para filtros passa-faixa, o módulo da função de transferência tem um máximo na frequência central ($H_{máx} = |H(j\omega_o)|$).

O segundo parâmetro é a **largura de faixa**, β, que é a largura da faixa de passagem. O último parâmetro é o **fator de qualidade**, que é a razão entre a frequência central e a largura de faixa. O fator de qualidade é uma medida da largura da faixa de passagem independentemente de sua localização no eixo das frequências. Além disso, descreve a forma do gráfico do módulo da função de transferência em função da frequência, independentemente do valor da frequência central.

Embora existam cinco parâmetros que caracterizam o filtro passa-faixa — $\omega_{c1}, \omega_{c2}, \omega_o, \beta$ e Q — apenas dois podem ser especificados de forma independente. Em outras palavras, se soubermos determinar quaisquer dois desses parâmetros, os outros três poderão ser calculados pelas relações de dependência entre eles. Definiremos essas quantidades mais especificamente assim que tivermos analisado um filtro passa-faixa. Na próxima seção estudaremos dois circuitos RLC que atuam como filtros passa-faixa e, então, determinaremos as expressões para todos os seus parâmetros característicos.

Figura 14.19 (a) Filtro passa-faixa RLC em série; (b) circuito equivalente para $\omega = 0$ e (c) circuito equivalente para $\omega = \infty$.

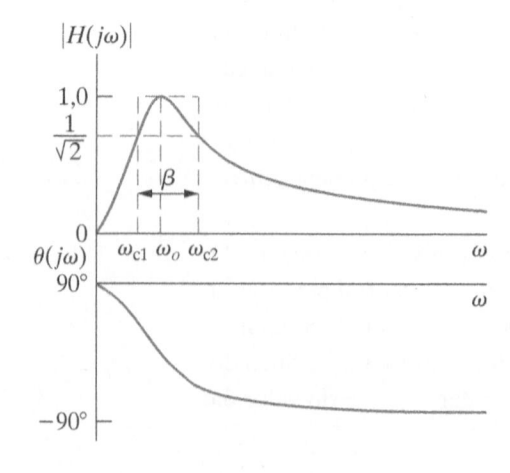

O circuito RLC em série — análise qualitativa

A Figura 14.19(a) mostra um circuito RLC em série. Desejamos considerar o efeito da variação da frequência da fonte sobre a amplitude da tensão de saída. Como antes, variações na frequência da fonte causam alterações na impedância do capacitor e do indutor. Desta vez, a análise qualitativa é um pouco mais complicada, pois o circuito tem um indutor e também um capacitor.

Em $\omega = 0$, o capacitor comporta-se como um circuito aberto e o indutor, como um curto-circuito. O circuito equivalente é mostrado na Figura 14.19(b). O circuito aberto que representa a impedância do capacitor impede que a corrente alcance o resistor, e a tensão de saída resultante é igual a zero.

Em $\omega = \infty$, o capacitor comporta-se como um curto-circuito e o indutor como um circuito aberto. O circuito equivalente é mostrado na Figura 14.19(c). Agora, o indutor impede que a corrente chegue ao resistor e, novamente, a tensão de saída é nula.

Mas o que acontece na região de frequência entre $\omega = 0$ e $\omega = \infty$? Entre esses dois extremos, ambos, capacitor e indutor, têm impedâncias finitas. Nessa região, a tensão fornecida pela fonte sofrerá uma queda ao passar pelo indutor e pelo capacitor, mas parte dela chegará ao resistor. Lembre-se de que a impedância do capacitor é negativa, ao passo que a impedância do indutor é positiva. Por isso, em certa frequência, a impedância do capacitor e a do indutor têm amplitudes iguais e sinais opostos; as duas impedâncias cancelam-se, fazendo com que a tensão de saída seja igual à tensão de fonte. Essa frequência especial é a frequência central, ω_o. Em qualquer frequência diferente de ω_o, a tensão de saída é menor do que a tensão de fonte. Observe que, em ω_o, a combinação em série de indutor e capacitor aparece como um curto-circuito.

O gráfico do módulo da função de transferência em função da frequência para esse filtro é mostrado na Figura 14.20. Observe que o gráfico de um filtro passa-faixa ideal é também mostrado em linha tracejada.

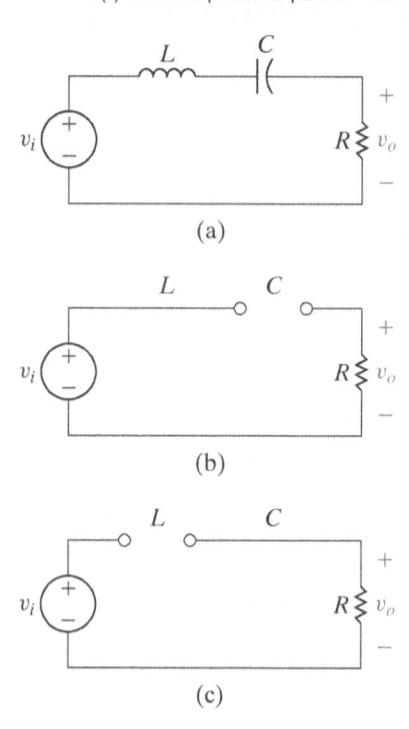

Figura 14.20 Gráfico da resposta de frequência para o circuito do filtro passa-faixa RLC em série da Figura 14.19.

Considere, agora, o que acontece com o ângulo de fase da tensão de saída. Na frequência em que a tensão da fonte e a tensão de saída são as mesmas, os ângulos de fase são os mesmos. À medida que a frequência decresce, a contribuição do ângulo de fase do capacitor é maior do que a do indutor. Como o capacitor contribui com deslocamento de fase positivo, o ângulo de fase resultante na saída é positivo. Em frequências muito baixas, o ângulo de fase resultante na saída alcança seu máximo em +90°.

Ao contrário, se a frequência crescer em relação à frequência na qual a tensão da fonte e a tensão de saída estão em fase, a contribuição do ângulo de fase do indutor é maior do que a do capacitor. Como o indutor contribui com deslocamento de fase negativo, o ângulo de fase resultante na saída é negativo. Em frequências muito altas, o ângulo de fase na saída alcança seu máximo negativo de −90°. Assim, o gráfico de fase tem a forma mostrada na Figura 14.20.

O circuito *RLC* em série — análise quantitativa

Começamos desenhando o circuito equivalente, no domínio da frequência, para o circuito *RLC* em série, como mostra a Figura 14.21. A divisão de tensão, no domínio da frequência, permite escrever uma equação para a função de transferência:

$$H(s) = \frac{(R/L)s}{s^2 + (R/L)s + (1/LC)}. \quad (14.21)$$

Figura 14.21 Circuito equivalente, no domínio da frequência, para o circuito na Figura 14.19(a).

Como antes, substituímos s por $j\omega$ na Equação 14.21 e obtemos as equações para o módulo e o ângulo de fase da função de transferência:

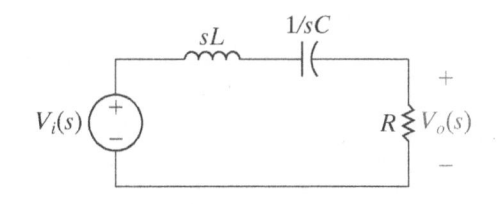

$$|H(j\omega)| = \frac{\omega(R/L)}{\sqrt{[(1/LC) - \omega^2]^2 + [\omega(R/L)]^2}}, \quad (14.22)$$

$$\theta(j\omega) = 90° - \mathrm{tg}^{-1}\left[\frac{\omega(R/L)}{(1/LC) - \omega^2}\right]. \quad (14.23)$$

Calculamos, agora, os cinco parâmetros que caracterizam esse filtro *RLC* passa-faixa. Lembre-se de que a frequência central, ω_o, é definida como aquela na qual a função de transferência do circuito é puramente real. A função de transferência para o circuito *RLC* na Figura 14.19(a) será real quando a frequência da fonte de tensão for tal que a soma das impedâncias do capacitor e do indutor seja igual a zero:

$$j\omega_o L + \frac{1}{j\omega_o C} = 0. \quad (14.24)$$

Explicitando ω_o na Equação 14.24, obtemos

$$\omega_o = \sqrt{\frac{1}{LC}}. \quad (14.25)$$ ◀ **Frequência central**

Em seguida, calculamos as frequências de corte, ω_{c1} e ω_{c2}. Lembre-se de que, nas frequências de corte, a magnitude da função de transferência é $(1/\sqrt{2}) H_{\text{máx}}$. Como $H_{\text{máx}} = |H(j\omega_o)|$, podemos calcular $H_{\text{máx}}$ substituindo a Equação 14.25 na Equação 14.22:

$$H_{\text{máx}} = |H(j\omega_o)|$$

$$= \frac{\omega_o(R/L)}{\sqrt{[(1/LC) - \omega_o^2]^2 + (\omega_o R/L)^2}}$$

$$= \frac{\sqrt{(1/LC)}(R/L)}{\sqrt{[(1/LC) - (1/LC)]^2 + \left[\sqrt{(1/LC)}(R/L)\right]^2}} = 1.$$

Agora, igualamos o lado esquerdo da Equação 14.22 a $(1/\sqrt{2}) H_{\text{máx}}$ (que é igual a $1/\sqrt{2}$) e preparamos a dedução de ω_c:

$$\frac{1}{\sqrt{2}} = \frac{\omega_c(R/L)}{\sqrt{[(1/LC) - \omega_c^2]^2 + (\omega_c R/L)^2}} = \frac{1}{\sqrt{[(\omega_c L/R) - (1/\omega_c RC)]^2 + 1}}. \quad (14.26)$$

Podemos igualar os denominadores de ambos os lados da Equação 14.26 para obter

$$\pm 1 = \omega_c \frac{L}{R} - \frac{1}{\omega_c RC}. \quad (14.27)$$

Rearranjando a Equação 14.27, obtemos a seguinte equação quadrática:

$$\omega_c^2 L \pm \omega_c R - 1/C = 0. \quad (14.28)$$

A solução da Equação 14.28 gera quatro valores possíveis para a frequência de corte. Somente dois desses valores são positivos e têm significado físico; eles identificam a faixa de passagem desse filtro:

▶ Frequências de corte, filtros *RLC* em série

$$\omega_{c1} = -\frac{R}{2L} + \sqrt{\left(\frac{R}{2L}\right)^2 + \left(\frac{1}{LC}\right)}, \quad (14.29)$$

$$\omega_{c2} = \frac{R}{2L} + \sqrt{\left(\frac{R}{2L}\right)^2 + \left(\frac{1}{LC}\right)}. \quad (14.30)$$

Podemos usar as equações 14.29 e 14.30 para confirmar que a frequência central, ω_o, é a média geométrica entre as duas frequências de corte:

▶ Relação entre frequência central e frequências de corte

$$\omega_o = \sqrt{\omega_{c1} \cdot \omega_{c2}}$$

$$= \sqrt{\left[-\frac{R}{2L} + \sqrt{\left(\frac{R}{2L}\right)^2 + \left(\frac{1}{LC}\right)}\right]\left[\frac{R}{2L} + \sqrt{\left(\frac{R}{2L}\right)^2 + \left(\frac{1}{LC}\right)}\right]}$$

$$= \sqrt{\frac{1}{LC}}. \quad (14.31)$$

Lembre-se de que a largura de faixa de um filtro passa-faixa é definida como a diferença entre as duas frequências de corte. Como $\omega_{c2} > \omega_{c1}$, podemos calcular a largura de faixa subtraindo a Equação 14.29 da Equação 14.30:

$$\beta = \omega_{c2} - \omega_{c1}$$

$$= \left[\frac{R}{2L} + \sqrt{\left(\frac{R}{2L}\right)^2 + \left(\frac{1}{LC}\right)} \right] - \left[-\frac{R}{2L} + \sqrt{\left(\frac{R}{2L}\right)^2 + \left(\frac{1}{LC}\right)} \right]$$

$$= \frac{R}{L}. \qquad (14.32)$$

◀ Relação entre largura de faixa e frequências de corte

O fator de qualidade, o último dos cinco parâmetros característicos, é definido como a razão entre a frequência central e a largura de faixa. Usando as equações 14.25 e 14.32:

$$Q = \omega_o/\beta$$

◀ Fator de qualidade

$$= \frac{(1/LC)}{(R/L)}$$

$$= \sqrt{\frac{L}{CR^2}}. \qquad (14.33)$$

Temos, agora, cinco parâmetros que caracterizam o filtro passa-faixa RLC em série: as duas frequências de corte, ω_{c1} e ω_{c2}, que delimitam a faixa de passagem; a frequência central, ω_o, na qual o módulo da função de transferência é máximo; a largura de faixa, β, uma medida da largura da faixa de passagem; e o fator de qualidade, Q, uma segunda medida da largura da faixa de passagem. Como já observamos, somente dois desses parâmetros podem ser especificados de forma independente em um projeto. Também observamos que o fator de qualidade é especificado em termos da frequência central e da largura de faixa. Além disso, podemos reescrever as equações para as frequências de corte em termos da frequência central e da largura de faixa:

$$\omega_{c1} = -\frac{\beta}{2} + \sqrt{\left(\frac{\beta}{2}\right)^2 + \omega_o^2}, \qquad (14.34)$$

$$\omega_{c2} = \frac{\beta}{2} + \sqrt{\left(\frac{\beta}{2}\right)^2 + \omega_o^2}. \qquad (14.35)$$

Formas alternativas para essas equações expressam as frequências de corte em termos do fator de qualidade e da frequência central:

$$\omega_{c1} = \omega_o \cdot \left[-\frac{1}{2Q} + \sqrt{1 + \left(\frac{1}{2Q}\right)^2} \right], \qquad (14.36)$$

$$\omega_{c2} = \omega_o \cdot \left[\frac{1}{2Q} + \sqrt{1 + \left(\frac{1}{2Q}\right)^2} \right]. \qquad (14.37)$$

Veja também o Problema 14.24 no final do capítulo.

Os exemplos a seguir ilustram o projeto de filtros passa-faixa, apresentam outro circuito RLC, que se comporta como um filtro passa-faixa e examinam os efeitos da resistência da fonte sobre os parâmetros característicos de um filtro passa-faixa RLC em série.

EXEMPLO 14.5 Projeto de um filtro passa-faixa.

Um equalizador gráfico é um amplificador de áudio que permite a seleção de diferentes níveis de amplificação dentro de diversas regiões de frequência. Usando o circuito RLC em série da Figura 14.19(a), escolha valores para R, L e C que resultem em um circuito passa-faixa capaz de selecionar entradas na faixa de frequência de 1–10 kHz. Tal circuito poderia ser utilizado em um equalizador gráfico para selecionar, antes da amplificação, essa faixa de frequência, dentro de uma faixa de áudio mais larga (em geral de 0–20 kHz).

Solução

Precisamos calcular valores para R, L e C que produzam um filtro passa-faixa com frequências de corte de 1 kHz e 10 kHz. Há muitas abordagens possíveis para uma solução. Por exemplo, poderíamos usar as equações 14.29 e 14.30, que especificam ω_{c1} e ω_{c2} em termos de R, L e C. Em razão da forma dessas equações, as manipulações algébricas poderiam ficar complicadas. Em vez disso, usaremos o fato de que a frequência central é a média geométrica das frequências de corte para calcular ω_o e, então, usaremos a Equação 14.31 para calcular L e C a partir de ω_o. Em seguida, usaremos a definição de fator de qualidade para calcular Q e, por fim, usaremos a Equação 14.33 para calcular R. Ainda que essa abordagem envolva mais etapas individuais de cálculo, cada uma delas é razoavelmente simples.

Qualquer abordagem que adotarmos fornecerá apenas duas equações — insuficientes para calcular as três incógnitas — por causa das dependências mútuas dos parâmetros do filtro passa-faixa. Por isso, precisamos selecionar um valor para R, L ou C e usar as duas equações que escolhemos para calcular os valores dos componentes restantes. Neste problema, escolhemos 1 μF como o valor do capacitor, porque as limitações para os valores dos capacitores disponíveis no mercado são mais rigorosas do que as impostas a indutores ou resistores.

Calculamos a frequência central como a média geométrica das frequências de corte:

$$f_o = \sqrt{f_{c1}f_{c2}} = \sqrt{(1.000)(10.000)} = 3.162{,}28 \text{ Hz}.$$

Em seguida, calculamos o valor de L usando a frequência central calculada e o valor selecionado para C. Não se esqueça de que temos de converter a frequência central para radianos por segundo, antes de podermos usar a Equação 14.31:

$$L = \frac{1}{\omega_o^2 C} = \frac{1}{[2\pi(3.162{,}28)]^2(10^{-6})} = 2{,}533 \text{ mH}.$$

O fator de qualidade, Q, é definido como a razão entre a frequência central e a largura de faixa. A largura de faixa é a diferença entre os dois valores da frequência de corte. Assim,

$$Q = \frac{f_o}{f_{c2} - f_{c1}} = \frac{3.162{,}28}{10.000 - 1.000} = 0{,}3514.$$

Agora, usamos a Equação 14.33 para calcular R:

$$R = \sqrt{\frac{L}{CQ^2}} = \sqrt{\frac{0{,}0025}{(10^{-6})(0{,}3514)^2}} = 143{,}24 \text{ }\Omega.$$

Para comprovar se os valores desses componentes produzem o filtro passa-faixa que queremos, substitua-os nas equações 14.29 e 14.30. Verificamos que

$$\omega_{c1} = 6.283{,}19 \text{ rad/s } (1.000 \text{ Hz})$$

$$\omega_{c2} = 62.831{,}85 \text{ rad/s } (10.000 \text{ Hz}),$$

que são as frequências de corte especificadas para o filtro.

Esse exemplo nos faz lembrar que somente dois dos cinco parâmetros do filtro passa-faixa podem ser especificados independentemente. Os outros três parâmetros sempre podem ser calculados pelos dois que foram especificados. Por sua vez, o valor desses cinco parâmetros depende do valor dos três componentes, R, L e C, dos quais somente dois podem ser especificados de forma independente.

EXEMPLO 14.6 Projeto de um filtro passa-faixa RLC em paralelo.

a) Mostre que o circuito RLC da Figura 14.22 também é um filtro passa-faixa, deduzindo uma expressão para a sua função de transferência $H(s)$.
b) Calcule a frequência central, ω_o.
c) Calcule as frequências de corte, ω_{c1} e ω_{c2}, a largura de faixa, β, e o fator de qualidade, Q.
d) Calcule os valores de R e L para um filtro passa-faixa, com uma frequência central de 5 kHz e uma largura de faixa de 200 Hz, usando um capacitor de 5 μF.

Figura 14.22 Circuito para o Exemplo 14.6.

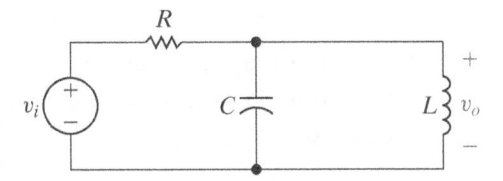

Solução

a) Comece desenhando o circuito equivalente, no domínio da frequência, do circuito na Figura 14.22, como mostra a Figura 14.23. Usando a divisão de tensão, podemos calcular a função de transferência para o circuito equivalente, se antes calcularmos a impedância equivalente da combinação em paralelo de L e C, identificada como $Z_{eq}(s)$ na Figura 14.23:

$$Z_{eq}(s) = \frac{\dfrac{L}{C}}{sL + \dfrac{1}{sC}}.$$

Figura 14.23 Circuito equivalente, no domínio da frequência, do circuito da Figura 14.22.

Agora,

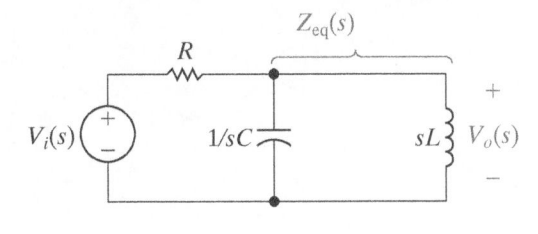

$$H(s) = \frac{\dfrac{s}{RC}}{s^2 + \dfrac{s}{RC} + \dfrac{1}{LC}}.$$

b) Para determinar a frequência central, precisamos calcular onde o módulo da função de transferência é máximo. Substituindo $s = j\omega$ em $H(s)$,

$$|H(j\omega)| = \frac{\dfrac{\omega}{RC}}{\sqrt{\left(\dfrac{1}{LC} - \omega^2\right)^2 + \left(\dfrac{\omega}{RC}\right)^2}}$$

$$= \cfrac{1}{\sqrt{1 + \left(\omega RC - \cfrac{1}{\omega \cfrac{L}{R}}\right)^2}}.$$

O módulo dessa função de transferência será máximo quando o termo

$$\left(\frac{1}{LC} - \omega^2\right)^2$$

for igual a zero. Assim,

$$\omega_o = \sqrt{\frac{1}{LC}}$$

e

$$H_{\text{máx}} = |H(j\omega_o)| = 1.$$

c) Nas frequências de corte, o módulo da função de transferência é $(1/\sqrt{2})\, H_{\text{máx}} = 1/\sqrt{2}$. Substituindo essa constante no lado esquerdo da equação do módulo e, então, simplificando, obtemos

$$\left[\omega_c RC - \cfrac{1}{\omega_c \cfrac{L}{R}}\right] = \pm 1.$$

Elevando, mais uma vez, o lado esquerdo dessa equação ao quadrado, obtemos duas equações quadráticas para as frequências de corte, com quatro soluções. Somente duas delas são positivas e, portanto, têm significado físico:

$$\omega_{c1} = -\frac{1}{2RC} + \sqrt{\left(\frac{1}{2RC}\right)^2 + \frac{1}{LC}},$$

$$\omega_{c2} = \frac{1}{2RC} + \sqrt{\left(\frac{1}{2RC}\right)^2 + \frac{1}{LC}}.$$

◀ Frequências de corte para filtros *RLC* em paralelo

Calculamos a largura de faixa pelas frequências de corte:

$$\beta = \omega_{c2} - \omega_{c1}$$

$$= \frac{1}{RC}.$$

Por fim, usamos a definição de fator de qualidade para calcular Q:

$$Q = \omega_o/\beta$$
$$= \sqrt{\frac{R^2 C}{L}}.$$

Observe que, uma vez mais, especificamos as frequências de corte para esse filtro passa-faixa em termos de sua frequência central e largura de faixa:

$$\omega_{c1} = -\frac{\beta}{2} + \sqrt{\left(\frac{\beta}{2}\right)^2 + \omega_o^2},$$

$$\omega_{c2} = \frac{\beta}{2} + \sqrt{\left(\frac{\beta}{2}\right)^2 + \omega_o^2}.$$

d) Use a equação para largura de faixa em (c) para calcular um valor para R, dada uma capacitância de 5 μF. Lembre-se de converter a largura de faixa para as unidades adequadas:

$$R = \frac{1}{\beta C}$$
$$= \frac{1}{(2\pi)(200)(5 \times 10^{-6})}$$
$$= 159{,}15 \ \Omega.$$

Usando o valor da capacitância e a equação para a frequência central de (c), calcule o valor do indutor:

$$L = \frac{1}{\omega_o^2 C}$$
$$= \frac{1}{[2\pi(5.000)]^2 (5 \times 10^{-6})}$$
$$= 202{,}64 \ \mu\text{H}.$$

EXEMPLO 14.7 Cálculo do efeito de uma fonte não ideal de tensão sobre um filtro passa-faixa *RLC*.

Para cada filtro passa-faixa que construímos, sempre admitimos uma fonte ideal de tensão, isto é, uma fonte de tensão sem nenhuma resistência em série. Ainda que essa premissa seja válida na maioria das vezes, há casos em que não o é, como naquele que o projeto do filtro só pode ser executado com valores de R, L e C cuja impedância equivalente tenha um módulo próximo ao da impedância real da fonte de tensão. Investigue qual seria o efeito sobre as características de um filtro passa-faixa *RLC* em série, se admitíssemos uma resistência da fonte não nula, R_i.

Figura 14.24 Circuito para o Exemplo 14.7.

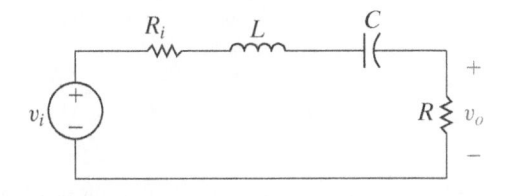

a) Determine a função de transferência para o circuito na Figura 14.24.

b) Faça o gráfico do módulo da função de transferência do circuito em função da frequência, usando os valores para R, L e C obtidos no Exemplo 14.5 e fazendo $R_i = R$. No mesmo gráfico, plote a curva do módulo da função de transferência para o circuito do Exemplo 14.5, onde $R_i = 0$.

Solução

a) Comece substituindo o circuito da Figura 14.24 por seu equivalente no domínio da frequência, como mostra a Figura 14.25. Agora, use a divisão de tensão para obter a função de transferência:

Figura 14.25 Circuito equivalente, no domínio da frequência, do circuito da Figura 14.24.

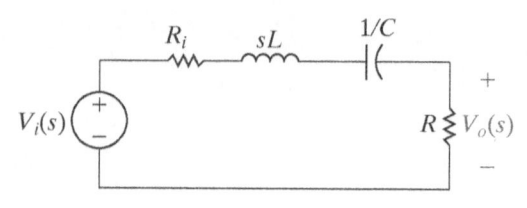

$$H(s) = \frac{\frac{R}{L}s}{s^2 + \left(\frac{R+R_i}{L}\right)s + \frac{1}{LC}}.$$

Faça $s = j\omega$ e calcule o módulo da função de transferência:

$$|H(j\omega)| = \frac{\frac{R}{L}\omega}{\sqrt{\left(\frac{1}{LC} - \omega^2\right)^2 + \left(\omega\frac{R+R_i}{L}\right)^2}}.$$

A frequência central, ω_o, é aquela na qual o módulo dessa função de transferência é máximo, ou seja,

$$\omega_o = \sqrt{\frac{1}{LC}}.$$

Na frequência central, o módulo máximo é

$$H_{máx} = |H(j\omega_o)| = \frac{R}{R_i + R}.$$

As frequências de corte podem ser calculadas igualando-se o módulo da função de transferência a $(1/\sqrt{2})\,H_{máx}$:

$$\omega_{c1} = -\frac{R+R_i}{2L} + \sqrt{\left(\frac{R+R_i}{2L}\right)^2 + \frac{1}{LC}},$$

$$\omega_{c2} = \frac{R+R_i}{2L} + \sqrt{\left(\frac{R+R_i}{2L}\right)^2 + \frac{1}{LC}}.$$

A largura de faixa é calculada a partir das frequências de corte:

$$\beta = \frac{R+R_i}{L}.$$

Por fim, o fator de qualidade é calculado a partir da frequência central e da largura de faixa:

$$Q = \frac{\sqrt{L/C}}{R + R_i}.$$

Observe, por essa análise, que podemos escrever a função de transferência do filtro passa-faixa *RLC* em série com resistência da fonte não nula como

$$H(s) = \frac{K\beta s}{s^2 + \beta s + \omega_o^2},$$

em que

$$K = \frac{R}{R + R_i}.$$

Observe que, quando $R_i = 0$, $K = 1$ e a função de transferência é

$$H(s) = \frac{\beta s}{s^2 + \beta s + \omega_o^2}$$

b) O circuito do Exemplo 14.5 tem uma frequência central de 3.162,28 Hz e uma largura de faixa de 9 kHz e $H_{\text{máx}} = 1$. Se usarmos os mesmos valores de *R*, *L* e *C* no circuito da Figura 14.24 e fizermos $R_i = R$, a frequência central permanecerá em 3.162,28 kHz, mas $\beta = (R + R_i)/L = 18$ kHz e $H_{\text{máx}} = R/(R + R_i) = 1/2$. A variação dos módulos das funções de transferência para esses dois filtros passa-faixa, em função da frequência, está representada no mesmo gráfico na Figura 14.26.

Figura 14.26 Gráfico dos módulos da função de transferência de um filtro passa-faixa *RLC* em série, em função da frequência, com resistências internas da fonte nula e não nula.

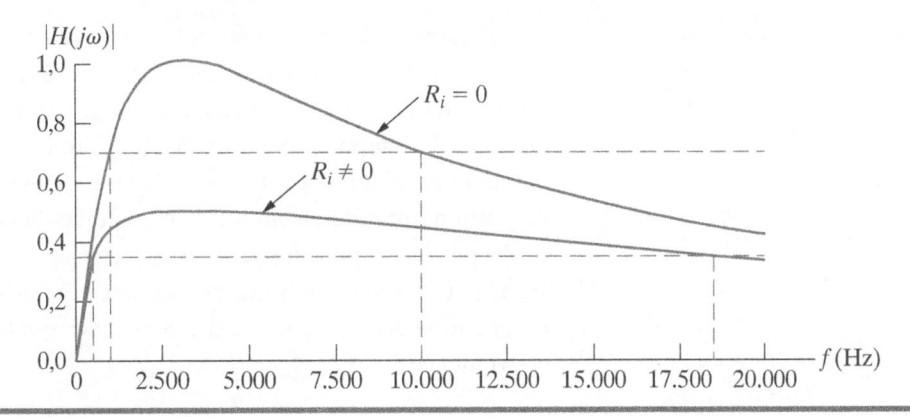

Se compararmos os valores dos parâmetros do filtro quando $R_i = 0$ com os valores quando $R_i \neq 0$, observamos o seguinte:

- As frequências centrais são as mesmas.
- O módulo máximo da função de transferência para $R_i \neq 0$ é menor do que para $R_i = 0$.
- A largura de faixa para $R_i \neq 0$ é maior do que para $R_i = 0$. Assim, as frequências de corte e os fatores de qualidade para os dois circuitos também são diferentes.

A adição de uma resistência não nula à fonte que alimenta um filtro passa-faixa *RLC* em série não altera a frequência central, mas aumenta a largura de faixa e reduz o módulo da função de transferência na faixa de passagem.

Nesse caso, percebemos o mesmo desafio de projeto que enfrentamos na adição de um resistor de carga ao filtro passa-altas, isto é, gostaríamos de projetar um filtro passa-faixa que tivesse as mesmas propriedades de filtragem, independentemente de qualquer resistência interna associada à fonte de tensão. Infelizmente, a ação de filtragem de filtros construídos com elementos passivos é alterada pela resistência interna da fonte. No Capítulo 15, veremos que filtros ativos são insensíveis a variações na resistência da fonte e, por isso, são mais adequados para projetos nos quais essa é uma questão importante.

A Figura 14.27 mostra os dois filtros passa-faixa RLC juntamente com suas funções de transferência e os respectivos parâmetros. Observe que as expressões para as funções de transferência do circuito têm a mesma forma. Como fizemos antes, criamos uma expressão geral para as funções de transferência desses dois filtros passa-faixa:

▶ **Função de transferência para filtro passa-faixa RLC**

$$H(s) = \frac{\beta s}{s^2 + \beta s + \omega_o^2}. \quad (14.38)$$

Qualquer circuito que tenha a função de transferência expressa pela Equação 14.38 atua como um filtro passa-faixa, com uma frequência central ω_o e uma largura de faixa β.

No Exemplo 14.7, vimos que a função de transferência também pode ser escrita na forma

$$H(s) = \frac{K\beta s}{s^2 + \beta s + \omega_o^2}, \quad (14.39)$$

em que os valores para K e β dependem de a resistência em série da fonte de tensão ser ou não nula.

Relação entre o domínio da frequência e o domínio do tempo

Podemos identificar uma relação entre os parâmetros que caracterizam a resposta no domínio da frequência de filtros passa-faixa RLC e os parâmetros que caracterizam a resposta no domínio do tempo de circuitos RLC. Examine o circuito RLC em série da Figura 14.19(a). No Capítulo 8, verificamos que a resposta natural desse circuito é caracterizada pela frequência de Neper (α) e pela frequência angular de ressonância (ω_o). Esses parâmetros foram expressos em termos dos componentes de circuito, nas equações 8.58 e 8.59, que repetimos aqui, por conveniência:

$$\alpha = \frac{R}{2L} \text{ rad/s}, \quad (14.40)$$

$$\omega_o = \sqrt{\frac{1}{LC}} \text{ rad/s}. \quad (14.41)$$

Vemos que o mesmo parâmetro ω_o é usado para caracterizar a resposta tanto no domínio do tempo quanto no domínio da frequência. É por isso que a frequência central também é denominada frequência de ressonância. A largura de faixa e a frequência de Neper estão relacionadas pela equação

$$\beta = 2\alpha. \quad (14.42)$$

Figura 14.27 Dois filtros passa-faixa RLC, juntamente com as respectivas equações para a função de transferência, frequência central e largura de faixa.

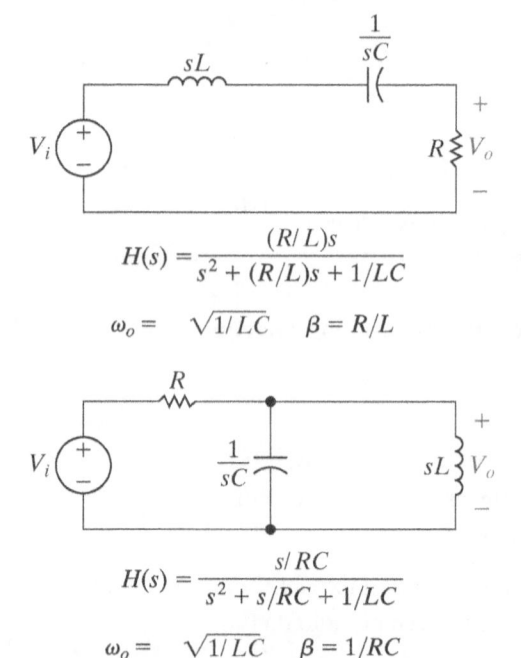

$$H(s) = \frac{(R/L)s}{s^2 + (R/L)s + 1/LC}$$

$$\omega_o = \sqrt{1/LC} \quad \beta = R/L$$

$$H(s) = \frac{s/RC}{s^2 + s/RC + 1/LC}$$

$$\omega_o = \sqrt{1/LC} \quad \beta = 1/RC$$

Lembre-se de que a resposta natural de um circuito RLC em série pode ser subamortecida, superamortecida ou criticamente amortecida. A transição de superamortecida para subamortecida ocorre quando $\omega_o^2 = \alpha^2$. Examine a relação α e β na Equação 14.42 e a definição do fator de qualidade Q. A transição de uma resposta superamortecida para outra subamortecida ocorre quando $Q = 1/2$. Desse modo, um circuito, cuja resposta no domínio da frequência contiver um pico acentuado em ω_o, o que indica um alto Q e uma largura de faixa estreita, terá uma resposta natural subamortecida. Ao contrário, um circuito cuja resposta, no domínio da frequência, tiver uma largura de faixa larga e um baixo Q terá uma resposta natural superamortecida.

PROBLEMAS PARA AVALIAÇÃO

Objetivo 3 Conhecer quais são as configurações de circuitos RLC que funcionam como filtros passa-faixa.

14.6 Usando o circuito da Figura 14.19(a), calcule os valores de R e L para um filtro passa-faixa, com uma frequência central de 12 kHz e um fator de qualidade de 6. Use um capacitor de 0,1 μF.

Resposta: $L = 1{,}76$ mH, $R = 22{,}10\ \Omega$.

14.7 Usando o circuito da Figura 14.22, calcule os valores de L e C para um filtro passa-faixa, com uma frequência central de 2 kHz e uma largura de faixa de 500 Hz. Use um resistor de 250 Ω.

Resposta: $L = 4{,}97$ mH, $C = 1{,}27\ \mu$F.

14.8 Recalcule os valores dos componentes para o circuito do Exemplo 14.6(d) de modo que a resposta do circuito resultante não seja alterada, usando-se um capacitor de 0,2 μF.

Resposta: $L = 5{,}07$ mH, $R = 3{,}98$ kΩ.

14.9 Recalcule os valores dos componentes para o circuito do Exemplo 14.6(d) de modo que o fator de qualidade do circuito resultante permaneça inalterado, mas a frequência central passe para 2 kHz. Use um capacitor de 0,2 μF.

Resposta: $R = 9{,}95$ kΩ, $L = 31{,}66$ mH.

NOTA: tente resolver também os problemas 14.18 e 14.25, apresentados no final deste capítulo.

14.5 Filtros rejeita-faixa

Passamos, agora, para a última das quatro categorias de filtro: o rejeita-faixa. Esse filtro deixa passar sinais que estão fora da faixa entre as duas frequências de corte (a faixa de passagem) e atenua os sinais cujas frequências estão entre as duas frequências de corte (a faixa de rejeição). Desse modo, filtros passa-faixa e rejeita-faixa executam funções complementares no domínio da frequência.

Filtros rejeita-faixa são caracterizados pelos mesmos parâmetros que os filtros passa--faixa: as duas frequências de corte, a frequência central, a largura de faixa e o fator de qualidade. Novamente, apenas dois desses cinco parâmetros podem ser especificados de forma independente.

Nas seções seguintes, examinaremos dois circuitos que funcionam como filtros rejeita--faixa e, então, calcularemos equações que relacionam os valores dos componentes do circuito com aqueles característicos para cada circuito.

Figura 14.28 (a) Filtro rejeita-faixa *RLC* em série.
(b) Circuito equivalente para $\omega = 0$.
(c) Circuito equivalente para $\omega = \infty$.

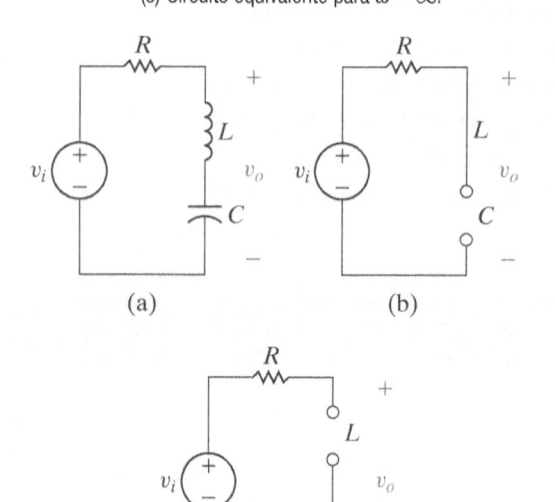

Figura 14.29 Gráfico de resposta de frequência para o circuito do filtro rejeita-faixa *RLC* em série da Figura 14.28(a).

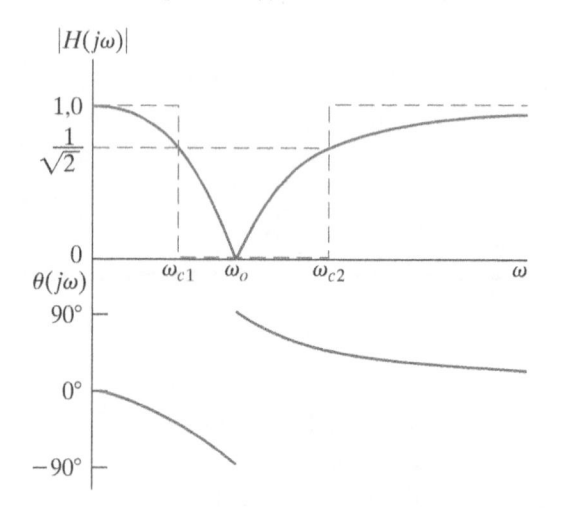

O circuito *RLC* em série — análise qualitativa

A Figura 14.28(a) mostra um circuito *RLC* em série. Embora os componentes e ligações do circuito sejam idênticos aos do filtro passa-faixa *RLC* em série da Figura 14.19(a), o circuito da Figura 14.28(a) traz uma importante diferença: a tensão de saída é definida no par indutor-capacitor. Como vimos no caso dos filtros passa-baixas e passa-altas, o mesmo circuito pode executar duas funções diferentes de filtragem, dependendo da definição da tensão de saída.

Já observamos que, em $\omega = 0$, o indutor comporta-se como um curto-circuito e o capacitor como um circuito aberto, porém em $\omega = \infty$, esses papéis são intercambiados. A Figura 14.28(b) apresenta o circuito equivalente para $\omega = 0$; a Figura 14.28(c) apresenta o circuito equivalente para $\omega = \infty$. Nos dois circuitos equivalentes, a tensão de saída é a tensão nos terminais de um circuito aberto e, por isso, as tensões de saída e de entrada são as mesmas. Então, esse circuito de filtro rejeita-faixa *RLC* em série tem duas faixas de passagem — uma abaixo de uma frequência de corte inferior e outra acima de uma frequência de corte superior.

Entre essas duas faixas de passagem, tanto o indutor quanto o capacitor têm impedâncias finitas de sinais opostos. À medida que a frequência se eleva, a partir de zero, a impedância do indutor aumenta e a do capacitor diminui. Portanto, o deslocamento entre a entrada e a saída aproxima-se de $-90°$ à medida que ωL aproxima-se de $1/\omega C$. Tão logo ωL passa de $1/\omega C$, o deslocamento salta para $+90°$ e, então, aproxima-se de zero à medida que ω continua a crescer.

Em certa frequência entre as duas faixas de passagem, as impedâncias do indutor e do capacitor são iguais, porém com sinais opostos. Nessa frequência, a combinação em série de indutor e capacitor é a de um curto-circuito e, portanto, a amplitude da tensão de saída deve ser igual a zero. Essa é a frequência central desse filtro rejeita-faixa *RLC* em série.

A Figura 14.29 apresenta um gráfico de resposta de frequência do filtro rejeita-faixa *RLC* em série da Figura 14.28(a). Observe que o gráfico do módulo da função de transferência do filtro real está sobreposto ao do filtro rejeita-faixa ideal da Figura 14.3(d). Nossa análise qualitativa confirmou a forma das representações gráficas do módulo e do ângulo de fase da função de transferência desse filtro. Agora, realizamos a análise quantitativa do circuito, para confirmar essa resposta de frequência e calcular valores para os parâmetros que a caracterizam.

O circuito *RLC* em série — análise quantitativa

Após a obtenção do circuito equivalente no domínio da frequência, como mostra a Figura 14.30, usamos a divisão de tensão para deduzir uma equação para a função de transferência:

$$H(s) = \frac{sL + \dfrac{1}{sC}}{R + sL + \dfrac{1}{sC}} = \frac{s^2 + \dfrac{1}{LC}}{s^2 + \dfrac{R}{L}s + \dfrac{1}{LC}}. \tag{14.43}$$

Substituímos s por $j\omega$ na Equação 14.43 e obtemos as equações do módulo e da fase da função de transferência:

$$|H(j\omega)| = \frac{\left|\dfrac{1}{LC} - \omega^2\right|}{\sqrt{\left(\dfrac{1}{LC} - \omega^2\right)^2 + \left(\dfrac{\omega R}{L}\right)^2}}, \tag{14.44}$$

$$\theta(j\omega) = -\operatorname{tg}^{-1}\left(\frac{\dfrac{\omega R}{L}}{\dfrac{1}{LC} - \omega^2}\right). \tag{14.45}$$

Observe que as equações 14.44 e 14.45 confirmam a forma da resposta de frequência representada na Figura 14.29, que desenvolvemos com base na análise qualitativa.

Figura 14.30 Circuito equivalente, no domínio da frequência, do circuito na Figura 14.28(a).

Usamos o circuito na Figura 14.30 para calcular a frequência central. Para o filtro rejeita-faixa, essa frequência também é definida como aquela em que a soma das impedâncias do capacitor e do indutor é igual a zero. No filtro passa-faixa, o módulo da função de transferência era máximo na frequência central, mas no filtro rejeita-faixa ele é mínimo. Isso porque, no filtro rejeita-faixa, a frequência central não está na faixa de passagem; na verdade, está na faixa de rejeição. É fácil mostrar que a frequência central é dada por

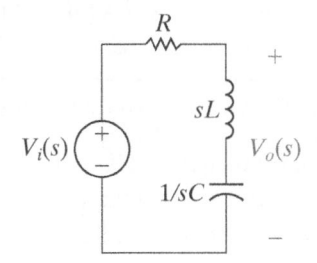

$$\omega_o = \sqrt{\frac{1}{LC}}. \tag{14.46}$$

Substituindo a Equação 14.46 na Equação 14.44 vemos que $|H(j\omega_o)| = 0$.

As frequências de corte, a largura de faixa e o fator de qualidade são definidos, para o filtro rejeita-faixa, exatamente do mesmo modo que para o filtro passa-faixa. Calculamos as frequências de corte substituindo o lado esquerdo da Equação 14.44 pela constante $(1/\sqrt{2})\,H_{\text{máx}}$ e, então, explicitamos ω_{c1} e ω_{c2}. Observe que, para o filtro rejeita-faixa, $H_{\text{máx}} = |H(j0)| = |H(j\infty)|$ e, para o filtro rejeita-faixa RLC em série da Figura 14.28(a), $H_{\text{máx}} = 1$. Assim,

$$\omega_{c1} = -\frac{R}{2L} + \sqrt{\left(\frac{R}{2L}\right)^2 + \frac{1}{LC}}, \tag{14.47}$$

$$\omega_{c2} = \frac{R}{2L} + \sqrt{\left(\frac{R}{2L}\right)^2 + \frac{1}{LC}}. \tag{14.48}$$

Usando as frequências de corte para obter uma expressão para a largura de faixa, β, temos:

$$\beta = R/L. \tag{14.49}$$

Por fim, o fator de qualidade, Q, é calculado a partir da frequência central e da largura de faixa:

$$Q = \sqrt{\frac{L}{R^2 C}}. \tag{14.50}$$

Mais uma vez, podemos calcular as expressões para as duas frequências de corte em termos da largura de faixa e frequência central, como fizemos para o filtro passa-faixa:

$$\omega_{c1} = -\frac{\beta}{2} + \sqrt{\left(\frac{\beta}{2}\right)^2 + \omega_o^2}, \tag{14.51}$$

$$\omega_{c2} = \frac{\beta}{2} + \sqrt{\left(\frac{\beta}{2}\right)^2 + \omega_o^2}. \tag{14.52}$$

Formas alternativas para essas equações expressam as frequências de corte em termos do fator de qualidade e da frequência central:

$$\omega_{c1} = \omega_o \cdot \left[-\frac{1}{2Q} + \sqrt{1 + \left(\frac{1}{2Q}\right)^2} \right], \tag{14.53}$$

$$\omega_{c2} = \omega_o \cdot \left[\frac{1}{2Q} + \sqrt{1 + \left(\frac{1}{2Q}\right)^2} \right]. \tag{14.54}$$

O Exemplo 14.8 apresenta o projeto de um filtro rejeita-faixa RLC em série.

EXEMPLO 14.8 Projeto de um filtro rejeita-faixa RLC em série.

Usando o circuito RLC em série da Figura 14.28(a), calcule os valores dos componentes de um filtro rejeita-faixa, com uma largura de faixa de 250 Hz e uma frequência central de 750 Hz. Use um capacitor de 100 nF. Calcule valores de R, L, ω_{c1}, ω_{c2} e Q.

Solução

Começamos calculando o valor do fator de qualidade para esse filtro:

$$Q = \omega_o/\beta = 3.$$

Usamos a Equação 14.46 para calcular L, lembrando de converter ω_o para radianos por segundo:

$$L = \frac{1}{\omega_o^2 C}$$

$$= \frac{1}{[2\pi(750)]^2 (100 \times 10^{-9})}$$

$$= 450 \text{ mH}.$$

Usamos a Equação 14.49 para calcular R:

$$R = \beta L$$

$$= 2\pi(250)(450 \times 10^{-3})$$

$$= 707 \ \Omega.$$

Os valores para a frequência central e largura de faixa podem ser usados nas equações 14.51 e 14.52 para calcular as duas frequências de corte:

$$\omega_{c1} = -\frac{\beta}{2} + \sqrt{\left(\frac{\beta}{2}\right)^2 + \omega_o^2}$$

$$= 3.992,0 \text{ rad/s},$$

$$\omega_{c2} = \frac{\beta}{2} + \sqrt{\left(\frac{\beta}{2}\right)^2 + \omega_o^2}$$

$$= 5.562,8 \text{ rad/s}.$$

As frequências de corte são 635,3 Hz e 885,3 Hz. A diferença entre elas é 885,3 − 635,3 = 250 Hz, o que confirma a largura de faixa especificada. A média geométrica é $\sqrt{(635,3)(885,3)} = 750$ Hz, o que confirma a frequência central especificada.

Como você já deve suspeitar a esta altura, outra configuração que produz um filtro rejeita-faixa é um circuito RLC em paralelo. Embora deixemos os detalhes da análise do circuito RLC em paralelo para o Problema 14.37, os resultados estão resumidos na Figura 14.31, juntamente com os do filtro rejeita-faixa RLC em série. Tal qual fizemos para as outras categorias de filtro, podemos estabelecer uma forma geral para as funções de transferência de filtros rejeita-faixa, substituindo os termos constantes por β e ω_o:

$$H(s) = \frac{s^2 + \omega_o^2}{s^2 + \beta s + \omega_o^2}. \tag{14.55}$$

◀ **Função de transferência para filtro RLC rejeita-faixa**

A Equação 14.55 é útil para projetar filtros, pois qualquer circuito que tenha uma função de transferência como essa forma pode ser usado como um filtro rejeita-faixa.

Figura 14.31 Dois filtros RLC rejeita-faixa, com as respectivas equações para a função de transferência, a frequência central e a largura de faixa.

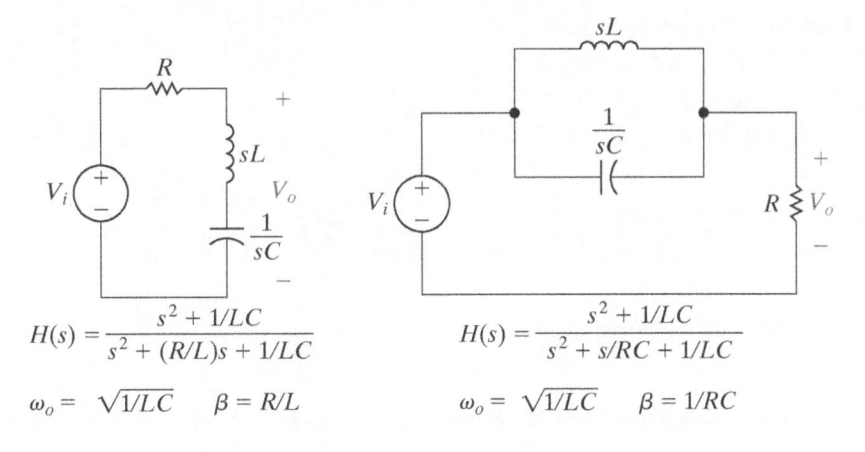

$$H(s) = \frac{s^2 + 1/LC}{s^2 + (R/L)s + 1/LC}$$

$$\omega_o = \sqrt{1/LC} \quad \beta = R/L$$

$$H(s) = \frac{s^2 + 1/LC}{s^2 + s/RC + 1/LC}$$

$$\omega_o = \sqrt{1/LC} \quad \beta = 1/RC$$

PROBLEMAS PARA AVALIAÇÃO

Objetivo 4 — Conhecer as configurações do circuito RLC que funcionam como filtros rejeita-faixa.

14.10 Calcule os valores dos componentes para o filtro rejeita-faixa RLC em série mostrado na Figura 14.28(a), de modo que a frequência central seja 4 kHz e o fator de qualidade seja 5. Use um capacitor de 500 nF.

Resposta: $L = 3{,}17$ mH, $R = 15{,}92\ \Omega$.

14.11 Recalcule os valores dos componentes do Problema para avaliação 14.10, de modo a obter um filtro rejeita-faixa com uma frequência central de 20 kHz. O filtro tem um resistor de 100 Ω, e o fator de qualidade continua a ser 5.

Resposta: $L = 3{,}98$ mH, $C = 15{,}92$ nF.

NOTA: tente resolver também os problemas 14.38 e 14.42, apresentados no final deste capítulo.

Perspectiva prática

Circuitos de telefone de teclas

Na *Perspectiva prática* do início deste capítulo, descrevemos o sistema multifrequência de tom dual (DTMF), usado para sinalizar o acionamento de uma tecla em um telefone. Um elemento fundamental desse sistema é o receptor DTMF — um circuito que decodifica os tons produzidos por uma tecla e determina qual delas foi acionada.

Para projetar um receptor DTMF, precisamos entender melhor esse sistema. Como se pode ver na Figura 14.32, as teclas do telefone são organizadas em linhas e colunas. O par de tons gerado pelo acionamento de uma tecla depende da linha e da coluna da tecla. A linha determina seu tom de baixa frequência e a coluna, seu tom de alta frequência.[1] Por exemplo, acionar a tecla '6' produz tons senoidais com as frequências 770 Hz e 1.477 Hz.

Na central de comutação da empresa de telefonia, os filtros passa-faixa, no receptor DTMF, primeiro detectam se ambos os tons, o de baixa e o de alta frequência, estão presentes simultaneamente. Esse teste rejeita muitos sinais de áudio que não sejam DTMF. Se os tons estiverem presentes em ambas as faixas, outros filtros serão utilizados para selecionar entre os possíveis tons em cada faixa, de modo que as frequências possam identificar com precisão a tecla pressionada. Testes adicionais são realizados para evitar falsa detecção de teclas. Por exemplo, somente um tom é permitido por faixa de frequência; as faixas de alta e baixa frequência devem começar e

Figura 14.32 Tons gerados pelas linhas e colunas de um telefone de teclas.

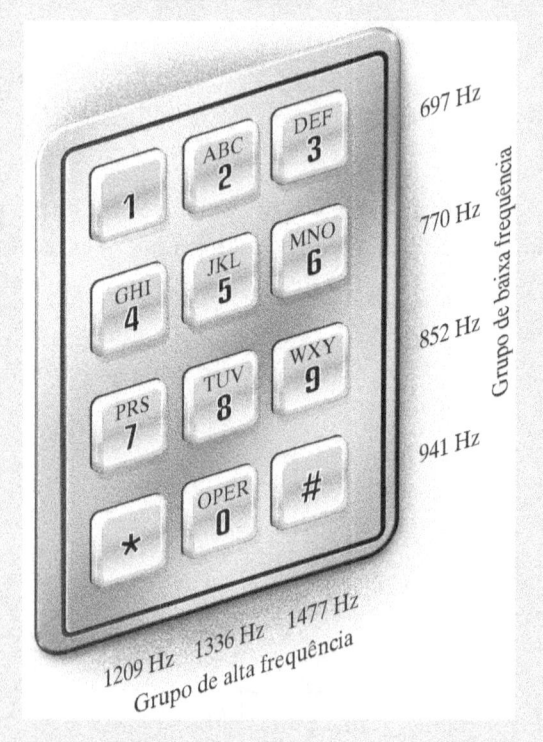

---

[1] Um quarto tom de alta frequência é gerado em 1.633 Hz. Raramente usado, esse tom não é produzido por telefones comuns de 12 teclas.

terminar com alguns milissegundos de intervalo entre si para serem consideradas válidas; e as amplitudes dos sinais de alta e baixa frequência devem ser semelhantes.

Talvez você esteja curioso para saber por que usar filtros passa-faixa em vez de um filtro passa-altas, para o grupo de tons DTMF de alta frequência e um filtro passa-baixa, para o grupo de tons DTMF de baixa frequência. A razão disso é que o sistema telefônico usa frequências fora da faixa de 300–3 kHz para outras finalidades de sinalização, como acionar a campainha do telefone. Filtros passa-faixa impedem que o receptor DTMF detecte erroneamente esses outros sinais.

NOTA: avalie sua compreensão a respeito desta Perspectiva prática tentando resolver os problemas 14.51–14.53, apresentados no final deste capítulo.

Resumo

- Um **circuito de seleção de frequências**, ou **filtro**, permite que sinais de certas frequências cheguem à sua saída e atenua sinais de outras frequências, impedindo-os de chegar à saída. A **faixa de passagem** contém as frequências dos sinais que o filtro deixa passar; a **faixa de rejeição** contém as frequências dos sinais que são atenuados. (Seção 14.1.)

- A **frequência de corte**, ω_c, identifica o local, no eixo das frequências, que separa a faixa de rejeição da faixa de passagem. Na frequência de corte, o módulo da função de transferência é igual a $(1/\sqrt{2})\,H_{máx}$. (Seção 14.2.)

- Um **filtro passa-baixas** deixa passar sinais de frequências abaixo de ω_c e atenua sinais de frequências acima de ω_c. Qualquer circuito que tenha a função de transferência

$$H(s) = \frac{\omega_c}{s + \omega_c}$$

funciona como um filtro passa-baixas. (Seção 14.2.)

- Um **filtro passa-altas** deixa passar sinais de frequências acima de ω_c e atenua sinais de frequências abaixo de ω_c. Qualquer circuito que tenha a função de transferência

$$H(s) = \frac{s}{s + \omega_c}$$

funciona como um filtro passa-altas. (Seção 14.3.)

- Filtros passa-faixa e rejeita-faixa têm duas frequências de corte, ω_{c1} e ω_{c2}. Esses filtros são caracterizados também por sua **frequência central** (ω_o), **largura de faixa** (β) e **fator de qualidade** (Q). Essas quantidades são definidas como

$$\omega_o = \sqrt{\omega_{c1} \cdot \omega_{c2}},$$
$$\beta = \omega_{c2} - \omega_{c1},$$
$$Q = \omega_o/\beta.$$

(Seção 14.4.)

- Um **filtro passa-faixa** deixa passar sinais de frequências dentro da faixa de passagem, que está entre ω_{c1} e ω_{c2}, e atenua sinais de frequências que estão fora da faixa de passagem. Qualquer circuito que tenha a função de transferência

$$H(s) = \frac{\beta s}{s^2 + \beta s + \omega_o^2}$$

funciona como um filtro passa-faixa. (Seção 14.4.)

- Um **filtro rejeita-faixa** atenua sinais de frequências dentro da faixa de rejeição, que está entre ω_{c1} e ω_{c2}, e deixa passar sinais de frequências que estão fora da faixa de rejeição. Qualquer circuito que tenha a função de transferência

$$H(s) = \frac{s^2 + \omega_o^2}{s^2 + \beta s + \omega_o^2}$$

funciona como um filtro rejeita-faixa. (Seção 14.5.)

- Adicionar uma carga à saída de um filtro passivo altera suas propriedades de filtragem, por alterar a localização da faixa de passagem e o módulo da função de transferência nessa faixa. Substituir uma fonte ideal de tensão que alimenta o filtro por uma fonte de resistência não nula também altera as propriedades de filtragem do circuito, novamente pela alteração da localização da faixa de passagem e do módulo da função de transferência nessa faixa. (Seção 14.4.)

Problemas

Seção 14.2

14.1 a) Determine a frequência de corte, em hertz, para o filtro RL mostrado na Figura P14.1.

b) Calcule $H(j\omega)$ em ω_c, $0{,}125\omega_c$ e $8\omega_c$.

c) Se $v_i = 20\cos\omega t$ V, escreva a expressão de regime permanente de v_o, quando $\omega = \omega_c$, $\omega = 0{,}125\omega_c$ e $\omega = 8\omega_c$.

Figura P14.1

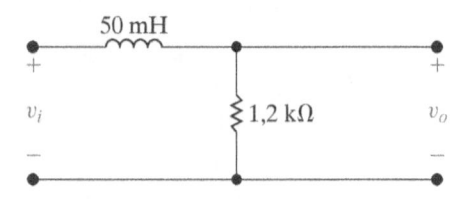

14.2 a) Determine a frequência de corte (em hertz) do filtro passa-baixas mostrado na Figura P14.2.

b) Calcule $H(j\omega)$ em ω_c, $0{,}1\omega_c$ e $10\omega_c$.

c) Se $v_i = 25\cos\omega t$ mV, escreva a expressão de regime permanente de v_o, quando $\omega = \omega_c$, $0{,}1\omega_c$ e $10\omega_c$.

Figura P14.2

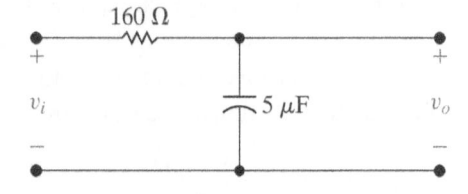

14.3 Um resistor R_l é inserido em série com o indutor no circuito da Figura 14.4(a). O circuito do novo filtro passa-baixas é mostrado na Figura P14.3.

a) Deduza a expressão para $H(s)$, em que $H(s) = V_o/V_i$.

b) Em qual frequência o módulo de $H(j\omega)$ será máximo?

c) Qual é o valor máximo do módulo de $H(j\omega)$?

d) Em qual frequência o módulo de $H(j\omega)$ é igual a seu valor máximo dividido por $\sqrt{2}$?

e) Suponha que uma resistência de 300 Ω seja inserida em série com o indutor de 50 mH no circuito da Figura P14.1. Determine ω_c, $H(j0)$, $H(j\omega_c)$, $H(j0{,}2\omega_c)$ e $H(j5\omega_c)$.

Figura P14.3

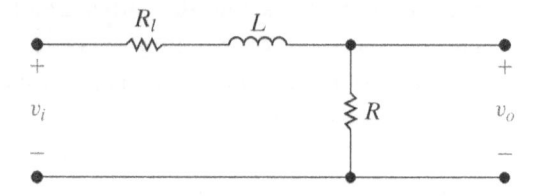

14.4 Um resistor de carga R_L é ligado em paralelo com o capacitor no circuito da Figura 14.7. O circuito do filtro passa-baixas carregado é mostrado na Figura P14.7.

a) Deduza a expressão para a função de transferência de tensão, V_o/V_i.

b) Em qual frequência o módulo de $H(j\omega)$ será máximo?

c) Qual é o valor máximo do módulo de $H(j\omega)$?

d) Em qual frequência o módulo de $H(j\omega)$ é igual a seu valor máximo dividido por $\sqrt{2}$?

e) Suponha que uma resistência de 320 Ω seja inserida em paralelo com o capacitor de 5 μF no circuito da Figura P14.4. Determine ω_c, $H(j0)$, $H(j\omega_c)$, $H(j0{,}2\omega_c)$ e $H(j5\omega_c)$.

Figura P14.4

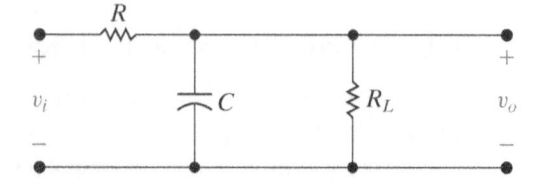

14.5 Estude o circuito mostrado na Figura P14.5 (sem o resistor de carga).

a) À medida que $\omega \to 0$, o comportamento do indutor aproxima-se do comportamento de qual componente de circuito? Que valor terá a tensão de saída v_0?

b) À medida que $\omega \to \infty$, o comportamento do indutor aproxima-se do comportamento de qual componente de circuito? Que valor terá a tensão de saída v_0?

c) Tendo como base os itens (a) e (b), que tipo de filtragem esse circuito exibe?

d) Qual é a função de transferência do filtro não carregado?

e) Se $R = 330\,\Omega$ e $L = 10\,\text{mH}$, qual é a frequência de corte do filtro em rad/s?

Figura P14.5

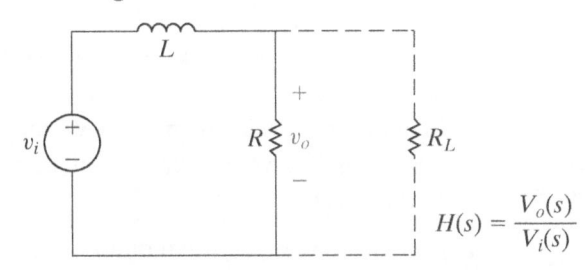

[Circuito com fonte v_i, indutor L em série, resistor R em paralelo com saída v_o, e resistor de carga R_L tracejado em paralelo; $H(s) = \dfrac{V_o(s)}{V_i(s)}$]

14.6 Suponha que desejamos acrescentar um resistor de carga em paralelo com o resistor no circuito mostrado na Figura P14.5.

a) Qual é a função de transferência do filtro carregado?

b) Compare a função de transferência do filtro não carregado [item (d) do Problema 14.5] com a função de transferência do filtro carregado [item (a) do Problema 14.6]. As frequências de corte são diferentes? Os ganhos, nas faixas de passagem, são diferentes?

c) Qual é o menor valor de resistência de carga que pode ser usado com o filtro do Problema 14.5(e), de tal modo que a frequência de corte do filtro resultante não varie mais do que 5% em relação à do filtro não carregado?

14.7 Use um indutor de 1 mH para projetar um filtro passa-baixas RL, passivo, com uma frequência de corte de 5 kHz.

Problema de Projeto
Pspice Multisim

a) Especifique o valor do resistor.

b) Uma resistência de carga de 68 Ω é ligada aos terminais de saída do filtro. Qual é a frequência de corte, em hertz, do filtro carregado?

c) Se for necessário usar um único resistor do Apêndice H para a parte (a), qual se deve usar? Qual é a frequência de corte resultante do filtro?

Seção 14.3

14.8 Use um indutor de 10 mH para projetar um filtro passa-baixas, com uma frequência de corte de 1.600 rad/s.

a) Especifique a frequência de corte em hertz.

b) Especifique o valor do resistor do filtro.

c) Suponha que a frequência de corte não possa aumentar mais do que 10%. Qual é o menor valor da resistência de carga que pode ser ligada aos terminais de saída do filtro?

d) Se o resistor determinado em (c) for ligado aos terminais de saída, qual será o módulo de $H(j\omega)$, quando $\omega = 0$?

14.9 Projete um filtro passa-baixas RC passivo (veja a Figura 14.7) com uma frequência de corte de 100 Hz usando um capacitor de 4,7 μF.

a) Qual é a frequência de corte, em rad/s?

b) Qual é o valor do resistor?

c) Desenhe o circuito do filtro e identifique os valores dos componentes e a tensão de saída.

d) Qual é a função de transferência do filtro do item (c)?

e) Se o filtro do item (c) for carregado com um resistor cujo valor é o mesmo do resistor do item (b), qual será a função de transferência desse filtro carregado?

f) Qual é a frequência de corte do filtro carregado do item (e)?

g) Qual é o ganho na faixa de passagem do filtro carregado do item (e)?

14.10 **Problema de Projeto** **Pspice Multisim** Use um capacitor de 500 nF para projetar um filtro passa-baixas, passivo, com uma frequência de corte de 50 krad/s.

a) Especifique a frequência de corte, em hertz.

b) Especifique o valor do resistor do filtro.

c) Suponha que a frequência de corte não possa aumentar mais do que 5%. Qual é o menor valor da resistência de carga que pode ser ligada aos terminais de saída do filtro?

d) Se o resistor determinado em (c) for ligado aos terminais de saída, qual será o módulo de $H(j\omega)$, quando $\omega = 0$?

Seção 14.3

14.11 a) Determine a frequência de corte (em hertz) para o filtro passa-altas mostrado na Figura P14.11.

b) Determine $H(j\omega)$ em ω_c, $0{,}125\omega_c$ e $8\omega_c$.

c) Se $v_i = 75 \cos \omega t$ V, escreva a expressão de regime permanente para v_o, quando $\omega = \omega_c$, $\omega = 0{,}125\omega_c$ e $\omega = 8\omega_c$.

Figura P14.11

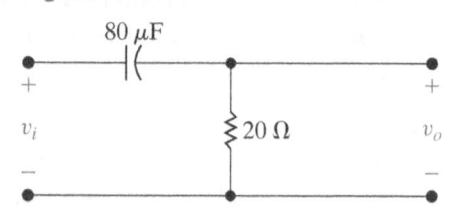

14.12 Um resistor R_c é ligado em série com o capacitor no circuito da Figura 14.11(a). O novo circuito do filtro passa-altas é mostrado na Figura P14.12.

a) Deduza a expressão para $H(s)$ em que $H(s) = V_o/V_i$.

b) Em qual frequência o módulo de $H(j\omega)$ será máximo?

c) Qual é o valor máximo do módulo de $H(j\omega)$?

d) Em qual frequência o módulo de $H(j\omega)$ será igual a seu valor máximo dividido por $\sqrt{2}$?

e) Suponha que uma resistência de 5 Ω seja ligada em série com o capacitor de 80 μF, no circuito da Figura P14.11. Calcule ω_c, $H(j\omega_c)$, $H(j0{,}125\omega_c)$ e $H(j8\omega_c)$.

Figura P14.12

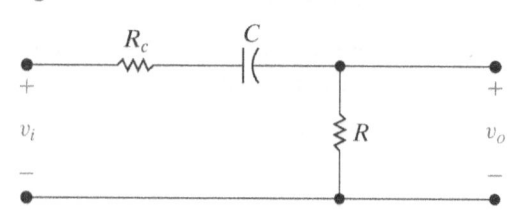

14.13 **Problema de Projeto** **Pspice Multisim** Usando um capacitor de 100 nF, projete um filtro passa-altas, passivo, com uma frequência de corte de 300 Hz.

a) Especifique o valor de R em quilo-ohms.

b) Um resistor de 47 kΩ é ligado aos terminais de saída do filtro. Qual é a frequência de corte, em hertz, do filtro carregado?

14.14 Examine o circuito mostrado na Figura P14.14.

a) Considerando-se as tensões de entrada e saída mostradas na figura, esse circuito comporta-se como qual tipo de filtro?

b) Qual é a função de transferência, $H(s) = V_o(s)/V_i(s)$, desse filtro?

c) Qual é a frequência de corte desse filtro?

d) Qual é a magnitude da função de transferência do filtro em $s = j\omega_c$?

Figura P14.14

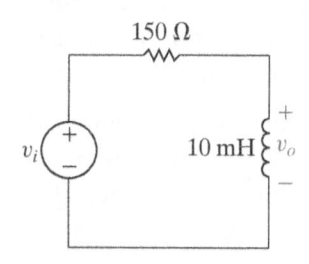

14.15 Suponha que um resistor de carga 150 Ω seja ligado ao filtro na Figura P14.14.

a) Qual é a função de transferência, $H(s) = V_o(s)/V_i(s)$, desse filtro?

b) Qual é a frequência de corte desse filtro?

c) Compare a frequência de corte do filtro carregado com a frequência de corte do filtro não carregado da Figura P14.14.

d) O que mais difere esses dois filtros?

14.16 Projete um filtro passa-altas RC (veja a Figura 14.10[a]), com uma frequência de corte de 500 Hz, usando um capacitor de 220 pF.

a) Qual é a frequência de corte em rad/s?

b) Qual é o valor do resistor?

c) Desenhe o circuito do filtro identificando os valores dos componentes e a tensão de saída.

d) Qual é a função de transferência do filtro do item (c)?

e) Se o filtro do item (c) for carregado com um resistor cujo valor é o mesmo do resistor do item (b), qual será a função de transferência desse filtro carregado?

f) Qual é a frequência de corte do filtro carregado do item (e)?

g) Qual é o ganho, na faixa de passagem, do filtro carregado do item (e)?

14.17 Usando um indutor de 100 μH, projete um filtro passa-altas RL, passivo, com uma frequência de corte de 1.500 krad/s.

a) Especifique o valor da resistência, selecionando os componentes no Apêndice H.

b) Suponha que uma carga resistiva pura seja ligada ao filtro. A frequência de corte não deve cair abaixo de 1.200 krad/s. Qual é o menor resistor de carga, do Apêndice H, que pode ser ligado aos terminais de saída do filtro?

Seção 14.4

14.18 Para o filtro passa-faixa mostrado na Figura P14.18, calcule o seguinte: (a) ω_o; (b) f_o; (c) Q; (d) ω_{c1}; (e) f_{c1}; (f) ω_{c2}; (g) f_{c2}; e (h) β.

Figura P14.18

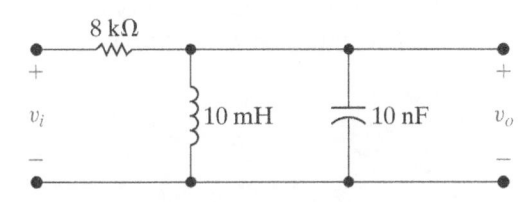

14.19 Calcule a frequência central, a largura de faixa e o fator de qualidade de um filtro passa-faixa, cujas frequências de corte superior e inferior são, respectivamente, 121 krad/s e 100 krad/s.

14.20 Um filtro passa-faixa tem uma frequência central, ou de ressonância, de 50 krad/s e um fator de qualidade de 4. Determine a largura de faixa, a frequência de corte superior e a frequência de corte inferior. Expresse todas as respostas em quilohertz.

14.21 Projete um filtro passa-faixa RLC em série (veja a Figura 14.19[a]) com um fator de qualidade de 8 e uma frequência central de 50 krad/s, usando um capacitor de 0,01 μF.

a) Desenhe o circuito do filtro, identificando os valores dos componentes e a tensão de saída.

b) Para o filtro do item (a), calcule a largura de faixa e os valores das duas frequências de corte.

14.22 A entrada para o filtro passa-faixa RLC em série projetado no Problema 14.21 é 5 cos ωt V. Determine a queda de tensão no resistor, quando (a) $\omega = \omega_o$; (b) $\omega = \omega_{c1}$; (c) $\omega = \omega_{c2}$; (d) $\omega = 0,1\omega_o$; (e) $\omega = 10\omega_o$.

14.23 A entrada para o filtro passa-faixa RLC em série projetado no Problema 14.21 é 5 cos ωt V. Determine a queda de tensão na combinação em série de indutor e capacitor, quando (a) $\omega = \omega_o$; (b) $\omega = \omega_{c1}$; (c) $\omega = \omega_{c2}$; (d) $\omega = 0,1\omega_o$; (e) $\omega = 10\omega_o$.

14.24 Mostre que as formas alternativas para as frequências de corte de um filtro passa-faixa, dadas pelas equações 14.36 e 14.37, podem ser deduzidas das equações 14.34 e 14.35.

14.25 Usando um capacitor de 50 nF no circuito passa-faixa mostrado na Figura 14.22, projete um filtro com um fator de qualidade de 5 e uma frequência central de 20 krad/s.

a) Especifique os valores numéricos de R e L.

b) Calcule as frequências de corte superior e inferior, em quilohertz.

c) Calcule a largura de faixa, em hertz.

14.26 Projete um filtro passa-faixa RLC em série usando somente três componentes do Apêndice H, cujas especificações mais se aproximem daquelas indicadas no Problema 14.25.

a) Desenhe o filtro e identifique os valores dos componentes e as tensões de entrada e saída.

b) Calcule o erro percentual na frequência central e no fator de qualidade, desse novo filtro, quando comparados com os valores especificados no Problema 14.25.

14.27 Use um capacitor de 5 nF para projetar um filtro passa-faixa RLC em série, como mostrado na parte superior da Figura 14.27. A frequência central do filtro é 8 kHz, e o fator de qualidade é 2.

a) Especifique os valores de R e L.

b) Qual é a frequência de corte inferior, em quilohertz?

c) Qual é a frequência de corte superior, em quilohertz?

d) Qual é a largura de faixa do filtro, em quilohertz?

14.28 Projete um filtro passa-faixa RLC em série usando somente três componentes do Apêndice H cujas especificações mais se aproximem daquelas indicadas no Problema 14.27.

a) Desenhe o filtro e identifique os valores dos componentes e as tensões de entrada e saída.

b) Calcule o erro percentual na frequência central e no fator de qualidade, desse novo filtro, quando comparados com os valores especificados no Problema 14.27.

14.29 Para o filtro passa-faixa mostrado na Figura P14.29, calcule o seguinte: (a) f_o; (b) Q; (c) f_{c1}; (d) f_{c2}; e (e) β.

Figura P14.29

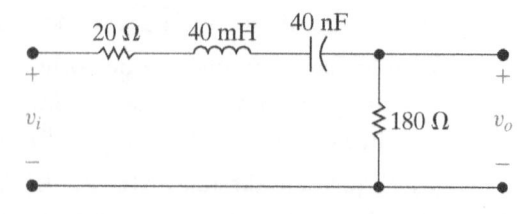

14.30 A tensão de entrada no circuito da Figura P14.29 é $10\cos\omega t$ V. Calcule a tensão de saída quando (a) $\omega = \omega_o$; (b) $\omega = \omega_{c1}$ e (c) $\omega = \omega_{c2}$.

14.31 Examine o circuito mostrado na Figura P14.31.

a) Determine ω_o.

b) Determine β.

c) Determine Q.

d) Determine a expressão de regime permanente para v_o, quando $v_i = 250\cos\omega_o t$ mV.

e) Mostre que, se R_L for expresso em quilo-ohms, o Q do circuito na Figura P14.31 será

$$Q = \frac{20}{1 + 100/R_L}$$

f) Faça um gráfico de Q em relação a R_L para $20\text{ k}\Omega \leq R_L \leq 2\text{ M}\Omega$.

Figura P14.31

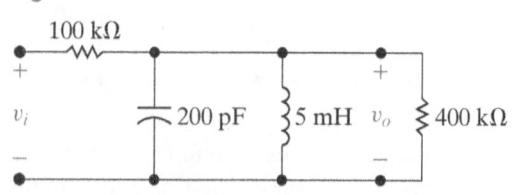

14.32 Um diagrama de blocos de um sistema que consiste em uma fonte de tensão senoidal, um filtro passa-faixa RLC em série e uma carga são mostrados na Figura P14.32. A impedância interna da fonte senoidal é $80 + j0\ \Omega$ e a impedância da carga é $480 + j0\ \Omega$.

O filtro passa-faixa RLC em série tem um capacitor de 20 nF, uma frequência central de 50 krad/s e um fator de qualidade de 6,25.

a) Desenhe um diagrama do circuito do sistema.

b) Especifique os valores numéricos de L e R para o filtro do sistema.

c) Qual é o fator de qualidade do sistema interligado?

d) Qual é a largura de faixa (em hertz) do sistema interligado?

Figura P14.32

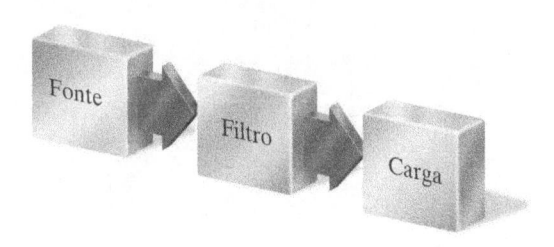

14.33 A finalidade deste problema é investigar como uma carga resistiva ligada aos terminais de saída do filtro passa-faixa, mostrado na Figura 14.19, afeta o fator de qualidade e, por conseguinte, a largura de faixa do sistema de filtragem. O circuito do filtro carregado é mostrado na Figura P14.33.

a) Calcule a função de transferência V_o/V_i para o circuito mostrado na Figura P14.33.

b) Qual é a expressão para a largura de faixa do sistema?

c) Qual é a expressão para a largura de faixa do sistema carregado (β_C), em função da largura de faixa do sistema não carregado (β_D)?

d) Qual é a expressão para o fator de qualidade do sistema?

e) Qual é a expressão para o fator de qualidade do sistema carregado (Q_C), em função do fator de qualidade do sistema descarregado (Q_D)?

f) Quais são as expressões para as frequências de corte ω_{c1} e ω_{c2}?

Figura P14.33

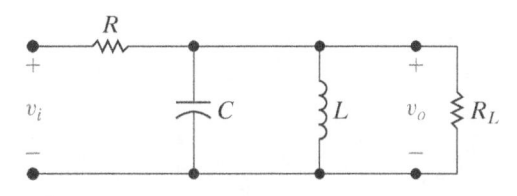

14.34 Os parâmetros do circuito na Figura P14.33 são $R = 2{,}4$ kΩ, $C = 50$ pF e $L = 2$ μH. O fator de qualidade do circuito não deve cair abaixo de 7,5. Qual é o menor valor permissível do resistor R_L?

Seção 14.5

14.35 Para o filtro rejeita-faixa na Figura P14.35, calcule (a) ω_o; (b) f_o; (c) Q; (d) β em hertz; (e) ω_{c1}; (f) f_{c1}; (g) ω_{c2}; e (h) f_{c2}.

Figura P14.35

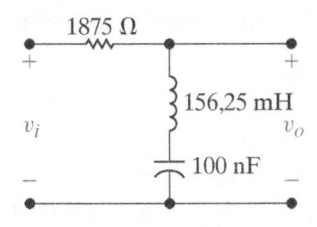

14.36 Para o filtro rejeita-faixa na Figura P14.35,

a) Determine $H(j\omega)$ nas frequências ω_o, ω_{c1}, ω_{c2}, $0{,}1\omega_o$ e $10\omega_o$.

b) Se $v_i = 80 \cos \omega t$ V, escreva a expressão de regime permanente para v_o, quando $\omega = \omega_o, \omega = \omega_{c1}, \omega = \omega_{c2}, \omega = 0{,}1\omega_o$ e $\omega = 10\omega_o$.

14.37 a) Mostre (por análise qualitativa) que o circuito da Figura P14.37 é um filtro rejeita-faixa.

b) Comprove a análise qualitativa do item (a), determinando a função de transferência de tensão do filtro.

c) Deduza a expressão para a frequência central do filtro.

d) Deduza as expressões para as frequências de corte ω_{c1} e ω_{c2}.

e) Qual é a expressão para a largura de faixa do filtro?

f) Qual é a expressão para o fator de qualidade do circuito?

Figura P14.37

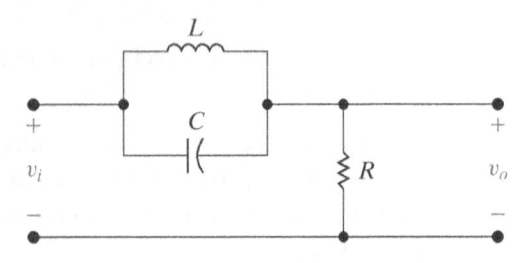

14.38 Para o filtro rejeita-faixa na Figura P14.38, calcule (a) ω_o; (b) f_o; (c) Q; (d) ω_{c1}; (e) f_{c1}; (f) ω_{c2}; (g) f_{c2}.; e (h) β, em quilohertz.

Figura P14.38

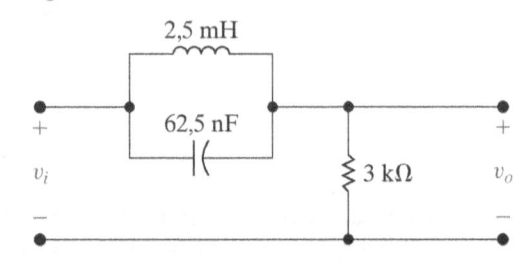

14.39 Projete um filtro rejeita-faixa RLC (veja a Figura 14.28[a]), com um fator de qualidade de 2,5 e uma frequência central de 25 krad/s, usando um capacitor de 200 nF.

a) Desenhe o circuito do filtro, identificando os valores dos componentes e a tensão de saída.

b) Para o filtro do item (a), calcule a largura de faixa e os valores das duas frequências de corte.

14.40 A entrada para o filtro rejeita-faixa RLC projetado no Problema 14.39 é $10\cos\omega t$ V. Determine a queda de tensão na combinação em série de indutor e capacitor, quando (a) $\omega = \omega_o$; (b) $\omega = \omega_{c1}$; (c) $\omega = \omega_{c2}$; (d) $\omega = 0{,}125\omega_o$; (e) $\omega = 8\omega_o$.

14.41 A entrada para o filtro rejeita-faixa RLC projetado no Problema 14.39 é $10\cos\omega t$ V. Determine a queda de tensão no resistor quando (a) $\omega = \omega_o$; (b) $\omega = \omega_{c1}$; (c) $\omega = \omega_{c2}$; (d) $\omega = 0{,}125\omega_o$; (e) $\omega = 8\omega_o$.

14.42 Use um capacitor de 500 nF para projetar um filtro rejeita-faixa, como mostrado na Figura P14.42. O filtro tem uma frequência central de 4 kHz e um fator de qualidade de 5.

a) Especifique os valores numéricos de R e L.

b) Calcule as frequências de corte, em quilohertz.

c) Calcule a largura de faixa do filtro, em quilohertz.

Figura P14.42

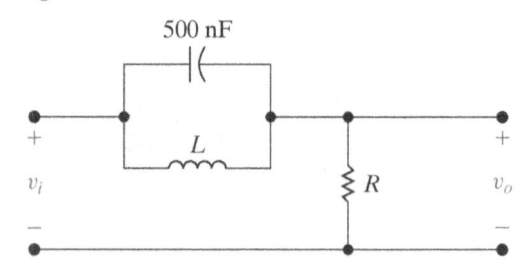

14.43 Suponha que o filtro rejeita-faixa no Problema 14.42 seja carregado com um resistor de 1 kΩ.

a) Qual é o fator de qualidade do circuito carregado?

b) Qual é a largura de faixa (em quilohertz) do circuito carregado?

c) Qual é a frequência de corte superior, em quilohertz?

d) Qual é a frequência de corte inferior, em quilohertz?

14.44 Projete um filtro passa-faixa RLC em série, usando somente três componentes do Apêndice H, cujas especificações mais se aproximem daquelas indicadas no Problema 14.42.

a) Desenhe o filtro e identifique os valores dos componentes e as tensões de entrada e saída.

b) Calcule o erro percentual na frequência central e no fator de qualidade, desse novo filtro, quando comparados com os valores especificados no Problema 14.42.

14.45 A finalidade deste problema é investigar como uma carga resistiva ligada aos terminais de saída do filtro rejeita-faixa, mostrado na Figura 14.28(a), afeta o comportamento do filtro. O circuito do filtro carregado é mostrado na Figura P14.45.

a) Determine a função de transferência de tensão V_o/V_i.

b) Qual é a expressão para a frequência central?

c) Qual é a expressão para a largura de faixa?

d) Qual é a expressão para o fator de qualidade?

e) Calcule $H(j\omega_o)$.

f) Calcule $H(j0)$.

g) Calcule $H(j\infty)$.

h) Quais são as expressões para as frequências ω_{c1} e ω_{c2}?

Figura P14.45

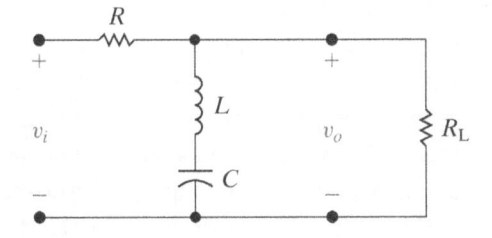

14.46 Os parâmetros do circuito na Figura P14.45 são $R = 30\,\Omega$, $L = 1\,\mu\text{H}$, $C = 4\,\text{pF}$ e $R_L = 150\,\Omega$.

Pspice
Multisim

a) Determine ω_o, β (em quilohertz) e Q.

b) Determine $H(j0)$ e $H(j\infty)$.

c) Determine f_{c2} e f_{c1}.

d) Mostre que, se R_L for expresso em ohms, o Q do circuito será

$$Q = \frac{50}{3}[1 + (30/R_L)].$$

e) Faça um gráfico de Q em função de R_L, para $10\,\Omega \leq R_L \leq 300\,\Omega$.

14.47 A carga no circuito do filtro rejeita-faixa mostrado na Figura P14.42 é $500\,\Omega$. A frequência central do filtro é 25 krad/s e o capacitor é de 25 nF. Em frequências muito baixas e muito altas, a amplitude da tensão senoidal de saída deve ser no mínimo 90% da amplitude da tensão senoidal de entrada.

Pspice
Multisim

a) Especifique os valores numéricos de R e L.

b) Qual é o fator de qualidade do circuito?

Seções 14.1–14.5

14.48 Dada a seguinte função de transferência de tensão:

$$H(s) = \frac{V_o}{V_i} = \frac{25 \times 10^6}{s^2 + 1.000s + 25 \times 10^6}.$$

a) Em quais frequências (em radianos por segundo) o módulo da função de transferência é igual à unidade?

b) Em quais frequências o módulo da função de transferência é máximo?

c) Qual é o valor máximo do módulo da função de transferência?

14.49 Examine o circuito RLC em série mostrado na Figura P14.49. Quando a saída é a tensão nos terminais do resistor, sabemos que esse circuito é um filtro passa-faixa. Quando a saída é a tensão na combinação em série do indutor e capacitor, sabemos que esse circuito é um filtro rejeita-faixa. Este problema analisa o comportamento do circuito quando a saída é a tensão nos terminais do indutor.

a) Determine a função de transferência, $H(s) = V_o(s)/V_i(s)$, quando $V_o(s)$ é a tensão no indutor.

b) Determine o módulo da função de transferência na parte (a), para frequências muito baixas.

c) Determine o módulo da função de transferência na parte (a), para frequências muito elevadas.

d) Com base em suas respostas nas partes (b) e (c), que tipo de filtro é esse?

e) Suponha $R = 600\,\Omega$, $L = 400\,\text{mH}$, $C = 2{,}5\,\mu\text{F}$. Calcule a frequência de corte desse filtro, isto é, a frequência em que o módulo da função de transferência é $1/\sqrt{2}$.

Figura P14.49

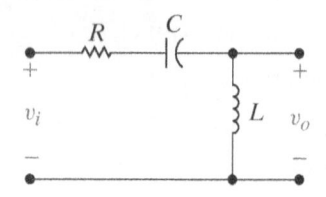

14.50 Repita as partes (a) a (d) do Problema 14.49 para o circuito mostrado na Figura P14.50. Note que a tensão de saída é agora a tensão no capacitor.

Figura P14.50

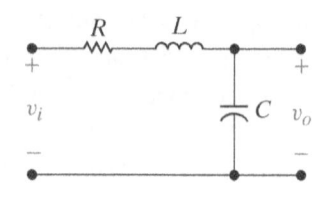

14.51 Projete um filtro passa-faixa RLC em série (veja a Figura 14.27) para detectar o tom de baixa frequência gerado pelo acionamento de uma tecla do telefone mostrado na Figura 14.32.

Perspectiva Prática — Problema de Projeto

a) Calcule os valores de L e C que situam as frequências de corte nos limites da faixa de baixa frequência do DTMF. Observe que a resistência em circuitos telefônicos padronizados é sempre $R = 600\ \Omega$.

b) Qual é a amplitude da saída desse circuito, em cada uma das faixas de baixa frequência, em relação à amplitude de pico do filtro passa-faixa?

c) Qual é a amplitude da saída desse circuito, na frequência mais baixa da faixa de alta frequência?

14.52 Projete um filtro DTMF passa-faixa, para altas frequências, semelhante ao filtro passa-faixa para baixas frequências projetado no Problema 14.51. Não se esqueça de incluir o quarto tom de alta frequência, em 1.633 Hz, em seu projeto. Qual é a amplitude da resposta de seu filtro, em relação aos tons DTMF de baixa frequência?

Perspectiva Prática — Problema de Projeto

14.53 O sinal de 20 Hz que aciona a campainha de um telefone tem de ter uma amplitude muito grande, para produzir um sinal suficientemente alto. Qual é a relação máxima entre a amplitude do sinal da campainha e a dos sinais de baixa frequência do sistema DTMF, de forma que a resposta do filtro no Problema 14.51 seja no máximo igual à metade da amplitude de qualquer dos sinais do sistema DTMF?

Perspectiva Prática — Problema de Projeto

Capítulo 15

Filtros ativos

SUMÁRIO DO CAPÍTULO

15.1 Filtros ativos passa-baixas e passa-altas de primeira ordem
15.2 Mudança de escala
15.3 Filtros ativos passa-faixa e rejeita-faixa
15.4 Filtros ativos de ordem superior
15.5 Filtros ativos passa-faixa e rejeita-faixa de banda estreita

OBJETIVOS DO CAPÍTULO

1. Conhecer os circuitos com amplificadores operacionais que se comportam como filtros passa-baixas e passa-altas de primeira ordem e saber calcular os valores dos componentes para que esses circuitos atendam às especificações de frequência de corte e ganho na faixa de passagem.
2. Saber projetar filtros ativos a partir de protótipos e usar mudanças de escala para conseguir as características desejadas.
3. Entender como usar filtros Butterworth de primeira e segunda ordens em cascata para implementar filtros passa-baixas, passa-altas, passa-faixa e rejeita-faixa de qualquer ordem.
4. Saber usar as equações de projeto para calcular os valores dos componentes para filtros protótipos de faixa estreita, passa-faixa e rejeita-faixa que atendam às especificações desejadas.

Até aqui, examinamos somente circuitos de filtros passivos, isto é, circuitos que consistem em resistores, indutores e capacitores. Entretanto, há áreas de aplicação nas quais os circuitos ativos, aqueles que empregam amplificadores operacionais, têm algumas vantagens em relação aos passivos. Por exemplo, circuitos ativos podem produzir filtros passa-faixa e rejeita-faixa sem usar indutores. Isso é desejável porque, de modo geral, indutores são grandes, pesados e caros e podem introduzir efeitos eletromagnéticos que comprometem as características desejadas da resposta de frequência.

Examine as funções de transferência de todos os filtros do Capítulo 14 e verá que a amplitude máxima não excede 1. Ainda que filtros passivos possam realizar amplificação de tensão e corrente na frequência de ressonância, de modo geral não são capazes de amplificar, pois a amplitude da saída não excede a da entrada. Essa observação não surpreende, pois muitas das funções de transferência no Capítulo 14 foram derivadas usando-se divisão de tensão ou corrente. Filtros ativos permitem um controle da amplificação, característica não disponível em filtros passivos.

Por fim, lembre-se de que a frequência de corte e o ganho na faixa de passagem de filtros passivos foram alterados com a adição de uma carga resistiva na saída do filtro. Isso não acontece com filtros ativos, em razão das propriedades dos amplificadores operacionais. Assim, usamos circuitos ativos para implementar projetos de filtros quando ganho, variação de carga e tamanho físico são parâmetros importantes nas especificações de projeto.

Neste capítulo, estudaremos alguns dos muitos circuitos de filtros que empregam amplificadores operacionais. Como veremos, esses circuitos superam as desvantagens dos circuitos passivos. Além disso, mostraremos como os filtros ativos básicos podem ser combinados para obtermos respostas de frequência específicas e conseguirmos uma resposta mais próxima da ideal. Observe que, neste capítulo, admitimos que todo amplificador operacional seja ideal.

Perspectiva prática

Controle de volume de graves

Neste capítulo, continuamos a estudar circuitos de seleção de frequências. Como descrevemos no Capítulo 14, isso significa que o comportamento do circuito depende da frequência de sua entrada senoidal. A maioria dos circuitos apresentados aqui pertence a uma das quatro categorias identificadas no capítulo anterior — filtros passa-baixas, passa-altas, passa-faixa e rejeita-faixa. Contudo, enquanto os circuitos no Capítulo 14 foram construídos usando-se fontes, resistores, capacitores e indutores, os circuitos deste capítulo empregam amplificadores operacionais. Logo conheceremos as vantagens obtidas com um filtro em cuja construção utilizam-se amplificadores operacionais.

Sistemas eletrônicos de áudio como rádios, toca-fitas e toca-CDs costumam apresentar controles de volume separados denominados agudos (*treble*) e graves (*bass*). Esses controles permitem que o usuário selecione o volume de sinais de áudio de alta frequência (agudos) independentemente do volume de sinais de áudio de baixa frequência (graves). A capacidade de ajustar de forma independente a quantidade de amplificação ou atenuação nessas duas faixas de frequência permite que o ouvinte ajuste o som com mais precisão do que se existisse um único controle de volume. Daí esses circuitos de controle serem chamados de circuitos de controle de tom.

O exemplo da *Perspectiva prática* no final deste capítulo apresenta um circuito que implementa o controle de volume de graves usando um único amplificador operacional com resistores e capacitores. Um resistor ajustável prové o controle necessário para a amplificação na faixa de frequência dos graves.

Dana Hoff / Beateworks / Corbis

15.1 Filtros ativos passa-baixas e passa-altas de primeira ordem

Tomemos o circuito da Figura 15.1. Do ponto de vista qualitativo, quando a frequência da fonte varia, somente a impedância do capacitor é afetada. Em frequências muito baixas, o capacitor funciona como um circuito aberto enquanto o circuito amp op funciona como um amplificador com um ganho de $-R_2/R_1$. Em frequências muito altas, o capacitor funciona como um curto-circuito, ligando a saída do amp op à terra. Assim, o circuito da Figura 15.1 funciona como um filtro passa-baixas com um ganho na faixa de passagem de $-R_2/R_1$.

Para confirmar essa avaliação qualitativa, podemos calcular a função de transferência $H(s) = V_o(s)/V_i(s)$. Observe que o circuito na Figura 15.1 tem a forma do circuito genérico da Figura 15.2, no qual a impedância de entrada (Z_i) é o resistor R_1, e a impedância de realimentação (Z_f) é a combinação em paralelo do resistor R_2 e do capacitor C.

Como o circuito da Figura 15.2 é análogo ao circuito amplificador inversor do Capítulo 5, sua função de transferência é $-Z_f/Z_i$. Assim, a função de transferência do circuito da Figura 15.1 é

Figura 15.1 Filtro ativo passa-baixas de primeira ordem.

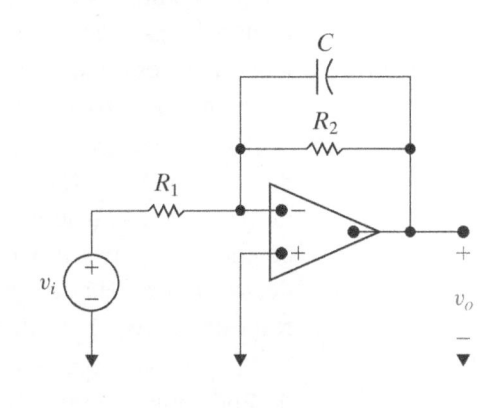

Figura 15.2 Esquema genérico de um circuito com um amplificador.

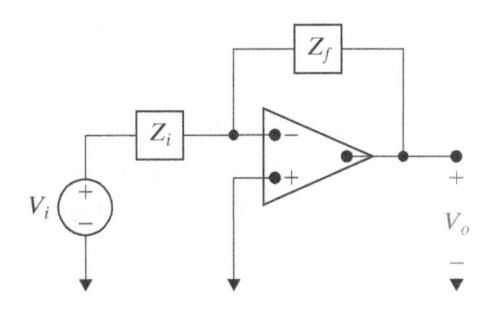

$$H(s) = \frac{-Z_f}{Z_i}$$

$$= \frac{-R_2 \| \left(\dfrac{1}{sC}\right)}{R_1}$$

$$= -K\frac{\omega_c}{s + \omega_c}, \quad (15.1)$$

em que

$$K = \frac{R_2}{R_1}, \quad (15.2)$$

e

$$\omega_c = \frac{1}{R_2 C}. \quad (15.3)$$

Observe que a Equação 15.1 tem a mesma forma da equação geral para filtros passa-baixas dada no Capítulo 14, com uma importante exceção: o ganho na faixa de passagem, K, é determinado pela razão R_2/R_1. Assim, um filtro ativo passa-baixas permite que seu ganho na faixa de passagem e sua frequência de corte sejam especificados de modo independente.

Uma observação sobre gráficos de resposta de frequência

Os gráficos de resposta de frequência, apresentados no Capítulo 14, proporcionam valiosa percepção sobre o funcionamento de um filtro. Por isso, faremos uso extensivo de gráficos de resposta de frequência também neste capítulo. Esses gráficos no Capítulo 14 eram duplos — um gráfico do módulo da função de transferência em função da frequência e um gráfico do ângulo de fase (em graus) da função de transferência em função da frequência. Quando usamos ambos os gráficos, normalmente eles são sobrepostos, de maneira que possam compartilhar o mesmo eixo de frequência.

Neste capítulo, usamos um tipo especial de gráfico de resposta de frequência denominado **diagrama de Bode**. Os detalhes desse diagrama são discutidos no Apêndice E, que inclui informações detalhadas sobre como construí-los manualmente. Como é provável que você use um computador para construir diagramas de Bode, resumimos aqui as características especiais desses gráficos. Há duas diferenças importantes entre os diagramas de Bode e os gráficos de resposta de frequência do Capítulo 14.

A primeira é que, em vez de usar um eixo linear para os valores da frequência, um diagrama de Bode utiliza um eixo logarítmico, o que permite a representação gráfica de uma faixa mais ampla de frequências de interesse. Normalmente, representamos três ou quatro décadas de frequências, por exemplo, de 10^2 rad/s a 10^6 rad/s, ou 1 kHz a 1 MHz, escolhendo a faixa de frequências na qual as características da função de transferência estão variando. Se construirmos diagramas de Bode do módulo e do ângulo de fase, eles também vão compartilhar o eixo da frequência.

A segunda diferença é que, em vez de representar diretamente o módulo da função de transferência em função da frequência, o diagrama de Bode representa o módulo em decibéis (dB) em função do logaritmo da frequência. O decibel é discutido no Apêndice D. Em resumo, se o módulo da função de transferência for $|H(j\omega)|$, seu valor em dB será dado por

$$A_{dB} = 20 \log_{10} |H(j\omega)|.$$

É importante lembrar que, embora $|H(j\omega)|$ seja uma quantidade positiva, A_{dB} é uma quantidade que pode assumir valores negativos. Quando $A_{dB} = 0$, o módulo da função de transferência é 1, visto que $20 \log_{10}(1) = 0$. Quando $A_{dB} < 0$, o módulo da função de transferência está entre 0 e 1, e quando $A_{dB} > 0$, o módulo da função de transferência é maior do que 1. Por fim, observe que

$$20 \log_{10}|1/\sqrt{2}| = -3 \text{ dB}.$$

Lembre-se de que definimos a frequência de corte de filtros determinando a frequência em que o valor máximo do módulo da função de transferência era reduzido em $1/\sqrt{2}$. Se traduzirmos essa definição para o módulo em dB, definimos a frequência de corte de um filtro determinando a frequência em que o máximo módulo da função de transferência em dB reduz-se em 3 dB. Por exemplo, se o módulo da função de transferência de um filtro passa-baixas em sua faixa de passagem for 26 dB, o valor usado para determinar a frequência de corte será $26 - 3 = 23$ dB.

O Exemplo 15.1 ilustra o projeto de um filtro ativo passa-baixas de primeira ordem que deve atender às especificações desejadas de ganho na faixa de passagem e frequência de corte, além de ilustrar um diagrama de Bode do módulo da função de transferência do filtro.

EXEMPLO 15.1 Projeto de um filtro ativo passa-baixas.

Usando o circuito mostrado na Figura 15.1, calcule valores de C e R_2 para que, junto com $R_1 = 1 \Omega$, ele funcione como um filtro passa-baixas com um ganho na faixa de passagem de 1 e uma frequência de corte de 1 rad/s. Determine a função de transferência para esse filtro e use-a para desenhar um diagrama de Bode da amplitude da resposta de frequência do filtro.

Solução

A Equação 15.2 expressa o ganho na faixa de passagem em termos de R_1 e R_2 e, assim, permite calcular o valor de R_2:

$$R_2 = KR_1$$
$$= (1)(1)$$
$$= 1\ \Omega.$$

Então, a Equação 15.3 permite calcular C para a frequência de corte especificada:

$$C = \frac{1}{R_2 \omega_c}$$
$$= \frac{1}{(1)(1)}$$
$$= 1\ \text{F}.$$

A função de transferência para o filtro passa-baixas é dada pela Equação 15.1:

$$H(s) = -K\frac{\omega_c}{s + \omega_c}$$
$$= \frac{-1}{s + 1}.$$

O diagrama de Bode de $|H(j\omega)|$ é mostrado na Figura 15.3. Esse circuito é denominado filtro **protótipo** passa-baixas ativo, já que usa um resistor de valor 1 Ω e um capacitor de valor 1 F e tem uma frequência de corte de 1 rad/s. Como veremos na próxima seção, filtros protótipos são úteis como ponto de partida para o projeto de filtros com valores mais realistas de componentes para se obter a resposta de frequência desejada.

Figura 15.3 Diagrama de Bode do módulo da função de transferência do filtro ativo passa-baixas do Exemplo 15.1.

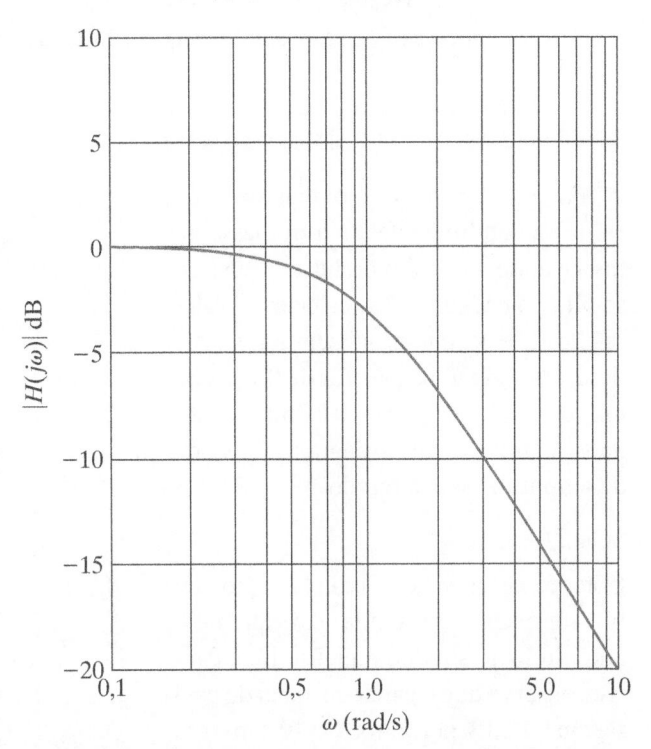

Você pode ter reconhecido o circuito na Figura 15.1 como o circuito amplificador integrador apresentado no Capítulo 7. Eles são realmente o mesmo circuito e, portanto, a integração no domínio do tempo corresponde à filtragem passa-baixas no domínio da frequência. Essa relação entre integração e filtragem passa-baixas é confirmada também pela transformada operacional de Laplace para integração deduzida no Capítulo 12.

O circuito da Figura 15.4 é um filtro passa-altas de primeira ordem. Esse circuito também tem a forma geral daquele da Figura 15.2, mas, agora, a impedância do circuito de entrada é a combinação em série de R_1 e C, e a impedância do circuito de realimentação é o resistor R_2.

Figura 15.4 Filtro ativo passa-altas de primeira ordem.

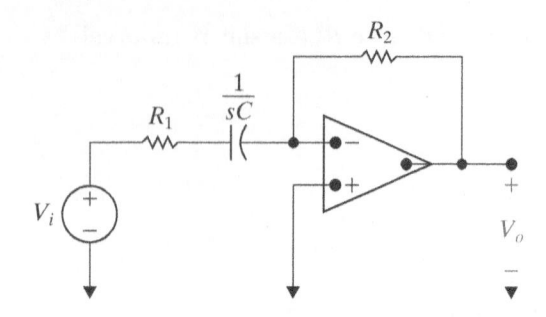

Assim, a função de transferência para o circuito na Figura 15.4 é

$$H(s) = \frac{-Z_f}{Z_i} = \frac{-R_2}{R_1 + \frac{1}{sC}} = -K\frac{s}{s + \omega_c}, \qquad (15.4)$$

em que

$$K = \frac{R_2}{R_1}, \qquad (15.5)$$

e

$$\omega_c = \frac{1}{R_1 C}. \qquad (15.6)$$

Novamente, a forma da função de transferência dada na Equação 15.4 é a mesma que a dada na Equação 14.20, que é a equação dos filtros passivos passa-altas, com uma diferença importante: como um filtro ativo, seu ganho na faixa de passagem pode ser maior do que 1.

O Exemplo 15.2 analisa o projeto de um filtro ativo passa-altas que deve atender às especificações de resposta de frequência de determinado diagrama de Bode.

EXEMPLO 15.2 Projeto de um filtro amp op passa-altas.

A Figura 15.5 mostra o diagrama de Bode da amplitude de um filtro passa-altas. Usando o circuito do filtro ativo passa-altas da Figura 15.4, calcule os valores de R_1 e R_2 que produzem a resposta desejada. Use um capacitor de 0,1 μF. Se um resistor de carga de 10 kΩ for adicionado ao filtro, como o diagrama de Bode da amplitude será alterado?

Figura 15.5 Diagrama de Bode da amplitude do filtro passa-altas para o Exemplo 15.2.

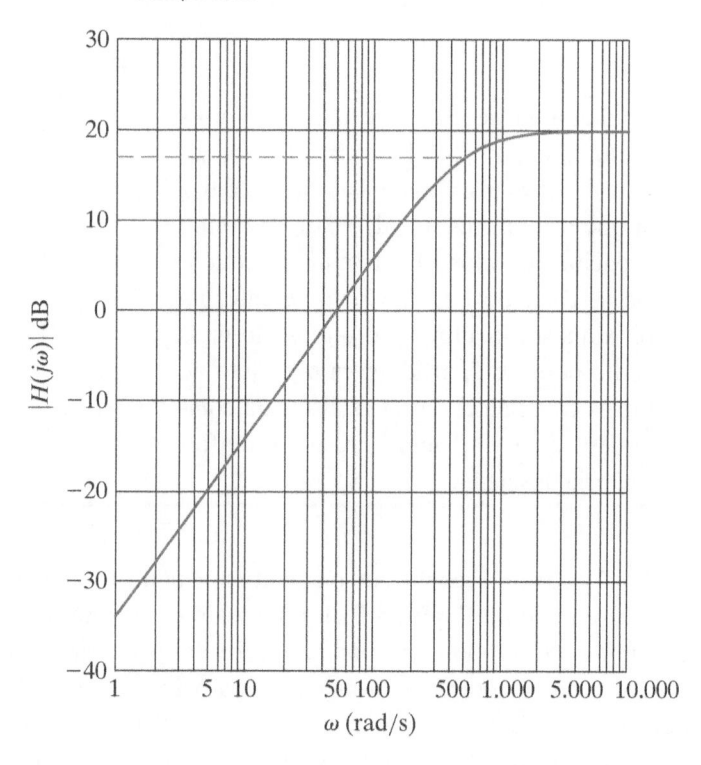

Solução

Comece escrevendo uma função de transferência que tenha o gráfico de amplitude mostrado na Figura 15.5. Para isso, observe que o ganho na faixa de passagem é 20 dB; portanto, $K = 10$. Observe também que a queda de 3 dB em relação ao ganho na faixa de passagem ocorre em 500 rad/s. A Equação 15.4 representa a função de transferência geral para um filtro passa-altas e, portanto, a função de transferência cujo diagrama de Bode da amplitude se vê na Figura 15.5 é

$$H(s) = \frac{-10s}{s + 500}.$$

Igualando essa expressão à Equação 15.4, podemos obter os valores de R_1 e R_2:

$$H(s) = \frac{-10s}{s + 500} = \frac{-(R_2/R_1)s}{s + (1/R_1C)}.$$

Igualando numeradores e denominadores e, então, simplificando, obtemos duas equações:

$$10 = \frac{R_2}{R_1}, \quad 500 = \frac{1}{R_1C}.$$

Usando o valor especificado de C (0,1 μF), determinamos

$$R_1 = 20 \text{ k}\Omega, R_2 = 200 \text{ k}\Omega.$$

O circuito resultante é mostrado na Figura 15.6. Como partimos da premissa de que o amplificador operacional nesse circuito de filtro passa-altas é ideal, a adição de qualquer resistor de carga, independentemente de sua resistência, não tem nenhum efeito sobre seu comportamento. Assim, a curva de amplitude de um filtro passa-altas com um resistor de carga é a mesma que a de um filtro passa-altas sem um resistor de carga, conforme mostrado na Figura 15.5.

Figura 15.6 Filtro ativo passa-altas para o Exemplo 15.2.

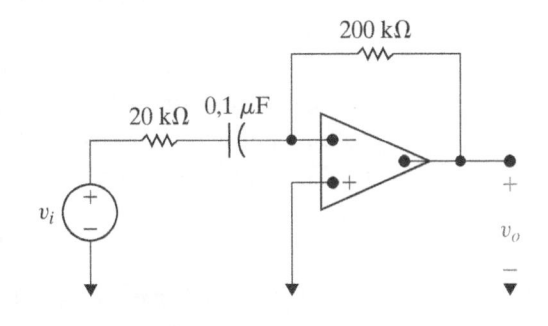

PROBLEMAS PARA AVALIAÇÃO

Objetivo 1 Conhecer os circuitos com amplificadores operacionais que se comportam como filtros passa-baixas e passa-altas de primeira ordem e saber calcular os valores de seus componentes.

15.1 Calcule os valores de R_2 e C de um filtro passa-altas com ganho na faixa de passagem de 1 e uma frequência de corte de 1 rad/s, se R_1 for 1 Ω. (*Observação:* esse é o filtro protótipo passa-altas ativo.)
Resposta: $R_2 = 1 \ \Omega, C = 1$ F.

15.2 Calcule o valor dos resistores para que o filtro passa-baixas na Figura 15.1 tenha a função de transferência

$$H(s) = \frac{-20.000}{s + 5.000}.$$

Use um capacitor de 5 μF.
Resposta: $R_1 = 10 \ \Omega, R_2 = 40 \ \Omega$.

NOTA: tente resolver também os problemas 15.1 e 15.8, apresentados no final deste capítulo.

15.2 Mudança de escala

No projeto e análise de circuitos de filtros passivos e ativos é conveniente trabalhar com valores de elementos como 1 Ω, 1 H e 1 F. Embora esses valores não sejam realistas, simplificam muito os cálculos. Depois de fazer cálculos usando valores convenientes de R, L e C, o projetista pode transformar os valores convenientes em valores realistas usando um processo denominado **mudança de escala**.

Há dois tipos de mudança de escala: a de **amplitude** e a de **frequência**. Alteramos a escala de amplitude de um circuito multiplicando sua impedância a uma dada frequência por um fator de escala k_a. Assim, multiplicamos todos os resistores e indutores por k_a e todos os capacitores por $1/k_a$. Se representarmos os valores iniciais dos componentes por R, L e C e os valores dos componentes depois da mudança de escala por R', L' e C', teremos:

$$R' = k_a R, \quad L' = k_a L \quad \text{e} \quad C' = C/k_a. \tag{15.7}$$

Observe que k_a é, por definição, um número real positivo que pode ser maior ou menor do que 1.

Para mudar a escala de frequência, mudamos os parâmetros do circuito de modo que, na nova frequência, a impedância de cada elemento seja a mesma que era na frequência original. Como admitimos que os valores de resistência sejam independentes da frequência, os resistores não são afetados pela mudança da escala de frequência. Se denominarmos o fator de escala de frequência k_f, tanto os indutores quanto os capacitores são multiplicados por $1/k_f$. Desse modo, para mudar a escala de frequência, fazemos

$$R' = k_f R, \quad L' = L_f/k_f \quad \text{e} \quad C' = C/k_f. \tag{15.8}$$

O fator de escala de frequência, k_f, também é um número real positivo que pode ser menor ou maior do que a unidade.

A escala de um circuito pode ser mudada em amplitude e frequência simultaneamente. Os valores alterados em termos dos valores originais são

▶ **Fatores de escala de componentes**

$$R' = k_a R,$$
$$L' = \frac{k_a}{k_f} L,$$
$$C' = \frac{1}{k_a k_f} C. \tag{15.9}$$

Utilização da mudança de escala no projeto de filtros ativos

Para usar o conceito de mudança de escala no projeto de filtros ativos, faça, em primeiro lugar, a frequência de corte, ω_c (se estiver projetando filtros passa-baixas ou passa-altas), ou a frequência central, ω_o (se estiver projetando filtros passa-faixa ou rejeita-faixa), igual a 1 rad/s. Em seguida, selecione um capacitor de 1 F e calcule os valores dos resistores necessários para determinado ganho na faixa de passagem e para que a frequência de corte ou a frequência central seja 1 rad/s. Por fim, use a mudança de escala para calcular valores mais realistas dos componentes para a frequência de corte ou a frequência central desejada.

O Exemplo 15.3 ilustra o processo de mudança de escala em geral e o Exemplo 15.4, a utilização da mudança de escala no projeto de um filtro passa-baixas.

EXEMPLO 15.3 Mudança de escala de um circuito *RLC* em série.

O circuito *RLC* em série mostrado na Figura 15.7 tem uma frequência central de $\sqrt{1/LC} = 1$ rad/s, uma largura de faixa de $R/L = 1$ rad/s e, portanto, um fator de qualidade de 1. Use a mudança de escala para calcular novos valores de R e L para que o circuito tenha o mesmo fator de qualidade e uma frequência central de 500 Hz. Use um capacitor de 2 μF.

Solução

Comece calculando o fator de escala que vai alterar a frequência central de 1 rad/s para 500 Hz. Os valores originais representam valores antes da mudança de escala, enquanto os valores alterados representam aqueles após a mudança de escala.

Figura 15.7 Circuito *RLC* em série para o Exemplo 15.3.

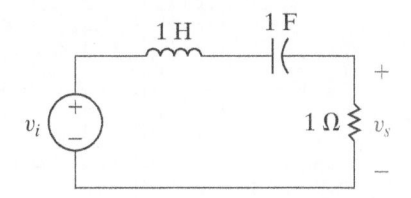

$$k_f = \frac{\omega_o'}{\omega_o} = \frac{2\pi(500)}{1} = 3.141{,}59.$$

Agora, use a Equação 15.9 para calcular o fator de escala da amplitude que, junto com o fator de escala da frequência, leve a um valor de capacitância de 2 μF:

$$k_a = \frac{1}{k_f}\frac{C}{C'} = \frac{1}{(3.141{,}59)(2 \times 10^{-6})} = 159{,}155.$$

Use a Equação 15.9 mais uma vez para calcular os novos valores de R e L:

$$R' = k_a R = 159{,}155 \; \Omega,$$

$$L' = \frac{k_a}{k_f} L = 50{,}66 \text{ mH}.$$

Com esses valores dos componentes, a frequência central do circuito *RLC* em série é de $\sqrt{1/LC} = 3.141{,}61$ rad/s ou 500 Hz, e a largura de faixa é de $R/L = 3.141{,}61$ rad/s ou 500 Hz; assim, o fator de qualidade ainda é 1.

EXEMPLO 15.4 Mudança de escala de um filtro protótipo passa-baixas ativo.

Use o filtro protótipo passa-baixas ativo do Exemplo 15.1, com uma mudança de escala de amplitude e frequência, para calcular os valores de resistores para um filtro passa-baixas com um ganho de 5, uma frequência de corte de 1.000 Hz e um capacitor de realimentação de 0,01 μF. Construa um diagrama de Bode do módulo da função de transferência resultante.

Solução

Para começar, use uma mudança de escala de frequência para localizar a frequência de corte em 1.000 Hz:

$$k_f = \omega_c'/\omega_c = 2\pi(1.000)/1 = 6.283{,}185,$$

em que a variável alterada assume o novo valor e a variável original tem o valor antigo da frequência de corte. Então, calcule o fator de escala da amplitude que, em associação com $k_f = 6.283{,}185$, levará a um valor de capacitância de 0,01 μF:

$$k_a = \frac{1}{k_f}\frac{C}{C'} = \frac{1}{(6.283{,}185)(10^{-8})} = 15.915{,}5.$$

Como os valores dos resistores são afetados somente pela mudança de escala da amplitude,

$$R'_1 = R'_2 = k_a R = (15.915,5)(1) = 15.915,5 \ \Omega.$$

Figura 15.8 Diagrama de Bode do módulo da função de transferência do filtro ativo passa-baixas do Exemplo 15.4.

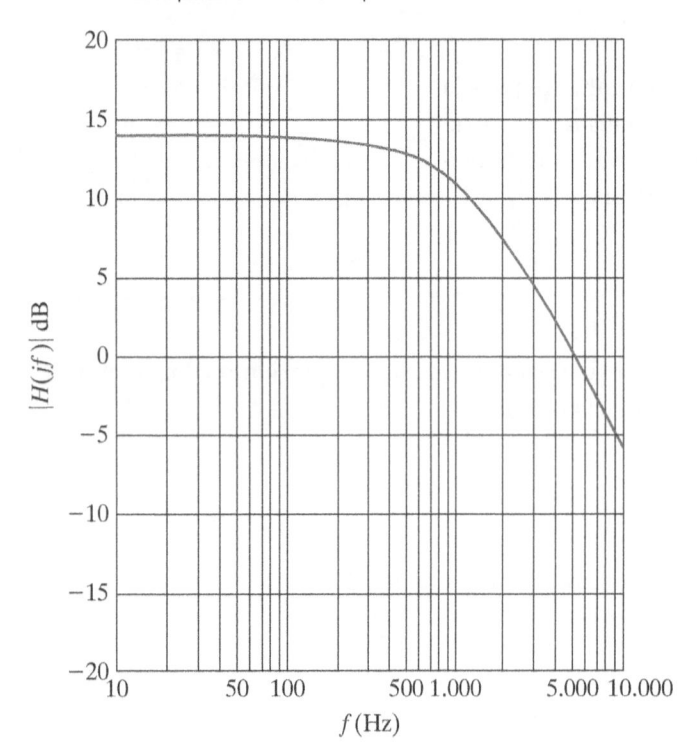

Por fim, precisamos satisfazer a especificação do ganho na faixa de passagem. Podemos ajustar o valor tanto de R_1 quanto de R_2, já que $K = R_2/R_1$. Se ajustarmos R_2, mudaremos a frequência de corte porque $\omega_c = 1/R_2 C$. Assim, devemos ajustar o valor de R_1 para alterar apenas o ganho na faixa de passagem:

$$R_1 = R_2/K = (15.915,5)/(5) = 3.183,1 \ \Omega.$$

Os valores finais dos componentes são

$$R_1 = 3.183,1 \ \Omega, R_2 = 15.915,5 \ \Omega,$$
$$C = 0,01 \ \mu F.$$

A função de transferência do filtro é dada por

$$H(s) = \frac{-31.415,93}{s + 6.283,185}.$$

O diagrama de Bode do módulo dessa função de transferência é mostrado na Figura 15.8.

PROBLEMA PARA AVALIAÇÃO

Objetivo 2 Saber projetar filtros ativos a partir de protótipos e usar mudanças de escala para conseguir as características desejadas.

15.3 Quais fatores de escala de amplitude e frequência vão transformar o filtro protótipo passa-altas em um filtro passa-altas com um capacitor de 0,5 μF e uma frequência de corte de 10 kHz?

Resposta: $k_f = 62.831,85, k_a = 31,831.$

NOTA: tente resolver também os problemas 15.15 e 15.16, apresentados no final deste capítulo.

15.3 Filtros ativos passa-faixa e rejeita-faixa

Passamos, agora, à análise e ao projeto de circuitos ativos que se comportam como filtros passa-faixa e rejeita-faixa. Embora haja uma ampla variedade desses circuitos, nossa abordagem inicial é motivada pela construção do diagrama de Bode mostrado na Figura 15.9. Podemos ver, pelo gráfico, que o filtro passa-faixa consiste em três blocos separados:

1. Um filtro passa-baixas de ganho unitário, cuja frequência de corte é ω_{c2}, a maior das duas frequências de corte;
2. Um filtro passa-altas de ganho unitário, cuja frequência de corte, ω_{c1}, é a menor das duas frequências de corte;
3. Um amplificador cujo fator de amplificação é igual ao ganho desejado na faixa de passagem.

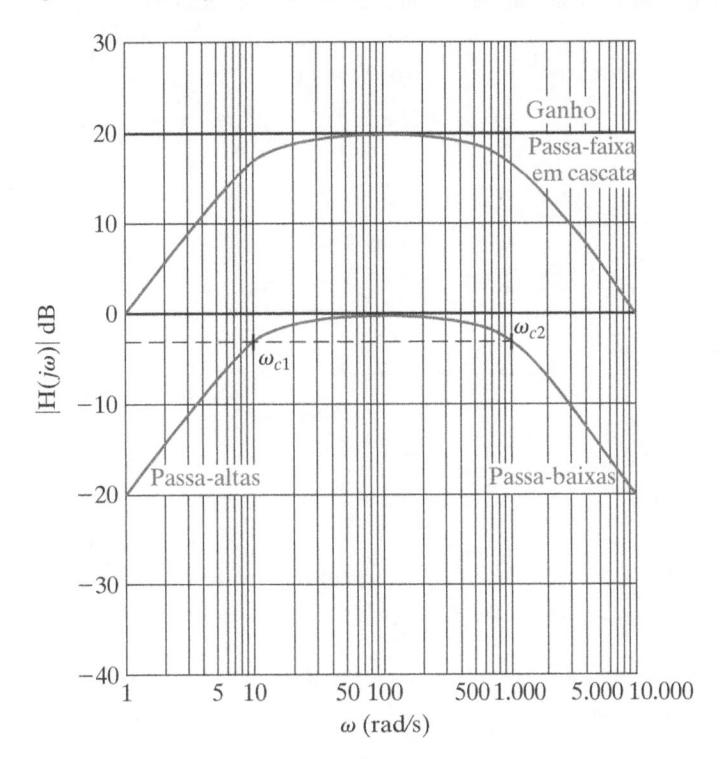

Figura 15.9 Construção do diagrama de Bode da amplitude de um filtro passa-faixa.

Esses três blocos devem ser ligados em cascata. Eles se combinam aditivamente na construção do diagrama de Bode e, portanto, vão se combinar multiplicativamente no domínio da frequência. É importante observar que esse método de projeto de um filtro passa-faixa supõe que a frequência de corte inferior (ω_{c1}) seja menor do que a superior (ω_{c2}). O filtro resultante é denominado filtro passa-faixa de **banda larga**, porque a faixa de frequência dos sinais que por ele passam é larga. Formalmente, um filtro de banda larga é definido de forma que as duas frequências de corte satisfaçam a equação

$$\frac{\omega_{c2}}{\omega_{c1}} \geq 2.$$

Como ilustrado pela construção do diagrama de Bode na Figura 15.9, precisamos que a amplitude do filtro passa-altas seja unitária na frequência de corte do filtro passa-baixas e que a amplitude do filtro passa-baixas seja unitária na frequência de corte do filtro passa-altas. Então, o filtro passa-faixa terá as frequências de corte especificadas pelos filtros passa-baixas e passa-altas. Precisamos determinar a relação entre ω_{c1} e ω_{c2} que satisfaça os requisitos ilustrados na Figura 15.9.

Podemos construir um circuito que contenha os três blocos mencionados organizando, em cascata, um filtro ativo passa-baixas, um filtro ativo passa-altas e um amplificador inversor (veja a Seção 5.3), como mostra a Figura 15.10(a). Essa figura é denominada **diagrama de blocos**. Cada bloco representa um componente ou subcircuito e a saída de um bloco é a entrada do seguinte, no sentido indicado. Desejamos determinar a relação entre ω_{c1} e ω_{c2} que permitirá que cada subcircuito seja projetado independentemente, sem termos de nos preocupar com os outros subcircuitos na cascata. Então, o projeto do filtro passa-faixa é reduzido ao projeto de um filtro passa-baixas de primeira ordem de ganho unitário, um filtro passa-altas de primeira ordem de ganho unitário e um amplificador inversor sendo, cada um dos quais, um circuito simples.

Figura 15.10 Filtro ativo passa-faixa em cascata. (a) Diagrama de blocos. (b) Circuito.

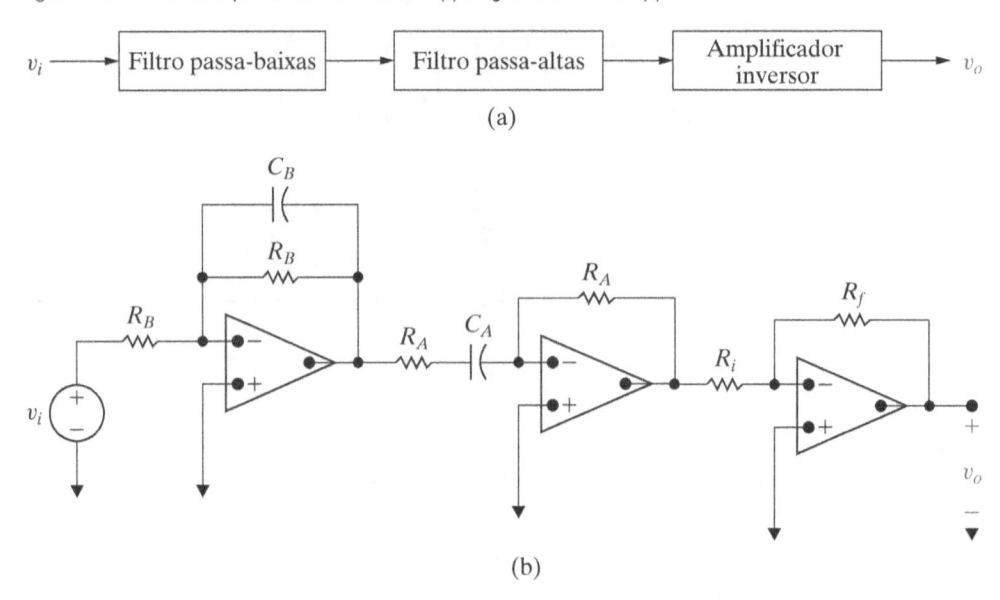

A função de transferência do filtro passa-faixa é o produto das funções de transferência dos três blocos em cascata:

$$H(s) = \frac{V_o}{V_i}$$

$$= \left(\frac{-\omega_{c2}}{s + \omega_{c2}}\right)\left(\frac{-s}{s + \omega_{c1}}\right)\left(\frac{-R_f}{R_i}\right)$$

$$= \frac{-K\omega_{c2}s}{(s + \omega_{c1})(s + \omega_{c2})}$$

$$= \frac{-K\omega_{c2}s}{s^2 + (\omega_{c1} + \omega_{c2})s + \omega_{c1}\omega_{c2}}. \tag{15.10}$$

Observamos imediatamente que a Equação 15.10 não está na forma padrão para a função de transferência de um filtro passa-faixa discutido no Capítulo 14, ou seja,

$$H_{BP} = \frac{\beta s}{s^2 + \beta s + \omega_o^2}.$$

Para converter a Equação 15.10 para a forma padrão da função de transferência de um filtro passa-faixa, precisamos que

$$\omega_{c2} \gg \omega_{c1}. \tag{15.11}$$

Quando a Equação 15.11 é válida,

$$(\omega_{c1} + \omega_{c2}) \approx \omega_{c2},$$

e a função de transferência para o filtro passa-faixa em cascata (Equação 15.10) torna-se

$$H(s) = \frac{-K\omega_{c2}s}{s^2 + \omega_{c2}s + \omega_{c1}\omega_{c2}}.$$

Uma vez confirmado que a Equação 15.11 é válida para as frequências de corte especificadas para o filtro passa-faixa desejado, podemos projetar cada estágio do circuito em cascata independentemente e cumprir as especificações do filtro. Calculamos os valores de R_B e C_B no filtro passa-baixas para obter a frequência de corte superior desejada, ω_{c2}:

$$\omega_{c2} = \frac{1}{R_B C_B}. \tag{15.12}$$

Calculamos os valores de R_A e C_A no filtro passa-altas para obter a frequência de corte inferior desejada, ω_{c1}:

$$\omega_{c1} = \frac{1}{R_A C_A}. \tag{15.13}$$

Agora, calculamos os valores de R_i e R_f no amplificador inversor para obtermos o ganho desejado na faixa de passagem. Para tal, analisamos o módulo da função de transferência do filtro passa-faixa, na frequência central, ω_o:

$$|H(j\omega_o)| = \left| \frac{-K\omega_{c2}(j\omega_o)}{(j\omega_o)^2 + \omega_{c2}(j\omega_o) + \omega_{c1}\omega_{c2}} \right|$$

$$= \frac{K\omega_{c2}}{\omega_{c2}}$$

$$= K. \tag{15.14}$$

Lembre-se de que, no Capítulo 5, aprendemos que o ganho do amplificador inversor é R_f/R_i. Dessa forma,

$$|H(j\omega_o)| = \frac{R_f}{R_i}. \tag{15.15}$$

Qualquer escolha de resistores que satisfaça a Equação 15.15 produzirá o ganho desejado na faixa de passagem.

O Exemplo 15.5 ilustra o projeto de um filtro passa-faixa em cascata.

EXEMPLO 15.5 Projeto de um filtro ativo passa-faixa de banda larga.

Projete um filtro passa-faixa para um equalizador gráfico com fator de amplificação igual a 2 dentro da faixa de frequências entre 100 e 10.000 Hz. Use capacitores de 0,2 μF.

Solução

Só podemos projetar cada subcircuito e obedecer aos valores especificados da frequência de corte se a Equação 15.11 for válida. Nesse caso, $\omega_{c2} = 100\omega_{c1}$ e, portanto, podemos dizer que $\omega_{c2} \gg \omega_{c1}$.

Começamos com o bloco passa-baixas. Pela Equação 15.12,

$$\omega_{c2} = \frac{1}{R_B C_B} = 2\pi(10.000),$$

$$R_B = \frac{1}{[2\pi(10.000)](0,2 \times 10^{-6})}$$

$$\approx 80 \, \Omega.$$

Em seguida, passamos para o bloco passa-altas. Pela Equação 15.13,

$$\omega_{c1} = \frac{1}{R_A C_A} = 2\pi(100),$$

$$R_A = \frac{1}{[2\pi(100)](0,2 \times 10^{-6})}$$

$$\approx 7.958 \, \Omega.$$

Por fim, precisamos do bloco amplificador. Pela Equação 15.15, tendo-se o valor do ganho, o valor de um dos resistores pode ser determinado arbitrariamente. Vamos fazer $R_i = 1$ kΩ. Então, pela Equação 15.15,

$$R_f = 2(1.000),$$

$$= 2.000 \, \Omega = 2 \, k\Omega.$$

O circuito resultante é mostrado na Figura 15.11. Deixamos que você verifique se o módulo da função de transferência desse circuito é reduzido em $1/\sqrt{2}$ em ambas as frequências de corte, comprovando a validade da hipótese $\omega_{c2} \gg \omega_{c1}$.

Figura 15.11 Filtro ativo passa-faixa projetado no Exemplo 15.5.

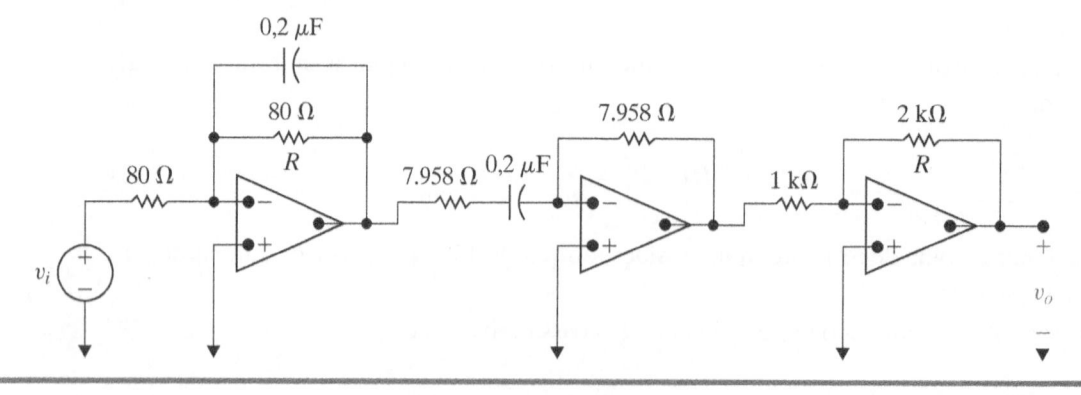

Podemos usar o conceito de diagrama de blocos também para o projeto de filtros ativos rejeita-faixa, como ilustrado na Figura 15.12. Assim como o filtro passa-faixa, o filtro rejeita-faixa consiste em três blocos distintos. Entretanto, há diferenças importantes:

1. O filtro passa-baixas de ganho unitário tem uma frequência de corte ω_{c1}, que é a menor das duas frequências de corte.

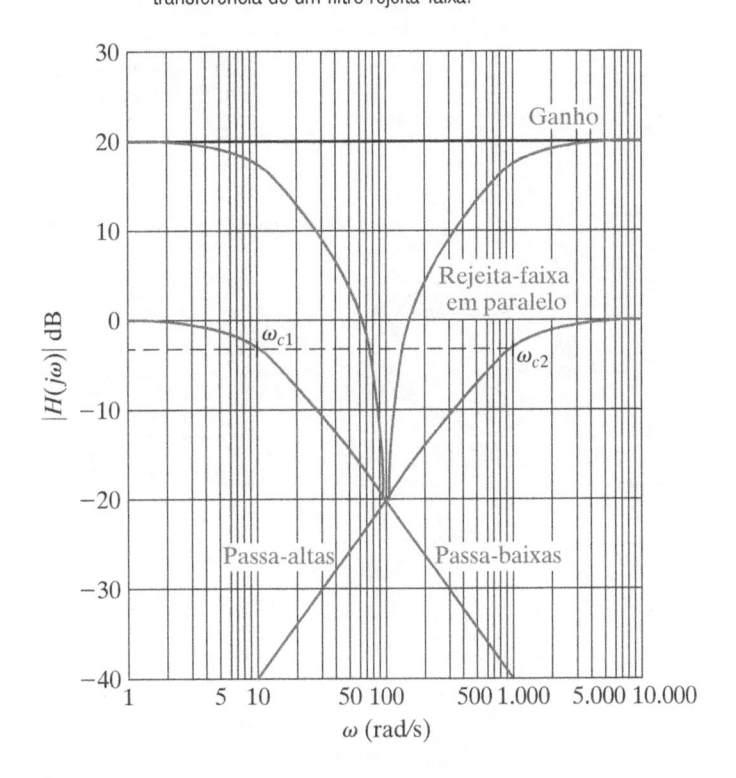

Figura 15.12 Construção do diagrama de Bode da amplitude para a função de transferência de um filtro rejeita-faixa.

2. O filtro passa-altas de ganho unitário tem uma frequência de corte ω_{c2}, que é a maior das duas frequências de corte.
3. O amplificador determina o ganho desejado na faixa de passagem.

A diferença mais importante é que esses três blocos não podem ser organizados em cascata, pois não se combinam aditivamente no diagrama de Bode. Em vez disso, usamos uma ligação em paralelo e um amplificador somador, como mostrado no diagrama de blocos e no circuito da Figura 15.13. Novamente, admite-se que as duas frequências de corte sejam amplamente separadas, de modo que o projeto resultante seja um filtro rejeita-faixa de banda larga, e $\omega_{c2} \gg \omega_{c1}$. Então, cada bloco em paralelo poderá ser projetado independentemente e, ainda assim, as especificações de frequência de corte serão satisfeitas. A função de transferência do circuito resultante é a soma das funções de transferência dos filtros passa-baixas e passa-altas. Pela Figura 15.13(b),

$$H(s) = \left(-\frac{R_f}{R_i}\right)\left[\frac{-\omega_{c1}}{s + \omega_{c1}} + \frac{-s}{s + \omega_{c2}}\right]$$

$$= \frac{R_f}{R_i}\left(\frac{\omega_{c1}(s + \omega_{c2}) + s(s + \omega_{c1})}{(s + \omega_{c1})(s + \omega_{c2})}\right)$$

$$= \frac{R_f}{R_i}\left(\frac{s^2 + 2\omega_{c1}s + \omega_{c1}\omega_{c2}}{(s + \omega_{c1})(s + \omega_{c2})}\right). \tag{15.16}$$

Figura 15.13 Filtro ativo rejeita-faixa em paralelo. (a) Diagrama de blocos. (b) Circuito.

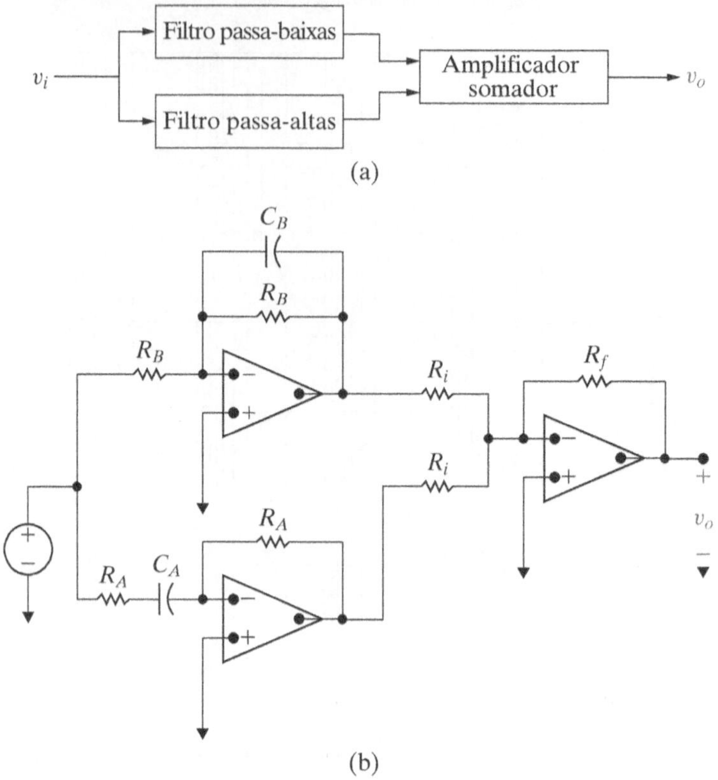

Usando o mesmo raciocínio utilizado para o filtro passa-faixa em cascata, as duas frequências de corte para a função de transferência da Equação 15.16 são ω_{c1} e ω_{c2} somente se $\omega_{c2} \gg \omega_{c1}$. Então, as frequências de corte são dadas pelas equações

$$\omega_{c1} = \frac{1}{R_B C_B}, \tag{15.17}$$

$$\omega_{c2} = \frac{1}{R_A C_A}. \tag{15.18}$$

Nas duas faixas de passagem (quando $s \to 0$ e $s \to \infty$), o ganho da função de transferência é R_f/R_i. Portanto,

$$K = \frac{R_f}{R_i}. \tag{15.19}$$

Como no projeto do filtro passa-faixa em cascata, temos seis incógnitas e três equações. Normalmente, escolhemos valores de capacitores disponíveis no mercado para C_B e C_A. Então, as equações 15.17 e 15.18 permitem-nos calcular R_B e R_A para atender às frequências de corte especificadas. Por fim, escolhemos um valor para R_f ou para R_i e, então, usamos a Equação 15.19 para calcular a outra resistência.

Observe o módulo da função de transferência na Equação 15.16 na frequência central, $\omega_o = \sqrt{\omega_{c1}, \omega_{c2}}$:

$$|H(j\omega_o)| = \left| \frac{R_f}{R_i} \left(\frac{(j\omega_o)^2 + 2\omega_{c1}(j\omega_o) + \omega_{c1}\omega_{c2}}{(j\omega_o)^2 + (\omega_{c1} + \omega_{c2})(j\omega_o) + \omega_{c1}\omega_{c2}} \right) \right|$$

$$= \frac{R_f}{R_i} \frac{2\omega_{c1}}{\omega_{c1} + \omega_{c2}}$$

$$\approx \frac{R_f}{R_i} \frac{2\omega_{c1}}{\omega_{c2}}. \qquad (15.20)$$

Se $\omega_{c2} \gg \omega_{c1}$, então $|H(j\omega_o)| \ll 2R_f/R_i$ (pois $\omega_{c1}/\omega_{c2} \ll 1$) e, portanto, a amplitude na frequência central é muito menor do que na faixa de passagem. Assim, o filtro rejeita-faixa consegue rejeitar frequências próximas da frequência central, confirmando mais uma vez nossa premissa de que a implementação em paralelo serve para projetos de filtros rejeita-faixa de banda larga.

O Exemplo 15.6 ilustra o projeto de um filtro rejeita-faixa em paralelo.

EXEMPLO 15.6 Projeto de um filtro ativo rejeita-faixa de banda larga.

Projete um circuito baseado no filtro ativo da Figura 15.13(b). O diagrama de Bode para a resposta de amplitude desse filtro é mostrado na Figura 15.14. Use capacitores de 0,5 μF em seu projeto.

Solução

Pelo diagrama de Bode da amplitude na Figura 15.14, vemos que o filtro rejeita-faixa tem frequências de corte de 100 rad/s e 2.000 rad/s e um ganho de 3 nas faixas de passagem. Assim, $\omega_{c2} = 20\omega_{c1}$ e, portanto, adotamos a premissa de que $\omega_{c2} \gg \omega_{c1}$. Comece com o filtro protótipo passa-baixas e use uma mudança de escala para atender às especificações para a frequência de corte e para o valor do capacitor. O fator de escala da frequência, k_f, é 100, o que desloca a frequência de corte de 1 rad/s para 100 rad/s. O fator de escala da amplitude, k_a, é 20.000, o que permite a utilização de um capacitor de 0,5 μF. Esses fatores de escala determinam os seguintes valores para os componentes:

$$R_B = 20 \text{ k}\Omega,$$

$$C_B = 0{,}5 \ \mu\text{F}.$$

Figura 15.14 Diagrama de Bode da amplitude para o circuito a ser projetado no Exemplo 15.6.

A frequência de corte resultante do filtro passa-baixas é

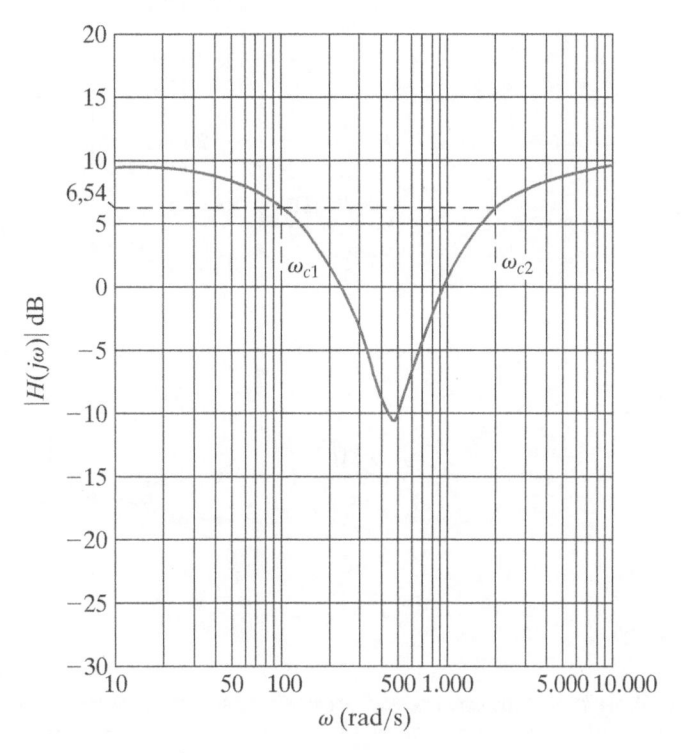

$$\omega_{c1} = \frac{1}{R_B C_B}$$

$$= \frac{1}{(20 \times 10^3)(0{,}5 \times 10^{-6})}$$

$$= 100 \text{ rad/s}.$$

Usamos a mesma abordagem para projetar o filtro passa-altas, começando com o filtro protótipo passa-altas ativo. Nesse caso, o fator de escala da frequência é $k_f = 2.000$ e o fator de escala da amplitude é $k_a = 1.000$, o que resulta nos seguintes valores para os componentes:

$$R_A = 1 \text{ k}\Omega,$$

$$C_A = 0{,}5 \text{ }\mu\text{F}.$$

Por fim, como as frequências de corte são amplamente separadas, podemos usar a razão R_f/R_i para estabelecer o ganho desejado na faixa de passagem de 3. Vamos escolher $R_i = 1 \text{ k}\Omega$, porque já estamos usando essa resistência para R_A. Assim, $R_f = 3 \text{ k}\Omega$ e $K = R_f/R_i = 3.000/1.000 = 3$. O circuito do filtro ativo rejeita-faixa resultante é mostrado na Figura 15.15.

Agora, vamos verificar nossa hipótese de que $\omega_{c2} \gg \omega_{c1}$ calculando o ganho real nas frequências de corte especificadas. Fazemos isso com as substituições $s = j2\pi(100)$ e $s = j2\pi(2.000)$ na função de transferência para o filtro rejeita-faixa (Equação 15.16) e calculando a amplitude resultante. Deixamos para você verificar que a amplitude nas frequências de corte especificadas é 2,024, o que é menor do que a magnitude de $3/\sqrt{2} = 2{,}12$ que esperávamos. Assim, nossa faixa de rejeição é um pouco mais larga do que a especificada no enunciado do problema.

Figura 15.15 Circuito do filtro rejeita-faixa projetado no Exemplo 15.6.

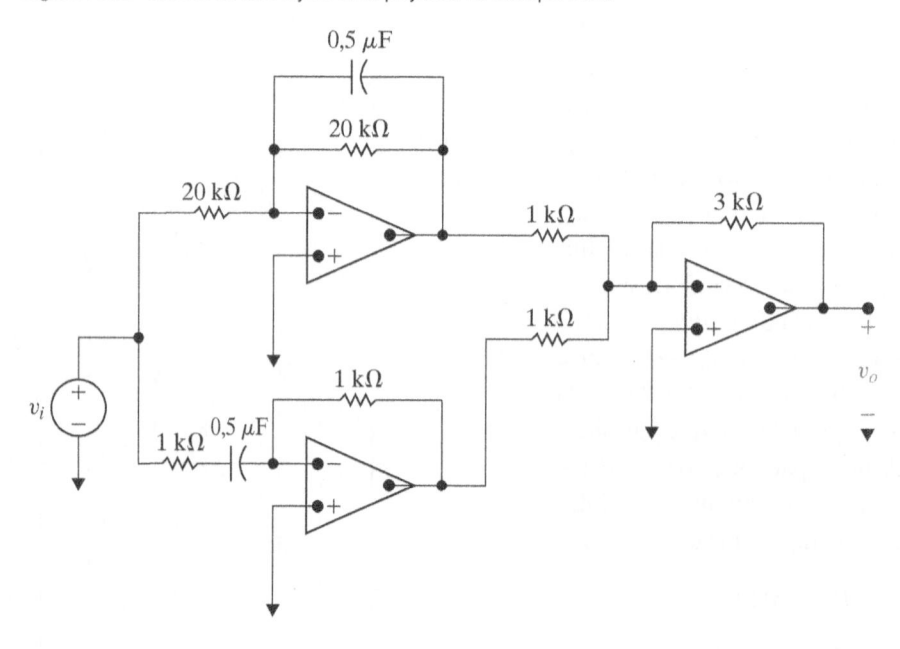

NOTA: avalie sua compreensão a respeito deste material tentando resolver os problemas 15.30 e 15.31, apresentados no final deste capítulo.

15.4 Filtros ativos de ordem superior

Você deve ter percebido que todos os circuitos de filtros que estudamos até aqui, passivos e ativos, são não ideais. Lembre-se de que dissemos, no Capítulo 14, que um filtro ideal tem uma descontinuidade no ponto de corte, que divide acentuadamente a faixa de passagem e a faixa de rejeição. Embora não seja possível construir um circuito com uma resposta de frequência descontínua, podemos construir circuitos com uma transição mais abrupta, porém ainda contínua, na frequência de corte.

Filtros idênticos em cascata

Como podemos obter uma transição mais acentuada entre a faixa de passagem e a faixa de rejeição? Um método é o sugerido pelos diagramas de Bode de amplitude na Figura 15.16. Essa figura mostra gráficos de amplitude de Bode para filtros passa-baixa protótipos idênticos e inclui gráficos de apenas um filtro ou dois, três e quatro em cascata. É óbvio que quanto mais filtros forem adicionados à cascata, mais abrupta será a transição da faixa de passagem para a faixa de rejeição. Segundo as regras para construir diagramas de Bode (Apêndice E), no caso de um único filtro, a transição ocorre com uma inclinação negativa de 20 decibéis por década (dB/dec). Visto que circuitos em cascata têm seus respectivos diagramas de Bode de amplitudes somados, uma cascata com dois filtros tem uma transição que ocorre com a inclinação negativa de 20 + 20 = 40 dB/dec; para três filtros, a inclinação é de 60 dB/dec; e, para quatro filtros, 80 dB/dec, como apresentado na Figura 15.16.

Figura 15.16 Diagrama de Bode da amplitude de uma cascata de filtros protótipos de primeira ordem idênticos.

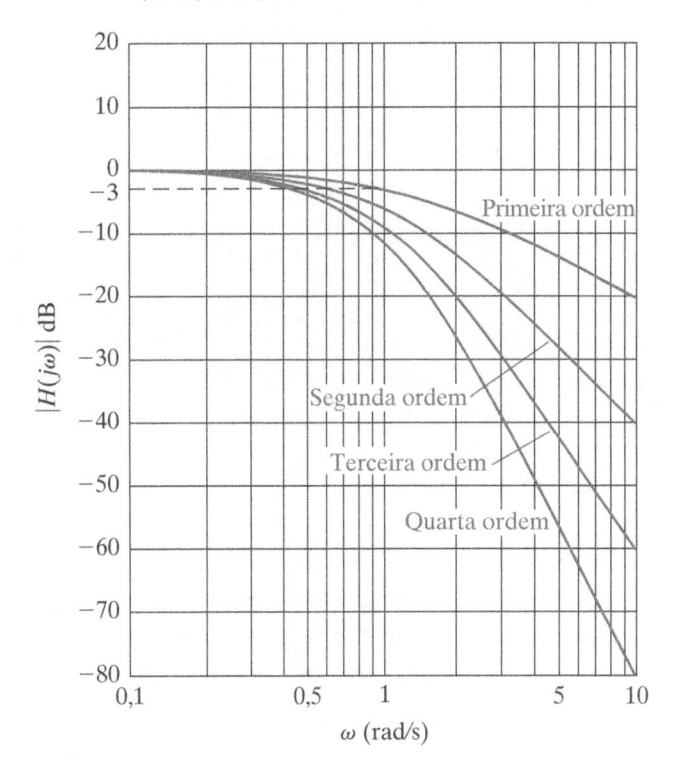

De modo geral, uma cascata de filtros passa-baixas idênticos de n elementos fará a transição da faixa de passagem para a faixa de rejeição segundo uma inclinação negativa de $20n$ dB/dec. O diagrama de blocos e o circuito para tal cascata são mostrados na Figura 15.17. É fácil calcular a função de transferência para uma cascata de n filtros protótipos passa-baixas — basta multiplicar cada função de transferência:

$$H(s) = \left(\frac{-1}{s+1}\right)\left(\frac{-1}{s+1}\right) \cdots \left(\frac{-1}{s+1}\right) = \frac{(-1)^n}{(s+1)^n}. \tag{15.21}$$

A ordem de um filtro é determinada pelo número de polos em sua função de transferência. Pela Equação 15.21, vemos que uma cascata de filtros passa-baixas de primeira ordem resulta em um filtro de ordem superior. Na realidade, uma cascata de n filtros de primeira ordem produz um filtro de n-ésima ordem, com n polos em sua função de transferência e uma inclinação negativa final de $20n$ dB/dec na faixa de transição.

Ainda há uma questão importante a resolver, como revela um exame atento da Figura 15.16. Quando a ordem do filtro passa-baixas é aumentada pela adição de filtros protótipos passa-baixas à cascata, a frequência de corte também é alterada. Por exemplo, em uma cascata de dois filtros passa-baixas de primeira ordem, o módulo da função de transferência do filtro de segunda ordem em ω_c é -6 dB e, dessa forma, a frequência de corte do filtro de segunda ordem não é ω_c. Na verdade, a frequência de corte é menor do que ω_c.

Contanto que possamos calcular a frequência de corte dos filtros de ordem superior formados por cascata dos filtros de primeira ordem, podemos usar a mudança de escala de frequência para calcular valores de componentes que deslocam a frequência de corte para a

Figura 15.17 Cascata de filtros passa-baixas idênticos, de ganhos unitários. (a) Diagrama de blocos. (b) Circuito.

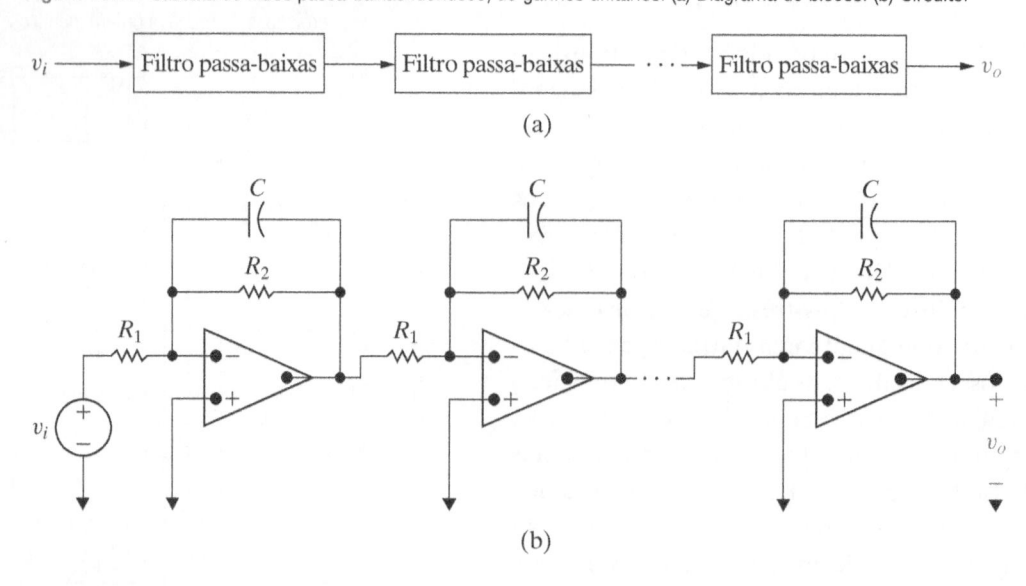

localização especificada. Se começarmos com uma cascata de n filtros protótipos passa-baixas, poderemos calcular a frequência de corte para o filtro passa-baixas resultante de n-ésima ordem. Fazemos isso explicitando o valor de ω_{cn} na equação $|H(j\omega)| = 1/\sqrt{2}$:

$$H(s) = \frac{(-1)^n}{(s+1)^n},$$

$$|H(j\omega_{cn})| = \left|\frac{1}{(j\omega_{cn}+1)^n}\right| = \frac{1}{\sqrt{2}},$$

$$\frac{1}{(\sqrt{\omega_{cn}^2+1})^n} = \frac{1}{\sqrt{2}},$$

$$\frac{1}{\omega_{cn}^2+1} = \left(\frac{1}{\sqrt{2}}\right)^{2/n},$$

$$\sqrt[n]{2} = \omega_{cn}^2 + 1,$$

$$\omega_{cn} = \sqrt{\sqrt[n]{2}-1}. \tag{15.22}$$

Para demonstrar a utilização da Equação 15.22, vamos calcular a frequência de corte de um filtro passa-baixas de quarta ordem de ganho unitário construído por meio de uma cascata de quatro filtros protótipos passa-baixas:

$$\omega_{c4} = \sqrt{\sqrt[4]{2}-1} = 0{,}435 \text{ rad/s}. \tag{15.23}$$

Assim, podemos projetar um filtro passa-baixas de quarta ordem com qualquer frequência de corte arbitrária começando com uma cascata de quarta ordem consistindo em filtros protótipos passa-baixas e, então, alterando a escala de frequência dos filtros componentes por meio de um fator $k_f = \omega_c/0{,}435$, para situar a frequência de corte em qualquer valor desejado de ω_c.

Observe que podemos construir um filtro passa-baixas de ordem superior com um ganho diferente da unidade, adicionando um circuito amplificador inversor à cascata. O Exemplo 15.7 ilustra o projeto de um filtro passa-baixas de quarta ordem com ganho diferente da unidade.

EXEMPLO 15.7 Projeto de um filtro amp op passa-baixas de quarta ordem.

Projete um filtro passa-baixas de quarta ordem com uma frequência de corte de 500 Hz e um ganho na faixa de passagem de 10. Use capacitores de 1 μF. Faça o diagrama de Bode de amplitude para esse filtro.

Solução

Começamos nosso projeto com uma cascata de quatro filtros protótipos passa-baixas. Já usamos a Equação 15.23 para calcular a frequência de corte para o filtro passa-baixas de quarta ordem resultante como 0,435 rad/s. Um fator de escala de frequência de $k_f = 7.222,39$ vai alterar os valores dos componentes a fim de obter uma frequência de corte de 500 Hz. Um fator de escala de amplitude de $k_a = 138,46$ permite a utilização de capacitores de 1 μF. Desse modo, os valores dos componentes são

$$R = 138,46 \ \Omega; \ C = 1 \ \mu F.$$

Por fim, adicionamos um estágio amplificador inversor com um ganho de $R_f/R_i = 10$. Como sempre, podemos selecionar arbitrariamente um dos dois valores de resistores. Como já estamos usando resistores de 138,46 Ω, fazemos $R_i = 138,46 \ \Omega$; então,

$$R_f = 10 R_i = 1.384,6 \ \Omega.$$

O circuito para esse filtro passa-baixas de quarta ordem em cascata é mostrado na Figura 15.18. Ele tem a função de transferência

$$H(s) = -10 \left[\frac{7.222,39}{s + 7.222,39} \right]^4.$$

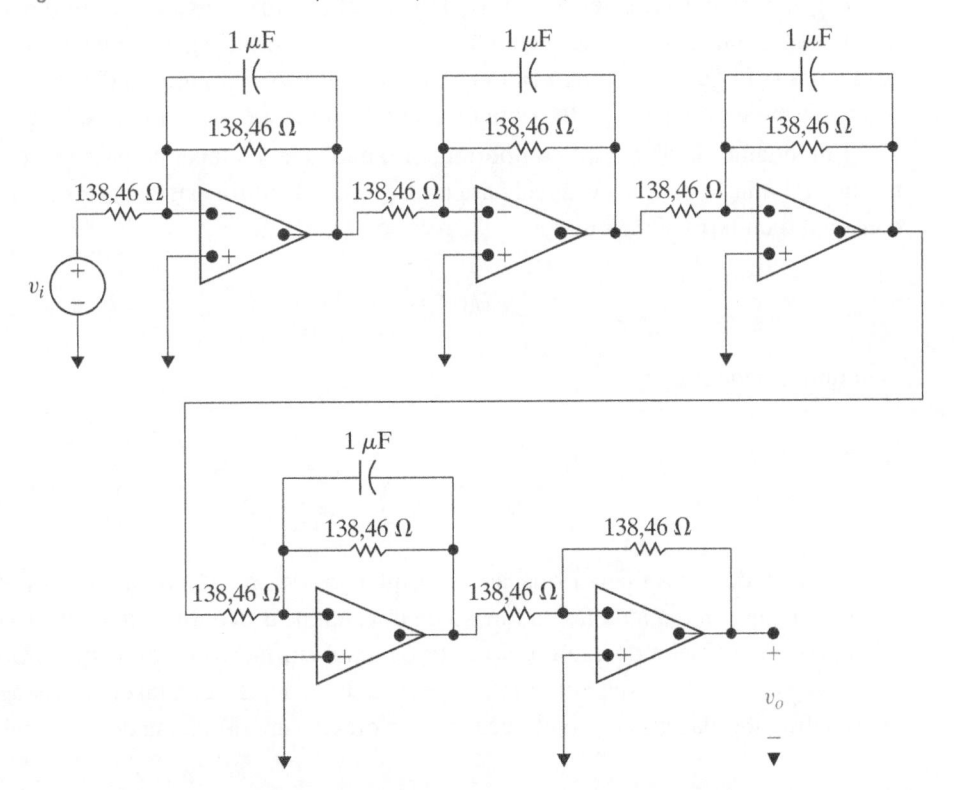

O diagrama de Bode do módulo dessa função de transferência é apresentado na Figura 15.19.

Figura 15.18 Circuito em cascata para o filtro passa-baixas de quarta ordem do Exemplo 15.7.

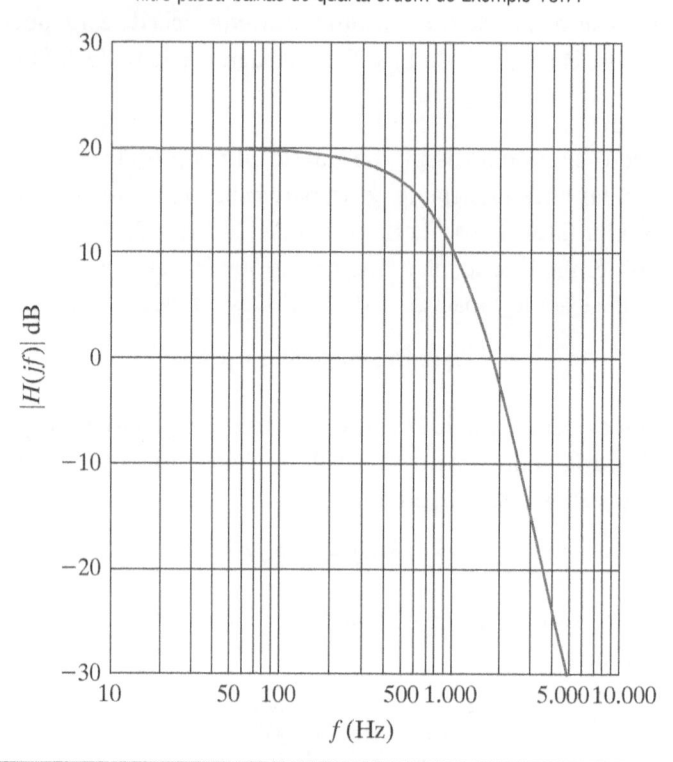

Figura 15.19 Diagrama de Bode do módulo da função de transferência do filtro passa-baixas de quarta ordem do Exemplo 15.7.

Conectando filtros passa-baixas idênticos em cascata, podemos aumentar a inclinação da curva de amplitude na transição e controlar a localização da frequência de corte, mas nossa abordagem tem uma séria deficiência: o ganho do filtro não é constante entre zero e a frequência de corte ω_c. Lembre-se de que, em um filtro passa-baixas ideal, o ganho na faixa de passagem é 1 para todas as frequências abaixo da frequência de corte. No entanto, na Figura 15.16, vemos que o ganho é menor do que 1 (0 dB) para frequências muito menores do que a frequência de corte.

Entendemos melhor esse comportamento não ideal na faixa de passagem examinando o módulo da função de transferência para uma cascata de filtros passa-baixas de n-ésima ordem com ganho unitário. Visto que

$$H(s) = \frac{\omega_{cn}^n}{(s + \omega_{cn})^n},$$

o módulo é dado por

$$|H(j\omega)| = \frac{\omega_{cn}^n}{\left(\sqrt{\omega^2 + \omega_{cn}^2}\right)^n} = \frac{1}{\left(\sqrt{(\omega/\omega_{cn})^2 + 1}\right)^n}. \quad (15.24)$$

Como podemos ver pela Equação 15.24, quando $\omega \ll \omega_{cn}$, seu denominador é aproximadamente 1, assim como o módulo da função de transferência. Contudo, quando $\omega \to \omega_{cn}$, o denominador torna-se maior do que 1 e, portanto, o módulo torna-se menor do que 1. Como a cascata de filtros passa-baixas resulta em um comportamento não ideal na faixa de passagem, são adotadas outras abordagens no projeto de filtros de ordem superior. Uma delas é estudada a seguir.

Filtros Butterworth

Um **filtro Butterworth passa-baixas** de ganho unitário tem uma função de transferência cujo módulo é dado por

$$|H(j\omega)| = \frac{1}{\sqrt{1 + (\omega/\omega_c)^{2n}}}, \tag{15.25}$$

em que n é um inteiro que denota a ordem do filtro.[1]

Ao estudar a Equação 15.25, observe o seguinte:

1. A frequência de corte é ω_c rad/s para todos os valores de n.
2. Se n for suficientemente grande, o denominador estará sempre próximo da unidade quando $\omega < \omega_c$.
3. Na expressão para $|H(j\omega)|$, o expoente de ω/ω_c é sempre par.

Essa última observação é importante porque um expoente par é necessário para que o circuito seja fisicamente realizável (veja o Problema 15.26 no final deste capítulo).

Dada uma equação para o módulo da função de transferência, como determinamos $H(s)$? A determinação de $H(s)$ é bastante simplificada com a utilização de um filtro protótipo. Portanto, fazemos ω_c igual a 1 rad/s na Equação 15.25. Como antes, usaremos uma mudança de escala para transformar o filtro protótipo em um filtro que atenda às especificações de filtragem.

Para determinar $H(s)$, primeiro observe que, se N for uma quantidade complexa, então $|N|^2 = NN^*$, em que N^* é o conjugado de N. Decorre que

$$|H(j\omega)|^2 = H(j\omega)H(-j\omega). \tag{15.26}$$

Entretanto, como $s = j\omega$, podemos escrever

$$|H(j\omega)|^2 = H(s)H(-s). \tag{15.27}$$

Agora, observe que $s^2 = -\omega^2$. Assim,

$$\begin{aligned}
|H(j\omega)|^2 &= \frac{1}{1 + \omega^{2n}} \\
&= \frac{1}{1 + (\omega^2)^n} \\
&= \frac{1}{1 + (-s^2)^n} \\
&= \frac{1}{1 + (-1)^n s^{2n}},
\end{aligned}$$

ou

$$H(s)H(-s) = \frac{1}{1 + (-1)^n s^{2n}}. \tag{15.28}$$

---

[1] Esse filtro foi desenvolvido pelo engenheiro britânico S. Butterworth e apresentado na *Wireless Engineering* 7, 1930, p. 536–541.

O procedimento para determinar $H(s)$, para um dado valor de n, é o seguinte:

1. Determine as raízes do polinômio

$$1 + (-1)^n s^{2n} = 0.$$

2. Atribua as raízes localizadas no semiplano esquerdo a $H(s)$ e as raízes localizadas no semiplano direito a $H(-s)$.

3. Combine termos no denominador de $H(s)$ para formar fatores de primeira e segunda ordens.

O Exemplo 15.8 ilustra esse processo.

EXEMPLO 15.8 Cálculo das funções de transferência de Butterworth.

Determine as funções de transferência de Butterworth para $n = 2$ e $n = 3$.

Solução

Para $n = 2$, determinamos as raízes do polinômio

$$1 + (-1)^2 s^4 = 0.$$

Rearranjando os termos, determinamos

$$s^4 = -1 = 1\underline{/180°}.$$

Assim, as quatro raízes são

$$s_1 = 1\underline{/45°} = 1/\sqrt{2} + j/\sqrt{2},$$

$$s_2 = 1\underline{/135°} = -1/\sqrt{2} + j/\sqrt{2},$$

$$s_3 = 1\underline{/225°} = -1/\sqrt{2} - j/\sqrt{2},$$

$$s_4 = 1\underline{/315°} = 1/\sqrt{2} - j/\sqrt{2}.$$

As raízes s_2 e s_3 estão no semiplano esquerdo. Assim,

$$H(s) = \frac{1}{(s + 1/\sqrt{2} - j/\sqrt{2})(s + 1/\sqrt{2} + j/\sqrt{2})}$$

$$= \frac{1}{(s^2 + \sqrt{2}s + 1)}.$$

Para $n = 3$, determinamos as raízes do polinômio

$$1 + (-1)^3 s^6 = 0.$$

Rearranjando os termos,

$$s^6 = 1\underline{/0°} = 1\underline{/360°}.$$

Portanto, as seis raízes são

$$s_1 = 1\underline{/0°} = 1,$$
$$s_2 = 1\underline{/60°} = 1/2 + j\sqrt{3}/2,$$
$$s_3 = 1\underline{/120°} = -1/2 + j\sqrt{3}/2,$$
$$s_4 = 1\underline{/180°} = -1 + j0,$$
$$s_5 = 1\underline{/240°} = -1/2 - j\sqrt{3}/2,$$
$$s_6 = 1\underline{/300°} = 1/2 - j\sqrt{3}/2.$$

As raízes s_3, s_4 e s_5 estão no semiplano esquerdo. Assim,

$$H(s) = \frac{1}{(s+1)(s+1/2 - j\sqrt{3}/2)(s+1/2 + j\sqrt{3}/2)}$$
$$= \frac{1}{(s+1)(s^2+s+1)}.$$

Observamos, de passagem, que as raízes do polinômio de Butterworth estão sempre igualmente espaçadas ao redor do círculo unitário no plano s. Para auxiliar no projeto de filtros Butterworth, a Tabela 15.1 apresenta uma lista de polinômios de Butterworth até $n = 8$.

Tabela 15.1 Polinômios de Butterworth normalizados (de modo que $\omega_c = 1$ rad/s) até a oitava ordem.

n	Polinômio de Butterworth de n-ésima ordem
1	$(s+1)$
2	$(s^2 + \sqrt{2}s + 1)$
3	$(s+1)(s^2+s+1)$
4	$(s^2 + 0{,}765s + 1)(s^2 + 1{,}848s + 1)$
5	$(s+1)(s^2 + 0{,}618s + 1)(s^2 + 1{,}618s + 1)$
6	$(s^2 + 0{,}518s + 1)(s^2 + \sqrt{2} + 1)(s^2 + 1{,}932s + 1)$
7	$(s+1)(s^2 + 0{,}445s + 1)(s^2 + 1{,}247s + 1)(s^2 + 1{,}802s + 1)$
8	$(s^2 + 0{,}390s + 1)(s^2 + 1{,}111s + 1)(s^2 + 1{,}6663s + 1)(s^2 + 1{,}962s + 1)$

Circuitos de filtros Butterworth

Agora que sabemos como especificar a função de transferência para um filtro Butterworth (seja diretamente, pelo cálculo dos polos da função de transferência, seja usando a Tabela 15.1), passamos ao projeto de um circuito com tal função de transferência. Observe a forma dos polinômios de Butterworth na Tabela 15.1. Eles são o produto de fatores de primeira e segunda ordens; por conseguinte, podemos construir um circuito cuja função de transferência tenha um polinômio de Butterworth em seu denominador, organizando circuitos em cascata, sendo que cada um deles fornece um dos fatores necessários. Um diagrama de blocos de tal cascata é mostrado na Figura 15.20, usando um polinômio de Butterworth de quinta ordem como exemplo.

Figura 15.20 Cascata de circuitos de primeira e segunda ordens com as funções de transferência indicadas, que resultam em um filtro Butterworth passa-baixas de quinta ordem com $\omega_c = 1$ rad/s.

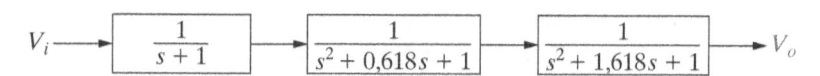

$$V_i \longrightarrow \boxed{\frac{1}{s+1}} \longrightarrow \boxed{\frac{1}{s^2 + 0{,}618s + 1}} \longrightarrow \boxed{\frac{1}{s^2 + 1{,}618s + 1}} \longrightarrow V_o$$

Como todos os polinômios de Butterworth de ordem ímpar incluem o fator $(s+1)$, todos os circuitos de filtros Butterworth de ordem ímpar devem ter um subcircuito que tenha a função de transferência $H(s) = 1/(s+1)$. Essa é a função de transferência do filtro protótipo passa-baixas ativo da Figura 15.1. Portanto, o que resta é determinar um circuito que forneça uma função de transferência da forma $H(s) = 1/(s^2 + b_1 s + 1)$.

Tal circuito é mostrado na Figura 15.21. A análise desse circuito começa escrevendo-se as equações nodais no domínio da frequência no terminal não inversor do amp op e para o nó V_a:

$$\frac{V_a - V_i}{R} + (V_a - V_o)sC_1 + \frac{V_a - V_o}{R} = 0, \quad (15.29)$$

$$V_o s C_2 + \frac{V_o - V_a}{R} = 0. \quad (15.30)$$

Simplificando as equações 15.29 e 15.30, obtemos

$$(2 + RC_1 s)V_a - (1 + RC_1 s)V_o = V_i, \quad (15.31)$$

$$-V_a + (1 + RC_2 s)V_o = 0. \quad (15.32)$$

Aplicando a regra de Cramer às equações 15.31 e 15.32, determinamos V_o:

$$V_o = \frac{\begin{vmatrix} 2+RC_1 s & V_i \\ -1 & 0 \end{vmatrix}}{\begin{vmatrix} 2+RC_1 s & -(1+RC_1 s) \\ -1 & 1+RC_2 s \end{vmatrix}}$$

$$= \frac{V_i}{R^2 C_1 C_2 s^2 + 2RC_2 s + 1}. \quad (15.33)$$

Então, rearranjamos os termos da Equação 15.33 para obter a função de transferência para o circuito na Figura 15.21:

Figura 15.21 Circuito que gera a função de transferência de segunda ordem dos filtros Butterworth.

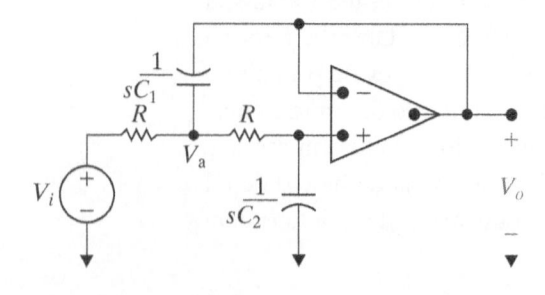

$$H(s) = \frac{V_o}{V_i} = \frac{\dfrac{1}{R^2 C_1 C_2}}{s^2 + \dfrac{2}{RC_1}s + \dfrac{1}{R^2 C_1 C_2}}. \quad (15.34)$$

Por fim, fazemos $R = 1\ \Omega$ na Equação 15.34; então

$$H(s) = \frac{\dfrac{1}{C_1 C_2}}{s^2 + \dfrac{2}{C_1}s + \dfrac{1}{C_1 C_2}}. \quad (15.35)$$

Observe que a Equação 15.35 tem a forma requerida para o circuito de segunda ordem na cascata de Butterworth. Em outras palavras, para obter uma função de transferência da forma

$$H(s) = \frac{1}{s^2 + b_1 s + 1},$$

usamos o circuito na Figura 15.21 e escolhemos valores de capacitores de modo que

$$b_1 = \frac{2}{C_1} \quad \text{e} \quad 1 = \frac{1}{C_1 C_2}. \tag{15.36}$$

Desse modo, delineamos o procedimento para projetar um filtro Butterworth passa-baixas de n-ésima ordem com uma frequência de corte, ω_c, de 1 rad/s e um ganho unitário na faixa de passagem. Podemos usar uma mudança de escala de frequência para calcular novos valores para os capacitores que resultem em qualquer outra frequência de corte, e uma mudança de escala de amplitude para obter valores mais realistas de componentes em nosso projeto. Podemos conectar em cascata um circuito amplificador inversor para obter um ganho na faixa de passagem diferente de 1.

O Exemplo 15.9 ilustra esse processo.

EXEMPLO 15.9 Projeto de um filtro Butterworth passa-baixas de quarta ordem.

Projete um filtro Butterworth passa-baixas de quarta ordem com uma frequência de corte de 500 Hz e um ganho na faixa de passagem de 10. Use o maior número possível de resistores de 1 kΩ. Compare o diagrama de Bode da amplitude para esse filtro Butterworth com o da cascata de filtros idênticos do Exemplo 15.7.

Solução

Pela Tabela 15.1, determinamos que o polinômio de Butterworth de quarta ordem é

$$(s^2 + 0{,}765s + 1)(s^2 + 1{,}848s + 1).$$

Por isso, precisaremos de uma cascata de dois filtros de segunda ordem para obter a função de transferência de quarta ordem, além de um circuito amplificador inversor para um ganho na faixa de passagem de 10. O circuito é mostrado na Figura 15.22.

O primeiro estágio da cascata implementa a função de transferência para o polinômio $(s^2 + 0{,}765s + 1)$. Pela Equação 15.36,

$$C_1 = 2{,}61 \text{ F},$$

$$C_2 = 0{,}38 \text{ F}.$$

Figura 15.22 Filtro Butterworth de quarta ordem com ganho não unitário.

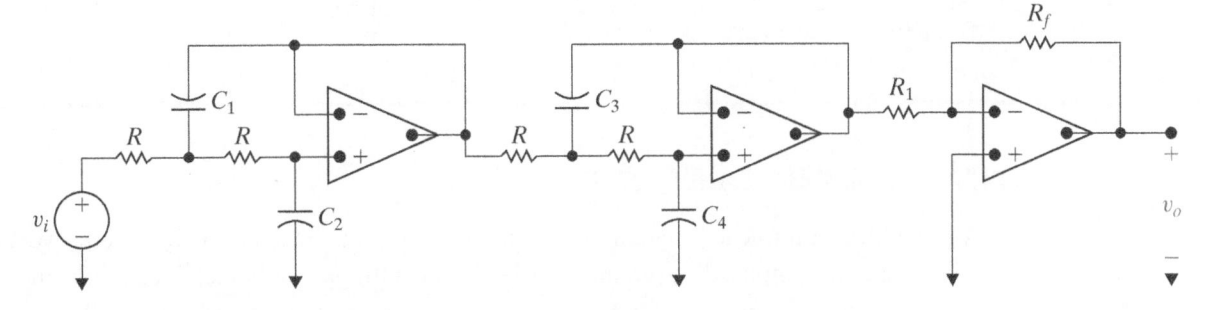

O segundo estágio da cascata implementa a função de transferência para o polinômio $(s^2 + 1,848s + 1)$. Pela Equação 15.36,

$$C_3 = 1,08 \text{ F},$$

$$C_4 = 0,924 \text{ F}.$$

Os valores precedentes para C_1, C_2, C_3 e C_4 dão um filtro Butterworth de quarta ordem com uma frequência de corte de 1 rad/s. Um fator de escala de frequência de $k_f = 3.141,6$ deslocará a frequência de corte para 500 Hz. Um fator de escala de amplitude de $k_a = 1.000$ permitirá a utilização de resistores de 1 kΩ no lugar de resistores de 1 Ω. Os valores resultantes dos componentes são

$$R = 1 \text{ k}\Omega,$$

$$C_1 = 831 \text{ nF},$$

$$C_2 = 121 \text{ nF},$$

$$C_3 = 344 \text{ nF},$$

$$C_4 = 294 \text{ nF}.$$

Figura 15.23 Comparação das respostas de amplitude de um filtro passa-baixas de quarta ordem construído a partir de uma cascata de filtros idênticos e de um filtro Butterworth.

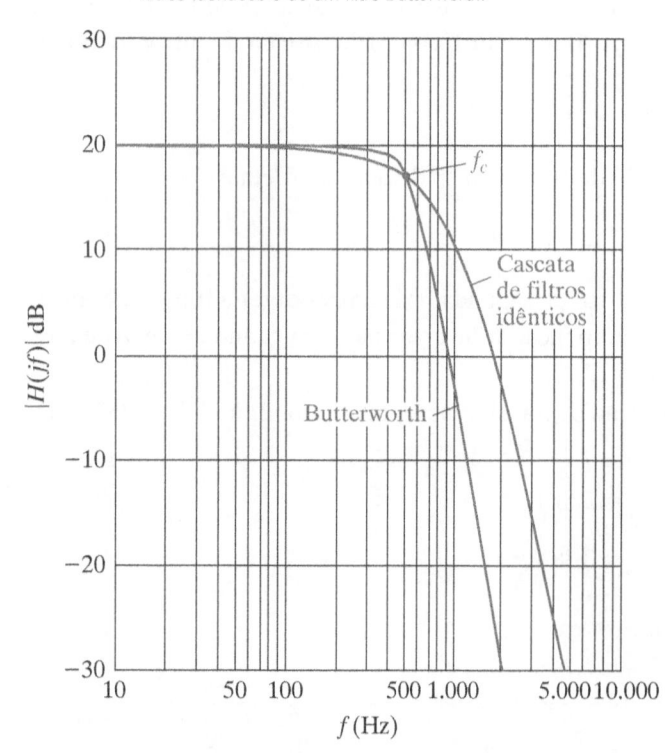

Por fim, precisamos especificar os valores dos resistores do estágio amplificador inversor para dar um ganho na faixa de passagem de 10. Seja $R_1 = 1$ kΩ; então,

$$R_f = 10R_1 = 10 \text{ k}\Omega.$$

A Figura 15.23 compara as respostas de amplitude da cascata de filtros de quarta ordem idênticos do Exemplo 15.7 e do filtro Butterworth que acabamos de projetar. Observe que ambos os filtros dão um ganho na faixa de passagem de 10 (20 dB) e uma frequência de corte de 500 Hz, mas o filtro Butterworth está mais próximo de um filtro passa-baixas ideal em razão de sua resposta mais plana na faixa de passagem e do decaimento do ganho mais acentuado após a frequência de corte. Assim, o filtro Butterworth é melhor que uma cascata de filtros idênticos.

A ordem de um filtro Butterworth

A esta altura já ter ficado evidente que, quanto mais alta a ordem do filtro Butterworth, mais a resposta de amplitude aproxima-se da de um filtro passa-baixas ideal. Em outras palavras, à medida que *n* cresce, a amplitude permanece próxima da unidade na faixa de passagem, a faixa de transição estreita-se e a amplitude permanece próxima de zero na faixa de rejeição. Ao mesmo tempo, à medida que a ordem cresce, o número de componentes do circuito cresce. Então, decorre que um problema fundamental no projeto de um filtro é determinar o menor valor de *n* que atenderá às especificações de filtragem.

No projeto de um filtro passa-baixas, as especificações de filtragem costumam ser dadas em termos da largura da faixa de transição, como mostra a Figura 15.24. Uma vez identificadas A_p, ω_p, A_s e ω_s, a ordem do filtro Butterworth pode ser determinada.

Figura 15.24 Definição da faixa de transição para um filtro passa-baixas.

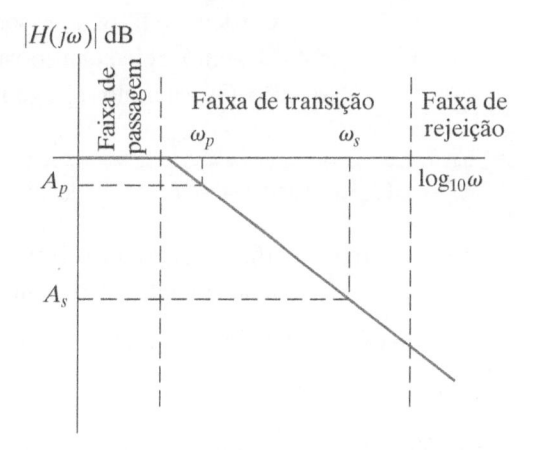

Para o filtro Butterworth,

$$A_p = 20 \log_{10} \frac{1}{\sqrt{1 + \omega_p^{2n}}}$$

$$= -10 \log_{10}(1 + \omega_p^{2n}), \quad (15.37)$$

$$A_s = 20 \log_{10} \frac{1}{\sqrt{1 + \omega_s^{2n}}}$$

$$= -10 \log_{10}(1 + \omega_s^{2n}). \quad (15.38)$$

Decorre, da definição de logaritmo, que

$$10^{-0,1A_p} = 1 + \omega_p^{2n}, \quad (15.39)$$

$$10^{-0,1A_s} = 1 + \omega_s^{2n}. \quad (15.40)$$

Agora, determinamos ω_p^n e ω_s^n e, então, calculamos a razão $(\omega_s/\omega_p)^n$. Obtemos

$$\left(\frac{\omega_s}{\omega_p}\right)^n = \frac{\sqrt{10^{-0,1A_s} - 1}}{\sqrt{10^{-0,1A_p} - 1}} = \frac{\sigma_s}{\sigma_p}, \quad (15.41)$$

em que os símbolos σ_s e σ_p foram introduzidos por conveniência.

Pela Equação 15.41, podemos escrever

$$n \log_{10}(\omega_s/\omega_p) = \log_{10}(\sigma_s/\sigma_p),$$

ou

$$n = \frac{\log_{10}(\sigma_s/\sigma_p)}{\log_{10}(\omega_s/\omega_p)}. \quad (15.42)$$

Podemos simplificar a Equação 15.42, se ω_p for a frequência de corte porque, então, A_p será igual a $-20\log_{10}\sqrt{2}$, e $\sigma_p = 1$. Daí,

$$n = \frac{\log_{10} \sigma_s}{\log_{10}(\omega_s/\omega_p)}. \quad (15.43)$$

Ainda é possível mais uma simplificação. Estamos usando um filtro Butterworth para obter uma faixa de transição acentuada. Assim, a especificação de filtragem fará com que $10^{-0,1A_s} \gg 1$. Assim,

$$\sigma_s \approx 10^{-0,05A_s}, \quad (15.44)$$

$$\log_{10} \sigma_s \approx -0{,}05 A_s. \tag{15.45}$$

Portanto, uma boa aproximação para o cálculo de *n* é

$$n = \frac{-0{,}05 A_s}{\log_{10}(\omega_s/\omega_p)}. \tag{15.46}$$

Como $\omega_s/\omega_p = f_s/f_p$, podemos trabalhar no cálculo de *n* tanto com radianos por segundo quanto com hertz.

A ordem do filtro deve ser um mínimo inteiro; daí, usando a Equação 15.42 ou a Equação 15.46, devemos selecionar o valor inteiro mais próximo e maior do que o resultado dado pela equação. Os exemplos a seguir ilustram a utilidade das equações 15.42 e 15.46.

EXEMPLO 15.10 Determinação da ordem de um filtro Butterworth.

a) Determine a ordem de um filtro Butterworth que tem uma frequência de corte de 1.000 Hz e um ganho de não mais do que −50 dB em 6.000 Hz.

b) Qual é o ganho real, em dB, em 6.000 Hz?

Solução

a) Visto que a frequência de corte é dada, sabemos que $\sigma_p = 1$. Além disso, observamos pela especificação que $10^{-0,1(-50)}$ é bem maior do que 1. Daí, podemos usar com convicção a Equação 15.46:

$$n = \frac{(-0{,}05)(-50)}{\log_{10}(6.000/1.000)} = 3{,}21.$$

Dessa forma, precisamos de um filtro Butterworth de quarta ordem.

b) Podemos usar a Equação 15.25 para calcular o ganho real em 6.000 Hz. O ganho em decibéis será

$$K = 20 \log_{10}\left(\frac{1}{\sqrt{1 + 6^8}}\right) = -62{,}25 \text{ dB}.$$

EXEMPLO 15.11 Abordagem alternativa para a determinação da ordem de um filtro Butterworth.

a) Determine a ordem de um filtro Butterworth cuja amplitude seja 10 dB menor do que a amplitude na faixa de passagem em 500 Hz e no mínimo 60 dB menor do que a amplitude na faixa de passagem em 5.000 Hz.

b) Determine a frequência de corte do filtro (em hertz).

c) Qual é o ganho real do filtro (em decibéis) em 5.000 Hz?

Solução

a) Visto que a frequência de corte não é dada, usamos a Equação 15.42 para determinar a ordem do filtro:

$$\sigma_p = \sqrt{10^{-0{,}1(-10)} - 1} = 3,$$

$$\sigma_s = \sqrt{10^{-0{,}1(-60)} - 1} \approx 1.000,$$

$$\omega_s/\omega_p = f_s/f_p = 5.000/500 = 10,$$

$$n = \frac{\log_{10}(1.000/3)}{\log_{10}(10)} = 2{,}52.$$

Portanto, precisamos de um filtro Butterworth de terceira ordem para atender às especificações.

b) Sabendo que o ganho em 500 Hz é −10 dB, podemos determinar a frequência de corte. Pela Equação 15.25, podemos escrever

$$-10 \log_{10}[1 + (\omega/\omega_c)^6] = -10,$$

em que $\omega = 1.000\pi$ rad/s. Assim,

$$1 + (\omega/\omega_c)^6 = 10,$$

e

$$\omega_c = \frac{\omega}{\sqrt[6]{9}}$$

$$= 2.178{,}26 \text{ rad/s}.$$

Disso decorre que

$$f_c = 346{,}68 \text{ Hz}.$$

c) O ganho real do filtro em 5.000 Hz é

$$K = -10 \log_{10}[1 + (5.000/346{,}68)^6] = -69{,}54 \text{ dB}.$$

Filtros Butterworth passa-altas, passa-faixa e rejeita-faixa

Um filtro Butterworth passa-altas de n-ésima ordem tem uma função de transferência com o polinômio de Butterworth de n-ésima ordem no denominador, exatamente como o filtro Butterworth passa-baixas de n-ésima ordem. No entanto, no filtro passa-altas, o numerador da função de transferência é s^n, ao passo que, no filtro passa-baixas, o numerador é 1. Usamos, novamente, um circuito em cascata no projeto do filtro Butterworth passa-altas. O fator de primeira ordem é obtido incluindo-se na cascata um filtro protótipo passa-altas (Figura 15.4, com $R_1 = R_2 = 1\ \Omega$ e $C = 1$ F).

Para obter os fatores de segunda ordem do polinômio de Butterworth, precisamos de um circuito com uma função de transferência da forma

$$H(s) = \frac{s^2}{s^2 + b_1 s + 1}.$$

Tal circuito é mostrado na Figura 15.25.

Esse circuito tem a função de transferência

$$H(s) = \frac{V_o}{V_i} = \frac{s^2}{s^2 + \dfrac{2}{R_2 C}s + \dfrac{1}{R_1 R_2 C^2}}. \qquad (15.47)$$

Fazendo $C = 1$ F, obtemos

$$H(s) = \frac{s^2}{s^2 + \frac{2}{R_2}s + \frac{1}{R_1 R_2}}. \quad (15.48)$$

Assim, podemos obter qualquer fator de segunda ordem em um polinômio de Butterworth da forma $(s^2 + b_1 s + 1)$, incluindo na cascata o circuito de segunda ordem da Figura 15.25, com valores de resistores que satisfaçam a Equação 15.49:

$$b_1 = \frac{2}{R_2} \quad \text{e} \quad 1 = \frac{1}{R_1 R_2}. \quad (15.49)$$

Figura 15.25 Circuito de um filtro Butterworth passa-altas de segunda ordem.

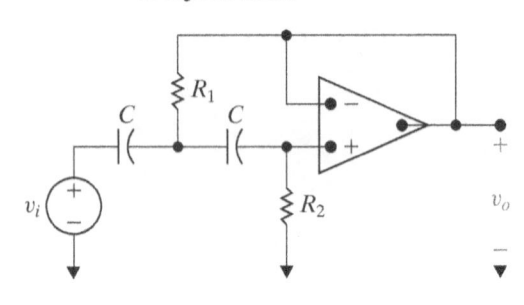

Neste ponto, fazemos uma pausa para algumas observações relativas às figuras 15.21 e 15.25 e às funções de transferência protótipo $1/(s^2 + b_1 s + 1)$ e $s^2/(s^2 + b_1 s + 1)$. Essas observações são importantes porque, de modo geral, são verdadeiras. Em primeiro lugar, o circuito passa-altas da Figura 15.25 foi obtido do circuito passa-baixas na Figura 15.21, intercambiando-se resistores e capacitores. Em segundo lugar, a função de transferência de um filtro protótipo passa-altas pode ser obtida de um filtro passa-baixas, substituindo-se s, na expressão do passa-baixas, por $1/s$ (veja o Problema 15.46, apresentado no final do capítulo).

Podemos usar uma mudança de escala de frequência e amplitude para projetar um filtro Butterworth passa-altas com valores reais de componentes e uma frequência de corte diferente de 1 rad/s. Adicionar um amplificador inversor à cascata possibilitará projetos com ganhos na faixa de passagem diferentes da unidade. Os problemas no final do capítulo incluem vários projetos de filtros Butterworth passa-altas.

Agora que podemos projetar filtros Butterworth passa-baixas e passa-altas de n-ésima ordem com frequências de corte e ganhos arbitrários na faixa de passagem, podemos combiná-los em cascata (como fizemos na Seção 15.3) para produzir filtros Butterworth passa-faixa de n-ésima ordem. Podemos combinar esses filtros em paralelo conectando suas saídas na entrada de um amplificador somador (mais uma vez, como fizemos na Seção 15.3) para produzir filtros Butterworth rejeita-faixa de n-ésima ordem. Os problemas deste capítulo também incluem projetos de filtros Butterworth passa-faixa e rejeita-faixa.

PROBLEMA PARA AVALIAÇÃO

Objetivo 3 Entender como usar filtros Butterworth de primeira e segunda ordens em cascata.

15.4 Determine valores de R_1 e R_2 para o circuito na Figura 15.25, de modo que ele se comporte como um filtro protótipo Butterworth passa-altas de segunda ordem.

Resposta: $R_1 = 0{,}707\ \Omega$, $R_2 = 1{,}41\ \Omega$.

NOTA: tente resolver também os problemas 15.34, 15.36 e 15.40, apresentados no final deste capítulo.

15.5 Filtros ativos passa-faixa e rejeita-faixa de banda estreita

Os projetos de circuitos em cascata e em paralelo para sintetizar filtros passa-faixa e rejeita-faixa, a partir de filtros passa-baixas e passa-altas mais simples, têm uma restrição: são obtidos somente filtros de banda larga, ou de baixo Q. (Q, é claro, representa *fator de qualidade*.) Essa limitação deve-se principalmente ao fato de que as funções de transferência para filtros passa-faixa em cascata e para filtros rejeita-faixa em paralelo têm polos reais discretos. As técnicas de síntese funcionam melhor para frequências de corte amplamente espaçadas e, por conseguinte, para fatores de qualidade mais baixos. No entanto, o maior fator de qualidade que podemos obter com polos reais discretos surge quando as frequências de corte e, portanto, as localizações dos polos são as mesmas. Considere a função de transferência que resulta disso:

$$H(s) = \left(\frac{-\omega_c}{s + \omega_c}\right)\left(\frac{-s}{s + \omega_c}\right)$$

$$= \frac{s\omega_c}{s^2 + 2\omega_c s + \omega_c^2}$$

$$= \frac{0{,}5\beta s}{s^2 + \beta s + \omega_c^2}. \tag{15.50}$$

A Equação 15.50 está na forma padrão da função de transferência de um filtro passa-faixa; por isso, podemos determinar diretamente a largura da faixa e a frequência central:

$$\omega = 2\omega_c, \tag{15.51}$$

$$\omega_o^2 = \omega_c^2. \tag{15.52}$$

Pelas equações 15.51 e 15.52 e pela definição de Q, vemos que

$$Q = \frac{\omega_o}{\beta} = \frac{\omega_c}{2\omega_c} = \frac{1}{2}. \tag{15.53}$$

Assim, com polos discretos reais, o filtro passa-faixa (ou o filtro rejeita-faixa) da mais alta qualidade que podemos obter tem $Q = 1/2$.

Para construir filtros ativos com altos valores de fator de qualidade, precisamos de um circuito ativo que possa produzir uma função de transferência com polos complexos conjugados. A Figura 15.26 representa um desses circuitos para analisarmos. Na entrada inversora do amplificador operacional, somamos as correntes para obter

$$\frac{V_a}{1/sC} = \frac{-V_o}{R_3}.$$

Figura 15.26 Filtro ativo passa-faixa com alto Q.

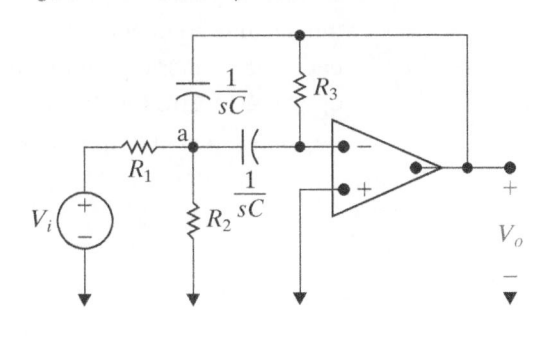

Explicitando V_a,

$$V_a = \frac{-V_o}{sR_3C}. \tag{15.54}$$

No nó a, somamos as correntes para obter

$$\frac{V_i - V_a}{R_1} = \frac{V_a - V_o}{1/sC} + \frac{V_a}{1/sC} + \frac{V_a}{R_2}.$$

Explicitando V_i,

$$V_i = (1 + 2sR_1C + R_1/R_2)V_a - sR_1CV_o. \tag{15.55}$$

Substituindo a Equação 15.54 na Equação 15.55 e, então, rearranjando os termos, obtemos uma expressão para a função de transferência V_o/V_i:

$$H(s) = \frac{\dfrac{-s}{R_1C}}{s^2 + \dfrac{2}{R_3C}s + \dfrac{1}{R_{eq}R_3C^2}}, \tag{15.56}$$

em que

$$R_{eq} = R_1 \| R_2 = \frac{R_1R_2}{R_1 + R_2}.$$

Visto que a Equação 15.56 está na forma padrão da função de transferência para um filtro passa-faixa, isto é,

$$H(s) = \frac{-K\beta s}{s^2 + \beta s + \omega_o^2},$$

podemos igualar termos e determinar os valores dos resistores, que determinarão uma frequência central (ω_o), um fator de qualidade (Q) e um ganho na faixa de passagem (K) especificados:

$$\beta = \frac{2}{R_3C}; \tag{15.57}$$

$$K\beta = \frac{1}{R_1C}; \tag{15.58}$$

$$\omega_o^2 = \frac{1}{R_{eq}R_3C^2}. \tag{15.59}$$

Neste ponto, é conveniente definir um circuito protótipo do circuito na Figura 15.25 como um circuito no qual $\omega_o = 1$ rad/s e $C = 1$ F. Então, as expressões para R_1, R_2 e R_3 podem ser dadas em termos do fator de qualidade e do ganho na faixa de passagem desejados. Deixamos que você mostre (no Problema 15.48, apresentado no final do capítulo) que, para o circuito protótipo, as expressões para R_1, R_2 e R_3 são

$$R_1 = Q/K,$$

$$R_2 = Q/(2Q^2 - K),$$

$$R_3 = 2Q.$$

Uma mudança de escala é usada para especificar os valores práticos para os componentes do circuito. Esse processo é ilustrado no Exemplo 15.12.

EXEMPLO 15.12 Projeto de um filtro passa-faixa de alto Q.

Projete um filtro passa-faixa, usando o circuito na Figura 15.26, que tenha uma frequência central de 3.000 Hz, um fator de qualidade de 10 e um ganho na faixa de passagem de 2. Use capacitores de 0,01 μF em seu projeto. Calcule a função de transferência de seu circuito e construa o diagrama de Bode de sua amplitude.

Solução

Visto que $Q = 10$ e $K = 2$, os valores para R_1, R_2 e R_3 do circuito protótipo são

$$R_1 = 10/2 = 5,$$

$$R_2 = 10/(200 - 2) = 10/198,$$

$$R_3 = 2(10) = 20.$$

Os fatores de escala são $k_f = 6.000\pi$ e $k_a = 10^8/k_f$. Após mudança de escala,

$$R_1 = 26,5\ \text{k}\Omega,$$

$$R_2 = 268,0\ \Omega,$$

$$R_3 = 106,1\ \text{k}\Omega.$$

O circuito é mostrado na Figura 15.27. Substituindo os valores de resistência e capacitância na Equação 15.56, obtemos a função de transferência para esse circuito:

$$H(s) = \frac{-3.770s}{s^2 + 1.885,0s + 355 \times 10^6}$$

É fácil ver que essa função de transferência está de acordo com a especificação do filtro passa-faixa definido no exemplo. O diagrama de Bode de sua amplitude é apresentado na Figura 15.28.

Figura 15.27 Filtro passa-faixa de alto Q projetado no Exemplo 15.12.

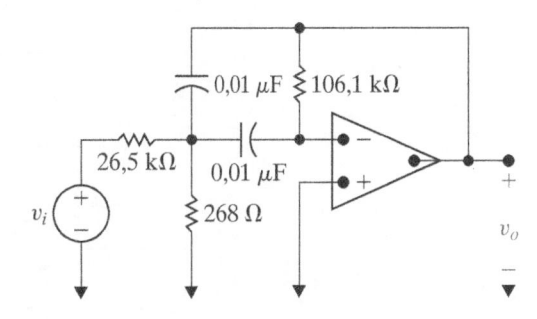

Figura 15.28 Diagrama de Bode da amplitude para o filtro passa-faixa de alto Q projetado no Exemplo 15.12.

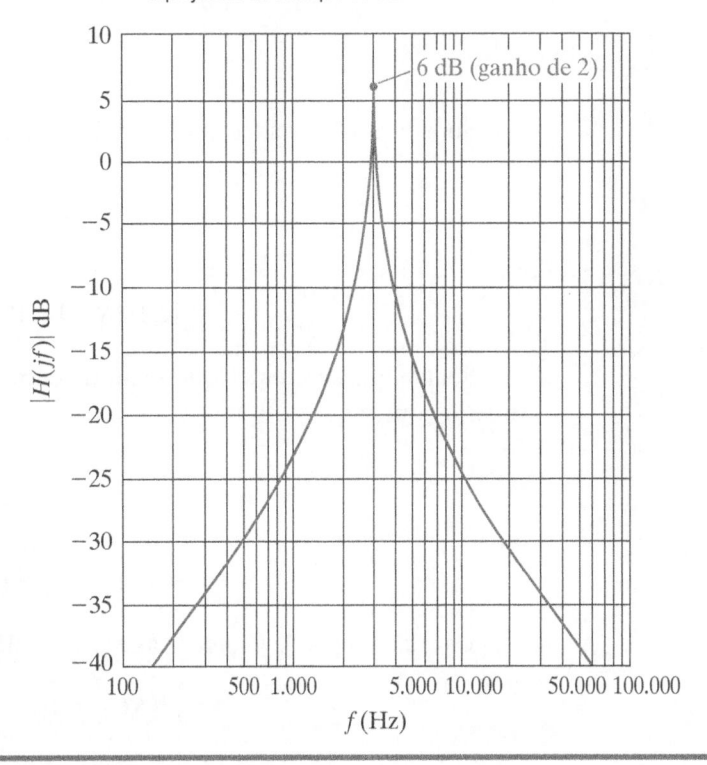

A implementação em paralelo de um filtro rejeita-faixa que combina os filtros passa-baixas e passa-altas com um amplificador somador tem a mesma restrição de baixo Q de um filtro passa-faixa em cascata. O circuito na Figura 15.29 é um filtro ativo rejeita-faixa de alto Q conhecido como um **filtro supressor de faixa duplo-T** por causa dos circuitos em T ligados aos nós denominados a e b.

Começamos a análise desse circuito somando as correntes que saem do nó a:

$$(V_a - V_i)sC + (V_a - V_o)sC + \frac{2(V_a - \sigma V_o)}{R} = 0$$

ou

$$V_a[2sCR + 2] - V_o[sCR + 2\sigma] = sCRV_i. \tag{15.60}$$

Figura 15.29 Filtro ativo rejeita-faixa de alto Q.

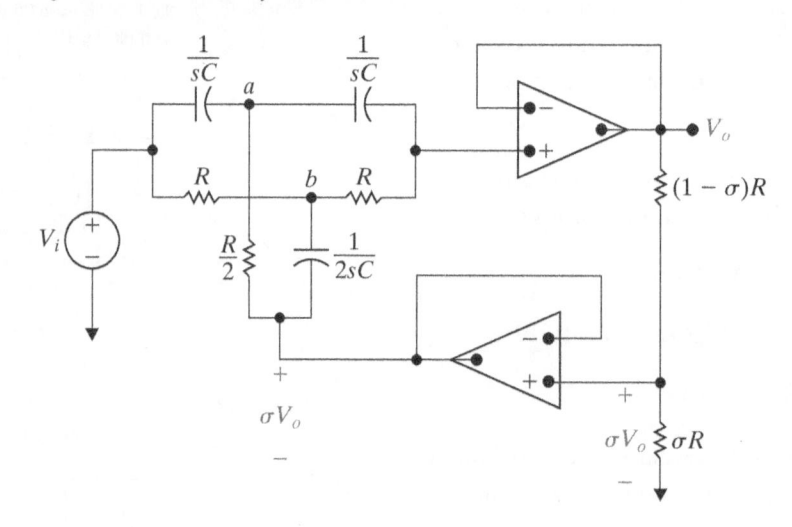

Somando as correntes que saem do nó b, obtemos:

$$\frac{V_b - V_i}{R} + \frac{V_b - V_o}{R} + (V_b - \sigma V_o)2sC = 0$$

ou

$$V_b[2 + 2RCs] - V_o[1 + 2\sigma RCs] = V_i. \tag{15.61}$$

Somando as correntes que saem da entrada não inversora do amplificador operacional superior, obtemos

$$(V_o - V_a)sC + \frac{V_o - V_b}{R} = 0$$

ou

$$-sRCV_a - V_b + (sRC + 1)V_o = 0. \tag{15.62}$$

Usando a regra de Cramer nas equações 15.60–15.62, temos:

$$V_o = \frac{\begin{vmatrix} 2(RCs + 1) & 0 & sCRV_i \\ 0 & 2(RCs + 1) & V_i \\ -RCs & -1 & 0 \end{vmatrix}}{\begin{vmatrix} 2(RCs + 1) & 0 & -(RCs + 2\sigma) \\ 0 & 2(RCs + 1) & -(2\sigma RCs + 1) \\ -RCs & -1 & RCs + 1 \end{vmatrix}}$$

$$= \frac{(R^2C^2s^2 + 1)V_i}{R^2C^2s^2 + 4RC(1 - \sigma)s + 1}. \tag{15.63}$$

Rearranjando os termos da Equação 15.63, podemos obter a função de transferência:

$$H(s) = \frac{V_o}{V_i} = \frac{\left(s^2 + \dfrac{1}{R^2C^2}\right)}{\left[s^2 + \dfrac{4(1 - \sigma)}{RC}s + \dfrac{1}{R^2C^2}\right]}, \tag{15.64}$$

que está na forma padrão de um filtro rejeita-faixa:

$$H(s) = \frac{s^2 + \omega_0^2}{s^2 + \beta s + \omega_0^2}. \quad (15.65)$$

Igualando as equações 15.64 e 15.65, obtemos

$$\omega_o^2 = \frac{1}{R^2C^2}, \quad (15.66)$$

$$\beta = \frac{4(1-\sigma)}{RC}. \quad (15.67)$$

Nesse circuito, temos três parâmetros (R, C e σ) e duas restrições de projeto (ω_o e β). Assim, um parâmetro é escolhido de modo arbitrário; normalmente é o valor do capacitor, pois esse valor costuma oferecer a menor quantidade de opções disponíveis no mercado. Uma vez escolhido C,

$$R = \frac{1}{\omega_o C}, \quad (15.68)$$

e

$$\sigma = 1 - \frac{\beta}{4\omega_o} = 1 - \frac{1}{4Q}. \quad (15.69)$$

O Exemplo 15.13 ilustra o projeto de um filtro ativo rejeita-faixa de alto Q.

EXEMPLO 15.13 Projeto de um filtro rejeita-faixa de alto Q.

Projete um filtro ativo rejeita-faixa de alto Q (baseado no circuito da Figura 15.29) com frequência central de 5.000 rad/s e largura de faixa de 1.000 rad/s. Use capacitores de 1 μF em seu projeto.

Solução

No filtro protótipo rejeita-faixa, $\omega_o = 1$ rad/s, $R = 1\,\Omega$ e $C = 1$ F. Como acabamos de discutir, dados ω_o e Q, C pode ser escolhido arbitrariamente e R e σ podem ser determinados pelas equações 15.68 e 15.69. Pelas especificações, $Q = 5$. Usando as equações 15.68 e 15.69, vemos que

$$R = 200\,\Omega,$$

$$\sigma = 0{,}95.$$

Assim, precisamos de resistores de 200 Ω (R), 100 Ω ($R/2$), 190 Ω (σR) e 10 Ω [$(1-\sigma)R$]. O projeto final é apresentado na Figura 15.30, e o diagrama de Bode da amplitude é mostrado na Figura 15.31.

Figura 15.30 Filtro ativo rejeita-faixa de alto Q projetado no Exemplo 15.13.

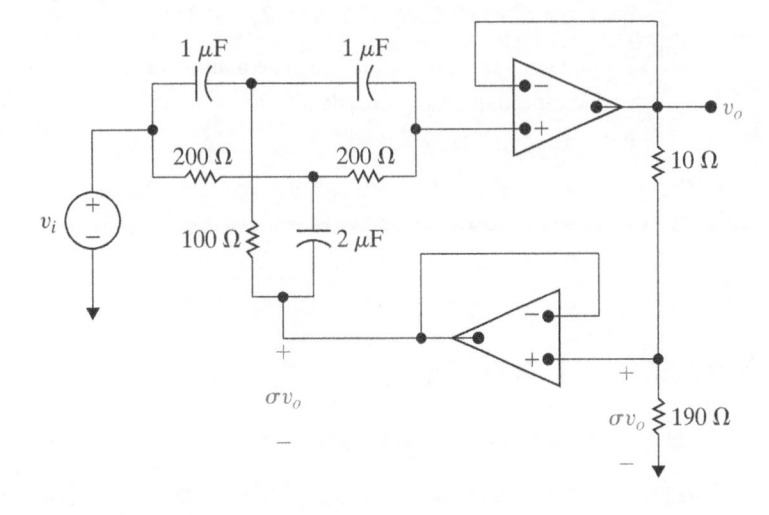

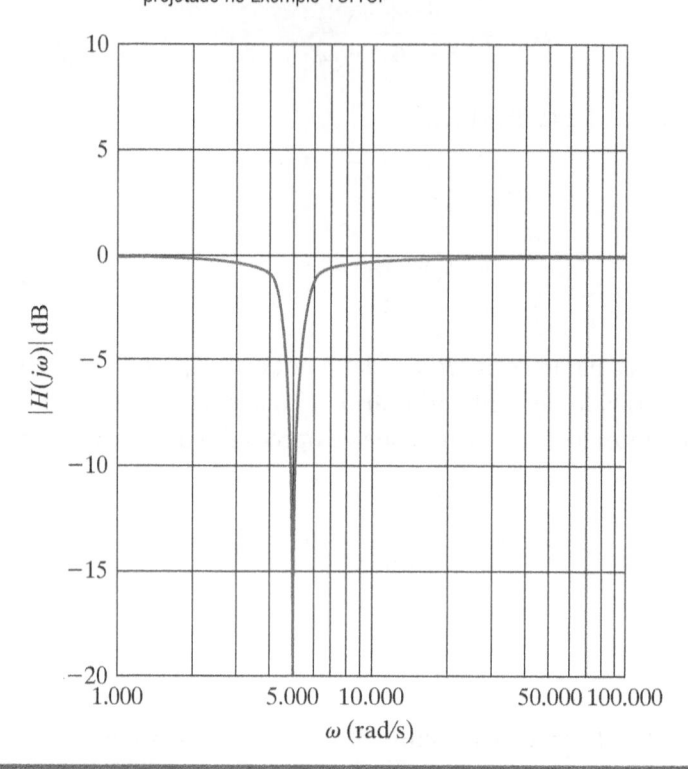

Figura 15.31 Diagrama de Bode da amplitude para o filtro ativo rejeita-faixa projetado no Exemplo 15.13.

PROBLEMAS PARA AVALIAÇÃO

Objetivo 4 Saber usar as equações de projeto para calcular os valores dos componentes para filtros protótipos de faixa estreita, passa-faixa e rejeita-faixa.

15.5 Projete um filtro ativo passa-faixa com $Q = 8$, $K = 5$ e $\omega_o = 1.000$ rad/s. Use capacitores de 1 μF e especifique os valores de todos os resistores.

Resposta: $R_1 = 1,6$ kΩ, $R_2 = 65,04$ Ω, $R_3 = 16$ kΩ.

15.6 Projete um filtro ativo rejeita-faixa de ganho unitário com $\omega_o = 1.000$ rad/s e $Q = 4$. Use capacitores de 2 μF e especifique os valores de R e σ.

Resposta: $R = 500$ Ω, $\sigma = 0,9375$.

NOTA: tente resolver o Problema 15.60, apresentado no final do capítulo.

Perspectiva prática

Controle de volume de graves

Agora estudaremos um circuito ativo que pode ser usado para controlar a amplificação de um sinal de áudio na faixa dos graves. A faixa de áudio consiste em sinais com frequências de 20 Hz a 20 kHz. A faixa de graves inclui frequências até 300 Hz.

O circuito de controle de volume e sua resposta de frequência são mostrados na Figura 15.32. A curva de resposta particular, da família de curvas de resposta, é selecionada ajustando-se o potenciômetro da Figura 15.32(a).

Ao estudar as curvas de resposta de frequência da Figura 15.32(b) observe o seguinte. Em primeiro lugar, o ganho em dB pode ser positivo ou negativo. Se for positivo, um sinal na faixa dos graves é amplificado ou reforçado. Se for negativo, o sinal é atenuado ou eliminado. Em segundo lugar, é possível selecionar uma resposta característica com ganho unitário (zero dB) para todas as frequências na faixa dos graves. Como veremos, se o potenciômetro for ajustado em seu ponto médio, o circuito não terá nenhum efeito sobre os sinais na faixa dos graves. Por fim, à medida que a frequência aumenta, todas as respostas características aproximam-se de zero dB ou ganho unitário. Daí, o circuito de controle de volume não terá efeito algum sobre os sinais na extremidade superior do espectro, ou faixa de agudos, das frequências de áudio.

A primeira etapa na análise da resposta de frequência do circuito na Figura 15.32(a) é calcular a função de transferência V_o/V_s. Para facilitar esse cálculo, o circuito equivalente no domínio da frequência é dado na Figura 15.33. As tensões de nó V_a e V_b foram identificadas no circuito para auxiliar a análise. A posição do potenciômetro é determinada pelo valor numérico de α, como observado na Figura 15.33.

Para determinar a função de transferência, escrevemos as três equações de tensões de nó que descrevem o circuito e, então, determinamos a razão V_o/V_s. As equações de tensões de nó são

$$\frac{V_a}{(1-\alpha)R_2} + \frac{V_a - V_s}{R_1} + (V_a - V_b)s\,C_1 = 0;$$

$$\frac{V_b}{\alpha R_2} + (V_b - V_a)s\,C_1 + \frac{V_b - V_o}{R_1} = 0;$$

$$\frac{V_a}{(1-\alpha)R_2} + \frac{V_b}{\alpha R_2} = 0.$$

Dessas três equações pode-se determinar V_o em função de V_s e, daí, a função de transferência $H(s)$:

$$H(s) = \frac{V_o}{V_s} = \frac{-(R_1 + \alpha R_2 + R_1 R_2 C_1 s)}{R_1 + (1-\alpha)R_2 + R_1 R_2 C_1 s}.$$

Figura 15.32 (a) Circuito de controle de volume de graves; (b) resposta de frequência do circuito de controle de volume de graves.

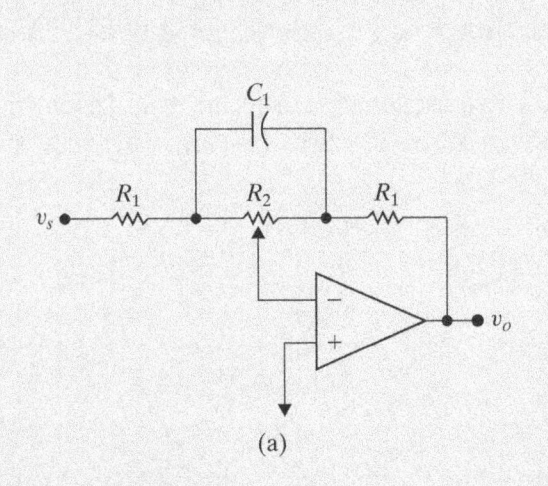

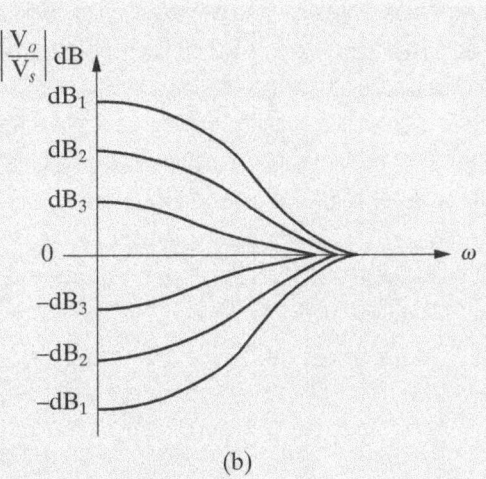

Figura 15.33 Circuito no domínio da frequência para o controle de volume de graves. Observe que α determina o ajuste do potenciômetro, portanto $0 \leq \alpha \leq 1$.

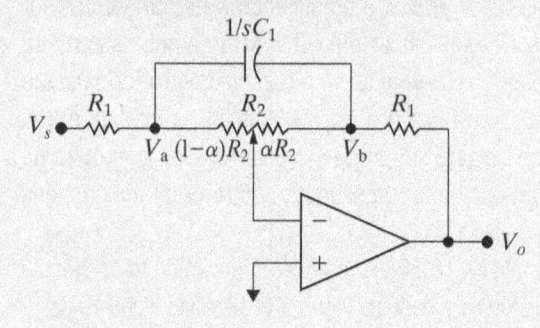

Disso decorre diretamente que

$$H(j\omega) = \frac{-(R_1 + \alpha R_2 + j\omega R_1 R_2 C_1)}{[R_1 + (1-\alpha)R_2 + j\omega R_1 R_2 C_1]}.$$

Agora, vamos verificar se essa função de transferência vai gerar a família de curvas de resposta de frequência representada na Figura 15.32(b). Em primeiro lugar, observe que, quando $\alpha = 0,5$, o módulo de $H(j\omega)$ é unitário para todas as frequências, isto é,

$$|H(j\omega)| = \frac{|R_1 + 0{,}5R_2 + j\omega R_1 R_2 C_1|}{|R_1 + 0{,}5R_2 + j\omega R_1 R_2 C_1|} = 1.$$

Quando $\omega = 0$, temos

$$|H(j0)| = \frac{R_1 + \alpha R_2}{R_1 + (1-\alpha)R_2}.$$

Observe que $|H(j0)|$ para $\alpha = 1$ é a recíproca de $|H(j0)|$ para $\alpha = 0$, isto é,

$$|H(j0)|_{\alpha=1} = \frac{R_1 + R_2}{R_1} = \frac{1}{|H(j0)|_{\alpha=0}}.$$

Basta raciocinar um pouco para perceber que a relação recíproca é válida para todas as frequências, e não apenas para $\omega = 0$. Por exemplo, $\alpha = 0,4$ e $\alpha = 0,6$ são simétricas a $\alpha = 0,5$ e

$$H(j\omega)_{\alpha=0,4} = \frac{-(R_1 + 0{,}4R_2) + j\omega R_1 R_2 C_1}{(R_1 + 0{,}6R_2) + j\omega R_1 R_2 C_1}$$

enquanto

$$H(j\omega)_{\alpha=0,6} = \frac{-(R_1 + 0{,}6R_2) + j\omega R_1 R_2 C_1}{(R_1 + 0{,}4R_2) + j\omega R_1 R_2 C_1}.$$

Daí,

$$H(j\omega)_{\alpha=0,4} = \frac{1}{H(j\omega)_{\alpha=0,6}}.$$

Assim, dependendo do valor de α, o circuito de controle de volume pode amplificar ou atenuar o sinal de entrada.

Os valores numéricos de R_1, R_2 e C_1 são determinados por duas decisões de projeto. A primeira delas é a amplificação ou a atenuação dos graves na faixa de passagem (quando $\omega \to 0$). A segunda decisão de projeto é a frequência na qual essa amplificação ou atenuação varia em 3 dB em relação ao máximo. Os valores dos componentes que satisfazem as decisões de projeto são calculados com α igual a 1 ou a 0.

Como já observamos, o ganho máximo será $(R_1 + R_2)/R_1$ e a atenuação máxima será $R_1/(R_1 + R_2)$. Se admitirmos que $(R_1 + R_2)/R_1 \gg 1$, então o ganho (ou atenuação) terá uma diferença de 3 dB em relação a seu valor máximo quando $\omega = 1/R_2 C_1$, o que pode ser percebido observando-se que

$$\left|H\left(j\frac{1}{R_2 C_1}\right)\right|_{\alpha=1} = \frac{|R_1 + R_2 + jR_1|}{|R_1 + jR_1|}$$

$$= \frac{\left|\dfrac{R_1 + R_2}{R_1} + j1\right|}{|1 + j1|} \approx \frac{1}{\sqrt{2}}\left(\frac{R_1 + R_2}{R_1}\right)$$

e

$$\left|H\left(j\frac{1}{R_2C_1}\right)\right|_{\alpha=0} = \frac{|R_1 + jR_1|}{|R_1 + R_2 + jR_1|}$$

$$= \frac{|1+j1|}{\left|\dfrac{R_1+R_2}{R_1}+j1\right|} \approx \sqrt{2}\left(\frac{R_1}{R_1+R_2}\right).$$

NOTA: avalie sua compreensão a respeito desta Perspectiva prática tentando resolver os problemas 15.61 e 15.62, apresentados no final do capítulo.

Resumo

- Filtros ativos consistem na combinação de amplificadores operacionais, resistores e capacitores. Eles podem ser configurados como filtros passa-baixas, passa-altas, passa-faixa e rejeita-faixa e superam muitas das desvantagens associadas aos filtros passivos. (Seção 15.1.)

- Os valores dos componentes de um **filtro protótipo passa-baixas** são $R_1 = R_2 = 1\ \Omega$ e $C = 1$ F. Esse filtro tem um ganho unitário na faixa de passagem e uma frequência de corte de 1 rad/s. Os valores dos componentes de um **filtro protótipo passa-altas** são os mesmos que os do passa-baixas e ele também tem um ganho unitário na faixa de passagem e uma frequência de corte de 1 rad/s. (Seção 15.1.)

- Uma **mudança de escala de amplitude** pode ser usada para mudar valores de componentes sem alterar a resposta de frequência de um circuito. Para um fator de escala de amplitude de k_a, os valores alterados de resistência, capacitância e indutância são

  $R' = k_a R, \quad L' = k_a L \quad \text{e} \quad C' = C/k_a.$

  (Seção 15.2.)

- Uma **mudança de escala de frequência** pode ser usada para deslocar a resposta de frequência de um circuito para outra região de frequência, sem alterar sua forma global. Para um fator de escala de frequência k_f, os valores alterados de resistência, capacitância e indutância são

  $R' = R, \quad L' = L/k_f \quad \text{e} \quad C' = C/k_f.$

  (Seção 15.2.)

- Uma mudança de escala de amplitude e de frequência altera os valores dos componentes para

  $R' = k_a R, \quad L' = (k_a/k_f)L \quad \text{e} \quad C' = C/(k_a k_f).$

  (Seção 15.2.)

- O projeto de filtros ativos passa-baixas e passa-altas pode começar com um circuito protótipo do filtro. Então, pode-se aplicar uma mudança de escala para deslocar a resposta de frequência para a frequência de corte desejada, usando componentes de valores disponíveis no mercado. (Seção 15.2.)

- Um filtro ativo passa-faixa de banda larga pode ser construído usando-se uma cascata de um filtro passa-baixas com a frequência de corte superior à do filtro passa-faixa, um filtro passa-altas com a frequência de corte inferior à do filtro passa-faixa e (opcionalmente) um amplificador inversor para obter ganho na faixa de passagem diferente da unidade. Filtros passa-faixa implementados dessa maneira devem ser filtros de banda larga ($\omega_{c2} \gg \omega_{c1}$), de modo que os elementos da cascata possam ser especificados independentemente um do outro. (Seção 15.3.)

- Um filtro ativo rejeita-faixa de banda larga pode ser construído usando-se uma combinação em paralelo de um filtro passa-baixas com a frequência de corte inferior à do filtro rejeita-faixa e um filtro passa-altas com a frequência de corte superior à do filtro rejeita-faixa. Então, as saídas alimentam um amplificador somador, que pode produzir um ganho na faixa de passagem diferente da unidade. Filtros rejeita-faixa implementados desse modo devem ser filtros de banda larga ($\omega_{c2} \gg \omega_{c1}$), de maneira que os circuitos dos filtros passa-baixas e passa-altas possam ser projetados independentemente um do outro. (Seção 15.3.)

- Filtros ativos de ordem superior têm múltiplos polos em suas funções de transferência, o que resulta em uma transição mais abrupta da faixa de passagem para a faixa de rejeição e, por isso, em uma resposta de frequência mais próxima da ideal. (Seção 15.4.)

- A função de transferência de um filtro Butterworth passa-baixas de ordem n com uma frequência de corte igual a 1 rad/s pode ser determinada pela equação

$$H(s)H(-s) = \frac{1}{1 + (-1)^n s^{2n}}$$

  - determinando-se as raízes do polinômio do denominador,
  - atribuindo-se as raízes do semiplano esquerdo a $H(s)$,
  - escrevendo-se o denominador de $H(s)$ como um produto entre os fatores de primeira e segunda ordens.

  (Seção 15.4.)

- O problema fundamental no projeto de um filtro Butterworth é determinar a ordem do filtro. A especificação do filtro é feita normalmente em termos da largura da faixa de transição por meio das quantidades A_p, ω_p, A_s e ω_s. A partir dessas quantidades, calculamos o menor inteiro maior que a solução de qualquer das equações 15.42 ou 15.46. (Seção 15.4.)

- Uma cascata de filtros ativos passa-baixas de segunda ordem (Figura 15.21), com resistores de 1 Ω e capacitores de valores escolhidos de forma a gerar cada fator no polinômio de Butterworth, vai constituir-se em um filtro Butterworth passa-baixas de ordem par. Se adicionarmos um filtro protótipo passa-baixas ativo, obteremos um filtro Butterworth passa-baixas de ordem ímpar. (Seção 15.4.)

- Uma cascata de filtros ativos passa-altas de segunda ordem (Figura 15.25), com capacitores de 1 F e valores de resistores escolhidos para produzir cada fator no polinômio de Butterworth, vai constituir-se em um filtro Butterworth passa-altas de ordem par. Se adicionarmos um filtro protótipo passa-altas ativo, obteremos um filtro Butterworth passa-altas de ordem ímpar. (Seção 15.4.)

- Podem-se usar mudanças de escala de frequência e amplitude para ambos os filtros Butterworth, passa-altas e passa-baixas, a fim de deslocar a frequência de corte de 1 rad/s e usar, no projeto, componentes com valores realistas. Conectar amplificadores inversores à cascata de filtros permitirá a obtenção de um ganho na faixa de passagem diferente da unidade. (Seção 15.4.)

- Podem-se ligar em cascata filtros Butterworth passa-baixas e passa-altas para obter filtros Butterworth passa-faixa de qualquer ordem n. Podem-se combinar filtros Butterworth passa-baixas e passa-altas em paralelo e um amplificador somador para obter um filtro Butterworth rejeita-faixa de qualquer ordem n. (Seção 15.4.)

- Se for necessário um filtro passa-faixa ou rejeita-faixa de banda estreita com alto Q, a combinação em cascata ou em paralelo não funcionará. Em vez disso, os circuitos mostrados nas figuras 15.26 e 15.29 são usados com as devidas equações de projeto. Normalmente, os valores de capacitores são escolhidos entre os disponíveis no mercado e as equações de projeto são usadas para especificar os valores dos resistores. (Seção 15.5.)

Problemas

Seção 15.1

15.1 *Problema de Projeto*
a) Usando o circuito da Figura 15.1, projete um filtro passa-baixas com um ganho de 10 dB na faixa de passagem e uma frequência de corte de 1 kHz. Admita que haja um capacitor disponível de 750 nF.

b) Desenhe o diagrama do circuito e identifique todos os componentes.

15.2 a) Usando somente três componentes do Apêndice H, projete um filtro passa-baixa com frequência de corte e ganho de faixa de passagem com especificações que mais se aproximem das indicadas no Problema 15.1(a). Desenhe o diagrama do circuito e identifique os valores dos componentes.

b) Calcule o erro percentual na frequência de corte do filtro e no ganho de faixa de passagem desse novo filtro, quando comparados com os valores especificados no Problema 15.1 (a).

15.3 Projete um filtro ativo passa-baixas com uma frequência de corte de 2.500 Hz e um ganho na faixa de passagem de 5, usando um capacitor de 10 nF.

a) Desenhe o circuito identificando os valores dos componentes e a tensão de saída.

b) Se o valor do resistor de realimentação for mudado, mas o valor do resistor de entrada permanecer inalterado, qual característica do filtro será mudada?

15.4 O sinal de entrada para o filtro passa-baixas projetado no Problema 15.3 é 3,5 cos ωt V.

a) Suponha que a fonte de alimentação tenha tensões de $\pm V_{cc}$. Qual é o menor valor de V_{cc} que ainda fará com que o amp op funcione em sua região linear?

b) Determine a tensão de saída quando $\omega = \omega_c$.

c) Determine a tensão de saída quando $\omega = 0{,}125\omega_c$.

d) Determine a tensão de saída quando $\omega = 8\omega_c$.

15.5 Determine a função de transferência V_o/V_i para o circuito mostrado na Figura P15.5, se Z_f for a impedância equivalente do circuito de realimentação, Z_i for a impedância equivalente do circuito de entrada e o amplificador operacional for ideal.

Figura P15.5

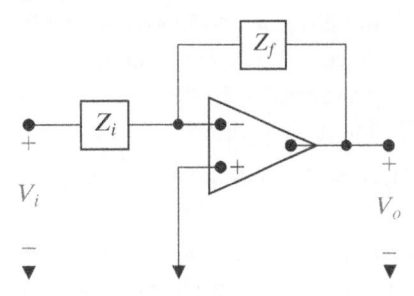

15.6 a) Use os resultados do Problema 15.5 para determinar a função de transferência do circuito mostrado na Figura P15.6.

b) Qual é o ganho do circuito quando $\omega \to 0$?

c) Qual é o ganho do circuito quando $\omega \to \infty$?

d) Suas respostas para (b) e (c) fazem sentido em termos do comportamento conhecido do circuito?

Figura P15.6

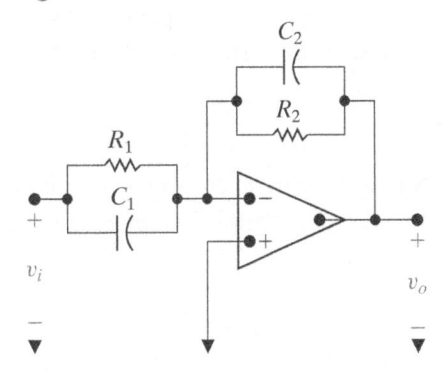

15.7 Repita o Problema 15.6 usando o circuito mostrado na Figura P15.7.

Figura P15.7

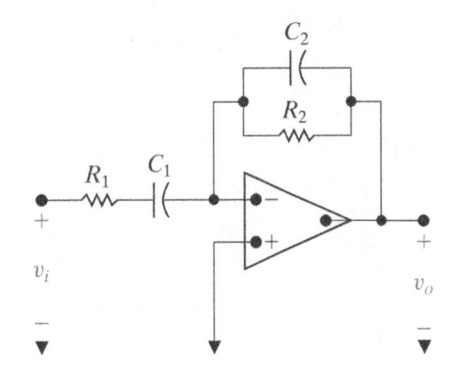

15.8 a) Use o circuito da Figura 15.4 para projetar um filtro passa-altas com uma frequência de corte de 8 kHz e um ganho na faixa de passagem de 14 dB. Use um capacitor de 3,9 nF no projeto.

b) Desenhe o diagrama do circuito do filtro e identifique todos os componentes.

15.9 Usando somente três componentes do Apêndice H, projete um filtro passa-altas com frequência de corte e ganho de faixa de passagem com especificações que mais se aproximem das indicadas no Problema 15.8.

a) Desenhe o diagrama do circuito e identifique os valores dos componentes.

b) Calcule o erro percentual na frequência de corte do filtro e no ganho de faixa de passagem desse novo filtro, quando comparados com os valores especificados no Problema 15.10(a).

15.10 Projete um filtro ativo passa-altas com uma frequência de corte de 4 kHz e um ganho na faixa de passagem de 8 usando um capacitor de 250 nF.

a) Desenhe o circuito identificando os valores dos componentes e a tensão de saída.

b) Se o valor do resistor de realimentação no filtro for mudado, mas o valor do resistor de entrada permanecer inalterado, qual característica do filtro será mudada?

15.11 O sinal de entrada para o filtro passa-altas projetado no Problema 15.10 é 2,5 cos ωt V.

a) Suponha que a fonte de alimentação tenha tensões de $\pm V_{cc}$. Qual é o menor valor de V_{cc} que ainda fará com que o amp op funcione em sua região linear?

b) Determine a tensão de saída quando $\omega = \omega_c$.

c) Determine a tensão de saída quando $\omega = 0{,}125\omega_c$.

d) Determine a tensão de saída quando $\omega = 8\omega_c$.

Seção 15.2

15.12 A função de transferência da tensão de qualquer dos filtros protótipos passa-altas mostrados na Figura P15.12 é

$$H(s) = \frac{s}{s+1}.$$

Mostre que, se houver uma mudança de escala de amplitude e frequência em qualquer dos circuitos, a função de transferência passará a ser

$$H'(s) = \frac{(s/k_f)}{(s/k_f) + 1}.$$

Figura P15.12

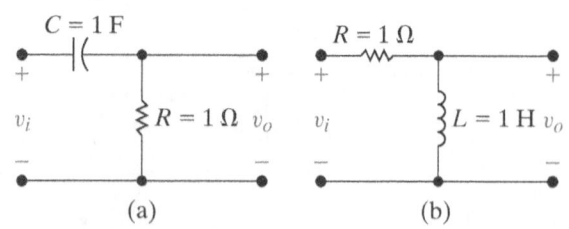

15.13 A função de transferência da tensão de qualquer dos filtros protótipos passa-baixas mostrados na Figura P15.13 é

$$H(s) = \frac{1}{s+1}.$$

Mostre que, se houver uma mudança de escala de amplitude e frequência em qualquer dos circuitos, a função de transferência passará a ser

$$H'(s) = \frac{1}{(s/k_f) + 1}.$$

Figura P15.13

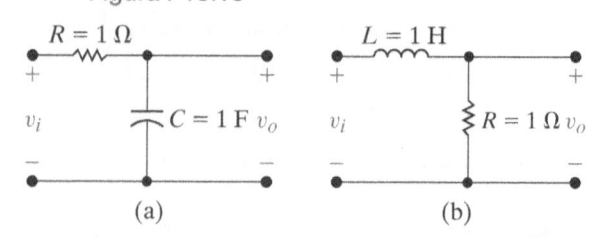

15.14 A função de transferência de tensão para qualquer dos filtros protótipos mostrados na Figura P15.14 é

$$H(s) = \frac{\left(\dfrac{1}{Q}\right)s}{s^2 + \left(\dfrac{1}{Q}\right)s + 1}.$$

Mostre que, se houver uma mudança de escala de amplitude e frequência em qualquer dos circuitos, a função de transferência modificada será

$$H'(s) = \frac{\left(\dfrac{1}{Q}\right)\left(\dfrac{s}{k_f}\right)}{\left(\dfrac{s}{k_f}\right)^2 + \left(\dfrac{1}{Q}\right)\left(\dfrac{s}{k_f}\right) + 1}.$$

Figura P15.14

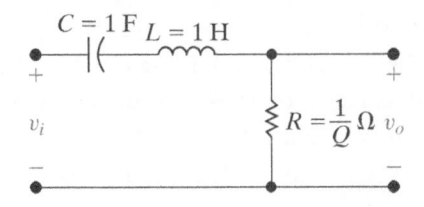

$C = 1$ F, $L = 1$ H, $R = \dfrac{1}{Q}\,\Omega$, v_i, v_o

15.15 a) Especifique os valores dos componentes para o filtro protótipo passivo passa-faixa descrito no Problema 15.14, se o fator de qualidade do filtro for 20.

b) Especifique os valores dos componentes para o filtro passa-faixa descrito no Problema 15.14, se o fator de qualidade for 20; a frequência central, ou de ressonância, for 40 krad/s; e a impedância na ressonância for 5 kΩ.

c) Desenhe um diagrama do circuito do filtro modificado e identifique todos os componentes.

15.16 Uma alternativa ao filtro protótipo passa-faixa ilustrado na Figura P15.14 é fazer $\omega_o = 1$ rad/s, $R = 1\,\Omega$ e $L = Q$ henrys.

a) Qual é o valor de C no filtro protótipo?

b) Qual é a função de transferência do filtro protótipo?

c) Use o circuito protótipo alternativo que acabamos de descrever para projetar um filtro passivo passa-faixa que tenha um fator de qualidade de 16, uma frequência central de 25 krad/s e uma impedância de 10 kΩ na ressonância.

d) Desenhe o diagrama do filtro modificado e identifique todos os componentes.

e) Use os resultados obtidos no Problema 15.14 para escrever uma função de transferência do circuito modificado.

15.17 O filtro passivo passa-faixa ilustrado na Figura 14.22 tem dois circuitos protótipos. No primeiro, $\omega_o = 1$ rad/s, $C = 1$ F, $L = 1$ H e $R = Q$ ohms. No segundo, $\omega_o = 1$ rads, $R = 1\,\Omega$, $C = Q$ farads e $L = (1/Q)$ henrys.

a) Use um desses protótipos (à sua escolha) para projetar um filtro passivo passa-faixa que tenha um fator de qualidade de 25 e uma frequência central de 50 krad/s. O resistor R é de 40 kΩ.

b) Desenhe o diagrama do circuito do filtro modificado e identifique todos os componentes.

15.18 O filtro passivo rejeita-faixa ilustrado na Figura 14.28(a) tem dois circuitos protótipos mostrados na Figura P15.18.

a) Mostre que, para ambos os circuitos, a função de transferência é

$$H(s) = \frac{s^2 + 1}{s^2 + \left(\dfrac{1}{Q}\right)s + 1}.$$

b) Escreva a função de transferência para um filtro rejeita-faixa que tenha uma frequência central de 8.000 rad/s e um fator de qualidade de 10.

Figura P15.18

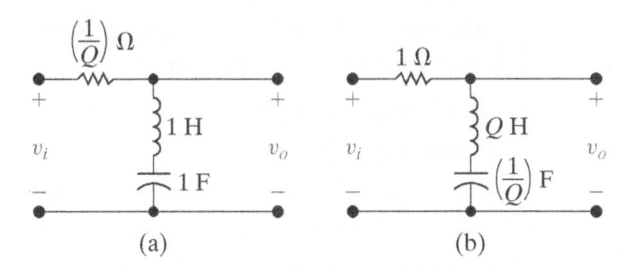

$\left(\dfrac{1}{Q}\right)\,\Omega$, 1 H, 1 F, v_i, v_o (a)

1 Ω, Q H, $\left(\dfrac{1}{Q}\right)$ F, v_i, v_o (b)

15.19 A função de transferência para o filtro rejeita-faixa mostrado na Figura 14.28(a) é

$$H(s) = \frac{s^2 + \left(\dfrac{1}{LC}\right)}{s^2 + \left(\dfrac{R}{L}\right)s + \left(\dfrac{1}{LC}\right)}.$$

Mostre que, se houver uma mudança de escala de amplitude e frequência, a função de transferência do circuito modificado passará a ser igual à função de transferência do circuito original com s substituído por (s/k_f), onde k_f é o fator de escala da frequência.

15.20 Mostre que a observação feita no Problema 15.19 a respeito da função de transferência para o circuito da Figura 14.28(a) também se aplica ao circuito do filtro rejeita-faixa (o de baixo) na Figura 14.31.

15.21 As duas versões do filtro protótipo passivo rejeita-faixa da Figura 14.31 (circuito de baixo) são mostradas na Figura P15.21(a) e (b).

Mostre que a função de transferência para qualquer das versões é

$$H(s) = \frac{s^2 + 1}{s^2 + \left(\dfrac{1}{Q}\right)s + 1}.$$

Figura P15.21

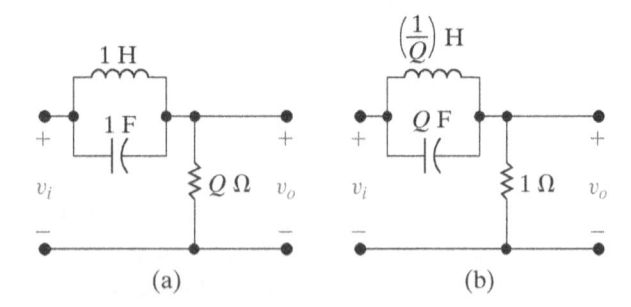

(a) 1 H, 1 F, $Q\,\Omega$

(b) $\left(\dfrac{1}{Q}\right)$ H, Q F, $1\,\Omega$

15.22 O circuito da Figura P9.24 é modificado de modo que o resistor de 200 Ω é substituído por um resistor de 80 Ω e o indutor de 400 mH é substituído por um indutor 20 mH.

a) Qual é o valor modificado do capacitor?

b) Determine a frequência para a qual a impedância Z_{ab} é puramente resistiva para o circuito modificado.

c) Como a frequência determinada na parte (b) relaciona-se com a frequência para a qual a impedância Z_{ab} é puramente resistiva no circuito original?

15.23 Faça uma mudança de escala no indutor e no capacitor da Figura P9.66 de modo que a amplitude e o ângulo de fase da corrente de saída não mudem quando a frequência de entrada é alterada de 250 rad/s a 10.000 rad/s.

a) Quais são os valores modificados do indutor e do capacitor?

b) Qual é o valor em regime permanente da corrente de saída, i_o, quando a corrente de entrada é 60 cos de 10.000t mA?

15.24 Faça uma mudança de escala no filtro passa-faixa do Problema 14.18 de modo que a frequência central seja 25 kHz e o fator de qualidade ainda seja 8, usando um indutor de 25 μH. Determine os valores do resistor, do indutor e das duas frequências de corte do filtro modificado.

15.25 Faça uma mudança de escala no filtro rejeita-faixa do Problema 14.38 de modo que a frequência central seja 16 krad/s, usando um capacitor de 50 nF. Determine os valores do resistor, do indutor e da largura de faixa do filtro modificado.

15.26 a) Mostre que, se houver uma mudança de escala de amplitude e frequência no filtro passa-baixas ilustrado na Figura 15.1, a função de transferência do circuito modificado será a mesma da Equação 15.1 com a substituição de s por s/k_f, onde k_f é o fator de escala da frequência.

b) Na versão do filtro protótipo passa-baixas da Figura 15.1, $\omega_c = 1$ rad/s, $C = 1$ F, $R_2 = 1\,\Omega$ e $R_1 = 1/K$ ohms. Qual é a função de transferência do circuito protótipo?

c) Usando o resultado de (a), determine a função de transferência do filtro modificado.

15.27 a) Mostre que, se houver uma mudança de escala de amplitude e frequência no filtro passa-altas ilustrado na Figura 15.4, a função de transferência será a mesma da Equação 15.4 com a substituição de s por s/k_f, onde k_f é o fator de escala da frequência.

b) Na versão do filtro protótipo passa-altas da Figura 15.4, $\omega_c = 1$ rad/s, $R_1 = 1\,\Omega$, $C = 1$ F e $R_2 = K$ ohms. Qual é a função de transferência do circuito protótipo?

c) Usando o resultado de (a), determine a função de transferência do filtro após mudança de escala.

Seção 15.3

15.28 a) Usando capacitores de 50 nF, projete um filtro ativo passa-faixa de banda larga de primeira ordem que tenha uma frequência de corte inferior de 200 Hz, uma frequência de corte superior de 2.000 Hz e um ganho na faixa de passagem de 20 dB. Use filtros protótipos passa-baixas e passa-altas no projeto (veja os problemas 15.26 e 15.27).

b) Escreva a função de transferência do filtro modificado.

c) Use a função de transferência do item (b) para determinar $H(j\omega_o)$, onde ω_o é a frequência central do filtro.

d) Qual é o ganho (em decibéis) da faixa de passagem do filtro em ω_o?

e) Usando um programa de computador de sua escolha, construa um diagrama de Bode de amplitude do filtro.

15.29 a) Usando capacitores de 2 μF, projete um filtro ativo rejeita-faixa de banda larga de primeira ordem que tenha uma frequência de corte inferior de 80 Hz, uma frequência de corte superior de 800 Hz e um ganho na faixa de passagem de 0 dB. Use os filtros protótipos apresentados nos problemas 15.26 e 15.27 no processo de projeto.

b) Desenhe o diagrama de circuito do filtro e identifique todos os componentes.

c) Qual é a função de transferência do filtro modificado?

d) Avalie a função de transferência determinada em (c) na frequência central do filtro.

e) Qual é o ganho (em decibéis) na frequência central?

f) Usando um programa de computador de sua escolha, construa um diagrama de Bode da função de transferência do filtro.

15.30 Projete um filtro passa-faixa de ganho unitário usando uma ligação em cascata para obter uma frequência central de 200 Hz e uma largura de faixa de 1.000 Hz. Use capacitores de 5 μF. Especifique f_{c1}, f_{c2}, R_B e R_A.

15.31 Projete um filtro rejeita-faixa em paralelo que tenha uma frequência central de 1.000 rad/s, uma largura de faixa de 4.000 rad/s e um ganho na faixa de passagem de 6. Use capacitores de 0,2 μF e especifique os valores de todos os resistores.

15.32 Mostre que o circuito na Figura P15.32 comporta-se como um filtro passa-faixa. (*Sugestão:* determine a função de transferência para esse circuito e mostre que ela tem a mesma forma que a função de transferência de um filtro passa-faixa. Use o resultado do Problema 15.1.)

a) Determine a frequência central, a largura de faixa e o ganho para esse filtro passa-faixa.

b) Determine as frequências de corte e o fator de qualidade desse filtro passa-faixa.

Figura P15.32

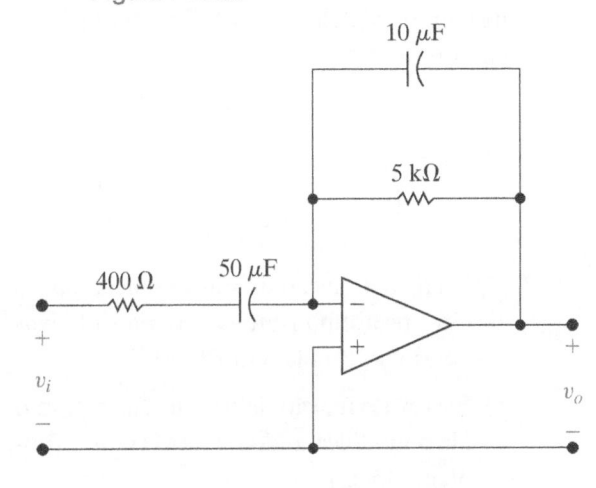

15.33 Para circuitos que consistem em resistores, capacitores, indutores e amp ops, $|H(j\omega)|^2$ envolve somente potências pares de ω. Para ilustrar isso, calcule $|H(j\omega)|^2$ para os três circuitos na Figura P15.33, em que

$$H(s) = \frac{V_o}{V_i}.$$

Figura P15.33

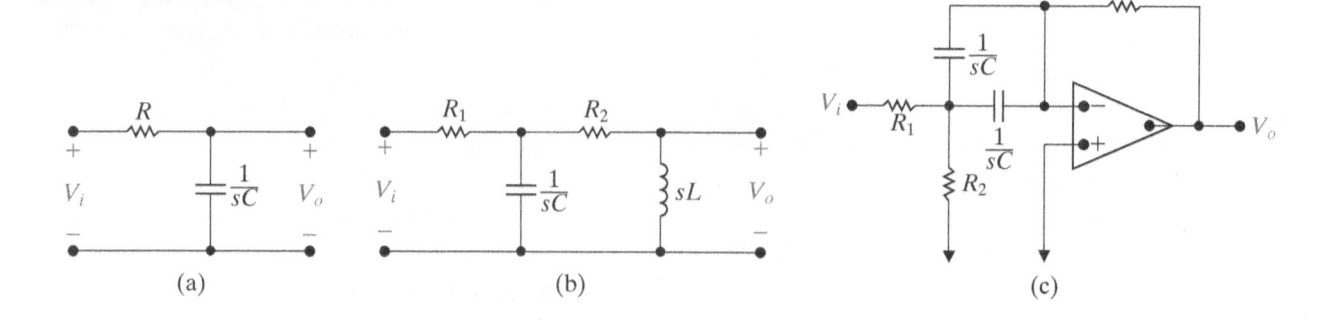

(a) (b) (c)

Seção 15.4

15.34 a) Determine a ordem de um filtro Butterworth passa-baixas que tem uma frequência de corte de 2.000 Hz e um ganho de, no mínimo, −30 dB em 7.000 Hz.

b) Qual é o ganho real, em decibéis, em 7.000 Hz?

15.35 A função de transferência do circuito na Figura 15.21 é dada pela Equação 15.34. Mostre que, se houver uma mudança de escala de amplitude e frequência no circuito da Figura 15.21, a função de transferência do circuito será

$$H'(s) = \frac{\dfrac{1}{R^2 C_1 C_2}}{\left(\dfrac{s}{k_f}\right)^2 + \dfrac{2}{RC_1}\left(\dfrac{s}{k_f}\right) + \dfrac{1}{R^2 C_1 C_2}}.$$

15.36 a) Escreva a função de transferência para o filtro protótipo Butterworth passa-baixas obtido no Problema 15.34(a).

b) Escreva a função de transferência para o filtro modificado do item (a) (veja o Problema 15.35).

c) Verifique a expressão do item (b) usando-a para calcular o ganho (em decibéis) em 7.000 Hz. Compare seu resultado com o encontrado no Problema 15.34(b).

15.37 a) Usando resistores de 1 kΩ e amp op ideais, projete o filtro Butterworth passa-baixas especificado no Problema 15.34. O ganho é unitário na faixa de passagem.

Problema de Projeto

b) Faça o diagrama do circuito, identificando todos os valores dos componentes.

15.38 A finalidade deste problema é ilustrar a vantagem de um filtro Butterworth passa-baixas de n-ésima ordem em relação a uma cascata de n seções passa-baixas idênticas mediante o cálculo da inclinação (em decibéis por década) de cada gráfico de amplitude na frequência de corte ω_c. Para facilitar o cálculo, represente a amplitude (em decibéis) por y e faça $x = \log_{10}\omega$. Então, calcule dy/dx em ω_c para cada curva.

a) Mostre que, na frequência de corte ($\omega_c = 1$ rad/s) de um filtro protótipo Butterworth passa-baixas de n-ésima ordem,

$$\frac{dy}{dx} = -10n \text{ dB/dec}.$$

b) Mostre que, para uma cascata de n seções idênticas de filtros protótipos passa-baixas, a inclinação em ω_c é

$$\frac{dy}{dx} = \frac{-20n(2^{1/n} - 1)}{2^{1/n}} \text{ dB/dec}.$$

c) Calcule dy/dx para cada tipo de filtro em $n = 1, 2, 3, 4$ e ∞.

d) Discuta o significado dos resultados obtidos no item (c).

15.39 Verifique as expressões da Tabela 15.1 para $n = 5$ e $n = 6$.

15.40 A função de transferência do circuito na Figura 15.25 é dada pela Equação 15.47. Mostre que, se houver uma mudança de escala de amplitude e frequência, a função de transferência será

$$H'(s) = \frac{\left(\dfrac{s}{k_f}\right)^2}{\left(\dfrac{s}{k_f}\right)^2 + \dfrac{2}{R_2 C}\left(\dfrac{s}{k_f}\right) + \dfrac{1}{R_1 R_2 C^2}}.$$

Daí, a função de transferência de um circuito modificado é obtida da função de transferência do circuito original pela simples substituição de s na função de transferência original por s/k_f, onde k_f é o fator de escala da frequência.

15.41 a) Usando resistores de 8 kΩ e amp ops ideais, projete um filtro Butterworth passa-altas de ganho unitário que tenha uma frequência de corte de 2,5 kHz e um ganho não superior a −55 dB em 500 Hz.

b) Desenhe o diagrama de circuito e identifique todos os componentes.

15.42 a) Usando capacitores de 250 nF e amp ops ideais, projete um filtro Butterworth passa-baixas de ganho unitário que tenha uma frequência de corte de 40 kHz e cuja amplitude caia, no mínimo, −55 dB em 200 kHz.

b) Desenhe o diagrama de filtro e identifique todos os componentes.

15.43 O filtro passa-altas projetado no Problema 15.41 é colocado em cascata com o filtro passa-baixas projetado no Problema 15.42.

a) Descreva o tipo de filtro formado por essa conexão.

b) Especifique as frequências de corte, a frequência média e o fator de qualidade do filtro.

c) Use os resultados dos problemas 15.35 e 15.40 para calcular a função de transferência do filtro, em função dos fatores de escala.

d) Verifique o cálculo do item (c) usando-o para determinar $H(j\omega_o)$, onde ω_o é a frequência média do filtro.

15.44 a) Projete um filtro Butterworth passa-faixa de banda larga com uma frequência de corte inferior de 200 Hz e uma frequência de corte superior de 2.500 Hz. O ganho na faixa de passagem do filtro é 40 dB. O ganho deve baixar, no mínimo, 40 dB em 40 Hz e 12,5 kHz. Use capacitores de 1 μF no circuito passa-altas e resistores de 2,5 kΩ no circuito passa-baixas.

b) Desenhe o diagrama de filtro e identifique todos os componentes.

15.45 a) Deduza a expressão para a função de transferência, em função dos fatores de escala, para o filtro projetado no Problema 15.44.

b) Usando a expressão deduzida no item (a), determine o ganho (em decibéis) em 40 Hz e 1.000 Hz.

c) Os valores obtidos no item (b) satisfazem as especificações de filtragem dadas no Problema 15.44?

15.46 Deduza a função de transferência para um filtro protótipo Butterworth passa-altas de quinta ordem escrevendo, primeiro, a função de transferência para um filtro protótipo Butterworth passa-baixas de quinta ordem e, então, substituindo s por $1/s$ na expressão do filtro passa-baixas.

15.47 O filtro Butterworth de quinta ordem do Problema 15.46 é usado em um sistema em que a frequência de corte é 800 rad/s.

a) Qual é a função de transferência para o filtro, em função dos fatores de escala?

b) Teste a expressão determinada calculando o ganho (em decibéis) na frequência de corte.

15.48 Mostre que, se $\omega_o = 1$ rad/s e $C = 1$ F no circuito da Figura 15.26, os valores de R_1, R_2 e R_3 do filtro protótipo serão

$$R_1 = \frac{Q}{K},$$

$$R_2 = \frac{Q}{2Q^2 - K},$$

$$R_3 = 2Q.$$

15.49 a) Use capacitores de 20 nF no circuito da Figura 15.26 para projetar um filtro passa-faixa com um fator de qualidade de 16, uma frequência central de 6,4 kHz e um ganho na faixa de passagem de 20 dB.

b) Desenhe o diagrama do filtro e identifique todos os componentes.

15.50 A finalidade deste problema é orientá-lo na análise necessária para estabelecer um procedimento de projeto voltado à determinação dos componentes de um filtro. O circuito a ser analisado é mostrado na Figura P15.50.

Problema de Projeto

a) Analise o circuito do ponto de vista qualitativo e convença-se de que o circuito é um filtro passa-baixas com um ganho na faixa de passagem R_2/R_1.

b) Comprove sua análise qualitativa deduzindo a função de transferência V_o/V_i. (*Sugestão:* ao deduzir a função de transferência, represente os resistores por suas condutâncias equivalentes, isto é, $G_1 = 1/R_1$ e assim por diante.) Para usar a Tabela 15.1, coloque a função de transferência na forma

$$H(s) = \frac{-Kb_o}{s^2 + b_1 s + b_o}.$$

c) Agora, observe que temos cinco componentes de circuito — R_1, R_2, R_3, C_1 e C_2 — e três restrições aplicadas à função de transferência — K, b_1 e b_o. À primeira vista, parece que temos duas opções livres entre os cinco componentes. Todavia, quando investigamos as relações entre eles e as restrições à função de transferência verificamos que, se C_2 for escolhido, haverá um limite superior para C_1 acima do qual não é possível obter um valor para $R_2(G_2)$. Com isso em mente, mostre que, se $C_2 = 1$ F, as três condutâncias serão dadas pelas expressões

$$G_1 = KG_2;$$

$$G_3 = \left(\frac{b_o}{G_2}\right)C_1;$$

$$G_2 = \frac{b_1 \pm \sqrt{b_1^2 - 4b_o(1 + K)C_1}}{2(1 + K)}.$$

Para G_2 ser realizável,

$$C_1 \leq \frac{b_1^2}{4b_o(1 + K)}.$$

d) Com base nos resultados obtidos em (c), esboce o procedimento de projeto para selecionar os componentes do circuito, uma vez conhecidos K, b_o e b_1.

Figura P15.50

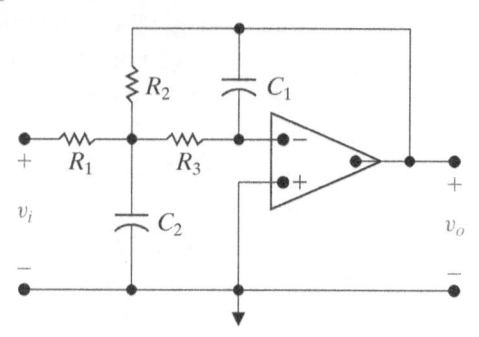

15.51 Suponha que o circuito analisado no Problema 15.50 seja parte de um filtro Butterworth passa-baixas de terceira ordem com um ganho na faixa de passagem de 4. (*Sugestão:* implementar o ganho de 4 na seção de segunda ordem do filtro.)

Problema de Projeto

a) Se $C_2 = 1$ F na parte do filtro que corresponde à seção de segunda ordem, qual é o limite superior para C_1?

b) Se for escolhido o valor limite de C_1, quais serão os valores de R_1, R_2 e R_3 no circuito protótipo?

c) Se a frequência de corte do filtro for 2,5 kHz e se for escolhido o valor de 10 nF para C_2, calcule os novos valores de C_1, R_1, R_2 e R_3.

d) Especifique os novos valores dos resistores e do capacitor na seção de primeira ordem do filtro.

e) Construa o diagrama do circuito e identifique os valores de todos os seus componentes.

15.52 Permute os Rs e Cs no circuito da Figura P15.50; isto é, substitua R_1 por C_1, R_2 por C_2, R_3 por C_3, C_1 por R_1 e C_2 por R_2.

Problema de Projeto

a) Descreva o tipo de filtro implementado como resultado da permuta.

b) Confirme o tipo de filtro descrito em (a) deduzindo sua função de transferência V_o/V_i. Escreva a função de transferência na forma que a torne compatível com a Tabela 15.1.

c) Faça $C_2 = C_3 = 1$ F e calcule as expressões para C_1, R_1 e R_2 em termos de K, b_1 e b_o. (Veja o Problema 15.50 para a definição de b_1 e b_o.)

d) Suponha que o filtro descrito em (a) seja usado no mesmo tipo de filtro Butterworth de terceira ordem que tem um ganho na faixa de passagem de 8. Com $C_2 = C_3 = 1$ F, calcule os valores protótipos de C_1, R_1 e R_2 na seção de segunda ordem do filtro.

15.53 *Problema de Projeto*

a) Use os circuitos analisados nos problemas 15.50 e 15.52 para implementar um filtro rejeita-faixa de banda larga que tenha um ganho na faixa de passagem de 20 dB, uma frequência de corte inferior de 1 kHz, uma frequência de corte superior de 8 kHz e uma atenuação de, no mínimo, 24 dB em 2 kHz e 4 kHz. Use capacitores de 25 nF sempre que possível.

b) Desenhe o diagrama do circuito e identifique todos os componentes.

15.54 a) Deduza a função de transferência para o filtro rejeita-faixa descrito no Problema 15.53.

b) Use a função de transferência do item (a) para determinar a atenuação (em decibéis) na frequência central do filtro.

15.55 *Problema de Projeto* A finalidade deste problema é desenvolver as equações de projeto para o circuito na Figura P15.55. (Consulte o Problema 15.50 para sugestões sobre o desenvolvimento de equações de projeto.)

a) Com base em uma análise qualitativa, descreva o tipo de filtro implementado pelo circuito.

b) Verifique a conclusão a que você chegou em (a) derivando a função de transferência V_o/V_i. Escreva a função de transferência na forma que a torne compatível com a Tabela 15.1.

c) Quantas escolhas livres há na seleção dos componentes do circuito?

d) Calcule as expressões para as condutâncias $G_1 = 1/R_1$ e $G_2 = 1/R_2$ em termos de C_1, C_2 e os coeficientes b_o e b_1. (Consulte o Problema 15.50 para ter a definição de b_o e b_1.)

e) Há restrições para C_1 ou C_2?

f) Suponha que o circuito na Figura P15.55 seja usado para projetar um filtro Butterworth passa-baixas de quarta ordem e ganho unitário. Especifique os valores de R_1 e R_2 do filtro protótipo se, em cada seção de segunda ordem, forem usados capacitores de 1 F.

Figura P15.55

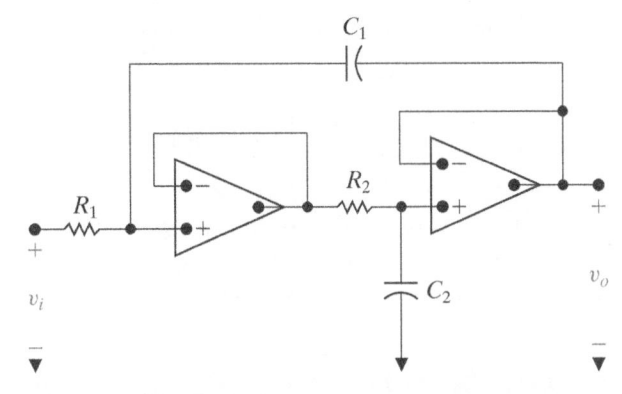

15.56 *Problema de Projeto* O filtro Butterworth passa-baixas de quarta ordem e ganho unitário do Problema 15.55 é usado em um sistema em que a frequência de corte é 3 kHz. O filtro tem capacitores de 4,7 nF.

a) Especifique os valores numéricos de R_1 e R_2 em cada seção do filtro.

b) Desenhe o diagrama do circuito e identifique todos os componentes.

15.57 *Problema de Projeto* Permute os Rs e Cs no circuito da Figura P15.55, isto é, substitua R_1 por C_1, R_2 por C_2 e vice-versa.

a) Analise o circuito do ponto de vista qualitativo e preveja o tipo de filtro implementado pelo circuito.

b) Verifique a conclusão a que chegou em (a) deduzindo a função de transferência V_o/V_i. Escreva a função de transferência de uma forma que a torne compatível com a Tabela 15.1.

c) Quantas escolhas livres há na seleção dos componentes do circuito?

d) Determine R_1 e R_2, em função de b_o, b_1, C_1 e C_2.

e) Há alguma restrição para C_1 e C_2?

f) Suponha que o circuito seja usado em um filtro Butterworth de terceira ordem do tipo determinado em (a). Especifique os valores de R_1 e R_2 do filtro protótipo na seção de segunda ordem do filtro, se $C_1 = C_2 = 1$ F.

15.58 a) O circuito do Problema 15.57 é usado em um filtro Butterworth passa-altas de terceira ordem e ganho unitário, cuja frequência de corte é de 800 Hz. Especifique os valores de R_1 e R_2, se capacitores de 5 μF forem utilizados para construir o filtro.

b) Especifique os valores de resistência e capacitância na seção de primeira ordem do filtro.

c) Desenhe o diagrama do circuito e identifique todos os componentes.

d) Calcule a função de transferência modificada do filtro.

e) Use a função de transferência do item (d) para determinar o ganho na frequência de corte em dB.

Seção 15.5

15.59 a) Mostre que a função de transferência de um filtro protótipo rejeita-faixa é

$$H(s) = \frac{s^2 + 1}{s^2 + (1/Q)s + 1}.$$

b) Use o resultado do item (a) para determinar a função de transferência do filtro projetado no Exemplo 15.13.

15.60 a) Usando o circuito mostrado na Figura 15.29, projete um filtro rejeita-faixa de banda estreita que tenha uma frequência central de 4 kHz e um fator de qualidade de 10. Utilize, no projeto, $C = 0,5$ μF.

b) Desenhe o diagrama do circuito e identifique todos os valores dos componentes.

c) Qual é a função de transferência modificada do filtro?

Seções 15.1–15.5

15.61 Usando o circuito da Figura 15.32(a), projete um circuito de controle de volume de ganho máximo de 14 dB e ganho de 11 dB a uma frequência de 50 Hz. Use um resistor de 10 kΩ e um potenciômetro de 50 kΩ. Teste seu projeto calculando o ganho máximo em $\omega = 0$ e o ganho em $\omega = 1/R_2C_1$ utilizando os valores selecionados de R_1, R_2 e C_1.

15.62 Use o circuito da Figura 15.32(a) para projetar um circuito de controle de volume de graves que tenha um ganho máximo de 20 dB e que caia 3 dB em 75 Hz.

15.63 Desenhe o gráfico do ganho máximo, em decibéis, em função de α quando $\omega = 0$ para o circuito projetado no Problema 15.61. Faça α variar de 0 a 1, em incrementos de 0,1.

15.64 a) Mostre que os circuitos da Figura P15.64(a) e (b) são equivalentes.

b) Mostre que os pontos identificados como x e y na Figura P15.64(b) estão sempre no mesmo potencial.

c) Usando as informações de (a) e (b), mostre que o circuito da Figura 15.33 pode ser desenhado como mostra a Figura P15.64(c).

d) Mostre que o circuito da Figura P15.64(c) está na forma do circuito da Figura 15.2, onde

$$Z_i = \frac{R_1 + (1-\alpha)R_2 + R_1 R_2 C_1 s}{1 + R_2 C_1 s},$$

$$Z_f = \frac{R_1 + \alpha R_2 + R_1 R_2 C_1 s}{1 + R_2 C_1 s}.$$

Figura P15.64

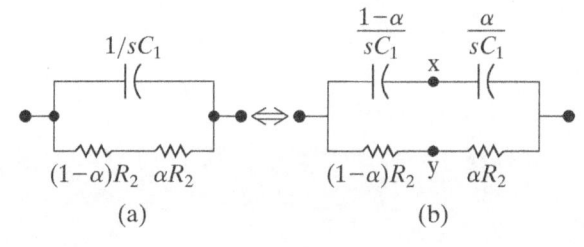

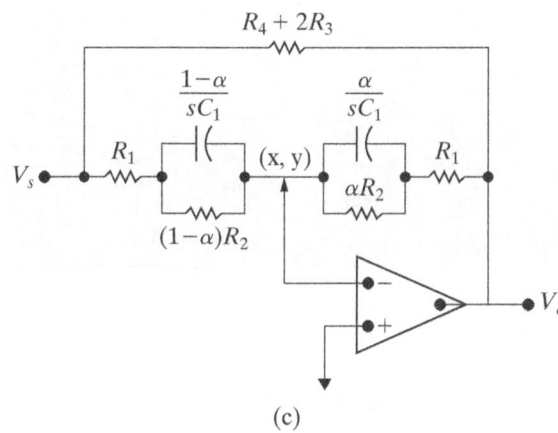

(a)

(b)

(c)

15.65 a) Um gerente de projetos de engenharia recebeu de um subordinado uma proposta segundo a qual o circuito mostrado na Figura P15.65 poderia ser usado como um circuito de controle de volume de agudos, se $R_4 \gg R_1 + R_3 + 2R_2$. O subordinado afirma ainda que a função de transferência de tensão para o circuito é

$$H(s) = \frac{V_o}{V_s}$$
$$= \frac{-\{(2R_3 + R_4) + [(1-\beta)R_4 + R_o](\beta R_4 + R_3)C_2 s\}}{\{(2R_3 + R_4) + [(1-\beta)R_4 + R_3](\beta R_4 + R_o)C_2 s\}}$$

em que $R_o = R_1 + R_3 + 2R_2$. Felizmente, o engenheiro projetista tem na equipe um estagiário estudante de engenharia elétrica a quem pede que verifique a proposta do subordinado.

O estudante deve verificar o comportamento da função de transferência quando $\omega \to 0$; quando $\omega \to \infty$; e o comportamento quando $\omega = \infty$ e β varia entre 0 e 1. Com base em seu teste da função de transferência, você acha que o circuito poderia ser usado como um controle de volume de agudos? Explique.

Figura P15.65

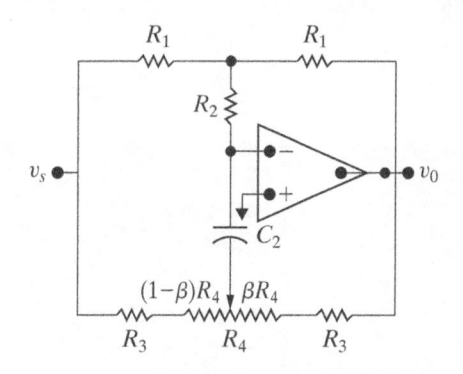

15.66 No circuito da Figura P15.65, os valores dos componentes são $R_1 = R_2 = 20$ kΩ, $R_3 = 5,9$ kΩ, $R_4 = 500$ kΩ e $C_2 = 2,7$ nF.

a) Calcule a amplificação máxima em decibéis.

b) Calcule a atenuação máxima em decibéis.

c) R_4 é significativamente maior do que R_o?

d) Quando $\beta = 1$, qual é a amplificação, em decibéis, quando $\omega = 1/R_3 C_2$?

e) Quando $\beta = 0$, qual é a atenuação, em decibéis, quando $\omega = 1/R_3 C_2$?

f) Com base nos resultados obtidos em (d) e (e), qual é o significado da frequência $1/R_3 C_2$ quando $R_4 \gg R_0$?

15.67 Usando os valores dos componentes dados no Problema 15.66, faça o gráfico do ganho máximo em decibéis em função de β quando $\omega = 0$. Faça β variar de 0 a 1 em incrementos de 0,1.

Capítulo 16

Séries de Fourier

SUMÁRIO DO CAPÍTULO

16.1 Séries de Fourier: uma visão geral
16.2 Coeficientes de Fourier
16.3 Efeito da simetria sobre os coeficientes de Fourier
16.4 Forma trigonométrica alternativa da série de Fourier
16.5 Exemplo de aplicação
16.6 Cálculos de potência média de funções periódicas
16.7 Valor eficaz de uma função periódica
16.8 Forma exponencial da série de Fourier
16.9 Espectros de amplitude e de fase

OBJETIVOS DO CAPÍTULO

1. Saber calcular a forma trigonométrica dos coeficientes de Fourier de uma onda periódica, usando as simplificações possíveis quando a forma de onda exibir um ou mais tipos de simetria.
2. Saber analisar a resposta de um circuito a uma forma de onda periódica usando coeficientes de Fourier e o princípio da superposição.
3. Saber estimar a potência média fornecida a um resistor usando poucos coeficientes de Fourier.
4. Saber calcular a forma exponencial dos coeficientes de Fourier para uma onda periódica e usá-los para traçar gráficos de espectro de amplitude e fase para essa onda.

Figura 16.1 Onda periódica.

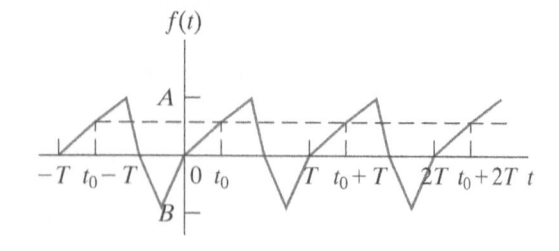

Nos capítulos anteriores, dedicamos espaço considerável à análise do regime permanente senoidal. A razão do interesse pela função senoidal é que ela permite determinar a resposta de regime permanente a funções periódicas não senoidais. A **função periódica** é aquela que se repete a cada T segundos. Por exemplo, a onda triangular ilustrada na Figura 16.1 é não senoidal, porém periódica.

Uma função periódica é aquela que satisfaz a relação

$$f(t) = f(t \pm nT), \qquad (16.1)$$

em que *n* é um número inteiro (1, 2, 3, . . .) e *T*, o período. A função mostrada na Figura 16.1 é periódica porque

$$f(t_0) = f(t_0 - T) = f(t_0 + T) = f(t_0 + 2T) = \cdots$$

para qualquer valor de t_0 escolhido arbitrariamente. Observe que *T* é o menor intervalo de tempo em que uma função periódica pode ser deslocada (em ambos os sentidos) para produzir uma função idêntica a si mesma.

Por que o interesse em funções periódicas? Uma razão é que muitas fontes reais de energia elétrica geram formas de onda periódicas. Por exemplo, retificadores elétricos, sem filtro de saída, alimentados por uma fonte de tensão senoidal produzem tensões senoidais retificadas que não são ondas senoidais, embora sejam periódicas. As figuras 16.2(a) e (b) mostram as formas de onda de tensão na saída de retificadores de onda completa e de meia-onda, respectivamente.

O gerador de varredura utilizado para controlar o feixe de elétrons de um osciloscópio de raios catódicos produz uma onda triangular periódica como a da Figura 16.3.

Osciladores eletrônicos, que são usados para testar equipamentos em laboratórios, são projetados para produzir formas de onda periódicas não senoidais. Geradores de função, que são capazes de produzir ondas quadradas, ondas triangulares e de pulso retangular, são encontrados na maioria dos laboratórios. A Figura 16.4 ilustra formas de onda típicas.

Outro problema prático que estimula o interesse em funções periódicas é que os geradores de energia, embora projetados para produzir uma forma de onda senoidal, não conseguem produzir uma senoide perfeita. Contudo, a onda senoidal distorcida é periódica. Naturalmente, os engenheiros têm interesse em averiguar as consequências de excitar sistemas de potência com uma tensão de forma ligeiramente diferente da senoidal.

O interesse em funções periódicas também surge da observação geral de que qualquer não linearidade introduzida em um circuito linear faz aparecer nele uma função periódica não senoidal. O circuito retificador a que aludimos anteriormente é um exemplo desse fenômeno. A saturação magnética, que ocorre em máquinas e também em transformadores, é outro exemplo de uma não linearidade que gera uma função periódica não senoidal. Circuitos eletrônicos limitadores que usam a saturação de transistores constituem outro exemplo.

Além disso, funções periódicas não senoidais são importantes em outros ramos da engenharia. Problemas que envolvem vibração mecânica, escoamento de fluidos e transmissão de calor fazem uso de funções periódicas. Na verdade, foram o estudo e a análise da transmissão de calor em uma barra de metal que levaram o matemático francês Jean Baptiste Joseph Fourier (1768–1830) à representação de uma função periódica por meio de uma série trigonométrica. Essa série recebe seu nome e é o ponto de partida para determinar a resposta de regime permanente de circuitos elétricos submetidos a excitações periódicas.

Figura 16.2 Formas de onda na saída de um retificador senoidal não filtrado. (a) Retificação de onda completa. (b) Retificação de meia-onda.

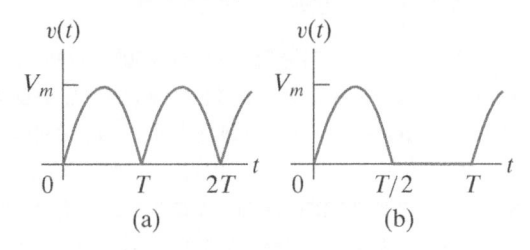

Figura 16.3 Forma de onda triangular de um gerador de varredura de osciloscópio de raios catódicos.

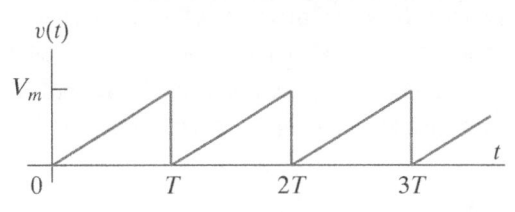

Figura 16.4 Formas de onda produzidas por geradores de função usados em laboratórios. (a) Onda quadrada. (b) Onda triangular. (c) Pulsos retangulares.

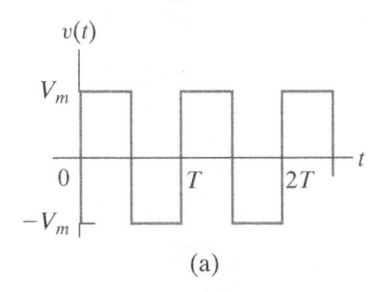

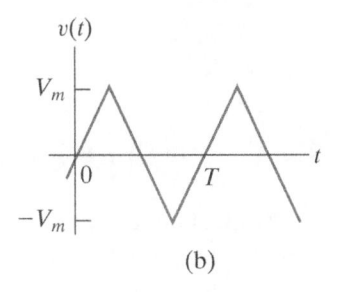

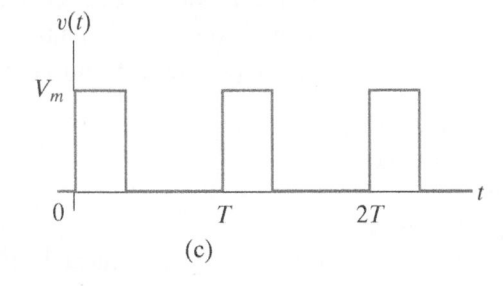

Perspectiva prática

Filtros ativos de alto Q

Nos capítulos 14 e 15, descobrimos que uma característica importante dos filtros passa-faixa e rejeita-faixa é o fator de qualidade, Q. Trata-se de um indicador do grau de seletividade do filtro em sua frequência central. Por exemplo, um filtro passa-faixa com alto valor de Q amplifica sinais em sua frequência central, ou na proximidade dela, e atenua sinais em todas as outras frequências. Por outro lado, um filtro passa-faixa com baixo valor de Q não faz distinção entre os sinais na frequência central e os sinais em frequências muito diversas da frequência central.

Neste capítulo, veremos que qualquer sinal periódico pode ser representado como uma soma de senoides, em que as frequências das senoides somadas são compostas pela frequência do sinal periódico e dos múltiplos inteiros dessa frequência. Podemos usar um sinal periódico como uma onda quadrada para testar o fator de qualidade de um filtro passa-faixa ou rejeita-faixa. Para isso, escolhemos uma onda quadrada cuja frequência seja igual à frequência central de um filtro passa-faixa, por exemplo. Se o filtro passa-faixa tiver elevado fator de qualidade, sua saída será quase senoidal, transformando, assim, a onda quadrada de entrada em uma saída senoidal. Se o filtro tiver baixo fator de qualidade, sua saída ainda se parecerá com uma onda quadrada, uma vez que o filtro não será capaz de distinguir entre as senoides que compõem a onda quadrada de entrada. Apresentamos um exemplo no final deste capítulo.

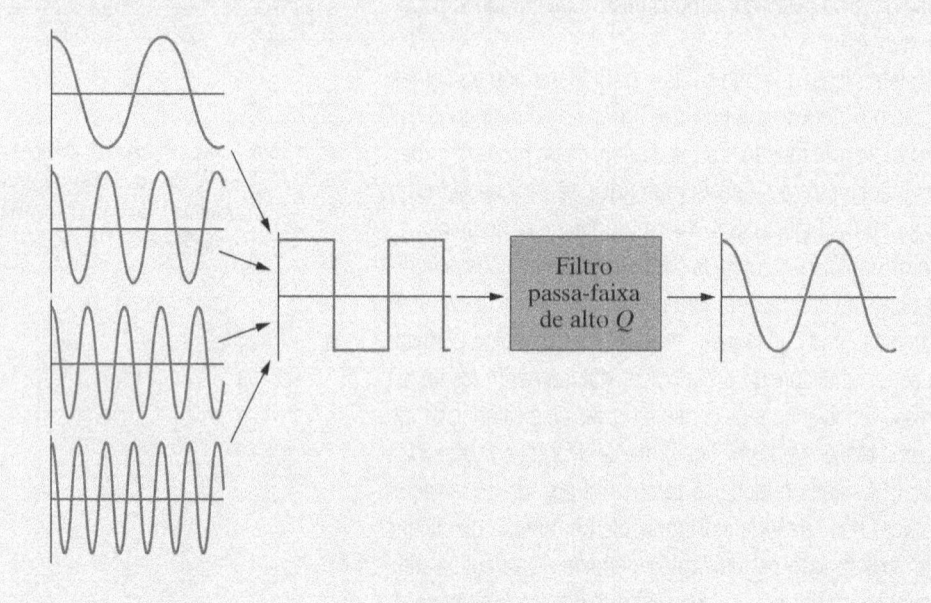

16.1 Séries de Fourier: uma visão geral

O que Fourier descobriu ao investigar problemas de transmissão de calor é que uma função periódica pode ser representada por uma soma infinita de funções seno ou cosseno de frequências múltiplas harmonicamente relacionadas. Em outras palavras, o período de qualquer termo trigonométrico na série infinita é um múltiplo inteiro, ou harmônico, do período fundamental T da função periódica. Assim, Fourier mostrou que uma função $f(t)$ periódica pode ser expressa como

▶ Representação em série de Fourier de uma função periódica

$$f(t) = a_v + \sum_{n=1}^{\infty} a_n \cos n\omega_0 t + b_n \operatorname{sen} n\omega_0 t, \tag{16.2}$$

em que n é a sequência de números inteiros 1, 2, 3,...

Na Equação 16.2, a_v, a_n e b_n são conhecidos como **coeficientes de Fourier** e calculados a partir de $f(t)$. O termo ω_0 (que é igual a $2\pi/T$) representa a **frequência fundamental** da função periódica $f(t)$. Os múltiplos inteiros de ω_0 — isto é, $2\omega_0$, $3\omega_0$, $4\omega_0$ — são conhecidos como **frequências harmônicas** de $f(t)$. Assim, $2\omega_0$ é o segundo harmônico, $3\omega_0$ é o terceiro harmônico e $n\omega_0$ é o n-ésimo harmônico de $f(t)$.

Discutiremos a determinação dos coeficientes de Fourier na Seção 16.2. Antes de entrarmos nos detalhes da utilização da série de Fourier em análise de circuitos, precisamos estudar, em primeiro lugar, o processo em termos gerais. Do ponto de vista de aplicações, podemos expressar todas as funções periódicas de interesse em termos de uma série de Fourier. Do ponto de vista matemático, as condições que uma função periódica $f(t)$ deve satisfazer para que seja possível expressá-la como uma série de Fourier convergente (conhecidas como **condições de Dirichlet**) são as seguintes:

1. $f(t)$ deve ser unívoca,
2. o número de descontinuidades de $f(t)$ no intervalo periódico deve ser finito,
3. o número de máximos e mínimos de $f(t)$ no intervalo periódico deve ser finito,
4. a integral

$$\int_{t_0}^{t_0+T} |f(t)|\, dt$$

deve existir.

Qualquer função periódica gerada por uma fonte fisicamente realizável satisfaz as condições de Dirichlet. Essas condições são **suficientes**, porém não **necessárias**. Assim, se $f(t)$ satisfizer esses requisitos, saberemos que podemos expressá-la como uma série de Fourier. Contudo, caso $f(t)$ não atenda a esses requisitos, poderá ainda ser possível expressá-la como uma série de Fourier. As condições necessárias não são conhecidas.

Após termos determinado $f(t)$ e calculado os coeficientes de Fourier (a_v, a_n e b_n), substituímos a fonte periódica por uma fonte cc (a_v) mais uma soma de fontes senoidais (a_n e b_n). Como a fonte periódica está excitando um circuito linear, podemos usar o princípio da superposição para determinar a resposta de regime permanente. Em particular, primeiro calculamos a resposta a cada fonte da representação em série de Fourier de $f(t)$ e, então, somamos as respostas individuais para obter a resposta total. A resposta de regime permanente decorrente de uma fonte senoidal específica é determinada com mais facilidade pelo método fasorial.

O procedimento é direto, não envolve nenhuma técnica nova de análise de circuitos e produz a representação em série de Fourier da resposta de regime permanente. Por consequência, a forma real da resposta é desconhecida. Além do mais, a forma de onda da resposta só pode ser estimada pela soma de um número suficiente de termos. Ainda que a abordagem da série de Fourier, para determinar a resposta de regime permanente, tenha algumas desvantagens, ela apresenta um novo modo de pensar que é tão importante quanto obter resultados quantitativos. Na verdade, de certa forma, o aspecto conceitual é até mais importante do que o quantitativo.

16.2 Coeficientes de Fourier

Uma vez definida a função periódica, determinamos os coeficientes de Fourier pelas relações

Coeficientes de Fourier ▶

$$a_v = \frac{1}{T} \int_{t_0}^{t_0+T} f(t)\, dt, \qquad (16.3)$$

$$a_k = \frac{2}{T} \int_{t_0}^{t_0+T} f(t) \cos k\omega_0 t\, dt, \qquad (16.4)$$

$$b_k = \frac{2}{T} \int_{t_0}^{t_0+T} f(t) \operatorname{sen} k\omega_0 t\, dt. \qquad (16.5)$$

Nas equações 16.4 e 16.5, o índice k indica o k-ésimo coeficiente na sequência de números inteiros 1, 2, 3,... Observe que a_v é o valor médio de $f(t)$, a_k é duas vezes o valor médio de $f(t) \cos k\omega_0 t$ e b_k é duas vezes o valor médio de $f(t) \operatorname{sen} k\omega_0 t$.

Podemos facilmente deduzir as equações 16.3–16.5 da Equação 16.2 recordando as seguintes relações integrais, válidas quando m e n forem inteiros:

$$\int_{t_0}^{t_0+T} \operatorname{sen} m\omega_0 t\, dt = 0, \quad \text{para todo } m, \qquad (16.6)$$

$$\int_{t_0}^{t_0+T} \cos m\omega_0 t\, dt = 0, \quad \text{para todo } m, \qquad (16.7)$$

$$\int_{t_0}^{t_0+T} \cos m\omega_0 t \operatorname{sen} n\omega_0 t\, dt = 0, \quad \text{para todo } m \text{ e } n, \qquad (16.8)$$

$$\int_{t_0}^{t_0+T} \operatorname{sen} m\omega_0 t \operatorname{sen} n\omega_0 t\, dt = 0, \quad \text{para todo } m \neq n,$$
$$= \frac{T}{2}, \quad \text{para } m = n, \qquad (16.9)$$

$$\int_{t_0}^{t_0+T} \cos m\omega_0 t \cos n\omega_0 t\, dt = 0, \quad \text{para todo } m \neq n,$$
$$= \frac{T}{2}, \quad \text{para } m = n. \qquad (16.10)$$

Deixamos a cargo do leitor a demonstração das equações 16.6–16.10 (Problema 16.5).

Para deduzir a Equação 16.3, simplesmente integramos ambos os lados da Equação 16.2 em um período:

$$\int_{t_0}^{t_0+T} f(t)\, dt = \int_{t_0}^{t_0+T} \left(a_v + \sum_{n=1}^{\infty} a_n \cos n\omega_0 t + b_n \operatorname{sen} n\omega_0 t \right) dt$$

$$= \int_{t_0}^{t_0+T} a_v\, dt + \sum_{n=1}^{\infty} \int_{t_0}^{t_0+T} (a_n \cos n\omega_0 t + b_n \operatorname{sen} n\omega_0 t)\, dt$$

$$= a_v T + 0. \qquad (16.11)$$

A Equação 16.3 decorre diretamente da Equação 16.11.

Para deduzir a expressão para o k-ésimo valor de a_n, multiplicamos primeiro a Equação 16.2 por $\cos k\omega_0 t$ e, então, integramos ambos os lados ao longo de um período de $f(t)$:

$$\int_{t_0}^{t_0+T} f(t) \cos k\omega_0 t\, dt = \int_{t_0}^{t_0+T} a_v \cos k\omega_0 t\, dt$$

$$+ \sum_{n=1}^{\infty} \int_{t_0}^{t_0+T} (a_n \cos n\omega_0 t \cos k\omega_0 t + b_n \operatorname{sen} n\omega_0 t \cos k\omega_0 t)\, dt$$

$$= 0 + a_k\left(\frac{T}{2}\right) + 0. \tag{16.12}$$

Explicitando a_k na Equação 16.12, obtemos a Equação 16.4.

Obtemos a expressão para o k-ésimo valor de b_n multiplicando primeiro ambos os lados da Equação 16.2 por sen $k\omega_0 t$ e, então, integrando cada lado ao longo de um período de $f(t)$. O Exemplo 16.1 mostra como usar as equações 16.3–16.5 para determinar os coeficientes de Fourier para uma função periódica específica.

EXEMPLO 16.1 Determinação da série de Fourier de uma onda triangular não simétrica.

Determine a série de Fourier para a tensão periódica da Figura 16.5.

Solução

Quando usamos as equações 16.3–16.5 para determinar a_v, a_k e b_k, podemos escolher o valor de t_0. Para a tensão periódica da Figura 16.5, a melhor escolha para t_0 é zero. Qualquer outra escolha dificultaria as integrações necessárias. A expressão para $v(t)$ entre 0 e T é

$$v(t) = \left(\frac{V_m}{T}\right)t.$$

Figura 16.5 Tensão periódica para o Exemplo 16.1.

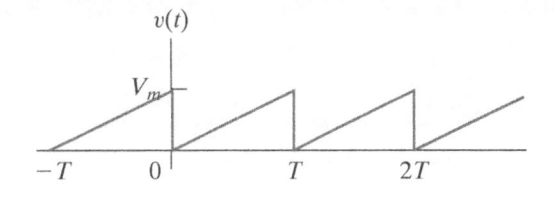

A equação para a_v é

$$a_v = \frac{1}{T}\int_0^T \left(\frac{V_m}{T}\right)t\, dt = \frac{1}{2}V_m.$$

Esse é claramente o valor médio da forma da onda na Figura 16.5.

A equação para o k-ésimo valor de a_n é

$$a_k = \frac{2}{T}\int_0^T \left(\frac{V_m}{T}\right)t \cos k\omega_0 t\, dt$$

$$= \frac{2V_m}{T^2}\left(\frac{1}{k^2\omega_0^2}\cos k\omega_0 t + \frac{t}{k\omega_0}\operatorname{sen} k\omega_0 t\right)\Big|_0^T$$

$$= \frac{2V_m}{T^2}\left[\frac{1}{k^2\omega_0^2}(\cos 2\pi k - 1)\right] = 0 \text{ para todo } k.$$

A equação para o k-ésimo valor de b_n é

$$b_k = \frac{2}{T}\int_0^T \left(\frac{V_m}{T}\right) t \operatorname{sen} k\omega_0 t\, dt$$

$$= \frac{2V_m}{T^2}\left(\frac{1}{k^2\omega_0^2}\operatorname{sen} k\omega_0 t - \frac{t}{k\omega_0}\cos k\omega_0 t\right)\Big|_0^T$$

$$= \frac{2V_m}{T^2}\left(0 - \frac{T}{k\omega_0}\cos 2\pi k\right)$$

$$= \frac{-V_m}{\pi k}.$$

A série de Fourier para $v(t)$ é

$$v(t) = \frac{V_m}{2} - \frac{V_m}{\pi}\sum_{n=1}^{\infty}\frac{1}{n}\operatorname{sen} n\omega_0 t$$

$$= \frac{V_m}{2} - \frac{V_m}{\pi}\operatorname{sen}\omega_0 t - \frac{V_m}{2\pi}\operatorname{sen} 2\omega_0 t - \frac{V_m}{3\pi}\operatorname{sen} 3\omega_0 t - \cdots.$$

PROBLEMAS PARA AVALIAÇÃO

Objetivo 1 Saber calcular a forma trigonométrica dos coeficientes de Fourier de uma onda periódica.

16.1 Calcule as expressões para a_v, a_k e b_k para a função periódica mostrada, se $V_m = 9\pi$ V.

Resposta: $a_v = 21{,}99$ V,

$a_k = \frac{6}{k}\operatorname{sen}\frac{4k\pi}{3}$ V,

$b_k = \frac{6}{k}\left(1 - \cos\frac{4k\pi}{3}\right)$ V.

16.2 Considere o Problema para avaliação 16.1.
   a) Qual é o valor médio da tensão periódica?
   b) Calcule os valores numéricos de $a_1 - a_5$ e $b_1 - b_5$.
   c) Se $T = 125{,}66$ ms, qual é a frequência fundamental em radianos por segundo?
   d) Qual é a frequência do terceiro harmônico em hertz?
   e) Escreva a série de Fourier até o quinto harmônico, inclusive.

Resposta: (a) 21,99 V;
   (b) −5,2 V; 2,6 V; 0 V; −1,3 e 1,04 V; 9 V; 4,5 V; 0 V; 2,25 V e 1,8 V;
   (c) 50 rad/s;
   (d) 23,87 Hz;
   (e) $v(t) = 21{,}99 - 5{,}2\cos 50t + 9\operatorname{sen} 50t + 2{,}6\cos 100t + 4{,}5\operatorname{sen} 100t - 1{,}3\cos 200t + 2{,}25\operatorname{sen} 200t + 1{,}04\cos 250t + 1{,}8\operatorname{sen} 250t$ V.

NOTA: tente resolver também os problemas 16.1–16.3, apresentados no final do capítulo.

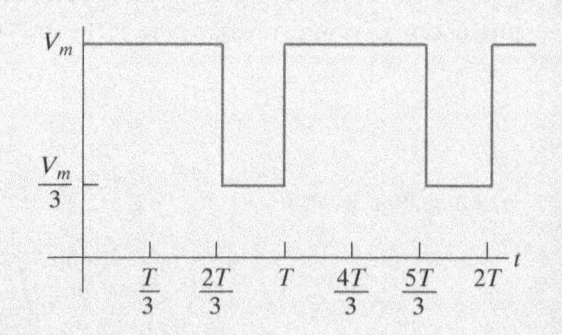

De modo geral, determinar os coeficientes de Fourier é entediante. Por consequência, qualquer coisa que simplifique a tarefa é benéfica. Felizmente, uma função periódica que possua certos tipos de simetria reduz significativamente a quantidade de trabalho envolvida na determinação dos coeficientes. Na Seção 16.3, discutiremos como a simetria afeta os cálculos dos coeficientes em uma série de Fourier.

16.3 Efeito da simetria sobre os coeficientes de Fourier

Quatro tipos de simetria podem ser usados para simplificar o cálculo dos coeficientes de Fourier:

- simetria das funções pares;
- simetria das funções ímpares;
- simetria de meia-onda;
- simetria de quarto de onda.

O efeito de cada tipo de simetria é discutido nas seções a seguir.

Simetria das funções pares

Uma função é definida como par se

$$f(t) = f(-t). \qquad (16.13)$$ ◀ Função par

Funções que satisfazem a Equação 16.13 são denominadas pares porque polinômios que têm somente expoentes pares possuem essa característica. Para funções periódicas pares, as equações para os coeficientes de Fourier reduzem-se a

$$a_v = \frac{2}{T}\int_0^{T/2} f(t)\,dt, \qquad (16.14)$$

$$a_k = \frac{4}{T}\int_0^{T/2} f(t)\cos k\omega_0 t\,dt, \qquad (16.15)$$

$$b_k = 0, \quad \text{para todo } k. \qquad (16.16)$$

Observe que todos os coeficientes b serão nulos se a função periódica for par. A Figura 16.6 mostra uma função periódica par. As equações 16.14–16.16 decorrem diretamente das equações 16.3–16.5. Para mostrar isso, selecionamos $t_0 = -T/2$ e, então, dividimos o intervalo de integração em duas partes, de $-T/2$ a 0 e de 0 a $T/2$, ou

$$\begin{aligned} a_v &= \frac{1}{T}\int_{-T/2}^{T/2} f(t)\,dt \\ &= \frac{1}{T}\int_{-T/2}^{0} f(t)\,dt + \frac{1}{T}\int_0^{T/2} f(t)\,dt. \end{aligned} \qquad (16.17)$$

Figura 16.6 Função periódica par, $f(t) = f(-t)$.

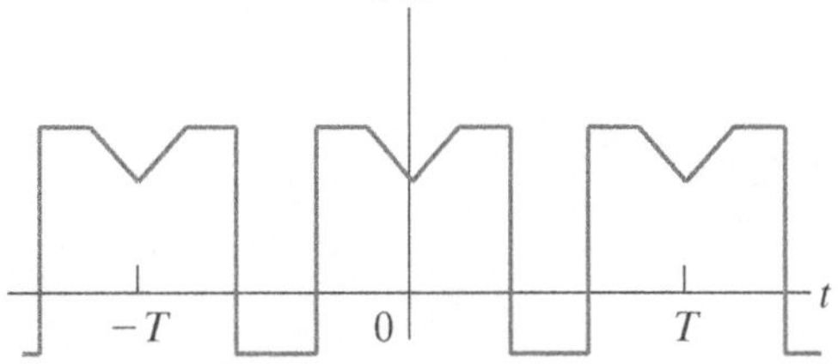

Agora, mudamos a variável de integração na primeira integral do lado direito da Equação 16.17. Especificamente, fazemos $t = -x$ e observamos que $f(t) = f(-x) = f(x)$ porque a função é par. Além disso, observamos que $x = T/2$ quando $t = -T/2$ e $dt = -dx$. Então,

$$\int_{-T/2}^{0} f(t)\,dt = \int_{T/2}^{0} f(x)(-dx) = \int_{0}^{T/2} f(x)\,dx, \qquad (16.18)$$

que mostra que a integração de $-T/2$ a 0 é idêntica à de 0 a $T/2$; por consequência, a Equação 16.17 é idêntica à Equação 16.14. A dedução da Equação 16.15 é feita de forma semelhante. Nesse caso,

$$a_k = \frac{2}{T}\int_{-T/2}^{0} f(t)\cos k\omega_0 t\,dt + \frac{2}{T}\int_{0}^{T/2} f(t)\cos k\omega_0 t\,dt, \qquad (16.19)$$

mas

$$\int_{-T/2}^{0} f(t)\cos k\omega_0 t\,dt = \int_{T/2}^{0} f(x)\cos(-k\omega_0 x)(-dx)$$

$$= \int_{0}^{T/2} f(x)\cos k\omega_0 x\,dx. \qquad (16.20)$$

Como antes, a integração de $-T/2$ a 0 é idêntica à de 0 a $T/2$. Combinando a Equação 16.20 com a Equação 16.19, obtemos a Equação 16.15.

Todos os coeficientes b são iguais a zero quando $f(t)$ é uma função periódica par, porque a integração de $-T/2$ a 0 é igual à integração de 0 a $T/2$ com o sinal trocado, isto é,

$$\int_{-T/2}^{0} f(t)\,\text{sen}\,k\omega_0 t\,dt = \int_{T/2}^{0} f(x)\,\text{sen}(-k\omega_0 x)(-dx)$$

$$= -\int_{0}^{T/2} f(x)\,\text{sen}\,k\omega_0 x\,dx. \qquad (16.21)$$

Quando usamos as equações 16.14 e 16.15 para determinar os coeficientes de Fourier, o intervalo de integração deve ser de 0 a $T/2$.

Simetria das funções ímpares

Uma função é definida como ímpar se

Função ímpar ▶

$$f(t) = -f(-t). \qquad (16.22)$$

Funções que satisfazem a Equação 16.22 são denominadas ímpares porque polinômios que têm apenas expoentes ímpares possuem essa característica. As expressões para os coeficientes de Fourier são

$$a_v = 0; \qquad (16.23)$$

$$a_k = 0, \text{ para todo } k; \qquad (16.24)$$

$$b_k = \frac{4}{T}\int_{0}^{T/2} f(t)\,\text{sen}\,k\omega_0 t\,dt. \qquad (16.25)$$

Observe que todos os coeficientes a serão iguais a zero se a função periódica for ímpar. A Figura 16.7 mostra uma função periódica ímpar.

Para deduzir as equações 16.23–16.25, usamos o mesmo processo utilizado para deduzir as equações 16.14–16.16. Deixamos essas deduções a cargo do leitor (Problema 16.7, apresentado no final do capítulo).

Uma função periódica pode se tornar par ou ímpar ao ser deslocada ao longo do eixo do tempo. Em outras palavras, a escolha criteriosa do local em que $t = 0$ pode criar uma simetria par ou ímpar em uma função periódica. Por exemplo, a função triangular mostrada na Figura 16.8(a) não é nem par nem ímpar. Contudo, podemos transformá-la em função par, como mostra a Figura 16.8(b), ou em função ímpar, como mostra a Figura 16.8(c).

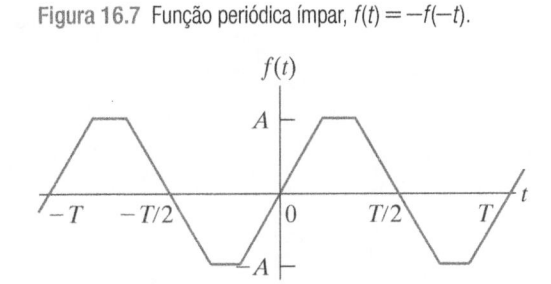

Figura 16.7 Função periódica ímpar, $f(t) = -f(-t)$.

Simetria de meia-onda

Uma função periódica possui simetria de meia-onda, se satisfaz a equação

$$f(t) = -f(t - T/2). \quad (16.26)$$

De acordo com a Equação 16.26, uma função periódica terá simetria de meia-onda se, após ser deslocada metade de um período e invertida, for idêntica à função original. Por exemplo, as funções mostradas nas figuras 16.7 e 16.8 têm simetria de meia-onda, ao passo que as das figuras 16.5 e 16.6 não têm. Observe que simetria de meia-onda não é função do local em que $t = 0$.

Se uma função periódica tiver simetria de meia-onda, a_k e b_k serão ambos nulos para valores pares de k. Além disso, a_v também será igual a zero, pois o valor médio de uma função com simetria de meia-onda é nulo. As expressões para os coeficientes de Fourier são

Figura 16.8 Um exemplo de como a escolha do local em que $t = 0$ pode determinar que uma função periódica seja par, ímpar ou nenhum dos dois. (a) Onda triangular periódica que não é nem par nem ímpar. (b) Onda triangular de (a) transformada em função par pelo deslocamento da função ao longo do eixo t. (c) Onda triangular de (a) transformada em função ímpar pelo deslocamento da função ao longo do eixo t.

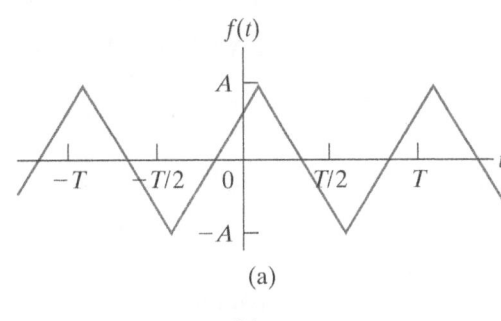

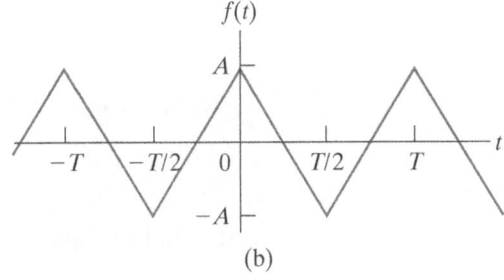

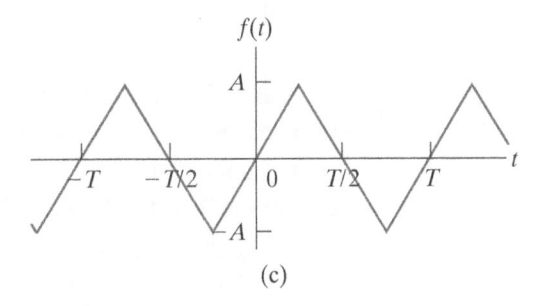

$$a_v = 0, \quad (16.27)$$

$$a_k = 0, \quad \text{para } k \text{ par}; \quad (16.28)$$

$$a_k = \frac{4}{T} \int_0^{T/2} f(t) \cos k\omega_0 t \, dt, \quad \text{para } k \text{ ímpar}; \quad (16.29)$$

$$b_k = 0, \quad \text{para } k \text{ par}; \quad (16.30)$$

$$b_k = \frac{4}{T} \int_0^{T/2} f(t) \operatorname{sen} k\omega_0 t \, dt, \quad \text{para } k \text{ ímpar}. \quad (16.31)$$

Deduzimos as equações 16.27–16.31 começando com as equações 16.3–16.5 e escolhendo o intervalo de integração de $-T/2$ a $T/2$. Então, o dividimos em intervalos de $-T/2$ a 0 e de 0 a $T/2$. Por exemplo, o cálculo de a_k fica

$$a_k = \frac{2}{T} \int_{t_0}^{t_0+T} f(t) \cos k\omega_0 t \, dt$$

$$= \frac{2}{T} \int_{-T/2}^{T/2} f(t) \cos k\omega_0 t \, dt$$

$$= \frac{2}{T} \int_{-T/2}^{0} f(t) \cos k\omega_0 t \, dt$$

$$+ \frac{2}{T} \int_{0}^{T/2} f(t) \cos k\omega_0 t \, dt. \tag{16.32}$$

Agora, mudamos a variável de integração da primeira integral do lado direito da Equação 16.32. Especificamente, fazemos

$$t = x - T/2.$$

Então,

$$x = T/2, \qquad \text{quando } t = 0;$$
$$x = 0, \qquad \text{quando } t = -T/2;$$
$$dt = dx.$$

Reescrevemos a primeira integral como

$$\int_{-T/2}^{0} f(t) \cos k\omega_0 t \, dt = \int_{0}^{T/2} f(x - T/2) \cos k\omega_0 (x - T/2) \, dx. \tag{16.33}$$

Observe que

$$\cos k\omega_0(x - T/2) = \cos(k\omega_0 x - k\pi) = \cos k\pi \cos k\omega_0 x$$

e que, por hipótese,

$$f(x - T/2) = -f(x).$$

Por consequência, a Equação 16.33 torna-se

$$\int_{-T/2}^{0} f(t) \cos k\omega_0 t \, dt = \int_{0}^{T/2} [-f(x)] \cos k\pi \cos k\omega_0 x \, dx. \tag{16.34}$$

Incorporando a Equação 16.34 na Equação 16.32 obtemos

$$a_k = \frac{2}{T}(1 - \cos k\pi) \int_{0}^{T/2} f(t) \cos k\omega_0 t \, dt. \tag{16.35}$$

Mas $\cos k\pi$ é 1, quando k é par, e -1, quando k é ímpar. Por conseguinte, da Equação 16.35 deduzem-se as equações 16.28 e 16.29.

Deixamos que o leitor verifique se esse mesmo processo pode ser usado para deduzir as equações 16.30 e 16.31 (veja o Problema 16.8, apresentado no final do capítulo).

Resumimos nossas observações afirmando que a representação em série de Fourier de uma função periódica com simetria de meia-onda tem valor médio nulo e contém somente harmônicos ímpares.

Simetria de quarto de onda

O termo **simetria de quarto de onda** descreve uma função periódica que tem simetria de meia-onda e, além disso, é simétrica em relação aos pontos médios dos semiciclos positivo e negativo. A função mostrada na Figura 16.9(a) tem simetria de quarto de onda em relação ao ponto médio dos semiciclos positivo e negativo. A função na Figura 16.9(b) não tem simetria de quarto de onda, embora tenha simetria de meia-onda.

Uma função periódica que tenha simetria de quarto de onda sempre pode ser transformada em par ou ímpar pela escolha adequada do ponto em que $t = 0$. Por exemplo, a função mostrada na Figura 16.9(a) é ímpar e pode ser transformada em par deslocando-se a função $T/4$ unidades para a direita ou para a esquerda, ao longo do eixo t. Todavia, a função na Figura 16.9(b) nunca poderá ser transformada em par ou em ímpar. Para aproveitar a vantagem da simetria de quarto de onda no cálculo dos coeficientes de Fourier, deve-se escolher o ponto em que $t = 0$, de forma a transformar a função em par ou em ímpar.

Figura 16.9 (a) Função com simetria de quarto de onda. (b) Função que não tem simetria de quarto de onda.

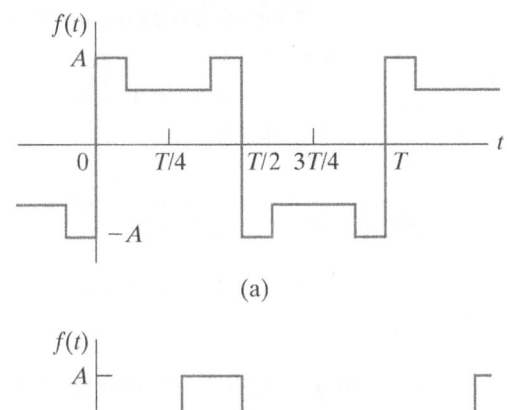

Se a função for transformada em par,

$a_v = 0$, por causa da simetria de meia-onda;

$a_k = 0$, para k par, por causa da simetria de meia-onda;

$$a_k = \frac{8}{T}\int_0^{T/4} f(t)\cos k\omega_0 t\, dt, \quad \text{para } k \text{ ímpar;}$$

$b_k = 0$, para todo k, porque a função é par. (16.36)

As equações 16.36 resultam da simetria de quarto de onda da função, além do fato da função ser par. Lembre-se de que como a simetria de quarto de onda implica a simetria de meia-onda, podemos eliminar a_v e a_k para k par. Comparando a expressão para a_k, k ímpar, nas equações 16.36 com a Equação 16.29, vemos que combinar simetria de quarto de onda com a simetria das funções pares permite diminuir o intervalo de integração de 0 a $T/2$ para 0 a $T/4$. Fica a cargo do leitor a dedução das equações 16.36 (Problema 16.9, apresentado no final do capítulo).

Se a função com simetria de quarto de onda for transformada em ímpar,

$a_v = 0$, porque a função é ímpar;

$a_k = 0$, para todo k, porque a função é ímpar;

$b_k = 0$, para k par, por causa da simetria de meia-onda;

$$b_k = \frac{8}{T}\int_0^{T/4} f(t)\operatorname{sen} k\omega_0 t\, dt, \quad \text{para } k \text{ ímpar.} \quad (16.37)$$

As equações 16.37 são uma consequência direta da função ter simetria de quarto de onda e ser ímpar. Novamente, isso permite diminuir o intervalo de integração de 0 a $T/2$ para 0 a $T/4$. Fica a cargo do leitor a dedução das equações 16.37 (Problema 16.10, apresentado no final do capítulo).

O Exemplo 16.2 mostra como usar a simetria para simplificar o cálculo dos coeficientes de Fourier.

EXEMPLO 16.2 Determinação da série de Fourier de uma função ímpar com simetria.

Determine a série de Fourier para a onda de corrente da Figura 16.10.

Solução

Começamos procurando, na onda, graus de simetria. Vemos que a função é ímpar e, além disso, tem simetria de meia-onda e de quarto de onda. Como a função é ímpar, todos os coeficientes a são nulos; isto é, $a_v = 0$ e $a_k = 0$ para todo k. Como a função tem simetria de meia-onda, $b_k = 0$ para valores pares de k. Como a função tem simetria de quarto de onda, a expressão para b_k para valores ímpares de k é

$$b_k = \frac{8}{T} \int_0^{T/4} i(t) \operatorname{sen} k\omega_0 t \, dt.$$

Figura 16.10 Onda periódica para o Exemplo 16.2.

No intervalo $0 \leq t \leq T/4$, a expressão para $i(t)$ é

$$i(t) = \frac{4I_m}{T} t.$$

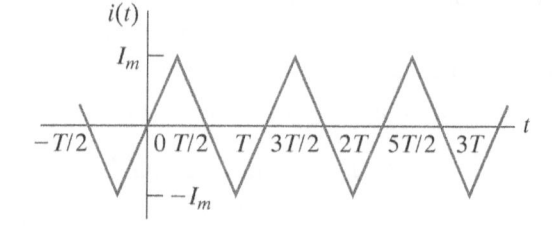

Assim,

$$b_k = \frac{8}{T} \int_0^{T/4} \frac{4I_m}{T} t \operatorname{sen} k\omega_0 t \, dt$$

$$= \frac{32 I_m}{T^2} \left(\frac{\operatorname{sen} k\omega_0 t}{k^2 \omega_0^2} - \frac{t \cos k\omega_0 t}{k\omega_0} \Big|_0^{T/4} \right)$$

$$= \frac{8 I_m}{\pi^2 k^2} \operatorname{sen} \frac{k\pi}{2} \quad (k \text{ é ímpar}).$$

A representação de $i(t)$ em série de Fourier é

$$i(t) = \frac{8 I_m}{\pi^2} \sum_{n=1,3,5,\ldots}^{\infty} \frac{1}{n^2} \operatorname{sen} \frac{n\pi}{2} \operatorname{sen} n\omega_0 t$$

$$= \frac{8 I_m}{\pi^2} \left(\operatorname{sen} \omega_0 t - \frac{1}{9} \operatorname{sen} 3\omega_0 t + \frac{1}{25} \operatorname{sen} 5\omega_0 t - \frac{1}{49} \operatorname{sen} 7\omega_0 t + \cdots \right).$$

PROBLEMA PARA AVALIAÇÃO

Objetivo 1 Saber calcular a forma trigonométrica dos coeficientes de Fourier de uma onda periódica.

16.3 Calcule a série de Fourier para a tensão periódica mostrada.

Resposta:
$$v_g(t) = \frac{12V_m}{\pi^2} \sum_{n=1,3,5,\ldots}^{\infty} \frac{\text{sen}(n\pi/3)}{n^2} \text{sen} n\omega_0 t.$$

NOTA: tente resolver também os problemas 16.11 e 16.12, apresentados no final do capítulo.

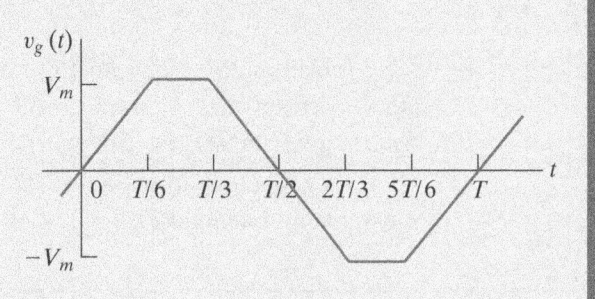

16.4 Forma trigonométrica alternativa da série de Fourier

Em aplicações da série de Fourier a circuitos, combinamos termos em cosseno e seno em um único termo por conveniência. Isso nos permite a representação de cada harmônico de $v(t)$ ou $i(t)$ como uma única quantidade fasorial. Os termos em cosseno e seno podem ser combinados em uma expressão de cosseno ou em uma de seno. Como escolhemos o cosseno na análise fasorial (veja o Capítulo 9), também escolheremos aqui o cosseno para a forma alternativa da série. Por isso, escrevemos a série de Fourier da Equação 16.2 como

$$f(t) = a_v + \sum_{n=1}^{\infty} A_n \cos(n\omega_0 t - \theta_n), \tag{16.38}$$

em que A_n e θ_n são definidos pela grandeza complexa

$$a_n - jb_n = \sqrt{a_n^2 + b_n^2}\underline{/-\theta_n} = A_n\underline{/-\theta_n}. \tag{16.39}$$

Deduzimos as equações 16.38 e 16.39 usando o método fasorial para somar os termos em cosseno e seno na Equação 16.2. Começamos expressando as funções seno como funções cosseno; isto é, reescrevemos a Equação 16.2 como

$$f(t) = a_v + \sum_{n=1}^{\infty} a_n \cos n\omega_0 t + b_n \cos(n\omega_0 t - 90°). \tag{16.40}$$

Ao adicionar os termos do somatório usando fasores, obtemos

$$\mathcal{F}\{a_n \cos n\omega_0 t\} = a_n \underline{/0°} \tag{16.41}$$

e

$$\mathcal{F}\{b_n \cos(n\omega_0 t - 90°)\} = b_n \underline{/-90°} = -jb_n. \tag{16.42}$$

Então,

$$\mathcal{F}\{a_n \cos(n\omega_0 t) + b_n \cos(n\omega_0 t - 90°)\} = a_n - jb_n$$
$$= \sqrt{a_n^2 + b_n^2}\underline{/-\theta_n}$$
$$= A_n\underline{/-\theta_n}. \tag{16.43}$$

Quando executamos a transformada fasorial inversa da Equação 16.43, obtemos

$$a_n \cos n\omega_0 t + b_n \cos(n\omega_0 t - 90°) = \mathcal{F}^{-1}\{A_n \underline{/-\theta_n}\}$$

$$= A_n \cos(n\omega_0 t - \theta_n). \quad (16.44)$$

Substituindo a Equação 16.44 na Equação 16.40, obtemos a Equação 16.38. A Equação 16.43 corresponde à Equação 16.39. Se a função periódica for par ou ímpar, A_n reduz-se a a_n (par) ou b_n (ímpar), e θ_n é 0° (par) ou 90° (ímpar).

A dedução da forma alternativa da série de Fourier para uma dada função periódica é ilustrada no Exemplo 16.3.

EXEMPLO 16.3 Cálculo das formas da série trigonométrica de Fourier para uma tensão periódica.

a) Calcule as expressões de a_k e b_k para a função periódica da Figura 16.11.

b) Escreva os quatro primeiros termos da série de Fourier de $v(t)$ usando a forma da Equação 16.38.

Figura 16.11 Função periódica para o Exemplo 16.3.

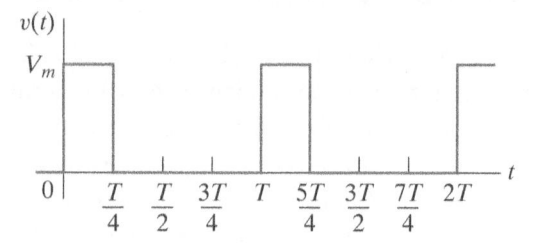

Solução

a) A tensão $v(t)$ não é par nem ímpar, nem tem simetria de meia-onda. Por conseguinte, usamos as equações 16.4 e 16.5 para determinar a_k e b_k. Escolhendo t_0 como zero, obtemos

$$a_k = \frac{2}{T}\left[\int_0^{T/4} V_m \cos k\omega_0 t \, dt + \int_{T/4}^T (0) \cos k\omega_0 t \, dt\right]$$

$$= \frac{2V_m}{T} \left.\frac{\operatorname{sen} k\omega_0 t}{k\omega_0}\right|_0^{T/4} = \frac{V_m}{k\pi} \operatorname{sen}\frac{k\pi}{2}$$

e

$$b_k = \frac{2}{T}\int_0^{T/4} V_m \operatorname{sen} k\omega_0 t \, dt$$

$$= \frac{2V_m}{T}\left(\left.\frac{-\cos k\omega_0 t}{k\omega_0}\right|_0^{T/4}\right)$$

$$= \frac{V_m}{k\pi}\left(1 - \cos\frac{k\pi}{2}\right).$$

b) O valor médio de $v(t)$ é

$$a_v = \frac{V_m(T/4)}{T} = \frac{V_m}{4}.$$

Os valores de $a_k - jb_k$ para $k = 1, 2$ e 3 são

$$a_1 - jb_1 = \frac{V_m}{\pi} - j\frac{V_m}{\pi} = \frac{\sqrt{2}V_m}{\pi} \angle -45°,$$

$$a_2 - jb_2 = 0 - j\frac{V_m}{\pi} = \frac{V_m}{\pi} \angle -90°,$$

$$a_3 - jb_3 = \frac{-V_m}{3\pi} - j\frac{V_m}{3\pi} = \frac{\sqrt{2}V_m}{3\pi} \angle -135°.$$

Assim, os quatro primeiros termos da série de Fourier de $v(t)$ são

$$v(t) = \frac{V_m}{4} + \frac{\sqrt{2}V_m}{\pi}\cos(\omega_0 t - 45°) + \frac{V_m}{\pi}\cos(2\omega_0 t - 90°)$$

$$+ \frac{\sqrt{2}V_m}{3\pi}\cos(3\omega_0 t - 135°) + \cdots$$

PROBLEMA PARA AVALIAÇÃO

Objetivo 1 Saber calcular a forma trigonométrica dos coeficientes de Fourier de uma onda periódica.

16.4 a) Calcule $A_1 - A_5$ e $\theta_1 - \theta_5$ para a função periódica mostrada, se $V_m = 9\pi$ V.

b) Usando a forma da Equação 16.38, escreva a série de Fourier para $v(t)$ até o quinto harmônico, inclusive admitindo que $T = 125,66$ ms.

Resposta: (a) 10,4; 5,2; 0; 2,6; 2,1 V e −120°, −60°; não definido; −120°; −60°;

(b) $v(t) = 21,99 + 10,4 \cos(50t - 120°)$
$+ 5,2 \cos(100t - 60°) + 2,6 \cos(200t - 120°)$
$+ 2,1 \cos(250t - 60°)$ V.

NOTA: tente resolver também o Problema 16.22, apresentado no final do capítulo.

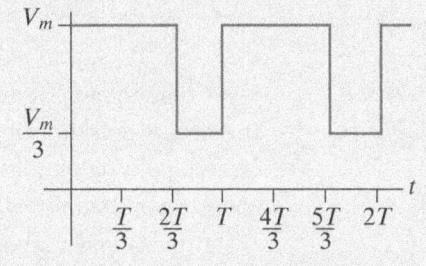

16.5 Exemplo de aplicação

Agora vamos ilustrar como usar a série de Fourier de uma função periódica para determinar a resposta de regime permanente de um circuito linear, pelo circuito RC da Figura 16.12(a). O circuito é energizado com a onda quadrada de tensão mostrada na Figura 16.12(b). A tensão no capacitor é o sinal de resposta, ou saída, desejado.

A primeira etapa na determinação da resposta de regime permanente é representar a fonte de excitação periódica por sua série de Fourier. Depois de observar que a fonte tem simetria ímpar, de meia-onda e de quarto de onda, sabemos que os coeficientes de Fourier reduzem-se a b_k, com k restrito a valores inteiros ímpares:

Figura 16.12 Um circuito RC excitado por uma tensão periódica. (a) Circuito RC em série. (b) Tensão de onda quadrada.

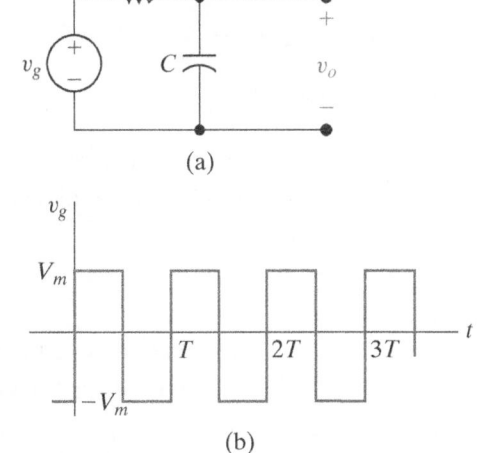

$$b_k = \frac{8}{T}\int_0^{T/4} V_m \operatorname{sen} k\omega_0 t \, dt$$

$$= \frac{4V_m}{\pi k} \quad (k \text{ é ímpar}). \tag{16.45}$$

Então, a representação em série de Fourier de v_g é

$$v_g = \frac{4V_m}{\pi} \sum_{n=1,3,5,\ldots}^{\infty} \frac{1}{n} \operatorname{sen} n\omega_0 t. \tag{16.46}$$

Escrevendo a série em forma expandida, temos

$$v_g = \frac{4V_m}{\pi} \operatorname{sen}\omega_0 t + \frac{4V_m}{3\pi} \operatorname{sen}3\omega_0 t$$
$$+ \frac{4V_m}{5\pi} \operatorname{sen}5\omega_0 t + \frac{4V_m}{7\pi} \operatorname{sen}7\omega_0 t + \cdots \tag{16.47}$$

A fonte de tensão dada pela Equação 16.47 é equivalente a um número infinitamente grande de fontes senoidais ligadas em série, cada qual com a própria amplitude e frequência. Para determinar a contribuição de cada fonte para a tensão de saída, usamos o princípio da superposição.

Para qualquer uma das fontes senoidais, a expressão fasorial para a tensão de saída é

$$\mathbf{V}_o = \frac{\mathbf{V}_g}{1 + j\omega RC}. \tag{16.48}$$

Como todas as fontes de tensão são expressas como funções seno, interpretamos um fasor em termos do seno, em vez do cosseno. Em outras palavras, quando passarmos do domínio fasorial para o domínio do tempo, simplesmente escreveremos as expressões no domínio do tempo como $\operatorname{sen}(\omega t + \theta)$ em vez de $\cos(\omega t + \theta)$.

A tensão fasorial de saída decorrente da frequência fundamental da fonte senoidal é

$$\mathbf{V}_{o1} = \frac{(4V_m/\pi)\angle 0°}{1 + j\omega_0 RC}. \tag{16.49}$$

Escrevendo $\mathbf{V}_{o1}$ em forma polar, obtemos

$$\mathbf{V}_{o1} = \frac{(4V_m)\angle -\beta_1}{\pi\sqrt{1 + \omega_0^2 R^2 C^2}}, \tag{16.50}$$

em que

$$\beta_1 = \operatorname{tg}^{-1}\omega_0 RC. \tag{16.51}$$

A partir da Equação 16.50, a expressão no domínio do tempo para o componente da frequência fundamental de v_o é

$$v_{o1} = \frac{4V_m}{\pi\sqrt{1 + \omega_0^2 R^2 C^2}} \operatorname{sen}(\omega_0 t - \beta_1). \tag{16.52}$$

Calculamos o componente do terceiro harmônico da tensão de saída de modo semelhante. A tensão fasorial do terceiro harmônico é

$$\mathbf{V}_{o3} = \frac{(4V_m/3\pi) \angle 0°}{1 + j3\omega_0 RC}$$

$$= \frac{4V_m}{3\pi\sqrt{1 + 9\omega_0^2 R^2 C^2}} \angle -\beta_3, \qquad (16.53)$$

em que

$$\beta_3 = \text{tg}^{-1} 3\omega_0 RC. \qquad (16.54)$$

A expressão no domínio do tempo para a tensão de saída do terceiro harmônico é

$$v_{o3} = \frac{4V_m}{3\pi\sqrt{1 + 9\omega_0^2 R^2 C^2}} \text{sen}(3\omega_0 t - \beta_3). \qquad (16.55)$$

Daí, a expressão para o componente do k-ésimo harmônico da tensão de saída é

$$v_{ok} = \frac{4V_m}{k\pi\sqrt{1 + k^2\omega_0^2 R^2 C^2}} \text{sen}(k\omega_0 t - \beta_k) \quad (k \text{ é ímpar}), \qquad (16.56)$$

em que

$$\beta_k = \text{tg}^{-1} k\omega_0 RC \quad (k \text{ é ímpar}). \qquad (16.57)$$

Escrevemos, agora, a representação em série de Fourier da tensão de saída:

$$v_o(t) = \frac{4V_m}{\pi} \sum_{n=1,3,5,\ldots}^{\infty} \frac{\text{sen}(n\omega_0 t - \beta_n)}{n\sqrt{1 + (n\omega_0 RC)^2}}. \qquad (16.58)$$

A dedução da Equação 16.58 não foi difícil. Contudo, embora tenhamos uma expressão analítica para a tensão de saída de regime permanente, a forma de $v_o(t)$ não fica imediatamente clara pela Equação 16.58. Como mencionamos antes, essa deficiência é um problema da série de Fourier. Todavia, a Equação 16.58 não é inútil, porque nos dá uma ideia da forma de onda de regime permanente de $v_o(t)$, se examinarmos a resposta de frequência do circuito. Por exemplo, se C for grande, $1/n\omega_0 C$ é pequeno para os harmônicos de ordem superior. Assim, o capacitor curto-circuita os componentes de alta frequência da onda de entrada, e os harmônicos de ordem superior da Equação 16.58 são desprezíveis em comparação com os de ordem inferior. A Equação 16.58 reflete essa condição no sentido de que, para C grande,

$$v_o \approx \frac{4V_m}{\pi\omega_0 RC} \sum_{n=1,3,5,\ldots}^{\infty} \frac{1}{n^2} \text{sen}(n\omega_0 t - 90°)$$

$$\approx \frac{-4V_m}{\pi\omega_0 RC} \sum_{n=1,3,5,\ldots}^{\infty} \frac{1}{n^2} \cos n\omega_0 t. \qquad (16.59)$$

A Equação 16.59 mostra que a amplitude dos harmônicos na tensão de saída decresce proporcionalmente a $1/n^2$, enquanto os harmônicos da tensão de entrada têm amplitude decrescente com $1/n$. Se C for tão grande que somente o componente fundamental é significativo, então, como primeira aproximação

$$v_o(t) \approx \frac{-4V_m}{\pi\omega_0 RC} \cos \omega_0 t, \qquad (16.60)$$

e a análise de Fourier nos diz que a onda quadrada de entrada é deformada, resultando uma saída senoidal.

Vamos ver, agora, o que acontece quando $C \to 0$. O circuito mostra que v_o e v_g são iguais quando $C = 0$, pois o ramo capacitivo assemelha-se a um circuito aberto em todas as frequências. A Equação 16.58 prevê o mesmo resultado, pois à medida que $C \to 0$,

$$v_o = \frac{4V_m}{\pi} \sum_{n=1,3,5,\ldots}^{\infty} \frac{1}{n} \operatorname{sen} n\omega_0 t. \tag{16.61}$$

Mas a Equação 16.61 é idêntica à Equação 16.46 e, por consequência, $v_o \to v_g$ quando $C \to 0$.

Desse modo, a Equação 16.58 mostrou-se útil ao nos auxiliar a prever que a forma de onda da saída será uma versão muito distorcida da forma de onda da entrada se C for grande, e uma versão razoavelmente fiel se C for pequeno. No Capítulo 13, estudamos a distorção entre a entrada e a saída em termos da memória que a função de peso do sistema possui. No domínio da frequência, examinamos a distorção entre a entrada e a saída de regime permanente em termos do modo como são alteradas a amplitude e a fase dos harmônicos do sinal de entrada. Quando o circuito altera significativamente as relações de amplitude e fase dos harmônicos da saída em relação aos da entrada, a saída é uma versão distorcida da entrada. Assim, no domínio da frequência, falamos em distorção de amplitude e fase.

Para o circuito que apresentamos, a distorção de amplitude está presente porque as amplitudes dos harmônicos de entrada decrescem com $1/n$, ao passo que as amplitudes dos harmônicos de saída decrescem com

$$\frac{1}{n}\frac{1}{\sqrt{1+(n\omega_0 RC)^2}}.$$

Esse circuito também exibe distorção de fase porque o ângulo de fase de cada harmônico de entrada é igual a zero, ao passo que a fase do n-ésimo harmônico da saída é $-\operatorname{tg}^{-1} n\omega_0 RC$.

Determinação direta da resposta de regime permanente

Podemos calcular a expressão para a resposta de regime permanente para o circuito RC simples da Figura 16.12(a) sem recorrer à representação em série de Fourier dos sinais de entrada. Essa análise adicional acrescenta algo mais ao que já entendemos da abordagem da série de Fourier.

Para determinar a expressão de regime permanente para v_o por análise direta do circuito, raciocinamos da seguinte forma: a onda quadrada de excitação carrega o capacitor ora com $+V_m$, ora com $-V_m$. Após o circuito atingir o regime permanente, esse carregamento alternado torna-se periódico. Pela análise do circuito RC (Capítulo 7), sabemos que sua resposta a mudanças abruptas na tensão é exponencial. Assim, a forma de onda da tensão de regime permanente no capacitor da Figura 16.12(a) é a mostrada na Figura 16.13.

Figura 16.13 Forma de onda de regime permanente de v_o para o circuito na Figura 16.12(a).

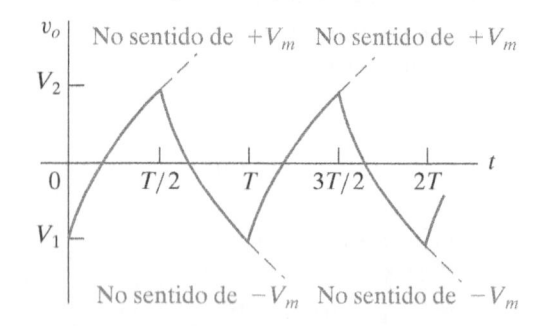

As expressões analíticas para $v_o(t)$ nos intervalos de tempo $0 \le t \le T/2$ e $T/2 \le t \le T$ são

$$v_o = V_m + (V_1 - V_m)e^{-t/RC}, \qquad 0 \le t \le T/2; \tag{16.62}$$

$$v_o = -V_m + (V_2 + V_m)e^{-[t-(T/2)]/RC}, \quad T/2 \le t \le T. \tag{16.63}$$

Calculamos as equações 16.62 e 16.63 usando os métodos do Capítulo 7, como resumidos pela Equação 7.60. Obtemos os valores de V_1 e V_2 observando, pela Equação 16.62, que

$$V_2 = V_m + (V_1 - V_m)e^{-T/2RC}, \tag{16.64}$$

e, pela Equação 16.63, que

$$V_1 = -V_m + (V_2 + V_m)e^{-T/2RC}. \quad (16.65)$$

Explicitando V_1 e V_2 nas equações 16.64 e 16.65, obtemos

$$V_2 = -V_1 = \frac{V_m(1 - e^{-T/2RC})}{1 + e^{-T/2RC}}. \quad (16.66)$$

Substituindo a Equação 16.66 nas equações 16.62 e 16.63, temos

$$v_o = V_m - \frac{2V_m}{1 + e^{-T/2RC}} e^{-t/RC}, \quad 0 \le t \le T/2, \quad (16.67)$$

e

$$v_o = -V_m + \frac{2V_m}{1 + e^{-T/2RC}} e^{-[t-(T/2)]/RC}, \quad T/2 \le t \le T. \quad (16.68)$$

As equações 16.67 e 16.68 indicam que $v_o(t)$ tem simetria de meia-onda e que, portanto, o valor médio de v_o é igual a zero. Esse resultado está de acordo com a solução por série de Fourier para a resposta de regime permanente — ou seja, visto que o sinal de entrada não tem nenhum componente de frequência nulo, a resposta também não pode ter. As equações 16.67 e 16.68 também mostram o efeito da variação do valor do capacitor. Se C for pequeno, as funções exponenciais vão desaparecer rapidamente e $v_o = V_m$ entre 0 e $T/2$, e $v_o = -V_m$ entre $T/2$ e T. Em outras palavras, $v_o \to v_g$ quando $C \to 0$. Se C for grande, a forma da onda da saída vai tornar-se triangular, como mostra a Figura 16.14. Observe que, para C grande, podemos aproximar os termos exponenciais $e^{-t/RC}$ e $e^{-[t-(T/2)]/RC}$ pelos termos lineares $1 - (t/RC)$ e $1 - \{[t - (T/2)]/RC\}$, respectivamente. A Equação 16.59 expressa a série de Fourier dessa forma de onda triangular.

A Figura 16.14 resume os resultados. A linha tracejada é a tensão de entrada, a linha sólida cinza representa a tensão de saída quando C é pequeno e a linha sólida preta representa a tensão de saída quando C é grande.

Por fim, verificamos que a resposta de regime permanente das equações 16.67 e 16.68 é equivalente à solução da série de Fourier da Equação 16.58. Para isso, simplesmente calculamos a série de Fourier da função periódica descrita pelas equações 16.67 e 16.68. Já percebemos que a resposta de tensão tem simetria de meia-onda. Por consequência, a série de Fourier contém somente harmônicos ímpares. Para k ímpar,

Figura 16.14 Efeito do valor do capacitor na resposta de regime permanente.

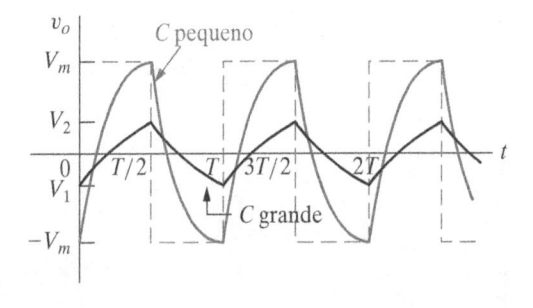

$$a_k = \frac{4}{T}\int_0^{T/2}\left(V_m - \frac{2V_m e^{-t/RC}}{1 + e^{-T/2RC}}\right)\cos k\omega_0 t\, dt$$

$$= \frac{-8RCV_m}{T[1 + (k\omega_0 RC)^2]} \quad (k \text{ é ímpar}), \quad (16.69)$$

$$b_k = \frac{4}{T}\int_0^{T/2}\left(V_m - \frac{2V_m e^{-t/RC}}{1 + e^{-T/2RC}}\right)\text{sen}\, k\omega_0 t\, dt$$

$$= \frac{4V_m}{k\pi} - \frac{8k\omega_0 V_m R^2 C^2}{T[1 + (k\omega_0 RC)^2]} \quad (k \text{ é ímpar}). \quad (16.70)$$

Para mostrar que os resultados obtidos pelas equações 16.69 e 16.70 são compatíveis com a Equação 16.58, temos de provar que

$$\sqrt{a_k^2 + b_k^2} = \frac{4V_m}{k\pi} \frac{1}{\sqrt{1 + (k\omega_0 RC)^2}}, \qquad (16.71)$$

e que

$$\frac{a_k}{b_k} = -k\omega_0 RC. \qquad (16.72)$$

Fica a cargo do leitor verificar as equações 16.69–16.72, nos problemas 16.23 e 16.23, apresentados no final do capítulo. As equações 16.71 e 16.72 são usadas com as equações 16.38 e 16.39 para calcular a expressão da série de Fourier da Equação 16.58; deixamos os detalhes para o Problema 16.25, no final do capítulo.

Com esse circuito ilustrativo, mostramos como usar a série de Fourier em conjunto com o princípio da superposição, para obter a resposta de regime permanente para uma função de alimentação periódica. Novamente, a principal deficiência da série de Fourier é a dificuldade de visualizar a forma de onda da resposta. Contudo, raciocinando em termos da resposta de frequência de um circuito, podemos deduzir uma aproximação razoável da resposta de regime permanente usando um número finito de termos adequados na representação em série de Fourier. (Veja os problemas 16.28 e 16.30, apresentados no final deste capítulo.)

PROBLEMAS PARA AVALIAÇÃO

Objetivo 2 Saber analisar a resposta de um circuito a uma forma de onda periódica.

16.5 A onda de tensão triangular periódica vista à esquerda é aplicada ao circuito mostrado à direita. Calcule os três primeiros termos não nulos da série de Fourier da tensão de regime permanente v_o, se $V_m = 281,25\pi^2$ mV e o período da tensão de entrada for 200π ms.

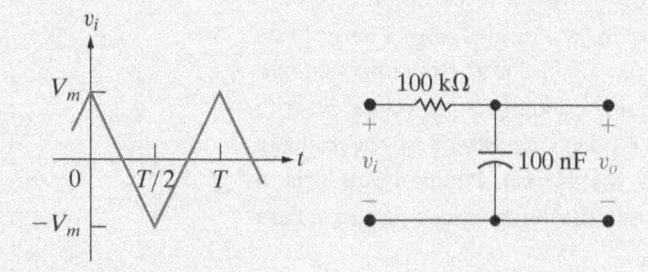

Resposta: $2.238,83 \cos(10t - 5,71°) + 239,46 \cos(30t - 16,70°) + 80,50 \cos(50t - 26,57°) + \ldots$ mV

16.6 A onda de tensão quadrada periódica mostrada à esquerda é aplicada ao circuito mostrado à direita.

a) Calcule os quatro primeiros termos não nulos da série de Fourier da tensão de regime permanente v_o, se $V_m = 210\pi$ V e o período da tensão de entrada for $0,2\pi$ ms.
b) Qual harmônico domina a tensão de saída? Explique.

Resposta: (a) $17,5 \cos(10.000t + 88,81°) + 26,14 \cos(30.000t - 95,36°) + 168 \cos(50.000t) + 17,32 \cos(70.000t + 98,30°) + \ldots$ V;

(b) O quinto harmônico cuja frequência regular é 10.000 rad/s, pois o circuito é um filtro passa-faixa com uma frequência central de 50.000 rad/s e um fator de qualidade de 10.

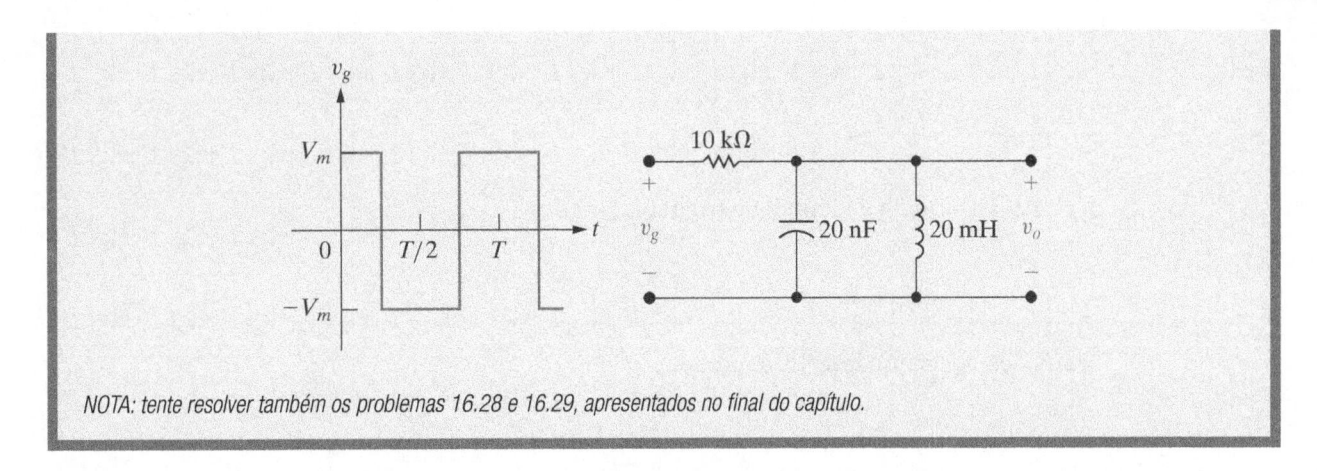

NOTA: tente resolver também os problemas 16.28 e 16.29, apresentados no final do capítulo.

16.6 Cálculos de potência média de funções periódicas

Se tivermos a representação em série de Fourier da tensão e da corrente nos terminais de um circuito linear de parâmetros concentrados, poderemos expressar facilmente a potência média do circuito em função das tensões e correntes harmônicas. Usando a forma trigonométrica da série de Fourier, expressa na Equação 16.38, escrevemos a tensão e a corrente periódicas nos terminais de uma rede como

$$v = V_{cc} + \sum_{n=1}^{\infty} V_n \cos(n\omega_0 t - \theta_{vn}), \qquad (16.73)$$

$$i = I_{cc} + \sum_{n=1}^{\infty} I_n \cos(n\omega_0 t - \theta_{in}). \qquad (16.74)$$

A notação usada nas equações 16.73 e 16.74 é definida da seguinte forma:

V_{cc} = amplitude do componente contínuo da tensão,
V_n = amplitude do harmônico de ordem n da tensão,
θ_{vn} = ângulo de fase do harmônico de ordem n da tensão,
I_{cc} = amplitude do componente contínuo da corrente,
I_n = amplitude do harmônico de ordem n da corrente,
θ_{in} = ângulo de fase do harmônico de ordem n da corrente.

Consideramos que o sentido de referência da corrente seja o da queda de tensão nos terminais (usando a convenção passiva), de modo que a potência instantânea nos terminais seja vi. A potência média é

$$P = \frac{1}{T}\int_{t_0}^{t_0+T} p\, dt = \frac{1}{T}\int_{t_0}^{t_0+T} vi\, dt. \qquad (16.75)$$

Para determinar a expressão para a potência média, substituímos as equações 16.73 e 16.74 na Equação 16.75 e integramos. À primeira vista, a tarefa parece colossal, pois vi é o produto de duas séries finitas. Contudo, os únicos termos que sobrevivem à integração são os que envolvem produtos de tensão e corrente de mesma frequência. Uma revisão das equações 16.8–16.10 deve confirmar a validade dessa observação. Assim, a Equação 16.75 reduz-se a

$$P = \frac{1}{T}V_{cc}I_{cc}t\bigg|_{t_0}^{t_0+T} + \sum_{n=1}^{\infty}\frac{1}{T}\int_{t_0}^{t_0+T} V_n I_n \cos(n\omega_0 t - \theta_{vn})$$
$$\times \cos(n\omega_0 t - \theta_{in})\, dt. \tag{16.76}$$

Agora, usando a identidade trigonométrica

$$\cos\alpha\cos\beta = \frac{1}{2}\cos(\alpha - \beta) + \frac{1}{2}\cos(\alpha + \beta),$$

simplificamos a Equação 16.76 para

$$P = V_{cc}I_{cc} + \frac{1}{T}\sum_{n=1}^{\infty}\frac{V_n I_n}{2}\int_{t_0}^{t_0+T}[\cos(\theta_{vn} - \theta_{in})$$
$$+ \cos(2n\omega_0 t - \theta_{vn} - \theta_{in})]\, dt. \tag{16.77}$$

Como a integral do segundo termo do integrando é nula,

$$P = V_{cc}I_{cc} + \sum_{n=1}^{\infty}\frac{V_n I_n}{2}\cos(\theta_{vn} - \theta_{in}). \tag{16.78}$$

A Equação 16.78 é particularmente importante porque mostra que, no caso de uma interação entre uma tensão periódica e a corrente periódica correspondente, a potência média total é a soma das potências médias obtidas da interação entre correntes e tensões de mesma frequência. Correntes e tensões de frequências diferentes não interagem para produzir potência média. Portanto, em cálculos de potência média envolvendo funções periódicas, a potência média total é a soma das potências médias de cada harmônico de tensão e corrente consideradas separadamente. O Exemplo 16.4 ilustra o cálculo da potência média envolvendo uma tensão periódica.

EXEMPLO 16.4 Cálculo da potência média para um circuito com uma fonte de tensão periódica.

Suponha que a onda quadrada periódica do Exemplo 16.3 seja aplicada aos terminais de um resistor de 15 Ω. O valor de V_m é 60 V e o de T é 5 ms.

a) Escreva os primeiros cinco termos não nulos da série de Fourier de $v(t)$. Use a forma trigonométrica dada na Equação 16.38.

b) Calcule a potência média associada a cada termo do item (a).

c) Calcule a potência média total fornecida ao resistor de 15 Ω.

d) Qual percentagem da potência total é fornecida pelos primeiros cinco termos da série de Fourier?

Solução

a) O componente contínuo de $v(t)$ é

$$a_v = \frac{(60)(T/4)}{T} = 15\text{ V}.$$

Pelo Exemplo 16.3, temos

$$A_1 = \sqrt{2}\, 60/\pi = 27{,}01 \text{ V},$$

$$\theta_1 = 45°,$$

$$A_2 = 60/\pi = 19{,}10 \text{ V},$$

$$\theta_2 = 90°,$$

$$A_3 = 20\sqrt{2}/\pi = 9{,}00 \text{ V},$$

$$\theta_3 = 135°,$$

$$A_4 = 0,$$

$$\theta_4 = 0°,$$

$$A_5 = 5{,}40 \text{ V},$$

$$\theta_5 = 45°,$$

$$\omega_0 = \frac{2\pi}{T} = \frac{2\pi(1.000)}{5} = 400\pi \text{ rad/s}.$$

Assim, usando os primeiros cinco termos não nulos da série de Fourier

$$\begin{aligned}v(t) = {} & 15 + 27{,}01 \cos(400\pi t - 45°) \\ & + 19{,}10 \cos(800\pi t - 90°) \\ & + 9{,}00 \cos(1.200\pi t - 135°) \\ & + 5{,}40 \cos(2.000\pi t - 45°) + \ldots \text{ V.}\end{aligned}$$

b) Como a tensão é aplicada aos terminais de um resistor, podemos determinar a potência associada a cada termo da seguinte forma:

$$P_{cc} = \frac{15^2}{15} = 15 \text{ W},$$

$$P_1 = \frac{1}{2}\frac{27{,}01^2}{15} = 24{,}32 \text{ W},$$

$$P_2 = \frac{1}{2}\frac{19{,}10^2}{15} = 12{,}16 \text{ W},$$

$$P_3 = \frac{1}{2}\frac{9^2}{15} = 2{,}70 \text{ W},$$

$$P_5 = \frac{1}{2}\frac{5{,}4^2}{15} = 0{,}97 \text{ W}.$$

c) Para obter a potência média total fornecida ao resistor de 15 Ω, em primeiro lugar calculamos o valor eficaz de $v(t)$:

$$V_{ef} = \sqrt{\frac{(60)^2(T/4)}{T}} = \sqrt{900} = 30 \text{ V}.$$

A potência média total fornecida ao resistor de 15 Ω é

$$P_T = \frac{30^2}{15} = 60 \text{ W}.$$

d) A potência total fornecida pelos cinco primeiros termos não nulos é

$$P = P_{cc} + P_1 + P_2 + P_3 + P_5 = 55{,}15 \text{ W}.$$

Isto é, (55,15/60)(100) ou 91,92% do total.

PROBLEMA PARA AVALIAÇÃO

Objetivo 3 Saber estimar a potência média fornecida a um resistor usando poucos coeficientes de Fourier.

16.7 A tensão trapezoidal do Problema para avaliação 16.3 é aplicada ao circuito mostrado. Se $12V_m = 296{,}09$ V e $T = 2.094{,}4$ ms, calcule a potência média fornecida ao resistor de 2 Ω.

Resposta: 60,75 W.

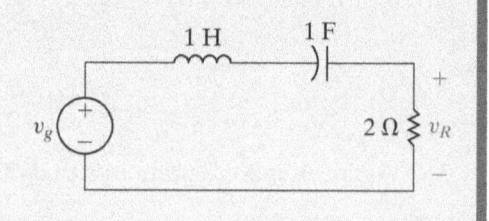

NOTA: tente resolver também os problemas 16.34 e 16.35, apresentados no final do capítulo.

16.7 Valor eficaz de uma função periódica

O valor eficaz de uma função periódica pode ser expresso em termos dos coeficientes de Fourier; por definição,

$$F_{ef} = \sqrt{\frac{1}{T}\int_{t_0}^{t_0+T} f(t)^2 \, dt}. \tag{16.79}$$

Representando $f(t)$ por sua série de Fourier, obtemos

$$F_{ef} = \sqrt{\frac{1}{T}\int_{t_0}^{t_0+T}\left[a_v + \sum_{n=1}^{\infty} A_n \cos(n\omega_0 t - \theta_n)\right]^2 dt}. \tag{16.80}$$

O cálculo da integral do quadrado da função é simplificado pelo fato de os únicos termos que sobrevivem à integração serem os relacionados ao termo constante e aos produtos dos harmônicos de mesma frequência. A integral de todos os outros produtos é igual a zero. Assim, a Equação 16.80 reduz-se a

$$F_{ef} = \sqrt{\frac{1}{T}\left(a_v^2 T + \sum_{n=1}^{\infty}\frac{T}{2}A_n^2\right)}$$

$$= \sqrt{a_v^2 + \sum_{n=1}^{\infty}\frac{A_n^2}{2}}$$

$$= \sqrt{a_v^2 + \sum_{n=1}^{\infty}\left(\frac{A_n}{\sqrt{2}}\right)^2}. \tag{16.81}$$

A Equação 16.81 mostra que o valor eficaz de uma função periódica é a raiz quadrada da soma do quadrado do valor eficaz de cada harmônico e do quadrado do valor constante. Por exemplo, vamos supor que uma tensão periódica seja representada pela série finita

$$v = 10 + 30\cos(\omega_0 t - \theta_1) + 20\cos(2\omega_0 t - \theta_2) + 5\cos(3\omega_0 t - \theta_3) + 2\cos(5\omega_0 t - \theta_5).$$

O valor eficaz dessa tensão é

$$V = \sqrt{10^2 + (30/\sqrt{2})^2 + (20/\sqrt{2})^2 + (5/\sqrt{2})^2 + (2/\sqrt{2})^2}$$
$$= \sqrt{764{,}5} = 27{,}65 \text{ V}.$$

Normalmente, é necessário um número infinito de termos para representar uma função periódica por uma série de Fourier e, por conseguinte, a Equação 16.81 dá como resultado uma estimativa do valor verdadeiro. Ilustramos esse resultado no Exemplo 16.5.

EXEMPLO 16.5 Estimativa do valor eficaz de uma função periódica.

Use a Equação 16.81 para estimar o valor eficaz da tensão no Exemplo 16.4.

Solução

Pelo Exemplo 16.4,

$$V_{cc} = 15 \text{ V},$$
$$V_1 = 27{,}01/\sqrt{2} \text{ V, valor eficaz da fundamental,}$$
$$V_2 = 19{,}10/\sqrt{2} \text{ V, valor eficaz do segundo harmônico,}$$
$$V_3 = 9{,}00/\sqrt{2} \text{ V, valor eficaz do terceiro harmônico,}$$
$$V_5 = 5{,}40/\sqrt{2} \text{ V, valor eficaz do quinto harmônico.}$$

Assim,

$$V_{ef} = \sqrt{15^2 + \left(\frac{27{,}01}{\sqrt{2}}\right)^2 + \left(\frac{19{,}10}{\sqrt{2}}\right)^2 + \left(\frac{9{,}00}{\sqrt{2}}\right)^2 + \left(\frac{5{,}40}{\sqrt{2}}\right)^2}$$
$$= 28{,}76 \text{ V}.$$

Pelo Exemplo 16.4, o valor eficaz correto é 30 V. Aproximamo-nos desse valor incluindo cada vez mais harmônicos na Equação 16.81. Por exemplo, se incluirmos harmônicos até $k = 9$, o valor calculado passará a ser 29,32 V.

NOTA: avalie sua compreensão a respeito deste material tentando resolver os problemas 16.37 e 16.39, apresentados no final do capítulo.

16.8 Forma exponencial da série de Fourier

A forma exponencial da série de Fourier nos interessa porque nos permite expressar a série com concisão. A forma exponencial da série é

$$f(t) = \sum_{n=-\infty}^{\infty} C_n e^{jn\omega_0 t}, \qquad (16.82)$$

em que

$$C_n = \frac{1}{T}\int_{t_0}^{t_0+T} f(t)e^{-jn\omega_0 t}\,dt. \qquad (16.83)$$

Para chegar às equações 16.82 e 16.83, vamos voltar à Equação 16.2 e substituir as funções cosseno e seno por equivalentes de exponenciais:

$$\cos n\omega_0 t = \frac{e^{jn\omega_0 t} + e^{-jn\omega_0 t}}{2}, \qquad (16.84)$$

$$\operatorname{sen} n\omega_0 t = \frac{e^{jn\omega_0 t} - e^{-jn\omega_0 t}}{2j}. \qquad (16.85)$$

Substituindo as equações 16.84 e 16.85 na Equação 16.2, obtemos

$$\begin{aligned} f(t) &= a_v + \sum_{n=1}^{\infty} \frac{a_n}{2}(e^{jn\omega_0 t} + e^{-jn\omega_0 t}) + \frac{b_n}{2j}(e^{jn\omega_0 t} - e^{-jn\omega_0 t}) \\ &= a_v + \sum_{n=1}^{\infty}\left(\frac{a_n - jb_n}{2}\right)e^{jn\omega_0 t} + \left(\frac{a_n + jb_n}{2}\right)e^{-jn\omega_0 t}. \end{aligned} \qquad (16.86)$$

Agora, definimos C_n como

$$C_n = \frac{1}{2}(a_n - jb_n) = \frac{A_n}{2}\underline{/-\theta_n}, \quad n = 1, 2, 3, \cdots \qquad (16.87)$$

Pela definição de C_n,

$$\begin{aligned} C_n &= \frac{1}{2}\left[\frac{2}{T}\int_{t_0}^{t_0+T} f(t)\cos n\omega_0 t\,dt - j\frac{2}{T}\int_{t_0}^{t_0+T} f(t)\operatorname{sen} n\omega_0 t\,dt\right] \\ &= \frac{1}{T}\int_{t_0}^{t_0+T} f(t)(\cos n\omega_0 t - j\operatorname{sen} n\omega_0 t)\,dt \\ &= \frac{1}{T}\int_{t_0}^{t_0+T} f(t)e^{-jn\omega_0 t}\,dt, \end{aligned} \qquad (16.88)$$

o que conclui a dedução da Equação 16.83. Para completarmos a dedução da Equação 16.82, primeiramente observamos que, da Equação 16.88,

$$C_0 = \frac{1}{T}\int_{t_0}^{t_0+T} f(t)\,dt = a_v. \qquad (16.89)$$

Em seguida, observamos que

$$C_{-n} = \frac{1}{T}\int_{t_0}^{t_0+T} f(t)e^{jn\omega_0 t}\,dt = C_n^* = \frac{1}{2}(a_n + jb_n). \qquad (16.90)$$

Substituindo as equações 16.87, 16.89 e 16.90 na Equação 16.86, obtemos

$$\begin{aligned} f(t) &= C_0 + \sum_{n=1}^{\infty}(C_n e^{jn\omega_0 t} + C_n^* e^{-jn\omega_0 t}) \\ &= \sum_{n=0}^{\infty} C_n e^{jn\omega_0 t} + \sum_{n=1}^{\infty} C_n^* e^{-jn\omega_0 t}. \end{aligned} \qquad (16.91)$$

Observe que o segundo somatório do lado direito da Equação 16.91 é equivalente a somar $C_n e^{jn\omega_0 t}$ de -1 a $-\infty$; isto é,

$$\sum_{n=1}^{\infty} C_n^* e^{-jn\omega_0 t} = \sum_{n=-1}^{-\infty} C_n e^{jn\omega_0 t}. \tag{16.92}$$

Como o somatório de -1 a $-\infty$ é o mesmo que o somatório de $-\infty$ a -1, usamos a Equação 16.92 para reescrever a Equação 16.91:

$$\begin{aligned} f(t) &= \sum_{n=0}^{\infty} C_n e^{jn\omega_0 t} + \sum_{-\infty}^{-1} C_n e^{jn\omega_0 t} \\ &= \sum_{-\infty}^{\infty} C_n e^{jn\omega_0 t}, \end{aligned} \tag{16.93}$$

o que conclui a dedução da Equação 16.82.

Também podemos expressar o valor eficaz de uma função periódica em termos dos coeficientes complexos de Fourier. Pelas equações 16.81, 16.87 e 16.89,

$$F_{\text{ef}} = \sqrt{a_v^2 + \sum_{n=1}^{\infty} \frac{a_n^2 + b_n^2}{2}}, \tag{16.94}$$

$$|C_n| = \frac{\sqrt{a_n^2 + b_n^2}}{2}, \tag{16.95}$$

$$C_0^2 = a_v^2. \tag{16.96}$$

Substituindo as equações 16.95 e 16.96 na Equação 16.94, obtemos a expressão desejada:

$$F_{\text{ef}} = \sqrt{C_0^2 + 2\sum_{n=1}^{\infty} |C_n|^2}. \tag{16.97}$$

O Exemplo 16.6 ilustra o processo de representação na forma exponencial da série de Fourier de uma função periódica.

EXEMPLO 16.6 Determinação da forma exponencial da série de Fourier.

Determine a forma exponencial da série de Fourier para a tensão da Figura 16.15.

Solução

Usando $-\tau/2$ como ponto de partida para a integração, temos, pela Equação 16.83,

$$\begin{aligned} C_n &= \frac{1}{T} \int_{-\tau/2}^{\tau/2} V_m e^{-jn\omega_0 t} dt \\ &= \frac{V_m}{T} \left(\frac{e^{-jn\omega_0 t}}{-jn\omega_0} \right) \Big|_{-\tau/2}^{\tau/2} \\ &= \frac{jV_m}{n\omega_0 T} (e^{-jn\omega_0 \tau/2} - e^{jn\omega_0 \tau/2}) \\ &= \frac{2V_m}{n\omega_0 T} \operatorname{sen} n\omega_0 \tau/2. \end{aligned}$$

Figura 16.15 Tensão periódica para o Exemplo 16.6.

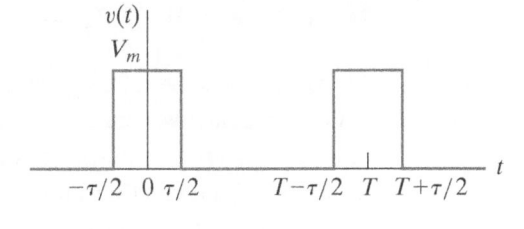

Nesse caso, como $v(t)$ tem simetria par, $b_n = 0$ para todo n e, portanto, C_n deve ser real. Além do mais, C_n é proporcional a (sen x)/x, já que pode ser expresso como

$$C_n = \frac{V_m \tau}{T} \frac{\text{sen}(n\omega_0 \tau/2)}{n\omega_0 \tau/2}.$$

Falaremos mais sobre esse assunto na Seção 16.9. A representação em série exponencial de $v(t)$ é

$$v(t) = \sum_{n=-\infty}^{\infty} \left(\frac{V_m \tau}{T}\right) \frac{\text{sen}(n\omega_0 \tau/2)}{n\omega_0 \tau/2} e^{jn\omega_0 t}$$

$$= \left(\frac{V_m \tau}{T}\right) \sum_{n=-\infty}^{\infty} \frac{\text{sen}(n\omega_0 \tau/2)}{n\omega_0 \tau/2} e^{jn\omega_0 t}.$$

PROBLEMAS PARA AVALIAÇÃO

Objetivo 4 Saber calcular a forma exponencial dos coeficientes de Fourier para uma onda periódica.

16.8 Calcule os coeficientes C_n de Fourier para a função periódica mostrada. *Sugestão:* aproveite o fato de que $C_n = (a_n - jb_n)/2$.

Resposta: $C_n = -j\frac{4}{\pi n}(1 + 3\cos\frac{n\pi}{4})$, n ímpar

16.9 a) Calcule o valor eficaz da corrente do Problema para avaliação 16.8.
b) Estime o valor eficaz usando os coeficientes de C_1 a C_{11}.
c) Qual é o erro percentual no valor obtido em (b), com base no valor verdadeiro determinado em (a)?
d) No caso dessa função periódica, poderíamos usar um número menor de termos para estimar o valor eficaz e, ainda assim, garantir que o erro fosse menor do que 1%?

Resposta: (a) $\sqrt{34}$ A;
(b) 5,777 A;
(c) −0,93%;
(d) sim; se fossem usados os coeficientes de C_1 a C_9, o erro seria −0,98%.

NOTA: tente resolver também os problemas 16.44 e 16.45, apresentados no final do capítulo.

16.9 Espectros de amplitude e de fase

Uma função do tempo periódica é definida por seus coeficientes de Fourier e seu período. Em outras palavras, quando conhecemos a_v, a_n, b_n e T, podemos construir $f(t)$, ao menos teoricamente. Quando conhecemos a_n e b_n, também conhecemos a amplitude (A_n) e o ângulo de fase ($-\theta_n$) de cada harmônico. Mais uma vez, de modo geral, não podemos visualizar o aspecto da função periódica no domínio do tempo a partir dos coeficientes e dos ângulos de fase; contudo, reconhecemos que essas quantidades caracterizam a função periódica completamente. Desse modo, se dispusermos de tempo de computação suficiente, poderemos sintetizar a forma de onda no domínio do tempo pelos dados de amplitude e ângulo de fase. Além disso, quando uma função periódica alimenta um circuito de alta seletividade de frequência, a série de Fourier da resposta de regime permanente é dominada por apenas alguns termos. Assim, a descrição da resposta em termos de amplitude e fase pode nos dizer qual é a forma de onda da saída.

Podemos representar graficamente uma função periódica em termos da amplitude e do ângulo de fase de cada termo da série de Fourier de $f(t)$. O gráfico da amplitude de cada termo em relação à frequência é denominado **espectro de amplitude** de $f(t)$ e o gráfico do ângulo de fase em relação à frequência é denominado **espectro de fase** de $f(t)$. Como a amplitude e o ângulo de fase são especificados para valores discretos da frequência (isto é, em ω_0, $2\omega_0$, $3\omega_0$, ...), esses gráficos também são denominados **espectros de linha**.

Um exemplo de espectros de amplitude e de fase

Espectros de amplitude e de fase são constituídos a partir da Equação 16.38 (A_n e $-\theta_n$) ou da Equação 16.82 (C_n). Usaremos a Equação 16.82 e deixaremos os gráficos baseados na Equação 16.38 para o Problema 16.49, no final do capítulo. Para ilustrar os espectros de amplitude e de fase, a partir da forma exponencial da série de Fourier, usamos a tensão periódica do Exemplo 16.6. Para auxiliar a discussão, admitimos que $V_m = 5$ V e $\tau = T/5$. Pelo Exemplo 16.6,

$$C_n = \frac{V_m \tau}{T} \frac{\operatorname{sen}(n\omega_0 \tau/2)}{n\omega_0 \tau/2}, \qquad (16.98)$$

que, para os valores de V_m e τ definidos anteriormente, reduz-se a

$$C_n = 1 \frac{\operatorname{sen}(n\pi/5)}{n\pi/5}. \qquad (16.99)$$

A Figura 16.16 mostra o gráfico do módulo de C_n dado pela Equação 16.99, para valores de n na faixa de -10 a $+10$. A figura mostra claramente que a envoltória do espectro da amplitude é a função $|(\operatorname{sen} x)/x|$. Usamos a ordem do harmônico como escala de frequência porque o valor numérico de T não é especificado. Quando conhecemos T, também conhecemos ω_0 e a frequência correspondente a cada harmônico.

A Figura 16.17 apresenta o gráfico de $|(\operatorname{sen} x)/x|$ em relação a x, que está em radianos. Ele mostra que a função passa por zero sempre que x for um inteiro múltiplo de π. Pela Equação 16.98,

$$n\omega_0\left(\frac{\tau}{2}\right) = \frac{n\pi\,\tau}{T} = \frac{n\pi}{T/\tau}. \qquad (16.100)$$

Pela Equação 16.100, deduzimos que o espectro da amplitude passa por zero sempre que $n\tau/T$ for um inteiro. Por exemplo, no gráfico, τ/T é 1/5 e, por consequência, a envoltória passa por zero em $n = 5, 10, 15, 10, 15$ e assim por diante. Em outras palavras, o quinto, décimo, décimo quinto... harmônicos são todos nulos. Se aumentarmos a recíproca de τ/T, o número de harmônicos a cada π radianos vai aumentar.

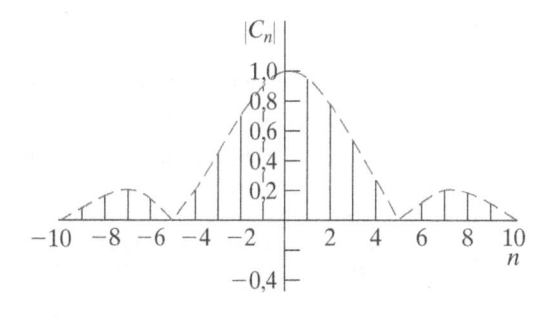

Figura 16.16 Gráfico de $|C_n|$ em relação a n quando $\tau = T/5$ para a tensão do Exemplo 16.6.

Figura 16.17 Gráfico de $(\operatorname{sen} x)/x$ em relação a x.

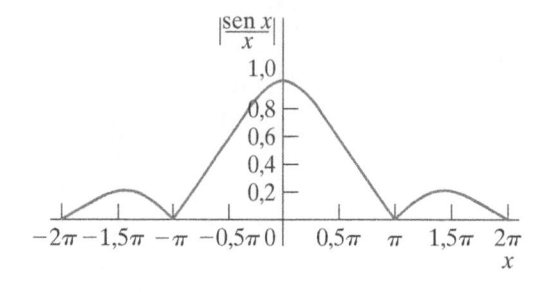

Se $n\pi/T$ não for um número inteiro, ainda assim o espectro da amplitude terá como envoltória $|(\text{sen } x)/x|$. Contudo, ela não é nula em múltiplos inteiros de ω_0.

Como C_n é real para todo n, o ângulo de fase associado a C_n é igual a zero ou 180°, dependendo do sinal algébrico de $(\text{sen } n\pi/5)/(n\pi/5)$. Por exemplo, o ângulo de fase é zero para $n = 0$, $\pm 1, \pm 2, \pm 3$ e ± 4; não é definido em $n = \pm 5$, pois $C_{\pm 5}$ é nulo. O ângulo de fase é 180°, em $n = \pm 6$, $\pm 7, \pm 8$ e ± 9, e não definido em ± 10. Esse padrão repete-se à medida em que n cresce. A Figura 16.18 mostra o gráfico do ângulo de C_n dado pela Equação 16.98.

Figura 16.18 Ângulo de fase de C_n.

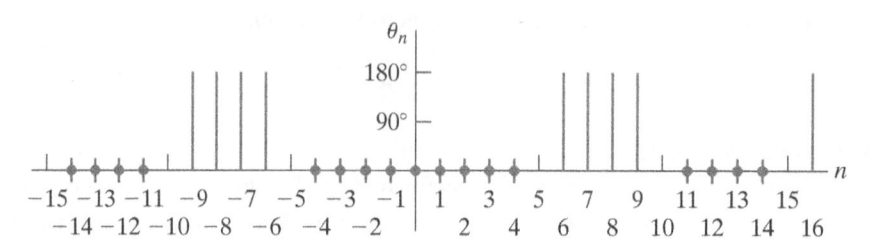

O que acontece com os espectros de amplitude e fase se $f(t)$ for deslocada ao longo do eixo do tempo? Para saber, deslocamos a tensão periódica do Exemplo 16.6 t_0 unidades para a direita. Por hipótese,

$$v(t) = \sum_{n=-\infty}^{\infty} C_n e^{jn\omega_0 t}. \tag{16.101}$$

Portanto,

$$v(t - t_0) = \sum_{n=-\infty}^{\infty} C_n e^{jn\omega_0(t-t_0)} = \sum_{n=-\infty}^{\infty} C_n e^{-jn\omega_0 t_0} e^{jn\omega_0 t}, \tag{16.102}$$

o que indica que deslocar a origem não exerce nenhum efeito sobre o espectro da amplitude, pois

$$|C_n| = |C_n e^{-jn\omega_0 t_0}|. \tag{16.103}$$

Contudo, se observarmos a Equação 16.87, perceberemos que o espectro de fase mudou para $-(\theta_n + n\omega_0 t_0)$ rads. Por exemplo, vamos deslocar a tensão periódica do Exemplo 16.1 $\tau/2$ unidades para a direita. Como antes, admitimos que $\tau = T/5$; então, o novo ângulo de fase θ'_n é

$$\theta'_n = -(\theta_n + n\pi/5). \tag{16.104}$$

Figura 16.19 Gráfico de θ'_n em função de n para a Equação 16.104.

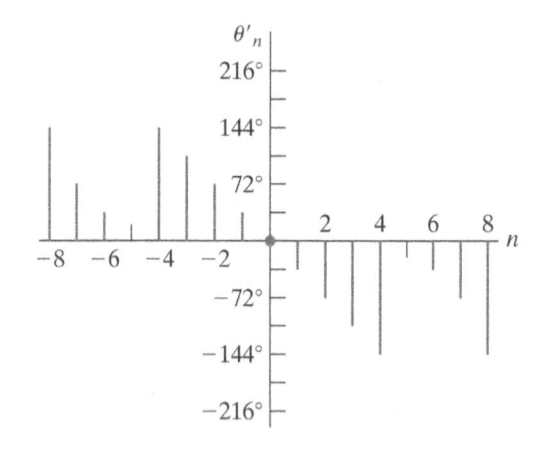

Plotamos a Equação 16.104 no gráfico da Figura 16.19 para n na faixa de -8 a $+8$. Observe que não há nenhum ângulo de fase associado ao coeficiente de amplitude zero.

Talvez o leitor esteja se perguntando por que demos tanta atenção ao espectro de amplitude da forma de onda do Exemplo 16.6. A razão disso é que essa forma de onda proporciona um excelente exemplo para a transição da representação de uma função periódica em série de Fourier para a representação de uma função não periódica por meio da transformada de Fourier. Discutiremos a transformada de Fourier no Capítulo 17.

PROBLEMA PARA AVALIAÇÃO

Objetivo 4 — Saber calcular a forma exponencial dos coeficientes de Fourier para uma onda periódica.

16.10 A função do Problema para avaliação 16.8 é deslocada 8 ms para a direita ao longo do eixo do tempo. Escreva a série de Fourier na forma exponencial para a corrente periódica.

Resposta: $i(t) = \dfrac{4}{\pi} \displaystyle\sum_{\substack{n=-\infty \\ (\text{ímpar})}}^{\infty} \dfrac{1}{n}(1 + 3\cos\dfrac{n\pi}{4})e^{-(j\pi/2)(n+1)}e^{jn\omega_0 t}$ A.

NOTA: tente resolver também os problemas 16.49 e 16.50, apresentados no final do capítulo.

Perspectiva prática

Filtros ativos de alto Q

Examine o filtro ativo passa-faixa de banda estreita mostrado na Figura 16.20(a). A onda quadrada de tensão da Figura 16.20(b) é a entrada para o filtro. Sabemos que a onda quadrada é constituída por uma soma infinita de senoides, uma senoide na mesma frequência da onda quadrada e todas as senoides restantes em múltiplos inteiros dessa frequência. Que efeito o filtro terá sobre essa soma de senoides?

Figura 16.20 (a) Filtro passa-faixa de banda estreita; (b) onda quadrada de entrada.

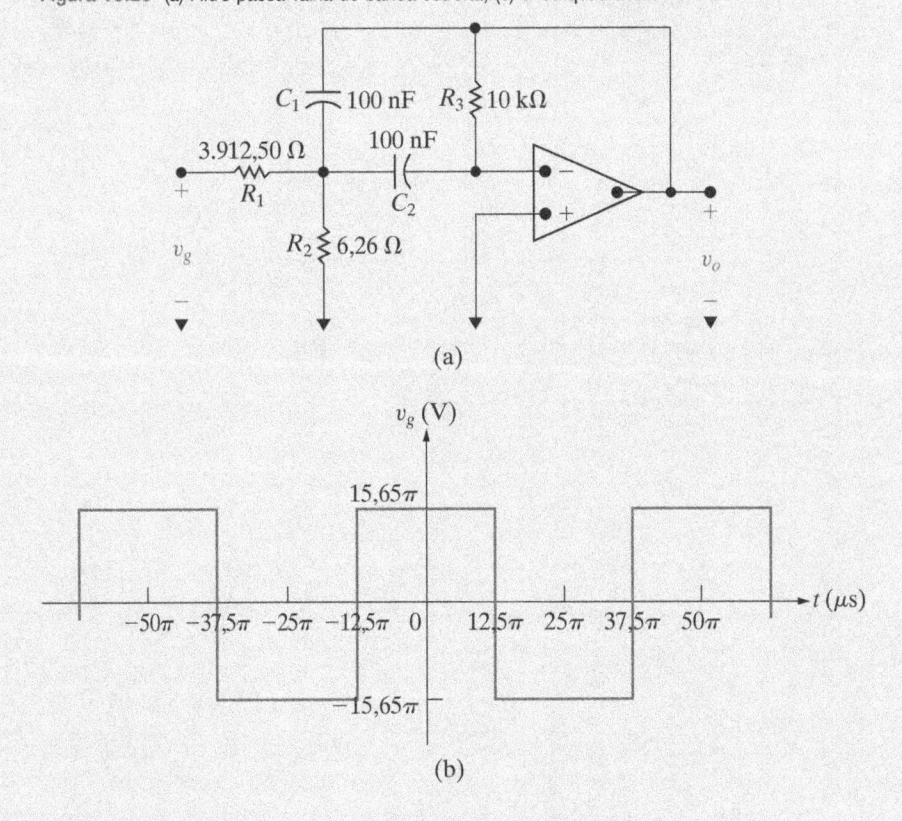

A representação em série de Fourier da onda quadrada na Figura 16.20(b) é dada por

$$v_g(t) = \frac{4A}{\pi} \sum_{n=1,3,5,\ldots}^{\infty} \frac{1}{n} \operatorname{sen}\frac{n\pi}{2} \cos n\omega_0 t$$

em que $A = 15{,}65\pi$ V. Os três primeiros termos dessa série de Fourier são dados por

$$v_g(t) = 62{,}6 \cos \omega_0 t - 20{,}87 \cos 3\omega_0 t + 12{,}52 \cos 5\omega_0 t - \ldots$$

O período da onda quadrada é 50π μs, de modo que a frequência da onda quadrada é 40.000 rad/s.
A função de transferência para o filtro passa-faixa na Figura 16.20(a) é

$$H(s) = \frac{K\beta s}{s^2 + \beta s + \omega_0^2}$$

em que $K = 400/313$, $\beta = 2.000$ rad/s, $\omega_0 = 40.000$ rad/s. Esse filtro tem um fator de qualidade de $40.000/2.000 = 20$. Observe que a frequência central do filtro passa-faixa é igual à frequência da onda quadrada de entrada.

Multiplique cada termo da representação de série de Fourier da onda, representado como um fasor, pela função de transferência $H(s)$ avaliada na frequência do termo da série de Fourier para obter a representação da tensão de saída do filtro como uma série de Fourier:

$$v_g(t) = -80 \cos \omega_0 t - 0{,}5 \cos 3\omega_0 t + 0{,}17 \cos 5\omega_0 t - \ldots$$

Figura 16.21 (a) Os três primeiros termos da série de Fourier da onda quadrada na Figura 16.20(b); (b) os três primeiros termos da série de Fourier da saída do filtro passa-faixa na Figura 16.20(a), em que $Q = 20$; (c) os três primeiros termos da série de Fourier da saída do filtro passa-faixa na Figura 16.20(a), com valores de componentes alterados para resultar em $Q = 2$.

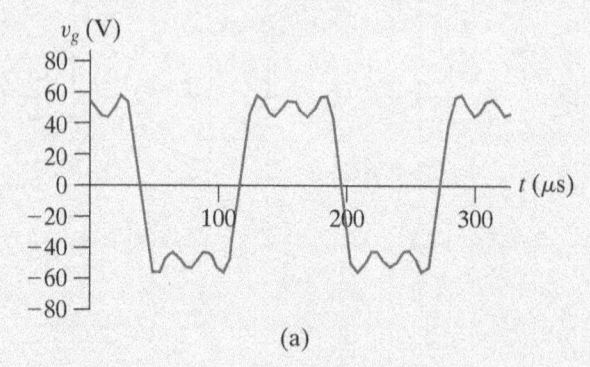

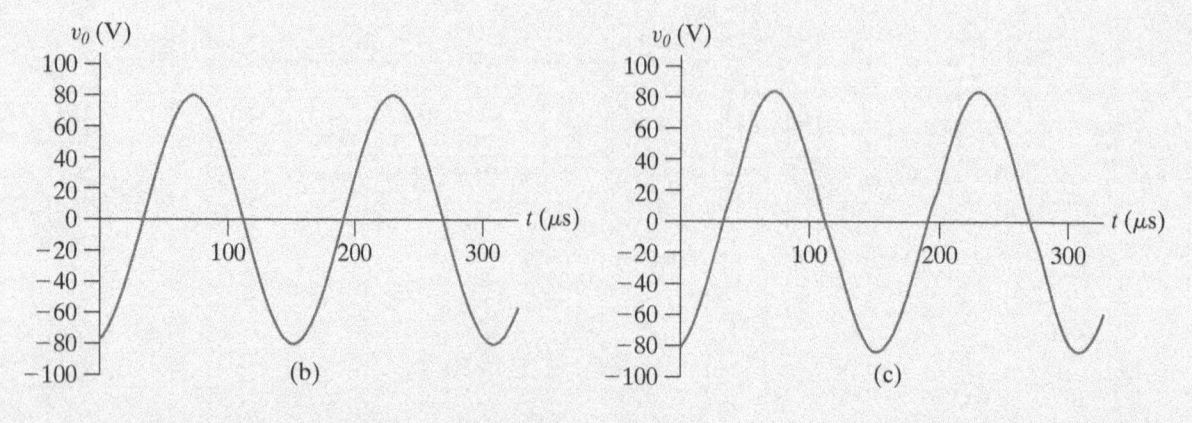

Observe a natureza seletiva do filtro de passa-faixa, o que efetivamente amplifica o componente de frequência fundamental de entrada da onda quadrada e atenua todos os componentes harmônicos.

Agora faça as seguintes alterações ao filtro passa-faixa da Figura 16.20(a) — façamos $R_1 = 391,25\ \Omega$, $R_2 = 74,4\ \Omega$, $R_3 = 1\ k\Omega$ e $C_1 = C_2 = 0,1\ \mu F$. A função de transferência para o filtro, $H(s)$, tem a mesma forma descrita anteriormente, mas agora $K = 400/313$, $\beta = 20.000$ rad/s, $\omega_0 = 40.000$ rad/s. O ganho na faixa de passagem e a frequência central mantêm-se inalterados, mas a largura de faixa aumentou de 10 vezes. Isso torna o fator de qualidade 2, e o filtro passa-faixa resultante é menos seletivo do que o filtro original. Podemos ver isso ao analisar a tensão de saída do filtro como uma série de Fourier:

$$v_0(t) = -80 \cos \omega_0 t - 5 \cos 3\omega_0 t + 1{,}63 \cos 5\omega_0 t - \dots$$

A frequência fundamental da entrada tem o mesmo fator de amplificação, mas os componentes harmônicos mais altos não foram atenuados de modo tão significativo quanto o foram quando se utilizou o filtro com $Q = 20$. A Figura 16.21 plota os três primeiros termos das representações da série de Fourier da onda quadrada de entrada e as formas de onda de saída resultantes para os dois filtros passa-faixa. Observe a replicação quase perfeita de uma senoide na Figura 16.21(b) e a distorção que resulta da utilização de um filtro menos seletivo na Figura 16.21(c).

NOTA: *avalie sua compreensão da* Perspectiva prática *tentando resolver os problemas 16.56 e 16.57, apresentados no final do capítulo.*

Resumo

- **Função periódica** é aquela que se repete a intervalos regulares.
- Período é o menor intervalo de tempo (T) em que uma função periódica pode ser deslocada para produzir uma função idêntica a si mesma.
- Série de Fourier é uma série infinita usada para representar uma função periódica. A série consiste em um termo constante e um número infinito de cossenoides e senoides relacionados harmonicamente. (Seção 16.1.)
- **Frequência fundamental** é a frequência correspondente ao período fundamental ($f_0 = 1/T$ ou $\omega_0 = 2\pi f_0$). (Seção 16.1.)
- **Harmônicos** são múltiplos inteiros da frequência fundamental. (Seção 16.1.)
- **Coeficientes de Fourier** são o termo constante e as amplitudes das senoides e cossenoides da série de Fourier. (Veja as equações 16.3–16.5.) (Seção 16.2.)
  - cinco tipos de simetria são usados para simplificar o cálculo dos coeficientes de Fourier:
  - das funções *pares*, em que todos os termos em seno se anulam;
  - das funções *ímpares*, em que todos os termos em cosseno e o termo constante se anulam;
  - de *meia-onda*, em que todos os harmônicos pares se anulam;
  - de *quarto de onda, meia-onda, par*, em que a série contém somente harmônicos ímpares em cosseno;
  - de *quarto de onda, meia-onda, ímpar*, em que a série contém somente harmônicos ímpares em seno.

  (Seção 16.3.)
- Na forma alternativa da série de Fourier, cada harmônico representado pela soma do termo em cosseno e em seno combina-se em um único termo da forma $A_n \cos(n\omega_0 t - \theta_n)$. (Seção 16.4.)
- No regime permanente, a série de Fourier do sinal de saída é determinada a partir da determinação da resposta a cada componente do sinal de entrada. As respostas individuais são adicionadas (por superposição) para formar a série de Fourier do sinal de resposta. A resposta a cada componente individual da entrada é determinada por análise no domínio da frequência. (Seção 16.5.)
- A forma de onda do sinal de resposta é difícil de obter sem o uso de um computador. Em alguns casos, as características de resposta de

frequência (ou filtro) do circuito podem ser usadas para averiguar o grau de semelhança entre o sinal de saída e o sinal de entrada. (Seção 16.5.)

- Somente harmônicos de mesma frequência interagem para produzir a potência média. A potência média total é a soma das potências médias associadas a cada frequência. (Seção 16.6.)

- O valor eficaz de uma função periódica pode ser estimado pelos coeficientes de Fourier. (Veja as equações 16.81, 16.94 e 16.97.) (Seção 16.7.)

- A série de Fourier também pode ser escrita em forma exponencial, usando-se a identidade de Euler para substituir os termos em cosseno e seno por expressões exponenciais equivalentes. (Seção 16.8.)

- A série de Fourier é usada para prever a resposta de regime permanente de um sistema quando ele é submetido a um sinal periódico. A série auxilia a determinação da resposta de regime permanente, transferindo a análise do domínio do tempo para o domínio da frequência.

Problemas

Seções 16.1–16.2

16.1 Para cada uma das funções periódicas da Figura P16.1, especifique

  a) ω_o em radianos por segundo;

  b) f_o em hertz;

  c) o valor de a_v;

  d) as equações para a_k e b_k;

  e) $v(t)$ como uma série de Fourier.

Figura P16.1

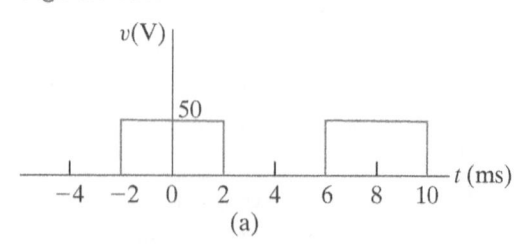

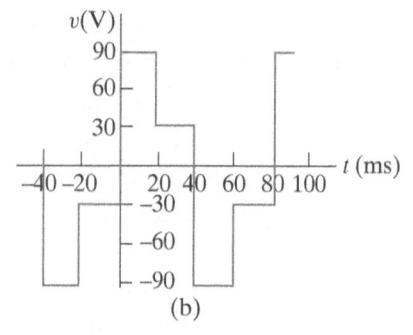

16.2 Determine as expressões da série de Fourier para as tensões periódicas da Figura P16.2. Observe que a Figura P16.2(a) mostra uma onda quadrada; a Figura P16.2(b) mostra uma onda na saída de um retificador de onda completa, em que $v(t) = V_m \operatorname{sen}(\pi/T)t, 0 \le t \le T$; e a Figura P16.2(c) ilustra uma onda na saída de um retificador de meia-onda, em que $v(t) = V_m \operatorname{sen}(2\pi/T)t, 0 \le t \le T/2$.

Figura P16.2

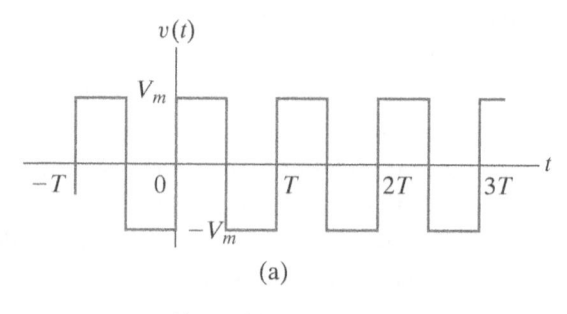

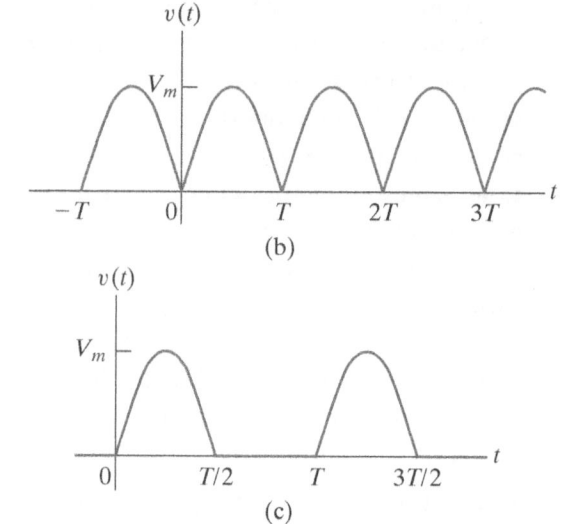

16.3 Calcule a série de Fourier para a tensão periódica da Figura P16.3, dado que

$$v(t) = 50 \cos \frac{2\pi}{T} t \text{ V}, \quad \frac{-T}{4} \le t \le \frac{T}{4};$$

$$v(t) = -25 \cos \frac{2\pi}{T} t \text{ V}, \quad \frac{T}{4} \le t \le \frac{3T}{4}.$$

Figura P16.3

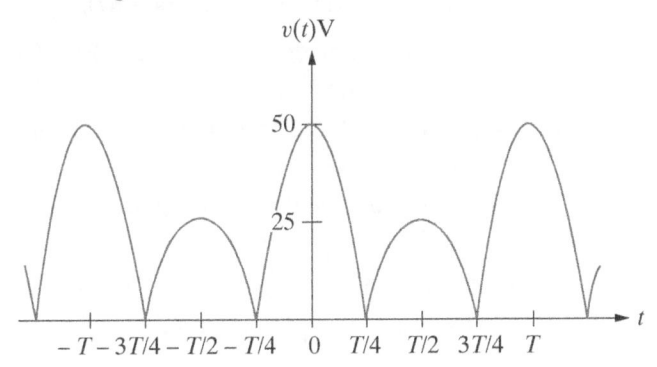

Figura P16.4

16.4 Deduza as expressões para a_v, a_k e b_k para a tensão periódica mostrada na Figura P16.4, se $V_m = 100\pi$ V.

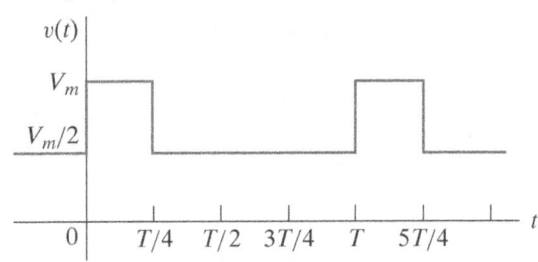

16.5
a) Verifique as equações 16.6 e 16.7.
b) Verifique a Equação 16.8. *Sugestão:* use a identidade trigonométrica $\cos\alpha \, \text{sen}\, \beta = \frac{1}{2}\text{sen}(\alpha + \beta) - \frac{1}{2}\text{sen}(\alpha - \beta)$.
c) Verifique a Equação 16.9. *Sugestão:* use a identidade trigonométrica $\text{sen}\alpha \, \text{sen}\, \beta = \frac{1}{2}\cos(\alpha - \beta) - \frac{1}{2}\cos(\alpha + \beta)$.
d) Verifique a Equação 16.10. *Sugestão:* use a identidade trigonométrica $\cos\alpha \cos\beta = \frac{1}{2}\cos(\alpha - \beta) + \frac{1}{2}\cos(\alpha + \beta)$.

16.6 Deduza a Equação 16.5.

Seção 16.3

16.7 Deduza as expressões para os coeficientes de Fourier de uma função periódica ímpar. *Sugestão:* use a mesma técnica empregada no texto para deduzir as equações 16.14–16.16.

16.8 Mostre que, se $f(t) = -f(t - T/2)$, os coeficientes de Fourier b_k serão dados pelas expressões

$b_k = 0$ para k par;

$b_k = \frac{4}{T} \int_0^{T/2} f(t) \text{sen} k\omega_0 t \, dt,$ para k ímpar.

Sugestão: use a mesma técnica empregada no texto para deduzir as equações 16.28 e 16.29.

16.9 Deduza a Equação 16.36. *Sugestão:* comece com a Equação 16.29 e divida o intervalo de integração em 0 a $T/4$ e $T/4$ a $T/2$. Observe que, em razão da simetria de função par e da simetria de quarto de onda, $f(t) = -f(T/2 - t)$ no intervalo $T/4 \le t \le T/2$. Faça $x = T/2 - t$ no segundo intervalo e combine a integral resultante com a integração entre 0 e $T/4$.

16.10 Deduza a Equação 16.37. Siga a sugestão dada no Problema 16.9 exceto que, em razão da simetria de função ímpar e da simetria de quarto de onda, $f(t) = f(T/2 - t)$ no intervalo $T/4 \le t \le T/2$.

16.11 Sabe-se que $v(t) = 50 \cos \pi|t|$ V no intervalo $-1 \le t \le 1$ s. Depois disso, a função se repete.

a) Qual é a frequência fundamental em radianos por segundo?
b) A função é par?
c) A função é ímpar?
d) A função tem simetria de meia-onda?

16.12 Um período de uma função periódica é descrito pelas seguintes equações:

$i(t) = -8t$ A, $\quad -5$ ms $\le t \le 5$ ms;
$i(t) = -40$ mA, $\quad 5$ ms $\le t \le 15$ ms;
$i(t) = 8t - 0{,}16$ A, $\quad 15$ ms $\le t \le 25$ ms;
$i(t) = 40$ mA, $\quad 25$ ms $\le t \le 35$ ms;

a) Qual é a frequência fundamental em hertz?
b) A função é par?
c) A função é ímpar?

d) A função tem simetria de meia-onda?

e) A função tem simetria de quarto de onda?

f) Calcule a_v, a_k e b_k.

16.13 Determine a série de Fourier de cada função periódica da Figura P16.13.

Figura P16.13

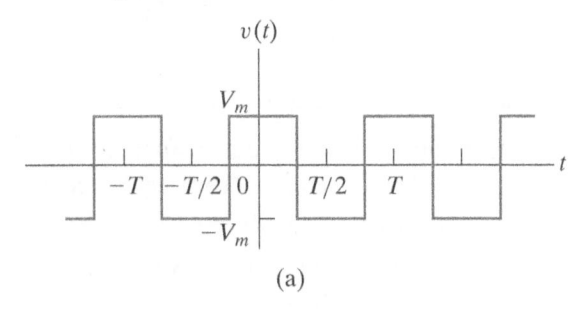

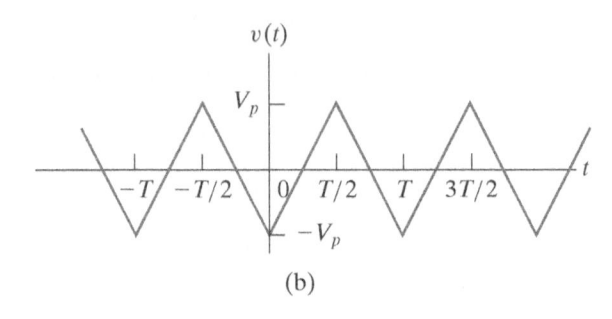

(a)

(b)

16.14 A função periódica da Figura P16.14 é par e tem simetria de meia-onda e de quarto de onda.

a) Faça o gráfico de um ciclo completo da função no intervalo $-T/4 \leq t \leq 3T/4$.

b) Calcule os coeficientes de Fourier a_v, a_k e b_k.

c) Escreva os três primeiros termos não nulos da série de Fourier de $f(t)$.

d) Use os três primeiros termos não nulos para estimar $f(T/8)$.

Figura P16.14

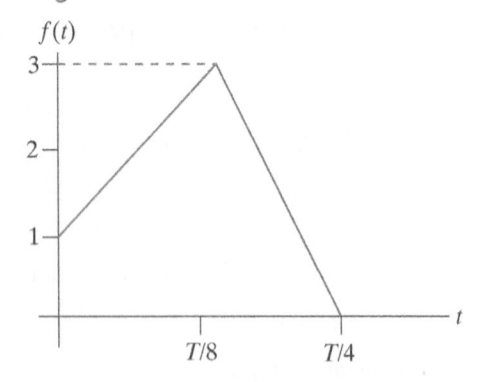

16.15 Sabe-se que $f(t) = 10t^2$ no intervalo $-5 < t < 5$ s.

a) Construa uma função periódica que seja igual a $f(t)$ entre -5 e $+5$, tenha um período de 20 s e simetria de meia-onda.

b) A função é par ou ímpar?

c) A função tem simetria de quarto de onda?

d) Calcule a série de Fourier para $f(t)$.

e) Calcule a série de Fourier para $f(t)$, se $f(t)$ for deslocada 5 s para a direita.

16.16 Repita o Problema 16.15 com $f(t) = 2t^3$ no intervalo $-5 < t < 5$ s.

16.17 a) Deduza a série de Fourier para a tensão periódica da Figura P16.17.

b) Repita (a) com o eixo vertical de referência deslocado $T/2$ unidades para a direita.

Figura P16.17

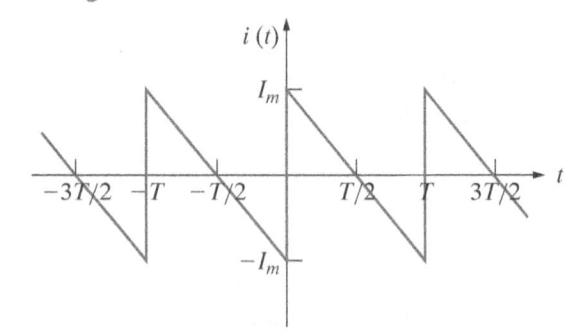

16.18 Em alguns casos, é possível usar simetrias para determinar os coeficientes de Fourier, ainda que a função original não seja simétrica! Com isso em mente, analise a função na Figura P16.4. Observe que $v(t)$ pode ser dividida nas duas funções da Figura P16.18(a) e (b). Além disso, podemos transformar $v_2(t)$ em uma função par deslocando-a $T/8$ unidades para a esquerda, o que é mostrado na Figura P16.18(c). Nesse ponto, observamos que $v(t) = v_1(t) + v_2(t)$ e que a série de Fourier de $v_1(t)$ é uma série de um único termo, $V_m/2$. Para determinar a série de Fourier de $v_2(t)$, primeiramente determinamos a série de Fourier de $v_2(t + T/8)$ e, a seguir, deslocamos essa série $T/8$ unidades para a direita. Use a técnica que acabamos de descrever para verificar os coeficientes de Fourier determinados no Problema 16.4.

Figura P16.18

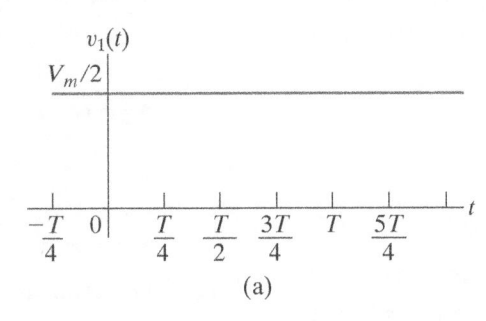

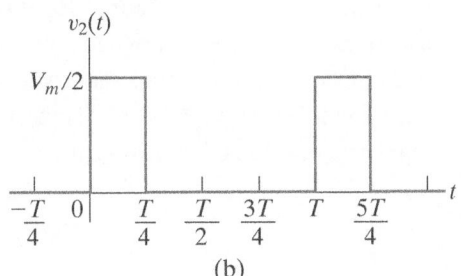

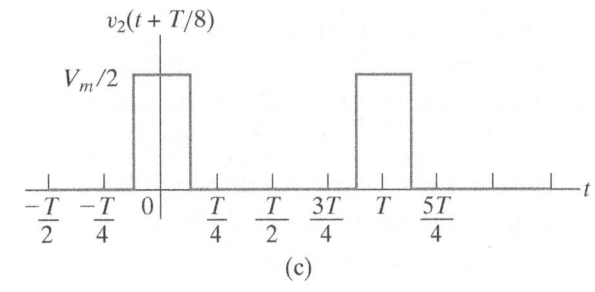

(a) $v_1(t)$: $V_m/2$ para $t > 0$; eixo em $-T/4, 0, T/4, T/2, 3T/4, T, 5T/4$

(b) $v_2(t)$: pulsos de altura $V_m/2$

(c) $v_2(t + T/8)$: pulsos de altura $V_m/2$

Seção 16.4

16.19 Calcule a série de Fourier para $v(t)$ para cada uma das funções periódicas da Figura P16.3, usando a forma da Equação 16.38.

16.20 Calcule a série de Fourier para a função periódica descrita no Problema 16.12, usando a forma da Equação 16.38.

16.21 Calcule a série de Fourier para a função periódica construída no Problema 16.15, usando a forma da Equação 16.38.

16.22 a) Calcule a série de Fourier para a função periódica da Figura P16.22 quando $I_m = 5\pi^2$ A. Escreva a série na forma da Equação 16.38.

b) Use os cinco primeiros termos não nulos para estimar $i(T/4)$.

Figura P16.22

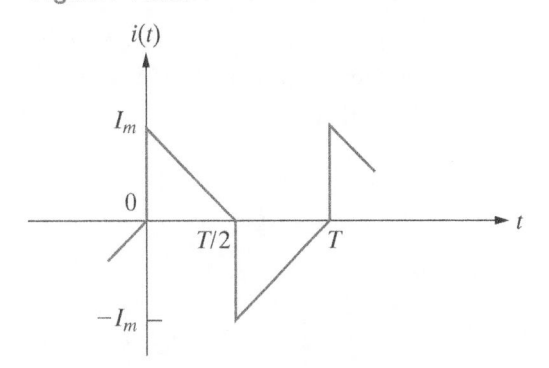

$i(t)$ — forma de onda triangular com picos $\pm I_m$ em relação a $T/2$ e T.

Seção 16.5

16.23 Deduza as equações 16.69 e 16.70.

16.24 a) Deduza a Equação 16.71. *Sugestão:* observe que $b_k = 4V_m/\pi k + k\omega_o RCa_k$. Use essa expressão de b_k para determinar $a_k^2 + b_k^2$ em termos de a_k. Então, use a expressão de a_k para deduzir a Equação 16.71.

b) Deduza a Equação 16.72.

16.25 Mostre que, quando combinamos as equações 16.71 e 16.72 com as equações 16.38 e 16.39, o resultado é a Equação 16.58. *Sugestão:* observe, pela definição de β_k, que

$$\frac{a_k}{b_k} = -\text{tg } \beta_k,$$

e, pela definição de θ_k, que

$$\text{tg } \theta_k = -\cotg \beta_k.$$

Agora, use a identidade trigonométrica

$$\text{tg } x = \cotg(90 - x)$$

para mostrar que $\theta_k = (90 + \beta_k)$.

16.26 a) Mostre que, para valores grandes de C, a Equação 16.67 pode ser aproximada pela expressão

$$v_o(t) \approx \frac{-V_m T}{4RC} + \frac{V_m}{RC} t.$$

Observe que essa expressão é a equação da onda triangular para $0 \leq t \leq T/2$. *Sugestões:* (1) suponha que $e^{-t/RC} \approx 1 - (t/RC)$ e $e^{-T/2RC} \approx 1 - (T/2RC)$; (2) coloque a expressão resultante sobre o denominador comum $2 - (T/2RC)$; (3) simplifique o numerador; e (4) para C grande, admita que $T/2RC$ seja muito menor do que 2.

b) Substitua o valor de pico da onda triangular na solução do Problema 16.13 [veja a Figura P16.13(b)] e mostre que o resultado é a Equação 16.59.

16.27 A onda quadrada de tensão da Figura P16.27(a) é aplicada ao circuito da Figura P16.27(b).

Pspice
Multisim

a) Determine a série de Fourier da corrente i de regime permanente.

b) Determine a expressão de regime permanente para i por análise elementar de circuitos.

Figura P16.27

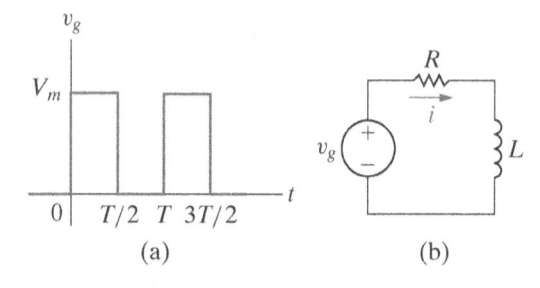

16.28 A onda quadrada de tensão da Figura P16.13(a) com $V_m = 0{,}5\pi$ V e $T = 10\pi$ ms é aplicada ao circuito da Figura P16.28.

Pspice
Multisim

a) Calcule os três primeiros termos não nulos da série de Fourier que representa a tensão de regime permanente v_o.

b) Qual componente de frequência na tensão de entrada é eliminado da tensão de saída? Explique.

Figura P16.28

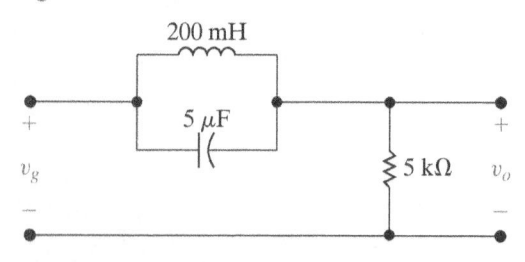

16.29 A onda quadrada de tensão da Figura P16.29(a) é aplicada ao circuito da Figura P16.29(b). Calcule os três primeiros termos não nulos da série de Fourier que representa a tensão de regime permanente v_o, se $V_m = 30\pi$ V e o período da tensão de entrada é igual 200π μs.

Figura P16.29

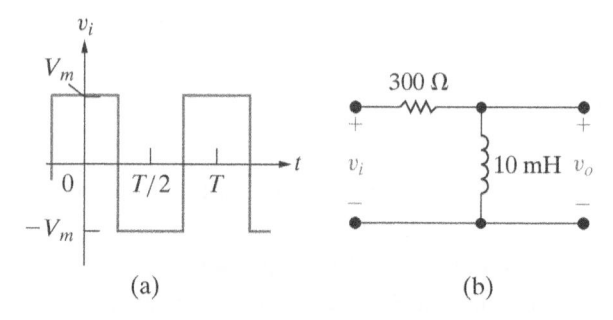

16.30 A tensão de saída de um retificador de onda completa da Figura P16.30(a) é aplicada ao circuito da Figura P16.30(b).

a) Determine os quatro primeiros termos não nulos da série de Fourier de i_o.

b) Sua solução para i_o faz sentido? Explique.

Figura P16.30

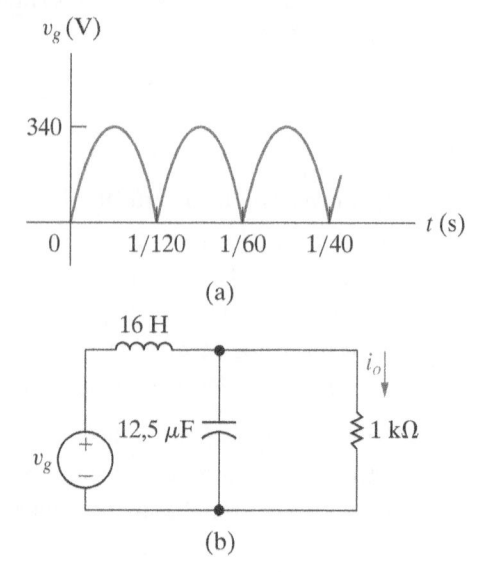

16.31 A corrente periódica descrita a seguir é usada para alimentar o circuito da Figura P16.31. Escreva a expressão no domínio do tempo do terceiro harmônico na expressão para v_o.

$i_g = 100t$ A, $\quad -50$ ms $\leq t \leq 50$ ms;
$ = 5$ A, $\quad 50$ ms $\leq t \leq 200$ ms;
$ = 25 - 100t$ A, $\quad 200$ ms $\leq t \leq 300$ ms;
$ = -5$ A, $\quad 300$ ms $\leq t \leq 450$ ms.

Figura P16.31

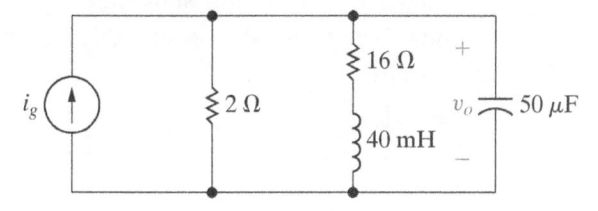

16.32 Uma tensão periódica com um período de 10π μs é dada pela seguinte série de Fourier:

$$v_g = 150 \sum_{n=1,3,5,\ldots}^{\infty} \frac{1}{n} \operatorname{sen}\frac{n\pi}{2} \cos n\omega_o t \text{ V}.$$

Essa tensão é aplicada ao circuito da Figura P16.32. Determine a amplitude e o ângulo de fase das componentes de v_o cujas frequências são 3 e 5 Mrad/s.

Figura P16.32

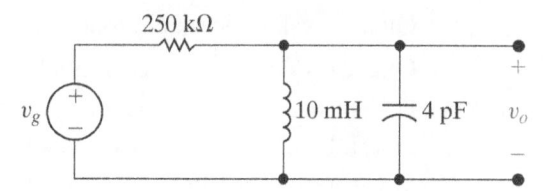

Seção 16.6

16.33 A corrente periódica da Figura P16.33 é aplicada a um resistor de 2,5 kΩ.

a) Use os três primeiros termos não nulos da série de Fourier de $i(t)$ para estimar a potência média dissipada no resistor de 2,5 kΩ.

b) Calcule o valor exato da potência média dissipada no resistor de 2,5 kΩ.

c) Qual é o erro percentual no valor estimado da potência média?

Figura P16.33

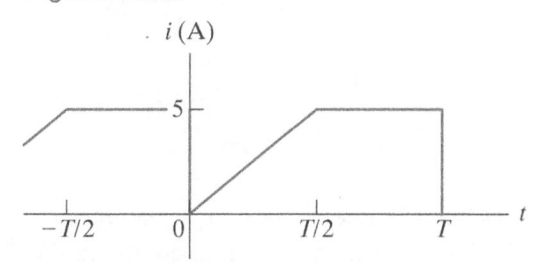

16.34 A tensão periódica nos terminais de um resistor de 400 Ω é mostrada na Figura P16.34.

a) Use os três primeiros termos não nulos da série de Fourier de $v(t)$ para estimar a potência média dissipada no resistor de 400 Ω.

b) Calcule o valor exato da potência média dissipada no resistor de 400 Ω.

c) Qual é o erro percentual no valor estimado da potência média dissipada?

Figura P16.34

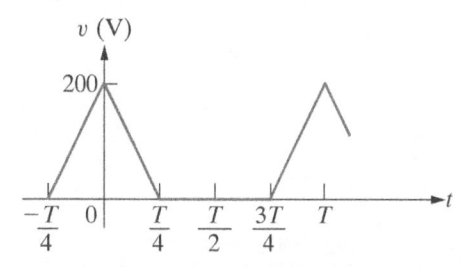

16.35 Uma fonte de tensão de onda triangular alimenta o circuito da Figura P16.35(a). A tensão da fonte é mostrada na Figura P16.35(b). Estime a potência média fornecida ao resistor de $50\sqrt{2}$ Ω, quando o circuito está funcionando em regime permanente.

Figura P16.35

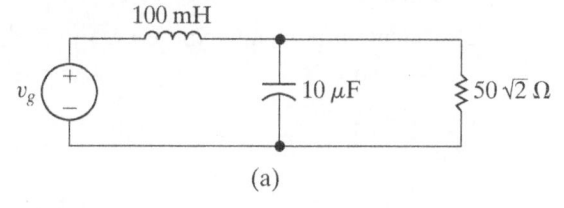

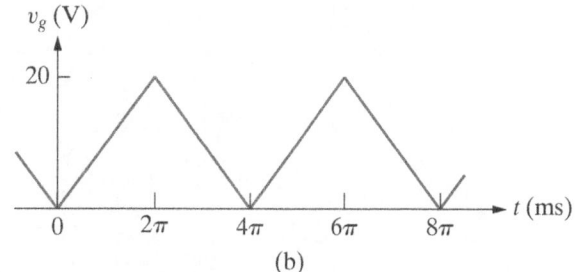

Seção 16.7

16.36 A tensão e a corrente nos terminais de um circuito são

$v = 30 + 60 \cos 2.000t + 20 \sin 8.000t$ V,

$i = 3 + 4 \cos (2.000t + 25°)$
$\quad + \sin(8.000t + 45°)$ A.

A corrente está no sentido da queda de tensão nos terminais.

a) Qual é a potência média nos terminais?
b) Qual é o valor eficaz da tensão?
c) Qual é o valor eficaz da corrente?

16.37 a) Determine o valor eficaz da tensão da Figura P16.37 para $V_m = 100$ V. Observe que a série de Fourier para essa tensão periódica foi determinada no Problema para avaliação 16.3.

b) Estime o valor eficaz da tensão usando os três primeiros termos não nulos da série de Fourier de $v_g(t)$.

Figura P16.37

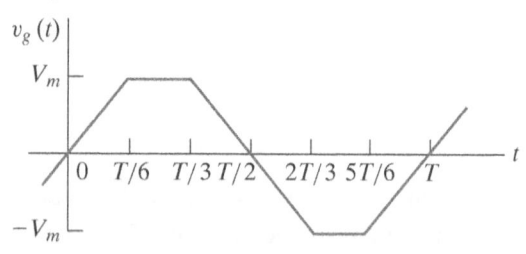

16.38 a) Use os três primeiros termos não nulos da aproximação por série de Fourier da tensão periódica da Figura P16.38 para estimar seu valor eficaz.

b) Calcule o valor eficaz correto.
c) Calcule a percentagem de erro no valor estimado.

Figura P16.38

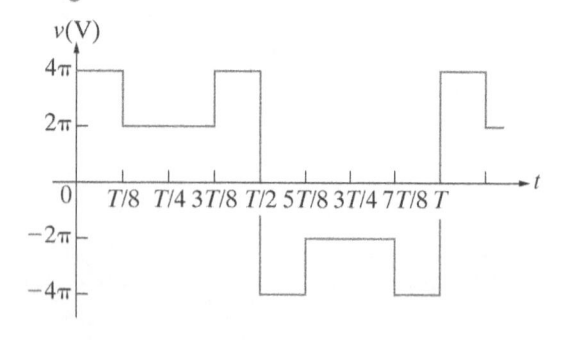

16.39 a) Estime o valor eficaz da onda quadrada de tensão da Figura P16.39(a) usando os cinco primeiros termos não nulos da série de Fourier de $v(t)$.

b) Calcule a percentagem de erro na estimativa.

c) Repita os itens (a) e (b), se a onda quadrada de tensão for substituída pela onda triangular de tensão da Figura P16.39(b).

Figura P16.39

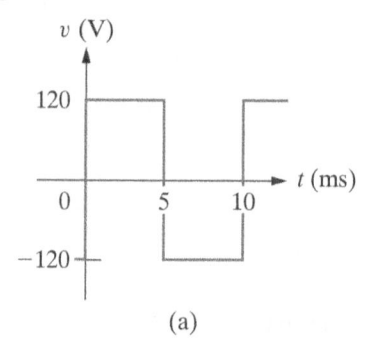

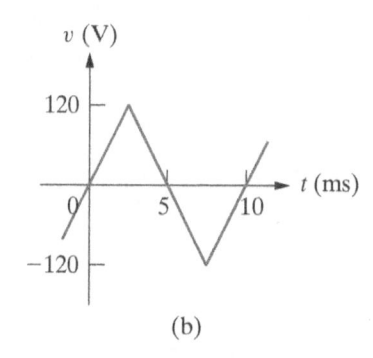

16.40 a) Estime o valor eficaz da tensão senoidal retificada de onda completa da Figura P16.40(a) usando os três primeiros termos não nulos da série de Fourier de $v(t)$.

b) Calcule o erro percentual na estimativa.

c) Repita os itens (a) e (b), se a tensão senoidal retificada de onda completa for substituída pela tensão senoidal retificada de meia-onda da Figura P16.40(b).

Figura P16.40

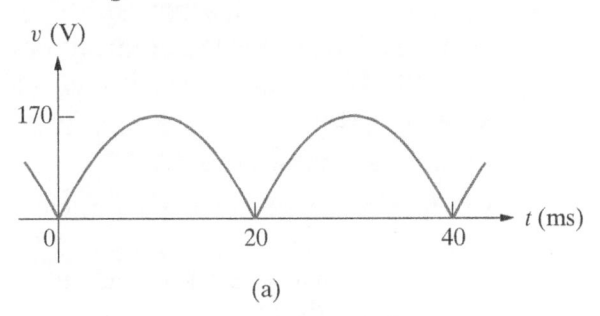

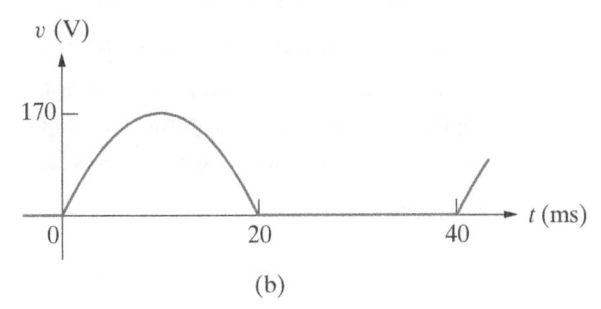

(a) v (V): rectified sine waves, peak 170 V, period 20 ms.

(b) v (V): half-wave rectified sine, peak 170 V, period 40 ms.

16.41 Suponha que a função periódica descrita no Problema 16.14 seja uma corrente i com valor de pico de 3 A.

a) Determine o valor eficaz da corrente.

b) Se essa corrente passar por um resistor de 100 Ω, qual será a potência média dissipada no resistor?

c) Se i for aproximada usando-se apenas o termo de frequência fundamental de sua série de Fourier, qual será a potência média fornecida ao resistor de 100 Ω?

d) Qual é a o erro percentual na estimativa da potência dissipada?

16.42 a) Calcule as expressões dos coeficientes de Fourier para a corrente periódica da Figura P16.42.

b) Escreva os quatro primeiros termos não nulos da série usando a forma trigonométrica alternativa dada pela Equação 16.39.

c) Use os quatro primeiros termos não nulos da expressão encontrada no item (b) para estimar o valor eficaz de i_g.

d) Determine o valor eficaz exato de i_g.

e) Calcule o erro percentual no valor eficaz estimado.

Figura P16.42

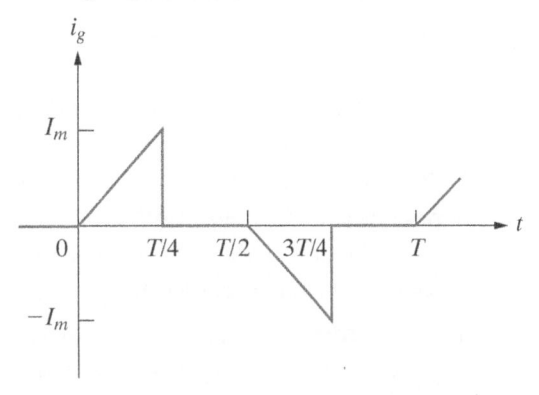

i_g waveform: rises linearly from 0 to I_m over $[0, T/2)$ with discontinuity, goes to $-I_m$ and rises linearly to 0 over $[T/2, T)$; marks at $T/4$, $T/2$, $3T/4$, T.

16.43 O valor eficaz de qualquer onda periódica triangular que tenha a forma representada na Figura P16.43(a) é independente de t_a e t_b. Observe que, para a função ser unívoca, $t_a \leq t_b$. O valor eficaz é igual a $V_p/\sqrt{3}$. Verifique essa observação determinando o valor eficaz das três formas de onda da Figura P16.43(b)–(d).

Figura P16.43

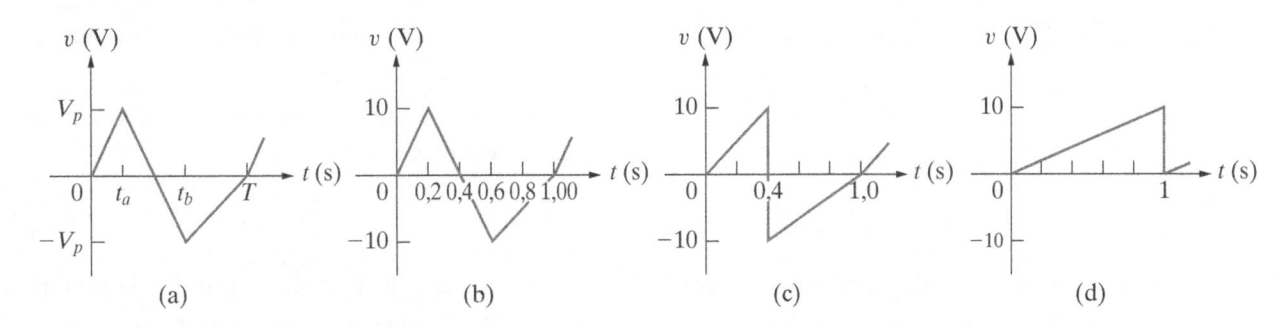

(a) Triangular wave, peak V_p to $-V_p$, with t_a, t_b, T.

(b) Triangular wave, peak ±10 V, marks at 0,2 0,4 0,6 0,8 1,00 s.

(c) Sawtooth, peak ±10 V, mark at 0,4 and 1,0 s.

(d) Sawtooth, peak ±10 V, mark at 1 s.

Seção 16.8

16.44 Deduza a expressão para os coeficientes complexos de Fourier para a corrente periódica da Figura P16.44.

Figura P16.44

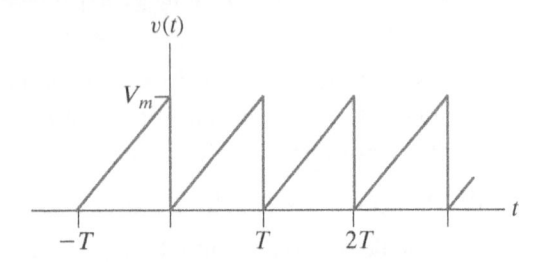

16.45 a) A corrente periódica do Problema 16.44 é aplicada a um resistor de 25 Ω. Se $V_m = 150$ A, qual é a potência média fornecida ao resistor?

b) Admita que $v(t)$ seja aproximada por uma forma exponencial truncada da série de Fourier consistindo nos cinco primeiros termos não nulos, isto é, $n = 0, 1, 2, 3$ e 4. Qual é o valor eficaz da corrente usando-se essa aproximação?

c) Se a aproximação do item (b) for usada para representar v, qual será o erro percentual na potência calculada?

16.46 Use a forma exponencial da série de Fourier para escrever uma expressão para a tensão da Figura P16.46.

Figura P16.46

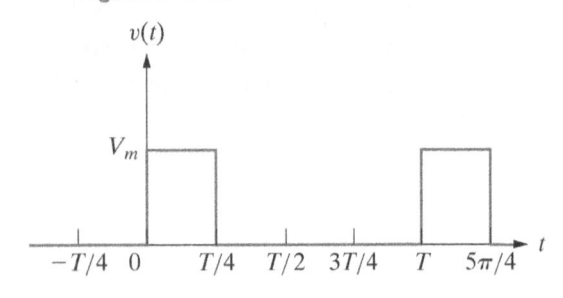

16.47 A fonte de tensão periódica no circuito da Figura P16.47(a) tem a forma de onda da Figura P16.47(b).

a) Calcule a expressão para C_n.

b) Determine os valores dos coeficientes complexos C_o, C_{-1}, C_1, C_{-2}, C_2, C_{-3}, C_3, C_{-4} e C_4 para a tensão de entrada v_g, se $V_m = 54$ V e $T = 10\pi$ μs.

c) Repita os cálculos do item (b) para v_o.

d) Use os coeficientes complexos determinados no item (c) para estimar a potência média fornecida ao resistor de 250 kΩ.

Figura P16.47

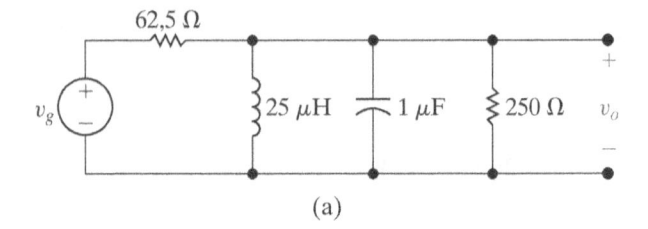

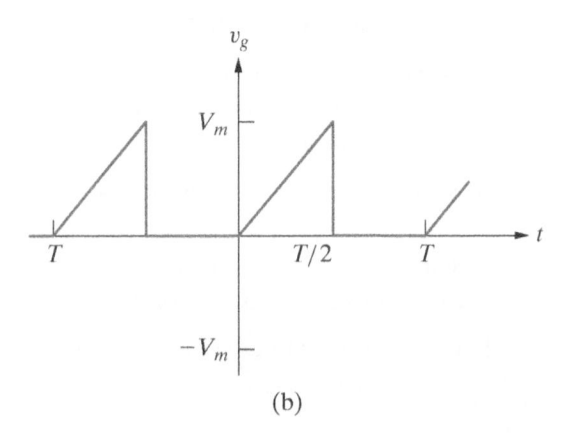

16.48 a) Determine o valor eficaz da tensão periódica da Figura P16.47(b).

b) Use os coeficientes complexos calculados no Problema 16.47(b) para estimar o valor eficaz de v_g.

c) Qual é o erro percentual no valor eficaz estimado de v_g?

Seção 16.9

16.49 a) Faça um gráfico de amplitude e fase baseado na Equação 16.38 para a tensão periódica do Exemplo 16.3. Suponha que V_m seja 40 V. Plote amplitude e fase em função de $n\omega_o$, em que $n = 0, 1, 2, 3, \ldots$

b) Repita o item (a), fazendo os gráficos de acordo com a Equação 16.82.

16.50 a) Faça um gráfico de amplitude e fase baseado na Equação 16.38 para a tensão periódica do Exemplo 16.33. Plote amplitude e fase em função de $n\omega_o$, em que $n = 0, 1, 2, ...$

b) Repita o item (a), fazendo os gráficos de acordo com a Equação 16.82.

16.51 Uma tensão periódica é representada por uma série de Fourier truncada. Os espectros de amplitude e fase são mostrados na Figura P16.51(a) e (b), respectivamente.

a) Escreva uma expressão para a tensão periódica usando a forma dada pela Equação 16.38.

b) A tensão é uma função par ou ímpar de t?

c) A tensão tem simetria de meia-onda?

d) A tensão tem simetria de quarto de onda?

Figura P16.51

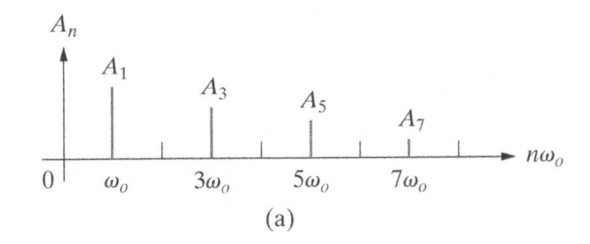

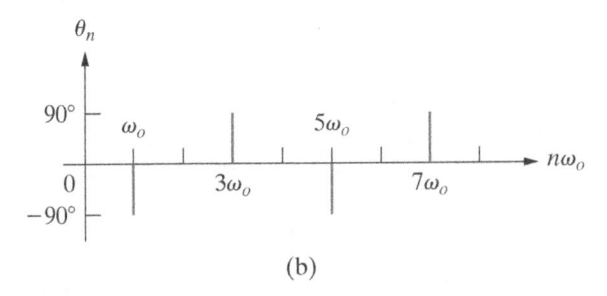

16.52 Uma tensão periódica é representada por uma série de Fourier que tem um número finito de termos. Os espectros de amplitude e fase são mostrados na Figura P16.52(a) e (b), respectivamente.

a) Escreva a expressão para a corrente periódica usando a forma dada pela Equação 16.38.

b) A corrente é uma função par ou ímpar de t?

c) A corrente tem simetria de meia-onda?

d) Calcule o valor eficaz da corrente em miliampères.

e) Escreva a forma exponencial da série de Fourier.

f) Desenhe os gráficos de espectro de amplitude e fase com base na série exponencial.

Figura P16.52

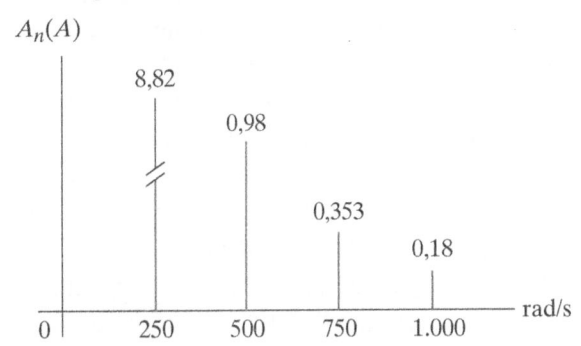

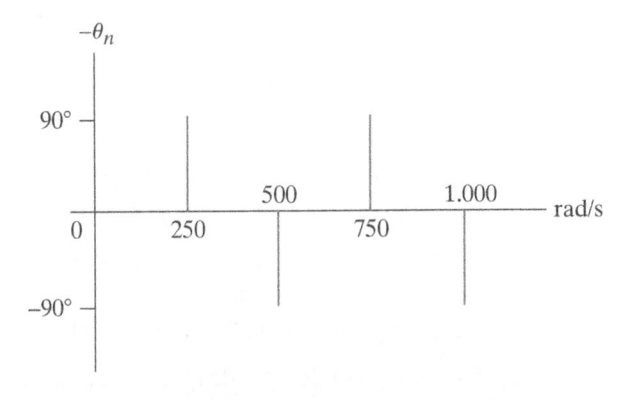

16.53 O sinal de entrada para um filtro Butterworth passa-altas de terceira ordem e ganho unitário é a tensão senoidal retificada de meia-onda. A frequência de corte do filtro é 2.500 rad/s. A amplitude da tensão senoidal é 270π V e seu período, 400π μs. Escreva os três primeiros termos da série de Fourier que representa a tensão de saída de regime permanente do filtro.

Seções 16.1–16.9

16.54 O sinal de entrada para um filtro Butterworth passa-baixas de segunda ordem e ganho unitário é a onda triangular periódica de tensão mostrada na Figura P16.54. A frequência de corte do filtro é 2 krad/s. Escreva os três primeiros termos da série de Fourier que representam a tensão de saída de regime permanente do filtro.

Figura P16.54

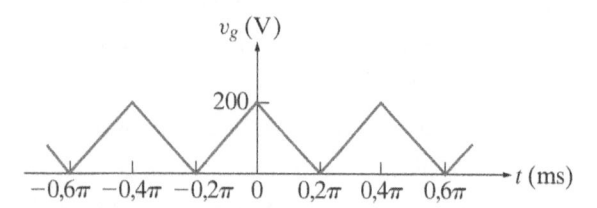

[Gráfico: onda triangular v_g (V) com pico de 200, período marcado em $-0{,}6\pi$, $-0{,}4\pi$, $-0{,}2\pi$, 0, $0{,}2\pi$, $0{,}4\pi$, $0{,}6\pi$, eixo t (ms)]

16.55 O sinal de entrada para um filtro Butterworth passa-baixas de segunda ordem e ganho unitário é uma onda de seno de um retificador de onda completa com uma amplitude de $2{,}5\pi$ V e uma frequência fundamental de 5.000 rad/s. A frequência de corte do filtro é 1 krad/s. Escreva os dois primeiros termos da série de Fourier que representa a tensão de saída de regime permanente do filtro.

16.56 A função de transferência (V_o/V_g) para o filtro passa-faixa de banda estreita da Figura P16.56(a) é

$$H(s) = \frac{-K_o \beta s}{s^2 + \beta s + \omega_o^2}.$$

a) Determine K_o, β e ω_o^2 como funções dos parâmetros do circuito R_1, R_2, R_3, C_1 e C_2.

b) Escreva os três primeiros termos da série de Fourier que representará v_o, se v_g for a tensão periódica da Figura P16.56(b).

c) Estime o valor do fator de qualidade para o filtro examinando o resultado na parte (b).

d) Calcule o fator de qualidade para o filtro usando β e ω_o e compare o valor obtido com sua estimativa na parte (c).

Figura P16.56

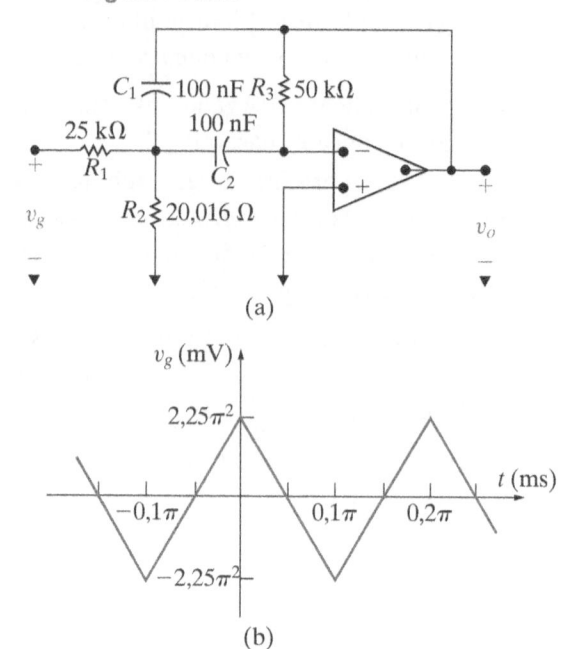

[Circuito (a): $C_1 = 100$ nF, $R_3 = 50$ kΩ, $R_1 = 25$ kΩ, $C_2 = 100$ nF, $R_2 = 20{,}016\ \Omega$, entrada v_g, saída v_o, amp op]

(a)

[Gráfico (b): onda triangular v_g (mV), picos em $\pm 2{,}25\pi^2$, nos instantes $-0{,}1\pi$, $0{,}1\pi$, $0{,}2\pi$, eixo t (ms)]

(b)

16.57 a) Determine os valores de K, β e ω_o^2 para o filtro passa-faixa mostrado na Figura 16.20 (b).

b) Determine os três primeiros termos da série de Fourier na Figura 16.20 (b), se a entrada para o filtro é a forma de onda mostrada na Figura 16.20 (a).

Capítulo 17

A transformada de Fourier

SUMÁRIO DO CAPÍTULO

17.1 Dedução da transformada de Fourier
17.2 Convergência da integral de Fourier
17.3 Uso de transformadas de Laplace para calcular transformadas de Fourier
17.4 Uso de limites para calcular transformadas de Fourier
17.5 Algumas propriedades matemáticas
17.6 Transformadas operacionais
17.7 Aplicações em análise de circuitos
17.8 Teorema de Parseval

OBJETIVOS DO CAPÍTULO

1. Saber calcular a transformada de Fourier de uma função por meio de um ou de todos estes meios:
   - definição da transformada de Fourier;
   - transformadas de Laplace;
   - propriedades matemáticas da transformada de Fourier;
   - transformadas operacionais.
2. Saber como usar a transformada de Fourier para determinar a resposta de um circuito.
3. Entender o teorema de Parseval e saber usá-lo para avaliar a energia contida dentro de faixas específicas de frequência.

No Capítulo 16, discutimos a representação de uma função periódica por meio de uma série de Fourier. Essa representação em série possibilita a descrição da função periódica em termos de seus atributos amplitude e fase no domínio da frequência. A transformada de Fourier estende a representação no domínio da frequência a funções que não são periódicas. Já apresentamos a ideia de transformar uma função aperiódica no domínio do tempo para o domínio da frequência por meio da transformada de Laplace. Assim, cabe cogitar por que ainda é necessário outro tipo de transformação. Na verdade, a transformada de Fourier não é uma nova transformada. Trata-se de um caso especial da transformada bilateral de Laplace na qual a parte real da frequência complexa é anulada. Todavia, sob o ponto de vista de uma interpretação física, a transformada de Fourier é um caso-limite de uma série de Fourier. Apresentamos esse ponto de vista na Seção 17.1, onde deduziremos as equações da transformada de Fourier.

A transformada de Fourier é mais útil do que a de Laplace em certos problemas relacionados ao processamento de sinais e à teoria de comunicações. Embora não possamos estudar a transformada de Fourier em detalhes, parece-nos adequado apresentá-la agora, enquanto as ideias que fundamentam a transformada de Laplace e a série de Fourier ainda estão frescas em sua memória.

Perspectiva prática

Filtragem digital de sinais

É comum o uso de linhas telefônicas para transmissão de informações de um computador para outro. Como você deve saber, os computadores representam todas as informações como conjuntos de 1s e 0s. O valor 1 costuma ser representado como uma tensão, normalmente de 5 V, enquanto o 0 é representado por 0 V, tal como mostrado a seguir.

A linha telefônica tem uma característica de resposta de frequência que se assemelha à de um filtro passa-baixas. Podemos usar as transformadas de Fourier para compreender o efeito da transmissão de um valor digital usando uma linha telefônica que se comporta como um filtro.

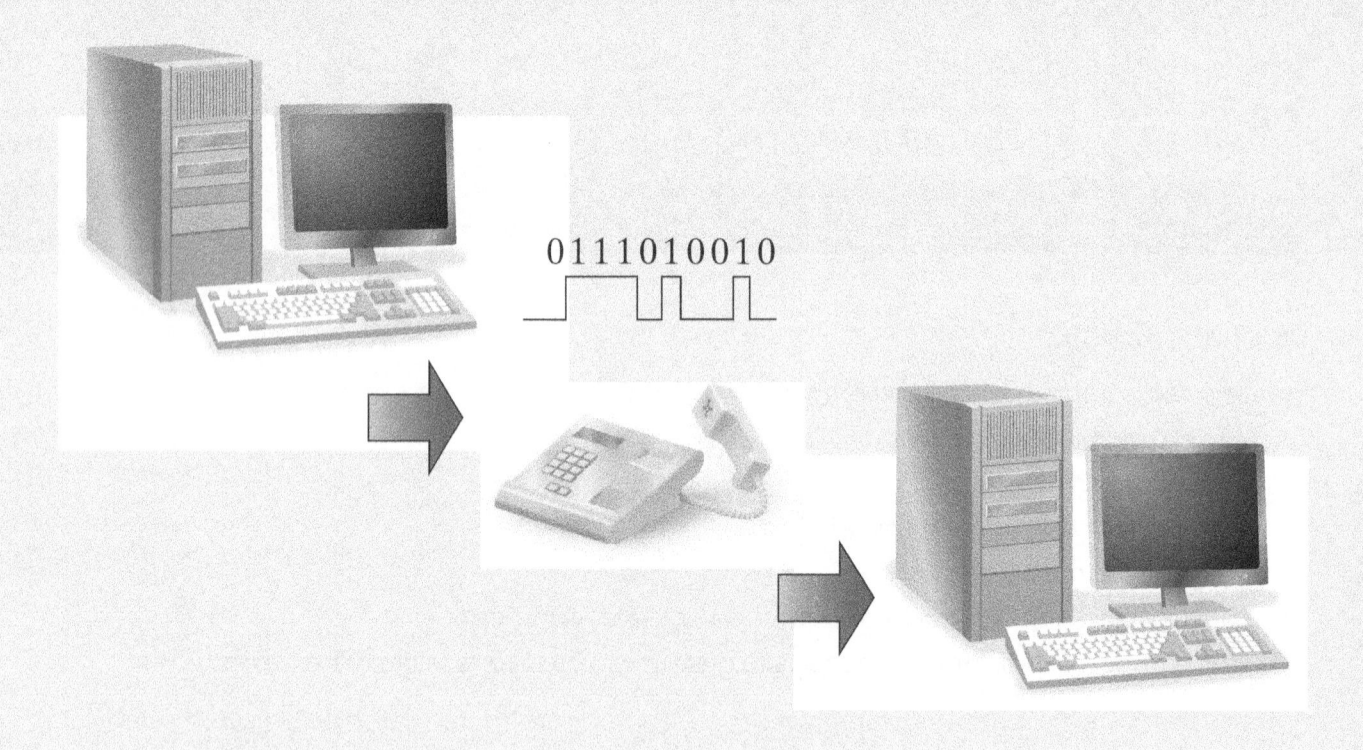

17.1 Dedução da transformada de Fourier

Começamos a dedução da transformada de Fourier, como um caso-limite de uma série de Fourier, com a forma exponencial da série:

$$f(t) = \sum_{n=-\infty}^{\infty} C_n e^{jn\omega_0 t}, \quad (17.1)$$

em que

$$C_n = \frac{1}{T}\int_{-T/2}^{T/2} f(t)e^{-jn\omega_0 t}\, dt. \qquad (17.2)$$

Na Equação 17.2, optamos por iniciar a integração em $t_0 = -T/2$.

Ao permitir que o período fundamental T tenda ao infinito, passa-se de uma função periódica a uma função aperiódica. Em outras palavras, caso T se torne infinito, a função nunca se repetirá e, portanto, vai se tornar aperiódica. À medida que T aumenta, a separação entre frequências harmônicas adjacentes fica cada vez menor. Em particular,

$$\Delta\omega = (n+1)\omega_0 - n\omega_0 = \omega_0 = \frac{2\pi}{T}, \qquad (17.3)$$

e, à medida que T cresce, a separação incremental $\Delta\omega$ tende a uma separação diferencial $d\omega$. A partir da Equação 17.3,

$$\frac{1}{T} \to \frac{d\omega}{2\pi} \quad \text{quando} \quad T \to \infty. \qquad (17.4)$$

À medida que o período cresce, a frequência deixa de ser uma variável discreta e passa a ser uma variável contínua, ou

$$n\omega_0 \to \omega \quad \text{quando} \quad T \to \infty. \qquad (17.5)$$

Em termos da Equação 17.2, à medida que o período aumenta, os coeficientes de Fourier, C_n, diminuem. No limite, $C_n \to 0$ quando $T \to \infty$. Esse resultado faz sentido, pois espera-se que os coeficientes de Fourier desapareçam à medida que a função perde sua periodicidade. Entretanto, observe o valor-limite do produto $C_n T$; isto é,

$$C_n T \to \int_{-\infty}^{\infty} f(t)e^{-j\omega t}\, dt \quad \text{quando} \quad T \to \infty. \qquad (17.6)$$

Quando escrevemos a Equação 17.6, levamos em conta a Equação 17.5. A integral na Equação 17.6 é a **transformada de Fourier** de $f(t)$ e é representada como:

$$F(\omega) = \mathscr{F}\{f(t)\} = \int_{-\infty}^{\infty} f(t)e^{-j\omega t}\, dt. \qquad (17.7) \quad \blacktriangleleft \text{ Transformada de Fourier}$$

Obtemos uma expressão explícita para a transformada inversa de Fourier investigando a forma-limite da Equação 17.1 quando $T \to \infty$. Começamos multiplicando e dividindo a equação por T:

$$f(t) = \sum_{n=-\infty}^{\infty} (C_n T) e^{jn\omega_0 t} \left(\frac{1}{T}\right). \qquad (17.8)$$

À medida que $T \to \infty$, o somatório tende à integral, $C_n T \to F(\omega)$, $n\omega_0 \to \omega$ e $1/T \to d\omega/2\pi$. Assim, no limite, a Equação 17.8 torna-se

$$f(t) = \frac{1}{2\pi}\int_{-\infty}^{\infty} F(\omega)e^{j\omega t}\, d\omega. \qquad (17.9) \quad \blacktriangleleft \text{ Transformada inversa de Fourier}$$

As equações 17.7 e 17.9 definem a transformada de Fourier. A Equação 17.7 transforma a expressão no domínio do tempo, $f(t)$, em sua expressão correspondente no domínio da frequência, $F(\omega)$. A Equação 17.9 define a operação inversa, ou seja, a transformação de $F(\omega)$ em $f(t)$.

Figura 17.1 Pulso de tensão.

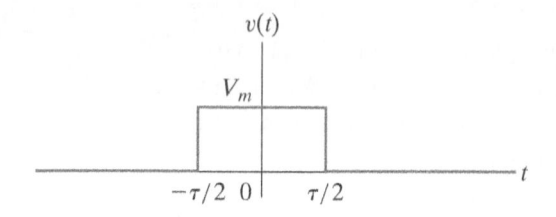

Figura 17.2 Transição do espectro de amplitude à medida que $f(t)$ passa de periódica a aperiódica. (a) C_n em relação a $n\omega_0$, $T/\tau = 5$; (b) C_n em relação a $n\omega_0$, $T/\tau = 10$; (c) $V(\omega)$ em relação a ω.

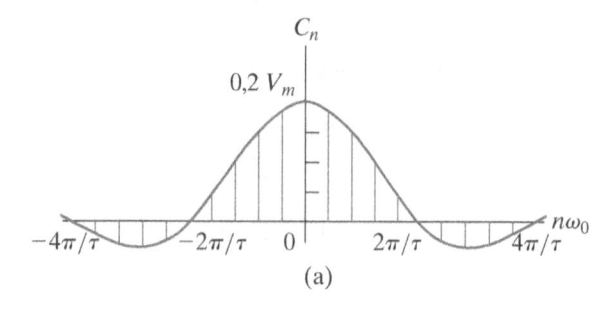

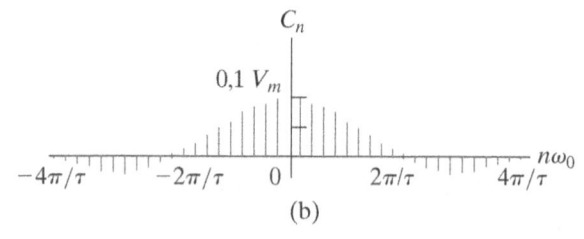

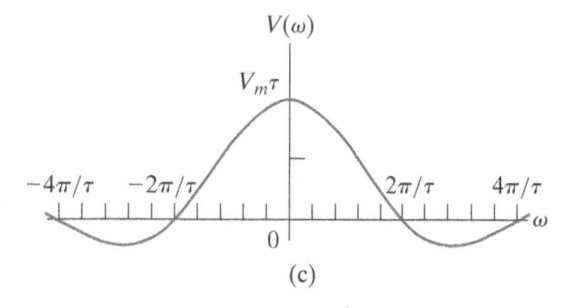

Calculemos, agora, a transformada de Fourier do pulso mostrado na Figura 17.1. Observe que esse pulso corresponde à tensão periódica do Exemplo 16.6, se fizermos $T \to \infty$. A transformada de Fourier de $v(t)$ pode ser calculada diretamente da Equação 17.7:

$$V(\omega) = \int_{-\tau/2}^{\tau/2} V_m e^{-j\omega t}\, dt$$

$$= V_m \frac{e^{-j\omega t}}{(-j\omega)}\bigg|_{-\tau/2}^{\tau/2}$$

$$= \frac{V_m}{-j\omega}\left(-2j\, \text{sen}\,\frac{\omega\tau}{2}\right), \quad (17.10)$$

que pode ser colocada na forma de (sen x)/x multiplicando-se o numerador e o denominador por τ. Então,

$$V(\omega) = V_m\tau\, \frac{\text{sen}\,\omega\tau/2}{\omega\tau/2}. \quad (17.11)$$

A expressão para os coeficientes de Fourier da sequência infinita de pulsos do Exemplo 16.6 é

$$C_n = \frac{V_m\tau}{T}\, \frac{\text{sen}\, n\omega_0\tau/2}{n\omega_0\tau/2}. \quad (17.12)$$

Comparando as equações 17.11 e 17.12 vemos claramente que, à medida que a função no domínio do tempo passa de periódica para aperiódica, o espectro da amplitude passa de um espectro discreto para um espectro contínuo. Além disso, a envoltória do espectro discreto tem a mesma forma do espectro contínuo. Desse modo, à medida que T aumenta, o espectro discreto fica mais denso e as amplitudes ficam menores, mas a forma da envoltória não muda. A transformada de Fourier $V(\omega)$ pode ser interpretada, portanto, como uma medida do conteúdo de frequências de $v(t)$. A Figura 17.2 ilustra essas observações. O gráfico do espectro de amplitude pressupõe que τ permaneça constante à medida que T cresce.

17.2 Convergência da integral de Fourier

Uma função do tempo $f(t)$ tem uma transformada de Fourier se a integral na Equação 17.7 converge. Se $f(t)$ for uma função não nula bem-comportada em um intervalo de tempo finito, a convergência não será problema. *Bem-comportada* implica que $f(t)$ seja unívoca e limitada em seu domínio. Em termos práticos, todos os pulsos de duração finita que nos interessam são funções bem-comportadas. A avaliação da transformada de Fourier do pulso retangular discutida na Seção 17.1 ilustra esse ponto.

Se $f(t)$ for diferente de zero em um intervalo infinito, a convergência da integral de Fourier dependerá do comportamento de $f(t)$ quando $t \to \infty$. Uma função não nula e unívoca em um intervalo infinito terá uma transformada de Fourier se a integral

$$\int_{-\infty}^{\infty} |f(t)|\, dt$$

existir e se quaisquer descontinuidades em $f(t)$ forem finitas. A função exponencial decrescente ilustrada na Figura 17.3 é um exemplo de tal função. Sua transformada de Fourier é

$$F(\omega) = \int_{-\infty}^{\infty} f(t)e^{-j\omega t}\, dt = \int_{0}^{\infty} Ke^{-at}e^{-j\omega t}\, dt$$

$$= \left.\frac{Ke^{-(a+j\omega)t}}{-(a+j\omega)}\right|_{0}^{\infty} = \frac{K}{-(a+j\omega)}(0-1)$$

$$= \frac{K}{a+j\omega}, \quad a > 0. \tag{17.13}$$

Figura 17.3 Função exponencial decrescente $Ke^{-at}u(t)$.

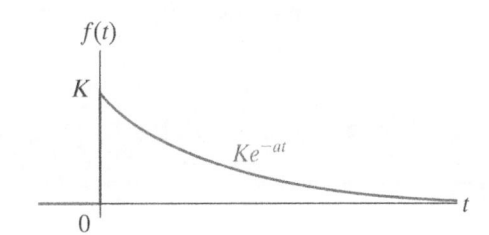

Um terceiro grupo importante de funções de grande interesse prático não possui, a rigor, transformada de Fourier. Por exemplo, a integral na Equação 17.7 não vai convergir se $f(t)$ for uma constante. O mesmo acontecerá se $f(t)$ for uma função senoidal, $\cos \omega_0 t$, ou um degrau, $Ku(t)$. Essas funções são de grande utilidade em análise de circuitos, mas, para incluí-las na análise de Fourier, temos de recorrer a alguns subterfúgios matemáticos. Em primeiro lugar, criamos uma função auxiliar no domínio do tempo que tenha uma transformada de Fourier e, ao mesmo tempo, possa ser transformada em uma função arbitrariamente próxima da função de interesse. Em seguida, determinamos a transformada de Fourier da função auxiliar e, então, avaliamos o valor-limite de $F(\omega)$ quando essa função tende a $f(t)$. Por último, definimos o valor--limite de $F(\omega)$ como a transformada de Fourier de $f(t)$.

Vamos ilustrar essa técnica determinando a transformada de Fourier de uma constante. Podemos aproximar uma constante por meio da função exponencial

$$f(t) = Ae^{-\epsilon|t|}, \quad \epsilon > 0. \tag{17.14}$$

À medida que $\epsilon \to 0$, $f(t) \to A$. A Figura 17.4 mostra uma representação gráfica da aproximação. A transformada de Fourier de $f(t)$ é

$$F(\omega) = \int_{-\infty}^{0} Ae^{\epsilon t}e^{-j\omega t}\, dt + \int_{0}^{\infty} Ae^{-\epsilon t}e^{-j\omega t}\, dt. \tag{17.15}$$

Resolvendo a integração da Equação 17.15, obtemos

$$F(\omega) = \frac{A}{\epsilon - j\omega} + \frac{A}{\epsilon + j\omega} = \frac{2\epsilon A}{\epsilon^2 + \omega^2}. \tag{17.16}$$

Figura 17.4 Aproximação de uma constante por meio de uma função exponencial.

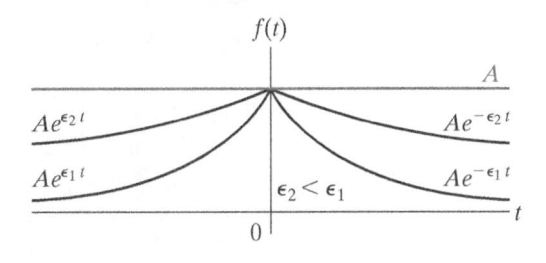

A função dada pela Equação 17.16 gera uma função impulso em $\omega = 0$, à medida que $\epsilon \to 0$. Você pode verificar esse resultado mostrando que (1) $F(\omega)$ tende ao infinito em $\omega = 0$, à medida que $\epsilon \to 0$; (2) a duração de $F(\omega)$ tende a zero à medida que $\epsilon \to 0$; e (3) a área sob a curva de $F(\omega)$ independe de ϵ. A área sob $F(\omega)$ é a intensidade do impulso e é dada por

$$\int_{-\infty}^{\infty} \frac{2\epsilon A}{\epsilon^2 + \omega^2} d\omega = 4\epsilon A \int_{0}^{\infty} \frac{d\omega}{\epsilon^2 + \omega^2} = 2\pi A. \qquad (17.17)$$

No limite, $f(t)$ tende a uma constante A, e $F(\omega)$ tende a uma função impulso $2\pi A\delta(\omega)$. Assim, a transformada de Fourier de uma constante A é definida como $2\pi A\delta(\omega)$, ou

$$\mathscr{F}\{A\} = 2\pi A\delta(\omega). \qquad (17.18)$$

Na Seção 17.4, voltaremos a tratar de transformadas de Fourier definidas por meio de limites. Antes disso, mostraremos na Seção 17.3 como usar a transformada de Laplace para determinar a transformada de Fourier de funções para as quais a integral de Fourier converge.

PROBLEMAS PARA AVALIAÇÃO

Objetivo 1 Saber calcular a transformada de Fourier de uma função.

17.1 Use a integral de definição para determinar a transformada de Fourier das seguintes funções:

a) $f(t) = -A$, $\quad -\tau/2 \leq t < 0$;
$f(t) = A$, $\quad 0 < t \leq \tau/2$;
$f(t) = 0$ $\quad$ em todos os outros valores de t.

b) $f(t) = 0$, $\quad t < 0$;
$f(t) = te^{-at}$, $\quad t \geq 0, a > 0$.

Resposta: (a) $-j\left(\dfrac{2A}{\omega}\right)\left(1 - \cos\dfrac{\omega\tau}{2}\right)$;

(b) $\dfrac{1}{(a + j\omega)^2}$.

17.2 A transformada de Fourier de $f(t)$ é dada por

$F(\omega) = 0$, $\quad -\infty \leq \omega < -3$;
$F(\omega) = 4$, $\quad -3 < \omega < -2$;
$F(\omega) = 1$, $\quad -2 < \omega < 2$;
$F(\omega) = 4$, $\quad 2 < \omega < 3$;
$F(\omega) = 0$, $\quad 3 < \omega \leq \infty$.

Determine $f(t)$.

Resposta: $f(t) = \dfrac{1}{\pi t}(4\,\text{sen}\,3t - 3\,\text{sen}\,2t)$.

NOTA: tente resolver também os problemas 17.1 e 17.2, apresentados no final do capítulo.

17.3 Uso de transformadas de Laplace para calcular transformadas de Fourier

Podemos usar uma tabela de pares de transformadas de Laplace unilaterais para determinar a transformada de Fourier de funções para as quais a integral de Fourier converge. A integral de Fourier converge quando todos os polos de $F(s)$ encontram-se na metade esquerda do plano s. Observe que, se $F(s)$ tiver polos na metade direita do plano s ou ao longo do eixo imaginário, $f(t)$ não satisfaz a restrição de que $\int_{-\infty}^{\infty} |f(t)|\, dt$ existe.

As seguintes regras aplicam-se à utilização de transformadas de Laplace para calcular as transformadas de Fourier nos casos possíveis.

1. Se $f(t)$ for igual a zero para $t \leq 0^-$, obtemos a transformada de Fourier de $f(t)$ pela transformada de Laplace de $f(t)$ com a simples substituição de s por $j\omega$. Assim,

$$\mathscr{F}\{f(t)\} = \mathscr{L}\{f(t)\}_{s=j\omega}. \tag{17.19}$$

Por exemplo, digamos que

$$f(t) = 0, \qquad t \leq 0^-;$$
$$f(t) = e^{-at}\cos \omega_0 t, \qquad t \geq 0^+.$$

Então,

$$\mathscr{F}\{f(t)\} = \left.\frac{s+a}{(s+a)^2 + \omega_0^2}\right|_{s=j\omega} = \frac{j\omega + a}{(j\omega + a)^2 + \omega_0^2}.$$

2. Como o intervalo de integração da integral de Fourier vai de $-\infty$ a $+\infty$, a transformada de Fourier de uma função definida para valores de tempo negativos existe. Tal função de tempo negativo é não nula para valores de tempo negativos e nula para valores de tempo positivos. Para determinar a transformada de Fourier dessa função, fazemos o seguinte: em primeiro lugar, refletimos a função de tempo negativo para o domínio do tempo positivo e, então, determinamos sua transformada unilateral de Laplace. Obtemos a transformada de Fourier da função original substituindo s por $-j\omega$. Assim, quando $f(t) = 0$ para $t \geq 0^+$,

$$\mathscr{F}\{f(t)\} = \mathscr{L}\{f(-t)\}_{s=-j\omega}. \tag{17.20}$$

Por exemplo, se

$$f(t) = 0, \qquad (\text{para } t \geq 0^+);$$
$$f(t) = e^{at}\cos \omega_0 t, \qquad (\text{para } t \leq 0^-).$$

então

$$f(-t) = 0, \qquad (\text{para } t \leq 0^-);$$
$$f(-t) = e^{-at}\cos \omega_0 t, \qquad (\text{para } t \geq 0^+).$$

Tanto a função $f(t)$ como sua imagem especular estão representadas no gráfico da Figura 17.5.

A transformada de Fourier de $f(t)$ é

$$\mathscr{F}\{f(t)\} = \mathscr{L}\{f(-t)\}_{s=-j\omega} = \left.\frac{s+a}{(s+a)^2 + \omega_0^2}\right|_{s=-j\omega}$$
$$= \frac{-j\omega + a}{(-j\omega + a)^2 + \omega_0^2}.$$

Figura 17.5 Reflexão de uma função de tempo negativo no domínio do tempo positivo.

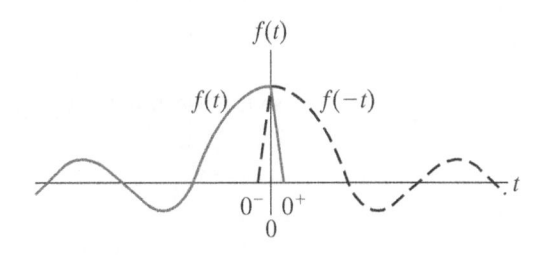

3. Funções não nulas em todo o intervalo de tempo podem ser transformadas em uma soma de funções de tempo positivo e negativo. Usamos as equações 17.19 e 17.20 para calcular a transformada de Fourier das funções de tempo positivo e negativo, respectivamente. A transformada de Fourier da função original é a soma das duas transformadas. Assim, se fizermos

$$f^+(t) = f(t) \quad \text{(para } t>0\text{),}$$
$$f^-(t) = f(t) \quad \text{(para } t<0\text{),}$$

então

$$f(t) = f^+(t) + f^-(t)$$

e

$$\mathcal{F}\{f(t)\} = \mathcal{F}\{f^+(t)\} + \mathcal{F}\{f^-(t)\}$$
$$= \mathcal{L}\{f^+(t)\}_{s=j\omega} + \mathcal{L}\{f^-(-t)\}_{s=-j\omega}. \tag{17.21}$$

Um exemplo da utilização da Equação 17.21 é o cálculo da transformada de Fourier de $e^{-a|t|}$. As funções de tempo positivo e negativo para a função original são

$$f^+(t) = e^{-at} \text{ e } f^-(t) = e^{at}.$$

Então

$$\mathcal{L}\{f^+(t)\} = \frac{1}{s+a},$$

$$\mathcal{L}\{f^-(-t)\} = \frac{1}{s+a}.$$

Portanto, pela Equação 17.21,

$$\mathcal{F}\{e^{-a|t|}\} = \frac{1}{s+a}\bigg|_{s=j\omega} + \frac{1}{s+a}\bigg|_{s=-j\omega}$$
$$= \frac{1}{j\omega + a} + \frac{1}{-j\omega + a}$$
$$= \frac{2a}{\omega^2 + a^2}.$$

Se $f(t)$ for par, a Equação 17.21 reduz-se a

$$\mathcal{F}\{f(t)\} = \mathcal{L}\{f(t)\}_{s=j\omega} + \mathcal{L}\{f(t)\}_{s=-j\omega}. \tag{17.22}$$

Se $f(t)$ for ímpar, então a Equação 17.21 torna-se

$$\mathcal{F}\{f(t)\} = \mathcal{L}\{f(t)\}_{s=j\omega} - \mathcal{L}\{f(t)\}_{s=-j\omega}. \tag{17.23}$$

PROBLEMA PARA AVALIAÇÃO

Objetivo 1 Saber calcular a transformada de Fourier de uma função.

17.3 Determine a transformada de Fourier de cada uma das funções. Considere a uma constante real positiva.

a) $f(t) = 0,\quad t < 0,$
$f(t) = e^{-at}\text{sen}\,\omega_0 t,\quad t \geq 0.$

b) $f(t) = 0,\quad t > 0,$
$f(t) = -te^{at},\quad t \leq 0.$

c) $f(t) = te^{-at},\quad t \geq 0,$
$f(t) = te^{at},\quad t \leq 0.$

Resposta: (a) $\dfrac{\omega_0}{(a+j\omega)^2 + \omega_0^2}$;

(b) $\dfrac{1}{(a-j\omega)^2}$;

(c) $\dfrac{-j4a\omega}{(a^2+\omega^2)^2}$.

NOTA: tente resolver também o Problema 17.5, apresentado no final do capítulo.

17.4 Uso de limites para calcular transformadas de Fourier

Como indicamos na Seção 17.2, as transformadas de Fourier de várias funções de interesse prático devem ser calculadas por um processo de cálculo de limites. Voltaremos agora a tais tipos de funções e determinaremos suas transformadas.

Transformada de Fourier da função sinal

Mostramos, na Equação 17.18, que a transformada de Fourier de uma constante A é $2\pi A\delta(\omega)$. A próxima função de interesse é a função sinal, definida como $+1$ para $t > 0$ e -1 para $t < 0$. A função sinal, $\text{sgn}(t)$, pode ser expressa em termos de funções degrau unitário, ou

$$\text{sgn}(t) = u(t) - u(-t). \tag{17.24}$$

A Figura 17.6 mostra graficamente a função.

Para determinar a transformada de Fourier da função sinal, em primeiro lugar, criamos uma função que tende, no limite, à função sinal:

$$\text{sgn}(t) = \lim_{\epsilon \to 0}[e^{-\epsilon t}u(t) - e^{\epsilon t}u(-t)], \quad \epsilon > 0. \tag{17.25}$$

A função entre colchetes, apresentada na Figura 17.7, tem uma transformada de Fourier, pois a integral de Fourier converge. Como $f(t)$ é uma função ímpar, usamos a Equação 17.23 para determinar sua transformada de Fourier:

Figura 17.6 Função sinal.

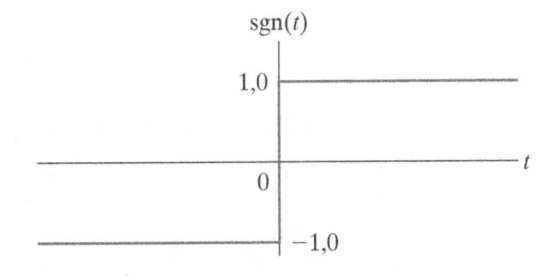

Figura 17.7 Função que tende a sgn(t) à medida que ϵ se aproxima de zero.

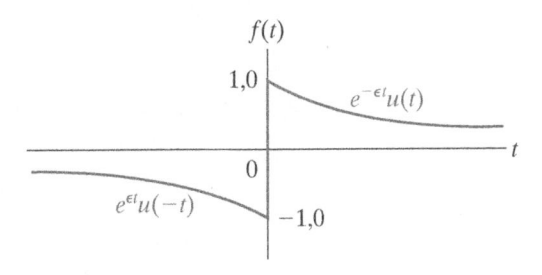

$$\mathscr{F}\{f(t)\} = \frac{1}{s+\epsilon}\bigg|_{s=j\omega} - \frac{1}{s+\epsilon}\bigg|_{s=-j\omega}$$

$$= \frac{1}{j\omega+\epsilon} - \frac{1}{-j\omega+\epsilon}$$

$$= \frac{-2j\omega}{\omega^2 + \epsilon^2}. \tag{17.26}$$

Quando $\epsilon \to 0$, $f(t) \to \mathrm{sgn}(t)$ e $\mathscr{F}\{f(t)\} \to 2/j\omega$. Assim,

$$\mathscr{F}\{\mathrm{sgn}(t)\} = \frac{2}{j\omega}. \tag{17.27}$$

Transformada de Fourier da função degrau unitário

Para determinar a transformada de Fourier da função degrau unitário, usamos as equações 17.18 e 17.27. Para tal, reconhecemos que a função degrau unitário pode ser expressa como

$$u(t) = \frac{1}{2} + \frac{1}{2}\mathrm{sgn}(t). \tag{17.28}$$

Assim,

$$\mathscr{F}\{u(t)\} = \mathscr{F}\left\{\frac{1}{2}\right\} + \mathscr{F}\left\{\frac{1}{2}\mathrm{sgn}(t)\right\}$$

$$= \pi\delta(\omega) + \frac{1}{j\omega}. \tag{17.29}$$

Transformada de Fourier da função cosseno

Para determinar a transformada de Fourier de $\cos \omega_0 t$, voltamos à integral da transformada inversa da Equação 17.9 e observamos que, se

$$F(\omega) = 2\pi\delta(\omega - \omega_0), \tag{17.30}$$

então

$$f(t) = \frac{1}{2\pi}\int_{-\infty}^{\infty}[2\pi\delta(\omega-\omega_0)]e^{j\omega t}\,d\omega. \tag{17.31}$$

Usando a propriedade da filtragem da função impulso, reduzimos a Equação 17.31 a

$$f(t) = e^{j\omega_0 t}. \tag{17.32}$$

Então, pelas equações 17.30 e 17.32,

$$\mathscr{F}\{e^{j\omega_0 t}\} = 2\pi\delta(\omega-\omega_0). \tag{17.33}$$

Usamos, agora, a Equação 17.33 para determinar a transformada de Fourier de $\cos \omega_0 t$, pois

$$\cos \omega_0 t = \frac{e^{j\omega_0 t} + e^{-j\omega_0 t}}{2}. \tag{17.34}$$

Assim,

$$\mathscr{F}\{\cos \omega_0 t\} = \frac{1}{2}(\mathscr{F}\{e^{j\omega_0 t}\} + \mathscr{F}\{e^{-j\omega_0 t}\})$$

$$= \frac{1}{2}[2\pi\delta(\omega - \omega_0) + 2\pi\delta(\omega + \omega_0)]$$

$$= \pi\delta(\omega - \omega_0) + \pi\delta(\omega + \omega_0). \tag{17.35}$$

A transformada de Fourier de sen $\omega_0 t$ pode ser calculada de forma semelhante, o que deixamos para o Problema 17.4, apresentado no final do capítulo. A Tabela 17.1 apresenta um resumo de pares de transformadas de Fourier das funções elementares importantes.

Voltamos agora às propriedades da transformada de Fourier que aperfeiçoam nossa capacidade de descrever o comportamento aperiódico no domínio do tempo em termos do comportamento no domínio da frequência.

Tabela 17.1 Transformadas de Fourier de funções elementares.

Tipo	$f(t)$	$F(\omega)$
impulso	$\delta(t)$	1
constante	A	$2\pi A\delta(\omega)$
sinal	$\text{sgn}(t)$	$2/j\omega$
degrau	$u(t)$	$\pi\delta(\omega) + 1/j\omega$
exponencial de tempo positivo	$e^{-at}u(t)$	$1/(a + j\omega)$, $a > 0$
exponencial de tempo negativo	$e^{at}u(-t)$	$1/(a - j\omega)$, $a > 0$
exponencial de tempo positivo e negativo	$e^{-a|t|}$	$2a/(a^2 + \omega^2)$, $a > 0$
exponencial complexa	$e^{j\omega_0 t}$	$2\pi\delta(\omega - \omega_0)$
cosseno	$\cos \omega_0 t$	$\pi[\delta(\omega + \omega_0) + \delta(\omega - \omega_0)]$
seno	$\text{sen}\,\omega_0 t$	$j\pi[\delta(\omega + \omega_0) - \delta(\omega - \omega_0)]$

17.5 Algumas propriedades matemáticas

A primeira propriedade matemática importante é que $F(\omega)$ é uma quantidade complexa e pode ser expressa em forma retangular ou polar. Assim, pela definição dada pela integral,

$$F(\omega) = \int_{-\infty}^{\infty} f(t)e^{-j\omega t}\,dt$$

$$= \int_{-\infty}^{\infty} f(t)(\cos \omega t - j\,\text{sen}\,\omega t)\,dt$$

$$= \int_{-\infty}^{\infty} f(t)\cos \omega t\,dt - j\int_{-\infty}^{\infty} f(t)\,\text{sen}\,\omega t\,dt. \tag{17.36}$$

Agora, façamos

$$A(\omega) = \int_{-\infty}^{\infty} f(t)\cos \omega t\,dt \tag{17.37}$$

$$B(\omega) = -\int_{-\infty}^{\infty} f(t)\,\text{sen}\,\omega t\,dt. \tag{17.38}$$

Então, usando as equações 17.37 e 17.38 na Equação 17.36, obtemos:

$$F(\omega) = A(\omega) + jB(\omega) = |F(\omega)|e^{j\theta(\omega)}. \tag{17.39}$$

As seguintes observações sobre $F(\omega)$ são pertinentes:

- A parte real de $F(\omega)$ — isto é, $A(\omega)$ — é uma função par de ω; em outras palavras, $A(\omega) = A(-\omega)$.
- A parte imaginária de $F(\omega)$ — isto é, $B(\omega)$ — é uma função ímpar de ω; em outras palavras, $B(\omega) = -B(-\omega)$.
- O módulo de $F(\omega)$ — isto é, $\sqrt{A^2(\omega) + B^2(\omega)}$ — é uma função par de ω.
- O ângulo de fase de $F(\omega)$ — isto é, $\theta(\omega) = \text{tg}^{-1}B(\omega)/A(\omega)$ — é uma função ímpar de ω.
- Para obter o complexo conjugado de $F(\omega)$, basta substituir ω por $-\omega$; em outras palavras, $F(-\omega) = F^*(\omega)$.

Então, se $f(t)$ for uma função par, $F(\omega)$ será real, e se $f(t)$ for uma função ímpar, $F(\omega)$ será imaginária. Se $f(t)$ for par, pelas equações 17.37 e 17.38,

$$A(\omega) = 2\int_0^\infty f(t)\cos\omega t\, dt \tag{17.40}$$

e

$$B(\omega) = 0. \tag{17.41}$$

Se $f(t)$ for uma função ímpar,

$$A(\omega) = 0. \tag{17.42}$$

e

$$B(\omega) = -2\int_0^\infty f(t)\,\text{sen}\,\omega t\, dt. \tag{17.43}$$

Deixamos para o leitor as deduções das equações 17.40 a 17.43 (problemas 17.10 e 17.11, apresentados no final do capítulo).

Se $f(t)$ for uma função par, sua transformada de Fourier será uma função par; e, se $f(t)$ for uma função ímpar, sua transformada de Fourier será uma função ímpar. Além disso, se $f(t)$ for uma função par, pela integral inversa de Fourier,

$$f(t) = \frac{1}{2\pi}\int_{-\infty}^\infty F(\omega)e^{j\omega t}\, d\omega = \frac{1}{2\pi}\int_{-\infty}^\infty A(\omega)e^{j\omega t}\, d\omega$$

$$= \frac{1}{2\pi}\int_{-\infty}^\infty A(\omega)(\cos\omega t + j\,\text{sen}\,\omega t)\, d\omega$$

$$= \frac{1}{2\pi}\int_{-\infty}^\infty A(\omega)\cos\omega t\, d\omega + 0$$

$$= \frac{2}{2\pi}\int_0^\infty A(\omega)\cos\omega t\, d\omega. \tag{17.44}$$

Compare, agora, a Equação 17.44 com a 17.40. Observe que, exceto por um fator de $1/2\pi$, essas duas equações têm a mesma forma. Assim, as formas de onda de $A(\omega)$ e $f(t)$ se tornam intercambiáveis se $f(t)$ for uma função par. Por exemplo, já observamos que um pulso retangular no domínio do tempo produz um espectro de frequência da forma $(\text{sen }\omega)/\omega$. Especificamente, a Equação 17.11 expressa a transformada de Fourier do pulso de tensão mostrado na Figura 17.1. Assim, um pulso retangular no domínio da frequência deve ser gerado por uma função da forma $(\text{sen }t)/t$. Podemos ilustrar esse fato determinando a função $f(t)$ correspondente ao espectro de frequência da Figura 17.8. Pela Equação 17.44,

Figura 17.8 Espectro de frequência retangular.

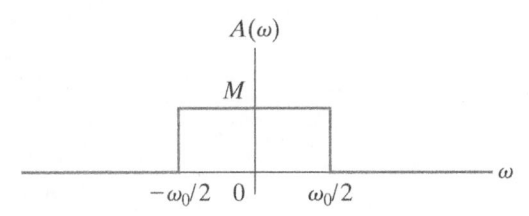

$$f(t) = \frac{2}{2\pi}\int_0^{\omega_0/2} M\cos\omega t\, d\omega = \frac{2M}{2\pi}\left(\frac{\text{sen}\omega t}{t}\right)\bigg|_0^{\omega_0/2}$$

$$= \frac{1}{2\pi}\left(M\frac{\text{sen }\omega_0 t/2}{t/2}\right)$$

$$= \frac{1}{2\pi}\left(M\omega_0 \frac{\text{sen}\omega_0 t/2}{\omega_0 t/2}\right). \qquad (17.45)$$

Falaremos mais sobre o espectro de frequência de um pulso retangular no domínio do tempo em relação ao espectro de frequência retangular de $(\text{sen }t)/t$ depois de apresentarmos o teorema de Parseval.

17.6 Transformadas operacionais

As transformadas de Fourier, assim como as de Laplace, podem ser classificadas como funcionais e operacionais. Até aqui, enfocamos as funcionais. Agora, discutiremos algumas das transformadas operacionais importantes. No que se refere à transformada de Laplace, essas transformadas operacionais são semelhantes às discutidas no Capítulo 12. Por isso, deixamos para o leitor essas provas (problemas 17.12 a 17.19, apresentados no final do capítulo).

Multiplicação por uma constante

Pela integral que define a transformada de Fourier,

$$\mathcal{F}\{f(t)\} = F(\omega),$$

então

$$\mathcal{F}\{Kf(t)\} = KF(\omega). \qquad (17.46)$$

Assim, a multiplicação de $f(t)$ por uma constante corresponde à multiplicação de $F(\omega)$ pela mesma constante.

Adição (subtração)

A adição (subtração) no domínio do tempo corresponde à adição (subtração) no domínio da frequência. Assim, se

$$\mathscr{F}\{f_1(t)\} = F_1(\omega),$$

$$\mathscr{F}\{f_2(t)\} = F_2(\omega),$$

$$\mathscr{F}\{f_3(t)\} = F_3(\omega),$$

então

$$\mathscr{F}\{f_1(t) - f_2(t) + f_3(t)\} = F_1(\omega) - F_2(\omega) + F_3(\omega), \tag{17.47}$$

que pode ser deduzida substituindo-se a soma algébrica de funções no domínio do tempo na integral que define a transformada de Fourier.

Diferenciação

A transformada de Fourier da derivada de primeira ordem de $f(t)$ é

$$\mathscr{F}\left\{\frac{df(t)}{dt}\right\} = j\omega F(\omega). \tag{17.48}$$

A derivada de ordem n de $f(t)$ é

$$\mathscr{F}\left\{\frac{d^n f(t)}{dt^n}\right\} = (j\omega)^n F(\omega). \tag{17.49}$$

As equações 17.48 e 17.49 serão válidas apenas se $f(t)$ for zero em $\pm\infty$.

Integração

Se

$$g(t) = \int_{-\infty}^{t} f(x)\,dx,$$

então

$$\mathscr{F}\{g(t)\} = \frac{F(\omega)}{j\omega}. \tag{17.50}$$

A Equação 17.50 é válida apenas se

$$\int_{-\infty}^{\infty} f(x)\,dx = 0.$$

Mudança de escala

Em termos dimensionais, tempo e frequência são recíprocos. Assim, quando o tempo é ampliado, a frequência é comprimida (e vice-versa), como mostra a transformada funcional

$$\mathscr{F}\{f(at)\} = \frac{1}{a} F\left(\frac{\omega}{a}\right), \quad a > 0. \tag{17.51}$$

Observe que, quando $0 < a < 1$, o tempo é ampliado, ao passo que, quando $a > 1$, o tempo é comprimido.

Deslocamento no domínio do tempo

O deslocamento de uma função no domínio do tempo corresponde a alterar o espectro de fase e deixar o espectro de amplitude inalterado. Assim,

$$\mathcal{F}\{f(t-a)\} = e^{-j\omega a} F(\omega). \tag{17.52}$$

Se a for positivo na Equação 17.52, $f(t)$ será atrasada; se a for negativo, $f(t)$ será adiantada.

Deslocamento no domínio da frequência

O deslocamento no domínio da frequência corresponde à multiplicação por uma exponencial complexa no domínio do tempo:

$$\mathcal{F}\{e^{j\omega_0 t} f(t)\} = F(\omega - \omega_0). \tag{17.53}$$

Modulação

Modulação de amplitude é o processo de variar a amplitude de uma portadora senoidal. Se o sinal modulador for $f(t)$, a portadora modulada se tornará $f(t)\cos\omega_0 t$. O espectro de amplitude dessa portadora é a metade do espectro de amplitude de $f(t)$ centrada em $\pm\omega_0$, ou seja:

$$\mathcal{F}\{f(t)\cos\omega_0 t\} = \frac{1}{2}F(\omega - \omega_0) + \frac{1}{2}F(\omega + \omega_0). \tag{17.54}$$

Convolução no domínio do tempo

A convolução no domínio do tempo corresponde à multiplicação no domínio da frequência. Em outras palavras,

$$y(t) = \int_{-\infty}^{\infty} x(\lambda) h(t-\lambda)\, d\lambda$$

torna-se

$$\mathcal{F}\{y(t)\} = Y(\omega) = X(\omega)H(\omega). \tag{17.55}$$

A Equação 17.55 é importante em aplicações da transformada de Fourier porque estabelece que a transformada da função resposta $Y(\omega)$ é o produto entre a transformada da função da entrada $X(\omega)$ e a função de transferência do sistema $H(\omega)$. Falaremos mais sobre essa relação na Seção 17.7.

Convolução no domínio da frequência

A convolução no domínio da frequência corresponde à multiplicação de duas funções no domínio do tempo. Assim, se

$$f(t) = f_1(t) f_2(t),$$

então

$$F(\omega) = \frac{1}{2\pi} \int_{-\infty}^{\infty} F_1(u) F_2(\omega - u)\, du. \tag{17.56}$$

A Tabela 17.2 resume essas dez transformadas operacionais, além de outra que apresentaremos no Problema 17.18, no final do capítulo.

Tabela 17.2 Transformadas operacionais.

$f(t)$	$F(\omega)$
$Kf(t)$	$KF(\omega)$
$f_1(t) - f_2(t) + f_3(t)$	$F_1(\omega) - F_2(\omega) + F_3(\omega)$
$d^n f(t)/dt^n$	$(j\omega)^n F(\omega)$
$\int_{-\infty}^{t} f(x)\,dx$	$F(\omega)/j\omega$
$f(at)$	$\dfrac{1}{a}F\left(\dfrac{\omega}{a}\right),\ a>0$
$f(t-a)$	$e^{-j\omega a}F(\omega)$
$e^{j\omega_0 t}f(t)$	$F(\omega - \omega_0)$
$f(t)\cos\omega_0 t$	$\dfrac{1}{2}F(\omega - \omega_0) + \dfrac{1}{2}F(\omega + \omega_0)$
$\int_{-\infty}^{\infty} x(\lambda)h(t-\lambda)\,d\lambda$	$X(\omega)H(\omega)$
$f_1(t)f_2(t)$	$\dfrac{1}{2\pi}\int_{-\infty}^{\infty} F_1(u)F_2(\omega - u)\,du$
$t^n f(t)$	$(j)^n \dfrac{d^n F(\omega)}{d\omega^n}$

PROBLEMAS PARA AVALIAÇÃO

Objetivo 1 Saber calcular a transformada de Fourier de uma função.

17.4 Suponha que $f(t)$ seja definida da seguinte forma:

$$f(t) = \frac{2A}{\tau}t + A, \qquad -\frac{\tau}{2} \le t \le 0,$$

$$f(t) = -\frac{2A}{\tau}t + A, \qquad 0 \le t \le \frac{\tau}{2},$$

$$f(t) = 0, \qquad \text{para todos os outros valores de } t.$$

a) Determine a derivada de segunda ordem de $f(t)$.
b) Determine a transformada de Fourier da derivada de segunda ordem.
c) Use o resultado obtido em (b) para determinar a transformada de Fourier da função em (a). (*Sugestão:* use a transformada operacional correspondente à diferenciação.)

Resposta: (a) $\dfrac{d^2 f}{dt^2} = \dfrac{2A}{\tau}\delta\left(t + \dfrac{\tau}{2}\right) - \dfrac{4A}{\tau}\delta(t) + \dfrac{2A}{\tau}\delta\left(t - \dfrac{\tau}{2}\right)$;

(b) $\dfrac{4A}{\tau}\left(\cos\dfrac{\omega\tau}{2} - 1\right)$;

(c) $\dfrac{4A}{\omega^2 \tau}\left(1 - \cos\dfrac{\omega\tau}{2}\right)$.

17.5 O pulso retangular mostrado pode ser expresso como a diferença entre duas tensões degrau; isto é,

$$v(t) = V_m u\left(t + \frac{\tau}{2}\right) - V_m u\left(t - \frac{\tau}{2}\right) \text{V}.$$

Use a transformada operacional correspondente ao deslocamento no domínio do tempo para determinar a transformada de Fourier de $v(t)$.

Resposta: $V(\omega) = V_m \tau \dfrac{\text{sen}(\omega\tau/2)}{(\omega\tau/2)}$.

NOTA: tente resolver também o Problema 17.19, apresentado no final do capítulo.

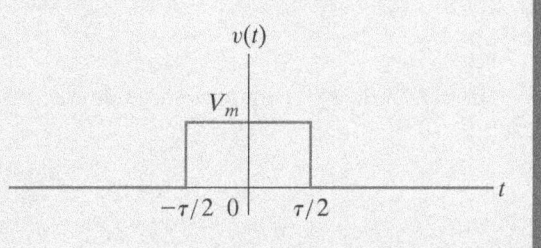

17.7 Aplicações em análise de circuitos

A transformada de Laplace é mais utilizada em análise de circuitos que a transformada de Fourier por duas razões. A primeira delas é que a integral da transformada de Laplace converge para uma faixa mais ampla de formas de onda; a segunda é que ela já incorpora as condições iniciais do problema. Apesar das vantagens da transformada de Laplace, podemos usar a transformada de Fourier em análise de circuitos. A relação fundamental subjacente à utilização da transformada de Fourier em análise do regime transitório de circuitos é a Equação 17.55, que relaciona a transformada da resposta $Y(\omega)$ com a transformada da entrada $X(\omega)$ e a função de transferência $H(\omega)$ do circuito. Observe que $H(\omega)$ é a já conhecida $H(s)$ na qual s foi substituído por $j\omega$.

O Exemplo 17.1 mostra como usar a transformada de Fourier para determinar a resposta de um circuito.

EXEMPLO 17.1 Uso da transformada de Fourier para determinar a resposta transitória de um circuito.

Use a transformada de Fourier para determinar $i_o(t)$ no circuito da Figura 17.9. A fonte de corrente $i_g(t)$ é igual a 20 sgn(t) A.

Solução

A transformada de Fourier da fonte de corrente é

$$I_g(\omega) = \mathscr{F}\{20 \, \text{sgn}(t)\}$$
$$= 20\left(\frac{2}{j\omega}\right)$$
$$= \frac{40}{j\omega}.$$

Figura 17.9 Circuito para o Exemplo 17.1.

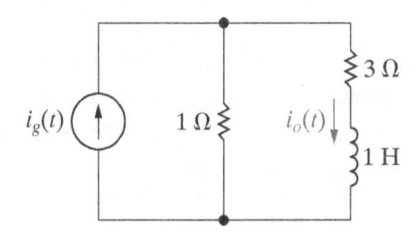

A função de transferência do circuito é a razão entre I_o e I_g; assim,

$$H(\omega) = \frac{I_o}{I_g} = \frac{1}{4 + j\omega}.$$

A transformada de Fourier de $i_o(t)$ é

$$I_o(\omega) = I_g(\omega)H(\omega)$$

$$= \frac{40}{j\omega(4+j\omega)}.$$

Expandindo $I_o(\omega)$ em uma soma de frações parciais, obtemos

$$I_o(\omega) = \frac{K_1}{j\omega} + \frac{K_2}{4+j\omega}.$$

Avaliando K_1 e K_2, temos

$$K_1 = \frac{40}{4} = 10,$$

$$K_2 = \frac{40}{-4} = -10.$$

Assim,

$$I_o(\omega) = \frac{10}{j\omega} - \frac{10}{4+j\omega}.$$

A resposta é, então,

$$i_o(t) = \mathscr{F}^{-1}[I_o(\omega)]$$

$$= 5\,\text{sgn}(t) - 10e^{-4t}u(t).$$

Figura 17.10 Gráfico de $i_o(t)$.

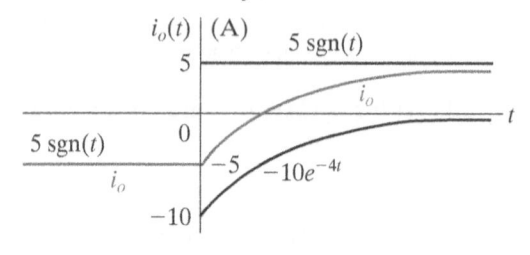

A Figura 17.10 mostra o gráfico da resposta. A solução faz sentido em relação ao comportamento conhecido do circuito? Sim, pelas razões a seguir. A fonte de corrente fornece −20 A ao circuito para t entre −∞ e 0. A resistência em cada ramo determina a divisão de −20 A entre eles. Em particular, um quarto da corrente aparece no ramo de i_o; portanto, i_o é −5 A para $t < 0$. Quando a fonte de corrente salta de −20 A para +20 A em $t = 0$, i_o tende exponencialmente a seu valor final de +5 A, com uma constante de tempo de $\frac{1}{4}$ s.

Uma característica importante da transformada de Fourier é que ela fornece diretamente a resposta de regime permanente a uma função de entrada senoidal. Isso acontece porque o cálculo da transformada de Fourier de $\cos \omega_0 t$ é baseado na premissa de que a função existe por todo o tempo. O Exemplo 17.2 ilustra esse aspecto.

EXEMPLO 17.2 Uso da transformada de Fourier para determinar a resposta de regime permanente senoidal.

A fonte de corrente do Exemplo 17.1 (Figura 17.9) é trocada por uma fonte senoidal. A expressão para a corrente é

$$i_g(t) = 50 \cos 3t \text{ A}.$$

Use o método da transformada de Fourier para determinar $i_o(t)$.

Solução

A transformada da fonte é

$$I_g(\omega) = 50\pi[\delta(\omega - 3) + \delta(\omega + 3)].$$

Como antes, a função de transferência do circuito é

$$H(\omega) = \frac{1}{4 + j\omega}.$$

Então, a transformada da resposta de corrente é

$$I_o(\omega) = 50\pi \frac{\delta(\omega - 3) + \delta(\omega + 3)}{4 + j\omega}.$$

Graças à propriedade de filtragem da função impulso, a forma mais fácil de determinar a transformada inversa de $I_o(\omega)$ é pela integral inversa:

$$\begin{aligned}
i_o(t) &= \mathscr{F}^{-1}\{I_o(\omega)\} \\
&= \frac{50\pi}{2\pi} \int_{-\infty}^{\infty} \left[\frac{\delta(\omega - 3) + \delta(\omega + 3)}{4 + j\omega}\right] e^{j\omega t} d\omega \\
&= 25\left(\frac{e^{j3t}}{4 + j3} + \frac{e^{-j3t}}{4 - j3}\right) \\
&= 25\left(\frac{e^{j3t}e^{-j36,87°}}{5} + \frac{e^{-j3t}e^{j36,87°}}{5}\right) \\
&= 5[2\cos(3t - 36,87°)] \\
&= 10\cos(3t - 36,87°).
\end{aligned}$$

Deixamos para o leitor a tarefa de verificar que a solução para $i_o(t)$ é idêntica à obtida pela análise fasorial.

PROBLEMAS PARA AVALIAÇÃO

Objetivo 2 Saber como usar a transformada de Fourier para determinar a resposta de um circuito.

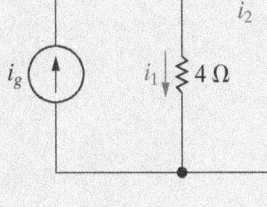

17.6 A fonte de corrente do circuito mostrado fornece uma corrente de 10 sgn (t) A. A resposta é a tensão no indutor de 1 H. Calcule (a) $I_g(\omega)$; (b) $H(j\omega)$; (c) $V_o(\omega)$; (d) $v_o(t)$; (e) $i_1(0^-)$; (f) $i_1(0^+)$; (g) $i_2(0^-)$; (h) $i_2(0^+)$; (i) $v_o(0^-)$ e (j) $v_o(0^+)$.

Resposta: (a) $20/j\omega$; (f) 18 A;
(b) $4j\omega/(5+j\omega)$; (g) 8 A;
(c) $80/(5+j\omega)$; (h) 8 A;
(d) $80e^{-5t}u(t)$ V; (i) 0 V;
(e) -2 A; (j) 80 V.

17.7 A fonte de tensão do circuito mostrado fornece a tensão

$$v_g = e^t u(-t) + u(t) \text{ V}.$$

a) Use o método da transformada de Fourier para determinar v_a.
b) Calcule $v_a(0^-)$, $v_a(0^+)$ e $v_a(\infty)$.

Resposta:

(a) $v_a = \frac{1}{4} e^t u(-t) - \frac{1}{12} e^{-3t} u(t) + \frac{1}{6} + \frac{1}{6} \operatorname{sgn}(t)$ V;

(b) $\frac{1}{4}$ V, $\frac{1}{4}$ V, $\frac{1}{3}$ V.

NOTA: tente resolver também os problemas 17.20, 17.28 e 17.30, apresentados no final do capítulo.

17.8 Teorema de Parseval

O teorema de Parseval relaciona a energia associada a uma função no domínio do tempo à transformada de Fourier da função. Imagine que a função $f(t)$ seja a tensão ou a corrente em um resistor de 1 Ω. Então, a energia associada a essa função é

$$W_{1\Omega} = \int_{-\infty}^{\infty} f^2(t)\, dt. \tag{17.57}$$

De acordo com o teorema de Parseval, essa mesma energia pode ser calculada por uma integração no domínio da frequência ou, especificamente,

$$\int_{-\infty}^{\infty} f^2(t)\, dt = \frac{1}{2\pi} \int_{-\infty}^{\infty} |F(\omega)|^2\, d\omega. \tag{17.58}$$

Por conseguinte, a energia dissipada por $f(t)$ em um resistor de 1 Ω pode ser calculada pela integração do quadrado de $f(t)$ a todos os instantes de tempo ou integrando-se $1/2\pi$ vezes o quadrado do módulo da transformada de Fourier de $f(t)$ a todas as frequências. O teorema de Parseval será válido se ambas as integrais existirem.

A potência média associada aos sinais de energia finita no domínio do tempo é igual a zero quando a média é calculada ao longo de todo o tempo. Assim, quando comparamos sinais desse tipo, usamos o conteúdo de energia dos sinais. É conveniente utilizar um resistor de 1 Ω para comparar o conteúdo de energia dos sinais de tensão e corrente.

Começamos a dedução da Equação 17.58 reescrevendo o integrando da integral do lado esquerdo como $f(t)$ vezes ela mesma e, então, expressamos uma das $f(t)$ em termos da transformada inversa:

$$\int_{-\infty}^{\infty} f^2(t)\, dt = \int_{-\infty}^{\infty} f(t) f(t)\, dt$$

$$= \int_{-\infty}^{\infty} f(t) \left[\frac{1}{2\pi} \int_{-\infty}^{\infty} F(\omega) e^{j\omega t}\, d\omega \right] dt. \tag{17.59}$$

Podemos deslocar $f(t)$ para a integral interna porque essa integração é em relação a ω, e então passamos a constante $1/2\pi$ para o lado de fora de ambas as integrais. Assim, a Equação 17.59 torna-se

$$\int_{-\infty}^{\infty} f^2(t)\, dt = \frac{1}{2\pi} \int_{-\infty}^{\infty} \left[\int_{-\infty}^{\infty} F(\omega) f(t) e^{j\omega t}\, d\omega \right] dt. \qquad (17.60)$$

Invertemos a ordem de integração e, nessa operação, percebemos que $F(\omega)$ pode ser deslocada para fora da integração em relação a t. Assim,

$$\int_{-\infty}^{\infty} f^2(t)\, dt = \frac{1}{2\pi} \int_{-\infty}^{\infty} F(\omega) \left[\int_{-\infty}^{\infty} f(t) e^{j\omega t}\, dt \right] d\omega. \qquad (17.61)$$

Como a integral interna é $F(-\omega)$, a Equação 17.61 reduz-se a

$$\int_{-\infty}^{\infty} f^2(t)\, dt = \frac{1}{2\pi} \int_{-\infty}^{\infty} F(\omega) F(-\omega)\, d\omega. \qquad (17.62)$$

Na Seção 17.6, observamos que $F(-\omega) = F^*(\omega)$. Desse modo, o produto $F(\omega)F(-\omega)$ é simplesmente o módulo de $F(\omega)$ ao quadrado, e a Equação 17.62 é equivalente à Equação 17.58. Além disso, notamos que $|F(\omega)|$ é uma função par de ω. Portanto, também podemos escrever a Equação 17.58 como

$$\int_{-\infty}^{\infty} f^2(t)\, dt = \frac{1}{\pi} \int_0^{\infty} |F(\omega)|^2\, d\omega. \qquad (17.63)$$

Exemplo de aplicação do teorema de Parseval

Podemos demonstrar melhor a validade da Equação 17.63 com um exemplo específico. Se

$$f(t) = e^{-a|t|},$$

o lado esquerdo da Equação 17.63 torna-se

$$\int_{-\infty}^{\infty} e^{-2a|t|}\, dt = \int_{-\infty}^{0} e^{2at}\, dt + \int_0^{\infty} e^{-2at}\, dt$$

$$= \left. \frac{e^{2at}}{2a} \right|_{-\infty}^{0} + \left. \frac{e^{-2at}}{-2a} \right|_0^{\infty}$$

$$= \frac{1}{2a} + \frac{1}{2a} = \frac{1}{a}. \qquad (17.64)$$

A transformada de Fourier de $f(t)$ é

$$F(\omega) = \frac{2a}{a^2 + \omega^2},$$

e, em consequência, o lado direito da Equação 17.63 torna-se

$$\frac{1}{\pi} \int_0^{\infty} \frac{4a^2}{(a^2 + \omega^2)^2}\, d\omega = \frac{4a^2}{\pi} \frac{1}{2a^2} \left. \left(\frac{\omega}{\omega^2 + a^2} + \frac{1}{a} \operatorname{tg}^{-1} \frac{\omega}{a} \right) \right|_0^{\infty}$$

$$= \frac{2}{\pi} \left(0 + \frac{\pi}{2a} - 0 - 0 \right)$$

$$= \frac{1}{a}. \qquad (17.65)$$

Observe que o resultado dado pela Equação 17.65 é o mesmo dado pela Equação 17.64.

Interpretação do teorema de Parseval

Segundo uma interpretação física do teorema de Parseval, o quadrado do módulo da transformada de Fourier, $|F(\omega)|^2$, é uma densidade de energia (em joules por hertz). Para comprovar isso, escrevemos o lado direito da Equação 17.63 como

$$\frac{1}{\pi}\int_0^\infty |F(2\pi f)|^2 2\pi\, df = 2\int_0^\infty |F(2\pi f)|^2\, df, \tag{17.66}$$

em que $|F(2\pi f)|^2 df$ é a energia de uma faixa infinitesimal de frequências (df) e a energia total dissipada por $f(t)$ em um resistor de 1 Ω é o somatório (integração) de $|F(2\pi f)|^2 df$ em todas as frequências. Podemos associar uma parte da energia total a uma faixa específica de frequências. Em outras palavras, a energia na faixa de frequências de ω_1 a ω_2 é

$$W_{1\Omega} = \frac{1}{\pi}\int_{\omega_1}^{\omega_2} |F(\omega)|^2\, d\omega. \tag{17.67}$$

Observe que expressar a integração no domínio da frequência como

$$\frac{1}{2\pi}\int_{-\infty}^\infty |F(\omega)|^2\, d\omega$$

em vez de

$$\frac{1}{\pi}\int_0^\infty |F(\omega)|^2\, d\omega$$

Figura 17.11 Interpretação gráfica da Equação 17.68.

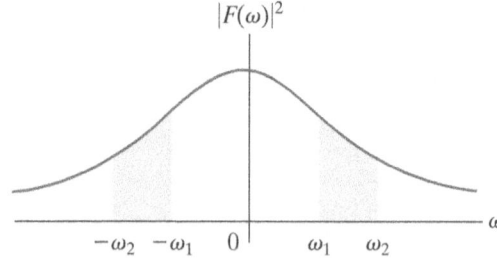

permite que a Equação 17.67 seja escrita na forma

$$W_{1\Omega} = \frac{1}{2\pi}\int_{-\omega_2}^{-\omega_1} |F(\omega)|^2\, d\omega + \frac{1}{2\pi}\int_{\omega_1}^{\omega_2} |F(\omega)|^2\, d\omega. \tag{17.68}$$

A Figura 17.11 ilustra a interpretação da Equação 17.68.

Os exemplos 17.3 a 17.5 ilustram o uso do teorema de Parseval.

EXEMPLO 17.3 Uso do teorema de Parseval.

A corrente em um resistor de 40 Ω é

$$i = 20e^{-2t}u(t)\ \text{A}.$$

Qual percentagem da energia total dissipada no resistor pode ser associada à faixa de frequências $0 \leq \omega \leq 2\sqrt{3}$ rad/s?

Solução

A energia total dissipada no resistor de 40 Ω é

$$W_{40\Omega} = 40\int_0^\infty 400e^{-4t}\, dt = 16.000\left.\frac{e^{-4t}}{-4}\right|_0^\infty = 4.000\ \text{J}.$$

Podemos verificar esse cálculo com o teorema de Parseval:

$$F(\omega) = \frac{20}{2 + j\omega}.$$

Assim,

$$|F(\omega)| = \frac{20}{\sqrt{4 + \omega^2}}$$

e

$$W_{40\Omega} = \frac{40}{\pi} \int_0^\infty \frac{400}{4 + \omega^2} d\omega$$

$$= \frac{16.000}{\pi} \left(\frac{1}{2} \text{tg}^{-1} \frac{\omega}{2} \Big|_0^\infty \right)$$

$$= \frac{8.000}{\pi} \left(\frac{\pi}{2} \right) = 4.000 \text{ J}.$$

A energia associada à faixa de frequências $0 \leq \omega \leq 2\sqrt{3}$ rad/s é

$$W_{40\Omega} = \frac{40}{\pi} \int_0^{2\sqrt{3}} \frac{400}{4 + \omega^2} d\omega$$

$$= \frac{16.000}{\pi} \left(\frac{1}{2} \text{tg}^{-1} \frac{\omega}{2} \Big|_0^{2\sqrt{3}} \right)$$

$$= \frac{8.000}{\pi} \left(\frac{\pi}{3} \right) = \frac{8.000}{3} \text{ J}.$$

Dessa forma, a percentagem da energia total associada a essa faixa de frequências é

$$\eta = \frac{8.000/3}{4.000} \times 100 = 66{,}67\%.$$

EXEMPLO 17.4 Aplicação do teorema de Parseval a um filtro passa-faixa ideal.

A tensão de entrada de um filtro passa-faixa ideal é

$$v(t) = 120e^{-24t}u(t) \text{ V}.$$

O filtro deixa passar todas as frequências que estão entre 24 e 48 rad/s, sem atenuação, e rejeita completamente todas as frequências fora dessa faixa de passagem.

a) Faça um gráfico de $|V(\omega)|^2$ para a tensão de entrada do filtro.
b) Faça um gráfico de $|V_o(\omega)|^2$ para a tensão de saída do filtro.
c) Qual percentagem da energia total do sinal na entrada está disponível na saída?

Solução

a) A transformada de Fourier da tensão de entrada do filtro é

$$V(\omega) = \frac{120}{24 + j\omega}.$$

Assim,

$$|V(\omega)|^2 = \frac{14.400}{576 + \omega^2}.$$

A Figura 17.12 mostra o gráfico de $|V(\omega)|^2$ em função de ω.

b) Como o filtro passa-faixa ideal rejeita todas as frequências fora da faixa de passagem, o gráfico de $|V_0(\omega)|^2$ em função de ω tem o aspecto apresentado na Figura 17.13.

Figura 17.12 $|V(\omega)|^2$ em função de ω para o Exemplo 17.4.

c) A energia total disponível na entrada do filtro é

$$W_i = \frac{1}{\pi}\int_0^\infty \frac{14.400}{576 + \omega^2}\, d\omega = \frac{14.400}{\pi}\left(\frac{1}{24}\,\text{tg}^{-1}\frac{\omega}{24}\bigg|_0^\infty\right)$$

$$= \frac{600}{\pi}\frac{\pi}{2} = 300\ \text{J}.$$

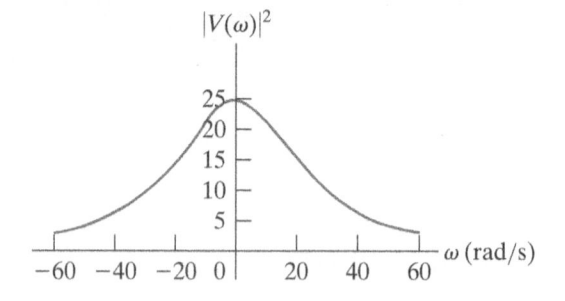

A energia total disponível na saída do filtro é

Figura 17.13 $|V_0(\omega)|^2$ em função de ω para o Exemplo 17.4.

$$W_o = \frac{1}{\pi}\int_{24}^{48}\frac{14.400}{576 + \omega^2}\, d\omega = \frac{600}{\pi}\,\text{tg}^{-1}\frac{\omega}{24}\bigg|_{24}^{48}$$

$$= \frac{600}{\pi}(\text{tg}^{-1}2 - \text{tg}^{-1}1) = \frac{600}{\pi}\left(\frac{\pi}{2{,}84} - \frac{\pi}{4}\right)$$

$$= 61{,}45\ \text{J}.$$

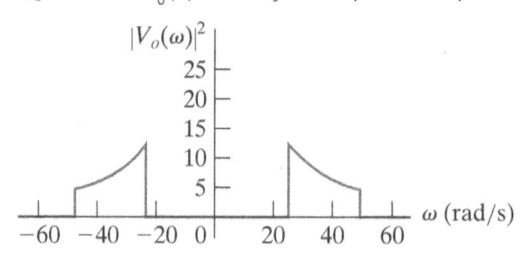

A percentagem da energia de entrada disponível na saída é

$$\eta = \frac{61{,}45}{300}\times 100 = 20{,}48\%.$$

EXEMPLO 17.5 Aplicação do teorema de Parseval a um filtro passa-baixas.

O teorema de Parseval permite o cálculo da energia disponível na saída do filtro ainda que não conheçamos a expressão no domínio do tempo para $v_o(t)$. Suponha que a tensão de entrada para o circuito do filtro RC passa-baixas da Figura 17.14 seja

$$v_i(t) = 15e^{-5t}u(t)\ \text{V}.$$

Figura 17.14 Filtro RC passa-baixas para o Exemplo 17.5.

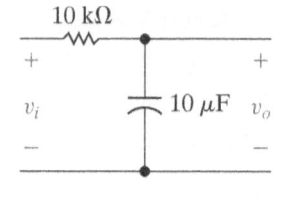

a) Qual percentagem da energia do sinal de entrada está disponível no sinal de saída?
b) Qual percentagem da energia de saída está associada à faixa de frequências $0 \leq \omega \leq 10$ rad/s?

Solução

a) A energia do sinal de entrada é

$$W_i = \int_0^\infty (15e^{-5t})^2 \, dt = 225 \left.\frac{e^{-10t}}{-10}\right|_0^\infty = 22{,}5 \text{ J}.$$

A transformada de Fourier da tensão de saída é

$$V_o(\omega) = V_i(\omega)H(\omega),$$

em que

$$V_i(\omega) = \frac{15}{5 + j\omega}$$

$$H(\omega) = \frac{1/RC}{1/RC + j\omega} = \frac{10}{10 + j\omega}.$$

Daí,

$$V_o(\omega) = \frac{150}{(5 + j\omega)(10 + j\omega)}$$

$$|V_o(\omega)|^2 = \frac{22.500}{(25 + \omega^2)(100 + \omega^2)}.$$

A energia do sinal de saída é

$$W_o = \frac{1}{\pi}\int_0^\infty \frac{22.500}{(25 + \omega^2)(100 + \omega^2)} \, d\omega.$$

Podemos calcular facilmente a integral expandindo o integrando em uma soma de frações parciais:

$$\frac{22.500}{(25 + \omega^2)(100 + \omega^2)} = \frac{300}{25 + \omega^2} - \frac{300}{100 + \omega^2}.$$

Então,

$$W_o = \frac{300}{\pi}\left\{\int_0^\infty \frac{d\omega}{25 + \omega^2} - \int_0^\infty \frac{d\omega}{100 + \omega^2}\right\}$$

$$= \frac{300}{\pi}\left[\frac{1}{5}\left(\frac{\pi}{2}\right) - \frac{1}{10}\left(\frac{\pi}{2}\right)\right] = 15 \text{ J}.$$

Por consequência, a energia disponível no sinal de saída representa 66,67% da energia disponível no sinal de entrada; isto é,

$$\eta = \frac{15}{22{,}5}(100) = 66{,}67\%.$$

b) A energia de saída associada à faixa de frequências $0 \leq \omega \leq 10$ rad/s é

$$W'_o = \frac{300}{\pi}\left\{\int_0^{10} \frac{d\omega}{25+\omega^2} - \int_0^{10} \frac{d\omega}{100+\omega^2}\right\}$$

$$= \frac{300}{\pi}\left(\frac{1}{5}\,\text{tg}^{-1}\frac{10}{5} - \frac{1}{10}\,\text{tg}^{-1}\frac{10}{10}\right) = \frac{30}{\pi}\left(\frac{2\pi}{2{,}84} - \frac{\pi}{4}\right)$$

$$= 13{,}64 \text{ J}.$$

Como a energia total do sinal de saída é 15 J, a percentagem associada à faixa de frequências de 0 a 10 rad/s é 90,97%.

Energia contida em um pulso retangular de tensão

Concluímos nossa discussão sobre o teorema de Parseval calculando a energia associada a um pulso retangular de tensão. Na Seção 17.1, determinamos que a transformada de Fourier do pulso de tensão é

$$V(\omega) = V_m \tau \frac{\text{sen } \omega\tau/2}{\omega\tau/2}. \tag{17.69}$$

Figura 17.15 Pulso retangular de tensão e sua transformada de Fourier. (a) Pulso retangular de tensão. (b) Transformada de Fourier de $v(t)$.

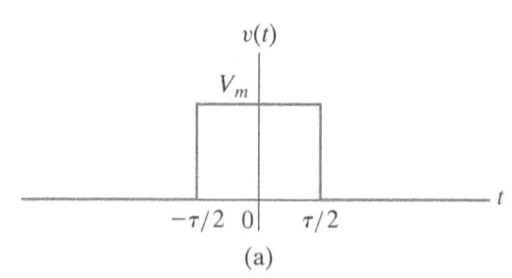

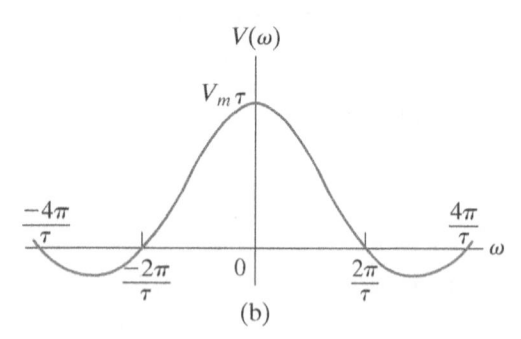

Para auxiliar nossa discussão, redesenhamos o pulso de tensão e sua transformada de Fourier na Figura 17.15(a) e (b), respectivamente. Essas figuras mostram que, à medida que o pulso de tensão (τ) torna-se menor, a parte dominante do espectro de amplitude (isto é, o espectro de $-2\pi/\tau$ a $2\pi/\tau$) espalha-se por uma faixa mais ampla de frequências. Esse resultado está de acordo com nossos comentários anteriores sobre a transformada operacional relacionada a mudanças de escala; em outras palavras, quando o tempo é comprimido, a frequência dilata-se, e vice-versa. Para transmitir um único pulso retangular com razoável fidelidade, a largura de faixa do sistema deve ser, no mínimo, suficiente para abranger a parte dominante do espectro de amplitude. Assim, a frequência de corte deve ser, no mínimo, $2\pi/\tau$ rad/s ou $1/\tau$ Hz.

Podemos usar o teorema de Parseval para calcular a fração da energia total associada a $v(t)$ que se encontra na faixa de frequências $0 \leq \omega \leq 2\pi/\tau$. Pela Equação 17.69,

$$W = \frac{1}{\pi}\int_0^{2\pi/\tau} V_m^2 \tau^2 \frac{\text{sen}^2 \omega\tau/2}{(\omega\tau/2)^2}\, d\omega. \tag{17.70}$$

Para calcular essa integral, fazemos

$$x = \frac{\omega\tau}{2}, \tag{17.71}$$

observando que

$$dx = \frac{\tau}{2}\, d\omega \tag{17.72}$$

e que

$$x = \pi \quad \text{quando } \omega = 2\pi/\tau. \tag{17.73}$$

Se fizermos as substituições dadas pelas equações 17.71 a 17.73, a Equação 17.70 torna-se

$$W = \frac{2V_m^2\tau}{\pi} \int_0^\pi \frac{\text{sen}^2 x}{x^2} dx. \tag{17.74}$$

Podemos calcular a integral na Equação 17.74 por partes. Se fizermos

$$u = \text{sen}^2 x \tag{17.75}$$

$$dv = \frac{dx}{x^2}, \tag{17.76}$$

então

$$du = 2\text{sen } x \cos x \, dx = \text{sen } 2x \, dx, \tag{17.77}$$

e

$$v = -\frac{1}{x}. \tag{17.78}$$

Daí,

$$\int_0^\pi \frac{\text{sen}^2 x}{x^2} dx = -\frac{\text{sen}^2 x}{x} \bigg|_0^\pi - \int_0^\pi -\frac{1}{x} \text{sen} 2x \, dx$$

$$= 0 + \int_0^\pi \frac{\text{sen} 2x}{x} dx. \tag{17.79}$$

Substituindo a Equação 17.79 na Equação 17.74, obtemos

$$W = \frac{4V_m^2\tau}{\pi} \int_0^\pi \frac{\text{sen} 2x}{2x} dx. \tag{17.80}$$

Para calcular a integral na Equação 17.80, temos, em primeiro lugar, de colocá-la na forma de sen y/y, fazendo $y = 2x$ e observando que $dy = 2 \, dx$ e $y = 2\pi$ quando $x = \pi$. Assim, a Equação 17.80 torna-se

$$W = \frac{2V_m^2\tau}{\pi} \int_0^{2\pi} \frac{\text{sen } y}{y} dy. \tag{17.81}$$

O valor da integral na Equação 17.81 pode ser encontrado em uma tabela de integrais de funções trigonométricas.[1] Seu valor é 1,41815 e, portanto,

$$W = \frac{2V_m^2\tau}{\pi}(1{,}41815). \tag{17.82}$$

A energia total associada a $v(t)$ pode ser calculada por integração no domínio do tempo ou pela Equação 17.81, com o limite superior igual a infinito. Em qualquer dos casos, a energia total é

$$W_t = V_m^2\tau. \tag{17.83}$$

A fração da energia total associada à faixa de frequências entre 0 e $2\pi/\tau$ é

---

[1] Abramowitz, M. e Stegun, I. *Handbook of Mathematical Functions*. Nova York: Dover, 1965, p. 244.

$$\eta = \frac{W}{W_t}$$

$$= \frac{2V_m^2\tau(1{,}41815)}{\pi(V_m^2\tau)}$$

$$= 0{,}9028. \tag{17.84}$$

Assim, aproximadamente 90% da energia associada a $v(t)$ está contida na faixa dominante do espectro de amplitude.

PROBLEMAS PARA AVALIAÇÃO

Objetivo 3 Entender e saber usar o teorema de Parseval.

17.8 A tensão em um resistor de 50 Ω é

$$v = 4te^{-t}u(t) \text{ V}.$$

Qual percentagem da energia total dissipada no resistor pode ser associada à faixa de frequências $0 \le \omega \le \sqrt{3}$ rad/s?

Resposta: 94,23%.

17.9 Admita que o módulo da transformada de Fourier de $v(t)$ varie como mostrado. Essa tensão é aplicada a um resistor de 6 kΩ. Calcule a energia total fornecida ao resistor.

Resposta: 4 J.

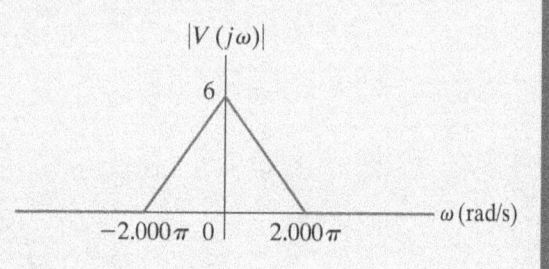

NOTA: tente resolver também o Problema 17.40, apresentado no final do capítulo.

Perspectiva prática

Filtro de sinais digitais

Para entender o efeito da transmissão de um sinal digital por uma linha telefônica, considere um pulso simples que representa um valor digital de 1, usando 5 V conforme mostrado na Figura 17.15 (a), com $V_m = 5$ V e $\tau = 1$ μs. A transformada de Fourier desse pulso é mostrada na Figura 17.15 (b), em que a amplitude $V_m\tau = 5$ μV e o primeiro ponto de passagem de valor positivo no eixo da frequência é $2\pi/\tau = 6{,}28$ Mrad/s = 1 MHz.

Observe que o pulso digital que representa o valor 1 é idealmente a soma de um número infinito de componentes de frequência. Mas uma linha telefônica não pode transmitir todos esses componentes de frequência. Normalmente, o telefone tem uma largura de banda de 10 MHz, o que significa que é capaz de transmitir apenas aqueles componentes de frequência abaixo de 10 MHz. Isso faz com que o pulso original seja distorcido quando recebido pelo computador na outra ponta da linha telefônica, como se pode ver na Figura 17.16.

Figura 17.16 O efeito da transmissão de um pulso de tensão quadrada por um filtro de largura de banda limitada, causando distorção do sinal de saída resultante no domínio do tempo.

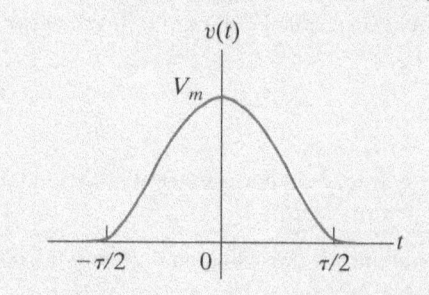

Resumo

- A **transformada de Fourier** fornece uma descrição no domínio da frequência de funções aperiódicas no domínio do tempo. Dependendo da natureza do sinal no domínio do tempo, uma de três abordagens é usada para determinar sua transformada de Fourier:
  - Se o sinal no domínio do tempo for um pulso bem-comportado de duração finita, a integral que define a transformada de Fourier será usada.
  - Se a transformada unilateral de Laplace de $f(t)$ existir e todos os polos de $F(s)$ estiverem na metade esquerda do plano s, $F(s)$ pode ser usada para determinar $F(\omega)$.
  - Se $f(t)$ for uma constante, uma função sinal, uma função degrau ou uma função senoidal, a transformada de Fourier será determinada por um processo limite.

  (Seção 17.2.)
- Transformadas operacionais e funcionais de Fourier úteis à análise de circuitos são apresentadas nas tabelas 17.1 e 17.2. (Seções 17.6 e 17.7.)

- A transformada de Fourier de um sinal de resposta $y(t)$ é dada por

$$Y(\omega) = X(\omega)H(\omega).$$

  em que $X(\omega)$ é a transformada de Fourier do sinal de entrada $x(t)$, e $H(\omega)$ é a função de transferência $H(s)$ avaliada em $s = j\omega$. (Seção 17.7.)
- A transformada de Fourier existe tanto para funções de tempo negativo quanto para funções de tempo positivo e, assim, é adequada a problemas descritos em termos de eventos que começam em $t = -\infty$. Por outro lado, a transformada unilateral de Laplace é adequada a problemas descritos em termos de condições iniciais e eventos que ocorrem para $t > 0$.
- O quadrado do módulo da transformada de Fourier é uma medida da densidade de energia (joules por hertz) no domínio da frequência (teorema de Parseval). Desse modo, a transformada de Fourier permite-nos associar uma fração da energia total contida em $f(t)$ a uma faixa específica de frequências. (Seção 17.8.)

Problemas

Seções 17.1–17.2

17.1 a) Determine a transformada de Fourier da função na Figura P17.1.

b) Determine $F(\omega)$ quando $\omega = 0$.

c) Faça um gráfico de $|F(\omega)|$ em função de ω, quando $A = 10$ e $\tau = 0,1$. *Sugestão:* lembre-se de que $|F(\omega)|$ é uma função par de ω.

Figura P17.1

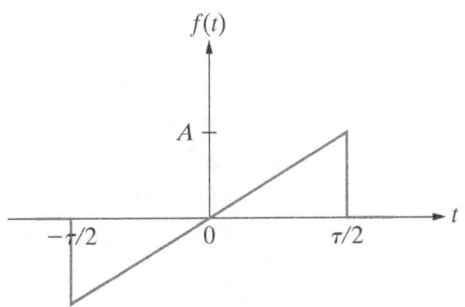

17.2 A transformada de Fourier de $f(t)$ é mostrada na Figura P17.2.

a) Determine $f(t)$.

b) Calcule $f(0)$.

c) Faça um gráfico de $f(t)$ para $-150 \leq t \leq 150$ s quando $A = 5\pi$ e $\omega_0 = 100$ rad/s. *Sugestão:* lembre-se de que $f(t)$ é par.

Figura P17.2

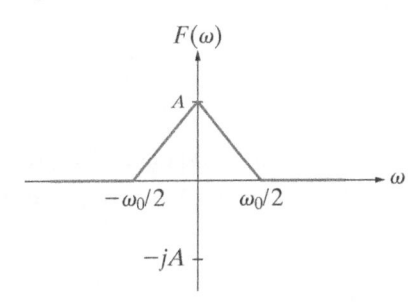

17.3 Use a integral de definição para calcular a transformada de Fourier das seguintes funções:

a) $f(t) = A \operatorname{sen} \dfrac{\pi}{2} t, \quad -2 \leq t \leq 2;$

$f(t) = 0$, em todos os outros instantes de tempo.

b) $f(t) = \dfrac{2A}{\tau} t + A, \quad -\dfrac{\tau}{2} \leq t \leq 0;$

$f(t) = -\dfrac{2A}{\tau} t + A, \quad 0 \leq t \leq \dfrac{\tau}{2};$

$f(t) = 0$, em todos os outros instantes de tempo.

Seções 17.3–17.5

17.4 Deduza $\mathscr{F}\{\operatorname{sen}\omega_0 t\}$..

17.5 Determine a transformada de Fourier de cada uma das seguintes funções. Em todas elas, a é uma constante real positiva e $-\infty \leq t \leq \infty$.

a) $f(t) = |t|e^{-a|t|}$;

b) $f(t) = t^3 e^{-a|t|}$;

c) $f(t) = e^{-a|t|} \cos \omega_0 t$;

d) $f(t) = e^{-a|t|} \operatorname{sen} \omega_0 t$;

e) $f(t) = \delta(t - t_0)$.

17.6 Se $f(t)$ for uma função real de t, mostre que a integral que define a transformada inversa reduz-se a

$$f(t) = \dfrac{1}{2\pi} \int_{-\infty}^{\infty} [A(\omega) \cos \omega t - B(\omega) \operatorname{sen} \omega t] \, d\omega.$$

17.7 Se $f(t)$ for uma função real ímpar de t, mostre que a integral que define a transformada inversa reduz-se a

$$f(t) = -\dfrac{1}{2\pi} \int_{-\infty}^{\infty} B(\omega) \operatorname{sen} \omega t \, d\omega.$$

17.8 Use a definição da transformada inversa (Equação 17.9) para mostrar que $\mathscr{F}^{-1}\{2/j\omega\} = \operatorname{sgn}(t)$. *Sugestão:* veja o Problema 17.7.

17.9 Determine $\mathscr{F}\{\cos \omega_0 t\}$ usando a função de aproximação

$$f(t) = e^{-\epsilon|t|} \cos \omega_0 t,$$

em que ϵ é uma constante real positiva.

17.10 Mostre que, se $f(t)$ for uma função ímpar,

$A(\omega) = 0,$

$$B(\omega) = -2 \int_0^{\infty} f(t) \operatorname{sen} \omega t \, dt.$$

17.11 Mostre que, se $f(t)$ for uma função par,

$$A(\omega) = 2 \int_0^{\infty} f(t) \cos \omega t \, dt,$$

$B(\omega) = 0.$

Seção 17.6

17.12 a) Mostre que $\mathscr{F}\{df(t)/dt\} = j\omega F(\omega)$, em que $F(\omega) = \mathscr{F}\{f(t)\}$. *Sugestão:* use a integral de definição e integre por partes.

b) Qual é a restrição sobre $f(t)$ para que o resultado do item (a) seja válido?

c) Mostre que $\mathscr{F}\{d^n f(t)/dt^n\} = (j\omega)^n F(\omega)$, em que $F(\omega) = \mathscr{F}\{f(t)\}$.

17.13 a) Mostre que

$$\mathscr{F}\left\{\int_{-\infty}^{t} f(x) dx\right\} = \dfrac{F(\omega)}{j\omega},$$

em que $F(\omega) = \mathscr{F}\{f(x)\}$. *Sugestão:* use a integral de definição e integre por partes.

b) Qual é a restrição sobre $f(x)$ para que o resultado do item (a) seja válido?

c) Se $f(x) = e^{-ax} u(x)$, a transformada operacional do item (a) pode ser usada? Explique.

17.14 a) Mostre que

$$\mathscr{F}\{f(at)\} = \dfrac{1}{a} F\left(\dfrac{\omega}{a}\right), \quad a > 0.$$

b) Dado que $f(at) = e^{-a|t|}$ para $a > 0$, faça um gráfico de $F(\omega) = \mathscr{F}\{f(at)\}$ para $a = 0{,}5$, $1{,}0$ e $2{,}0$. Seus gráficos refletem o fato de que uma *compressão* no domínio do tempo corresponde a uma *dilatação* no domínio da frequência?

17.15 Deduza cada uma das seguintes transformadas operacionais:
a) $\mathcal{F}\{f(t-a)\} = e^{-j\omega a} F(\omega)$;
b) $\mathcal{F}\{e^{j\omega_0 t} f(t)\} = F(\omega - \omega_0)$;
c) $\mathcal{F}\{f(t)\cos \omega_0 t\} = \frac{1}{2}F(\omega - \omega_0) + \frac{1}{2}F(\omega + \omega_0)$.

17.16 Dado
$$y(t) = \int_{-\infty}^{\infty} x(\lambda)h(t-\lambda)\,d\lambda,$$
mostre que $Y(\omega) = \mathcal{F}\{y(t)\} = X(\omega)H(\omega)$, em que $X(\omega) = \mathcal{F}\{x(t)\}$ e $H(\omega) = \mathcal{F}\{h(t)\}$. *Sugestão:* use a integral de definição para escrever
$$\mathcal{F}\{y(t)\} = \int_{-\infty}^{\infty}\left[\int_{-\infty}^{\infty} x(\lambda)h(t-\lambda)\,d\lambda\right] e^{-j\omega t}\,dt.$$
Em seguida, inverta a ordem da integração e, então, faça uma mudança de variáveis de integração; isto é, faça $u = t - \lambda$.

17.17 Dada $f(t) = f_1(t)f_2(t)$, mostre que
$$F(\omega) = (1/2\pi) \int_{-\infty}^{\infty} F_1(u)F_2(\omega - u)\,du.$$
Sugestão: em primeiro lugar, use a integral de definição para expressar $F(v)$ como
$$F(\omega) = \int_{-\infty}^{\infty} f_1(t)f_2(t)e^{-j\omega t}\,dt.$$
Em segundo lugar, use a transformada inversa para escrever
$$f_1(t) = \frac{1}{2\pi}\int_{-\infty}^{\infty} F_1(u)e^{j\omega t}\,du.$$
Em terceiro lugar, substitua a expressão de $f_1(t)$ na integral de definição e, então, troque a ordem de integração.

17.18 a) Mostre que
$$(j)^n\left[\frac{d^n F(\omega)}{d\omega^n}\right] = \mathcal{F}\{t^n f(t)\}.$$
b) Use o resultado de (a) para calcular cada uma das seguintes transformadas de Fourier (considerando $a > 0$):
$$\mathcal{F}\{te^{-at}u(t)\},$$
$$\mathcal{F}\{|t|e^{-a|t|}\},$$
$$\mathcal{F}\{te^{-a|t|}\}.$$

17.19 Suponha $f(t) = f_1(t)f_2(t)$, em que
$f_1(t) = \cos \omega_0 t$,
$f_2(t) = 1, -\tau/2 < t < \tau/2$;
$f_2(t) = 0$, em todos os outros instantes de tempo.
a) Use a convolução no domínio da frequência para determinar $F(\omega)$.
b) O que acontece a $F(\omega)$ à medida que a largura de $f_2(t)$ aumenta de modo que $f(t)$ inclua um número cada vez maior de ciclos de $f_1(t)$?

Seção 17.7

17.20 a) Use o método da transformada de Fourier para calcular $i_o(t)$ no circuito da Figura P17.20, se $v_g = 60 \,\text{sgn}(t)$ V.
Pspice Multisim
b) Sua solução faz sentido em termos do comportamento conhecido do circuito? Explique.

Figura P17.20

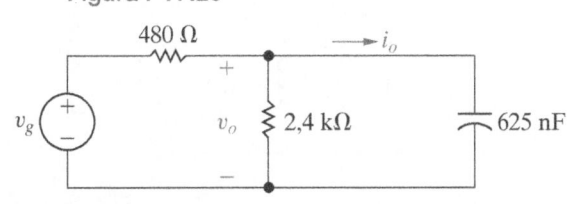

17.21 Repita o Problema 17.20, mas substitua $i_o(t)$ por $v_o(t)$.
Pspice Multisim

17.22 a) Use o método da transformada de Fourier para calcular $v_o(t)$ no circuito da Figura P17.22. O valor inicial de $v_o(t)$ é igual a zero e a tensão da fonte é $50u(t)$ V.
Pspice Multisim
b) Faça o gráfico de $v_o(t)$.

Figura P17.22

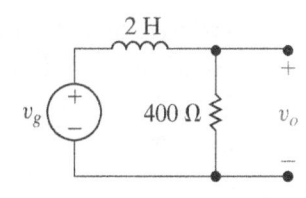

17.23 Repita o Problema 17.22 se a tensão de entrada (v_g) for alterada para $25\,\text{sgn}(t)$.
Pspice Multisim

17.24 a) Use a transformada de Fourier para calcular i_o no circuito da Figura P17.24, se $i_g = 40\,\text{sgn}(t)$ mA.
b) Sua solução faz sentido em termos do comportamento conhecido do circuito? Explique.

Figura P17.24

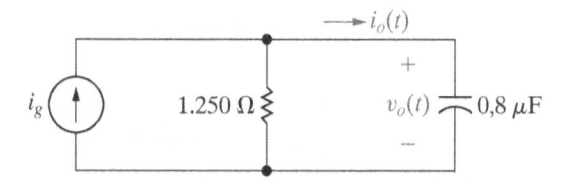

17.25 Repita o Problema 17.24, mas substitua i_o por v_o.

17.26 A fonte de tensão no circuito da Figura P17.26 é dada pela expressão
$$v_g = 8\,\text{sgn}(t)\text{ V}.$$
a) Determine $v_o(t)$.
b) Qual é o valor de $v_o(0^-)$?
c) Qual é o valor de $v_o(0^+)$?
d) Use a transformada de Laplace para calcular $v_o(t)$ para $t > 0^+$.
e) A solução obtida no item (d) está de acordo com $v_o(t)$ para $t > 0^+$ no item (a)?

Figura P17.26

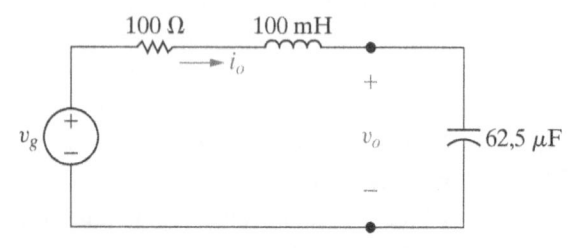

17.27 Repita o Problema 17.26, mas substitua $v_o(t)$ por $i_o(t)$.

17.28 a) Use a transformada de Fourier para calcular v_o no circuito da Figura P17.28, se i_g for igual a $2e^{-100|t|}$ A.
b) Determine $v_o(0^-)$.
c) Determine $v_o(0^+)$.
d) Use a transformada de Laplace para determinar v_o para $t \geq 0$.
e) A solução obtida no item (d) está de acordo com v_o para $t > 0^+$ do item (a)?

Figura P17.28

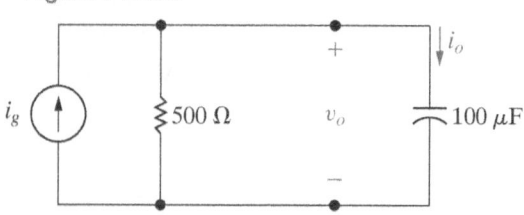

17.29 a) Use a transformada de Fourier para calcular i_o no circuito da Figura P17.28, se i_g for igual a $2e^{-100|t|}$ A.
b) Determine $i_o(0^-)$.
c) Determine $i_o(0^+)$.
d) Use o método da transformada de Laplace para calcular i_o para $t \geq 0$.
e) A solução obtida no item (d) está de acordo com i_o para $t > 0^+$ do item (a)?

17.30 Use o método da transformada de Fourier para calcular i_o no circuito da Figura P17.30, se $v_g = 300\cos 5.000t$ V.

Figura P17.30

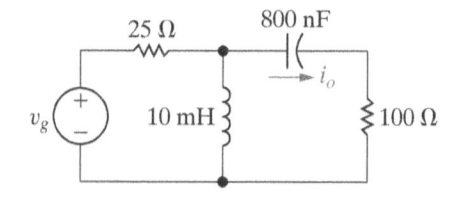

17.31 a) Use o método da transformada de Fourier para calcular i_o no circuito da Figura P17.31, se $v_g = 125\cos 40.000t$ V.
b) Verifique a resposta obtida em (a) determinando a expressão de regime permanente para i_o, usando a análise fasorial.

Figura P17.31

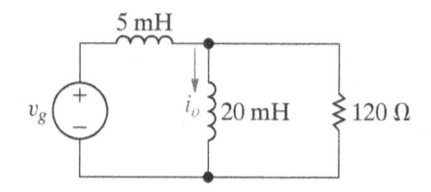

17.32 a) Use o método da transformada de Fourier para calcular v_o no circuito mostrado na

Figura P17.32. A fonte de tensão gera a tensão

$$v_g = 45e^{-500|t|} \text{ V.}$$

b) Calcule $v_o(0^-)$, $v_o(0^+)$ e $v_o(\infty)$.

c) Determine $i_L(0^-)$, $i_L(0^+)$, $v_C(0^-)$ e $v_C(0^+)$.

d) Os resultados do item (b) fazem sentido em termos do comportamento conhecido do circuito? Explique.

Figura P17.32

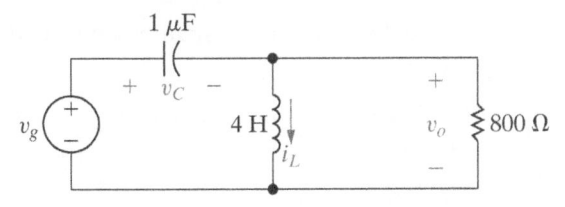

17.33 A fonte de tensão no circuito da Figura P17.33 está gerando o sinal

$$v_g = 25\,\text{sgn}(t) - 25 + 150e^{-100t}u(t) \text{ V.}$$

a) Calcule $v_o(0^-)$ e $v_o(0^+)$.

b) Calcule $i_o(0^-)$ e $i_o(0^+)$.

c) Calcule v_o.

Figura P17.33

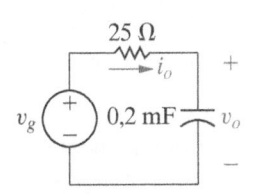

17.34 a) Use a transformada de Fourier para calcular v_o no circuito da Figura P17.34 quando

$$v_g = 36e^{4t}u(-t) - 36e^{-4t}u(t) \text{ V.}$$

b) Determine $v_o(0^-)$.

c) Determine $v_o(0^+)$.

Figura P17.34

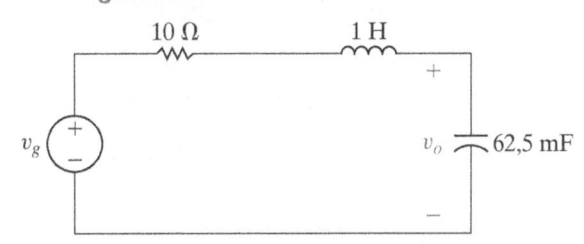

17.35 a) Use o método da transformada de Fourier para calcular v_o no circuito da Figura P17.35 quando

$$i_g = 18e^{10t}u(-t) - 18e^{-10t}u(t) \text{ A.}$$

b) Determine $v_o(0^-)$.

c) Determine $v_o(0^+)$.

d) Os resultados dos itens (b) e (c) fazem sentido em termos do comportamento conhecido do circuito? Explique.

Figura P17.35

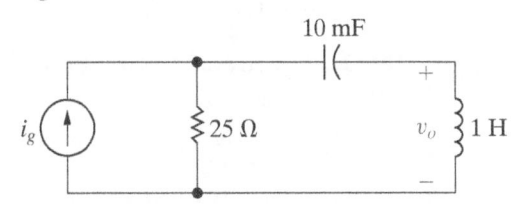

17.36 Quando a tensão de entrada para o sistema da Figura P17.36 é $20u(t)$ V, a tensão de saída é

$$v_o = [40 + 60e^{-100t} - 100e^{-300t}]u(t) \text{ V.}$$

Qual é a tensão de saída, se $v_i = 20\,\text{sgn}(t)$ V?

Figura P17.36

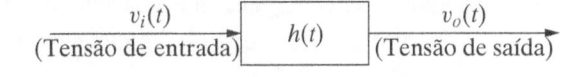

Seção 17.8

17.37 Tem-se que $F(\omega) = e^{\omega}u(-\omega) + e^{-\omega}u(\omega)$.

a) Determine $f(t)$.

b) Determine a energia associada a $f(t)$ por integração no domínio do tempo.

c) Repita o item (b) usando integração no domínio da frequência.

d) Determine o valor de ω_1 para que $f(t)$ tenha 90% da energia na faixa de frequências $0 \le |\omega| \le \omega_1$.

17.38 O circuito da Figura P17.38 é alimentado pela corrente

$$i_g = 12e^{-10t}u(t) \text{ A.}$$

Qual percentagem da energia total da corrente de saída i_o encontra-se na faixa de frequências $0 \leq |\omega| \leq 100$ rad/s?

Figura P17.38

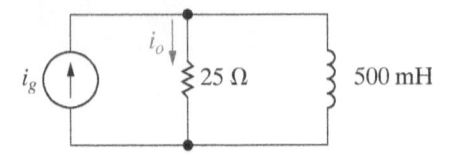

17.39 O sinal da corrente de entrada no circuito da Figura P17.39 é

$$i_g = 10e^{-50t} u(t) \text{ mA}, t \geq 0^+.$$

Qual percentagem da energia total do sinal de saída encontra-se na faixa de frequências 0 a 100 rad/s?

Figura P17.39

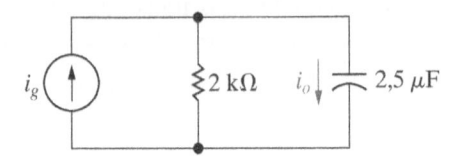

17.40 A tensão de entrada no circuito da Figura P17.40 é $v_g = 30e^{-|t|}$ V.

a) Determine $v_o(t)$.

b) Faça um gráfico de $|V_g(\omega)|$ para $-5 \leq \omega \leq 5$ rad/s.

c) Desenhe um gráfico de $|V_o(\omega)|$ para $-5 \leq \omega \leq 5$ rad/s.

d) Calcule a energia total de v_g.

e) Calcule a energia total de v_o.

f) Qual percentagem da energia de v_g encontra-se na faixa de frequências $0 \leq |\omega| \leq 2$ rad/s?

g) Repita (f) para v_o.

Figura P17.40

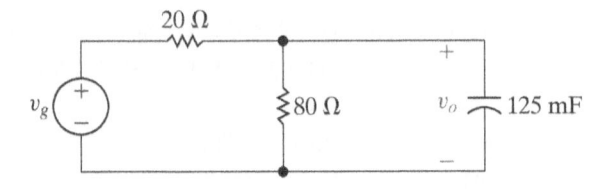

17.41 O espectro de amplitude da tensão de entrada para o filtro RC passa-altas na Figura P17.41 é

$$V_i(\omega) = \frac{200}{|\omega|}, \quad 100 \text{ rad/s} \leq |\omega| \leq 200 \text{ rad/s};$$

$V_i(\omega) = 0$, em todos os outros lugares.

a) Faça um gráfico de $|V_i(\omega)|^2$ para $-300 \leq \omega \leq 300$ rad/s.

b) Faça um gráfico de $|V_o(\omega)|^2$ para $-300 \leq \omega \leq 300$ rad/s.

c) Calcule a energia no sinal de entrada do filtro.

d) Calcule a energia no sinal de saída do filtro.

Figura P17.41

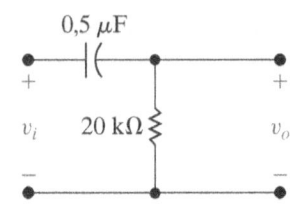

17.42 A tensão de entrada para o circuito do filtro RC passa-altas na Figura P17.42 é

$$v_i(t) = Ae^{-at}u(t).$$

Seja α a frequência de corte do filtro, tal que $\alpha = 1/RC$,

a) Qual percentagem da energia do sinal na saída do filtro é associada à faixa de frequências $0 \leq |\omega| \leq \alpha$ se $\alpha = a$?

b) Repita o item (a), dado que $\alpha = \sqrt{3}a$.

c) Repita o item (a), dado que $\alpha = a/\sqrt{3}$.

Figura P17.42

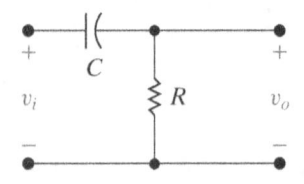

Capítulo 18

Quadripolos

SUMÁRIO DO CAPÍTULO

18.1 Equações terminais
18.2 Parâmetros do quadripolo
18.3 Análise de quadripolos com carga em seus terminais
18.4 Interconexão de quadripolos

OBJETIVOS DO CAPÍTULO

1. Saber calcular qualquer conjunto de parâmetros do quadripolo por um dos seguintes métodos:
   - Análise de circuitos;
   - Medições feitas no quadripolo;
   - Conversão a partir de outro conjunto de parâmetros do quadripolo utilizando a Tabela 18.1.
2. Saber analisar um quadripolo com carga em seus terminais, determinando as correntes, tensões, impedâncias e relações de interesse usando a Tabela 18.2.
3. Saber analisar uma interligação em cascata de quadripolos.

Até aqui, quase sempre analisamos o comportamento de um circuito em um par específico de terminais. Lembre-se de que apresentamos os circuitos equivalentes de Thévenin e Norton exclusivamente para simplificar a análise de circuitos do ponto de vista de um par de terminais. Para analisar alguns sistemas elétricos, também é conveniente focalizar dois pares de terminais. Isso é útil, em especial, quando um sinal é fornecido a um par de terminais e, após ser processado pelo sistema, é extraído em um segundo par de terminais. Esses pares de terminais são também denominados **portas** do sistema, pois representam os pontos em que sinais são fornecidos ou extraídos. Neste capítulo, limitaremos a discussão a circuitos que tenham uma única porta de entrada e uma única porta de saída. A Figura 18.1 mostra a estrutura básica para o circuito de duas portas. A utilização dessa estrutura está sujeita a várias restrições. Em primeiro lugar, não pode haver nenhuma energia armazenada no circuito. Em segundo, não pode haver fontes independentes no circuito; somente fontes dependentes são permitidas. Terceiro, a corrente que entra por um dos terminais de uma porta deve ser igual à corrente que sai no outro terminal; isto é, $i_1 = i'_1$ e $i_2 = i'_2$. Em quarto lugar, todas as ligações externas devem ser feitas entre um e outro terminal de cada porta;

não são permitidas ligações entre portas, isto é, entre os terminais *a* e *c*, *a* e *d*, *b* e *c* ou *b* e *d*. Essas restrições simplesmente limitam o número de problemas de circuito que podem ser analisados por meio de quadripolos.

O princípio fundamental subjacente à modelagem de quadripolos é que somente as variáveis terminais (i_1, v_1, i_2 e v_2) são de interesse. Não nos interessa calcular as correntes e tensões dentro do circuito. Já tratamos do comportamento terminal na análise de circuitos amplificadores operacionais. Neste capítulo, formalizamos aquela abordagem, apresentando os parâmetros dos quadripolos.

Perspectiva prática

Caracterizando um circuito desconhecido

Até aqui, para criar um modelo de um circuito, sempre precisamos saber que tipos de componentes fariam parte do circuito, seus valores e as interligações entre eles. Mas, e se for o caso de se modelar um circuito que está dentro de uma "caixa preta", onde os componentes, seus valores e suas interconexões estão ocultos?

Neste capítulo, vamos descobrir que podemos realizar dois experimentos simples nessa caixa preta, para criar um modelo que consiste em apenas quatro valores — o modelo de quadripolo para o circuito. Podemos, então, usar esse modelo para prever o comportamento do circuito quando conectarmos uma fonte de alimentação a uma das portas e uma carga à outra porta.

Nesse exemplo, vamos supor que encontramos um circuito fechado em uma caixa, com dois fios saindo de cada lado, como mostra a figura a seguir. A caixa está identificada como "amplificador" e queremos determinar se é ou não seguro usar esse amplificador para conectar um tocador de música modelado como uma fonte de 2 V a um alto-falante modelado como um resistor 32 Ω com uma potência de 100 W.

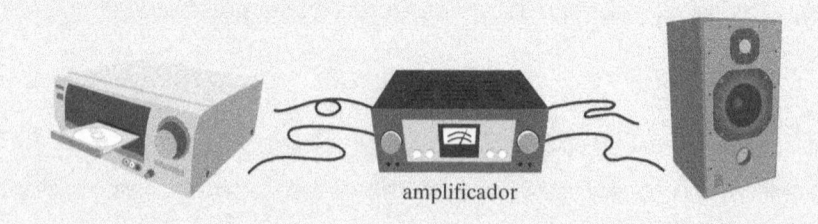

18.1 Equações terminais

Quando tomamos um circuito como um quadripolo, estamos interessados em relacionar a corrente e a tensão em um par de terminais com a corrente e a tensão no outro par. A Figura 18.1 mostra as polaridades de referência das tensões terminais e os sentidos de referência das correntes terminais. As referências em cada porta são mutuamente simétricas; isto é, a corrente entra no terminal superior, cuja tensão é mais alta. Essa simetria facilita a generalização da análise de quadripolos e é a razão de sua utilização universal na literatura.

Figura 18.1 Estrutura básica de um quadripolo.

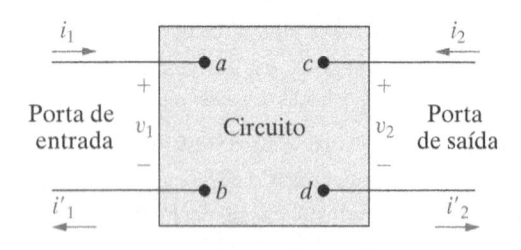

A descrição mais geral do quadripolo é realizada no domínio da frequência. Para quadripolos puramente resistivos, a análise reduz-se à de circuitos resistivos. Problemas de regime permanente senoidal podem ser resolvidos substituindo-se s por $j\omega$, ou por análise direta no domínio da frequência. Aqui, escrevemos todas as equações no domínio da frequência; as soluções de circuitos resistivos e o regime permanente senoidal tornam-se casos especiais. A Figura 18.2 mostra a estrutura básica de um quadripolo em termos das variáveis I_1, V_1, I_2 e V_2, no domínio da frequência.

Figura 18.2 Estrutura básica de um quadripolo no domínio da frequência.

Dessas quatro variáveis terminais, somente duas são independentes. Assim, para qualquer circuito, uma vez especificadas duas das variáveis, podemos determinar as outras duas. Por exemplo, conhecendo V_1 e V_2 e o circuito dentro do retângulo, podemos determinar I_1 e I_2. Assim, podemos descrever um quadripolo por meio de apenas duas equações simultâneas. Todavia, há seis modos de combinar as quatro variáveis:

$$V_1 = z_{11}I_1 + z_{12}I_2,$$
$$V_2 = z_{21}I_1 + z_{22}I_2; \qquad (18.1)$$

$$I_1 = y_{11}V_1 + y_{12}V_2,$$
$$I_2 = y_{21}V_1 + y_{22}V_2; \qquad (18.2)$$

$$V_1 = a_{11}V_2 - a_{12}I_2,$$
$$I_1 = a_{21}V_2 - a_{22}I_2; \qquad (18.3)$$

$$V_2 = b_{11}V_1 - b_{12}I_1,$$
$$I_2 = b_{21}V_1 - b_{22}I_1; \qquad (18.4)$$

$$V_1 = h_{11}I_1 + h_{12}V_2,$$
$$I_2 = h_{21}I_1 + h_{22}V_2; \qquad (18.5)$$

$$I_1 = g_{11}V_1 + g_{12}I_2,$$
$$V_2 = g_{21}V_1 + g_{22}I_2. \qquad (18.6)$$

Esses seis conjuntos de equações também podem ser considerados três pares de relações mutuamente inversas. O primeiro conjunto, equações 18.1, expressa as tensões de entrada e saída em função das correntes de entrada e saída. O segundo conjunto, equações 18.2, expressa a relação inversa, isto é, as correntes de entrada e saída em função das tensões de entrada e saída. As equações 18.3 e 18.4 são relações inversas, assim como as equações 18.5 e 18.6.

Os coeficientes das variáveis corrente e/ou tensão do lado direito das equações 18.1 a 18.6 são denominados **parâmetros** do quadripolo. Assim, quando usamos as equações 18.1, referimo-nos aos parâmetros z do quadripolo. De modo semelhante, referimo-nos aos parâmetros y, aos parâmetros a, aos parâmetros b, aos parâmetros h e aos parâmetros g do quadripolo.

18.2 Parâmetros do quadripolo

Podemos determinar os parâmetros de qualquer circuito por cálculo ou medição. Ambos são determinados diretamente das equações. Por exemplo, suponha que o problema seja determinar os parâmetros z. Pelas equações 18.1,

$$z_{11} = \left.\frac{V_1}{I_1}\right|_{I_2=0} \Omega, \quad (18.7)$$

$$z_{12} = \left.\frac{V_1}{I_2}\right|_{I_1=0} \Omega, \quad (18.8)$$

$$z_{21} = \left.\frac{V_2}{I_1}\right|_{I_2=0} \Omega, \quad (18.9)$$

$$z_{22} = \left.\frac{V_2}{I_2}\right|_{I_1=0} \Omega. \quad (18.10)$$

As equações 18.7 a 18.10 mostram que os quatro parâmetros z podem ser descritos da seguinte maneira:

- z_{11} é a impedância vista da porta 1 quando a porta 2 está em aberto.
- z_{12} é uma impedância de transferência. É a razão entre a tensão na porta 1 e a corrente na porta 2 quando a porta 1 está em aberto.
- z_{21} é uma impedância de transferência. É a razão entre a tensão na porta 2 e a corrente na porta 1 quando a porta 2 está em aberto.
- z_{22} é a impedância vista da porta 2 quando a porta 1 está em aberto.

Portanto, os parâmetros de impedância podem ser calculados ou medidos deixando-se a porta 2 em aberto e determinando-se as razões V_1/I_1 e V_2/I_1 e, então, deixando a porta 1 em aberto e determinando-se as razões V_1/I_2 e V_2/I_2. O Exemplo 18.1 ilustra a determinação dos parâmetros z para um quadripolo resistivo.

EXEMPLO 18.1 Determinação dos parâmetros z de um quadripolo.

Determine os parâmetros z para o quadripolo da Figura 18.3.

Solução

Como o quadripolo é puramente resistivo, ele será puramente resistivo também no domínio da frequência. Com a porta 2 em aberto, isto é, $I_2 = 0$, a resistência vista da porta 1 é o resistor de 20 Ω em paralelo com a combinação em série dos resistores de 5 Ω e 15 Ω. Por conseguinte,

Figura 18.3 Quadripolo para o Exemplo 18.1.

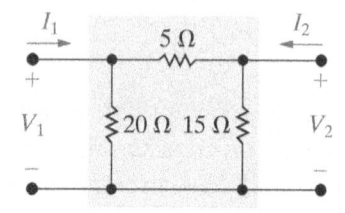

$$z_{11} = \left.\frac{V_1}{I_1}\right|_{I_2=0} = \frac{(20)(20)}{40} = 10\ \Omega.$$

Quando I_2 é igual a zero, V_2 é

$$V_2 = \frac{V_1}{15 + 5}(15) = 0{,}75 V_1,$$

e, assim,

$$z_{21} = \left.\frac{V_2}{I_1}\right|_{I_2=0} = \frac{0{,}75 V_1}{V_1/10} = 7{,}5\ \Omega.$$

Quando I_1 é igual a zero, a resistência vista da porta 2 é o resistor de 15 Ω em paralelo com a combinação em série dos resistores de 5 Ω e 20 Ω. Por conseguinte,

$$z_{22} = \left.\frac{V_2}{I_2}\right|_{I_1=0} = \frac{(15)(25)}{40} = 9{,}375 \text{ Ω}.$$

Quando a porta 1 está em aberto, I_1 é igual a zero e a tensão V_1 é

$$V_1 = \frac{V_2}{5+20}(20) = 0{,}8V_2.$$

Assim, a corrente na porta 2 é

$$I_2 = \frac{V_2}{9{,}375}.$$

Portanto,

$$z_{12} = \left.\frac{V_1}{I_2}\right|_{I_1=0} = \frac{0{,}8V_2}{V_2/9{,}375} = 7{,}5 \text{ Ω}.$$

As equações 18.7 a 18.10 e o Exemplo 18.1 mostram por que os parâmetros nas equações 18.1 são denominados parâmetros z. Cada parâmetro é a razão entre uma tensão e uma corrente e é, por consequência, uma impedância com dimensão de ohms.

Usamos o mesmo processo para determinar os outros parâmetros, que são calculados ou medidos. Os parâmetros são obtidos deixando-se uma porta em aberto ou em curto-circuito. Além disso, um parâmetro é uma impedância, uma admitância ou uma grandeza adimensional. A grandeza adimensional é a razão entre duas tensões ou duas correntes. As equações 18.11 a 18.15 resumem essas observações.

$$y_{11} = \left.\frac{I_1}{V_1}\right|_{V_2=0} \text{S}, \qquad y_{12} = \left.\frac{I_1}{V_2}\right|_{V_1=0} \text{S},$$

$$y_{21} = \left.\frac{I_2}{V_1}\right|_{V_2=0} \text{S}, \qquad y_{22} = \left.\frac{I_2}{V_2}\right|_{V_1=0} \text{S}. \quad (18.11)$$

$$a_{11} = \left.\frac{V_1}{V_2}\right|_{I_2=0}, \qquad a_{12} = -\left.\frac{V_1}{I_2}\right|_{V_2=0} \text{Ω},$$

$$a_{21} = \left.\frac{I_1}{V_2}\right|_{I_2=0} \text{S}, \qquad a_{22} = -\left.\frac{I_1}{I_2}\right|_{V_2=0}. \quad (18.12)$$

$$b_{11} = \left.\frac{V_2}{V_1}\right|_{I_1=0}, \qquad b_{12} = -\left.\frac{V_2}{I_1}\right|_{V_1=0} \text{Ω},$$

$$b_{21} = \left.\frac{I_2}{V_1}\right|_{I_1=0} \text{S}, \qquad b_{22} = -\left.\frac{I_2}{I_1}\right|_{V_1=0}. \quad (18.13)$$

$$h_{11} = \left.\frac{V_1}{I_1}\right|_{V_2=0} \Omega, \qquad h_{12} = \left.\frac{V_1}{V_2}\right|_{I_1=0},$$

$$h_{21} = \left.\frac{I_2}{I_1}\right|_{V_2=0}, \qquad h_{22} = \left.\frac{I_2}{V_2}\right|_{I_1=0} S. \qquad (18.14)$$

$$g_{11} = \left.\frac{I_1}{V_1}\right|_{I_2=0} S, \qquad g_{12} = \left.\frac{I_1}{I_2}\right|_{V_1=0},$$

$$g_{21} = \left.\frac{V_2}{V_1}\right|_{I_2=0}, \qquad g_{22} = \left.\frac{V_2}{I_2}\right|_{V_1=0} \Omega. \qquad (18.15)$$

Os parâmetros dos quadripolos também podem ser classificados de acordo com as relações mutuamente inversas. Os parâmetros de impedância e admitância são agrupados em parâmetros de **imitância**. Esse termo indica uma grandeza que é ou uma impedância ou uma admitância. Os parâmetros *a* e *b* são denominados parâmetros de **transmissão** porque descrevem a tensão e a corrente de um lado do quadripolo em termos da tensão e da corrente do outro lado. Os parâmetros de imitância e transmissão são as escolhas naturais para relacionar as variáveis terminais. Em outras palavras, eles relacionam variáveis tensão com variáveis corrente ou variáveis de entrada com variáveis de saída. Os parâmetros *h* e *g* relacionam variáveis de entrada com variáveis de saída e vice-versa, isto é, uma tensão de entrada e uma corrente de saída com uma tensão de saída e uma corrente de entrada. Daí serem chamados de parâmetros **híbridos**.

O Exemplo 18.2 mostra como um conjunto de medições realizadas nos terminais de um quadripolo pode ser usado para calcular seus parâmetros *a*.

EXEMPLO 18.2 Determinação dos parâmetros *a* de um quadripolo por meio de medições.

As medições a seguir referem-se a um quadripolo que opera em regime permanente senoidal. Com a porta 2 em aberto, uma tensão de 150 cos 4.000*t* V é aplicada à porta 1. A corrente na porta 1 é 25 cos (4.000*t* − 45°) A e a tensão na porta 2 é 100 cos (4.000*t* + 15°) V. Com a porta 2 em curto-circuito, uma tensão de 30 cos 4.000*t* V é aplicada à entrada. A corrente na porta 1 é 1,5 cos (4.000*t* + 30°) A e a corrente na porta 2 é 0,25 cos (4.000*t* + 150°) A. Determine os parâmetros *a* que descrevem o comportamento do quadripolo no regime permanente senoidal.

Solução

Do primeiro conjunto de medições, tem-se

$$\mathbf{V}_1 = 150 \underline{/0°}\ \text{V}, \quad \mathbf{I}_1 = 25 \underline{/-45°}\ \text{A},$$

$$\mathbf{V}_2 = 100 \underline{/15°}\ \text{V}, \quad \mathbf{I}_2 = 0\ \text{A}.$$

Pelas equações 18.12,

$$a_{11} = \left.\frac{\mathbf{V}_1}{\mathbf{V}_2}\right|_{I_2=0} = \frac{150\underline{/0°}}{100\underline{/15°}} = 1{,}5\underline{/-15°},$$

$$a_{21} = \left.\dfrac{\mathbf{I}_1}{\mathbf{V}_2}\right|_{I_2=0} = \dfrac{25\angle -45°}{100\angle 15°} = 0{,}25\angle -60°\,\text{S}.$$

Do segundo conjunto de medições, tem-se

$$\mathbf{V}_1 = 30\angle 0°\ \text{V}, \qquad \mathbf{I}_1 = 1{,}5\angle 30°\,\text{A},$$
$$\mathbf{V}_2 = 0\ \text{V}, \qquad \mathbf{I}_2 = 0{,}25\angle 150°\ \text{A}.$$

Assim,

$$a_{12} = -\left.\dfrac{\mathbf{V}_1}{\mathbf{I}_2}\right|_{V_2=0} = \dfrac{-30\angle 0°}{0{,}25\angle 150°} = 120\angle 30°\ \Omega,$$

$$a_{21} = -\left.\dfrac{\mathbf{I}_1}{\mathbf{I}_2}\right|_{V_2=0} = \dfrac{-1{,}5\angle 30°}{0{,}25\angle 150°} = 6\angle 60°.$$

PROBLEMAS PARA AVALIAÇÃO

Objetivo 1 Saber calcular qualquer conjunto de parâmetros do quadripolo.

18.1 Determine os parâmetros y para o quadripolo da Figura 18.3.

Resposta: $y_{11} = 0{,}25$ S,

$y_{12} = y_{21} = -0{,}2$ S,

$y_{22} = \dfrac{4}{15}$ S.

18.2 Determine os parâmetros g e h para o quadripolo da Figura 18.3.

Resposta: $g_{11} = 0{,}1$ S; $g_{12} = -0{,}75$; $g_{21} = 0{,}75$; $g_{22} = 3{,}75\ \Omega$; $h_{11} = 4\ \Omega$; $h_{12} = 0{,}8$; $h_{21} = -0{,}8$; $h_{22} = 0{,}1067$ S.

18.3 As seguintes medições foram realizadas em um quadripolo resistivo. Com 50 mV aplicados à porta 1 e com a porta 2 em aberto, a corrente de entrada é 5 μA e a tensão de saída é 200 mV. Com a porta 1 em curto-circuito e 10 mV aplicados à porta 2, a corrente na porta 1 é 2 μA e a corrente na porta 2 é 0,5 μA. Determine os parâmetros g do quadripolo.

Resposta: $g_{11} = 0{,}1$ mS;

$g_{12} = 4$;

$g_{21} = 4$;

$g_{22} = 20$ kΩ.

NOTA: tente resolver também os problemas 18.2, 18.4 e 18.10, apresentados no final do capítulo.

Relações entre os parâmetros do quadripolo

Visto que os seis conjuntos de equações envolvem as mesmas variáveis, os parâmetros associados a qualquer par de equações devem estar relacionados com os parâmetros de todos os outros pares. Em outras palavras, se conhecermos um conjunto de parâmetros, poderemos determinar todos os outros conjuntos. Em razão da extensão das manipulações algébricas envolvidas nessas deduções, limitamo-nos a apresentar os resultados na Tabela 18.1.

Tabela 18.1 Tabela de conversão de parâmetros.

$$z_{11} = \frac{y_{22}}{\Delta y} = \frac{a_{11}}{a_{21}} = \frac{b_{22}}{b_{21}} = \frac{\Delta h}{h_{22}} = \frac{1}{g_{11}}$$

$$z_{12} = -\frac{y_{12}}{\Delta y} = \frac{\Delta a}{a_{21}} = \frac{1}{b_{21}} = \frac{h_{12}}{h_{22}} = -\frac{g_{12}}{g_{11}}$$

$$z_{21} = \frac{-y_{21}}{\Delta y} = \frac{1}{a_{21}} = \frac{\Delta b}{b_{21}} = -\frac{h_{21}}{h_{22}} = \frac{g_{21}}{g_{11}}$$

$$z_{22} = \frac{y_{11}}{\Delta y} = \frac{a_{22}}{a_{21}} = \frac{b_{11}}{b_{21}} = \frac{1}{h_{22}} = \frac{\Delta g}{g_{11}}$$

$$y_{11} = \frac{z_{22}}{\Delta z} = \frac{a_{22}}{a_{12}} = \frac{b_{11}}{b_{12}} = \frac{1}{h_{11}} = \frac{\Delta g}{g_{22}}$$

$$y_{12} = -\frac{z_{12}}{\Delta z} = -\frac{\Delta a}{a_{12}} = -\frac{1}{b_{12}} = -\frac{h_{12}}{h_{11}} = \frac{g_{12}}{g_{22}}$$

$$y_{21} = -\frac{z_{21}}{\Delta z} = -\frac{1}{a_{12}} = -\frac{\Delta b}{b_{12}} = \frac{h_{21}}{h_{11}} = -\frac{g_{21}}{g_{22}}$$

$$y_{22} = \frac{z_{11}}{\Delta z} = \frac{a_{11}}{a_{12}} = \frac{b_{22}}{b_{12}} = \frac{\Delta h}{h_{11}} = \frac{1}{g_{22}}$$

$$a_{11} = \frac{z_{11}}{z_{21}} = -\frac{y_{22}}{y_{21}} = \frac{b_{22}}{\Delta b} = -\frac{\Delta h}{h_{21}} = \frac{1}{g_{21}}$$

$$a_{12} = \frac{\Delta z}{z_{21}} = -\frac{1}{y_{21}} = \frac{b_{12}}{\Delta b} = -\frac{h_{11}}{h_{21}} = \frac{g_{22}}{g_{21}}$$

$$a_{21} = \frac{1}{z_{21}} = -\frac{\Delta y}{y_{21}} = \frac{b_{21}}{\Delta b} = -\frac{h_{22}}{h_{21}} = \frac{g_{11}}{g_{21}}$$

$$a_{22} = \frac{z_{22}}{z_{21}} = -\frac{y_{11}}{y_{21}} = \frac{b_{11}}{\Delta b} = -\frac{1}{h_{21}} = \frac{\Delta g}{g_{21}}$$

$$b_{11} = \frac{z_{22}}{z_{12}} = -\frac{y_{11}}{y_{12}} = \frac{a_{22}}{\Delta a} = \frac{1}{h_{12}} = -\frac{\Delta g}{g_{12}}$$

$$b_{12} = \frac{\Delta z}{z_{12}} = -\frac{1}{y_{12}} = \frac{a_{12}}{\Delta a} = \frac{h_{11}}{h_{12}} = -\frac{g_{22}}{g_{12}}$$

$$b_{21} = \frac{1}{z_{12}} = -\frac{\Delta y}{y_{12}} = \frac{a_{21}}{\Delta a} = \frac{h_{22}}{h_{12}} = -\frac{g_{11}}{g_{12}}$$

$$b_{22} = \frac{z_{11}}{z_{12}} = -\frac{y_{22}}{y_{12}} = \frac{a_{11}}{\Delta a} = \frac{\Delta h}{h_{12}} = -\frac{1}{g_{12}}$$

$$h_{11} = \frac{\Delta z}{z_{22}} = \frac{1}{y_{11}} = \frac{a_{12}}{a_{22}} = \frac{b_{12}}{b_{11}} = \frac{g_{22}}{\Delta g}$$

$$h_{12} = \frac{z_{12}}{z_{22}} = -\frac{y_{12}}{y_{11}} = \frac{\Delta a}{a_{22}} = \frac{1}{b_{11}} = -\frac{g_{12}}{\Delta g}$$

$$h_{21} = -\frac{z_{21}}{z_{22}} = \frac{y_{21}}{y_{11}} = -\frac{1}{a_{22}} = -\frac{\Delta b}{b_{11}} = -\frac{g_{21}}{\Delta g}$$

$$h_{22} = \frac{1}{z_{22}} = \frac{\Delta y}{y_{11}} = \frac{a_{21}}{a_{22}} = \frac{b_{21}}{b_{11}} = \frac{g_{11}}{\Delta g}$$

$$g_{11} = \frac{1}{z_{11}} = \frac{\Delta y}{y_{22}} = \frac{a_{21}}{a_{11}} = \frac{b_{21}}{b_{22}} = \frac{h_{22}}{\Delta h}$$

$$g_{12} = -\frac{z_{12}}{z_{11}} = \frac{y_{12}}{y_{22}} = -\frac{\Delta a}{a_{11}} = -\frac{1}{b_{22}} = -\frac{h_{12}}{\Delta h}$$

$$g_{21} = \frac{z_{21}}{z_{11}} = -\frac{y_{21}}{y_{22}} = \frac{1}{a_{11}} = \frac{\Delta b}{b_{22}} = -\frac{h_{21}}{\Delta h}$$

$$g_{22} = \frac{\Delta z}{z_{11}} = \frac{1}{y_{22}} = \frac{a_{12}}{a_{11}} = \frac{b_{12}}{b_{22}} = \frac{h_{11}}{\Delta h}$$

$$\Delta z = z_{11}z_{22} - z_{12}z_{21}$$

$$\Delta y = y_{11}y_{22} - y_{12}y_{21}$$

$$\Delta a = a_{11}a_{22} - a_{12}a_{21}$$

$$\Delta b = b_{11}b_{22} - b_{12}b_{21}$$

$$\Delta h = h_{11}h_{22} - h_{12}h_{21}$$

$$\Delta g = g_{11}g_{22} - g_{12}g_{21}$$

Embora não tenhamos deduzido todas as relações apresentadas na Tabela 18.1, deduzimos as que relacionam os parâmetros z e y e os parâmetros z e a. Essas deduções ilustram o processo geral de determinação da relação entre um conjunto de parâmetros e o outro. Para determinar os parâmetros z em função dos parâmetros y, em primeiro lugar determinamos V_1 e V_2 usando as equações 18.2. Em seguida, comparamos os coeficientes de I_1 e I_2 nas expressões resultantes com os coeficientes de I_1 e I_2 nas equações 18.1. Pelas equações 18.2,

$$V_1 = \frac{\begin{vmatrix} I_1 & y_{12} \\ I_2 & y_{22} \end{vmatrix}}{\begin{vmatrix} y_{11} & y_{12} \\ y_{21} & y_{22} \end{vmatrix}} = \frac{y_{22}}{\Delta y}I_1 - \frac{y_{12}}{\Delta y}I_2, \quad (18.16)$$

$$V_2 = \frac{\begin{vmatrix} y_{11} & I_1 \\ y_{21} & I_2 \end{vmatrix}}{\Delta y} = -\frac{y_{21}}{\Delta y}I_1 + \frac{y_{11}}{\Delta y}I_2. \qquad (18.17)$$

Comparando as equações 18.16 e 18.17 com as equações 18.1, vemos que

$$z_{11} = \frac{y_{22}}{\Delta y}, \qquad (18.18)$$

$$z_{12} = -\frac{y_{12}}{\Delta y}, \qquad (18.19)$$

$$z_{21} = -\frac{y_{21}}{\Delta y}, \qquad (18.20)$$

$$z_{22} = \frac{y_{11}}{\Delta y}. \qquad (18.21)$$

Para determinar os parâmetros z em função dos parâmetros a, rearranjamos as equações 18.3 na forma das equações 18.1 e, então, comparamos os coeficientes. Pela segunda equação das equações 18.3,

$$V_2 = \frac{1}{a_{21}}I_1 + \frac{a_{22}}{a_{21}}I_2. \qquad (18.22)$$

Assim, substituindo a Equação 18.22 na primeira equação das equações 18.3, obtemos

$$V_1 = \frac{a_{11}}{a_{21}}I_1 + \left(\frac{a_{11}a_{22}}{a_{21}} - a_{12}\right)I_2. \qquad (18.23)$$

Pela Equação 18.23,

$$z_{11} = \frac{a_{11}}{a_{21}}, \qquad (18.24)$$

$$z_{12} = \frac{\Delta a}{a_{21}}. \qquad (18.25)$$

Pela Equação 18.22,

$$z_{21} = \frac{1}{a_{21}}, \qquad (18.26)$$

$$z_{22} = \frac{a_{22}}{a_{21}}. \qquad (18.27)$$

O Exemplo 18.3 ilustra a utilidade da tabela de conversão de parâmetros.

EXEMPLO 18.3 Determinação dos parâmetros h por medições e pela Tabela 18.1.

Dois conjuntos de medições são realizados em um quadripolo resistivo. O primeiro é realizado com a porta 2 em aberto e o segundo, com a porta 2 em curto-circuito. Os resultados são os seguintes:

Porta 2 em aberto
$V_1 = 10$ mV
$I_1 = 10$ μA
$V_2 = -40$ V

Porta 2 em curto-circuito
$V_1 = 24$ mV
$I_1 = 20$ μA
$I_2 = 1$ mA

Determine os parâmetros h do quadripolo.

Solução

Podemos determinar h_{11} e h_{21} diretamente do teste de curto-circuito:

$$h_{11} = \frac{V_1}{I_1}\bigg|_{V_2=0}$$

$$= \frac{24 \times 10^{-3}}{20 \times 10^{-6}} = 1{,}2 \text{ k}\Omega,$$

$$h_{21} = \frac{I_2}{I_1}\bigg|_{V_2=0}$$

$$= \frac{10^{-3}}{20 \times 10^{-6}} = 50.$$

Os parâmetros h_{12} e h_{22} não podem ser obtidos diretamente do teste de circuito aberto. Contudo, uma verificação das equações 18.7–18.15 indica que os quatro parâmetros a podem ser deduzidos dos dados de medição. Por consequência, h_{12} e h_{22} podem ser obtidos pela tabela de conversão. Especificamente,

$$h_{12} = \frac{\Delta a}{a_{22}}$$

$$h_{22} = \frac{a_{21}}{a_{22}}.$$

Os parâmetros a são

$$a_{11} = \frac{V_1}{V_2}\bigg|_{I_2=0} = \frac{10 \times 10^{-3}}{-40} = -0{,}25 \times 10^{-3},$$

$$a_{21} = \frac{I_1}{V_2}\bigg|_{I_2=0} = \frac{10 \times 10^{-6}}{-40} = -0{,}25 \times 10^{-6} \text{ S},$$

$$a_{12} = -\frac{V_1}{I_2}\bigg|_{V_2=0} = -\frac{24 \times 10^{-3}}{10^{-3}} = -24 \ \Omega,$$

$$a_{22} = -\frac{I_1}{I_2}\bigg|_{V_2=0} = -\frac{20 \times 10^{-6}}{10^{-3}} = -20 \times 10^{-3}.$$

O valor numérico de Δa é

$$\Delta a = a_{11}a_{22} - a_{12}a_{21}$$

$$= 5 \times 10^{-6} - 6 \times 10^{-6} = -10^{-6}.$$

Assim,

$$h_{12} = \frac{\Delta a}{a_{22}}$$

$$= \frac{-10^{-6}}{-20 \times 10^{-3}} = 5 \times 10^{-5},$$

$$h_{22} = \frac{a_{21}}{a_{22}}$$

$$= \frac{-0{,}25 \times 10^{-6}}{-20 \times 10^{-3}} = 12{,}5 \ \mu S.$$

PROBLEMA PARA AVALIAÇÃO

Objetivo 1 Saber calcular qualquer conjunto de parâmetros do quadripolo.

18.4 As seguintes medições foram realizadas em um quadripolo resistivo: com a porta 1 em aberto, $V_2 = 15$ V, $V_1 = 10$ V e $I_2 = 30$ A; com a porta 1 em curto-circuito, $V_2 = 10$ V, $I_2 = 4$ A e $I_1 = -5$ A. Calcule os parâmetros z.

Resposta: $z_{11} = (4/15) \ \Omega$;
$z_{12} = (1/3) \ \Omega$;
$z_{21} = -1{,}6 \ \Omega$;
$z_{22} = 0{,}5 \ \Omega$.

NOTA: tente resolver também o Problema 18.13, apresentado no final do capítulo.

Quadripolos recíprocos

Um quadripolo é **recíproco** quando existem as seguintes relações entre os seus parâmetros:

$$z_{12} = z_{21}, \tag{18.28}$$

$$y_{12} = y_{21}, \tag{18.29}$$

$$a_{11}a_{22} - a_{12}a_{21} = \Delta a = 1, \tag{18.30}$$

$$b_{11}b_{22} - b_{12}b_{21} = \Delta b = 1, \tag{18.31}$$

$$h_{12} = -h_{21}, \tag{18.32}$$

$$g_{12} = -g_{21}. \tag{18.33}$$

Um quadripolo é recíproco se a permuta entre uma fonte ideal de tensão em um par de terminais e um amperímetro ideal em um terminal do outro par produzir a mesma leitura no amperímetro. Examine, por exemplo, o quadripolo resistivo da Figura 18.4. Quando uma fonte de tensão de 15 V é aplicada aos terminais *ad*, ela produz uma corrente de 1,75 A no amperímetro dos terminais *cd*. A corrente no amperímetro é determinada facilmente, uma vez conhecida a tensão V_{bd}. Assim,

$$\frac{V_{bd}}{60} + \frac{V_{bd} - 15}{30} + \frac{V_{bd}}{20} = 0, \tag{18.34}$$

e $V_{bd} = 5$ V. Portanto,

$$I = \frac{5}{20} + \frac{15}{10} = 1{,}75 \ A. \tag{18.35}$$

Figura 18.4 Quadripolo recíproco.

Figura 18.5 Quadripolo da Figura 18.4, com a permuta entre a fonte de tensão e o amperímetro.

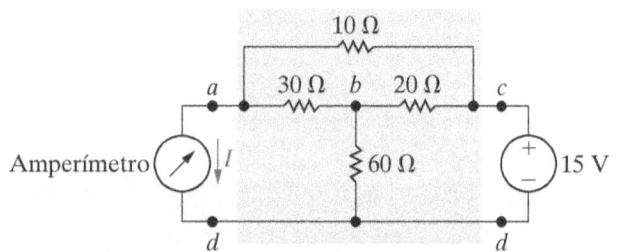

Se a fonte de tensão e o amperímetro forem permutados, o amperímetro ainda indicará 1,75 A, o que verificamos analisando o circuito da Figura 18.5:

$$\frac{V_{bd}}{60} + \frac{V_{bd}}{30} + \frac{V_{bd} - 15}{20} = 0. \qquad (18.36)$$

Pela Equação 18.36, $V_{bd} = 7{,}5$ V. A corrente I_{ad} é igual a

$$I_{ad} = \frac{7{,}5}{30} + \frac{15}{10} = 1{,}75 \text{ A}. \qquad (18.37)$$

Um quadripolo também será recíproco se a permuta de uma fonte ideal de corrente em um par de terminais por um voltímetro ideal no outro par produzir a mesma leitura no voltímetro. Para um quadripolo recíproco, são necessários apenas três cálculos ou medições para determinar seu conjunto de parâmetros.

Um quadripolo recíproco será **simétrico** se suas portas puderem ser intercambiadas sem que isso altere os valores das correntes e tensões terminais. A Figura 18.6 mostra quatro exemplos de quadripolos simétricos. Em tais quadripolos, existem as seguintes relações adicionais entre seus parâmetros:

Figura 18.6 Quatro exemplos de quadripolos simétricos. (a) Circuito T simétrico. (b) Circuito π simétrico. (c) Circuito T simétrico com ponte. (d) Treliça simétrica.

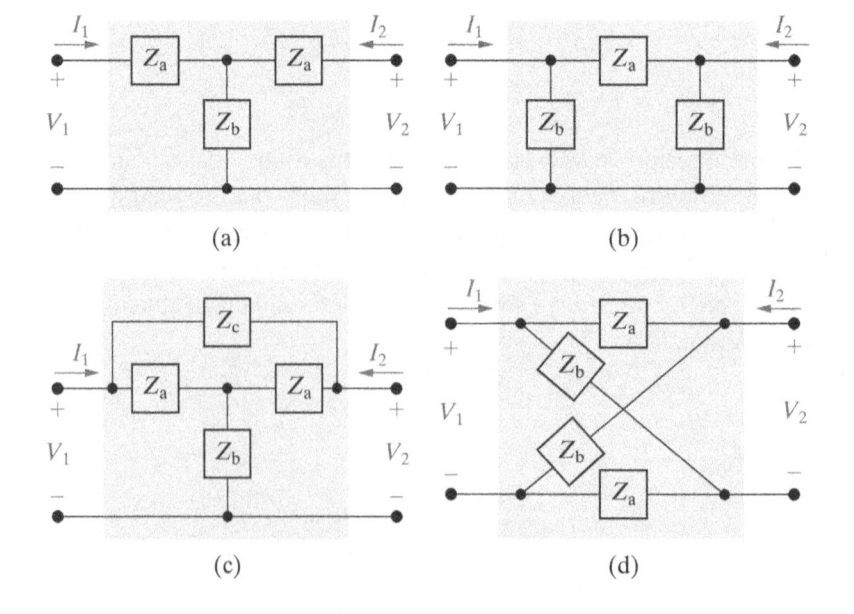

$$z_{11} = z_{22}, \quad (18.38)$$

$$y_{11} = y_{22}, \quad (18.39)$$

$$a_{11} = a_{22}, \quad (18.40)$$

$$b_{11} = b_{22}, \quad (18.41)$$

$$h_{11}h_{22} - h_{12}h_{21} = \Delta h = 1, \quad (18.42)$$

$$g_{11}g_{22} - g_{12}g_{21} = \Delta g = 1. \quad (18.43)$$

No caso de um quadripolo simétrico recíproco são necessários somente dois cálculos ou duas medições para determinar todos os seus parâmetros.

PROBLEMA PARA AVALIAÇÃO

Objetivo 1 Saber calcular qualquer conjunto de parâmetros do quadripolo.

18.5 As seguintes medições foram realizadas em um quadripolo resistivo simétrico e recíproco: com a porta 2 em aberto, $V_1 = 95$ V e $I_1 = 5$ A; com a porta 2 em curto-circuito, $V_1 = 11{,}52$ V e $I_2 = -2{,}72$ A. Calcule os parâmetros z do quadripolo.

Resposta: $z_{11} = z_{22} = 19\ \Omega$, $z_{12} = z_{21} = 17\ \Omega$.

NOTA: tente resolver também o Problema 18.14, apresentado no final do capítulo.

18.3 Análise de quadripolos com carga em seus terminais

Em aplicações típicas de quadripolos, o circuito é ligado na porta 1 e carregado na porta 2. A Figura 18.7 mostra uma dessas situações. Aqui, Z_g representa a impedância interna da fonte, V_g a tensão interna da fonte e Z_L a impedância da carga. A análise desse circuito consiste em expressar as correntes e tensões terminais em função dos parâmetros das terminações, V_g, Z_g e Z_L.

Figura 18.7 Quadripolo com cargas ligadas em seus terminais.

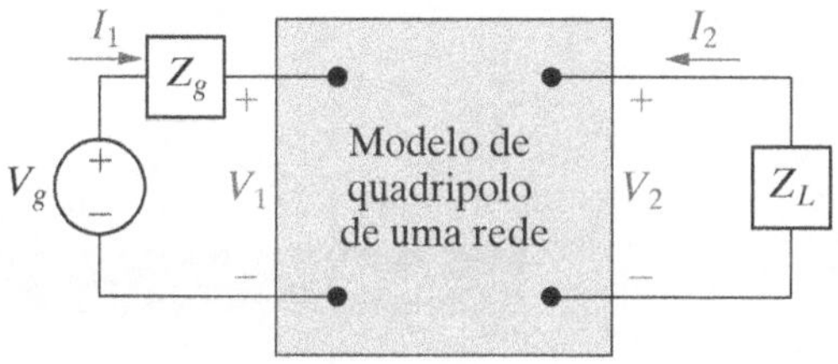

Seis características do quadripolo sob carga definem seu comportamento terminal:

- a impedância $Z_{ent} = V_1/I_1$, ou a admitância $Y_{ent} = I_1/V_1$;
- a corrente de saída I_2;
- a tensão e a impedância de Thévenin (V_{Th}, Z_{Th}) vistas do ponto de vista da porta 2;
- o ganho de corrente I_2/I_1;
- o ganho de tensão V_2/V_1;
- o ganho de tensão V_2/V_g.

Relação entre as seis características e os parâmetros z

Para ilustrar como essas seis características são calculadas, deduzimos expressões usando os parâmetros z para modelar o quadripolo. A Tabela 18.2 mostra as expressões que envolvem os parâmetros y, a, b, h e g.

Tabela 18.2 Equações de quadripolos com cargas em seus terminais.

Parâmetros z	Parâmetros y
$Z_{ent} = z_{11} - \dfrac{z_{12}z_{21}}{z_{22} + Z_L}$	$Y_{ent} = y_{11} - \dfrac{y_{12}y_{21}Z_L}{1 + y_{22}Z_L}$
$I_2 = \dfrac{-z_{21}V_g}{(z_{11} + Z_g)(z_{22} + Z_L) - z_{12}z_{21}}$	$I_2 = \dfrac{y_{21}V_g}{1 + y_{22}Z_L + y_{11}Z_g + \Delta y Z_g Z_L}$
$V_{Th} = \dfrac{z_{21}}{z_{11} + Z_g}V_g$	$V_{Th} = \dfrac{-y_{21}V_g}{y_{22} + \Delta y Z_g}$
$Z_{Th} = z_{22} - \dfrac{z_{12}z_{21}}{z_{11} + Z_g}$	$Z_{Th} = \dfrac{1 + y_{11}Z_g}{y_{22} + \Delta y Z_g}$
$\dfrac{I_2}{I_1} = \dfrac{-z_{21}}{z_{22} + Z_L}$	$\dfrac{I_2}{I_1} = \dfrac{y_{21}}{y_{11} + \Delta y Z_L}$
$\dfrac{V_2}{V_1} = \dfrac{z_{21}Z_L}{z_{11}Z_L + \Delta z}$	$\dfrac{V_2}{V_1} = \dfrac{-y_{21}Z_L}{1 + y_{22}Z_L}$
$\dfrac{V_2}{V_g} = \dfrac{z_{21}Z_L}{(z_{11} + Z_g)(z_{22} + Z_L) - z_{12}z_{21}}$	$\dfrac{V_2}{V_g} = \dfrac{y_{21}Z_L}{y_{12}y_{21}Z_g Z_L - (1 + y_{11}Z_g)(1 + y_{22}Z_L)}$
Parâmetros a	**Parâmetros b**
$Z_{ent} = \dfrac{a_{11}Z_L + a_{12}}{a_{21}Z_L + a_{22}}$	$Z_{ent} = \dfrac{b_{22}Z_L + b_{12}}{b_{21}Z_L + b_{11}}$
$I_2 = \dfrac{-V_g}{a_{11}Z_L + a_{12} + a_{21}Z_g Z_L + a_{22}Z_g}$	$I_2 = \dfrac{-V_g \Delta b}{b_{11}Z_g + b_{21}Z_g Z_L + b_{22}Z_L + b_{12}}$
$V_{Th} = \dfrac{V_g}{a_{11} + a_{21}Z_g}$	$V_{Th} = \dfrac{V_g \Delta b}{b_{22} + b_{21}Z_g}$
$Z_{Th} = \dfrac{a_{12} + a_{22}Z_g}{a_{11} + a_{21}Z_g}$	$Z_{Th} = \dfrac{b_{11}Z_g + b_{12}}{b_{21}Z_g + b_{22}}$
$\dfrac{I_2}{I_1} = \dfrac{-1}{a_{21}Z_L + a_{22}}$	$\dfrac{I_2}{I_1} = \dfrac{-\Delta b}{b_{11} + b_{21}Z_L}$
$\dfrac{V_2}{V_1} = \dfrac{Z_L}{a_{11}Z_L + a_{12}}$	$\dfrac{V_2}{V_1} = \dfrac{\Delta b Z_L}{b_{12} + b_{22}Z_L}$
$\dfrac{V_2}{V_g} = \dfrac{Z_L}{(a_{11} + a_{21}Z_g)Z_L + a_{12} + a_{22}Z_g}$	$\dfrac{V_2}{V_g} = \dfrac{\Delta b Z_L}{b_{12} + b_{11}Z_g + b_{22}Z_L + b_{21}Z_g Z_L}$
Parâmetros h	**Parâmetros g**
$Z_{ent} = h_{11} - \dfrac{h_{12}h_{21}Z_L}{1 + h_{22}Z_L}$	$Y_{ent} = g_{11} - \dfrac{g_{12}g_{21}}{g_{22} + Z_L}$
$I_2 = \dfrac{h_{21}V_g}{(1 + h_{22}Z_L)(h_{11} + Z_g) - h_{12}h_{21}Z_L}$	$I_2 = \dfrac{-g_{21}V_g}{(1 + g_{11}Z_g)(g_{22} + Z_L) - g_{12}g_{21}Z_g}$
$V_{Th} = \dfrac{-h_{21}V_g}{h_{22}Z_g + \Delta h}$	$V_{Th} = \dfrac{g_{21}V_g}{1 + g_{11}Z_g}$
$Z_{Th} = \dfrac{Z_g + h_{11}}{h_{22}Z_g + \Delta h}$	$Z_{Th} = g_{22} - \dfrac{g_{12}g_{21}Z_g}{1 + g_{11}Z_g}$
$\dfrac{I_2}{I_1} = \dfrac{h_{21}}{1 + h_{22}Z_L}$	$\dfrac{I_2}{I_1} = \dfrac{-g_{21}}{g_{11}Z_L + \Delta g}$
$\dfrac{V_2}{V_1} = \dfrac{-h_{21}Z_L}{\Delta h Z_L + h_{11}}$	$\dfrac{V_2}{V_1} = \dfrac{g_{21}Z_L}{g_{22} + Z_L}$
$\dfrac{V_2}{V_g} = \dfrac{-h_{21}Z_L}{(h_{11} + Z_g)(1 + h_{22}Z_L) - h_{12}h_{21}Z_L}$	$\dfrac{V_2}{V_g} = \dfrac{g_{21}Z_L}{(1 + g_{11}Z_g)(g_{22} + Z_L) - g_{12}g_{21}Z_g}$

A dedução de qualquer dessas expressões envolve a manipulação algébrica das equações do quadripolo juntamente com as duas equações de restrição impostas pelas terminações. Se usarmos as equações dos parâmetros z para o circuito da Figura 18.7, temos

$$V_1 = z_{11}I_1 + z_{12}I_2, \quad (18.44)$$

$$V_2 = z_{21}I_1 + z_{22}I_2, \quad (18.45)$$

$$V_1 = V_g - I_1 Z_g, \quad (18.46)$$

$$V_2 = -I_2 Z_L. \quad (18.47)$$

As equações 18.46 e 18.47 descrevem as restrições impostas às terminações.

Para determinar a impedância da porta 1, isto é, $Z_{ent} = V_1/I_1$, procedemos da seguinte forma: na Equação 18.45, substituímos V_2 por $-I_2 Z_L$ e deduzimos a expressão resultante para I_2:

$$I_2 = \frac{-z_{21}I_1}{Z_L + z_{22}}. \quad (18.48)$$

Então, substituímos essa equação na Equação 18.44 e calculamos Z_{ent}:

$$Z_{ent} = z_{11} - \frac{z_{12}z_{21}}{z_{22} + Z_L}. \quad (18.49)$$

Para determinar a corrente terminal, I_2, em primeiro lugar calculamos I_1 pela Equação 18.44 depois de substituirmos V_1 pelo lado direito da Equação 18.46. O resultado é

$$I_1 = \frac{V_g - z_{12}I_2}{z_{11} + Z_g}. \quad (18.50)$$

Agora, substituímos esse valor de I_1 na Equação 18.48 e calculamos I_2:

$$I_2 = \frac{-z_{21}V_g}{(z_{11} + Z_g)(z_{22} + Z_L) - z_{12}z_{21}}. \quad (18.51)$$

A tensão de Thévenin vista dos terminais da porta 2 é igual a V_2 quando $I_2 = 0$. Com $I_2 = 0$ e pelas equações 18.44 e 18.45, temos

$$V_2|_{I_2=0} = z_{21}I_1 = z_{21}\frac{V_1}{z_{11}}. \quad (18.52)$$

Contudo, $V_1 = V_g - I_1 Z_g$ e $I_1 = V_g/(Z_g + z_{11})$; assim, substituindo esses resultados na Equação 18.52 temos o valor de circuito aberto de V_2:

$$V_2|_{I_2=0} = V_{Th} = \frac{z_{21}}{Z_g + z_{11}}V_g. \quad (18.53)$$

A impedância de Thévenin, ou de saída, é a razão V_2/I_2 quando V_g é substituída por um curto-circuito. Nesse caso, a Equação 18.46 reduz-se a

$$V_1 = -I_1 Z_g. \quad (18.54)$$

Substituindo a Equação 18.54 na Equação 18.44, obtemos

$$I_1 = \frac{-z_{12}I_2}{z_{11} + Z_g}. \quad (18.55)$$

Agora, substituímos o valor de I_1 da Equação 18.55 na Equação 18.45, o que dá como resultado

$$\left.\frac{V_2}{I_2}\right|_{V_g=0} = Z_{Th} = z_{22} - \frac{z_{12}z_{21}}{z_{11} + Z_g}. \quad (18.56)$$

O ganho de corrente I_2/I_1 pode ser calculado diretamente da Equação 18.48:

$$\frac{I_2}{I_1} = \frac{-z_{21}}{Z_L + z_{22}}. \quad (18.57)$$

Para deduzir a expressão para o ganho de tensão V_2/V_1, começamos substituindo I_2 na Equação 18.45 por seu valor dado pela Equação 18.47; assim,

$$V_2 = z_{21}I_1 + z_{22}\left(\frac{-V_2}{Z_L}\right). \quad (18.58)$$

Em seguida, calculamos I_1 pela Equação 18.44 em função de V_1 e V_2:

$$z_{11}I_1 = V_1 - z_{12}\left(\frac{-V_2}{Z_L}\right)$$

ou

$$I_1 = \frac{V_1}{z_{11}} + \frac{z_{12}V_2}{z_{11}Z_L}. \quad (18.59)$$

Agora, substituímos I_1 na Equação 18.58 pela Equação 18.59 e calculamos a expressão resultante para V_2/V_1:

$$\frac{V_2}{V_1} = \frac{z_{21}Z_L}{z_{11}Z_L + z_{11}z_{22} - z_{12}z_{21}}$$

$$= \frac{z_{21}Z_L}{z_{11}Z_L + \Delta z}. \quad (18.60)$$

Para calcular o ganho de tensão V_2/V_g, primeiramente combinamos as equações 18.44, 18.46 e 18.47 para determinar I_1 em função de V_2 e V_g:

$$I_1 = \frac{z_{12}V_2}{Z_L(z_{11} + Z_g)} + \frac{V_g}{z_{11} + Z_g}. \quad (18.61)$$

Agora, usamos as equações 18.61 e 18.47 em conjunto com a Equação 18.45 para deduzir uma expressão que envolva apenas V_2 e V_g; isto é,

$$V_2 = \frac{z_{21}z_{12}V_2}{Z_L(z_{11} + Z_g)} + \frac{z_{21}V_g}{z_{11} + Z_g} - \frac{z_{22}}{Z_L}V_2, \quad (18.62)$$

que podemos manipular para obter o ganho de tensão desejado:

$$\frac{V_2}{V_g} = \frac{z_{21}Z_L}{(z_{11} + Z_g)(z_{22} + Z_L) - z_{12}z_{21}}. \quad (18.63)$$

Os primeiros dados na Tabela 18.2 resumem as expressões para esses seis atributos do circuito quadripolo com carga em seus terminais. Além disso, a lista apresenta as expressões correspondentes para os parâmetros y, a, b, h e g.

O Exemplo 18.4 ilustra a utilidade das relações apresentadas na Tabela 18.2.

EXEMPLO 18.4 Análise de um quadripolo com carga em seus terminais.

O quadripolo da Figura 18.8 é descrito em termos de seus parâmetros b, cujos valores são

$$b_{11} = -20, \quad b_{12} = -3.000 \ \Omega,$$
$$b_{21} = -2 \text{ mS}, \quad b_{22} = -0,2.$$

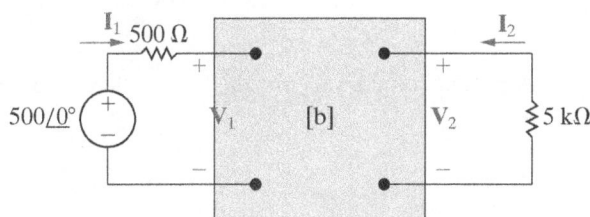

Figura 18.8 Circuito para o Exemplo 18.4.

a) Determine a tensão fasorial V_2.
b) Determine a potência média fornecida à carga de 5 kΩ.
c) Determine a potência média fornecida aos terminais de entrada.
d) Determine a impedância da carga para máxima transferência de potência média.
e) Determine a máxima potência média fornecida à carga do item (d).

Solução

a) Para determinar V_2, temos duas opções, ambas mostradas na Tabela 18.2. Podemos optar por determinar I_2 e, então, determinar V_2 pela relação $V_2 = -I_2 Z_L$, ou podemos determinar o ganho de tensão V_2/V_g e, então, calcular V_2 a partir do ganho. Vamos usar a última abordagem. Para os valores dados do parâmetro b, temos

$$\Delta b = (-20)(-0,2) - (-3.000)(-2 \times 10^{-3}) = 4 - 6 = -2.$$

Pela Tabela 18.2,

$$\frac{V_2}{V_g} = \frac{\Delta b Z_L}{b_{12} + b_{11} Z_g + b_{22} Z_L + b_{21} Z_g Z_L}$$

$$= \frac{(-2)(5.000)}{-3.000 + (-20)500 + (-0,2)5.000 + [-2 \times 10^{-3}(500)(5.000)]}$$

$$= \frac{10}{19}.$$

Então,

$$V_2 = \left(\frac{10}{19}\right)500 = 263,16 \underline{/0°} \text{ V}.$$

b) A potência média fornecida à carga de 5.000 Ω é

$$P_2 = \frac{263,16^2}{2(5.000)} = 6,93 \text{ W}.$$

c) Para determinar a potência média fornecida à porta 1, em primeiro lugar determinamos a impedância de entrada Z_{ent}. Pela Tabela 18.2,

$$Z_{ent} = \frac{b_{22} Z_L + b_{12}}{b_{21} Z_L + b_{11}}$$

$$= \frac{(-0,2)(5.000) - 3.000}{-2 \times 10^{-3}(5.000) - 20}$$

$$= \frac{400}{3} = 133,33 \ \Omega.$$

Agora, o valor de $\mathbf{I}_1$ é calculado diretamente:

$$\mathbf{I}_1 = \frac{500}{500 + 133{,}33} = 789{,}47 \text{ mA}.$$

A potência média fornecida à porta de entrada é

$$P_1 = \frac{0{,}78947^2}{2}(133{,}33) = 41{,}55 \text{ W}.$$

d) A impedância da carga para máxima transferência de potência média é o conjugado da impedância de Thévenin vista sob o ponto de vista da porta 2. Pela Tabela 18.2,

$$Z_{\text{Th}} = \frac{b_{11}Z_g + b_{12}}{b_{21}Z_g + b_{22}}$$

$$= \frac{(-20)(500) - 3.000}{(-2 \times 10^{-3})(500) - 0{,}2}$$

$$= \frac{13.000}{1{,}2} = 10.833{,}33 \; \Omega.$$

Assim, $Z_L = Z_{\text{Th}}^* = 10.833{,}33 \; \Omega$.

e) Para determinar a máxima potência média fornecida à Z_L, em primeiro lugar determinamos $\mathbf{V}_2$ pela expressão do ganho de tensão $\mathbf{V}_2/\mathbf{V}_g$. Quando Z_L for $10.833{,}33 \; \Omega$, esse ganho será

$$\frac{\mathbf{V}_2}{\mathbf{V}_g} = 0{,}8333.$$

Assim,

$$\mathbf{V}_2 = (0{,}8333)(500) = 416{,}67 \text{ V}$$

e

$$P_L(\text{máximo}) = \frac{1}{2} \frac{416{,}67^2}{10.833{,}33}$$

$$= 8{,}01 \text{ W}.$$

PROBLEMA PARA AVALIAÇÃO

Objetivo 2 Saber analisar um quadripolo com carga em seus terminais, determinando as correntes, tensões, impedâncias e relações de interesse.

18.6 Os parâmetros a do quadripolo mostrado são $a_{11} = 5 \times 10^{-4}$, $a_{12} = 10 \; \Omega$, $a_{21} = 10^{-6}$ S e $a_{22} = -3 \times 10^{-2}$. O quadripolo é alimentado por uma fonte de tensão senoidal com uma amplitude máxima de 50 mV e uma impedância interna de $100 + j0 \; \Omega$. Ele é ligado a uma carga resistiva de 5 kΩ.

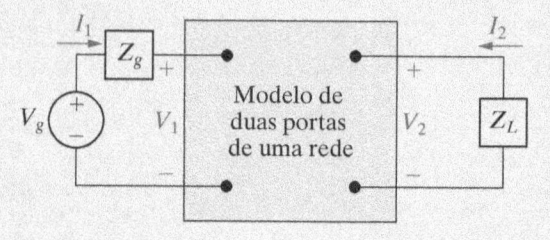

a) Calcule a potência média fornecida ao resistor de carga.
b) Calcule a resistência da carga para máxima potência média.
c) Calcule a máxima potência média fornecida ao resistor do item (b).

Resposta: (a) 62,5 mW;
(b) 70/6 kΩ;
(c) 74,4 mW.

NOTA: tente resolver também os problemas 18.29, 18.31 e 18.33, apresentados no final do capítulo.

18.4 Interconexão de quadripolos

De modo geral, é mais fácil sintetizar um sistema grande e complexo projetando-se primeiramente as subseções do sistema. Integra-se, então, o sistema interligando-se essas unidades mais simples e fáceis de projetar. Se as subseções forem modeladas por quadripolos, a síntese do sistema completo se dará por meio da interligação desses quadripolos.

Quadripolos podem ser interligados de cinco modos: (1) em cascata, (2) em série, (3) em paralelo, (4) em série-paralelo e (5) em paralelo-série. A Figura 18.9 mostra essas cinco interligações básicas.

Nesta seção, analisaremos e ilustraremos somente a ligação em cascata. Contudo, se as outras quatro ligações cumprirem certos requisitos, poderemos obter os parâmetros que descrevem os

Figura 18.9 As cinco interligações básicas de quadripolos. (a) Em cascata. (b) Em série. (c) Em paralelo. (d) Em série-paralelo. (e) Em paralelo-série.

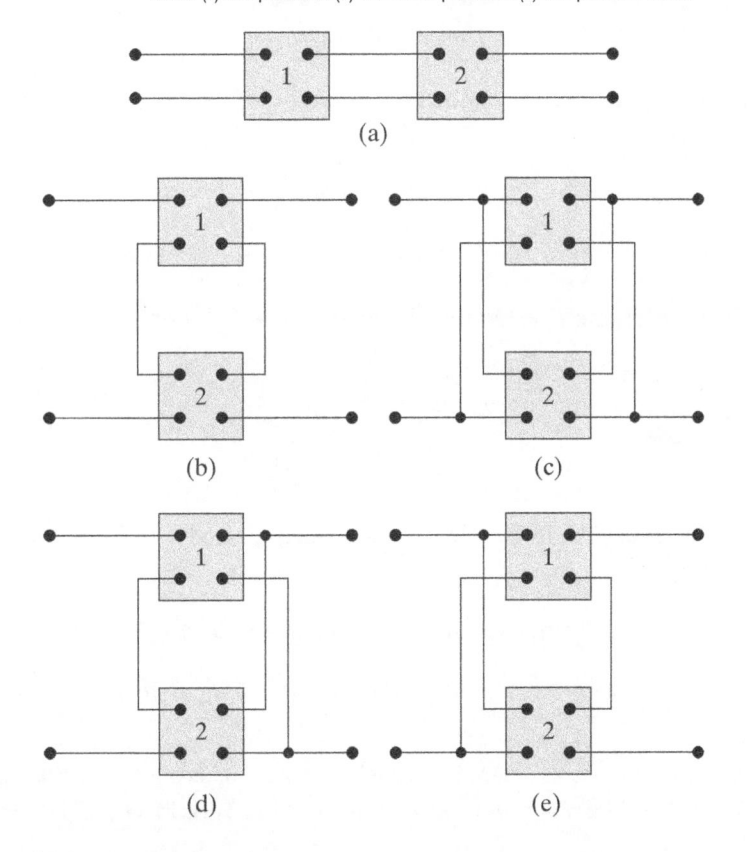

circuitos interligados pela simples adição dos parâmetros das redes individuais. Em particular, os parâmetros z descrevem a ligação em série; os parâmetros y, a ligação em paralelo; os parâmetros h, a ligação em série-paralelo; e os parâmetros g, a ligação em paralelo-série.[1]

A ligação em cascata é importante porque ocorre frequentemente na modelagem de grandes sistemas. Diferentemente das outras quatro interligações básicas, não há nenhuma restrição à utilização dos parâmetros dos quadripolos individuais para se obter os parâmetros dos circuitos interligados. Os parâmetros a são mais adequados para descrever a ligação em cascata.

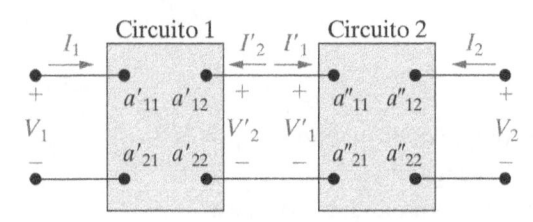

Analisamos a ligação em cascata usando o circuito mostrado na Figura 18.10, em que aspas simples denotam parâmetros a no primeiro circuito e aspas duplas denotam parâmetros a no segundo circuito. A tensão e a corrente de saída do primeiro circuito são identificadas por V'_2 e I'_2 e a tensão e a corrente de entrada do segundo circuito são identificadas por V'_1 e I'_1. O problema consiste em deduzir as equações que relacionam V_2 e I_2 com V_1 e I_1, por meio dos parâmetros a. Em outras palavras, procuramos o par de equações

Figura 18.10 Ligação em cascata.

$$V_1 = a_{11}V_2 - a_{12}I_2 \qquad (18.64)$$

$$I_1 = a_{21}V_2 - a_{22}I_2, \qquad (18.65)$$

em que os parâmetros a sejam dados explicitamente em termos dos parâmetros a dos circuitos individuais.

Começamos a dedução observando que, pela Figura 18.10,

$$V_1 = a'_{11}V'_2 - a'_{12}I'_2, \qquad (18.66)$$

$$I_1 = a'_{21}V'_2 - a'_{22}I'_2. \qquad (18.67)$$

Com a interligação em cascata, temos $V'_2 = V'_1$ e $I'_2 = -I'_1$. Substituindo essas restrições nas equações 18.66 e 18.67, temos

$$V_1 = a'_{11}V'_1 + a'_{12}I'_1, \qquad (18.68)$$

$$I_1 = a'_{21}V'_1 + a'_{22}I'_1. \qquad (18.69)$$

A tensão V'_1 e a corrente I'_1 estão relacionadas com V_2 e I_2 por meio dos parâmetros a do segundo circuito:

$$V'_1 = a''_{11}V_2 - a''_{12}I_2, \qquad (18.70)$$

$$I'_1 = a''_{21}V_2 - a''_{22}I_2. \qquad (18.71)$$

Substituímos as equações 18.70 e 18.71 nas equações 18.68 e 18.69 para criar as relações entre V_1, I_1 e V_2, I_2:

$$V_1 = (a'_{11}a''_{11} + a'_{12}a''_{21})V_2 - (a'_{11}a''_{12} + a'_{12}a''_{22})I_2, \qquad (18.72)$$

$$I_1 = (a'_{21}a''_{11} + a'_{22}a''_{21})V_2 - (a'_{21}a''_{12} + a'_{22}a''_{22})I_2. \qquad (18.73)$$

---

[1] Uma descrição detalhada dessas quatro interligações é apresentada por Henry Ruston e Joseph Bordogna em *Electric Networks: Functions, Filters, Analysis*, Nova York: McGraw-Hill, 1966, Capítulo 4.

Comparando as equações 18.72 e 18.73 com as equações 18.64 e 18.65, obtemos as expressões desejadas para os parâmetros *a* dos quadripolos interligados, ou seja,

$$a_{11} = a'_{11}a''_{11} + a'_{12}a''_{21}, \tag{18.74}$$

$$a_{12} = a'_{11}a''_{12} + a'_{12}a''_{22}, \tag{18.75}$$

$$a_{21} = a'_{21}a''_{11} + a'_{22}a''_{21}, \tag{18.76}$$

$$a_{22} = a'_{21}a''_{12} + a'_{22}a''_{22}. \tag{18.77}$$

Se mais de duas unidades forem ligadas em cascata, os parâmetros *a* do quadripolo equivalente podem ser determinados pela redução sucessiva do conjunto original, um par de quadripolos de cada vez.

O Exemplo 18.5 ilustra o uso das equações 18.74–18.77 para analisar uma ligação em cascata de dois circuitos amplificadores.

EXEMPLO 18.5 Análise de quadripolos em cascata.

Dois amplificadores idênticos estão ligados em cascata, como mostra a Figura 18.11. Cada amplificador é descrito em relação a seus parâmetros *h*. Os valores são $h_{11} = 1.000\,\Omega$, $h_{12} = 0{,}0015$, $h_{21} = 100$ e $h_{22} = 100\,\mu S$. Determine o ganho de tensão V_2/V_g.

Figura 18.11 Circuito para o Exemplo 18.5.

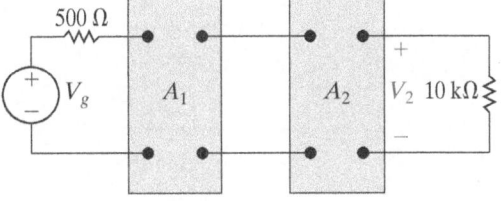

Solução

Em primeiro lugar, é necessário converter os parâmetros *h* em parâmetros *a*. Como os amplificadores são idênticos, um único conjunto de parâmetros *a* descreve-os:

$$a'_{11} = \frac{-\Delta h}{h_{21}} = \frac{+0{,}05}{100} = 5 \times 10^{-4},$$

$$a'_{12} = \frac{-h_{11}}{h_{21}} = \frac{-1.000}{100} = -10\,\Omega,$$

$$a'_{21} = \frac{-h_{22}}{h_{21}} = \frac{-100 \times 10^{-6}}{100} = -10^{-6}\,S,$$

$$a'_{22} = \frac{-1}{h_{21}} = \frac{-1}{100} = -10^{-2}.$$

Em seguida, usamos as equações 18.74–18.77 para calcular os parâmetros *a* dos amplificadores em cascata:

$$a_{11} = a'_{11}a'_{11} + a'_{12}a'_{21}$$
$$= 25 \times 10^{-8} + (-10)(-10^{-6})$$
$$= 10{,}25 \times 10^{-6},$$

$$a_{12} = a'_{11}a'_{12} + a'_{12}a'_{22}$$
$$= (5 \times 10^{-4})(-10) + (-10)(-10^{-2})$$
$$= 0{,}095 \, \Omega,$$
$$a_{21} = a'_{21}a'_{11} + a'_{22}a'_{21}$$
$$= (-10^{-6})(5 \times 10^{-4}) + (-0{,}01)(-10^{-6})$$
$$= 9{,}5 \times 10^{-9} \, \text{S},$$
$$a_{22} = a'_{21}a'_{12} + a'_{22}a'_{22}$$
$$= (-10^{-6})(-10) + (-10^{-2})^2$$
$$= 1{,}1 \times 10^{-4}.$$

Pela Tabela 18.2,

$$\frac{V_2}{V_g} = \frac{Z_L}{(a_{11} + a_{21}Z_g)Z_L + a_{12} + a_{22}Z_g}$$

$$= \frac{10^4}{[10{,}25 \times 10^{-6} + 9{,}5 \times 10^{-9}(500)]10^4 + 0{,}095 + 1{,}1 \times 10^{-4}(500)}$$

$$= \frac{10^4}{0{,}15 + 0{,}095 + 0{,}055}$$

$$= \frac{10^5}{3}$$

$$= 33.333{,}33.$$

Assim, um sinal de entrada de 150 μV produz, na saída, um sinal de 5 V. Uma abordagem alternativa para a determinação do ganho de tensão V_2/V_g é dada no Problema 18.41.

PROBLEMA PARA AVALIAÇÃO

Objetivo 3 Saber analisar uma interligação em cascata de quadripolos.

18.7 Cada elemento do circuito mostrado é um resistor de 15 Ω. Dois desses circuitos estão ligados em cascata, entre uma fonte de tensão contínua e uma carga resistiva. A fonte de tensão contínua tem uma tensão de saída em vazio de 100 V e uma resistência interna de 8 Ω. O resistor de carga é ajustado até que seja fornecida a ele máxima potência. Calcule (a) a resistência da carga, (b) a tensão da carga e (c) a potência da carga.

Resposta: (a) 14,44 Ω; (b) 16 V; (c) 17,73 W.

NOTA: tente resolver também o Problema 18.38, apresentado no final do capítulo.

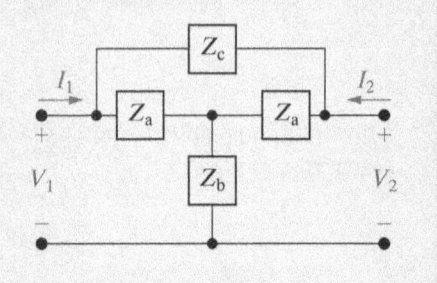

Perspectiva prática

Caracterizando um circuito desconhecido

Fazemos as seguintes medições a fim de determinar os parâmetros h para o amplificador da 'caixa preta':
Com a porta 1 em aberto, aplique 50 V na porta 2. Meça a tensão na porta 1 e a corrente em porta 2:

$$V_1 = 50 \text{ mV}; \qquad I_2 = 2{,}5 \text{ A}.$$

Com a porta 2 em curto-circuito, aplique 2,5 mA na porta 1. Meça a tensão na porta 1 e a corrente na porta 2:

$$V_1 = 1{,}25 \text{ V}; \qquad I_2 = 3{,}75 \text{ A}.$$

Calcule os parâmetros h, de acordo com a Equação 18.14:

$$h_{11} = \left.\frac{V_1}{I_1}\right|_{V_2=0} = \frac{1{,}25}{0{,}0025} = 500 \text{ }\Omega; \qquad h_{12} = \left.\frac{V_1}{V_2}\right|_{I_1=0} = \frac{0{,}05}{50} = 10^{-3};$$

$$h_{21} = \left.\frac{I_2}{I_1}\right|_{V_2=0} = \frac{3{,}75}{0{,}0025} = 1.500; \qquad h_{22} = \left.\frac{I_2}{V_2}\right|_{I_1=0} = \frac{2{,}5}{50} = 50 \text{ mS}.$$

Agora usamos as equações de quadripolo com carga em seus terminais para determinar se é seguro ou não conectar uma fonte de 2 V (ef) com impedância interna de 100 Ω à porta 1 e utilizamos essa fonte com o amplificador para ligar um alto-falante modelado a uma resistência de 32 Ω e uma potência de 100 W. Aqui determinamos o valor de I_2 pela Tabela 18.2:

$$I_2 = \frac{h_{21}V_g}{(1 + h_{22}Z_L)(h_{11} + Z_g) - h_{12}h_{21}Z_L}$$

$$= \frac{1.500(2)}{[1 + (0{,}05)(32)][500 + 100] - (1.500)(10^{-3})(32)}$$

$$= 1{,}98 \text{ A(ef)}$$

Calcule a potência do alto-de falante de 32 Ω:

$$P = RI_2^2 = (32)(1{,}98)^2 = 126 \text{ W}.$$

O amplificador vai, portanto, fornecer 126 W para o alto-falante, que tem potência de 100 W. Logo, é preferível utilizar um amplificador diferente ou comprar um alto-falante mais potente.

Resumo

- **O modelo de quadripolos** é usado para descrever um circuito em termos da tensão e corrente em seus terminais de entrada e saída.

- O modelo é limitado a circuitos em que:
  - não há fontes independentes no interior do circuito;
  - nenhuma energia está armazenada no circuito;
  - a corrente que entra em um dos terminais de uma porta é igual à corrente que sai pelo outro terminal da mesma porta; e
  - não existe nenhuma ligação externa entre entrada e saída.

- Duas das quatro variáveis terminais (V_1, I_1, V_2, I_2) são independentes; dessa forma, para descrever o circuito, são necessárias apenas duas equações simultâneas envolvendo as quatro variáveis. (Seção 18.1.)

- Os seis conjuntos possíveis de equações simultâneas que envolvem as quatro variáveis terminais são denominados equações de parâmetros z, y, a, b, h e g. Veja as equações 18.1–18.6. (Seção 18.1.)

- As equações de parâmetros são escritas no domínio da frequência. Os valores dos parâmetros para tensões e correntes contínuas são obtidos fazendo-se $s = 0$, e os valores para o regime permanente senoidal são obtidos fazendo-se $s = j\omega$. (Seção 18.1.)

- Qualquer conjunto de parâmetros pode ser calculado ou medido utilizando-se condições adequadas de curto-circuito e circuito aberto nos terminais de entrada e de saída. Veja as equações 18.7–18.15. (Seção 18.2.)

- As relações entre os seis conjuntos de parâmetros são dadas na Tabela 18.1. (Seção 18.2.)

- Um quadripolo será **recíproco** se a permuta de uma fonte ideal de tensão em um par de terminais por um amperímetro ideal no outro par de terminais produzir a mesma leitura no amperímetro. O efeito da reciprocidade sobre os parâmetros do quadripolo é dado pelas equações 18.28–18.33. (Seção 18.2.)

- Um quadripolo recíproco será **simétrico** se seus pares de terminais puderem ser permutados sem alterar os valores das correntes e tensões terminais. O efeito adicional da simetria sobre os parâmetros do quadripolo é dado pelas equações 18.38–18.43.

- O desempenho de um quadripolo ligado a uma fonte equivalente de Thévenin e a uma carga é descrito pelas relações dadas na Tabela 18.2. (Seção 18.3.)

- Grandes redes podem ser divididas em sub-redes por meio da modelagem de quadripolos interligados. Neste capítulo, usamos a ligação em cascata para ilustrar a análise da interconexão de quadripolos. (Seção 18.4.)

Problemas

Seções 18.1–18.2

18.1 Determine os parâmetros h e g para o circuito do Exemplo 18.1.

18.2 Determine os parâmetros z para o circuito da Figura P18.2.

Figura P18.2

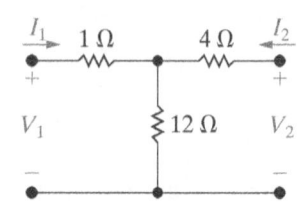

18.3 Use os resultados do Problema 18.2 para calcular os parâmetros y para o circuito da Figura P18.2.

18.4 Determine os parâmetros y para o circuito da Figura P18.4.

Figura P18.4

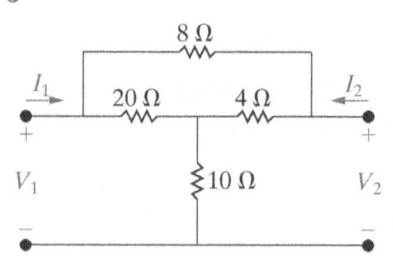

18.5 Determine os parâmetros b do circuito da Figura P18.5.

Figura P18.5

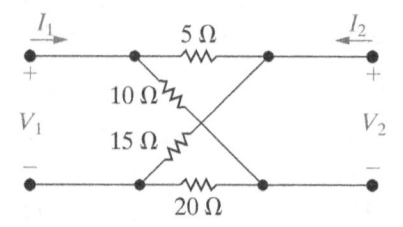

18.6 Determine os parâmetros h do circuito da Figura P18.6.

Figura P18.6

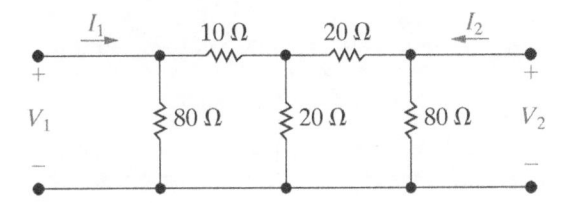

18.7 Selecione os valores de R_1, R_2 e R_3 no circuito da Figura P18.7 de modo que $h_{11} = 4\,\Omega$, $h_{12} = 0{,}8$, $h_{21} = -0{,}8$ e $h_{22} = 0{,}14$ S.

Figura P18.7

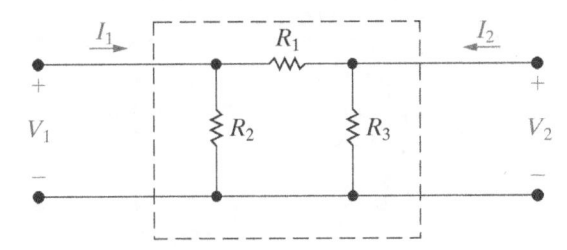

18.8 O amplificador operacional no circuito mostrado na Figura P18.8 é ideal. Determine os parâmetros h do circuito.

Figura P18.8

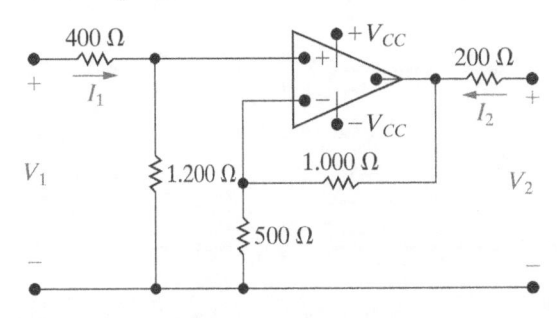

18.9 Determine os parâmetros g para o circuito amplificador operacional da Figura P18.9.

Figura P18.9

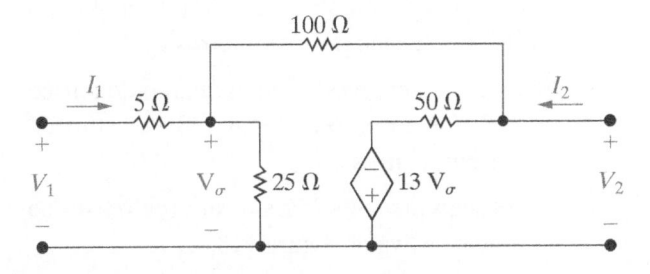

18.10 Determine os parâmetros a do circuito da Figura P18.10.

Figura P18.10

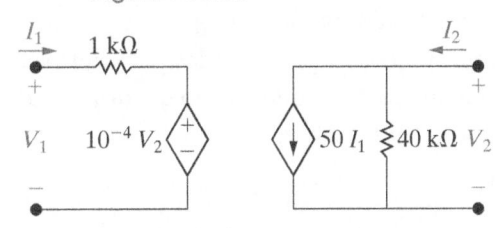

18.11 Use os resultados do Problema 18.10 para calcular os parâmetros g do circuito da Figura P18.10.

18.12 Determine os parâmetros h do quadripolo da Figura P18.12.

Figura P18.12

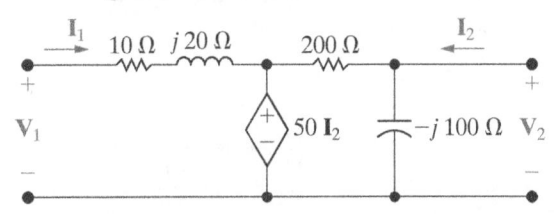

18.13 As seguintes medições, em corrente contínua, foram realizadas no quadripolo da Figura P18.13.

Porta 2 em aberto	Porta 2 em curto-circuito
$V_1 = 20$ mV	$I_1 = 200\,\mu$A
$V_2 = -5$ V	$I_2 = 50\,\mu$A
$I_1 = 0{,}25\,\mu$A	$V_1 = 10$ V

Calcule os parâmetros g do quadripolo.

Figura P18.13

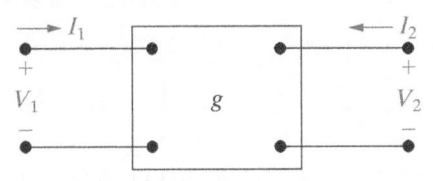

18.14 a) Use as medições do Problema 18.13 para determinar os parâmetros y do quadripolo.

b) Verifique seus cálculos determinando os parâmetros y diretamente dos parâmetros g, determinados no Problema 18.4.

18.15 Deduza as expressões para os parâmetros g em função dos parâmetros h.

18.16 Deduza as expressões para os parâmetros h em função dos parâmetros a.

18.17 Deduza as expressões para os parâmetros y em função dos parâmetros g.

18.18 Determine as expressões dos parâmetros z no domínio da frequência do quadripolo da Figura P18.18.

Figura P18.18

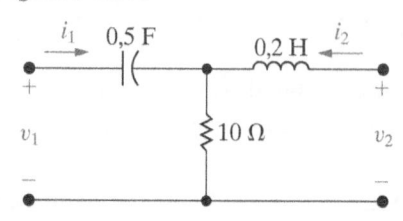

18.19 Determine as expressões dos parâmetros y no domínio da frequência do quadripolo da Figura P18.19.

Figura P18.19

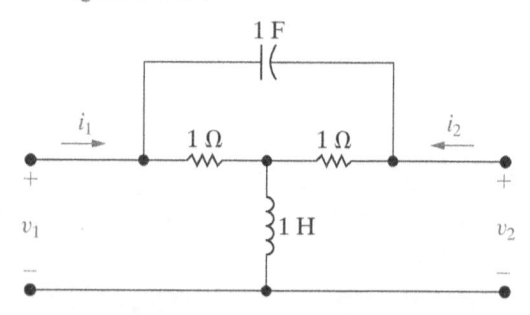

18.20 a) Use as equações de definição para determinar as expressões no domínio da frequência dos parâmetros a para o circuito da Figura P18.20.

b) Mostre que os resultados obtidos em (a) satisfazem os requisitos para que um quadripolo seja considerado recíproco e simétrico.

Figura P18.20

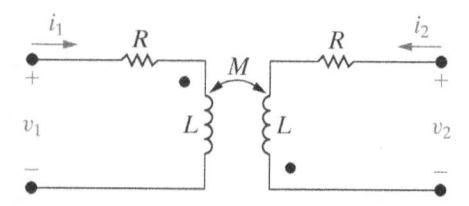

18.21 Determine os valores dos parâmetros a no domínio da frequência para o quadripolo da Figura P18.21.

Figura P18.21

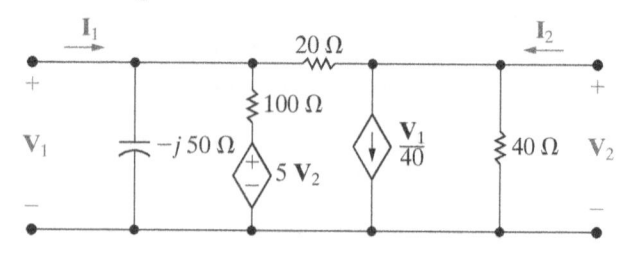

18.22 Determine os parâmetros h para o quadripolo da Figura P18.21.

18.23 O quadripolo da Figura P18.23 é simétrico? Justifique sua resposta.

Figura P18.23

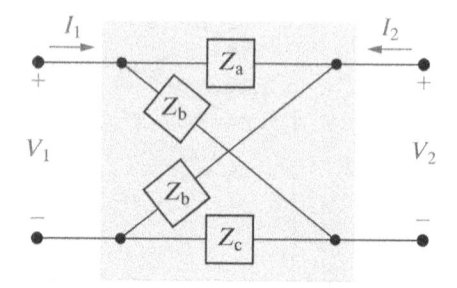

Seção 18.3

18.24 Deduza a expressão para o ganho de tensão V_2/V_1 do circuito da Figura 18.7 em função dos parâmetros a.

18.25 Deduza a expressão para a admitância de entrada ($Y_{ent} = I_1/V_1$) do circuito da Figura 18.7 em função dos parâmetros y.

18.26 Deduza a expressão para o ganho de corrente I_2/I_1 do circuito da Figura 18.7 em função dos parâmetros h.

18.27 Determine o circuito equivalente de Thévenin com relação à porta 2 do circuito da Figura 18.7 em função dos parâmetros g.

18.28 Deduza a expressão para o ganho de tensão V_2/V_g do circuito da Figura 18.7 em função dos parâmetros b.

18.29 As seguintes medições foram realizadas na rede resistiva da Figura P18.29.

Medição 1	Medição 2
$V_1 = 0,1$ V	$V_1 = 0$ V
$I_1 = 100\ \mu$A	$I_1 = -25\ \mu$A
$V_2 = 200$ V	$V_2 = 200$ V
$I_2 = 0$ A	$I_2 = 5$ mA

Um resistor variável R_o é ligado à porta 2 e ajustado para máxima transferência de potência. Determine a máxima potência.

Figura P18.29

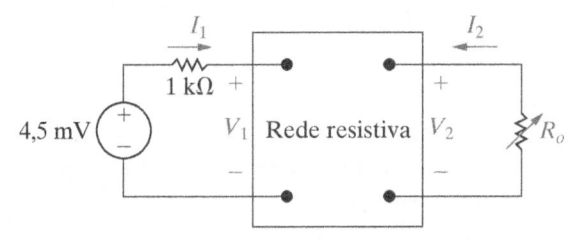

18.30 Os parâmetros g para o quadripolo da Figura P18.30 são

$$g_{11} = \frac{1}{6} - j\frac{1}{6}\ \text{S}; \qquad g_{12} = -0,5 + j0,5;$$

$$g_{21} = 0,5 - j0,5; \qquad g_{22} = 1,5 + j2,5\ \Omega.$$

A impedância da carga Z_L é ajustada para máxima transferência de potência média a Z_L. A fonte ideal de tensão fornece uma tensão senoidal de

$$v_g = 42\sqrt{2}\cos 5000t\ \text{V}.$$

a) Determine o valor eficaz de V_2.

b) Determine a potência média fornecida a Z_L.

c) Qual percentagem da potência média fornecida pela fonte ideal de tensão é absorvida por Z_L?

Figura P18.30

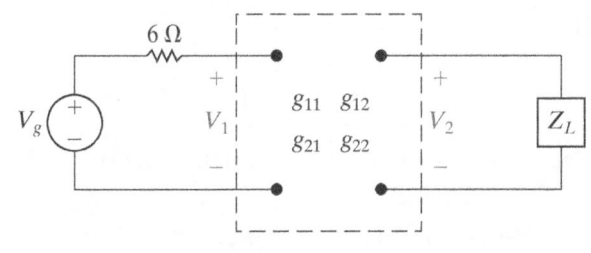

18.31 Os parâmetros y para o circuito quadripolo amplificador de potência da Figura P18.31 são

$y_{11} = 2$ mS; $\qquad y_{12} = -2\ \mu$S;
$y_{21} = 100$ mS; $\qquad y_{22} = -50\ \mu$S.

A impedância interna da fonte é $2.500 + j0$ Ω e a impedância da carga é $70.000 + j0$ Ω. A fonte ideal de tensão fornece uma tensão

$$v_g = 80\sqrt{2}\cos 4.000t\ \text{mV}.$$

a) Determine o valor eficaz de V_2.

b) Determine a potência média fornecida a Z_L.

c) Determine a potência média fornecida pela fonte ideal de tensão.

Figura P18.31

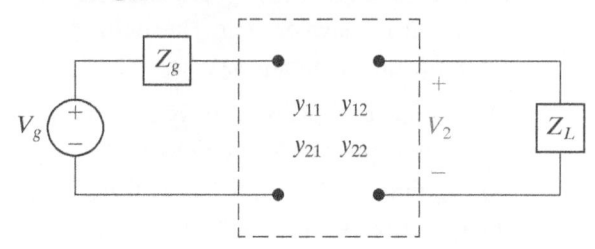

18.32 Para o quadripolo amplificador da Figura P18.31, determine

a) o valor de Z_L para a máxima transferência de potência média;

b) a máxima potência média fornecida a Z_L;

c) a potência média fornecida ao circuito pela fonte ideal de tensão quando é máxima a potência fornecida a Z_L.

18.33 Os parâmetros b do amplificador da Figura P18.33 são

$b_{11} = 25$; $\qquad b_{12} = 1$ kΩ;
$b_{21} = -1,25$ S; $\qquad b_{22} = -40$.

Determine a razão entre a potência de saída e a fornecida pela fonte ideal de tensão.

Figura P18.33

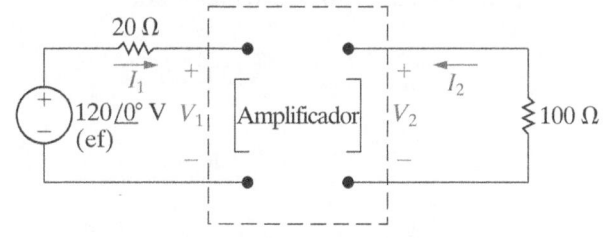

18.34 O transformador linear do circuito da Figura P18.34 tem um coeficiente de acoplamento de 0,75. O transformador é alimentado por uma fonte de tensão senoidal cuja tensão interna é $v_g = 80\cos 400t$ V. A impedância interna da fonte é $5 + j0$ Ω.

Figura P18.34

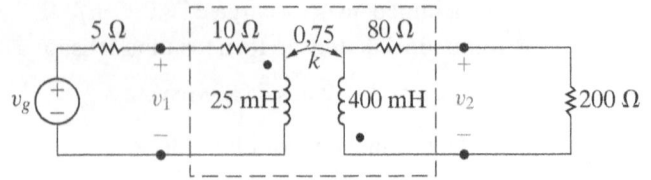

a) Determine os parâmetros a no domínio da frequência para o transformador linear.

b) Use os parâmetros a para determinar o circuito equivalente de Thévenin visto a partir dos terminais da carga.

c) Calcule a expressão de regime permanente no domínio do tempo de v_2.

18.35 As seguintes medições foram realizadas em um quadripolo resistivo.

Condição 1 — crie um curto-circuito na porta 2 e aplique 20 V à porta 1.

Medições: $I_1 = 1$ A; $I_2 = -1$ A.

Condição 2 — crie um circuito aberto na porta 1 e aplique 80 V na porta 2.

Medições: $V_1 = 400$ V; $I_2 = 3$ A.

Determine a máxima potência que esse quadripolo pode fornecer a uma carga resistiva conectada à porta 2, quando a porta 1 é alimentada por uma fonte ideal de tensão contínua de 60 Ω.

18.36 a) Determine os parâmetros y para o quadripolo da Figura P18.36.

b) Determine v_2 para $t > 0$, quando $v_g = 10e^{-2t}u(t)$ V.

Figura P18.36

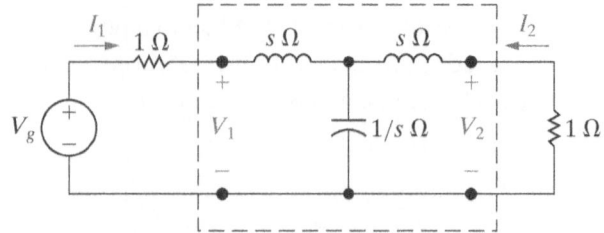

18.37 a) Determine as expressões dos parâmetros g no domínio da frequência do circuito da Figura P18.37.

b) A porta 2 do quadripolo da Figura P18.37 é conectada a uma resistência de 500 Ω e a porta 1 é alimentada por degrau de tensão $v_1(t) = 4u(t)$ V. Determine $v_2(t)$ para $t > 0$, se $C = 32$ nF e $L = 50$ mH.

Figura P18.37

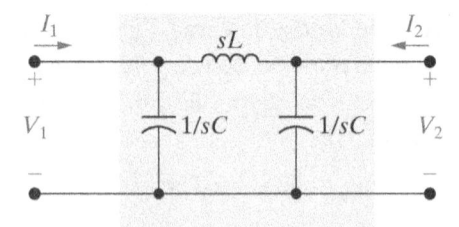

Seção 18.4

18.38 Os parâmetros z e y para o quadripolo resistivo da Figura P18.38 são dados por

$$z_{11} = \frac{35}{3}\ \Omega; \quad y_{11} = 200\ \mu S;$$

$$z_{12} = -\frac{100}{3}\ \Omega; \quad y_{12} = 40\ \mu S;$$

$$z_{21} = \frac{4}{3}\ k\Omega; \quad y_{21} = -800\ \mu S$$

$$z_{22} = \frac{10}{3}\ k\Omega; \quad y_{22} = 40\ \mu S.$$

Calcule v_o se $v_g = 30$ mV cc.

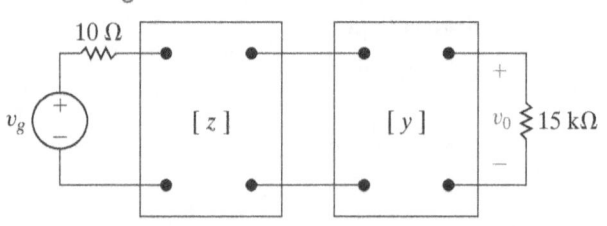

Figura P18.38

18.39 Os parâmetros h do primeiro quadripolo da Figura P18.39(a) são

$h_{11} = 1.000\ \Omega;$ $\quad h_{12} = 5 \times 10^{-4};$
$h_{21} = 40;$ $\quad h_{22} = 25\ \mu S.$

O circuito do segundo quadripolo é mostrado na Figura P18.39(b), em que $R = 72$ kΩ. Determine v_o se $v_g = 9$ mV cc.

Figura P18.39

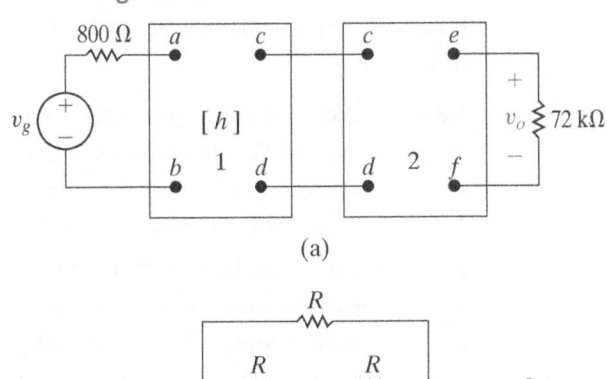

(a)

(b)

18.40 As redes A e B no circuito da Figura P18.40 são recíprocas e simétricas. Para a rede A, sabe-se que $a'_{11} = 5$ e $a'_{12} = 24\ \Omega$.

a) Determine os parâmetros a da rede B.

b) Determine $\mathbf{V}_2$ quando $\mathbf{V}_g = 75\ \underline{/0°}$ V, $Z_g = 1\ \underline{/0°}\ \Omega$ e $Z_L = 10\ \underline{/0°}\ \Omega$.

Figura P18.40

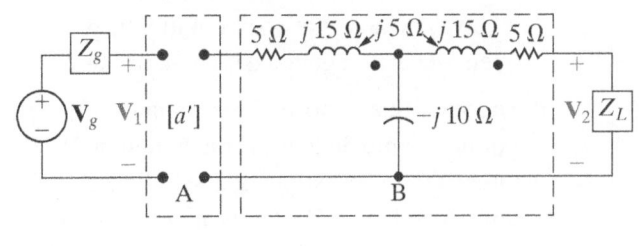

Seções 18.1–18.4

18.41 a) Mostre que o circuito da Figura P18.41 é um circuito equivalente cujas equações correspondem às equações dos parâmetros h.

b) Use o circuito equivalente do item (a) para determinar o ganho de tensão V_2/V_g no circuito da Figura 18.11.

Figura P18.41

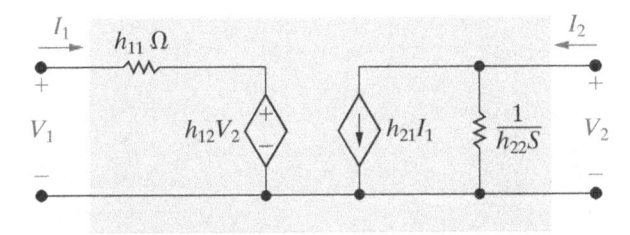

18.42 a) Mostre que o circuito da Figura P18.42 é um circuito equivalente cujas equações correspondem às equações dos parâmetros z.

b) Suponha que esse circuito seja alimentado por uma fonte de tensão que tenha uma impedância interna de Z_g ohms. Calcule o circuito equivalente de Thévenin em relação à porta 2 do circuito. Confirme seus resultados comparando-os com os dados da Tabela 18.2.

Figura P18.42

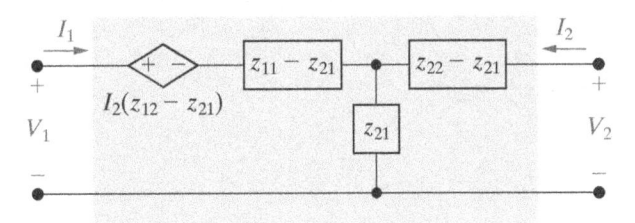

18.43 a) Mostre que o circuito na Figura P18.43 também é um circuito equivalente cujas equações correspondem às equações dos parâmetros z.

b) Suponha que esse circuito seja determinado por uma impedância de Z_L ohms na porta 2. Determine a impedância de entrada V_1/I_1. Verifique seus resultados comparando-os aos dados da Tabela 18.2.

Figura P18.43

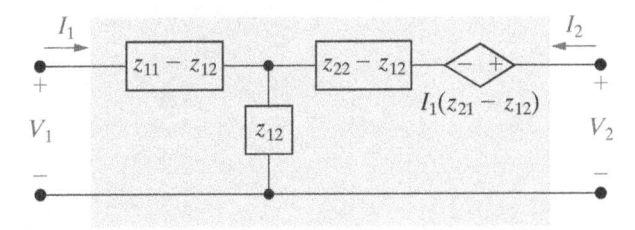

18.4 a) Determine dois circuitos equivalentes cujas equações correspondam às equações dos parâmetros *y*. *Sugestão:* comece com as equações 18.2. Some e subtraia $y_{21}V_2$ à primeira equação do conjunto. Construa um circuito que satisfaça o conjunto de equações resultante, pensando em termos de tensões de nó. Deduza um circuito equivalente alternativo alterando, em primeiro lugar, a segunda das equações 18.2.

b) Suponha que a porta 1 seja alimentada por uma fonte de tensão com impedância interna Z_g e que a porta 2 seja ligada a uma impedância Z_L. Determine o ganho de corrente I_2/I_1. Verifique seus resultados comparando-os com os dados da Tabela 18.2.

18.45 a) Determine o circuito equivalente cujas equações correspondam às equações dos parâmetros *g*.

b) Use o circuito do item (a) para calcular a tensão de saída do Problema 18.39. *Sugestão:* use o Problema 3.67 para simplificar o segundo quadripolo do Problema 18.39.

18.46 a) Que condições e medidas permitem que você calcule os parâmetros *b* do amplificador da 'caixa preta' descrito na *Perspectiva prática*?

b) Que medidas serão tomadas se os parâmetros resultantes *b* forem equivalentes aos parâmetros *h* calculados na *Perspectiva prática*?

18.47 Repita o Problema 18.46 para os parâmetros *y*.

Apêndice A

Solução de equações lineares simultâneas

A análise de circuitos frequentemente envolve a solução de equações lineares simultâneas. Aqui, nosso objetivo é fazer uma revisão da utilização de determinantes para resolver tais sistemas de equações. A teoria dos determinantes (com aplicações) pode ser encontrada na maioria dos livros de álgebra de nível intermediário. (Uma referência particularmente boa para estudantes de engenharia é o Capítulo 1 de E. A. Guillemin, *The Mathematics of Circuit Analysis* [Nova York: Wiley, 1949].) Nesta revisão, limitaremos nossa discussão à mecânica da resolução de equações simultâneas por meio de determinantes.

A.1 Etapas preliminares

A primeira etapa na resolução de um conjunto de equações simultâneas por meio de determinantes é escrever as equações em um formato retangular (quadrado). Em outras palavras, organizamos as equações em linhas verticais de forma que cada variável ocupe a mesma posição horizontal em todas as equações. Por exemplo, nas equações A.1, as variáveis i_1, i_2 e i_3 ocupam a primeira, a segunda e a terceira posições, respectivamente, do lado esquerdo de cada equação:

$$21i_1 - 9i_2 - 12i_3 = -33,$$

$$-3i_1 + 6i_2 - 2i_3 = 3,$$

$$-8i_1 - 4i_2 + 22i_3 = 50. \tag{A.1}$$

Podemos, também, descrever esse conjunto de equações dizendo que i_1 ocupa a primeira coluna do sistema de equações, i_2, a segunda coluna, e i_3, a terceira coluna.

Se uma dada equação não contiver uma ou mais variáveis, elas podem ser inseridas simplesmente atribuindo-se a cada uma um coeficiente zero. Assim, podemos manter as posições relativas das variáveis, e as equações A.2 podem ser completadas como nas equações A.3:

$$2v_1 - v_2 = 4,$$

$$4v_2 + 3v_3 = 16,$$

$$7v_1 + 2v_3 = 5; \tag{A.2}$$

$$2v_1 - v_2 + 0v_3 = 4,$$

$$0v_1 + 4v_2 + 3v_3 = 16,$$

$$7v_1 + 0v_2 + 2v_3 = 5. \tag{A.3}$$

A.2 Método de Cramer

O valor de cada variável desconhecida do sistema de equações é expresso como a razão entre dois determinantes. Se representarmos o determinante do numerador por N, com um índice adequado, e representarmos o determinante do denominador por Δ, então a k-ésima variável desconhecida, x_k, é

$$x_k = \frac{N_k}{\Delta}. \tag{A.4}$$

O determinante do denominador, Δ, é o mesmo para todas as variáveis desconhecidas e é denominado **determinante característico** do sistema de equações. O determinante do numerador N_k varia com cada incógnita. A Equação A.4 é denominada **método de Cramer** para resolução de sistemas de equações simultâneas.

A.3 O determinante característico

Uma vez organizado o sistema de equações simultâneas em um arranjo ordenado, como ilustrado pelas equações A.1 e A.3, formar o determinante característico é uma tarefa simples. Esse determinante é o arranjo quadrado composto pelos coeficientes das variáveis incógnitas. Por exemplo, os determinantes característicos das equações A.1 e A.3 são

$$\Delta = \begin{vmatrix} 21 & -9 & -12 \\ -3 & 6 & -2 \\ -8 & -4 & 22 \end{vmatrix} \tag{A.5}$$

e

$$\Delta = \begin{vmatrix} 2 & -1 & 0 \\ 0 & 4 & 3 \\ 7 & 0 & 2 \end{vmatrix}, \tag{A.6}$$

respectivamente.

A.4 O determinante do numerador

O determinante do numerador, N_k, é formado pelo determinante característico, substituindo-se sua k-ésima coluna pela coluna de valores que aparece no lado direito das equações. Por exemplo, os determinantes N_k para avaliar i_1, i_2 e i_3 nas equações A.1 são

$$N_1 = \begin{vmatrix} -33 & -9 & -12 \\ 3 & 6 & -2 \\ 50 & -4 & 22 \end{vmatrix}, \tag{A.7}$$

$$N_2 = \begin{vmatrix} 21 & -33 & -12 \\ -3 & 3 & -2 \\ -8 & 50 & 22 \end{vmatrix}, \tag{A.8}$$

e

$$N_3 = \begin{vmatrix} 21 & -9 & -33 \\ -3 & 6 & 3 \\ -8 & -4 & 50 \end{vmatrix}. \tag{A.9}$$

Os determinantes N_k para a avaliação de v_1, v_2 e v_3 nas equações A.3 são

$$N_1 = \begin{vmatrix} 4 & -1 & 0 \\ 16 & 4 & 3 \\ 5 & 0 & 2 \end{vmatrix}, \quad (A.10)$$

$$N_2 = \begin{vmatrix} 2 & 4 & 0 \\ 0 & 16 & 3 \\ 7 & 5 & 2 \end{vmatrix}, \quad (A.11)$$

e

$$N_3 = \begin{vmatrix} 2 & -1 & 4 \\ 0 & 4 & 16 \\ 7 & 0 & 5 \end{vmatrix}. \quad (A.12)$$

A.5 O valor de um determinante

O valor de um determinante é calculado expandindo-o em termos de seus determinantes menores. O **determinante menor** de qualquer elemento de um determinante é aquele que resta após a eliminação da linha e da coluna ocupadas pelo elemento. Por exemplo, o determinante menor do elemento 6 na Equação A.7 é

$$\begin{vmatrix} -33 & -12 \\ 50 & 22 \end{vmatrix},$$

ao passo que o determinante menor do elemento 22 na Equação A.7 é

$$\begin{vmatrix} -33 & -9 \\ 3 & 6 \end{vmatrix}.$$

O **cofator** de um elemento é seu determinante menor multiplicado pelo fator de controle de sinal

$$-1^{(i+j)},$$

onde i e j denotam a linha e a coluna ocupadas pelo elemento, respectivamente. Assim, o cofator do elemento 6 na Equação A.7 é

$$-1^{(2+2)} \begin{vmatrix} -33 & -12 \\ 50 & 22 \end{vmatrix},$$

e o cofator do elemento 22 é

$$-1^{(3+3)} \begin{vmatrix} -33 & -9 \\ 3 & 6 \end{vmatrix}.$$

O cofator de um elemento também é denominado seu **determinante menor dotado de sinal**.

O fator de controle de sinal $-1^{(i+j)}$ será igual a $+1$ ou -1 dependendo de $i+j$ ser um inteiro par ou ímpar. Assim, o sinal algébrico de um cofator alterna-se entre $+1$ e -1 à medida que percorremos uma linha ou coluna. Para um determinante 3×3, os sinais de mais e menos formam o padrão de tabuleiro de xadrez ilustrado a seguir:

$$\begin{vmatrix} + & - & + \\ - & + & - \\ + & - & + \end{vmatrix}$$

Um determinante pode ser expandido ao longo de qualquer linha ou coluna. Desse modo, a primeira etapa para fazer uma expansão é selecionar uma linha i ou uma coluna j. Uma vez selecionada uma linha ou coluna, cada elemento nessa linha ou coluna é multiplicado por seu determinante menor dotado de sinal, ou cofator. O valor do determinante é a soma desses produtos. Como exemplo, vamos avaliar o determinante da Equação A.5, expandindo-o ao longo de sua primeira coluna. Seguindo as regras que acabamos de explicar, escrevemos a expansão como

$$\Delta = 21(1)\begin{vmatrix} 6 & -2 \\ -4 & 22 \end{vmatrix} - 3(-1)\begin{vmatrix} -9 & -12 \\ -4 & 22 \end{vmatrix} - 8(1)\begin{vmatrix} -9 & -12 \\ 6 & -2 \end{vmatrix} \quad (A.13)$$

Os determinantes 2×2 na Equação A.13 também podem ser expandidos por meio de determinantes menores. O determinante menor de um elemento em um determinante 2×2 é um único elemento. Assim, a expansão reduz-se a multiplicar o elemento superior esquerdo pelo elemento inferior direito e, então, subtrair desse produto o produto entre o elemento inferior esquerdo e o elemento superior direito. Usando essa observação, a Equação A.13 será escrita como:

$$\Delta = 21(132 - 8) + 3(-198 - 48) - 8(18 + 72)$$

$$= 2.604 - 738 - 720 = 1.146. \quad (A.14)$$

Se tivéssemos optado por expandir o determinante ao longo da segunda linha de elementos, teríamos escrito

$$\Delta = -3(-1)\begin{vmatrix} -9 & -12 \\ -4 & 22 \end{vmatrix} + 6(+1)\begin{vmatrix} 21 & -12 \\ -8 & 22 \end{vmatrix} - 2(-1)\begin{vmatrix} 21 & -9 \\ -8 & -4 \end{vmatrix}$$

$$= 3(-198 - 48) + 6(462 - 96) + 2(-84 - 72)$$

$$= -738 + 2.196 - 312 = 1.146. \quad (A.15)$$

Os valores numéricos dos determinantes N_1, N_2 e N_3 dados pelas equações A.7, A.8 e A.9 são

$$N_1 = 1.146, \quad (A.16)$$

$$N_2 = 2.292 \quad (A.17)$$

e

$$N_3 = 3.438. \quad (A.18)$$

Decorre das equações A.15 a A.18 que as soluções para i_1, i_2 e i_3 na Equação A.1 são

$$i_1 = \frac{N_1}{\Delta} = 1 \text{ A},$$

$$i_2 = \frac{N_2}{\Delta} = 2 \text{ A},$$

e

$$i_3 = \frac{N_3}{\Delta} = 3 \text{ A}. \quad (A.19)$$

Fica a cargo do leitor verificar que as soluções para v_1, v_2 e v_3 são

$$v_1 = \frac{49}{-5} = -9,8 \text{ V},$$

$$v_2 = \frac{118}{-5} = -23,6 \text{ V},$$

e

$$v_3 = \frac{-184}{-5} = 36,8 \text{ V}. \quad (A.20)$$

A.6 Matrizes

Um sistema de equações lineares simultâneas também pode ser resolvido por meio de matrizes. A seguir, faremos uma breve revisão da notação, álgebra e terminologia de matrizes.[1]

Por definição, uma **matriz** é um arranjo retangular de elementos; assim,

$$\mathbf{A} = \begin{bmatrix} a_{11} & a_{12} & a_{13} & \cdots & a_{1n} \\ a_{21} & a_{22} & a_{23} & \cdots & a_{2n} \\ \cdots & \cdots & \cdots & \cdots & \cdots \\ a_{m1} & a_{m2} & a_{m3} & \cdots & a_{mn} \end{bmatrix} \quad (A.21)$$

é uma matriz com m linhas e n colunas. Descrevemos A como uma matriz de ordem m por n, ou $m \times n$, onde m é igual ao número de linhas e n é o número de colunas. Sempre especificamos em primeiro lugar as linhas e depois as colunas. Os elementos da matriz — $a_{11}, a_{12}, a_{13}, \ldots$ — podem ser números reais, números complexos ou funções. Representamos uma matriz por uma letra maiúscula em negrito.

O arranjo na Equação A.21 costuma ser abreviado por

$$\mathbf{A} = [a_{ij}]_{mn}, \quad (A.22)$$

onde a_{ij} é o elemento na i-ésima linha e j-ésima coluna.

Se $m = 1$, $\mathbf{A}$ é denominada uma **matriz linha**, isto é,

$$\mathbf{A} = [a_{11} \, a_{12} \, a_{13} \, \ldots \, a_{1n}]. \quad (A.23)$$

Se $n = 1$, $\mathbf{A}$ é denominada uma **matriz coluna**, isto é,

$$\mathbf{A} = \begin{bmatrix} a_{11} \\ a_{21} \\ a_{31} \\ \vdots \\ a_{m1} \end{bmatrix}. \quad (A.24)$$

Se $m = n$, $\mathbf{A}$ é denominada uma **matriz quadrada**. Por exemplo, se $m = n = 3$, a matriz quadrada 3×3 é

---

[1] Um excelente livro didático de nível introdutório a respeito de aplicações de matrizes à análise de circuitos é o de Lawrence P. Huelsman, *Circuits, Matrices, and Linear Vector Spaces* (Nova York: McGraw–Hill, 1963).

$$\mathbf{A} = \begin{bmatrix} a_{11} & a_{12} & a_{13} \\ a_{21} & a_{22} & a_{23} \\ a_{31} & a_{32} & a_{33} \end{bmatrix}. \qquad (A.25)$$

Observe também que usamos colchetes [ ] para denotar uma matriz, ao passo que usamos linhas verticais ‖ para denotar um determinante. É importante saber a diferença. Uma matriz é um arranjo retangular de elementos. Um **determinante** é uma função de um arranjo quadrado de elementos. Assim, se a matriz **A** for quadrada, podemos definir o determinante de **A**. Por exemplo, se

$$\mathbf{A} = \begin{bmatrix} 2 & 1 \\ 6 & 15 \end{bmatrix},$$

então

$$\det \mathbf{A} = \begin{vmatrix} 2 & 1 \\ 6 & 15 \end{vmatrix} = 30 - 6 = 24.$$

A.7 Álgebra matricial

A igualdade, a adição e a subtração de matrizes aplicam-se somente a matrizes da mesma ordem. Duas matrizes são iguais se, e somente se, seus elementos correspondentes forem iguais. Em outras palavras, $\mathbf{A} = \mathbf{B}$ se, e somente se, $a_{ij} = b_{ij}$ para todo i e j. Por exemplo, as duas matrizes nas equações A.26 e A.27 são iguais porque $a_{11} = b_{11}$, $a_{12} = b_{12}$, $a_{21} = b_{21}$ e $a_{22} = b_{22}$:

$$\mathbf{A} = \begin{bmatrix} 36 & -20 \\ 4 & 16 \end{bmatrix}, \qquad (A.26)$$

$$\mathbf{B} = \begin{bmatrix} 36 & -20 \\ 4 & 16 \end{bmatrix}. \qquad (A.27)$$

Se **A** e **B** forem da mesma ordem, então

$$\mathbf{C} = \mathbf{A} + \mathbf{B} \qquad (A.28)$$

implica

$$c_{ij} = a_{ij} + b_{ij} \qquad (A.29)$$

Por exemplo, se

$$\mathbf{A} = \begin{bmatrix} 4 & -6 & 10 \\ 8 & 12 & -4 \end{bmatrix}, \qquad (A.30)$$

e

$$\mathbf{B} = \begin{bmatrix} 16 & 10 & -30 \\ -20 & 8 & 15 \end{bmatrix}, \qquad (A.31)$$

então

$$\mathbf{C} = \begin{bmatrix} 20 & 4 & -20 \\ -12 & 20 & 11 \end{bmatrix}. \qquad (A.32)$$

A equação

$$\mathbf{D} = \mathbf{A} - \mathbf{B} \qquad (A.33)$$

implica

$$d_{ij} = a_{ij} - b_{ij}. \tag{A.34}$$

Para as matrizes nas equações A.30 e A.31, teríamos

$$\mathbf{D} = \begin{bmatrix} -12 & -16 & 40 \\ 28 & 4 & -19 \end{bmatrix}. \tag{A.35}$$

Diz-se que matrizes da mesma ordem são **conformáveis** em relação às operações de adição e de subtração.

Multiplicar uma matriz por um escalar k equivale a multiplicar cada elemento da matriz pelo escalar. Assim, $\mathbf{A} = k\mathbf{B}$ se, e somente se, $a_{ij} = kb_{ij}$. Devemos observar que k pode ser real ou complexo. Como exemplo, multiplicaremos a matriz $\mathbf{D}$ na Equação A.35 por 5. O resultado é

$$5\mathbf{D} = \begin{bmatrix} -60 & -80 & 200 \\ 140 & 20 & -95 \end{bmatrix}. \tag{A.36}$$

A multiplicação de matrizes só pode ser realizada se o número de colunas na primeira matriz for igual ao número de linhas na segunda matriz. Em outras palavras, o produto $\mathbf{AB}$ requer que o número de colunas em $\mathbf{A}$ seja igual ao número de linhas em $\mathbf{B}$. A ordem da matriz resultante será o número de linhas em $\mathbf{A}$ pelo número de colunas em $\mathbf{B}$. Assim, se $\mathbf{C} = \mathbf{AB}$, onde $\mathbf{A}$ é de ordem $m \times p$, e $\mathbf{B}$ é de ordem $p \times n$, então $\mathbf{C}$ será uma matriz de ordem $m \times n$. Quando o número de colunas em $\mathbf{A}$ é igual ao número de linhas em $\mathbf{B}$, dizemos que $\mathbf{A}$ é conformável a $\mathbf{B}$ em relação à operação de multiplicação.

Um elemento em $\mathbf{C}$ é dado pela fórmula

$$c_{ij} = \sum_{k=1}^{p} a_{ik} b_{kj}. \tag{A.37}$$

A fórmula dada pela Equação A.37 será fácil de usar se nos lembrarmos de que a multiplicação de matrizes é uma operação de linha por coluna. Daí, para obter o i-ésimo, j-ésimo termo em $\mathbf{C}$, cada elemento na i-ésima linha de $\mathbf{A}$ é multiplicado pelo elemento correspondente na j-ésima coluna de $\mathbf{B}$, e os produtos resultantes são somados. O exemplo a seguir ilustra o procedimento. Devemos determinar a matriz $\mathbf{C}$ para

$$\mathbf{A} = \begin{bmatrix} 6 & 3 & 2 \\ 1 & 4 & 6 \end{bmatrix} \tag{A.38}$$

e

$$\mathbf{B} = \begin{bmatrix} 4 & 2 \\ 0 & 3 \\ 1 & -2 \end{bmatrix}. \tag{A.39}$$

Em primeiro lugar, observamos que $\mathbf{C}$ será uma matriz 2×2 e que cada elemento em $\mathbf{C}$ será composto pela soma de três produtos.

Para determinar C_{11} multiplicamos os elementos correspondentes na linha 1 da matriz $\mathbf{A}$ pelos elementos na coluna 1 da matriz $\mathbf{B}$ e, então, somamos os produtos. Podemos visualizar essa multiplicação e o processo de soma, separando a linha e a coluna correspondentes de cada matriz e, então, alinhando-as elemento por elemento. Portanto, para determinar C_{11}, temos

Linha 1 de $\mathbf{A}$	6	3	2
Coluna 1 de $\mathbf{B}$	4	0	1

;

assim,

$$C_{11} = 6 \times 4 + 3 \times 0 + 2 \times 1 = 26.$$

Para determinar C_{12}, visualizamos

Linha 1 de **A**	6	3	2
Coluna 2 de **B**	2	3	−2

assim,

$$C_{12} = 6 \times 2 + 3 \times 3 + 2 \times (-2) = 17.$$

Para C_{21}, temos

Linha 2 de **A**	1	4	6
Coluna 1 de **B**	4	0	1

e

$$C_{21} = 1 \times 4 + 4 \times 0 + 6 \times 1 = 10.$$

Por fim, para C_{22} temos

Linha 2 de **A**	1	4	6
Coluna 2 de **B**	2	3	−2

pela qual

$$C_{22} = 1 \times 2 + 4 \times 3 + 6 \times (-2) = 2.$$

Assim,

$$\mathbf{C} = \mathbf{AB} = \begin{bmatrix} 26 & 17 \\ 10 & 2 \end{bmatrix}. \tag{A.40}$$

De modo geral, a multiplicação de matrizes não é comutativa, isto é, $\mathbf{AB} \neq \mathbf{BA}$. Como exemplo, examine o produto **BA** para as matrizes nas equações A.38 e A.39. A matriz gerada por essa multiplicação é de ordem 3×3 e cada termo na matriz resultante contém dois produtos. Portanto, se $\mathbf{D} = \mathbf{BA}$, temos

$$\mathbf{D} = \begin{bmatrix} 26 & 20 & 20 \\ 3 & 12 & 18 \\ 4 & -5 & -10 \end{bmatrix}. \tag{A.41}$$

Obviamente, $\mathbf{C} \neq \mathbf{D}$. Deixamos que o leitor verifique os elementos na Equação A.41.

A multiplicação de matrizes é associativa e distributiva. Assim,

$$(\mathbf{AB})\mathbf{C} = \mathbf{A}(\mathbf{BC}), \tag{A.42}$$

$$\mathbf{A}(\mathbf{B} + \mathbf{C}) = \mathbf{AB} + \mathbf{AC} \tag{A.43}$$

e

$$(\mathbf{A} + \mathbf{B})\mathbf{C} = \mathbf{AC} + \mathbf{BC}. \tag{A.44}$$

Nas equações A.42, A.43 e A.44, admitimos que as matrizes são conformáveis em relação às operações de adição e multiplicação.

Já observamos que a multiplicação de matrizes não é comutativa. Há duas outras propriedades da multiplicação da álgebra das grandezas escalares que não são válidas na álgebra matricial.

A primeira é que o produto de matrizes **AB** = 0 não implica nem **A** = 0 nem **B** = 0. (Observação: a matriz é igual a zero quando todos os seus elementos são nulos.) Por exemplo, se

$$\mathbf{A} = \begin{bmatrix} 1 & 0 \\ 2 & 0 \end{bmatrix} \quad \text{e} \quad \mathbf{B} = \begin{bmatrix} 0 & 0 \\ 4 & 8 \end{bmatrix},$$

então

$$\mathbf{AB} = \begin{bmatrix} 0 & 0 \\ 0 & 0 \end{bmatrix} = 0.$$

Dessa forma, o produto é igual a zero, mas nem **A** nem **B** é nulo.

Em segundo lugar, a equação matricial **AB** = **AC** não implica **B** = **C**. Por exemplo, se

$$\mathbf{A} = \begin{bmatrix} 1 & 0 \\ 2 & 0 \end{bmatrix}, \quad \mathbf{B} = \begin{bmatrix} 3 & 4 \\ 7 & 8 \end{bmatrix} \quad \text{e} \quad \mathbf{C} = \begin{bmatrix} 3 & 4 \\ 5 & 6 \end{bmatrix},$$

então

$$\mathbf{AB} = \mathbf{AC} = \begin{bmatrix} 3 & 4 \\ 6 & 8 \end{bmatrix}, \quad \text{mas } \mathbf{B} \neq \mathbf{C}.$$

A **transposta** de uma matriz é formada pela permuta entre suas linhas e colunas. Por exemplo, se

$$\mathbf{A} = \begin{bmatrix} 1 & 2 & 3 \\ 4 & 5 & 6 \\ 7 & 8 & 9 \end{bmatrix}, \text{ então } \mathbf{A}^T = \begin{bmatrix} 1 & 4 & 7 \\ 2 & 5 & 8 \\ 3 & 6 & 9 \end{bmatrix}.$$

A transposta da soma de duas matrizes é igual à soma das transpostas, isto é,

$$(\mathbf{A} + \mathbf{B})^T = \mathbf{A}^T + \mathbf{B}^T. \tag{A.45}$$

A transposta do produto de duas matrizes é igual ao produto das transpostas tomadas em ordem inversa. Em outras palavras,

$$[\mathbf{AB}]^T = \mathbf{B}^T \mathbf{A}^T. \tag{A.46}$$

A Equação A.46 pode ser estendida para um produto de qualquer número de matrizes. Por exemplo,

$$[\mathbf{ABCD}]^T = \mathbf{D}^T \mathbf{C}^T \mathbf{B}^T \mathbf{A}^T. \tag{A.47}$$

Se $\mathbf{A} = \mathbf{A}^T$, diz-se que a matriz é **simétrica**. Somente matrizes quadradas podem ser simétricas.

A.8 Matriz identidade, matriz adjunta e matriz inversa

Uma **matriz identidade** é uma matriz quadrada onde $a_{ij} = 0$ para $i \neq j$, e $a_{ij} = 1$ para $i = j$. Em outras palavras, todos os elementos em uma matriz identidade são iguais a zero, exceto os que estão ao longo da diagonal principal, que são iguais a 1. Assim,

$$\begin{bmatrix} 1 & 0 \\ 0 & 1 \end{bmatrix}, \quad \begin{bmatrix} 1 & 0 & 0 \\ 0 & 1 & 0 \\ 0 & 0 & 1 \end{bmatrix} \quad \text{e} \quad \begin{bmatrix} 1 & 0 & 0 & 0 \\ 0 & 1 & 0 & 0 \\ 0 & 0 & 1 & 0 \\ 0 & 0 & 0 & 1 \end{bmatrix}$$

são todas matrizes identidade. Observe que as matrizes identidade são sempre quadradas. Usaremos o símbolo **U** para uma matriz identidade.

A matriz **adjunta** de uma matriz **A** de ordem $n \times n$ é definida como

$$\text{adj } \mathbf{A} = [\Delta_{ji}]_{n \times n}, \tag{A.48}$$

onde Δ_{ij} é o cofator de a_{ij}. (Veja a Seção A.5 para a definição de cofator.) Segundo a Equação A.48, podemos pensar na determinação da adjunta de uma matriz quadrada como um processo de duas etapas. Em primeiro lugar, construímos uma matriz composta pelos cofatores de **A** e, então, transpomos a matriz de cofatores. Como exemplo, determinaremos a adjunta da matriz 3×3

$$\mathbf{A} = \begin{bmatrix} 1 & 2 & 3 \\ 3 & 2 & 1 \\ -1 & 1 & 5 \end{bmatrix}.$$

Os cofatores dos elementos em **A** são

$$\Delta_{11} = 1(10 - 1) = 9,$$
$$\Delta_{12} = -1(15 + 1) = -16,$$
$$\Delta_{13} = 1(3 + 2) = 5,$$
$$\Delta_{21} = -1(10 - 3) = -7,$$
$$\Delta_{22} = 1(5 + 3) = 8,$$
$$\Delta_{23} = -1(1 + 2) = -3,$$
$$\Delta_{31} = 1(2 - 6) = -4,$$
$$\Delta_{32} = -1(1 - 9) = 8,$$
$$\Delta_{33} = 1(2 - 6) = -4.$$

A matriz de cofatores é

$$\mathbf{B} = \begin{bmatrix} 9 & -16 & 5 \\ -7 & 8 & -3 \\ -4 & 8 & -4 \end{bmatrix}.$$

Decorre que a adjunta de **A** é

$$\text{adj } \mathbf{A} = \mathbf{B}^T = \begin{bmatrix} 9 & -7 & -4 \\ -16 & 8 & 8 \\ 5 & -3 & -4 \end{bmatrix}.$$

Podemos verificar a aritmética da determinação da adjunta de uma matriz usando o teorema

$$\text{adj } \mathbf{A} \cdot \mathbf{A} = \det \mathbf{A} \cdot \mathbf{U}. \tag{A.49}$$

A Equação A.49 mostra que a adjunta de **A** vezes **A** é igual ao determinante de **A** vezes a matriz identidade ou, para nosso exemplo,

$$\det \mathbf{A} = 1(9) + 3(-7) - 1(-4) = -8.$$

Se fizermos $\mathbf{C} = \text{adj } \mathbf{A} \cdot \mathbf{A}$ e usarmos a técnica ilustrada na Seção A.7, constatamos que os elementos de $\mathbf{C}$ são

$$c_{11} = 9 - 21 + 4 = -8,$$
$$c_{12} = 18 - 14 - 4 = 0,$$
$$c_{13} = 27 - 7 - 20 = 0,$$
$$c_{21} = -16 + 24 - 8 = 0,$$
$$c_{22} = -32 + 16 + 8 = -8,$$
$$c_{23} = -48 + 8 + 40 = 0,$$
$$c_{31} = 5 - 9 + 4 = 0,$$
$$c_{32} = 10 - 6 - 4 = 0,$$
$$c_{33} = 15 - 3 - 20 = -8.$$

Portanto,

$$\mathbf{C} = \begin{bmatrix} -8 & 0 & 0 \\ 0 & -8 & 0 \\ 0 & 0 & -8 \end{bmatrix} = -8 \begin{bmatrix} 1 & 0 & 0 \\ 0 & 1 & 0 \\ 0 & 0 & 1 \end{bmatrix}$$

$$= \det \mathbf{A} \cdot \mathbf{U}.$$

A matriz quadrada $\mathbf{A}$ tem uma **inversa**, denotada por $\mathbf{A}^{-1}$, se

$$\mathbf{A}^{-1}\mathbf{A} = \mathbf{A}\mathbf{A}^{-1} = \mathbf{U}. \quad (A.50)$$

A Equação A.50 mostra que uma matriz pré-multiplicada ou pós-multiplicada por sua inversa gera a matriz identidade $\mathbf{U}$. Para a matriz inversa existir, é necessário que o determinante de $\mathbf{A}$ não seja nulo. Somente matrizes quadradas têm inversas, e a inversa também é quadrada.

Uma fórmula para determinar a inversa de uma matriz é

$$\mathbf{A}^{-1} = \frac{\text{adj } \mathbf{A}}{\det \mathbf{A}}. \quad (A.51)$$

A Equação A.51 será muito trabalhosa se a ordem de $\mathbf{A}$ for maior do que 3×3.[2] Hoje em dia, os computadores facilitam a determinação da inversa de uma matriz em aplicações numéricas da álgebra matricial.

Decorre da Equação A.51 que a inversa da matriz $\mathbf{A}$ no exemplo anterior é

$$\mathbf{A}^{-1} = -1/8 \begin{bmatrix} 9 & -7 & -4 \\ -16 & 8 & 8 \\ 5 & -3 & -4 \end{bmatrix}$$

$$= \begin{bmatrix} -1{,}125 & 0{,}875 & 0{,}5 \\ 2 & -1 & -1 \\ -0{,}625 & 0{,}375 & 0{,}5 \end{bmatrix}.$$

Você deve verificar que $\mathbf{A}^{-1}\mathbf{A} = A A^{-1} = \mathbf{U}$.

---

[2] Você pode aprender métodos alternativos para determinar a inversa de uma matriz em qualquer livro introdutório à teoria matricial. Veja, por exemplo, Franz E. Hohn, *Elementary Matrix Algebra* (Nova York: Macmillan, 1973).

A.9 Partição matricial

Quando manipulamos matrizes, muitas vezes é conveniente dividir (fazer uma partição de) uma dada matriz em submatrizes. Assim, as operações algébricas originais podem ser executadas em termos das submatrizes. Quando dividimos uma matriz, a localização das partições é completamente arbitrária, e a única restrição é que uma partição deve cortar a matriz inteira. Quando selecionamos as partições, também é necessário ter certeza de que as submatrizes são conformáveis em relação às operações matemáticas nas quais estão envolvidas.

Por exemplo, vamos utilizar submatrizes para determinar o produto $\mathbf{C} = \mathbf{AB}$, onde

$$\mathbf{A} = \begin{bmatrix} 1 & 2 & 3 & 4 & 5 \\ 5 & 4 & 3 & 2 & 1 \\ -1 & 0 & 2 & -3 & 1 \\ 0 & 1 & -1 & 0 & 1 \\ 0 & 2 & 1 & -2 & 0 \end{bmatrix}$$

e

$$\mathbf{B} = \begin{bmatrix} 2 \\ 0 \\ -1 \\ 3 \\ 0 \end{bmatrix}.$$

Suponha que decidimos partir $\mathbf{B}$ em duas submatrizes, $\mathbf{B}_{11}$ e $\mathbf{B}_{21}$; desse modo,

$$\mathbf{B} = \begin{bmatrix} \mathbf{B}_{11} \\ \mathbf{B}_{21} \end{bmatrix}.$$

Visto que $\mathbf{B}$ foi dividida em uma matriz coluna de duas linhas, $\mathbf{A}$ deve ser dividida em, no mínimo, uma matriz de duas colunas; caso contrário, a multiplicação não pode ser executada. A localização das partições verticais da matriz $\mathbf{A}$ dependerá das definições de $\mathbf{B}_{11}$ e $\mathbf{B}_{21}$. Por exemplo, se

$$\mathbf{B}_{11} = \begin{bmatrix} 2 \\ 0 \\ -1 \end{bmatrix} \quad \text{e} \quad \mathbf{B}_{21} = \begin{bmatrix} 3 \\ 0 \end{bmatrix},$$

então $\mathbf{A}_{11}$ deverá conter três colunas e $\mathbf{A}_{12}$ deverá conter duas colunas. Desse modo, a partição mostrada na Equação A.52 seria aceitável para executar o produto $\mathbf{AB}$:

$$\mathbf{C} = \begin{bmatrix} 1 & 2 & 3 & | & 4 & 5 \\ 5 & 4 & 3 & | & 2 & 1 \\ -1 & 0 & 2 & | & -3 & 1 \\ 0 & 1 & -1 & | & 0 & 1 \\ 0 & 2 & 1 & | & -2 & 0 \end{bmatrix} \begin{bmatrix} 2 \\ 0 \\ -1 \\ \cdots \\ 3 \\ 0 \end{bmatrix}. \quad (A.52)$$

Se, por outro lado, dividirmos a matriz $\mathbf{B}$ de modo que

$$\mathbf{B}_{11} = \begin{bmatrix} 2 \\ 0 \end{bmatrix} \quad \text{e} \quad \mathbf{B}_{21} = \begin{bmatrix} -1 \\ 3 \\ 0 \end{bmatrix},$$

então, $\mathbf{A}_{11}$ deverá conter duas colunas e $\mathbf{A}_{12}$ deverá conter três colunas. Nesse caso, a partição mostrada na Equação A.53 seria aceitável para a execução do produto $\mathbf{C} = \mathbf{AB}$:

$$\mathbf{C} = \begin{bmatrix} 1 & 2 & | & 3 & 4 & 5 \\ 5 & 4 & | & 3 & 2 & 1 \\ -1 & 0 & | & 2 & -3 & 1 \\ 0 & 1 & | & -1 & 0 & 1 \\ 0 & 2 & | & 1 & -2 & 0 \end{bmatrix} \begin{bmatrix} 2 \\ 0 \\ \cdots \\ -1 \\ 3 \\ 0 \end{bmatrix}. \tag{A.53}$$

A título de ilustração, usaremos a Equação A.52 e deixaremos a cargo do leitor a verificação de que a partição da Equação A.53 leva ao mesmo resultado.

Pela Equação A.52, podemos escrever

$$\mathbf{C} = [\mathbf{A}_{11} \ \mathbf{A}_{12}] \begin{bmatrix} \mathbf{B}_{11} \\ \mathbf{B}_{21} \end{bmatrix} = \mathbf{A}_{11}\mathbf{B}_{11} + \mathbf{A}_{12}\mathbf{B}_{21}. \tag{A.54}$$

Decorre das equações A.52 e A.54 que

$$\mathbf{A}_{11}\mathbf{B}_{11} = \begin{bmatrix} 1 & 2 & 3 \\ 5 & 4 & 3 \\ -1 & 0 & 2 \\ 0 & 1 & -1 \\ 0 & 2 & 1 \end{bmatrix} \begin{bmatrix} 2 \\ 0 \\ -1 \end{bmatrix} = \begin{bmatrix} -1 \\ 7 \\ -4 \\ 1 \\ -1 \end{bmatrix},$$

$$\mathbf{A}_{12}\mathbf{B}_{21} = \begin{bmatrix} 4 & 5 \\ 2 & 1 \\ -3 & 1 \\ 0 & 1 \\ -2 & 0 \end{bmatrix} \begin{bmatrix} 3 \\ 0 \end{bmatrix} = \begin{bmatrix} 12 \\ 6 \\ -9 \\ 0 \\ -6 \end{bmatrix},$$

e

$$\mathbf{C} = \begin{bmatrix} 11 \\ 13 \\ -13 \\ 1 \\ -7 \end{bmatrix}.$$

A matriz $\mathbf{A}$ também poderia ser dividida na horizontal, visto que a partição vertical foi realizada conforme a operação de multiplicação. Nesse problema simples, as partições horizontais podem ser realizadas conforme a necessidade do analista. Assim, $\mathbf{C}$ também poderia ser avaliada, utilizando-se a partição mostrada na Equação A.55:

$$\mathbf{C} = \begin{bmatrix} 1 & 2 & 3 & | & 4 & 5 \\ 5 & 4 & 3 & | & 2 & 1 \\ \cdots & \cdots & \cdots & \cdots & \cdots & \cdots \\ -1 & 0 & 2 & | & -3 & 1 \\ 0 & 1 & -1 & | & 0 & 1 \\ 0 & 2 & 1 & | & -2 & 0 \end{bmatrix} \begin{bmatrix} 2 \\ 0 \\ -1 \\ \cdots \\ 3 \\ 0 \end{bmatrix}. \tag{A.55}$$

Pela Equação A.55, decorre que

$$C = \begin{bmatrix} A_{11} & A_{12} \\ A_{21} & A_{22} \end{bmatrix} \begin{bmatrix} B_{11} \\ B_{21} \end{bmatrix} = \begin{bmatrix} C_{11} \\ C_{21} \end{bmatrix}, \quad (A.56)$$

onde

$$C_{11} = A_{11}B_{11} + A_{12}B_{21},$$

$$C_{21} = A_{21}B_{11} + A_{22}B_{21}.$$

Você deve verificar que

$$C_{11} = \begin{bmatrix} 1 & 2 & 3 \\ 5 & 4 & 3 \end{bmatrix} \begin{bmatrix} 2 \\ 0 \\ -1 \end{bmatrix} + \begin{bmatrix} 4 & 5 \\ 2 & 1 \end{bmatrix} \begin{bmatrix} 3 \\ 0 \end{bmatrix}$$

$$= \begin{bmatrix} -1 \\ 7 \end{bmatrix} + \begin{bmatrix} 12 \\ 6 \end{bmatrix} = \begin{bmatrix} 11 \\ 13 \end{bmatrix},$$

$$C_{21} = \begin{bmatrix} -1 & 0 & 2 \\ 0 & 1 & -1 \\ 0 & 2 & 1 \end{bmatrix} \begin{bmatrix} 2 \\ 0 \\ -1 \end{bmatrix} + \begin{bmatrix} -3 & 1 \\ 0 & 1 \\ -2 & 0 \end{bmatrix} \begin{bmatrix} 3 \\ 0 \end{bmatrix}$$

$$= \begin{bmatrix} -4 \\ 1 \\ -1 \end{bmatrix} + \begin{bmatrix} -9 \\ 0 \\ -6 \end{bmatrix} = \begin{bmatrix} -13 \\ 1 \\ -7 \end{bmatrix},$$

e

$$C = \begin{bmatrix} 11 \\ 13 \\ -13 \\ 1 \\ -7 \end{bmatrix}.$$

Observe, de passagem, que a partição das equações A.52 e A.55 é conformável em relação à operação de adição.

A.10 Aplicações

Os exemplos a seguir demonstram algumas aplicações da álgebra matricial na análise de circuitos.

EXEMPLO A.1

Use o método matricial para determinar as tensões nodais v_1 e v_2 nas equações 4.5 e 4.6.

Solução

A primeira etapa consiste em reescrever as equações 4.5 e 4.6 em notação matricial. Colocando os coeficientes v_1 e v_2 em evidência e, ao mesmo tempo, passando os termos constantes para o lado direito das equações, obtemos

$$1,7v_1 - 0,5v_2 = 10,$$
$$-0,5v_1 + 0,6v_2 = 2. \tag{A.57}$$

Em notação matricial, a Equação A.57 torna-se

$$\begin{bmatrix} 1,7 & -0,5 \\ -0,5 & 0,6 \end{bmatrix} \begin{bmatrix} v_1 \\ v_2 \end{bmatrix} = \begin{bmatrix} 10 \\ 2 \end{bmatrix}, \tag{A.58}$$

ou

$$\mathbf{AV} = \mathbf{I}, \tag{A.59}$$

onde

$$\mathbf{A} = \begin{bmatrix} 1,7 & -0,5 \\ -0,5 & 0,6 \end{bmatrix},$$

$$\mathbf{V} = \begin{bmatrix} v_1 \\ v_2 \end{bmatrix},$$

e

$$\mathbf{I} = \begin{bmatrix} 10 \\ 2 \end{bmatrix}.$$

Para determinar os elementos da matriz $\mathbf{V}$, pré-multiplicamos ambos os lados da Equação A.59 pela inversa de $\mathbf{A}$; assim,

$$\mathbf{A}^{-1}\mathbf{AV} = \mathbf{A}^{-1}\mathbf{I}. \tag{A.60}$$

A Equação A.60 reduz-se a

$$\mathbf{UV} = \mathbf{A}^{-1}\mathbf{I} \tag{A.61}$$

ou

$$\mathbf{V} = \mathbf{A}^{-1}\mathbf{I}. \tag{A.62}$$

Decorre da Equação A.62 que as soluções para v_1 e v_2 são obtidas calculando-se o produto matricial $\mathbf{A}^{-1}\mathbf{I}$.

Para determinar a inversa de $\mathbf{A}$, primeiramente determinamos os cofatores de $\mathbf{A}$. Assim,

$$\Delta_{11} = (-1)^2(0,6) = 0,6,$$
$$\Delta_{12} = (-1)^3(-0,5) = 0,5,$$
$$\Delta_{21} = (-1)^3(-0,5) = 0,5,$$
$$\Delta_{22} = (-1)^4(1,7) = 1,7. \tag{A.63}$$

A matriz de cofatores é

$$\mathbf{B} = \begin{bmatrix} 0,6 & 0,5 \\ 0,5 & 1,7 \end{bmatrix}, \tag{A.64}$$

e a adjunta de $\mathbf{A}$ é

$$\operatorname{adj} \mathbf{A} = \mathbf{B}^T = \begin{bmatrix} 0,6 & 0,5 \\ 0,5 & 1,7 \end{bmatrix}. \tag{A.65}$$

O determinante de **A** é

$$\det \mathbf{A} = \begin{vmatrix} 1{,}7 & -0{,}5 \\ -0{,}5 & 0{,}6 \end{vmatrix} = (1{,}7)(0{,}6) - (0{,}25) = 0{,}77. \tag{A.66}$$

Pelas equações A.65 e A.66 podemos escrever a inversa da matriz de coeficientes, isto é,

$$\mathbf{A}^{-1} = \frac{1}{0{,}77}\begin{bmatrix} 0{,}6 & 0{,}5 \\ 0{,}5 & 1{,}7 \end{bmatrix}. \tag{A.67}$$

Agora, o produto $\mathbf{A}^{-1}\mathbf{I}$ é determinado:

$$\mathbf{A}^{-1}\mathbf{I} = \frac{100}{77}\begin{bmatrix} 0{,}6 & 0{,}5 \\ 0{,}5 & 1{,}7 \end{bmatrix}\begin{bmatrix} 10 \\ 2 \end{bmatrix}$$

$$= \frac{100}{77}\begin{bmatrix} 7 \\ 8{,}4 \end{bmatrix} = \begin{bmatrix} 9{,}09 \\ 10{,}91 \end{bmatrix}. \tag{A.68}$$

Assim,

$$\begin{bmatrix} v_1 \\ v_2 \end{bmatrix} = \begin{bmatrix} 9{,}09 \\ 10{,}91 \end{bmatrix}, \tag{A.69}$$

ou

$$v_1 = 9{,}09 \text{ V e } v_2 = 10{,}91 \text{ V}.$$

EXEMPLO A.2

Use o método matricial para determinar as três correntes de malha no circuito da Figura 4.24.

Solução

As equações de corrente de malha que descrevem o circuito da Figura 4.24 são dadas pela Equação 4.34. A equação de restrição imposta pela fonte de tensão controlada por corrente é dada pela Equação 4.35. Quando a Equação 4.35 é substituída na Equação 4.34, o resultado é o seguinte sistema de equações:

$$25i_1 - 5i_2 - 20i_3 = 50,$$
$$-5i_1 + 10i_2 - 4i_3 = 0,$$
$$-5i_1 - 4i_2 + 9i_3 = 0. \tag{A.70}$$

Em notação matricial, as equações A.70 reduzem-se a

$$\mathbf{AI} = \mathbf{V},$$

onde

$$\mathbf{A} = \begin{bmatrix} 25 & -5 & -20 \\ -5 & 10 & -4 \\ -5 & -4 & 9 \end{bmatrix},$$

$$\mathbf{I} = \begin{bmatrix} i_1 \\ i_2 \\ i_3 \end{bmatrix},$$

e

$$\mathbf{V} = \begin{bmatrix} 50 \\ 0 \\ 0 \end{bmatrix}.$$

Decorre da Equação A.71 que a solução para **I** é

$$\mathbf{I} = \mathbf{A}^{-1}\mathbf{V}. \tag{A.72}$$

Determinamos a inversa de **A** usando a relação

$$\mathbf{A}^{-1} = \frac{\mathrm{adj}\,\mathbf{A}}{\det \mathbf{A}}. \tag{A.73}$$

Para determinar a adjunta de **A**, primeiramente calculamos os cofatores de **A**. Assim,

$$\Delta_{11} = (-1)^2(90 - 16) = 74,$$
$$\Delta_{12} = (-1)^3(-45 - 20) = 65,$$
$$\Delta_{13} = (-1)^4(20 + 50) = 70,$$
$$\Delta_{21} = (-1)^3(-45 - 80) = 125,$$
$$\Delta_{22} = (-1)^4(225 - 100) = 125,$$
$$\Delta_{23} = (-1)^5(-100 - 25) = 125,$$
$$\Delta_{31} = (-1)^4(20 + 200) = 220,$$
$$\Delta_{32} = (-1)^5(-100 - 100) = 200,$$
$$\Delta_{33} = (-1)^6(250 - 25) = 225.$$

A matriz de cofatores é

$$\mathbf{B} = \begin{bmatrix} 74 & 65 & 70 \\ 125 & 125 & 125 \\ 220 & 200 & 225 \end{bmatrix}, \tag{A.74}$$

pela qual podemos escrever a adjunta de **A**:

$$\mathrm{adj}\,\mathbf{A} = \mathbf{B}^T = \begin{bmatrix} 74 & 125 & 220 \\ 65 & 125 & 200 \\ 70 & 125 & 225 \end{bmatrix}. \tag{A.75}$$

O determinante de **A** é

$$\det \mathbf{A} = \begin{vmatrix} 25 & -5 & -20 \\ -5 & 10 & -4 \\ -5 & -4 & 9 \end{vmatrix}$$

$$= 25(90 - 16) + 5(-45 - 80) - 5(20 + 200) = 125.$$

Decorre da Equação A.73 que

$$\mathbf{A}^{-1} = \frac{1}{125} \begin{bmatrix} 74 & 125 & 220 \\ 65 & 125 & 200 \\ 70 & 125 & 225 \end{bmatrix}. \tag{A.76}$$

A solução para **I** é

$$\mathbf{I} = \frac{1}{125}\begin{bmatrix} 74 & 125 & 220 \\ 65 & 125 & 200 \\ 70 & 125 & 225 \end{bmatrix}\begin{bmatrix} 50 \\ 0 \\ 0 \end{bmatrix} = \begin{bmatrix} 29{,}60 \\ 26{,}00 \\ 28{,}00 \end{bmatrix}. \quad (A.77)$$

$$\begin{bmatrix} i_1 \\ i_2 \\ i_3 \end{bmatrix} = \begin{bmatrix} 29{,}6 \\ 26{,}0 \\ 28{,}0 \end{bmatrix} \quad (A.78)$$

ou

$$i_1 = 29{,}6\ \mathbf{A},\ i_2 = 26\ \mathbf{A}\ \text{e}\ i_3 = 28\ \mathbf{A}.$$

O Exemplo A.3 ilustra a aplicação do método matricial quando os elementos da matriz são números complexos.

EXEMPLO A.3

Use o método matricial para determinar as correntes de malha fasoriais $\mathbf{I}_1$ e $\mathbf{I}_2$ do circuito da Figura 9.37.

Solução

Somando as tensões ao longo da malha 1, obtemos a equação

$$(1 + j2)\mathbf{I}_1 + (12 - j16)(\mathbf{I}_1 - \mathbf{I}_2) = 150\underline{/0^\circ}. \quad (A.79)$$

Somando as tensões ao longo da malha 2, obtemos a equação

$$(12 - j16)(\mathbf{I}_2 - \mathbf{I}_1) + (1 + j3)\mathbf{I}_2 + 39\mathbf{I}_x = 0. \quad (A.80)$$

A corrente que controla a fonte de tensão dependente é

$$\mathbf{I}_x = (\mathbf{I}_1 - \mathbf{I}_2). \quad (A.81)$$

Após a substituição da Equação A.81 na Equação A.80, as equações são colocadas em formato matricial, colocando-se $\mathbf{I}_1$ e $\mathbf{I}_2$ em evidência em cada equação; portanto

$$\begin{aligned}(13 - j14)\mathbf{I}_1 - (12 - j16)\mathbf{I}_2 &= 150\underline{/0^\circ}, \\ (27 + j16)\mathbf{I}_1 - (26 + j13)\mathbf{I}_2 &= 0. \end{aligned} \quad (A.82)$$

Usando-se a notação matricial, a Equação A.82 é escrita como

$$\mathbf{AI} = \mathbf{V}, \quad (A.83)$$

onde

$$\mathbf{A} = \begin{bmatrix} 13 - j14 & -(12 - j16) \\ 27 + j16 & -(26 + j13) \end{bmatrix},$$

$$\mathbf{I} = \begin{bmatrix} \mathbf{I}_1 \\ \mathbf{I}_2 \end{bmatrix} \quad \text{e} \quad \mathbf{V} = \begin{bmatrix} 150\underline{/0^\circ} \\ 0 \end{bmatrix}.$$

Decorre da Equação A.83 que

Apêndice A • Solução de equações lineares simultâneas

$$\mathbf{I} = \mathbf{A}^{-1}\mathbf{V}. \tag{A.84}$$

A inversa da matriz de coeficientes **A** é determinada usando-se a Equação A.73. Nesse caso, os cofatores de **A** são

$$\Delta_{11} = (-1)^2(-26 - j13) = -26 - j13,$$
$$\Delta_{12} = (-1)^3(27 + j16) = -27 - j16,$$
$$\Delta_{21} = (-1)^3(-12 + j16) = 12 - j16,$$
$$\Delta_{22} = (-1)^4(13 - j14) = 13 - j14.$$

A matriz de cofatores **B** é

$$\mathbf{B} = \begin{bmatrix} (-26 - j13) & (-27 - j16) \\ (12 - j16) & (13 - j14) \end{bmatrix}. \tag{A.85}$$

A adjunta de **A** é

$$\text{adj }\mathbf{A} = \mathbf{B}^T = \begin{bmatrix} (-26 - j13) & (12 - j16) \\ (-27 - j16) & (13 - j14) \end{bmatrix}. \tag{A.86}$$

O determinante de **A** é

$$\det \mathbf{A} = \begin{vmatrix} (13 - j14) & -(12 - j16) \\ (27 + j16) & -(26 + j13) \end{vmatrix}$$
$$= -(13 - j14)(26 + j13) + (12 - j16)(27 + j16)$$
$$= 60 - j45. \tag{A.87}$$

A inversa da matriz de coeficientes é

$$\mathbf{A}^{-1} = \frac{\begin{bmatrix} (-26 - j13) & (12 - j16) \\ (-27 - j16) & (13 - j14) \end{bmatrix}}{(60 - j45)}. \tag{A.88}$$

A Equação A.88 pode ser simplificada para

$$\mathbf{A}^{-1} = \frac{60 + j45}{5.625} \begin{bmatrix} (-26 - j13) & (12 - j16) \\ (-27 - j16) & (13 - j14) \end{bmatrix}$$
$$= \frac{1}{375} \begin{bmatrix} -65 - j130 & 96 - j28 \\ -60 - j145 & 94 - j17 \end{bmatrix}. \tag{A.89}$$

A substituição da Equação A.89 em A.84 resulta em

$$\begin{bmatrix} \mathbf{I}_1 \\ \mathbf{I}_2 \end{bmatrix} = \frac{1}{375} \begin{bmatrix} (-65 - j130) & (96 - j28) \\ (-60 - j145) & (94 - j17) \end{bmatrix} \begin{bmatrix} 150\underline{/0°} \\ 0 \end{bmatrix}$$
$$= \begin{bmatrix} (-26 - j52) \\ (-24 - j58) \end{bmatrix}. \tag{A.90}$$

Decorre da Equação A.90 que

$$\mathbf{I}_1 = (-26 - j52) = 58{,}14\underline{/-116{,}57°} \text{ A},$$
$$\mathbf{I}_2 = (-24 - j58) = 62{,}77\underline{/-122{,}48°} \text{ A}. \tag{A.91}$$

Nos três exemplos apresentados, os elementos da matriz eram números — números reais nos exemplos A.1 e A.2 e números complexos no Exemplo A.3. Também é possível que os elementos sejam funções. O Exemplo A.4 ilustra a utilização da álgebra matricial em um problema de circuito em que os elementos da matriz de coeficientes são funções.

EXEMPLO A.4

Use o método matricial para deduzir expressões para as tensões nodais V_1 e V_2 do circuito da Figura A.1.

Solução

Com a soma das correntes que saem dos nós 1 e 2, obtém-se o seguinte sistema de equações:

$$\frac{V_1 - V_g}{R} + V_1 sC + (V_1 - V_2)sC = 0,$$

$$\frac{V_2}{R} + (V_2 - V_1)sC + (V_2 - V_g)sC = 0. \quad (A.92)$$

Fazendo $G = 1/R$ e colocando em evidência os coeficientes de V_1 e V_2, obtemos

$$(G + 2sC)V_1 - sCV_2 = GV_g,$$

$$-sCV_1 + (G + 2sC)V_2 = sCV_g. \quad (A.93)$$

Figura A.1 Circuito para o Exemplo A.4.

Escrevendo a Equação A.93 em notação matricial, temos

$$\mathbf{AV} = \mathbf{I}, \quad (A.94)$$

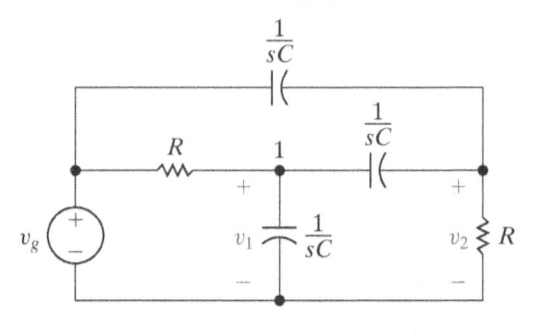

onde

$$\mathbf{A} = \begin{bmatrix} G + 2sC & -sC \\ -sC & G + 2sC \end{bmatrix},$$

$$\mathbf{V} = \begin{bmatrix} V_1 \\ V_2 \end{bmatrix} \quad \text{e} \quad \mathbf{I} = \begin{bmatrix} GV_g \\ sCV_g \end{bmatrix}.$$

Decorre da Equação A.94 que

$$\mathbf{V} = \mathbf{A}^{-1}\mathbf{I}. \quad (A.95)$$

Como antes, determinamos a inversa da matriz de coeficientes resolvendo, em primeiro lugar, a adjunta de $\mathbf{A}$ e o determinante de $\mathbf{A}$. Os cofatores de $\mathbf{A}$ são

$$\Delta_{11} = (-1)^2[G + 2sC] = G + 2sC,$$
$$\Delta_{12} = (-1)^3(-sC) = sC,$$
$$\Delta_{21} = (-1)^3(-sC) = sC,$$
$$\Delta_{22} = (-1)^4[G + 2sC] = G + 2sC.$$

A matriz de cofatores é

$$\mathbf{B} = \begin{bmatrix} G + 2sC & sC \\ sC & G + 2sC \end{bmatrix}, \quad (A.96)$$

e, por conseguinte, a adjunta da matriz de coeficientes é

$$\text{adj } \mathbf{A} = \mathbf{B}^T = \begin{bmatrix} G + 2sC & sC \\ sC & G + 2sC \end{bmatrix}. \quad (A.97)$$

O determinante de $\mathbf{A}$ é

$$\det \mathbf{A} = \begin{vmatrix} G + 2sC & sC \\ sC & G + 2sC \end{vmatrix} = G^2 + 4sCG + 3s^2C^2. \quad (A.98)$$

A inversa da matriz de coeficientes é

$$\mathbf{A}^{-1} = \frac{\begin{bmatrix} G + 2sC & sC \\ sC & G + 2sC \end{bmatrix}}{(G^2 + 4sCG + 3s^2C^2)}. \quad (A.99)$$

Decorre da Equação A.95 que

$$\begin{bmatrix} V_1 \\ V_2 \end{bmatrix} = \frac{\begin{bmatrix} G + 2sC & sC \\ sC & G + 2sC \end{bmatrix} \begin{bmatrix} GV_g \\ sCV_g \end{bmatrix}}{(G^2 + 4sCG + 3s^2C^2)}. \quad (A.100)$$

Executando a multiplicação de matrizes da Equação A.100, temos

$$\begin{bmatrix} V_1 \\ V_2 \end{bmatrix} = \frac{1}{(G^2 + 4sCG + 3s^2C^2)} \begin{bmatrix} (G^2 + 2sCG + s^2C^2)V_g \\ (2sCG + 2s^2C^2)V_g \end{bmatrix}. \quad (A.101)$$

Agora, as expressões para V_1 e V_2 podem ser escritas diretamente pela Equação A.101; assim,

$$V_1 = \frac{(G^2 + 2sCG + s^2C^2)V_g}{(G^2 + 4sCG + 3s^2C^2)}, \quad (A.102)$$

e

$$V_2 = \frac{2(sCG + s^2C^2)V_g}{(G^2 + 4sCG + 3s^2C^2)}. \quad (A.103)$$

Em nosso exemplo final, ilustramos como a álgebra matricial pode ser usada para analisar ligações em cascata de quadripolos.

EXEMPLO A.5

Mostre, por meio de álgebra matricial, como as variáveis de entrada V_1 e I_1 podem ser descritas em função das variáveis de saída V_2 e I_2 na ligação em cascata da Figura 18.10.

Solução

Começamos expressando em notação matricial a relação entre as variáveis de entrada e saída para cada quadripolo. Assim,

$$\begin{bmatrix} V_1 \\ I_1 \end{bmatrix} = \begin{bmatrix} a'_{11} & -a'_{12} \\ a'_{21} & -a'_{22} \end{bmatrix} \begin{bmatrix} V'_2 \\ I'_2 \end{bmatrix}, \quad (A.104)$$

e

$$\begin{bmatrix} V'_1 \\ I'_1 \end{bmatrix} = \begin{bmatrix} a''_{11} & -a''_{12} \\ a''_{21} & -a''_{22} \end{bmatrix} \begin{bmatrix} V_2 \\ I_2 \end{bmatrix},$$ (A.105)

Agora, a ligação em cascata impõe as restrições

$$V'_2 = V'_1 \quad \text{e} \quad I'_2 = -I'_1.$$ (A.106)

Essas relações de restrição são substituídas na Equação A.104. Assim,

$$\begin{bmatrix} V_1 \\ I_1 \end{bmatrix} = \begin{bmatrix} a'_{11} & -a'_{12} \\ a'_{21} & -a'_{22} \end{bmatrix} \begin{bmatrix} V'_1 \\ -I'_1 \end{bmatrix}$$

$$= \begin{bmatrix} a'_{11} & a'_{12} \\ a'_{21} & a'_{22} \end{bmatrix} \begin{bmatrix} V'_1 \\ I'_1 \end{bmatrix}.$$ (A.107)

A relação entre as variáveis de entrada (V_1, I_1) e as variáveis de saída (V_2, I_2) é obtida pela substituição da Equação A.105 na Equação A.107. O resultado é

$$\begin{bmatrix} V_1 \\ I_1 \end{bmatrix} = \begin{bmatrix} a'_{11} & a'_{12} \\ a'_{21} & a'_{22} \end{bmatrix} \begin{bmatrix} a''_{11} & -a''_{12} \\ a''_{21} & -a''_{22} \end{bmatrix} \begin{bmatrix} V_2 \\ I_2 \end{bmatrix}.$$ (A.108)

Após a multiplicação das matrizes de coeficientes, temos

$$\begin{bmatrix} V_1 \\ I_1 \end{bmatrix} = \begin{bmatrix} (a'_{11}a''_{11} + a'_{12}a''_{21}) & -(a'_{11}a''_{12} + a'_{12}a''_{22}) \\ (a'_{21}a''_{11} + a'_{22}a''_{21}) & -(a'_{21}a''_{12} + a'_{22}a''_{22}) \end{bmatrix} \begin{bmatrix} V_2 \\ I_2 \end{bmatrix}.$$ (A.109)

Observe que a Equação A.109 é o sistema constituído pelas equações 18.72 e 18.73 escrito em forma matricial.

Apêndice B

Números complexos

Os números complexos foram inventados para permitir a extração das raízes quadradas de números negativos. Eles simplificam a solução de problemas que, caso contrário, seriam bem difíceis. A equação $x^2 + 8x + 41 = 0$, por exemplo, não tem solução em um sistema numérico que exclua números complexos. Esses números, e a capacidade de manipulá-los algebricamente, são muito úteis na análise de circuitos.

B.1 Notação

Há dois modos de representar um número complexo: a forma cartesiana, ou retangular, e a forma polar, ou trigonométrica. Na **forma retangular**, um número complexo é escrito em termos de seus componentes reais e imaginários; daí,

$$n = a + jb, \tag{B.1}$$

onde a é o componente real, b é o componente imaginário e j é, por definição, $\sqrt{-1}$.[1]

Na **forma polar**, um número complexo é escrito em termos de seu módulo e ângulo de fase; daí,

$$n = ce^{j\theta} \tag{B.2}$$

onde c é o módulo, θ é o ângulo de fase, e é a base dos logaritmos naturais e, como antes, $j = \sqrt{-1}$. Na literatura, o símbolo $\underline{/\theta°}$ costuma ser usado no lugar de $e^{j\theta}$; isto é, a forma polar é escrita

$$n = c\underline{/\theta°}. \tag{B.3}$$

Embora a Equação B.3 seja mais conveniente em textos impressos, a Equação B.2 é de importância primordial em operações matemáticas porque as regras para manipular uma quantidade exponencial são bem conhecidas. Por exemplo, como $(y^x)^n = y^{xn}$, então $(e^{j\theta})^n = e^{jn\theta}$; como $y^{-x} = 1/y^x$, então $e^{-j\theta} = 1/e^{j\theta}$ e assim por diante.

Como há duas maneiras de expressar o mesmo número complexo, precisamos relacionar uma com a outra. A transformação da forma polar para a retangular dá-se por meio da identidade de Euler:

$$e^{\pm j\theta} = \cos\theta \pm j\,\text{sen}\,\theta. \tag{B.4}$$

Um número complexo expresso na forma polar pode ser convertido para a forma retangular escrevendo-se

---

[1] Talvez você esteja mais familiarizado com a notação $i = \sqrt{-1}$. Em engenharia elétrica, i é usado como símbolo para corrente; daí, na literatura da área, j é usado para representar $\sqrt{-1}$.

$$ce^{j\theta} = c(\cos\theta + j\,\text{sen}\,\theta)$$
$$= c\cos\theta + jc\,\text{sen}\,\theta$$
$$= a + jb. \tag{B.5}$$

A transformação da forma retangular para a polar faz uso das propriedades do triângulo retângulo, ou seja,

$$a + jb = \left(\sqrt{a^2 + b^2}\right)e^{j\theta} = ce^{j\theta}, \tag{B.6}$$

onde

$$\text{tg}\,\theta = b/a. \tag{B.7}$$

Pela Equação B.7, não fica óbvio em qual quadrante o ângulo θ está. A ambiguidade pode ser eliminada por uma representação gráfica do número complexo.

B.2 Representação gráfica dos números complexos

Um número complexo é representado graficamente no plano complexo, aquele definido por um eixo horizontal que representa o componente real e um eixo vertical que representa o componente imaginário do número complexo. O ângulo de fase do número complexo é medido em sentido anti-horário em relação ao eixo real positivo. A representação gráfica do número complexo $n = a + jb = c\,\underline{/\theta°}$, se admitirmos que a e b sejam ambos positivos, é mostrada na Figura B.1.

Figura B.1 Representação gráfica de $a + jb$, quando a e b são ambos positivos.

Essa representação deixa bem clara a relação entre as formas retangular e polar. Qualquer ponto no plano dos números complexos é definido exclusivamente determinando-se ou sua distância em relação a cada eixo (isto é, a e b) ou sua distância radial em relação à origem (c) e ao ângulo θ entre o eixo real e a reta que liga o ponto à origem.

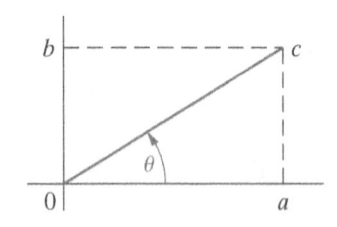

Figura B.2 Representação gráfica de quatro números complexos.

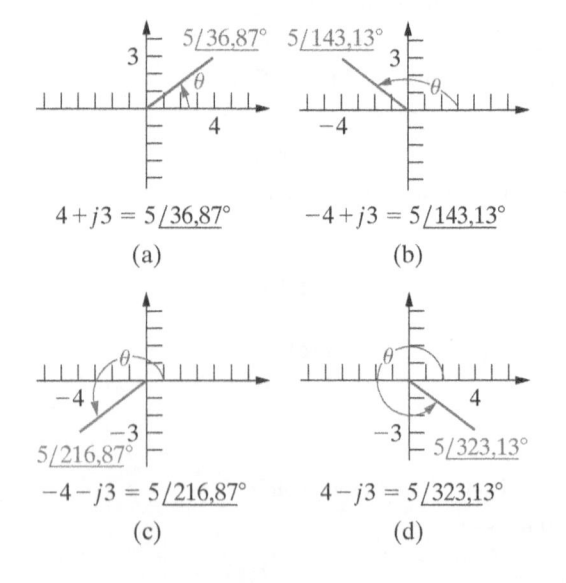

Pela Figura B.1, vemos que θ está no primeiro quadrante, quando a e b são ambos positivos; no segundo quadrante, quando a é negativo e b é positivo; no terceiro quadrante, quando a e b são ambos negativos; e no quarto quadrante, quando a é positivo e b é negativo. Essas observações são ilustradas na Figura B.2, que mostra as representações gráficas de $4 + j3$, $-4 + j3$, $-4 - j3$ e $4 - j3$.

(a) $4 + j3 = 5\,\underline{/36,87°}$
(b) $-4 + j3 = 5\,\underline{/143,13°}$
(c) $-4 - j3 = 5\,\underline{/216,87°}$
(d) $4 - j3 = 5\,\underline{/323,13°}$

Observe que também podemos especificar θ como um ângulo (negativo) no sentido horário a partir do eixo real positivo. Desse modo, na Figura B.2(c) também poderíamos designar $-4 - j3$ como $5\,\underline{/-143,13°}$. Na Figura B.2(d) observamos que $5\,\underline{/323,13°} = 5\,\underline{/-36,87°}$. É usual expressar θ em termos de valores negativos quando ele está no terceiro ou no quarto quadrante.

A representação gráfica de um número complexo também deixa clara a relação entre um número complexo e seu conjugado. O **conjugado de um número complexo** é formado invertendo-se o sinal de seu componente imaginário. Assim, o conjugado de $a+jb$ é $a-jb$, e o conjugado de $-a+jb$ é $-a-jb$. Quando escrevemos um número complexo na forma polar, determinamos seu conjugado pela simples inversão do sinal do ângulo θ. Por conseguinte, o conjugado de $c\underline{/\theta°}$ é $c\underline{/-\theta°}$. O conjugado de um número complexo é indicado por um asterisco. Em outras palavras, entende-se que n^* é o conjugado de n. A Figura B.3 mostra a representação gráfica de dois números complexos e seus conjugados no plano dos números complexos.

Observe que a operação de formar o conjugado reflete simplesmente os números complexos em relação ao eixo real.

Figura B.3 Números complexos n_1 e n_2 e seus conjugados n_1^* e n_2^*.

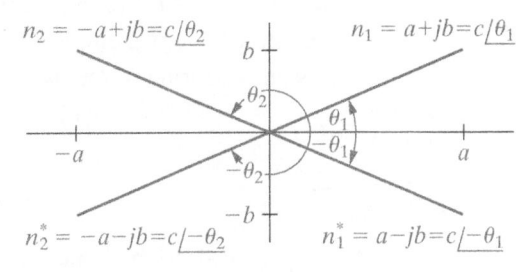

B.3 Operações aritméticas

Adição (subtração)

Para somar ou subtrair números complexos, devemos expressá-los na forma retangular. A soma envolve somar as partes reais dos números complexos, para formar a parte real da soma, e as partes imaginárias, para formar a parte imaginária da soma. Assim, se tivermos

$$n_1 = 8 + j16$$

e

$$n_2 = 12 - j3,$$

então

$$n_1 + n_2 = (8 + 12) + j(16 - 3) = 20 + j13.$$

A subtração segue a mesma regra. Assim,

$$n_2 - n_1 = (12 - 8) + j(-3 - 16) = 4 - j19.$$

Se os números a somar ou subtrair forem dados em forma polar, eles serão, antes de mais nada, convertidos à forma retangular. Por exemplo, se

$$n_1 = 10\underline{/53{,}13°}$$

e

$$n_2 = 5\underline{/-135°},$$

então

$$\begin{aligned} n_1 + n_2 &= 6 + j8 - 3{,}535 - j3{,}535 \\ &= (6 - 3{,}535) + j(8 - 3{,}535) \\ &= 2{,}465 + j4{,}465 = 5{,}10\ \underline{/61{,}10°}, \end{aligned}$$

e

$$\begin{aligned} n_1 - n_2 &= 6 + j8 - (-3{,}535 - j3{,}535) \\ &= 9{,}535 + j11{,}535 \\ &= 14{,}966\ \underline{/50{,}42°}. \end{aligned}$$

Multiplicação (divisão)

A multiplicação ou a divisão de números complexos pode ser realizada com os números escritos em forma retangular ou polar. Contudo, na maioria dos casos, a forma polar é mais conveniente. Como exemplo, vamos determinar o produto $n_1 n_2$ quando $n_1 = 8 + j10$ e $n_2 = 5 - j4$. Usando a forma retangular, temos

$$n_1 n_2 = (8 + j10)(5 - j4) = 40 - j32 + j50 + 40$$
$$= 80 + j18$$
$$= 82\underline{/12{,}68°}.$$

Se usarmos a forma polar, o produto $n_1 n_2$ torna-se

$$n_1 n_2 = (12{,}81 \underline{/51{,}34°})(6{,}40 \underline{/-38{,}66°})$$
$$= 82 \underline{/12{,}68°}$$
$$= 80 + j18.$$

A primeira etapa na divisão de dois números complexos em forma retangular é multiplicar o numerador e o denominador pelo conjugado do denominador, o que reduz o denominador a um número real, pelo qual dividimos o novo numerador. Como exemplo, vamos determinar o valor de n_1/n_2, onde $n_1 = 6 + j3$ e $n_2 = 3 - j1$. Temos

$$\frac{n_1}{n_2} = \frac{6 + j3}{3 - j1} = \frac{(6 + j3)(3 + j1)}{(3 - j1)(3 + j1)}$$
$$= \frac{18 + j6 + j9 - 3}{9 + 1}$$
$$= \frac{15 + j15}{10} = 1{,}5 + j1{,}5$$
$$= 2{,}12 \underline{/45°}.$$

Em forma polar, a divisão de n_1 por n_2 é

$$\frac{n_1}{n_2} = \frac{6{,}71 \underline{/26{,}57°}}{3{,}16 \underline{/-18{,}43°}} = 2{,}12 \underline{/45°} = 1{,}5 + j1{,}5.$$

B.4 Identidades úteis

Quando lidamos com números e grandezas complexas, as seguintes identidades são muito úteis:

$$\pm j^2 = \mp 1, \tag{B.8}$$

$$(-j)(j) = 1, \tag{B.9}$$

$$j = \frac{1}{-j}, \tag{B.10}$$

$$e^{\pm j\pi} = -1, \tag{B.11}$$

$$e^{\pm j\pi/2} = \pm j. \tag{B.12}$$

Dado que $n = a + jb = c\underline{/\theta°}$, decorre que

$$nn^* = a^2 + b^2 = c^2, \tag{B.13}$$

$$n + n^* = 2a, \tag{B.14}$$

$$n - n^* = j2b, \qquad (B.15)$$
$$n/n^* = 1\underline{/2\theta°}. \qquad (B.16)$$

B.5 Potências inteiras de um número complexo

Para elevar um número complexo a uma potência inteira k, é mais fácil expressar o número complexo em forma polar. Assim,

$$\begin{aligned} n^k &= (a + jb)^k \\ &= (ce^{j\theta})^k = c^k e^{jk\theta} \\ &= c^k(\cos k\theta + j\,\text{sen}\,k\theta). \end{aligned}$$

Por exemplo,

$$\begin{aligned}(2e^{j12°})^5 &= 2^5 e^{j60°} = 32 e^{j60°} \\ &= 16 + j27{,}71\end{aligned}$$

e

$$\begin{aligned}(3 + j4)^4 &= (5e^{j53{,}13°})^4 = 5^4 e^{j212{,}52°} \\ &= 625 e^{j212{,}52°} \\ &= -527 - j336.\end{aligned}$$

B.6 Raízes de um número complexo

A determinação da k-ésima raiz de um número complexo é equivalente à solução da equação

$$x^k - ce^{j\theta} = 0, \qquad (B.17)$$

que é uma equação de k-ésimo grau e, portanto, tem k raízes.

Para determinar as k raízes, comece observando que

$$ce^{j\theta} = ce^{j(\theta+2\pi)} = ce^{j(\theta+4\pi)} = \cdots \qquad (B.18)$$

Decorre das equações B.17 e B.18 que

$$x_1 = (ce^{j\theta})^{1/k} = c^{1/k} e^{j\theta/k}, \qquad (B.19)$$
$$x_2 = [ce^{j(\theta+2\pi)}]^{1/k} = c^{1/k} e^{j(\theta+2\pi)/k}, \qquad (B.20)$$
$$x_3 = [ce^{j(\theta+4\pi)}]^{1/k} = c^{1/k} e^{j(\theta+4\pi)/k}, \qquad (B.21)$$
$$\vdots$$

Continuamos o processo esboçado pelas equações B.19, B.20 e B.21 até que as raízes comecem a repetir-se. Isso acontecerá quando o múltiplo de π for igual a $2k$. Por exemplo, vamos determinar as quatro raízes de $81e^{j60°}$. Temos

$$x_1 = 81^{1/4} e^{j60/4} = 3e^{j15°},$$
$$x_2 = 81^{1/4} e^{j(60+360)/4} = 3e^{j105°},$$
$$x_3 = 81^{1/4} e^{j(60+720)/4} = 3e^{j195°},$$
$$x_4 = 81^{1/4} e^{j(60+1.080)/4} = 3e^{j285°},$$
$$x_5 = 81^{1/4} e^{j(60+1.440)/4} = 3e^{j375°} = 3e^{j15°}.$$

Aqui, x_5 é o mesmo que x_1 e, portanto, as raízes começaram a repetir-se. Assim, sabemos que as quatro raízes de $81e^{j60°}$ são os valores dados por x_1, x_2, x_3 e x_4.

Vale a pena observar que as raízes de um número complexo estão em um círculo no plano dos números complexos. O raio do círculo é $c^{1/k}$. As raízes são uniformemente distribuídas ao longo do círculo, sendo que o ângulo entre raízes adjacentes é igual a $2\pi/k$ radianos, ou $360/k$ graus. As quatro raízes de $81e^{j60°}$ são mostradas na Figura B.4.

Figura B.4 As quatro raízes de $81e^{j60°}$.

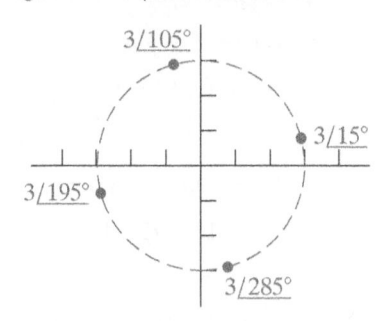

Apêndice C

Tópicos adicionais sobre enrolamentos magneticamente acoplados

C.1 Circuitos equivalentes para enrolamentos magneticamente acoplados

Às vezes, é conveniente modelar enrolamentos magneticamente acoplados por meio de um circuito equivalente que não envolva acoplamento magnético. Examine os dois enrolamentos magneticamente acoplados mostrados na Figura C.1. As resistências R_1 e R_2 representam a resistência de cada enrolamento. O objetivo é substituir os enrolamentos magneticamente acoplados dentro da área sombreada por um conjunto de indutores que não sejam magneticamente acoplados. Antes de determinarmos os circuitos equivalentes, é preciso destacar uma importante restrição: a tensão entre os terminais b e d deve ser nula. Em outras palavras, se for possível colocar os terminais b e d em curto-circuito sem perturbar as tensões e correntes no circuito original, os circuitos equivalentes apresentados a seguir poderão ser usados para modelar os enrolamentos. Essa restrição é imposta porque, embora os circuitos equivalentes que desenvolveremos tenham ambos quatro terminais, dois desses quatro terminais estão em curto-circuito. Assim, o mesmo requisito deve valer para os circuitos originais.

Figura C.1 Circuito usado para obter um circuito equivalente para dois enrolamentos magneticamente acoplados.

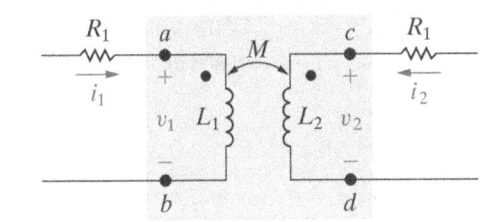

Começamos a desenvolver os modelos escrevendo as duas equações que relacionam as tensões terminais v_1 e v_2 com as correntes terminais i_1 e i_2. Para as referências e pontos de polaridade dados,

$$v_1 = L_1\frac{di_1}{dt} + M\frac{di_2}{dt} \qquad (C.1)$$

e

$$v_2 = M\frac{di_1}{dt} + L_2\frac{di_2}{dt}. \qquad (C.2)$$

Circuito equivalente do tipo T

Um circuito equivalente para esses dois enrolamentos magneticamente acoplados deve possuir um conjunto de indutores que possa ser descrito por um sistema de equações equivalente às equações C.1 e C.2. Para isso, consideramos as equações C.1 e C.2 como equações de corrente de malha, com i_1 e i_2 como incógnitas. Então, precisamos de uma malha com uma indutância total de L_1 H e uma segunda malha com uma indutância total de L_2 H. Além disso, as duas malhas devem ter uma indutância comum de M H. O arranjo de enrolamentos em T da Figura C.2 satisfaz esses requisitos.

Figura C.2 Circuito equivalente em T para os enrolamentos magneticamente acoplados da Figura C.1.

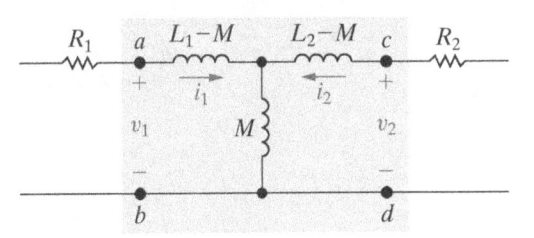

Devemos verificar que as equações que relacionam v_1 e v_2 com i_1 e i_2 têm a forma das equações C.1 e C.2. Observe a ausência de acoplamento magnético entre os indutores e a tensão nula entre b e d.

Circuito equivalente do tipo π

Podemos obter um circuito equivalente do tipo π para os enrolamentos magneticamente acoplados da Figura C.1. Nesse caso, as derivadas di_1/dt e di_2/dt são explicitadas nas equações C.1 e C.2, e as expressões resultantes são consideradas um par de equações de tensões de nó. Usando o método de Cramer para resolução de equações simultâneas, obtemos as expressões para di_1/dt e di_2/dt:

$$\frac{di_1}{dt} = \frac{\begin{vmatrix} v_1 & M \\ v_2 & L_2 \end{vmatrix}}{\begin{vmatrix} L_1 & M \\ M & L_2 \end{vmatrix}} = \frac{L_2}{L_1 L_2 - M^2} v_1 - \frac{M}{L_1 L_2 - M^2} v_2; \tag{C.3}$$

$$\frac{di_2}{dt} = \frac{\begin{vmatrix} L_1 & v_1 \\ M & v_2 \end{vmatrix}}{L_1 L_2 - M^2} = \frac{-M}{L_1 L_2 - M^2} v_1 + \frac{L_1}{L_1 L_2 - M^2} v_2. \tag{C.4}$$

Para obtermos i_1 e i_2, basta multiplicar ambos os lados das equações C.3 e C.4 por dt e integrar em seguida:

$$i_1 = i_1(0) + \frac{L_2}{L_1 L_2 - M^2} \int_0^t v_1 d\tau - \frac{M}{L_1 L_2 - M^2} \int_0^t v_2 d\tau \tag{C.5}$$

e

$$i_2 = i_2(0) - \frac{M}{L_1 L_2 - M^2} \int_0^t v_1 d\tau + \frac{L_1}{L_1 L_2 - M^2} \int_0^t v_2 d\tau. \tag{C.6}$$

Se considerarmos v_1 e v_2 tensões de nó, as equações C.5 e C.6 descrevem um circuito da forma mostrada na Figura C.3.

Resta agora, para derivar o circuito equivalente do tipo π, determinar L_A, L_B e L_C em função de L_1, L_2 e M, o que será fácil se escrevermos as equações para i_1 e i_2 da Figura C.3 para, em seguida, compará-las com as equações C.5 e C.6. Desse modo,

Figura C.3 Circuito usado para obter o circuito equivalente do tipo π para dois enrolamentos magneticamente acoplados.

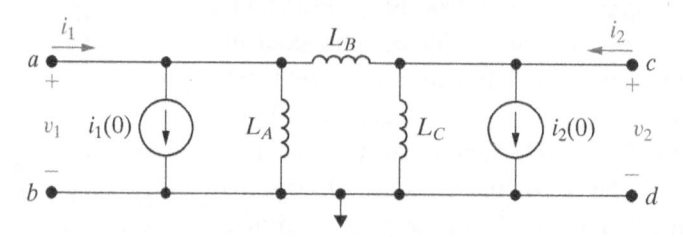

$$i_1 = i_1(0) + \frac{1}{L_A}\int_0^t v_1 d\tau + \frac{1}{L_B}\int_0^t (v_1 - v_2) d\tau$$

$$= i_1(0) + \left(\frac{1}{L_A} + \frac{1}{L_B}\right)\int_0^t v_1 d\tau - \frac{1}{L_B}\int_0^t v_2 d\tau \qquad (C.7)$$

e

$$i_2 = i_2(0) + \frac{1}{L_C}\int_0^t v_2 d\tau + \frac{1}{L_B}\int_0^t (v_2 - v_1) d\tau$$

$$= i_2(0) + \frac{1}{L_B}\int_0^t v_1 d\tau + \left(\frac{1}{L_B} + \frac{1}{L_C}\right)\int_0^t v_2 d\tau. \qquad (C.8)$$

Então

$$\frac{1}{L_B} = \frac{M}{L_1 L_2 - M^2}, \qquad (C.9)$$

$$\frac{1}{L_A} = \frac{L_2 - M}{L_1 L_2 - M^2}, \qquad (C.10)$$

$$\frac{1}{L_C} = \frac{L_1 - M}{L_1 L_2 - M^2}. \qquad (C.11)$$

Quando incorporamos as equações C.9–C.11 ao circuito da Figura C.3, o circuito equivalente do tipo π para os dois enrolamentos magneticamente acoplados da Figura C.1 passa a ser o da Figura C.4.

Observe que os valores iniciais de i_1 e i_2 estão explícitos no circuito equivalente tipo π, mas implícitos no circuito equivalente do tipo T. Visto que estamos enfocando aqui o comportamento em regime permanente senoidal de circuitos que contêm indutância mútua, podemos admitir que os valores iniciais de i_1 e i_2 são ambos nulos. Desse modo, podemos eliminar as fontes de corrente no circuito equivalente do tipo π, e o circuito da Figura C.4 é simplificado para o mostrado na Figura C.5.

A indutância mútua aparece, nos circuitos equivalentes tipo T e π, com o próprio sinal algébrico. Em outras palavras, se invertermos a polaridade magnética dos enrolamentos acoplados dada na Figura C.1, o sinal algébrico de M será invertido. Uma inversão de polaridade magnética significa deslocar o ponto de polaridade sem alterar os sentidos e as polaridades de referência das correntes e tensões terminais.

O Exemplo C.1 ilustra o uso do circuito equivalente do tipo T.

Figura C.4 Circuito equivalente do tipo π para os dois enrolamentos magneticamente acoplados da Figura C.1.

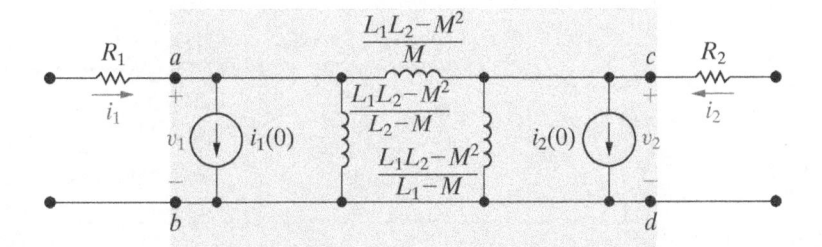

Figura C.5 Circuito equivalente do tipo π usado para análise de regime permanente senoidal.

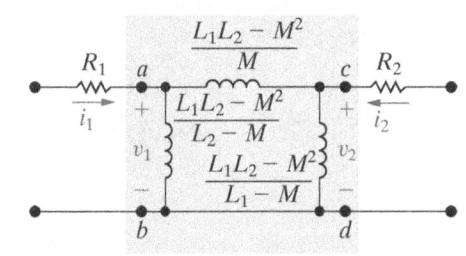

EXEMPLO C.1

a) Use o circuito equivalente do tipo T para os enrolamentos magneticamente acoplados da Figura C.6 para determinar as correntes fasoriais I_1 e I_2. A frequência da fonte é 400 rad/s.

b) Repita o item (a), porém deslocando o ponto de polaridade do enrolamento secundário para o terminal inferior.

Figura C.6 Circuito equivalente no domínio da frequência para o Exemplo C.1.

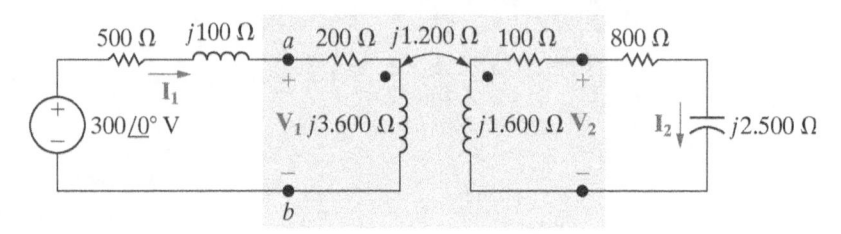

Solução

a) Para os pontos de polaridade mostrados na Figura C.6, M tem um valor de +3 H no circuito equivalente do tipo T. Portanto, as três indutâncias no circuito equivalente são

$$L_1 - M = 9 - 3 = 6 \text{ H};$$
$$L_2 - M = 4 - 3 = 1 \text{ H};$$
$$M = 3 \text{ H}.$$

Figura C.7 Circuito equivalente do tipo T para os enrolamentos magneticamente acoplados do Exemplo C.1.

A Figura C.7 mostra o circuito equivalente do tipo T e a Figura C.8 mostra o circuito equivalente no domínio da frequência a uma frequência angular de 400 rad/s.

A Figura C.9 mostra o circuito no domínio da frequência para o sistema original.

Aqui, o acoplamento magnético é substituído pelo circuito da Figura C.8. Para determinar as correntes fasoriais I_1 e I_2, primeiramente determinamos a tensão de nó na reatância indutiva de 1.200 Ω. Se usarmos o nó inferior como referência, a única equação de tensão de nó é

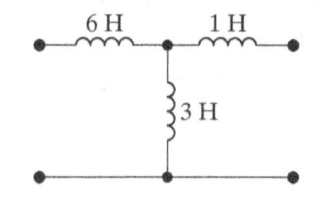

Figura C.8 Modelo no domínio da frequência do circuito equivalente, para uma frequência angular de 400 rad/s.

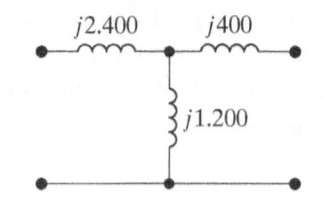

$$\frac{V - 300}{700 + j2.500} + \frac{V}{j1.200} + \frac{V}{900 - j2.100} = 0.$$

Explicitando V, temos

Figura C.9 Circuito da Figura C.6 com os enrolamentos magneticamente acoplados substituídos por seu circuito equivalente do tipo T.

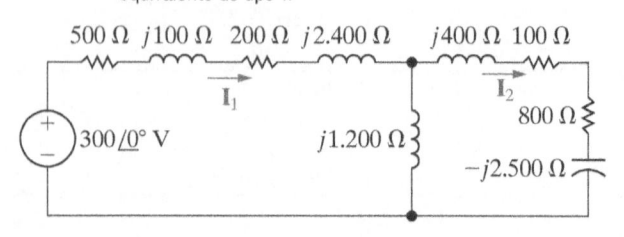

$$V = 136 - j8 = 136{,}24 \,\underline{/-3{,}37°}\, \text{V (ef)}.$$

Então

$$I_1 = \frac{300 - (136 - j8)}{700 + j2500}$$
$$= 63{,}25 \,\underline{/-71{,}57°}\, \text{mA (ef)}$$

e

$$\mathbf{I}_2 = \frac{136 - j8}{900 - j2.100} = 59{,}63 \underline{/63{,}43°} \text{ mA (ef)}.$$

b) Quando o ponto de polaridade é deslocado para o terminal inferior do enrolamento secundário, M passa a ter um valor de -3 H no circuito equivalente do tipo T. Antes de continuarmos a solução, observamos que inverter o sinal algébrico de M não exerce nenhum efeito sobre $\mathbf{I}_1$ e desloca $\mathbf{I}_2$ em 180°. Portanto, podemos antecipar que

$$\mathbf{I}_1 = 63{,}25 \underline{/-71{,}57°} \text{ mA (ef)}$$

e

$$\mathbf{I}_2 = 59{,}63 \underline{/-116{,}57°} \text{ mA (ef)}.$$

Agora, passamos para a determinação das correntes usando o novo circuito equivalente do tipo T. Com $M = -3$ H, as três indutâncias no circuito equivalente são

$$L_1 - M = 9 - (-3) = 12 \text{ H};$$
$$L_2 - M = 4 - (-3) = 7 \text{ H};$$
$$M = -3 \text{ H}.$$

A uma frequência operacional de 400 rad/s, o circuito equivalente no domínio da frequência necessita de dois indutores e um capacitor, como mostra a Figura C.10.

O circuito resultante no domínio da frequência para o sistema original aparece na Figura C.11. Como antes, em primeiro lugar, determinamos a tensão de nó no ramo central que, nesse caso, é uma reatância capacitiva de $-j1.200$ Ω. Se usarmos o nó inferior como referência, a equação das tensões de nó será

$$\frac{\mathbf{V} - 300}{700 + j4.900} + \frac{\mathbf{V}}{-j1.200} + \frac{\mathbf{V}}{900 + j300} = 0.$$

Explicitando $\mathbf{V}$, obtemos

$$\mathbf{V} = -8 - j56 = 56{,}57 \underline{/-98{,}13°} \text{ V (ef)}.$$

Então,

$$\mathbf{I}_1 = \frac{300 - (-8 - j56)}{700 + j4.900}$$
$$= 63{,}25 \underline{/-71{,}57°} \text{ mA (ef)}$$

e

$$\mathbf{I}_2 = \frac{-8 - j56}{900 + j300}$$
$$= 59{,}63 \underline{/-116{,}57°} \text{ mA (ef)}.$$

Figura C.10 Circuito equivalente no domínio da frequência para $M = -3$ H e $\omega = 400$ rad/s.

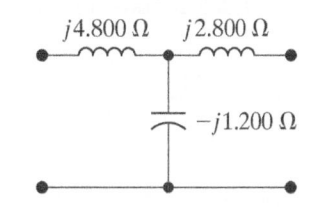

Figura C.11 Circuito equivalente no domínio da frequência para o Exemplo C.1(b).

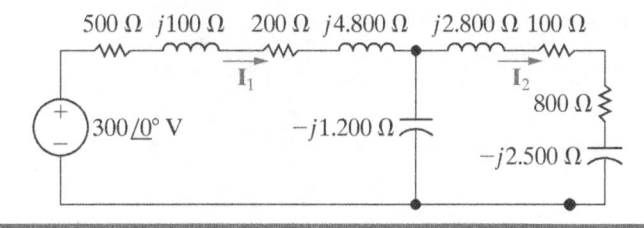

C.2 A necessidade do uso de transformadores ideais em circuitos equivalentes

Os indutores nos circuitos equivalentes, dos tipos T ou π, de enrolamentos magneticamente acoplados podem ter valores negativos. Por exemplo, se $L_1 = 3$ mH, $L_2 = 12$ mH e

$M = 5$ mH, o circuito equivalente do tipo T conterá um indutor de -2 mH e o circuito equivalente do tipo π conterá um indutor de $-5,5$ mH. Esses valores negativos de indutância não serão problemáticos quando se estiver usando os circuitos equivalentes em cálculos. Contudo, quando for preciso montar os circuitos equivalentes a partir de componentes reais de circuito, os indutores negativos podem ser incômodos. A razão disso é que, sempre que a frequência da fonte senoidal se alterar, será necessário mudar o valor do capacitor usado para simular a reatância negativa. Por exemplo, a uma frequência de 50 krad/s, um indutor de -2 mH tem uma impedância de $-j100$ Ω. Essa impedância pode ser modelada com um capacitor de 0,2 μF. Se a frequência mudar para 25 krad/s, a impedância do indutor de -2 mH mudará para $-j50$ Ω. Agora, o valor do capacitor será 0,8 μF. É óbvio que, em uma situação na qual a frequência seja variada continuamente, a utilização de um capacitor para simular a indutância negativa é praticamente inútil.

Pode-se contornar o problema de lidar com indutâncias negativas introduzindo-se um transformador ideal no circuito equivalente. Contudo, isso não resolve completamente o problema da modelagem, pois transformadores ideais só podem ser aproximados. Entretanto, em algumas situações, basta uma aproximação para justificar uma discussão sobre a utilização de um transformador ideal nos circuitos equivalentes do tipo T e do tipo π de enrolamentos magneticamente acoplados.

Um transformador ideal pode ser usado de dois modos diferentes no circuito equivalente tipo T ou tipo π. A Figura C.12 mostra os dois arranjos para cada tipo de circuito equivalente.

Para verificar a adequação de qualquer dos circuitos equivalentes da Figura C.12, basta conferir se as equações que relacionam v_1 e v_2 a di_1/dt e di_2/dt para qualquer dos circuitos são idênticas às equações C.1 e C.2. Aqui, validaremos os circuitos da Figura C.12(a); deixamos ao leitor a verificação dos circuitos das figuras C.12(b), (c) e (d). Para auxiliar a discussão, desenhamos novamente o circuito da Figura C.12(a) na Figura C.13, adicionando as variáveis i_0 e v_0.

Desse circuito, temos

$$v_1 = \left(L_1 - \frac{M}{a}\right)\frac{di_1}{dt} + \frac{M}{a}\frac{d}{dt}(i_1 + i_0) \qquad (C.12)$$

Figura C.12 Quatro modos de usar um transformador ideal no circuito equivalente tipo T e tipo π de enrolamentos magneticamente acoplados.

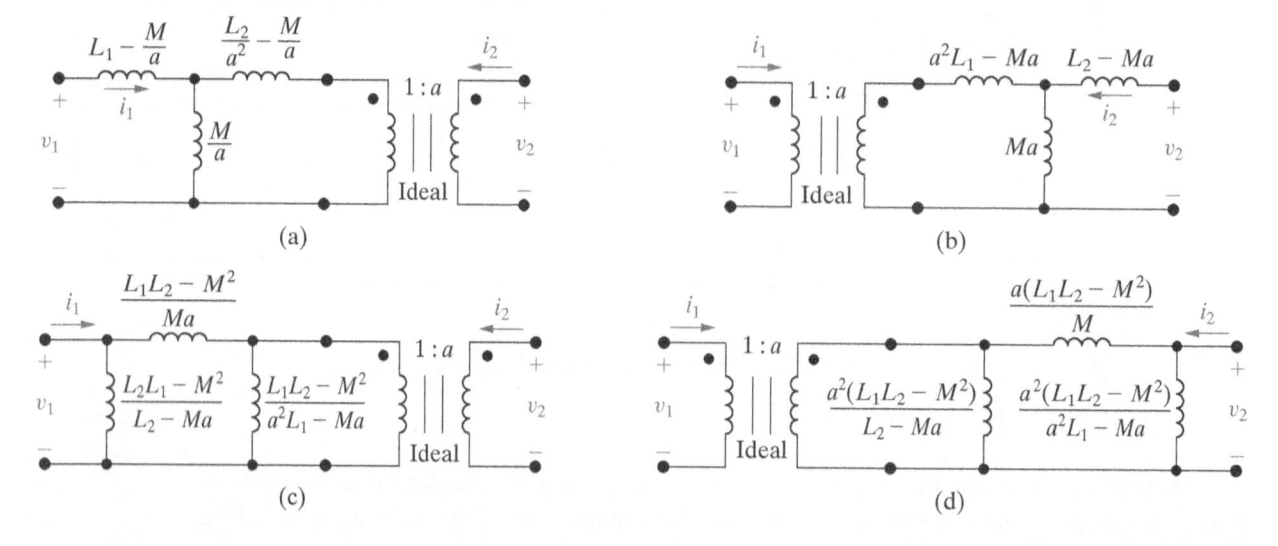

(a)

(b)

(c)

(d)

e

$$v_0 = \left(\frac{L_2}{a^2} - \frac{M}{a}\right)\frac{di_0}{dt} + \frac{M}{a}\frac{d}{dt}(i_0 + i_1). \qquad \text{(C.13)}$$

O transformador ideal impõe as seguintes restrições a v_0 e i_0:

$$v_0 = \frac{v_2}{a}; \qquad \text{(C.14)}$$

$$i_0 = ai_2. \qquad \text{(C.15)}$$

Substituindo as equações C.14 e C.15 nas equações C.12 e C.13, obtemos

$$v_1 = L_1\frac{di_1}{dt} + \frac{M}{a}\frac{d}{dt}(ai_2) \qquad \text{(C.16)}$$

e

$$\frac{v_2}{a} = \frac{L_2}{a^2}\frac{d}{dt}(ai_2) + \frac{M}{a}\frac{di_1}{dt}. \qquad \text{(C.17)}$$

Pelas equações C.16 e C.17,

$$v_1 = L_1\frac{di_1}{dt} + M\frac{di_2}{dt} \qquad \text{(C.18)}$$

e

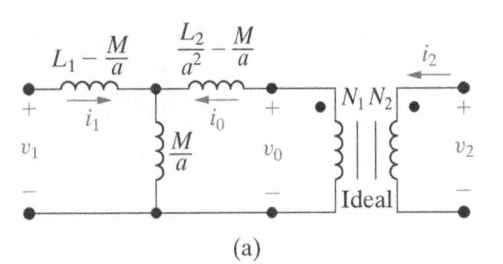

$$v_2 = M\frac{di_1}{dt} + L_2\frac{di_2}{dt}. \qquad \text{(C.19)}$$

Figura C.13 Circuito da Figura C.12(a) mostrando as variáveis i_0 e v_0.

(a)

As equações C.18 e C.19 são idênticas às equações C.1 e C.2; assim, no que se refere ao comportamento terminal, o circuito mostrado na Figura C.13 é equivalente aos enrolamentos magneticamente acoplados mostrados dentro do retângulo da Figura C.1.

Ao mostrarmos que o circuito da Figura C.13 é equivalente aos enrolamentos magneticamente acoplados na Figura C.1, não impusemos nenhuma restrição à relação de espiras, a. Assim, um número infinito de circuitos equivalentes é possível. Além do mais, sempre poderemos determinar uma relação de espiras que torne todas as indutâncias positivas. Três valores de a são de particular interesse:

$$a = \frac{M}{L_1}, \qquad \text{(C.20)}$$

$$a = \frac{L_2}{M}, \qquad \text{(C.21)}$$

e

$$a = \sqrt{\frac{L_2}{L_1}}. \qquad \text{(C.22)}$$

O valor de a dado pela Equação C.20 elimina as indutâncias $L_1 - M/a$ e $a^2L_1 - aM$ dos circuitos equivalentes do tipo T e as indutâncias $(L_1L_2 - M^2)/(a^2L_1 - aM)$ e $a^2(L_1L_2 - M^2)/(a^2L_1 - aM)$ dos circuitos equivalentes do tipo π. O valor de a dado pela Equação C.21 elimina as indutâncias $(L_2/a^2) - (M/a)$ e $L_2 - aM$ dos circuitos equivalentes do tipo T e as indutâncias $(L_1L_2 - M^2)/(L_2 - aM)$ e $a^2(L_1L_2 - M^2)/(L_2 - aM)$ dos circuitos equivalentes do tipo π.

Observe também que, quando $a = M/L_1$, os circuitos nas figuras C.12(a) e (c) tornam-se idênticos e, quando $a = L_2/M$, os circuitos nas figuras C.12(b) e (d) tornam-se idênticos. As figuras C.14 e C.15 resumem essas observações.

Figura C.14 Dois circuitos equivalentes quando $a = M/L_1$.

(a)

(b)

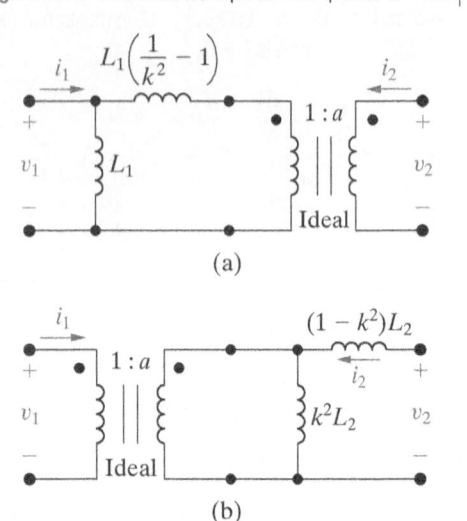

Figura C.15 Dois circuitos equivalentes quando $a = L_2/M$.

(a)

(b)

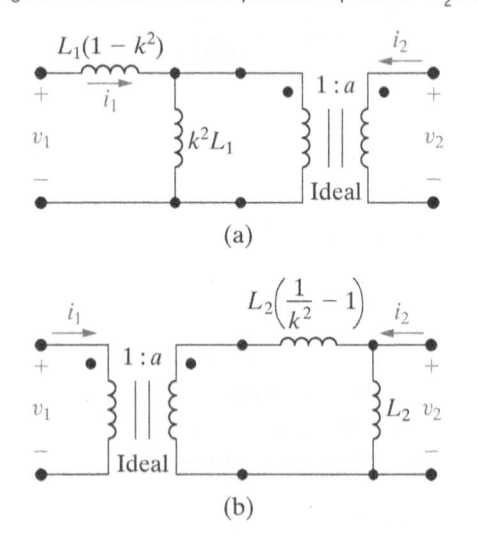

Figura C.16 Determinação experimental da razão M/L_1.

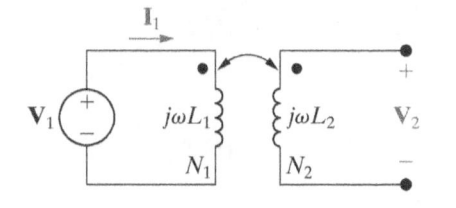

Ao calcularmos as expressões para indutâncias dessas figuras, usamos a relação $M = k\sqrt{L_1 L_2}$. Expressando as indutâncias em função das autoindutâncias L_1 e L_2 e do coeficiente de acoplamento k e usando os valores de a dados pelas equações C.20 e C.21 não só reduzimos o número de indutâncias do circuito equivalente, como também garantimos que todas as indutâncias serão positivas. Cabe ao leitor investigar as consequências de escolher o valor de a dado pela Equação C.22.

Os valores de a dados pelas equações C.20–C.22 podem ser determinados experimentalmente. A razão M/L_1 é obtida alimentando-se o enrolamento de N_1 espiras por meio de uma fonte de tensão senoidal. Ajustamos uma frequência de fonte suficientemente alta, de modo que $\omega L_1 \gg R_1$, e deixamos o enrolamento N_2 aberto. A Figura C.16 mostra esse arranjo.

Com o enrolamento N_2 aberto,

$$\mathbf{V}_2 = j\omega M \mathbf{I}_1. \qquad (C.23)$$

Agora, como $j\omega L_1 \gg R_1$, a corrente I_1 é

$$\mathbf{I}_1 = \frac{\mathbf{V}_1}{j\omega L_1}. \qquad (C.24)$$

Substituindo a Equação C.24 na Equação C.23, temos

$$\left(\frac{\mathbf{V}_2}{\mathbf{V}_1}\right)_{I_2=0} = \frac{M}{L_1}, \qquad (C.25)$$

na qual a razão M/L_1 é a razão entre a tensão de saída e de entrada quando o enrolamento 2 está aberto; isto é, $\mathbf{I}_2 = 0$.

Obtemos a razão L_2/M invertendo o procedimento; isto é, energizamos o enrolamento 2 e deixamos o enrolamento 1 aberto. Então,

$$\frac{L_2}{M} = \left(\frac{\mathbf{V}_2}{\mathbf{V}_1}\right)_{I_1=0}. \qquad (C.26)$$

Por fim, observamos que o valor de a dado pela Equação C.22 é a média geométrica das razões de tensão das equações C.25 e C.26. Assim,

$$\sqrt{\left(\frac{\mathbf{V}_2}{\mathbf{V}_1}\right)_{I_2=0}\left(\frac{\mathbf{V}_2}{\mathbf{V}_1}\right)_{I_1=0}} = \sqrt{\frac{M}{L_1}\frac{L_2}{M}} = \sqrt{\frac{L_2}{L_1}}. \qquad (C.27)$$

A razão entre tensão de entrada e tensão de saída só será aproximadamente igual à relação de espiras se o núcleo comum aos enrolamentos acoplados for ferromagnético. Para núcleos não ferromagnéticos, as autoindutâncias variam de acordo com o quadrado do número de espiras, e a Equação C.27 mostra que a relação de espiras é aproximadamente igual à média geométrica entre as duas razões de tensão, ou

$$\sqrt{\frac{L_2}{L_1}} = \frac{N_2}{N_1} = \sqrt{\left(\frac{\mathbf{V}_2}{\mathbf{V}_1}\right)_{I_2=0}\left(\frac{\mathbf{V}_2}{\mathbf{V}_1}\right)_{I_1=0}}. \qquad (C.28)$$

Apêndice D

O decibel

Engenheiros eletricistas interessados na perda de potência em circuitos em cascata usados para transmitir sinais telefônicos inventaram o decibel. A Figura D.1 ilustra o problema.

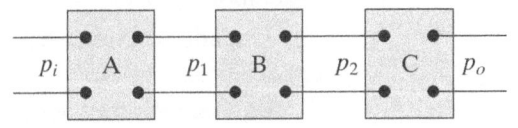

Nessa figura, p_i é a potência de entrada do sistema, p_1 é a saída de potência do circuito A, p_2 é a saída de potência do circuito B e p_o é a potência de saída do sistema. O ganho de potência de cada circuito é a razão entre a potência que sai e a potência que entra. Assim,

Figura D.1 Três circuitos em cascata.

$$\sigma_A = \frac{p_1}{p_i}, \quad \sigma_B = \frac{p_2}{p_1} \quad e \quad \sigma_C = \frac{p_o}{p_2}.$$

O ganho global de potência do sistema é simplesmente o produto dos ganhos individuais, ou

$$\frac{p_o}{p_i} = \frac{p_1}{p_i}\frac{p_2}{p_1}\frac{p_o}{p_2} = \sigma_A \sigma_B \sigma_C.$$

A multiplicação das razões entre potências é convertida em adição por meio do logaritmo; isto é,

$$\log_{10}\frac{p_o}{p_i} = \log_{10}\sigma_A + \log_{10}\sigma_B + \log_{10}\sigma_C.$$

O logaritmo da razão entre duas potências foi denominado **bel**, em homenagem a Alexander Graham Bell. Assim, calculamos o ganho de potência global de um sistema em bels, mediante a simples soma dos ganhos de potência, também em bels, de cada subsistema componente do sistema de transmissão. Na prática, o bel é uma quantidade inconvenientemente grande. Um décimo de um bel é uma medida mais útil para ganho de potência; daí o **decibel**. Como o número de decibéis é igual a 10 vezes o número de bels,

$$\text{Número de decibéis} = 10 \log_{10}\frac{p_o}{p_i}.$$

Quando usamos o decibel como medida das razões entre potências, em algumas situações a resistência de entrada do circuito é igual à sua resistência de carga, como ilustrado na Figura D.2.

Quando a resistência de entrada é igual à resistência de carga, podemos converter a razão entre potências para uma razão entre tensões ou uma razão entre correntes:

Figura D.2 Circuito em que a resistência de entrada é igual à resistência de carga.

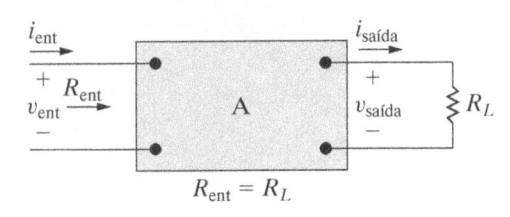

$$\frac{p_o}{p_i} = \frac{v_{\text{saída}}^2/R_L}{v_{\text{ent}}^2/R_{\text{ent}}} = \left(\frac{v_{\text{saída}}}{v_{\text{ent}}}\right)^2$$

ou

$$\frac{p_o}{p_i} = \frac{i_{\text{saída}}^2 R_L}{i_{\text{ent}}^2 R_{\text{ent}}} = \left(\frac{i_{\text{saída}}}{i_{\text{ent}}}\right)^2.$$

Essas equações mostram que o número de decibéis torna-se

$$\text{Número de decibéis} = 20 \log_{10} \frac{v_{\text{saída}}}{v_{\text{ent}}}$$

$$= 20 \log_{10} \frac{i_{\text{saída}}}{i_{\text{ent}}}. \tag{D.1}$$

A definição do decibel usada nos diagramas de Bode (veja o Apêndice E) deve-se aos resultados expressos pela Equação D.1, visto que esses resultados aplicam-se a qualquer função de transferência que envolva uma razão entre tensões, uma razão entre correntes, uma razão entre tensão e corrente ou uma razão entre corrente e tensão. Lembre-se sempre da definição original do decibel porque ela é de fundamental importância em muitas aplicações de engenharia.

Quando se estiver trabalhando com amplitudes de funções de transferência expressas em decibéis, será útil ter uma tabela de equivalência entre o valor do decibel e o valor real da razão saída/entrada. A Tabela D.1 mostra essas equivalências para alguns valores de decibéis. A razão correspondente a um valor de decibel negativo é a recíproca da razão de valor positivo. Por exemplo, –3 dB corresponde a uma razão saída/entrada de 1/1,41 ou 0,707. O interessante é que –3 dB corresponde às frequências de meia potência dos circuitos de filtros discutidos nos capítulos 14 e 15.

Tabela D.1 Alguns pares de razões.

dB	Razão	dB	Razão
0	1,00	30	31,62
3	1,41	40	100,00
6	2,00	60	10^3
10	3,16	80	10^4
15	5,62	100	10^5
20	10,00	120	10^6

O decibel também é usado como uma unidade de potência quando expressa a razão entre uma potência conhecida e uma potência de referência. Normalmente, a potência de referência é 1 mW e a unidade de potência é dBm, que significa 'decibéis relativos a um miliwatt'. Por exemplo, uma potência de 20 mW corresponde a ±13 dBm.

Voltímetros de CA normalmente possuem escala em dBm que subentendem não só uma potência de referência de 1 mW, mas também uma resistência de referência de 600 Ω (um valor comumente usado em sistemas de telefonia). Visto que uma potência de 1 mW em 600 Ω corresponde a 0,7746 V (ef), essa tensão é lida como 0 dBm no medidor. No caso de medidores analógicos, usualmente há uma diferença de exatos 10 dB entre faixas adjacentes. Embora as escalas possam estar marcadas como 0,1; 0,3; 1, 3; 10; e assim por diante, na verdade, 3,16 V na escala de 3 V corresponde a 1 V na escala de 1 V.

Alguns voltímetros têm uma chave seletora que possibilita a escolha da resistência de referência (50, 135, 600 ou 900 Ω) ou a escolha de dBm ou dBV (decibéis relativos a 1 volt).

Apêndice E

Diagramas de Bode

Como vimos, o gráfico de resposta de frequência é uma ferramenta importante para analisar o comportamento de um circuito. Entretanto, até este ponto mostramos gráficos qualitativos da resposta de frequência sem discutir como criar tais diagramas. O método mais eficiente para gerar e representar graficamente os dados de amplitude e fase é usar um computador digital; podemos confiar que ele fornecerá gráficos numéricos precisos de $|H(j\omega)|$ e $\theta(j\omega)$ em relação a ω. Todavia, em algumas situações, usar diagramas de Bode para obter esboços preliminares pode ajudar a garantir uma utilização inteligente do computador.

Um diagrama de Bode é uma técnica gráfica que dá uma ideia da resposta de frequência de um circuito. Esses diagramas devem seu nome ao trabalho pioneiro desenvolvido por H. W. Bode[1] e são muito úteis à análise de circuitos em que os polos e zeros de $H(s)$ estão razoavelmente bem separados.

Como os gráficos qualitativos de resposta de frequência que vimos até aqui, um diagrama de Bode consiste em dois gráficos separados: um mostra como o módulo de $H(j\omega)$ varia com a frequência e o outro mostra como o ângulo de fase de $H(j\omega)$ varia com a frequência. Em diagramas de Bode, os gráficos são feitos em papel semi-log para maior precisão na representação de uma ampla faixa de valores de frequência. Em ambos os gráficos — de amplitude e de fase —, a frequência é representada na escala logarítmica horizontal e a amplitude e o ângulo de fase são representados na escala vertical linear.

E.1 Polos e zeros reais de primeira ordem

Para simplificar o desenvolvimento de diagramas de Bode, começamos analisando apenas casos em que todos os polos e zeros de $H(s)$ são reais e de primeira ordem. Mais adiante apresentaremos casos com polos e zeros complexos e repetidos. Ter uma expressão determinada para $H(s)$ será útil para nossos propósitos. Assim, baseamos a discussão na expressão

$$H(s) = \frac{K(s + z_1)}{s(s + p_1)}, \quad (E.1)$$

em que

$$H(j\omega) = \frac{K(j\omega + z_1)}{j\omega(j\omega + p_1)}. \quad (E.2)$$

A primeira etapa na construção de diagramas de Bode é escrever a expressão para $H(j\omega)$ em uma **forma padrão**, que obtemos simplesmente fatorando os polos e zeros:

$$H(j\omega) = \frac{Kz_1(1 + j\omega/z_1)}{p_1(j\omega)(1 + j\omega/p_1)}. \quad (E.3)$$

---

[1] Veja H. W. Bode, *Network Analysis and Feedback Design* (Nova York: Van Nostrand, 1945).

Em seguida, representamos a quantidade constante Kz_1/p_1 por K_o e, ao mesmo tempo, expressamos $H(j\omega)$ na forma polar:

$$H(j\omega) = \frac{K_o|1 + j\omega/z_1|\;\underline{/\psi_1}}{|\omega|\;\underline{/90°}\,|1 + j\omega/p_1|\;\underline{/\beta_1}}$$

$$= \frac{K_o|1 + j\omega/z_1|}{|\omega||1 + j\omega/p_1|}\;\underline{/(\psi_1 - 90° - \beta_1)}. \tag{E.4}$$

Pela Equação E.4,

$$|H(j\omega)| = \frac{K_o|1 + j\omega/z_1|}{\omega|1 + j\omega/p_1|}, \tag{E.5}$$

$$\theta(\omega) = \psi_1 - 90° - \beta_1. \tag{E.6}$$

Por definição, os ângulos de fase ψ_1 e β_1 são

$$\psi_1 = \mathrm{tg}^{-1}\omega/z_1; \tag{E.7}$$

$$\beta_1 = \mathrm{tg}^{-1}\omega/p_1. \tag{E.8}$$

Os diagramas de Bode consistem na representação gráfica da Equação E.5 (amplitude) e da Equação E.6 (fase) em função de ω.

E.2 Gráficos de linha reta para amplitude

Para traçar gráficos de amplitude são necessárias multiplicações e divisões de fatores associados a polos e zeros de $H(s)$. Transformamos essas operações de multiplicação e divisão em operações de adição e subtração expressando a amplitude de $H(j\omega)$ em termos de um valor logarítmico: o decibel (dB).[2] A amplitude de $H(j\omega)$ em decibéis é

$$A_{dB} = 20\log_{10}|H(j\omega)|. \tag{E.9}$$

Tabela E.1 Amplitudes reais e seus valores em decibéis.

A_{dB}	A	A_{dB}	A
0	1,00	30	31,62
3	1,41	40	100,00
6	2,00	60	10^3
10	3,16	80	10^4
15	5,62	100	10^5
20	10,00	120	10^6

Para dar uma ideia da unidade decibel, a Tabela E.1 mostra conversões de valores reais de várias amplitudes e seus valores em decibéis. Expressando a Equação E.5 em termos de decibéis, temos

$$A_{dB} = 20\log_{10}\frac{K_o|1 + j\omega/z_1|}{\omega|1 + j\omega/p_1|}$$

$$= 20\log_{10}K_o + 20\log_{10}|1 + j\omega/z_1|$$

$$- 20\log_{10}\omega - 20\log_{10}|1 + j\omega/p_1|. \tag{E.10}$$

O gráfico da Equação E.10 poderá ser mais facilmente traçado se representarmos cada termo da equação em separado e, então, combinarmos graficamente os gráficos desses termos individuais. Esses termos individuais são fáceis de representar graficamente porque podem ser aproximados em todos os casos por linhas retas.

O gráfico de $20\log_{10}K_o$ é uma linha reta horizontal porque K_o não é função da frequência. O valor desse termo é positivo para $K_o > 1$, zero para $K_o = 1$ e negativo para $K_o < 1$.

---

[2] Consulte o Apêndice D para mais informações sobre o decibel.

Duas linhas retas aproximam o gráfico de $20\log_{10}|1+j\omega/z_1|$. Para valores pequenos de ω, o módulo $|1+j\omega/z_1|$ é aproximadamente 1 e, por conseguinte,

$$20\log_{10}|1+j\omega/z_1| \to 0 \text{ quando } \omega \to 0. \tag{E.11}$$

Para valores grandes de ω, o módulo $|1+j\omega/z_1|$ é aproximadamente ω/z_1 e, por conseguinte,

$$20\log_{10}|1+j\omega/z_1| \to 20\log_{10}(\omega/z_1) \text{ quando } \omega \to \infty. \tag{E.12}$$

Em uma escala logarítmica de frequência, $20\log_{10}(\omega/z_1)$ é uma linha reta com uma inclinação de 20 dB/década (uma década é uma mudança de frequência de 10 para 1). Essa linha reta intercepta o eixo 0 dB em $\omega = z_1$. Esse valor de ω é denominado **frequência de corte**. Assim, com base nas equações E.11 e E.12, duas linhas retas podem aproximar o gráfico de amplitude de um zero de primeira ordem, como mostra a Figura E.1.

O gráfico de $-20\log_{10}\omega$ é uma linha reta com inclinação de -20 dB/década que intercepta o eixo 0 dB em $\omega = 1$. Duas linhas retas aproximam o gráfico de $-20\log_{10}|1+j\omega/p_1|$. Nesse caso, as duas linhas retas interceptam o eixo 0 dB em $\omega = p_1$. Para valores grandes de ω, a linha reta $20\log_{10}(\omega/p_1)$ tem uma inclinação de -20 dB/década. A Figura E.2 mostra a aproximação por linha reta dos gráficos de amplitude de um polo de primeira ordem.

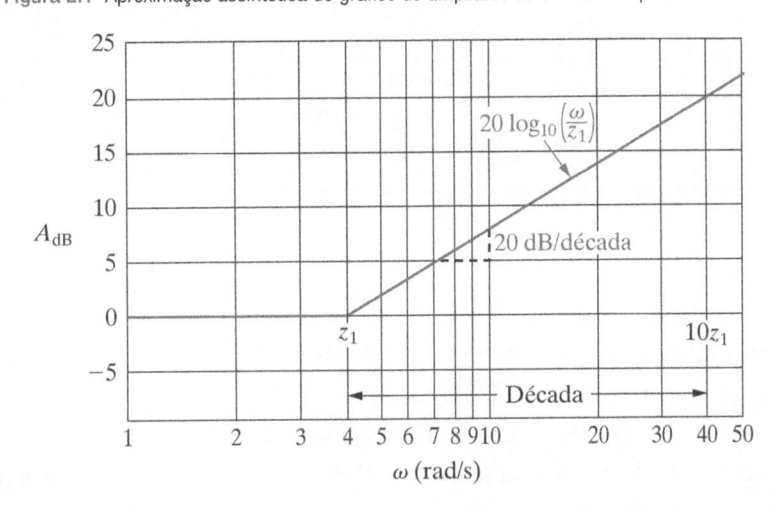

Figura E.1 Aproximação assintótica do gráfico de amplitude de um zero de primeira ordem.

Figura E.2 Aproximação assintótica do gráfico de amplitude de um polo de primeira ordem.

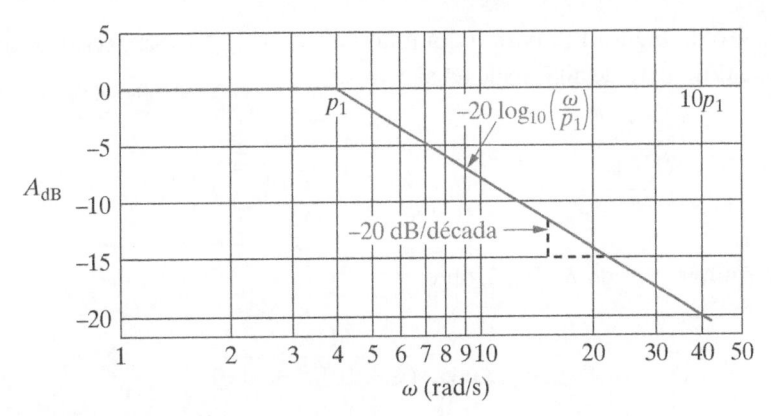

A Figura E.3 mostra o gráfico da Equação E.10 para $K_o = \sqrt{10}$, $z_1 = 0{,}1$ rad/s e $p_1 = 5$ rad/s. Como cada termo da Equação E.10 está identificado na Figura E.3, pode-se verificar que a soma dos termos individuais resulta no gráfico indicado por $20\log_{10}|H(j\omega)|$.

O Exemplo E.1 ilustra a construção de um gráfico da amplitude de uma função de transferência caracterizada por polos e zeros de primeira ordem.

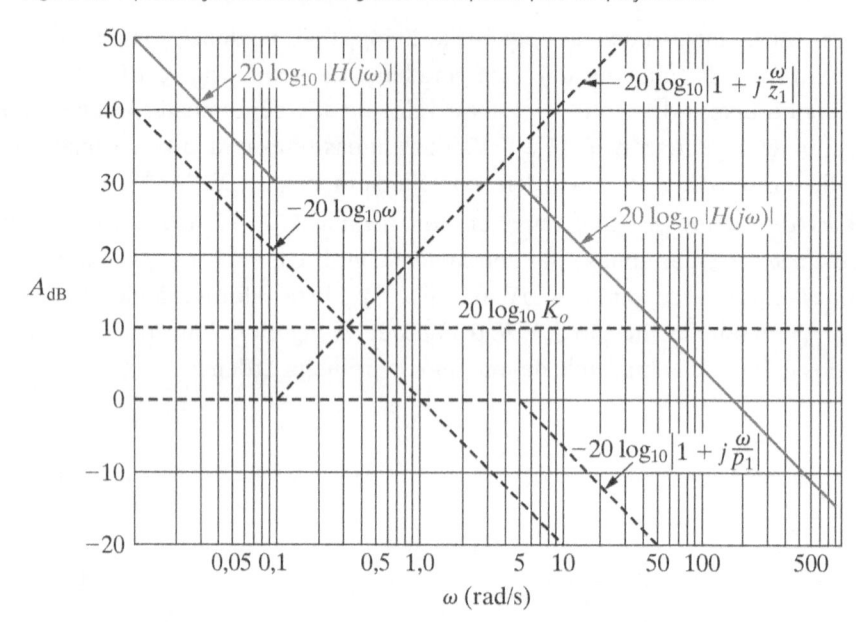

Figura E.3 Aproximação assintótica do gráfico de amplitude para a Equação E.10.

EXEMPLO E.1

Para o circuito na Figura E.4:

a) Determine a função de transferência, $H(s)$.
b) Plote a aproximação assintótica do gráfico de amplitude de Bode.
c) Calcule $20\log_{10}|H(j\omega)|$ em $\omega = 50$ rad/s e $\omega = 1.000$ rad/s.
d) Represente os valores calculados no item (c) no gráfico aproximado.
e) Suponha que $v_i(t) = 5\cos(500t + 15°)$ V e, então, use o diagrama de Bode plotado para prever a amplitude de $v_o(t)$ no regime permanente.

Solução

a) Transformando o circuito da Figura E.4 para o domínio da frequência e, então, usando a regra de divisão de tensão nesse domínio, temos

Figura E.4 Circuito para o Exemplo E.1.

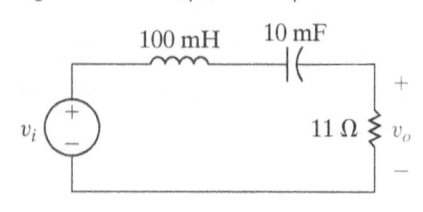

$$H(s) = \frac{(R/L)s}{s^2 + (R/L)s + \frac{1}{LC}}.$$

Substituindo os valores numéricos de R, L e C, obtemos

$$H(s) = \frac{110s}{s^2 + 110s + 1.000} = \frac{110s}{(s+10)(s+100)}.$$

b) Em primeiro lugar, escrevemos $H(j\omega)$ na forma padrão:

$$H(j\omega) = \frac{0{,}11\,j\omega}{[1 + j(\omega/10)][1 + j(\omega/100)]}.$$

A expressão para a amplitude de $H(j\omega)$, em decibéis, é

$$A_{dB} = 20\log_{10}|H(j\omega)|$$
$$= 20\log_{10}0{,}11 + 20\log_{10}|j\omega|$$
$$-20\log_{10}\left|1 + j\frac{\omega}{10}\right| - 20\log_{10}\left|1 + j\frac{\omega}{100}\right|.$$

A Figura E.5 mostra o gráfico correspondente. Cada termo que contribui para a amplitude global é identificado.

c) Temos

$$H(j50) = \frac{0{,}11(j50)}{(1+j5)(1+j0{,}5)}$$
$$= 0{,}9648\angle-15{,}25°,$$

$20\log_{10}|H(j50)| = 20\log_{10}0{,}9648$
$= -0{,}311$ dB;

$$H(j1.000) = \frac{0{,}11(j1.000)}{(1+j100)(1+j10)}$$
$$= 0{,}1094\angle-83{,}72°;$$

$20\log_{10}0{,}1094 = -19{,}22$ dB.

Figura E.5 Gráficos de amplitude para a função de transferência do circuito da Figura E.4.

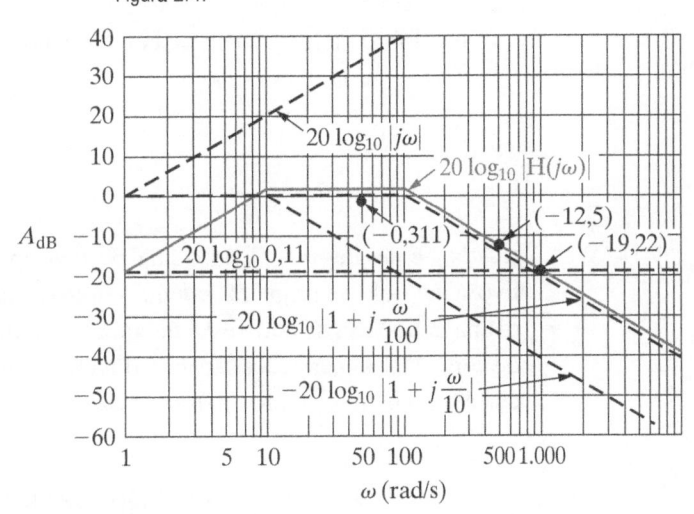

d) Veja a Figura E.5.

e) Como podemos ver pelo diagrama de Bode na Figura E.5, o valor de A_{dB} em $\omega = 500$ rad/s é aproximadamente –12,5 dB. Portanto,

$$|A| = 10^{(-12{,}5/20)} = 0{,}24$$

e

$$V_{mo} = |A|V_{mi} = (0{,}24)(5) = 1{,}19 \text{ V}.$$

Podemos calcular o valor exato de $|H(j\omega)|$ substituindo $\omega = 500$ na equação para $|H(j\omega)|$:

$$H(j500) = \frac{0{,}11(j500)}{(1+j50)(1+j5)} = 0{,}22\angle-77{,}54°.$$

Assim, a amplitude exata da tensão de saída para uma frequência de 500 rad/s é

$$V_{mo} = |A|V_{mi} = (0{,}22)(5) = 1{,}1 \text{ V}.$$

E.3 Gráficos de amplitude mais precisos

Podemos melhorar a precisão dos gráficos para polos e zeros de primeira ordem corrigindo os valores da amplitude na frequência de corte, em metade e no dobro da frequência de corte. Na frequência de corte, o valor exato, em decibéis, é

$$
\begin{aligned}
A_{dB_c} &= \pm 20 \log_{10}|1 + j1| \\
&= \pm 20 \log_{10}\sqrt{2} \\
&\approx \pm 3 \text{ dB}.
\end{aligned}
\tag{E.13}
$$

O valor exato na metade da frequência de corte é

$$
\begin{aligned}
A_{dB_{c/2}} &= \pm 20 \log_{10}\left|1 + j\frac{1}{2}\right| \\
&= \pm 20 \log_{10}\sqrt{5/4} \\
&\approx \pm 1 \text{ dB}.
\end{aligned}
\tag{E.14}
$$

No dobro da frequência de corte, o valor exato, em decibéis, é

$$
\begin{aligned}
A_{dB_{2c}} &= \pm 20 \log_{10}|1 + j2| \\
&= \pm 20 \log_{10}\sqrt{5} \\
&\approx \pm 7 \text{ dB}.
\end{aligned}
\tag{E.15}
$$

Nas equações E.13–E.15, o sinal positivo aplica-se a um zero de primeira ordem e o sinal negativo, a um polo de primeira ordem. A aproximação assintótica do gráfico de amplitude fornece 0 dB na frequência de corte e na metade das frequências de corte e ±6 dB no dobro da frequência de corte. Daí, as correções são ±3 dB na frequência de corte e ±1 dB na metade da frequência de corte e também no dobro da frequência de corte. A Figura E.6 ilustra essas correções.

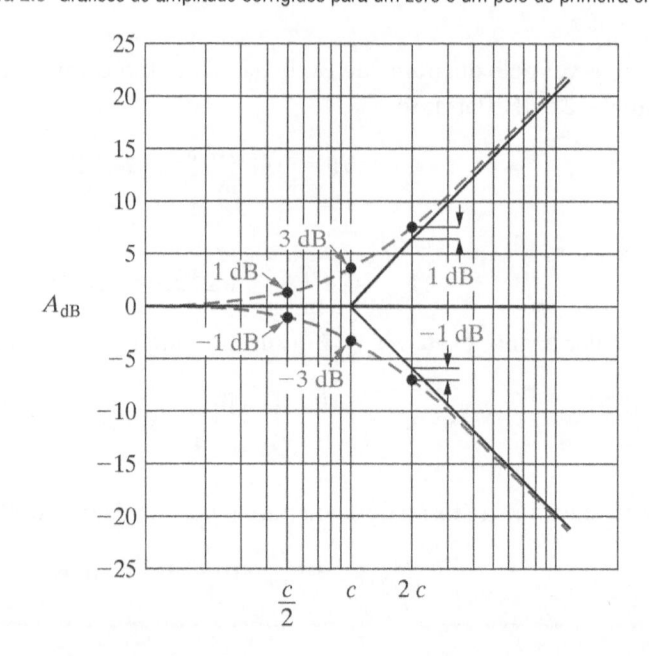

Figura E.6 Gráficos de amplitude corrigidos para um zero e um polo de primeira ordem.

Uma mudança de 2 para 1 na frequência é denominada uma **oitava**. Uma inclinação de 20 dB/década é equivalente a 6,02 dB/oitava que, para a finalidade de representação gráfica, equivale a 6 dB/oitava. Desse modo, as correções enumeradas correspondem a uma oitava abaixo e a uma oitava acima da frequência de corte.

Se os polos e zeros de $H(s)$ forem bem separados, a inserção dessas correções no gráfico global de amplitude e a obtenção de uma curva de precisão razoável são relativamente simples. Contudo, se os polos e zeros estiverem muito próximos, as correções sobrepostas serão difíceis de avaliar e será melhor usar a aproximação assintótica apenas como uma primeira estimativa da característica da amplitude. Use, então, um computador para refinar os cálculos na faixa de frequência de interesse.

E.4 Gráficos de ângulo de fase de linha reta

Podemos construir também gráficos para ângulo de fase usando aproximações assintóticas. O ângulo de fase associado à constante K_o é igual a zero, e o ângulo de fase associado a um zero ou polo de primeira ordem na origem é ±90°. Para um zero ou polo de primeira ordem que não esteja na origem, as aproximações assintóticas são as seguintes:

- Para frequências menores do que um décimo da frequência de corte, admite-se que o ângulo de fase seja igual a zero.
- Para frequências maiores do que 10 vezes a frequência de corte, admite-se que o ângulo de fase seja ±90°.
- Entre um décimo da frequência de corte e 10 vezes a frequência de corte, o gráfico do ângulo de fase é uma linha reta que passa por 0° em um décimo da frequência de corte, ±45° na frequência de corte e ±90° em 10 vezes a frequência de corte.

Em todos esses casos, o sinal positivo aplica-se ao zero de primeira ordem e o sinal negativo, ao polo de primeira ordem. A Figura E.7 mostra uma aproximação assintótica para um zero e um polo de primeira ordem. As curvas tracejadas indicam a variação exata do ângulo de fase à medida que a frequência varia. Observe quão próxima da variação exata encontra-se a aproximação assintótica. O desvio máximo entre a aproximação e o valor exato é de aproximadamente 6°.

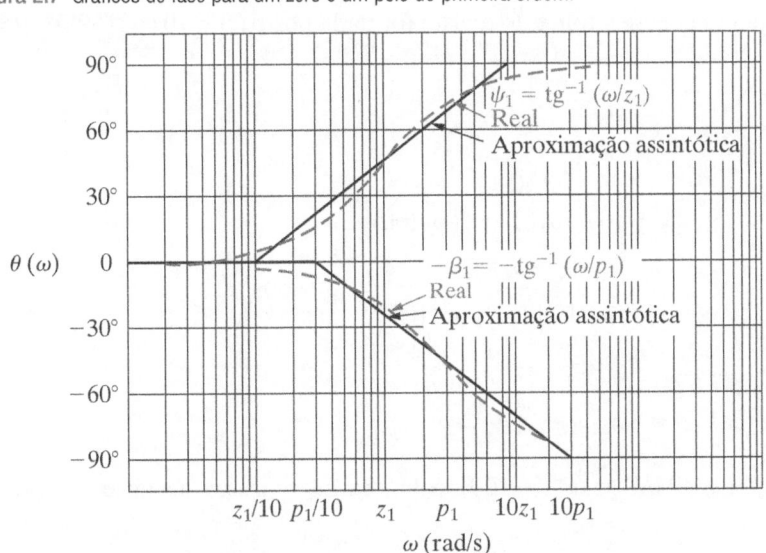

Figura E.7 Gráficos de fase para um zero e um polo de primeira ordem.

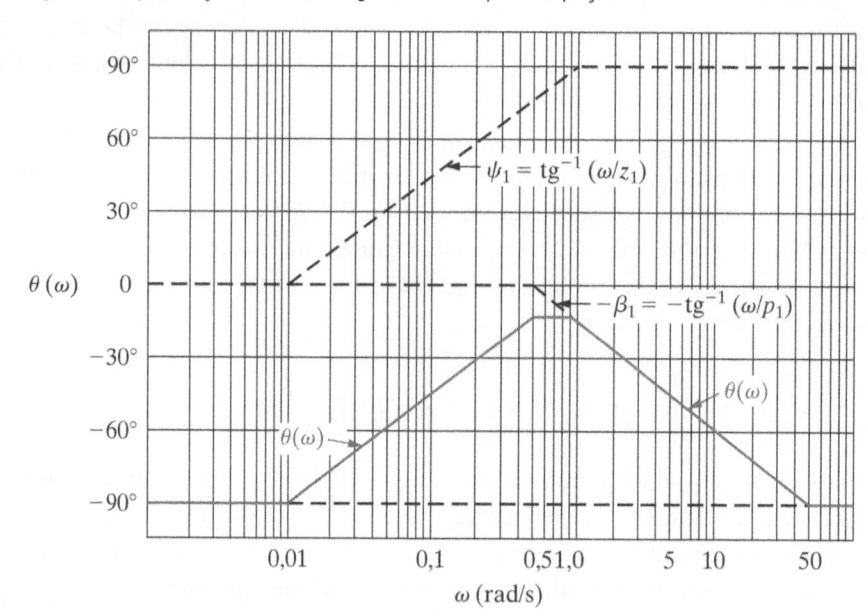

Figura E.8 Aproximação assintótica do gráfico de fase para a Equação B.1.

A Figura E.8 mostra a aproximação assintótica do ângulo de fase da função de transferência dada pela Equação B.1. A equação do ângulo de fase é dada pela Equação B.6; o gráfico foi traçado para $z_1 = 0{,}1$ rad/s e $p_1 = 5$ rad/s.

O Exemplo E.2 ilustra a construção de um gráfico de fase usando uma aproximação assintótica.

EXEMPLO E.2

a) Desenhe um gráfico de fase aproximado para a função de transferência do Exemplo E.1.

b) Calcule o ângulo de fase $\theta(\omega)$ em $\omega = 50$, 500 e 1.000 rad/s.

c) Represente os valores do item (b) no diagrama do item (a).

d) Usando os resultados do Exemplo E.1(e) e do item (b) deste exemplo, calcule o valor de regime permanente da tensão de saída, se a fonte de tensão for dada por $v_i(t) = 10 \cos(500t - 25°)$ V.

Solução

a) Do Exemplo E.1,

$$H(j\omega) = \frac{0{,}11(j\omega)}{[1 + j(\omega/10)][1 + j(\omega/100)]}$$

$$= \frac{0{,}11|j\omega|}{|1 + j(\omega/10)||1 + j(\omega/100)|} \underline{/(\psi_1 - \beta_1 - \beta_2)}.$$

Assim,

$$\theta(\omega) = \psi_1 - \beta_1 - \beta_2,$$

onde $\psi_1 = 90°$, $\beta_1 = \mathrm{tg}^{-1}(\omega/10)$ e $\beta_2 = \mathrm{tg}^{-1}(\omega/100)$. A Figura E.9 representa a aproximação assintótica de $\theta(\omega)$.

b) Temos

$$H(j50) = 0{,}96\,\underline{/\,-15{,}25°},$$

$$H(j500) = 0{,}22\,\underline{/\,-77{,}54°},$$

$$H(j1.000) = 0{,}11\,\underline{/\,-83{,}72°}.$$

Assim,

$$\theta(j50) = -15{,}25°,$$

$$\theta(j500) = -77{,}54°$$

e

$$\theta(j1.000) = -83{,}72°.$$

c) Veja a Figura E.9.

d) Temos

$$V_{mo} = |H(j500)|V_{mi}$$
$$= (0{,}22)(10)$$
$$= 2{,}2\text{ V},$$

e

$$\theta_o = \theta(\omega) + \theta_i$$
$$= -77{,}54° - 25°$$
$$= -102{,}54°.$$

Assim,

$$v_o(t) = 2{,}2\cos(500t - 102{,}54°)\text{ V}.$$

Figura E.9 Aproximação assintótica de $\theta(\omega)$ para o Exemplo E.2.

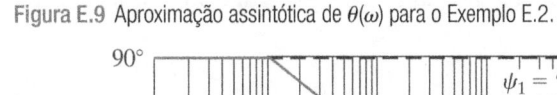

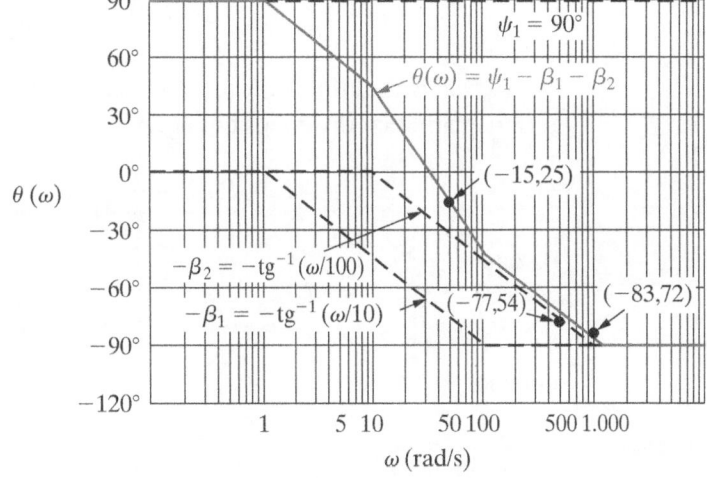

E.5 Diagramas de Bode: polos e zeros complexos

Os polos e zeros complexos exigem especial atenção na construção de gráficos de amplitude e de fase. Vamos analisar a contribuição de um par de polos complexos nos gráficos de amplitude e de fase. Entendidas as regras para a manipulação de polos complexos, sua aplicação a um par de zeros complexos torna-se evidente.

Os polos e zeros complexos de $H(s)$ sempre aparecem em pares conjugados. A primeira etapa na construção de um gráfico de amplitude ou de fase de uma função de transferência que contém polos complexos é combinar o par conjugado em um único termo quadrático. Assim, para

$$H(s) = \frac{K}{(s + \alpha - j\beta)(s + \alpha + j\beta)}, \qquad (E.16)$$

em primeiro lugar, reescrevemos o produto $(s + \alpha - j\beta)(s + \alpha + j\beta)$ como

$$(s+\alpha)^2 + \beta^2 = s^2 + 2\alpha s + \alpha^2 + \beta^2. \tag{E.17}$$

Ao traçar diagramas de Bode, escrevemos o termo quadrático em uma forma mais conveniente:

$$s^2 + 2\alpha s + \alpha^2 + \beta^2 = s^2 + 2\zeta\omega_n s + \omega_n^2. \tag{E.18}$$

Comparando as duas formas, vemos que

$$\omega_n^2 = \alpha^2 + \beta^2 \tag{E.19}$$

e

$$\zeta\omega_n = \alpha. \tag{E.20}$$

O termo ω_n é a frequência de corte do termo quadrático e ζ é o coeficiente de amortecimento do termo quadrático. O valor crítico de ζ é 1. Se $\zeta < 1$, as raízes do termo quadrático são complexas e usamos a Equação E.18 para representar os polos complexos. Se $\zeta \geq 1$, fatoramos o termo quadrático para $(s+p_1)(s+p_2)$ e, então, os gráficos de amplitude e de fase de acordo com a discussão anterior. Admitindo que $\zeta < 1$, reescrevemos a Equação E.16 na forma

$$H(s) = \frac{K}{s^2 + 2\zeta\omega_n s + \omega_n^2}. \tag{E.21}$$

A seguir, reduzimos a Equação E.21 à forma padrão, dividindo pelos polos e zeros. Para o termo quadrático, dividimos por ω_n. Assim,

$$H(s) = \frac{K}{\omega_n^2} \frac{1}{1 + (s/\omega_n)^2 + 2\zeta(s/\omega_n)}, \tag{E.22}$$

da qual

$$H(j\omega) = \frac{K_o}{1 - (\omega^2/\omega_n^2) + j(2\zeta\omega/\omega_n)}, \tag{E.23}$$

em que

$$K_o = \frac{K}{\omega_n^2}.$$

Antes de discutir os diagramas de amplitude e de fase associados à Equação E.23, por conveniência substituímos a razão ω/ω_n por uma nova variável, u. Então,

$$H(j\omega) = \frac{K_o}{1 - u^2 + j2\zeta u}. \tag{E.24}$$

Agora, escrevemos $H(j\omega)$ na forma polar:

$$H(j\omega) = \frac{K_o}{|(1 - u^2) + j2\zeta u|\underline{/\beta_1}}, \tag{E.25}$$

da qual

$$A_{dB} = 20 \log_{10}|H(j\omega)|$$
$$= 20 \log_{10}K_o - 20 \log_{10}|(1 - u^2) + j2\zeta u|, \tag{E.26}$$

e

$$\theta(\omega) = -\beta_1 = -\operatorname{tg}^{-1}\frac{2\zeta u}{1 - u^2}. \tag{E.27}$$

E.6 Gráficos de amplitude

O fator quadrático contribui para a amplitude de $H(j\omega)$ por meio do termo $-20\log_{10}|1 - u^2 + j2\zeta u|$. Como $u = \omega/\omega_n$, $u \to 0$ quando $\omega \to 0$ e $u \to \infty$ quando $\omega \to \infty$. Para verificar como o termo se comporta quando a faixa de ω é de 0 a ∞, observamos que

$$-20\log_{10}|(1 - u^2) + j2\zeta u| = -20\log_{10}\sqrt{(1-u^2)^2 + 4\zeta^2 u^2}$$
$$= -10\log_{10}[u^4 + 2u^2(2\zeta^2 - 1) + 1], \quad (E.28)$$

quando $u \to 0$,

$$-10\log_{10}[u^4 + 2u^2(2\zeta^2 - 1) + 1] \to 0, \quad (E.29)$$

e quando $u \to \infty$,

$$-10\log_{10}[u^4 + 2u^2(2\zeta^2 - 1) + 1] \to -40\log_{10} u. \quad (E.30)$$

Das equações E.29 e E.30, concluímos que o gráfico aproximado da amplitude consiste de duas retas. Para $\omega < \omega_n$, a reta coincide com o eixo de 0 dB e para $\omega > \omega_n$ a outra reta tem uma inclinação de -40 dB/década. Essas duas retas encontram-se em $u = 1$, que corresponde a $\omega = \omega_n$. A Figura E.10 mostra a aproximação por linha reta para um fator quadrático com $\zeta < 1$.

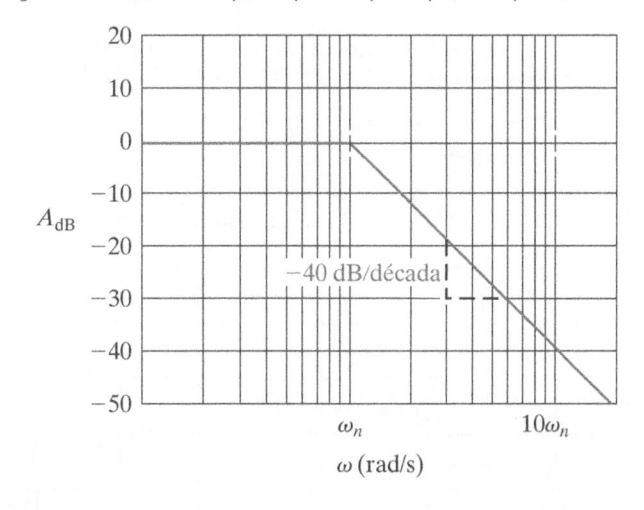

Figura E.10 Gráfico de amplitude para um par de polos complexos.

E.7 Correção de gráficos de linha reta para amplitude

Corrigir o gráfico de linha reta para amplitude de um par de polos complexos não é tão simples quanto no caso de polos reais de primeira ordem, pois as correções dependem do coeficiente de amortecimento ζ. A Figura E.11 mostra o efeito de ζ sobre o gráfico de amplitude. Observe que, à medida que ζ se torna bem pequeno, ocorre um grande pico de amplitude na vizinhança da frequência de corte $\omega_n (u = 1)$. Quando $\zeta \geq 1/\sqrt{2}$, o gráfico de amplitude corrigido encontra-se inteiramente abaixo da aproximação de linha reta. Para fins de representação gráfica, o gráfico de linha reta para amplitude pode ser corrigido localizando-se quatro pontos na curva exata. Esses quatro pontos correspondem (1) à metade da frequência de corte, (2) à frequência na qual a amplitude é máxima, (3) à frequência de corte e (4) à frequência na qual a amplitude é nula. A Figura E.12 mostra esses quatro pontos.

Figura E.11 O efeito de ζ sobre o gráfico de amplitude.

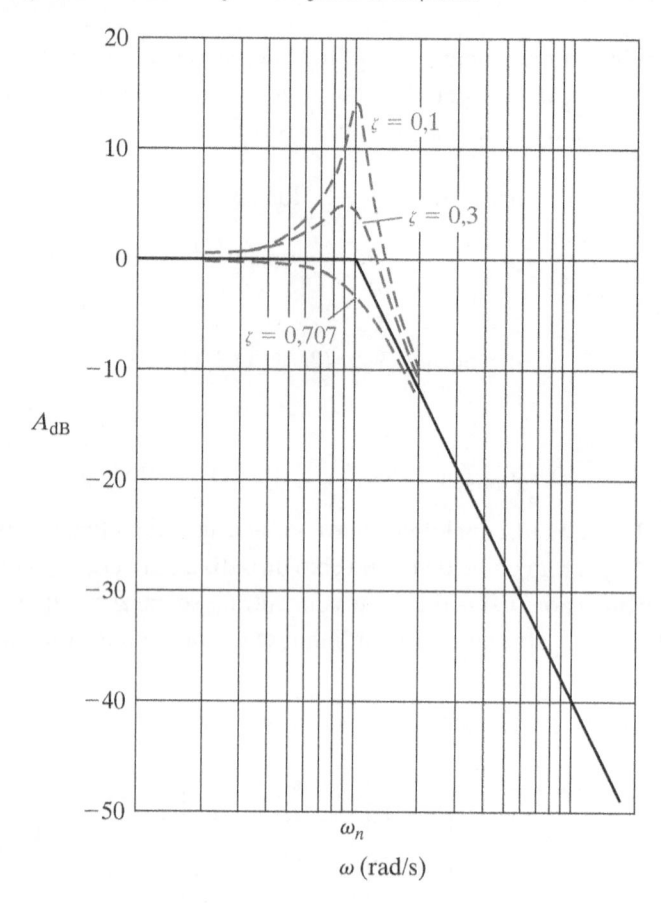

$\zeta = 0,1$

$\zeta = 0,3$

$\zeta = 0,707$

A_{dB}

ω_n

ω (rad/s)

Figura E.12 Quatro pontos no gráfico de amplitude corrigido para um par de polos complexos.

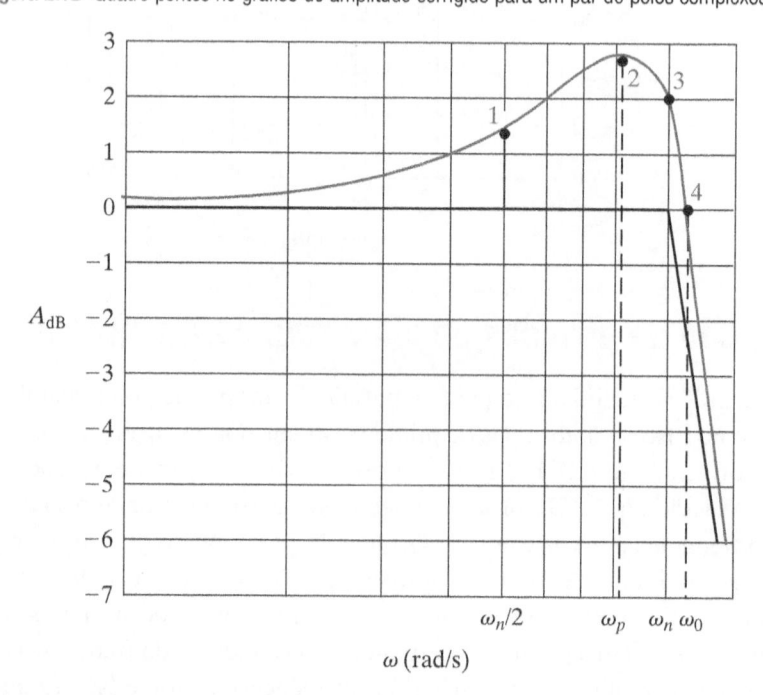

A_{dB}

$\omega_n/2$ ω_p ω_n ω_0

ω (rad/s)

Na metade da frequência de corte (ponto 1), a amplitude exata é

$$A_{dB}(\omega_n/2) = -10\log_{10}(\zeta^2 + 0{,}5625). \quad (E.31)$$

A amplitude atinge o máximo (ponto 2) na frequência de

$$\omega_p = \omega_n\sqrt{1 - 2\zeta^2}, \quad (E.32)$$

cujo valor é

$$A_{dB}(\omega_p) = -10\log_{10}[4\zeta^2(1 - \zeta^2)]. \quad (E.33)$$

Na frequência de corte (ponto 3), a amplitude exata é

$$A_{dB}(\omega_n) = -20\log_{10}2\zeta. \quad (E.34)$$

O gráfico de amplitude corrigido cruza o eixo 0 dB (ponto 4) em

$$\omega_o = \omega_n\sqrt{2(1 - 2\zeta^2)} = \sqrt{2}\omega_p. \quad (E.35)$$

As equações E.31, E.34 e E.35 decorrem da Equação E.28. Calculando a Equação E.28 para $u = 0{,}5$ e $u = 1{,}0$, obtemos as equações E.31 e E.34, respectivamente. Para obter a Equação E.35, basta determinar o valor de u para que $u^4 + 2u^2(2\zeta^2 - 1) + 1 = 1$. Para obter a Equação E.32, basta derivar a Equação E.28 em relação a u e, então, determinar o valor de u para o qual a derivada é nula. Para obter a Equação E.33, determina-se o valor da Equação E.28 quando u assume o valor determinado na Equação E.32.

O Exemplo E.3 ilustra a construção dos gráficos de amplitude para uma função de transferência com um par de polos complexos.

EXEMPLO E.3

Calcule a função de transferência para o circuito da Figura E.13.

a) Qual é o valor da frequência de corte em radianos por segundo?

b) Qual é o valor de K_o?

c) Qual é o valor do coeficiente de amortecimento?

d) Faça o diagrama de Bode aproximado para a amplitude para a faixa de 10 a 500 rad/s.

e) Calcule e plote os valores exatos da amplitude, em decibéis, para $\omega_n/2, \omega_p, \omega_n$ e ω_o. Use esses pontos e trace um gráfico mais preciso.

f) Pelo gráfico de linha reta para amplitude, descreva o tipo de filtro representado pelo circuito na Figura E.13 e estime sua frequência de corte, ω_c.

Solução

Transforme o circuito da Figura E.13 para o domínio da frequência e, então, use a regra da divisão de tensão nesse domínio para obter

$$H(s) = \frac{\frac{1}{LC}}{s^2 + \left(\frac{R}{L}\right)s + \frac{1}{LC}}.$$

Figura E.13 Circuito para o Exemplo E.3.

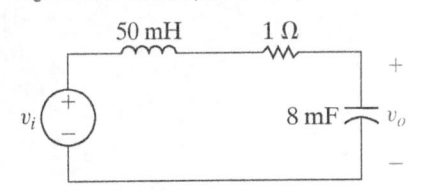

Substituindo os valores dos componentes,

$$H(s) = \frac{2.500}{s^2 + 20s + 2.500}.$$

a) Pela expressão para $H(s)$, $\omega_n^2 = 2.500$; assim, $\omega_n = 50$ rad/s.
b) Por definição, K_o é $2.500/\omega_n^2$, ou 1.
c) O coeficiente de s é $2\zeta\omega_n$; portanto,

$$\zeta = \frac{20}{2\omega_n} = 0{,}20.$$

d) Veja a Figura E.14.
e) As amplitudes exatas são

$$A_{dB}(\omega_n/2) = -10\log_{10}(0{,}6025) = 2{,}2 \text{ dB},$$

$$\omega_p = 50\sqrt{0{,}92} = 47{,}96 \text{ rad/s},$$

$$A_{dB}(\omega_p) = -10\log_{10}(0{,}16)(0{,}96) = 8{,}14 \text{ dB},$$

$$A_{dB}(\omega_n) = -20\log_{10}(0{,}4) = 7{,}96 \text{ dB},$$

$$\omega_o = \sqrt{2}\omega_p = 67{,}82 \text{ rad/s},$$

$$A_{dB}(\omega_o) = 0 \text{ dB}.$$

A Figura E.14 mostra o gráfico corrigido.

f) Pelo gráfico de amplitude da Figura E.14, fica claro que esse circuito age como um filtro passa-baixas. Na frequência de corte, o módulo da função de transferência, $|H(j\omega_c)|$, está 3 dB abaixo do valor máximo. Do gráfico corrigido, tem-se que a frequência de corte é aproximadamente 55 rad/s, quase a mesma prevista pelo diagrama de Bode aproximado.

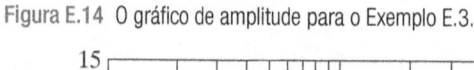

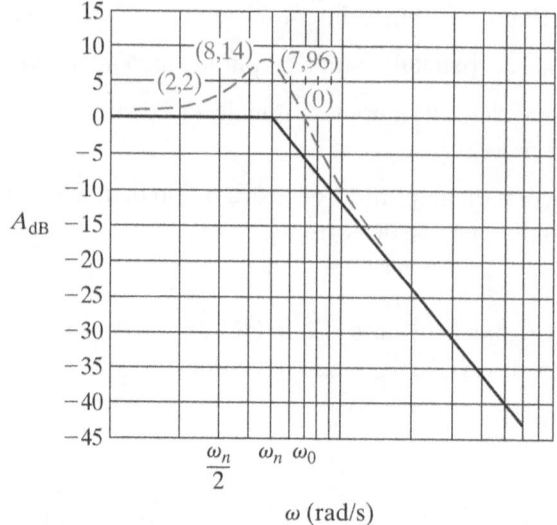

Figura E.14 O gráfico de amplitude para o Exemplo E.3.

E.8 Gráficos de fase

O gráfico de fase para um par de polos complexos é a representação gráfica da Equação E.27. O ângulo de fase é igual a zero na frequência zero e é −90° na frequência de corte. Aproxima-se de −180° quando $\omega(u)$ cresce. Como no caso do gráfico de amplitude, ζ é um fator determinante para a forma exata do gráfico de fase. Para valores pequenos de ζ, o ângulo de fase muda rapidamente na vizinhança da frequência de corte. A Figura E.15 mostra o efeito de ζ sobre o gráfico de fase.

Também podemos fazer uma aproximação assintótica do gráfico de fase para um par de polos complexos. Para tal, traçamos uma reta tangente à curva do ângulo de fase na frequência de corte e estendemos essa reta até que ela intercepte as retas 0° e −180°. A reta tangente à curva do ângulo de fase em −90° tem uma inclinação de $-2,3/\zeta$ rad/década ($-132/\zeta$ graus/década) e intercepta as retas de 0° e −180° em $u_1 = 4,81^{-\zeta}$ e $u_2 = 4,81^{\zeta}$, respectivamente. A Figura E.16 mostra a aproximação assintótica para $\zeta = 0,3$ e o gráfico de fase exato. Comparando a aproximação assintótica com a curva exata, percebemos que a aproximação é razoável na vizinhança da frequência de corte. Contudo, na vizinhança de u_1 e u_2 o erro é bastante grande. O Exemplo E.4 ilustra a construção de diagramas de Bode no caso de um par de polos complexos.

Figura E.15 Efeito de ζ sobre o gráfico de fase.

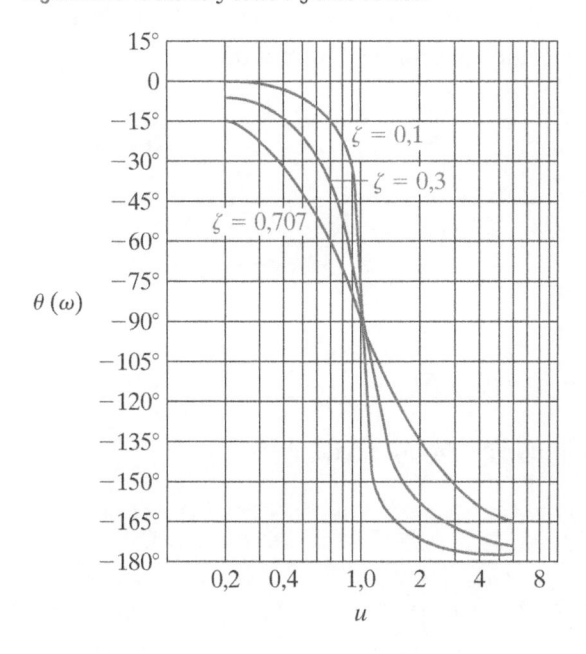

Figura E.16 Aproximação assintótica do ângulo de fase para um par de polos complexos.

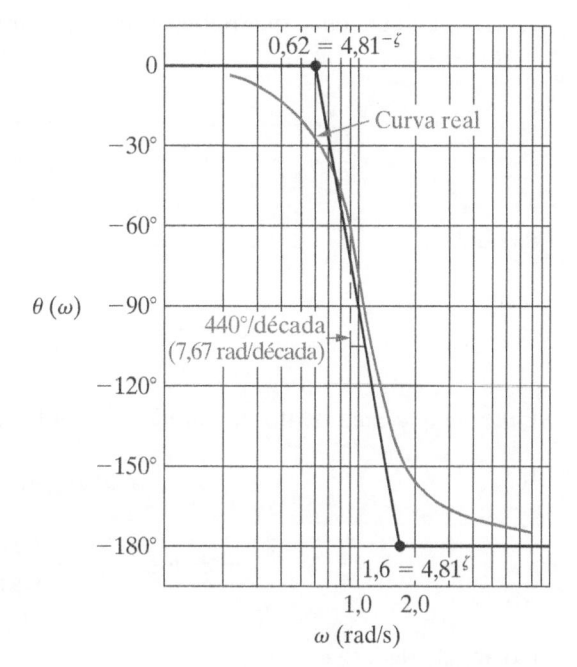

EXEMPLO E.4

a) Calcule a função de transferência para o circuito da Figura E.17.

b) Faça um gráfico assintótico para a amplitude de $20 \log_{10}|H(j\omega)|$.

c) Use o gráfico de amplitude assintótica para determinar o tipo de filtro representado por esse circuito e, então, estime sua frequência de corte.

d) Qual é a frequência de corte exata?

e) Faça um gráfico de fase assintótico de $H(j\omega)$.

f) Qual é o valor de $\theta(\omega)$ na frequência de corte obtida no item (c)?

g) Qual é o valor exato de $\theta(\omega)$ na frequência de corte?

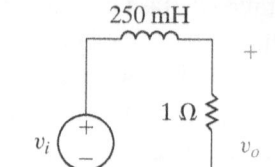

Figura E.17 Circuito para o Exemplo E.4.

Solução

a) Transforme o circuito da Figura E.17 para o domínio da frequência e, então, aplique a regra da divisão de tensão nesse domínio para obter

$$H(s) = \frac{\frac{R}{L}s + \frac{1}{LC}}{s^2 + \frac{R}{L}s + \frac{1}{LC}}.$$

Substituindo os valores dos componentes apresentados no circuito, temos

$$H(s) = \frac{4(s+25)}{s^2 + 4s + 100}.$$

b) A primeira etapa da construção de diagramas de Bode é escrever $H(j\omega)$ na forma padrão. Como $H(s)$ contém um fator quadrático, primeiramente verificamos o valor de ζ. Vemos que $\zeta = 0{,}2$ e $\omega_n = 10$, logo

$$H(s) = \frac{s/25 + 1}{1 + (s/10)^2 + 0{,}4(s/10)},$$

da qual

$$H(j\omega) = \frac{|1 + j\omega/25|\underline{/\psi_1}}{|1 - (\omega/10)^2 + j0{,}4(\omega/10)|\underline{/\beta_1}}.$$

Observe que, para o fator quadrático, $u = \omega/10$, a amplitude de $H(j\omega)$, em decibéis, é

$$A_{dB} = 20\log_{10}|1 + j\omega/25|$$

$$-20\log_{10}\left[\left|1 - \left(\frac{\omega}{10}\right)^2 + j0{,}4\left(\frac{\omega}{10}\right)\right|\right],$$

e o ângulo de fase é

$$\theta(\omega) = \psi_1 - \beta_1,$$

onde

$$\psi_1 = \text{tg}^{-1}(\omega/25),$$

$$\beta_1 = \text{tg}^{-1}\frac{0{,}4(\omega/10)}{1 - (\omega/10)^2}.$$

A Figura E.18 mostra o gráfico de amplitude.

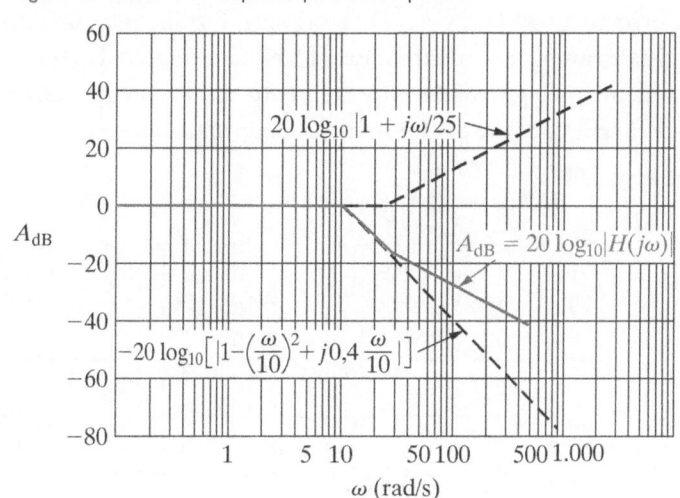

Figura E.18 Gráfico de amplitude para o Exemplo E.4.

[Gráfico com eixo A_{dB} versus ω (rad/s), mostrando as curvas $20\log_{10}|1 + j\omega/25|$, $A_{dB} = 20\log_{10}|H(j\omega)|$ e $-20\log_{10}\left[\left|1 - \left(\frac{\omega}{10}\right)^2 + j0{,}4\frac{\omega}{10}\right|\right]$.]

c) Pelo gráfico de amplitude assintótico da Figura E.18, o circuito age como um filtro passa-baixas. Na frequência de corte, a amplitude de $H(j\omega)$ é 3 dB menor do que a amplitude máxima. Pelo gráfico, prevemos que a frequência de corte seja, aproximadamente, 13 rad/s.

d) Para calcular a frequência de corte exata, substitua s por $j\omega$ em $H(s)$, calcule a expressão $|H(j\omega)|$, faça $|H(j\omega_c)| = (1/\sqrt{2})\, H_{máx} = 1/\sqrt{2}$ e determine o valor de ω_c. Temos

$$H(j\omega) = \frac{4(j\omega) + 100}{(j\omega)^2 + 4(j\omega) + 100}.$$

Assim,

$$|H(j\omega_c)| = \frac{\sqrt{(4\omega_c)^2 + 100^2}}{\sqrt{(100 - \omega_c^2)^2 + (4\omega_c)^2}} = \frac{1}{\sqrt{2}}.$$

Calculando ω_c da expressão acima,

$$\omega_c = 16 \text{ rad/s}.$$

e) A Figura E.19 mostra o gráfico de fase. Observe que o segmento de $\theta(\omega)$ entre 1,0 e 2,5 rad/s não tem a mesma inclinação que o segmento entre 2,5 e 100 rad/s.

f) Pelo gráfico de fase da Figura E.19, estimamos que o ângulo de fase na frequência de corte (16 rad/s) seja $-65°$.

g) Podemos calcular o ângulo de fase exato na frequência de corte fazendo $s = j16$ na função de transferência $H(s)$:

$$H(j16) = \frac{4(j16 + 25)}{(j16)^2 + 4(j16) + 100}.$$

Calculando o ângulo de fase, vemos que

$$\theta(\omega_c) = \theta(j16) = -125{,}0°.$$

Observe o grande erro no ângulo previsto. De modo geral, gráficos de fase assintóticos não fornecem resultados satisfatórios na faixa de frequência em que o ângulo de fase varia. O gráfico de fase assintótico é útil somente para prever o comportamento geral do ângulo de fase e não para estimar os valores exatos do ângulo de fase em frequências determinadas.

Figura E.19 Gráfico de fase para o Exemplo E.4.

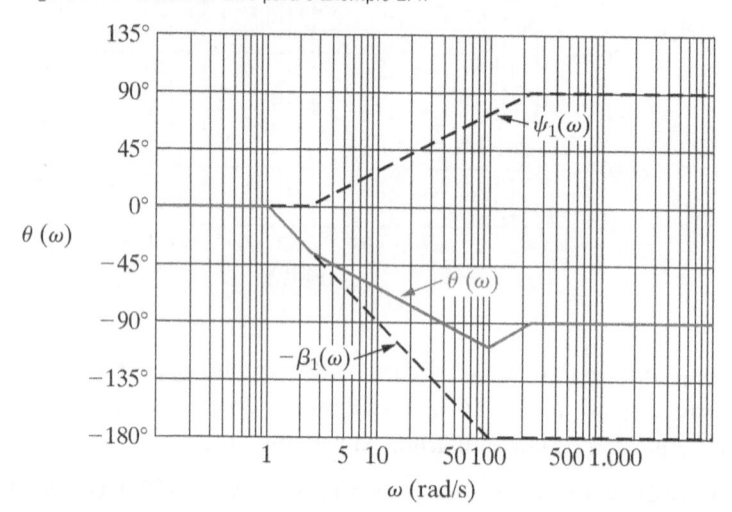

Apêndice F

Tabela resumida de identidades trigonométricas

1. $\text{sen}(\alpha \pm \beta) = \text{sen}\alpha\cos\beta \pm \cos\alpha\,\text{sen}\beta$

2. $\cos(\alpha \pm \beta) = \cos\alpha\cos\beta \mp \text{sen}\alpha\,\text{sen}\beta$

3. $\text{sen}\alpha + \text{sen}\beta = 2\,\text{sen}\dfrac{\alpha+\beta}{2}\cos\dfrac{\alpha-\beta}{2}$

4. $\text{sen}\alpha - \text{sen}\beta = 2\cos\left(\dfrac{\alpha+\beta}{2}\right)\text{sen}\left(\dfrac{\alpha-\beta}{2}\right)$

5. $\cos\alpha + \cos\beta = 2\cos\left(\dfrac{\alpha+\beta}{2}\right)\cos\left(\dfrac{\alpha-\beta}{2}\right)$

6. $\cos\alpha - \cos\beta = -2\,\text{sen}\left(\dfrac{\alpha+\beta}{2}\right)\text{sen}\left(\dfrac{\alpha-\beta}{2}\right)$

7. $2\,\text{sen}\alpha\,\text{sen}\beta = \cos(\alpha-\beta) - \cos(\alpha+\beta)$

8. $2\cos\alpha\cos\beta = \cos(\alpha-\beta) + \cos(\alpha+\beta)$

9. $2\,\text{sen}\alpha\cos\beta = \text{sen}(\alpha+\beta) + \text{sen}(\alpha-\beta)$

10. $\text{sen}2\alpha = 2\,\text{sen}\alpha\cos\alpha$

11. $\cos 2\alpha = 2\cos^2\alpha - 1 = 1 - 2\,\text{sen}^2\alpha$

12. $\cos^2\alpha = \dfrac{1}{2} + \dfrac{1}{2}\cos 2\alpha$

13. $\text{sen}^2\alpha = \dfrac{1}{2} - \dfrac{1}{2}\cos 2\alpha$

14. $\text{tg}(\alpha \pm \beta) = \dfrac{\text{tg}\,\alpha \pm \text{tg}\,\beta}{1 \mp \text{tg}\,\alpha\,\text{tg}\,\beta}$

15. $\text{tg}2\alpha = \dfrac{2\,\text{tg}\,\alpha}{1 - \text{tg}^2\alpha}$

Apêndice G

Tabela resumida de integrais

1. $\int xe^{ax}\, dx = \dfrac{e^{ax}}{a^2}(ax - 1)$

2. $\int x^2 e^{ax}\, dx = \dfrac{e^{ax}}{a^3}(a^2 x^2 - 2ax + 2)$

3. $\int x\,\text{sen}\, ax\, dx = \dfrac{1}{a^2}\text{sen}\, ax - \dfrac{x}{a}\cos ax$

4. $\int x\cos ax\, dx = \dfrac{1}{a^2}\cos ax + \dfrac{x}{a}\text{sen}\, ax$

5. $\int e^{ax}\,\text{sen}\, bx\, dx = \dfrac{e^{ax}}{a^2 + b^2}(a\,\text{sen}\, bx - b\cos bx)$

6. $\int e^{ax}\cos bx\, dx = \dfrac{e^{ax}}{a^2 + b^2}(a\cos bx + b\,\text{sen}\, bx)$

7. $\int \dfrac{dx}{x^2 + a^2} = \dfrac{1}{a}\text{tg}^{-1}\dfrac{x}{a}$

8. $\int \dfrac{dx}{(x^2 + a^2)^2} = \dfrac{1}{2a^2}\left(\dfrac{x}{x^2 + a^2} + \dfrac{1}{a}\text{tg}^{-1}\dfrac{x}{a}\right)$

9. $\int \text{sen}\, ax\,\text{sen}\, bx\, dx = \dfrac{\text{sen}(a - b)x}{2(a - b)} - \dfrac{\text{sen}(a + b)x}{2(a + b)}, \quad a^2 \neq b^2$

10. $\int \cos ax\cos bx\, dx = \dfrac{\text{sen}(a - b)x}{2(a - b)} + \dfrac{\text{sen}(a + b)x}{2(a + b)}, \quad a^2 \neq b$

11. $\int \text{sen}\, ax\cos bx\, dx = -\dfrac{\cos(a - b)x}{2(a - b)} - \dfrac{\cos(a + b)x}{2(a + b)}, \quad a^2 \neq b^2$

12. $\int \text{sen}^2 ax\, dx = \dfrac{x}{2} - \dfrac{\text{sen}\, 2ax}{4a}$

13. $\int \cos^2 ax\, dx = \dfrac{x}{2} + \dfrac{\text{sen}\, 2ax}{4a}$

14. $\displaystyle\int_0^\infty \dfrac{a\, dx}{a^2 + x^2} = \begin{cases} \dfrac{\pi}{2}, & a > 0; \\ 0, & a = 0; \\ \dfrac{-\pi}{2}, & a < 0 \end{cases}$

15. $\displaystyle\int_0^\infty \dfrac{\text{sen}\, ax}{x}\, dx = \begin{cases} \dfrac{\pi}{2}, & a > 0; \\ \dfrac{-\pi}{2}, & a < 0 \end{cases}$

16. $\int x^2\,\text{sen}\, ax\, dx = \dfrac{2x}{a^2}\text{sen}\, ax - \dfrac{a^2 x^2 - 2}{a^3}\cos ax$

17. $\int x^2 \cos ax \, dx = \dfrac{2x}{a^2} \cos ax + \dfrac{a^2 x^2 - 2}{a^3} \operatorname{sen} ax$

18. $\int e^{ax} \operatorname{sen}^2 bx \, dx = \dfrac{e^{ax}}{a^2 + 4b^2} \left[(a \operatorname{sen} bx - 2b \cos bx) \operatorname{sen} bx + \dfrac{2b^2}{a} \right]$

19. $\int e^{ax} \cos^2 bx \, dx = \dfrac{e^{ax}}{a^2 + 4b^2} \left[(a \cos bx + 2b \operatorname{sen} bx) \cos bx + \dfrac{2b^2}{a} \right]$

Apêndice H

Valores padrão mais comuns de componentes

Resistores (5% tolerância) [Ω]

10	100	1,0k	10k	100k	1,0M
	120	1,2k	12k	120k	
15	150	1,5k	15k	150k	1,5M
	180	1,8k	18k	180k	
22	220	2,2k	22k	220k	2,2M
	270	2,7k	27k	270k	
33	330	3,3k	33k	330k	3,3M
	390	3,9k	39k	390k	
47	470	4,7k	47k	470k	4,7M
	560	5,6K	56K	560K	
68	680	6,8K	68K	680K	6,8M

Capacitores

10 pF	22 pF	47 pF
100 pF	220 pF	470 pF
0,001 μF	0,0022 μF	0,0047 μF
0,01 μF	0,022 μF	0,047 μF
0,1 μF	0,22 μF	0,47 μF
1 μF	2,2 μF	4,7 μF
10 μF	22 μF	47 μF
100 μF	220 μF	470 μF

Indutores

Valor	Valor da corrente
10 μH	3 A
100 μH	0,91 A
1 mH	0,15 A
10 mH	0,04 A

Respostas dos problemas selecionados

Capítulo 1

1.1 104,4 gigawatt-horas

1.5 0,10 mm

1.12 (a) –400 W; potência está sendo fornecida pela caixa
(b) entrando
(c) ganhando

1.19 (a) 937,5 mW
(b) 1,875 mJ

1.24 (a) 223,80 W
(b) 4 J

1.34 $\sum P_{del} = \sum P_{abs} = 2.280$ W

Capítulo 2

2.6 (a) 20 V
(b) 8 W (absorvido)

2.12 (a) –16 mA
(b) 640 mW
(c) 16 mA; 640 mW

2.15 100 Ω resistor

2.19 (a) 1,2 A, 0,3 A
(b) 120 V
(c) $\sum P_{del} = \sum P_{abs} = 180$ W

2.29 (a) 20 A em paralelo com 5 Ω
(b) 320 W

2.33 15 V, 1,4167 W

2.42 1.800 W, que é metade da potência para o circuito na Figura 2.41.

Capítulo 3

3.2 (a) 576 W, 288 W, 192 W, 384 W
(b) 1.440 W
(c) $\sum P_{del} = \sum P_{abs} = 1.440$ W

3.5 (a) 12 kΩ, 900 Ω, 30 Ω, 120 Ω
(b) 27 mW, 810 mW, 270 W, 108 mW

3.12 (a) 66 V
(b) 1,88 W, 1,32 W
(c) 17.672 Ω, 12.408 Ω

3.14 (a) 1.200 Ω, 300 Ω
(b) 1 W

3.26 (a) 150 mA
(b) 5,4 V
(c) 3,6 V
(d) 1 V

3.34 7,5 A

3,37 (a) 49.980 Ω
(b) 4.980 Ω
(c) 230 Ω
(d) 5 Ω

3.51 (a) 1.500 Ω
(b) 28,8 mA
(c) 750 Ω, 276,48 mW
(d) 1.000 Ω, 92,16 mW

3.60 (a) 80 Ω
(b) 279 W

3.62 2,4 A, 72,576 W

3.73 (a) 0,2, 0,75
(b) 384, 200

Capítulo 4

4.2 (a) 9
(b) 4
(c) 4
(d) Malha inferior mais à esquerda não pode ser usada; duas malhas compartilhando fonte dependente devem se combinar

4.5 (a) 2
(b) 5

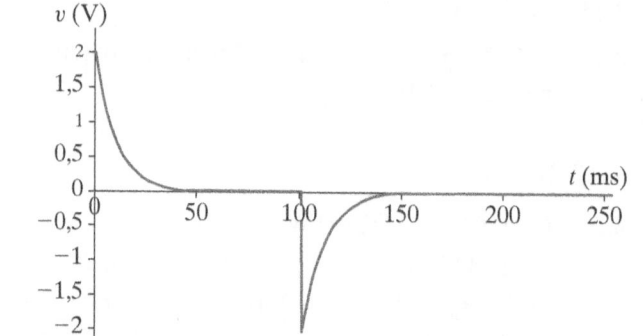

(c) 7

(d) 1, 4, 7

4.11 (a) −6,8 A, 2,7 A, −9,5 A, 2,5 A, −12 A

(b) 3.840 W

4.13 120 V, 96 V

4.18 750 W

4.22 (a) −37,5 V, 75 W

(b) −37,5 V, 75 W

(c) Parte (b), menos equações

4.26 −20 V

4.32 (a) 0,1 A, 0,3 A, 0,2 A

(b) 0,38 A, 0,02 A, −0,36 A

4.40 2.700 W

4.43 (a) 2 mA

(b) 304 mW

(c) 0,9 mW

4.49 525 W

4.54 (a) Método da corrente de malha

(b) 4 mW

(c) Não

(d) 200 mW

4.62 (a) −0,85 A

(b) −0,85 A

4.68 1 mA para baixo em paralelo com 3,75 kΩ

4.72 (a) 51,3 V

(b) −5%

4.79 150 Ω

4.88 2,5 Ω e 22,5 Ω

4.93 (a) 50 V

(b) 250 W

4.105 39,583 V, 102,5 V

Capítulo 5

5.5 −1 mA

5.11 (a) $0 \leq \sigma \leq 0{,}40$

(b) 556,25 μA

5.13 $0 \leq R_f \leq 60$ kΩ

5.20 (a) 10,54 V

(b) $-4{,}55\ \text{V} \leq v_g \leq 4{,}55\ \text{V}$

(c) 181,76 kΩ

5.27 (a) −15,1 V

(b) 34,3 kΩ

(c) 250 kΩ

5.30 (a) 16 V

(b) $-4{,}2\ \text{V} \leq v_b \leq 3{,}8\ \text{V}$

5.34 $2{,}994\ \Omega \leq R_x \leq 3{,}006\ \Omega$

5.44 (a) −19,9844

(b) 736,1 μV

(c) 5.003,68 Ω

(d) −20, 0, 5.000 Ω

5.49 (a) 2 kΩ

(b) 12 mΩ

Capítulo 6

6.2 (a) $i = 0$ $t \leq 0$

$i = 4t$ A $0 \leq t \leq 25$ ms

$i = 0{,}2 - 4t$ A $25 \leq t \leq 50$ ms

$i = 0$ 50 ms $\leq t$

(b) $v = 0$ $t < 0$

$v = 2$ V $0 < t < 25$ ms

$v = -2$ V $25 < t < 50$ ms

$v = 0$ 50 ms $< t$

$p = 0$ $t \leq 0$

$p = 8t$ W $0 \leq t < 25$ ms

$p = 8t - 0{,}4$ W $25 < t \leq 50$ ms

$p = 0$ 50 ms $\leq t$

$w = 0$ $t \leq 0$

$w = 4t^2$ J $0 \leq t \leq 25$ ms

$w = 4t^2 - 0{,}4t$
$+ 10 \times 10^{-3}$ J $25 \leq t \leq 50$ ms

$w = 0$ 50 ms $\leq t$

6.8

6.16

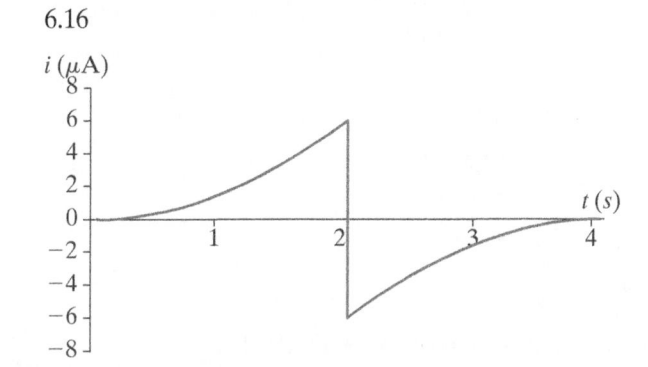

6.21
(a) $-50 \times 10^4 t + 15$ V
(b) $10^6 t$ V
(c) $1{,}6 \times 10^6 t - 12$ V
(d) 52 V
(e)

6.27 5 nF com queda de tensão inicial de +15 V; 10 μF com queda de tensão inicial de +25 V.

6.31
(a) $-20e^{-25t}$ V, $\quad t \geq 0$
(b) $-16e^{-25t} + 21$ V, $\quad t \geq 0$
(c) $-4e^{-25t} - 21$ V, $\quad t \geq 0$
(d) 320 μJ
(e) 2.525 μJ
(f) 2.205 μJ
(g) $2.525 - 320 = 2.205$

6.39 (a) $0{,}2\dfrac{di_2}{dt} + 10 i_2 = -0{,}5\dfrac{di_g}{dt}$

(b) $0{,}2\dfrac{di_2}{dt} + 10 i_2 = 5 e^{-10t}$ e
$-0{,}5\dfrac{di_g}{dt} = 5 e^{-10t}$

(c) $-53{,}125 e^{-10t} + 6{,}25 e^{-50t}$ V, $\quad t > 0$
(d) $-46{,}875$ V

6.46
(a) 50 mH, 2,4
(b) $0{,}2 \times 10^{-6}$ Wb/A, $0{,}2 \times 10^{-6}$ Wb/A

6.50 0,8 nWb/A, 1,2 nWb/A

6.53
(a) (2,1, 4,3); (3,2, 2,5); (2,1, 2,5); (3,2, 4,3).
(b) Tela ampliada
(c) Tela reduzida

Capítulo 7

7.3
(a) 0,5 A
(b) 2 ms
(c) $0{,}5 e^{-500t}$ A, $t \geq 0$; $-80 e^{-500t}$ V, $t \geq 0^+$; $-35 e^{-500t}$ V, $t \geq 0^+$
(d) 35,6%

7.9
(a) 0 A, 100 mA, 0 V
(b) 400 mA, 100 mA, −20 V
(c) 500 mA, 0 A, 0 V
(d) $0{,}1 e^{-4.000t}$ A
(e) $0{,}5 - 0{,}1 e^{-4.000t}$ A
(f) $-20 e^{-4.000t}$ V

7.19
(a) $-10 e^{-5.000t}$ A $\quad t \geq 0$
(b) 80 mJ
(c) $1{,}498 \tau$

7.23
(a) $80 e^{-375t}$ V, $\quad t \geq 0$
(b) $1{,}6 e^{-375t}$ mA, $\quad t \geq 0^+$

7.29
(a) 8 kΩ
(b) 0,25 μF
(c) 2 ms
(d) 648 μJ
(e) 1.139 μs

7.36
(a) $-0{,}8 + 2{,}4 e^{-4.000t}$ A, $\quad t \geq 0$;
$41{,}6 + 19{,}2 e^{-4.000t}$ V, $\quad t \geq 0$.
(b) −48 V, 60,8 V

7.47 17,33 ms

7.53
(a) 90 V
(b) −60 V

(c) 1.000 μs

(d) 916,3 μs

7.60 3,67 ms

7.68 (a) $40 - 40e^{-5.000t}$ mA, $\quad t \geq 0$
(b) $10e^{-5.000t}$ V, $\quad t \geq 0^+$
(c) $16 - 16e^{-5.000t}$ mA, $\quad t \geq 0$
(d) $24 - 24e^{-5.000t}$ mA, $\quad t \geq 0$
(e) Sim.

7.72 $-5,013$ V

7.80 -5V, $\quad 0 \leq t \leq 5$ s;
$-5e^{-0,1(t-5)}$ V, $\quad 5\,\text{s} \leq t < \infty$

7.88 83,09 ms

7.94 (a) $\dfrac{1}{RC}\displaystyle\int_0^t (v_b - v_a)\,dy$

(b) A saída é a integral da diferença entre v_b e v_a, multiplicada por um fator de escala de $1/RC$

(c) 120 ms

7.105 73 batimentos por minuto

Capítulo 8

8.4 (a) -10.000 rad/s, -40.000 rad/s
(b) Superamortecida
(c) 3.125 Ω
(d) $-16.000 + j12.000$ rad/s
$-16.000 - j12.000$ rad/s
(e) 2.500 Ω

8.7 (a) 1,25 H, 125 μF, -200 V/s, 5 V
(b) $(2.000t - 75)e^{-80t}$ mA, $\quad t \geq 0^+$

8.11 $100e^{-400t}\cos 300t - 800e^{-400t}\operatorname{sen}300t$ V, $\quad t \geq 0$

8.13 $-300e^{-250t} + 400e^{-1.000t}$ V, $\quad t \geq 0$

8.28 $2 + \dfrac{1}{3}e^{-400t} - \dfrac{4}{3}e^{-1.600t}$ A, $\quad t \geq 0$

8.39 8 kΩ, 2 H, 7,5 mA, 0

8.50 $20 - 10.000te^{-500t} - 20e^{-500t}$ V, $\quad t \geq 0$

8.56 (a) $25e^{-30.000t}\operatorname{sen} 40.000t$ V
(b) 23,18 μs
(c) 9,98 V
(d) $100,73e^{-6.000t}\operatorname{sen} 49.638,7t$ V, 29,22 μs, 83,92 V

8.63 (a) $0 \leq t \leq 0{,}5^-$ s:
$v_{o1} = -1{,}6t$ V, $v_o = 10t^2$ V

$0{,}5^+$ s $\leq t \leq t_{sat}$:
$v_{o1} = 0{,}8t - 1{,}2$ V, $v_o = -5t^2 + 15t - 3{,}75$ V
(b) 3,5 s

8.67 (a) 6,33 pF
(b) $5{,}03\operatorname{sen} 4\pi \times 10^9 t$ V, $\quad t \geq 0$

Capítulo 9

9.3 (a) 25 V
(b) 200 Hz
(c) 1.256,64 rad/s
(d) 1,0472 rad
(e) 60°
(f) 5 ms
(g) 416,67 μs
(h) $25\cos 400\pi t$ V
(i) 2,92 ms

9.7 $\dfrac{V_m}{2}$

9.11 (a) $28{,}38\cos(200t + 170{,}56°)$
(b) $141{,}33\cos(50t - 94{,}16°)$
(c) $16{,}7\cos(5.000t + 170{,}52°)$
(d) 0

9.17 (a) $160 + j120$ mS
(b) 160 mS
(c) 120 mS
(d) 10 A

9.29 $-120\cos 8.000t$ V

9.35 500 rad/s

9.42 2/3 Ω

9.48 $6 + j4$ A em paralelo com $-20 + j20$ Ω

9.54 $188{,}43\,\underline{/-42{,}88°}$ V

9.58 $80\,\underline{/90°}$ V

9.64 $25\operatorname{sen} 5.000t$ V

9.77 (a) 0,3536
(b) 2 A

9.84 (a) $247 + j7{,}25$ V
(b) $-j32$ Ω, $241 + j8$ V
(c) $-26{,}90$ Ω

9.88 (a) 0 A
(b) $0{,}436\,\underline{/0°}$ A
(c) Sim

Capítulo 10

10.1 (a) 129,41 W(absorvendo),
482,96 VAR(absorvendo)

(b) −11,65 W(fornecendo),
43,47 VAR(absorvendo)

(c) −63,39 W(fornecendo),
−135,95 VAR(fornecendo)

(d) 257,12 W(absorvendo),
−306,42 VAR(fornecendo)

10.2 (a) Não
(b) Sim

10.7 5 mW

10.15 (a) 15,81 V (ef)
(b) 62,5 W

10.20 (a) −6,4 W, −4,8 VAR, 8 VA

(b) $\sum P_{absorvendo} = 6,4\ W = \sum P_{fornecendo}$

(c) $\sum Q_{absorvendo} = 4,8\ VAR = \sum Q_{fornecendo}$

10.30 (a) 0,96 (atrasado), 0,28; 0,8 (adiantado), −0,6; 0,6 (adiantado), −0,8.

(b) 0,74 (adiantado), −0,67.

10.41 (a) $2.000 - j2.000\ \Omega$
(b) 3,125 mW
(c) $R = 1,8\ k\Omega$ e $C = 47$ nF resultam em 3,03 mW

10.48 (a) 360 mW
(b) $4.000\ \Omega$, $0,1\ \mu F$
(c) 443,1 mW
(d) 450 mW
(e) $4.000\ \Omega$, 66,67 nF
(f) Sim

10.56 (a) $-21\underline{/0°}$ V(ef)
(b) 63 W
(c) 9,72%

10.62 (a) 125
(b) 26,28125 W

10.67 (a) 15,63 kWh
(b) 11,72 kWh
(c) 9,16 kWh
(d) 6,64 kWh

Capítulo 11

11.1 (a) abc
(b) acb

11.11 (a) 15,24 A(ef)
(b) 6.583,94 V(ef)

11.12 (a) $5\underline{/-36,87°}$ A(ef), $5\underline{/83,13°}$ A(ef), $5\underline{/-156,87°}$ A(ef)

(b) $216,51\underline{/-30°}$ V(ef), $216,51\underline{/90°}$ V(ef), $216,51\underline{/-150°}$ V(ef)

(c) $122,23\underline{/-1,36°}$ V(ef), $122,23\underline{/118,64°}$ V(ef), $122,23\underline{/-121,36°}$ V(ef)

(d) $211,72\underline{/-31,36°}$ V(ef), $211,72\underline{/88,64°}$ V(ef), $211,72\underline{/-151,36°}$ V(ef)

11.15 $21,64\underline{/121,34°}$ A(ef)

11.16 $159,5\underline{/29,34°}$ V(ef)

11.25 $6.120\underline{/36,61°}$ VA

11.27 (a) $1.833,46\underline{/22°}$ VA
(b) 519,62 V(ef)

11.35 6.990,62 V(ef)

11.45 (a) prova
(b) 2.592 VAR, −2.592 VAR, 3.741,23 VAR, −4.172,80 VAR

11.54 (a) 16,71 μF
(b) 50,14 μF

Capítulo 12

12.3 (a) $-3(t+5)u(t+5) + 30u(t) + 3(t-5)u(t-5)$
(b) $5(t+4)u(t+4) - 10(t+2)u(t+2) + 10(t-2)u(t-2) - 5(t-4)u(t-4)$

12.10 $\dfrac{2}{9}$

12.20 (a) $\dfrac{1}{(s+a)^2}$

(b) $\dfrac{\omega}{s^2 + \omega^2}$

(c) $\dfrac{\omega \cos\theta + s\,\text{sen}\,\theta}{s^2 + \omega^2}$

(d) $\dfrac{1}{s^2}$

(e) $\dfrac{\text{senh}\,\theta + s[\cosh\theta]}{(s^2 - 1)}$

12.22 (a) $\dfrac{s\omega}{s^2 + \omega^2}$

(b) $\dfrac{-\omega^2}{s^2 + \omega^2}$

(c) 2

(d) Verificado.

12.26 $\dfrac{100s^2}{(s^2 + 16s + 100)(s^2 + 400)}$

12.40 (a) $[10e^{-5t} - 4e^{-8t}]u(t)$

(b) $[15 - 6e^{-3t} + 11e^{-7t}]u(t)$

12.41 (a) $[20e^{-7t}\,\text{sen}\,14t]u(t)$

(b) $[5 + 7{,}2e^{-5t}\cos(8t - 146{,}31°)]u(t)$

(c) $[10e^{-6t} + 5{,}66e^{-2t}\cos(4t + 45°)]u(t)$

(d) $[9{,}25e^{-5t}\cos(3t - 40{,}05°) +$
$7{,}21e^{-4t}\cos(2t + 168{,}93°)]u(t)$

12.43 (b) $[10te^{-t}\cos(t - 90°) + 10e^{-t}\cos(t - 90°)]u(t)$

(c) $25\delta(t) + [8e^{-6t} + 12e^{-9t}]u(t)$

12.50 (a) 6, 0

(b) 20, 15

(c) 15, 0

(d) 2, 9

12.55 0,947

Capítulo 13

13.4 (a) $\dfrac{[s^2 + 32.000s + 4 \times 10^8]}{s}$

(b) Zeros em $-16.000 + j12.000$ rad/s, $-16.000 - j12.000$ rad/s; Polo em 0.

13.5 (a) $\dfrac{16 \times 10^9 s}{s^2 + 2 \times 10^6 s + 64 \times 10^{10}}$

(b) Zero em $z_1 = 0$;
Polos em -400 krad/s, -1.600 krad/s.

13.11 (a)

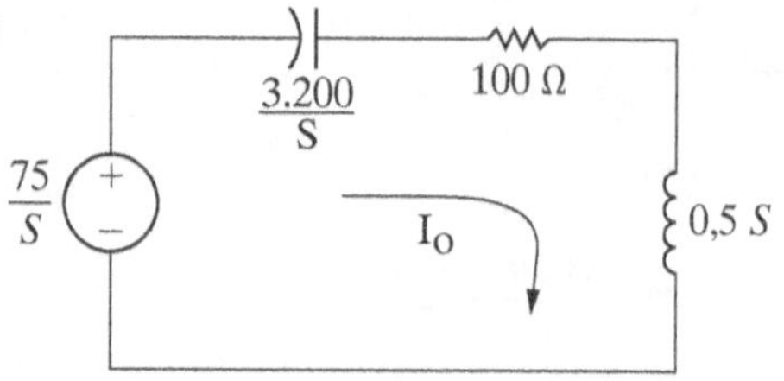

(b) $\dfrac{150}{(s + 40)(s + 160)}$

(c) $(1{,}25e^{-40t} - 1{,}25e^{-160t})u(t)$ A

13.14 (a)

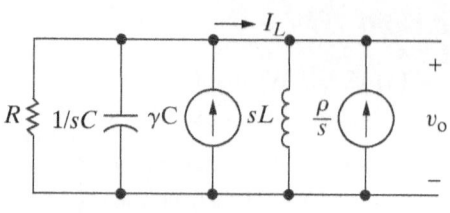

onde $R = 1$ kΩ, $C = 6{,}25$ nF
$\gamma = -240$ V, $L = 16$ mH, $\rho = -0{,}24$ A

(b) $\dfrac{-240(s + 160.000)}{s^2 + 160.000s + 10^{10}}$

(c) $\dfrac{0{,}24(s + 97.500)}{(s^2 + 160.000s + 10^{10})}$

(d) $[400e^{-80.000t}\cos(60.000t + 126{,}87°)]u(t)$ V

(e) $[0{,}5e^{-80.000t}\cos(60.000t - 16{,}26°)]u(t)$ A

13.19 (a) $[1 - 1e^{-250t}\cos 250t]u(t)$ A

(b) $141{,}42e^{-250t}\cos(250t - 45°)u(t)$ V

(c) Sim

13.25 (a) $[35 + 5{,}73e^{-t}\cos(7t + 167{,}91°)]u(t)$ V

(b) Sim

13.35 $63{,}25e^{-150t}\cos(50t + 71{,}57°)u(t)$ mA

13.37 (a) $(-0{,}5e^{-40t} + 0{,}5e^{-1.600t})u(t)$ A

(b) $(0{,}5e^{-400t} - 0{,}5e^{-1.600t})u(t)$ A

13.43 (a) $\dfrac{32 \times 10^4(s + 320)}{s(s + 400)(s + 600)}$

(b) $[426{,}67 + 320e^{-400t} - 746{,}67e^{-600t}]u(t)$ V

13.52 (a) $\dfrac{25}{s + 25}$; nenhum zero, polo em -25 rad/s

(b) $\dfrac{s}{s + 25}$; zero em 0, polo em -25 rad/s

(c) $\dfrac{s}{s + 2.000}$; zero em 0, polo em -2.000 rad/s

(d) $\dfrac{2.000}{s + 2.000}$; nenhum zero, polo em -2.000 rad/s

(e) $\dfrac{0{,}2s}{s + 3.200}$; zero em 0, polo em -3.200 rad/s

13.60 $(1 - e)e^{-t}$ V

13.77 (a) $\dfrac{s(s + 30.000)}{(s + 5.000)(s + 8.000)}$

(b) $(5e^{-5.000t} - 4{,}4e^{-8.000t})u(t)$ V

(c) $4{,}42\cos(10.000t - 6{,}34°)$ V

13.78 $4{,}4\cos(20t - 33{,}57°)$ V

13.88 (a) 0,8 A
(b) 0,6 A
(c) 0,2 A
(d) −0,6 A
(e) $0,6e^{-2\times 10^6 t}u(t)$ A
(f) $-0,6e^{-2\times 10^6 t}u(t)$ A
(g) $[-1,6\times 10^{-3}\delta(t)]-[7.200e^{-2\times 10^6 t}u(t)]$ V

13.92 (a) 0 A, $25\sqrt{2}$ A
(b) $\dfrac{1.440\pi(122,92\sqrt{2}s - 3.000\pi\sqrt{2})}{(s+1.475\pi)(s^2+14.400\pi^2)} +$
$\dfrac{300\sqrt{2}}{s+1.475\pi}$, $178,82\sqrt{2}e^{-1.475\pi t} +$
$122,06\sqrt{2}\cos(120\pi t + 6,85°)$ V
$300\sqrt{2}$ V
(c) $122,06\sqrt{2}\cos(120\pi t + 6,85°)$ V
(d)

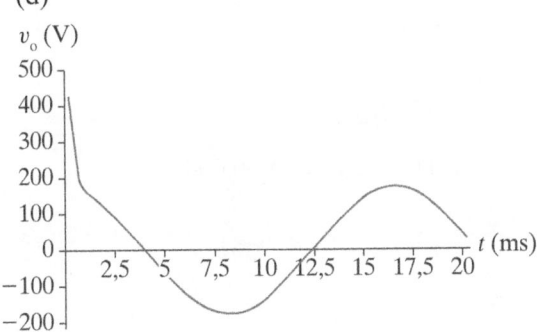

Capítulo 14

14.1 (a) 3.819,72 Hz
(b) $0,7071\underline{/-45°}$, $0,9923\underline{/-7,125°}$, $0,124\underline{/-82,875°}$
(c) $14,142\cos(24.000t - 45°)$ V, $19,846\cos(3.000t - 7,125°)$ V, $2,48\cos(192.000t - 82,875°)$ V

14.7 (a) 31,42 Ω
(b) 3.419,98 Hz
(c) Com resistor de 33 Ω, 5.252,11 Hz

14.13 (a) 5,305 kΩ
(b) 333,86 Hz

14.17 (a) 150 Ω
(b) 680 Ω

14.25 (a) 5 kΩ, 50 mH
(b) 3,52 kHz, 2,88 kHz
(c) 636,62 Hz

14.34 4 kΩ

14.42 (a) 397,89 Ω, 3,17 mH
(b) 4,42 kHz, 3,62 kHz
(c) 800 Hz

14.51 (a) 0,39 H, 0,1 μF
(b) $|V_{697Hz}| = |V_{941Hz}| = 0,707|V_{pico}|$;
$|V_{770Hz}| = |V_{852Hz}| = 0,948|V_{pico}|$
(c) $0,344|V_{pico}|$

Capítulo 15

15.1 (a) 67,16 Ω, 212,21 Ω
(b)

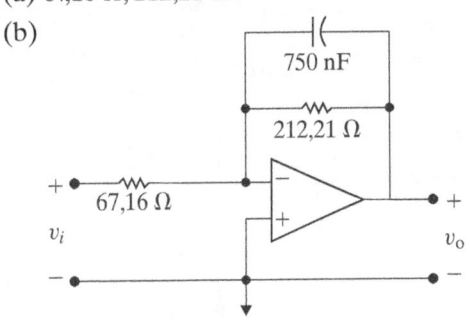

15.8 (a) 5,1 kΩ, 25,55 kΩ
(b)

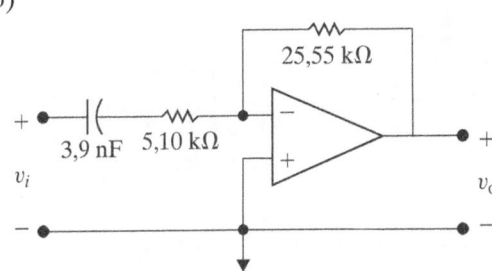

15.15 (a) 1 H, 0,05 Ω, 1 F
(b) 2,5 H, 5 kΩ, 250 pF
(c)

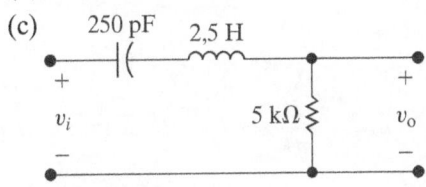

15.23 (a) 20 mH, 2,5 μF
(b) $13,42\cos(10.000t - 166,57°)$ mA

15.30 38,52 Hz, 1.038,52 Hz, 30,65 Ω, 826,43 Ω

15.31 $R_L = 21,18$ kΩ, $R_H = 1,18$ kΩ, se $R_i = 1$ kΩ então $R_f = 6$ kΩ

15.34 (a) 3
(b) −32,65 dB

15.49 (a) $R_1 = 1{,}99$ kΩ, $R_2 = 39{,}63$ kΩ, $R_3 = 39{,}79$ kΩ
(b)

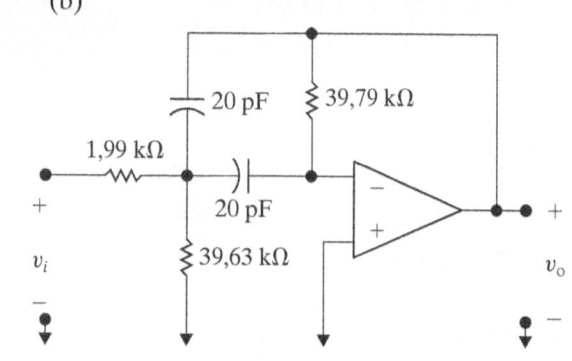

15.60 (a) Veja valores de componentes na parte (b)
(b)

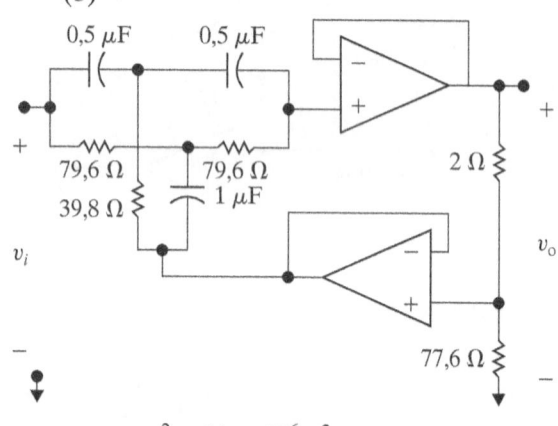

(c) $\dfrac{s^2 + 64 \times 10^6 \pi^2}{s^2 + 800\pi s + 64 \times 10^6 \pi^2}$

15.62 $R_1 = 100$ kΩ, $R_2 = 900$ kΩ, $C_1 = 2{,}36$ nF

Capítulo 16

16.1 (a) 785,4 rad/s, 78,54 krad/s
(b) 125 Hz, 12,5 Hz
(c) 25 V, 0
(d) $a_{ka} = \dfrac{100}{\pi k} \operatorname{sen}\dfrac{\pi k}{2}$, $b_{ka} = 0$;

$a_{kb} = \dfrac{120}{\pi k} \operatorname{sen}\dfrac{\pi k}{2}$ para k ímpar, $a_{kb} = 0$

para k par, $b_{kb} = \dfrac{120}{\pi k}[1 - \cos(k\pi)]$

para k ímpar, $b_{kb} = 0$ para k par

(e)
$25 + \dfrac{100}{\pi}\displaystyle\sum_{n=1}^{\infty}\left(\dfrac{1}{n}\operatorname{sen}\dfrac{n\pi}{2}\cos n\omega_0 t\right)$ V,

$\dfrac{120}{\pi}\displaystyle\sum_{n=1,3,5}^{\infty}\dfrac{1}{n}\left(\operatorname{sen}\dfrac{n\pi}{2}\cos n\omega_0 t + 2\operatorname{sen} n\omega_0 t\right)$ V

16.3 $\dfrac{75}{\pi} + 12{,}5\cos\omega_0 t - \dfrac{150}{\pi}\displaystyle\sum_{n=2,4,6}^{\infty}\dfrac{\cos(n\pi/2)\cos(n\omega_0 t)}{(1-n^2)}$ V

16.11 (a) π rad/s
(b) sim
(c) não
(d) sim

16.22 (a) $10\displaystyle\sum_{n=1,3,5,\ldots}^{\infty}\dfrac{\sqrt{(n\pi)^2+4}}{n^2}\cos(n\omega_0 t - \theta_n)$ A,

$\theta_n = \operatorname{tg}^{-1}\dfrac{n\pi}{2}$

(b) 26,23 A

16.28 (a) $1{,}9999\cos(200t - 0{,}48°) + 0{,}6662\cos(600t + 177{,}85°) + 0{,}286\cos(1.400t - 176{,}66°)$ V
(b) quinto harmônico

16.35 1,85 W

16.39 (a) 117,55 V(ef)
(b) –2,04%
(c) 69,2765 V(ef), –0,0081%

16.44 $C_0 = \dfrac{V_m}{2}$, $C_n = j\dfrac{V_m}{2n\pi}$, $n = \pm 1, \pm 2, \ldots$

16.50 (a)

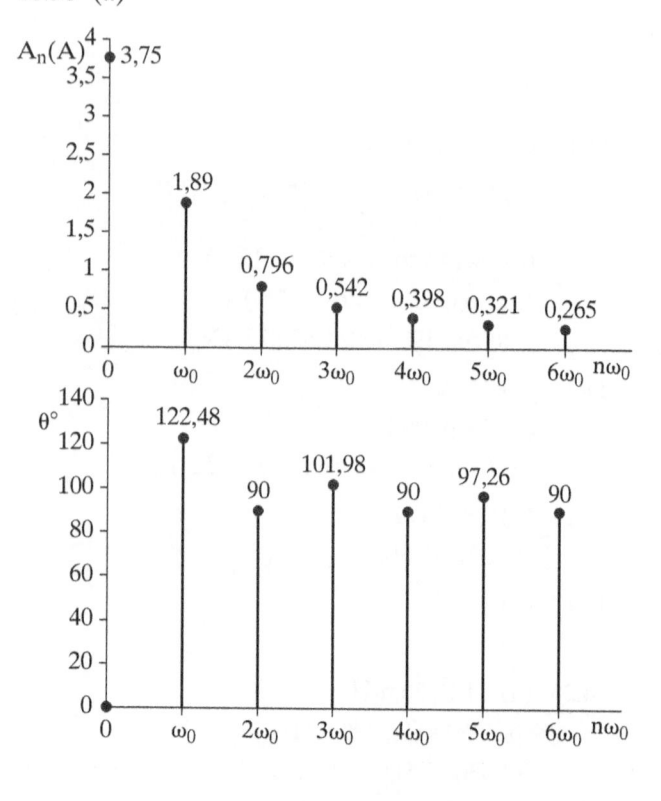

(b)

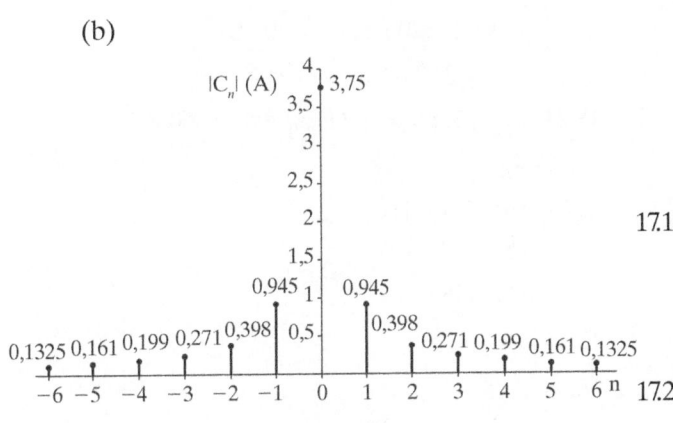

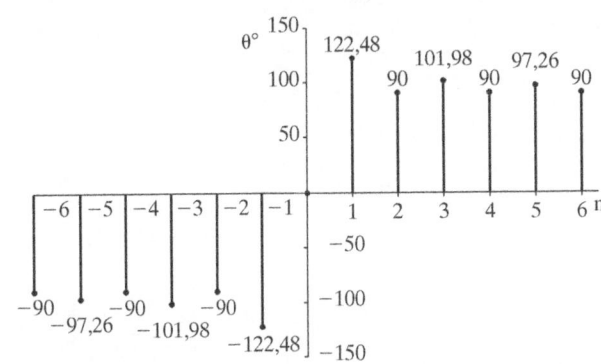

[Stem plot of $|C_n|$ (A) vs n: values 0,1325; 0,161; 0,199; 0,271; 0,398; 0,945; 3,75; 0,945; 0,398; 0,271; 0,199; 0,161; 0,1325 at $n = -6,\ldots,6$]

[Stem plot of $\theta°$ vs n: 122,48; 101,98; 90; 97,26; 90; 90 (positive side); and -90, $-97,26$, -90, $-101,98$, -90, $-122,48$ on negative side]

16.57 (a) $\dfrac{400}{313}$, 2.000 rad/s, 16×10^8 rad²/sec²

(b) $-80 \cos \omega_o t - 0,50 \cos(3\omega_o t + 91,07°) + 0,17 \cos(5\omega_o t + 90,60°)$ V

Capítulo 17

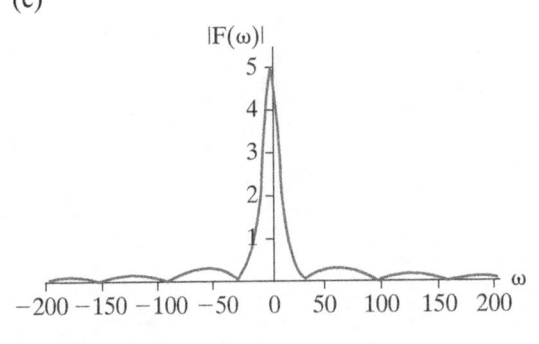

17.1 (a) $j\dfrac{2A}{\tau}\left[\dfrac{\omega\tau\cos(\omega\tau/2) - 2\,\text{sen}(\omega\tau/2)}{\omega^2}\right]$

(b) 0

(c) [Plot of $|F(\omega)|$ vs ω, peak around 5 at $\omega=0$, with sidelobes]

17.5 (a) $\dfrac{2(a^2 - \omega^2)}{(a^2 + \omega^2)^2}$

(b) $-j\,48a\omega\dfrac{(a^2 - \omega^2)}{(a^2 + \omega^2)^4}$

(c) $\dfrac{a}{a^2 + (\omega - \omega_0)^2} + \dfrac{a}{a^2 + (\omega + \omega_0)^2}$

(d) $\dfrac{-ja}{a^2 + (\omega - \omega_0)^2} + \dfrac{ja}{a^2 + (\omega + \omega_0)^2}$

(e) $e^{-j\omega t_0}$

17.19 (a) $\dfrac{\tau}{2} \cdot \dfrac{\text{sen}[(\omega + \omega_0)\tau/2]}{(\omega + \omega_0)(\tau/2)} + \dfrac{\tau}{2} \cdot \dfrac{\text{sen}[(\omega - \omega_0)\tau/2]}{(\omega - \omega_0)(\tau/2)}$

(b) $F(\omega) \to \pi[\delta(\omega - \omega_0) + \delta(\omega + \omega_0)]$

17.28 (a) $[416,67 e^{-20t} - 250 e^{-100t}]u(t) + 166,67 e^{100t}u(-t)$ V

(b) 166,67 V

(c) 166,67 V

(d) $(416,67 e^{-20t} - 250 e^{-100t})u(t)$ V

(e) Sim

17.30 $1\cos(5.000t + 90°)$ A

17.40 (a) $[-24 e^{-t} + 32 e^{-t/2}]u(t) + 8 e^{t}u(-t)$ V

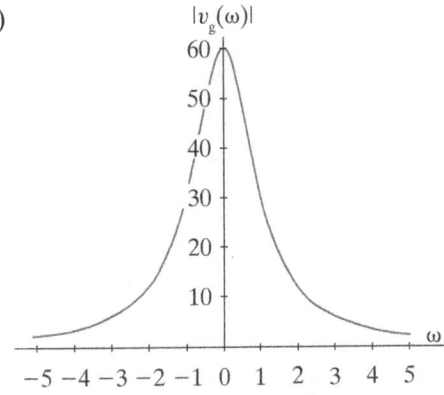

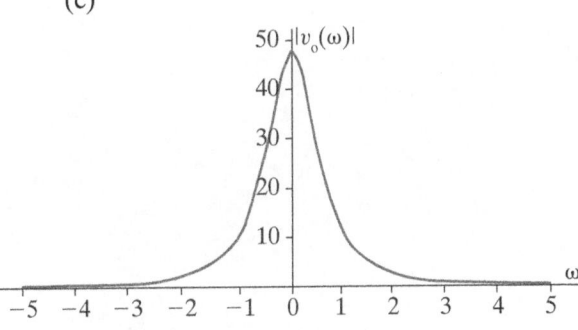

(b) [Plot of $|v_g(\omega)|$ vs ω, peak ~60 at $\omega=0$]

(c) [Plot of $|v_o(\omega)|$ vs ω, peak ~50 at $\omega=0$]

(d) 900 J

(e) 320 J

(f) 95,95%

(g) 99,75%

Capítulo 18

18.2 $z_{11} = 13\ \Omega;\ z_{12} = 12\ \Omega;$
      $z_{21} = 12\ \Omega;\ z_{22} = 16\ \Omega$

18.10 $a_{11} = -4 \times 10^{-4};\ a_{12} = -20\ \Omega;$
       $a_{21} = -0{,}5\ \mu S;\ a_{22} = -0{,}02$

18.13 $g_{11} = 12{,}5\ \mu S;\ g_{12} = 1{,}5;$
       $g_{21} = -250;\ g_{22} = 50\ M\Omega$

18.14   (a) $y_{11} = 20\ \mu S;\ y_{12} = 30\ nS;$
          $y_{21} = 5\ \mu S;\ y_{22} = 20\ nS$

       (b) $y_{11} = 20\ \mu S;\ y_{12} = 30\ nS;$
          $y_{21} = 5\ \mu S;\ y_{22} = 20\ nS$

18.21 $a_{11} = 3;\ a_{12} = 40\ \Omega;\ a_{21} = 80 + j60\ mS;$
       $a_{22} = 2{,}4 + j0{,}8$

18.31   (a) 28 V(ef)
       (b) 11,20 mW
       (c) 2,88 μW

18.33   12,5

18.38   3,75 V

Índice remissivo

A

Abordagem indireta, análise da resposta ao degrau, 309
Admitância (Y), 356, 385
Álgebra matricial para soluções de equações simultâneas, 792-795, 800-808
Amperímetro de d'Arsonval, 70-72
Amperímetro, 70-72, 80
Amplificador de caixa preta, 758, 779
Amplificadores integradores, 265-268, 271, 320-324, 327
  análise da resposta de, 324-327, 346-347
  chaveamento sequencial e, 259
  circuitos de primeira ordem com, 244-245, 251
  circuitos de segunda ordem com, 292-295, 297
  ligações em cascata, 320-324, 327
  resistores de realimentação e, 322-324
Amplificadores operacionais (amp ops), 157-188, 625-677
  características de transferência, 160
  circuito amplificador inversor, 164-166, 174-175, 178
  circuito amplificador não inversor, 167-169, 175-176, 178
  circuito amplificador somador, 166-167, 178
  circuito de amplificador diferencial, 169-174, 178
  controle de volume de graves, 626, 662-665
  correntes (i), 159-164
  em cascata, 634-644, 665-666
  encapsulamento dual em linha (DIP), 159
  equivalentes (modelo realista), 174-176, 178
  extensômetros para, 158, 177-178
  filtros de banda larga, 635-642, 665-666
  filtros de Butterworth, 647-656, 665-666
  filtros de ordem superior, 642-656, 665-666
  filtros de primeira ordem, 627-631
  filtros passa-altas, 629-630, 655, 665-666
  filtros passa-baixas, 627-629, 647-655, 665-666
  filtros passa-faixa, 634-638, 656-659, 665-666
  filtros rejeita-faixa, 638-642, 656, 659-662, 665-666
  filtros, 625-677
  ganho (A), 160, 165, 172-173, 178
  modelo realista (equivalente), 174-176, 178
  mudança de escala, projeto de, usando, 632-634
  realimentação negativa, 161-162, 178
  resistência (R) e, 158, 177-178
  restrições de entrada, 161-162, 178
  símbolo de circuito para, 160
  simplificados, 159-174, 178
  tensões (v), 159-163, 178
  terminais, 159-163
Análise de abordagem direta, 309-310, 696-698
  resposta ao degrau, 309-310
resposta em regime permanente, 696-698
Análise de circuitos de divisão de tensão, 68-70, 80
Análise de circuitos divisores de corrente, 68-70, 79-80
Análise de circuitos Y-Y, 449-454, 471
Análise de circuitos Y-Δ, 456-458
Análise de circuitos, 10-11, 31-34, 38-47, 50, 68-69, 76-78, 79-80, 94-156, 174-176, 352-369, 380-385, 520-579, 769-774
  amplificador inversor, 174-175
  amplificador não inversor, 175-176
  amplificadores, 105-106, 113-114, 129-130
  circuitos com fonte dependente, 44-48, 102-103, 110-112, 126-127, 128-129
  circuitos com fonte independente, 128
  circuitos não planares, 96-97
  circuitos planares, 96-97
  circuitos quadripolos, 769-775
  circuitos resistivos, 76-78, 79-80
  componentes de circuito ideais, 10
  diagramas fasoriais para, 380-383
  divisão de corrente, 68-69, 80
  divisão de tensão, 68-69, 80
  domínio da frequência, 353-369, 384
  domínio s, 424-561, 562
  equações simultâneas para, 97-99
  equivalente de Norton, 123, 125, 140, 363
  equivalente de Thévenin, 123-125, 140, 363-365, 533-535
  função de transferência $H(s)$ em, 539-554, 562
  função impulso $K\delta(t)$ em, 554-561, 562
  impedância (Z), em série e em paralelo, 354-359
  lei de Ohm, 31-33, 50, 524-525
  leis de Kirchhoff, 38-43, 50, 352-354, 425
  máxima transferência de potência, 131-133, 140
  método das correntes de malha, 96, 107-119, 140, 368-369
  método das tensões de nó, 96, 99-106, 115-119, 140, 366-367
  modelo conceitual, 10-11
  modelos de amplificador operacional (amp op), 174-176
  protótipo físico, 10-11
  regime permanente senoidal, 353-369, 380-384
  sensibilidade, resistores, , 136-139
  superposição para, 133-136, 140, 537-539
  terminologia para, 96-97
  transformações de fonte, 119-123, 125-127, 140, 362-364
  transformações Δ-Y, 76-78, 80, 359-362
  transformada de Laplace em, 520-579
Análise de pulso de tensão, 735, 748-750
Análise de regime permanente, *veja* análise de regime permanente senoidal
Análise de sensibilidade, resistores, 95, 136-139

Análise do regime permanente senoidal, 337-399
  cálculos de potência, 400-444
  circuito de distribuição residencial, 338, 383
  circuito equivalente de Norton, 362
  circuito equivalente de Thévenin, 362-365
  diagramas fasoriais para, 380-382
  domínio da frequência, 345, 349-354, 362-376, 384
  elementos de circuito passivo, 349-352
  fasores, 344-349, 380
  fontes, 339-342, 379
  impedância (Z), 351, 354-364, 369, 379, 384
  leis de Kirchhoff, 352-353
  método de correntes de malha, 368-369
  método de tensões de nó, 366-367
  energia *standby* (vampira), 401, 430-431
  reatância, 351
  relações tensão-corrente (v-i), 349-352
  resposta, 343-344, 384
  transformações de fonte, 362-365
  transformações Δ-Y, 354-356
  transformador ideal, 374-379, 384
  transformadores, 374-383, 400
Análise qualitativa, 584-586, 593, 598-599, 610
  circuitos de filtro ativo (banda estreita), 657-658
  circuitos de filtro passivo, 601, 603, 611, 615
  fator de qualidade (Q), 601, 603, 611, 615, 657-658
  filtros passa-altas, 593
  filtros passa-baixas, 584-586
  filtros passa-faixa, 598-599
  filtros rejeita-faixa, 610
Análise quantitativa, 587-588, 593-594, 599-601, 610-614
  filtros passa-faixa, 599-601
  filtros rejeita-faixa, 610-614
  filtros passa-altas, 593-594
  filtros passa-baixas, 587-588
Ângulo de fase (φ), 339
Atenuação, 589
Autoimpedância (Z), 370-371
Autoindßutância, 205-206, 210-211, 213

B

Bobina de corrente, 466

C

Cálculos de potência, 400-444, 460-466, 471, 699-702, 711
  análise de regime permanente senoidal, 400-444
  cargas ligadas em Y, 460-461
  cargas ligadas em Δ, 461-462
  cargas não especificadas, 464-465
  cargas paralelas, 417-719
  circuitos capacitivos, 405-406
  circuitos indutivos, 405
  circuitos resistivos, 404
  circuitos trifásicos equilibrados, 462-467, 471
  circuitos trifásicos, 462-467, 471
  consumo de energia de eletrodomésticos, 408-409
  equações para, 414-422
  equilíbrio de um circuito ca, 420-421

fator de potência (fp), 406, 431
fator reativo (fr), 406, 432
funções periódicas e, 699-702, 711
máxima transferência de potência, 422-429, 432
potência aparente, 423, 432
potência complexa (S), 411-416, 432, 461
potência instantânea, 402-403, 432
potência média (real) (P), 403-409, 415-419, 432, 460-461, 699-702, 7112
potência reativa (Q), 403-409, 415-417, 732
potência *standby* (vampira), 401, 430-431
valor eficaz, 409-411
Caminho, definição, 96-97
Capacitância (C), 189, 197, 197-201, 217-219
  combinações série-paralelo, 202-204, 218-219
  corrente de deslocamento, 197
  equações terminais para, 197-202, 219
  parâmetro de circuito de, 189, 197, 218
  telas de toque, 217-218
  tensão inicial equivalente, 204
Capacitores, 189, 197-201, 218-217, 316-317, 351, 523-524, 554-556, 562
  combinações série-paralelo, 202-204, 219
  comportamento de, 189
  corrente (i), 197-200, 218-219
  corrente de deslocamento, 197
  domínio da frequência, 351
  domínio s, 523-524, 562
  energia (w) em, 199-201, 218
  equações terminais para, 197-202, 219, 523-524
  função impulso (I) em, 554-556
  operação de chaveamento, 554-556
  potência (p) em, 198-199, 218
  relações corrente-tensão (i-v), 197-198, 351-352
  relações tensão-corrente (v-i), 198, 351-351
  resposta a um degrau de tensão de circuitos RLC em série, 315-317
  símbolo do circuito para, 197
  telas de toque, 190191, 217-218
  tensão (v), 198-201, 218-219
  transformada de Laplace usada para, 524-525, 554-556, 562-563
Cargas ligadas em Y, potência em, 460-461
Cargas ligadas em Δ, potência em, 461-462
Cargas, 65, 416-421
  cálculos de potência para, 414-419
  circuitos trifásicos equilibrados e, 445-450
  definição, 65
  ligadas em delta (Δ), 456-457
  ligadas em Y, 448-449
  não especificadas, 464
Centelhamento, 192
Chaveamento sequencial, 259-263, 267, 271
  amplificador integrador com, 265
  circuitos resistor-capacitor (RC), 240, 244
  circuitos resistor-indutor (RL), 244-246
  respostas de circuito de primeira ordem e, 244-248, 251, 270
Circuito aberto, 36
Circuito amplificador inversor, 164-166, 174, 175

Circuito amplificador não inversor, 167-169, 175-176, 178
Circuito amplificador somador, 166-167, 178
Circuito de distribuição residencial, 338, 383
Circuito de malha, resposta ao degrau do, 531-533
Circuito do amplificador diferencial, 169-174, 178
   análise de, 155-156, 178
   entrada de modo comum, 170-172, 178
   entrada de modo diferencial, 170-172, 178
   fator de rejeição de modo comum (FRMC), 172-174, 178
Circuito elétrico, definição, 5
Circuito equivalente do tipo T, 815-816
Circuito equivalente do tipo π para T, 76-78
Circuito equivalente do tipo π, 816-819
Circuito equivalente Δ-Y, 76-78, 80
Circuito fechado (caminho), 40, 50
Circuitos amplificadores, 105-107, 113-115, 113-115, 164-176, 265-267, 627, 758
   análise de, 105-107, 113-114, 129-130, 264-265, 320-325
   caixa preta, 758
   equivalente de Thévenin em, 129-130
   integradores, 265-269, 271, 320-325
   método das correntes de malha para, 113-115
   método das tensões de nó para, 105-107
   operacional (amp op), 157-176
   respostas e, 264-265, 270, 320-325, 326-327
Circuitos capacitivos, cálculos de potência para, 405-406
Circuitos de filtro ativo, 625-665
   controle de volume de graves, 626, 663-665
   de ordem superior, 642-652
   de primeira ordem, 627-642
   diagramas de blocos, 635-636
   diagramas de Bode, 628-631
   em cascata, 643-647
   filtros com amp ops, 625-665
   filtros de banda estreita, 656-662
   filtros de banda larga, 635-641, 657
   filtros de Butterworth, 647-655
   filtros passa-alta, 627-631, 655
   filtros passa-baixa, 627-631, 647-649
   filtros passa-faixa, 634-642, 655-659
   filtros protótipos, 643-645, 662
   filtros rejeita-faixa, 634-642, 655, 657, 659-662
   gráficos de resposta de frequência, 627-630
   mudança de escala, 632-634, 658
Circuitos de filtro passivo, 580-624
   análise qualitativa, 584-586
   análise quantitativa, 587-589
   capacidades de filtragem de, 582-584
   definição, 582-584
   fator de qualidade (Q), 598, 601, 611, 615
   filtros passa-altas, 584-584, 592-597, 615
   filtros passa-baixas, 584-592, 615
   filtros passa-faixa, 584, 597-609, 615
   filtros rejeita-faixa, 584, 609-613, 615
   frequência central (de ressonância) (ω_0), 597-599, 611-612, 615
   frequência de corte (ω_c), 582-583, 585-586, 594, 596, 600, 611-612, 615
   frequências de faixa de passagem, 582-584, 615
   frequências de faixa de rejeição, 582-584, 615

   função de transferência $H(s)$ para, 582, 591, 596-597, 608, 610-611, 613-614
   gráfico de amplitude, 583
   gráfico de ângulo de fase, 583
   gráficos de resposta de frequência, 582-583
   largura de banda (β), 597, 600, 611-612, 615
   relação entre domínios da frequência e do tempo, 591, 608
   resposta de frequência e, 580,
   telefones de teclas, 521, 616
Circuitos de frequência seletiva, 580-677
   atenuação, 581
   categorias de filtro, 582-584, 615
   circuitos de filtro ativo, 525-677
   circuitos de filtros passivos, 580-624
   definição, 580, 615
   gráficos de resposta de frequência para, 582-583, 560-563
   símbolos de circuito para, 584
   telefones de teclas, 581-582, 614-615
Circuitos de parâmetros concentrados, 496-498, 526, 541
Circuitos de segunda ordem, 292-333
   amplificadores integradores, 320-324, 327
   definição, 320
   resistor-indutor-capacitor (RLC), 292-333
   resposta ao degrau de, 297-306, 308-309
   resposta natural de, 290-303, 307-311, 315
   solução geral de equações diferenciais, 293-297
Circuitos de telefone de teclas, 581-582, 614-615
Circuitos divisores de corrente, 66, 79
Circuitos divisores de tensão, 64-65, 68
Circuitos elétricos de radiadores, 27, 48-50
Circuitos equivalentes de Norton, 125, 140, 362-363
   análise de, 125, 140
   definição, 125
   impedância (Z) em, 362-363
   transformações de fonte no domínio da frequência, 362-363
   transformações de fonte utilizadas para, 125
Circuitos equivalentes de Thévenin, 123-129, 140, 337-339, 533-534
   análise de transformada de Laplace e, 533-534
   análise de, 123-129, 140
   circuito amplificador usando, 129-130
   definição, 123
   determinação de equivalente de, 124-125
   domínio da frequência, uso de em, 522-523
   fonte de resistência (R_{Th}), 123-125
   fonte de tensão (V_{Th}), 123-125
   fonte de teste para, 128
   fontes dependentes, 110, 117
   fontes independentes, 128-129
   impedância (Z) em, 351-353
   no domínio da frequência, 352-353
   transformações de fonte usadas para, 125-126, 362-363
Circuitos equivalentes, 61-64, 76-78, 79-80, 123-130, 140, 174-176, 202-205, 219, 354-366, 384, 533-535,
   análise de regime permanente senoidal, 354-366, 384
   análise de transformada de Laplace de, 533-535
   capacitores, 202-205, 219
   combinações série-paralelo, 61-64, 76, 202-205, 219, 354-359
   de amplificador operacional (amp op), 174-176

de Norton, 125, 140, 362
de Thévenin, 123-130, 140, 362-365, 533-535
enrolamentos magneticamente acoplados e, 535-536
indutores, 202-205, 219
no domínio da frequência, 354-366, 384
resistores, 61-64, 79
transformação de, 76-73, 76, 125-127
transformações de fonte, 125-127, 362-366
Δ-Y, 76-78, 71, 359-362
π para T, 76-78
Circuitos indutivos, cálculos de potência para, 414-415
Circuitos invariantes no tempo, 544-545, 556
Circuitos ligados em paralelo, 62-64, 79, 202-205, 219, 356-358, 775-776. *Veja também* Circuitos *RLC* em paralelo
capacitores, 204-205, 219
circuitos quadripolos, 775-276
impedâncias combinadas em, 354-356
indutores, 202-203, 219
lei de Kirchhoff para, 62, 64
lei de Ohm para, 62
resistores, 62-64, 79
Circuitos ligados em série, 41, 50, 61, 79, 202-204, 218, 354-358, 710. *Veja também* Circuitos RLC em série
capacitores, 197-198, 218
circuitos quadripolos, 775
conceito de caixa preta, 61
impedâncias combinadas em, 354-358
indutores, 191-192, 218
lei de Kirchhoff das correntes para, 39, 50, 61
posições de nó, 39, 50
resistores, 61, 79
Circuitos monofásicos equivalentes, 451-452, 471
Circuitos não planares, 96-101
Circuitos planares, 96-97
Circuitos quadripolos com carga em seus terminais, 769-773
Circuitos quadripolos simétricos, 768, 780
Circuitos quadripolos, 757-786
amplificador de caixa preta, 758, 779
análise de, 769-773
com cargas em seus terminais, 769-773
conversão de parâmetro para, 764-766
conversão de parâmetros, 765-767
equações terminais para, 758
imitância, 762-763
ligados, 775-778
parâmetros de transmissão, 762
parâmetros de, 759-765, 775
parâmetros híbridos, 762
parâmetros Z, 759-760, 769-773
portas, 757
recíprocos, 767-768, 780
simétricos, 768, 780
Circuitos *RC*, *veja* Circuitos resistor-capacitor (*RC*)
Circuitos recíprocos quadripolos, 767-768, 780
Circuitos resistivos, 59-90, 384
análise de divisão de corrente, 68-70, 80-81
análise de divisão de tensão, 68-70, 80
cálculos de potência para 409
carga, 65

divisor de corrente, 66, 70
divisor de tensão, 64-65, 70
equivalente do tipo π para T, 76-78
equivalente Δ-Y, 76-78, 80
fontes (cc) constantes, 60
ligada em série, 61, 79
ligados em paralelo, 62-64, 79
medição de tensão e corrente em, 70-73, 80
ponte de Wheatstone, 74-75, 80
resistores, 59-62, 80
telas touch, 60, 78-80
Circuitos resistor-capacitor (*RC*), 231, 239, 240-244, 249-246, 262, 264, 497-498, 580-586
análise de transformada de Laplace, 483-484
análise qualitativa de série, 592-593
análise quantitativa de série, 593
chaveamento sequencial, 259, 261
constante de tempo (τ), 235, 270
definição, 231
domínio da frequência, 520-521
expressão derivada de tensão (v), 305
filtros passa-altas, comportamento de como, 592-594
filtros passa-baixas, comportamento de como, 584-585
frequência de corte, 586, 588
gráfico de resposta de frequência de, 583
resposta ao degrau, 244-251, 270
resposta indefinidamente crescente, 264-265
resposta natural, 231-232, 240-245, 270, 526-527
símbolos de circuito para, 339, 357
solução geral para respostas de, 251-256, 293
Circuitos resistor-indutor (*RL*), 231, 233-239, 240-244, 251-258, 270, 584-587, 591-593
análise qualitativa de série, 584-585
análise quantitativa de série, 587-588
chaveamento sequencial, 259-261
constante de tempo (τ), 235-236, 270
corrente (i), deduzindo expressão para, 233-235
definição, 231
filtros passa-altas, comportamento de como, 592-594
filtros passa-baixas, comportamento de como, 584-587
frequência de corte, 586-588, 594
gráficos de resposta de frequência de, 583-584
resposta ao degrau, 231-232, 244-249, 251
resposta em regime permanente, 236
resposta natural, 231-232, 240-245, 270
resposta transitória, 236
símbolo de circuito para, 339
solução geral para respostas de, 251-256, 293
Circuitos resistor-indutor-capacitor (*RLC*), 290-329, 528-531, 580-592
análise qualitativa de série, 584-585, 592
análise quantitativa de série, 587-588, 593-596
circuitos seletivos de frequência, 581-583
domínio da frequência, 528-531
em paralelo, 290-309, 326, 528-531
em série, 290-294, 315-316
equação característica para, 293, 298-299, 316, 326
filtros passa-faixa, comportamento de como, 597-605
filtros rejeita-faixa, comportamento de como, 609-613

frequência angular de ressonância (ω_0), 295-296, 326
frequência de corte (ω_c), 583, 586-587
frequência de Neper (α) para, 294-295, 316
função de transferência $H(s)$ para, 597, 599-600, 603, 607
gráficos de resposta de frequência, 583, 627-628
resposta ao degrau, 290-299, 308-309, 528-532
resposta natural, 290-303, 315-319, 326
resposta subamortecida de tensão, 295, 301-304, 316, 317-318, 326-328
resposta transitória de, 481-482
respostas de tensão criticamente amortecidas, 295, 305-306, 307, 311, 326-327
respostas superamortecidas de tensão, 295, 297-299, 302, 304, 326-327
símbolos de circuito para, 339, 359-360
sincronização do relógio do computador, 291, 325-326
transformada de Laplace, análise de, usando, 483-486
Circuitos RL, *veja* Circuitos resistor-indutor (RL)
Circuitos RLC em paralelo, 292-315, 326-327, 528-531
   abordagem direta para, 310
   abordagem indireta para, 309-310
   análise de transformada de Laplace, 521-531
   domínio da frequência, 521-531
   equação característica para, 293, 295-297, 326
   frequência angular de ressonância (ω_0), 294-296
   frequência de Neper (α) para, 294-296
   resposta ao degrau, 308-315, 326-327, 528-529
   resposta natural, 292-308, 326
   resposta transitória, 530-531
   respostas criticamente amortecidas, 295, 305-307, 326, 326
   respostas subamortecidas, 295, 301-305, 326, 326
   respostas superamortecidas, 295, 297-301, 326, 326
   símbolos de circuito para, 290-291, 308
   solução geral de equações diferenciais, 292-297
Circuitos RLC em série, 315-319, 325-326
   equação característica de, 316, 325
   frequência angular de ressonância (ω_o), 316
   frequência de Neper (α), 316
   resposta ao degrau, 315-319, 325-326
   resposta criticamente amortecida, 305
   resposta natural, 315-319
   resposta superamortecida, 316
   respostas subamortecidas, 316-318
   símbolos de circuito para, 315-316
   tensão do capacitor em, 316-317
Circuitos RLC, *veja* Circuitos resistor-indutor-capacitor (RLC)
   circuitos trifásicos equilibrados, 445-481
   análise de circuitos Y-Y, 449-455, 471
   análise de circuitos Y-Δ, 456-459
   cálculos de potência em, 460-466, 472
   cargas ligadas em Y, 460-461
   cargas ligadas em Δ, 461-462
   cargas não especificadas, 464
   circuitos equivalentes monofásicos, 451, 470
   condições para, 450
   corrente de fase, 452, 452-455
   corrente de linha, 452, 452-455
   energia elétrica, transmissão e distribuição de, 446, 470-471
   fontes de tensão trifásica, 447-449
   leis de Kirchhoff para, 451-452, 452-453
   método dos dois wattímetros para medição de energia, 467-470, 472
   potência complexa em, 461
   potência instantânea em, 462-463
   potência média em, 460-461, 472
   símbolos de circuito para, 448-449
   tensão de fase, 452, 452-455
   tensão de linha, 452, 452-455
   tensões (v), 446-447, 471
   tensões de fase senoidal para, 448-449, 47
   terminal neutro para, 448
Circuitos trifásicos, *veja* circuitos trifásicos equilibrados
Circuitos, 1-93, 231-336, 338, 383, 445-480, 482, 496-497, 511-513, 522-524, 543-544, 562, 580-677, 757-786. *Veja também* Circuitos do amplificador; Análise de circuitos; Circuitos equivalentes; elemento básico ideal de circuito,
   abertos, 36
   convenção passiva de sinal, 13
   curto-, 36
   de corrente (i), 11-14, 27-34, 38-44
   de filtro ativo, 625-677
   de filtro passivo, 580-624
   de fontes (cc) constantes, 60
   de fontes dependentes, 27-29, 30, 44-48, 50
   de primeira ordem, 231-289
   de radiadores elétricos, 27, 48-50
   de segunda ordem, 290-336
   de seletividade de frequência, 580-677
   de tensão (v), 11-13, 28-30, 33-34
   distribuição residencial, 338, 383
   domínio s, 522-524, 562
   efeitos transitórios em, 482, 511-512
   elementos básicos ideais, 12-14, 26-58
   energia e, 15-17
   engenharia elétrica e, 1-8
   invariantes no tempo, 543, 562
   lei de Ohm, 31-32, 50
   leis de Kirchhoff, 38-44, 50
   ligados em paralelo, 62-64, 79
   ligados em série, 41, 50, 61, 79
   modelos de, 10-11, 18-19, 36-38
   parâmetros concentrados, 496-497, 512
   potência (p) e, 15-17
   quadripolos, 757-786
   resistência elétrica, 31-34
   resistivo, 59-93
   respostas de, 231-336
   sincronização do relógio do computador, 291-292, 325-326
   Sistema Internacional de Unidades (SI) para, 8-10
   transformada de Laplace e, 522-524, 544, 562-563
   trifásicos equilibrados, 445-480
   variáveis de, 1-25,
Coeficiente de acoplamento, 214, 219
Conceito de caixa preta, 61
Condições de Dirichlet, 681
Condutância (G), 32, 63, 356

Conexões em cascata, 320-325, 326, 634-638, 642-646, 650-656, 665-666, 775-778
   amplificadores integradores, 320-325, 326-327
   circuitos quadripolos, 775-778
   filtros ativos, 624-638, 643-646, 650-656, 665-666
   filtros de Butterworth, 650-665, 665-666
   filtros de ordem superior, 643-646
   filtros de primeira ordem, 624-638
   filtros idênticos, 643-646
   filtros passa-baixa, 643-646, 665
   filtros passa-faixa, 624-638
   função de transferência $H(s)$ e, 643-646
   ordem dos filtros, 644, 652-655, 665-666
Configurações de fonte em Y, 448-449
Configurações de fonte em Δ, 448-449
Conjugado de números complexos, 810-811
Constante de tempo (τ), 235-236, 240, 270
   circuitos resistor-capacitor (RC), 231, 269
   circuitos resistor-indutor (RL), 231-232, 269
Consumo de energia de eletrodomésticos, 407-409
Controle de volume de graves, 626, 662-665
Convenção de pontos, 206-209, 212-213, 219, 377-378
   indutância mútua (M), 206-209, 212-213, 219
      polaridade de enrolamentos mutuamente acoplados, 206, 219
      procedimento para, 207-208
      transformadores ideais, 377-378
Convenção de sinal passivo, 13, 19
Convolução, 545-551, 563, 737-738
   integral para função de transferência e, 545-551, 563
   transformadas de Fourier operacionais para, 737-738
Corrente (i), 11-13, 19, 27-34, 38-44, 50, 70-74, 80, 108, 159-164, 178, 192-194, 197-200, 202-204, 218-219, 233-235, 316, 339-341, 352-353, 376-379, 452, 456-459, 471
   amperímetros, 70-72, 80
   amplificadores operacionais (amp ops), 159-164, 178
   análise de circuitos Y-Δ e, 456-459
   capacitores, 197-200, 218-219
   características variáveis terminais, 159-164, 178
   carga elétrica e, 11-13
   de deslocamento, 197
   de fase, 452, 456-459
   de linha, 452, 456-459
   de malha, 108
   definição, 12, 19
   determinação de, 192-194
   direção de referência, 13
   domínio da frequência, 352-353, 376-379, 384
   em circuito RC, 233-235
   em circuito RLC, 316
   fonte senoidal, 339-341, 384
   fontes de, 27-30, 50
   indutância equivalente, 203
   indutores, 192-194, 202-203, 218-219, 234
   lei de Kirchhoff (LKC), 38-43, 50, 352-353, 456
   lei de Ohm, 31-32, 50
   medição de, 70-74, 80
   polaridade de, 377-379
   potência em um resistor, 33-34, 50
   razão de transformação, 376-379, 384
   resposta natural e, 233-235, 316
   restrições de entrada, 161-162, 178
   tensão (v) e, 11-13, 192-194
   trifásica, 452, 456-459, 471
Corrente de deslocamento, 197
Corrente de fase, 452, 456-459
Corrente de linha, 417, 451-452
Corrente de malha, definição, 107
Curto-circuito, 36

D

Decibéis (dB), 823-824
Deslocamento, transformadas operacionais para, 491-492, 737
Determinante do numerador, 788-789
Determinante menor, 789
Determinantes, 789-791, 792
Diagramas de Bode, 627-631, 635-636, 643, 825-842
   componentes de filtro com amp op de, 635-636
   filtros idênticos em cascata, 643
   resposta de frequência, 627-631
   uso de análise de filtro ativo, 627-631, 635-636
Diagramas fasoriais, 380-383, 452, 457
Diferenciação, transformadas operacionais para, 492-493, 736
Domínio da frequência, 344-346, 349-354, 362-380, 384, 494-497, 591, 608, 736-738. *Veja também* Domínio s
   análise de regime permanente senoidal e, 344, 349-354, 362-380, 384
   circuito equivalente de Norton, 362
   circuito equivalente de Thévenin, 362-365
   circuitos de filtro passivo e, 591, 608
   combinações de impedância em paralelo, 356-358
   combinações de impedâncias em série, 354-359
   conversão em, 494, 736
   convolução em, 738
   definição, 344
   elementos de circuito passivo em, 349-352
   impedância (Z), 352, 354-366, 379, 384
   leis de Kirchhoff, 352-354
   método das correntes de malha, 368-369
   método das tensões de nó, 366-367
   notação no domínio s para funções de Laplace, 496-497
   reatância, 352
   relações no domínio do tempo, 591, 608
   relações tensão-corrente (v-i), 349-352
   transformação fasorial inversa, 345-3346, 384
   transformação fasorial, 344, 384
   transformações de fonte e, 362-366
   transformações no domínio do tempo, 344-346, 384
   transformações operacionais em, 494-495, 736-738
   transformações Δ-Y, 359-32
   transformada de Laplace para, 494-497
   transformadas de Fourier para, 736-738
   transformadores, 369-380, 384
Domínio de s, 492-506, 508-509, 512-513, 522
   análise de circuito em, 483-497, 520
   capacitor em, 523-524, 555
   equações terminais de tensão-corrente em, 522-524, 562
   equivalente de Thévenin, uso de em, 533-534

expansão em frações parciais, 500-510, 513, 542-545, 562
função de transferência $H(s)$ em, 539-552, 562
função impulso $K\delta(t)$ em, 512-513, 554
indutância mútua em, 535-536
indutor em, 510-511, 522
lei de Ohm em, 521-522
leis de Kirchhoff e, 521
notação de, em transformada de Laplace, 483-484
polos (polinômio denominador), 507-508, 513
resistor em, 522, 562
respostas de circuitos em, 481-493
símbolos de circuito para, 359-360, 483-484, 509-510, 547, 653
superposição, uso de em, 537-539
teorema do valor final, 508-510, 513
teorema do valor inicial, 508-510, 513
transformada de Laplace e, 481-494, 496-497, 511-512, 520
transformada inversa de Laplace e, 481-491, 511
zeros (polinômio numerador), 507-508, 513
Domínio do tempo, 3145-347, 384, 482-486, 591, 608, 694-695, 725-726, 735-736
cálculos de energia, 699-705
circuitos de filtro passivo e, 584, 615
convergência da integral da transformada de Fourier e, 726-728
convolução em, 737-738
deslocamento em, 493-494, 737
diferenciação em, 736
equações íntegro-diferenciais para, 493-495
integração em, 736
mudança de escala em, 736
relações no domínio da frequência, 591, 608, 737
Teorema de Parseval para, 742-748
transformação fasorial inversa, 345-346, 384
transformação fasorial, 345, 384
transformações no domínio da frequência, 345-347, 384
transformada de Fourier e, 723-725, 728-732, 739-745
transformada de Laplace e, 481-485
transformadas operacionais para, 481-482, 735-739

E

Efeitos transitórios em circuitos, 482, 511-512
Elemento de circuito ativo, 29
Elementos básicos ideais de circuitos, 12-14, 19, 26-57, 189-235
ativos, 29
autoindutância, 205-211, 213-214, 219-220, 228
capacitores, 189, 204-211, 218
circuito fechado (caminho), 37, 50
combinações série-paralelo, 202-204, 218
construção de modelo, 35-37
convenção do ponto, 206-208, 212-213
convenção passiva de sinal, 13, 18, 191
corrente (i), 13, 26-33, 38-43
definição, 12-13, 19
direção de referência, 13
em série, 41, 50
equações terminais para, 191-196, 198-202, 216
fontes, 26-29, 44-47, 50
indutância mútua, 189, 205-206, 210-211

indutores, 202, 204-210, 218-219, 231
leis de Kirchhoff, 38-42, 50
ligados em série, 59
nós, 38-39, 50
passivos, 29, 190, 216
radiadores elétricos, 27, 48-49
referência de polaridade, 206-212
resistência elétrica, 31-34, 50
resistores, 31-34, 50
sensores de proximidade, 217
tensão (v), 13, 26-29, 33-34
Elementos de circuito em série, *veja* Circuitos ligados em série
Elementos passivos de corrente, 29, 191, 218, 349-318
capacitores, 191, 218, 351-352
definição, 29
domínio da frequência, 349-352
fontes ideais, 29
impedância (Z), 351-352
indutores, 191, 218, 350-361
reatância, 351-352
relações tensão-corrente (v-i), 349-351
resistores, 349
Encapsulamento dual em linha (DIP), 159
Energia (w), 15-18, 194-196, 199-201, 214-216, 218-219, 742-750
cálculos no domínio do tempo, 742-750
capacitores, 199-201, 218
indutância mútua e armazenamento de, 214-216, 219
indutores, 194-196, 218
potência (p) e, 14-17
Teorema de Parseval para, 742-750
Energia elétrica, transmissão e distribuição de, 445-446, 470-471. *Veja também* Circuitos trifásicos equilibrados
Energia *standby* (vampira), 401, 430-431
Energia vampira (*standby*), 401, 430-431
Engenharia elétrica, 2-8
papel de, 2-3
resolução de problemas de, 3, 6-8
sistemas de computação, 3-4
sistemas de comunicação, 3
sistemas de controle, 4
sistemas de potência, 5
sistemas de processamento de sinais, 4-5
teoria de circuitos, 5-6
visão geral de, 4-8
Enrolamento (primário e secundário), 370
Enrolamento do primário, transformadores, 370
Enrolamento do secundário, transformadores, 370
Enrolamento potencial, 466-467
Enrolamentos magneticamente acoplados, 206, 210-213, 219, 256-259, 374-376, 815-822
circuito equivalente do tipo T, 815-816
circuito equivalente do tipo π, 816-819
circuitos equivalentes para, 819-822
indutância mútua (M) de, 206, 210-213, 219
resposta ao degrau de, 256-259
transformadores ideais e, 3374376, 819-822
Entrada de modo comum, 171-172, 178
Entrada de modo diferencial, 170-172, 178
Entrada de onda quadrada de senoides, 680, 709-711

Equação característica, 293, 295-296, 316, 326-327
  circuitos *RLC em paralelo*, 293, 293-296, 326-327
  circuitos *RLC* série, 315-316, 326-327
  definição, 293
  raízes de, 293, 295-296, 316, 326-327
Equação de potência, 15
Equação de tensão de nó (V_N), 449-450
Equações íntegro-diferenciais, 493-496
Equações simultâneas, 97-99, 759-780
  abordagem sistemática por meio de, 98-99
  análise de circuitos usando, 94-96
  avaliação de determinante para, 759-762
  determinação do número de, 97-98
  determinante característico, 760
  determinante numerador, 760-761
  matriz algébrica para, 763-767, 771-775
  matrizes para, 763-764, 768-773
  método de Cramer, 650
  solução de, 759-780
Espectro de amplitude, 706-709
Espectro de fase, 706-709
Espectro de linha, 707
Estratégia de resolução de problemas, 2, 6-8
Expansão em frações parciais, 498-507, 512, 542-545, 562
  análise de transformada de Laplace e, 542-545, 562
  circuitos invariantes no tempo, 544-545, 562
  função de transferência $H(s)$ em, 542-554, 562
  função racional imprópria, 478, 506-507
  funções racionais adequadas, 497-498, 512
  pares de transformada de Laplace para, 506
  raízes complexas distintas de $D(s)$, 500-502
  raízes complexas repetidas de $D(s)$, 504-506
  raízes reais distintas de $D(s)$, 498-500
  raízes reais repetidas de $D(s)$, 502-504
  transformadas inversas de Laplace em, 497-507, 512
Extensômetros, 158, 177-178

F

Fasores, 344-348, 384
  análise de regime permanente senoidal e, 344-348, 384
  definição, 344
  domínio da frequência e, 349, 384
  transformação inversa, 345-348, 384
  transformada de, 311, 384
Fator de amortecimento (coeficiente), 302
Fator de escala de amplitude (k_a), 632, 665
Fator de escala de frequência (k_f), 632, 665
Fator de potência (fp), 406, 432
Fator de potência adiantado, 406
Fator de potência atrasado, 406
Fator de rejeição de modo comum (FRMC), 172-174, 178
Fator reativo (fr), 406, 432
Filtragem de sinal digital, 724, 750
Filtragem de sinal digital, 724, 751
Filtro supressor de faixa duplo-T, 659-662
Filtros ativos de ordem superior, 642-655, 666-667
Filtros ativos de primeira ordem, 627-642
  amplificador integrador, análise de, 265-269, 271
  chaveamento sequencial, 259-264, 268, 271
  constante de tempo (τ), 235-236, 240, 271
  definição, 233, 271
  marca-passos, 232-233, 269-2270
  resistor-capacitor (RC), 231, 233, 240-244, 249-259, 262-263, 270
  resistor-indutor (RL), 231, 233-239, 244-249, 251-262, 270
  resposta ao degrau de, 232, 224-236, 2270-271
  resposta em regime permanente de, 270
  resposta indefinidamente crescente de, 264-265, 271
  resposta natural de, 232, 233-244, 251-259, 270
  resposta transitória de, 236
  soluções gerais para, 251-259, 270
Filtros de alto Q, 657-662, 666, 709-711
Filtros de banda estreita, 657-662, 666
  fator de qualidade (Q) e, 657-662
  filtro supressor de faixa duplo-T, 659-662
  filtros passa-faixa, 657-659
  rejeita-faixa, 659-662
Filtros de banda larga, 635-642, 665
Filtros de Butterworth, 647-649, 665-666
  função de transferência $H(s)$, 647-649, 655-656, 665
  ordem de cascata, 652-655
  passa-alta, 655-656, 665-666
  passa-baixa, 647-649, 668-669
  passa-faixa, 655-656, 666
  projeto de circuitos, 648-649
  rejeita-faixa, 655-656, 666
Filtros passa-altas, 582-583, 592-595, 608, 610-611, 615, 618-619
  amplificador operacional (amp op), 627-628, 631
  análise qualitativa, 592-593
  análise quantitativa, 593
  circuitos de filtro ativo, 627-628, 630-631, 668
  circuitos de filtro passivo, 584-585, 630-634, 665
  circuitos RC em série, 592-596
  circuitos RL em série, 594-596
  de Butterworth, 647, 655-656
  frequência de corte (ω_c), 583, 585
  função de transferência $H(s)$ para, 589-590, 596
  gráficos de resposta de frequência, 583, 627-628
Filtros passa-baixas, 580-588, 610, 615-616, 627-628, 634-635
  amplificador operacional (amp op), 627-629, 650-654
  análise qualitativa, 584-585
  análise quantitativa, 587-588
  circuitos de filtro ativo, 627-629, 641-642, 659-660
  circuitos de filtro passivo, 584-592, 615
  circuitos RC em série, 584-585
  circuitos RL em série, 584-587
  de Butterworth, 647-653, 655-656
  definição, 583-584, 615
  frequência de corte (ω_c), 585-586
  função de transferência $H(s)$ para, 539, 562
  gráficos de resposta de frequência, 583-586, 627-630
  idênticos em cascata, 635, 643-646
  regiões de frequência, 589
  relação entre domínios da frequência e do tempo, 554
Filtros passa-faixa, 582, 597-609, 615, 634-638, 655-659, 665-666
  amplificador operacional (amp op), 635-638, 655-659, 665-666
  análise qualitativa, 598-599

Índice remissivo

análise quantitativa, 599-601
banda estreita, 657-659
banda larga, 634-641, 665
Butterworth, 655, 666
circuitos de filtro ativo, 634-637, 655-659, 665-666
circuitos de filtro passivo, 669, 597-604, 615
circuitos RLC como, 598-608
diagrama de Bode, componentes de, 634-638
em cascata, 634-638
fator de qualidade (Q), 597-598, 601, 615, 657-658
filtros de alto Q, 657-659, 680, 661-662
frequência central (de ressonância) (ω_o), 597-598, 615
frequência de corte (ω_c), 597, 615
função de transferência $H(s)$ para, 608, 613, 639, 657
gráficos de resposta de frequência, 583, 597
largura de faixa (β), 597-598, 597-598, 615
relação entre domínios da frequência e do tempo, 608-609
Filtros rejeita-faixa, 582, 609-613, 615, 638-642, 655, 659-662, 665-666
análise qualitativa, 610
análise quantitativa, 610-613
circuito RLC em série como, 610-613
circuitos de filtro ativo, 638-642, 655-656, 659-662, 665-666
circuitos de filtro passivo, 582, 609-613, 615
diagrama de Bode, componentes de, 642-643
fator de qualidade (Q), 612
filtro supressor de faixa duplo-T, 659-662
filtros com amplificador operacional (amp op), 638-642, 656
filtros de alto Q, 659-662
filtros de banda estreita, 659-662
filtros de Butterworth, 656, 666
frequência central (de ressonância) (ω_o), 611-612
frequência de corte (ω_c), 611-612
função de transferência $H(s)$ para, 611, 613, 615, 639
gráficos de resposta de frequência, 583, 610
largura de banda (β), 611-612
Filtros, 582-584, 614-615. *Veja também* Circuitos de filtro ativo; Circuitos de frequência seletiva; Circuitos de filtro passivo
Fontes (cc) constantes, 60
Fontes cc (constantes), 59
Fontes controladas, 28
Fontes dependentes, 27-28, 30, 44-48, 50, 102-103, 110-112, 126-127, 128-129
análise de circuitos com, 102-103, 110-112, 126-127, 128-129
elementos ideais de circuito de, 27-28, 50
equivalente de Thévenin de circuitos com, 126-127, 128-129
ligações de, 27
método de correntes de malha para, 110-112
método de tensões de nó para, 102-103
Fontes independentes, 26, 28, 30, 133-134
elementos ideais de circuito, 26, 50
equivalentes de Thévenin de circuitos com, 123-124
ligações de, 29
Fontes senoidais, 339-342, 370, 482, 511-512
análise de regime permanente, 343-346, 369
ângulo de fase (φ), 339
corrente (i), 339-340, 368
período, 339

resposta completa de circuito de, 482, 511-512
tensão (v), 339-341, 368
transformada de Laplace para, 482, 511-512
valor eficaz, 338-340
Fontes, 26-29, 44-47, 49, 59, 308-311, 362, 401-402, 432, 467-468, 510-513
configurações Y, 448-449
configurações Δ, 448-449
constantes (cc), 60
controladas, 28
de corrente ideal, 28-31, 50
de tensão ideal, 28-31, 50
de tensão trifásica, 448-449
dependentes, 28-29, 31, 44-47, 50
elemento ativo de, 29
elemento passivo de, 29
impulsivas, 554-557
independentes, 28, 31, 50
ligação de 30-31
resposta completa de circuito e, 482, 511-512
senoidal, 339-342, 370, 448, 482-483
transformada de Laplace e, 480, 512-513, 539-542
Forma exponencial da série de Fourier, 703-706, 712
Forma polar de números complexos, 809-810
Forma retangular (cartesiana) de números complexos, 809
Formas de onda, 679-681
Frequência (ω), 6, 582-584, 586-587, 589, 593, 596-600, 614-615, 680-681, 711
alta, 584
baixa, 584
central ou de ressonância (ω_o), 597-599, 5
crescentes a partir de zero, 589
de corte (ω_c), 582-584, 586-587, 593, 596, 600, 5
definição, 6
faixa de passagem, 582-584, 615
faixa de rejeição, 582-584, 615
fundamental, 681, 711
harmônica, 681, 711
infinita, 589
regiões, 591
zero, 589
Frequência angular amortecida, 301
Frequência angular de ressonância (ω_0), 295-296, 326. *Veja também* Frequência central (ω_0)
Frequência central (ω_o), 597-600, 611-612, 615
Frequência de corte (ω_c), 582-584, 586-587, 593, 596, 601, 611613, 5
definição, 586-587, 5
filtros passa-altas, 593, 596
filtros passa-baixas, 586-587
filtros passa-faixa, 601
filtros rejeita-faixa, 611-613
frequência central, relação com, 601, 612
frequência de meia potência, 586-587
largura de banda, relação com, 601, 612
Frequência de corte, 748
Frequência de meia potência, 587
Frequência de Neper (α) para, 294-295, 316
Frequência fundamental, 681, 711

Frequência harmônica, 725, 681
Frequência infinita, 589
Frequência zero, 589
Frequências altas, 585
Frequências baixas, 585
Frequências da faixa de rejeição, 583-584, 609
Frequências de faixa de passagem, 582-583, 615
Função de ponderação, memória e, 550-551
Função de transferência $H(s)$, 520-533, 537, 539, 540-541, 545-546, 551-553, 582, 585-592, 596-597, 601
    análise de circuitos de transformada de Laplace e, 520-533, 537
    análise de circuitos, 520-533, 537
    Circuitos de filtro ativo, 627, 630-635, 642, 665
circuitos de filtro passivo e, 584, 596-597, 615, 625-626, 665-666
    circuitos invariantes no tempo, 544-545, 556
    definição, 539
    expansão por frações parciais, uso de em, 498-501, 513
    filtros de Butterworth, 647-650, 652, 655
    filtros idênticos em cascata e, 643-646
    filtros passa-altas, 592-593, 615
    filtros passa-baixas, 584, 615
    filtros passa-faixa, 584, 597, 615, 634
    filtros rejeita-faixa, 609-610, 612, 614
    função de ponderação, 550-551
    integral de convolução e, 545-549, 563
    memória e, 545-546
    polos de, 541
    resposta em regime permanente senoidal e, 551-553, 561
    zeros de, 541
Função degrau $Ku(t)$, 484-485, 512
Função degrau unitário $u(t)$, 484, 512, 732
Função exponencial, 486-487
Função impulso (I), 486-488, 506, 554-560, 561
    análise de circuito capacitivo, 554-555
    análise de circuitos por meio de, 554-560, 562
    circuito indutor e, 510-513
    definição, 486, 512
    derivadas de, 486
    equações para $K\delta(t)$, 486-488, 512
    fontes impulsivas, 558-561
    força (K) de, 587
    função de parâmetro variável, 487-488
    função exponencial, 487-488
    operações de chaveamento para, 484-486, 554
    propriedade de filtragem, 488
    símbolos de circuito para, 520-521
    transformada de Laplace e, 481-483, 489, 496-502, 512
    unidade $\delta(t)$, 486, 512
Função impulso unitário $\delta(t)$, 489, 513
Função parâmetro variável, 487-488
Função racional $F(s)$, 497-508, 513-514
    definição, 497
    expansão em frações parciais, 498-507, 513
    polos de, 507-508, 513
    zeros de, 507-508, 513
Função sinal, transformada de Fourier de, 731
Funções aperiódicas, 724-726
Funções cosseno, 691-693, 732-733

Funções periódicas, 678-681, 685-691, 693-703, 706-709, 711-712, 724-726
    aplicação de séries de Fourier de, 693-699
    cálculos de potência média, 699-703, 713
    coeficientes de Fourier e, 681, 685-691
    definição, 678, 711
    efeitos de simetria de, 685-691, 711
    espectro da fase de, 706-709
    espectro de amplitude de, 706-709
    formas de onda, 678-680
    representação de séries de Fourier de, 681
    resposta de regime permanente usando, 693-699
    transformadas de Fourier e, 724-726
    transição de função aperiódica a partir de, 724-726
    valor eficaz, 702-703, 712
Funções racionais impróprias, 498, 506-507
Funções seno, 680-681

G

Ganho (A) de malha aberta, 165, 178
Ganho (A), 160, 165, 172-173, 178
    de malha aberta, 165, 174
    de modo comum, 172-173, 178
    de modo diferencial, 172-173, 178
    de tensão em amps ops e, 160
Gráfico de amplitude, 583
Gráficos de amplitude em linha reta, 826-829, 835-839
Gráficos de ângulo de fase em linha reta, 831-833
Gráficos de ângulo de fase, 583, 831-833, 839-842
Gráficos de resposta de frequência, 582-586, 593, 598-599, 627-631
    circuitos RC em série, 593
    circuitos RL em série, 584-586
    circuitos RLC em série, 598-599
    diagramas de Bode, 627-631
    gráfico de amplitude, 582-583
    gráfico de ângulo de fase, 582-583

I

Identidades trigonométricas, 700
Imitância, 762-763
Impedância (Z), 351, 354-355, 357, 362, 370-371, 379-383
    admitância (Y), 356, 384
    análise do regime permanente senoidal e, 337-349
    auto, 3370-371
    cálculos de potência em regime permanente senoidal e, 400-401, 411-415
    casamento por meio de transformadores ideais, 379
    circuito equivalente de Norton, 362
    circuito equivalente de Thévenin, 362-364
    combinadas em série e em paralelo, 354-358
    de carga (Z_L), 379-380
    definição, 352
    equivalência de, 354-364
    máxima transferência de potência e, 422-426
    potência complexa (S) e, 411-412
    reatância e, 351
    refletida (Z_r), 371, 372

susceptância (B), 356
transformações de fonte e, 362-365
transformações de fontes no domínio da frequência, 362-374
transformações Δ-Y, 360-362
transformadores e, 369-370
Impedância de carga (Z_L), 400-401
Impedância refletida (Z_r), 371, 384
Impulso, definição, 486
Indutância (L), 189, 191, 202-215, 218-219
    auto, 205-206, 210-211, 214
    centelhamento e, 192
    combinações série-paralelo, 202-204, 217
    corrente equivalente inicial, 202
    lei de Faraday, 210-212
    mútua, 189, 205-216, 218
    parâmetro de circuito de, 191, 197, 218
Indutância mútua (M), 191, 205-216, 219, 535-536
    análise de transformada de Laplace e, 535-536
    armazenamento de energia (w) e, 213-216, 219
    autoindutância e, 210-211, 213-214, 219
    coeficiente de acoplamento e, 214, 219
    convenção de pontos para polaridade, 206-209, 212-213, 219
    domínio da frequência usando, 535-536
    enrolamentos magneticamente acoplados e, 206, 211-213, 219
    equações de correntes de malha para, 206-209
    parâmetros de circuito de, 189-190, 213-196, 219
Indutores, 189, 191-197, 202-204, 218-219, 325-326, 482-483, 510-512, 519, 632
    combinações série-paralelo, 202-203, 218
    comportamento de, 190
    corrente (i) em, 191-193, 210
    domínio da frequência, 345-346
    domínio de s, 492-493, 497
    energia (w) em, 194-196, 210
    equações terminais para, 191-196, 216, 522-523
    função impulso (I) em, 520-521
    operação de chaveamento, 554-556
    potência (p) em, 194-196, 218
    relações tensão-corrente (v-i), 192-193, 339-340
    símbolo de circuito para, 197
    tensão (v) em, 191-192, 210
    transformada de Laplace para análise de, 481-482, 520-522, 526
    valores de componentes, 710
Integração, transformadas operacionais para, 491-492, 736
Interruptores, 192
    amplificador integrador com, 265
    análise de transformada de Laplace e, 488, 520-524, 526
    centelhamento, 192
    chaveamento sequencial, 259-263, 271
    circuitos capacitivos, 554-555
    circuitos indutivos, 192, 556-558
    circuitos RL e RC, 231-239, 251
    funções impulso criadas por, 554-558
    supressores de surto, 521, 561
Inversa de uma matriz, 725

L

Largura de banda (β), 597, 600, 611-612, 615
Lei de Faraday, 210-211

Lei de Ohm, 31-32, 50, 62, 525-526
    aplicações no domínio s, 525-526
    resistência elétrica e, 31-32, 50, 62
Leis de Kirchhoff, 38-42, 50, 61-62, 64, 352-353, 452-453, 525
    aplicações no domínio da frequência das, 520
    circuito fechado (caminho) para aplicação de, 40, 50
    circuitos trifásicos equilibrados por meio de, 445-446, 450
    corrente (LCK), 39-43, 49, 353-354, 456
    domínio da frequência, 352-353
    nós, 38-39, 50
    resistores ligados em paralelo, 62, 66
    resistores ligados em série, 61
    tensão (LTK), 40-43, 48, 353, 451-452
Ligação de fontes, 28-29
Ligação do tipo T, 76
Ligação do tipo π, 76
Ligação em paralelo-série de circuito quadripolos, 775
Ligação em Y, 76
Ligação em Δ, 76
Ligação série-paralelo de circuitos quadripolos, 775

M

Malha, definição, 96-97
Malha, definição, 96-97
Matriz de identidade, 700-701
Matriz linha, 750
Matriz quadrada, 750
Matriz, definição, 791
Matrizes, 791-792, 795-797
Máxima transferência de potência, 131-133, 140, 423-429, 432
    análise de circuitos e, 131-133, 140
    análise de regime permanente senoidal e, 423-429, 432
    impedância (Z) restrita, 425-427
    impedância de carga (Z_L) para, 422-424
    potência média ($P_{máx}$) absorvida, 424
    transformador ideal, 428-429
Medição, 8-10, 70-75, 80, 466-470, 471, 823-824
    amperímetro, 70-72, 80
    corrente, 70-74
    de transmissão de potência, 823-824
    decibel (dB) usado para, 823-824
    medidores analógicos, 71, 80
    medidores digitais, 70, 80
    método de dois wattímetros, 467-470, 471
    movimento do amperímetro de d'Arsonval, 70-71
    ponte de Wheatstone, 74-75, 80
    potência média (P), 466-470, 471
    resistência, 74-75, 80
    Sistema Internacional de Unidades (SI), 8-10
    tensão, 70-72, 80
    voltímetro, 70-71, 80
    wattímetro, 466-470, 472
Medidores analógicos, 71
Medidores digitais, 70, 80
Medidores, *veja* Medição
Memória e a função de ponderação, 500-501
Método de correntes de malha, 96, 107-119, 140, 205-209, 368-369
    análise de circuitos usando, 96, 107-119, 140

análise de regime permanente senoidal usando, 368-369
análise do circuito amplificador por meio de, 113-115
casos especiais de 112-115,
circuitos no domínio da frequência, 368-369
equações, 107-110, 119, 208-209
fontes dependentes e, 110-112
indutância mútua (M) e, 205-209
método das tensões de nó, comparação de, 115-119
ramos essenciais e, 112-113
supermalha, 113
Método de Cramer, 788
Método de tensões de nó, 96, 99-107, 115-110, 140, 366-368
análise de circuito amplificador por meio de, 105-106
análise de circuitos usando, 96, 99-107, 115-119, 140
análise de regime permanente senoidal usando, 366-368
casos especiais para, 103-107
circuitos no domínio da frequência, 366-368
equações, 99-100, 140
fontes dependentes e, 102-103
método de correntes de malha, comparação de, 115-119
nós essenciais e, 103-104
supernó, 104-105
Modelo de circuito para uma lanterna, 35-37
Modelos reais, *veja* Circuitos equivalentes
Modelos, 10-11, 19-20, 35-38. *Veja também* Circuitos equivalentes
circuito, 19-20, 35-38
concepção de, 10-11
construção de, 35-38
de lanterna, 35-37
equilíbrio de potência, 19-20
matemáticos (circuito), 11
protótipos físicos, 11
Modulação de amplitude, 737
Modulação, transformadas operacionais para, 737
Mudança de escala, 632-634, 665
fator de amplitude (k_m), 632, 665
fator de frequência (k_f), 362, 665
projeto de filtros com amp ops por meio de, 645-646

N

Nó essencial, 96-97, 103-104
Nós, 38-40, 50, 96-101, 99-101
de tensão, 99-101
definição, 38, 96-97
elemento de circuito, 38-40, 50
essencial, 97
Notação de asterisco (*), 547
Números complexos, 809-814

O

Oitava, 831
Operação de refletir, 547-551

P

Parâmetros de circuitos quadripolos, 759-769,780-779
Parâmetros de transmissão, 762
Parâmetros híbridos, 762

Parâmetros z, circuitos quadripolos, 759-760, 764-765
Partição matricial, 798-800
Período, fontes senoidais, 339
Polaridade, 15-16, 205-207, 212-213, 218, 377-378
convenção de pontos para, 205-207, 212-213, 218
indutância mútua, 205-207, 212-213, 218
referências de potência, 15-16
relações de tensão e corrente, 377-378
transformadores ideais, 377-378
Polos (raízes), 507-508, 513, 541, 825-826, 833-834
complexos, 833-834
definição, 452
diagramas de Bode e, 825-826, 833-834
função de transferência $H(s)$, 484
função racional $F(s)$, 452-453, 457
reais, de primeira ordem, 825-826
Polos e zeros complexos, 833-834
Polos e zeros reais de primeira ordem, 825-826
Ponte de Wheatstone, 74-75, 80
Portas, 757
Potência (p), 15-19, 32-33, 50, 131-132, 140, 197-196, 198-201, 218, 401, 430-431, 446, 466-468, 472
decibel (dB) usado para, 823-824
definição, 16, 19
do capacitor, 198-201, 218
elétrica, transmissão e distribuição de, 446, 470-471
energia (w) e, 15-18
equilíbrio, modelo para, 18-19
indutores, 194-196, 218
máxima transferência, 131-133, 140
medição de, 466-768, 472, 823-824
referências de polaridade, 16-17
resistores e, 32-33, 50
sinais algébricos de 16-17,
standby (vampira), 401, 430-431
wattímetro, 466-468, 472
Potência aparente, 401, 416
Potência complexa (S), 411-416, 432, 461
cálculos de regime permanente senoidal de, 411-416, 432
circuitos trifásicos, 461
equações para, 411-416
impedância (Z) e, 415-416
potência aparente (magnitude de), 412, 432
Potência instantânea real, 402
Potência instantânea, 402-403, 431
Potência inteira de números complexos, 813
convergência das transformadas de Fourier, 723-725, 726
convolução, 545-546, 549
equações de, 846
função de transferência $H(s)$ e, 539-543, 551
funções no domínio do tempo, 491, 736-738
Integrais, 494-495, 509, 681-682, 723, 726-727
notação de asterisco (*) para, 525
operação de refletir, 547-550
Potência média (P), 400, 402, 403-406, 423, 460-461, 466-469, 471, 699-702, 712
análise de série de Fourier para, 699-701
cálculos de regime permanente senoidal de, 402-409, 414-416

cargas ligadas em Y, 460-461
circuitos capacitivos, 405
circuitos indutivos, 405
circuitos resistivos, 404
circuitos trifásicos equilibrados, 460-461, 462-466
consumo de energia de eletrodomésticos, 407-409
equações para, 403-407
fator de potência (fp), 406
funções periódicas, cálculos com, 699-702
instantânea, 402-403
máxima transferência de potência ($P_{máx}$), 423
medição de, 466-469
método dos dois wattímetros, 467-469
valor eficaz, 409-411
Potência real, *veja* Potência média
Potência reativa (Q), 403-407, 417-419, 432. *Veja também* Cálculos de potência
Propriedade de filtragem, 488
Propriedade de mudança de escala, transformadas operacionais, 495, 736

Q

Quantidade por fase (φ), 453
Queda de tensão, 60, 68-69

R

Raízes, 498-508, 513, 813-814
　complexas distintas, 500-502
　complexas repetidas, 504-506
　expansão em frações parciais de $D(s)$, 498-507, 513
　números complexos, 483-491, 813-814
　pares de transformada de Laplace para, 490
　polos (polinômio denominador), 507-508, 513
　reais distintas, 498-499
　reais repetidas, 502-504
　zeros (polinômio numerador), 507-508, 513
Ramo essencial, 96-97, 112-113
Ramo, definição, 96-97
Real1imentação, amplificadores operacionais, 160-161, 178
Reatância, impedância e, 351
Relações corrente-tensão (i-v), 192-193, 197-198, 352
Relações tensão-corrente (v-i), 190-191, 194, 349-351, 354
　análise do regime permanente senoidal e, 337-338, 346
　capacitores, 197, 351-352
　domínio da frequência, 345-348
　impedância (Z) de, 351
　indutores, 191-192, 350-351
　reatância de, 351
　resistores, 349-350
Representação gráfica de números complexos, 348-349
Resistência (R), 31-34, 50, 71-72, 121-123, 158, 172-173
　amplificadores operacionais (amp ops), 157, 164-165
　condutância (G) e, 32, 105
　equivalente de Thévenin (R_{Th}), 123-125
　equivalente de, 59-61, 68-69
　extensômetros para, 158, 177-178
　lei de Ohm, 31-32, 50
　medição de, 70-71

resistores como modelos de, 31-34, 50
Resistência equivalente, 61-64, 68-69
Resistores de realimentação, amplificadores integradores com, 322-325
Resistores, 31-34, 50, 61-64, 75, 95, 136-139, 322-324, 325-326, 522, 533, 846
　amplificadores integradores com, 320-322
　análise de sensibilidade, 95, 136-139
　análise de transformada de Laplace para, 481, 512
　caixa preta, 61
　condutância (G) e, 32
　definição, 31, 50
　domínio da frequência, 345-346
　domínio da frequência, 482, 512
　elementos do domínio do tempo e da frequência, 522
　ligados em paralelo, 62-64, 79
　ligados em série, 61, 79
　realimentação, 322-324
　relações tensão-corrente (v-i), 349-350
　resistência (R) e, 31-34, 50
　resistência elétrica e, 31-34, 48-49
　símbolo de circuito para, 31
　terminais de potência de, 33-34, 50
　valores de componentes, 710
Resposta ao degrau, 231, 244-256, 270, 290-299, 308-309, 528-529
　abordagem direta, 310-311
　abordagem indireta, 309
　análise de transformada de Laplace e, 528-529
　circuito de múltiplas malhas, 531-533
　circuitos de primeira ordem, 231, 244-256, 270
　circuitos resistor-capacitor (RC), 240-247, 249
　circuitos resistor-indutor (RL), 233-237, 244-249, 253
　circuitos resistor-indutor-capacitor (RLC), 290-299, 308-309
　circuitos RLC em paralelo, 290-295, 308-309, 528-530
　circuitos RLC em série, 315-319, 326-327
　definição, 231, 270
　enrolamentos magneticamente acoplados e, 256-257
　método de cálculo, 256
　solução geral para, 251-256, 293
　subamortecida, 312, 295, 301-302
　tensão criticamente amortecida, 295, 305-306
　tensão do capacitor em circuitos RLC em série, 317-318
　tensão superamortecida, 295, 304-305
Resposta de frequência, definição, 580
Resposta de regime permanente, 236, 482, 520-521, 551-553, 582-583, 678-679, 693, 696
　abordagem direta para, 696-698
　análise da transformada de Laplace e, 551-553, 583
　análise de séries de Fourier, 678-682, 693
　circuitos de primeira ordem, 236
　definição, 236
　efeitos transitórios e, 482, 520-521
　função de transferência $H(s)$ e, 551-553, 583
　funções periódicas usadas para, 678-678
　senoidal, 551-553, 582-583, 696
　supressores de surto e, 521, 561
　transformada de Fourier para, 696

Resposta indefinidamente crescente, 264-265, 271
Resposta natural, 231, 233-244, 251-259, 271, 292-308, 315-320, 326, 526-527
  análise de transformada de Laplace e, 526-527
  circuito RLC em paralelo, 292-308, 227
  circuitos de primeira ordem, 231, 233-244, 251-259, 271
  circuitos resistor-capacitor (RC), 240-244, 251-259, 271, 526-527
  circuitos resistor-indutor (RL), 233-239, 251-259, 271
  circuitos resistor-indutor-capacitor (RLC), 282-308, 313-320, 326
  circuitos RLC em série, 313-320, 326
  constante de tempo (τ), 235-236, 240, 271
  corrente (i) determinada para, 233-235, 316
  de tensão criticamente amortecida, 295, 305-306, 316, 326
  definição, 231, 270
  formas de, em circuitos RLC, 297-308
  método de cálculo, 252
  solução geral para, 251-259, 271, 282-297
  tensão (v) determinada para, 240
  tensão subamortecida, 295, 304-305, 315-319, 326
  tensão superamortecida, 295, 297-300, 316, 326
Resposta senoidal, 343-344, 384, 481, 520-522, 551, 553, 678
  análise de regime permanente e, 343-344, 384
  componente de regime permanente em, 343
  componente transitório de, 343
  função de transferência $H(s)$ e, 539-541, 544
  supressores de surto, 521, 561
  transformada de Fourier para, 723
  transformada de Laplace para, 481, 511-513, 520
Resposta transitória, 236, 530-531, 739-740
  definição, 236
  transformada de Fourier para, 739-740
  transformada de Laplace para, 530-531
Resposta, 231-289, 290-291, 384, 481, 511-512, 520-532, 544-546, 549-550, 580, 696-698
  amplificadores integradores, 265-268, 271, 320-324, 327
  ao degrau, 231, 244-246, 251, 290-299, 308-309, 528-532
  chaveamento sequencial, 259-263, 267, 271
  circuitos com múltiplas malhas 531-533,
  circuitos de marca-passos, 232, 269-270
  circuitos de primeira ordem, 231-289
  circuitos de segunda ordem, 292-336
  circuitos resistor-capacitor (RC), 231, 239, 240-244, 249-256, 262, 264, 497-498
  circuitos resistor-indutor (RL) circuitos, 231, 233-239, 240-244, 251-258, 270
  circuitos resistor-indutor-capacitor (RLC), 290-336, 528-531
  circuitos RLC em paralelo, 292-311, 315-316, 528-531
  circuitos RLC em série, 315-319, 326-327
  completa, 482, 511-512
  de frequência, 580
  de regime permanente, 236, 481, 520-521, 551-552, 679
  função de transferência e, 520-522, 539-540, 710
  indefinidamente crescente, 264-265, 271
  natural, 232, 234-244, 251-256, 270, 290-303, 305-309, 315, 526-527
  senoidal, 343-344, 384, 520-522, 530-531, 723
  sincronização do relógio do computador, 291, 325-326

  soluções gerais para, 251-256, 293
  transformada de Fourier para, 723-725
  transformada de Laplace usada para, 481, 483-484, 489-502, 511-513, 520
  transitória, 236, 481, 530-531, 739-740
Respostas criticamente amortecidas, 295, 305-306, 312, 316, 326-327
  circuitos RLC em paralelo, 295, 305-306, 312, 226
  circuitos RLC em série, 316, 226
  equações de resposta a um degrau, 316, 227
  equações de resposta natural, 305-306, 326-327
Respostas de circuitos de marca-passos, 232-233, 269-270
Respostas subamortecidas, 295, 301-304, 312, 316-317, 326-327
  características de, 301
  circuitos RLC em paralelo, 297, 300-301, 305, 315
  circuitos RLC em série, 315-317, 326
  equações de resposta ao degrau, 308, 311
  equações de resposta natural, 305-306, 315
  fator de amortecimento (coeficiente), 302
  frequência angular amortecida, 301
Respostas superamortecidas, 295, 297-301, 310-311, 316, 326-327
  circuitos RLC em paralelo, 295, 295-301, 310-311, 326
  circuitos RLC em série, 316, 326
  equações da resposta ao degrau, 316, 327
  equações da resposta natural, 297-301, 326-327

S

Sequência de tensão de fase negativa (acb), 447
Sequência de tensão de fase positiva (abc), 447
Série de Fourier, 678-722
  análise, 680-681
  aplicação de, 693-699
  cálculos de potência média, 699-702, 712
  coeficientes de, 680-691, 711
  condições de Dirichlet, 681
  efeitos de simetria, 685-691, 711
  entrada de onda quadrada de senoides, 680, 709-711
  espectro de amplitude, 706-709
  espectro de fase, 706-709
  filtros de alto Q, 680, 709-711
  forma alternativa trigonométrica de, 691-693, 711
  forma exponencial de, 703-706, 6712formas de onda, 678-679
  frequência fundamental, 681, 711
  frequência harmônica, 681, 711
  funções periódicas e, 678-680, 685-690, 693-703, 706-709, 711-712
  resposta em regime permanente, 693-699, 712
  valor eficaz, 702-703, 712
Simetria de função ímpar, 686-687, 690, 711
Simetria de funções pares, 685-686, 711
Simetria de meia onda, 687-688, 697
Simetria de quarto de onda, 689-690, 711
Simetria, 685-690, 711
  coeficientes de Fourier, efeitos sobre, 685-690, 711
  função ímpar, 686-687, 690, 713
  função par, 685-686, 713
  meia-onda, 687-688, 713
  quarto de onda, 689-690, 711

Sinal de alimentação $x(t)$, 545-546
Sincronização do relógio do computador, 291-292, 325-326
Sistema de parâmetros concentrados, 6-7
Sistema Internacional de Unidades (SI), 8-10
Sistemas de computação, 3
Sistemas de comunicação, 3
Sistemas de controle, 4
Sistemas de potência, 4
Sistemas de processamento de sinais, 5-6
Supermalha, 113
Supernó, 104-105
Superposição, 133-136, 140, 537-539
    análise de circuitos usando, 133-136, 140
    análise de transformada de Laplace e, 537-539
    definição, 133
    domínio da frequência, 537-539
Supressores de surto, 521, 561
Susceptância (B), 356

T

Telas touch, 60, 78-80, 190, 217-219
    capacitância de, 190, 217-219
    circuitos resistivos de, 60, 78-80
Tensão (v), 11-13, 19, 27-30, 33-34, 40, 43-44, 50, 68-72, 80, 119-121, 157-161, 171, 189-192, 197-200, 202, 212-213, 231, 292-293, 320-321, 327, 349-351, 355, 405-412, 431, 486-489, 521
    amplificadores operacionais (amp ops), 157-161, 174
    análise de circuitos Y-Y, 449-454, 471
    capacitância equivalente em, 204
    capacitores, 197-198, 218-219, 298-299, 470-471, 523
    características terminais variáveis, 190-194, 203
    características de transferência de, 160-161, 178
    carga elétrica e, 11-12
    circuitos RC, dedução de expressões para, 240
    configurações em Y e Δ, 448-449
    corrente (i) e, 11-13, 189-191, 482-483
    de fase a, b e c, 447, 451
    definição, 12, 19
    determinação de, 192-193
    direção de referência, 13
    domínio da frequência, 345, 349-351, 353
    equação de tensão de nó (TN), 450-451
    equações no domínio da frequência para, 512-513, 536
    equivalente de Thévenin (V_{Th}), 123-125
    fase, 447, 453-455
    fonte senoidal, 339-341, 410
    fontes, 26-29, 50, 410-421
    ganho (A), 160
    indutores, 191-194, 218, 511-512, 521
    lei de Kirchhoff (LTK), 38-41, 50, 352, 451-452
    linha, 452-454
    medição de, 70-73, 80
    polaridade de, 377-378
    potência em um resistor, 33-34, 50
    razão de transformação, 497-499, 507
    resistores, 521, 562
    resposta ao degrau do capacitor de circuito RLC em série, 315-316
    resposta natural e, 232

    restrições de entrada, 160-161, 178
    sequência de fase positiva (abc), 447
    sequência de fase senoidal, 447-448
    sequência negativa (acb), 447
    trifásica, 448-455, 461
Tensão da linha, 452-454
Tensão de fase a, b e c, 447, 451-452
Tensão de fase, 447, 451-455
Teorema de Parseval, 742-750
    análise de pulso retangular de tensão usando, 746-750
    aplicações de filtro, 745-746
    cálculos de energia no domínio do tempo, 742-750
    interpretação gráfica de, 744-745
    transformada de Fourier e, 742-750
Teorema do valor final, 508-511, 513
Teorema do valor inicial, 508-510, 513
Teoria de circuitos, 5-6
Terminais, 30-31, 36, 157-161, 177, 189-193, 216, 510-512, 699
    amplificadores operacionais (amp ops), 157-161, 174
    características variáveis (tensão e corrente), 160-164, 178
    circuitos quadripolos, 757
    equações de capacitores, 204-208, 218, 523-524
    equações de indutores, 191-196, 218, 522-523
    medições para construção de circuito, 35
    potência do resistor em, 33-34
    restrições de entrada de corrente (i), 160-161, 163
    restrições de entrada de tensão (v), 160-161, 166
Terminal neutro, 448
Tolerância, 66
Transdutores (extensômetros), 158, 177-178
Transformações de circuito, 76-78, 80, 119-123, 125-127, 140, 327-329
    circuito de Norton equivalentes, 125, 3363
    circuito de Thévenin equivalente, 124-125, 362-365
    circuitos equivalentes, 76-78, 80
    fonte, 119-123, 125-127, 140
Transformações de fonte, 119-123, 125-126, 140, 362-365
    análise de circuitos usando, 119-123, 125-126, 140
    circuito equivalente de Thévenin, 123-124, 362-364
    circuitos equivalentes de Norton, 123, 362
    definição, 119
    domínio da frequência, 362-365
    impedância (Z) e, 362-365
Transformações de Laplace funcionais, 484, 489-491, 512
Transformações Δ-Y, 359-362
Transformações, *veja* Transformações de circuito
Transformada de Fourier, 723-756
    aplicações de circuito, 739-741
    convergência da integral de, 726-728
    definição, 724-725
    derivação de, 724-726
    filtragem de sinais digitais 724, 750,
    função cosseno, 732-733
    função degrau unitário, 732
    função sinal, 731-732
    funções elementares, 733
    funções no domínio do tempo de, 726-728, 751
    integral e funções no domínio do tempo, 726-728, 751
    inversa, 725

processo de limite para, 731-733
propriedades matemáticas de, 733-735
resposta de regime permanente senoidal determinada por meio de, 740-741
resposta transitória determinada por meio de, 739-740
Teorema de Parseval, 742-750
transformações operacionais, 735-739
transformadas de Laplace usadas para determinar, 729-731
transição de espectro de amplitude, 725-726
transições de funções aperiódicas, 724-726
Transformada de Laplace unilateral, 483-484
Transformada de Laplace unilateral, 483-484
Transformada de Laplace, 481-576, 723-726
  análise de circuitos usando, 520-576
  aplicações de circuito de parâmetros concentrados, 496-498, 501, 526
  aplicações de, 496-498, 520-522
  circuitos invariantes no tempo e, 544-545, 556
  conceito de, 483-484
  de um lado (unilateral), 483-484
  definição, 483, 512
  deslocamento no domínio do tempo, 493-496
  domínio da frequência e, 491
  domínio da frequência, 494-507, 510-512, 520-539, 541
  efeitos transitórios em circuitos, 482, 511-512
  equivalente de Thévenin, uso no domínio da frequência, 533-534
  expansão por frações parciais, 481-491, 498, 506-509, 513
  fontes senoidais e, 481, 511-512
  função de transferência $H(s)$, 539-552, 562
  função degrau $Ku(t)$, 484-485, 512
  função degrau unitário $Ku(t)$, 484, 512
  função impulso $K\delta(t)$, 486-488, 512, 554-560, 561
  função impulso unitário, 486, 512
  função racional $F(s)$, 497-498, 506-507
  funções racionais próprias, 498-499, 513
  funções racionais impróprias, 498, 506-507
  indutância mútua, análise de um circuito com, 535-536
  integral de convolução, 545-546, 549
  inversa, 497-507, 513
  pares, 490-491, 502
  polos (polinômio denominador), 507-508, 513, 528
  resposta ao degrau usando, 528-532
  resposta completa de circuito usando, 483, 511-512
  resposta de regime permanente senoidal, 520-522, 551
  resposta natural por meio de, 526-527
  resposta transitória por meio de, 530-531
  superposição, uso no domínio da frequência, 537-539
  supressores de surto, 521, 561
  teorema do valor final, 508-510, 513
  teorema do valor inicial, 508-510, 513
  transformadas operacionais, 481, 491-496, 513
  transformadas de Fourier determinadas por meio de, 728-731
  transformadas funcionais, 484, 489-490, 513
  unilateral, 483-484
  zeros (polinômio numerador), 507-508, 513, 528

Transformada fasorial inversa, 345-347, 349
Transformada inversa de Fourier, 725
Transformada inversa de Laplace, 481-491, 500
  expansão por frações parciais, 481-491, 498
  função racional $F(s)$, 497, 506
  funções racionais próprias, 498-499, 513
  funções racionais impróprias, 498, 506-507
  raízes complexas distintas de $D(s)$, 500-4502
  raízes complexas repetidas de $D(s)$, 504-506
  raízes reais distintas de $D(s)$, 498-499
  raízes reais repetidas de $D(s)$, 502-504
Transformadas operacionais, 484, 491-496, 513, 735-739
  adição, 491, 735-736
  convolução, 737-738
  de Fourier, 735-739
  de Laplace, 488, 491-497, 512
  definição, 484
  deslocamento, 493-494, 737
  diferenciação, 492-493, 736
  funções no domínio da frequência, 494, 737
  funções no domínio do tempo, 493-494, 737
  integração, 493, 736
  modulação de amplitude, 37
  modulação, 737
  mudança de escala, 495, 736
  multiplicação por uma constante, 491, 735
  subtração, 491, 735-736
  tipos de, 495, 738
Transformador linear, 369-372, 382
Transformadores ideais, 337, 374-378, 380, 384-386, 445-450
  análise do regime permanente senoidal, 337, 344-349, 366
  casamento de impedâncias por meio de, 379
  circuitos equivalentes, 757-763
  convenção de pontos para, 377-378
  definição, 374
  domínio da frequência, 345, 349-354, 362
  enrolamentos magneticamente acoplados e, 374-376, 535-536
  máxima transferência de potência com, 422-423
  polaridade das tensões e relações de correntes, 377-378
  propriedades de, 374
  relações de tensões e correntes, 376-378, 3482
  valores limites de 374-3375
Transformadores, 369-378, 384, 679-680
  análise de regime permanente senoidal, 337-346, 353
  autoimpedância (Z), 370-371
  circuitos equivalentes e, 757-763
  convenção de pontos para, 377-378
  definição, 369
  domínio da frequência e, 362-371, 384
  enrolamento (primário e secundário), 370
  ideais, 369, 374-379, 384, 738-745
  impedância refletida (Z_r), 371, 384
  lineares, 369-372, 384
  relações de tensão e corrente, 349-351, 352
  valores limites de, 374-376
Transposição de matriz, 448

U

Unidades derivadas, 8

V

Valor eficaz (ef), *veja* Valor (rms) *root mean square*
Valor rms (*root-mean-square*), 338-340, 409-410, 702-703, 712
   cálculos de potência e, 400-401
   fontes senoidais, 338-340
   funções periódicas, 678-679, 687
   valor eficaz (ef) como, 409-410
Volt-amp reativo (VAR), unidade de, 405, 412
Volt-amps (VA), unidade de, 405, 412
Voltímetro, 70-71, 80

W

Watt (W), unidade de, 402, 432
Wattímetro, 466-468, 472

Z

Zeros (raízes), 507-508, 513, 541, 742-743, 760-761
   complexos, 541-542
   definição, 508
   diagramas de Bode e, 628-629, 634-636
   função de transferência $H(s)$, 539
   função racional $F(s)$, 497-498, 506
   reais, de primeira ordem, 705-706